PROCÈS

DU MARÉCHAL

BAZAINE

PARIS. — TYPOGRAPHIE LAHURE

Rue de Fleurus, 9

PROCÈS

DU MARÉCHAL

BAZAINE

COMPTE RENDU DES DÉBATS

DU Ier CONSEIL DE GUERRE

PRÉCÉDÉ

D'UNE INTRODUCTION
ET SUIVI D'UNE TABLE ALPHABÉTIQUE DES TÉMOINS
D'UNE TABLE ANALYTIQUE DES MATIÈRES
ET D'UNE BIBLIOGRAPHIE DES PRINCIPAUX OUVRAGES A CONSULTER
SUR L'HISTOIRE DE L'ARMÉE DU RHIN
ET DU SIÉGE DE METZ

PARIS

AUGUSTE GHIO, LIBRAIRE-ÉDITEUR

41, QUAI DES GRANDS-AUGUSTINS, 41

—

1874

INTRODUCTION

Le procès du maréchal Bazaine occupera le premier rang des débats judiciaires du dix-neuvième siècle. Dans ce procès, de graves questions étaient engagées : au point de vue militaire, il s'agissait d'un maréchal de France qui, foulant aux pieds les règlements, aurait traité avec l'ennemi en rase campagne, sans avoir accompli ce que lui prescrivaient le devoir et l'honneur ; mais d'un autre côté apparaissait la position de l'homme qui, après un désastre dont nous avons peu d'exemples dans l'histoire, voyait surgir un gouvernement qu'il croyait avoir le droit de considérer comme insurrectionnel et comme agissant en dehors des volontés du pays légal.

Dans cette situation, le chef militaire — et c'est ce qu'à bon droit on lui impute à crime — a disparu devant l'homme politique, qui a cédé à l'illusion qu'il pouvait sauver son pays : fidèle au gouvernement auquel il avait juré obéissance, il a pensé que des négociations pouvaient aboutir au salut de la France. Réinstaller le pouvoir qui à ses yeux était le seul légal, obtenir de l'ennemi des conditions meilleures qui nous eussent conservé l'Alsace et la Lorraine, et ne payer qu'un milliard d'indemnité au lieu de cinq milliards qui ont été exigés et obtenus depuis : — tel était peut-être le rêve du maréchal Bazaine.

L'histoire soulèvera sans doute un jour le voile qui recouvre encore les causes qui ont amené les agissements coupables du maréchal.

Si ces projets se fussent réalisés, le maréchal eût été considéré comme le sauveur de la patrie; mais lorsqu'on se laisse aller à des rêves semblables, il faut réussir, et c'est surtout pour des entreprises pareilles que la roche Tarpéienne est très-voisine du Capitole.

Nous ne devons pas remonter bien loin dans l'histoire contemporaine pour constater ce que peut le succès : lorsqu'en 1851, le prince-président Louis-Napoléon fit son coup d'État du 2 décembre, il y eut un cri général de réprobation contre ce crime politique, contre ce manquement à la foi jurée. La haute cour mit le prince hors la loi, et si le coup d'État n'eût pas réussi, il est probable que Louis-Napoléon eût expié par la mort son attentat à main armée contre la Constitution qu'il avait juré d'observer ; mais, comme l'a dit M. de Bismark, dans notre siècle : *la force prime le droit.* Les citoyens qui avaient essayé de s'opposer au coup d'État furent jugés et condamnés à la déportation ; de toutes les parties de la France de nombreuses députations vinrent féliciter le prince d'avoir accompli son coup d'audace ; le suffrage universel consulté lui donna par une majorité imposante un bill d'indemnité, et les membres de la haute cour, ceux-là même qui l'avaient condamné et qui avaient prononcé sa mise hors la loi, furent les premiers à accepter et même à solliciter les plus hautes dignités du gouvernement.

La question que nous venons de soulever appartient à la philosophie de l'histoire ; mais, comme on le voit, elle se rattache à notre sujet. Si le maréchal eût réussi à nous conserver les deux provinces si malheureusement arrachées, il eût été acclamé comme grand général et comme homme d'État ; mais il s'était bercé d'illusions, et un commandant en chef n'a pas le droit d'oublier ses devoirs pour poursuivre la réalisation de rêves chimériques.

Tel est, croyons-nous, le fond de ce procès qui, à juste titre, a si vivement impressionné l'opinion publique. Les passions politiques, surexcitées, n'ont voulu voir qu'un traître qui avait lâchement vendu son pays dans l'homme qui s'était laissé bercer par l'espoir qu'il aurait conservé à la France deux provinces qui aujourd'hui en sont violemment séparées.

Maintenant, nous le répétons, le maréchal Bazaine a eu le tort immense de se croire en droit de faire de la politique ; comme le lui a dit M. le duc d'Aumale, il ne fallait voir que la France ; sa seule préoccupation eût dû être de refouler l'ennemi, sans s'inquiéter des bouleversements qui s'étaient produits ; et, au lieu d'essayer des négociations plus ou moins avouables, il eût dû se renfermer dans son rôle de commandant en chef d'une armée en campagne.

Aussi, le verdict qui a prononcé sa condamnation[1], a été bien accueilli par l'opinion publique : il ne faut pas que les généraux français se laissent dominer par des préoccupations politiques ou par des rêves d'ambition personnelle. L'arrêt du 10 décembre sera un enseignement moral pour l'armée. Nul — quelque haut placé qu'il soit et quelle que puisse être la pureté de ses intentions — n'a le droit de se soustraire à l'observation stricte des règlements, qui sont la sauvegarde de la discipline et, par conséquent, de la sécurité de la société.

D'après ce qui précède, le décret qui a commué la peine in-

---

1. Il n'est peut-être pas sans intérêt, au point de vue historique, de donner la nomenclature des maréchaux de France qui ont été condamnés et exécutés.

Ils sont au nombre de huit. Voici leurs noms :

Gilles de Laval, dit le maréchal de Retz (surnommé la *Barbe-Bleue*). Accusé d'horribles assassinats, il fut pendu en 1440 à Nantes, son corps fut ensuite brûlé.

Louis de Luxembourg, comte de Saint-Pol, connétable de France, décapité en place de Grève, le 19 décembre 1475, pour complots et rébellions contre Charles VII et Louis XI.

Charles de Gontaut, duc de Biron. Conspira plusieurs fois. Son dernier crime fut d'une gravité exceptionnelle : il avait comploté avec le duc de Savoie et les Espagnols de morceler la France en plusieurs petits États. Henri IV essaya en vain d'obtenir de lui un aveu après lequel il eût encore pardonné à son ancien ami. Le duc fut exécuté à l'intérieur de la Bastille, et non en place de Grève (1602).

De Marillac. Décapité en 1632, pour complot contre la vie de Richelieu.

Henri, duc de Montmorency, fait prisonnier à la bataille de Castelnaudary livrée contre les troupes royales, il fut décapité dans la cour du Capitole de Toulouse, en 1632.

Le baron de Luckner. Avait servi d'abord sous Frédéric II pendant la guerre de Sept Ans. Entré depuis peu dans l'armée française, il adopta les principes de la Révolution et il fut nommé maréchal de France. Il servit avec distinction, mais, ayant excité des soupçons, il fut traduit devant le tribunal révolutionnaire et décapité (1794).

Philippe de Noailles, duc de Mouchy. Guillotiné avec sa femme en 1794.

Le maréchal Ney. Fusillé le 7 décembre 1815.

fligée au maréchal Bazaine, a dû naturellement être bien accueilli : l'opinion publique désirait la condamnation du maréchal Bazaine, la vie ou la mort de M. Bazaine lui était complétement indifférente. On voulait voir sanctionner un principe, on ne tenait pas à l'effusion du sang, alors surtout que le sang était celui d'un soldat, qui, d'humble engagé volontaire, était parvenu à la plus haute dignité militaire, et qui, sans avoir passé par aucune de nos écoles spéciales, avait su trouver son bâton de maréchal dans la giberne du simple fantassin.

A. G.

———————

Dans le compte rendu d'un procès aussi important, qui longtemps à l'avance avait passionné tous les esprits, il fallait se faire une loi d'observer la plus stricte impartialité, et en même temps de ne laisser passer inaperçu aucun incident digne d'être noté. Aussi l'éditeur n'a-t-il reculé devant aucun sacrifice pour atteindre ce but : toutes les dépositions ont été scrupuleusement analysées ; le réquisitoire, qui était écrit, a été intégralement reproduit, et quant aux plaidoiries de l'éloquent défenseur du maréchal, nous ne nous sommes pas contenté de notre propre sténographie, nous l'avons soigneusement collationnée avec celles des journaux judiciaires les plus accrédités, afin de n'omettre aucun argument de la défense.

Ainsi conçu et ainsi exécuté, notre *Procès du Maréchal Bazain* sera conservé comme un monument. Les débats y sont reflétés au jour le jour avec leur physionomie, et dans un demi-siècle, en lisant les pages qui vont suivre, on croira avoir assisté aux séances mémorables du 1er conseil de guerre de Trianon.

PROCÈS

DU

MARÉCHAL BAZAINE

PREMIER CONSEIL DE GUERRE, SIÉGEANT A TRIANON

Audience du 6 octobre

Une grande affluence de curieux s'est rendue à Versailles. Cependant la salle d'audience étant très-exiguë et un grand nombre de places ayant dû être réservées pour les témoins, qui peuvent assister à l'audience après leur déposition, les cartes d'entrée distribuées aux journalistes et au public ont été rigoureusement calculées d'après l'espace restant libre. Aussi dans l'intérieur de la salle y a-t-il peu de monde jusqu'à midi.

A midi douze minutes le Conseil entre en séance.

Les membres du Conseil se placent dans l'ordre suivant, en commençant par la gauche : MM. les généraux Ressayre, Guiod, Princeteau, Tripier, de la Motte-Rouge, S. A. Monseigneur le duc d'Aumale, MM. les généraux de Chabaud-Latour, Martineau-Deschenez, Lallemand, Desulseau de Malroy.

M. le général de Martimprey, très-souffrant, est excusé.

MM. les généraux Pourcet et Boissonnet prennent siége au banc du ministère public, ainsi que M. le commandant Martin.

Le duc d'Aumale, président du Conseil, porte le grand cordon de la Légion d'honneur. Il déclare l'audience ouverte et

1

donne l'ordre au brigadier de gendarmes de service d'aller chercher le maréchal Bazaine.

A midi quinze minutes le maréchal en grand uniforme et portant le grand cordon de la Légion d'honneur, est introduit. Il s'incline en passant devant le bureau du Conseil de guerre et se dirige vers le fauteuil qui lui est reservé.

Le général président — c'est le nom qui dans tout le cours des débats sera donné au duc d'Aumale — dit au maréchal Bazaine :

— Maréchal, asseyez-vous.

Le maréchal prend place dans un fauteuil. A côté de lui se trouve M° Lachaud son défenseur, assisté de son fils. M. Vilette, aide de camp du maréchal, occupe un fauteuil voisin et le frère de M. Bazaine prend place derrière lui.

Lecture est donnée de l'acte qui renvoie l'affaire devant le Conseil et du décret instituant le Conseil de guerre et désignant les membres qui doivent le composer.

Après cette lecture le général président s'adressant à l'accusé lui dit d'un ton assez sec :

— Accusé, levez-vous. — Quel est votre nom ?
— R. Henri-Achille Bazaine.
— Quelle est votre profession ?
— R. Maréchal de France.
— Quel est votre âge ?
— R. 62 ans.
— Quel est votre lieu de naissance ?
— R. Versailles.
— Quel est votre dernier domicile ?
— R. Paris.

Après ces formalités préliminaires le général président s'adressant au commissaire du Gouvernement et à la défense annonce que vu la longueur présumée des débats il permettra aux témoins de s'absenter, mais à la condition expresse de se tenir toujours à la disposition du Conseil de guerre.

On procède à l'appel des témoins, en commençant par les

militaires. M. le maréchal Canrobert repond : *Présent*, le premier.

Pendant cet appel le maréchal reste sombre. Cependant sa figure est impassible et son attitude est calme. Il échange quelques mots avec Mᵉ Lachaud qui lui serre la main.

A l'entrée du garde-chasse Scalabrino qui est un témoin à charge d'une grande importance, le maréchal semble tressaillir, mais il se remet aussitôt.

Le public qui paraît indifférent témoigne cependant une certaine curiosité à l'entrée de M. Gambetta et de M. Jules Favre.

Les regards se portent aussi sur M. Régnier, qui, on le sait, s'était donné la mission de négociateur entre l'Impératrice et le maréchal Bazaine [1].

L'entrée de M. Tachard, ancien député, qui a opté pour la nationalité allemande, est accueillie par quelques légers murmures.

M. Rouher, l'ancien ministre de l'Empire, ne répond pas à l'appel de son nom.

L'appel des témoins est terminé à une heure dix. Le bruit court que Mᵉ Lachaud a fait citer au dernier moment M. Thiers pour donner des éclaircissements dont la défense pourrait tirer parti.

L'audience est suspendue pendant une vingtaine de minutes.

———

L'audience est reprise à une heure cinquante minutes.

La foule est plus nombreuse qu'au commencement de la première partie de l'audience. On compte à peu près trois cents assistants, dont les dames forment le tiers. Les jour-

1. Des détails circonstanciés très-curieux sur la mission que M. Régnier s'est attribuée, ont été donnés par lui-même dans les deux brochures. *Quel est votre nom N. :ou M.?* et *Réponse au livre du maréchal Bazaine :* l'Armée du Rhin, publiées par l'éditeur A. Ghio, 41, quai des Grands-Augustins.

naux et les éditeurs de la France et de l'étranger ont envoyé 76 sténographes ou rédacteurs, pour rendre compte des débats, et l'on remarque aussi trois dessinateurs représentant les journaux illustrés.

Les témoins sont invités à sortir et à se rendre dans la salle qui leur est destinée.

Un officier d'état-major vient disposer sur deux tables, placées devant le Conseil, des cartes topographiques très-détaillées des environs de Metz et des routes stratégiques conduisant à cette place de guerre.

Le général président, M. le duc d'Aumale, annonce qu'il fera convoquer de nouveau les témoins absents et que les pénalités portées par les lois seront appliquées aux défaillants.

Le greffier donne lecture des états de service du maréchal Bazaine, dont voici le relevé :

Soldat au 38ᵉ de ligne (28 mars 1831). France. — Sous-officier (16 juillet 1832). Algérie. — Sous-lieutenant (2 novembre 1833). Algérie. — Lieutenant (22 juillet 1835). Espagne. — Capitaine (20 octobre 1839). France à sa rentrée d'Espagne. — Chef de bataillon (10 mars 1844). Algérie. — Lieutenant-colonel (11 avril 1848). Algérie. — Colonel (4 juin 1850). Algérie. — Général de brigade (28 octobre 1854). Crimée. — Général de division (22 septembre 1855). Crimée. — Maréchal de France (5 septembre 1864). Mexique.

Chevalier de la Légion d'honneur (22 novembre 1835). Combat de la Macta (Afrique). — Officier (9 novembre 1845). Combat de Sidi-Kafir (Afrique). — Commandeur (16 août 1856). Prise de Kinburn (Crimée). — Grand-officier (20 juin 1859). Combat de Marignan (Italie). — Grand-croix (2 juillet 1863). Bataille du San-Lorenzo (Mexique). — Médaille militaire (28 avril 1865). Prise de Oajaca (Mexique).

Médailles de Crimée, d'Italie, du Mexique.

1ᵉʳ prix de tir des officiers de chasseurs à pied en 1841.

Emplois et missions.

En mission en Espagne comme chef d'état-major de la division militaire française, puis comme commissaire du roi près les armées de la reine régente. — Directeur des affaires arabes dans la province d'Oran et commandant supérieur de Sebdou. — Commandant la subdivision de Sidi-bel-Abbès. — Commandant supérieur à Gallipoli et

commandant militaire de Sébastopol. — Commandant en chef les An-
glo-Français à l'expédition de Kinburn. — Commandant la 2e division
du 1er corps de l'armée d'Orient. — Inspecteur général en 1856-57. —
Commandant la 19e division militaire, en 1857. — Commandant la 3e
division du 1er corps de l'armée d'Italie, en 1859. — Commandant la
2e division du 1er corps à Paris, en 1860. — Inspecteur général en
1860-1861-1862. — Commandant la 1re division du corps expéditionnaire du Mexique, 1er juillet 1862. — Commandant en chef le corps
expéditionnaire du Mexique, 16 juillet 1863. — Commandant le 3e
corps d'armée à Nancy, 12 novembre 1867. — Commandant en chef le
1er camp de Châlons, en 1869. — Commandant en chef de la garde impériale, 15 octobre 1869. — Commandant le 3e corps de l'armée du Rhin,
16 juillet 1870. — Commandant en chef les 2e, 3e, 4e corps de l'armée
du Rhin, 9 août 1870. — Commandant en chef l'armée du Rhin, 12
août 1870.

Campagnes.

AFRIQUE. Constantine et Oran : 1833, 1834, 1835 (1er semestre). —
ESPAGNE. 1835 (2e semestre) : 1836, 1837, 1838. — AFRIQUE. Alger et
Oran : 1840, 1841, 1842, 1843, 1844, 1845, 1846, 1847, 1848, 1849,
1850, 1851, 1852, 1853, 1854 (1er semestre). — ORIENT. 1854 (2e semestre), 1855, 1856. — AFRIQUE. 1857. — ITALIE. 1859, 1860. —
MEXIQUE. 1862, 1863, 1864, 1865, 1866, 1867 (1er semestre). — ARMÉE
DU RHIN. 1870. Total : 35 ans de guerre — dont 32 campagnes qui
doivent être comptées doubles, comme campagnes d'outre-mer — ce
qui fait un total de 64 (plus 3 simples) — soit, 67 campagnes.

Blessures.

Coup de feu au poignet droit en 1835, au combat de la Macta. —
Coup de feu à la jambe droite, à la bataille de Barbastro, en 1837. —
Contusion à la hanche gauche le 8 septembre 1855. — Plaie contuse
à la tête (biscaïen au combat de Marignan). — Contusion par une balle
à la partie supérieure interne de la cuisse gauche (Solférino). — A eu
le même jour un cheval blessé sous lui. — Très-forte contusion par un
éclat d'obus au-dessus du sein gauche, le 14 août 1870, à Borny.

Total : 6 blessures ou contusions.

Résumé.

Du 28 mars 1831 au mois d'octobre 1873, 42 ans et demi de service.

Dont   2 ans 1/2   comme soldat et sous-officier.

          10 ans   comme officier subalterne.

          10 ans   comme officier supérieur.

          10 ans   comme officier général.

          10 ans   comme maréchal de France.

_____

          42 ans 1/2·dont 35 de guerre,

formant 67   campagnes.

_____

Total : 109 ans 1/2 de service.

Citations.

Province d'Oran. *Cité* pour les combats de la Macta (26, 27, 28 juin 1835). Général Trézel. — Province d'Alger. *Cité* pour la première occupation de Milianah (du 8 juin au 4 octobre 1840). — Province d'Oran. *Cité* pour le combat de Sidi-Afis (24 mars 1846). Général Cavaignac. — Tlemcen. *Cité* pour les combats sur la frontière du Maroc, qui ont amené la soumission de l'émir (23 décembre 1847). Général de Lamoricière. — Crimée. *Cité* à l'ordre de l'armée d'Orient pour la prise des ouvrages de contre-approche (du 1er au 2 mai 1855). Maréchal Pélissier. — Crimée. *Cité* pour la prise de Kinburn (17 octobre 1855). — Italie. *Cité* pour le combat de Marignan (9 juin 1859). — Italie. *Cité* pour la bataille de Solférino (24 juin 1859). — Mexique. *Cité* pour la prise du pénitencier de Puebla. Général Forey. — Mexique. *Cité* pour la bataille de San Lorenzo. — Mexique. Complimenté par l'Empereur pour la prise de Guadalajara et de Oajaca.

Pendant sa mission en Espagne.

Catalogne. *Cité* pour la défense de Pons (bourg fortifié), 1835. — Aragon. *Cité* pour la bataille de Huesca (1837). — Aragon. *Cité* pour la bataille de Barbastro (2 juin 1837). C'est à cette bataille qu'il a tiré des mains de l'ennemi le corps du général Conrard. — Navarre. *Cité* pour les combats de Larminar (1836).

Total : 14 citations.

Décorations étrangères.

Grand-croix de l'ordre militaire de Savoie. — Grand-croix de l'ordre de Léopold de Belgique. — Grand-croix de l'ordre du Lion et du So_ leil de Perse. — Grand-croix de l'ordre de l'Aigle mexicaine. — Grand-croix de l'ordre de Notre-Dame-de-Guadelupe. — Chevalier de l'ordre du Bain d'Angleterre. — Chevalier de Charles III (pour sa conduite à Barbastro et pour avoir ramené le corps de son général). — Chevalier de Saint-Ferdinand d'Espagne pour sa défense de Pons. — Chevalier de l'ordre d'Isabelle-la-Catholique pour sa conduite au déblocus de Bilbao. — Médaille en argent de l'ordre militaire de Savoie.

A trois heures un quart, commence la lecture du rapport sur lequel se base l'accusation.

Lecture est donnée de l'acte instituant un Conseil d'enquête sur les faits militaires de 1870-1871.

A la suite il est donné lecture de l'avis motivé du Conseil d'enquête relatif à la capitulation de Metz.

Le greffier fait connaître les noms des membres qui constituaient le Conseil d'enquête.

Le maréchal Bazaine semble peu se préoccuper de ces diverses lectures qui paraissent aussi médiocrement intéresser l'auditoire. Un grand nombre d'assistants quittent successivement la salle d'audience.

Il est vrai de dire qu'il est difficile de comprendre à une simple lecture les détails stratégiques que renferment les pièces officielles : la grande question qui se présente est celle de savoir à qui incombe la responsabilité des mesures prises.

On parlait, avant l'ouverture des débats, d'un conflit survenu entre l'accusation et le rapporteur au sujet des opérations militaires antérieures au siége de Metz ; cette partie de la prévention devait être abandonnée, disait-on, vu que, pendant cette période, la responsabilité ne pouvait incomber au maréchal Bazaine puisqu'il n'avait pas la direction des opérations.

La lecture du rapport a mis à néant cette rumeur, car les opérations impliquées dans l'accusation ne sont pas seulement celles du siége de Metz, mais aussi celles qui ont précédé, et auxquelles le maréchal Bazaine a pris part sous les ordres de l'Empereur et du major-général Lebœuf. Cette partie des opérations militaires tient même une place très-importante dans le rapport concluant au renvoi du maréchal devant le Conseil de guerre. Il est possible cependant que la défense y trouve soit le sujet d'un incident, soit le moyen de dégager son client d'une partie de la responsabilité qui lui incombe d'après l'accusation.

Nous signalerons spécialement dans ce rapport, la partie relative à la marche sur Verdun, et les conclusions très-graves prises contre le maréchal à propos de cette phase des opérations.

M. le greffier Alla donne lecture de la première partie du rapport de M. le général de brigade Rivière.

Dans le désir de ne pas trop scinder ce document important, nous n'en commencerons la publication que dans notre prochaine livraison.

L'audience est levée à quatre heures vingt minutes.

PRÉSIDENCE DE M. LE DUC D'AUMALE

L'audience est ouverte à midi.

Le greffier donne lecture d'un ordre du jour du gouverneur de Paris, désignant le général de division Resseyre pour remplacer dans le conseil le général de Martimprey qui a demandé de ne pas siéger à cause de ses infirmités.

LE GÉNÉRAL PRÉSIDENT. — Avant de faire reprendre la lecture du rapport sur les opérations militaires de 1870, je vais épuiser la question des témoins qui n'ont pas comparu hier.

Sur l'ordre du Président, le greffier communique au conseil la notification de deux décès survenus parmi les témoins cités.

Sur la demande du Président, Me Lachaud déclare ne pas s'opposer à la lecture ultérieure des dépositions écrites de ces deux témoins, toutes réserves étant faites, comme de droit, sur ces dépositions.

L'ambassadeur de France en Russie, retenu par les exigences de sa mission, se fait excuser; la défense acceptera aussi la lecture de la déposition écrite de ce témoin.

Cinq autres témoins demandent à être excusés pour cause de maladie.

LE COMMISSAIRE DU GOUVERNEMENT. — Il serait désirable que les témoins défaillants se tinssent à notre disposition en temps opportun.

LE GÉNÉRAL PRÉSIDENT. — La défense a-t-elle quelques objections à opposer à l'absence de ceux de ces témoins qui ont produit des certificats réguliers?

Me LACHAUD. — Parmi les témoins défaillants, il en est un dont la déposition peut être d'une grande importance pour la défense, c'est celle du général Soleille dont je désirerais la présence, à moins que l'état de sa santé ne s'y oppose absolument.

LE GÉNÉRAL PRÉSIDENT. — Il sera procédé à une visite et à

une contre-visite militaires à la suite desquelles le conseil statuera.

M⁰ Lachaud. — Peut-être cette formalité est-elle d'une rigueur inutile, il suffirait que M. le commissaire du gouvernement voulût bien faire connaître au général Soleille notre désir d'entendre sa déposition orale.

Le Général Président. — La formalité de la visite et de la contre-visite est absolument réglementaire, elle est d'ailleurs usitée et acceptée dans les corps militaires où elle n'a aucun des caractères rigoureux que redoute le défenseur.

On procède à l'appel des témoins qui n'ont pas répondu la veille. Trois ou quatre seulement répondent.

A l'appel du témoin Pennetier, le Président annonce que ce témoin est en prison et demande quelles mesures il convient d'adopter à son égard.

M⁰ Lachaud. — M. le Président peut, en vertu de son pouvoir discrétionnaire, demander à la Préfecture de police la comparution du témoin détenu.

Cette mesure sera prise par le Général Président.

On appelle une cinquantaine de témoins dont aucun n'est présent à l'audience.

Le Général Président. — Je dois faire observer que la plupart de ces témoins appartiennent aux provinces annexées, et que par conséquent il sera nécessaire de leur adresser de nouvelles citations faites dans la forme diplomatique usitée en pareille circonstance. Des mesures ont été prises d'ailleurs pour leur faciliter le voyage et les amener à temps devant le Conseil.

Une dizaine de témoins à décharge, parmi lesquels M. Rouher, ne répondent pas à l'appel de leurs noms.

M⁰ Lachaud. — Je demande qu'en vertu du pouvoir discrétionnaire de M. le Président, ces témoins soient, comme les témoins à charge non-comparaissants, l'objet d'une nouvelle citation pour lundi.

Le Général Président. — M. le Commissaire du Gouvernement n'a pas d'opposition à faire?

Le Commissaire. — Non, monsieur le Président.

Le Général Président. — Vu mon pouvoir discrétionnaire je ferai assigner à nouveau ces témoins pour lundi.

Le greffier continue la lecture du rapport du général de brigade, tenant lieu d acte d'accusation.

Nous donnons le texte même d'une grande partie de ce rapport en ayant soin, pour ne pas fatiguer le lecteur, d'analyser les paragraphes de ce document qu'il ne nous paraît pas nécessaire de reproduire *in extenso*.

RAPPORT sur l'affaire de M. le maréchal Bazaine, ex-commandant en chef de l'armée du Rhin, laquelle a fait l'objet de l'ordre d'informer donné par M. le ministre de la guerre le 7 mai 1872.

Avant-propos. — Par décision en date du 7 mai 1872, le ministre de la guerre, en conséquence de l'avis émis par le conseil d'enquête chargé d'examiner l'affaire de la capitulation de l'armée du Rhin et de a place de Metz, a rendu un ordre d'informer contre M. le maréchal Bazaine, commandant en chef de cette armée.

Les conclusions formulées par le conseil d'enquête, dans sa séance du 12 avril 1872, sont les suivantes :

« Considérant que le maréchal Bazaine, par ses dépêches des 19 et 20 août 1870, a fait décider la marche du maréchal de Mac-Mahon de Reims sur la Marne, pour se porter au secours de l'armée de Metz; que les tentatives de sortie le 26 et le 31 août ne sauraient être considérées comme assez sérieuses pour opérer une diversion utile à l'armée de Châlons; par ces motifs, le conseil d'enquête pense que le maréchal Bazaine est en grande partie responsable des revers de cette armée.

« Le conseil est d'avis que le maréchal Bazaine a causé la perte d'une armée de 160 000 hommes et de la place de Metz; que la responsabilité lui en incombe tout entière, et que, comme commandant en chef, il n'a pas fait ce que lui prescrivaient le devoir et l'honneur. »

Le conseil blâme le maréchal d'avoir entretenu avec l'ennemi des relations intimes qui n'ont abouti qu'à une capitulation sans exemple dans l'histoire.

Si, dans ses précédents avis, le conseil a toujours blâmé les commandants de place qui, forcés de se rendre, n'ont pas détruit leur matériel de guerre avant de signer la capitulation, et ont ainsi livré à l'ennemi des ressources dont il a largement usé dans la suite de la guerre, à plus juste titre encore le maréchal Bazaine mérite-t-il le même blâme.

Le conseil le blâme d'avoir accepté la clause de la capitulation qui permet aux officiers de rentrer dans leurs foyers en donnant par écrit leur parole d'honneur de ne pas servir contre l'Allemagne pendant la guerre.

Le conseil le blâme de n'avoir pas, conformément à l'article 256 du décret du 13 octobre 1853, veillé dans la capitulation à améliorer le sort de ses soldats, et stipulé pour les blessés et les malades toutes les clauses d'exceptions et de forces qu'il aurait pu obtenir.

Le conseil le blâme enfin d'avoir livré à l'ennemi les drapeaux qu'il pouvait et devait détruire; d'avoir ainsi mis le comble à l'humiliation de braves soldats dont son devoir était de sauvegarder l'honneur.

Les résultats de l'information de la capitulation de Metz sont consignés dans le présent rapport.

· Le maréchal Bazaine a-t-il fait, comme commandant en chef de l'armée du Rhin, ce que lui prescrivaient le devoir et l'honneur?

Telle est la question complexe qu'il s'agit de résoudre. Il est indispensable pour cela de faire l'exposé des faits accomplis pendant la période de commandement exercé par le maréchal. Cet exposé est divisé en trois parties, correspondant aux trois périodes suivantes :

Opérations actives du 5 août au 1er septembre. — Blocus du 1er septembre au 10 octobre. — Capitulation du 10 au 27 octobre.

A la suite de cet exposé, on a réuni les développements spéciaux que comporte l'examen des questions relatives aux communications à l'artillerie et aux subsistances.

Un résumé général groupe les faits principaux recueillis par l'instruction et motive les conclusions finales du rapport.

Dans la première partie de l'historique du siége de Metz, le rapporteur commence par exposer les débuts de la guerre, y compris la bataille de Forbach.

Après les événements de 1866, une lutte prochaine devenait probable entre l'Allemagne du Nord et la France : on examina quelle devrait être la composition de nos forces en présence de cette éventualité : trois armées devaient être formées, deux en première ligne dans l'Alsace et la Lorraine, une troisième en réserve à Châlons. D'autres corps, à Belfort et à Lyon, devaient être le noyau de nouvelles réserves. En 1870, ce plan fut modifié : on ne forma qu'une seule armée composée de huit corps, y compris la garde.

Les corps d'armée en formation furent répartis le long des frontières.

Des retards, qu'on aurait bien dû prévoir, empêchèrent la concentration des troupes projetée; les premiers mouvements de concentration furent forcément ajournés jusqu'au 4 août, et l'ennemi nous surprit avant qu'ils fussent terminés. C'est ainsi qu'après avoir été provocateurs, nous fûmes envahis.

L'empereur s'était réservé le commandement suprême, mais, ayant été retenu à Paris par des intérêts politiques, il investit du commandement provisoire de l'armée le maréchal Bazaine, le 16 juillet. L'empereur arriva à Metz le 28 du même mois. En prenant le commandement, il jugea convenable de rapprocher l'armée de la voie ferrée de Metz à Sarrebrück, en la portant plus près de la frontière.

Le rapport ne s'étend pas sur le combat, ou pour mieux dire sur la reconnaissance de Sarrebrück. C'est le 6 août qu'eut lieu l'attaque sérieuse des Prussiens, le lendemain de la concentration des six corps d'armée de l'Alsace et de la Lorraine.

Voici quelques passages empruntés textuellement au rapport :

Le 6 août, à quatre heures quarante minutes du matin, nouveau télégramme du major-général au maréchal Bazaine et au général Frossard, ordonnant de se tenir prêts à une attaque sérieuse qui pourrait avoir lieu le même jour : deux heures après, la garde, ainsi que la division Forton sont mises sous les ordres du maréchal.

À dix heures six minutes, télégramme du général Frossard : « L'ennemi a fait descendre des hauteurs de Sarrebrück vers nous de fortes reconnaissances; mais il ne prononce pas encore son mouvement d'attaque. Nous avons pris nos mesures sur le plateau et sur la route. » Presqu'aussitôt après, le général communique au maréchal l'avis qu'il reçoit d'un mouvement de l'ennemi sur Rosbrück, et le maréchal lui répond qu'il envoie là la brigade des dragons de Juniac.

Le moment est venu ou de recevoir le combat de pied ferme ou de se replier pour aller attendre l'ennemi sur la position de Cadenbronn. Le général Frossard recule devant la pensée d'abandonner sans coup férir Forbach et les approvisionnements considérables qui s'y trouvent accumulés dans la gare; au lieu de se reporter en arrière, il reste sur place et attend l'ennemi.

Le maréchal estimait, lui, ainsi qu'il le dit dans son interrogatoire, qu'il était avantageux d'occuper les hauteurs de Cadenbronn. C'était donc à lui, puisque le général Frossard hésitait à prendre cette détermination, à la prescrire et à ordonner l'occupation immédiate de la position. Mais il se contente de l'indiquer comme point de concentration générale (dépêche de 11 heures un quart), pour le cas où le danger deviendrait sérieux.

Il résulte du rapport que le maréchal ne donne que trop tard les ordres pour aller au secours du général Frossard.

La division, qu'un fil télégraphique reliait au quartier général et qui était la plus rapprochée du deuxième corps, ne reçoit ni instructions ni ordres à l'heure où il en était envoyé aux autres divisions du troisième corps.

Si, comme tout le commandait, comme le général Frossard l'avait lui-même demandé, dès 9 heures du matin, elle eût été dirigée, en même temps que les autres divisions, vers le deuxième corps, si elle eût reçu l'ordre de l'appuyer, cette division serait arrivée de bonne heure en ligne et les affaires auraient vraisemblablement pris une tout autre tournure. Mais l'ordre ne devait parvenir au général de Montaudon qu'à 3 heures.

Ainsi au moment où le maréchal, apprenant la gravité de la situation de l'avant-garde de son armée, donne ses ordres à ses divisions, il ne dirige, vers le général Frossard que la division la plus éloignée (division Castagny); absorbe, pour se couvrir lui-même, l'appui de la division Metmann, et laisse dans ses campements de la Blies la division Montaudon, qui est pourtant la plus voisine du champ de bataille et celle à laquelle ses ordres peuvent arriver instantanément.

Cependant le danger grossissait devant le général Frossard; il télégraphiait à une heure vingt-cinq minutes: « Je suis fortement engagé, tant sur la route et dans le bois que sur les hauteurs de Spickeren; c'est une bataille. Prière de faire marcher rapidement votre division Montaudon vers Grossbliederstroff et votre brigade de dragons vers Forbach. »

Le maréchal Bazaine donne enfin des ordres dans ce sens à 2 heures 30 minutes. A ce moment, ses troupes sont en marche; il n'y a plus qu'à laisser s'effectuer le mouvement. Rien ne retient le maréchal à Saint-Avold; la voie ferrée peut le conduire en vingt minutes à Forbach. Où pourrait-il mieux se rendre compte que sur le champ de bataille des péripéties de la lutte et des résolutions à prendre ? N'est-il pas à craindre, en agissant autrement, qu'au lieu de diriger les événements, il ne soit emporté par eux? Pressé de questions, le maréchal se borne à répondre qu'il a jugé plus utile sa présence à Saint-Avold, centre de ses opérations.

Le général Frossard ne recevant pas les secours sur lesquels il croyait pouvoir compter, se décide à 7 heures du soir à se porter sur les hauteurs pour éviter un désastre.

Le rapporteur blâme en termes très-énergiques la tardiveté des ordres donnés par le maréchal, et le silence du général Frossard vis-à-vis des divisions qu'il avait appelées à lui. Ces malheureuses divisions, sans ordres, errèrent toute la nuit sur les plateaux et furent s'entasser le lendemain matin avec le deuxième corps tout entier à Puttelangen.

En résumé, dit l'acte d'accusation, en ne donnant pas en temps utile des ordres aux troupes placées sous son commandement, en restant éloigné du champ de bataille et par conséquent dans l'impossibilité de diriger le combat, en n'indiquant pas de point de ralliement à son armée, le maréchal Bazaine a pleinement assumé la responsabilité de la perte de la bataille de Spickeren, du désordre qui marqua les journées suivantes, du découragement profond qui en résulta pour nos troupes, et de l'exaltation extraordinaire que ces événements inspirèrent à l'ennemi.

On ne trouve d'explication plausible à la conduite du maréchal que dans le parti pris de ne pas compromettre les troupes placées sous ses ordres directs et de les conserver intactes. L'exactitude de cette appréciation résulte d'un propos tenu par le maréchal le soir du combat. D'après le dire d'un témoin qui en a déposé, le maréchal, s'exprimant sur la position en flèche si dangereuse du général Frossard, fit la réflexion qu'il ne s'était pas soucié d'engager ses divisions à la suite de celles du général.

Chose singulière, le maréchal paraissait considérer sa responsabilité comme tout à fait dégagée dans cette circonstance. « Il y a trois ans que le général Frossard étudie la position de Forbach et qu'il la trouve superbe pour y livrer bataille, dit-il à un officier qui en a déposé, — eh bien! il l'a maintenant cette bataille! »

Qui donc commandait cette bataille, si ce n'est le maréchal Bazaine?

Le maréchal Bazaine nie formellement le premier de ces deux propos qu'on lui prête; quant au second, il déclare ne pouvoir se souvenir des paroles prononcées peut-être dans un moment de mauvaise humeur. Mais en tous cas il déclare qu'il n'a pu y avoir dans ses expressions, et encore moins dans sa pensée, un sentiment hostile au général Frossard ou dénigrant pour ce qui venait de se passer.

Nous ne suivrons pas le rapporteur dans ce qu'il dit des événements militaires qui se succédèrent, dans lesquels le maréchal Bazaine n'est pas directement intéressé, et qui amenèrent le retrait de l'armée vers Metz.

Le 12 août, l'Empereur, cédant à la pression de l'opinion publique et aux avis de son propre entourage, nomme le maréchal Bazaine commandant en chef. Ici se place un incident curieux que nous reproduisons littéralement d'après l'acte d'accusation.

Dans sa déposition devant la commission de l'Assemblée nationale, instituée pour faire une enquête sur les actes du gouvernement de la défense nationale, déposition qui a été imprimée, M. de Kératry a affirmé que 18 ou 20 jours avant la révolution du 4 septembre, Mme la maréchale Bazaine était venue le trouver, de la part du maréchal, pour lui dire que la présence de l'empereur à l'armée compromettait les opérations militaires, que le maréchal n'en acceptait plus la responsabilité, et qu'il désirait se retirer. M. de Kératry a ajouté que, de concert avec MM. Jules Favre et Picard, délégués par l'opposition, ils avaient été chez le ministre de la guerre, le comte de Palikao, pour lui faire cette déclaration, et que celui-ci avait répondu que, conformément au désir de la chambre, le maréchal Bazaine allait être investi du commandement suprême.

Le général Palikao ayant pris possession du ministère le 10 août, et le maréchal ayant été nommé le 12, l'entrevue racontée par M. de Kératry a dû avoir lieu le 11.

M. de Kératry a confirmé ces divers faits dans sa déposition reçue par voie de commission rogatoire; il a ajouté que Mme la maréchale, ayant eu connaissance de sa déposition, était venue le trouver à Marseille, le 28 février 1872, pour lui dire que jamais la maréchale ne l'avait chargé de faire une déclaration du genre de celle qui se trouvait formulée par les termes de la déposition; que sa visite d'avant le 4 septembre n'avait été qu'une visite de *bonnes relations dans des moments critiques.*

« Mme la maréchale s'est-elle mal expliquée, dit M. de Kératry, a-t-elle été au delà de sa pensée? Ai-je donné à son intervention personnelle une portée qu'elle récuse? J'affirme que j'ai été l'interprète de sa parole, et je reste persuadé que puisque le maréchal l'affirme, il est resté complétement étranger à cette démarche. »

Appelés à déposer sur cet incident, MM. Jules Favre et Picard reconnaissent être intervenus auprès du ministre, en vue d'arriver à obtenir l'unité et l'aptitude dans le commandement. M. Picard a gardé le souvenir de la communication faite par M. de Kératry de la part du maréchal et des éventualités qu'elle laissait entrevoir; quant à M. Jules Favre, ces détails ne sont pas parfaitement présents à sa pensée.

M. le comte de Palikao se rappelle également la démarche faite auprès de lui au sujet du commandement de l'armée du Rhin, mais il déclare que le nom de la maréchale ne fut pas mêlé à cette affaire et qu'il ne lui fut pas dit que le maréchal voulût donner sa démission. Interrogé sur cet incident, le maréchal a répondu que lorsque l'ouvrage de M. de Kératry a paru, il fut fort ému du passage relatif à la visite faite à ce député par Mme la maréchale dans un but politique, et Mme Bazaine s'était décidée à faire le voyage de Marseille pour inviter M. de Kératry à modifier ce passage, qui était une pure invention de sa part.

Quelle qu'ait été la portée de l'intervention directe ou indirecte du maréchal, sa nomination, imposée surtout par l'opposition, lui créait vis-à-vis de l'empereur une situation des plus difficiles. D'un autre côté, la prépondérance du souverain donnait à ses désirs, malgré sa position nouvelle, l'apparence d'un ordre, et enlevait ainsi au maréchal la liberté d'action qui lui était si nécessaire dans une conjoncture aussi grave. Par ce double motif, le maréchal dut n'avoir plus qu'un désir, celui de se soustraire à une position embarrassante, à une tutelle périlleuse.

Nous allons voir se traduire ce sentiment dans la conduite du maréchal pendant les jours qui vont suivre; seul, il peut donner l'explication des fautes énormes qui furent commises durant cette période.

L'audience est levée et renvoyée à demain pour la fin de la lecture du rapport.

Audience du 8 octobre

Présidence du duc d'Aumale

La séance de ce jour commence à 1 heure et demie avec un auditoire plus compact que dans les deux séances précédentes. Les dames continuent à être en majorité.

M. LE GÉNÉRAL-PRÉSIDENT. — L'audience est ouverte ; faites entrer M. le maréchal.

Le maréchal Bazaine paraît. Il semble plus préoccupé que les deux derniers jours. Son attitude est moins empreinte de calme ; il se penche fréquemment vers son défenseur Me Lachaud, qui répond à ses demandes en lui montrant quelques pièces d'un volumineux dossier déposé devant lui.

A la lecture des deux incidents concernant les relations du chef de l'armée du Rhin avec le quartier général allemand et le sieur Régnier, le maréchal s'est départi de l'impassibilité qu'il impose à sa physionomie.

Il avait été question tout d'abord d'une suspension de vingt-quatre heures dans les séances de cette semaine, mais, afin d'épuiser immédiatement l'énorme rapport du général Rivière, il a été décidé que les audiences se succéderaient sans interruption jusqu'à dimanche ; il devient probable que ce n'est que lundi prochain que commenceront les débats véritables.

L'interrogatoire du maréchal Bazaine sera naturellement l'un des incidents les plus caractéristiques de ce grand procès ; mais, vu son importance, vu la multiplicité des détails sur lesquels il portera, cet interrogatoire sera très-fatigant pour l'accusé, aussi ne durera-t-il pas plus de trois heures par audience et se fera-t-il en deux reprises.

A mesure que se poursuit la lecture du rapport, on voit l'attention grandir sur les bancs du public, malgré la difficulté qu'éprouve la majorité des assistants à saisir au vol le sens de ce document qui, selon le plus ou moins d'accentuation que lui donne la voix de chaque greffier, semble avoir une gravité plus ou moins grande.

M. LE GÉNÉRAL-PRÉSIDENT. — Des mesures rigoureuses seront prises contre les témoins défaillants malgré la deuxième convocation qui leur a été adressée.

Monsieur le Commissaire spécial du Gouvernement et la défense ont-ils quelques observations nouvelles à présenter à ce sujet?

M⁰ LACHAUD. — La défense s'en remet entièrement aux mesures que prendra le Conseil.

M. le Commissaire spécial du Gouvernement adhère, lui aussi, à ces conclusions.

M. LE GÉNÉRAL-PRÉSIDENT. — Veuillez appeler le témoin qui s'est présenté.

Le général Picard s'avance et répond : Présent, à l'appel de son nom.

M. LE GÉNÉRAL-PRÉSIDENT. — Greffier, reprenez la lecture du rapport.

M. Alla, greffier, se trompe et recommence la lecture d'une partie du rapport lue hier. Le général-président l'interrompt et lui donne le raccord.

Dans la reproduction du rapport, nous en sommes restés au moment où le maréchal Bazaine prend possession du commandement en chef le 12 août. Ici encore nous avons à noter un incident.

Voici, dit le Rapport, la demande qui a été posée à propos de ce commandement au maréchal :

« Dans quelles conditions avez-vous pris le commandement? Y a-t-il eu un conseil de guerre tenu? Avez-vous eu connaissance de la situation générale et des positions occupées par l'aile droite de l'armée du Rhin ? »

Le maréchal répond :

« J'ai reçu l'avis de ma nomination le 12, dans l'après-midi. Je suis allé immédiatement faire observer à l'empereur qu'il y avait des maréchaux plus anciens et plus aptes que moi pour accepter le commandement dans la situation difficile où nous étions. Il ne fut question d'aucun détail de service, ni de projets ultérieurs, ni de la marche en retraite des 1er, 5e et 7e corps, ni des renseignements qu'on pouvait avoir sur l'ennemi.

« Le major général, qui était présent, n'en a pas donné non plus. Il n'a pas été question non plus dans cette entrevue, de la concentration des troupes, et les ordres relatifs à ce mouvement, expédiés au maréchal de Mac-Mahon, ont dû l'être par le major général, mais je n'en ai aucune connaissance. »

Toute réflexion paraît superflue, en présence de l'aveu que fait le maréchal de la négligence avec laquelle il prend possession de son commandement.

Nous arrivons à la traversée de la Moselle. Le rapporteur rappelle que plusieurs ponts avaient été construits sur la Seille et sur la Moselle pour faciliter le passage rapide de l'armée. Ces ponts furent terminés en quelques jours, plusieurs régiments avaient pu franchir la Moselle dès le 12 au soir ; mais, dans la nuit du 12 au 13, une crue submergea les tabliers des ponts du grand bras et causa d'autres avaries.

Le rapporteur reconnaît que les dispositions vicieuses de la construction de ces ponts n'impliquent en rien la responsabilité du maréchal, mais il lui reproche de n'avoir pas utilisé dès le 13 au matin les trois ponts de la ville et du chemin de fer, d'avoir ainsi attendu, *sans la moindre nécessité*, jusqu'à l'après-midi du 14 pour mettre son armée en mouvement. C'est en vain que l'empereur, à diverses reprises, pressa le maréchal d'effectuer ce passage ; le maréchal répondit :

« L'ennemi paraissant s'approcher de nous et vouloir surveiller nos mouvements de telle façon que le passage à effectuer sur la rive gauche pourrait entraîner un combat défavorable pour nous, il est préférable soit de l'attendre dans nos lignes, soit d'aller à lui par un mouvement général d'offensive. Je vais tâcher d'avoir des renseignements ; j'ordonnerai alors les mouvements que l'on devra exécuter et j'en rendrai compte immédiatement à Votre Majesté. »

Le maréchal ayant reçu de nouvelles informations abandonne son projet et donne l'ordre de passer sur la rive gauche ; mais, au moment où la plus grande partie de ses forces a franchi la Moselle, l'ennemi attaque notre arrière-garde. Il est repoussé avec la plus grande vigueur.

Le combat de Borny inaugura d'une manière brillante, le rapport le reconnaît hautement, le commandement du maréchal Bazaine. Il releva le moral de notre armée, mais il retarda notre marche, et, à ce moment, puisque l'on voulait quitter Metz, il était bien plus important de gagner du temps qu'une bataille, car l'ennemi, secondé par tous nos retards, entreprenait en toute hâte le mouvement tournant qui allait le porter sur notre ligne de retraite et nous enlever toute communication avec l'intérieur.

Le rapport signale le défaut d'entente entre le maréchal et son chef d'état-major, le général Jarras. Cette mésintelligence donna lieu à des ordres et à des contre-ordres qui eurent des résultats déplorables sur lesquels nous aurons à revenir probablement dans le cours des débats. Signalons seulement pour le moment que l'acte d'accusation reproche au maréchal de ne pas avoir donné l'ordre en temps utile de faire sauter les ponts et d'avoir ainsi compromis la sécurité de l'armée en retraite. D'autre part, un pont qui n'était pas menacé fut détruit sans nécessité et le rapport fait remarquer « qu'il est pénible de penser que parmi tous les ponts situés aux abords de Metz on ne détruisit précisément que celui qui pouvait nous servir. »

Il est juste d'ajouter que le maréchal décline la responsabilité de cette affaire des ponts.

La suite du rapport constate que l'armée s'établit sur la ligne de Rozérieulles à Saint-Privat. Le commandant en chef avait annoncé à l'Empereur qu'il se retirait sur la ligne de Vigneulles-Lessy, mais il hésita devant l'exécution d'un mouvement rétrograde aussi prononcé. Cependant à ce moment la détermination du maréchal de rentrer sous Metz était parfaitement arrêtée dans son esprit.

Il télégraphiait néanmoins à l'Empereur à la date du 17 août et dans son télégramme, où il rendait compte de la bataille de Gravelotte livrée la veille, il déclarait pouvoir se remettre en marche le surlendemain en prenant au nord pour se diriger sur Verdun, expliquant le mouvement rétrograde de l'armée du Rhin vers Metz par la nécessité de réapprovisionner au plus vite les parcs et les convois.

Or, si le maréchal avait été réellement dans l'intention de reprendre sa marche vers l'intérieur, tout l'intérêt de la position eût été pour lui à la droite de son armée, côté par lequel il devait déboucher, et qui présentait la position la plus faible. Au lieu de cela, il établit sur le plateau de Saint-Privat, clef de la position, le corps du maréchal Canrobert, si rudement éprouvé dans la journée du 16 et resté fort incomplet avec une artillerie insuffisante, sans outils pour s'établir solidement sur le terrain. Quant aux réserves, il les dispose à gauche de son armée sur les hauteurs difficilement abordables du Saint-Quentin, que couronnent des fortifications permanentes. La cavalerie, reléguée dans le fond du vallon de Monvaux, se trouve forcément réduite à l'inaction; lui-même porte son quartier-général à Plappeville.

Ces dispositions, bien loin d'indiquer un projet de départ de Metz, témoignent de la crainte, bien peu fondée d'ailleurs, de voir l'ennemi se glisser entre la place et l'armée. La préoccupation du maréchal à ce sujet paraît avoir été si grande, que, dans l'après-midi du 17, il a manifesté un moment la pensée d'établir l'armée, le soir même ou dans la nuit, sur les positions qu'elle occupa le 19, sans l'appui des forts.

L'anxiété provoquée par le silence du maréchal le soir du combat de Rezonville et dans la matinée du lendemain se manifesta dans la dépêche expédiée le 17 du quartier impérial au général de Coffinières : « Avez-vous des nouvelles de l'armée ? Envoyer d'urgence à Sa Majesté au camp de Châlons. »

Cet officier général répond : « Hier 16, il y a eu une affaire très-sérieuse du côté de Gravelotte; nous avons eu l'avantage dans le combat, mais nos pertes sont grandes. Le maréchal s'est retiré sous Metz et campe sur les hauteurs de Philippeville. Nous demandons du biscuit et de la poudre. Metz est à peu près bloqué. »

Ces nouvelles alarmantes sont confirmées dans le rapport

que le maréchal expédie le 17 au soir par le commandant Magnan.

Dans ce rapport le maréchal annonce l'arrivée du roi de Prusse au château d'Aubigny avec une armée de 100 000 hommes. Il déclare que ses éclaireurs lui ont signalé la présence de nombreux corps de troupes ennemies sur la route de Verdun à Mont-sur-les-Côtes.

Le maréchal accuse le manque de vivres, parle d'en faire venir par la route des Ardennes qui est encore libre. Quant aux munitions, il n'y a dans la place de Metz que 800 000 cartouches à la disposition de l'armée du Rhin, et c'est là tout au plus ce qu'il faut pour une journée. Il en est de même pour les munitions de l'artillerie. Metz manque d'outillage pour la confection des cartouches, etc. Néanmoins le maréchal pense encore pouvoir prendre dans deux jours la route de Briey.

Ainsi, il n'y a ni vivres ni munitions à Metz, la poudre, le biscuit font défaut : tel est le résumé de ces dernières et tristes dépêches qui vont porter la stupeur et la désolation dans toute la France et provoquer dans tous les esprits une exaspération profonde, avant-coureur de la tempête du 4 septembre.

Et pourtant, bien que beaucoup moins abondants qu'il n'eût été désirable, les vivres étaient loin de faire défaut, puisque 260 000 hommes allaient subsister pendant 70 jours avec les ressources que renfermait la place. Les munitions ne manquaient pas non plus, puisque six jours après ce cri d'alarme, le général Soleille déclarait, le 21 août, être aussi complétement réapprovisionné qu'au début de la campagne.

Bataille de Saint-Privat.

Le rapport passe ensuite à la bataille de Saint-Privat, critique la conduite du maréchal durant cette journée où il ne sut rien prévoir ni rien sauvegarder. Non-seulement le maréchal ne fait pas soutenir le corps Canrobert (6e) malgré les avis réitérés qu'il reçoit, mais il disloque le corps de la garde dont il y avait tant à attendre ; évite de se renseigner ; n'emploie pas ses réserves ou les emploie mal ; il reste toujours hors du champ de bataille et laisse sur le Saint-Quentin 60 bouches à feu inutiles alors qu'il ne trouve à envoyer au secours de Canrobert que deux batteries de réserve et quelques caissons.

La coupable inaction du maréchal durant la bataille de Saint-Privat est répréhensible au premier chef, et il est entièrement responsable de la défaite du 18 août et des terribles conséquences qu'elle a entraînées.

L'ennemi était maître de Saint-Privat ; les lignes de l'armée française se trouvaient reportées sous la protection des ouvrages de la rive gauche et la route de Briey était désormais fermée.

Pour cacher cette situation, le maréchal expédie les 19 et 20 des dépêches erronées, se contredisant entre elles. Dans ces dépêches, soit au maréchal Mac-Mahon, soit à l'Empereur, il cherche à donner le change, et tandis qu'il leur parle de départ prochain, il fait annoncer dans les journaux de Metz que son armée est retenue sous les murs de la place par des nécessités politiques et militaires.

A partir du 20 août jusqu'au 25, le maréchal réapprovisionne son armée. 4 000 000 de cartouches trouvées en gare de Metz, mêlées à un convoi de matériel, lui donnent un approvisionnement de munitions important.

Le rapport entre ensuite dans l'examen du projet de jonction entre l'armée du Rhin et celle organisée par le maréchal Mac-Mahon au camp de Châlons. Il montre comment le maréchal Mac-Mahon, qui inclinait fortement à ramener son armée sur Paris, se décida enfin à l'engager vers l'Est sur la dépêche suivante du maréchal Bazaine.

« L'armée s'est battue toute la journée sur les positions de Saint-Privat à Rozérieulles et les a conservées. J'ai fait descendre de nouveau le matin sur la rive gauche de la Moselle. Je compte toujours prendre la direction du Nord et me rabattre ensuite par Montmédy sur la route de Sainte-Ménehould à Châlons, si elle n'est point fortement occupée. Dans le cas contraire, je continuerai sur Sedan ou même Mézières pour gagner Châlons. »

Dès 10 heures 45 du matin, moins d'une heure après l'arrivée de cette dépêche, le commandant de l'armée de Châlons télégraphie au ministre :

« Le maréchal Bazaine a écrit, du 19, qu'il comptait *toujours* opérer son mouvement de retraite par Montmédy. Par suite, je vais prendre mes dispositions pour me porter sur l'Aisne. »

A 1 h. 45, le comte de Palikao adresse le télégramme suivant à l'empereur :

« Le sentiment unanime du conseil en présence des nouvelles du maréchal est plus énergique que jamais. Les résolutions prises hier devraient être abandonnées. Ni décret, ni lettre, ni proclamation ne devraient être publiés. Ne pas secourir Bazaine aurait à Paris les plus déplorables conséquences. En présence de ce désastre, il faudrait crain-dre que la capitale ne se défende pas. Votre dépêche à l'impératrice nous donne la conviction que notre opinion est partagée. Nous atten-dons une réponse par le télégraphe. »

L'empereur répond aussitôt à quatre heures. « Reçu votre dépêche. Nous partons demain pour Montmédy. »

Comme on le voit, l'armée de Mac-Mahon se portait au se-cours de l'armée du Rhin sur l'avis du maréchal Bazaine qui, lui, n'était rien moins que disposé à tenter un vigoureux effort et à quitter sa position sous les murs de Metz, où le retenaient *des nécessités politiques et militaires.*

Le rapport poursuit en rappelant les diverses relations entre les deux maréchaux, leur échange de dépêches par messagers militaires ou civils, etc.

A la conférence de Grimont, tenue le 26 août, le maréchal Bazaine, en exposant la situation de l'armée sous un faux jour, en se taisant sur le mouvement du maréchal de Mac-Mahon, provoque une déclaration en vertu de laquelle l'armée doit demeurer sous Metz. Le même jour il informe le ministre de la guerre qu'il est impossible de percer les lignes enne-mies, et en même temps il écrit au maréchal de Mac-Mahon qu'il est cerné, mais faiblement, qu'il percera quand il voudra et qu'il l'attend. Telle fut la conduite du maréchal Bazaine pendant la période des opérations actives.

La suite de la lecture du rapport est renvoyée à demain.

PRÉSIDENCE DE M. LE DUC D'AUMALE

L'affluence est de plus en plus considérable. Une demi-heure avant l'ouverture de la séance, l'enceinte réservée aux témoins (enceinte livrée au public pendant la partie des débats interdite aux témoins) est envahie par une foule déjà fort compacte. Aujourd'hui les dames figurent pour près de moitié dans l'auditoire.

Voici quel sera, pour la fin de la semaine, l'ordre des audiences : Jeudi et vendredi, fin de la lecture du rapport et d'un certain nombre de pièces annexes, assez importantes ; on abordera le résumé du rapport dans lequel seront sommairement groupés les principaux chefs de l'accusation. Afin de ne pas scinder l'interrogatoire, la reprise des débats sera alors remise à lundi, car cet interrogatoire ne pourrait être que légèrement entamé dans la séance de samedi.

A une heure précise le commandant lance l'ordre : Debout ! les membres du Conseil prennent place, et le général président déclare que la séance est reprise.

L'accusé, assisté de ses défenseurs, est introduit devant le Conseil auquel il adresse son salut habituel.

On procède à l'appel du témoin Brisse (ou Brice) qui se retire après avoir prononcé le « présent » de rigueur.

LE GÉNÉRAL PRÉSIDENT au greffier. — Reprenez la lecture du rapport.

Des cartes des opérations de Metz sont apportées et placées sous les yeux du Conseil.

Mᵉ Lachaud continue à suivre ligne par ligne la lecture du rapport dont il a le texte sous les yeux. Depuis la séance d'hier, le colonel Villette, aide de camp du maréchal, prend de nombreuses notes.

Quant à l'accusé, il écoute avec une sorte d'apathie la lecture du rapport. Quelques clignements nerveux des paupières, et un mordillement constant des lèvres troublent seuls l'immobilité de sa physionomie.

On remarque dans l'assistance un certain nombre d'officiers. Un officier belge en uniforme est assis sur l'un des premiers bancs de l'enceinte réservée.

Pendant l'audience de lundi, le général président avait autorisé le greffier à lire assis. Cette tolérance était, paraît-il, contraire aux règlements militaires. Depuis deux jours, les greffiers se tiennent invariablement debout pendant la lecture du rapport.

Au nombre des pièces qui seront produites au cours du procès, on parle aujourd'hui d'un document de la plus haute importance pour la défense, c'est le projet d'un traité secret entre le commandant de l'armée de Metz et le gouvernement allemand. Ce traité n'était autre, paraît-il, qu'un traité de paix conservant à la France l'Alsace et la Lorraine et faisant du maréchal Bazaine le véritable arbitre des destinées de la France.

Pendant toute la durée de l'audience d'aujourd'hui, le général président a compulsé le rapport Rivière et pris d'assez nombreuses notes.

L'attention du Conseil se soutient, mais sans se manifester autrement que sur la physionomie de ses membres. Quelques-uns d'entre eux feuillettent le code de justice militaire placé sur la table.

Nous revenons à la lecture du rapport.

La deuxième partie de ce rapport comprend la période du blocus jusqu'au 7 octobre. Après avoir exposé les conditions de résistance de la place de Metz par l'énumération complète des travaux de la défense, elle fait ressortir la négligence des dispositions réglementaires prescrites pour la défense des places, l'incurie apportée dans les approvisionnements, pour l'amélioration desquels le maréchal ne fait aucune tentative.

Bientôt, par l'intermédiaire de M. Debains, secrétaire d'ambassade, le maréchal Bazaine apprend les événements de Sedan et la révolution du 4 septembre.

« En résumé, disait M. Debains, 600 000 Allemands sur le territoire français. — Plus d'armée régulièrement organisée en France, si ce n'est celle de Metz; pas d'enthousiasme vigoureux pour la cause nationale dans les provinces envahies, — union complète des Allemands pour le triomphe de la cause, — toute discussion sur la forme de l'État allemand remise après la fin de la guerre, — pas de chances d'intervention armée de l'Autriche, — l'Autriche et la Russie travaillant à la paix, sans avoir encore signifié à la Prusse les bases à accepter, — grand effort de l'armée ennemie sur Paris, — Metz, laissée à l'arrière-plan, — siège prochain dans 6 à 8 jours, quand la grosse artillerie sera arrivée. »

Malgré les règlements militaires qui faisaient au maréchal un devoir rigoureux de tenir secret un document de cette nature, d'origine prussienne, ces nouvelles sont immédiatement communiquées aux commandants des corps d'armée. Bien plus, le maréchal annonce lui-même prématurément la nouvelle de la prise de Strasbourg.

Peu après (14 septembre) M. André, maire d'Ars, fait parvenir au maréchal plusieurs journaux contenant la proclamation adressée le 8 septembre au peuple français pour la nomination d'une Assemblée nationale. — Paris peut tenir trois mois, le nouveau gouvernement se prépare à soutenir une guerre à outrance. Telles sont les résolutions développées dans cette circulaire officielle que le général Coffinières communique aux journaux de Metz, et qu'ils insèrent le 16 septembre. Ce même jour le maréchal publie l'ordre général donnant la composition du gouvernement de la Défense nationale. Il reconnaît implicitement ce gouvernement en tenant compte des dépêches qu'il reçoit du nouveau ministre de la guerre et en les communiquant à l'armée, faisant supprimer le 16 septembre les armes impériales et les mots rappelant le gouvernement de l'Empire sur le titre des nominations.

Cependant dans un de ses interrogatoires le maréchal proteste contre cette première série d'actes qui constituent une adhésion bien caractérisée au nouveau gouvernement, et de là une nouvelle contradiction.

Le 16, le maréchal Bazaine commence à entrer en rapport avec l'ennemi; il fait des ouvertures au prince Frédéric-Charles, et voici dans quels termes il explique cette démarche inconcevable.

« La nouvelle de la formation du gouvernement de la Défense nationale et de la proclamation de la République à Paris, nous parvint par un prisonnier qui avait pu s'échapper d'Ars-sur-Moselle. La connaissance de cet événement produisit une pénible impression sur l'armée. *On croyait à une manœuvre de l'ennemi pour influencer son moral,* et généraux, officiers et soldats repoussaient comme invraisemblable une révolution éclatant pendant que l'ennemi foulait le sol de la France et que l'on combattait encore sur la frontière. Notre loyauté militaire ne pouvait croire que l'ambition des meneurs d'un parti politique fût capable de sacrifier les intérêts les plus sacrés du pays, pour arriver au pouvoir convoité.

« Ne recevant aucune confirmation officielle de l'installation du nouveau pouvoir exécutif, j'écrivis au prince Frédéric-Charles pour lui demander *franchement* la signification et l'importance des événements qui seraient survenus. »

Ainsi, au moment où le maréchal exprime la pensée que les nouvelles dont il s'agit de constater l'exactitude peuvent n'être qu'une manœuvre de l'ennemi, c'est à l'ennemi qu'il s'adresse pour les contrôler. La lettre que le maréchal écrivit au prince Frédéric-Charles ne figure pas dans son registre de correspondance. Cette formalité était pourtant hien nécessaire dans une conjoncture aussi délicate. Du reste, la presque totalité de la correspondance échangée entre le maréchal et le prince a été supprimée. Ces suppressions sont trop extraordinaires pour n'avoir pas été motivées.

Le prince Frédéric-Charles répondit au maréchal que l'Allemagne et les puissances monarchiques ne reconnaissaient pas la République française, et il s'offrit à fournir en tout temps les communications qui pourraient être nécessaires au maréchal Bazaine.

A ce moment même le gouvernement allemand faisait insérer dans les journaux de Reims un Communiqué, établissant nettement la situation politique de l'Allemagne vis-à-vis de la France, dans lequel il était dit que l'Allemagne ne pouvait traiter qu'avec l'empereur, ou avec la régence, ou avec le maréchal Bazaine, parce qu'il tenait son commandement de l'empereur.

L'empereur était prisonnier, et la régence hors de France; le maréchal Bazaine, disposant seul des forces nécessaires pour servir de garantie aux négociations, se trouvait donc seul, par le fait, en mesure de traiter. C'est là que le rapport voit la cause dominante de la conduite du maréchal.

La déclaration de Reims créait ainsi au maréchal une position extrêmement importante. Le gouvernement de la Défense nationale, en se constituant, n'avait pas songé à faire figurer parmi ses membres le général de la seule armée française fortement constituée qui existât alors. L'ennemi avait compris aussitôt tout le parti qu'il pouvait tirer de cette circonstance. En reconnaissant au maréchal le droit de conclure la paix, il allait le détourner de l'accomplissement de ses devoirs militaires pour l'attirer sur le terrain des négociations dont la diplomatie allemande pourrait à son gré hâter ou prolonger le dénoûment.

Comme on le voit, la déclaration de Reims allait servir de levier pour précipiter dans ce sens les résolutions du maréchal. A quel moment M. de Bismark lui fit-il parvenir cette déclaration? Le maréchal déclare en avoir eu connaissance par le lieutenant Valdéjo, rentré à Metz le 22 septembre. Il est probable que ce fut beaucoup plus tôt, mais l'instruction n'est pas parvenue à le préciser.

Tout ce que l'on a pu constater, c'est que de nombreuses communications directes eurent lieu, pendant le mois de septembre, entre le prince Frédéric-Charles et le maréchal Bazaine.

Un des officiers du maréchal, chargé du commandement des avant-postes, M. Arnous-Rivière, et sur lequel le rapport s'exprime avec une sévérité non déguisée, recevait les parlementaires et les conduisait en voiture de Moulins au grand quartier général. L'incident le plus curieux de cette période est sans contredit l'incident Régnier, qui tiendra une grande place dans le cours des débats. Amené le 23 septembre au soir par M. Arnous-Rivière jusqu'à Longeville au quartier-général du général de Cissey, celui-ci, apprenant qu'il y avait un parlementaire qui désirait conférer avec le maréchal Bazaine, donna l'ordre à M. le capitaine Garcin de le conduire immédiatement à Metz. Il se fit annoncer sous ce titre : *l'envoyé d'Hastings.* On ignorait alors absolument à Metz que l'impératrice eût fixé sa résidence à Hastings.

Le sieur Régnier entre en matière en déclarant au maréchal qu'il vient de Ferrières, où se trouvait le quartier général ennemi; qu'il a obtenu une audience de M. de Bismarck, auprès duquel il s'était rendu pour savoir s'il était désireux de faire immédiatement la paix avec le gouvernement impérial. Il montre au maréchal une photographie de la demeure de l'impératrice à Hastings, au bas de laquelle le prince impérial a tracé quelques lignes affectueuses à l'adresse de son père. Le sieur Régnier n'a pas de pouvoirs écrits, et, sur l'observation qui lui est faite à ce sujet, il répond que c'est pour ne pas livrer aux hasards des incidents du voyage des documents importants. Les dépositions du maréchal et du sieur Régnier concordent, pour ces préliminaires de leur entretien, sauf sur un point important. « Il m'a dit venir de la part de l'impératrice, avec le consentement de M. de Bismark, » dit le maréchal. « Je n'ai pas dit au maréchal que j'eusse une mission de l'impératrice, » déclare Régnier.

Fut-il question, dans cette première visite du sieur Régnier, de l'envoi d'un général auprès de l'impératrice ? le maréchal l'affirme, Régnier déclare le contraire. Quoi qu'il en soit, le lendemain seulement on va voir le maréchal prenant des mesures pour se conformer à ce qu'il appelait les désirs de l'impératrice.

Lorsque prit fin la conférence entre le maréchal et le sieur Régnier, il était trop tard pour franchir les lignes et ce ne fut que le lendemain 25 que Régnier put revenir à Corny, où il trouva, dit-il, un télégramme de M. de Bismarck autorisant la sortie d'un général de l'armée de Metz. Comme cette sortie devait être tenue secrète, le général de Stiehle, déclare Régnier, avait eu l'idée de mettre à profit, pour atteindre ce but, une demande de rapatriement dont était saisi l'état-major de l'armée de blocus de la part du comité de secours luxembourgeois concernant sept médecins, leurs compatriotes, qui étaient enfermés dans Metz et dont on sollicitait le retour dans leur pays.

L'envoi d'un officier supérieur auprès de l'impératrice ayant été décidé, le maréchal Canrobert s'excusa sur son état de santé. Le maréchal Bazaine, montrant au général Bourbaki, étonné de la proposition qui lui était faite, des lettres du prince Frédéric-Charles, lui expliqua qu'on pouvait traiter directement avec le quartier général prussien et que pour arriver à ce résultat, il fallait que lui, Bourbaki, allât en Angleterre trouver l'impératrice qui l'attendait.

Le départ du général devait avoir lieu incognito pour ne rien ébruiter, et le général n'ayant pas d'habits bourgeois, le maréchal lui prêta les siens ; une casquette avec la croix de Genève, que Régnier avait demandée à l'un des médecins, complétait le costume. L'autorité allemande avait donné un sauf-conduit pour *neuf* médecins au lieu de *sept*, favorisant ainsi la sortie en question.

Pendant que le général Bourbaki poursuivait sa route vers l'Angleterre où il allait apprendre de l'impératrice qu'il avait été l'objet d'une mystification de la part du sieur Régnier, celui-ci regagnait Ferrières. Il avait été convenu avec le maréchal Bazaine et lui, que dans un délai de six jours, c'est-à-dire au plus tard le 30 septembre, Régnier lui ferait passer la réponse de M. de Bismark ; mais que si, au bout de huit jours, il ne lui donnait pas de ses nouvelles, ce serait la preuve que les négociations auraient échoué.

Le maréchal n'entendit plus parler de Régnier, mais le 29 septembre fut transmise au ban Saint-Martin une dépêche expédiée la veille de Ferrières, non signée, ainsi conçue :

«Le maréchal Bazaine acceptera-t-il pour la reddition de l'armée qui se « trouve devant Metz les conditions que stipulera M. Régnier, restant « dans les instructions qu'il tiendra de M. le maréchal ? »

Le maréchal répondit en offrant d'envoyer le général Boyer au quartier général ennemi.

Le prince Frédéric-Charles laissa cette affaire sans réponse.

Régnier ne donnait plus de ses nouvelles, le général Bourbaki ne faisait plus parvenir aucune lettre au maréchal. Les négociations étaient donc rompues; cette rupture fut causée, d'après Régnier, par des malentendus qu'il était facile de dissiper.

Voici les réflexions dont l'acte d'accusation fait suivre les détails qu'il révèle :

Quel était ce personnage qui surgissait ainsi inopinément au milieu de ces graves événements et dont la funeste intervention allait entraîner le maréchal Bazaine dans les résolutions les plus coupables ?

Né à Paris en 1822, Régnier a reçu une éducation tout à fait tronquée, ainsi que le prouve son style étrange et son orthographe vicieuse. Il obtint cependant le diplôme de bachelier et entama sans les pousser bien loin, des études de droit et de médecine. Plus tard il s'occupa de magnétisme. On le trouve mêlé de la manière la plus bizarre aux événements du 15 mai et du mois de juin 1848; il se marie, se rend en Algérie et y est employé en qualité de chirurgien auxiliaire. Il rentre en France, exploite une carrière de pavés, puis se remarie en secondes noces en Angleterre avec une femme qui lui apporte une certaine aisance.

Régnier est un homme fin et audacieux ; ses manières sont vulgaires; vaniteux à l'excès, il se croit un profond politique. Il a publié de nombreuses brochures.

Deux faits d'une importance capitale se dégagent de la déposition de Régnier ; d'une part, le maréchal livre au premier venu, à un inconnu sans pouvoirs écrits, en relation certaine avec l'ennemi, le secret de la date à laquelle son armée aura épuisé ses vivres; d'autre part, le maréchal lui déclare qu'on est prêt à capituler à la condition de sortir avec les honneurs de la guerre. Après avoir reconnu le gouvernement de la Défense nationale en notifiant à l'armée sa composition, le maréchal Bazaine s'engage dans des négociations ayant pour but la restauration du gouvernement impérial, et cela à l'insu de ses lieutenants, qu'il évite de consulter, tout en les représentant comme animés des mêmes sentiments que lui.

En prenant une semblable attitude devant l'ennemi, en offrant de lui envoyer son aide de camp pour donner des explications, en faisant ainsi des ouvertures pour renouer les pourparlers, le maréchal avouait implicitement son impuissance absolue de sortir les armes à la main. Il faut bien le dire, une semblable conduite, après une semblable inaction, est inouïe dans l'histoire militaire.

Le rapport signale la présence de Régnier à Versailles parmi les rédacteurs du *Moniteur prussien*, dans lequel il publie une série d'articles sous le titre de *Jean Bonhomme*. C'est cet homme qui apporte de Metz des renseignements exacts sur la situation de l'armée. « Le maréchal m'informe, dit Régnier, que l'on avait déjà diminué la ration de pain, que l'on allait encore, par mesure de prudence, la réduire dans quelques jours; que les chevaux manquaient de fourrages, que l'on était réduit à s'en servir comme viande de boucherie; que dans ces conditions et en tenant compte de la nécessité d'emporter 4 à 5 jours de vivres pour l'armée et de conserver un certain nombre de chevaux en état de traîner les pièces et quelques approvisionnements, il aurait une grande difficulté à atteindre le 18 octobre. » Le maréchal ne devait-il pas livrer à un conseil de guerre, plutôt que de l'écouter, l'agent qui venait lui proposer de négocier avec l'ennemi? Ainsi, le 23 septembre, le maréchal Bazaine s'est déclaré prêt à capituler avec les honneurs de la guerre, et le 29 septembre il offre lui-même à l'ennemi la capitulation de son armée, alors qu'il y avait encore à Metz des munitions et des vivres. Cependant il reste dans une inaction complète; petites opérations pour se ravitailler dans les villages voisins de ses camps, attaques successives et multiples pour tenir ses troupes en haleine et harceler l'ennemi, tout est négligé. Quant aux tentatives du maréchal pour se mettre en rapport avec le gouvernement de la Défense nationale, elles se bornent à l'envoi qu'il a fait à deux reprises, le 15 et le 25 septembre, d'une dépêche dont les termes mêmes dénotent son intention de s'affranchir de toute direction, alors que par émissaires, pendant le mois de septembre, et plus tard par ballons, il pouvait facilement communiquer avec l'extérieur. Cependant le ravitaillement de l'armée de Metz a été une des plus graves préoccupations du gouvernement de la Défense nationale, et les plus louables efforts ont été tentés pour faire aboutir cette importante opération.

La troisième partie du rapport comprend la capitulation du 7 au 29 octobre. Les mesures qui ont marqué les premiers jours d'octobre avaient pour but non de préparer une sortie de vive force, mais un simple départ de l'armée, qui aurait été effectué avec l'assentiment de l'ennemi et en vertu de négociations nouées avec lui. Dès le 7 octobre, le maréchal, qui avait reçu du général Coffinières un rapport sur la situation des ressources en vivres de la ville de Metz et des magasins de la place, ordonne une opération pour recueillir des approvisionnements considérables qui se trouvaient dans des fermes à Saint-Remy et à Bellevue. Cette journée montra avec la dernière évidence tout ce que le maréchal aurait pu obtenir de l'élan de ses soldats s'il leur avait fait appel. Ce fut la dernière fois que cette brave armée aborda l'ennemi.

Le 10 octobre, le maréchal réunit en conseil de guerre les commandants des corps d'armée, et sans qu'il ait porté à la connaissance du conseil les correspondances échangées avec le prince Frédéric-Charles et les ouvertures que le sieur Régnier lui avait faites avec l'assentiment de M. de Bismark, il est convenu et arrêté :

1° Que l'on tiendra sous Metz le plus longtemps possible ; 2° que l'on ne fera pas d'opérations autour de la place ; 3° que des pourparlers seront engagés avec l'ennemi dans un délai qui ne dépassera pas 48 heures, afin de conclure une convention militaire honorable et acceptable pour tous ; 4° que dans le cas où l'ennemi voudrait imposer des conditions incompatibles avec notre honneur et le sentiment militaire, on tentera de se frayer un passage les armes à la main.

On allait donc négocier immédiatement, et pour peu que les négociations traînassent en longueur, et l'ennemi avait tout intérêt à ce qu'il en fût ainsi, la pénurie de vivres allait rendre impuissante toute tentative de sortie.

Le général Boyer, autorisé le 12 par le roi de Prusse à se rendre à Versailles, se met immédiatement en route ; dans son entrevue avec M. de Bismark il parla non d'une capitulation, mais d'une convention militaire qui lui accorderait les honneurs de la guerre, c'est-à-dire la faculté de se retirer en emportant ses armes, son matériel et ses aigles. Mais les conditions imposées par M. de Bismark étaient les suivantes :

1° Affirmer la fidélité de l'armée du Rhin au gouvernement de la régente ; 2° provoquer de l'armée une manifestation témoignant qu'elle était décidée à suivre l'empereur ; 3° obtenir de l'impératrice la signature préliminaire de la paix.

Le général Boyer revint à Metz le 17 ; il présenta au conseil la situation de la France sous un aspect encore plus triste qu'il ne l'a fait dans le tableau qui reproduit sa déposition. Dans le dernier conseil, tenu le 18 octobre, le général Boyer doit se rendre à Hastings, afin d'exposer la situation de l'armée à l'impératrice, et s'il n'est point possible d'arriver à la solution désirable, il sollicitera de Sa Majesté une lettre par laquelle elle délie l'armée de son serment à l'empereur, et lui rend sa liberté d'action.

Le résultat du voyage du général Boyer à Londres fut communiqué au maréchal Bazaine par l'intermédiaire du prince Frédéric-Charles.

M. de Bismark, dans la lettre qui accompagnait la dépêche, déclarait qu'aucune des garanties qu'il avait désignées au général Boyer comme indispensables pour entrer en négociations avec la régence impériale n'étaient réalisées, et conséquemment il considérait l'avenir des négociations comme absolument perdu.

Audience du 10 octobre

Présidence de M. le duc d'Aumale

Une demi-heure avant l'ouverture de la séance, une longue file se développe devant la grille de Trianon. On y remarque pour la première fois un très-grand nombre de soldats de différentes armes, qui, un instant après, envahissent le fond du prétoire. Le public se trouve ainsi encadré entre les épaulettes étoilées du Conseil et les épaulettes de laine qui s'entassent dans l'enceinte, debout.

A midi et demi le Conseil entre en séance.

L'accusé est introduit.

Le Général-Président. — Greffier, faites l'appel des témoins qui se sont présentés.

On procède à l'appel des témoins :

Bastide Constantin, ouvrier chaudronnier.

Le sous-intendant Caillard.

La lecture du rapport sera très-probablement terminée aujourd'hui; mais, ainsi que nous l'avons dit, on ne lira le résumé qu'après avoir donné connaissance des pièces annexées, assez nombreuses.

Derrière le Conseil, deux fauteuils sont réservés au général Ladmirault et au général Saget.

L'enceinte des témoins est aussi bien garnie qu'hier, mais les dames y figurent en proportion moindre.

La lecture du rapport, dont nos lecteurs connaissent déjà les principales parties, est écoutée avec une attention beaucoup plus marquée que précédemment.

Le président et le défenseur continuent à en suivre le texte ligne par ligne.

Les mouvements nerveux du maréchal sont devenus plus fréquents. Le clignotement des paupières s'accuse d'une façon de plus en plus sensible; on remarque qu'il n'a pas pris une seule note depuis l'ouverture des débats.

Plusieurs membres du Conseil étant aussi membres de l'Assemblée nationale et leurs votes pouvant avoir une grande importance dans certaines éventualités politiques, il est question, pour leur permettre de siéger à l'Assemblée, de fixer à huit heures du matin l'ouverture des séances du Conseil de guerre à partir de la reprise des débats parlementaires. Dans ce cas, les séances de Trianon se termineront à midi. En prévision de séances de nuit, la salle a été, du reste, pourvue d'un système complet d'éclairage. On a pris aussi les précautions nécessaires pour le chauffage.

On signale aujourd'hui la présence de l'amiral Saisset aux places réservées du prétoire.

Nous nous sommes arrêtés hier dans la reproduction du rapport au moment où les difficultés devenaient fort graves pour le maréchal-commandant.

Devant cette situation le maréchal ne fit rien. Tout lui commandait de tenter un dernier effort et de soutenir par là le moral de l'armée; au contraire, le maréchal semble s'être attaché pendant toute cette période à détourner l'esprit public des sentiments énergiques qui cependant se faisaient jour parmi les soldats et le corps des officiers. Afin d'annihiler cet esprit de résistance qui contre-carrait ses visées personnelles, le maréchal Bazaine fit communiquer à l'armée les nouvelles apportées par le général Boyer, et la description des travaux exécutés par l'ennemi pour empêcher toute sortie. Cette nomenclature, ainsi que cela a été reconnu par les témoignages des officiers demeurés dans la place, était souvent énoncée et généralement empreinte d'une grande exagération. En agissant ainsi, le maréchal a violé les dispositions du décret de 1863, et a formellement manqué à son devoir en acceptant comme vrais les renseignements que lui transmettait l'ennemi. Il pouvait relever les cœurs au lieu d'abattre leur élan, en concluant, de la continuation de la guerre, que le pays opposait une résistance désespérée à l'ennemi. Il y aurait eu un parti pris d'abaisser le moral des troupes, qu'on n'eût pas agi autrement. Si ces communications avaient du moins été données à titre tout confidentiel aux commandants de corps de manière à les renseigner sur les obstacles qu'ils pouvaient avoir à surmonter, elles eussent paru toutes naturelles. Divulguées, au contraire, les résultats qu'elles allaient produire ne pouvaient être que désastreux. L'on ne saurait y voir que la pensée de convaincre l'armée de la nécessité de capituler et de la préparer à cette extrémité humiliante.

Le maréchal ne se bornait pas à agir sur les esprits de ses soldats; depuis longtemps déjà la direction de la presse locale était entre ses mains. Des épreuves de journaux étaient envoyées chaque jour au grand quartier général, d'où partaient les communiqués destinés à être portés à la connaissance du public. Ainsi par ordre on insère dans les journaux une note sur l'effectif et la répartition des forces ennemies autour de Metz, et par contre on arrêta l'insertion d'un article du colonel Humbert, dans lequel cet officier supérieur cherchait à établir par des considérations historiques, que la situation n'était pas désespérée, et que les efforts tentés par le pays pouvaient aboutir. Un article de l'*Indépendant de la Moselle*, dans lequel était repoussée l'idée d'une capitulation, fut supprimé. On se demande pourquoi cette mesure au lendemain du conseil dans lequel il avait été décidé, à l'unanimité, que l'on tenterait un effort désespéré, si l'ennemi voulait im poser à l'armée des conditions incompatibles avec le sentiment de l'honneur et du devoir.

En outre le même journal, ayant voulu publier un article pour démentir les nouvelles rapportées par le général Boyer, reçut l'avis de ne pas l'insérer. Ce fait caractérise nettement la nature de l'action exercée par le maréchal Bazaine sur la presse, et son intention de diriger les esprits dans une voie favorable à ses desseins, fallût-il dans ce but transvestir la vérité.

Dans le conseil qu'il réunit le 24 octobre le maréchal Bazaine fait accepter l'idée de la capitulation et les généraux Changarnier et de Cissey d'abord, puis Jarras ensuite, sont les parlementaires désignés pour traiter avec l'ennemi, qui fit les conditions générales suivantes : l'armée entière prisonnière de guerre, remise de la place de Metz ainsi que du matériel de guerre et des drapeaux.

Au moment où le général Jarras allait se rendre au camp ennemi pour signer la convention en cherchant à obtenir quelques adoucissements à ces dures conditions, l'intendant général Lebrun vint annoncer au maréchal qu'il avait trouvé du pain pour quatre jours de plus. Le maréchal Bazaine ne tint nul compte de cet avis.

C'est le 26 que le maréchal Bazaine fit connaître aux commandants de corps les conditions de l'ennemi. A la suite d'une discussion longue et pénible le conseil allait se séparer, lorsque le général Desvaux, s'approchant du maréchal lui dit : « Et les drapeaux ! » Le maréchal répondit aussitôt en donnant l'ordre de les faire porter à l'arsenal pour qu'ils y fussent brûlés. Le 27 le colonel Hugues rédige sous la dictée du maréchal la lettre numéro 653 adressée aux commandants des corps d'armée :

« Veuillez donner des ordres pour que les aigles des régiments d'infanterie de votre corps d'armée soient recueillies demain matin, de bonne heure, par les soins de votre commandant d'artillerie et transportées à l'arsenal de Metz, où la cavalerie a déjà déposé les siennes.

« Vous préviendrez les chefs de corps qu'elles y seront brûlées. Ces aigles enveloppées de leurs étuis seront emportées dans un fourgon fermé; le directeur de l'arsenal les recevra et en délivrera des récépissés aux corps.　　　　　　　　　　Signé : BAZAINE.

Il est donc manifeste d'après cette lettre que les corps vont se dessaisir de leurs drapeaux avec la conviction qu'ils seront brûlés à l'arsenal.

Le lendemain, 28, un ordre envoyé à l'arsenal prenait au contraire les dispositions suivantes :

ORDRE.

D'après la convention militaire, signée hier soir 27 octobre, tout le matériel de guerre, étendards, etc., doit être déposé, inventorié et conservé intact jusqu'à la paix, les conditions définitives de la paix doivent seules en décider.

En conséquence, le maréchal commandant en chef prescrit de la manière la plus formelle au colonel de Girels, directeur d'artillerie à Metz, de recevoir et de garder en lieu fermé tous les drapeaux qui ont été ou qui seront versés par les corps; il ne devra sous aucun prétexte rendre les drapeaux déjà déposés, de quelque part que la demande en soit faite, commandants de corps d'armée, généraux chefs de corps; le maréchal commandant en chef rend le colonel de Girels personnellement responsable de l'exécution de cette disposition, qui intéresse au plus haut degré le maintien des clauses de la convention honorable qui a été signée et l'honneur de la parole donnée.

Le maréchal commandant en chef,

Bazaine.

Plusieurs chefs de corps, les généraux Jeanningros, Lapasset, Pede Arros, le colonel Melchior et quelques autres font détruire eux-mêmes leurs drapeaux, mais le plus grand nombre est rendu à l'ennemi.

Des scènes douloureuses se passèrent à l'arsenal, où quelques officiers fondirent en larmes en remettant au colonel de Girels les drapeaux de leurs régiments. Cependant, l'ennemi s'inquiétait de l'exécution de cette clause; et le général Stiehle écrivait au commandant français une lettre hautaine, demandant qu'on arrêtât sur l'heure la destruction des drapeaux, ou que la capitulation ne serait pas conclue. On compta, pour en donner le chiffre aux Allemands, les drapeaux restés intacts à l'arsenal, et l'on en trouva cinquante-trois.

La suite du rapport est consacrée à la capitulation de Metz. Le 29 octobre au matin, le conseil fut réuni pour entendre la lecture des clauses de la capitulation. Le conseil donna son approbation au protocole et à son annexe.

C'est ainsi que finit l'armée du Rhin, victime des menées ambitieuses de son chef; c'est ainsi que fut entraînée dans la ruine de l'armée la place de Metz qui, abandonnée à elle-même, aurait pu opposer une résistance prolongée à l'ennemi, de manière à attendre le moment de l'armistice. C'est ainsi que la Lorraine devint prussienne.

La campagne de Metz, dont les débuts furent marqués par une série de combats également honorables pour les deux armées, se continua après le 1er septembre par une lutte souterraine. Ce que la force avait noblement commencé, ce fut la ruse qui le termina.

Aux termes de l'article 3 du protocole, le matériel de guerre, drapeaux, armes, etc., devait être remis à l'ennemi. Telle était la conséquence de ces négociations de la dernière heure, dont l'échec n'était que trop certain, et qui avaient fait perdre en pourparlers décisifs un temps qui aurait suffi, non-seulement à détruire le matériel, mais même à démanteler la place.

Nous avons vu quel sort avait été réservé aux drapeaux; quant aux armes, des mesures furent ordonnées pour assurer leur conservation. Toute tentative de destruction fut arrêtée, et le général de Berkeim, commandant de l'artillerie du 6ᵉ corps, ayant, dans les derniers jours, mis ses mitrailleuses hors de service, en fut sévèrement blâmé.

Le bruit avait été répandu avant la capitulation que tout le matériel serait rendu à la France lors de la paix, que cela était convenu avec l'ennemi. En présence de cette éventualité appuyée sur des déclarations officielles que rien ne justifiait, puisqu'il n'en fut jamais question dans la discussion des clauses de la capitulation, le matériel fut réintégré en magasin avec le plus grand soin.

Les troupes, sans armes, devaient être remises à l'ennemi. A Sedan, il n'avait été établi aucune distinction entre les officiers et les soldats pour leur remise aux mains de l'ennemi, et tous les officiers qui préféraient la captivité à l'acceptation des conditions posées pour leur rentrée en France furent gardés matériellement jusqu'au moment de leur départ. A Metz, au contraire, le maréchal Bazaine stipula qu'après avoir conduit leurs soldats, les officiers rentreraient librement dans l'intérieur du camp retranché ou à Metz, sous la condition de s'engager sur l'honneur à ne pas quitter la place sans l'ordre du commandant prussien. Du moment où le maréchal séparait le sort des officiers de celui des soldats, il aurait au moins dû tracer aux officiers leurs devoirs d'une manière précise et exclure toute diversité d'interprétation. Les termes de la clause relative aux officiers étaient loin de présenter ce caractère, ce qui fut cause d'une confusion regrettable.

Tous les officiers qui engageaient leur parole d'honneur de ne pas porter les armes contre l'Allemagne et de n'agir d'aucune manière contre ses intérêts, jusqu'à la fin de la guerre, furent autorisés à rentrer dans leurs foyers. L'art. 256 du décret de 1863 est formel. L'officier ne doit pas séparer son sort de celui de sa troupe. C'est ainsi d'ailleurs que le comprirent la presque totalité des officiers de l'armée de Metz. Bien loin de viser cette prescription salutaire, éminemment française, car elle correspond au sentiment le plus délicat de l'égalité, l'égalité dans l'infortune, l'art. 4 a ouvert la porte à toutes les défaillances, et devant quelle condition? Prendre l'engagement de n'agir en aucune façon contre les intérêts de l'Allemagne. Cette condition, incompatible avec le patriotisme et le devoir professionnel de la carrière des armes, le maréchal Bazaine autorisa ses officiers à y souscrire. Il ne fut pas le seul dans le cours de la campagne, déplorons-le, mais il était le plus élevé, et à ce titre, plus que personne, il mérite d'être blâmé sévèrement.

L'article 3 du protocole stipulait que les armes et tout le matériel de l'armée, etc..., seraient laissés à Metz et dans les forts à des commissions militaires instituées par le maréchal Bazaine pour être remis immédiatement à des commissaires prussiens.

Immédiatement après la signature de la capitulation, des commissions spéciales furent organisées par le commandant supérieur de Metz, sous la présidence du général Henry. Cet officier général n'eut pour se guider que l'ordre adressé au colonel de Girels par le maréchal Bazaine, dans la matinée du 28 et à l'occasion des drapeaux, et dans lequel se lisaient ces mots : « D'après la convention militaire signée hier au soir 27 octobre, tout le matériel de guerre, étendards, etc, devra être déposé et conservé intact jusqu'à la paix, les conditions de la paix doivent seules en décider. »

Nous étions convaincus tous que nous allions rendre un service suprême au pays, a déposé le général Henry, en faisant reconnaître à l'ennemi le matériel que nous n'avions plus à lui remettre puisqu'il en était maître et qui devait, selon notre pensée et d'après les phases de la guerre, qui n'était pas finie, faire retour à la France.

« Cela était indiqué dans l'ordre de M. le maréchal commandant en chef, cela était la conséquence même de la mission qui nous était confiée, car les commissions étaient sans but si elles n'avaient eu qu'à remettre un matériel qui était pris virtuellement.

« Les dignes officiers à qui l'on avait donné la douloureuse tâche de remettre aux vainqueurs toutes ces richesses ont cru de leur devoir de les défendre encore pied à pied en forçant l'ennemi à les reconnaître en détail, pour qu'à un jour, qu'ils espéraient encore, il pût être obligé de les rendre intégralement ou au moins d'en payer la valeur, car ils ont poussé le soin jusqu'à en faire l'estimation. Je partageais cette opinion. »

On ne saurait que s'associer aux sentiments exprimés par le général Henry. Malheureusement, ce n'étaient pas les conditions de la paix qui devaient décider du sort du matériel, et contrairement aux déclarations du maréchal, aucune réserve n'avait été faite à ce sujet. Ses déclarations n'eurent qu'un résultat, celui de prolonger, pendant deux mois, les amertumes d'une opération qui, aux termes de la capitulation, aurait dû être immédiate.

Voici le relevé, d'après les procès-verbaux officiels, du matériel remis à l'ennemi.

1665 bouches à feu, dont 1186 rayées.
8922 affûts de voitures.
3 239 225 projectiles.
419 285 kil. de poudre.
13 288 096 cartouches du modèle Chassepot.
9 696 768 cartouches de divers modèles.
124 137 fusils Chassepot.
154 152 fusils de divers modèles.

La valeur de ce matériel et de divers accessoires de toute nature s'élèverait au chiffre total de 36 millions.

Nous avons vu comment fut soulevée et résolue la question des honneurs de la guerre. En présence d'une armée qui avait conscience d'avoir mérité un meilleur sort et qui frémissait à la pensée de subir les hontes d'une capitulation, on ne peut méconnaître qu'il n'eût pas été sage de la faire défiler en si grand nombre, en armes, devant un ennemi dont l'aspect pourrait déterminer un mouvement spontané et irrésistible de fureur. Disons-le hautement, autant les honneurs de la guerre rendus à un détachement de toutes armes de l'armée française étaient justifiés à tous les points de vue, autant cette mesure, étendue à toute l'armée, présentait-elle de difficultés et de dangers.

On comprend très-bien que devant des éventualités aussi alarmantes, le maréchal ait renoncé à cette marque de considération pour toute son armée, mais il aurait dû l'accepter pour un détachement. S'il a refusé ce défilé, où sa place était marquée à la tête des représentants de son armée, c'est uniquement par le sentiment de la honte bien naturelle que devaient lui inspirer son inaction et l'échec de ses menées ambitieuses. Si depuis le premier septembre, au lieu de leurrer son armée par l'annonce d'un départ qui n'avait jamais lieu et de s'en gager dans des trames dont il devait être la dupe, il avait livré une série de combats ; s'il avait fait, en un mot, tout ce que lui commandaient le devoir et l'honneur, c'est avec fierté qu'il aurait défilé devant l'ennemi. Le maréchal Bazaine s'est jugé et condamné lui-même en refusant les honneurs militaires que l'ennemi accordait à son armée.

Aux termes de la capitulation, l'armée, la place et les forts de Metz devaient être remis à l'ennemi le 29 octobre à midi. Le maréchal avait confié aux commandants de corps le soin de fixer le nombre des officiers chargés de conduire les troupes sur les emplacements assignés par l'ennemi.

Dans presque tous les corps tous les officiers tinrent à honneur d'accompagner leurs troupes sous leurs ordres. Le maréchal avait quitté dès le matin son quartier général.

Bien que le commandement du maréchal expirât au moment même de la remise officielle de l'armée à l'ennemi, son devoir lui commandait de demeurer jusqu'à la fin au milieu de ses malheureux soldats, pour intervenir au besoin en leur faveur, en cas de difficultés avec l'ennemi. Tout au moins, en quittant l'armée, aurait-il dû laisser à son chef d'état-major le soin de le remplacer dans cette circonstance douloureuse. Une grande confusion, naturellement, résultait du départ du commandant en chef et de son chef d'état-major.

Les troupes avaient reçu, pour chacune des journées du 27 et du 28, la faible ration de 250 grammes de pain seulement, et se trouvaient sans vivres au moment où elles furent constituées prisonnières. Cependant il fut remis à l'ennemi officiellement, provenant tant des magasins des forts que de ceux de la ville, un jour de farine et des quantités proportionnées de lard, riz, sel, café, vin, eau-de-vie. Le lendemain et les jours suivants les fourgons prussiens ramenaient en ville des soldats français morts ou mourants de faim et de misère.

Le prince Frédéric-Charles avait annoncé le 25 octobre, au général Changarnier, que des approvisionnements avaient été préparés par ses soins pour nourrir l'armée dès qu'elle aurait déposé les armes. Au lieu de stipuler dans le protocole que des vivres seraient distribués aux troupes aussitôt après leur remise à l'ennemi, le maréchal mit en oubli de régler ce point essentiel.

Ainsi, alors que nos magasins contenaient assez de vivres pour la journée du 29, et que l'ennemi avait préparé de son côté des ravitaillements afin de pourvoir aux premiers besoins, les troupes restèrent dans le dénûment. La responsabilité du maréchal se trouve donc doublement engagée dans cette circonstance.

Ce douloureux récit ne serait pas complet, si l'on ne faisait pas ressortir de combien aurait été accrue la durée de la résistance, si le maréchal Bazaine avait su imprimer une direction judicieuse aux services des subsistances.

Contentons-nous de dire, et cela est établi dans le rapport spécial relatif aux subsistances, que si, à partir du 1er septembre, on avait mis en commun toutes les ressources et rationné l'armée et la population, on aurait pu faire durer les vivres recueillis 30 jours de plus. Si, en outre, le maréchal avait, dans les premiers jours du blocus, fait rentrer dans le camp retranché les récoltes qui venaient d'être recueillies, on aurait pu gagner en outre 33 jours. Au lieu de capituler le

29 octobre, l'armée aurait pu tenir dans le premier cas jusqu'au 28 novembre, et dans le second jusqu'au 1er janvier.

Si le maréchal Bazaine eût quitté le camp retranché le 1er septembre, la distribution judicieuse des ressources qu'il laissait à Metz eût permis aux 106 000 rationnaires renfermés dans la place de vivre jusqu'au 31 janvier inclus sur le pied d'une ration de 350 grammes de viande, 500 grammes de pain et 3 kilos de fourrages. Si, en outre, du 20 au 29 août, on eût recueilli les ressources immédiatement voisines des camps, la résistance aurait pu être bien autrement prolongée.

Au moment où la pénurie des vivres, pénurie qu'il aurait pu si facilement prévenir, força le maréchal Bazaine à capituler, se rassemblaient sur la Loire, entre Nevers et Blois, cinq corps d'armée français. La cohésion manquait assurément à ces nouvelles levées, mais leur effectif était très-considérable, et les Allemands n'auraient eu à leur opposer, retenus qu'ils étaient par les nécessités du blocus de Paris, que des forces bien inférieures en nombre.

Si l'armée du prince Frédéric-Charles, dont les premières troupes commencèrent à s'ébranler dès le 21 octobre, et qui atteignit Fontainebleau et Pithiviers vers le 25 novembre, avait été retenue sous les murs de Metz, les conditions de la lutte auraient été tout autres devant Orléans. On ne peut hasarder, à ce sujet, que des conjectures, mais le succès remporté à Coulmiers par deux corps d'armée français, qui ne furent pas même engagés en entier, permet de penser que, sans l'intervention de l'armée du prince Frédéric-Charles, il eût été possible de dégager Paris.

L'on peut donc affirmer qu'en ne prenant pas les mesures nécessaires pour prolonger la durée de la résistance de l'armée et de la place de Metz, le maréchal doit supporter une partie de la responsabilité des revers subis par l'armée de la Loire, revers irréparables et décisifs.

Sedan, Metz, Orléans, le nom du maréchal Bazaine demeurera éternellement attaché à ces trois grands désastres de la guerre de 1870.

On a cru devoir passer sous silence, dans ce récit, l'examen des diverses questions relatives aux émissaires, au service de l'artillerie et aux subsistances; des développements spéciaux vont leur être consacrés. Ces développements formeront la 4e partie du rapport, qui sera suivie du résumé général de l'instruction.

L'audience est renvoyée à demain pour la suite de la lecture du rapport.

Séance du 11 octobre

Présidence de M. le duc d'Aumale

Vu la longueur des documents annexes qui doivent être lus après le rapport et avant le résumé, on a fixé à onze heures l'ouverture de la séance d'aujourd'hui.

Il n'est pas certain, cependant, que la lecture de ces documents puisse être achevée dans cette audience, et l'on prévoit, dans ce cas, une séance extraordinaire du dimanche pour demain.

Il n'est pas certain non plus que l'interrogatoire suive immédiatement le résumé du rapport Rivière. Il est fortement question, depuis hier, d'un long mémoire de la défense, réfutant les assertions du rapport, ce qui retarderait l'interrogatoire du maréchal; mais nous n'avons pu contrôler encore l'exactitude de cette information.

La gravité des charges relevées contre deux des principaux témoins assignés, ayant éveillé l'attention sur la part de responsabilité qui leur incombe dans les événements de Metz, le bruit court qu'un grave incident d'audience pourrait bien se produire lors de la comparution de ces témoins.

L'audience est ouverte à onze heures. Très-peu de personnes s'étant trouvées prévenues du changement d'heure de la séance, le conseil prend place devant une salle à peu près vide. C'est à midi seulement que les vides commencent à se remplir.

Pour remédier au trouble causé par le va-et-vient des spectateurs, le plancher est maintenant recouvert d'un tapis. Un avis affiché à la porte interdit l'usage des lorgnettes de spectacle, qui, les jours précédents, se braquaient irrespectueusement sur le conseil et sur le maréchal.

Il n'y a pas eu aujourd'hui d'appel de témoins, et le président a ouvert la séance en ordonnant purement et simplement la reprise de la lecture du rapport.

A une heure dix, le président invite le maréchal à se retirer, et déclare l'audience suspendue pour vingt minutes. Trois personnes, dont une dame, échangent des poignées de main avec le maréchal au moment où il quitte l'audience.

La séance est reprise à deux heures et demie. Le président ordonne l'appel de deux témoins qui se sont présentés. Un seul répond à l'appel du greffier.

On reprend la lecture du résumé, qui est achevée à deux heures.

Résumé général. — Le succès de la campagne de 1870 fut compromis dès le début par le défaut de préparation administrative, par la dispersion de l'armée sur la frontière, et surtout par les hésitations du commandement supérieur. Une initiative hardie aurait pu changer les conditions de la guerre; l'heure favorable écoulée, c'était l'ennemi qui allait prendre l'offensive; nous devions attaquer, nous fûmes réduits à nous défendre.

Malgré ce renversement des rôles, en si complet désaccord avec l'attitude de notre politique, si tout était compromis, rien n'était perdu. Le prestige de nos armes était intact; l'armée, peu nombreuse, il est vrai, était parfaitement encadrée et pleine d'ardeur; le terrain sur lequel elle allait combattre avait été étudié depuis plusieurs années. Aussi, lorsque le 5 août les deuxième, troisième et quatrième corps, reportés en arrière de la Sarre, furent placés sous les ordres du maréchal Bazaine, il était en mesure de répondre à une attaque par une victoire. Rarement plus belle occasion ne fut offerte à un général en chef.

Le rapporteur rappelle ensuite à grands traits les faits militaires du 16 août au 1er septembre, détaillés dans la première partie du rapport, et il termine ainsi :

Si, au lieu d'une victoire, l'armée française eut à subir, le lendemain 6 août, un véritable désastre, la responsabilité en incombe pour la plus grande partie au maréchal Bazaine, qui, demeuré loin du champ de bataille, laissa sans secours efficace le général Frossard. Cette situation fut connue plus tard. L'instruction l'a mise au jour de la manière la plus complète; mais au lendemain du 6 août comme auparavant, l'opinion publique continua à voir dans le maréchal Bazaine le seul général capable d'exercer le commandement de l'armée; aussi, sous sa pression, le maréchal Bazaine fut-il investi le 12 de ces hautes et redoutables fonctions.

Pendant la période qui s'écoula depuis la prise de possession de son commandement jusqu'à la capitulation de son armée, le maréchal Bazaine a-t-il fait tout ce que lui commandaient le devoir et l'honneur? Le conseil d'enquête a déjà répondu négativement à cette question. L'instruction a confirmé cette appréciation.

Le maréchal avait à remplir des devoirs envers le pays et envers son armée.

Deux gouvernements se sont succédé pendant la période de son commandement. Quelle a été la conduite du maréchal vis-à-vis de chacun d'eux? A la suite du désastre de Sedan, et après que le maréchal Bazaine eut associé le sort de son armée à celui de la place de Metz, a-t-il fait pour prolonger la résistance de cette place tout ce que lui commandaient les circonstances? Quelle a été enfin sa conduite envers ses lieutenants et envers ses soldats? Telles sont les questions que nous allons examiner.

Devant cet ensemble de faits, l'instruction conclut que le maréchal Bazaine, bien loin de remplir ses devoirs envers l'empereur, l'a constamment trompé, et qu'en déterminant par ses faux renseignements cette marche vers Montmédy, qui aboutit au désastre de Sedan, le maréchal a assumé une grande part dans la responsabilité de cette catastrophe.

II. *Période du 1er septembre au 29 octobre* — La nouvelle des événements de Sedan parvint au maréchal Bazaine dans les premiers jours de septembre. Dès ce moment, celui-ci, qui avait jugé nécessaire d'attendre la venue du maréchal de Mac-Mahon pour sortir du camp retranché, considère comme impossible de quitter Metz. L'existence de son armée était donc désormais liée à celle de la place.

Quelques jours après, le maréchal apprit les événements de Paris et reçut les premières proclamations du Gouvernement de la défense nationale.

Une guerre à outrance est décidée ; Paris peut tenir trois mois. Une Assemblée nationale sera élue le 16 octobre et fera entendre la voix du pays. Tel est le résumé des nouvelles apportées par Pennetier. Le maréchal accepte sans protestation le nouvel ordre de choses. Le 12 septembre, en annonçant à ses généraux les événements de Sedan et de Paris, il terminait son discours en disant qu'il ne restait plus qu'à attendre les ordres du gouvernement. « De quel gouvernement parliez-vous ? » a-t-il été demandé au maréchal. — « Du Gouvernement de la défense nationale, » a-t-il répondu.

Le 16 septembre, un ordre du maréchal porte à la connaissance de l'armée la constitution du nouveau gouvernement. Le commandant en chef de l'armée du Rhin ne figurait pas au nombre des membres du pouvoir qui venait de se constituer ; nous avons vu avec quelle habileté l'ennemi sut tirer parti de cette circonstance.

Le 11 septembre, un communiqué officiel du gouvernement prussien déclarait que les puissances allemandes ne traiteraient de la paix qu'avec l'empereur, l'impératrice ou le maréchal Bazaine. A quel moment ce communiqué est-il parvenu dans les mains du maréchal ? L'instruction n'a pu le préciser ; mais l'ennemi avait un trop grand intérêt à le lui faire connaître et une trop grande facilité à le lui faire parvenir, pour que l'arrivée de ce document à Metz puisse être de beaucoup postérieure à sa publication. Cette affirmation est justifiée par ce fait que le 11 septembre des relations étaient déjà établies entre le prince Frédéric-Charles et le maréchal. Dès le 16 septembre, l'influence de ce communiqué se fait sentir. Ce même jour, le commandant en chef, qui vient d'enregistrer officiellement l'avénement du nouveau pouvoir, demande au prince Frédéric-Charles de lui dire *franchement* la vérité sur la situation. A partir de ce moment, si ce n'est plus tôt, s'engagent, pour durer jusqu'à la fin du blocus, des communications personnelles et secrètes entre les deux généraux en chef, communications indiscutables, avérées, mais dont presque toutes les traces ont été supprimées.

Le 23 septembre, entre en scène le sieur Régnier ; il arrive de Hastings ; il a vu M. de Bismark ; il fait connaître au maréchal Bazaine que les gouvernements allemands désirent restaurer le régime impérial et constituer, en dehors du Gouvernement de la défense nationale, un pouvoir régulier avec lequel ils puissent traiter. Régnier veut savoir si l'armée de Metz est engagée vis-à-vis du pouvoir nouveau, ou si elle est encore libre, et, dans ce cas, si son chef consentirait à prêter son concours pour réaliser la combinaison admise par M. de Bismark. En face des brillantes perspectives qui s'ouvrent devant lui, le maréchal non-seulement adhère sans hésitation, en son nom et au nom de ses lieutenants, aux propositions de Régnier ; mais, chose inouïe, il lui livre le secret de la durée de ses vivres. Sur le conseil du maréchal, le général Bourbaki se rend auprès de l'impératrice.

Régnier repart ; un malentendu surgit avec l'ennemi. Le maréchal cherche, mais en vain, à le dissiper en écrivant au général de Stiehle et en offrant de nouveau de capituler avec les honneurs de la guerre.

Mais Régnier ne donne plus de ses nouvelles ; son silence après le 2 octobre signifie que les négociations ont échoué.

Ainsi, le maréchal Bazaine, à l'instigation du premier venu que n'accréditent aucuns pouvoirs, dont l'entente avec l'ennemi est patente, entre dans une intrigue politique nouée en vue du renversement du nouveau pouvoir dont il vient de notifier l'avénement à son armée. Dès le 23 septembre, alors que son armée est en état de combattre, qu'il a des vivres et des munitions, et que depuis le 1er septembre il n'a fait aucun effort pour forcer le blocus, il offre de capituler et de concourir à l'établissement d'un pouvoir régulier, bien que cette capitulation, en rendant à l'ennemi toute liberté d'action, pût permettre à l'armée de blocus d'accabler les autres armées françaises, bien que le renversement du nouveau gouvernement dût fatalement provoquer une guerre civile.

Le devoir du maréchal était cependant parfaitement défini. Il devait combattre. S'il se croyait hors d'état de tenir la campagne, il pouvait du moins opérer autour de Metz et, par des attaques incessantes, détruire en détail l'armée de blocus. Le mois de septembre s'écoule pourtant dans une inaction funeste ; pendant ce temps, les vivres vont s'épuisant. Aucune précaution n'est prise pour en prolonger la durée ; et cependant le maréchal, résolu à ne pas quitter le camp retranché, sait parfaitement que la question des vivres domine tout, puisque la capitulation sera la conséquence de leur épuisement.

....Devant cet ensemble de faits, on est en droit de conclure que si le maréchal ne s'est pas mis en communication avec le ministre de la guerre, c'est qu'il ne l'a pas voulu.

Pendant que le maréchal Bazaine s'isolait de parti pris du Gouvernement de la défense nationale, celui-ci multipliait ses tentatives pour communiquer avec le commandant en chef de l'armée de Metz ; et tandis qu'il réussissait à faire arriver des nouvelles dans les places assiégées, et notamment à Strasbourg, à Belfort et à Bitche, rien, au dire du maréchal Bazaine, ne parvenait à Metz ; et l'instruction sait positivement aujourd'hui qu'un émissaire venu de Thionville, le sieur Nisse, est entré à Metz dans les derniers jours de septembre, apportant au maréchal la nouvelle que de grands approvisionnements avaient été réunis à Thionville et à Longwy.

En ne se mettant pas en communication avec le Gouvernement de la défense nationale, alors qu'il le pouvait, le maréchal a manqué à tous ses devoirs envers la France. Son armée était le seul espoir de la nation ; tant qu'elle restait debout, rien n'était perdu ; chaque jour on espérait voir le maréchal, brisant l'étreinte de l'ennemi, regagner l'intérieur du pays, que les nouvelles levées, privées de cadres, étaient impuissantes à protéger. Dans cette situation, si le maréchal se fût mis en relation avec le gouvernement qui avait pris en main la défense du territoire, pour combiner avec lui une action commune, soit dans les Vosges, soit dans une autre direction, qui peut dire ce qui en serait résulté ?

A cet instant suprême, qu'importait la question de la forme du gouvernement ? Nous étions exposés à perdre l'Alsace et peut-être la Lorraine, et c'est le moment que choisissait le général en chef pour garder l'inaction et négocier avec l'ennemi ! L'impératrice était autrement inspirée, lorsque dans l'audience de congé qu'elle donna au général Bourbaki, elle lui conseillait d'aller à Tours offrir le concours de son épée à la cause de l'indépendance nationale. Si un pareil acte honore celle qui savait imposer silence à ses regrets, il fait d'autant plus ressortir les calculs ambitieux du maréchal qui, dans les malheurs de sa patrie, ne cherchait qu'une occasion pour élever encore sa fortune.

Devant cet élan de l'impératrice, on comprend avec quelle hauteur, après avoir désavoué l'intrigue Régnier, elle aurait repoussé une convention dont la première clause était fatalement un démembrement du territoire.

Devoirs envers la place de Metz. — Lorsqu'après la bataille de Saint-Privat le maréchal Bazaine ramena son armée dans le camp retranché de Metz, il changeait complétement les conditions de la défense de ce boulevard du pays ; les approvisionnements qu'il avait laissés à Metz étaient loin de suffire à une résistance aussi prolongée que le comportait l'importance de cette place. Le retour de l'armée aggravait singulièrement cette situation. Et cependant le maréchal ne prit aucune mesure pour recueillir les ressources existant à la portée de ses camps, et restituer ainsi à la place les vivres que son armée consommait.

Lorsque, à la suite du désastre de Sedan, il jugea impossible de quitter le camp retranché que la présence de son armée rendait inattaquable, tout se réduisait à une question de vivres. Nous avons vu quelle négligence avait présidé à la constitution des approvisionnements, et quelle responsabilité incombe à ce sujet au commandant supérieur de Metz.

..... La conduite du maréchal condamnait à une capitulation prématurée la place de Metz, dont le commandement avait été confié au général Coffinières. Cet officier général, qui sut protester dans les derniers jours, mais alors qu'il était trop tard, contre les exigences du maréchal, garda le silence au moment opportun. Malgré les prescriptions formelles du décret de 1863, le conseil de défense et le comité de surveillance des approvisionnements, qui aurait pu faire entendre également sa voix, ne furent constitués que lorsque les magasins étaient vides, alors seulement qu'il n'y avait plus qu'à constater l'absence de ressources et l'impossibilité de prolonger la résistance. On ne saurait voir dans cette dérogation à la loi, dont le maréchal devait assurer l'exécution, que la volonté de soustraire à tout contrôle une situation qui aurait provoqué des réclamations embarrassantes.

Quand on se reporte aux efforts tentés par l'armée de la Loire et aux dates où ils se produisirent le plus énergiquement, on est en droit de conclure que la négligence du maréchal dans la question des vivres devait faire échouer fatalement ces efforts. Si le maréchal était parti le 1er septembre, après avoir recueilli les ressources existant à portée de ses camps, la place aurait pu prolonger sa résistance bien au delà de la durée de la guerre. S'il en eût été ainsi, les efforts patriotiques de M. Thiers pour conserver la Lorraine auraient été couronnés de succès.

Devoirs envers l'armée. — Que doit un général en chef à ses lieutenants ? La vérité lorsqu'il est consulté, l'appui lorsqu'ils combattent, la loyauté quand il ordonne.

La vérité, le maréchal Bazaine l'a constamment cachée à ses lieutenants, même lorsque, par une dérogation étrange aux devoirs du commandement, il cherchait à se décharger de la responsabilité de ses résolutions sur les commandants de corps, résolutions que la loi lui faisait un devoir de prendre de lui-même, le conseil entendu et la séance levée.

.... En passant sous silence les circonstances les plus essentielles pour apprécier les diverses situations sur lesquelles il demandait leur avis à ses commandants de corps, en provoquant ainsi des résolutions dont la connaissance de la vérité aurait détourné ses lieutenants, le maréchal, qui leur écrivait le 4 octobre : « Le devoir d'un général en chef est de ne rien laisser ignorer, en pareille occurrence, aux commandants de corps placés sous ses ordres, » et qui, par cette déclaration, ne cherchait à leur inspirer confiance que pour en abuser, a manqué à son devoir envers eux.

Le maréchal Bazaine a-t-il soutenu ses lieutenants quand ils étaient engagés contre l'ennemi ?

Nous avons vu quel appui il donna au général Frossard, alors que les troupes dirigées sur celui-ci, le 6 août, n'avaient pas l'ordre de se mettre à sa disposition.

Nous avons vu comment, le 18 août, le maréchal Bazaine resta sourd aux appels pressants, réitérés, du maréchal Canrobert, engagé dans un combat inégal où il devait succomber.

Nous avons vu le maréchal faire passer, le 26 et le 31 août, son armée sur la rive droite de la Moselle, alors que le maréchal de Mac-Mahon devait arriver par la rive gauche, réservant ainsi à son lieutenant tout le poids de la lutte.

Comment, dans les circonstances critiques, le maréchal transmettait-il ses ordres ? Il suffit pour l'indiquer de rappeler l'ordre confidentiel adressé, le 1er septembre au matin, aux commandants de corps, par lequel il leur laissait le soin de prendre une décision dont il pouvait ainsi décliner les conséquences et la responsabilité.

Devoirs envers ses soldats. — Un général en chef doit savoir verser sans hésitation le sang de ses soldats, lorsque le salut du pays le commande. Mais autant, dans ce cas, il doit demeurer absolument sourd à la voix d'une fausse humanité, autant il doit être ménager de leur existence quand un douloureux sacrifice serait inutile.

Onze mille soldats de l'armée de Metz sont morts de maladie et de misère en Allemagne. N'eût-il pas mieux valu que ces existences eussent été immolées pour assurer la sortie de l'armée ? Quel sacrifice eût été plus légitime et plus glorieux ?

Par contre, pourquoi le maréchal, alors qu'il était résolu, le 18 août, à rentrer dans le camp retranché, a-t-il sacrifié douze mille hommes pour tenir un jour de plus en haut des berges du vallon de Monvaux, position qu'il devait abandonner le lendemain ?

L'honneur d'une armée se symbolise dans les drapeaux. Le devoir d'un général, si la fortune des armes lui devient contraire, est de les soustraire aux humiliations de la défaite. Le maréchal Bazaine a-t-il rempli ce devoir ? L'histoire dira que, lorsqu'il pouvait détruire les drapeaux de son armée, il les livra à l'ennemi.

Après un combat acharné, si les armes deviennent le prix de la victoire de l'ennemi, l'honneur des vaincus est sauf. Mais si une longue inaction a précédé le moment de la capitulation, que peut-il y avoir de plus amer pour une armée que de déposer ses armes ? Du moment où le temps ne lui faisait pas défaut pour les détruire, le maréchal Bazaine aurait dû épargner à ses soldats cette dernière humiliation, en leur ordonnant de les briser. Ne devait-il pas comprendre d'ailleurs qu'en les remettant à l'ennemi celui-ci allait les retourner contre d'autres soldats français ?

Une des clauses de la capitulation épargnait la captivité aux officiers qui prenaient l'engagement de ne rien faire contre les intérêts de l'Allemagne pendant la durée de la guerre. Pourquoi le maréchal Bazaine admit-il une condition qui pouvait provoquer de blâmables défaillances ?

Une fois la capitulation signée, il restait au maréchal un dernier devoir à remplir : demeurer jusqu'à la fin au milieu de ses malheureux soldats ; mais le maréchal Bazaine, qui aurait dû partir le dernier, quitta son quartier général avant même que la place eût été remise à l'ennemi. Une semblable conduite devait engendrer la confusion la plus regrettable ; on oublia de pourvoir aux besoins des troupes pendant la journée du 20, tandis qu'on laissait dans les magasins des forts et de la place un jour de vivres qui furent officiellement remis à l'ennemi.

En résumé, en demeurant contre les ordres de l'empereur dans le camp retranché de Metz, en déterminant par les faux renseignements la marche de l'armée de Châlons vers lui, le maréchal Bazaine a été la cause principale du désastre de Sedan.

En s'isolant de parti pris du Gouvernement de la défense nationale, après l'avoir reconnu ; en demeurant dans l'inaction alors qu'il était possible de percer les lignes de blocus ; en foulant aux pieds ses devoirs militaires pour s'engager avec l'ennemi dans des termes politiques ayant pour but la satisfaction personnelle, prêt à se soumettre, pour assurer leur succès, à un démembrement du territoire ; en trompant ses lieutenants toutes les fois qu'il les consulta ; en surprenant la confiance de ses soldats pour leur retirer les drapeaux destinés à être remis à l'ennemi ; en sacrifiant la durée de la résistance de Metz au succès de ses trames, le maréchal Bazaine a manqué à ses devoirs envers le pays et envers son armée.

Après quelques considérations tendant à prouver que les luttes de l'armée de Metz formaient le nœud de la guerre et ont eu la plus grande influence sur sa fin lamentable, le rapporteur s'exprime ainsi :

Les destinées de cette armée avaient été confiées au maréchal Bazaine. Il n'a pas répondu à cette confiance qui faisait de lui l'arbitre du sort de sa patrie.

L'infortune est sacrée quand elle a pour compagne la loyauté ; mais si les calculs misérables de l'ambition personnelle ont dicté les résolutions qui précipitèrent le désastre, il faut que justice soit faite.

Suit l'énumération en paragraphes séparés des faits nombreux reprochés au maréchal Bazaine, et le rapporteur termine en ces termes :

En conséquence des faits établis par l'instruction, notre avis est qu'il y a lieu de demander la mise en accusation du maréchal Bazaine :

Pour avoir signé une capitulation ayant eu pour résultat de faire poser les armes à son armée et de rendre à l'ennemi la place de Metz, sans qu'avant de traiter il eût fait tout ce que lui prescrivaient le devoir et l'honneur.

Crimes prévus et punis par les articles 209 et 210 du Code de justice militaire.

Fait à Versailles, le 6 mars 1873.

Le général de brigade, rapporteur spécial près le
1ᵉʳ conseil de guerre,

DE RIVIÈRE.

Le Général-Président. — Après avoir pris l'avis de la défense, je juge inutile de faire donner lecture des pièces annexes, qui resteront à la disposition du Conseil quand il voudra les consulter.

Aux termes de l'article 108 du Code de justice militaire, je déclare donc la lecture du rapport terminée. Maintenant, en vertu de mon pouvoir discrétionnaire, j'autorise la lecture du mémoire justificatif présenté par le maréchal sur les opérations de l'armée du Rhin et de l'armée de Metz au conseil d'enquête.

Le greffier commence la lecture de ce document.

La séance est levée à 4 heures 3/4 et renvoyée à lundi.

Dans le courant de ce compte rendu, il a été question de deux officiers dont la conduite est sévèrement appréciée dans le rapport. D'après plusieurs journaux, il s'agirait de M. le colonel Stoffel, et de M. Magnan, aide de camp du maréchal Bazaine. On avait même été jusqu'à annoncer l'arrestation de M. Stoffel. Celui-ci a adressé aux journaux une lettre dont nous extrayons les passages suivants :

Le *Bien public* et plusieurs autres journaux apprécient le passage du rapport du général Rivière, où je suis accusé d'avoir détourné une dépêche.

Plein de respect pour le Conseil de guerre chargé de juger le maréchal Bazaine, je m'abstiendrai de toute polémique avec les journaux, et pour m'expliquer j'attendrai l'heure de comparaître devant le conseil.

Pour le moment, je me borne à déclarer que nul n'a le droit de juger ma conduite avant de connaître ma déposition. Ma loyauté et ma parole de soldat sont au-dessus de toute atteinte.

Il paraîtrait qu'un autre de ces témoins, très-sévèrement qualifié par le rapport, aurait écrit au président du conseil de guerre, pour demander à être jugé.

On parlait aussi des charges que le rapport fait peser sur M. le colonel Turnier, ancien commandant de Thionville, mais il est à remarquer que cet officier a déjà passé devant un conseil d'enquête qui, il est juste de l'ajouter, a sévèrement blâmé la conduite de cet officier. Celui-ci se trouve même aujourd'hui en non-activité, mais en vertu du principe *non bis in idem* de nouvelles poursuites ne pourraient être dirigées contre lui.

PRÉSIDENCE DE M. LE DUC D'AUMALE

Nous croyons devoir reproduire *in extenso* la partie de la
conclusion du rapport de M. le général de brigade de Rivière,
énumérant les divers faits reprochés au maréchal Bazaine :

Dès le début, l'instruction montre le maréchal Bazaine contribuant,
pour une large part, à la perte de la bataille de Forbach, en ne prescrivant pas aux généraux de division du troisième corps de se porter
en toute hâte au secours du général Frossard, placé également sous
ses ordres, alors qu'il lui annonçait son concours.

L'instruction a établi les faits suivants, accomplis postérieurement
à la prise de commandement du maréchal Bazaine, et desquels il résulte qu'il n'a pas fait avant de traiter tout ce que le devoir et l'honneur lui commandaient de faire.

Le maréchal Bazaine a trompé la confiance de l'empereur, qui avait
prescrit de battre rapidement en retraite :

1º En retardant le départ de l'armée jusqu'au 11 août dans l'après-
midi ;

2º En ne faisant pas détruire les ponts dont l'ennemi pouvait faire
usage ;

3º En n'utilisant, à la sortie de Metz, qu'une route pour la marche
de l'armée, alors qu'il en existait quatre disponibles ;

4º En donnant l'ordre de licencier le train auxiliaire qui portait les
vivres de l'armée ;

5º En ne continuant pas sa marche le 17 août. Le maréchal Bazaine
a laissé écraser, dans la bataille du 18 août, un de ses lieutenants, le
maréchal Canrobert, malgré ses appels pressants et réitérés, alors
qu'il maintenait dans l'inaction la presque totalité de ses réserves.

Le maréchal Bazaine a trompé l'empereur et le ministre de la guerre
jusqu'à la fin d'août, sur sa situation et sur ses projets :

1º En se représentant comme dépourvu de vivres et de munitions en
quantités suffisantes pour reprendre sa marche ; en annonçant, le
19 août, son intention de partir pour Montmédy, ce qui pouvait donner
à croire, après la bataille de Saint-Privat, qu'il devait toujours déboucher dans cette direction, nouvelles qui ont déterminé le départ du
maréchal de Mac-Mahon vers la Meuse ;

2º En annonçant faussement au ministre, le 26 août, alors qu'il connaissait la marche de l'armée de Châlons, qu'il était impossible de
forcer les lignes ennemies, tandis qu'il écrivait au maréchal de Mac-
Mahon qu'il pourrait les percer quand il le voudrait.

Le maréchal Bazaine n'a fait aucune tentative sérieuse afin de venir
en aide au maréchal Mac-Mahon, après avoir provoqué sa marche, ce
qui, en laissant supporter à son lieutenant tout le poids de la lutte, a
amené le désastre de Sedan.

Le maréchal Bazaine a abusé de la confiance de ses lieutenants dans
la conférence tenue à Grimont le 26 août :

1º En leur cachant la marche de l'armée de Châlons ;

2° En ne leur donnant pas communication des dépêches transmises par lui à l'empereur, au ministre et au maréchal de Mac-Mahon;

3° En laissant affirmer que l'armée n'avait de munitions que pour une bataille, alors qu'il savait, depuis le 21 août, que les approvisionnements étaient reconstitués.

Le maréchal Bazaine n'a pas ordonné, dès le 12 août, au moment où la retraite de l'armée de Châlons décidée, la place de Metz allait être abandonnée à elle-même, les mesures prescrites par le décret du 13 octobre 1863, en vue de l'éventualité d'un siège.

Le maréchal Bazaine a négligé, au moment où il est rentré dans le camp retranché, de recueillir les ressources des environs de Metz, afin de restituer à la place les vivres que consommait son armée, comme le prescrit formellement le décret précité.

Le maréchal Bazaine n'a ordonné, une fois résolu à ne plus quitter le camp retranché, aucune opération dans le but de constituer des ressources spéciales pour son armée.

Le maréchal Bazaine a laissé gaspiller les approvisionnements :

1° En ne réduisant pas immédiatement le taux de la ration de l'armée;

2° En ne prescrivant pas le rationnement de la population civile;

3° En permettant aux soldats d'acheter du pain et des denrées en ville en sus de leur ration;

4° En donnant du blé et du seigle aux chevaux, alors qu'il y avait assez de fourrage pour nourrir le nombre d'animaux nécessaires pour la consommation des hommes, jusqu'à l'épuisement du pain.

Le maréchal Bazaine a propagé des nouvelles données par l'ennemi à M. Debains, lesquelles étaient de nature à porter atteinte au moral de l'armée, et dont quelques-unes étaient fausses.

Le maréchal, alors que le décret du 13 octobre 1863 prescrit de demeurer sourd aux nouvelles que l'ennemi ferait parvenir, a demandé au général en chef ennemi de le renseigner sur la situation de la France.

Le maréchal Bazaine, après avoir reconnu le nouveau gouvernement, a prêté l'oreille aux propositions apportées de Ferrières, par le sieur Régnier, et aux projets de restauration formulées par cet agent.

Le maréchal Bazaine a chargé le sieur Régnier de déclarer qu'il était prêt à capituler avec son armée, sous la condition d'obtenir les honneurs de la guerre, alors qu'il avait encore des vivres pour plus d'un mois et des munitions au delà de ses besoins.

Le maréchal Bazaine a fait connaître au sieur Régnier la date à laquelle ses vivres seraient consommés, livrant ainsi des secrets d'État à un individu dont l'identité n'était établie que par une passe de M. de Bismarck.

Le maréchal Bazaine a renouvelé ses offres de capitulation le 29 septembre au général de Stiehle.

Le maréchal Bazaine s'est isolé systématiquement du gouvernement de la défense nationale :

1° En négligeant de profiter des nombreuses occasions qu'il avait de communiquer avec lui, soit au moyen d'émissaires, soit au moyen de ballons;

2° En ne transmettant aucun renseignement précis sur la situation de l'armée dans les deux seules dépêches qu'il a adressées au ministre de la guerre, du 1er septembre au 20 octobre;

Le maréchal Bazaine est resté dans l'inaction pendant le temps que son armée était encore en état de combattre, et n'a jamais fait aucun effort pour échapper à la nécessité de capituler, soit en essayant de percer les lignes, soit en livrant une série de combats pour faire lever le blocus.

Le maréchal Bazaine a trompé la confiance de ses commandants de corps et des commandants d'armes dans le conseil du 10 octobre.

1° En leur taisant ses pourparlers secrets avec le général en chef ennemi, l'incident Régnier, les motifs du départ du général Bourbaki, enfin les dépôts de vivres préparés à Longwy et à Thionville;

2° En leur cachant que les négociations que le conseil était d'avis d'entamer avaient été tentées par lui et sans succès.

Le maréchal Bazaine a remis au général Boyer, lors de son départ pour Versailles, des instructions qui dépassaient les intentions manifestées par le conseil.

Le maréchal Bazaine a ainsi entamé avec l'ennemi des négociations politiques entraînant inévitablement un démembrement du territoire, alors qu'il n'avait aucune qualité pour traiter, et qu'il savait que dans quelques jours allait se réunir une Assemblée nationale à qui seule appartenait le droit de décider de la paix et de ses conditions.

Le maréchal Bazaine a trompé la confiance de ses lieutenants, dans le conseil du 18 octobre, en ne leur communiquant pas les journaux rapportés par le général Boyer, ce qui, en les empêchant de contrôler les fausses nouvelles qu'il donnait, devait les amener à conclure que la France était dans un état complet d'anarchie, et qu'il n'y avait qu'un seul parti à prendre, celui auquel il s'était arrêté et où il voulait les amener : invoquer l'intervention de l'impératrice.

Le maréchal Bazaine a fait propager dans l'armée les nouvelles rapportées par le général Boyer, nouvelles qu'il savait au moins en partie fausses, et qui étaient de nature à abattre le moral de ses troupes.

Le maréchal Bazaine a cherché, par la manière dont il exerçait la censure sur la presse, et par les communiqués adressés aux journaux, à affaiblir l'esprit et à décourager les sentiments de résistance.

Le maréchal Bazaine a entretenu, pendant les mois de septembre et d'octobre, avec le général en chef ennemi :

1° Des relations directes par parlementaires dont l'objet a été tenu secret;

2° Des correspondances multipliées dont il n'est pas resté trace.

Le maréchal Bazaine, une fois décidé à capituler, n'a pas hésité à retarder l'envoi du général Jarras quand l'intendant en chef lui a annoncé qu'il venait de retrouver trois ou quatre jours de vivres, alors qu'il savait que l'ennemi avait pris des mesures pour ravitailler immédiatement la place et nourrir les prisonniers.

Le maréchal Bazaine, une fois décidé à traiter de la capitulation, n'a pas détruit l'immense matériel de guerre de l'armée et de la place, dont l'ennemi allait tirer parti dans la continuation de la guerre.

Le maréchal Bazaine a livré les drapeaux de son armée à l'ennemi après avoir usé de subterfuges pour empêcher les troupes de les détruire.

Le maréchal Bazaine n'a pas accepté, pour un détachement de son armée, les honneurs militaires que l'ennemi consentait à lui accorder.

Le maréchal Bazaine a séparé le sort des officiers de celui des soldats dans la remise de l'armée à l'ennemi.

Le maréchal Bazaine a accepté la clause par laquelle les officiers qui prenaient l'engagement de ne rien faire contre les intérêts de l'Allemagne pendant la durée de la guerre, étaient autorisés à rester dans leurs foyers.

Le maréchal Bazaine a négligé de stipuler que des vivres seraient distribués par l'ennemi au moment de la remise de l'armée.

Le maréchal Bazaine a négligé de donner des ordres pour que les vivres que renfermaient encore, le 29 octobre, les magasins des forts et de la place, et qui ont été remis postérieurement à l'ennemi, fussent distribués à l'armée.

Le maréchal Bazaine, au lieu de demeurer au milieu de ses troupes après la remise de l'armée, pour intervenir en leur faveur en cas de besoin, est parti le premier de Metz.

Le maréchal Bazaine a énoncé dans son ordre général, n° 12 et dans l'ordre adressé au colonel de Girels une insertion fausse en ce qui concernait le retour du matériel de guerre à la France, assertion qui eut pour conséquence de prolonger pendant plus de deux mois les humiliations de cette remise, sans autre résultat que de mieux assurer la conservation en bon état de ce matériel et sa remise intégrale.

En conséquence des faits établis par l'instruction, notre avis est qu'il y a lieu de demander la mise en jugement du maréchal Bazaine.

Pour avoir signé une capitulation ayant eu pour résultat de faire poser les armes à son armée et de rendre à l'ennemi la place de Metz, sans qu'avant de traiter il eût fait tout ce que lui prescrivaient le devoir et l'honneur.

Crimes prévus et punis par les articles 209 et 210 du Code de justice militaire.

Fait à Versailles, le 6 mars 1873.

Le général de brigade, rapporteur spécial,
près le 1er conseil de guerre,

SÉRÉ DE RIVIÈRE.

___

Audience du 13

Malgré une petite pluie fine qui tombe drue et pressée, l'affluence du public est énorme, aux abords, au delà de la grille. Une foule compacte s'abrite sous une forêt de parapluies. On sent que c'est véritablement aujourd'hui que commence ce grand drame judiciaire, destiné à l'emporter sur toutes les causes célèbres. Les facilités de ces deux jours derniers à l'entrée sont supprimées. On exige avec grande sévérité la présentation des cartes.

La salle est littéralement bondée, les places réservées sont occupées par ce qu'on est convenu d'appeler le public des premières représentations. Les notabilités du monde de la politique, de la magistrature, des arts et des lettres se mêlent au high-life.

L'élément supérieur militaire est relativement peu représenté, cela tient sans doute à ce que bon nombre de grosses épaulettes de l'armée étant citées comme témoins à charge ou à décharge, ces messieurs sont obligés par cela même de s'abstenir d'assister aux audiences avant que leurs dépositions aient été entendues.

Les fauteuils réservés sur le pourtour de la plate-forme où siége le Conseil sont occupés par des personnages appartenant à la magistrature, plus quelques individualités étrangères, parmi lesquelles le général aide de camp du maréchal ministre de l'intérieur de Russie. On remarque aussi dans la salle, aux places réservées, l'attaché militaire de l'ambassade allemande à Paris et son adjudant, en habits civils.

L'espace réservé aux places debout, qui est très-restreint, est tellement envahi qu'on ne distingue plus qu'une mer de têtes.

Avant l'entrée du Conseil le bruit des conversations particulières produit un bourdonnement qui rappelle, avec des notes plus fortes, celui d'une ruche en travail.

A la tribune de la presse on discute avec une certaine animation le mémoire justificatif présenté par le maréchal au Conseil d'enquête et lu à la fin de la dernière séance.

Ce mémoire, on le sait, est en grande partie la reproduction du travail publié par le maréchal sous le titre : *l'Armée du Rhin* en réponse aux accusations contenues dans le rapport de la commission d'enquête.

Quelques minutes avant une heure, la famille et les amis du maréchal viennent prendre place sur des fauteuils situés derrière le banc de la défense. Sont présents : Mme la maréchale, M. Bazaine, ingénieur, frère du maréchal, deux dames et cinq messieurs.

A un nouvel appel des témoins défaillants, répond M. Rouher dont l'entrée produit une certaine sensation.

Le général Thiébaut, qui se présente aussi, dit que la convocation à laquelle il répond aujourd'hui est la seule qu'il ait reçue de la part du Conseil.

Le Général Président. — Avant de procéder à l'interrogatoire de M. le maréchal, je désire faire connaître au Conseil, à l'accusation et à la défense, les divisions que je compte introduire dans l'interrogatoire, divisions que je reproduirai dans l'audition des témoins. Ainsi, je procéderai à l'audition de ces témoins par groupes distincts, et j'invite la défense à indiquer de son côté dans quel ordre elle désire faire entendre les témoins cités par elle.

Cependant, en prenant cette disposition, peut-être insolite, je me réserve le droit d'adopter tel classement nouveau qui me semblera préférable pour arriver à la découverte de la vérité. Je n'oublierai pas les devoirs que m'impose le pouvoir discrétionnaire qui m'est confié.

Ces divisions de l'interrogatoire sont au nombre de neuf:

1º Prise de possession du commandement;
2º Opérations militaires du 13 au 19 août;
3º Communications avec l'empereur, le gouvernement et le maréchal Mac-Mahon;
4º Opérations militaires du 19 août au 1er septembre;
5º Défense de Metz;
6º Incidents et démarches diverses en septembre;
7º Communications avec le gouvernement de la Défense nationale;
8º Dernières négociations;
9º Capitulation.

Interrogatoire du maréchal Bazaine

Le GÉNÉRAL PRÉSIDENT. — Vous avez été nommé au commandement en chef de l'armée du Rhin le 19 août; c'est cet ordre qui constitue votre responsabilité, c'est à cette époque que remontent les faits sur lesquels je vais vous interroger.

Le MARÉCHAL BAZAINE. — Oui, Monsieur le Président.

— D. Vous avez été nommé au commandement supérieur par ordre du 15 juillet.

— R. Oui, Monsieur le Président.

— D. Avez-vous pris part aux opérations préliminaires?

— R. Non, monsieur le Président.

— D. Avez-vous eu à employer votre initiative jusqu'à l'arrivée à Metz du major général?

— R. Non, sauf au point de vue disciplinaire; j'étais en relation avec le major général.

— D. Vous avez été nommé au commandement des 2e, 3e et 4e corps le 5 août, avec restriction que vous aviez à vous en référer aux ordres du major général.

— R. Cette restriction n'a jamais été admise par moi; je connaissais les corps, leurs forces, et conséquemment je ne pouvais pas admettre cette distinction.

— D. Le 6 août vous avez reçu l'ordre de faire commencer le 7 et terminer le 8 divers mouvements que je vais rappeler sommairement.

(Suit la nomenclature de quelques opérations stratégiques.)

Le 7 août, c'est-à-dire le lendemain du combat de Spickeren, la position des troupes de l'armée du Rhin ne peut-elle pas se diviser ainsi?

(Suit l'énumération de l'échelonnement des différents corps qui n'avaient pas franchi les Vosges le 7 au matin. Ce même jour le major général ordonne la direction des différents corps sur Châlons, Belfort, et la concentration sous Metz de ceux que le maréchal Bazaine devait diriger sur Châlons.)

La suite de l'interrogatoire a trait aux ordres donnés le 9, ordres dont le maréchal décline la responsabilité ainsi que celle des ordres donnés le 11 et le 12 pour concentrer l'ar-

mée de Metz. Le maréchal n'était responsable que des ordres
relatifs aux corps qu'il commandait personnellement.

Dans cette partie de l'interrogatoire portant uniquement
sur des détails de stratégie relatifs aux mouvements des différents corps de l'armée du Rhin, le maréchal rejette sur
l'empereur toute la responsabilité des faits.

Le général président demande au greffier communication
d'un dossier, dans lequel il a quelques pièces à faire produire.

Le général président demande au maréchal s'il a pu surveiller l'exécution de ces ordres, l'accusé entre dans des développements assez longs.

— D. Dans l'ordre naturel de l'interrogatoire, c'est le président qui interroge et l'accusé qui répond, c'est au moment
de l'audition des témoins que vous pourrez vous livrer à un
débat contradictoire.

Le général président continue l'interrogatoire en répétant
à plusieurs reprises un certain nombre de questions tendant
à savoir si le maréchal ou quelqu'un de ses chefs de service
a été mis au courant des intentions de l'empereur, et comment s'étaient établies les communications entre l'empereur
et le maréchal.

Le maréchal nie que ni lui, ni ses officiers aient été mis au
courant des intentions de l'empereur.

Le maréchal Bazaine a complétement perdu son impassibilité des derniers jours. A chaque instant, il coupe la parole
au président et entre dans de longues considérations; sa
physionomie s'est animée, le sang afflue au teint; il se débat
et cherche à se disculper de toute façon; il va si loin dans
les raisons qu'il accumule pour excuser sa conduite, que le
général président l'interrompt une seconde fois.

— D. Je vais passer à la seconde partie de l'interrogatoire;
si vous avez quelques observations à présenter, produisez-
les, mais je vous répète que tout débat contradictoire sur les
faits étrangers aux questions que je vais poser doit être rejeté au moment de l'audition des témoins. Encore une fois les
incidents durant l'interrogatoire doivent être absolument
évités; ils sont nuisibles au premier chef, et la présidence
qui, je le répète, a seule le droit de diriger les débats, est
bien résolue à tenir la main à ce que ses intentions à cet
égard soient scrupuleusement observées.

— R. Bien, monsieur le président.

Le maréchal Bazaine accepte la responsabilité des ordres
donnés, dans les journées du 13 et du 14 août, concernant la
marche sur Verdun, notamment ceux relatifs à l'établissement
des ponts.

Le président fait passer un papier au maréchal en lui demandant s'il peut fournir quelques explications sur cette note
trouvée dans le dossier. Le maréchal nie qu'elle soit de sa

main, mais il reconnaît que c'est bien l'analyse des dispositions qu'il avait dictées le 13 août.

Cette note, dont il est donné lecture, concerne l'état des ponts sur la Seille et sur la Moselle.

— *D.* Les prescriptions de cette note ont-elles été exécutées ?

LE MARÉCHAL. — Non, pas complétement.

Le président fait observer que pour la marche sur Verdun, le maréchal n'avait adopté qu'une route jusqu'à Gravelotte ; il lui demande s'il avait fait étudier quelques autres routes.

Le maréchal répond qu'il lui était absolument impossible de s'occuper de ces détails-là.

Le général président s'étonne, en tous cas, que ne pouvant pas utiliser les ponts, le maréchal n'ait pas songé à les détruire, ce qui aurait retardé l'arrivée des éclaireurs ennemis.

— *D.* Je trouve au dossier, des dépêches vous renseignant sur la marche de l'ennemi ; ne pensez-vous pas que vos deux divisions de cavalerie de réserve, restées inactives alors, auraient pu être utilement employées pour éclairer sur vos flancs, surtout au Sud-Est ?

— *R.* Un gros assez considérable de l'armée allemande était déjà passé sur la rive droite de la Moselle, et les reconnaissances de cavalerie n'auraient pas eu l'effet qu'on en attendait.

— *D.* Greffier, lisez la dépêche donnant à M. le maréchal des renseignements sur la marche de l'ennemi et sur la nécessité de faire de fortes reconnaissances de cavalerie.

Le maréchal Bazaine s'efforce de prouver que les troupes allemandes le serraient de trop près pour qu'il pût opérer des reconnaissances fructueuses.

— *D.* Si vous aviez le sentiment que l'ennemi menaçait votre flanc qui allait devenir votre arrière-garde, il ne pouvait inquiéter votre ligne de retraite. En tout cas, pendant que l'armée se groupait, ne pouviez-vous prendre vos dispositions pour faire filer les bagages et les fourgons ?

— *R.* J'avais au contraire prescrit que les fourgons devaient suivre la marche des corps.

Le général président énumère les dispositions prises par l'armée allemande et rappelle celles dont le maréchal avait connaissance. Il lui demande si toutes ses dispositions ont bien répondu aux renseignements qu'il devait posséder.

Le maréchal s'en réfère à un rapport dont il est donné lecture par le greffier, rapport adressé à l'empereur pour lui annoncer les préparatifs d'un grand retour offensif.

— *D.* Greffier, donnez lecture du rapport de M. le maréchal à l'empereur.

La suite de l'interrogatoire est renvoyée à demain.

Complément de l'audience du 13 octobre et audience du 14 octobre.

Présidence de M. le duc d'Aumale

Nous reprenons notre compte rendu au moment où est abordée la deuxième des divisions de l'interrogatoire, c'est-à-dire celle ayant trait aux opérations militaires du 13 au 19 août.

M. le général-président s'adressant au maréchal : — Tous les ordres du 13 août ont-ils été donnés sous votre direction?

— R. Oui, monsieur le Président.

Le but principal de ces ordres avait pour objectif de faire repasser aux troupes la Seille et la Moselle, de la rive droite sur la rive gauche. Le général-président fait remarquer que le maréchal Bazaine donna des instructions pour que les voies fussent soigneusement éclairées par la cavalerie; mais ces reconnaissances ne furent pas exécutées partout avec les précautions que le maréchal avait prescrites.

Il est ensuite donné lecture du commencement d'une note dictée par le maréchal, et ainsi conçue :

S'assurer du nombre exact de ponts jetés sur la Moselle en aval et en amont de Metz. Quelles situations occupent-ils? Quels débouchés, quels obstacles offrent-ils? Vers quelles routes conduisent-ils?

— D. Pendant près de 15 kilomètres, les deux routes de Mars-la-Tour et d'Etain suivent le même parcours, toutes deux vers Gravelotte, de sorte qu'en réalité l'armée n'avait qu'un débouché; de même, pourquoi n'avez-vous pas donné l'ordre d'utiliser tous les ponts de la Moselle?

— R. J'avais indiqué la direction générale; tous les autres ordres de détail devaient être réglés par le chef d'état-major Jarras, en qui j'avais toute confiance.

L'interrogatoire porte ensuite sur la bataille de Borny. Le maréchal Bazaine avait fait commencer à son armée la traversée de la Moselle, le 14 août au matin, quand tout à coup, sur ses derrières, retentit le canon prussien.

Une partie des corps était déjà sur la rive gauche; une autre préparait son mouvement sur la rive droite. Cette dernière, attaquée par de nombreuses forces ennemies, est obligée de faire volte-face et la marche se trouve ainsi retardée; c'était le but que voulaient atteindre les Allemands.

Le maréchal Bazaine reçut, dans cette affaire, un éclat d'obus dont son épaulette amortit les conséquences.

Le président constate la bravoure habituelle du maréchal, qui, bien que blessé, continue à donner ses ordres. Mais il lui demande compte des détails de sa conduite comme chef pendant et après la première grande bataille sous Metz.

Les réponses de l'accusé portent, dans cette partie de l'interrogatoire, sur des questions techniques dont les témoignages seuls pourront fournir la clef.

La discussion roule ensuite sur la bataille du 16 août. Le maréchal Bazaine comptait, ce jour-là, sur des forces qui sont arrivées en retard. Le motif principal de ce retard était la rupture d'un pont que le commandant en chef avait imprudemment ordonnée.

— D. Le pont du chemin de fer de Longeville à Ars a été détruit. Est-ce vous qui avez donné l'ordre de le faire sauter?

— R. Oui, monsieur le président.

— D. Pourquoi?

— R. J'ai craint qu'un parti ennemi ne parvînt à passer et ne donnât une panique à notre arrière-garde.

— D. L'empereur vous a-t-il fait appeler le 16 au matin pour vous faire connaître son intention de vous devancer à Verdun?

— R. Oui, et j'ai engagé l'empereur à ne pas partir, les routes n'étant pas assez sûres.

— D. Vous n'avez pas soumis un plan de conduite à l'empereur?

— R. J'avais, dès le 14, posé cette éventualité que je pouvais être forcé de me rabattre sous Metz.

— D. A propos d'un équipage de pont, n'avez-vous pas refusé, disant que vous n'aviez pas à passer la Meuse?

— R. Notre ligne d'opérations ne nous traçait pas un chemin sur la Meuse. Je devais me rabattre sur Verdun ou sur Metz en cas d'impossibilité. Du reste, toutes ces mesures prises, reprises, M. le président sait bien qu'à la guerre les dispositions se modifient tous les quarts d'heure.

L'interrogatoire s'occupe ensuite de la bataille du 18.

— D. Vos corps étaient placés de telle façon, le 18, que M. le maréchal Canrobert occupait, à Saint-Privat, la position la plus exposée. Cette position était aussi la plus importante, et vous deviez faire tous vos efforts pour que le corps Canrobert s'y maintînt.

— R. Je lui ai envoyé un officier général qui a dû réorganiser son artillerie. Je lui ai donné tout ce dont je pouvais disposer, et même une compagnie du génie de la réserve.

— D. N'étiez-vous pas prévenu du mouvement que l'armée ennemie projetait contre votre droite?

— R. Je le pressentais, mais je croyais le maréchal Canrobert en mesure de résister, et d'ailleurs, en outre, j'avais disposé mes réserves.

— D. Je vais vous parler de ces réserves; d'abord, qu'avez-vous fait de votre réserve de cavalerie? comment n'avez-vous pas songé pendant la journée du 18 à la lancer dans la vallée de la Moselle?

— R. J'avais cette intention, mais l'ennemi s'y est montré en force, et je n'ai pas voulu la compromettre. Cette cavalerie avait déjà beaucoup souffert le 16.

— D. Quant à votre réserve d'artillerie, vous avez dit dans l'instruction que vous vous en étiez rapporté au général Soleille pour l'employer. Pensez-vous que le droit d'un général en chef ne soit pas contraire à un tel abandon de son action personnelle ?

— R. La réserve d'artillerie n'est pas restée inoccupée ; depuis, le maréchal Canrobert m'a demandé deux batteries, je les lui ai envoyées.

— D. Quant à la garde impériale, dont vous deviez tenir à conserver la direction, ne l'aviez-vous pas placée plus exclusivement sous le commandement du général Bourbaki ?

— R. Le général Bourbaki est un général d'une grande intelligence et d'une grande bravoure ; je lui avais confié la mission de soutenir les efforts du 3e corps en cas de besoin.

Nous arrivons au projet de marche sur Verdun.

LE GÉNÉRAL-PRÉSIDENT : En somme, vous ne vous êtes pas préoccupé de conserver la route de Verdun ?

— R. Non ; je ne considérais pas la retraite comme urgente.

— D. Vous croyiez alors que l'empereur ne s'attendait pas à vous voir exécuter une marche sur Verdun ?

— R. Il me laissait toute latitude. Il pouvait y avoir un grand intérêt à ne pas quiter Metz précipitamment ; il fallait laisser le temps à l'armée de Châlons de s'organiser.

— D. Vous reconnaissez alors comme exactes les dépositions, citées par l'instruction, d'officiers vous ayant entendu, le 18, assurer qu'il valait mieux ne pas aller sur Verdun ?

— R. Pas positivement ; mais j'ai donné à entendre que demeurer abrité sous Metz serait prudent.

— D. Le résultat de la journée du 18 n'était-il pas de vous faire perdre le débouché de Briey sur Verdun ?

— R. Oui ; mais après nos grandes pertes, il était nécessaire de nous réorganiser. Je ne tenais pas absolument à gagner Verdun, je le répète.

— D. Ainsi, c'est bien avec intention que vous avez cantonné vos troupes dans les positions où nous les trouvons le 19 août ?

— R. Parfaitement.

La deuxième série des questions étant épuisée, l'audience est renvoyée au lendemain 14 octobre.

Audience du 14 octobre.

Toujours affluence considérable et public de plus en plus choisi.

Quelques fauteuils des places réservées portent des carrés de papier indiquant des places retenues. On y lit les noms des généraux Ladmirault, Saget, de Martroy et Martineau-Dechenez, de Mme la générale Appert et Mme de la Bastide-Frémont, la duchesse de Manchester, la princesse Troubetzkoï, etc.

Nombre d'officiers étrangers, anglais, russes, belges, suédois ; M. Timascheff, ministre de l'intérieur de Russie, est assis dans l'enceinte du prétoire avec M. Romaniskoff, adjudant du czarevitch. Près d'eux se trouve M. Hildeforth, magistrat du banc de la reine d'Angleterre,

Il paraît qu'il est question de tenir des séances de nuit, puisqu'on pose partout des supports à lampes. La tribune de la presse en est garnie.

Depuis le commencement du long interrogatoire que doit subir le maréchal, sa place n'est plus à côté de son défenseur. Une petite table et un fauteuil ont été installés en face du Conseil, tout juste à côté de la barre des témoins, et le maréchal qui, pour sa défense, a besoin de consulter sans cesse nombre de documents, est autorisé à répondre assis aux questions du président.

Cette disposition a pour résultat de donner souvent à l'interrogatoire l'allure d'une sorte de conversation intime, particulièrement quand le débat porte sur quelque détail d'organisation ou d'administration militaire, car alors le ton du maréchal se réduit au diapason d'un entretien familier, et à peine se fait-il entendre de l'auditoire, auquel il tourne le dos. L'expérience faite hier pendant la première partie de l'interrogatoire a démontré la nécessité de rapprocher de l'accusé la table des sténographes.

A une heure précise le Conseil entre en séance. On remarque que les généraux Tripier et Lamotte-rouge, récemment promus au grand-cordon de la Légion d'honneur, ne portent pas encore leurs insignes.

Le maréchal Bazaine arrive à l'audience à une heure cinq minutes.

Le général Chabaud-Latour, placé à la gauche du général-président, suit sur une carte topographique les opérations dont il est traité dans l'interrogatoire.

Le général-président. — Je dois maintenant vous demander, monsieur le maréchal, ce que vous avez fait après les batailles de Vionville et de Saint-Privat, pour faire connaître vos intentions soit à l'empereur, soit au maréchal Mac-Mahon.

Greffier, prenez la pièce 142.

Le greffier donne lecture d'une dépêche adressée par le maréchal Bazaine au ministre de la guerre, le 17 à trois heures et demie, sur le combat de la journée.

Le général-président constate que c'est là la première et l'unique communication du maréchal sur ce combat; il demande pourquoi il n'y est pas question de la pénurie de vivres sans cesse alléguée.

Le maréchal Bazaine.—La pénurie en vivres était relative, puisque Metz en possédait ; mais je songeais à ne pas diminuer la place et à ravitailler l'armée par le dehors.

Le général-président. — En outre, cette dépêche répondait à une dépêche reçue par vous le 15, et dont nous aurons à parler tout à l'heure. Le 17, dans l'après-midi, l'empereur faisait adresser au général Coffinières une dépêche demandant des nouvelles du maréchal Bazaine et de l'armée. A quatre heures et demie vous répondiez par une dépêche confirmant celle de la veille au soir, et mentionnant cette fois la pénurie des vivres et des munitions comme nécessitant votre concentration momentanée sous Metz, mais maintenant néanmoins la résolution de reprendre dans 48 heures la marche sur Verdun.

La teneur de votre dépêche n'indiquait-elle pas chez vous l'intention de prendre la route de Briey?

LE MARÉCHAL BAZAINE. — Oui, mais, je le répète, il ne pouvait rien y avoir d'absolu dans des dispositions subordonnées aux positions de l'ennemi, que l'on devait connaître à Châlons beaucoup mieux que je ne les connaissais moi-même.

— D. Vers le temps où l'empereur recevait cette dépêche, il en recevait une du général Coffinières annonçant aussi l'avantage de Gravelotte et la concentration sous Metz. En avez-vous eu communication ?

— R. Non, monsieur le président.

— D. Était-ce conforme à votre propre manière de voir?

— R. Non, monsieur le président, pas absolument.

— D. Cette dépêche a paru vivement préoccuper l'empereur, si j'en juge par le télégramme alarmé qu'il vous a adressé aussitôt, télégramme auquel vous avez répondu par une dépêche annonçant simplement l'envoi du commandant Magnan, mais ne renfermant aucun détail propre à rassurer l'empereur.

— R. L'empereur demandait simplement quelle était notre situation militaire au point de vue tactique, et non au point de vue des approvisionnements. Le chemin de fer étant libre, j'ai préféré envoyer un aide de camp ; ce qui m'a étonné, c'est qu'on ne m'en eût pas envoyé un. Quant à une dépêche chiffrée, elle était inutile, mes projets n'étaient pas les miens, mais ceux de l'empereur, et il était parfaitement au courant de ce qui se passait. Du reste, l'envoi du commandant Magnan suffisait.

— D. Quelle était au juste la mission confiée par vous au commandant Magnan? Je vais faire donner lecture de la lettre dont il était porteur.

Le greffier donne lecture d'un rapport sommaire sur les résultats de la journée et sur les mouvements présumés de l'ennemi. Dans cette lettre, le maréchal exprime des craintes assez vives sur l'état des approvisionnements en munitions, craintes augmentées par l'inspection faite dans la place de Metz par le général Soleille.

Cette dépêche se termine en annonçant l'intention de reprendre dans deux jours la route de Nancy, une fois les approvisionnements reconstitués.

Un rapport trouvé sur un officier prussien informait l'empereur des mouvements de l'ennemi.

LE GÉNÉRAL-PRÉSIDENT. — Vous n'avez pas confié au commandant Magnan d'autres rapports confidentiels?

— R. Non, mais le commandant devait la compléter par des explications verbales, destinées à fixer les résolutions de l'empereur en lui faisant connaître les miennes à ce moment.

— D. Aucun plan d'opérations n'accompagnait cette communication?

— R. Non.

Le maréchal demande à donner communication d'une information provenant de l'ambassade de Prusse à Constantinople. Cette information, transmise par une personne sûre à l'empereur, indiquait chez l'ennemi l'intention de poursuivre, en cas de succès, sa marche sur Châlons et de là sur Paris. Le maréchal demande que, par des raisons diplomatiques, le nom de la personne qui a communiqué la dépêche ne soit pas divulgué.

— D. Je ne vois aucun inconvénient à ce que cette dépêche figure au procès-verbal sans porter le nom de son auteur, par respect pour les convenances diplomatiques.

La défense et l'accusation acquiescent à la proposition du président, qui invite le Conseil à prendre connaissance de la signature. Le greffier communique la dépêche au Conseil.

— D. Voici une note qui a été retrouvée au ministère de la guerre, et dont j'ordonne la lecture en vertu de mon pouvoir discrétionnaire.

Cette note est relative à la répartition des cartouches à la suite de l'inspection faite à Metz par le général Soleille. Il en résulte qu'il ne faut pas compter sur la production locale, et qu'il faut absolument être ravitaillé de Paris dans une large mesure. Suit l'énumération des existences et des quantités manquantes.

— D. Cette note a-t-elle été faite à votre état-major, ou avez-vous simplement signé une note rédigée par le général Soleille?

— R. Mes souvenirs sur ce point ne sont pas assez présents. Mais je n'attribuais pas à cette note le caractère alarmant que lui prête M. le président. Nous nous sommes tirés d'affaire depuis, ce qui prouve que nous ne devions pas être considérés comme perdus. Cette note a été retrouvée au ministère de la guerre, et cependant c'est en vain que nous l'avons fait rechercher à plusieurs reprises.

— D. En tout cas, c'est bien celle qui a été remise par le commandant Magnan?

— *R.* Oui, monsieur le président. Je ferai observer, en outre, que grâce à la présence de M. le général Lebrun, l'empereur devait être très au courant de notre situation et de celle de Metz.

Le général président ordonne la lecture d'une dépêche du commandant de la place de Verdun à l'empereur et au ministre de la guerre, annonçant qu'il a reçu par un garde forestier des nouvelles du maréchal Bazaine; ces nouvelles sont en partie la reproduction de la dépêche du maréchal à l'empereur au lendemain de la bataille, dépêche affirmant la nécessité d'un repos de trois jours pour les troupes, et indiquant les intentions du maréchal sur la marche qu'il doit suivre.

— *D.* Les termes de cette dépêche : « Je compte toujours prendre la direction du nord et me rabattre ensuite sur Montmédy, » n'impliquent-ils pas une communication faite antérieurement à l'empereur d'un plan de marche plus détaillé?

— *R.* Oui, et c'est précisément là qu'était la mission du commandant Magnan. Ce plan, du reste, n'était pas absolu : il avait notamment le défaut de nous rapprocher beaucoup trop de la frontière belge.

— *D.* Un télégramme de l'empereur vous demande ensuite s'il ne fallait pas retirer les approvisionnements de Verdun pour les concentrer sur la route où l'empereur devait vous attendre. N'y a-t-il pas là une nouvelle concordance avec les instructions données au commandant Magnan ?

— *R.* Oui, d'une manière générale; mais je ne pouvais, je le répète, donner des instructions assez absolues pour que l'empereur pût m'attendre sur une route déterminée.

— *D.* N'y a-t-il pas eu des projets de concentration d'approvisionnements à Longuyon?

R. — Je crois me rappeler que j'ai conseillé un centre d'approvisionnements à Longuyon.

D. — L'intendant général Wolff, chargé des approvisionnements de Verdun, a arrêté ses convois et les a fait diriger sur Montmédy. Qu'est-ce qui a pu lui faire prendre cette nouvelle décision?

R. — Je l'ignore. Peut-être a-t-il causé avec l'intendant Préval.

D. — Je vais vous interroger sur vos communications avec le maréchal Mac-Mahon; mais avant, je vais rectifier une conclusion portée hier, concernant une dépêche adressée au général de Failly. Greffier, lisez la pièce 147.

Le greffier lit la pièce en question.

Le général-président avait confondu dans ses notes cette dépêche avec une autre dépêche adressée le 18 août à deux heures, par le général de Failly au maréchal, dépêche lui annonçant sa position et sa marche, qui est représentée au maréchal. Deux autres dépêches fixent assez exactement le moment où le maréchal Bazaine a pris le commandement. L'une, de l'empereur à l'impératrice (12 août), accepte la démission du général Lebœuf et du maréchal Mac-Mahon ; la seconde, de même provenance et de même date, avertit le maréchal de donner des ordres au général de Failly, à la suite des mouvements observés chez l'ennemi.

— D. Du reste, un télégramme de vous, daté du 13. à 8 h. 25, annonce votre nomination au général de Failly et au maréchal de Mac-Mahon. Le 14, à 2 heures, le général de Failly vous adressait de Metz un télégramme accusant réception de l'avis de votre nomination et vous demandant des instructions. Greffier, veuillez donner lecture du télégramme adressé le 14 août à 8 heures du soir par le maréchal Mac-Mahon au maréchal Bazaine. (Ce télégramme fait connaître au maréchal les positions du corps d'armée de Mac-Mahon.) Le 15, le ministre vous télégraphiait de donner des ordres à quelques-uns des commandants des corps d'armée. (Sur l'ordre du président, il est donné lecture de cette dépêche.) Il en résulterait que les chefs de corps étaient restés sans ordres ni instructions de vous.

— R. Je présume que ces dépêches sont restées au grand quartier général, car je n'en ai pas le moindre souvenir.

— D. Cet oubli serait bien extraordinaire, car nous les avons retrouvées dans les archives de la guerre.

— R. Du reste, j'aurais eu connaissance de ces dépêches que cela n'aurait rien changé à la position.

— D. Une autre dépêche du maréchal de Mac-Mahon, du 16 août 4 h. 47 du soir, adressée de Joinville au ministre de la guerre, donne des renseignements sur la position critique du maréchal qui se rabat sur Bar-sur-Aube, où il attend les ordres du ministre. Enfin, le 16 août à 4 h. du soir, le maréchal Mac-Mahon vous annonce par dépêche son mouvement de retraite sur Châlons. Le 18 août à 8 h. 1/2 du matin, une dépêche reçue par vous à Metz vers 10 heures, vous fait connaître de nouveau les positions de l'armée de Châlons. Du 13 au 18 vous avez donc reçu quatre dépêches du maréchal de Mac-Mahon, et je ne trouve dans le dossier aucune dépêche de vous au maréchal Mac-Mahon avant celle adressée par vous le 18 après midi à Bar-sur-Aube.

Dans cette dépêche, dont il est donné lecture, le maréchal Bazaine présume que le maréchal Mac-Mahon a dû recevoir des ordres du ministre de la guerre. Il craindrait de contrarier ses mouvements en lui donnant des instructions de par sa propre initiative.

A propos de cette dépêche il s'engage une discussion sur laquelle nous reviendrons demain.

L'audience continue.

Complément de l'audience du 14 octobre et audience du 15 octobre

PRÉSIDENCE DE M. LE DUC D'AUMALE

Une courte discussion s'est engagée pour savoir à laquelle des dépêches du maréchal Mac-Mahon répondait celle du maréchal Bazaine adressée le 18 après midi à Bar-sur-Aube. L'accusé affirme que c'est à celle de Bar-sur-Aube, la seule qu'il ait reçue. « Ce qui le prouve, ajoute-t-il, c'est que je répondais au maréchal Mac-Mahon à Bar-sur-Aube. »

Nous devons faire remarquer que le général-président insiste beaucoup sur cette partie de l'interrogatoire, destinée à faire ressortir le parti pris du maréchal Bazaine de demeurer isolé de l'action des autres chefs de corps et de les laisser sans instructions. Celui-ci persiste à soutenir que la direction du mouvement général ne devait pas provenir de son initiative, la position étant beaucoup mieux connue de l'empereur et des commandants de corps que de lui-même.

— D. Le 18, à quatre heures cinq minutes, vous adressiez au maréchal Mac-Mahon la dépêche n° 68 :

« Par suite des combats incessants livrés du 14 au 16, je suis obligé d'abandonner ma marche sur Verdun et de me replier sur Metz pour me ravitailler. L'ennemi paraît vouloir attaquer aujourd'hui le maréchal Canrobert placé à Saint-Privat. Je crains pour la voie des Ardennes. » À six heures et demie, vous adressiez à l'empereur cette autre dépêche : « Nous avons combattu. Nos pertes sont sensibles, nous avons pris un étendard. » À huit heures et demie du soir cette autre dépêche : « J'ignore l'importance des approvisionnements. L'attaque a été vive. Nos troupes ont conservé leurs positions. »

— D. Ne semble-t-il pas, monsieur le maréchal, d'après la lecture de cette dépêche, que vous ignoriez ce qui se passait sur votre droite ?

— R. Je télégraphiais d'après les renseignements qu'on me transmettait et sous l'impression du moment.

— D. Vous ignoriez donc à 8 h. 20 du soir que l'ennemi occupait et détruisait la ligne de Briey, et que, par conséquent, vos plans à cet égard allaient nécessairement subir une modification ?

— R. Certainement, et je ne pouvais guère contrôler les renseignements qui m'étaient alors fournis.

— D. Le 17, vous écriviez à l'empereur la dépêche suivante : « L'armée s'est battue hier ; les positions de Saint-Privat ont été conservées. Les troupes sont fatiguées ; elles ont besoin de deux ou trois jours de repos. Je compte toujours prendre la direction du Nord. » Trouvez-vous que les premières lignes donnent une idée de la bataille du 18 : « L'armée s'est battue hier et elle conserve ses positions ? » Ne trouvez-vous pas qu'il y a là une contradiction avec ces autres lignes plus loin : « L'armée s'est retirée sous les forts de Saint-Quentin et de Plappeville? »

— *R.* Pour moi il n'y a pas de contradiction : l'armée avait conservé ses positions vis-à-vis de l'ennemi, c'est-à-dire n'avait pas cédé durant toute l'action un pouce de terrain.

— *D.* Comment conciliez-vous ce recul de vos lignes avec votre intention, encore une fois affirmée, de prendre sous deux ou trois jours la direction du Nord?

— *R.* Dans cet ordre d'idées, je ne puis que répéter que je télégraphiais sous l'impression du moment. Puis j'ajouterai qu'un général en chef peut toujours projeter tel ou tel mouvement à un moment donné, sans que ledit mouvement soit encore possible une heure ou deux après. En guerre on est deux. Il est loisible à un général de songer à telle opération, mais il ne peut l'effectuer que si l'ennemi ne l'en empêche pas.

— *D.* Le 20 août, à midi, monsieur le maréchal, le garde forestier Braidy, que vous aviez fait appeler à votre quartier général, y arrivait exactement. A onze heures trente-cinq minutes, le bureau télégraphique de Metz vous envoyait l'expédition d'une dépêche chiffrée, qui vous était adressée par M. le maréchal de Mac-Mahon.

Je ferai passer sous vos yeux et sous les yeux du conseil l'expédition de ce télégramme. Le déchiffrement est à la marge, et, au bas, se trouve, au crayon rouge, une note qui paraît être de votre écriture et qui est le brouillon d'une réponse à ce télégramme.

Le garde forestier Braidy reçoit de vos mains, — d'après sa déposition du moins, — à trois heures de l'après-midi, une dépêche qu'il se charge d'emporter à Verdun. Cette dépêche est celle dont je vous parlais dans ma dernière question, c'est-à-dire celle que vous aviez écrite le 19 et qui n'est donc partie, selon les apparences, de votre quartier général qu'un certain nombre d'heures après l'arrivée de la dépêche de M. le maréchal de Mac-Mahon, dont le greffier va donner lecture.

Le maréchal Mac-Mahon à Son Excellence le maréchal Bazaine, Metz. — Camp de Châlons, le 19 août 1870, à 3 h. 35 soir. — Si, comme je le crois, vous êtes forcé de battre en retraite très-prochainement, je ne sais, à la distance où je suis de vous, comment vous venir en aide sans découvrir Paris. Si vous en jugez autrement, faites-le-moi savoir.

Réponse écrite en marge de la main du maréchal Bazaine. — J'ai dû prendre position près de Metz pour donner du repos aux soldats et les ravitailler en vivres et munitions. L'ennemi grossit toujours autour de nous, et je suivrai très-probablement, pour vous rejoindre, la ligne des places du nord et vous préviendrai de ma marche, si je puis, toutefois l'entreprendre sans compromettre l'armée.

— *R.* Tout ce qui est au crayon rouge est de ma main.

— *D*. Vous remarquerez que l'expédition a été faite du bureau télégraphique de Metz, à 10 h. 35, et que, du bureau télégraphique au Ban Saint-Martin, où était, je crois, votre quartier général, le parcours n'a pas pu être très-long.

A quelle heure pensez-vous que cette dépêche vous soit parvenue, et qu'elle ait pu être déchiffrée?

— *R*. Je ne me le rappelle pas. Dès que je l'ai reçue, j'ai écrit la réponse en marge avec l'ordre de l'expédier tout de suite. Maintenant, je ne sais pas le temps qu'on a mis pour la traduire et l'expédier.

— *D*. Comment expliquez-vous que le garde forestier Braidy, qui était à votre quartier général à midi, n'ait reçu de vous la dépêche dont il devait se charger qu'à trois heures, et que cette dépêche fût celle que vous écriviez le 19, et dont il a été donné lecture au conseil?

— *R*. Je n'ai pas souvenir de cela; il y a eu probablement quelque détail de service.

— *D*. Le témoin Braidy dit qu'il a reçu cette dépêche de vos mains, et c'était celle du 19. Ne vous semble-t-il pas que la nature du télégramme de M. le maréchal de Mac-Mahon, qui vous disait qu'il ne pensait pas pouvoir vous venir en aide à la distance où il était, mais qui cependant vous demandait un avis, dans des termes assez pressants, aurait nécessité une addition à cette dépêche du 19?

— *R*. Sur ce point, mes souvenirs ne sont pas assez présents.

— *D*. Ainsi, vous ne pouvez pas donner d'explication au conseil sur ce fait apparent, que la dépêche de M. le maréchal de Mac Mahon vous serait arrivée deux ou trois heures avant l'expédition de la dépêche du 19, et que vous n'auriez fait aucune modification à cette dépêche du 19 avant de l'expédier?

— *R*. Je ne sais pas si cette dépêche m'est parvenue avant ou après. En tout cas, il a fallu du temps pour la traduire.

— *D*. Quant aux lignes au crayon rouge qui sont écrites de votre main, c'est le texte d'une dépêche datée du 20 août, qui a été expédiée plus tard à M. le maréchal Mac-Mahon de votre quartier général, en même temps que deux autres dépêches qui forment ainsi un ensemble de trois dépêches sur lesquelles j'aurai à vous questionner plus tard.

— *R*. Il y a là des détails qui incombaient aux officiers de mon état-major; je ne puis pas savoir si on a perdu une heure ou deux heures, mais je ne pense pas qu'il y ait eu manque de service. Il y a eu probablement certaines circonstances qui ont empêché de faire partir cette dépêche plus tôt.

— *D*. Comment expliquez-vous qu'en écrivant à l'empereur et au ministre de la guerre vous n'ayez pas exprimé vos intentions relativement à la marche sur Montmédy, tandis que, par dépêche adressée au maréchal Mac-Mahon, vous signifiiez l'intention formelle de prendre cette voie?

— *R*. Je n'avais d'ordre à donner ni à l'empereur ni au ministre, tandis que le maréchal Mac-Mahon était sous mes ordres.

— *D*. Vous auriez dû au moins faire connaître vos résolutions sous forme d'avis au gouvernement, car la dépêche au maréchal de Mac-Mahon pouvait s'égarer.

— *R*. L'idée ne m'en est pas venue.

— *D*. Vous avez envoyé à l'*Indépendant de la Moselle* un communiqué disant que de hautes considérations stratégiques maintenaient l'armée sous Metz.

— *R.* Le communiqué n'a pas été envoyé par mon ordre. Il n'indiquait pas, d'ailleurs, que l'armée du Rhin resterait indéfiniment sous Metz.

Le général-président fait ensuite donner lecture des diverses dépêches adressées par le maréchal Bazaine au ministre de la guerre et à l'empereur et dans lesquelles rien n'indique l'intention de continuer le mouvement de retraite. Le maréchal répond qu'il n'en avait pas l'intention en ce moment.

Il est ensuite donné lecture d'un rapport du général Soleille donnant des indications rassurantes sur la situation de l'armement de la place de Metz.

— *D.* Monsieur le maréchal, comment croyez-vous qu'il soit possible de concilier ces renseignements rassurants avec les informations alarmantes qui avaient d'abord été données par le commandant en chef de l'artillerie, informations que vous aviez transmises à l'empereur? N'avez-vous pas regretté alors de les lui avoir fait connaître peut-être un peu prématurément?

— *R.* Oui, j'en ai fait alors l'observation à M. le général Soleille, mais il n'avait probablement pas eu le temps de s'informer exactement de ce qu'il y avait dans l'arsenal de Metz. Le général Soleille était un très-bon serviteur, je devais donc m'en rapporter à lui. Les deux chefs de service du génie et de l'artillerie avaient été choisis par l'empereur, qui m'avait dit : Ecoutez leurs conseils. De telle sorte que je devais, non pas à la lettre suivre ce qu'ils me diraient, mais enfin les écouter quand ils auraient des conseils à me donner.

Il est donné lecture d'une dépêche du maréchal à l'empereur, en date du 23 août, et paraissant indiquer que l'armée allait se remettre en marche. Le maréchal répond qu'il voulait au moins le tenter et il ajoute que l'armée était en voie de formation, que beaucoup de promotions n'avaient pas été faites et qu'il manquait beaucoup d'officiers.

— *D.* N'aviez-vous reçu à ce moment aucune communication, de quelque genre qu'elle fût, qui vous fît supposer que le maréchal de Mac-Mahon était en marche?

— *R.* Aucune, de personne.

— *D.* Vos souvenirs ne sont pas d'accord avec les notes du général Coffinières. Nous entendrons la déposition du général.

— *R.* J'ai dit et je répète que je n'ai reçu la dépêche du maréchal de Mac-Mahon que le 30 août. (Sensation.)

Il est encore question d'une autre dépêche qui ne serait pas parvenue et le général-président déclare que des témoins seront entendus à ce sujet.

L'audience est levée

Audience du 15 octobre

L'audience d'aujourd'hui paraît devoir être encore plus suivie que celle d'hier. On s'attend à des incidents curieux.

Le sieur Régnier a fait distribuer sur les bancs de la presse un opuscule de 8 pages, intitulé : *Observations au sujet du Rapport, qu'au moment de sa déposition le témoin Régnier demandera la permission de présenter au conseil.* Dans cet opuscule, le sieur Régnier déclare qu'il va attaquer M. Dentu, éditeur du Rapport du général de Rivière, et il se livre à quelques personnalités à l'adresse du rapporteur.

Parmi les notabilités politiques, on remarque un grand nombre de députés appartenant à toutes les fractions de la Chambre.

L'audience est ouverte à 1 h. 10.

LE GÉNÉRAL-PRÉSIDENT. — Je dois d'abord faire une rectification. D'après quelques notes que j'ai relues hier, j'ai commis un *lapsus* que je dois relever. En parlant de la dépêche expédiée à Metz par le maréchal Bazaine, le 19 août, 10 h. 35 soir, j'ai dit qu'elle avait été transmise à 10 h. 35, c'est 11 h. 35 qu'il fallait dire. Cette rectification est faite pour être consignée au procès-verbal.

LE GÉNÉRAL-PRÉSIDENT. — Je rappelle à l'accusation et à la défense qu'il existe un ou deux dossiers de papiers relatifs à la capitulation de Metz, qui sont toujours à leur disposition au greffe et dont elles peuvent prendre copie. J'en autoriserai, s'il en est besoin, la lecture.

— *D.* Du 19 au 25 août, vos troupes sont restées massées sur le fort de Metz où l'on remuait de la terre. Qu'avez-vous fait pour établir des communications avec Thionville ?

— *R.* Rien.

— *D.* Ne pouviez-vous tirer parti de votre corps de cavalerie pour des reconnaissances ?

— *R.* Les corps étaient très-affaiblis, je n'ai pu en faire usage.

— *D.* Ne pouviez-vous chercher à entraver les opérations de l'ennemi et gêner, par exemple, la construction des ponts nécessaires à ses communications ?

— *R.* Je ne pouvais engager une action, attendu la distance.

— *D.* Dans une dépêche adressée à l'empereur le 13 août, vous l'avisiez de la construction d'un chemin de fer, de Courtemont à Pont-à-Mousson, par les Prussiens ?

— *R.* Ceci est exact, mais je ne pouvais m'opposer à cette construction. Il aurait fallu occuper en force ce point, et nous n'étions pas complétement en mesure.

— *D.* Le 25 août, vous avez lancé un ordre de marche pour le 26, dont le greffier va donner lecture.

Le greffier donne lecture du document, qui comprend toute une série d'ordres pour de nouvelles positions à occuper par les troupes.

— *D.* J'ai fait donner lecture de cet ordre parce qu'il prouve que vous preniez des dispositions très-complètes pour mettre l'armée en nombre et la faire passer sur la rive droite. N'avez-vous pas augmenté d'une division la garnison de Metz et ne pensiez-vous pas que votre effectif pour ce mouvement comprenait à ce moment 130 000 combattants?

— *R.* Non, jamais nous n'avons disposé de plus de 70 000 à 100 000 combattants.

— *D.* Le nombre des rationnaires était cependant de 150 000, je ne compte ni le train ni les régiments qui étaient dans les lignes.

— *R.* Cela est vrai, mais cela ne constitue pas tous des combattants.

— *D.* Ce même jour 25, l'armée du prince Frédéric-Charles était portée par l'arrivée de ses renforts à deux cent mille hommes disposant de 600 bouches à feu, vous deviez savoir qu'une faible partie seulement de cette armée occupait la rive droite. D'après cette appréciation des forces ennemies et des vôtres, quel plan de marche avez-vous adopté?

— *R.* Je voulais tâcher d'arriver à Sainte-Barbe, puis à la nuit prendre ma route vers le Nord.

— *D.* Alors pourquoi n'emmeniez-vous pas d'équipages de pont, car vous veniez de faire l'expérience de la difficulté du passage sur un seul pont à Metz?

— *R.* Je croyais utiliser ceux des Allemands.

— *D.* Alors vous ne pensiez pas avoir besoin d'équipages de ponts?

— *R.* Je ne crois pas avoir donné l'ordre de n'en pas emmener.

— *D.* Je constate que cet ordre n'a pas été donné. N'avez-vous pas donné ordre à la réserve et à la garde de rester sur la rive gauche de la Moselle?

— *R.* Je pensais que leur marche sur la rive gauche pouvait coïncider avec la nôtre sur la rive droite.

— *D.* Vous ne vous souvenez pas d'avoir indiqué à quelque officier votre intention de ne pas mettre l'armée en marche ce jour-là?

— *R.* Non.

— *D.* Les mouvements prescrits par vous ce jour-là s'accomplissent vers trois heures. L'ennemi déployait peu de forces; il pleuvait, et vous ordonnez aux troupes de se cantonner. Vous pouvez voir dans l'état des routes une justification de cette résolution nouvelle, mais n'aviez-vous pas plutôt des appréhensions sur l'état de la place de Metz et sur ses moyens de résistance contre les forces ennemies ? N'aviez-vous pas reçu dans la matinée une communication des généraux Soleille et Coffinières ? Le premier ne vous a-t-il pas dit que l'armée ne possédait de munitions que pour une journée de bataille, et le second ne vous a-t-il pas encouragé à rester près de la place ?

— R. Le général Soleille ne m'a rien dit ce jour-là. Quant au général Coffinières, il est vrai qu'il avait quelques anxiétés à l'égard de la défense de Metz. Mais cela ne pouvait avoir aucune influence sur mes idées.

— D. Nous entendrons ces deux témoins à ce sujet ; je ne parle que d'après le procès-verbal. Ainsi donc l'anxiété du général Coffinières et les rapports du général Soleille n'ont été pour rien dans votre détermination de rester sous la place de Metz ?

— R. Non, Monsieur le président, je n'ai été guidé que par l'intérêt du pays.

— D. Si vous étiez convaincu que l'armée que vous commandiez était plus utile à l'intérêt du pays en restant sous les murs de Metz, n'auriez-vous pas pu en aviser l'empereur ?

— R. L'empereur savait parfaitement ce qui en était.

— D. Cependant il semble que l'empereur était dans d'autres idées puisqu'il pensait toujours à votre marche vers l'intérieur, et vous-même vous l'entreteniez dans cette idée.

— R. On ne pouvait rien arrêter d'absolu, il fallait surtout prendre conseil de la situation.

— D. Si cette résolution de rester sous Metz, résolution que je constate sans avoir à la discuter, s'affermissait dans votre esprit, il me semble qu'elle aurait dû être communiquée à l'empereur et au maréchal de Mac-Mahon.

— R. Je répète qu'il avait toujours été convenu que si je ne pouvais prendre une nouvelle position derrière la Meuse, je devais me retrancher dans Metz.

— D. Alors l'empereur ne vous a jamais attendu à Verdun ? cependant il avait pris des dispositions pour vous attendre, fait préparer des ponts pour le passage d'une armée et accumuler dans cette place des provisions et des munitions ?

— R. Oui, mais il ne connaissait pas alors les obstacles survenus depuis les batailles du 16 et du 18 août.

— D. Mais vos opérations se trouvant modifiées après les journées du 16 et du 18, ne deviez-vous pas prendre de nouvelles dispositions concertées avec l'empereur, qui paraissait toujours vous attendre ? En tout cas, pourquoi avoir attendu le moment critique d'une opération commencée pour consulter les officiers sous vos ordres sur un retour à Metz ?

— R. C'est la pluie qui m'a décidé instantanément à prendre conseil.

— *D*. Alors pourquoi ne pas faire connaître à ces officiers, au moins sous une forme hypothétique, la marche du maréchal de Mac-Mahon et la possibilité de le soutenir ?

— *R*. Je crois leur avoir fait connaître la situation.

— *D*. Le procès-verbal n'en fait pas mention.

— *R*. Nous ne pensions pas que le procès-verbal dût avoir jamais l'importance que lui ont donnée les événements.

— *D*. Le 29, le colonel Turnier vous adressait une dépêche qui a peut-être contribué à modifier vos dispositions dans la journée du 30. Ne songiez-vous pas aux directions nouvelles à donner à vos troupes, quand vous consultiez le général Soleille sur l'état des munitions des places de Thionville et de Toul ?

— *R*. Les conséquences d'une bataille pouvaient me jeter sur le Nord, il fallait avoir ces renseignements en cas d'éventualités.

— *D*. Mais ne pensiez-vous pas que ces ordres divers épuisaient par de trop fréquentes distributions les vivres et les munitions de réserve ?

— *R*. Mes ordres à cet égard étaient très-sévères, et je ne suis pas responsable de l'épuisement résultant de distributions trop fréquentes; d'ailleurs je ne pouvais passer mon temps à avoir comme une fourmi un immense magasin à Metz.

— *D*. Le même jour 30, la dépêche du maréchal de Mac-Mahon du 22 vous est certainement parvenue par Verdun. Le porteur de cette dépêche vous a donné des renseignements et vous a peint la situation critique de l'armée de ce maréchal.

— *R*. Je me rappelle par les détails qu'il m'a donnés; on ne peut guère s'attacher aux renseignements fournis par un paysan.

— *D*. Oui; mais enfin dans l'ensemble de ce que vous a dit le paysan, il y avait des renseignements sur la marche de l'armée et sur les mouvements de l'ennemi. En outre, en réunissant vos lieutenants dans cette journée du 30, ne pensez-vous pas que vous auriez dû leur donner connaissance des dépêches du maréchal Mac-Mahon et du général Ducrot ?

— *R*. Je leur ai communiqué ces dépêches le 31.

— *D*. Pourquoi le 31 et non le 30, puisque vous les aviez convoqués ?

— *R*. La convocation du 30 était faite sur le terrain, et n'était pas une convocation officielle.

Nous reviendrons avec d'assez grands détails sur l'audience du 15 octobre, M. le général-président ayant déclaré qu'il n'y aurait pas séance le jeudi 16.

L'audience est renvoyée au vendredi 17 octobre.

M. le général-président fait remarquer au maréchal que le mouvement en avant de l'armée de Metz, le 31 août, n'a été qu'une répétition du mouvement du 26, qui avait si mal réussi.

— *R.* Parce que les troupes connaissaient le terrain, les officiers également, cela me paraissait plus rationnel et plus facile.

— *D.* Vous ne pensez pas que les mouvements du 26 avaient fourni des renseignements précieux à l'ennemi sur l'avantage de certains points, et qu'il s'y était fortifié?

— *R.* Oui, mais les obstacles étaient les mêmes des deux côtés.

— *D.* Votre mouvement offensif n'a commencé qu'entre quatre et cinq heures de l'après-midi. C'était bien tard pour gagner du terrain,

— *R.* Je crois qu'en attirant beaucoup de forces sur la ligne droite, je facilitais d'autant la marche sur la rive gauche.

— *D.* Oui, mais vous aggraviez les difficultés des mouvements de combat.

· Le 1er septembre, à quatre heures du matin, vous avez donné l'ordre confidentiel aux commandants de corps de continuer l'opération entreprise la veille, et, en cas d'insuccès, de se fortifier dans leurs positions. Ne rencontrant pas l'ennemi, pourquoi avoir adopté ce dernier parti?

Le maréchal entre dans des explications stratégiques pour faire ressortir les pertes qu'il redoutait en engageant des combats multipliés.

— *D.* Je me borne à enregistrer vos réponses sans les discuter. Votre armée a admirablement combattu; vous étiez parvenu à gagner les hauteurs; Sainte-Barbe, clef de la position des routes du Nord sur la rive droite, allait tomber en votre pouvoir; la nuit venue, vous avez conservé en grande partie vos positions. Puis, le 1er septembre, vous semblez vouloir, dès le matin et avant même de reprendre le combat, renoncer à bénéficier de vos succès de la veille. La lutte recommence, mais sans vigueur, car vos lieutenants ont l'ordre de ne pas s'engager à fond....

— *R.* Je pensais que le mouvement de l'armée de secours n'avait pas pu s'exécuter aussi avantageusement qu'on l'avait espéré, et je considérais comme imprudent de m'avancer trop si le maréchal de Mac-Mahon n'avait pas réussi à approcher.

L'interrogatoire porte ensuite sur la défense de la place de Metz.

— *D.* La place de Metz avait été mise en état de siège par un décret du 7 août. Le général Coffinières avait été nommé commandant supérieur le même jour. Depuis le 13 août, jour de votre nommination au commandement en chef, la place de Metz, ainsi mise en état de siège, n'a pas cessé d'être dans l'arrondissement de votre armée. Vous êtes-vous conformé aux prescriptions contenues dans les différents articles du règlement sur le service dans les places de guerre.? Avez-vous, du moins, veillé à ce qu'ils fussent tous exécutés et avez-vous rempli toutes les obligations que vous imposaient ces articles? C'est ce que je vous demanderai dans la série de questions que je vais vous adresser.

Ainsi, au moment où vous avez pris le commandement en chef, et pendant les premiers jours où vous avez été en exercice, vous avez dû remplir ces obligations, d'une façon très sommaire sans doute, mais cependant assez effective, car vous y étiez obligé, ayant l'espoir de pouvoir vous éloigner de Metz, ou du moins, alors que vous vous prépariez à le faire, vous ne pouviez donner suite à ce projet sans avoir d'abord pourvu à la défense d'une place de cette importance. Vous n'aviez cependant alors qu'à donner des ordres généraux et à prendre les premières mesures pour en assurer la rapide exécution. D'une façon générale et sans entrer dans le détail, avez-vous pu le faire?

— R. Je ne m'en suis occupé ni le 13, ni le 14, ni le 15, ni le 16, ni le 17, ni le 18. Nous étions en marche pour nous éloigner de Metz. Les ordres avaient été laissés par le major-général; j'en ai retrouvé la trace un peu partout. On avait écrit au ministre de la guerre d'envoyer des vivres; en outre, aux termes du règlement, le général Coffinières devait prendre toutes les dispositions nécessaires. Je ne reconnais pas ce que dit le rapport; le règlement ne porte pas d'une manière absolue que je dusse alors prendre le commandement de la place. Le général Coffinières a parlé dans ce sens-là, mais les articles du règlement sur le service des places ne le disent pas.

— D. Cependant la place était dans l'arrondissement de votre armée. Ce n'est que postérieurement que vous avez pu vous occuper des détails et surveiller l'exécution des prescriptions du règlement.

— R. A partir du 20.

— D. Ainsi, à mesure que vous croyiez devoir rencontrer plus de difficultés à vous éloigner de Metz, à mesure que la conviction se faisait dans votre esprit, à tort ou à raison, que le séjour de l'armée sous Metz était utile au salut du pays, vous deviez, il semble, attacher plus d'importance à ces prescriptions si sages, si simples, et le devoir d'en assurer l'exécution devenait plus impérieux pour vous.

— R. Oui, monsieur le président.

— D. Avez-vous donné à la place une garnison suffisante en lui assurant le concours de la garde nationale?

— R. Oui, la garde nationale a été organisée, presque sur mon initiative, par une lettre que j'ai écrite au préfet, bien avant cela, dans le courant du mois de juillet.

— D. Et la garnison?

— R. Quant à la garnison, je devais laisser une seconde division. L'empereur n'avait donné d'ordres à cet égard qu'à la division Laveaucoupet, mais j'avais prescrit de laisser la division Castagny, dans le cas où nous partirions.

— D. Avez-vous donné des ordres pour compléter la mise en état de l'armement et des fortifications de la place?

— R. Oui, monsieur le président.

— D. Notamment pour les ouvrages non encore achevés?

— R. Oui, monsieur le président. Il y a une lettre du général Coffinières et une autre du général Soleille, en date du 23, qui ordonnent de pousser l'armement des forts, conformément à mes ordres.

— D. Avez-vous veillé à ce qu'un conseil de défense fût formé, conformément à l'art. 256 du règlement sur le service des places?

— *R.* Non. je n'ai pas parlé de cela.

— *D.* Ainsi il n'en a pas été formé ?

— *R.* Le général Coffinières devait le former. A un général de division qui a l'expérience du général Coffinières, je ne pouvais pas dire mot à mot ce qu'il y avait à faire, d'autant plus que le règlement sur le service lui en faisait un devoir.

« ART. 213. — Lorsqu'un officier général ou supérieur commandant un corps de troupe se trouve à la tête de ces troupes dans l'intérieur ou dans le rayon d'investissement d'une place de guerre, sans lettres de service qui lui donnent droit de commandement sur cette place, il doit, sur la demande de l'officier qui y commande, faire publier les ordres et fournir les gardes nécessaires à la conservation et à la police de la place.... etc. »

Maintenant, l'article 212 dit bien :

« A l'armée, les commandants de place sont sous les ordres des généraux commandant l'arrondissement dans lequel la place est comprise, mais non sous ceux des officiers généraux qui, seuls avec des troupes, se trouvent occasionnellement dans le rayon de cette place. »

Et, comme je me suis toujours trouvé comme étant occasionnellement dans le rayon de la place, jusqu'au 1er septembre....

— *D.* Oui, mais à partir du 1er septembre vous deviez le faire.

— *R.* Parfaitement, et c'est à partir du 1er septembre, sur mon initiative renouvelée à plusieurs reprises, que le général Coffinières a fini par instituer son comité de surveillance pour les vivres.

— *D* Mais le conseil de défense, il semble, n'a été convoqué que le 18 octobre ?

— *R.* Je n'en ai pas parlé, c'est vrai.

— *D.* Avez-vous pris des mesures pour que l'autorité civile pût assister efficacement l'autorité militaire, pour qu'on fît sortir les étrangers et les gens jugés dangereux ?

— *R.* Je l'ai prescrit ; il y a à cet égard des ordres du général Coffinières et une circulaire du préfet ; seulement on ne s'est pas montré assez sévère, et on a conservé un grand nombre d'individus qu'on aurait dû faire sortir.

— *D.* Des étrangers, des gens d'un caractère douteux

— *R.* Oui, des gens appartenant à la nation voisine.

— *D.* Avec laquelle nous étions en guerre ?

— *R.* Oui, on n'a pas pu les faire sortir en temps utile.

Pour ce qui concerne les approvisionnements, le maréchal a donné des ordres précis, après avoir causé avec les intendants et le général Coffinières. Les corps faisaient leurs achats séparément dans leurs zones respectives ; ce n'est que sur la fin que l'armée a tiré ses approvisionnements de la place. Il n'a pu calculer ce que la présence de l'armée pouvait détourner de vivres de Metz. On avait ordonné de faire sortir 25 000 bouches inutiles ; la mesure fut mal exécutée. Quant à faire ravitailler la place par l'armée même, on y a songé, mais en vain. Pour prouver qu'il a donné des ordres à cet égard, le maréchal lit la minute de ses ordres :

« Au grand quartier général au Ban-Saint-Martin, le 28 août 1870.

« Monsieur le maréchal,

« Les renseignements qui m'arrivent de tous côtés me donnent la certitude qu'il existe dans les villages situés autour de nos positions d'importantes ressources en denrées alimentaires. Il faut absolument empêcher qu'elles ne passent aux mains des Prussiens, ou ne soient détruites par eux, dans un moment où elles nous seraient très-utiles.

« J'ai l'honneur de prier Votre Excellence de prendre toutes les mesures qu'elle jugera nécessaires pour les faire enlever; il faudra employer surtout la cavalerie dans ce genre d'opérations, tant pour y participer que pour les couvrir. Toutes les denrées alimentaires seront enlevées par voie de réquisition, mais avec remboursement; on devra surtout se préoccuper de recueillir les bestiaux et les fourrages dont l'utilité vous est bien connue.

« Ces opérations devront être faites le plus tôt possible.

« *Le maréchal commandant en chef.*

« *Signé* : BAZAINE. »

« Cet ordre, ajoute le maréchal, avait été renouvelé à plusieurs reprises.

« En outre, comme le règlement sur le service en campagne autorise les commandants de corps à faire la même chose que les commandants d'arme, je m'en suis rapporté à eux parce qu'ils avaient leurs instructions. Chaque commandant de corps d'armée avait une division de cavalerie à ses ordres. »

La séance est suspendue pendant 20 minutes.

———

A la reprise de l'audience, le général-président lit les articles 244 et 245 du règlement militaire, concernant les places de guerre comprises dans le rayon d'une armée, desquels il lui semble bien résulter que le commandant de l'armée est tenu non seulement de donner des ordres, mais de veiller à leur exécution. Puis, revenant sur le chiffre de l'effectif en combattants, le général-président donne connaissance d'une situation dressée par les ordres du maréchal à la date du 11 octobre, et qui porte le chiffre de l'effectif à 124,991 combattants, non compris les divisions Laveaucoupet et Castagny.

— D. Comment se fait-il, monsieur le maréchal, qu'au 26 août, vous nous accusez seulement 85 à 90 000 combattants?

— R. Les chiffres de la situation du 11 octobre sont exagérés.

— D. Nul plus que vous ne connaissait l'armée française. Vous saviez donc qu'il ne restait à la France, après le désastre de Sedan, que quinze régiments d'infanterie et huit de cavalerie. Vous saviez aussi qu'on ne pouvait ajouter à ces corps constitués que la garde mobile, dont l'organisation était à peine ébauchée. Vous avez, à plusieurs reprises, émis une théorie qui consiste à déclarer qu'une armée retranchée et bloquée dans un camp ne peut en sortir sans une diversion venant du dehors. Je n'ai pas à juger ici cette théorie. Le conseil appréciera si, dans la situation désastreuse de la patrie, les efforts de l'armée du Rhin devaient ainsi être limités. Je ne m'explique pas non plus pourquoi vous n'avez entrepris que des opérations de détail laissées à l'initiative des chefs de corps, et pourquoi vos lignes ont été si restreintes.

Le maréchal croit que pour étendre ses lignes, il aurait fallu pousser jusqu'à Sainte-Barbe, ce qui était impossible.

— *D.* Comment avez-vous appris les suites du désastre de Sedan, la révolution du 4 septembre, la proclamation de la République et l'avénement du gouvernement de la défense nationale?

— *R.* Le commandant Samuel, allé en parlementaire le 12 septembre, m'a apporté un journal allemand qui relatait ces faits, et alors j'ai songé à donner ma démission et à remettre le commandement à un autre.

Le général-président rappelle les termes de la proclamation à l'armée, et l'allusion faite à la protection de l'ordre social, qui devait, en de telles circonstances, jeter quelque trouble dans l'esprit des officiers généraux.

Voici le passage dont il est question.

« Généraux, officiers et soldats de l'armée du Rhin, nos obligations militaires envers la patrie en danger restent les mêmes. Continuons donc à la servir avec dévouement et avec la même énergie, en défendant son territoire contre l'étranger, l'ordre social contre les mauvaises passions. »

Le maréchal répond que, d'après lui, ce passage indiquait bien au contraire que l'armée était destinée à maintenir l'ordre.

— *D.* Mais dans ce moment l'ordre social n'était pas menacé, et il y avait 600 000 étrangers sur le sol de la France.

— *R.* La révolution du 4 septembre était déjà une menace contre l'ordre social, et puis il y avait à Metz des ferments d'agitation.

Interrogé au sujet de la lettre par laquelle il demandait au prince Frédéric-Charles des renseignements sur les événements de Paris, lettre que le président déclare insolite dans la position du maréchal Bazaine, celui-ci répond qu'une pareille démarche lui avait paru toute naturelle, vu précisément les circonstances.

Un communiqué publié le 11 septembre dans l'*Indépendant rémois*, et reproduit par les journaux allemands, avec un caractère quasi-officiel, déclare que, malgré les événements de Paris, le seul gouvernement reconnu par le gouvernement allemand est celui de l'empereur, et dément les bruits de médiation mis en circulation alors. Ce communiqué dit que le gouvernement allemand désire la paix et peut traiter avec le maréchal Bazaine, qui tient son commandement de l'empereur.

Le général-président demande au maréchal quelle impression cet article a produit sur lui.

Le maréchal dit qu'il n'y a attaché aucun sens particulier.

Il est donné lecture de diverses pièces relatives à la sortie de la place de Metz de médecins luxembourgeois qui étaient venus donner leurs soins aux blessés sur les champs de bataille. La première pièce, celle émanant des autorités luxembourgeoises, et qui demandait la permission de faire sortir ces médecins de Metz et de les laisser passer à travers les lignes prussiennes, fixait leur nombre à *sept.* Dans la communication faite par le général prussien au maréchal Bazaine, ce nombre est porté à *neuf.* Ce sont le général Bourbaki et le sieur Régnier qui ont complété le nombre de personnes dont la sortie était autorisée.

— R. On ne m'a pas du tout prévenu de ce changement de chiffre. J'ai lu le commencement de cette lettre, et je l'ai envoyée immédiatement au général Coffinières. Ce n'est que postérieurement, lorsque les incidents sont venus à se développer, que nous avons remarqué que la lettre du comité portait 7 personnes au lieu de 9.

— D. Ainsi, ce n'est que postérieurement que vous avez su que le chiffre était modifié dans la lettre du général de Stiehle?

— R. Je ne crois pas que ce soit avec intention que le général de Stiehle ait mis le chiffre 9.

— D. Vous pensez donc, malgré la connaissance que vous avez des habitudes de précision et de régularité des armées allemandes, que le général de Stiehle, ayant entre les mains une lettre contenant un état nominatif de sept personnes, ait, sans intention, indiqué le chiffre de neuf personnes? N'y a-t-il pas là une singulière coïncidence avec les événements qui se sont produits ultérieurement, notamment avec cet incident de deux personnes qu'il s'agissait de faire sortir de Metz?

— R. Je crois que cette erreur de chiffre a passé inaperçue, et je suis convaincu qu'il n'y a pas eu de calcul de la part du général de Stiehle.

Le général-président fait remarquer que c'est le jour même où est parvenue la demande de sortie des médecins que s'est présenté le sieur Régnier en parlementaire, comme *envoyé d'Hastings.* Le maréchal affirme qu'il s'est fait passer pour *envoyé de l'Impératrice.*

Le maréchal avoue que Régnier n'avait aucun pouvoir, mais qu'il lui a montré une vue d'Hastings photographiée, sur laquelle se trouvait la signature du prince impérial. Tout s'est passé du reste en conservation. Le maréchal ne pense pas avoir parlé au sieur Régnier de sa correspondance avec le prince Charles, auquel, du reste, il n'avait écrit qu'une lettre demandant quelle était la forme du nouveau gouvernement de la France.

Le maréchal, à qui Régnier avait demandé sa photographie, n'a pu la lui donner, mais il a consenti à mettre sa signature à côté de celle du prince impérial, sans que l'idée lui soit venue que cela pourrait tirer à conséquence.

Le maréchal nie avoir donné au sieur Régnier la moindre indication relativement à la situation des vivres au 21 septembre.

Le général-président fait observer la coïncidence qu'il y avait entre les renseignements qu'il y avait encore pour vingt-sept jours de vivres dans la place, et que Régnier a écrit, comme les témoins le rapporteront, qu'il y aurait une grande difficulté à atteindre le 18 octobre, juste vingt-sept jours.

Le maréchal nie de nouveau avoir donné la moindre information.

Il a autorisé le maréchal Canrobert ou le général Bourbaki à se rendre auprès de l'impératrice, en laissant ces officiers généraux libres d'accepter ou de refuser.

Le général-président demande le résultat que le maréchal pouvait attendre de la mission du général Bourbaki.

Le maréchal répond qu'il a cru de l'intérêt de l'armée et du pays de se mettre en relation avec l'impératrice et de savoir si elle avait encore l'autorité nécessaire pour traiter de la paix ou conclure un armistice.

L'audience est suspendue et renvoyée à vendredi.

———

Nous avons parlé de l'incident qui s'est produit hier. M. Régnier a fait distribuer aux membres du Conseil de guerre et aux journalistes une brochure dans laquelle il répond à quelques-unes des affirmations qui se trouvent dans l'acte d'accusation du général de Rivière. Comme nous l'avons dit, cette brochure contient quelques expressions assez vives. Aussi M. Régnier, qui, comme témoin, ne peut entrer dans la salle du Conseil, a-t-il cru devoir demander une audience à M. le général Pourcet, commissaire du gouvernement, à qui il a remis lui-même un exemplaire de la brochure en question, en demandant au général de la lire afin d'examiner si cette publication ne devait pas provoquer son arrestation, et se déclarant prêt à subir toutes les conséquences que pourrait entraîner cette réponse.

Le général ayant dit qu'il ne voyait pas la nécessité de faire prendre une mesure de ce genre, M. Régnier s'est retiré.

Nous croyons qu'il n'est pas sans intérêt de faire connaître quelques passages dans cet opuscule, relatif à des faits précis et répondant à la partie biographique de l'acte d'accusation en ce qui concerne M. Régnier.

L'acte d'accusation dit : Il obtint cependant le diplôme de bachelier et entama, sans les pousser bien loin, des études de droit et de médecine.

M. Régnier répond : Bachelier à seize ans, je pris à seize ans et demi ma première inscription de médecine ; j'étais le plus jeune de la Faculté. J'ai obtenu douze inscriptions en médecine, ce qui prouve au moins trois ans d'études ; de plus, une médaille d'argent à l'occasion du choléra. En droit, j'ai passé jusqu'à mon dernier examen.

Acte d'accusation : Plus tard, il s'occupa de magnétisme.

Réponse : Je me rappelle qu'étant jeune étudiant, j'ai pris part, avec quelques camarades, à des essais qui ont duré deux ou trois séances.

Acte d'accusation : Il se rend en Algérie et y est employé en qualité de chirurgien auxiliaire.

Réponse : Je n'ai jamais été chirurgien auxiliaire; et si, à l'âge de quarante ans, je suis allé en Algérie passer deux hivers dont un dans les oasis du sud, cela n'a été qu'un simple voyage d'agrément.

Acte d'accusation : Il rentre en France, exploite une carrière de pavés, se remarie en Angleterre, avec une femme qui lui apporte une certaine aisance.

Réponse : Je n'ai jamais exploité de carrière de pavés. L'entrepreneur qui fait dans mon parc des travaux de défonce et de nivellement, y a trouvé quelques pierres meulières, dont il a obtenu du macadam qu'il vend lui-même : ce qui m'a permis de faire exécuter mes travaux en dépensant moins que je ne l'eusse fait sans cela.

Je ne me suis pas marié en Angleterre, mais en France, et ma seule condition, quoique la famille de ma femme fût dans l'aisance, a été qu'elle n'apporterait avec elle que sa garde-robe et pas un centime.

Tout est donc *inexact* dans cette biographie, excepté que je suis né à Paris en 1822.

Acte d'accusation : Où va-t-il faire viser son passe-port?

A l'ambassade prussienne.

Réponse : Non, il se trompe; j'ai seulement envoyé mon domestique au consulat, espèce d'arrière-boutique dans la Cité de Londres, pour y faire apposer le visa. C'était une simple mesure fiscale, exigée de toute personne désirant traverser les départements occupés.

Acte d'accusation : Nous le trouvons ensuite à Versailles, figurant parmi les rédacteurs du *Moniteur prussien*, dans lequel il publie une série d'articles sous le nom de Jean Bonhomme.

Réponse : Ceci est une calomnie. *Jacques Bonhomme* est une brochure écrite par moi quand j'étais en Angleterre; elle fut imprimée à Bruxelles, en trois parties. La première, le 24 novembre 1870, fut envoyée, ainsi que les autres, à une grande portion des journaux de France et d'Europe, ainsi qu'à tous les personnages politiques marquants, principalement à ceux de Tours et de Bordeaux. La deuxième partie, écrite à Londres le 18 et le 19 décembre, fut imprimée à Bruxelles quelques jours après. La troisième partie, écrite à Bruxelles, le 29 décembre, fut imprimée le même jour : elle porte la date de Boissise, 3 janvier 1871; car je pensais pouvoir y arriver ce jour-là, et elle était adressée aux habitants de Seine-et-Marne

Donc si le *Moniteur* prussien a, comme beaucoup d'autres journaux, publié des extraits de cette brochure, je l'ai ignoré et n'en fus pas plus le rédacteur que ne l'étaient MM. Jules Favre et Gambetta quand le même journal publiait leurs manifestes ou leurs discours.

Acte d'accusation : *Enfin, le 10 février il est à Versailles, où, retrouvant une personne de ses connaissances, il lui dit en mots caractéristiques : « Je ne sais pas si M. de Bismark me fera partir ce soir. »*

Réponse : Quoique l'armistice fût signé, M. de Bismark était encore tout-puissant à Versailles, et le 10 février, jour de mon arrivée, je ne savais pas s'il autoriserait le séjour à Versailles d'une personne avec laquelle il avait eu, quelques jours avant, des pourparlers dans un sens si différent de celui qui venait de se terminer par la signature de l'armistice. Vouloir donner à ma phrase une autre signification est un coup de Jarnac.

Audience du 17 octobre

PRÉSIDENCE DE M. LE DUC D'AUMALE

Toujours la même affluence de public et présence de notabilités politiques, littéraires et artistiques.

Parmi les personnes présentes, on remarque : M. le vice-
amiral Fourrichon; M. Hébert, l'ancien ministre de la justice ;
M. Gastambide, conseiller à la cour de cassation; M. Mathieu
Devienne, juge d'instruction; Mgr l'archevêque d'York, etc.
On remarque aussi, comme dans les audiences précédentes,
le frère du maréchal Bazaine.

La séance est ouverte à une heure précise.

LE GÉNÉRAL-PRÉSIDENT. — Commandant Ferrière, faites entrer
M. le maréchal.

L'accusé paraît au bout de quelques instants; il est précédé de ses
défenseurs et du colonel Vilette, qui pose sur la table placée devant le
maréchal diverses notes et dossiers.

Le maréchal semble plus ému que dans les audiences précédentes.

LE GÉNÉRAL-PRÉSIDENT. — Greffier, faites l'appel des témoins qui
se sont présentés.

On procède à l'appel de deux témoins qui répondent : « présent »
et se retirent. Ce sont M. le capitaine de Chasseloup-Laubat et un
garde forestier.

LE GÉNÉRAL-PRÉSIDENT. — Je dois vous demander, M. le maréchal,
quels efforts vous avez faits pour vous mettre en relations avec le gouvernement de la défense nationale. Greffier donnez lecture de la dépêche du 15 septembre, adressée par M. le maréchal au ministre de la
guerre.

Le greffier lit une dépêche qui accuse la situation comme très-
grave pour l'armée de Metz.

Le greffier, sur l'ordre du président, lit encore une dépêche de
M. Gambetta à M. Jules Favre, d'après laquelle M. Gambetta envoie
une communication chiffrée qui lui est parvenue de la part du maréchal Bazaine. Gambetta demande si l'on peut trouver à Paris la clef de
cette dépêche.

— D. Monsieur le maréchal, ce sont là les deux seules tentatives
que vous ayez faites pour vous mettre en relations avec le gouvernement de la défense nationale. Cependant lorsque le général Bourbaki
est sorti de Metz, ne lui avez-vous pas donné des instructions pour
qu'il pût renseigner le gouvernement de la défense nationale sur votre
situation et celle de la place de Metz?

— R. Non monsieur le président; le général Bourbaki devait aller
prendre des instructions de S. M. l'impératrice et agir en conséquence.

— D. Mais la mission du général Bourbaki ne pouvait pourtant pas
vous dispenser de profiter de l'occasion de fournir des renseignements
précieux à ceux qui avaient alors charge de la défense de la patrie.

Vous ne vouliez pas, dites-vous, vous mettre en relations politiques avec le gouvernement de la défense nationale; mais néanmoins tout vous commandait de songer à la défense du pays.

— R. Je n'ai pas défendu au général Bourbaki de donner tous les renseignements qu'il jugerait à propos de donner; du reste, il l'a fait de lui-même.

— D. Il l'a fait le 6 octobre, et il eût été très-utile de le faire dès son arrivée en terrain neutre. Vous n'avez pas même donné au général Bourbaki l'ordre de demander des nouvelles au gouvernement de la défense nationale.

— R. Il m'était très-difficile de lui dire : Faites ça et ça.

— D. Quelles sont les communications que vous avez reçues du gouvernement de la défense nationale?

— R. Aucune.

— D. N'avez-vous pas reçu une dépêche datée dn 13 septembre et que le colonel Turnier affirme vous avoir transmise le 19 ?

— R. Non.

— D. Le conseil entendra les témoins.

— D. Vous n'avez pas eu connaissance des efforts incessants du gouvernement de la défense nationale pour vous ravitailler par Thionville?

— R. Non, monsieur le président.

— D. Le 17 septembre, le *Courrier de la Moselle* publiait la nouvelle de la convocation d'une Assemblée nationale. Donc vous saviez que le gouvernement de la défense nationale se couvrait de la légalité. Pourquoi alors ne vous êtes-vous pas mis en mesure, par tous les moyens possibles, d'être en relation avec ce gouvernement?

— R. Je savais, il est vrai, qu'on convoquait une Assemblée nationale, mais j'ignorais ce qu'il pouvait advenir de l'état de révolution inauguré le 4 septembre.

— D. Mais, monsieur le maréchal, cette appréciation ne peut guère être admise.

— D. N'aviez-vous pas eu communication suffisante du décret du 16 septembre convoquant les colléges électoraux?

— R. Non.

— D. Le général Boyer ne vous a-t-il pas fait connaître les décrets qui retardaient les élections?

— R. Non, pas d'une façon officielle; je ne lisais pas les journaux qui se publiaient à Metz.

— D. Vous deviez avoir cette pensée, qu'il y avait une Assemblée nationale qui se réunissait?

— R. Nous n'étions tenus au courant que par les journaux allemands ; mais je ne pouvais les croire en entier.

— D. Vous ne saviez rien des efforts que le pays tentait pour la résistance?

— R. Les journaux en parlaient; mais je devais craindre qu'ils n'en parlassent qu'à leur point de vue, et je ne devais pas y ajouter foi aveuglément.

— D. C'était, d'ailleurs, agir selon les règlements, je le reconnais.

— D. Mais, monsieur le maréchal, vous constatez alors que vous étiez beaucoup mieux renseigné que vous ne l'avez dit précédemment.

Le maréchal répond par quelques mots dont le sens ne nous parvient pas exactement.

— *D.* Quoi qu'il en soit, dans votre situation, et lorsque, par le retour du général Boyer, vous avez appris qu'il se préparait une intervention européenne, n'avez-vous pas cru de votre devoir d'aider à cette intervention par des opérations plus actives de l'armée du Rhin ? Cette armée, dans les combats partiels qu'elle a livrés, notamment celui de Ladonchamp, montrait qu'elle était toujours animée d'un excellent esprit.

— *R.* Je croyais devoir ne rien risquer.

— *D.* Vous cherchiez vous-même à négocier. Mais ne croyez-vous pas que l'action dans ce cas vous eût été plus utile que l'inaction ?

— *R.* Non.

— *D.* Monsieur le maréchal, vous avez reçu le 29 septembre un télégramme de Ferrières ainsi conçu :

« Le maréchal Bazaine acceptera-t-il pour la reddition de Metz les conditions que lui transmettra M. Régnier, se conformant aux instructions données ? »

Vous avez répondu au général Stiehle, major de l'armée allemande, que vous demandiez la capitulation avec les honneurs de la guerre. Qu'entendiez-vous par les honneurs de la guerre ?

— *R.* Sortir avec armes et bagages, les corps constitués.

— *D.* Sortir, et après ?

— *R.* Nous tenir à la disposition du pays.

— *D.* Les honneurs de la guerre n'ont, il est vrai, jamais été bien définis ; cependant, dans votre lettre, vous insérez le mot terrible de capitulation, et donnez à M. de Bismark des armes.

— *R.* Cette lettre était une fin de non-recevoir. C'était plutôt une tactique de ma part pour connaître le fond de la pensée du gouvernement allemand.

— *D.* Il est fâcheux que cette tactique ait eu besoin d'employer le mot *capitulation*. En outre, je remarque que dans ces négociations que vous entamiez, vous ne stipuliez rien de précis.

— *R.* Je répète que je ne pouvais rien fixer absolument. Je me trouvais sans appui, forcé de ne prendre conseil que de moi-même. Pour moi, il n'y avait qu'un gouvernement légal, c'était celui de la régence. Quant au gouvernement de la défense nationale, il ne pouvait être pour moi qu'un gouvernement insurrectionnel.

— *D.* Mais encore un coup, je suis obligé de vous faire observer que vous engagiez la place de Metz qui possédait un gouverneur particulier.

— *R.* Ce gouverneur était sous mes ordres, d'après le règlement militaire, et du reste la place de Metz n'aurait pas pu seule se défendre.

— *D.* L'honneur d'être commandant d'une place comme celle de Metz peut, en de certaines circonstances, notre histoire le témoigne, élever un gouverneur, faisant son devoir, à l'égal d'un maréchal de France. Mais, dites-moi, M. le maréchal, n'avez-vous pas, à ce moment, entretenu plusieurs officiers généraux de votre armée, de votre intention de diriger votre marche sur Thionville ?

— *D*. N'avez-vous pas parlé au colonel Fay, dans les premiers jours d'octobre, de votre intention d'aller chercher des vivres à Thionville ?

— *R*. Je ne me souviens pas; j'ai pu dire que je voulais marcher sur Thionville, mais non pas pour y chercher des ravitaillements. Si mes officiers prenaient note de toutes les paroles que je leur ai dites, ils doivent évidemment mieux se souvenir que moi.

— *D*. Vous avez souvent employé des agents qui ont montré d'ailleurs un grand dévouement pour communiquer avec le colonel Turnier, commandant la place de Thionville et autres. Vous ne vous rappelez pas bien tous les essais de communication qui ont été faits ?

— *R*. Non, monsieur le président. Je sais seulement qu'ils ont été nombreux et parfois ont réussi.

— *D*. Vous ne vous souvenez pas, vers le 3 octobre, d'avoir fait avertir l'agent Flahaut de dire au colonel Turnier que vous marcheriez vers Thionville pour vous y ravitailler ?

— *R*. Je ne me rappelle pas; j'ai quelquefois employé Flahaut, mais je n'ai pas présent à l'esprit le fait dont vous me parlez.

En tout cas, je n'ai pu que parler de mon désir de marcher sur Thionville, et non de m'y ravitailler.

— *D*. Comment conciliez-vous cette intention de marcher sur Thionville, avec votre opinion, maintes fois exprimée, que depuis Sedan toute sortie générale était impossible ?

— *R*. La faim chasse le loup du bois. Si j'avais cru pouvoir sortir, j'aurais tout fait pour éviter une capitulation.

— *D*. Mais enfin, dans la situation où vous vous étiez mis, qu'entendiez-vous faire, c'est-à-dire quels résultats pensiez-vous obtenir des négociations engagées ?

— *R*. J'espérais obtenir pour l'armée des conditions avantageuses pour elle et pour l'intérêt du pays.

— *D*. Je vous prie de préciser.

— *R*. L'armée serait sortie et aurait pris position dans une zone neutre délimitée, où elle se serait tenue à la disposition de l'ordre social menacé.

— *D*. Mais entendiez-vous demander à l'ennemi la neutralisation d'une armée d'égale importance à la vôtre? C'est là un cas qui s'est montré autrefois.

— *R*. C'était une condition qu'il me semblait difficile de proposer.

— *D*. Songiez-vous alors à ce fait malheureux: c'est que pendant que vous auriez immobilisé cette admirable armée du Rhin, vous permettiez à deux cent mille Allemands de plus de pénétrer au cœur de la patrie?

— *R*. Il fallait tenir compte des circonstances et de la situation qui m'incombait.

— *D*. Passant à un autre ordre d'idées, supposons qu'une fois établie dans une zone neutre, l'armée sous vos ordres ait vu l'ordre social menacé, ce qui me paraît très-possible, puisque vous considériez, vous l'avez dit il y a quelques instants, le gouvernement de la défense nationale comme un gouvernement insurrectionnel qu'arrivait-il? D'après la nature de vos engagements, le gouvernement allemand lançait nos braves troupes sur les soldats improvisés qui défendaient alors le territoire. Avez-vous, monsieur le maréchal, songé à cette affreuse éventualité?

— *R.* Nous ne nous serions pas prêtés à un tel rôle. Quand j'ai dit que l'armée devait se tenir à la disposition du pays et répondre de l'ordre social je croyais que le gouvernement allemand entrerait en arrangement avec le gouvernement légal, c'est-à-dire la régence ; qu'un armistice général serait contracté et au besoin imposé. Je voyais la paix et l'apaisement de ce malheureux pays amenés grâce à ses soldats qui avaient si vaillamment fait leur devoir devant l'ennemi.

— *D.* Comme observation générale, M. le maréchal, permettez-moi de vous dire que ces sentiments, que je ne veux pas discuter ici, et que le conseil appréciera, ne devaient entrer qu'en seconde ligne dans votre esprit, qui, surtout et avant tout, aurait dû être dominé par une seule pensée, celle d'aider à la résistance que votre patrie faisait à l'étranger.

Il est 2 heures un quart ; la séance est suspendue pour 20 minutes.

———

Reprise de l'audience à 2 heures 50 minutes.

— *D* Vous n'avez reçu aucune réponse à votre demande du 24 septembre, ni par le retour du général Bourbaki, ni par Régnier ; n'en avez-vous pas conclu qu'il fallait abandonner vos projets de négociations ?

— *R.* En effet.

Le président fait donner lecture d'une lettre du général Coffinières sur les approvisionnements existants dans la place de Metz à la date du 12 octobre, et annonçant qu'on était obligé d'entamer la réserve des forts.

Le Général-Président. — Greffier, donnez lecture de la lettre adressée par M. le maréchal aux commandants de corps d'armée.

Le greffier donne lecture de ce document, qui apprend aux chefs de corps la situation critique dans laquelle se trouve l'armée qui va bientôt manquer absolument de vivres et de munitions.

Le Général-Président. — Greffier, lisez les rapports de MM. les commandants de corps en réponse à cette lettre.

Le greffier lit ces rapports en commençant par celui du maréchal Canrobert, commandant du 6e corps.

Ce rapport émet des doutes sur la solidité d'une armée dans une situation telle que la sienne ; cependant, si les conditions que fait l'ennemi sont inacceptables, il faut combattre.

Le second rapport est celui des généraux de division du 3e corps, concluant à la résistance, afin de retenir l'ennemi sous Metz, et émettant l'avis qu'on doit tenter encore quelques moyens de ravitaillement, ou essayer de sortir dans la direction de l'intérieur.

Le rapport du 4e corps énumère les difficultés résultant de la rareté des vivres et des fourrages, mais proteste du dévouement énergique de l'armée, quelles que soient les décisions prises.

Celui du 2e corps émet la proposition d'une convention militaire permettant à l'armée de se retirer avec armes et bagages sur un point du territoire, car, même en admettant le succès partiel d'une journée, il paraît impossible d'espérer plus longtemps un avantage sérieux sur l'ennemi.

Celui du commandant de la garde impériale conclut à la défense de Metz jusqu'aux dernières limites du possible, si les conditions de l'ennemi doivent porter atteinte à l'honneur de l'armée.

Le rapport du commandant de la place de Metz, après une longue énumération des opérations postérieures et antérieures à l'investissement de la place, fixe au 20 octobre la limite extrême de la résistance possible. L'inspiration du patriotisme est, dit ce rapport, la première qui s'offre à l'esprit, mais il est à craindre qu'en cherchant à percer les lignes, l'armée ne soit une armée perdue. Cependant, si l'on doit succomber, il faut sauver l'honneur en livrant une grande bataille.

— *D.* Lorsque vous avez réuni tous vos commandants de corps d'armée, le 10 octobre, pourquoi ne leur avoir fait lire que quelques-uns de ces rapports?

— *R.* Parce qu'on aura jugé inutile de les lire tous.

— *D.* Je vous ferai observer que dans cette réunion il n'est question ni de vos négociations par l'entremise de M. Régnier, ni de la mission Bourbaki, ni de votre lettre au prince Frédéric-Charles. Ne pensez-vous pas qu'il eût été utile de les en instruire au moins d'une manière générale?

— *R.* Ils n'ignoraient en réalité que ma lettre au prince Frédéric-Charles, dont j'avais cru devoir conserver la responsabilité, et qui n'avait, à mes yeux, aucun caractère vraiment sérieux. Je leur ai même demandé des renseignements sur Régnier.

— *D.* Oui, mais je vous demande encore une fois si vous ne deviez pas en faire l'objet d'une communication régulière? Le lendemain, les journaux de Metz inséraient un communiqué du commandant en chef de l'armée du Rhin, se terminant par ces mots: « Quoi qu'il advienne, une seule pensée doit en ce moment absorber tous les esprits: la défense du pays, un seul cri: Vive la France! » Je dois vous demander, M. le maréchal, si votre conduite a toujours été à la hauteur de ces nobles paroles; si, en un mot, toutes vos préoccupations, tous vos efforts n'ont eu qu'un seul but: le salut du pays, l'honneur de l'armée?

— *R.* Oui, M. le président. (Léger mouvement dans l'auditoire.)

— *D.* Je vous demande encore une fois, monsieur le maréchal, si les termes de cette proclamation étaient bien conformes à votre conscience.

— *R.* Oui, monsieur le président.

— *D.* A la suite de ce conseil du 10, vous avez envoyé à Versailles votre aide de camp, le général Boyer, muni d'instructions dont je vais vous faire donner lecture.

Il est donné lecture de ce document.

— *D.* Ne trouvez-vous pas qu'une convention conclue à la suite de telles instructions aurait eu plutôt le caractère d'une convention politique que d'une convention militaire?

— *R.* Si telle avait été ma pensée, je ne l'aurais pas proposée.

— *D.* Alors vous ne trouvez pas, monsieur le maréchal, que ces instructions avaient un caractère très-différent de celui qui est d'usage pour les conventions militaires; et vous vous êtes cru en possession de renseignements suffisants pour entreprendre de telles négociations dont vous aviez mesuré toute l'étendue?

— *R.* Je n'aurais jamais endossé une pareille responsabilité avec un gouvernement régulier.

→ *D.* Après le retour du général Boyer, de Versailles, conserviez-vous encore quelque espoir d'obtenir pour l'armée de Metz la conservation de ses armes, de façon à ce qu'elle pût être utile à la France?

— *R.* Oui, monsieur le président.

— *D.* Ceci n'est pas d'accord avec la déposition du général Boyer. Il y a même contradiction flagrante avec l'assertion du général, que le conseil du roi de Prusse n'accorderait à l'armée de Metz que les conditions ordina res d'une capitulation.

— *R.* Le général Boyer a pu rapporter cette impression, mais il ne m'en a pas fait part personnellement.

— *D.* Quant aux efforts à faire pour délier l'armée de son serment à l'empereur, quel résultat espériez-vous obtenir du voyage du général Boyer à Haslings?

— *R.* J'espérais connaître les intentions de l'impératrice, et c'est le général Changarnier qui a le plus vivement insisté pour cette mission.

— *D.* Vous connaissiez par le général Boyer les intentions de M. de Bismark, qui demandait une manifestation de l'armée de Metz en faveur de l'impératrice?

— *R.* Nous n'avions pas de déclaration à faire. Il aurait pu y avoir une contre manifestation de la population civile.

— *D.* Relativement au serment militaire, je vous ferai observer que le serment était aboli depuis 1848. En 1852, les officiers signèrent une formule d'obéissance à la Constitution.

La séance est suspendue à 3 heures 50 minutes et renvoyée à demain.

————

Dans la séance de ce jour, il a été beaucoup question de la mission du général Boyer à Versailles, et des instructions que le maréchal lui avait remises Nous avons pensé qu'il n'était pas sans intérêt de placer sous les yeux de nos lecteurs le texte de la note dont le général Boyer était porteur, et qui, comme l'a fait remarquer le général-président, était plutôt politique que militaire.

« Au moment où la société est menacée par l'attitude qu'a prise un parti violent, et dont les tendances ne sauraient aboutir à une solution que cherchent les bons esprits, le maréchal commandant l'armée du Rhin, s'inspirant du désir qu'il a de sauver son pays, et de le sauver de ses propres excès, interroge sa conscience et se demande si l'armée placée sous ses ordres n'est pas destinée à devenir le palladium de la société.

« La question militaire est jugée; les armées allemandes sont victorieuses, et S. M. le roi de Prusse ne saurait attacher un grand prix au stérile triomphe qu'il obtiendrait en dissolvant la seule force qui puisse aujourd'hui maîtriser l'anarchie dans notre malheureux pays, et assurer à la France et à l'Europe un calme devenu si nécessaire après les violentes commotions qui viennent de les agiter.

« L'intervention d'une armée étrangère, même victorieuse, dans les affaires d'un pays aussi impressionnable que la France, dans une capitale aussi nerveuse que Paris, pourrait manquer le but, surexciter outre mesure les esprits et amener des malheurs incalculables.

« L'action d'une armée française encore toute constituée, ayant bon moral, et qui, après avoir loyalement combattu l'armée allemande, a la conscience d'avoir su conquérir l'estime de ses adversaires, pèserait d'un poids immense dans les circonstances actuelles.

« Elle rétablirait l'ordre et protégerait la société, dont les intérêts sont communs avec ceux de l'Europe Elle donnerait à la Prusse, par l'effet de cette même action, une garantie des gages qu'elle pourrait avoir à réclamer dans le présent, et enfin elle contribuerait à l'avénement d'un pouvoir régulier et légal, avec lequel les relations de toute nature pourraient être reprises sans secousses et naturellement.

« Ban-Saint-Martin, 10 octobre 1870. »

Divers incidents de la séance d'aujourd'hui (17 octobre) ont paru fortement préoccuper le public. Ainsi on a discuté avec beaucoup de vivacité les réponses faites par le maréchal Bazaine sur ses rapports, ou, pour parler plus exactement, sur l'absence de ses rapports avec le gouvernement de la défense nationale.

Aussi on trouve étrange que le maréchal, après avoir reconnu le gouvernement, n'ait rien fait pour se mettre en relation avec lui et pour combiner ses mouvements avec ceux des armées qui recevaient la direction du gouvernement central à Paris.

Les réponses du maréchal ont paru produire une impression défavorable sur les membres du conseil de guerre.

Le général-président semble avoir hâte de terminer l'interrogatoire du maréchal.

On pense que l'audition des témoins commencera lundi ou mardi au plus tard.

**Complément de l'audience du 17 octobre
et audience du 18 octobre**

PRÉSIDENCE DE M. LE DUC D'AUMALE

La lettre du maréchal Bazaine au général de Stiehle a été, dans la séance du 17, le sujet de nombreuses questions. Cette lettre, qui d'après les assertions du maréchal n'aurait été qu'une espèce de piége, a un tout autre caractère aux yeux de l'accusation, qui blâme, en tout cas, le commandant de l'armée du Rhin de n'avoir pas porté cette communication avec l'ennemi à la connaissance du conseil de guerre du 10 octobre, dans lequel fut résolu l'envoi du général Boyer à Versailles.

Nous croyons utile de rappeler les termes de cette correspondance, sur laquelle les débats reviendront dans le cours du procès.

Le 29 septembre, le maréchal reçut du quartier général allemand la dépêche suivante :

« Le maréchal Bazaine acceptera-t-il pour la reddition de l'armée qui se trouve devant Metz les conventions que stipulera M. Régnier, restant dans les instructions qu'il tiendra du maréchal ? »

Voici la réponse du maréchal :

« Metz, 19 septembre 1870.

« Monsieur le général,

« Je m'empresse de vous faire savoir, en réponse à la lettre que vous m'avez fait l'honneur de m'envoyer ce matin, que je ne saurais répondre d'une manière absolument affirmative à la question qui est posée par Son Exc. M. le comte de Bismark. Je ne connais nullement M. Régnier, qui s'est présenté à moi comme muni d'un laisser-passer de M. de Bismark, et qui s'est dit l'envoyé de S. M. l'impératrice, sans pouvoirs écrits.

« M. Régnier m'a fait savoir que j'étais autorisé à envoyer auprès de l'impératrice, soit S. Exc. le maréchal Canrobert, soit le général Bourbaki. Il me demandait en même temps s'il pouvait exposer des conditions dans lesquelles il me serait possible d'entrer en négociations avec le commandant en chef de l'armée allemande devant Metz pour capituler. Je lui ai répondu que la seule chose que je pusse faire serait d'accepter une capitulation avec les honneurs de la guerre, mais que je ne pouvais comprendre la place de Metz dans la convention à intervenir. Ce sont en effet les seules conditions que l'honneur militaire permette d'accepter, et ce sont les seules que M. Régnier ait pu exposer.

« Dans le cas où S. A. R. le prince Frédéric-Charles désirerait de plus amples renseignements sur ce qui s'est passé, à ce propos, entre moi et M. Régnier, M. le général Boyer, mon premier aide de camp, aura l'honneur de se rendre à son quartier général au jour et à l'heure qu'il lui plaira d'indiquer. »

C'est à propos de cette lettre qu'a eu lieu la partie de l'interrogatoire que nous reproduisons ci-après, et qui a vivement impressionné l'auditoire, à cause surtout de la belle et patriotique parole de M. le général-président, qui la termine.

— D. Croyez-vous que la situation, au 29 septembre, fût telle que vous pussiez vous conférer à vous-même le droit de traiter avec l'ennemi?

— R. Je crois que j'avais ce droit, du moment où je n'avais plus aucune relation avec le gouvernement légal, pas plus, du reste, qu'avec le gouvernement de la défense. Je me suis cru libre, je ne me suis jamais assimilé à un simple commandant de place, et, comme chef d'armée, j'étais, en agissant ainsi, utile à mon pays.

— D. Vous croyez que ce droit peut appartenir à un chef d'armée, — je ne parle pas à un commandant de place, — bien que l'honneur de commander et de défendre la place de Metz n'eût pas été au-dessous d'un maréchal de France. (Nous en trouverions de nombreux et glorieux exemples dans notre histoire.)

Je vous demande si, comme chef d'armée, au 29 septembre, vous jugiez que la situation fût telle que vous pussiez vous conférer à vous-même le droit de conclure une convention militaire, puisque — selon vous — il fallait lire « convention militaire » sous ces mots : « capitulation avec les honneurs de la guerre. »

— R. Ma situation était en quelque sorte sans exemple. Je n'avais plus de gouvernement; j'étais, pour ainsi dire, mon propre gouvernement à moi; je n'étais plus dirigé par personne, je n'étais plus dirigé que par ma conscience.

— D. Ces préoccupations de négociation, alors, étaient donc plus puissantes sur votre esprit que la stricte exécution de vos devoirs militaires?

— R. Oui; j'admets parfaitement que ces devoirs soient stricts quand il y a un gouvernement légal, quand on relève d'un pouvoir reconnu par le pays, mais non pas quand on est en face d'un gouvernement insurrectionnel. Je n'admets pas cela.

— D. La France existait toujours!

Nous croyons intéressant de revenir avec plus de détails sur la mission du général Boyer à Versailles et sur les décisions que prit, à cette occasion, le conseil du 18 octobre, tenu après le retour du général.

— D. Après le retour du général Boyer, si jusque-là il vous était resté le moindre espoir de conclure une convention militaire quelconque, après le retour du général Boyer de Versailles, vous sembliez l'avoir abandonné, d'après ce que vous nous avez dit tout à l'heure. Conserviez-vous l'espoir, une lueur d'espoir, d'obtenir du gouvernement allemand un arrangement qui permit à l'armée de Metz de conserver ses armes et de remplir tous ses devoirs envers la France?

— *R*. Oui, le général Boyer est revenu avec la ferme conviction qu'on pouvait traiter de la paix ; du reste, il s'expliquera à cet égard devant le conseil.

— *D*. Ce n'est pas ce qui semble ressortir de sa déposition dans l'instruction. Vous avait-il informé de l'une des premières déclarations recueillies par lui de la bouche de M. de Bismark, qui se serait exprimé ainsi :

« Je dois vous dire à l'avance que le conseil du roi ne vous accordera pas d'autres conditions que celles de la capitulation de Sedan ? »

— *R*. C'est le général Boyer qui a raconté sa mission au conseil ; je ne me rappelle pas s'il s'est expliqué sur ce point.

— *D*. Il n'a rien dit alors d'un fait de cette importance, mais il a déclaré positivement dans l'instruction que M. de Bismark lui avait dit que le conseil du roi était résolu à n'accorder d'autres conditions que celles de la capitulation de Sedan.

— *R*. Cela m'étonnerait qu'il n'en eût pas parlé au conseil.

— *D*. Il n'y a en pas trace dans le compte rendu de la séance du conseil du 18.

— *R*. Le 18, il n'y avait plus que des conférences, des rapports. Ce n'était plus un conseil.

Dans cette conférence, le général Boyer a dû raconter mot à mot ce qu'on lui avait dit ; je ne pense pas qu'il ait rien caché.

— *D*. M. le général Boyer est parti pour l'Angleterre le 19 octobre ; que pouviez-vous espérer alors de ce voyage ?

— *R*. Je pensais que peut-être l'impératrice pourrait, par son intervention, obtenir pour l'armée ce que nous désirions. Cependant, à cette époque-là, j'ai fait des observations, je pensais que les choses étaient déjà bien avancées. C'est le général Changarnier qui, dans le conseil, a remonté un peu tout le monde en disant : « Il faut essayer, il faut envoyer en Angleterre. »

Du reste, M. le général Changarnier en déposera.

— *D*. Je parle d'après sa déposition dans l'instruction. Il me semblait que cette parole de M. de Bismark était un indice des intentions de l'ennemi, indice assez grave pour que vous en ayez pris bonne note et pour que vous en ayez informé vos lieutenants, qui avaient besoin de savoir quels résultats pouvaient avoir des négociations avec l'ennemi.

— *R*. J'ai dit à ces messieurs : « Écoutez le général Boyer, qui revient de remplir une mission. »

— *D*. Vous êtes sûr qu'il n'a fait aucune allusion à ce propos de M. de Bismark que j'ai cité, et qui cependant, d'après sa déposition, paraissait l'avoir vivement frappé : « Le conseil du roi n'accordera pas d'autres conditions que celles de la capitulation de Sedan. »

— *R*. Je ne me rappelle pas cela. Il est fort possible qu'il l'ait dit à la réunion ; mais ce qui a surtout attiré notre attention, c'est la seconde combinaison.

— *D*. Le compte rendu du conseil, ou plutôt de la conférence du 18, a déjà été lu ; j'en rappelle seulement ici la dernière phrase, afin d'expliquer les questions que j'aurai à vous poser plus tard :

« On revient alors à l'examen de la possibilité de continuer les négociations dans le but d'arriver à une convention militaire honorable, et permettant de concourir à l'établissement d'un gouvernement avec lequel les gouvernements allemands pourraient traiter. »

. . . .

« En conséquence, le général Boyer se rendra à Hastings pour voir s'il est possible d'obtenir une convention dans le sens indiqué plus haut, mais à la condition expresse que nul traité ne devra être signé ni convenu par le commandant en chef de l'armée.

« Il devra également exposer la situation de l'armée à l'impératrice ; et, s'il n'est point possible d'arriver à la solution désirable, il sollicitera de Sa Majesté une lettre par laquelle elle délie l'armée de son serment à l'empereur et lui rend sa liberté d'action. »

Enfin, je dois vous demander si, à côté de cet espoir, dans le cas où cet espoir n'aurait été que très-faible, n'aurait été qu'une lueur — ce qui était probablement le cas, comme devaient vous le faire entrevoir les renseignements dont vous étiez pourvu — si, dis-je, en envoyant à Hastings le général Boyer, vous teniez surtout, et avant tout, à obtenir de l'impératrice qu'elle relevât l'armée de son serment de fidélité? D'après votre livre, vous aviez déjà exprimé ce désir au général Bourbaki, il a même été chargé par vous d'en faire la demande formelle ; cependant il n'en parle pas dans sa déposition.

— *R.* Je l'avais dit au général Bourbaki. C'était pour nous une question d'honneur.

Audience du 18 octobre

Toujours même affluence de monde. On s'attend à des incidents émouvants.

Le général Saint-Sauveur, témoin jusqu'ici défaillant, se présente et demande, vu son état de santé, à ne se représenter qu'au moment où son témoignage sera requis.

L'audience est ouverte à une heure.

— *D.* N'avez-vous pas reçu, le 24 octobre, la lettre suivante du prince Frédéric-Charles ?

Grand quartier général devant Metz,

24 octobre 1870.

J'ai l'honneur d'envoyer copie à Votre Excellence d'un télégramme arrivé à minuit, et dont voici la teneur :

A Son Altesse le prince Frédéric-Charles pour le maréchal Bazaine.

Le général Boyer désire que je vous communique le télégramme suivant :

« L'impératrice, que j'ai vue, fera les plus grands efforts en faveur de l'armée de Metz, qui est l'objet de sa profonde sollicitude et de ses préoccupations constantes. »

Je dois cependant vous faire observer, monsieur le maréchal, que depuis mon entrevue avec le général Boyer, aucune des garanties que je lui avais désignées comme indispensables avant d'entrer en négociations avec la régence impériale, n'a été réalisée, et que l'avenir de la cause de l'empereur n'étant nullement assuré par l'attitude de la nation et de l'armée française, il est impossible au roi de se prêter à des négociations dont Sa Majesté seule aurait à faire accepter les résultats à la nation française. Les propositions qui nous arrivent de Londres sont, dans la situation actuelle, absolument inacceptables, et je constate, à mon regret, que je n'entrevois plus aucune chance d'arriver à un résultat par des négociations politiques.

BISMARK.

J'ai l'honneur, monsieur....

Signé : FRÉDÉRIC-CHARLES.

N'avez-vous pas fait connaître le même jour cette lettre à vos chefs de corps ?

— *R.* Je les ai réunis immédiatement.

Il fut décidé que le général Jarras porterait à l'ennemi des propositions de paix que le général Changarnier fut chargé de préparer. Ces négociations échouèrent ainsi que celles tentées depuis par le général de Cissey.

Le maréchal nie avoir laissé circuler des nouvelles de nature à affaiblir le moral des troupes.

— *D.* Mais ne pensez-vous pas que la note publiée par les journaux de Metz sur la situation des approvisionnements pouvait démoraliser la population ?.

— *R.* Je l'ai fait dans un sens contraire.

— *D.* N'a-t-elle pas été communiquée par vous aux journaux de Metz ?

— *R.* Ce n'est pas moi qui l'ai communiquée.

— *D.* N'avez-vous pas reçu le 26 de l'intendant en chef, avis qu'il n'avait pas pour plus de trois jours de vivres ?

— *R.* Si, monsieur le président.

— *D.* Vous n'avez pas tenu compte de cet avis ?

— *R.* Non, monsieur le président, parce que l'intendant ne me paraissait pas assez affirmatif dans ce qu'il me disait; je pensais que les vivres pourraient encore durer quelques jours de plus qu'il ne l'estimait.

Sur l'ordre de M. le général-président, il est donné lecture de la convention du 27 octobre, ainsi que de la conférence de la veille, dans laquelle fut décidée cette convention.

— *D.* Pensez-vous, monsieur le maréchal, qu'en ce qui concerne la capitulation de Metz, vous n'auriez pas dû réunir le conseil de défense ?

— *R.* Il était trop tard pour réunir ce conseil de défense.

— *D.* Ne pensez-vous pas qu'il aurait dû être dressé procès-verbal de cette convention ?

— *R.* J'ai considéré ce compte rendu comme un véritable procès-verbal, vu les hauts grades des chefs de l'armée.

— *D.* La convention signée le 27 au soir a été ratifiée par vous le 28.

Le greffier donne lecture du procès-verbal de cette ratification. Il est constaté que le maréchal Bazaine seul a signé, remplaçant par son nom celui du général Jarras, qui était écrit au crayon. — Le général-président dit qu'en effet le commandant en chef devait seul signer cette pièce, lés membres de la conférence n'ayant pas le droit d'y apposer leur signature.

Entrant dans les détails de la **capitulation**, le général-président demande ensuite au maréchal pourquoi il a séparé le sort des officiers de celui des soldats. — Le maréchal répond que cette distinction n'a pas été faite, et que les officiers devaient aller en Allemagne comme leurs soldats.

Interrogé sur les motifs qui l'ont empêché de démanteler les remparts de la ville, le maréchal dit que rien ne faisait supposer alors que Metz ne resterait pas à la France.

— *D.* Ne pensez-vous pas que, dès que vous aviez connu les rigueurs qui vous étaient imposées, vous auriez dû songer à la destruction de votre matériel de guerre ?

— *R.* C'est toujours dans le même ordre d'idées. Je ne croyais pas en avoir le droit.

— *D.* Même avant de capituler ?

— *R.* Alors, je serais resté désarmé.

— *D.* Mais pendant la capitulation ?

— *R.* C'était une question de bonne foi ; je n'ai pas cru que je devais rien détruire sans risquer d'augmenter les rigueurs de la capitulation.

— *D.* Quelles autres rigueurs pouvaient vous être imposées ?

— *R.* L'ennemi pouvait traiter Metz comme une ville prise d'assaut.

— *D.* Vous pensez que Metz aurait pu être livré au pillage !

— *R.* C'est fort probable.

— *D.* Les choses ne se sont pas passées ainsi dans les autres villes dont les Allemands se sont emparés.

— *R.* Mais leurs commandants n'ont rien détruit. D'ailleurs, il ne s'était jamais rien fait de semblable à ce que vous me demandez dans les guerres précédentes. Jamais, pendant les guerres du premier Empire, les villes obligées de se rendre ou les armées vaincues n'ont détruit leur matériel pendant les pourparlers de capitulation.

Quant à la question des drapeaux, le maréchal affirme avoir donné l'ordre formel de les porter à l'arsenal.

Des explications fournies, il résulte qu'il y eut des ordres donnés en sens contraire par le maréchal lui-même.

— *D.* A la suite de l'émotion causée par l'ordre de remise des drapeaux, n'avez-vous pas fait dire aux troupes qu'il y avait erreur, assertion confirmée par un ordre transmis aux commandants de corps d'armée le 27 ?

Le maréchal répond évasivement, en alléguant les lenteurs et les négligences apportées à l'exécution de ses ordres.

Le président fait donner lecture de la lettre du maréchal au général Coffinières, ne mentionnant pas que les drapeaux dussent être brûlés.

— *R.* L'ordre en était donné aux commandants de corps. Il y avait à redouter une difficulté avec les autorités allemandes en rendant cet ordre public. Du reste, je ne me rappelle pas qui a rédigé cette lettre.

— *D.* La minute l'indique, et elle indique aussi que la lettre était confidentielle.

— *R.* Oui; mais dans notre position, il n'y avait, au bout du compte, rien de confidentiel.

— *D.* L'exécution des ordres du 27 était fixée au 28. Croyez-vous qu'après la capitulation qui a été signée le 28 il fût encore temps de les exécuter?

— *R.* Oui, si on s'y était pris dès le matin, le 28.

Le débat continue assez longuement sur cette question des drapeaux, que plusieurs documents, lus par ordre du président, viennent éclaircir. L'un de ces documents est un brouillon de lettre, portant des corrections de la main du maréchal, annonçant qu'aucun drapeau n'a été brûlé et qu'ils sont intacts à l'arsenal.

— *D.* J'ai précisé la série des points sur lesquels devait porter l'interrogatoire. Avant de passer outre aux débats, je vous demanderai, M. le maréchal, si vous n'avez pas quelques observations à présenter au conseil?

— *R.* J'ai à formuler particulièrement une plainte relative au conseil d'enquête, par lequel je n'ai été entendu qu'une fois malgré mes réclamations réitérées. J'ai adressé au conseil des protestations contre la publication d'un ouvrage anonyme sur le siège de Metz, et il m'a été répondu qu'on ne pouvait empêcher des publications sur des événements historiques.

LE GÉNÉRAL-PRÉSIDENT. — Monsieur le maréchal, je ne crois pas que le conseil puisse mettre en cause le conseil d'enquête ou le ministre de la guerre. Si je vous ai invité à présenter des observations, c'est au point de vue seulement des faits qui ont été jusqu'ici l'objet des débats.

— *D.* Si tel est votre avis, M. le président, je n'insisterai pas; je demande seulement à lire au conseil la lettre que m'adressa l'empereur à Cassel d'abord, et cette autre, quand il apprit que j'étais accusé. Il s'étonne des poursuites dont je suis l'objet et rend hommage aux services que j'ai rendus.

Sur l'autorisation du président, le maréchal donne lecture de ces lettres, qui ne contiennent guère que quelques phrases élogieuses pour l'accusé.

LE GÉNÉRAL-PRÉSIDENT. — Je demanderai maintenant à l'accusation si elle a, de son côté, quelques observations à présenter.

M. le commissaire du gouvernement voudrait poser plusieurs questions au maréchal Bazaine. La première est relative à quelques prisonniers échappés de Sedan, qui se sont trouvés compris dans un échange de prisonniers à Metz, et qui ont apporté des renseignements au sujet desquels le maréchal avoue que la mémoire lui fait complétement défaut.

En second lieu, le *commissaire du gouvernement* demande

au maréchal le nom de l'officier général qui lui a apporté
l'adresse de Mme la maréchale Bazaine à Tours, car l'accusation désire que ce témoin soit entendu par le conseil.

— *R.* J'ai appris, en effet, le 21 septembre, que la maréchale se trouvait à Tours, où je lui ai fait parvenir une lettre, mais ce n'est pas par
un officier général. J'ai eu connaissance de l'adresse par un journal
allemand, la *Gazette de la Bourse.* Ce n'est qu'un peu plus tard qu'un
officier général, dont j'ai oublié le nom, m'a fait connaître l'adresse de
la maréchale à Tours et m'a donné quelques renseignements sur ma
famille ; mais je peux retrouver le nom de cet officier. Je vais le rechercher pour le faire connaître au conseil.

M. LE COMMISSAIRE DU GOUVERNEMENT. — Je poserai une troisième
question portant sur l'entrevue du général Boyer avec l'état-major
allemand. Dans votre mémoire justificatif, vous avez dit, M. le maréchal, que la première exigence formulée par M. de Bismark avait été
la remise des forts de Metz à l'armée allemande avant toute délibération. Cette exigence cependant n'a pas été communiquée à vos chefs
de corps, quand vous les avez consultés.

— *R.* Quoique cette allégation se trouve dans mon mémoire, j'ai lieu
de la croire inexacte. N'ayant pas d'archives à ma disposition, j'ai pu
me tromper sur certains points.

LE COMMISSAIRE DU GOUVERNEMENT. — Enfin, M. le maréchal, répondez-vous affirmativement ou négativement?

— *R.* Je m'en réfère aux dépositions des officiers qui ont pris part à
la conférence.

LE GÉNÉRAL-PRÉSIDENT. — Ni la défense ni l'accusation n'ont d'autres observations à présenter avant que nous passions à une autre
partie des débats? — Je lève la séance, dont je fixe la reprise à lundi,
à midi et demi.

Il est deux heures trente-cinq minutes. La foule s'écoule,
vivement impressionnée par cette courte mais solennelle audience. Au moment où, d'une voix grave et visiblement
émue, le président a, dans son interrogatoire, rappelé au
maréchal les obligations qu'il avait envers le drapeau, ce
symbole de l'honneur de la patrie, un frisson douloureux a
couru dans l'auditoire. Une émotion égale à celle du président s'est emparée de tout le monde, et le maréchal, malgré
son impassibilité habituelle, a paru affecté par ces graves et
simples paroles.

Au moment, au contraire, où le commissaire du gouvernement a pris la parole, le maréchal, surexcité sans doute par
le ton bref dont le général Pourcet lui a posé les questions
citées plus haut, s'est animé ; sa physionomie a pris une expression de colère contenue, et, pour la première fois depuis
l'ouverture des débats, on l'a vu se redresser sous l'accusation, la regarder en face, et lui répondre presque avec hauteur.

L'audience est suspendue et renvoyée à lundi.

Audience du 20 octobre

PRÉSIDENCE DE M. LE DUC D'AUMALE

La pluie tombe à midi, mais la foule n'est pas moins compacte que les jours précédents. Avant l'ouverture de l'audience le capitaine Mazières prie les témoins qui pourraient être dans la salle de se retirer.

Le conseil entre en séance à midi 35 minutes.

Le maréchal a repris sa place à côté de ses défenseurs. Il se présente ainsi de profil au public La place qu'il occupait pendant son interrogatoire est maintenant réservée aux témoins qui seront admis à déposer assis.

LE GÉNÉRAL-PRÉSIDENT commence l'interrogatoire des témoins par le maréchal Le Bœuf.

Le maréchal Le Bœuf est introduit devant le conseil. On est frappé de la vieillesse prématurée de l'homme qui a joué un rôle si important dans les événements de 1870. Il répond cependant avec une verdeur toute militaire aux questions du président, et c'est d'une voix ferme qu'il accentue la déposition suivante :

LE GÉNÉRAL-PRÉSIDENT, — Levez la main droite. Vous jurez de dire la vérité et ri n que la vérité ?

— *R.* Je le jure.

— *D.* Votre nom ?

— *R.* Le Bœuf (Edmond).

— *D.* Votre âge ?

— *R.* 64 ans.

— *D.* Votre profession ?

— *R.* Maréchal de France.

— *D.* Connaissiez-vous le maréchal Bazaine avant les événements de 1870 ?

— *R.* Je le connais depuis la campagne de Crimée.

— *D.* Vous n'êtes ni son allié, ni son parent ?

— *R.* Non, monsieur le président.

— *D.* Avec l'assentiment du conseil, de l'accusation et de la défense, l'interrogatoire se fera par sections correspondant aux divisions de l'interrogatoire. Vous avez donc, monsieur le maréchal, à répondre sur le premier paragraphe : prise de possession du commandement.

Voici les réponses du maréchal Le Bœuf aux questions qui lui ont été posées :

M. le maréchal Bazaine a reçu son commandement le 2 août de l'empereur, mais, jusqu'au 12, il n'a été qu'un commandant subordonné et, dans mon opinion, sa responsabilité ne commence qu'au 13 au matin.

Quand M. le maréchal est entré en fonctions, l'effectif était de

168 000 hommes et 39 000 chevaux. Pour les vivres, il pouvait y avoir 30 à 32 jours de pain, indépendamment des vivres des corps d'armée qui devaient être de 4 à 5 jours.

Le 6ᵉ corps n'étant pas complet, on avait organisé un convoi auxiliaire à sa suite.

Le maréchal Le Bœuf donne ensuite quelques détails sur les positions respectives des deux armées au moment où le maréchal Bazaine se trouvait en réalité investi du commandement et relate quelques épisodes de peu d'importance sur les opérations préliminaires.

Il s'interrompt pour demander au président si ces faits rentrent dans le cadre de ceux sur lesquels il doit déposer; le président répond qu'il désire ne pas interrompre sa déposition et engage le témoin à continuer.

Le maréchal Le Bœuf dit que la nomination du maréchal Bazaine n'a soulevé d'objections que de la part du général Jarras qui, attaché au maréchal, redoutait l'étendue de sa responsabilité.

Le 13 au matin, la pensée du maréchal Bazaine était encore celle de l'offensive, c'est à l'empereur qu'appartient le premier projet de retraite sur Châlons.

Le président rappelle au témoin qu'il ne doit parler que des projets d'opérations et non des opérations mêmes.

Quant aux projets d'opérations, ils ne me paraissaient pas encore très-arrêtés le soir même de la bataille de Borny, que l'empereur regrettait comme pouvant arrêter la marche de l'armée.

C'est alors que le maréchal Le Bœuf se trouva invité à prendre le commandement du 3ᵉ corps, qu'il prit le jour même, 14 août.

LE PRÉSIDENT. — C'est à cela que se borne votre déposition sur les opérations préliminaires?

— R. Oui, monsieur le président.

— D. Il importerait au conseil de savoir dans quelle mesure le maréchal Bazaine a pu se trouver instruit des projets de campagne antérieurs à son commandement?

De l'explication du témoin, il résulte que l'empereur avait eu d'abord l'idée de deux armées, l'une commandée par lui, l'autre par Bazaine, ce qui entraînait un dédoublement général du service. C'est alors que l'empereur a réduit le commandement de Bazaine aux seules opérations militaires.

— D. N'a-t-il pas fallu plus tard organiser les services adjoints?

— R. L'action du grand quartier général n'a pas cessé jusqu'au 12.

— D. Ainsi du 7 au 12 la composition des corps placés sous le commandement du maréchal Bazaine a varié plusieurs fois?

— R. Oui, monsieur le président, mais voici tout ce que je puis dire sur les premiers mouvements de l'armée:

C'est le 7 que l'empereur, apprenant la retraite excentrique du général Frossard, décida la concentration sous Metz. Après cette retraite sur Sarreguemines, l'empereur qui était très-préoccupé de n'avoir pas

de nouvelles du général Frossard, lui fit transmettre directement l'ordre de se retirer sous Metz, ordre que le maréchal Bazaine avait envoyé de son côté. Voilà les seules circonstances que je connaisse. À
cette époque le maréchal était en relations directes avec l'empereur, et
il peut y avoir eu des ordres donnés sans que je les connusse, je ne
puis éclairer le conseil que dans la mesure des circonstances dont j'ai
été instruit personnellement. Je répète que, jusqu'au 13, il n'y avait pas
nécessité absolue de mettre le maréchal Bazaine au courant de toutes
les dispositions prises, étant donnée la pensée qui dominait alors l'empereur.

Le témoin aborde une série d'explications stratégiques relatives aux dispositions prises pour la marche de retraite de
l'armée, dispositions participant de deux courants d'idées, l'un
offensif, l'autre défensif, mais en dehors de la responsabilité
du maréchal, jusqu'à la journée du 13. Ce n'est pas à lui,
mais à l'état-major général que l'on doit la conservation du
pont de Pont-à-Mousson, conservation que le témoin juge
avoir été plutôt utile que nuisible, étant données les arrière-
pensées offensives du moment.

— *D.* Ainsi, il n'y a pas eu, à votre connaissance, de remise officielle
du commandement au maréchal Bazaine ; en quittant le majorat-général, vous ne lui avez pas fourni les états de situation ?

— *R.* Non, l'empereur se l'était réservé. Du reste, chaque chef de
corps a dû fournir au maréchal Bazaine les renseignements dont il
avait besoin. Le général Jarras est resté seul de l'état-major général
auprès du maréchal Bazaine ; il était au courant de tous les détails.

— *D.* M. le commissaire du gouvernement a-t-il quelques questions
à poser au témoin ?

LE COMMISSAIRE DU GOUVERNEMENT. — Je demanderai si, en apprenant qu'il était investi du commandement de la place de Metz, le général Coffinières n'avait pas témoigné quelque mécontentement.

LE MARÉCHAL LE BŒUF. — Le général Coffinières avait d'abord protesté contre ce changement de position, mais il s'est ravisé et a accepté
ses nouvelles fonctions.

LE COMMISSAIRE DU GOUVERNEMENT. — Ma seconde question est
celle-ci : le général Jarras a-t-il reçu l'ordre de mettre le maréchal
Bazaine au courant ?

— *R.* C'était une obligation implicitement contenue dans les fonctions
attribuées au général Jarras.

LE GÉNÉRAL PRÉSIDENT à Me Lachaud. — M. le défenseur a-t-il quelques questions à adresser au témoin ?

Me LACHAUD. — M. le maréchal Le Bœuf aurait-il l'obligeance de dire
si, au commencement de la campagne, le maréchal Bazaine, ayant un
commandement de peu d'importance, n'a pas manifesté quelque mécontentement ?

— *R.* Pas le moindre.

Me LACHAUD. — Le maréchal Bazaine a-t-il jamais fait ou encouragé
aucune démarche pour obtenir le commandement en chef de l'armée du
Rhin ?

— *R.* Je ne l'ai entendu dire que depuis. Mais j'ai toujours cru le
contraire.

— Le général-président. — N'y avait-il pas eu un plan primitif constituant trois armées, dont une sous le commandement du maréchal Bazaine ?

— R. Le plan dont monsieur le président parle est de trois auteurs, le général Lebrun, l'intendant Pagès et moi. Le maréchal Niel l'a fait remanier dans ses bureaux. Le maréchal Bazaine y avait un rôle, il commandait la première armée. Des considérations politiques extérieures ont changé tout cela.

Le général-président demande à M. le maréchal Bazaine s'il n'a pas d'observations à faire. Le maréchal entre dans des explications sur sa position vis-à-vis de M. Le Bœuf.

Le général-président. — Faites appeler le général Lebrun.

Le général Lebrun, après avoir prêté serment, déclare s'appeler Barthélemy Louis-Joseph Lebrun, 64 ans.

Il a eu très-peu de rapports avec le maréchal, mais ces rapports ont été excellents.

Le général-président rappelle au général qu'il doit faire seulement une déposition d'ensemble sur les opérations préliminaires.

Le général Lebrun. — Quand le maréchal Bazaine a été investi du commandement, c'est-à-dire le 12, le projet de retraite sur Verdun était absolument arrêté dans l'esprit de l'empereur, et je ne crois pas qu'il y ait eu l'ombre d'un dissentiment à ce sujet entre l'empereur et le maréchal Bazaine.

Selon moi, c'est à l'insuffisance de nos dispositions préparatoires qu'est due la bataille de Borny, première cause de nos désastres. On a perdu 24 heures dont l'état-major général est absolument responsable. Le malheur a été que l'état-major général n'ait pas été initié à nos plans, et n'ait pas, par exemple, étudié les routes qu'on était décidé à prendre.

La voix du témoin et surtout son accent prennent une énergie particulière à mesure qu'il entre dans les détails des opérations. Il déplore d'un ton de conviction profonde que l'état-major général se soit borné à s'occuper des vivres et des approvisionnements des colonnes.

Du reste le témoin n'a eu aucune part dans les faits qu'il relate, et il n'en a été que le spectateur. Il rappelle les dispositions prises pour le passage de la Moselle, dispositions consistant à faire jeter par tous les chefs de corps le plus grand nombre possible de ponts, mais qui, à son souvenir, n'émanaient même pas de l'état-major général. C'était une sorte de plan général abandonné à l'initiative de chacun.

— D. Avez-vous eu connaissance d'un projet du maréchal Bazaine de faire retirer l'armée sur Nancy plutôt que sur Metz ?

— R. Ce projet avait été discuté bien souvent avant même la nomination du maréchal. Il avait l'inconvénient d'opérer notre mouvement un peu trop près de l'armée ennemie et n'est, pas du tout, propre au maréchal.

Interrogé sur son rôle à l'état major général, le témoin dit qu'il n'avait que des fonctions d'intermédiaire entre deux services et qu'il n'avait absolument que des ordres à faire transmettre.

M⁰ Lachaud. — Je demande à préciser un point : Est-ce bien réellement le 13 au matin que le maréchal Bazaine a pris le commandement effectif, et le major-général n'a-t-il pas donné des ordres le 13 au matin?

— R. Je crois pouvoir dire que le maréchal Bazaine avait vu l'empereur dans la nuit du 12 au 13, mais quant au commandement il n'a été pris que le 13 au matin.

M⁰ Lachaud. — Ma question est destinée à établir que, les ordres du passage étant antérieurs au 13 au matin, le maréchal Bazaine qui, du reste, n'avait pas reçu de renseignements généraux, ne pouvait être responsable des conséquences de ces ordres.

Le témoin, sur une nouvelle invitation de la défense, déclare qu'il n'a pas connu d'une façon certaine les ordres donnés le 13 par le maréchal. Quant à la transmission régulière du commandement, elle a eu lieu dans la journée du 12 sous l'influence des télégrammes qui ont amené la démission du major général. Consulté par l'empereur, il lui a conseillé de supprimer le majorat général et de conserver seulement le second major général, qui était au courant de tout. Voilà comment s'est opérée la transmission, qui a été connue de l'armée dans la journée du 13, il n'y a pas eu de transmission plus officielle.

Le défenseur allègue qu'il y a eu des ordres donnés dès le 13 au matin et se réserve de les produire.

———

La séance est suspendue pour vingt minutes à 2 heures 20.

Le général-président au maréchal Le Bœuf. — Monsieur le maréchal, je vous avais prié de rester dans la salle d'audience pour le cas d'une confrontation avec le général Lebrun. Avant de vous prier de vous retirer, je vous demanderai si vous avez quelques observations à présenter sur la déposition du général Lebrun ?

— R. Non, monsieur le président.

Ces deux premiers témoins entendus sont invités à se retirer.

Le président donne l'ordre d'introduire le général Jarras qui, après avoir prêté serment, déclare se nommer Jarras Émile-Louis, être âgé de 62 ans, domicilié à Paris.

En sa qualité de chef de l'état-major général de l'armée du Rhin depuis le 12 août, — qualité qu'il avait d'abord voulu refuser, non que ses relations avec le maréchal Bazaine fussent désagréables, au contraire, mais 1° parce qu'il craignait de paraître pour le maréchal un critique incommode, ° parce que, dans l'exercice de ses premières fonctions, on lui avait laissé ignorer des faits dont la connaissance lui paraissait indispensable, — le témoin aurait dû avoir une initiative qui lui a toujours été refusée.

Au moment où le maréchal m'a donné les instructions nécessaires à l'accomplissement d'ordres que je ne pouvais apprécier, j'ai compris que je n'avais plus qu'à faire abstraction de ma personnalité et à devenir l'agent passif du maréchal qui, dès le premier jour, m'a tenu complétement à l'écart.

Ainsi, le 13 août, le maréchal a donné directement ses ordres à certains corps. le 16, soir de la bataille de Bezonville, le maréchal n'a fait que me dicter ses ordres, comme il l'a fait le 26, le 31, et dans toutes les périodes suivantes.

— D. A quelle heure et de quelle façon a eu lieu la transmission du service?

— R. Il n'y a pas eu de transmission régulière. Le 12, vers 2 ou 3 heures de l'après-midi, j'ai été prévenu à la préfecture en présence de l'empereur, du maréchal Le Bœuf, du général Lebrun, de ma nomination. J'ai écrit immédiatement au maréchal Bazaine pour lui demander si je devais le joindre à Borny. — Le maréchal m'a fait réponse verbalement qu'il me verrait le lendemain vers midi à Metz.

J'ai donc pris les ordres du maréchal pour la première fois le 13. On m'a transmis ensuite les ordres généraux de service.

— D Enfin, c'est dans l'après-midi du 12 qu'a eu lieu la prise de possession régulière de vos fonctions?

— R. Oui, monsieur le président.

— D. A ce moment avez vous pu faire parvenir au maréchal des états de situation?

— R. Non, et le lendemain, il ne m'en a pas demandé.

— D. Cependant, vous possédiez des renseignements très-utiles pour lui. Avez-vous cru devoir les lui communiquer?

— R. L'état major général n'avait que certains renseignements spéciaux que l'on retrouvera dans les archives. Beaucoup étaient retenus par l'empereur. Je n'avais à ce moment, par exemple, aucun renseignement sur les missions des agents secrets.

Du reste, tout ce que j'ai eu entre les mains se trouve dans le livre de correspondance qui est déposé aux archives.

— D. Le maréchal Le Bœuf nous a dit tout à l'heure que nul mieux que vous ne pouvait renseigner le maréchal Bazaine.

— R. Oui, sur ce que je savais, mais je ne savais pas tout.

— D. Ainsi le 13 le maréchal Bazaine continuait à utiliser les services de ses anciens chefs d'état-major?

— R. Oui, monsieur le président.

— D Le 12 vous avez transmis au général Coffinières un ordre de l'empereur relatif à la construction des ponts sur la Moselle?

— R. Oui, mais il est antérieur à la transmission des commandements.

— D. C'est aussi par votre intermédiaire qu'ont été transmis les ordres relatifs aux ponts sur la Seille, dont la construction remonte au 6?

— R. Je n'ai reçu qu'une instruction générale sur les ponts, sans qu'il fût précisé où ces ponts devaient être construits.

— *D.* Vous n'aviez pas reçu d'ordres du major-général pour faire étudier les points de passage de l'armée ?

— *R.* Vers le 7 ou le 8, j'ai eu l'occasion d'en étudier quelques-uns avec le général Lebrun, lors du projet de retraite sur Verdun. La préfecture nous avait fourni le plan détaillé de la ville et de ses environs, mais cette étude n'est pas résultée d'un ordre. C'est une simple conversation avec le général Lebrun qui nous y a portés, en quelque sorte spontanément.

Sur la demande de M. le commissaire du gouvernement, le témoin fait remonter au 13 le moment où il a eu connaissance du mouvement général. Il n'a vu le maréchal qu'une fois ce jour-là dans l'après-midi. Il n'a pas souvenir d'avoir eu connaissance le soir d'ordres de départ. Ces ordres ont été envoyés écrits et doivent se retrouver aux archives. — Répondant à une autre demande, il explique que c'était par l'empereur ou le major-général, et non par lui, que les renseignements généraux devaient être communiqués au maréchal Bazaine.

Le général-président fait communiquer au témoin la minute d'un ordre du 12 août 5 heures 1/2, ordre adressé par le général Lebrun au général Jarras qui devait le transmettre au maréchal Bazaine. Il résulterait de cet ordre que le maréchal et le général Jarras étaient considérés comme en fonctions à ce moment. Le témoin répond qu'il a transmis cet ordre.

Sur la demande de Mᵉ Lachaud, le témoin déclare avec une certaine force avoir respectueusement témoigné au maréchal la peine que lui causait l'écartement systématique dans lequel il était tenu. Le maréchal a accueilli cette plainte avec une grande dureté à deux reprises différentes. La seconde fois, sa réponse a été : « Je ne prends conseil de personne que de moi-même. »

Ici, le maréchal Bazaine déclare que le caractère irascible du général Jarras a rendu quelquefois leurs rapports difficiles, mais qu'il n'a jamais eu contre lui la moindre animosité, puis il entre dans des détails sur la façon dont s'est opérée la transmission de quelques ordres.

Le témoin réitère ses plaintes contre le colonel Deleuval et se livre à une attaque assez vive contre le caractère du maréchal auquel il n'a jamais donné le moindre sujet de plainte.

On entend ensuite la déposition du général Coffinières.

Le général, visiblement intimidé, donne au conseil quelques renseignements sommaires sur les approvisionnements de Metz lors de la prise de possession du commandement par le maréchal.

Les seuls ordres qu'il eût personnellement reçus à cette date remontent, croit-il, à la journée du 8, et avaient trait à la construction des ponts dont il s'est occupé immédiatement, avec toute l'énergie possible.

Contrairement aux témoins précédents, que le président avait quelque peine à contenir, le général Coffinières dépose d'une façon tellement réservée, tellement hésitante, que le président se trouve obligé de lui demander des détails plus précis et plus complets sur quelques parties de son service.

C'est le 13 que le témoin est allé à Borny prendre les ordres du maréchal. Le 14 au matin, tout était prêt relativement aux ponts, dont le maréchal avait fait hâter la construction. Avant cette époque, la garnison de Metz existait à peine.

Le cinquième témoin appelé est M. le comte de Kératry, autrefois attaché au maréchal Bazaine en qualité d'officier d'ordonnance.

Le fait sur lequel dépose ce témoin est celui d'une visite que lui fit Mme la maréchale Bazaine au mois d'août 1870 pour tâcher d'obtenir de lui et de ses amis de la gauche le commandement en chef pour le maréchal qui, en présence des dangers créés par la présence de l'empereur à ce commandement, voulait quitter l'armée de Metz, s'il n'était pas investi du commandement suprême.

Cette proposition fut transmise au ministre de la guerre et développée dans les bureaux du Corps législatif par le groupe de la gauche, malgré les hésitations qu'on éprouvait à l'endroit du maréchal par suite des événements du Mexique.

La maréchale Bazaine, instruite de la déposition faite à ce sujet par M. de Kératry devant la commission d'enquête, est allée à Versailles, au mois de février 1872, pour déclarer que le maréchal avait été étranger à cette démarche et même en nier l'objet. M. de Kératry ne voulut rien retirer de sa déposition.

Cet incident, que la déposition de M. Jules Favre ne confirme qu'en partie, donne lieu à une assez vive discussion entre le témoin et la défense. M. de Kératry maintient que, si elle n'avait pas eu ce but, la visite de la maréchale serait inexplicable, toutes relations ayant cessé entre lui et M. et Mme Bazaine depuis près de dix-huit mois.

Le président fait donner lecture d'une lettre de la maréchale démentant les assertions de M. de Kératry.

La déposition très-énergique et très-expressive de M. de Palikao vient donner un nouveau démenti aux assertions de M. de Kératry, que le témoin qualifie de mensongères.

Cet incident assez caractéristique clôt la séance, qui est suspendue à cinq heures et demie.

L'ouverture de la séance aura lieu demain, à midi et demi.

PRÉSIDENCE DE M. LE DUC D'AUMALE.

La séance est reprise à midi vingt-cinq.

LE GÉNÉRAL-PRÉSIDENT. — Nous allons entendre les témoins assignés par la défense, ayant à déposer sur la première division. Appelez M. Schneider.

M. Schneider déclare se nommer Eugène Schneider, être âgé de 68 ans, domicilié au Creuzot; profession : industriel.

M. SCHNEIDER (d'une voix brève). — Le maréchal n'a fait aucune intrigue pour obtenir le commandement. Au contraire, au moment de la guerre, j'ai vu beaucoup de personnes ; pas une n'a parlé avec autant de modestie et de sagesse que le maréchal Bazaine. Après nos premiers revers, M. Jules Favre et ses amis ont témoigné devant moi le désir que le commandement en chef changeât de nom. Rien dans ces conversations ne paraissait provenir de l'initiative du maréchal. Ses glorieux états de service justifient sa nomination.

Le commissaire du gouvernement et la défense renoncent à poser des questions.

On passe à l'audition de M. Rouher (membre de l'Assemblée nationale), 58 ans.

Le témoin n'a pas de renseignements personnels sur la prise de possession; il ignore à quel titre il a pu être assigné.

Le président prie la défense d'indiquer sur quel point elle demande le témoignage de M. Rouher.

Le défenseur fait demander si M. Rouher a jamais entendu dire que le maréchal ait sollicité le commandement.

M. ROUHER. — J'ai la conviction absolument contraire; d'après tout ce que j'ai pu entendre dire à ce sujet, il n'a fait qu'obéir à un ordre.

Le temoin suivant est le maréchal Canrobert.

Le maréchal est arrivé à Metz le 12 et a appris la nomination du maréchal Bazaine, à laquelle il n'a eu aucune part. Le maréchal critique l'organisation primitive de l'armée.

Après un exposé général des dispositions prises pour le passage de la Moselle, qui a jeté quelque division dans les corps, le maréchal parle de la bataille de Borny, à laquelle il a pris part, mais où les mitrailleuses ont joué, dit-il, un rôle considérable, et où l'armée s'est vaillamment montrée, ainsi que le maréchal. Le maréchal Canrobert indique les positions de l'armée. Le lendemain, on devait partir à 4 heures du matin, mais, à sa grande surprise, il reçut l'ordre de prendre ses positions de campement. Tout à coup, son corps d'armée est assailli par un feu de *tirailleurs d'artillerie*; il met aussitôt ses soldats à l'abri. Ce feu lui a coûté 525 hommes; il n'avait que 54 pièces d'artillerie et a cependant maintenu ses positions.

C'est alors que le maréchal Bazaine, se laissant entraîner par son ardeur belliqueuse, est arrivé au milieu de la bagarre.

On a enterré les morts; « et comme l'a dit Menschikoff, ajoute le maréchal Canrobert, celui-là est vainqueur qui enterre ses morts là où ils sont tombés. » Ce mot a produit une vive sensation dans l'auditoire.

La nuit, on a gardé la position, et on se préparait à coucher sur le champ de bataille, quand est arrivé un ordre du quartier général, daté de minuit, dans lequel on disait au maréchal d'aller prendre une nouvelle position à Vernéville, afin de se rapprocher de Metz pour se ravitailler.

Le maréchal fait ressortir la difficulté de cette position, surtout pour un corps d'armée aussi affaibli que le sien. Il en fit transmettre l'observation au maréchal, qui, par égard pour un ancien compagnon d'armes, accéda à sa demande et lui indiqua, sans observations, une nouvelle position.

Un post-scriptum ajoutait que la première position désignée devait protéger la retraite du corps Ladmirault.

Suit une assez longue explication de la marche du maréchal vers sa nouvelle position de Saint-Privat. Le matin, vers 8 ou 9 heures, un aide de camp du maréchal Bazaine vint demander si le maréchal Canrobert n'avait aucune observation à faire. Vers onze heures et demie, nouvelle attaque à laquelle on riposte, mais, cette fois, avec onze batteries au lieu de neuf. Les munitions n'avaient pu être renouvelées encore. Il ne restait au maréchal que 26 000 hommes, et pas une seule mitrailleuse; cependant la garde prusienne fut arrêtée avec une perte de 7 à 8000 hommes.

Le maréchal fait observer que, lors de la délimitation des nouvelles frontières, le roi de Prusse demanda qu'on y englobât les champs de bataille, notamment celui de Saint-Privat.

Reprenant son récit, il raconte qu'il a fait connaître sa position au maréchal Bazaine, qui lui envoya des renforts en lui faisant savoir entre midi et une heure, que le maréchal Le Bœuf signalait des forces ennemies considérables, et en l'engageant à tenir le plus longtemps possible.

La bataille devint de plus en plus intense vers quatre heures; vers six heures, la position n'était plus tenable; cependant, grâce à la bravoure des soldats, on tint tète jusqu'à sept heures.

On se retira par échelons, et l'on gagna *au pas ordinaire*

les hauteurs du bois de Solmiers, où l'on épuisa les dernières munitions, augmentées de 12 caissons envoyés par l'état-major général depuis la fin de la bataille.

Un rapport fut transmis aussitôt au commandant en chef, et l'on se dirigea vers la position que le corps d'armée devait occuper, en vertu d'instructions précédentes, sous le canon de Metz.

Le GÉNÉRAL-PRÉSIDENT. — Vous dites avoir informé, le 13, l'état-major général de la position de votre corps d'armée; de quel état-major voulez vous parler?

— R. Mais probablement de celui de M. le général Jarras.

— D. Mais, si les ponts sur la Moselle avaient été coupés, la marche de votre corps d'armée eût été facilitée?

Le maréchal dit que pour un corps d'armée, le passage s'est effectué sans difficulté, mais qu'il y avait déjà beaucoup d'encombrement sur les routes. Il ne croit pas qu'on ait eu raison de détruire le pont du chemin de fer.

— D. Avez-vous connu directement ou indirectement les intentions de marche de l'empereur?

— R. Je n'ai connu que des on-dit.

— D. Pensiez-vous que, le 17, on eût pu reprendre les positions de Mars-la-Tour et de Vionville?

— R. Il eût mieux valu ne pas les quitter. On a beaucoup critiqué les opérations du maréchal Bazaine, mais la critique est aisée et l'art est difficile. Pour lui, il n'avait pas à discuter les ordres reçus.

Un des membres du conseil fait demander s'il y eût eu des chances de battre l'ennemi en l'attaquant le lendemain.

Le maréchal dit que la question est délicate, car il y a du pour et du contre. Les soldats n'étaient pas encore démoralisés, mais il a été frappé de leur attitude, et en ayant demandé le motif, il apprit qu'ils n'avaient pas à manger. Ils avaient absorbé leurs vivres de quatre jours beaucoup trop vite, et se sont battus sans boire ni manger.

Suit une nouvelle explication stratégique sur les opérations qu'on eût pu faire le 17, opérations dont le maréchal ne peut pas prévoir l'issue probable. Dans l'opinion du maréchal Canrobert, comme dans celle du commandant en chef, Saint-Privat ne fut pas une bataille proprement dite, mais une défense de lignes.

Le maréchal Bazaine discute quelques points techniques de la déposition du témoin. Quant à l'ordre de la journée de Saint-Privat, le maréchal donne lecture de ses dispositions d'ensemble. C'est le 18 qu'a dû être envoyé l'ordre spécial en question.

Le maréchal Canrobert répond que ses souvenirs sont très-précis, et que l'ordre est arrivé pendant la bataille.

Le maréchal Le Bœuf est rappelé pour déposer sur la 2e division.

Le maréchal Le Bœuf. — J'étais sans fonctions à l'armée, le 12, le 13 et le 14 ; je ne puis donc rien dire de positif. J'ai été témoin mais non acteur. Je demanderai donc la permission de ne commencer ma déposition qu'au 15 au matin. Dans la soirée du 14, j'ai été appelé au commandement du 3e corps par suite d'une blessure reçue par le général Decaen. Le matin du 15, à 9 heures, je me rendis au quartier général du maréchal Bazaine, et de là au milieu de mes troupes. Dans le mouvement en avant, le 3e corps devait suivre le 4e dans les défilés. Le mouvement se fit avec assez d'ordre. Dans la soirée toutes mes troupes devaient me rejoindre. A 11 heures du soir, le maréchal Bazaine me fit prévenir que l'ennemi se présentait sur le front des 1er et 6e corps. Immédiatement je réclamai des renforts ; le maréchal me dire que, sur ma demande, il arrêtait le mouvement de l'armée. Jamais je n'avais rien demandé de pareil. Le 16, vers 9 h. 1/2 du matin, j'entendis le canon ; l'affaire s'engagea vers midi.

Le témoin entre dans de très-longs détails sur la bataille de ce jour. Le public semble ne s'intéresser que médiocrement aux détails stratégiques.

Le soir, le témoin dut se replier. Dans la nuit il reçut l'ordre de battre encore en retraite, vu la pénurie des munitions et des vivres. Le troisième corps manquait en effet de vivres ; son convoi était arrêté au Ban-Saint-Martin. La journée du 17 se passa à se ravitailler et à observer l'ennemi

Le 18, l'ennemi attaqua ma droite ; la lutte fut très-vive, et je dus faire rétrograder mon artillerie. Un combat sanglant se livra dans des bois que j'avais à ma droite ; après plusieurs prises et reprises, la position me resta. Le soir j'appris que les corps de Ladmirault et de Canrobert battaient en retraite ; je dus en faire autant. Le feu de l'ennemi continua jusqu'à minuit et demi ; l'attaque se faisait dans nos tranchées mêmes. J'en fis donner avis au maréchal qui, à une heure du matin, me fit parvenir l'ordre de me retirer. La retraite commença à trois heures du matin et fut achevée à huit heures. Je m'établis sur le plateau qui s'étendait du fort de Saint-Quentin au fort de Plappeville.

L'ennemi nous serrait de près et établit des batteries en face de nous. Voilà jusqu'au 19, c'est-à-dire jusqu'aux limites de mon interrogatoire, tout ce que j'ai à dire.

Le général-président. — L'empereur vous a-t-il communiqué les ordres qu'il a donnés le 13 au maréchal ?

— R Non, mais je crois savoir que le projet de l'empereur était de faire la retraite sur Verdun. Je ne l'affirmerai pourtant pas.

Le commissaire du gouvernement. — Qui vous a porté, dans la nuit du 18 au 19, l'ordre de battre en retraite ; ou avez-vous fait solliciter cet ordre du maréchal Bazaine par un de vos officiers ?

— R. J'ai reçu l'ordre. Mon sous-chef d'état-major a été appelé dans la journée à l'état-major général pour tracer les nouvelles positions.

Me Lachaud. — Le 17, le témoin n'a-t-il pas dit au maréchal Bazaine que le 3e corps manquait de vivres ?

— D. Oui. Mes fourgons ne contenaient que trois quarts de jour de vivres, mais mon convoi arrêté au Ban-Saint-Martin en avait pour quatre ou cinq jours.

Le témoin se retire. La séance est suspendue.

Elle est reprise à trois heures et demie.

On appelle le général Ladmirault.

Le général Ladmirault (Pierre-Alexis) est âgé de soixante-cinq ans. Sa voix est claire, très-intelligible, son débit facile. Invité à faire sa déposition sur les journées du 12 au 19 octobre, le général s'exprime ainsi :

C'est par un ordre général que j'ai appris la nomination du maréchal Bazaine. Dans la journée du 12, j'avais signalé l'imminence d'une attaque. Le 13 nous commencions notre mouvement sur la Moselle ; je connaissais la composition et le nombre es forces ennemies : notre défilé dura longtemps. Dans la journée, j'appris que deux corps étaient sérieusement engagés ; je fis arrêter le passage. Un combat très-vif s'engagea. Nous eûmes l'avantage, mais à 10 heures du soir seulement l'armée ennemie commença à se replier. Je la poursuivis pendant quelques kilomètres seulement. J'employai la nuit à passer sur la rive gauche. L'encombrement était énorme ; je consultai le maréchal Bazaine sur les positions que je devais prendre. Il m'indiqua Doncourt, où je me rendis. mais non par la route indiquée.

J'arrivai vers midi ; le combat était engagé ; une force considérable de cavalerie se trouvait à Mars-la-Tour ; des masses d'infanterie occupaient Vionville, clef de la position.

Je fis attaquer Mars-la-Tour par ma division de cavalerie, à laquelle se joignirent des renforts assez importants.

Le témoin entre avec de longs développements dans le détail de ses dispositions. Il rend hommage à la bravoure des troupes. L'ennemi se replia, mais pour se reformer. Se voyant menacé sur le flanc, le général fit face avec avantage, à 7 heures du soir, il avait 2000 hommes hors de combat, et soutint cependant jusqu'à 10 heures le choc de la droite. Ses troupes avaient fait 32 kilomètres dans la journée. Les troupes campèrent.

Les ordres arrivèrent le 17 au matin ; ils étaient de prendre position sans combat vers Saint-Privat, sur une étendue de 6 kilomètres. Le général fortifia Saint Privat, qui, dans la nuit, fut occupé par le 6e corps. Les reconnaissances ne signalèrent pas l'ennemi, et cependant à 9 heures on annonçait des forces ennemies considérables.

De 11 heures à 6 heures 1/2 on soutint une lutte formidable avec quelque avantage. Vers 7 heures 1/2, le général dut se rejeter en arrière ; la garde prit position pour soutenir la retraite, mais on n'était pas poursuivi.

A 9 heures, il envoya au maréchal Canrobert menacé quelques renforts de munitions et de cavalerie. L'ennemi, très-fortement atteint, ne tenta rien pendant la nuit, qu'il employa aussi à se reposer.

Le général-président revient sur quelques détails de cette déposition, que le témoin complète ou rectifie. Ils portent particulièrement sur les dispositions prises pour le passage de la Moselle.

Un membre du conseil fait demander si le lendemain de Borny on pouvait se mettre en marche sur Verdun.

Le général répond que les routes étaient complétement encombrées. En tout cas, il n'eût pas hésité à tenter l'offensive pour se diriger sur Verdun et Thionville. Un succès pouvait avoir des conséquences décisives, immenses; mais on ne peut en répondre absolument, quoique l'*affaire fût bien préparée.*

Interrogé sur ses communications du 18 avec le commandant en chef, le général répond que, vu son avantage, il n'a fait demander que le soir le secours de la garde, qui est arrivée alors que le mouvement de retraite du 6ᵉ corps était déjà trop accentué.

L'ordre général de mouvement daté du 18 août a été connu du témoin pendant la nuit. Il est arrivé à ses divisions ralliées dans les bois, et l'on a immédiatement commencé à l'exécuter.

Cet ordre ne laissait aucune prise à l'hésitation.

Aucun débat contradictoire ne s'établit sur cette déposition.

On appelle le témoin suivant : Charles Bourbaki, 57 ans, général de division, commandant la place de Lyon.

LE GÉNÉRAL BOURBAKI. — Le 14 août au matin, je reçus l'ordre de passer sur la rive gauche de la Moselle; dans l'après-midi, on m'annonça une attaque; j'appris plus tard que la journée était bonne pour nous, et dans la nuit je reçus l'ordre de continuer mon mouvement, qui fut accompli le lendemain matin.

Le général raconte ensuite la part qu'il a prise avec son corps d'armée à la journée de Gravelotte. Un jeune soldat lui annonça ce jour-là que le maréchal Bazaine venait d'être enlevé par des uhlans. Il prit ses dispositions pour la retraite. Enfin, il eut des nouvelles du maréchal. On avait gagné sur l'ennemi, et cependant, à deux heures du matin, l'ordre était donné de revenir sous Metz, ce que l'on fit.

Quant à Saint-Privat, le témoin, après avoir rendu hommage au calme et à la bravoure du maréchal, que l'on ne savait jamais où prendre, se souvient que, le 18, il demanda les ordres du maréchal. On lui répondit : « Le maréchal vous laisse libre. » Il interpréta cette liberté dans le sens d'une latitude laissée à son initiative, pour le cas où elle aurait à s'exercer, et il fit pour le mieux.

Le général expose ses dispositions stratégiques de la journée. Il les fit connaître au maréchal. A 6 heures un quart, le général Ladmirault le priait d'appuyer une division pour assurer un succès. Il obéit, quoique sa position fût bonne, et s'aperçut qu'on l'avait trompé et qu'il ne s'agissait pas de soutenir un succès, mais de réparer une brèche, ce qui l'irrita fort, car il n'avait pas d'artillerie. Il fit de son mieux cependant, en suivant son inspiration, conformément au désir du maréchal.

Un membre du conseil fait répéter la question posée aux précédents témoins : « Pouvait-on se mettre en route le lendemain de Borny? »

Le témoin pense qu'il eût fallu le faire immédiatement, de façon à échelonner les troupes, ce qui eût évité l'encombrement.

Le commissaire du gouvernement demande une explication sur l'envoi, par le témoin, du général Dauvergne au maréchal Bazaine. Le général Bourbaki se rappelle que son envoyé est revenu sans avoir vu le maréchal; il n'avait rencontré que le major général.

C'est au 20 que le témoin fixe la date du mouvement général auquel il a pris part.

On procède à l'audition du général Frossard (Charles-Louis).

Le témoin se dispose à parler de la bataille de Forbach, mais le président l'invite à se renfermer dans la période qu'il lui indique.

Le général se plaint d'avoir été injustement accusé à propos de cette bataille. Quant au passage de la Moselle, il a été témoin de l'encombrement et de la lenteur qui en est résultée. Les ordres n'avaient pas assez bien réparti les colonnes entre les divers passages.

Le tumulte qui se produit au fond de la salle nous fait perdre quelques-unes des dispositions techniques énumérées par le témoin.

Le général Frossard raconte ce qu'il sait de la bataille de Rezonville. Sa division fut attaquée de front. Protégé par un ravin et armé de mitrailleuses, il fit subir à l'ennemi des pertes sensibles. Le maréchal Bazaine était parfaitement au courant de ses positions. De concert avec lui, on opéra une charge de cavalerie qui n'eut pas de résultat heureux. L'état-major dut mettre l'épée à la main pour rejoindre le maréchal.

Le général continue sa déposition par des renseignements circonstanciés, mais purement stratégiques, sur les journées du 16 et du 18, et la part qu'y a prise le 2e corps. Il déclare que les positions de l'armée étaient des plus rassurantes.

Ni le commissaire du gouvernement, ni la défense, ni le maréchal Bazaine n'ont d'observations à présenter à propos de cette déposition.

On appelle le général Jarras, qui est invité à déposer sur ce qui se rattache aux opérations depuis le 12 août jusqu'au 19, jour de la retraite sous le canon de Metz.

Le général Jarras dit que le mouvement a commencé le 14. Le lendemain 15, soir de la bataille de Borny, le maréchal fit donner l'ordre de le reprendre.

Les renseignements successivement fournis par le témoin sur chacune des opérations qui ont suivi, n'apportent aucune lumière nouvelle sur des faits qui se répètent pour la quatrième ou cinquième fois devant le conseil.

Le président désirerait que le général Jarras pût recourir à son carnet, dans lequel il retrouverait la trace des ordres verbaux qu'il a donnés Le témoin promet de s'en munir toutes les fois qu'il sera rappelé devant le conseil, et déclare qu'il en est justement porteur.

LE GÉNÉRAL-PRÉSIDENT demande si c'est par un ordre verbal que les mouvements généraux ont été transmis.

Le général Jarras dit que, le 15 au matin, l'ordre a été donné de reconnaître toutes les positions.

Le témoin communique au conseil différents ordres qui amènent une discussion assez minutieuse et un peu vague relativement aux faits auxquels ils se rapportent.

Le président invite le témoin à déposer son carnet entre les mains du greffier, afin qu'il soit communiqué au commissaire du gouvernement, au maréchal et à la défense ; puis il lui demande si on a employé tous les chemins indiqués sur la carte, dont il a parlé dans sa déposition d'hier.

Le général Jarras répond qu'il y a eu un certain désarroi dans l'exécution.

La séance est suspendue et renvoyée à demain mercredi.

———

Voici le texte des deux lettres que l'empereur Napoléon III a adressées au maréchal Bazaine, et dont il a été question dans la séance du 18 octobre.

« Wilhelmshohe, le 31 octobre 1870. — Mon cher maréchal, j'éprouve une véritable consolation dans mon malheur en apprenant que vous êtes près de moi. Je serai heureux de pouvoir vous exprimer de vive voix les sentiments que j'éprouve pour vous et l'héroïque armée qui, sous vos ordres, a livré tant de combats sanglants et a supporté avec persévérance des privations inouïes.

« Croyez, mon cher maréchal, à ma sincère amitié.

« NAPOLÉON. »

« Cowes, le 17 août 1872. — Mon cher maréchal, nous pensons souvent à vous, et nous ne comprenons pas sur quoi peut porter l'accusation dont vous êtes l'objet.

« J'espère que vos tribulations auront bientôt un terme, et le procès prouvera que vous avez fait tout ce qu'il était en votre pouvoir de faire.

« Rappelez-moi au souvenir de la maréchale, et croyez à ma sincère amitié.

« NAPOLÉON. »

Audience du 22 octobre

PRÉSIDENCE DE M. LE DUC D'AUMALE

La séance est ouverte à midi quarante minutes.

Le général-président annonce que le général Soleille, ayant subi les visites militaires annoncées, ne peut, d'après les certificats des médecins, se rendre devant le conseil. Le greffier donne lecture de l'interrogatoire du général Soleille.

Il est presque impossible de comprendre une phrase de ce que lit le greffier; vainement nous cherchons à saisir, sinon le texte, du moins le sens de cette déposition ; vainement le général-président invite le greffier à lire plus distinctement, il nous est impossible d'en entendre un mot. Un grincement formidable achève de couvrir la voix du greffier : c'est le bruit des stores que l'on baisse, et nous devons, pour apprécier cette déposition, attendre que le texte en ait été communiqué.

En vertu de son pouvoir discrétionnaire, le général-président fait donner lecture d'une pièce mentionnée dans la déposition qu'on vient de lire : c'est la lettre écrite par le général Soleille au mois d'août 1872.

Cette lettre a trait à une demande du général Baraguay-d'Hilliers sur diverses circonstances de l'investissement et de la défense de Metz. Le général y donne le chiffre exact des munitions de la place, qui, après le 18 août, représentaient encore un approvisionnement considérable, malgré l'énorme dépense faite jusqu'à cette époque. Elle confirme les faits recueillis par l'instruction et relatés dans la déposition écrite du général Soleille.

Après cette lecture, le général-président est obligé de faire observer que, dans l'énumération des chiffres, le greffier a compris, par erreur, les guillemets, qu'il a pris pour le nombre 11. La pièce sera soumise au conseil, à l'accusation et à la défense. Elle ne donne lieu à aucun débat contradictoire.

On procède à l'audition du colonel d'artillerie Vasse Saint-Ouen (53 ans).

Le 13 août, le général Soleille reçut l'ordre de partir le 14; le départ n'eut lieu que le 15 au matin, par suite de l'encombrement des routes. On coucha à Gravelotte; le matin on fut réveillé par le canon, et le général se rendit sur le champ de bataille où il prit les dispositions nécessaires. Vers 2 heures, en cherchant à éviter une charge de cavalerie allemande, il fut renversé de cheval. Le 18, il accompagna le maréchal Bazaine sur les plateaux de Saint-Quentin; il venait d'être prévenu que le 6e corps manquait de munitions, et donna d'abord les ordres nécessaires.

En ce qui le concerne personnellement, le témoin a été chargé par le général Soleille de faire savoir au maréchal, le 16, que la consommation des munitions avait été considérable, et qu'il conviendrait d'aller chercher des caissons à Metz, un certain nombre de corps se trouvant au dépourvu.

Cette communication provenait des renseignements personnels du général Soleille.

Le témoin ajoute que le maréchal ne lui a fait aucune question et s'est contenté de recevoir les renseignements apportés.

A Gravelotte, le 6e corps se trouvant près du parc de la garde s'y est réapprovisionné. Quant à la réserve générale, elle ne comprenait que des batteries et n'avait pas d'approvisionnements de réserve.

Il est donné lecture d'une lettre adressée le 16 au soir par le général Soleille au général Coffinières.

Cette lettre demande l'expédition immédiate de tout ce qui reste disponible dans la place de Metz en fait de munitions d'artillerie.

Le témoin ne se souvient pas de cette lettre, qui a pu être transmise par l'état-major général, et il ignore quels ordres elle a provoqués.

Le GÉNÉRAL-PRÉSIDENT demande au témoin s'il a souvenir d'une dépêche de Verdun, que le général Soleille a reçue le 16 août, dépêche contenant des renseignements sur l'approvisionnement de la place.

Le témoin ignore si le général l'a reçue et s'il en a donné connaissance au maréchal; il ne se souvient pas non plus d'une dépêche reçue le 17 août par le maréchal Bazaine sur le même objet.

Ce n'est que le 18, dans la matinée, que les corps d'armée on put être réapprovisionnés; mais plusieurs d'entre eux n'ont pas exécuté les ordres reçus à cet égard. Le 6e corps, seul, a profité ce jour-là des munitions et du matériel envoyés de Metz.

Le général Chabaud-Latour demande au témoin si les chiffres qu'il a connus lui paraissent concorder avec les estimations du général Soleille.

Le témoin répond affirmativement quant à la consommation totale, et négativement si l'on prend les moyennes.

Le général Chabaud-Latour précise ensuite une autre question de chiffres. Le commissaire du gouvernement prend la parole pour faire ressortir une différence entre deux estimations fournies par le témoin. Celui-ci s'en réfère à sa déposition la plus ancienne.

Mᵉ Lachaud fait demander au témoin, si le jour de Gravelotte, le général Soleille, de la maison où on l'avait transporté après sa blessure, pouvait apprécier l'intensité de la
canonnade.

Le témoin répond par l'affirmative.

Le général-président fait appeler pour la seconde fois le général Lebrun, et l'invite à déposer sur les faits de la seconde
période.

Le général Lebrun. — Le 15 août, vers dix heures du matin, j'ai
rencontré le maréchal Canrobert, qui me dit : « Est-il donc possible que l'état-major général n'ait donné qu'une route à l'armée pour
passer la Moselle? Vous voyez quel est l'encombrement, avant peu
nous aurons des obus. » Et je ne tardai pas à voir qu'il ne se trompait
pas.

Ce reproche adressé à l'état-major général, que je n'avais quitté que
depuis quarante-huit heures, me toucha vivement. Je voulus savoir
si réellement l état-major général était responsable de ce désordre, et
j'appris alors que l'initiative personnelle du général en chef avait pesé
sur l'opération dont la direction n'avait appartenu que partiellement
à l'état-major général.

Le témoin n'a connu, en fait de dispositions prises, que
celle donnée dès le 7 ou le 8 par l'empereur : « Jeter le plus
possible de ponts sur la Moselle. »

— D. Mais enfin, avait-on reconnu les routes et choisi l'emplace-
ment des ponts?

— R. Cela appartenait au premier état-major. Quand nous eûmes
connaissance du projet général de passage, le général Jarras et moi
nous reconnûmes les routes de notre propre initiative; mais c'est le
général Coffinières et ses officiers qui, sans recourir à l'état-major général, sans nous consulter, ont donné les ordres et indiqué les points
choisis par lui pour jeter les ponts.

— D. Le général peut-il nous renseigner sur la façon dont étaient
reçues et transmises les dépêches? Le 12, à 3 heures 45, l'empereur
invite le maréchal Bazaine à envoyer ses ordres au général de Failly.
Qui a répondu à ce télégramme? (Cette question est posée sur la demande du défenseur.)

Le témoin ne s'en souvient pas.

Mᵉ Lachaud répond que la défense le sait, et que c'est le
major général. Il donne, en effet, lecture de la dépêche cor-
respondante adressée au général de Failly.

— D. Le 12 août, à 5 heures et demie, le général Jarras recevait de
vous communication de cet ordre antérieur à la prise de possession du
commandement par le maréchal Bazaine; il en résulterait donc que
celui-ci vous paraissait ce jour-là responsable. Et pourtant, le 14 août
à 11 heures et demie du soir, vous aviez ordre de transmettre toutes
les communications au maréchal Bazaine; vous étiez donc déchargé de
la responsabilité depuis ce moment-là?

— *R.* Quoique la prise de commandement du maréchal nous fût connue, nous ne la considérions pas encore comme effective sur tous les points.

On donne lecture de deux ordres du 13 août, qui prouvent qu'à cette date les dépêches étaient adressées au maréchal Bazaine. Le président fait remarquer qu'il y avait alors à Metz quatre états-majors, anciens et nouveaux, et que, peut-être, dans le désarroi du moment, certains ordres ont pu rester tantôt entre les mains de l'un, tantôt entre les mains de l'autre.

Le témoin n'a pas eu ces dépêches sous les yeux, mais il en a eu connaissance. Tout ce qui était adressé au nom du maréchal lui était communiqué.

L'un des membres du conseil fait demander si, dans les préparatifs du mouvement sur Verdun, la route par Briey n'avait pas été indiquée concurremment avec celle de Mars-la-Tour.

Le témoin répond qu'on avait pris note de cette route, mais pour le cas seulement où il eût fallu se replier vers les places du Nord. Le 12, lors de la nomination du maréchal Bazaine, les études de routes commencées n'ont pas été reprises.

Le général Chabaud-Latour demande si l'empereur, puis le maréchal Bazaine, ont eu connaissance de l'étude faite par le général Lebrun pour le passage de la Moselle.

Le général Lebrun répond que ses études sur le passage de la Moselle n'ont donné lieu à aucun travail écrit. Il était prêt à les poursuivre avec le général Jarras, mais ce n'étaient que des études préparatoires, et non un travail exécuté par ordre. Ce travail réglementaire a dû être fait par le général Coffinières, le témoin y est resté étranger.

Le défenseur fait demander si le témoin a lu l'ordre du maréchal Bazaine, daté du 13, et indiquant le mouvement général des corps.

Le témoin répond qu'il n'a jamais connu d'ordres positifs dans ce sens.

Le défenseur répond qu'il est en possession de cette pièce, dont il est donné communication au greffier. Celui-ci fait la lecture de cette pièce, qui contient l'ordre de s'assurer que les artères aboutissant aux passages seront libres, et assigne à chaque corps son ordre de marche et son point d'arrivée.

Le général-président fait observer que ce document, s'il n'a été lu déjà, a déjà été discuté, notamment en ce qu'il indique deux routes, et qu'on n'en a utilisé qu'une seule. Le maréchal Bazaine répond sur ce point spécial, comme il l'a déjà fait dans son interrogatoire, que les deux routes qu'on indiquait existent à partir de Gravelotte. C'est ainsi que l'ordre a été interprété.

Le général-président fait remarquer de nouveau que l'indication de deux routes devait s'entendre depuis Metz, et que l'interprétation du maréchal avait quelque chose d'illogique, puisque, jusqu'au point où a lieu la bifurcation de la route unique, l'armée était exposée à l'encombrement dont on connaît aujourd'hui les résultats funestes.

L'incident se trouvant vidé, et aucune question nouvelle n'étant posée au témoin, ni par la défense, ni par l'accusation, le président l'invite à se retirer.

Mᵉ LACHAUD. — J'aurais à faire interroger le témoin sur les faits étrangers à la période sur laquelle il a répondu aujourd'hui au conseil. Je prierai M. le président de vouloir bien faire convoquer à nouveau le général Lebrun, quand nous aborderons l'ordre de faits sur lequel je désirerais qu'il soit entendu.

Le général-président au témoin. — Général, vous pouvez vous retirer; mais sur la demande que vient de m'adresser le défenseur, je vous prie de rester à la disposition du conseil pour le jour où il vous convoquera de nouveau.

Le témoin. —Monsieur le président. avant de me retirer, je voudrais m'excuser d'une erreur que j'ai commise dans ma déposition de lundi. J'ai demandé à adresser une *question* au conseil, je voulais au contraire lui présenter une *prière*. Je tiens à faire excuser cette expression malheureuse.

LE GÉNÉRAL-PRÉSIDENT. — Elle n'a pas froissé le conseil, monsieur le général.

Le témoin s'incline et se retire.

LE GÉNÉRAL-PRÉSIDENT. — La séance est levée; elle sera reprise vendredi à midi et demi.

(L'audience a été levée à 2 heures 45, ce qui s'explique par cette circonstance que M. le duc d'Aumale et d'autres membres du conseil devaient assister à une réunion du centre droit.)

En quelques minutes la salle est évacuée, au grand mécontentement de ceux des spectateurs qui, munis de billets valables pour une seule séance, se voient forcés de reprendre au bout d'une heure le train de Paris.

L'incident Kératry.

Nous croyons devoir revenir avec quelques détails sur la déposition de M. de Kératry, et sur les incidents qui l'ont suivie.

Cette partie de l'audience a porté sur la nomination du maréchal Bazaine au commandement en chef de l'armée du Rhin.

Voici le commencement de la déposition du comte de Kératry :

Après la chute de Metz, j'ai été atterré, comme tout le monde, par ce désastre national. Mais, je le dis hautement, je n'ai pas été de ceux qui ajoutaient foi à l'accusation portée contre M. le maréchal Bazaine. C'est dans ces sentiments qu'appelé à déposer devant la commission d'enquête de l'Assemblée nationale, qui me demandait de parler de tous les faits auxquels j'avais assisté comme témoin ou comme acteur, j'ai relaté la visite que m'a faite Mme la maréchale Bazaine avant le 4 septembre.

Vingt jours avant le 4 septembre, à huit heures du matin environ, Mme la maréchale Bazaine me fit l'honneur de venir nous voir, ma femme et moi. Elle demanda à me parler isolément, et, alors, elle me dit qu'elle venait de la part de son mari déclarer que la présence de l'empereur compromettait les opérations militaires; qu'il n'en acceptait plus la responsabilité et qu'il désirait se retirer. Mme la maréchale désirait que cette communication fût portée à MM. les membres de la minorité.

... M. de Kératry fit part de cet entretien à ses collègues du Corps législatif, et, le même jour, il alla trouver, accompagné de MM. J. Favre et E. Picard, le comte de Palikao, alors ministre de la guerre, qui leur annonça que le commandement allait être remis à M. le maréchal Bazaine.

A la question de savoir si le témoin a fait part à M. Jules Favre et au ministre de la guerre d'alors des paroles de Mme la maréchale, M. de Kératry répond qu'il y a erreur, qu'il a simplement fait connaître à tous les députés de l'opposition le but de la visite de Mme la maréchale, mais qu'il n'en a pas parlé à M. de Palikao, à qui il n'avait pas à rendre compte des motifs qui avaient déterminé cette visite.

M° Lachaud. — Monsieur le président veut-il me permettre de demander à M. de Kératry à quel moment a pu être commise l'erreur qu'il signale; a-t-elle été commise dans le procès-verbal de sa déclaration devant M. le général rapporteur, car il me paraît également résulter, d'une façon incontestable, de l'examen des pièces publiées, que cette confidence avait été faite à la fois à M. Jules Favres et au ministre.

M. LE COMTE DE KÉRATRY. — Il ne peut y avoir ici qu'une erreur de mots, car le bon sens indique que, lorsque trois personnes se rendent chez le ministre de la guerre dans un but déterminé, dans les conditions relatées par moi, il n'est pas question de donner les motifs de cette visite; nous avons simplement exprimé au ministre le désir manifesté par la minorité du Corps législatif, relativement au commandement en chef à donner à M. le maréchal Bazaine.

M° Lachaud. — Je ne peux pas insister en ce moment. Quand nous discuterons, je lirai des pièces que j'ai entre les mains.

... Le témoin ayant déposé des faits mentionnés ci-dessus devant la Commission d'enquête relative au 4 septembre, parce que c'était pour lui, ajouta-t-il, une preuve que le maréchal n'avait pas sacrifié les intérêts de la défense nationale à des intérêts de dynastie, reçut en février 1872, à Marseille, la visite de Mme la maréchale, accompagnée de M. le colonel Villette, qui lui déclara n'avoir jamais fait une semblable demande, qui eût été toute contraire à la pensée du maréchal.

M. de Kératry répondit ne rien pouvoir affirmer quant aux intentions du maréchal, mais être parfaitement sûr de la conversation avec Mme la maréchale.

M° Lachaud fait remarquer qu'à ce moment deux lettres ont été écrites, l'une à M. le comte de Palikao, l'autre à M. J. Favre, pour demander à ces messieurs s'ils avaient souvenance de la confidence que M. de Kératry disait leur avoir faite. Il a deux lettres, qui déclarent que M. de Kératry ne leur a jamais tenu un semblable langage.

Mme la maréchale ne pouvant être entendue comme témoin, il a été donné lecture de sa déclaration :

Déclaration de la maréchale Bazaine à M. le Président du 1er conseil de guerre, relative à l'incident Kératry.

« La visite que j'ai faite à M. de Kératry dans la deuxième quinzaine d'août 1870 est la conséquence de la question ci-après, qui m'avait été adressée par l'Impératrice à l'époque où Sa Majesté pensait à faire entrer dans la composition du conseil de défense plusieurs députés appartenant à l'opposition.

« Avez-vous conservé des relations avec M. de Kératry ? »

« Je répondis qu'elles avaient été interrompues dès que le maréchal avait pris le commandement de la garde impériale, mais qu'il était facile de les rétablir, puisque dans le passé elles avaient été cordiales. J'allai donc le voir pour lui demander son opinion sur la situation militaire en général et sur la position du maréchal dont je n'avais pas de nouvelles depuis quelques jours.

« M. de Kératry me déclara que l'Empire était perdu et que le maréchal ferait bien de ne pas accepter la responsabilité de la désastreuse direction donnée aux opérations militaires, autrement dit *de se séparer de l'Empereur sous ce rapport;* cette idée vient donc *de lui,* et non pas de *moi;* j'ai donc été fort surprise de lire dans son livre sur le 4 septembre qu'il m'en donnait l'initiative, et c'est pour lui en demander la rétractation que j'ai fait le voyage de Marseille le 28 février 1872. Je joins à cette déclaration la copie de la lettre que j'ai reçue de M. le comte de Palikao, alors ministre de la guerre, relative à cet incident.

« Paris, 3 octobre 1873. »

M. de Kératry répond à la lecture de ce document par les paroles suivantes :

M. DE KÉRATRY. — Après la lecture de ce document inconnu pour moi et qui porte sur deux points graves, je demande à présenter deux observations au conseil.

Je nie que jamais Mme la maréchale m'ait fait une ouverture quelconque se rapportant à la dynastie impériale. J'ai lu dans un livre de M. le général de Palikao qu'il avait été question un instant de m'appeler dans le conseil. Mais je déclare que jamais Mme la maréchale n'a effleuré ce sujet avec moi. C'est la première nouvelle que j'en ai, et j'en suis assez indigné.

Quant au second point, je dois déclarer que je n'ai fait aucune suggestion de cette nature à Mme la maréchale. M. le maréchal, qui est ici, peut dire que, dans différentes circonstances, par exemple lorsqu'il a pris le commandement de la garde à Paris, je lui ai exprimé personnellement le regret où j'étais de le voir prendre ce commandement, qui pouvait lui créer une situation très-difficile vis-à-vis de la population de Paris. C'est alors que M. le maréchal me répondit par une phrase, — très-légale assurément, — mais menaçante pour mes amis de l'opposition. Depuis ce temps, je ne l'ai jamais revu.

M. LE PRÉSIDENT. — Je crois qu'il y a lieu de limiter ce débat. Les questions sont épuisées. J'autorise le témoin à se retirer, mais il est entendu qu'il devra se rendre à une nouvelle convocation.

Voici maintenant la lettre du 18 mars 1872, de M. Jules Favre à Mme Bazaine, lettre qui n'a été lue qu'au moment de la déposition de ce témoin :

Madame la maréchale, ainsi que j'ai eu l'honneur de le dire de vive voix au maréchal, je n'ai aucun souvenir du langage tenu par M. de Kératry à M. le ministre de la guerre lors de la visite que nous avons faite à ce dernier au mois d'août 1870. M. votre beau-frère ne m'avait rien fait connaître de semblable : en ce qui me concerne, je n'allais trouver M. le comte de Palikao que pour obtenir de lui le rappel de l'empereur.

Je l'avais demandé à M. Schneider le lendemain de la bataille de Reichshoffen. Depuis, je n'avais pas cessé de signaler le péril que faisait courir à la France l'ineptie du commandant en chef.

Parmi tous les hommes de guerre qui l'entouraient, le maréchal Bazaine me paraissait le plus capable de relever nos affaires militaires, et c'est pourquoi je pressais vivement le ministre de le placer à la tête de l'armée.

Veuillez agréer, madame, l'expression de mes sentiments de respectueuse considération.   *Signé* : JULES FAVRE.

M. JULES FAVRE. — Cette lettre est absolument conforme à ce que j'ai déclaré tout à l'heure. Quant à l'avoir écrite, je ne me le rappelle pas.

Voici enfin une autre pièce qui a été lue également au sujet de ce curieux incident. C'est celle de M. le comte de Palikao. Le greffier en a donné lecture au moment de la déposition de l'ancien ministre de la guerre :

« Madame la maréchale,

« J'ai l'honneur de répondre immédiatement à votre lettre de ce jour.

« MM. Jules Favre, Picard et Kératry sont venus chez moi le 21 août, ainsi que le constate l'ouvrage de M. Jules Favre sur le gouvernement de la défense nationale, page 51.

« Ces messieurs, M. Jules Favre le dit, n'étaient venus que pour me demander de presser l'armement de la troupe et surtout des gardes nationaux. M. Jules Favre ajoute que je leur montrai sur le plan devant ma croisée la ville de Châlons et celles de Mézières ; la conversation s'est terminée sur ces objets, et s'il eût été question d'une affaire aussi grave que celle dont parle votre lettre, M. Jules Favre n'aurait pas manqué de le dire dans son livre.

« Quant à moi, j'atteste que le fait est complétement inexact, et j'ajoute qu'il est impossible qu'il ait eu lieu. S. M. l'empereur était ce même jour au camp de Châlons, et il ne pouvait être question en ce moment du commandement de l'empereur, qui avait déjà nommé M. le maréchal Bazaine au commandement en chef de l'armée du Rhin, et le maréchal de Mac-Mahon à celui de l'armée de Châlons.

« Quant à la question de savoir à qui j'aurais obéi s'il eût existé un antagonisme quelconque entre l'empereur et l'un des chefs d'armée, ma vie tout entière répond à cette accusation de trahison. Je crois que personne n'aurait osé me poser une telle question.

« Veuillez agréer, madame la maréchale, l'expression de l'hommage le plus dévoué.   *Signé* : Général comte DE PALIKAO.

« Paris, le 30 mars 1872. »

PRÉSIDENCE DE M. LE DUC D'AUMALE

Nous avons dit que lecture avait été donnée de la déposition écrite du général Soleille. Ce témoin a subi la visite et la contre-visite réglementaires des médecins de l'armée : il a été constaté que l'honorable général, non-seulement ne pouvait pas se rendre à l'audience d'aujourd'hui, mais qu'il est probable que l'état de sa santé ne lui permettrait pas de se présenter devant le conseil pendant toute la durée des débats.

La déposition du général Soleille est considérée comme devant avoir une grande importance dans les débats. Aussi croyons-nous devoir reproduire textuellement la partie de sa déposition se rapportant aux deux premières divisions, sur lesquelles a porté jusqu'ici l'audition des témoins, et qui seule a été lue hier :

« 1re *Question*. Veuillez me dire quelles étaient les ressources de la place de Metz et de l'armée, des munitions de guerre de toutes espèces au commencement d'août 1870, comment cette situation s'est trouvée successivement modifiée par suite des débuts malheureux de la guerre ; à quel moment l'inquiétude a commencé à vous gagner à ce sujet et quels sont les incidents qui ont plus particulièrement éveillé votre sollicitude sur le danger de manque de cartouches, de projectiles ? Confirmez-vous notamment les déclarations contenues dans votre lettre du 5 août 1872 dont la copie est ci-jointe ?

Réponse. Je n'avais pas à connaître ni à disposer des ressources propres à la place de Metz, mais j'ai pu juger par l'inspection que j'ai faite de ces magasins à mon arrivée et par les secours que l'armée a reçus de l'arsenal pendant tout le temps du blocus, que la place devait posséder un matériel d'artillerie considérable. Quant aux ressources propres à l'armée, j'ai trouvé en arrivant à Metz, le 24 juillet 1870, outre une partie des batteries et parcs des corps d'armée, la portion constituée du grand parc de campagne que devait fournir l'arsenal de Metz.

Cette portion fut dirigée dès le 8 août sur le corps d'armée du maréchal de Mac-Mahon, épuisé et en pleine retraite après la bataille de Reichshoffen. Ces munitions furent perdues pour l'armée de Metz. Le reste du grand parc, qui devait être concentré à Toul, n'a jamais été réuni, malgré les efforts faits au commencement de la guerre. L'interruption de la voie ferrée par Frouard, qui eut lieu le 11 et le 12 août, a privé l'armée des ressources qu'elle devait encore recevoir. Ainsi, la presque totalité de l'artillerie divisionnaire du 6e corps, sa réserve d'artillerie tout entière, son parc de corps d'armée n'ont pu rejoindre.

On a dû prélever sur les autres corps d'armée, et particulièrement sur la réserve générale d'artillerie, la plus grande partie des batteries qui ont combattu avec le 6e corps pendant toute la campagne.

La réserve générale d'artillerie et de cavalerie n'ont jamais eu leur second approvisionnement, qui doit marcher avec le grand parc. Par suite de ces circonstances, l'armée du Rhin n'a jamais possédé son approvisionnement normal en munitions. De là les embarras et les difficultés qui se sont manifestées dès le commencement de la guerre.

Mon opinion est, au moins en ce qui concerne le service de l'artillerie, que cet état de choses doit être attribué moins au défaut de prévoyance dans la préparation de la guerre et au manque réel de ressources qu'à la rapidité foudroyante avec laquelle ont été opérés l'invasion prussienne et l'investissement de Metz, rapidité telle qu'elle a prévu et rendu impossible la concentration sur la frontière des ressources existantes, mais dispersées à l'intérieur.

L'inquiétude a commencé à me gagner dès le 12 août, lorsque j'ai vu la principale artère de nos communications coupée à Frouard, et la voie de Thionville tellement menacée qu'on ne pouvait plus compter sur son concours; il est même surprenant que quelques convois aient pu s'y hasarder irrégulièrement jusqu'au 18 août. C'est dans la nuit du 18 au 19 août que les coureurs de l'ennemi ont intercepté la voie. Les relevés des approvisionnements et des consommations que ma lettre du 5 août 1872 renferme, n'ont pu être contrôlés par moi, qui n'ai ici entre les mains aucune pièce de mes archives; mais comme ces relevés ont été établis à Paris, à l'aide de pièces officielles, par un officier intelligent et consciencieux, je les tiens pour exacts et je confirme mes déclarations du 5 août.

2e *Question*. Le colonel Vasse Saint-Ouen a déposé que, le soir du 16 août, vous l'aviez envoyé au maréchal pour rendre compte de la situation de l'armée au point de vue des approvisionnements de la journée, et il s'est exprimé ainsi : « Je fus chargé de dire que les consommations avaient été considérables, qu'on pouvait les apprécier au quart de l'approvisionnement en munitions d'artillerie, et qu'il serait utile d'envoyer à Metz, dans la nuit même, chercher de nouveaux caissons à munitions. » Vos souvenirs sur ce point sont-ils d'accord avec ceux du colonel Vasse?

— *R.* La déposition du colonel Vasse est exacte. Je la confirme. Il serait utile, dit cette communication, d'envoyer à Metz dans la nuit même chercher de nouveaux caissons à munitions ; on ne saurait en effet contester l'utilité qu'il y avait à tenir au complet, au moment de s'éloigner de sa base de ravitaillement, un approvisionnement déjà restreint au départ et sensiblement amoindri par les consommations des 14 et 16 août. Le réapprovisionnement s'opérant dans la nuit même du 16, le convoi venu de Metz pouvait rejoindre l'armée dans la journée et même dans la matinée du 17, sans que la marche sur Verdun, si l'on y persévérait le 17, en fût retardée et encore moins empêchée.

La pénurie de munitions d'artillerie est sans doute une cause d'infériorité pour une armée, mais non un obstacle absolu à certaines opérations militaires. L'obstacle absolu est toujours et partout le manque de vivres.

Troisième question. — Cette communication était-elle spontanée de votre part et répondait-elle à un désir ou à un ordre antérieurement manifesté par le maréchal?

— *R.* Cette communication ne pouvait qu'être entièrement spontanée de ma part.

Quatrième question. — Quel était le véritable caractère de cette communication? Était-elle basée sur des renseignements particuliers arrivés dès le soir jusqu'à vous, sur des indices positifs recueillis par vous même ou votre état-major, ou bien traduisait-elle simplement une impression personnelle du moment?

— R. Cette communication était naturellement basée sur l'ensemble des renseignements recueillis par mes officiers et sur les impressions personnelles que j'emportai du champ de bataille. Les renseignements précis ne pouvaient m'être fournis à dix heures du soir par les corps qui avaient combattu jusqu'à la tombée de la nuit (neuf heures du soir). Ils leur ont été demandés et m'ont été apportés dans la nuit par les officiers de mon état-major.

Cinquième question. — En confiant cette mission verbale à M. le colonel Vasse, mission d'une grande portée, êtes-vous bien sûr que le colonel fût avec vous sur ce point en communauté parfaite de vues et d'appréciations, c'est-à-dire en disposition d'esprit favorable pour interpréter rigoureusement votre pensée et vos instructions?

— R. J'ignore quelles pouvaient être les vues et les appréciations personnelles du colonel Vasse, mais je sais que le colonel est un homme d'honneur et un officier trop hiérarchique pour n'avoir pas rapporté ou interprété avec fidélité les communications verbales dont je l'avais chargé.

Huitième question. — Vous avez rédigé, après le combat du 16, une note qui devait être remise à l'empereur par l'envoyé porteur des dépêches que le maréchal Bazaine expédiait le soir même. Il est nécessaire que cette note figure au dossier de l'information où elle manque encore. A défaut du texte original, il suffira que vous déposiez une copie aussi fidèle que vos souvenirs le permettront. Avez-vous spontanément composé cette note avant d'en entretenir le maréchal et de la lui montrer, ou bien l'idée de cette démarche vous a-t-elle été suggérée par le maréchal lui-même, et a-t-elle été concertée avec lui? Qui fut chargé de la rédiger?

— R. Je n'ai rédigé, après le combat du 16 soût, aucune note pour l'empereur. Je déclare expressément que depuis le 12 août, jour où le maréchal Bazaine prit le commandement de l'armée, je n'ai adressé aucune note, aucune communication quelconque à l'empereur. Depuis ce jour, je n'ai eu de relations de service qu'avec mon chef hiérarchique, le maréchal Bazaine, comme c'était mon devoir. D'ailleurs, ayant été renversé de mon cheval par une des charges de la cavalerie prussienne dans l'après-midi du 16 août et ayant été rapporté fortement contusionné à Gravelotte, j'étais, ce soir du 16, étendu sur un matelas, fort peu en disposition et encore moins en état de rédiger des notes. C'est même pour cette dernière raison que le colonel Vasse, mon chef d'état-major, a dû se rendre à ma place auprès du maréchal, pour lui rendre compte des événements du jour et prendre des ordres pour le lendemain matin.

L'histoire de cette note, qui ne figure pas au dossier (et pour cause), doit être éclaircie, et je prie tout particulièrement M. le rapporteur de poursuivre de ses actives investigations le secret de cette mystification d'autant plus complète, que l'auteur ne doute pas, il affirme; de là les termes du libellé de la question qui m'est posée : «Vous avez rédigé après le combat...; il est nécessaire que cette note figure au dossier...; avez-vous spontanément composé cette note?... qui fut chargé de la rédiger?»

Je le répète : je nie de la manière la plus expresse avoir adressé, le 16 août au soir, aucune note à l'empereur, ni à qui que ce soit.

Il est ensuite donné lecture d'une partie d'une seconde déposition du témoin.

— D. La note dont il a été fait mention dans la huitième question de la commission rogatoire, en date du 23 octobre dernier, a été expédiée le 17 au soir par M. le maréchal Bazaine, ainsi que le constate son rapport à l'empereur, en date du 17 août, cité dans son ouvrage, *l'Armée du Rhin*, pages 65, 66, 67, comme le constate, en outre, la déposition du commandant Magnan, qui a porté cette note à l'empereur. L'envoi de cette note a été indiqué dans la huitième question comme étant du 16, tandis qu'il est du 17. Il y a là une erreur matérielle, je le reconnais. Quant au terme de mystification que vous employez à cette occasion, je ne saurais l'accepter, et je vous prie de le retirer.

Quoi qu'il en soit, vous avez rédigé une note qui, d'après le maréchal, indiquait « le peu de ressources qu'offrait la place de Metz pour le ravitaillement en munitions d'artillerie.. » Cette note n'est pas au dossier. Le maréchal demande instamment qu'elle y figure. A défaut de minute, je vous demande une copie, si vous l'avez. A défaut de copie, je vous demande vos souvenirs. Veuillez me répondre.

— R. En présence des explications qui me sont données sur la note objet de la huitième question de la commission rogatoire, en date du 23 octobre, explications qui mettent à néant l'insinuation que j'ai cru apercevoir d'une entente particulière avec le maréchal pour la rédaction d'un rapport adressé à l'empereur le 16 août au soir, je retire l'expression de mystification qui s'adressait à l'assertion contenue dans cette huitième question, à savoir : « que le 16 août au soir, j'avais rédigé et adressé directement une note à l'empereur. »

Quant à la note qui, d'après le maréchal, indiquait le peu de ressources qu'offrait la place de Metz pour le ravitaillement en munitions d'artillerie et d'infanterie, je reconnais positivement avoir rendu compte au général en chef des approvisionnements de la place dans le sens indiqué par le maréchal. Ce rapport a dû être une note écrite, du moment que le maréchal l'affirme. Elle doit alors se trouver, soit dans mon registre de correspondance, soit dans les pièces officielles, soit dans mes archives, à Paris. Quant à en donner en ce moment la copie, mes souvenirs ne sont pas assez présents pour que je puisse m'en rappeler les termes exacts.

Voici maintenant l'extrait de la déposition du 23 octobre se rapportant au 18 août 1870 :

— D. Pendant la bataille du 18 août, avez-vous reçu du maréchal des instructions ou des questions relatives à l'emploi fait ou à faire de l'artillerie de réserve générale demeurée inactive à la gauche de l'armée? Avez-vous reçu pendant une même combat des ordres pour faire ravitailler les batteries du 4e et du 6e corps qui s'épuisaient à la droite dans une lutte inégale?

— R. Pendant la bataille du 18 août, je me suis constamment trouvé près du maréchal sur le plateau du Saint-Quentin, où étaient réunies dès le matin quatre batteries de 12 de la réserve générale, six batteries de 4 de la réserve générale, six batteries de 4 de la garde.

Le maréchal ne m'a donné aucune instruction particulière. L'emploi fait ou à faire de l'artillerie de la réserve générale a été réglé par lui. Je n'ai eu qu'à faire exécuter les ordres courants et particulièrement ceux relatifs à la disposition du deux batteries de 12 avec lesquelles le maréchal voulait combattre du haut du Saint-Quentin les attaques dirigées contre le village de Sainte-Ruffine et couvrir la route de Metz qui était la ligne du 2ᵉ corps.

Dans l'après-midi, le maréchal disposa de six batteries de la garde et de deux batteries de 12, et les envoya soutenir les positions de la droite. Les batteries de la droite ont été ravitaillées pendant le combat, par suite des dispositions que j'avais prises dès le 17. Les commandants de l'artillerie des corps avaient été prévenus le 17 qu'un fort convoi de munitions, composé de caissons chargés, tenus en réserve à l'arsenal (et ce sont ceux qui pouvaient être amenés pendant la nuit à Gravelotte), seraient conduits sur le plateau en avant du fort de Plappeville, afin de leur fournir sur place des munitions dont leur artillerie pouvait avoir besoin.

Après le remplacement des munitions consommées, il restait encore des caissons chargés. Ces caissons furent amenés dans l'après-midi du 18 août par deux officiers de mon état-major, aux batteries des 4ᵉ et 6ᵉ corps, fortement engagés sur la droite, et qui furent ainsi réapprovisionnés sur le champ de bataille.

Il a encore été donné lecture, en vertu du pouvoir discrétionnaire de M. le général-président, d'une lettre adressée par M. le général Soleille à M. le rapporteur général de Rivière.

Granague par Verfeil, 5 août 1872. — Mon cher général, le maréchal Baraguay-d'Hilliers, dans le cours de l'enquête sur la capitulation, m'avait demandé si je pouvais lui fournir le chiffre de consommation des munitions de la journée de Rezonville, 16 août, et le restant en coffre à la date du 17 août. Je ne pus répondre alors d'une manière précise à ces questions, ne possédant en ce moment aucun document officiel ou autre : les archives de l'artillerie avaient demeuré longtemps en dépôt à Metz et avaient été envoyées à Paris.

J'ai voulu néanmoins me rendre compte de ce qu'avaient pu ou dû être les approvisionnements de l'artillerie :

1º Au début de la campagne ;

2º Au départ de l'armée pour Gravelotte ;

3º A son retour sous Metz, le 19 août ;

4º Au moment de la seconde tentative de sortie du maréchal Bazaine du côté de Thionville (26 au 31 août).

J'en établis synthétiquement en quelque sorte les données que j'ai consignées à l'encre rouge sur le premier volume de ma correspondance, à la date du 26 septembre, si je ne me trompe.

Les évaluations en question ont été calculées, à défaut de situation, sur le nombre de pièces emmenées par les corps, en supposant qu'aucun caisson, qu'aucun attelage ne faisait défaut, en supposant aussi que, dans l'extrême confusion qui régnait au moment de la mise en marche, les réserves divisionnaires et les parcs de corps d'armée avaient été portés au complet réglementaire et étaient en totalité arrivés à destination. Or, quelques-uns de ces parcs avaient dû rejoindre Metz précipitamment devant les coureurs de l'ennemi, quelquefois par des marches de nuit. L'un de ces parcs n'a jamais rejoint.

Les évaluations que j'ai établies représentent donc le complet réglementaire tel qu'il aurait dû exister, et les limites *maxima*, qui n'ont jamais été atteintes.

Je, m'en aperçois aujourd'hui, et je désire rectifier ce que ces évaluations avaient de trop élevé.

Je viens de retrouver le calepin de poche sur lequel, pendant la campagne, j'écrivais jour à jour tous les renseignements relatifs au service. Sur ce calepin, à la date du 12 août, je trouve la note suivante :

Le 10, il y a dans les parcs de corps d'armée, les batteries divisionnaires et de réserve :

Coups de 12......... 12,807
   » de 4......... 83,374

Sur roues........... 96,181 coups de canon.
Cartouches à balles..... 3,240 dans 90 caisses.
   » d'infanterie . 5,400,000

Cette note était la situation sommaire que j'apportai le 10 août au rapport journalier de l'empereur. Elle résulte des chiffres existants à la date même du 10 août, et, à ce titre, elle doit inspirer plus de confiance que les évaluations résultant de calculs rétrospectifs tels que ceux dont je vais parler.

Il résulte de la note ajoutée par M. le général Soleille que :

En résumé, l'armée avait au début : 107,922 coups de canon.

Elle en a consommé jusqu'au 18 : 72,382 ; il lui en restait le 18 août 35,532.

Elle avait au début : 5,100,000 cartouches ; elle a consommé jusqu'au 18 : 3,326,656 ; il lui restait le 18 : 1,773,344, soit 74 coups par pièce de 4, et 66 coups par pièce de 12.

Les différences présentées par ces diverses situations résultant des inexactitudes presque inévitables dans un service aussi compliqué et aussi étendu que celui de l'artillerie des grandes armées.

La difficulté avec laquelle s'exerce le contrôle dans les corps détachés et dispersés, quelquefois l'inexpérience ou l'insuffisance des agents chargés de la comptabilité matérielle des batteries et des parcs, expliquent les écarts signalés.

REDDITION DE METZ

Les rapports du conseil d'enquête sur les diverses capitulations ont été publiés[1], sauf celui sur la capitulation de Metz, attendu que celui-ci impliquait un renvoi de l'affaire devant un conseil de guerre.

Nous croyons devoir donner le texte de la convention du 27 octobre 1870, et de son annexe.

1. Voir le *Rapport officiel du conseil d'enquête* sur la capitulation de Sedan, publié *chez Ghio, éditeur,* 41, *quai des Grands-Augustins* (1872).
Voir aussi le *Rapport officiel du conseil d'enquête* sur les capitulations du fort de Lichtemberg ; — de Marsal ; — de Vitry-le-Français ; — de Toul ; — de Laon ; — de Soissons ; — de Schlestadt ; — de Verdun ; — de Neufbrisach ; — de Phalsbourg ; — de Montmédy ; — d'Amiens ; — de la Fère ; — de Thionville ; — de Paris ; — de Guise ; — de Mézières ; — de la Petite-Pierre, *chez le même éditeur.*

PROTOCOLE

Entre les soussignés, le chef de l'état-major général de l'armée française sous Metz, et le chef de l'état-major de l'armée prussienne devant Metz, tous deux munis de pleins pouvoirs de Son Excellence le maréchal Bazaine, commandant en chef, et du général en chef, Son Altesse Royale le prince Frédéric-Charles de Prusse,

La convention suivante a été conclue :

Article 1er. — L'armée française, placée sous les ordres du maréchal Bazaine, est prisonnière de guerre.

Article 2. — La forteresse et la ville de Metz avec tous les forts, le matériel de guerre, les approvisionnements de toute espèce et tout ce qui est propriété de l'État, seront rendus à l'armée prussienne dans l'état où tout cela se trouve au moment de la signature de cette convention.

Samedi, 29 octobre, à midi, les forts de Saint-Quentin, Plappeville, Saint-Julien, Queuleu et Saint-Privat, ainsi que la porte Mazel (route de Strasbourg), seront remis aux troupes prussiennes.

A dix heures du matin de ce même jour, des officiers d'artillerie et du génie, avec quelques sous-officiers, seront admis dans lesdits forts pour occuper les magasins à poudre et pour éventer les mines.

Article 3. — Les armes, ainsi que tout le matériel de l'armée, consistant en drapeaux, aigles, canons, mitrailleuses, chevaux, caisses de guerre, équipages de l'armée, munitions, etc., seront laissés à Metz ou dans les forts à des commissions militaires instituées par M. le maréchal Bazaine, pour être remis immédiatement à des commissaires prussiens. Les troupes sans armes seront conduites, rangées d'après leurs régiments ou corps, et en ordre militaire, aux lieux qui seront indiqués pour chaque corps.

Les officiers rentreront alors librement dans le camp retranché, ou à Metz, sous la condition de s'engager sur l'honneur à ne pas quitter la place, sans l'ordre du commandant prussien.

Les troupes seront alors conduites par leurs sous-officiers aux emplacements de bivouacs. Les soldats conserveront leurs sacs, leurs effets et les objets de campement (tentes, couvertures, marmites, etc.).

Art. 4. — Tous les généraux et officiers, ainsi que les employés militaires ayant rang d'officier, qui engageront leur parole d'honneur par écrit de ne pas porter les armes contre l'Allemagne et de n'agir d'aucune autre manière contre ses intérêts jusqu'à la fin de la guerre actuelle, ne seront pas faits prisonniers de guerre; les officiers et employés qui accepteront cette condition conserveront leurs armes et les objets qui leur appartiennent personnellement.

Pour reconnaître le courage dont ont fait preuve, pendant la durée de la campagne, les troupes de l'armée et de la garnison, il est en outre permis aux officiers qui opteront pour la captivité d'emporter avec eux leurs épées ou sabres, ainsi que tout ce qui leur appartient personnellement.

Art. 5. — Les médecins militaires sans exception resteront en arrière pour prendre soin des blessés; ils seront traités d'après la convention de Genève; il en sera de même du personnel des hôpitaux.

Art. 6. — Des questions de détail concernant principalement les intérêts de la ville sont traitées dans un appendice ci-annexé, qui aura la même valeur que le présent protocole.

Art. 7. — Tout article qui pourra présenter des doutes sera toujours interprété en faveur de l'armée française.

Fait au château de Frescaty, le 27 octobre 1870.

Signé : L. Jarras. — Stiehle.

Appendice de la convention militaire en ce qui concerne la ville et les habitants.

Art. 1er. — Les employés et les fonctionnaires civils attachés à l'armée ou à la place, qui se trouvent à Metz, pourront se retirer où ils voudront, en emportant avec eux tout ce qui leur appartient.

Art. 2. — Personne, soit de la garde nationale, soit parmi les habitants de la ville, ou réfugiés dans la ville, ne sera inquiété, à raison de ses opinions politiques ou religieuses, de la part qu'il aura prise à la défense, ou des secours qu'il aura fournis à l'armée ou à la garnison.

Art. 3. — Les malades et les blessés laissés dans la place recevront tous les soins que leur état comporte.

Art. 4. — Les familles que les membres de la garnison laissent à Metz ne seront pas inquiétées et pourront également se retirer librement avec tout ce qui leur appartient, comme les employés civils. Les meubles et les effets que les membres de la garnison sont obligés de laisser à Metz ne seront ni pillés, ni confisqués, mais resteront leur propriété. Ils pourront les faire enlever dans un délai de six mois à partir du rétablissement de la paix ou de leur mise en liberté.

Art. 5. — Le commandant de l'armée prussienne prend l'engagement d'empêcher que les habitants soient maltraités dans leurs personnes ou dans leurs biens.

On respectera également les biens de toute nature du département, des communes, des sociétés de commerce ou autres, des corporations civiles ou religieuses, des hospices et des établissements de charité.

Il ne sera apporté aucun changement aux droits que les corporations ou sociétés, ainsi que les particuliers, ont à exercer les uns contre les autres, en vertu des lois, au jour de la capitulation.

Art. 6. — A cet effet, il est spécifié en particulier que toutes les administrations locales et les sociétés ou corporations mentionnées ci-dessus conserveront les archives, livres, papiers, collections et documents quelconques qui sont en leur possession.

Les notaires, avoués et autres agents ministériels conserveront aussi leurs archives et leurs minutes ou dépôts.

Art. 7. — Les archives, livres et papiers appartenant à l'État resteront, en général, dans la place, et, au rétablissement de la paix, tous ceux de ces documents concernant les portions de territoire restituées à la France feront aussi retour à la France.

Les comptes en cours de règlement nécessaires à la justification des comptables, ou pouvant donner lieu à des litiges, à des revendications de la part de tiers, resteront entre les mains des fonctionnaires ou agents qui en ont actuellement la garde, par exception aux dispositions du paragraphe précédent.

Fait au château de Frescaty, le 27 octobre 1870.

Signé : Jarras. — Stiehle.

Audience du 24 octobre

Présidence de M. le duc d'Aumale

En nous rendant à l'audience par une pluie battante, nous pensions trouver la salle à peu près vide, mais nos prévisions sont démenties avant même que nous ayons pénétré dans le prétoire. Même foule au dehors à la queue de l'enceinte debout, au dedans même nombre de dames que les jours précédents. On se demande si la curiosité seule amène tant de monde ou si l'esprit de parti n'est pas pour beaucoup dans cette affluence.

La séance est reprise à midi et démi.

Sur l'ordre du général-président, on procède à l'appel des témoins qui se sont présentés depuis la dernière audience. Ce sont MM. Duvigny et Benoît, tous deux témoins civils.

Le général-président fait appeler M. Jannet, ingénieur civil.

Ce témoin déclare être âgé de 73 ans et avoir son domicile à Metz.

C'est un vieillard au teint basané, à chevelure presque blanche. Il articule d'une voix faible et timide sa déposition qu'il ne développe que par fragments, et sur les invitations réitérées du général-président et du commissaire du gouvernement. Il faut un véritable débat contradictoire pour lui arracher les réponses.

Le témoin. — Nous voulions détruire le pont de la Moselle, on nous a répondu d'abord : « Restez tranquilles ; » puis on nous a dit : « Cela ne vous regarde pas. » Ce sont les employés du télégraphe qui nous ont répondu cela en vertu de télégrammes qu'ils avaient reçus.

— D. Quel jour les premiers coureurs prussiens sont-ils arrivés à Novéant ?

— R. Le 13. L'ennemi a fait usage du pont le 15 ; il a passé toute la journée et toute la nuit.

— D. Vous ne savez pas quel usage l'ennemi a fait du pont d'Ars ?

— R. L'ennemi n'en a pas fait usage.

Le commissaire du gouvernement. — Le témoin se rappelle-t-il avoir chargé des officiers de transmettre ces renseignements au maréchal Bazaine ?

— R. Je n'ai vu aucun officier.

Le commissaire du gouvernement insiste sur ce point, que dans une première déposition le témoin a déclaré avoir parlé à des officiers.

Le témoin n'a adressé qu'une dépêche télégraphique au grand quartier général.

Le second témoin est M. Renault (Charles-Alexandre), âgé

de quarante et un ans, employé du chemin de fer de Lyon. Après les premières questions d'usage, il répond avec beaucoup de précision.

C'est le 13 que nous avons commencé à voir les Prussiens; le 12, une dépêche de Pont-à-Mousson avait annoncé leur entrée. Le général Margueritte a reçu de moi communication de cette dépêche à la gare. Le soir, à minuit, il est reparti pour Metz. Le lendemain les éclaireurs étaient de l'autre côté du pont. Le 14, nous en voyons trois qui traversent le pont, je fais télégraphier à Metz, et la dépêche n'est pas comprise.

Un peu plus tard cinquante Prussiens envahissent la gare, coupent les fils et m'arrêtent.

— D. Aviez-vous télégraphié l'arrivée des Prussiens ?

— R. Oui, monsieur le président.

— D. Avez-vous demandé qu'on coupât le pont de Novéant ?

— R. Oui, monsieur le président.

Le 15, les Prussiens arrivaient en force, et toute communication devenait impossible.

Le témoin déclare n'avoir pas eu connaissance de la dépêche envoyée par M. Jaunet, elle aurait dû lui être communiquée.

Aucun débat ne s'établit sur cette déposition.

On appelle le témoin Mathieu (35 ans), propriétaire à Novéant.

La déposition de ce témoin complète celle du témoin précédent. Elle a trait au pont de Novéant et aux dépêches échangées à ce sujet. Jusqu'au 14 à 10 ou 11 heures, on a pu communiquer avec Metz, mais toutes les réponses reçues se bornaient au mot : *merci.*

A partir du 15, la campagne s'est trouvée inondée de Prussiens ; le témoin relate les mouvements qu'il a observés chez l'ennemi, du 14 au 16. Ce jour-là, une certaine agitation a paru se manifester dans la marche de l'ennemi, et les communications sont redevenues libres. On a entendu le canon, puis, le 17, de nouveaux corps d'armée sont arrivés et la marche de l'armée ennemie a recommencé.

Sur l'invitation du général-président, le témoin complète sa déposition relativement au pont de Novéant. N'osant pas le couper eux-mêmes, les employés de la gare attendirent des ordres, ne se figurant pas qu'on pût les laisser sans instructions, mais les dépêches se bornaient, comme il l'a dit, aux mots *merci* ou *soyez tranquilles.*

De l'avis du témoin, il eût été très-facile de couper le pont. C'était un pont suspendu en fils de fer.

Le commissaire du gouvernement demande au témoin s'il connaît le nom de l'employé du télégraphe à Metz qui recevait les dépêches envoyées par lui et adressées à l'état-major général.

Le témoin répond négativement; les dépêches se transmettaient sans signatures. De Novéant, elles étaient adressées par les employés de la gare. Le témoin cite le nom de l'un d'eux, nommé Gérard, résidant actuellement à Paris, où il est employé au chemin de fer.

Sur la demande du général-président, le témoin raconte que les prussiens ont traversé la Moselle en construisant un pont de chevalets et un pont de bateaux. Dans la journée du 16, ils disaient que si les Français poussaient en avant, ils étaient perdus; leur préoccupation quand ils ont construit les ponts paraissait être surtout d'assurer leur retraite.

M᷉ Lachaud fait demander à quelles heures ont été envoyées les dépêches du 13, et reçues les réponses de Metz.

— R. Le 13 dans l'après-midi nous avons commencé à envoyer les dépêches. Quelques-unes des réponses sont arrivées immédiatement, d'autres, plus tard.

Le défenseur fait observer que, le 13, le maréchal était à Borny et n'a pu personnellement avoir communication de ces dépêches ni y répondre.

Le maréchal Bazaine. — M. Mathieu, quand il envoyait ses dépêches, savait-il que je possédais le commandement et savait-il si j'étais à Borny ou à Metz?

— R. J'étais allé à Metz et je savais, je crois, avant le 13, que le maréchal était investi du commandement.

Le quatrième témoin appelé est M. Denis Scalle, 52 ans, inspecteur des chemins de fer, demeurant à Paris.

Le 3 septembre, le maréchal Bazaine me fit demander quelles étaient les ressources dont je pourrais disposer en cas de marche sur Thionville. Je lui fis observer que tout était impossible par suite de la destruction du pont de Longeville, dont on avait coupé deux arches, et dont la réparation devait exiger trois semaines. Après inspection, je m'aperçus qu'il n'existait même plus de pile intermédiaire. Il y avait près de là soixante-quinze wagonnets de terrassement, où l'on pouvait prendre de quoi combler la Moselle en y apportant les ressources fournies par une carrière de sable voisine de Metz, j'y vis le moyen de rétablir le passage en trois jours; je consultai un de mes amis, qui fut de mon avis. J'en portai la proposition au général Coffinières, en offrant de prendre un engagement formel. Celui-ci me demanda de ne pas en parler au maréchal, et, ne voulant pas être l'objet d'un conflit, je me retirai.

Le général-président fait observer que cette déposition ne se rapporte pas au point spécial en question : la destruction des ponts de Novéant et de Longeville.

Le témoin déclare qu'à ce moment il était malade et ne peut rien dire sur ce point.

En ce cas votre déposition sur le rétablissement du pont de Longeville peut être retenue sans inconvénient. Veuillez la compléter.

Le témoin. — Le 22 août, j'avais vu depuis la veille beaucoup d'habitants des localités de la rive droite venir à Metz. Je leur demandai comment cela se faisait. Ils me répondirent qu'on pouvait circuler librement et entrer à Metz à pied et en voiture. J'appris en même temps que les Prussiens accéléraient le transport de leur gros matériel de siége ; je proposai au maréchal de faire détruire tous les ouvrages d'art de la ligne.

Le maréchal répondit qu'il était enchanté des préparatifs de l'ennemi, et qu'il désirait qu'il donnât suite à ses projets. J'objectai la facilité de les entraver, mais, malgré l'avis d'un de ses officiers, le maréchal s'y refusa et me dit en me reconduisant : Nous allons voir cela avec ces messieurs. Je me retirai.

Le commissaire du gouvernement. — Le témoin n'a-t-il pas aussi parlé au maréchal des approvisionnements de vivres accumulés par l'ennemi entre Courcelles et Reuilly, et n'a-t-il pas offert les moyens de s'emparer de ces approvisionnements de vivres ?

— R. Rien n'était plus facile à ce moment-là que d'aller prendre tous ces wagons. La gare de Metz était complétement libre. On pouvait préalablement se faire protéger à droite et à gauche par de la cavalerie.

En 12 heures, on pouvait ramener les 1500 wagons, et l'on n'eût été inquiété que dans la dernière partie de l'opération dans le cercle de Courcelles. Ces 1500 wagons représentaient 30 jours d'existence de plus pour Metz. On pouvait même y ajouter, en livrant bataille, tous les approvisionnements des villages environnants.

Le 22, je n'ai fait au maréchal qu'une simple indication de la possibilité de cette opération ; le maréchal me répondit : C'est inutile. Je n'insistai pas et il n'en fut pas autrement question.

Le général Chabaud-Latour demande au témoin comment il espérait combler la Moselle par un remblai.

Le témoin répond que les arches du pont étaient à sec, et qu'on aurait pu consolider ce remblai de sable par du ciment et le mettre à l'abri de toute crue des eaux.

Le maréchal Bazaine objecte que l'opération de ravitaillement n'eût eu aucun succès et que l'unique résultat eût été de multiplier le nombre des blessés. Quant à la destruction des ouvrages d'art, il ne l'a pas crue opportune. Le maréchal rend hommage, du reste, au zèle qu'a toujours manifesté le témoin, dont il constate les bons services.

Le témoin se retire. Sa déposition, si accablante pour le maréchal, produit une émotion profonde dans le public. Tout le monde se demande quel mobile guidait le maréchal pour refuser les propositions qu'on lui faisait.

On passe à l'audition du témoin Boyenval, 33 ans, capitaine du génie.

Ce témoin, dans la journée du 13, avait pris les dispositions nécessaires pour la destruction du pont d'Ars, mais le général Coffinières s'y est absolument refusé sur l'avis du conseil de guerre. Le 15, le commandant du génie de Metz l'avait avisé de détruire le pont de Longeville ; le témoin prit encore ses dispositions, mais quand il arriva le pont avait partiellement sauté, et le maréchal Bazaine lui donna l'ordre d'augmenter la rupture.

Le président demande comment il se fait qu'en se préparant à détruire le pont d'Ars, on n'ait pas aussi pris des dispositions pour le pont du chemin de fer.

Le témoin répond que ce n'est pas lui qui en a été chargé. En refusant l'autorisation de faire sauter le pont d'Ars, le général Coffinières n'a donné aucune raison.

On entend ensuite M. Charles Compagnon, 26 ans, capitaine du génie, domicilié à la Fère.

Le 15 août 1870 sa compagnie était requise pour la destruction du pont de Longeville par le commandant Sers, porteur d'un ordre verbal du maréchal Bazaine. Après en avoir référé à son général, le témoin se mit en route avec le matériel nécessaire. En route il apprit que les uhlans étaient signalés aux environs. L'explosion se produisit. La première pile sauta.

Au retour je rencontrai le maréchal Bazaine qui me demanda l'étendue de la brèche. Je lui répondis qu'elle était de 8 à 10 mètres, ce qui représentait un travail de 36 heures dans le cas où on aurait voulu rétablir le pont.

Après cette déposition le général Coffinières est invité à se présenter de nouveau à la barre et à déposer sur les opérations militaires du 12 au 19 août.

Lorsque le général reçut l'ordre de construire les ponts sur la Moselle, ces ponts devaient correspondre à des routes désignées. Les débouchés étaient malheureusement très-restreints; mais on pouvait traverser la Moselle sur sept lignes. Le général ne reçut d'ordres que pour le dégagement d'une seule artère de la ville ordinairement très-encombrée.

Quand l'armée était retenue à Metz, il y eut une longue indécision sur ce qu'on ferait. Dès le 7, l'empereur était allé en avant pour voir, si l'on pouvait engager une affaire; le 9, il compléta cette reconnaissance. On parut pencher pour un mouvement offensif, mais l'indécision se prolongea jusqu'au 13, et naturellement on ne put songer alors à faire sauter les ponts.

— D. Quels motifs vous ont décidé à refuser au capitaine Boyenval l'autorisation de faire sauter le pont d'Ars?

— R. Je ne me souviens pas qu'il m'en ait parlé. J'aurais certainement tenu compte d'un tel avis. Tout était prêt pour faire sauter les ponts, mais je devais attendre des ordres supérieurs.

— D. Avez-vous eu connaissance des messages transmis de Novéant pour appeler l'attention des autorités militaires sur la situation du pont?

— R. Je ne le crois pas. Dès le 14, l'armée étant sur son terrain de manœuvres, je n'avais pas à m'occuper de ce qui se passait sur le champ de bataille.

— *D.* Lorsque le convoi auxiliaire fut licencié le 15, avez-vous reçu des instructions pour utiliser ces voitures à amener des vivres à Metz, et avez-vous personnellement songé à le faire?

— *R.* Non.

Le témoin, à plusieurs questions du général-président, répond très-sèchement qu'il n'a rien à dire.

Le commissaire du gouvernement. — Pourquoi, le 15, sur la demande du général Manteuffel, a-t-on prolongé d'une heure un armistice pour enterrer les morts, armistice qui ne devait durer que 2 heures?

— *R.* Pour des raisons d'humanité.

Sur l'invitation du conseil, le témoin revient sur la question des ponts de la Moselle et de leurs débouchés.

Le général Chabaud-Latour le prie de préciser s'il avait bien avérti le maréchal Bazaine qu'il possédait sept passages sur la Moselle. Le général Coffinières répond que cela était connu de tout le monde. Aucune instruction spéciale n'a été donnée au général pour la direction et les aboutissants des ponts, non plus que pour leur destruction.

La séance est suspendue.

———

La séance est reprise à trois heures dix minutes. On appelle le chef d'escadron Sers.

Le témoin a vu le maréchal, le 15 au matin, pour le prévenir des mouvements présumés des Prussiens, dont on entendait le canon. Le maréchal, préoccupé, donna l'ordre de faire sauter une arche du pont de Longeville, et se plaignit des hésitations de l'empereur et du désarroi des ordres. Le témoin revit le maréchal une seconde fois pour le prévenir de l'arrivée des troupes du maréchal Le Bœuf, au moment où le maréchal venait d'être jeté à bas de cheval. Sur l'invitation du général-président, le témoin précise quelques points de sa déposition. Après la bataille du 16, le témoin n'a pas connu les démarches du général Soleille pour se rendre compte des approvisionnements. Il n'a pas non plus connu les deux dépêches relatives aux approvisionnements de cartouches se trouvant à Verdun.

On appelle ensuite M. l'intendant-général inspecteur Wolff.

Le témoin entre dans des détails très-circonstanciés sur le ravitaillement de Metz avant la retraite de l'armée sur la ville. Le 15, il rendit compte au maréchal de ce qu'il avait fait, puis il partit pour Verdun, où il reçut l'ordre du maréchal de Mac-Mahon de faire revenir sur Reims les approvisionnements faits à Verdun. Depuis le 16 août, il n'eut aucun avis de l'armée de Metz.

— *D.* Vous n'avez pas connu les premières dispositions de l'empereur?

— *R.* Non. A mon arrivée, le commandement venait de passer aux mains du maréchal Bazaine.

Sur l'invitation du général-président, le témoin explique comment, pendant l'accomplissement de sa mission à Verdun, il a cru utile de se rendre spontanément à Montmédy où il a passé une journée.

A la demande du commissaire du gouvernement, il assure que le maréchal lui a un jour parlé d'un projet de pointe offensive sur Pont-à-Mousson.

Le maréchal explique que ce projet n'avait dans sa pensée aucun rapport avec la marche sur Verdun.

On appelle le témoin Louis de Villenoisy, 52 ans, lieutenant-colonel du génie, domicilié à Grenoble.

J'étais employé spécialement à la construction des ponts de la Moselle. On avait ordre d'en faire le plus et le mieux possible, mais sans instructions spéciales. (Suivent quelques explications techniques sur le mode de construction adopté.) Les ponts furent en partie emportés par une crue subite, et alors on eut recours aux pontonniers, ce qu'on aurait dû faire tout de suite. Le 13, tout était prêt.

Le passage des troupes a commencé le 14. Le témoin a vu l'encombrement et le désordre que cela provoquait dès le départ, et il alla en aviser le maréchal. Il ne trouva que le général Jarras, qui en parut très-frappé, et demanda si on ne pouvait pas tourner la ville. Le témoin s'échauffa un peu et démontra que non. Le général Jarras lui dit alors : « Croyez bien que ce ne sont pas ceux qui voient de plus près qui voient le mieux. » Il se retira.

Interrogé sur la prolongation d'armistice, le témoin déclare que la position des Prussiens était périlleuse, et que l'armistice a dû faciliter pour eux un mouvement tournant assez dangereux.

On appelle le témoin Fay (Pierre), 46 ans, lieutenant-colonel d'état-major, domicilié à Paris.

Le témoin était attaché à la section spéciale des renseignements. Le 12, il apprit le soir la nomination du maréchal Bazaine et transmit aux commandants de corps les divers renseignements qu'il avait recueillis. Le lendemain soir les ordres étaient changés et l'on se préparait à battre en retraite.

Le 14 on marchait vers Gravelotte. — Le témoin énumère quelques-unes des dispositions de marche adoptées sur deux routes, il n'y eut pas lieu d'en reconnaître d'autres. Le lendemain on reçut l'ordre de marcher en avant. Le témoin fut chargé de débarrasser la route encombrée de convois. Le 15 au soir, on se préparait à marcher le lendemain matin ; la bataille de Rezonville interrompit le mouvement.

Dans la nuit on reçut l'ordre de battre en retraite faute de munitions et de vivres. Cette retraite fut opérée le lendemain sans être inquiétée, elle se continua le 17 jusqu'à ce qu'on eût atteint les positions désignées sous le canon de Metz après la bataille du 18.

Le témoin ignore les ordres transmis au sujet des vivres abandonnés à Gravelotte.

Le commissaire du gouvernement demande si, le 13, le maréchal n'est pas venu communiquer les ordres de mouvement au général Jarras, à Metz.

Le témoin se souvient, en effet, d'avoir vu le maréchal à Metz ce jour-là, mais sa mémoire n'est pas assez fidèle pour affirmer que le général Jarras fût présent, car celui-ci lui a récemment affirmé que non.

On appelle le témoin de Préval (49 ans) intendant militaire domicilié à Rouen.

Le témoin, quoique spécialement attaché aux ambulances, était, depuis le 13, chargé de l'expédition des affaires à titre d'ancienneté de grades.

Il énumère les dispositions d'approvisionnements prises par lui pour les convois de l'armée. Le 15, il recevait l'ordre de suspendre ses dispositions et cela lui parut tellement grave, qu'il demanda un ordre écrit. Le maréchal le donna.

Le témoin reçut des reproches, le jour de Gravelotte, sur le manque de vivres. Il revint à ses dispositions premières qui furent approuvées par le maréchal, sans que celui-ci parlât aucunement d'un projet de retraite. Le témoin arriva à Metz, y réunit un convoi de 500 voitures et se mit en route. Ayant rencontré le capitaine Fix, il apprit le mouvement de retraite et fit licencier les voitures. Mais un faux mouvement ordonné en son absence rendit le licenciement impossible dans des conditions régulières. Le convoi fut distribué aux troupes qui passaient.

— *D.* Une expédition de l'ordre signé de l'intendant général Wolf le 16 existe au dossier, pouvez-vous expliquer cet ordre?

— *R.* A mon avis, cet ordre a été donné le 15 au matin. C'est tout ce que je puis dire.

Le témoin n'a pas eu connaissance non plus de la note sur les approvisionnements de Verdun. Le 16, c'est spontanément qu'il a proposé au maréchal d'opérer un ravitaillement immédiat des troupes privées de vivres, le maréchal ne lui avait pas demandé d'états de situation. Quand, par suite d'un mouvement de retraite, le convoi s'est trouvé arrêté, il en a fait aviser le maréchal.

On appelle le témoin Mouy (Alexandre), 47 ans, sous-intendant militaire, demeurant à Paris.

Le témoin était attaché aux subsistances. Il a dressé l'inventaire des existences de la place de Metz, où les corps devaient venir successivement compléter leurs huit jours de vivres réglementaires. Suit l'exposé de la situation des différents corps au point de vue des vivres, le 12 août.

Le 14, il fallut pourvoir au ravitaillement spécial du 6e corps.

Le témoin fournit ensuite l'état des approvisionnements de Verdun à la date du 16, état qui a été connu du maréchal Bazaine. Il explique l'embarras que lui a causé le convoi licencié le 15. La partie de convoi dirigée sur le quartier général arriva à Metz le 16. A cette date le 6e corps vit compléter ses vivres.

L'audience est suspendue et renvoyée à demain samedi.

Audience du 25 octobre

Présidence de M. le duc d'Aumale

La séance est ouverte à midi quarante.

On procède à l'appel d'un témoin qui se présente devant le conseil, le colonel Gabrielli.

On reprend l'audition des témoins compris dans la seconde série.

Le colonel Vasse Saint-Ouen est rappelé. Le général-président lui pose les questions suivantes :

— D. Le commandant Sers a déposé que le maréchal, dans la soirée du 16, lui a fait transmettre au général Soleille l'ordre de faire charger de munitions les voitures qui avaient mené les blessés à Metz. Les intendants qui ont déposé n'ont pas connaissance de cet ordre. Le connaissez-vous ?

— R. Je n'en ai entendu parler que ce matin. Le général Soleille était dans son lit, très-souffrant, et je n'ai pas su que le commandant Sers l'avait vu.

— D. Avez-vous eu connaissance de la lettre du général Soleille au général Coffinières pour réclamer quatre batteries ?

— R. Non, monsieur le président.

Le président fait montrer au témoin la note donnant les évaluations d'approvisionnements en munitions disponibles sur le plateau de Plappeville. Le colonel déclare avoir dressé les états qui ont servi à rédiger cette note. On lui montre également les registres de correspondance de l'artillerie, pour qu'il déclare si ce sont les registres de l'état-major de l'artillerie ou ceux du cabinet du général Soleille. Le témoin dit que l'état-major avait seul des registres.

Invité à compulser ces registres, le témoin n'y retrouve à la date du 16 et du 17 août, dans la série des correspondances, aucune trace de l'ordre du général Soleille.

Le témoin est invité à rester dans la salle d'audience pendant la déposition du témoin Sers, appelé aussi pour la seconde fois devant le conseil.

Le général-président fait observer au témoin que le registre des correspondances de l'état-major ne porte pas trace de l'ordre écrit que, d'après sa déposition, il aurait porté à la signature du maréchal.

Le témoin est sûr que cet ordre a été signé. S'il n'a pas été enregistré, cela tient au désarroi du moment. On pourrait même en appeler aux souvenirs de l'officier qui a porté l'ordre.

Sur l'invitation du général-président, on lui soumet la note des états munitionnaires du général Soleille, existants au dossier, note dont il a déjà été donné lecture. Le témoin croit que la date de cette pièce doit être voisine des batailles du 17 et du 18. Le général-président répond qu'en effet elle est du 17.

Le colonel Vasse Saint-Ouen est de nouveau appelé à la barre. Sur la présentation d'une lettre, il déclare qu'elle n'a jamais figuré sur le registre de correspondances.

Le témoin Sers, à qui on présente ensuite la même lettre, reconnaît qu'elle est de sa main.

On rappelle le général Jarras pour éclaircir cette question de l'ordre présenté à la signature du général Solcille (le retour des munitions par le convoi d'ambulance envoyé à Metz).

Le général Jarras se souvient que le commandant Fix a effectivement été envoyé à Metz avec une lettre pour le général Coffinières, lettre relative au retour des munitions par le convoi envoyé à Metz.

Au sujet des instructions générales prescrites dans le rapport du 13 août par le général Mallet, et de l'ordre non conforme transmis au général Jarras lors de la prise de possession du commandement par le maréchal, le témoin reconnaît comme étant de son écriture un relevé de l'ordre du maréchal relatif aux communications à la sortie des ponts, prescrivant quatre jours de vivres dans chaque sac, et ordonnant que l'intendance emporte *le plus de vivres possible*. Il affirme que c'est la transcription fidèle des ordres qu'il avait reçus du maréchal.

Un certain nombre de corps avaient reçu des ordres directs du maréchal; le témoin croyait donc ne pas avoir à s'occuper de ceux-là.

Quant à l'exécution, le témoin constate que l'intendance n'a employé que les moyens de transport réglementaires, mais que les transports auxiliaires ont été négligés.

On témoin représente une pièce qu'il croit reconnaître pour l'ordre régulier qu'il a reçu du maréchal.

Sur la demande du général-président, le général Jarras déclare qu'il ne se souvient pas qu'il y eût le 13 août des communications télégraphiques entre la place de Metz et les différents corps d'armée.

Le président fait lire un ordre du maréchal Bazaine en date du 13 août, ordre prouvant l'existence de ces communications télégraphiques, puisqu'il recommande aux soldats de veiller à la conservation des fils qui ont été plusieurs fois coupés.

Le témoin allègue que cette pièce prouve que les communications avaient été, sans malveillance, interrompues, et que, par conséquent, elles pouvaient bien ne pas exister le 13 août.

Le GÉNÉRAL-PRÉSIDENT. — Mais enfin, elles ont existé avant le 13 août; la note le prouve suffisamment.

Le COMMISSAIRE DU GOUVERNEMENT. — Vous souvenez-vous d'avoir fait usage des fils télégraphiques, soit le 13, soit le 14 ?

Le GÉNÉRAL JARRAS. — Je ne m'en souviens en aucune façon.

Le commissaire du gouvernement essaye de préciser quelques autres points. Mais les explications du témoin sont tellement vagues, qu'elles aboutissent invariablement à des déclarations comme ceci : J'ai dû avoir connaissance de ce fait. J'ai probablement pris les mesures commandées, etc.

Le maréchal Bazaine confirme un détail de la déposition du témoin : c'est celui de la facilité avec laquelle les fils télégraphiques, simplement posés à terre, pouvaient être coupés.

Les trois témoins qui ont pris part à ce débat contradictoire sont invités à se retirer.

On appelle le témoin Lebrun (Charles), âgé de 63 ans, intendant militaire du cadre de réserve, domicilié à Biarritz.

Cette déposition insignifiante se résume à ce qui suit :

Jusqu'au 13, la garde ne s'est guère éloignée de Metz; elle était approvisionnée jusqu'au 18. Le 14, elle s'était éloignée avec les voitures du train et le matériel d'ambulances.

Le témoin n'a pas vu le maréchal le 16 au soir. Il est invité à se retirer. Celui qui lui succède à la barre est le témoin Gayard J. B. (52 ans), intendant militaire, domicilié à Paris.

Le témoin expose l'état des services de l'intendance à la date du 13 août, et fournit l'état général des vivres jusqu'au 18 au soir.

Quant à l'exécution du passage, tous les convois des troupes non engagées étaient en ligne le 14 au soir; tous les ordres ont été parfaitement exécutés.

Dans la matinée du 16, le témoin a fait forcer autant que possible les chargements des corps; mais dans la journée, il reçut ordre d'alléger les vivres du 4e corps, avec lequel il se mit en marche, n'emmenant que le matériel roulant des officiers.

Le témoin s'est occupé des ambulances pendant et après la bataille de Doncourt. A 6 heures du matin, il expédia un convoi de blessés.

Les vedettes allemandes furent signalées, mais on n'en continua pas moins les préparatifs d'évacuation des blessés.

Entre Briey et Jarny, l'intendant, qui précédait ce convoi pour éclairer la route, fut prévenu par des paysans qu'il allait rencontrer les vedettes ennemies; il prit à travers champs et rejoignit le 4e corps.

La route étant libre néanmoins, le témoin disposa son convoi en le faisant précéder des emblèmes de la Société internationale de secours ; M. de Préval apporta de Metz l'ordre d'utiliser ce convoi à ramener les vivres et munitions qui manquaient aux troupes.

Le convoi fut disposé en plusieurs sections; il arriva à temps pour la bataille du 18.

On appelle le témoin Birouste, 47 ans, sous-intendant militaire, domicilié à Arras.

Le témoin était attaché à la troisième division de cavalerie. Le 13 août, on reçut l'ordre d'alléger autant que possible les bagages des officiers; le 14, on prit les dispositions de marche, en divisant le convoi en deux sections. Le témoin ne peut rien dire de la marche des convois, car il accompagnait les colonnes.

On continua la marche sur Verdun. Le 18 au matin, on apprit que la division serait probablement attaquée deux heures après. Les voituriers civils coupèrent les traits de leurs chevaux et se dispersèrent aux premiers coups de feu.

Le lendemain, le témoin rassembla ce qu'il put retrouver de son convoi, qui ne perdit en tout que 35 voitures chargées.

On appelle le témoin Fix, 44 ans, chef d'escadron d'état-major. Avant d'exposer les détails de sa mission spéciale auprès du général Coffinières, le témoin demande à rappeler les paroles du maréchal au moment où l'on se décida à revenir à Metz :

« Du reste, si quelqu'un croit qu'il y a quelque chose de mieux à faire, je suis prêt à l'écouter. »

A Metz, le général Coffinières, après lui avoir demandé quelques renseignements sur les routes, lui donna rendez-vous pour le lendemain.

Sa lettre pour le général Coffinières n'avait que quelques lignes; elle devait dire au général Coffinières de pousser les convois sur l'armée. Ne connaissant pas les routes, le témoin n'a pu fournir au général que fort peu de renseignements.

Le témoin ne se souvient pas si le maréchal Bazaine a précisé devant lui les détails de son mouvement de retraite.

Il n'avait pas d'instructions verbales spéciales pour le général Coffinières.

Sur la demande du commissaire du gouvernement, le témoin avoue qu'au moment où le maréchal disait qu'il n'y avait rien de mieux à faire que de se retirer, il avait cette phrase sur les lèvres : « Mais nous pouvons recommencer demain. »

On passe à la troisième série : Communications avec l'empereur et avec le gouvernement de la défense nationale.

Le témoin Becker, 46 ans, chef de bataillon du génie, est appelé.

Je suis arrivé le 16 à Verdun comme aide de camp du général Dejean. A la suite d'une conférence entre le général et l'empereur, nous attendions à Verdun le maréchal Bazaine, et nous faisions tous nos préparatifs en conséquence.

C'est par des commis voyageurs qu'on apprit la victoire du 16, dont le récit provoqua un grand enthousiasme.

Le lendemain matin, le général Dejean et le témoin sont allés reconnaître les travaux ; des voyageurs leur ont confirmé la nouvelle de ce succès. Vingt-quatre heures après, les gendarmes envoyés en reconnaissance rencontraient les uhlans, et des escarmouches s'engageaient ; le 18 on était définitivement sur ses gardes.

Le 19, le général et lui sont partis pour Montmédy. En route, ils ont aperçu les bivouacs de l'ennemi. Le général paraissait très-préoccupé de la question des approvisionnements.

A onze heures du soir, un officier de mobiles lui apprit que le pont de Longuyon était coupé. Il partit immédiatement avec deux cents hommes, sur l'ordre du général, qui se rendit lui-même à Longuyon. Là, il reçut l'ordre de se rendre à Reims et de s'y mettre à la disposition du maréchal de Mac-Mahon, ce qui fut fait le 22.

Le général-président prie le témoin de préciser les détails qu'il peut connaître de l'entrevue de l'empereur avec le général Dejean à Verdun. L'impression du témoin est que l'empereur a formellement annoncé l'arrivée du maréchal Bazaine pour le lendemain.

Le maréchal explique que la marche sur Verdun n'a jamais été, dans la pensée de l'empereur, ni dans la sienne, une retraite, mais une marche tactique. On ne s'attendait pas au combat du 16, qui devait contrarier la marche de l'armée, marche qui d'ailleurs eût en tout cas exigé plus de deux jours.

On entend ensuite le témoin Benoît (Charles), 64 ans, maire de Verdun.

Le 16, j'ai été prévenu par le sous-préfet que l'empereur arrivait. Je suis allé l'attendre avec mes adjoints. Il nous a dit : « Le maréchal me suit ; il couchera à Conflans ce soir, et sera à Verdun demain avec son armée. »

L'empereur me rassura au sujet des craintes que me faisaient concevoir les énormes munitions accumulées dans une place comme Verdun, peu propre à une défense. Il me dit : « Soyez tranquille, le maréchal emmènera tous ces approvisionnements. Moi-même je retourne à Paris où je vais reconstituer une armée qui prendra l'offensive. »

On appelle le témoin Cuvigné (Nicolas-Armand), 65 ans, propriétaire à Verdun.

Lors du passage de l'empereur à Verdun, le 16, en vue de l'arrivée de l'armée du maréchal **Bazaine pour le lendemain**, il se renseigna sur les passages et les gués.

Quant aux approvisionnements de Verdun, ils n'ont été, en présence du témoin, l'objet d'aucune observation de l'empereur. Le témoin ajoute que, plus tard, une partie de ces approvisionnements fut perdue, notamment une grande quantité de pain que l'on dut faire manger par les chevaux.

On appelle le témoin Lewall (Jules-Louis), 49 ans, colonel d'état-major, domicilié à Paris.

Interrogé sur la reconnaissance dont il a été chargé le 18 août, le témoin dit en avoir reçu l'ordre le 17 au soir. Il avait pris rendez-vous avec ses officiers au château Saint-Germain ; la reconnaissance n'a commencé que vers 11 heures 1/2. On remarqua d'abord un grand mouvement au 3e corps, et très-peu de temps après le canon a commencé à se faire entendre. Le témoin a reconnu le terrain en avant jusqu'à Montigny-la-Grange, pendant que le 3e corps était engagé. Les obus ennemis passaient par-dessus la tête de la reconnaissance. Les officiers qui accompagnaient le témoin le quittèrent pour rejoindre leurs corps.

Il continua son opération avec le capitaine Lemoine, et rejoignit le maréchal à Plappeville à 4 heures ou 4 heures 1/2, pour changer de cheval.

Il voulait rendre compte de sa mission au général Jarras, qui l'engagea à rejoindre immédiatement le maréchal pour lui en faire part directement. Vers 5 heures, il le rejoignit au Saint-Quentin, et en revenant à Plappeville, à 8 heures du soir, on expédia les ordres pour le lendemain.

Les ordres pour cette reconnaissance avaient été donnés directement par le maréchal le 17 au soir. Les instructions indiquaient une éventualité plutôt qu'une intention arrêtée. Quant aux positions à occuper, les principales positions autour de Metz avaient bien été désignées, mais d'une façon assez générale.

Il est donné lecture de l'ordre de mouvement donné pour le 19 août, à la suite de la reconnaissance dont il vient d'être parlé. Cet ordre spécifie la marche de chaque corps et les positions où il doit s'établir.

Des prescriptions relatives à la distribution des vivres et à l'envoi des convois complètent ce document, que le témoin reconnaît sans hésitation. Cet ordre avait été expédié, dit-il, sans réserves d'aucune sorte.

Le commissaire du gouvernement demande si, quand le témoin a envoyé un officier au maréchal, pendant la bataille, cet officier a vu en effet le maréchal.

Le témoin ne se souvient même plus du nom de l'officier. Il n'a jamais su, du reste, ce qui s'était passé depuis le moment où il l'avait envoyé.

On appelle le témoin Yung (Henri-Félix-Théodore), 40 ans, capitaine d'état-major.

Le témoin a vu le maréchal à Plappeville et lui a rendu compte des ordres qu'il avait exécutés. Le 18, il a accompagné le maréchal au fort Saint-Quentin, d'où on a assisté au premier mouvement de déroute des troupes, mouvement auquel le maréchal n'attacha pas une trop grande importance.

On appelle le témoin de Bellegarde, 36 ans, capitaine d'état-major.

Sa déposition porte sur la mission confiée au témoin par le maréchal Canrobert, demandant l'appui de la garde et du général Bourbaki, pendant l'engagement du 6e corps. Le maréchal Bazaine a promis que ce secours serait envoyé. Mais le témoin n'a pas su qu'il en avait transmis l'ordre au général Bourbaki.

On appelle le témoin de Chalus, 35 ans, capitaine au 3e d'artillerie.

Ce témoin a été envoyé au maréchal Bazaine par le maréchal Canrobert, pour demander l'appui d'une division d'infanterie et un renfort en munitions.

L'accomplissement de cette mission n'a donné lieu à aucun fait spé-cial.

Le général-président fait préciser l'heure à laquelle l'ordre a été donné et exécuté. Le témoin est parti environ une demi-heure après le retour de M. de Bellegarde. Il était chargé en même temps de ramener des munitions. Il l'a fait et les a remises à la 3e batterie du 6e corps.

On appelle le témoin de Beaumont (Pierre-Robert), 40 ans, chef d'es-cadron au 2e dragons, en garnison à Compiègne.

Le témoin était chargé par le général Bourbaki de porter un ordre au fort Saint-Quentin. En route, il rencontra en revenant le maréchal Bazaine, qui le reconnut et le chargea de dire au général Bourbaki de rentrer avec toute la garde et de prévenir le maréchal Canrobert, qui était en avant de lui, qu'il n'était plus appuyé. Le témoin se fit répéter et préciser l'ordre. Le maréchal lui dit : « Oui, la journée est finie ; les Allemands ont voulu nous tâter ; il n'y aura plus rien. »

Le témoin rejoignit le général Bourbaki un peu avant 6 heures, et lui transmit l'ordre au moment où il se portait en avant, ce qui annulait l'ordre et en rendait l'accomplissement impossible. Il n'y eut donc pas lieu de transmettre au maréchal Canrobert la partie de l'ordre qui le concernait. Le témoin s'est borné à rendre compte des ordres du ma-réchal au chef d'état-major.

Le maréchal croit se souvenir que, loin d'ordonner au général Bourbaki de *rentrer*, il avait fait transmettre l'ordre de *rester*.

Le témoin persiste à maintenir l'exactitude de sa déposition.

On appelle le témoin de Mornay-Soult (Pierre), duc de Dalmatie, 36 ans, capitaine aux chasseurs à cheval

Le 12, le témoin a accompagné le maréchal sur le plateau du Saint-Quentin, où l'on faisait établir des batteries, en vue d'une attaque attendue du côté d'Ars.

De là on s'est rendu sur le plateau de Plappeville, où l'on a remar-qué quelque désordre de peu d'importance. En se rendant à une autre position, on rencontra le capitaine de Beaumont, auquel le maréchal dit de prévenir le général Bourbaki de *rester* où il était, et de ne pas s'engager légèrement. M. de Beaumont paraissant n'avoir pas très-bien entendu l'ordre, il lui fut répété dans les mêmes termes, d'abord par le maréchal lui-même, puis une seconde fois par le témoin, qui quitta M. de Beaumont en lui disant : *Bonne chance*, ce qui indique que, dans sa pensée, M. de Beaumont allait au feu.

M. de Beaumont évoque à nouveau ses souvenirs, et affirme qu'il n'a pu se tromper.

Le défenseur demande que le témoin soit interrogé sur la bataille du 16.

Le témoin se rappelle qu'il voulut rejoindre le maréchal au moment où il venait d'être jeté hors du champ de bataille par la charge des hussards de Brunswick; mais quoiqu'il sût que le maréchal était vivant, il le chercha en vain. Il rencontra à Rezonville le général Jarras, et lui demanda où était le maréchal. Celui-ci répondit : « C'est affaire à vous, monsieur l'officier d'ordonnance. » Je finis par rejoindre le maréchal avec les officiers d'état-major que la charge ennemie avait séparés de lui.

C'est le soir de la bataille, quand le maréchal revenait à Gravelotte, qu'il le trouva sur la route, très-encombrée par des paysans qui tout à coup se mirent à courir. Le témoin reprocha à cette foule cet émoi après une victoire. Le maréchal rectifia cette expression, vu qu'il n'y avait pas victoire quand on ne restait pas maître de ses positions.

On appelle le témoin Lacalle, 38 ans, capitaine d'artillerie, officier d'ordonnance du général Bourbaki, à Lyon.

Le 18, vers deux heures et demie, le général Bourbaki montait à cheval avec une assez petite escorte d'officiers pour aller voir ce qui se passait. Nous le rejoignîmes sur le plateau de Plappeville, où nous rencontrâmes M. le maréchal Bazaine qui nous dit : « Il est inutile de rejoindre le général; la garde va rentrer dans ses campements. » Une heure après, nous avons rejoint le général Bourbaki.

Le témoin ne se souvient pas d'avoir vu à ce moment le commandant de Beaumont.

On appelle le témoin de Sancy, 38 ans, capitaine d'état-major, demeurant à Paris.

Le 18, le témoin, attaché au quartier général de la garde, entendit le canon toute la matinée. Ayant rejoint le général Bourbaki sur le plateau, ils rencontrèrent le maréchal Bazaine qui leur dit: « Tout va bien; la journée peut être considérée comme terminée. »

Le témoin ne peut rien préciser au sujet de M. de Beaumont. Il ne se souvient pas s'ils ont fait part au général Bourbaki des paroles du maréchal Bazaine.

Le capitaine Lacalle n'en a pas non plus souvenir. Sur l'invitation du commissaire du gouvernement, il précise non le texte, mais le sens des paroles du maréchal.

Le maréchal Bazaine dit que c'était une simple conversation sans caractère officiel.

On appelle le témoin Abraham, 38 ans, chef d'escadron d'artillerie, domicilié à Paris.

Pendant la bataille de Saint-Privat, le témoin reçut du général Soleille un ordre à transmettre aux forts Saint-Quentin et Plappeville, où il dut attendre assez longtemps. Il en ramena des munitions qui ravitaillèrent les batteries du 6e corps et qui parvinrent à arrêter les Allemands.

En revenant, il rendit compte au général Soleille de la situation du 6e corps. Il était près de 9 heures.

Le témoin avait pour mission spéciale de tenir le général Soleille au courant de l'état des munitions d'artillerie. Les rapports des chefs de corps lui ont permis de le faire régulièrement.

Un officier dont il ignore le nom a dit devant lui, quand il quittait le fort : « Je vais chercher la garde. »

Sur la demande du général Chabaud-Latour, le témoin précise quelle était sa mission en se rendant aux forts. Il eut des renseignements assez précis sur la consommation de munitions faite par le 6ᵉ corps pendant la journée du 16.

Après la rentrée à Metz, on fit demander aux chefs de corps l'état de leurs munitions.

On appelle le témoin Desvaux, 62 ans, général de division en retraite, domicilié à Paris.

Le 16 août, le soir de la bataille de Rezonville, j'appris que des forces allemandes considérables traversaient la Moselle en se portant sur Ars. J'envoyai des reconnaissances à Ars-sur-Moselle, et rejoignis le maréchal à Gravelotte, pour le prévenir que des forces nouvelles allaient s'ajouter à celles qu'il venait de combattre.

Le général apprécie la bataille du 18 au point de vue technique et se rappelle particulièrement l'émoi causé par l'apparition de l'infanterie ennemie sur les hauteurs.

Le terrain rendait impossible l'emploi d'une charge de cavalerie. Le maréchal n'a donc pas eu à lui en faire la proposition.

On appelle le témoin comte La Tour du Pin (Charles), 39 ans, capitaine d'état-major, domicilié à Paris.

Cette déposition porte sur un avis du général Bourbaki annonçant au général Ladmirault sa présence au Gros-Chêne par un billet au crayon. Le témoin vint prévenir le général Bourbaki que toutes les réserves du 4ᵉ corps étaient engagées, et que des troupes fraîches auraient une action décisive.

Le général Bourbaki m'objecta le danger d'un changement de position. Un autre aide de camp vint apporter la même demande de la part du général Ladmirault et du maréchal Canrobert. Le général Bourbaki se décida et j'allai annoncer son arrivée.

Le général Bourbaki se plaignit à moi d'avoir été trompé et voulut même retourner à ses positions. J'allai en prévenir mon chef qui, recevant à ce moment la nouvelle que le maréchal Canrobert était en pleine retraite, me chargea d'en avertir le général Bourbaki.

Le soir, le témoin a eu connaissance des ordres de mouvement donnés ; en les portant, il s'aperçut que la garde avait quitté ses positions, et apprit que l'ordre dont il était porteur était un ordre complet et détaillé de retraite sur Metz où son corps arriva vers la fin de la nuit, abandonnant les positions qu'il avait conservées devant l'ennemi après une perte de 5000 hommes.

Le 15 août, chargé par le général Ladmirault d'aller faire confirmer par le maréchal Bazaine les ordres écrits du matin, il fut questionné par le général Jarras sur le chemin qu'il venait de parcourir, et que le témoin déclara mauvais pour un corps d'armée. Le maréchal lui indiqua alors lui-même sur la carte la direction que devait suivre ce corps d'armée et sa position. Le maréchal chargea le témoin de prévenir le maréchal Le Bœuf que, vu la fatigue du 4ᵉ corps, les dispositions de marche étaient modifiées. Le témoin ne rencontra pas le maréchal Le Bœuf et rendit compte de cet ordre en rentrant à son état-major.

Cette déposition clôt la séance qui est levée à 5 heures et demie, et renvoyée à lundi, à midi et demi.

Audience du 27 octobre

Présidence de M. le duc d'Aumale

La séance est reprise à midi 35.

Le greffier appelle neuf témoins qui se présentent pour la première fois.

Le président fait demander le témoin Régnier; il ne répond pas à l'appel.

On introduit le témoin Caffarel (Charles), chef d'escadron d'état-major, 44 ans.

Le témoin fut envoyé, le 18 août, par le maréchal Canrobert au maréchal Bazaine, pour lui annoncer, à 7 heures, le mouvement rétrograde qu'il était obligé de faire. Il n'arriva à Plappeville qu'à neuf heures, à cause de l'encombrement des routes. Le maréchal ne parut pas affecté de l'échec, et lorsqu'il exprima sa désolation, le maréchal répondit : « Le mouvement que vous faites ce soir, vous l'auriez fait demain matin; ne vous attristez donc pas. » Il vit chez le maréchal les officiers Latour du Pin et Lewal. Il rejoignit le maréchal Canrobert qui prit les positions que l'état-major lui avait indiquées.

— D. Qui accompagnait le colonel Lewal dans sa reconnaissance?

— R. Le colonel Borson.

— D. C'est le sous-chef d'état-major qui, d'après les renseignements du colonel Lewal, a indiqué au maréchal Canrobert ses positions?

— R. Oui, monsieur le président.

Le commandant Mogeon est introduit.

Le témoin. — Le 18 août, à la fin de la journée, le maréchal Le Bœuf me fit partir à pied vers 10 heures du soir, vu l'encombrement des routes, pour demander des ordres au maréchal Bazaine. Le maréchal répondit qu'un ordre général de retraite était donné. Je fis une observation relativement à la difficulté, pour notre corps, d'opérer notre mouvement au point du jour ; le maréchal Bazaine fit dire au maréchal Le Bœuf qu'il pouvait, puisqu'il craignait d'être inquiété, le commencer immédiatement.

Je revins vers 1 heure du matin, et le lendemain, à 9 heures, nous achevions de prendre nos positions devant Metz sans avoir été inquiétés.

Sur la demande du commissaire du gouvernement, le témoin ajoute qu'à la bataille du 18, le 3e corps, peu éprouvé d'ailleurs, avait conservé ses positions, mais qu'ayant vu le mouvement général de la journée, l'ordre de retraite surprit peu.

On procède à l'audition des témoins appelés par la défense. Le premier cité est le colonel Grangez du Rouet (Edouard-Louis), 50 ans, colonel d'état-major, domicilié à Nantes.

Le général-président demande à la défense sur quel point elle désire interroger le témoin.

Le défenseur répond que c'est sur la journée du 6.

Le commissaire du gouvernement déclare que l'accusation restera limitée aux faits postérieurs à cette date. Les témoignages relatifs à des faits antérieurs ne peuvent être pris en considération par l'accusation, conformément aux prescriptions absolues du Code de justice militaire, en vertu duquel ces témoignages sur des faits qui n'ont pas été l'objet d'une instruction, constituent une cause de nullité.

Sur la demande du général-président, M. le commissaire du gouvernement déclare qu'il ne pose pas des conclusions, mais qu'il émet une simple observation.

Le défenseur maintient, en vertu de l'art. 321 du Code d'instruction ordinaire, le droit pour l'accusé de produire tous les témoignages qui intéressent son honneur.

Le commissaire du gouvernement répète qu'il ne s'oppose pas à l'audition de ces témoignages, mais qu'il restera étranger à la discussion qui pourrait en résulter.

En l'absence d'opposition et de conclusions, le général-président ordonne, en vertu de son pouvoir discrétionnaire, que les témoins cités par la défense seront entendus, tout en réservant, pour l'accusation, le droit de se tenir à l'écart de tout débat provoqué par des faits antérieurs à ceux qui ont été l'objet de l'instruction, faits que les égards dus à la défense lui commandent de laisser produire.

Le témoin était, lors de la bataille de Forbach, chef d'état-major du général Mallet; il a été envoyé le 5 près du général Frossard à Forbach, et n'en a rapporté aucune réponse précise. A ce moment, le général croyait être en mesure de faire face aux éventualités. Le 6, quand arrivèrent les dépêches du général Frossard, le témoin ne se souvient pas s'il a été donné réponse à ces dépêches. Il ignore même si des communications télégraphiques existaient régulièrement entre Forbach et Saint-Avold.

On passe à l'audition du témoin Montaudon (J.-B. Alexandre), 55 ans, général de division, domicilié à Paris.

La défense prie M. le général-président de demander au témoin dans quelle situation étaient ses troupes au moment où il a dû partir, le 6.

LE TÉMOIN. — Le 5, vers six heures du soir, ma division s'était portée sur Sarreguemines. Prévenu d'une attaque immédiate, je pris mes dispositions. Le lendemain matin, je poussai des reconnaissances, je fis avertir le maréchal de ce qui se passait et lui fis connaître mes dispositions heure par heure. Une escarmouche eut lieu dans la journée, puis j'appris qu'une attaque avait eu lieu à Forbach, et enfin, je reçus, vers cinq heures et demie, un télégramme expédié vers deux heures quarante par le maréchal Bazaine. Je réunis ma division, et, sans m'arrêter, j'allai prendre les positions indiquées. A peine arrivé, je reçus l'ordre de venir au secours du 2e corps, mais, la nuit tombant, je n'entendis plus un coup de fusil. J'appris alors qu'il n'y avait plus personne à Sarreguemines, et ce n'est que dans la nuit que j'ai reçu des instructions sur les nouvelles positions qui m'étaient assignées par le maréchal Bazaine.

Le 16 août, le témoin reçut l'ordre de descendre dans le ravin d'Ars pour couper la retraite à l'ennemi. Les habitants l'avertirent que les Allemands prenaient un autre direction, il le fit savoir au maréchal Bazaine qui le fit venir et lui donna de nouveaux ordres. Ses troupes repoussèrent complètement l'ennemi.

On appelle le témoin de Castagny (Armand-Alexandre), 65 ans, général de division appartenant au cadre de réserve.

LE TÉMOIN. — Le 5 août, je reçus un ordre écrit ; passant devant la maison où se trouvait le maréchal, j'y entrai pour me faire développer cet ordre. Le maréchal m'ordonna de pousser devant moi et de me mettre en première ligne. Je me mis en communication avec le général Frossard, qui me donna un reçu de ma dépêche.

Sur l'invitation de la défense, le témoin développe les dispositions qu'il a prises. En entendant une forte canonnade, lui et quelques-uns de ses officiers crurent d'abord que c'était le tonnerre ; voyant que c'était bien le canon, il fit prendre les armes à sa division. Connaissant très-bien le terrain, il put choisir une excellente position et ordonna à son aide de camp de pousser en avant le plus possible avec deux escadrons de cavalerie pour éclairer. Les récits des paysans étaient favorables pour nous ; le canon cessa.

Malheureusement il fallut bien se rendre à l'évidence un peu plus tard. Le général Frossard était en retraite sur Sarreguemines.

Le 6, ajoute le témoin, en se résumant, je n'ai reçu ni lettre ni communication quelconque du général Frossard, quoique je lui eusse écrit une lettre pressante le 5 au soir, lettre qui lui est parvenue, et dont il a été donné reçu.

Au moment de se retirer, le témoin demande à déclarer que, le jour de Borny ; le maréchal Bazaine lui a paru inquiet sur ses approvisionnements, cette idée le frappa particulièrement et l'inquiétude le gagna lui-même dans la nuit.

On appelle le témoin Becat (Etienne), 35 ans, capitaine d'état-major, domicilié à Paris.

Le fait sur lequel la défense désire faire entendre le témoin est celui d'une mission qui lui a été confiée le 6.

Le témoin développe les faits généraux qui ont précédé le moment où il fut envoyé en reconnaissance vers la position de Kalbronn. N'entendant plus le canon de cette position, il en fit prévenir le général de Castagny, puis se décida à la quitter pour revenir vers le général. En allant prendre position dans cette direction, celui-ci fit prévenir le général Montaudon et le général Frossard qu'il se tenait à leur disposition.

Le témoin raconte heure par heure la marche du corps d'armée auquel il appartenait pendant la bataille de Forbach, dont ils apprirent le triste résultat vers le soir par le capitaine Thomas.

Le général de Castagny l'envoya prévenir le maréchal Bazaine de ce qui se passait. Il trouva le maréchal étudiant ses cartes et qui se dit rassuré par l'excellente position défensive qui nous restait. Le maréchal fit écrire une lettre au général Frossard, et une autre plus courte au général de Castagny que le témoin devait achever de renseigner sur les instructions du maréchal. Mais le général Frossard ne s'étant pas retiré sur la position de Kalebronn, comme l'avait présumé le maréchal, il fallut renoncer à suivre ces instructions, et prendre part au mouvement général de retraite.

On appelle le témoin Mettemann (Jean-Louis), 59 ans, général de division, en résidence à Sedan.

Sur l'invitation de Me Lachaud, le témoin déclare, relativement à la journée de Forbach, qu'il a quitté vers midi la position de Marienthal pour opérer une reconnaissance à Bening. Là il reçut du maréchal l'ordre de s'établir pour surveiller le chemin de fer. Comme le témoin se dispose à réfuter la partie du rapport qui le concerne, le général-président le prie de se borner à déposer sur le fait mentionné par le défenseur. C'est un message du général Frossard qui lui fit quitter cette position pour se porter en toute hâte à Forbach.

Sur sa demande le témoin est autorisé à regagner son commandement, sauf nouvelle convocation, si besoin est.

On appelle le témoin de Locmaria, 40 ans, capitaine d'état-major, domicilié à Paris.

Le 6 août, le témoin a été chargé de dire au général de Mettemann de se diriger sur Saint-Avold et Bening et de lui indiquer tous les détails de son mouvement.

Le témoin avait une mission analogue près du général de Castagny qui devait se porter vers la position de Kalebronn.

Quand il arriva près de ces deux généraux, tous deux avaient déjà pris leurs dispositions de marche. Le général de Castagny voulut continuer à marcher au canon, sans tenir compte de la route que le témoin était chargé de lui indiquer.

Vers cinq heures ou cinq heures et demie, une dépêche du général Frossard, reçue à Saint-Avold, demandait un régiment dont un bataillon seulement arriva à Forbach.

Le 13 août, le témoin porta au général Ladmirault et au maréchal Canrobert des ordres relatifs au passage de la Moselle. Ces ordres portaient qu'un capitaine du génie devait reconnaître et jalonner la rive droite afin d'éviter la ville, si cela était possible.

Le 15, le témoin fut envoyé près du maréchal Bazaine par le général Mallet pour lui annoncer que le 3e corps était en position sur la rive gauche, mais que les troupes étaient très-fatiguées. Le maréchal lui annonça qu'il fallait gagner Verdun en quatre jours, et lui donna des ordres précis sur ce mouvement.

On appelle ensuite le témoin Arnaudeau, 52 ans, général de brigade.

Le témoin avait reçu du maréchal Bazaine l'ordre d'occuper une position près de Forbach. L'heure doit être celle où on a entendu les premiers coups de canon à Forbach. Dans l'après-midi, un officier d'ordonnance du général Frossard le rassura en disant que les inquiétudes du général étaient bien plutôt pour le lendemain. Vers 4 heures, le maréchal Bazaine lui fit dire de rejoindre Forbach où il est arrivé entre minuit et une heure. Les Allemands occupaient les faubourgs, et il fallut renoncer à y trouver le général Frossard qui, en effet, avait battu en retraite.

Sur la demande de Me Lachaud, le général Montaudon est rappelé à la barre pour affirmer si, d'après lui, dans la soirée du 16 ou dans la nuit de 16 au 17, on pouvait marcher en avant.

Le témoin rappelle qu'il était dans le ravin d'Ars quand il apprit la direction prise par l'ennemi. Son impression du moment, confirmée plus tard, fut qu'il était impossible d'aller plus loin avant d'avoir jeté dans la Moselle l'armée qui menaçait la gauche. L'opinion du général est qu'on pouvait livrer cette bataille, mais il appartenait au général en chef seul d'être renseigné absolument sur ce point, vu la connaissance de l'ensemble des ressources.

L'audience est suspendue pour une heure.

A la reprise de l'audience, on appelle le général de brigade baron de Juniac, 62 ans.

La défense demande à quelle heure le général a reçu la dépêche du maréchal pour aller au secours du général Frossard. Le témoin déclare qu'il est arrivé vers 2 heures à Forbach et qu'il n'y a trouvé personne. Il a gardé ses positions jusqu'à 2 heures du matin, puis s'est replié sur Saint-Avold.

On appelle ensuite le témoin Bataille (Henry-Jules), 57 ans, général de division, domicilié à Paris.

Le témoin déclare que les derniers échelons de sa division ont quitté leurs positions dans la matinée du 7, sans être inquiétés par l'ennemi.

On appelle le témoin Vergé (Charles-Nicolas), 63 ans, général de division, domicilié à Reims.

Le témoin déclare avoir commencé son mouvement de retraite dans la soirée du 6. A sept heures du soir, ce mouvement était pleinement dessiné. Toutes les indications avaient été données. On ne fut inquiété que jusqu'à Forbach.

On appelle le témoin Gabrielli, 52 ans, colonel en retraite, domicilié à Paris. Ce témoin est amputé de la jambe droite.

Le témoin a été informé par le maire de Forbach de l'arrivée de deux colonnes de secours entre dix et onze heures du soir. Il avait quitté sa position vers sept heures.

Avant de poursuivre l'audition des témoins assignés par la défense, le général-président fait appeler le général Frossard auquel il désire adresser quelques questions portant sur les communications du général avec le maréchal Bazaine et les officiers généraux.

Le général avait reçu le 5 un ordre attribuant la direction des opérations militaires au maréchal Bazaine. Celui-ci fut averti de l'ordre de mouvement en arrière donné précédemment au général, qui avait des raisons sérieuses de l'opérer et même de le hâter.

Il fut attaqué le 6 au matin, et en prévint immédiatement le maréchal. Le 2ᵉ corps fut bientôt complétement engagé. Le maréchal fut informé heure par heure. Il a donné des ordres pour faire appuyer le 2ᵉ corps, mais ces ordres ne furent pas exécutés.

Risquant d'être tourné, le général opéra sa retraite. Il crut rencontrer le général Montaudon qu'il avait, vers 3 heures, prié d'accélérer sa marche vers lui.

Même avis avait été envoyé au général Metteman. Ce fut plus tard qu'il apprit l'ordre reçu aussi par le général de Castagny de l'appuyer, mais il n'eut de nouvelles ni de l'une ni de l'autre de ces divisions.

L'espérance d'une concentration pour le lendemain fut la cause de la retraite sur Sarreguemines qui sembla au général préférable à l'établissement de son corps dans la position de Kalbronn. Evacuant Forbach, il ne sut par quel moyen faire connaître sa direction aux divisions chargées de le rejoindre.

Un avis envoyé de Metz et que le général a connu plus tard, a dû contribuer à l'hésitation du général Montaudon. Du reste, cette hésitation existait à Metz même.

Le général déclare n'avoir pas reçu le message du général de Castagny dont on a parlé. S'il avait connu la position de ce corps d'armée, dès le 5, il se serait adressé directement à lui le lendemain.

On appelle le témoin Vanson (Joseph-Émile), 48 ans, chef d'escadron de cavalerie.

Le témoin a été envoyé à Phalsbourg pour former des convois d'isolés et les diriger sur Châlons.

Il déclare qu'il n'avait pas pour instructions de ne pas laisser ces convois dépasser Nancy.

Le 15, le témoin a été chargé de porter au général Ladmirault l'ordre de se diriger immédiatement sur Doncourt sans autre explication. Le général Ladmirault ne jugea pas ce mouvement possible.

Relativement à l'arrêt des convois à Nancy, Me Lachaud fait observer qu'il existe à la date du 8 août une dépêche précise adressée au maréchal de Mac-Mahon, au général de Failly et au commandant Vanson. Celui-ci déclare n'en avoir pas eu connaissance.

On appelle le témoin de France (Camille-Louis), âgé de 40 ans, chef d'escadron de cavalerie, domicilié à Paris.

Le témoin a porté une lettre le 9 au général de Failly, pour lui indiquer son mouvement. Le 10, il fut chargé par l'empereur de lui porter pour instructions de se diriger sur Metz par Toul et non par Nancy. Ayant rejoint le général, ce témoin lui communiqua ces ordres, et le général modifia aussitôt la marche de ses troupes.

Le témoin a reçu aussi une mission pour des ralliements d'isolés.

Le 16 août au matin, le témoin a été chargé de se renseigner près du 6e et du 2e corps d'armée sur la position de l'ennemi. Il rapporta au maréchal des renseignements indiquant des manques importants de vivres dans ces deux corps. Le maréchal, très-contrarié, l'envoya prévenir l'intendant de Préval.

On appelle le témoin du Plessis (Eugène), 58 ans, général de division, domicilié à Courbevoie.

On demande au témoin si, le 12 août, il n'a pas rencontré le maréchal Bazaine et si celui-ci n'a pas rectifié une position. Les souvenirs du général sur ce point sont très-précis et très-affirmatifs.

On appelle le témoin Leplus (André-Ernest), 39 ans, capitaine de cavalerie.

Dans la journée du 15, le témoin a été chargé de prévenir le général de Fortou de la retraite de la cavalerie du prince Murat. Il rend compte de sa mission en quelques mots.

On appelle le témoin de France (58 ans), général de division.

Le général a accompagné l'empereur avec sa brigade. A Conflans, voyant qu'on n'était pas inquiété par l'ennemi, l'empereur a pris congé de lui et est resté à Conflans, où la brigade s'est trouvée engagée et fort éprouvée servant d'appui au général Ladmirault.

On appelle le témoin du Preuil (Octave), 53 ans, général de division, domicilié à Lyon.

Le général, interrogé sur l'utilité de la charge de cavalerie qu'il a exécutée le 16 par ordre du maréchal, expose la situation de la bataille à ce moment. Les cuirassiers ne purent malheureusement pas briser l'infanterie allemande et firent des pertes terribles (22 officiers, 24 sous-officiers et 220 hommes).

Après la charge, le général eut le bonheur de pouvoir faire dégager le maréchal un moment entouré par la cavalerie de Brunswick.

On entend ensuite le témoin de Montarby (Antoine-Louis-Claude), 53 ans, général de division, domicilié à Versailles.

Interrogé sur les reconnaissances qu'il a faites le 16 et sur la position de l'ennemi dans la vallée de Gors, le général déclare qu'il avait, dès le 13, présumé que le pont de pierre de Novéant serait utilisé par l'ennemi. Le 16, on eut toutes raisons de deviner la marche de l'ennemi et on fit surveiller les bois par la cavalerie jusqu'au moment où on les fit occuper par l'infanterie avec des mitrailleuses.

Le témoin décrit la position du vallon de Gors. Il termine en disant que le soir on a vu défiler une quantité de troupes ennemies par groupes mêlés, de toutes sortes d'armes.

Le général explique pourquoi il n'a pu envoyer à temps le secours demandé par le maréchal Canrobert à Rezonville. Toutes ses troupes étaient engagées et il n'a pu envoyer deux escadrons que le soir, au moment où la retraite du maréchal était commencée.

On appelle le témoin Lefort (Léon), 43 ans, docteur en médecine, chirurgien à l'hôpital Lariboisière.

Sur l'invitation de la défense, le témoin, qui a assisté aux batailles livrées du 14 au 18, rapporte ses observations du 17 sur les mouvements de l'ennemi dans la vallée de la Moselle.

On appelle le témoin Clapier (Jules-François-Louis), 61 ans, général de brigade, domicilié à Vincennes.

Le défenseur demande à quelle heure, le 18, le général a quitté la position de Saint-Quentin.

Le général déclare que c'était vers cinq heures.

Le général-président ayant une question à poser au maréchal Canrobert, le fait appeler à la barre pour lui demander des renseignements sur la retraite du 6e corps, le 16 août.

Le maréchal déclare qu'il n'y a pas eu de mouvement de retraite du 6e corps d'armée, le 16 août; il établit quelles étaient ses positions au matin et déclare que ces positions étaient conservées jusqu'au lendemain 4 heures du matin, heure à laquelle on se dirigea sur Rezonville dans un ordre parfait.

On appelle le témoin de Gondrecourt (Henri), 57 ans, général de division, domicilié à Paris.

La défense fait demander au témoin si, à son avis, Mars-la-Tour pouvait être occupé le 16 au soir.

Le général ne peut témoigner que relativement à la situation de l'aile droite. Il développe les mouvements auxquels il a pris part, le 16, jusqu'à la retraite en bon ordre de cette aile droite, vers quatre heures. Grâce au renfort de la division de Cissey, on put interrompre le mouvement de retraite et marcher de nouveau en avant.

Le général Legrand, menacé par un gros de cavalerie ennemie, se lança avec ses cavaliers dans la mêlée. Un choc terrible eut lieu, et, par suite d'une ressemblance d'uniformes, nos soldats se sabrèrent un moment entre eux. Les pertes furent considérables des deux côtés, mais le terrain resta à notre cavalerie.

L'opinion du général est que, vu l'épuisement des chevaux et des hommes, aucune offensive n'était possible avec de la cavalerie, le 16 au soir. Il ignore si, avec son infanterie, le général Ladmirault eût pu le faire.

Quant à marcher en avant le 17, c'eût été une témérité tant qu'on n'aurait pas détruit l'armée du prince Frédéric-Charles.

La séance est suspendue et renvoyée à demain mardi.

En rendant compte de l'audience, nous disons que M. Regnier n'a pas répondu à l'appel de son nom.

Nous apprenons que M. Regnier a adressé à M. le duc d'Aumale une lettre dans laquelle il explique les motifs qui l'engagent à s'éloigner momentanément de la France.

Voici le texte de cette lettre :

Versailles, 24 octobre 1873.

Monsieur le général-président,

Que je sois mis par vous en état d'arrestation préventive dans les trois cas suivants :

J'y consens.

1º S'il y a dans la brochure, *Quel est votre nom N. ou M.* (qui est la relation écrite chaque jour des faits auxquels j'ai pris part) un seul fait sérieux qui vous soit *à vous prouvé faux*;

2º Si vous arrivez à être convaincu que j'ai fait connaître à l'ennemi, soit par gestes, paroles ou écrits, un fait en plus que ceux que M. le maréchal Bazaine m'avait chargé de lui transmettre ;

3º Si vous arrivez à obtenir la certitude qu'un motif vil ou honteux a dirigé ma conduite.

Mais que pour satisfaire tel ou tel parti, tel ou tel intérêt politique, après avoir déjà subi cent dix jours d'emprisonnement préventif, je sois indéfiniment mis en prison à chaque changement de pouvoir, cela, *je n'y consens pas*, d'autant plus qu'une fois mon ordre d'arrestation donné par vous, je ne sais et personne ne sait quel gouvernement, dans trois ou dans six mois, dirigera la France, et si je ne me trouverais pas alors jugé par ceux qui pourraient politiquement me regarder comme un ennemi.

Donc, monsieur le duc d'Aumale, si vous voulez être assez bon pour affirmer verbalement à ma fille (votre parole vaut pour moi le meilleur sauf-conduit), que vous ne donnerez l'ordre de mon arrestation ou que l'ordre d'arrestation ne sera donné *par d'autres, que dans l'un des trois cas qui précèdent*, elle m'enverra un télégramme, et je serai de retour à Trianon lundi.

Dans le cas contraire, monsieur le président, que l'article 103 du Code de justice militaire me soit appliqué, mais je ne reviendrai en France que lorsqu'il y aura un gouvernement stable et que je ne pourrai plus craindre d'y être, pour des faits politiques, jugé par un autre gouvernement que celui qui aurait laissé ordonner mon arrestation préventive.

Si M. le président ne se décidait que plus tard à me donner une réponse affirmative, après que cette décision serait arrivée à la connaissance de ma famille, il me faudrait au moins quatre jours pour revenir.

Veuillez, monsieur le général-président, agréer l'assurance du profond respect de votre très-humble serviteur.

E.-V. REGNIER[1].

N. B. Je vous prie de m'excuser, mais cette lettre sera livrée demain à la publicité.

---

1. A cette lettre étaient joints deux articles de journaux qui demandaient que mon arrestation eût lieu le jour de ma déposition.

*Complément de l'audience du 27 octobre
et audience du 28 octobre*

Complément de l'audience du 27 octobre

PRÉSIDENCE DE M. LE DUC D'AUMALE

Nous avons dû donner trop brièvement une partie de l'audience du 27, dans laquelle il a été question des faits relatifs au maréchal Bazaine et antérieurs à la date du 12 août 1870. Nous allons compléter le compte rendu de cet incident.

Au moment où M. le colonel Grangez du Rouet s'est présenté et que la défense a déclaré vouloir l'interroger sur la journée du 6, M. le général Pourcet, commissaire du gouvernement, s'est levé et a dit :

Messieurs, avant qu'il soit passé outre aux débats, en ce qui concerne les actes imputés au maréchal Bazaine, antérieurement au 12 août 1870, nous devons faire remarquer au Conseil que les termes précis de l'ordre d'informer, comme ceux de l'ordre de mise en jugement, ont limité l'accusation portée contre le maréchal à l'appréciation de sa conduite comme commandant en chef de l'armée du Rhin. Nous n'avons donc pas à examiner, au point de vue de cette accusation, ses actes antérieurs au 12 août, jour où il a été investi de ce commandement en chef.

Remonter au delà serait outre-passer les limites qui nous sont tracées par la loi.

Le Code de justice militaire établit en effet d'une manière formelle qu'aucune poursuite ne peut avoir lieu devant les conseils de guerre que d'après un ordre d'informer.

L'article 99 de ce Code consacre ce principe et détermine la limite dans laquelle doit se circonscrire l'action des magistrats du parquet. Cet article est ainsi conçu :

La poursuite des crimes et délits ne peut avoir lieu, *à peine de nullité*, que sur un ordre d'informer donné par le général commandant la division, soit d'office, soit d'après les rapports, actes ou procès-verbaux dressés conformément aux articles précédents.

L'ordre d'informer est donné par le ministre de la guerre si l'inculpé est colonel, officier général ou maréchal de France.

Or, l'ordre d'informer donné par le ministre de la guerre contre le maréchal Bazaine, à la suite du rapport du conseil d'enquête, s'exprime ainsi :

Le ministre de la guerre, vu les articles 99 et 100 du Code de justice militaire ;

Attendu qu'il résulte de l'avis émis par le conseil d'enquête convoqué à cet effet, que le maréchal Bazaine a causé la perte d'une armée de 150 000 hommes et de la place de Metz ; que la responsabilité lui en incombe tout entière, et que, comme *commandant en chef*, il n'a pas fait tout ce que lui prescrivaient le devoir et l'honneur ;

Que par suite la capitulation signée par lui constitue les crimes prévus par les articles 209 et 210 du Code de justice militaire ;

Ordonne qu'il soit informé contre lui par le rapporteur du 1er Conseil de guerre, spécialement nommé suivant les prescriptions de l'article 12 dudit Code de justice militaire;

Charge le Commissaire du Gouvernement d'assurer l'exécution du présent ordre d'informer.

Fait à Versailles, le 7 mai 1872.

Signé: Général DE CISSEY.

Il résulte des termes de cet ordre d'informer, comme de ceux de l'ordre de mise en jugement qui en reproduit les principales dispositions, et dont le Conseil a déjà entendu la lecture, que le maréchal Bazaine n'est appelé à répondre devant la justice que des actes accomplis par lui en sa qualité de commandant en chef de l'armée du Rhin.

En conséquence, et pour nous conformer aux prescriptions des articles 99, 100, 108 et 109 dudit Code de justice militaire, nous déclarons au conseil comme à la défense que l'accusation ne soutiendra les charges qui pèsent sur le maréchal Bazaine qu'en ce qui concerne les actes accomplis par le maréchal depuis sa prise de possession du commandement en chef de l'armée du Rhin, c'est-à-dire à partir du 12 août 1870.

LE GÉNÉRAL-PRÉSIDENT. — Ce n'est pas une réquisition que vous adressez au conseil?

M. LE GÉNÉRAL POURCET. — Non, mais de simples observations.

LE GÉNÉRAL-PRÉSIDENT. — M. le défenseur a-t-il quelque objection à faire?

Me LACHAUD. — Messieurs, je ne m'explique pas complétement les observations qui viennent d'être adressées au conseil par M. le commissaire du gouvernement. J'entends à merveille que l'accusation abandonne les charges que M. le général rapporteur a fait peser sur M. le maréchal Bazaine relativement aux événements qui ont précédé la prise du commandement en chef.

Mais ces événements ont été qualifiés dans le rapport avec une sévérité qui nous donne le droit de protester par des témoignages et certes j'insisterai de toutes mes forces pour que ces témoignages soient entendus. Il ne s'agit pas d'ailleurs de discuter, il s'agit de préciser quelques faits. Le rapport livré à la publicité rend le maréchal Bazaine responsable de la bataille de Forbach, la même publicité doit être donnée aux dépositions qui disculpent le maréchal.

D'ailleurs, l'article 321 du Code d'instruction criminelle est formel:

Art. 321. — Après l'audition des témoins produits par le procureur-général et par la partie civile, l'accusé fera entendre ceux dont il aura notifié la liste, soit sur les faits mentionnés dans l'acte d'accusation, soit pour attester qu'il est homme d'honneur, de probité et d'une conduite irréprochable.

Je fais donc appel tout à la fois au conseil, et surtout à M. le président, dont le pouvoir discrétionnaire peut trancher immédiatement ce différend. D'avance, je suis sûr de la décision qui va me répondre, et j'ai la meilleure confiance que nos témoins, sur quelque fait que portent leurs dépositions, seront entendus.

LE GÉNÉRAL-PRÉSIDENT. — Le conseil a pris note des observations de Me Lachaud. M. le général Pourcet n'a fait, du reste, que présenter lui-même des observations pour indiquer qu'il se désintéressait du débat: il n'a nullement pris des réquisitions à fin de refus d'audition de témoins.

Il est évident que s'il s'engage à l'audience des débats étrangers aux faits incriminés par l'ordre d'informer, le commissaire du gouvernement n'est nullement tenu de prendre part à ces débats. Je suis, sous ce rapport, absolument du même avis que M. le général Pourcet. Il m'est impossible de méconnaître, d'autre part, que toutes facilités doivent être accordées à la défense, et il n'est ni en mon pouvoir ni dans mes intentions de priver la défense de ces facilités.

En vertu de son pouvoir discrétionnaire, le président ordonne, en conséquence, que les témoins appelés à la requête du maréchal Bazaine pour déposer relativement, aux faits antérieurs au 12 août 1870, seront entendus par le Conseil, avec cette restriction toutefois, que les témoignages sur cet ordre de faits porteront non pas sur une discussion, mais sur certaines questions que M. le défenseur apro mis de préciser.

M. le général Granget du Rouez est autorisé à parler. Que M. le défenseur veuille bien indiquer exactement sur quel point doit porter sa réponse.

Suivent les déposttions dont nous avons donné le résumé hier.

Audience du 28 octobre

La séance est reprise à une heure cinq minutes, après qu'un planton a installé des chaufferettes sous le siége de chaque membre du Conseil.

Le général-président fait appeler le colonel d'artillerie Girels, 58 ans. Le colonel a adressé au Conseil une lettre qui se rapporte à des incidents dont il a été question. Le général-président le prie de faire sa déposition verbalement.

Dans la nuit du 16 au 17, j'ai reçu une dépêche du général Soleille me demandant tout ce qu'il y avait de disponible en munitions et surtout en cartouches, les consommations ayant été considérables. J'avais plus de 80 caissons à ma disposition; j'attendais le convoi. Mais dans la matinée je dus ramener les attelages à l'arsenal, par ordre transmis par le commandant Magnan. Mon rôle était terminé.

On appelle M. Petitpas de la Vaiselais, 40 ans, directeur des transmissions télégraphiques.

C'est maintenant que le conseil va aborder la troisième série : Communications avec le gouvernement impérial, avec l'empereur, le maréchal de Mac-Mahon et le ministre de la guerre.

Le général-président invite le témoin à faire connaître au Conseil l'ensemble de l'organisation du service télégraphique.

LE TÉMOIN. — Au commencement de la campagne, il y avait entre Metz et Paris trois communications directes, plus la l gne de Nancy. Nous communiquions aussi avec tous les chefs-lieux de département.

La ligne de Nancy a été coupée le 12, vers midi;
Celle de Briey le 18, à 4 heures 15 du soir;
Celle par Thionville le 18, de 6 à 7 heures.

Cette dernière, rétablie le 19 à midi sur la ligne de Thionville, a été, au bout d'une heure, interrompue de nouveau.

Je prévins le général Coffinières de la suppression définitive de nos communications, en lui proposant de tenter de les rétablir par la Moselle; il me répondit que cela n'était pas nécessaire.

Le témoin entre dans les détails de l'organisation du service au point de vue du personnel. L'organisation du matériel militaire a été faite par le génie, qui a établi des communications entre les différents corps d'armée.

Suit le récit des rapports du témoin avec les premiers agents qui sont venus apporter des dépêches et en chercher, rapports qui ont cessé subitement à partir de deux dépêches reçues le 20.

Il explique que le quartier général de l'empereur était, au début de la guerre, en communications directes avec le télégraphe. Jusqu'au 14, les dépêches qui venaient de Paris, adressées à l'empereur, ne passaient pas par le service auquel était attaché le témoin. Il ne recevait que celles échangées par les chefs de corps entre eux.

La transmission des dépêches se faisait à l'état-major général toutes les fois que le poste télégraphique ignorait l'adresse du destinataire.

C'est dans l'après-midi, à 4 heures du soir, que la station établie à Borny a dû être supprimée, vu qu'elle était atteinte par les obus. Jusque-là, il y a eu entre Metz et le quartier général des communications télégraphiques régulières.

Pour les dépêches arrivées de Novéant ou de Pont-à-Mousson, elles arrivaient dans un bureau détaché du bureau principal à cause de l'encombrement. Le témoin n'appartenant pas à ce bureau, ignore comment elles ont été transmises.

On présente au témoin la minute d'une dépêche qu'il reconnaît comme ayant été reçue et transmise par lui. C'est une dépêche du 19 août envoyée de Châlons à Metz, où elle est arrivée à 11 h. 35. L'employé-facteur a dû la remettre dans un délai d'une demi-heure.

Le témoin ne se souvient pas quel est l'agent qui l'avait apportée. Il croit cependant que c'était un gendarme.

A 3 heures, l'agent Flahaut apportait au témoin d'autres dépêches dont il ne connaît plus la destination, vu qu'on ne prenait copie des minutes que pour les dépêches expédiées, et non pour celles reçues.

Le commissaire du gouvernement. — M. le maréchal a-t-il été informé du rétablissement de la ligne par Thionville le 19 ?

Le témoin. — J'ai dû le prévenir immédiatement. J'ai expédié à la hâte toutes les dépêches qui m'étaient restées. Le gouverneur de Metz a été averti aussitôt. A 8 heures du soir, je suis allé l'informer de la suppression définitive des communications.

Le témoin ne croit pas que les agents de son service aient pu avoir communication des dépêches de Novéant, vu que ces dépêches étaient reçues dans un bureau annexe installé à la gare et auquel étaient attachés d'autres agents qu'il ne connaît pas.

On appelle le témoin Braidy, 48 ans, garde forestier.

Le témoin. — Le 17, j'avertissais M. l'inspecteur de la présence des Allemands. Il m'envoya à Metz en prévenir M. le maréchal. Arrêté en route par la journée de Saint-Privat, je pus, après diverses péripéties, pénétrer dans Metz, où je rencontrai le maréchal qui s'informa de la façon dont j'avais pu apporter sa dépêche. Au retour, je fus arrêté par l'ennemi qui me demanda si l'empereur était encore à Metz, et quel était le moral des troupes.

Le témoin se donna, ainsi que le camarade qui l'accompagnait, pour un ouvrier sans ouvrage, chassé de Metz comme bouche inutile. Ils crurent être fusillés ; mais son camarade parlant bien l'allemand, ils échappèrent à ce danger et purent regagner Verdun le 22, et y rendre compte de leur mission.

On appelle le témoin Fissabre (Jean), 53 ans, garde forestier.

Le 19 août le témoin a été arrêté par une patrouille ennemie, avec le garde Braidy. Ils ont déclaré se rendre à Metz pour y chercher de l'ouvrage. On leur a indiqué une route, ils se sont cachés dans la forêt. A Mézières, qu'ils ont pu atteindre après avoir été arrêtés une seconde fois, ils n'ont pu trouver de voiture et se sont décidés à gagner Metz à pied. Là, ils ont cherché le quartier général, et ont attendu deux heures le maréchal, auquel le garde Braidy a remis la dépêche. Le maréchal a demandé comment ils étaient arrivés et s'est informé des forces du dehors. Le lendemain, on leur a donné de l'argent et une dépêche. Arrêtés en sortant de Metz, par les Allemands, ils ont déclaré ne vouloir pas rester à Metz. On leur a demandé des renseignements sur les forces françaises devant Metz; ils ont répondu ne pas pouvoir en dire le nombre. Enfin, on les a relâchés après les avoir fait coucher au camp, et ils ont pu regagner, lui son pays, et Braidy Verdun où il a remis sa dépêche.

A Metz, ils avaient rencontré le brigadier Scalabrino arrivé le 18.

Le 21, deux cuirassiers sont allés lui demander chez lui par où il avait passé; il leur a indiqué la route et n'en a plus eu de nouvelles.

Scalabrino est reparti avec eux dans la journée du 20 et ils ont fait ensemble tout le trajet depuis Metz.

On appelle le témoin Scalabrino, 56 ans, brigadier forestier.

Le témoin a été chargé, le 17 août, de porter une dépêche à la première armée qu'il rencontrerait. A Verdun on lui a dit que l'armée devait être du côté de Conflans. Vers 4 heures du matin, il arriva à Saint-Privat, près du maréchal Canrobert, qui lui dit que c'était une dépêche chiffrée, qu'il allait la faire traduire et le charger de la porter au maréchal Bazaine.

Arrivé près du maréchal, celui-ci lui demanda par où il avait passé et lui dit de revenir le lendemain à 5 heures du matin. La bataille de Saint-Privat ayant eu lieu ce jour-là, le témoin revint par précaution à 4 heures du soir; il attendit jusqu'à 9 heures, ne sachant où aller coucher. On lui fit répondre que le maréchal avait dit n'avoir pas de dépêche à lui remettre.

Le témoin raconte les incidents désagréables qui l'ont assailli quand il a voulu trouver un gîte.

Le lendemain matin, il insista auprès du sous-inspecteur de Metz pour avoir sa dépêche, mais de nouveau le maréchal fit répondre qu'il n'avait rien. Décidé à repartir, il rencontra le garde Braidy qui le fit attendre un jour pour repartir avec lui, et qui alla prendre au quartier général une dépêche pour Verdun.

Le témoin raconte avec quelques détails personnels son arrestation par les postes ennemis. Sa connaissance de l'allemand lui permit de fournir des explications. Mis en liberté, ils continuèrent leur route à travers champs et arrivèrent à destination. Le 22 après midi, le témoin rendait compte de sa mission à Verdun. Là, le général le chargea d'une nouvelle dépêche reçue du maréchal de Mac-Mahon. Il repartit le lendemain 23, et eut toutes les peines du monde à s'avancer vers Metz. Convaincu de l'impossibilité de passer, et après avoir essuyé le coup de feu d'une sentinelle, il revint à Verdun le 26 et rendit la dépêche dont il était porteur.

Le 24 dans l'après-midi, il rencontra deux messagers qui raconterent qu'ils avaient vainement tenté de passer et qu'ils avaient été fouillés et déshabillés six fois par les patrouilles ennemies.

On appelle le témoin Guillemin, 42 ans, garde forestier.

Le témoin s'exprime avec une certaine énergie. Il raconte que, chargé par l'intendant général Wolff d'une mission pour le maréchal Bazaine, il a remis sa dépêche le 20 à 2 heures.

Le général-président lui demande ce que le maréchal a dit en recevant la dépêche.

Le témoin répond que le maréchal lui a dit : « Il est trop tard. » Le général-président lui demande s'il connaissait le contenu de la dépêche. Guillemin dit l'avoir apprise par cœur pour le cas où il aurait été arrêté. Cette dépêche était ainsi conçue : « Faut-il porter les vivres sur Metz ou sur Reims ? »

Le témoin suivant est l'intendant de Préval.

LE TEMOIN. — Le 17, je fus appelé par le maréchal, qui m'indiqua Longuyon comme centre de ravitaillement, et me prescrivit de partir et de ramener tous les vivres que je rencontrerais.

Le témoin raconte ses voyages et indique les approvisionnements qu'il a dirigés sur Metz, lesquels approvisionnements il évalue à 450 000 rations de pain et de biscuit.

M. de Préval explique ensuite comment il entendait le ravitaillement indiqué sur Longuyon. Coupé de ses lignes à Thionville, il se transporta à Montmédy et y organisa la concentration d'approvisionnements.

Le général-président demande au témoin si le maréchal lui a fait part de son projet de diriger les opérations militaires en s'appuyant sur les places du Nord.

Le témoin répond affirmativement, et, sur la demande du général-président de fixer l'heure et la date précise de son entrevue avec le maréchal Bazaine, il indique le 17, à 8 heures du soir.

Le témoin a été appelé ensuite à Paris. Il déclare qu'avant son départ Longuyon, Montmédy et Verdun étaient largement approvisionnés.

LE GÉNÉRAL-PRÉSIDENT. — Arrivé à Paris, avez-vous fait part à M. le ministre de la guerre des projets que vous avait communiqués le maréchal Bazaine de s'appuyer sur les places du Nord pour opérer sa marche vers l'intérieur ?

LE TEMOIN. — C'est probable, monsieur le président, mais mes souvenirs sont confus et je ne peux rien affirmer.

On appelle l'intendant général Wolff à déposer de nouveau devant le conseil.

Le 16, le témoin a achevé à Verdun le travail qu'il avait entrepris. Nos ressources se trouvaient augmentées de 6 à 700 000 rations. Un ordre du maréchal de Mac-Mahon fit transporter tous les approvisionnements à Reims. Le témoin se rendit à Montmédy, suivant les instructions précédentes du maréchal Bazaine, et y rencontra le sous-intendant général chargé déjà de la fonction qu'il venait remplir.

Le 23, il reçut l'ordre de se tenir prêt à recevoir deux armées.

— D. Ce n'est donc pas par M. l'intendant de Préval que vous avez eu connaissance du projet de retraite sur les places du Nord ?

— R. J'avais longuement causé avec M. le maréchal lui-même.

— D. Alors vous connaissiez la direction de l'armée du maréchal Bazaine vers les places du Nord par Montmédy, et vous appreniez aussi le 23 que l'armée du maréchal de Mac-Mahon y était attendue. Savez-vous si on a fait des tentatives pour instruire le maréchal Bazaine de cette jonction projetée ?

Le témoin n'a recueilli que des bruits vagues sur le maréchal Bazaine et sur l'armée de Metz, et n'a pu, pour ce qui le concerne, contribuer en rien aux communications avec le maréchal.

On appelle le témoin Uhrich (Jean-Baptiste-Michel), 63 ans, intendant général inspecteur, domicilié à Paris.

LE TÉMOIN. — Je suis arrivé au camp de Châlons le 16 août, la veille de l'arrivée de M. le maréchal. Tous les convois étant retenus en gare à Reims, j'écrivis immédiatement aux chefs de gare qui me répondirent que telles étaient les instructions du ministre de la guerre. Il n'y avait qu'un rail de Reims à Châlons, et on l'utilisait pour le transport des troupes, si bien que nous pouvions être affamés d'un moment à l'autre.

Après l'arrivée du maréchal, cela commença à aller un peu mieux.

Le témoin énumère les dispositions qu'il a successivement prises, d'abord pour réapprovisionner l'armée de Châlons, puis pour concentrer des vivres à Reims d'abord, puis à Montmédy. Il affirme que l'objectif du maréchal de Mac-Mahon était primitivement Paris par Laon et Soissons, et que cette décision n'a été changée que sur la connaissance des instructions du maréchal Bazaine indiquant son mouvement sur les places du Nord ; c'est alors que se place le projet de concentration sur Montmédy.

Dans l'instruction, quand on a demandé au témoin s'il n'a pas connu les projets du maréchal sur Montmédy, sa déposition s'est trouvée en désaccord avec celle de l'intendant général qui, depuis, a rectifié la sienne. Le 18 et le 20, répète le témoin, l'objectif du maréchal était toujours Paris ; ce n'est qu'à partir du 21 que les projets de direction ont été changés, et, le 23, la concentration sur Montmédy a été décidée. C'est sur une demande de M. l'intendant général Wolff que le témoin a indiqué par la dépêche qui existe au dossier la façon dont l'armée se mettait en marche.

On remarque que pendant une partie de cette longue et importante déposition, le maréchal prend activement des notes.

L'audience est suspendue et reprise après un intervalle de 20 minutes.

On appelle le colonel Tessier.

La déposition de ce témoin porte sur le fait des ordres de marche qu'il a reçu l'ordre de déchirer pour en préparer de nouveaux, et sur la date que la mémoire du témoin fixe au 22 ou au 23, sans certitude absolue cependant.

On appelle le commandant Becker, qui a déjà prêté serment devant le conseil au moment de déposer sur d'autres faits.

Le témoin était arrivé à Mouzon le 22 août ; le général Dejean venait de s'y rendre pour préparer les passages de la Meuse sur l'ordre du maréchal Mac-Mahon. Le témoin était spécialement chargé de la construction de ce pont. Il rendit compte de sa mission au général, qui lui parla d'un cheval réquisitionné par lui pour un message à porter au maréchal Bazaine. Ce fait remonte au 29 août.

Le général-président fait observer que cet ordre de faits n'a pas encore été entendu par le conseil. Il croyait que le témoin pourrait renseigner le Conseil sur les faits correspondants à son séjour à Montmédy ; le témoin répond que non.

On appelle le témoin Roucher d'Aubonel (Adolphe), 37 ans, sous-préfet.

Le rôle du témoin s'est borné à fournir au commandant Magnan et à d'autres officiers des émissaires choisis dans le personnel des eaux et forêts. Il n'a connu le contenu que d'une seule dépêche annonçant que le commandant ne pouvait pas rejoindre le maréchal Bazaine.

L'une de ces communications ayant été confiée déjà à d'autres émissaires, le témoin, en l'apprenant par ceux qu'il avait envoyés, prévint immédiatement le ministre qu'elle était parvenue par des émissaires envoyés de Verdun.

Le général-président rappelle une autre dépêche du commandant Magnan, que le témoin déclare n'avoir pas connue. Tous les messages passaient par son cabinet, mais il n'en connaissait pas l'objet. Le 23 août, le témoin a prévenu le ministre de l'intérieur des mouvements de l'ennemi, parce qu'ignorant où se trouvait le maréchal de Mac-Mahon, il a supposé que cet avis lui parviendrait plus rapidement par le ministre que par une dépêche adressée au hasard.

C'est par induction que le témoin a su que la mission du commandant Magnan auprès du maréchal Bazaine émanait de l'empereur.

On appelle le témoin Reboul (54 ans), officier de l'état-major des places.

Les rapports du témoin avec l'armée de Metz se sont bornés à transmettre le 22 une dépêche du maréchal Mac-Mahon au maréchal Bazaine.

Cette dépêche a été expédiée par quatre messagers différents, dont deux seulement ont pu arriver à Thionville, d'où elle a pu passer à Metz.

Il a reçu à une date postérieure une dépêche du maréchal Bazaine au général Bourbaki, dépêche qu'il a transmise par Lille.

On appelle le témoin Fay, conducteur au chemin de fer de l'Est.

Le 22 août, au soir, le témoin a reçu une dépêche importante du maréchal Mac-Mahon au maréchal Bazaine, dépêche qui a été confiée à quatre émissaires différents par le chef de gare, M. Deschamps. Le témoin nomme les émissaires que le commandant Magnan a fait partir le 22. Dans le nombre se trouvaient des soldats qu'il a fait déguiser en employés du chemin de fer.

Sur une observation de M. le commissaire du gouvernement, le témoin rectifie sa déposition, en ce qu'il s'est établi dans son esprit une confusion entre une dépêche reçue le 19 et celle du 22. Il déclare que ce qu'il a dit dans l'instruction doit provenir de ce qu'il aura lu dans les journaux, car il est sûr de n'avoir pas eu connaissance de la dépêche dont il a cité le texte.

On appelle le témoin Fays, 35 ans, garde-frein sur la ligne de l'Est.

Le 19, le témoin a conduit un train de Charleville à Thionville. Là on a appris que la voie était coupée, et l'on a rétrogradé avec le commandant Magnan et un intendant général dont il a oublié le nom.

Le lendemain, le témoin et un nommé Lagneau ont été chargés d'une mission pour le commandant Magnan. Il raconte les difficultés qu'ils ont rencontrées pour traverser les lignes ennemies. Ils eurent à gagner Thionville le 21 et aller trouver le commandant de place, qui devait être en communications constantes avec le maréchal, et que, par conséquent, il était inutile d'aller à Metz.

L'audience est suspendue et renvoyée à demain mercredi.

Complément de l'audience du 28 octobre et audience du 29

La troisième série de questions, commencée le 28, a été, comme on l'a vu, le sujet de dépositions fort intéressantes : le modeste dévouement de ces hommes qui ont risqué avec tant de courage et à tant de reprises leur existence pour le service de la patrie a été apprécié comme il le mérite et, ainsi que nos lecteurs le verront plus loin, a été l'occasion d'un incident d'audience émouvant. Continuons d'abord à rapporter ces témoignages qui racontent simplement de grandes choses.

Nous en sommes restés à la déposition du témoin Fays qui, accompagné de Lagneau, parvient, après beaucoup de difficultés, à gagner Thionville dont le commandant devait être en communications constantes avec le maréchal.

Nous continuons l'analyse de sa déposition.

Le message confié au témoin était une sorte de chiffon assez semblable à un morceau de ruban des télégraphes Morse. Son compagnon Lagneau avait des instructions verbales.

Le commandant de Thionville leur remit un assez gros pli cacheté et leur offrit de passer par la Belgique; ils préférèrent reprendre le même chemin et se glissèrent à travers les lignes prussiennes, non sans difficultés et sans craintes, car la dépêche était à peine cachée dans la manche de la tunique du témoin.

En revenant, ils ne trouvèrent pas le commandant Magnan à Montmédy, et c'est Lagneau qui se chargea de la remettre entre ses mains. Le témoin retourna chez lui.

On appelle le témoin Lagneau, 26 ans, employé au chemin de fer, à Charleville.

Le témoin dépose sur la mission dont il vient d'être question et raconte l'itinéraire qu'il a suivi pour rejoindre le maréchal Bazaine. Les faits qu'il expose confirment le récit du témoin précédent. Il répète l'assertion du commandant Turnier sur ses communications avec le maréchal. C'est lui qui, au retour, a remis au commandant Magnan le pli caché dans la manche de son camarade. Ce pli, qu'il a vu ouvrir, contenait deux dépêches.

La mission verbale confiée au témoin par le commandant Magnan était de prévenir le maréchal qu'il y avait des vivres à Montmédy. Le petit chiffon de papier ne portait qu'un mot, un nom propre.

On appelle le témoin Guillemain (François), 35 ans, demeurant à Louveciennes.

Ce témoin a trouvé un ballon rempli de correspondances qu'il a renvoyées au commandant de la place de Thionville. Il a conservé sur lui les adresses des lettres contenues dans le ballon.

Ce témoin se trouvant appelé à la place du témoin Guillaume (Alexis), devra être entendu à nouveau plus tard.

Le témoin Guillaume (Alexis) sera l'objet d'un interrogatoire en règle.

On appelle le témoin André, 29 ans, brigadier des douanes.

Le témoin rend compte de la mission dont il a été chargé auprès du maréchal Bazaine, pour lequel il avait reçu un message du commandant Magnan. N'ayant pu pénétrer dans Metz, il l'a remis le 25 au colonel Turnier, commandant la place de Thionville, qui, le 27 au matin, lui a donné une autre dépêche à rapporter au commandant Magnan.

Il a rencontré à Thionville un autre messager avec lequel il est revenu à Montmédy.

Il n'a pas su quelle était sa mission, et ne lui a pas confié la sienne contenant cette question : Où faut-il envoyer les vivres qui sont à Montmédy et que faut-il en faire?

Au retour, il a instruit le commandant Magnan de tous les incidents de son voyage.

On appelle le témoin Longeraux (Pierre), 45 ans, employé aux douanes.

Le 19 août, vers 11 heures du soir, le témoin était chargé de porter au maréchal Bazaine une dépêche du commandant Magnan.

Comme les précédents témoins, il rapporte les incidents de son voyage ; en route, il a rencontré deux forestiers qui revenaient de Metz où ils avaient reçu de l'argent du maréchal, mais qui ont déclaré qu'il était inutile de chercher à passer. Il a pris une autre direction et a cherché à traverser les lignes prussiennes sans y parvenir. Il est revenu à Montmédy, et a rendu la dépêche intacte au commandant Magnan qui a paru très-contrarié. Le témoin lui a expliqué qu'il était impossible d'entrer dans Metz et a raconté ce que lui avait dit Fissabre à ce sujet.

On appelle le témoin Héloa, 29 ans, sans profession.

Ce témoin a été chargé de porter une dépêche roulée sous forme de cigarette dont il n'a pas connu le contenu.

On appelle le témoin Renou, 26 ans, homme de lettres.

En qualité de membre de la Société de secours aux blessés, le témoin fut chargé d'une mission près du docteur Lefort à Metz. Il partit le 18 et arriva sans obstacles à Metz.

Comme il partait pour Thionville, il rencontra le baron Larrey qui lui exprima des doutes sur la possibilité d'arriver.

De Thionville, le témoin reconnut qu'il fallait chercher à gagner Metz à pied, ce qu'il fit avec deux personnes. Ils arrivèrent sans l'ombre d'une difficulté aux avant-postes français, et rendirent compte au général Coffinières de ce qui se passait à Paris et au dehors. Il a spécialement parlé de la formation des corps de francs-tireurs.

Trois jours plus tard, le témoin a voulu sortir de Metz, mais les Allemands l'ont renvoyé sur la ville, où il a dû rester jusqu'à la fin de l'investissement.

Le témoin n'a pas été inquiété par l'ennemi et s'est borné à montrer son brassard pour traverser ses lignes en se rendant à Metz.

Le témoin rectifie une erreur de l'instruction. Ce n'est pas au général Jarras personnellement qu'il a parlé des corps de francs-tireurs en formation.

La séance est suspendue à 5 heures 10 minutes et renvoyée à demain, mercredi.

Audience du 29 octobre

Jamais nous n'avons eu à constater une pareille affluence de public avant l'ouverture de l'audience, plus d'une fois le tumulte est assez grand pour ressembler à une émeute.

Le capitaine de gendarmerie de service, M. Gordon, arrive à grand'peine à calmer l'émotion des spectateurs; il s'acquitte du reste de sa tâche avec beaucoup de sang-froid et de convenance.

La séance est reprise à une heure dix minutes.

On appelle le témoin Patté, préposé des douanes à Châlons, 31 ans.

Le témoin a été chargé de porter une dépêche à Beaumont par son commandant.

Il a rempli sa mission, en cachant soigneusement sa dépêche.

On appelle le témoin Weber, douanier, 28 ans.

Le 27 août il a également porté une dépêche à Beaumont. La dépêche avait la forme d'une cigarette.

Le président fait lire la déposition du témoin Guillaume, Alexis, qui n'a pas été convoqué en temps utile. Le témoin sera cité, si cela est nécessaire, ultérieurement.

Le 19 août 1870, le commandant Magnan l'a chargé de demander au sous-préfet à Briey où était l'armée. Le sous-préfet lui donna une réponse écrite qu'il remit au commandant Magnan à Montmédy le 20 août. Alors le commandant Magnan lui donna une dépêche pour le maréchal Bazaine. Vers 3 heures de l'après-midi, il partit et se dirigea vers Saint-Privat. Des soldats prussiens l'empêchèrent de passer dans différents endroits. Il dut déchirer en morceaux la dépêche pour qu'elle ne tombât pas entre les mains de l'ennemi et il fut forcé de revenir sur ses pas.

On appelle le témoin Sérot, 36 ans, procureur de la République à Réthel.

La déposition du témoin a porté sur deux faits principaux : 1º la communication entre Réthel et Metz le 19 août; il reçut ce jour une lettre de Metz datée du 18, provenant du procureur général de Metz; et 2º le passage d'un émissaire de l'impératrice, le lieutenant de marine Nogues, chargé de communiquer avec le général Bourbaki, le 22 août, par une lettre personnelle, et porteur d'un laissez-passer du ministre de la guerre. Le témoin lui donna des lettres dont une pour Montmédy et une autre pour Conflans. Le ministre de la guerre consulté répondit qu'il ne connaissait pas cet émissaire. Le 25, M. Sérot a fait arrêter M. Nogues, qui était encore porteur d'un laissez-passer du ministre, et d'un laissez-passer de M. Stoffel.

Celui-ci, consulté, dit non, mais que cela ne pouvait être un espion. M. Nogues, interrogé sur ce qu'il avait fait du 24 au 25, dit qu'il était allé à Carignan et qu'il avait vu le commandant Magnan, qui lui avait dit qu'il était inutile d'aller à Metz. M. Nogues avait été chargé d'une lettre de M. Magnan pour M. Stoffel. Cette lettre est-elle arrivée? le témoin n'en sait rien, il croit que non.

— D. La lettre de l'impératrice était-elle adressée au général Bourbaki?

— R. Oui, mais je crois qu'elle était insignifiante, et n'avait pour but que d'établir l'identité du personnage.

— *D.* Comment le ministre de la guerre a-t-il donné, puis renié son laissez-passer?

— *R.* Le laissez-passer du ministre de la guerre avait été donné en blanc.

— *D.* Que disait M. Nogues de sa mission?

— *R.* Il a dit avoir mission de prendre *de visu* des renseignements pour les répéter à l'impératrice.

Sur l'invitation du commissaire du gouvernement, le témoin ajoute que M. Nogues était porteur d'un vocabulaire devant servir à une correspondance chiffrée. Il disait aller à Metz pour en revenir aussitôt.

On appelle le témoin Nogués, 34 ans, lieutenant de vaisseau. (Vif mouvement de curiosité.)

Le 21 août au soir, un des amis du témoin, officier d'ordonnance de l'empereur, alla trouver le docteur Conneau et lui demanda de lui fournir un émissaire pour aller porter au maréchal Bazaine une lettre de l'impératrice.

Ayant accepté cette mission, le témoin arriva à Carignan, où le commandant Magnan lui démontra l'impossibilité de pénétrer dans Metz. Le lendemain, il recueillit tous les renseignements possibles, et se convainquit de l'inutilité de sa tentative. Il revint chargé d'une lettre du commandant Magnan au maréchal de Mac-Mahon. Arrivé à Réthel, il fut arrêté et établit la régularité de sa position. Néanmoins, il fut incarcéré pendant quelques heures.

S'étant ensuite rendu au quartier général, il apprit que sa dépêche avait été remise au maréchal, qui déclara n'avoir pas besoin de ses services et le renvoya à Paris.

Le Général-Président. — La lettre de l'impératrice était-elle bien adressée au maréchal Bazaine?

Le témoin. — Oui, monsieur le président.

— *D.* Pendant votre entrevue avec le commandant Magnan, avez-vous recueilli quelques renseignements sur l'armée de Metz?

— *R.* Non, monsieur le président.

— *D.* Avez-vous su si on attendait aux environs le maréchal de Mac-Mahon et son armée?

— *R.* Oui. Son nouveau mouvement était connu à Carignan le 23. Quand je rencontrai le maréchal à Reims, j'en conclus que ce mouvement se combinait avec les opérations de Metz dont je connaissais la grave situation.

M. le commissaire du gouvernement insiste sur le fait de savoir si la lettre confiée au témoin était oui ou non adressée au maréchal Bazaine, vu qu'il y a contradiction entre cette déposition et la précédente quant au nom du destinataire.

Le témoin, appelé à préciser quelques-uns des détails de la déposition qu'il a faite dans l'instruction, dit que sa mémoire a dû lui faire défaut alors. Ces détails portent sur l'impression qu'il a reçue de sa conversation avec le commandant Magnan. Ce n'est pas par le commandant, mais par une indiscrétion qu'il a connu, dit-il, le mouvement du maréchal de Mac-Mahon. Son allégation que, d'après le dire du commandant, un grand effort extérieur était nécessaire à Metz, ne lui revient pas à la mémoire.

Sur la demande du général Chabaud-Latour, le témoin ajoute que la lettre de l'impératrice n'était qu'une présentation.

Il devait simplement informer le maréchal Bazaine que ces vivres étaient à Carignan, rien de plus.

Le général-président rappelle le témoin Sérot, qui affirme de nouveau que la lettre dont M. Nogues était porteur était adressée à M. ou à Mme Bourbaki.

M. Nogues avoue qu'il avait une seconde lettre adressée au général Bourbaki.

M. Sérot n'a eu connaissance que de cette seconde lettre.

M. Nogues répond que ses souvenirs sont un peu confus et qu'il ne se souvient pas exactement des papiers qu'il a montrés. Mais la lettre de présentation de l'impératrice au maréchal Bazaine a été saisie avec le reste.

M. Sérot répète que la lettre de l'impératrice a été remise, lors du retour de M. Nogues, à M. le prince Murat par l'entremise du colonel Stoffel. Il nie formellement avoir trouvé dans les pièces saisies d'autre lettre que celle adressée au général Bourbaki. Sur ce point aucun doute n'existe dans son esprit.

M. Nogues allègue que M. de Beaumont, chargé de traduire en espagnol plusieurs pièces relatives à l'armée de Metz, a gardé une des lettres comme autographe, à ce qu'il a entendu dire.

M. le général-président lui fait observer que ses souvenirs ne lui reviennent que successivement, mais avec certaines variantes.

Le témoin dit avoir oublié, dans l'instruction, la lettre au général Bourbaki, mais il affirme que celle au maréchal Bazaine était dans sa sacoche quand on l'a saisie.

M. Sérot affirme que M. de Beaumont, qui était présent, n'a eu entre les mains qu'un carnet dont il lui a donné communication sans s'en dessaisir. Toutes les pièces de la sacoche ont été examinées par lui rigoureusement.

M. le commissaire du gouvernement fait remarquer au témoin Nogues qu'un laissez-passer signé simplement du colonel Stoffel ne devait pas avoir à ses yeux une valeur suffisante.

On appelle le témoin Guioth, 41 ans, juge de paix à Dunkerque.

Au mois d'août 1870, le témoin était juge de paix à Thionville. Il fut attaché comme auxiliaire à l'état-major de la place. Le 19 août, le colonel Turnier vint dans le bureau, et lui dit que le maréchal de Mac-Mahon cherchait à entrer en communications immédiates avec le maréchal Bazaine. Le témoin fut chargé de porter ces communications. On ignorait à ce moment la situation exacte de l'armée sous Metz. Un train venant de Metz annonça l'occupation de la voie par l'ennemi du côté de Mézières. Un autre train venant des Ardennes amena à la gare le commandant Magnan et plusieurs officiers généraux, parmi lesquels M. l'intendant de Préval et M. Larrey. Après avoir causé avec eux, le colonel annonça au témoin qu'il ne l'envoyait pas à Metz.

Le témoin n'a été que très-incomplétement renseigné sur les relations par émissaires entre Metz et Thionville. Le colonel Turnier s'était réservé ce service. Le 19, en revenant de la gare, le colonel qui lui avait retiré ses dépêches annonça, à sa grande surprise, l'intention d'envoyer deux émissaires à Metz.

On appelle le témoin Vasseur, 42 ans, lieutenant-colonel d'état-major.

Cette déposition se rapporte aux communications.

Envoyé de Metz à Nancy, le 11 août, pour étudier les mouvements de l'ennemi au sud à Metz, le témoin est arrivé à Châlons le 16 et y est resté jusqu'au 19. Rencontrant de l'hostilité dans les dispositions des populations, il voulut rejoindre Metz par la ligne des Ardennes. A Mézières, il est monté dans un train de vivres. A Montmédy, il dut s'arreter, puis gagner Thionville et Longuyon, d'où il fallut revenir à Montmédy, le 23 ou le 24.

En arrivant le 20 à Montmédy, le témoin a rencontré le commandant Magnan, dont la présence effaçait complètement la sienne et qui, naturellement, ne lui a rien confié sur ses communications avec le maréchal. Il a simplement dit qu'il n'avait pas pu le rejoindre.

Le 25, le témoin a envoyé au maréchal de Mac-Mahon une dépêche chiffrée par le sous-préfet pour lui indiquer les mouvements dont il avait connaissance sur la Meuse.

Le 22, il a rencontré à Carignan un officier de marine dont il ne connaissait pas le nom, et qui avait une mission pour Metz.

Sur la demande du commissaire du gouvernement, le témoin dit qu'il n'a pas connu, le 23, le nouveau mouvement de l'armée de Châlons. Il l'avait pressenti, mais il ne l'a connu en réalité que le 26, par une lettre d'un officier de l'armée du maréchal Mac-Mahon.

Dans l'instruction, le témoin a déclaré avoir, le 27, envoyé deux émissaires pour faire connaître à Metz ce mouvement. Il dit avoir fait cette déclaration d'après des notes qu'il n'a pas actuellement sous les yeux. L'une de ces notes est relative à l'émissaire Lagneau, auquel il a remis 50 francs. M. le général-président lui fait observer que cela contredit son affirmation précédente qu'il n'avait pas eu de rapports avec des émissaires.

Le témoin se souvient encore de deux autres émissaires auxquels il a donné 50 francs pour aller chercher des renseignements qu'ils n'ont pas rapportés.

La séance est suspendue. ————

La séance est reprise à 3 heures 10 minutes.

Le général-président fait rappeler les gardes forestiers Scalabrino, Braidy et Fissabre., pour leur exprimer, en termes chaleureux et émus, les félicitations du conseil sur leur dévouement et leur patriotisme.

Le garde Guillemin seul n'est pas présent.

Vive émotion dans l'auditoire, qui ne peut retenir une approbation spontanée, après les simples mais touchantes paroles du général-président.

On appelle le colonel Magnan (Léopold-Louis), 39 ans, officier d'état-major.

Cet officier a une physionomie ouverte et énergique.

Le 17 août, le témoin partit pour Châlons avec une mission pour l'empereur. Il arriva le 18 et remit à l'empereur la dépêche de M. le maréchal Bazaine et une note du général Soleille sur les approvisionnements et les munitions de la place.

Il ajouta des renseignements sur la journée du 16 que le maréchal n'avait pas eu le temps d'écrire, et déclara que la possession de Mars-la-Tour par l'ennemi nous fermait la route du Sud. Le maréchal indiquait sa direction vers le Nord par Briey. Le maréchal à ce moment remettait de l'ordre dans son armée et complétait ses vivres de route.

La route de Montmédy n'est venue à l'idée du maréchal que le 18, quand la route de Briey a été fermée.

Le maréchal demandait, en outre, le remplacement du général Jarras par le général de Cissey. L'empereur dit que le maréchal avait tous pouvoirs pour les mutations et le chargea de porter au maréchal une approbation complète de ses résolutions en l'engageant à ne pas compromettre l'armée qui était le dernier espoir de la France.

Le témoin vit aussi le maréchal de Mac-Mahon, auquel ses troupes n'inspiraient pas toute confiance, vu les jeunes soldats qu'elles contenaient, et il déclara qu'après la jonction des deux armées, le commandement appartiendrait au maréchal Bazaine tout seul.

Le témoin, à l'appui de sa déposition, en appelle au témoignage du maréchal de Mac-Mahon.

J'arrive à Paris par la Belgique le 16 septembre, j'y passe vingt-quatre heures et reviens le 20 à Longwy, d'où je ne bouge plus.

Le 28, j'apprends que le général Bourbaki est sorti de Metz, et je le rejoins à la frontière du Luxembourg, où je reçois les premières nouvelles de l'armée de Metz. Je me résous alors à me mettre à la disposition du gouvernement de la défense nationale, au service duquel j'ai gagné mon épaulette, malgré les insinuations du rapport, contre lesquelles je proteste avec énergie.

Le général-président invite le témoin à préciser quelques points de sa déposition, dont la clarté et la franchise seront la meilleure réponse au rapport.

— *D*. Le maréchal avait-il indiqué nettement son intention de marcher par Montmédy ?

— *R*. Dans ma pensée, Montmédy ne devait être qu'une ligne d'appui.

— *D*. Vous n'avez pas eu à compléter verbalement la note du général Soleille ?

— *R*. Non, monsieur le président, je la connaissais et pouvais la développer. Le maréchal m'avait dit qu'il tenait à compléter ses coffres de combat et qu'il croyait pouvoir le faire avec ses ressources.

— *D*. Le maréchal vous a-t-il dit que vous n'aviez pas surtout à pousser de cri d'alarme ?

— *R*. Oui, monsieur le président, je ne devais pas effrayer l'empereur.

— *D*. Quant à la route par Briey, vous indiquiez que les intentions de l'empereur étaient plutôt vers Thionville et la zone de Verdun, d'après l'objectif du maréchal. Il y a là une contradiction.

— *R*. J'ai eu tort d'indiquer la ligne de Verdun, l'objectif ne pouvait être que la ligne de la Meuse.

— *D*. Mais, la lettre même du maréchal à l'empereur confirme votre indication sur la direction de Verdun.

— *R*. J'insiste sur ce point qu'il n'y a pas eu de changement de direction à la suite de mes renseignements à l'empereur.

— *D*. Vous dites n'avoir pas beaucoup remarqué les préparatifs de l'intendance à Montmédy, où régnait cependant un grand émoi dans l'attente de l'armée.

— *R*. Je n'en ai pas reçu une impression très-grande. On attendait l'armée, mais sans que cela eût un caractère qui pût me frapper.

— *R*. En quittant Châlons, vous n'aviez pas le secret de la marche du maréchal de Mac-Mahon, mais vous connaissiez l'existence de cette armée et les dangers auxquels elle allait être exposée. N'y avait-il pas là un renseignement très-grave à faire parvenir au maréchal Bazaine ?

— *R*. Non, monsieur le président.

M. LE COMMISSAIRE DU GOUVERNEMENT. — Le témoin n'a-t-il pas reçu un pli apporté par l'émissaire Lagneau à Carignan ?

— R. J'ai dû le recevoir. Cet homme m'a apporté dans la gare une dépêche que j'ai lue à l'écart ; elle devait émaner du colonel Turnier dont j'ai communiqué les renseignements au maréchal Mac-Mahon.

— D. Le colonel Turnier ne vous a-t-il pas dit qu'il communiquait avec le maréchal Bazaine ?

— R. Il m'a dit qu'il ferait passer mes dépêches, mais il n'a jamais voulu me dire comment.

— D. Le 19, n'avez-vous pas reçu un télégramme du colonel Turnier, disant : « On affirme que l'armée est sous Metz ? » L'avez-vous transmis ?

— R. Je crois que oui.

— D. Il n'est pas parvenu à Châlons, cependant.

— R. Je n'étais pas officiellement chargé de transmettre les communications du colonel Turnier, il pouvait le faire directement.

— D. Vous n'avez pas cherché à aller à Thionville à pied ?

— R Je ne voulais pas abandonner les deux officiers avec lesquels je me trouvais

— D. Les routes étaient ouvertes et l'on passait très-bien sous les insignes de la Société de secours aux blessés, dont vous avez parlé.

— R. Si j'avais su, j'aurais essayé, mais je me suis inspiré d'après les renseignements que je possédais. Il était très-difficile d'avoir des voitures et des chevaux.

— D. Quel jour avez-vous rejoint le général Bourbaki ?

— R. Le 10 octobre.

LE GÉNÉRAL CHABAUD-LATOUR. — Quel jour le colonel Magnan a-t-il connu le mouvement de l'armée de Châlons vers les places du Nord ?

— R. Le 23, à Carignan, je crois.

— D. Avez-vous envoyé ces renseignements par émissaires ?

— R. Plusieurs fois.

Le maréchal fait remarquer que c'est le 24 juillet qu'il a demandé le colonel Magnan.

M. le président invite le témoin à se retirer en lui annonçant qu'il aura à l'interroger souvent.

On appelle le témoin Thomas, qui a demandé à compléter sa déposition.

L'explication du témoin est relative à la remise de la dépêche au colonel Magnan le 22. Il déclare que tous les jours on faisait un service d'éclaireurs avec les machines.

Le témoin, dans l'instruction, avait dit que cette dépêche du 22 était chiffrée ; il est revenu sur cette déclaration erronée.

Un rapport officiel de l'administration des télégraphes établit que le bureau de Montmédy a reçu cette dépêche chiffrée qui était l'avant-dernière adressée au maréchal Bazaine. Les communications avec Longuyon jusqu'au 26 et cette dépêche chiffrée y ont été reçues par un employé dont on a le nom.

En vertu de son pouvoir discrétionnaire, le général-président autorise la lecture de la partie du rapport relative à l'incident.

Le commissaire du gouvernement s'étonne que la dépêche étant chiffrée, le témoin eût pu en indiquer le texte ; le défenseur promet de fournir ultérieurement des explications sur ce fait étrange, en effet.

L'arrivée de l'armée de Châlons a été connue à Montmédy vers le 26 ou le 29, dit le témoin.

L'audience est suspendue et renvoyée à jeudi.

Complément de l'audience du 29 octobre
et audience du 30 octobre

PRÉSIDENCE DE M. LE DUC D'AUMALE

Par une erreur de la pagination de notre compte rendu sténographique, nous avons omis une partie de la déposition du commandant Magnan. Nous comblons cette lacune.

Nous en sommes restés au moment de la mission du commandant Magnan à Châlons. Après avoir vu l'empereur et le maréchal de Mac-Mahon, il partit de Châlons avec le baron Larrey, l'intendant de Préval et d'autres personnes.

Il se dirigea sur Charleville et de là à Ayanges, où il apprit que la voie était coupée, qu'on s'était battu dans la journée et qu'il était isolé en quelque sorte au milieu de l'ennemi. Il prit sur lui de faire rétrograder son train sur Charleville, décision dont il revendique pour lui seul la responsabilité, car le maréchal est étranger à tout ce qu'il a fait en revenant de Châlons.

N'ayant qu'à transmettre au maréchal l'approbation de sa conduite, il ne crut pas utile de lui envoyer une dépêche, mais il écrivit aussitôt au ministre de la guerre, et le lendemain matin repartit pour Thionville, dès qu'il apprit que la voie était rétablie.

C'est là, ajoute le témoin, que j'ai rencontré M. Guioth et le colonel Turnier, qui confirmèrent mes craintes sur les difficultés d'aller plus loin.

Nous revînmes ensemble sur Montmédy. N'ayant, je le répète, aucune dépêche, je ne remis rien à M. Guioth.

A Montmédy, une foule d'officiers me demandèrent des instructions. Je n'avais pas qualité pour leur en donner. Dans la soirée, le général Dejean, à la suite d'une alerte, se porta sur Carignan où je le suivis. De là je cherchai à faire passer des émissaires. M. Renou a passé, grâce aux insignes de la Société de secours aux blessés, que je n'avais pas le droit de porter.

Un émissaire me proposa de passer déguisé en uhlan et, ne sachant pas l'allemand, de se faire couper la langue. Ce n'était pas sérieux ; le malheur a voulu que nous ne soyons pas tombés sur des émissaires aussi intelligents que ceux de Thionville.

A Carignan, je causai avec M. Nogues, officier de marine, à qui je dis : « Si on est bloqué dans Metz, ils auront toujours leurs chevaux et des pommes de terre ; ce qui était simplement une hypothèse et non un renseignement, comme on l'a dit.

Les événements se précipitent. Apprenant le sort de l'armée de Mac-Mahon, je me rabats sur Longwy où je reste jusqu'au 14 septembre. Nouvelles tentatives pour faire passer des émissaires, mais sans résultat.

Ici se termine la partie de la déposition du colonel Magnan que nous avons omise dans la page 167.

Complément de l'audience du 29 octobre.

On appelle le témoin Thuriot (Constant), 26 ans, sous-lieutenant.

Le témoin a été secrétaire du colonel Turnier. Il a fait plusieurs copies du siège de Thionville, que M. le colonel Turnier a gardées.

On présente au témoin deux carnets et trois registres qu'il reconnaît.

LE COMMISSAIRE DU GOUVERNEMENT. — Le colonel Turnier n'a-t-il pas invité le témoin à se présenter chez lui après avoir été interrogé par l'instruction?

— R. En effet. Il m'a dit : Venez causer avec moi. Vous me direz ce qu'on vous aura demandé.

On appelle le témoin Coquelin (Pierre), 34 ans, sans profession.

Le témoin a été secrétaire du colonel Turnier, du 14 août au 22 novembre. Il a eu connaissance de la lettre du général Coffinières.

On lui communique cette lettre qu'il reconnaît, sauf le nom du colonel Magnan qu'il avait laissé en blanc.

C'est la lettre du général Coffinières au maréchal Mac-Mahon avant la retraite sous Metz.

Le témoin dit qu'il y a trois corrections et un post-scriptum qui ne sont pas de sa main ; il reconnaît ensuite comme étant de sa main la copie d'une dépêche trouvée dans les archives du général Coffinières, dépêche rédigée à Thionville.

On appelle le témoin Lau, 28 ans, employé.

Déposition incidentelle sur la vérification de la date de transmission d'une dépêche chiffrée.

On appelle le témoin Mercier (Philibert), 42 ans, peintre en bâtiment à Thionville.

Le colonel Turnier avait confié au témoin ses dépêches pour Metz, qu'il a portées le 19 sans grande difficulté, et dont il a rapporté le reçu dans la soirée même après avoir touché un mandat de 50 francs.

C'est par la route de la rive gauche que le témoin a passé.

Le 23 ou le 24, le surlendemain du départ de Flahaut, le colonel Turnier me donna une nouvelle mission, en me conseillant de changer de route si je voulais arriver ; celle qu'il m'indiqua me jeta au milieu des Allemands. Je revins pour repartir par une troisième route, où je rencontrai de nouveau l'ennemi. Arrêté deux fois, je me suis évadé, et j'ai traversé la Moselle à la nage. Je n'ai pu qu'indiquer au colonel Turnier où étaient les Allemands.

Le témoin a appris le 19, à Metz, la bataille de la veille. Des soldats avec lesquels il a bu, lui ont dit que si l'on avait eu des vivres et des munitions, ils ne seraient plus à Metz. Il conta ce fait au colonel Turnier.

On appelle le témoin Flahaut, agent de police.

Ce témoin a été envoyé à Metz par le colonel Turnier, pour prendre des dépêches du maréchal Bazaine.

En revenant par la rive droite de la Moselle, il a été poursuivi pendant 5 heures par l'ennemi et n'a pu regagner Thionville qu'en abandonnant sa voiture.

Chargé d'un nouveau message chiffré, il partit par la rive gauche après avoir avalé la dépêche enfermée dans du caoutchouc.

Les Prussiens l'ont arrêté et fouillé plusieurs fois. Il s'est évadé, puis a été repris et a fini par arriver près du maréchal Bazaine au Ban Saint-Martin.

Comme cette dépêche venait d'être apportée par un autre messager, on n'exigea pas la mienne que je portai cependant le lendemain; mais cette fois un officier la brûla sans la lire.

Le témoin, blessé à la jambe, dut se reposer quelques jours à Metz. Un matin, il fut de nouveau appelé au Ban-Saint-Martin pour prendre une dépêche chiffrée du maréchal, qu'il a rapportée.

Les missions du témoin à travers les lignes ont duré jusqu'au 2 ou 3 octobre.

Elles cessèrent par suite de la frayeur qu'inspirait à la femme du témoin le colonel Turnier qui lui dit que son mari finirait par se faire fusiller.

Le commissaire du gouvernement a manifesté l'intention d'interroger de nouveau les témoins à la fin de la section.

Audience du 30 octobre

La séance est reprise à 1 heure 25 minutes.

Le général-président fait rappeler le témoin Nogues, lieutenant de vaisseau, qui a désiré donner quelques explications au conseil.

Le témoin fait observer que sa mission près du maréchal Bazaine était de lui dire qu'il y avait des vivres à Carignan. Les obstacles pour entrer à Metz ne l'ont pas retenu, mais il avait cru mieux faire de se mettre à la disposition du maréchal de Mac-Mahon pour avoir une mission sérieuse, cette fois-ci; sa situation de suspecte à Réthel était très-pénible. Il a fait tout ce qu'il lui était possible pour être utile. Les lettres de recommandation qui ont été l'objet d'un incident, étaient des lettres si peu importantes, qu'il a pu ne pas se les rappeler. Il les a mises dans son sac, et ne s'en est plus occupé.

Ceci explique, dit le témoin, ses données confuses. Sa mission était verbale, et la lettre de l'impératrice ne contenait que quatre lignes. Elle commençait ainsi : « Mon cher maréchal, » et était signée : Eugénie. Le témoin se plaint d'avoir été l'objet de commentaires de la presse....

LE GÉNÉRAL-PRÉSIDENT. — La presse n'a rien à faire ici. Le conseil n'a jamais douté de votre honneur. Vous pouvez vous retirer.

On appelle le témoin suivant : veuve Louise Humbert, 29 ans, sans profession, à Blois.

Le 10 août, le commissaire central de Metz lui confia une mission. Elle partit, costumée en homme, pour pouvoir revenir à cheval. Le commissaire central de Dreux la renseigna sur l'arrivée des vedettes ennemies.

Le 21 août, une nouvelle mission lui fut confiée auprès du colonel Turnier, auquel elle remit trois dépêches. Elle fit la route en voiture et atteignit Thionville sans être inquiétée. Le colonel, dont elle attendit la réponse, était au café-concert. Très-contrarié, il la fit repartir pour Metz. Arrêtée, puis relâchée par les Allemands, le témoin revint à Thionville, où le colonel Turnier lui dit ne pouvoir lui indiquer aucun chemin, et n'avoir pas de nouvelles à faire porter. Mme Humbert attendit 5 semaines, puis repartit sans avoir obtenu de dépêches, et finit par gagner Ars.

Le général-président félicite le témoin du courage qu'elle a montré dans l'accomplissement de sa mission.

On entend le témoin Hiégel (Martin), 45 ans, douanier, demeurant à Montmédy.

Ce témoin raconte les détails d'une mission que lui avait confiée le colonel Reboul pour le maréchal Bazaine, mission qu'il a pu remplir sans difficulté.

On appelle le témoin Simon, 25 ans, surnuméraire des douanes, à Thionville.

Le 22 août 1870, le témoin fut appelé chez le commandant de place pour porter au maréchal Bazaine une dépêche du maréchal de Mac-Mahon. Il est parti avec Sindic et un zouave, qu'ils ont perdu en route. Ne connaissant pas l'allemand, ils ont, sur l'avis du commandant de la place de Thionville, confié ces dépêches à des messagers connaissant cette langue.

Le témoin a rempli, en outre, diverses autres missions entre Thionville et Montmédy. D'après les déclarations du témoin, le commandant Turnier a connu l'importance des dépêches dont il était porteur.

On appelle ensuite le témoin Sindic (Édouard), 27 ans, employé de commerce à Reims.

Le 22 août 1870, le témoin fut envoyé à Metz avec le témoin précédent, par le commandant Reboul. A Thionville, le commandant de place Turnier lui conseilla de repartir, vu qu'il ne pourrait pas passer. Il est retourné à Montmédy avec le nommé André.

On appelle le témoin Lagoste, 40 ans, manufacturier.

Au mois d'août 1870 le témoin est allé se mettre à la disposition du sous-préfet de Vouziers. Le 25 août le sous-préfet lui proposa de porter une lettre cachetée au général Ducrot, que le témoin rejoignit le soir et qui lui confia une mission périlleuse auprès du maréchal Bazaine auquel il fallait à *tout prix* indiquer les mouvements du maréchal Mac-Mahon. Le général Ducrot lui remit ces simples mots : « *Confiance et mille amitiés* » et le chargea de dire verbalement au maréchal Bazaine : « Mac-Mahon arrive avec 120 000 hommes. L'armée sera le 27 au soir à Stenay. Apprêtez-vous à partir au premier coup de canon si cela entre dans vos résolutions. » En route, le témoin raconta au général Margueritte le but de sa mission et, arrivé à Beaumont, lui télégraphia de se tenir sur ses gardes en lui indiquant la présence de l'ennemi.

A Montmédy, le sous-préfet et le commandant de place lui facilitèrent le passage de Longwy. Il passa deux fois dans le Luxembourg; à la troisième tentative, il reçut, ainsi que deux autres messagers de Verdun, une grêle de balles. Arrivé à Thionville, le témoin alla trouver le commandant Turnier, qui ne voulut pas le laisser aller plus loin et dit qu'il allait envoyer des hommes sûrs.

Le témoin dicta sa dépêche. Le colonel Turnier lui dit qu'il était très-inquiet de n'avoir pas de nouvelles du maréchal Bazaine, mais que ses émissaires passeraient sûrement.

Le lendemain matin, le colonel le renvoya auprès du maréchal Mac-Mahon qu'il rejoignit en passant par la Belgique. Le 29, à Givet, il apprit où était l'armée et envoya une dépêche au maréchal qui répondit en lui disant d'arriver tout de suite.

Le colonel Stoffel le reçut d'abord et lui demanda des renseignements; le témoin lui dit ce qui s'était passé à Thionville et lui donna toutes les indications possibles sur les troupes allemandes. Le maréchal Mac-Mahon tenait beaucoup à ce que sa dépêche arrivât à Metz, et le témoin lui répéta les assurances formelles que lui avait données le colonel Turnier.

LE GÉNÉRAL-PRÉSIDENT. — Le mot : « si cela entre dans vos vues » ne figure pas dans la déposition faite par vous dans l'instruction.

Le témoin explique que ces mots figuraient dans la rédaction première de la dépêche que le colonel Turnier copia d'abord textuellement, mais qu'il réduisit ensuite dans une seconde, puis dans une troisième copie, ce qui explique comment le texte n'est pas conforme. Quand il voulut insister pour se rendre lui-même à Metz, le colonel Turnier s'y opposa absolument, en assurant qu'il répondait de faire passer un agent de police, messager très-sûr.

Sur la demande du commissaire du gouvernement, le témoin déclare n'avoir pas vu M. Hulme lire une dépêche devant le maréchal de Mac-Mahon.

Le général-président félicite le témoin du courage et de la résolution dont il a fait preuve.

On appelle le témoin Lallemand, 43 ans, procureur de la République à Sarreguemines.

Le 27 août 1870, en passant à Thionville, le témoin, mis en relations avec le colonel Turnier, fut chargé par lui d'une dépêche non cachetée pour l'armée française. Le colonel lui indiqua la route de Conflans pour se rendre à Sedan où il arriva le 30. Il remit la dépêche au colonel Melcion qui la fit parvenir au commandant de la citadelle.

En allant à Sedan, un ecclésiastique appartenant à la compagnie de Jésus, se trouvait dans le train. Il dit être sorti de Metz la veille, et avoir passé comme Belge et comme aumônier auxiliaire, et montra une dépêche dont il était porteur, adressée à Mme la maréchale Bazaine, dépêche qu'il devait jeter à la poste. Cet ecclésiastique s'appelait Boëtmann, à ce que croit le témoin.

Une série d'explications s'engage pour savoir si, le jour où le témoin a vu le colonel Turnier à Thionville, il n'a pas vu M. Lagoste ou s'il n'en a pas entendu parler.

Le témoin Lagoste est rappelé. Il est absent et sera entendu plus tard.

On passe à l'audition du témoin Marchal, 47 ans.

Le 28 août, le colonel Turnier lui a confié un message. Il en a fait une boulette qu'il a avalée. Il est parti avec Flahaut et a rencontré plusieurs fois l'ennemi. Dans les gorges de Gravelotte, on a refusé de les laisser passer et on les a menacés de les fusiller s'ils cherchaient à franchir les lignes. A Saint-Privat, ils ont forcé le passage, malgré les sentinelles. Après d'autres obstacles résultant de la frayeur d'un maire français qui craignait de se compromettre en leur procurant un logement, ils ont de nouveau passé les lignes ennemies. Enfin, Marchal arriva aux avant-postes français à Metz, et se présenta au maréchal avec sa dépêche. Le commandant Samuel l'invita à suivre l'état-major le jour de la bataille du 29. Le 1er septembre, on lui a confié un message pour Thionville.

Le témoin entre dans les détails d'une autre mission antérieure. En arrivant à Metz on avait commencé par l'arrêter aux avant-postes, et il avait passé treize jours en prison.

Le témoin, avant de se retirer, reçoit les félicitations du Conseil.

Le témoin Lagoste se présente. Le général-président l'invite à préciser l'heure de son arrivée à Thionville et celle de son départ.

LE TÉMOIN. — Je suis arrivé le 27 au soir à Thionville et j'en suis reparti le 28 au matin, au bruit d'une forte canonnade. Le soir même j'étais à Givet.

On appelle le témoin Niesch (Sébastien), 41 ans, chauffeur de machines à vapeur, domicilié à Reims.

Fin août, ou au commencement de septembre, on lui a remis une dépêche à Thionville. Le témoin développe minutieusement l'itinéraire qu'il a suivi.

Arrivé à Metz sans trop d'obstacles, il a pris avec lui un individu auquel il a donné 20 sous pour le conduire chez le maréchal.

Chez le maréchal il a vu un officier qu'il reconnaîtrait s'il le voyait.

Le lendemain il fut chargé d'emporter une dépêche du maréchal et ne put passer qu'avec beaucoup de difficultés dans les lignes ennemies, en prenant le même chemin et en passant la nuit dans les bois.

Il a couché aussi dans un moulin, et n'ayant pas de papiers, a dit qu'il était contrebandier, puis dans des fermes. Le témoin insiste avec beaucoup de minutie sur tous les endroits où il a couché, bu et mangé. Son récit, fait avec une sorte d'accent alsacien des plus pittoresques, aboutit au passage d'une rivière, partie à la nage et partie à l'aide d'un pont qu'il a pu gagner. L'arrivée d'une troupe de lanciers prussiens le força à replonger dans l'eau.

Le témoin parvint à gagner un nouveau moulin, où on le cacha dans des sacs jusqu'au matin. Il n'avait plus que les tiges de ses bottes. M. Turnier, auquel il a remis sa dépêche, lui a donné cinquante francs. Ce voyage de retour avait duré neuf jours.

Une autre fois, dans le mois d'octobre, il a reçu de M. Turnier douze francs pour des lettres à porter à Luxembourg.

A Metz, ajoute le témoin, je n'ai passé qu'une nuit chez ma belle-sœur, j'y ai logé au grenier parce que j'avais bu.

Le général-président lui pose quelques questions pour préciser les détails de son arrivée chez le maréchal Bazaine. C'est le seul officier supérieur chez lequel on l'ait conduit.

Le commissaire du gouvernement signale une contradiction de dates entre cette déposition et celle faite dans l'instruction.

Le témoin proteste qu'il dit la vérité et qu'il n'a pas intérêt à dire le contraire, puisque ça ne lui rapporte rien.

Interrogé par la défense, le témoin dit qu'il ignore si oui ou non Flahaut était parti de Thionville avant lui.

Le défenseur signale plusieurs erreurs dans la déposition de ce témoin.

Il ne peut indiquer personne qui l'ait vu à Metz ; sa belle-sœur déclare ne l'y avoir pas vu.

Le témoin explique qu'il a couché au grenier sans se montrer, parce qu'il avait bu. Il y a été conduit par Thiel, l'homme qui l'a mené chez le maréchal.

Diverses objections de la défense sur sa présence à Metz, où personne ne l'a vu, provoquent des explications qui excitent à plusieurs reprises l'hilarité contenue de l'auditoire.

Me Lachaud insiste, car dans l'instruction le témoin a donné des détails très-caractéristiques sur sa visite chez sa belle-sœur.

Le témoin répond qu'il n'a rien dit de cela dans l'instruction et qu'il a signé ce qu'on a écrit, mais qu'on a écrit ce qu'il n'a pas dit.

Le témoin est invité à donner des renseignements sur la maison du maréchal Bazaine. Il les fournit en termes absolument vagues. Il décrit aussi les officiers qu'il a vus chez le maréchal.

Le témoin soutient encore qu'il a rapporté de Metz une dépêche qu'il a remise au colonel Turnier.

On appelle le témoin suivant : Marthe Bedel, journalière à Nancy.

C'est la belle-sœur de Niesch. Elle n'a pas vu ce dernier à Metz, mais il a pu coucher au grenier sans qu'elle le sût. Son beau-frère et elle n'étaient pas en bonnes relations depuis plusieurs années.

LE GÉNÉRAL-PRÉSIDENT. — N'avez-vous pas quelquefois des absences de mémoire provenant de vos souffrances pendant le siège de Metz?

LE TÉMOIN. — Non, monsieur le président.

— D. Avez-vous entendu dire que votre beau-frère fût venu à Metz?

— R. Non.

— D. Vous ne connaissez ni le témoin Flahaut, ni le nommé Thiel?

— R. Non.

Le commissaire du gouvernement fait remarquer que, dans l'instruction, le témoin a parlé de ses absences de mémoire.

La séance est reprise à trois heures quarante-cinq.

Sur la demande de la défense, le général-président fait donner lecture de la déposition faite par Redel, de celle de la veuve Bins, l'un beau-frère, l'autre belle-sœur de Niesch, et de celle de la femme Niesch.

Ces trois dépositions confirment qu'il existait depuis longtemps une mésintelligence entre les beaux-frères et les belles-sœurs.

La veuve Niesch ne se souvient pas de l'époque précise du départ et du retour de son mari. Elle dit qu'en revenant de Metz, son mari lui a dit avoir vu sa belle-sœur et avoir été mal reçu par elle.

On appelle Desfontain, âgé de 15 ans et demi. Le général-président l'invite à prêter serment.

Ce témoin est le neveu de Niesch. Il déclare ne l'avoir pas vu à Metz.

Dans l'instruction, ce témoin qui ne connaît son oncle que depuis mardi, avait dit qu'à Metz une personne se disant son oncle s'était présentée et avait dit qu'elle reviendrait plus tard.

On appelle le témoin Notrel (Nicolas), 58 ans, cordonnier à Saint-Mihiel.

Le 25 août, à Thionville, le commandant de la douane lui a proposé de porter un message du colonel Turnier. Le colonel lui remit une dépêche chiffrée pour le maréchal Bazaine, ou, en cas d'absence, pour le général Coffinières.

Une fois sorti, le témoin s'est aperçu qu'il avait oublié de prendre de l'argent. La nuit venue, il a rencontré des cavaliers dans un bois et les a évités. N'ayant pas mangé, il est revenu à Thionville et a rendu, le 26 au matin, la dépêche au colonel Turnier.

Le 28, le commandant de la douane lui demanda de repartir et le mena au café, près du colonel Turnier qui l'amena chez lui et lui remit 60 fr. et une dépêche qu'il l'autorisa à lire. Elle indiquait « Que l'armée de Mac-Mahon était en marche, que le 27 elle se trouverait aux environs de Stenay, et qu'il devait se mettre en marche au premier coup de canon » sans rien de plus. Le témoin l'apprit par cœur.

Le 28, le témoin préféra la rive droite qu'il n'avait pas prise la première fois. Il s'est glissé derrière les bois. Après avoir déjoué plusieurs fois la surveillance des sentinelles et en marchant la nuit, par précaution. il tomba dans une embuscade et eut le temps de détruire sa dépêche. Remis en liberté et sachant la dépêche par cœur, il n'hésita pas à continuer son voyage à tous risques, mais il ne put parvenir à son but et revint à Saint-Mihiel.

On appelle le témoin Schet, 29 ans, demeurant à Thionville.

Vers la fin du mois d'août ou au commencement de septembre, il entendit Flahaut et Marchal raconter leur voyage à Metz où ils avaient été bien reçus par le maréchal qui avait donné à l'un 1000 francs, à l'autre 500.

Sur la demande du commissaire du gouvernement, le témoin parle d'un propos tenu à Thionville et relatif au procès et au cas où le maréchal Bazaine le *gagnerait*, propos qu'il n'a pas entendu lui-même.

On appelle le témoin Turnier (Pierre-Alphonse), 57 ans, colonel en retraite, demeurant à Versailles.

Très-vif mouvement de curiosité dans l'auditoire.

Le témoin raconte les efforts qu'il a faits pour établir des communications depuis le moment où il s'est trouvé comme abandonné à Thionville. Le 6 août, le ministre lui défendait encore d'armer les mobiles. Le 15, première attaque qui fut repoussée. On n'avait guère que 1500 hommes inexpérimentés.

M. Guioth fut le seul collaborateur qu'il ait eu dans cette période difficile.

Vers le 19 est arrivé le commandant Magnan, qui se montra très-peiné de ne pouvoir aller à Metz, et que je renseignai de mon mieux, continue le témoin. M. Magnan repartit, et j'affirme qu'il n'y eut entre nous aucune entente mystérieuse. Je crus qu'il allait rejoindre l'armée de Metz et je ne sus pas qu'il l'avait quittée déjà pour accomplir une mission. Quant aux allégations sur le détournement des fonds secrets....

Le général-président invite le témoin à continuer le récit de ce qu'il a fait.

LE TÉMOIN. — Je n'ai jamais eu la moindre intention de cacher le passage à Thionville du commandant Magnan, même à mon secrétaire qui a écrit la lettre dans laquelle son nom était resté en blanc, probablement parce que je ne m'en suis pas souvenu en faisant écrire la lettre par Coquelin.

Quant à mon registre de fonds secrets, il a été tenu régulièrement et j'en ai fait faire deux copies que j'ai voulu produire en rendant mes comptes à Dieppe. mais on me les a laissées, et c'est moi qui les ai produites devant la commission d'enquête, je ne puis donc les avoir altérées.

La voix du témoin se trouble, et c'est d'un ton très-ému qu'il termine cette partie de sa déposition. Le général-président lui fait observer qu'il n'est pas en cause et qu'il n'a pas à se défendre devant le conseil.

L'audience est suspendue et renvoyée à demain vendredi.

Présidence de M. le duc d'Aumale

Voici la suite de la déposition du colonel Turnier, l'ancien commandant de la place de Thionville.

Le témoin. — J'ai eu à employer une grande quantité d'émissaires, je ne puis guère parler d'eux tous, je préférerais être questionné successivement.

Aux questions posées par le général-président, le témoin répond :
Quant à ma première entrevue avec le commandant Magnan, je ne me souviens pas si j'avais, comme l'a dit M. Guioth, des dépêches à envoyer à Metz. J'ai communiqué au commandant tout ce que je savais sur l'armée du Rhin.

— La lettre écrite par Coquelin a dû être écrite sur un brouillon de ma main.

On représente la lettre au témoin, qui dit que les corrections ne sont pas de son écriture.

Le général-président. — Le secrétaire a dit que ce n'était pas la sienne.

— R. Je ne crois pas que ce soit de ma main.

— D. Le 18 août, en renseignant le maréchal Bazaine sur ce qui se passait sur la ligne des Ardennes, lui avez-vous annoncé l'arrivée du commandant Magnan et d'un convoi de vivres?

— R. Je n'ai entendu parler de ce convoi que quelques jours après.

— D. Le 19 au matin, Mercier emportait à Metz plusieurs dépêches. Y-en avait-il du commandant Magnan?

— R. Je ne me souviens pas.

— D. En revenant le soir, vous a-t-il donné des nouvelles de Metz?

— R. Probablement; mais comme j'étais très-préoccupé, je ne sais pas lesquelles?

— D. Et les dépêches Flahaut?

— R. Je ne m'en souviens pas davantage.

— D. Et la dépêche du maréchal de Mac-Mahon du 22, rapportée par Mignel et Simon, qu'avez-vous fait, en en connaissant l'importance, pour la faire passer à Metz?

— R. Souvent, j'ai dû arrêter le départ des émissaires, parce qu'ils ne connaissaient ni le pays ni l'allemand. Je connaissais toutes les difficultés de l'entreprise.

La dépêche en question devait être chiffrée. En principe, je ne remettais d'argent qu'à ceux qui ne pouvaient pas s'en passer, parce que l'argent contribuait à les trahir.

Ce que je sais, c'est que du 20 au 27, je n'ai pas employé Flahaut, parce qu'étant allé tous les jours au bureau de police demander des émissaires, on ne m'a pas parlé de lui.

— D. Le 27, avez-vous remis au procureur impérial de Sarreguemines une dépêche pour l'armée française?

— R. Oui; j'ai chargé M. Lallemand d'une mission, mais je ne sais plus laquelle. Dans l'instruction on a lu la dépêche confiée à M. Lallemand, je ne puis me souvenir d'où me venaient les renseignements. Je regrette que l'état de ma mémoire ne me permette pas d'éclairer mieux le Conseil.

— D. Le 27, M. Lagoste vous a récité une dépêche?

— R. Non, pas précisément. Il m'a dit en causant ce qu'il avait à transmettre et je l'ai écrit, en l'abrégeant, sur un petit papier.

Le témoin répète avec quelques hésitations le texte de cette dépêche.

— D. M. Lagoste n'a rien ajouté de plus?

— R. Non, je ne crois pas.

— D. Combien en avez-vous fait d'expéditions?

— R. Deux ou trois.

— D. Identiques?

— R. Je ne me le rappelle pas.

— D. Vous souvenez-vous des trois agents auxquels vous les avez remises?

— R. Flahaut et Marchal, qui sont arrivés.

— D. L'un d'eux a remis sa dépêche qui a malheureusement été brûlée. Et la troisième, n'était-ce pas à un nommé Notvel qui vous l'a rapportée?

— R. C'est très-probable.

— D. En envoyant cette dépêche importante, avez-vous envoyé celle que vous aviez depuis le 22?

— R. Je l'avais envoyée avant et je présumais qu'elle était arrivée.

— D. Vous l'aviez envoyée le 23?

— R. Je ne sais pas, mais je l'avais envoyée dès que cela avait été possible.

LE COMMISSAIRE DU GOUVERNEMENT. — Dans votre entretien avec le commandant Magnan, en wagon, vous lui avez dit que vous alliez envoyer des émissaires à Metz?

— R. Je ne me le rappelle pas.

— D. Il ne vous a pas exprimé le désir de communiquer avec Metz?

— R. Je ne me le rappelle pas.

— D. Le 22, lui avez-vous communiqué les nouvelles qui vous arrivaient?

— R. J'ai dû le faire.

— D. Le commandant Magnan vous avait envoyé l'émissaire Lagneau et un autre avec une dépêche. Vous avez dit que le maréchal la connaissait déjà?

— R. Je ne crois pas.

— D Vous avez envoyé ces émissaires à Montmédy?

— R. Oui, comme beaucoup d'autres, dans l'intérêt de leur mission.

— D. Ils portaient une lettre au commandant Magnan?

— R. C'est bien possible.

— D. Que contenait-elle?

— R. Je ne m'en souviens pas.

— D. Vous vous souvenez avoir vu M. Lagoste à Thionville?

— R. Oui, parce que ce n'est pas un de ces faits qui se répétaient tous les jours. Je me souviens de l'avoir invité à dîner et d'avoir passé la nuit avec lui.

Tout le monde me demandait des nouvelles, j'en avais fort peu.

— D. Et la mission du 27 au procureur impérial de Sarreguemines?

— R. Je m'en souviens.

— *D.* Quel était le texte de la dépêche écrite que vous lui avez remise ?

— *R.* Je m'en suis souvenu il y a un an. Aujourd'hui, je ne m'en souviens pas.

Le témoin parle de la lettre du général Coffinières, lettre qu'il a spontanément communiquée à l'instruction, et qui a dû être l'objet de la mission confiée à M. Lallemand.

Si je me suis souvenu du texte de la dépêche du général Ducrot, c'est que d'anciennes relations avec lui lui ont donné plus d'importance à mes yeux.

Je ne puis affirmer avoir dit à M. Lagoste que je n'avais pas de nouvelles de Metz depuis le 22, mais c'est très-probable.

L'audience est suspendue à cinq heures et demie.

_____

Audience du 31 octobre

La séance est reprise à une heure quinze minutes.

Le général-président fait appeler le général Coffinières, pour déposer sur les communications qu'il a reçues de l'extérieur.

LE TÉMOIN. — Une observation avant de déposer. M. le commissaire du gouvernement m'a interpellé, à la fin de ma dernière déposition, sur l'armistice du 15 août. Je ne pouvais pas m'attendre à une pareille question. Je n'ai pas hésité à accorder cet armistice, parce qu'il n'y avait plus personne sur le champ de bataille de Borny. Avec ou sans armistice, les Allemands auraient continué leur route, et nous, nous aurions repris nos lignes. Il n'y avait donc aucun inconvénient à l'accorder.

— *D.* Mais pourquoi a-t-il été prolongé ?

— *R.* La demande de l'armistice fut faite dans l'après-midi. Il y eut des retards dans l'envoi des voitures, et le soir, la moitié de la besogne n'était pas faite. C'est pour cela qu'on l'a prolongé. Mais cela ne pouvait nuire aux opérations stratégiques.

Le général-président ordonne la lecture de trois dépêches relatives à cet armistice, et comme le général Coffinières paraît vouloir soulever une objection, il lui rappelle qu'au président seul appartient la direction des débats, et que seul il est juge de l'opportunité des pièces qui peuvent contribuer à les éclairer.

Ces trois dépêches signalent chez l'ennemi des mouvements qui font craindre au commandant du fort Saint-Jean que les troupes allemandes ne profitent de l'armistice pour attaquer les forts de la place.

Le général Coffinières répond que c'est une appréciation absolument personnelle à cet officier, qu'à son avis, ce mouvement, tout à fait indépendant de l'armistice, n'avait pas une attaque pour objet.

J'ai eu peu de relations avec l'extérieur, continue le témoin. La première fois le 18 au soir, lorsque l'armée se retira sur Metz, j'ai reçu un émissaire ; vers le 20, le colonel Turnier m'envoya une lettre me demandant au nom de l'empereur des nouvelles de l'armée. Enfin vers la fin d'octobre, j'essayai d'envoyer un ballon. Mon ballon fut pris par les Prussiens. Il m'est arrivé des émissaires de l'extérieur, quelques paysans, puis Flahaut, puis un homme de la garnison de Bitche. Voilà tout.

— *D.* Avez-vous, le 17 août, adressé un télégramme à l'empereur ?

— *R.* Je ne m'en souviens pas. Qu'on me présente la pièce. (Après avoir vu la pièce.) Ce n'est pas moi qui ai rédigé cette dépêche, et je n'en ai pas souvenance.

— *D.* Cette dépêche a été reçue à Châlons à 3 heures 45, une demi-heure après son expédition. Elle portait cette nouvelle alarmante : « Metz est bloqué » ; ce qui le 17 n'était pas vrai.

Le général Coffinières reconnaît que le 17 la ville était libre.

— *D.* Le 17, avez-vous eu connaissance du départ de M. Magnan et de M. de Préval ?

— *R.* Non.

— *D.* Vous avez dit que vous avez reçu de Flahaut une lettre de Thionville de M. le colonel Turnier. Dans cette lettre, le 20, M. Turnier donnait des nouvelles de M. Magnan, l'avez-vous communiquée au maréchal Bazaine ?

— *R.* Puisqu'il y avait des dépêches pour le maréchal, je pensais que ces dépêches en faisaient mention.

— *D.* Vous avez donné au colonel Turnier des nouvelles assez importantes sur la situation de l'armée, était-ce de la part du maréchal Bazaine ?

— *R.* Non, c'était de ma propre initiative.

— *D.* En avez-vous du moins parlé au maréchal ?

— *R.* Je ne m'en souviens pas.

— *D.* Dans les notes journalières je trouve mentionnée une réunion des officiers généraux pour le 22, dans laquelle il est parlé de la mission du commandant Magnan. Avez-vous quelques souvenirs de cette réunion ?

— *R.* Oui. Il y fut question de la marche du maréchal de Mac-Mahon au secours de l'armée de Metz, et des dispositions que l'armée de Metz devait prendre en conséquence.

— *D.* Le directeur des télégraphes vous avait proposé de plonger un fil dans la Moselle pour le cas où vos communications aériennes seraient suspendues, avez-vous cru devoir tenir compte de cette proposition ?

— *R.* Je n'avais pas le câble nécessaire. D'ailleurs je ne pouvais pas dessaisir l'armée du fil dont elle avait besoin pour ses propres opérations.

— *D.* Mais c'était le moyen de conserver votre seule communication.

— *R.* J'étais accablé de propositions de tous genres et j'avais pour règle absolue de ne pas en tenir compte.

— *D.* Le directeur des télégraphes n'était pas le premier venu.

— *R.* S'il avait eu des câbles, j'aurais pu m'en préoccuper, mais n'en ayant pas, je ne l'ai pas fait.

Le commissaire du gouvernement. — Le directeur des télégraphes, dans sa déposition, a dit qu'il vous avait offert d'immerger un câble, qu'il avait en sa possession.

Vous avez reçu à Metz la dépêche du 19 août, vous venant du ministre de la guerre à Paris ; l'avez-vous transmise au maréchal ?

— *R.* J'ignore si elle est arrivée.

Le commissaire du gouvernement. — Elle est dans votre dossier.

— *R.* Alors, c'est que je l'ai reçue

Le commissaire du gouvernement. — Vous avez parlé de la sortie de Metz de M. Fénelon, pouvez-vous confirmer ce fait ?

— *R.* Il est en effet parti, mais je n'ai jamais su comment.

— *D*. M. Renou est venu à Metz le 19, et a eu une conversation avec vous. Vous en souvenez-vous ?

— *R*. J'entendais soixante personnes par jour. Le maréchal étant à deux pas, je lui communiquais tout ce qui me semblait important.

— *D*. De quelles personnes se composait la conférence du 22 ?

— *R*. Elle n'a pas eu une très-grande importance. Il devait y avoir quelques chefs de corps d'armée, puisqu'il s'agissait de répartir ces corps.

— *D*. Vous avez parlé au maréchal de beaucoup d'émissaires qui d mandaient à communiquer avec l'extérieur.

— *R*. En effet, il s'en présentait beaucoup, ce qui ne prouve pas que les communications aient été constantes.

On entend le témoin Henderson (Émile-Ambroise), capitaine d'état-major.

Le général Margueritte, dont j'étais aide de camp, passa de l'armée de Metz à l'armée du maréchal de Mac-Mahon, après avoir accompagné l'empereur. Désirant communiquer avec le maréchal Bazaine, il envoya trois dépêches : la première du 22 août, la seconde du 25, la troisième du 26. Ces dépêches, écrites en arabe vulgaire, mais dont je n'ai pas connu le texte, furent remises à des émissaires sûrs. J'ignore si elles ont pu arriver à destination.

LE COMMISSAIRE DU GOUVERNEMENT. — La première dépêche est-elle bien du 22 ?

LE TÉMOIN. — Je ne m'en souviens pas exactement. C'est du 18 au 22, certainement.

On appelle le commandant Magnan.

LE GÉNÉRAL-PRÉSIDENT. — J'ai de nouvelles questions à vous poser : d'abord sur la lettre que vous avez adressée, le 19 août, au ministre de la guerre.

Dans cette longue lettre dont il est donné lecture, le témoin annonçait qu'il avait été envoyé par le maréchal Bazaine à l'empereur, puis qu'ayant pris les ordres de l'empereur, il était revenu sur Metz et qu'il avait été obligé de s'arrêter à Thionville avec l'intendant de Préval, la voie étant coupée. Il ajoutait que le centre d'approvisionnements serait Montmédy et qu'il allait chercher à rejoindre le maréchal dont l'intention était de marcher sur Verdun par la route de Briey.

Le général-président fait observer que cette lettre si précise prouve, contrairement à ce qu'a dit le témoin, qu'il ne manquait pas d'instructions et qu'il connaissait les intentions précises de l'empereur sur la marche du maréchal.

— *R*. J'ai fait connaître au ministre de la guerre, non l'objectif de l'empereur pour l'armée du maréchal Bazaine, mais seulement, comme je l'ai dit, la ligne d'appui du maréchal qui devait opérer suivant les circonstances les plus favorables et avec une très-grande latitude.

— *D*. Je veux simplement vous faire remarquer que, d'après l'échelonnement des dates, vous étiez constamment au courant de la pensée de l'empereur et des intentions du maréchal.

— *R*. J'ai eu tort d'écrire trop vite au ministre, d'indiquer aussi nettement la ligne de Verdun, et de parler d'un objectif au lieu d'une ligne d'appui.

— *D*. Vous n'avez pas adressé d'autres dépêches au ministre de la guerre ?

— *R*. Non, monsieur le président. J'ai écrit directement de Montmédy au maréchal Mac-Mahon.

— *D.* Cependant, votre situation commandait des communications plus fréquentes avec le ministère.

— *R.* Je pensais que mes communications avec le maréchal Mac-Mahon suffisaient.

— *D.* Cependant, le sous-préfet de Montmédy en adressait sur votre présence au ministre, était-ce sur votre demande?

— *R.* Non, je ne l'avais pas demandé, je l'aurais fait moi-même.

— *D.* Ne vous a-t-il pas offert son chiffre pour communiquer?

— *R.* Cela est possible, mais je ne croyais pas avoir à l'utiliser.

— *D.* Cependant, c'est d'après les nouvelles qu'il recevait sur vous que le ministre de la guerre dirigeait ses préparatifs. Il est étrange qu'un officier de votre mérite, de votre expérience, n'ait pas été très-frappé de ceux de ces préparatifs dont il était témoin.

— *R.* J'avoue qu'ils ne m'ont pas frappé extraordinairement, vu qu'ils s'appliquaient à l'armée de Châlons, dont le sort me préoccupait beaucoup moins que celui de l'armée de Metz.

— *D.* Parmi les missives envoyées par le colonel Turnier il est question de votre présence, comment se fait-il qu'il n'y ait dans le nombre aucune de vos communications?

— *R* D'abord, je n'avais pas de dépêches officielles. Ensuite, je comptais aller à Montmédy et en envoyer de là. J'ai dû prier le colonel Turnier d'annoncer simplement ma présence au maréchal Bazaine, mais il ne m'a même pas dit qu'il envoyait des émissaires.

— *D.* Je vous répète qu'il est étrange que, vous trouvant à Thionville, vous n'ayez pas cherché à communiquer avec le maréchal. L'arrêt que vous avez rencontré en allant à Thionville n'était pas absolu, vous deviez faire quelques efforts pour gagner immédiatement un point avec lequel les communications de Metz existaient encore. Ce qui me frappe, c'est la rapidité avec laquelle vous avez renoncé à communiquer avec Metz.

— *R.* Mon arrêt n'était pas du tout provisoire.

— *D.* Mais le télégraphe marchait, vous pouviez demander s'il était coupé entre Thionville et Metz? — *R.* Il l'était.

— *D.* Il a été rétabli presque aussitôt?

— *R.* Je ne pouvais le prévoir, et aujourd'hui j'ai, à cet égard, de très-vifs regrets.

— *D.* Avez-vous eu communication de la lettre du général Coffinières reçue le 20 août par le colonel Turnier?

— *R.* Je n'ai pas reçu cette dépêche textuellement. Le colonel Turnier ne m'a donné que des avis la résumant.

Le commissaire du gouvernement, se reportant à la déposition du témoin recueillie par l'instruction, lui fait observer qu'il a formellement indiqué Verdun. Plus tard, il désigne non moins formellement Montmédy au ministre de la guerre.

Le témoin répète son explication de l'objectif de la ligne d'appui. S'il n'a pas fait cette distinction dans l'instruction, c'est qu'il ne croyait pas tant de développement utile. Si, dit-il, je n'ai pas donné alors les détails de ma lettre au ministre, c'est que je les avais oubliés.

M⁰ Lachaud, se reportant à la même déposition, fait remarquer que le témoin a déclaré n'avoir pas reçu du maréchal la ligne de Verdun comme marche absolue à indiquer à l'empereur.

On appelle le colonel Lewal.

Au point de vue des relations extérieures, le témoin dit avoir à déposer sur l'incident du 23 qui se divise en deux parties:

Le 23, dit-il, je reçus vers 3 ou 4 heures une dépêche que je portai chez le maréchal. Il me dit de garder l'émissaire, puis me retint comme j'allais sortir et me dit : « Nous allons voir ce que c'est. »

Il déroula la cigarette, et lut la dépêche indiquant un mouvement de l'armée de Châlons sur la Meuse et dans notre direction. Nous connaissions les mouvements des deux armées allemandes du duc de Saxe et du prince royal ; le danger imminent m'arracha ce cri : « Il faut partir tout de suite. » Le maréchal me répondit : « Tout de suite, c'est bien vite. » J'expliquai que j'avais voulu dire demain, après-demain au plus tard. Le maréchal objecta qu'il fallait deux jours, et nous eûmes une discussion assez longue sur les moyens d'exécution.

Avant qu'il ne quittât le maréchal, celui-ci lui recommanda instamment de n'en parler à personne. Je lui répondis que cette précaution était élémentaire, entourés comme nous l'étions, et vu les conséquences que pouvait avoir une indiscrétion. (Grande sensation dans l'auditoire. Le témoin continue:) Quant à la date de la dépêche qui formera la seconde partie de ma déposition, c'est là le fait essentiel. Deux séries de faits pareils s'étant produites à quelques jours de distance, on peut faire quelques erreurs entre l'une et l'autre, mais je vais dire au conseil pourquoi je ne crois pas me tromper.

Il y a eu un grand nombre d'émissaires entendus, ce n'est pas là que je vais chercher les preuves que cette dépêche était du 23. C'est le 24 que le général Jarras me dit d'aller prendre les ordres du maréchal. En discutant avec celui-ci le projet de sortie, je lui soumis quelques observations auxquelles il se rendit, et il me demanda sur quel point je pensais qu'il fallait opérer la sortie. Je lui répondis qu'il n'y avait pas d'hésitation et qu'il fallait, coûte que coûte, sortir sur le nord, comme on l'avait indiqué à l'armée à Châlons. Le maréchal me donna aussitôt ses instructions dans ce sens.

En outre, le 25 je reçus du général Jarras l'ordre de me mettre au fort Saint-Julien à la disposition du maréchal. Je m'y rendis avec le commandant Samuel et le capitaine Bayard. Voyant passer le général Soleille dans son break, nous le suivîmes et nous le rejoignîmes auprès du maréchal, qui nous dit que nous allions exécuter le projet de sortie. C'était à la ferme de Grimont.

Je demandai en ce cas la suppression des bagages. Cette proposition fut combattue par le général Soleille.

Le 30 devait avoir lieu la sortie ; l'entrevue de la ferme de Grimont n'a pu avoir lieu que le 28, ainsi que le prouve le carnet du commandant Samuel. Je ne nie pas que la dépêche du 29 soit arrivée, mais ce ne peut être celle du 23, puisque cette dernière m'a arraché le cri : « Il faut partir », qui ne s'expliquait plus le 28 au moment où le maréchal me donnait ses ordres de sortie.

LE GÉNÉRAL-PRÉSIDENT. — Avez-vous une raison de réserver les objections que vous avez faites au projet de sortie ?

— R. C'est par simple raison de convenance. Je ne veux pas discuter ce projet, voilà tout.

— D. Cette critique, en effet, n'est pas nécessaire. La dépêche n'était pas en chiffres ?

— R. Évidemment non.

— D. Le général Jarras a dit que les ordres de la prise d'armes du 26 avaient été donnés le 25, n'est-ce pas vous qui les avez préparés ?

— R. Oui, monsieur le président.

— D. Avez-vous assisté à l'arrivée des dépêches du 29 et du 30 ?

— R. Non, monsieur le président.

LE COMMISSAIRE DU GOUVERNEMENT. — Est-ce qu'après le 26 le témoin n'a pas conté à diverses personnes l'incident de la dépêche du 23?

— R. Jusqu'au 26, je n'ai parlé de la dépêche du 23 à personne, puisque je l'avais promis au maréchal; mais après le 26, j'en ai parlé à plusieurs personnes.

— D. Cette dépêche n'indiquait-elle pas Stenay dans le mouvement de Châlons?

— R. Je crois qu'elle ne parlait que de la ligne de la Meuse; je ne l'ai pas eue en mains et, plus tard, je ne l'ai pas reconnue dans celles qui m'ont été soumises et dont plusieurs lui ressemblaient, sans porter l'indication du mouvement de l'armée de Châlons.

Il y avait au moins trois personnes dans le cabinet du maréchal quand la dépêche est arrivée. Derrière le maréchal Bazaine et en partie caché par lui, un officier qui était, je crois, M. Adolphe Lachaise; debout, un officier que je ne connaissais pas et qui doit être M. de Mornay; enfin, un personnage qui regardait dans le jardin, et qui avait un paletot bourgeois et qui n'a pas bougé. J'ignore qui c'est. Mes souvenirs sont assez présents et je ne crois pas me tromper.

LE COMMISSAIRE DU GOUVERNEMENT. — Le maréchal vous a-t-il souvent demandé des émissaires sans en recevoir? — R. Jamais, jamais. Tout ce que demandait le maréchal s'exécutait.

Mᵉ LACHAUD fait demander au colonel comment il a pu entendre le nom de Stenay dans une dépêche du 23. — R. Je n'ai pas entendu Stenay, au contraire j'ai dit avoir entendu la Meuse.

LE DÉFENSEUR. — Devant le conseil d'enquête, le témoin a dit Stenay. — R. J'ai pu dire Stenay, je ne le nie pas, mais c'est par erreur, car il y avait la Meuse.

Le défenseur demande la lecture des deux dépêches, celle arrivée le 29, et celle qu'on dit être arrivée le 23. La première, rédigée en clair, annonce l'arrivée de Ducrot avec l'aile droite de Stenay; la seconde, chiffrée, ne parle plus de Stenay. Le défenseur se borne à cette constatation d'où il tirera parti plus tard.

Le maréchal Bazaine soutient que la dépêche est du 29 et que, quant à la discussion stratégique avec le colonel Lewal, elle est absolument contraire à ses habitudes avec ses inférieurs.

Le maréchal s'étonne que les personnes instruites de cette dépêche le 26 n'en aient jamais parlé.

Le colonel répond qu'il n'en a pas parlé le 26, mais après.

Le maréchal affirme qu'il ne lui a pas même été parlé de l'émissaire qui aurait apporté la dépêche le 23. Son arrivée n'est même pas explicable, vu que de Carignan à Metz il fallait plus de 24 heures.

LE COLONEL. — En recevant les ordres du 24, je les ai portés au général Jarras, qui me dit d'aller les faire signer par M. le maréchal sans vouloir en prendre connaissance.

LE COMMISSAIRE DU GOUVERNEMENT. — La dépêche étant arrivée à Longuyon par télégraphe a pu arriver, non dans un délai de 24 heures, mais dans un délai de 36.

LE DÉFENSEUR. — Alors, si elle est arrivée par le télégraphe elle était chiffrée.

LE COLONEL. — Rien ne prouve que cette dépêche soit venue de Châlons, j'ai dit qu'elle venait de l'armée de Châlons, mais non qu'elle vînt de Châlons.

L'audience est suspendue à 5 heures et demie.

Complément de l'audience du 31 octobre
et audience du 1er novembre

PRÉSIDENCE DE M. LE DUC D'AUMALE

Nous devons compléter la séance du 31 octobre, dans laquelle il s'est présenté quelques incidents intéressants. Nous rétablissons d'abord avec un peu plus de détails l'incident qui a terminé l'interrogatoire de M. le colonel Lewal.

Mᵉ LACHAUD. — La discussion établira que la dépêche de M. le maréchal de Mac-Mahon était chiffrée. Il y a eu une dépêche en clair, c'est celle du général Ducrot.

Quelle était la plus importante des deux, celle qui devait déterminer la sortie?

Certes, la dépêche du général Ducrot a son prix; mais enfin, elle ne suffisait pas à décider le commandant en chef à la grave résolution d'une sortie de toute l'armée. Aussi, le 23, le maréchal reste dans la situation expectante où il se trouve depuis la bataille du 18. La dépêche du maréchal de Mac-Mahon, au contraire, c'était un ordre de choses nouveau. Une armée s'avançait; il fallait la rejoindre. Et dès lors, c'est après cette dépêche, reçue le 29, que le maréchal combine l'exécution de la sortie du 31!

Il sera établi, je le répète, que la dépêche du maréchal de Mac-Mahon était chiffrée. Elle a été écrite le 19 et est arrivée à Metz le 29.

La dépêche du général Ducrot était en clair. Elle a été écrite le 19 et est arrivée à Metz le 23. J'ai des témoins qui en déposeront.

LE TÉMOIN (sèchement). — J'en suis heureux.

LE DÉFENSEUR. — Mais, moi aussi.

— D. Vous ignorez, colonel, quel émissaire a remis la dépêche?

— R. Cet émissaire n'a pu être retrouvé.

— D. M. le maréchal a-t-il quelque observation à faire?

LE MARÉCHAL. — Je ne puis admettre les interprétations du colonel Lewal. Le colonel Lewal s'exprime comme si je l'avais fait le confident de mes pensées les plus intimes. Jamais je n'ai pris cette habitude avec mes inférieurs! Il semblerait que je consultais le colonel Lewal pour savoir ce que j'avais à faire. Je n'en étais pas là, Dieu merci! Certainement, c'est un bon serviteur, le colonel Lewal; je l'ai eu sous mes ordres au Mexique, mais je n'ai jamais oublié qu'il n'était que mon subordonné. Je n'avais pas à lui avais dite, il aurait su que l'ordre de reconnaissance que je lui ai donné le 24 était tout simplement la conséquence de ce j'avais écrit à l'empereur le 23 :

« Les derniers renseignements indiquent un mouvement du gros des forces ennemies, et il ne resterait à cheval sur les deux rives de la Moselle que les armées du prince Frédéric-Charles et du général de Steinmetz. Des témoins oculaires affirment avoir vu des équipages de ponts, entre Ars et Gravelotte. Si les nouvelles ci-dessus se confirment, je pourrai entreprendre la marche que j'avais indiquée précédemment par les forteresses du Nord, afin de ne rien compromettre.

« Nos batteries ont été réorganisées et réapprovisionnées, ainsi que l'infanterie. L'armement de la place de Metz est presque complet et j'y laisserais deux divisions, car les travaux de Saint-Julien et de Queuleu sont loin d'être terminés. L'état moral et sanitaire des troupes laisse moins à désirer. Nos pertes ont été si considérables dans ces derniers combats, que les cadres sont très-affaiblis ; j'y pourvoirai autant que possible. »

Je répète, et je l'affirme, que la dépêche que j'ai reçue le 23 est et a toujours été confondue avec celles que j'ai reçues le 29 et le 30.

On appelle le colonel d'état-major d'Andlau, 49 ans.

Le témoin n'était chargé que des opérations militaires. Le service des renseignements et des agents concernait son collègue Lewal ; cependant vers le 23 ou le 24 août, il eut le sentiment que quelque communication de l'extérieur avait dû venir, vu les préparatifs dont il était témoin et les études de plan faites par le colonel Lewal à qui il demanda s'il y avait eu quelque chose : il lui fut répondu que non, et que c'était un simple projet de sortie.

Le 26, le projet de sortie fut contremandé ; le lendemain je causai de notre rentrée avec le colonel Lewal qui me dit : Ah ! mon cher colonel, c'est encore bien plus grave que vous ne le pensez, car nous avons des nouvelles de Mac-Mahon qui se dirige de notre côté. Et comme je paraissais stupéfait, il m'expliqua la réception de la dépêche du 23 sur laquelle il me donna des renseignements détaillés.

Mᵉ LACHAUD fait demander si M. d'Andlau est l'auteur d'un livre sur Metz, publié sans nom d'auteur.

Le général-président fait observer que cette question étrangère aux débats ne peut être l'objet d'une déposition sous la foi du serment.

Mᵉ LACHAUD. — Monsieur le président, les droits de la défense sont consacrés par la loi ; elle peut provoquer tous les éclaircissements de nature à mettre en lumière le caractère d'un témoin. Je persiste dans mes questions.

Le colonel se reconnaît l'auteur du livre en question.

Le défenseur demande ensuite si le colonel a été autorisé à puiser ses documents dans les archives du ministère.

— R. Nullement.

Quant à une lettre confidentielle qui a été publiée par l'*Indépendance belge*, le colonel avoue qu'elle est de lui, mais, ajoute-t-il, je l'ai écrite après avoir été traîné comme prisonnier à travers l'Allemagne, après avoir vu Metz rendu et cent cinquante mille soldats français livrés à l'ennemi. Cette lettre, ajouterai-je, était confidentielle. C'est par la plus horrible des indiscrétions qu'elle a été livrée à la publicité. J'ai, dès le lendemain, protesté contre cette insertion.

On appelle le commandant Samuel (43 ans).

S'étant trouvé pendant trois semaines en captivité avec le colonel Lewal, le témoin a reçu de lui la confidence de la dépêche du 23.

Pendant les missions dont le témoin a été chargé en septembre et octobre, il a acquis la conviction que les émissaires pouvaient établir des communications sans trop de difficultés.

Le témoin déclare, sur la demande du maréchal, que les émissaires n'étaient pas tous payés à l'état-major général.

Le maréchal assure n'en avoir jamais payé lui-même.

On appelle le capitaine de Mornay-Soult. Le témoin déclare formellement que le maréchal n'a pas reçu la dépêche du 23, que cette dépêche est arrivée le 30 à 10 heures du matin et qu'il l'a traduite lui-même avec beaucoup de difficulté à cause d'une erreur dans le chiffre. La date et la traduction ont été mentionnées sur un registre.

Si elle était arrivée le 23, les officiers de l'état-major en auraient eu connaissance. En outre, elle aurait été certainement chiffrée, et comme j'étais détenteur de la clef, le maréchal n'aurait pas pu la lire et aurait appelé quelqu'un pour la déchiffrer.

Jamais il n'en a été question entre les officiers de l'état-major du maréchal.

Le témoin croit à une confusion avec la dépêche *en clair* du 29, apportée par Marchal et Flahaut sous forme de boule en caoutchouc plusieurs fois avalée.

Celle du maréchal fut ouverte et vérifiée. Le maréchal me donna l'ordre d'aller chercher le colonel Lewal. Dans le service il lui demanda s'il reconnaissait qu'elle vînt du colonel Turnier, et ce dut être la raison déterminante des ordres qui ont suivi.

LE GÉNÉRAL-PRÉSIDENT. — Mais quel est, d'après votre déposition devant le conseil d'enquête, l'émissaire arrivé le 23, et quelle dépêche apportait-il ?

— R. J'ai précisé devant le conseil d'enquête que c'était une dépêche du maréchal Mac-Mahon. Quand j'ai connu par l'ouvrage *Metz et l'armée du Rhin*, le fait de la dépêche du 23 j'eus recours à mes souvenirs et je commis une confusion, croyant qu'un garde forestier reparti vers le 23, devait être celui qui avait apporté la dépêche, mais j'affirme de nouveau...

LE GÉNÉRAL-PRÉSIDENT. — Vous l'avez déjà fait, mais je vous ferai remarquer que, si la dépêche était chiffrée comme vous le croyez, votre déposition devant le conseil d'enquête n'est plus qu'une sorte de présomption hypothétique et non un témoignage.

Le 29, la dépêche de Flahaut a été brûlée sans être lue.

— R. Flahaut le savait et nous en avait donné le texte. Ce texte était conforme à celui de la dépêche du maréchal et j'ai commis une légèreté.

On appelle le capitaine de Rochas d'Ayglin, 46 ans.

Le témoin était attaché à l'état-major du général Coffinières. Il a fourni dans l'instruction le nom des émissaires avec lesquels il s'est trouvé en relations.

Le 23, le témoin recevant des ordres subits, chercha à savoir ce qui se passait. Le lendemain, il apprit la nouvelle d'une dépêche reçue, donnant des nouvelles du maréchal Mac-Mahon, nouvelle qui d'ailleurs circula à Metz.

Des propositions ont été faites au général Coffinières pour établir des communications par ballon, mais il ne les écouta pas.

— D. Vous aviez un carnet sur lequel se trouve, à la date du 23 août, l'ordre de réunir les bagages, ordre venant du général Coffinières.

— R. Ceci est absolument certain.

Questionné au sujet de l'armistice, le témoin déclare qu'il a assisté à une partie des pourparlers, et que cet armistice a bien été prolongé de 24 heures.

On appelle le lieutenant Mouth, 28 ans.

Le témoin est arrivé à Metz après le 21 et avant le 24, c'est-à-dire, le 22 ou le 23.

En se rendant chez le maréchal, le témoin rencontra un garde dans un groupe composé de différentes personnes qu'il nomme. On raconta que ce garde venait d'arriver avec des nouvelles du maréchal Mac-Mahon. Je lui demandai, dit le témoin, comment il avait passé;

il me l'indiqua, et c'est d'après ses renseignements que je pus sortir le 24.

Je suis entré alors chez le maréchal à qui j'exposai mes vues. Je lui ai demandé par quelle voie il me conseillait de sortir, il me répondit que le blocus était complet de tous côtés.

Le témoin raconte ses trois tentatives de sortie Arrêté par une patrouille ennemie et insulté par un officier, il lui répondit très-vertement en allemand. Conduit au presbytère et interrogé sur Metz, on voulut l'intimider et on fit semblant de le condamner à mort, les préparatifs de l'exécution furent faits. Un officier qui parlait français lui conseilla de demander à parler au général Steinmetz, ce qu'il fit.

Je fus l'objet d'un interrogatoire de trois quarts d'heure, et le général finit par me donner un laissez-passer pour rentrer chez moi, ou du moins dans la localité que j'avais dit être la mienne.

J'arrivai à Fraschwiller chez mon beau-frère, maire de la commune, et je cherchai à exécuter mon plan de rupture de la ligne de chemin de fer par où s'opéraient les ravitaillements de l'ennemi.

J'étudiai le terrain et je cherchai des hommes et de la poudre, sans succès. J'essayai alors de rentrer dans Metz.

Le témoin raconte ses tentatives dans ce but, correspondant aux indications du garde forestier de Metz. Arrêté de nouveau, il se fit passer pour clerc de notaire et obtint un laissez-passer.

Arrivé sur la rive gauche de la Moselle, qui était relativement mal gardée alors, le témoin put se glisser jusqu'aux avant-postes français sans être inquiété. Il se rendit auprès du maréchal et lui fit connaître toutes les existences d'approvisionnements de l'ennemi, ainsi que quelques-uns de ses mouvements qui l'avaient frappé. Le témoin fut conduit dans les bureaux du général Jarras qui lui donna un laissez-passer avec lequel il tenta une nouvelle sortie.

Suivent les détails de cette tentative couronnée de nouveau de succès. Depuis lors et jusqu'au 12 octobre, le témoin chercha encore à rentrer dans Metz par la plaine de Thionville. A cette date, entendant parler par des officiers allemands de la sortie du général Boyer et de la prochaine capitulation de Metz, il renonça définitivement à y pénétrer.

Le général-président. — Quel jour êtes-vous parti de Metz la première fois?

— R. Le 25, je ne puis me tromper. C'est le jour de ma fête, et m'étant vu condamner à mort, j'ai dû retenir cette coïncidence.

L'audience est levée à 5 heures et demie.

Audience du 1er novembre

Le public ne sait pas généralement que, d'après le Code militaire, un conseil de guerre, devant juger sommairement, l'arrêt doit être rendu le jour même où l'accusé paraît devant ses juges. Par une fiction, on est arrivé dans les causes importantes à prolonger les audiences de jour en jour, en se servant toujours de la formule: *L'audience est suspendue*; de manière que pour le procès Bazaine nous assistons toujours à la suite de l'audience du 6 octobre. Mais d'un autre côté, le Code militaire, prévoyant le cas de suspension d'audience, a établi que sous peine de nullité, la suspension de l'audience ne pourrait pas dépasser quarante-huit heures. En conséquence, le 1er conseil de guerre voulant éviter une cause pouvant amener la cassation du jugement dont il est saisi, a tenu séance aujourd'hui. La séance a, du reste, été de courte durée, et l'on s'aperçoit que c'est uniquement pour rester dans les prescriptions légales que le conseil s'est réuni aujourd'hui, jour de la Toussaint, ayant le désir de ne pas tenir séance demain dimanche.

Aussi les personnes qui se sont rendues à Trianon pour assister à l'audience sont-elles peu nombreuses. On remarque cependant quelques-unes de nos sommités militaires et administratives, qui ne veulent pas perdre un mot de ces débats importants.

Le premier témoin entendu est M. Berveillers, aujourd'hui fabricant de drap à Saint-Waber, mais qui pendant le blocus de Metz était secrétaire particulier du sous-intendant de la division. Il a vu M. Mouth, qui lui fit part de la mission que le maréchal Bazaine venait de lui confier, mais le témoin a vu beaucoup d'émissaires, de sorte qu'il ne peut préciser s'il a vu le porteur d'une dépêche le 23 août.

On entend ensuite M. le commandant de Bucy qui, en sa qualité de chef d'état-major de la 7e division, a vu également un certain nombre d'émissaires ou d'espions qu'il envoyait au quartier-général.

Le blocus a été presque terminé le 19 août, cependant le 21 et le 22 des émissaires sont encore parvenus à franchir les lignes.

— D. N'avez-vous pas vu des agents rentrer plus tard ?

— R. Oui, entre autres, deux femmes qui nous ont renseignés sur les travaux de l'ennemi, et, vers le 15 septembre, un caporal de chasseurs échappé de Sedan.

— D. Avez-vous entendu parler de la marche du maréchal Mac-Mahon vers Metz?

— R. Oui, mais dans une conversation particulière.

— D. Avec qui ?

— R. Je ne sais plus.

— D. A quelle époque ?

— R. Vers le 24 ou le 26.

Le commissaire du gouvernement. — Le témoin a précisé davantage dans l'instruction; il a dit que ce bruit a couru dans Metz et qu'il en a causé avec différentes personnes.

— R. En effet.

— D. A quelle époque?

— R. Dans le mois de septembre.

Me Lachaud fait demander au témoin, s'il ne se souvient pas de l'arrivée du 23 au 25 d'un émissaire apportant des nouvelles du maréchal Mac-Mahon. Le témoin répond négativement.

M. Guiard, commissaire central de police à Longwy, a rempli plusieurs missions dont le commandant supérieur de Longwy l'avait prié de se charger lui-même, parce que ces dépêches étaient fort importantes et qu'il ne trouvait pas les émissaires que lui proposait M. Guiard assez sûrs.

Le 20 août, il lui remit un pli cacheté. A Thionville, le colonel Turnier lui remit également une dépêche; il repartit le même jour pour Metz à la faveur de la nuit. A Moulins, où se trouvaient les avant-postes français, il remit ses dépêches à un officier d'état major, qui lui rapporta, trois heures après, dans l'auberge où il s'était arrêté un pli également cacheté pour le commandant de Longwy. De retour à Longwy le 22, vers 2 heures de l'après-midi, il remit au commandant Massaroli le pli dont il était chargé.

Le 25 août, il est retourné à Thionville en compagnie d'un officier, porteur comme lui d'une dépêche chiffrée pour le maréchal Bazaine. Mais le colonel Turnier leur dit qu'il était inutile d'essayer de passer, que l'investissement était complet, qu'ils seraient indubitablement arrêtés.

Enfin, le 14 septembre, il a porté à Thionville une dépêche arrivée de Paris par un émissaire et contenant des nouvelles du maréchal de Mac-Mahon, le récit des derniers événements politiques, les noms des nouveaux membres du gouvernement, et l'assurance que la famille du maréchal Bazaine était en sûreté à Tours.

Le colonel Turnier dit au témoin que le maréchal était informé des nouvelles de Paris et qu'il lui ferait passer celles de sa famille.

Le témoin a aussi essayé, mais en vain, de pénétrer à Paris pendant le mois d'octobre.

M. DE BAZELAIRE, sous-lieutenant du génie, qui fut chargé par le colonel Turnier, le 21 août, d'expédier des dépêches, ce qu'il parvint à faire le 22, par Givet, s'étant rendu en Belgique, a déclaré dans l'instruction qu'il y avait quatre dépêches. Il croit avoir fait erreur en ce moment-là, et se rappelle aujourd'hui qu'il n'y avait que deux feuilles. Il ne pourrait affirmer si chaque feuille ne contenait qu'une dépêche.

LE GÉNÉRAL-PRÉSIDENT. — Nous entendrons M. l'employé du bureau télégraphique de Givet.

On entend ensuite M. Massaroli, le commandant de place de Montmédy, qui a chargé M. Guiard de la mission dont nous avons parlé.

Au mois d'août j'avais reçu du ministre de la guerre l'avis de me préparer à faire sauter un tunnel. Le 20 août j'ai reçu une dépêche me recommandant de ne pas faire charger les fourneaux de mine et de mettre les poudres en sûreté.

Au milieu d'août 1870, dit le témoin, je reçus du ministre de la guerre l'ordre de me mettre en communication avec Metz, et de conserver ces communications par tous les moyens possibles.

Le 20 août il me fut apporté une dépêche de M. le maréchal de Mac-Mahon, dépêche qui devait être transmise au maréchal Bazaine et que précédait une recommandation conçue à peu près ainsi : « Envoi très-important à faire parvenir immédiatement à M. le commandant en chef de l'armée du Rhin ; n'épargner ni l'argent ni la peine. »

Vu l'urgence, je m'adressai à M. Guiard. « Je suis prêt à partir, me dit-il, non pas pour de l'argent, mais pour l'honneur. » Je lui serrai la main et il se mit en route.

Il revint le lendemain 22. Il m'apportait deux dépêches : une en clair, du général Coffinières, qui me donnait des nouvelles de l'armée retirée sous Metz ; une autre, demi-claire et demi-chiffrée, portant la date du 19 ou du 20. J'allais faire passer ces dépêches, ainsi que deux autres, chiffrées, au maréchal de Mac-Mahon, lorsque je reçus un billet du colonel Stoffel, billet apporté par M. Rabasse et un autre inspecteur, M. Miès. M. le colonel Stoffel me demandait des nouvelles du maréchal

Bazaine, et il m'apprenait que le commandant Magnan était à Carignan, où il attendait de son côté des nouvelles, bonnes ou mauvaises. MM. Miès et Rabasse étaient porteurs d'un ordre du maréchal de Mac-Mahon, m'enjoignant de leur confier, pour les lui apporter, toutes nouvelles, dépêches ou documents que j'aurais reçus, directement ou indirectement, du maréchal.

M. Rabasse seul est monté et il s'est fait connaître comme attaché à la préfecture de police. M. Guiard le reconnut pour son ancien collègue. Je lui remis alors sans méfiance les dépêches apportées par M. Guiard, et en même temps j'écrivis un mot que je cachetai à la cire, à l'adresse du colonel Stoffel. Dans la nuit je reçus une dépêche du maréchal Mac-Mahon demandant le retour de ces deux agents. Je répondis, annonçant leur départ avec quatre dépêches dont deux étaient chiffrées. Dans la journée les deux agents revinrent, n'ayant pu continuer directement leur route. Se voyant obligés de passer par la Belgique, ils eurent la bonne pensée de télégraphier le contenu de leurs dépêches au colonel Stoffel.

Le président fait demander le dossier 33 306, d'où il extrait l'une de ces dépêches qui est représentée au témoin. Celui-ci la reconnaît.

On entend ensuite M. Amyot, inspecteur des lignes télégraphiques à Brest.

Environ huit jours avant de se rendre à Metz, l'empereur me fit prévenir que je l'accompagnerais et que je serais chargé du service télégraphique. Je ne fis d'abord que le service personnel de l'empereur, mais plus tard j'eus celui de l'état-major général. Après la démission du maréchal Le Bœuf, le génie militaire établit une ligne télégraphique militaire de Borny à Metz. Le 15 au matin, j'accompagnai l'empereur, et avant de partir, je prévins le bureau de Paris que, sur notre route, il n'y avait pas de communications possibles. Arrivé au camp de Châlons, je demandai à communiquer au maréchal Mac-Mahon toutes les dépêches de renseignements militaires, l'empereur m'y autorisa.

Le témoin énumère ses dispositions de service de Courcelles à Reims et Paris. Le 24, le quartier général est transporté à Rethel, puis à Fourtron; le service le suivit. Le 30, à 11 heures du soir on rentrait à Sedan; les communications avec Mézières et Paris étaient interrompues. L'empereur refusa de me laisser sortir pour les rétablir, en me disant que je ne réussirais pas.

Il y avait deux catégories de dépêches : 1° Les dépêches directes pour M. le maréchal de Mac-Mahon et le commandant en chef de l'artillerie ; 2° les dépêches de communications générales. Lorsque les premières arrivaient, elles étaient mises immédiatement sous enveloppes, cachetées et portées par des plantons. Parmi les secondes, celles qui étaient pour l'empereur lui étaient expédiées de suite par des exprès, et les autres moins importantes étaient expédiées toutes les deux ou trois heures.

M. le général-président demande s'il était donné communication des dépêches à Paris.

Le témoin. — A Châlons, je n'avais de communications qu'avec Paris; toutes les dépêches passaient donc par Paris, où elles étaient communiquées au ministre de la guerre.

— D. Voici quatre dépêches qui, parties de Thionville, sont arrivées à Longwy, puis à Givet. On a dit que deux d'entre elles auraient été expédiées à M. le maréchal de Mac-Mahon, et on n'en trouve pas d'expédition?

— *R.* Elles ont dû passer par Mézières, et à Mézières on a pu les expédier directement à Reims ou à Paris, pour que ces bureaux les fissent parvenir au quartier général.

M. Amyot ajoute qu'il aurait besoin, pour pouvoir faire une réponse précise, d'examiner lui-même les dépêches.

M. le général-président répond, après avoir pris l'avis du commissaire du gouvernement et du défenseur, que le témoin pourra examiner le dossier et qu'il sera interrogé de nouveau à une prochaine lecture sur ce sujet important.

M. LE COLONEL D'ABSAC, officier d'ordonnance de M. le maréchal de Mac-Mahon — ne sait rien relativement aux échanges des dépêches qui avaient lieu au quartier général ; elles passaient par l'intermédiaire de l'officier qui se trouvait de service auprès du maréchal au moment de la réception ou de l'expédition.

Toutes les dépêches importantes qui partaient du quartier général de M. le maréchal de Mac-Mahon étaient chiffrées.

M. LE COLONEL DE BROYE, officier d'ordonnance de M. le maréchal de Mac-Mahon. — La dernière dépêche venant de Metz qui soit arrivée portait la date du 19.

C'est celle que M. le maréchal Bazaine envoya par le garde forestier Braidy, et qui est conçue en ces termes :

« L'armée s'est battue hier toute la journée sur les positions de Saint-Privat-la-Montagne à Rozérieulles, et les a conservées. Les 4e et 6e corps ont fait vers 9 heures du soir un changement de front, l'aile droite en arrière, pour parer à un mouvement tournant par la droite, que des masses ennemies tentaient d'opérer à l'aide de l'obscurité.

« Ce matin, j'ai fait descendre de leurs positions les 2e et 3e corps, et l'armée est de nouveau groupée sur la rive gauche de la Moselle, de Longeville au Sansonnet, formant une ligne courbe, passant derrière les forts de Saint-Quentin et de Plappeville. Les troupes sont fatiguées de ces combats incessants, qui ne leur permettent pas les soins matériels, et il est indispensable de les laisser reposer deux ou trois jours.

« Le roi de Prusse était ce matin à Rezonville, avec M. de Molke, et tout indique que l'armée prussienne va tâter la place de Metz. Je compte toujours prendre la direction du nord et me rabattre ensuite par Montmédy, sur la route de Sainte-Menehould à Châlons, si elle n'est pas fortement occupée ; dans le cas contraire, je continuerai sur Sedan et Mézières pour gagner Châlons. »

M. de Broye était de service auprès du maréchal de Mac-Mahon lorsque cette dépêche lui parvint ; elle lui avait été envoyée par M. Pietri, du cabinet de l'empereur. M. de Broye était encore de service le 22, jour où serait aussi arrivée une dépêche qu'il n'a pas plus vue que M. d'Abzac, et s'il était venu quelques nouvelles de Metz, il n'admet pas qu'il aurait pu l'ignorer.

Je suis certain qu'aucune autre dépêche ne nous est venue de Metz ultérieurement à celle-là.

A une question de M. le général-président, M. le colonel Broye répond que M. le colonel Stoffel logeait dans une maison toute voisine de l'état-major général.

L'audience, suspendue un peu avant 4 heures, sera reprise lundi à 1 heure.

Audience du 3 novembre

Présidence de M. le duc d'Aumale

L'audience est reprise à une heure dix minutes.

On fait appeler M. Amyot, inspecteur des lignes télégraphiques. Le témoin, sur l'invitation du président, va prendre connaissance du dossier des dépêches télégraphiques dans l'audience même pour rester dans les strictes prescriptions de la loi.

On appelle Madame Sibeux, 23 ans. Elle aurait dû être entendue plus tard, mais le général-président l'autorise à déposer dès à présent, pour qu'elle puisse rentrer chez elle. Il s'agit d'un voyage que le témoin a fait à Metz au mois d'août, le 25. Après différentes tentatives pour avoir un laissez-passer, Mme Sibeux a pu s'en procurer un, et est entrée à Metz par Rozerieulles. Elle a donné à un colonel qu'elle ne connaît pas des renseignements sur les positions des Prussiens. Elle est restée 4 ou 5 jours à Metz, puis en est partie sans laissez-passer, et s'est retirée au château de Vaux, où elle est restée. Elle a fait le voyage avec Mlle Mouth, la sœur du lieutenant déjà entendu, mais celle-ci n'a pu entrer à Metz. Le témoin se retire après avoir reçu les félicitations du Conseil.

On entend ensuite M. de Viville, 77 ans, propriétaire à Vaux. Le témoin habite Metz.

Au commencement d'août, on pouvait se rendre à Metz sans être inquiété. Le témoin est entré à Metz le 5 ou le 6, avec l'intention d'en ressortir, mais des raisons de famille l'y ont retenu. Le témoin n'ayant pas d'autres explications à fournir, est autorisé, vu son état souffrant, à rentrer dans ses foyers.

On appelle M. Lalouette, 75 ans, propriétaire à Vaux, qui a également demandé à déposer par anticipation. Le 22 août on pouvait sortir de Vaux facilement. Le témoin, avec quatre ou cinq autres personnes, se trouvait muni de laissez-passer. On s'en est servi pour se rendre à Metz, mais le témoin avait la certitude que l'on pouvait passer sans cela par les petits chemins et arriver à Metz sans trop de difficultés.

Déclue, 35 ans, garde forestier.

Le témoin s'est offert comme émissaire à Thionville. Il est parti une heure avant la nuit, et a passé par Éclanche où l'ennemi lui a barré le chemin. Il en est reparti le lendemain matin ; il n'y avait plus personne, et il a pu arriver à Metz presque librement. Là il a porté un pli au télégraphe où on lui a donné un reçu pour 17 dépêches. Le témoin est reparti presqu'aussitôt, mais les difficultés ont été un peu plus grandes au retour. Cependant il n'a pas été inquiété jusqu'aux environs de Thionville où il s'est trouvé pris entre deux feux, entre les uhlans et les Français. Il est ensuite entré dans la place et a remis le reçu au commandant. Le témoin ne se souvient pas de la date de son voyage. Il sait seulement qu'il l'a effectué le lendemain du jour où l'on a coupé les voies ferrées. Il a dû arriver par conséquent le 20. Au retour, on ne lui a pas donné de dépêches. Le 5 septembre, le témoin est reparti de Thionville, mais il n'a pu aller qu'à une petite distance et l'ennemi l'a forcé à rebrousser chemin.

On rappelle le colonel Turnier. Le général-président fait montrer au témoin la lettre qui lui avait été adressée par le général Coffinières, qu'il reconnaît avoir reçue, et dont il a remis au moins quatre ou cinq copies.

— *D.* Dans ces copies, les deux premières phrases ne concernant que votre service ont été supprimées, et il en résulte une erreur de date. La copie signale une attaque de l'ennemi le 20, tandis que le 20 était la date du départ de la dépêche reçue par le colonel.

Le témoin ne sait plus comment cette erreur a pu se produire. C'est lui qui a retrouvé la copie de cette dépêche dans son dossier et il l'a lui-même fournie à l'instruction.

— *D.* Cette dépêche et d'autres adressées à l'empereur et au maréchal de Mac-Mahon vous ont été portées par l'agent Flahaut et la veuve Imbert ?

— *R.* Je ne puis me souvenir du nombre de dépêches apportées par chacun d'eux.

— *D.* La veuve Imbert a cru remarquer que la feuille qu'elle vous apportait contenait trois dépêches.

— *R.* Je ne puis rien préciser à cet égard.

— *D.* Le même jour n'avez-vous pas remis ces dépêches à deux personnes. D'abord à M. Guiard?..

— *R.* Je me souviens de lui avoir remis des dépêches, mais je ne puis dire lesquelles?

— *D.* Ne pouvez-vous vous rappeler si celles qui étaient destinées au maréchal de Mac-Mahon s'y trouvaient?

— *R.* J'ai employé 5 à 600 émissaires; il m'est impossible de préciser mes rapports avec chacun d'eux.

— *D.* Et M. Bazelaire fils, n'est-il pas parti le même jour?

— *R.* A peu près. Apprenant son projet d'aller à Paris, je lui ai proposé d'emporter des dépêches vers le 20 ou le 21, mais je ne puis spécifier lesquelles.

Le général-président cherche vainement à réveiller la mémoire du témoin, celui-ci a complétement oublié les détails de ses rapports avec les émissaires. Il est très-probable cependant que M. Bazelaire et M. Guiard étant partis après l'arrivée des dépêches qui l'avaient frappé par leur importance, ont dû les emporter, ainsi que celle adressée au maréchal de Mac-Mahon que le témoin n'avait aucune raison de ne pas joindre à l'envoi.

Le colonel Turnier demande à faire savoir au conseil qu'il avait conservé des archives, mais que sa maison à Thionville ayant été bombardée, on n'a pu sauver que les registres considérés comme importants; il n'a donc eu aucune base pour reconstituer certains détails qui lui échappent.

On rappelle le colonel Massaroli.

Le témoin demande à compléter sa déposition sur des notes qu'il a relues?

Le commandant Magnan est arrivé à Longwy le 2 septembre au soir, et en est reparti le 14 pour Paris avec une lettre pour le gouverneur. Il en est revenu par Bruxelles huit jours après seulement.

Le 20 septembre est le jour où le colonel devait faire une sortie importante avec sa garnison renforcée de 300 hommes échappés de Sedan. Il est évident pour le témoin que si M. Magnan avait été là, le colonel lui eût offert un commandement, car il n'avait pas d'officiers sous la main. Quand le commandant est arrivé, le témoin a mis à sa disposition toutes les forces dont il disposait, sans surveiller l'accomplissement de sa mission. Une note établit que le commandant est allé vers le Luxembourg, d'où il est revenu le 2 octobre, mais il a dû sortir encore après cette date.

— *D.* Je vous ai fait appeler pour préciser un point spécial : celui de la lettre dont était porteur M. Guiard; l'avez-vous inscrite exactement?

— *R.* Très-exactement.

On soumet au témoin le registre des correspondances, où il reconnaît la lettre du général Coffinières. C'est lui qui a cru devoir ajouter : *de la part du maréchal Bazaine*, après la copie, sur l'affirmation de M. Guiard, qu'elle venait de la part du maréchal. Quant à la date de l'attaque, indiquée au 20, le témoin dit l'avoir copiée. Les agents ont reçu la minute, et la copie a été transmise au télégraphe, mais l'annotation : *de la part du maréchal*, étant personnelle au témoin, n'a pas dû y figurer.

LE GÉNÉRAL-PRÉSIDENT. — Le registre mentionne différentes dépêches; veuillez les vérifier.

— *R.* Il y a sur le registre : 1º une dépêche du 20, à l'empereur et au ministre de la guerre, signée Coffinières ; 2º une dépêche du 22 du maréchal Bazaine à l'empereur et au ministre de la guerre; 3º du 22, une dépêche du témoin à l'empereur et au ministre de la guerre; 4º du 23, une dépêche du témoin à l'empereur et au ministre de la guerre, et 5º la même du 23 à dix heures du soir aux mêmes destinataires.

— *D.* Vous n'avez pas gardé trace sur votre registre de la dépêche chiffrée emportée par M. Guisard?

— *R.* Non, je n'ai pas eu le temps. L'expédition en était trop pressée.

Le témoin est invité à rester dans la salle d'audience.

Incident.

LE GÉNÉRAL-PRÉSIDENT. — Avant de continuer l'audition des témoins, j'informe le conseil qu'en vertu de mon pouvoir discrétionnaire, et pour éclaircir le fait des dépêches envoyées au maréchal de Mac-Mahon, j'ai songé à en appeler au témoignage du maréchal-président de la République lui-même. Cette déposition ne pouvant, en vertu d'un décret spécial du président Thiers, se produire par voie de citation directe, j'ai dû, pour me conformer aux articles 511 et 512 du Code d'instruction criminelle, demander au président du tribunal civil de Versailles une ordonnance, en vertu de laquelle M. le président du tribunal, après s'être transporté le 3 novembre auprès de M. le maréchal de Mac-Mahon, président de la République, adresse au conseil, sous pli cacheté, la déposition qu'il a recueillie et dont je vais faire donner lecture. (Profonde sensation dans l'auditoire.)

Six questions ont été posées au maréchal-président de la République, sur la demande du président du conseil.

Première question. — Avez-vous reçu communication de la dépêche du 19 août, venant du maréchal Bazaine, et annonçant la bataille de Saint-Privat? (Voir au rapport le texte de cette dépêche.)

Le maréchal-président a répondu : — Oui, j'ai reçu communication de cette dépêche.

Deuxième question. — Où l'avez-vous reçue ?

— *R.* A mon quartier-général, au château de Courcelles, près Reims.

Troisième question. — Quel jour ?

— *R.* Le 22 août. Elle m'a été apportée par M. Piétri, secrétaire particulier de l'empereur, vers 10 heures du matin.

Quatrième question. — Les indications contenues dans ces dépêches ont-elles influé sur la marche de votre armée ?

— *R.* Au moment où je l'ai reçue, j'avais donné l'ordre de marcher sur Paris ; j'ai fait immédiatement modifier ces ordres pour marcher sur Montmédy.

Cinquième question. — Avez-vous reçu d'autres dépêches du maréchal Bazaine, après celle du 19 août.

— *R.* Je n'ai reçu aucune autre dépêche.

Sixième question. — Avez-vous reçu notamment une dépêche du 20 août du maréchal Bazaine, annonçant qu'il suivrait très-probablement la ligne des places du Nord, et cette dépêche était-elle de nature à modifier votre marche au moment de son arrivée ?

— *R.* Je ne me rappelle pas avoir reçu la dépêche du 20 août, et il me semble qu'il est impossible qu'elle ait pu m'échapper, car elle aurait certainement modifié mes mouvements vers Metz.

Le défenseur fait observer qu'avant d'être président de la République, le maréchal de Mac-Mahon a été entendu dans l'instruction. Il demande que cette première déposition soit lue au moins partiellement.

Le général-président adhère à cette demande et lecture sera faite ultérieurement. Le général-président rappelle que le maréchal de Mac-Mahon n'a été entendu par le président du tribunal civil qu'à titre de renseignement et n'a pas prêté serment.

————

M. Amyot est rappelé. M. le général-président veut lui poser des questions, mais le témoin demande à entrer d'abord dans quelques explications supplémentaires sur la manière dont les dépêches ont été transmises au mois d'août. L'empereur, dit entre autres le témoin, recevait directement les dépêches en clair, et son cabinet décachetait et traduisait les dépêches chiffrées.

— *D.* Vous avez dit que les communications avec Metz avaient été définitivement coupées le 19 ?

— *R.* Oui, à partir de ce jour, notre point extrême était Thionville.

— *D.* Comment se fait-il qu'une dépêche partie, par exemple de Thionville, à 9 h. 18 du matin est transmise à 9 h. 25 à Châlons, communiquée à Paris à 10 h. 30 et revient à Châlons à midi 30, puisque vous prétendez qu'elle allait d'abord à Paris, jusqu'au quartier général ?

— *R.* Il y avait un bureau à Mourmelon, le bureau du camp, c'est celui qui l'a reçue en premier.

A la demande du général-président, le témoin entre dans des explications très-détaillées sur la manière dont les dépêches étaient transmises, mais en définitive il ne parvient pas à expliquer nettement l'itinéraire qu'à suivi la dépêche dont il est question.

La séance est suspendue pendant vingt minutes.

La séance est reprise à 3 h. 50.

On appelle le témoin Rabasse (Achille), 39 ans, inspecteur de police.

Le 18 août 1870, le témoin fut envoyé à Châlons avec M. Miès, où ils arrivèrent le 19. Miès avait deux lettres, l'une pour le maréchal de Mac-Mahon, l'autre pour le colonel Stoffel; toutes deux furent remises à ce dernier. Miès fut mandé par le colonel le lendemain 20, et revint avec deux missions, dont une pour le maréchal Bazaine auprès duquel le témoin devait arriver à tout prix. MM. Rabasse et Miès arrivèrent à Reims, d'où ils partirent pour Charleville. Ils repartirent de là le 22 août.

A Carignan un train de poudre passait avec le général Dejean : nous nous renseignâmes auprès de lui, continue le témoin, il nous conseilla de voir le commandant Magnan qui habitait l'hôtel du Commerce, Nous rencontrâmes un autre messager qui se rendait à Metz, et qui nous accompagna chez le commandant. Celui-ci se plaignit de n'avoir pu trouver d'émissaires. Nous nous offrîmes.

Nous montons sur une machine; nous arrivons à Montmédy, où le chef de gare nous prévient que le télégraphe n'avait plus de composteurs. Nous poussons jusqu'à Longwy, où on nous signale l'ennemi devant nous. Nous avertissons le commandant de la place de Longwy; Miès le prévient qu'il a vu le commandant Magnan, c'était le 22. Pendant le déjeuner, le brigadier nous apporte un pli nous demandant chez le commandant de place, M. Massaroli, chez lequel je me rendis. Après s'être assuré que je n'étais pas un espion, le colonel me donna d'autres dépêches au nombre de quatre, dont deux chiffrées, sous enveloppe, puis une lettre pour le maréchal de Mac-Mahon.

Je rejoignis Miès en l'engageant à aller voir au télégraphe s'il n'y avait pas moyen de faire partir une dépêche. L'employé de la gare copia les dépêches chiffrées et non chiffrées, sous ma dictée. L'une était de Plappeville sous Metz. Dans les quatre, il y en avait une signée : Coffinières. Après 50 ou 55 minutes d'attente, l'employé nous dit qu'on communiquait avec le quartier général et je lui dis d'envoyer les dépêches au colonel Stoffel, auquel j'écrivis pour lui dire que nous avions les originaux et demander si nous pouvions partir.

Le 23, vers 4 heures du matin, l'employé du télégraphe apportait une dépêche nous annonçant qu'on avait reçu les nôtres. Je pliai en petit mes dépêches et la lettre du colonel Massaroli et les cousis dans la couture de mon pantalon. Le lendemain matin, nous repartîmes.

L'ennemi étant autour de nous, nous prîmes la route de Belgique par où nous arrivâmes à Paris le 25 au matin. De là, nous partions pour Epernay, où nous arrivâmes le même jour vers midi ou 1 heure. En gare, on nous dit que l'avant-garde prussienne était signalée, mais nous passâmes jusqu'à Reims où nous arrivâmes entre 8 et 9 heures du soir; là, j'ai décousu mes dépêches et nous avons pris le train de Rethel. La voie était encombrée, nous avons continué la route à pied entre les rails et sommes arrivés à Rethel, et de là au quartier général à une heure avancée de la nuit. On nous dit que le maréchal travaillait. Miès passa devant moi et frappa au premier. Un officier de service non habillé vint ouvrir et nous conduisit chez son colonel qui les feuilleta et dit : Nous en avons connaissance depuis deux jours.

Le 26, à 8 heures du matin, le colonel Stoffel nous fit venir (le témoin précise les détails de l'entrevue), je lui remis mes dépêches et la lettre du colonel Massaroli. Cette lettre recommandait M. Guiard au maréchal de Mac-Mahon. Le colonel nous répondit que le maréchal avait bien d'autres chiens à fouetter.

Le colonel nous donna de nouveau rendez-vous pour midi. Miès y alla seul et prit encore rendez-vous pour le soir. Le colonel Stoffel le prit à part et lui dit que le lendemain, de bonne heure, nous suivrions le corps d'armée.

Pendant cette marche, nous trouvant inquiétés par la prévôté, nous en référions au colonel, qui nous dit qu'il n'avait plus besoin de nous et nous congédia en nous chargeant d'une lettre de famille. Nous revînmes à Paris le 1er septembre.

Sur la demande du général-président, le témoin déclare qu'il a adressé toutes ses dépêches au colonel Stoffel, mais qu'il ne les a pas vues partir, il a eu seulement la preuve qu'elles étaient arrivées.

Miès a dit à son camarade qu'il avait reçu l'ordre d'expédier au colonel Stoffel. La dépêche donnant aux deux émissaires l'ordre de rentrer a dû rester entre les mains de Miès. C'est en se consultant avec Miès que le témoin s'est souvenu de l'entrevue du 26 avec l'officier d'ordonnance du maréchal de Mac-Mahon qui les a conduits près du colonel.

On appelle le témoin Miès, 33 ans, inspecteur de police.

Le témoin confirme les faits relatifs à son départ, tels que les a exposés le précédent témoin.

C'est le 19 qu'a été remis le premier pli au colonel Stoffel. Mandé le 20 auprès du colonel, le témoin déclara ne pas faire partie de la police politique et être prêt à braver le danger quel qu'il fût.

Le colonel Stoffel envoya le témoin et son camarade à Longwy, avec une passe. L'ordre était d'envoyer de là dix émissaires s'il le fallait, mais de rapporter des nouvelles de Metz.

Le témoin raconte son voyage par Reims, Charleville et la rencontre en wagon de M. Finet employé de la compagnie de l'Est, qui se rendait en mission à Metz. Il parle ensuite de la rencontre du général Dejean, puis de sa visite à l'hôtel du Commerce, près du commandant Magnan qui réquisitionna une machine. Le commandant le chargea de dire au maréchal qu'il avait accompli la mission dont celui-ci l'avait chargé.

A Montmédy, on ne put pas recueillir de renseignements. On avertit le colonel Massaroli qui demande à voir les émissaires. Rabasse s'y rend et revient avec quatre dépêches, deux chiffrées, une en clair, une moitié chiffrée moitié en clair signée Coffinières. Nous les faisons expédier par télégraphe. On nous répond en nous télégraphiant de revenir, continue le témoin.

Ce retour s'effectua par la Belgique comme en a déjà témoigné Rabasse.

C'est le 26 à une heure du matin que les deux messagers arrivèrent à l'état-major où ils furent reçus d'abord par une servante, puis par *un Monsieur* qui dormait et qui se réveilla et les conduisit vers l'officier de service. Celui-ci les examina et dit. C'est ce que vous nous avez télégraphié il y a deux jours. Cet officier est M. le lieutenant-colonel d'Abzac que j'ai parfaitement reconnu dans la salle des témoins, affirme M. Miès.

Le récit de son entrevue avec le colonel Stoffel est absolument conforme à celui fait par le témoin Rabasse. Le colonel prit les dépêches, les mit dans sa poche et dit : « Je vais les porter au maréchal. »

Détails non moins conformes sur le retour à Paris, le 1er septembre, avec une lettre de recommandation près du préfet de police.

Sur la demande du général-président, le témoin déclare que, dans l'instruction, on lui a demandé fort peu de détails, c'est pourquoi cette première déposition ne contient pas tous les renseignements qu'il peut donner aujourd'hui.

La transmission des dépêches de Longwy a été faite par Rabasse. L'employé a dit qu'il se mettait en communication avec Reims, après avoir attendu 25 minutes.

Sur le fait des dépêches lues par le colonel d'Abzac, le témoin affirme la réalité de sa déposition. S'il ne l'a pas dit dans l'instruction, c'est qu'on n'a pas paru attacher de l'importance aux détails qu'il pouvait ajouter à sa déposition.

On rappelle le colonel d'Abzac pour lui demander s'il se souvenait d'avoir été réveillé, à Reims, dans la nuit du 25 au 26 et d'avoir lu des dépêches apportées par deux émissaires et qu'il a dit être connues depuis deux jours.

— R. Non, M. le président, je ne me souviens pas de ce fait, et je n'ai pas connu ces dépêches.

Les deux témoins sont mis en présence du colonel.

Miès déclare solennellement reconnaître le colonel.

LE COLONEL. — C'est à moi que vous les avez remises ?

LE TÉMOIN. — Oui, entre une heure et deux heures du matin. L'officier de service était un lieutenant; il portait une tunique de chasseur d'Afrique et avait une barbe blonde. Il était décoré de la Légion d'honneur. Il nous a conduits chez monsieur, en costume de nuit.

— D. Alors comment avez-vous vu qu'il était lieutenant ?

— R. Parce que je l'ai vu en tenue le lendemain.

LE COLONEL. — Comment était la chambre dans laquelle il m'a vu et y étais-je seul ?

— R. Nous n'y sommes pas entrés, les dépêches ont été lues sur le seuil par Monsieur qui nous a dit : Nous les connaissons depuis deux jours, et qui est rentré. Je lui ai fait mes excuses.

Le 6, en venant au conseil, j'ai reconnu le colonel dont j'ignorais le nom et j'ai dit à mon camarade : Tiens, voilà le colonel qui nous a ouvert sa porte. Je l'ai reconnu immédiatement et je le reconnais encore.

Le colonel répète qu'il n'a aucun souvenir de l'incident ni d'avoir reçu de dépêches du maréchal Bazaine, qui étaient attendues avec impatience.

Le général Guyot demande à Miès la description de la maison du colonel. Celui-ci le fait avec des détails d'une grande précision ; il y a dîné le lendemain soir, mais ce n'est pas alors qu'il a vu l'appartement du colonel, vu que ce n'était pas dans la même partie de la maison. Comme éclairage, il y avait deux bougies.

Le colonel déclare que la description de son appartement est exacte. Il ajoute qu'un officier veillait constamment au quartier-général.

Le général-président donne l'ordre d'assigner pour demain l'officier de service à Reims du colonel, M. Marescalchi, dont le signalement se rapproche de celui donné par le témoin, mais malheureusement cet officier est actuellement en Birmanie.

Le général-président proroge l'audience jusqu'à demain mardi et annonce que dans cette audience la confrontation sera continuée et que le colonel Stoffel sera entendu.

Voilà un mois environ que les débats du procès intenté au maréchal Bazaine ont commencé. Le rapport du général de Rivière a été lu, l'interrogatoire du maréchal s'est achevé, bon nombre de témoins ont défilé devant le conseil, et rien de bien précis ne s'est dégagé de ces lectures, de ces enquêtes, de ces dépositions. Depuis la journée de vendredi dernier, on pense que la lumière commence à se faire.

D'une part le colonel Lewal est venu affirmer que le maréchal Bazaine a reçu le 23 août une dépêche du maréchal de Mac-Mahon ; des contre-affirmations, il est vrai, se sont produites.

D'autre part, il paraît que des dépêches adressées au maréchal de Mac-Mahon ne lui sont point parvenues.

On pense que la confrontation des émissaires avec le colonel Stoffel jettera de la lumière sur cette question importante.

Pour le moment, le débat est arrivé à ce point. Quatre dépêches du maréchal Bazaine sont parvenues à Longwy, portées par des émissaires. Les unes ont été adressées par le télégraphe au maréchal de Mac-Mahon, et le rapport accuse le colonel Stoffel de les avoir reçues et de les avoir interceptées. Les autres ont été portées par des agents qui ont déposé dans la séance de ce jour.

On cherche à établir par des témoignages si le colonel a reçu les dépêches, ou si de Longwy ces dépêches ont été transmises directement à Paris pour revenir à Reims, et si c'est dans cet endroit que la missive a été retenue. La position, on le voit, est grave, et il n'est pas étrange que le général-président y attache une importance toute particulière.

Le duc d'Aumale, avec un soin tout particulier qui dénote son absolu et ardent désir de découvrir la vérité, a commencé dans la séance de samedi avec l'inspecteur des lignes télégraphiques, M. Amiot, une longue et minutieuse enquête sur le mode de transmission des dépêches. Le public qui du premier coup n'a pas compris la portée de cette discussion de détails, n'y a attaché qu'une attention médiocre; on a pu voir dans la séance d'aujourd'hui à quelle conclusion tendaient les questions du duc d'Aumale.

Audience du 4 novembre

Présidence de M. le duc d'Aumale

La séance est reprise à 1 heure 10 minutes.

Le général président fait appeler M. le colonel Eugène Stoffel, 52 ans.

Le colonel Stoffel dépose :

Au début de la guerre, j'étais attaché à l'état-major général de l'armée du Rhin, lorsque le 12 août le maréchal Le Bœuf donna sa démission. Je me présentai le 13 au maréchal Bazaine, qui me fit espérer un emploi. L'empereur me dit de vivre avec les officiers de sa maison jusqu'à ce qu'un emploi fût libre. Le 17, j'étais au camp de Châlons. Le prince Napoléon parla en ma faveur au maréchal de Mac-Mahon qui m'attacha à son état-major, et me chargea de lui fournir des renseignements sur la marche de l'armée du prince royal de Prusse. C'était une mission spéciale ; jamais je n'ai tenu, comme on l'a dit, le bureau des renseignements. Je travaillais à part, en dehors des autres officiers de l'état-major. Je n'ai jamais reçu directement de dépêches, pas même celles concernant mon service ; elles me parvenaient ouvertes ; quelquefois dans le cabinet du maréchal j'en ouvrais devant lui. La préoccupation générale était alors de communiquer avec Metz. C'est le 18 août que me vint cette idée, qui était en dehors de mon service, d'employer deux agents de la préfecture de police. J'en parlai au maréchal de Mac-Mahon qui m'approuva, et je télégraphiai dans ce sens à M. Piétri. Les deux agents Rabasse et Miès arrivèrent le 19. Je n'eus pas de grandes instructions à leur donner ; tout se bornait à rapporter des nouvelles du maréchal Bazaine. Je leur promis de vingt à vingt-cinq mille francs. Ils m'envoyèrent une première dépêche, me disant qu'ils ne réussissaient pas dans leur mission et demandaient de nouvelles instructions. Le 22, ils reçurent une dépêche pour les rappeler. Je les vis le 26, et depuis je n'ai plus entendu parler d'eux.

J'eus pour auxiliaire pendant quelques jours, M. Paul Waru, avec l'autorisation du maréchal. On pourrait en appeler à son témoignage.

— *D.* Avez-vous indiqué aux agents la voie de Longwy ?

— *R.* Non, monsieur le président ; ils étaient libres de choisir leur direction.

— *D.* Vous souvenez-vous de la date et du lieu de la dépêche dans laquelle ils vous parlaient du commandant Magnan ?

— *R.* Non.

— *D.* Avez-vous répondu à cette dépêche ?

— *R.* Je crois que non.

— *D.* Vous leur avez télégraphié de revenir ?

— *R.* La dépêche envoyée de Reims le 22, avec la suscription : M. le maréchal Mac-Mahon aux agents télégraphiques de l'état-major, n'est pas de moi, à ce que je crois ; d'abord elle n'est pas signée de moi, et puis elle n'est pas adressée directement au colonel Massaroli. Enfin, l'expression « agents télégraphiques de l'état-major » n'est pas de moi vraisemblablement.

— *D.* Comment avez-vous connu le départ de cette dépêche ?

— *R.* Mes souvenirs sont très-confus. Je crois me rappeler qu'un officier de l'un des deux états-majors m'a parlé de la dépêche des agents et de la réponse expédiée. Je dois fournir quelques explications indispensables : au rez-de-chaussée de la maison où se trouvait le maréchal de Mac-Mahon habitait tout son état-major ; moi, j'étais logé à plus d'un quart de lieue de là. Je répète que, quant à ce point spécial de la dépêche, je n'ai que des souvenirs confus, mais j'ai certainement connu l'existence de cette dépêche, et j'ai vu revenir les agents sans étonnement.

— D. Alors, le premier officier venu pouvait envoyer l'ordre de revenir à des agents avec lesquels vous seul aviez traité?

— R. L'état-major connaissait l'existence de leur mission, cela suffisait pour leur envoyer des ordres sans mon entremise.

— D. C'est un peu extraordinaire. Une telle mission exigeait des précautions et du mystère. A quel endroit était adressé l'ordre de revenir? — R. A Longwy.

— D. Comment savait-on qu'ils y étaient?

— R. Quelque officier pouvait savoir qu'il y avait des agents à Longwy. Pour moi, le fait de faire revenir les agents à telle ou telle date, en tel ou tel endroit, n'avait aucune espèce d'importance, du moment que leur mission n'avait pu réussir.

— D. Mais si l'état-major était ainsi au courant des missions secrètes, il devait alors connaître les nouvelles qui arrivaient. L'officier inconnu qui a rappelé les agents ne vous a pas dit pourquoi on les faisait revenir?

— R. Je ne me souviens pas qu'un officier les ait rappelés; je suppose qu'un officier a dû les rappeler, mais je n'ai, je le répète, aucun souvenir précis.

— D. C'est regrettable. Ainsi, quand vous avez appris par une sorte de rumeur qu'on avait employé le nom du maréchal pour faire revenir les agents....

— R. Mais j'y étais autorisé.

— D. Vous avez dit que vous n'avez pas télégraphié vous-même. Ainsi vous n'avez pas eu connaissance de l'arrivée à Reims d'aucune dépêche envoyée par ces agents?

— R. Non.

— D. Une dépêche d'eux a-t-elle pu arriver sans vous être communiquée?

— R. Ce n'est pas impossible.

— D. Ainsi vous attestez n'avoir eu connaissance que de la dépêche où ils vous disaient n'avoir pas réussi?

— R. Oui.

— D. Vous avez connu le retour de ces agents?

— R. Oui, je l'ai su à Réthel, le 26 au matin. Quand j'ai revu les agents, je ne sais plus dans quelles circonstances, ils m'ont remis une lettre et des papiers. Cette lettre était une lettre de recommandation du colonel Massaroli pour M. Guiard. J'y ai opposé une fin de non-recevoir; les papiers, je ne les ai même pas regardés. Je ne sais pas ce qu'ils sont devenus.

— D. Ainsi ces agents, auxquels vous aviez promis vingt-cinq mille francs, vous rapportent des papiers importants que vous ne lisez pas, et ces agents ne vous disent rien?

— R. Ils ont pu me dire quelque chose, mais cela ne m'a pas frappé. Les éventualités de la guerre causent des préoccupations qui expliquent très-bien que je n'ai pas songé plus tard à prendre connaissance de ces papiers.

— D. Ainsi les agents n'ont parlé ni du maréchal Bazaine, ni du général Coffinières, car ces noms vous auraient frappé?

— R. Celui du général Coffinières, non.

— *D.* Comment ! vous ne pouviez ignorer qu'il était gouverneur de Metz ?.

— *R.* Je veux dire qu'ils ne m'ont pas parlé de lui.

— *D.* Enfin vos souvenirs ne sont confus que parce que leurs dépêches étaient insignifiantes ?

— *R.* Il n'y a que celle qui m'a annoncé l'insuccès de leur mission qui m'a frappé.

— *D.* Et les papiers qu'ils vous apportaient vous ont paru insignifiants ?

— *R.* J'ai complétement oublié les détails de mon entrevue avec eux.

— *D.* Ainsi, dans la soirée du 22, vous n'avez reçu aucune dépêche de vos agents vous donnant des nouvelles de Metz ?

— *R.* Non.

— *D.* Et plus tard n'avez-vous pas entendu parler de l'arrivée de quelque dépêche ?

— *R.* Plus tard.... je ne puis rien affirmer de précis.

— *D.* Le 26, au matin, les agents vous ont donc remis une liasse de papiers dont vous ne vous souvenez pas, vous ont dit quelques mots dont vous ne vous souvenez pas, et vous leur avez fait une réponse dont vous ne vous souvenez plus, est-ce bien là votre déposition ?

— *R.* Oui.

Le commissaire du gouvernement fait observer que la déposition du colonel dans l'instruction diffère de celle qu'il vient de faire. Sur l'ordre du président, en vertu de son pouvoir discrétionnaire, il est donné lecture de cette déposition.

Voici les variations essentielles et les amplifications de cette première déposition :

Le témoin a déclaré avoir vu le commandant Magnan, mais n'avoir rien su de sa mission. Il n'a pas assisté au conseil de guerre du 17, mais il a connu les raisons qui ont déterminé le maréchal à quitter le camp de Châlons ; il n'a jamais pu que deviner les incertitudes du maréchal et n'a été consulté que le jour où le maréchal décida de revenir sur Paris. Quant à la dépêche, expédiée le 19 par le maréchal Bazaine à l'empereur, le témoin ne l'a connue qu'indirectement. Il n'a pas su positivement comment elle était arrivée ; en outre le témoin n'a pas connu l'arrivée des dépêches postérieures.

Le commissaire du gouvernement. — Dans sa déposition écrite, le colonel a reconnu avoir expédié la dépêche qui ordonnait aux agents de revenir.

— *R.* Je ne pouvais présumer que le fait des dépêches aurait une telle importance, et j'ai pu dire cela sans y attacher une si grande portée.

Le commissaire du gouvernement. — Le témoin n'a-t-il pas dit aux agents que les dépêches qu'ils apportaient n'étaient que la reproduction de ce qu'ils avaient déjà télégraphié ?

— *R.* Je ne me souviens pas d'un mot de cette conversation. A toutes les questions qui me seront faites à ce sujet, je serai obligé de répondre : Je ne me souviens pas.

Le colonel proteste contre l'accusation portée contre lui d'avoir promis 25 000 francs aux agents et de ne les avoir pas donnés. A ses yeux, ces agents n'ayant pu pénétrer dans Metz, n'avaient pas rempli leur mission. Il leur a remis 2000 francs environ, et estime que c'était suffisant.

Le général Chabaud-Latour demande si les agents n'ont pas fait d'observations quand on leur a remis une si faible somme, et s'ils n'ont pas fait valoir l'importance des nouvelles qu'ils rapportaient.

— *R.* Nullement. Ils avaient parfaitement conscience de n'avoir pas gagné la récompense promise.

— *D.* Ces agents ont-ils suivi l'armée pendant quelques jours?

— *R.* Je l'ai appris aujourd'hui par les journaux. Je ne vois pas quelle raison je pouvais avoir de ne pas les renvoyer à Paris immédiatement.

Incident.

Avant de se retirer, le colonel demande à répondre à quelques-unes des accusations dont il a été l'objet.

Le général-président lui répond qu'un témoin n'a ni le droit de plaider, ni celui de discuter, et qu'il ne l'autorise qu'à compléter sa déposition.

LE COLONEL. — Je parais ici non comme témoin, mais comme accusé. Je suis accusé d'avoir supprimé une dépêche.

LE GÉNÉRAL-PRÉSIDENT. — Vous n'êtes accusé de rien devant le conseil; vous n'avez pas, je le répète, à répondre à des accusations, mais aux questions que vous pose le président. La franchise et la précision de votre déposition, seront, s'il y a lieu, les seules explications de votre conduite admissibles ici.

Le colonel s'emporte contre le rapporteur en termes fort vifs.

Parmi les paroles qu'il prononce, nous distinguons les suivantes : « Je n'ai pas l'intention d'attaquer le rapport, car à cet égard je partage le sentiment de l'armée, que le rapporteur a tenté de déshonorer, sentiment qui est un profond mépris et le plus grand dédain. »

Le général-président prie le colonel de se retirer dans la salle des témoins.

On appelle le témoin Rabasse.

Le général-président ordonne en vertu de son pouvoir discrétionnaire la lecture : 1° de la déposition du témoin dans l'instruction; 2° du rapport écrit qu'il a rédigé lui-même sur sa mission, rapport antérieur à cette déposition à laquelle il a servi de base.

Le général-président fait observer au témoin que ces deux dépositions plus rapprochées des événements que celle qu'il a faite hier, sont très-détaillées, très-explicites, et que cependant elles ne mentionnent pas l'incident très-grave de la visite nocturne du 25-26 août, et de la communication des dépêches au colonel d'Abzac.

Le témoin déclare que Miès lui a rafraîchi les souvenirs, mais que si on l'avait interrogé dans l'instruction, les souvenirs lui seraient certainement revenus tout seuls. Le général-président pense que ce souvenir n'est qu'un effet de la subordination, Miès étant le supérieur de Rabasse, ou du moins son ancien. Il rappelle au témoin combien il est irrégulier de se concerter avant la déposition, et demande si c'est l'habitude des agents de la préfecture avant de se présenter devant la justice.

Celui-ci répond que Miès a simplement fait appel à ses souvenirs sur cet incident qu'il a oublié de faire connaître dans l'instruction et confirme de nouveau ce qu'il a allégué.

Rabasse déclare ensuite qu'il n'a jamais été question de 25 000 fr.; qu'ils ont reçu 500 fr. en partant, avec ordre de *semer l'or*, et que le colonel leur a donné 200 fr. à leur retour, en leur manifestant sa satisfaction. Sur la demande du général Chabaud-Latour, le témoin dépose qu'il a remis à M. Stoffel les dépêches sans prononcer un mot, militairement.

On rappelle le témoin Miès.

Le général-président fait également donner lecture de la déposition écrite du témoin et du rapport de police qu'il avait rédigé antérieurement.

Il fait observer au témoin que, pour la rédaction de ce rapport, il a eu tout le temps et toute la latitude nécessaires pour y faire figurer les détails complets de leur mission aller et retour. Et, cependant, au milieu des explications les plus minutieuses le témoin a omis le fait très-important de l'entrevue nocturne du 25 au 26 août.

Le témoin. — Ce rapport ne nous avait pas été demandé comme témoignage, mais seulement comme justification de l'emploi de notre temps. C'était un rapport purement administratif, il ne m'a pas semblé que l'incident du colonel d'Abzac eût de l'importance à ce point de vue, et j'ai très-bien pu le négliger. Dans l'instruction on ne m'a pas interrogé là-dessus et je n'ai rien dit.

Après une suspension d'une heure, pendant laquelle ont lieu de nombreux commentaires, la séance est reprise à 4 heures 45.

Incident

On appelle le colonel Stoffel.

Le général-président. — Au moment où je cherchais à vous retirer la parole à la fin de votre déposition, quelques membres du conseil ont entendu les paroles suivantes qui m'ont échappé.

« Quant à l'auteur du rapport, je partage les sentiments de l'armée tout entière, et je n'éprouve pour lui que du mépris et du dédain. »

Reconnaissez-vous avoir prononcé ces paroles, et, dans ce cas, consentez-vous à les expliquer ou à les rétracter ?

M. le colonel Stoffel. — Je les ai prononcées. J'ai été calomnié...

— D. Je ne vous demande pas si vous avez été calomnié. Les rétractez-vous, oui ou non ?

— R. (D'une voix faible.) Je n'ai rien à rétracter.

— D. En vertu de l'article 116 du Code de Justice Militaire, ainsi conçu :

Article 116. — Lorsque des crimes ou des délits autres que ceux prévus par l'article précédent (voies de fait) sont commis dans le lieu des séances, il est procédé de la manière suivante :

1° Si l'auteur du crime ou du délit est justiciable des tribunaux militaires, il est jugé immédiatement;

2° Si l'auteur du crime et délit n'est point justiciable des tribunaux militaires, le président, après avoir fait dresser procès-verbal des faits et des dépositions des témoins, renvoie les pièces et l'inculpé devant l'autorité compétente.

Et de l'article 222 du Code pénal, ainsi conçu :

Art. 222. Lorsqu'un ou plusieurs magistrats de l'ordre administratif ou judiciaire auront reçu dans leurs fonctions, ou à l'occasion de cet exercice, quelques outrages par paroles tendant à inculper leur honneur ou leur délicatesse, celui qui les aura ainsi outragés sera puni d'un emprisonnement d'un mois à deux ans.

Si l'outrage a eu lieu à l'audience d'une cour, ou d'un tribunal, l'emprisonnement sera de deux à cinq ans.

En vertu de ces deux articles, je vais faire dresser par le greffier un procès-verbal constatant la phrase que vous avez prononcée et que vous vous êtes refusé à rétracter.

Greffier, écrivez :

M. le colonel Stoffel, témoin, a prononcé devant le conseil la phrase suivante : « En ce qui concerne le rapporteur, je partage le sentiment de l'armée tout entière, et je n'éprouve pour lui que du mépris et du dédain. »

Interpellé par le président, et engagé par lui à rétracter ou à expliquer ses paroles, le témoin a déclaré les maintenir.

M. le colonel, est-ce bien cela ?

— *R.* Oui, sauf que M. le président n'a pas prononcé le mot *expliquer.*

— *D.* Bien, M. le colonel ; je vais arrêter la rédaction du procès-verbal ; seulement prenez garde, en l'expliquant, d'aggraver le sens de votre phrase, car je vous retirerai la parole.

— *R.* Je n'ai qu'à dire ceci : c'est qu'ayant été attaqué dans mon honneur et outragé, j'ai pu me servir de termes vifs....

— *D.* Ceci n'est pas une explication. En avez-vous d'autres à donner ?

— *R.* Je voudrais que l'on comprît que le rapport....

— *D.* Vous entrez précisément dans la voie que je ne puis admettre.

— *R.* Je suis accusé....

— *D.* Vous avez paru devant le conseil comme témoin. Je n'admets pas ce genre d'explications. Votre explication doit porter sur les mots que vous avez prononcés et établir que vous les rétractez ou que vous justifiez qu'ils n'ont pas le sens qui leur est donné.

M⁰ Lachaud demande la parole.

Le général-président. — Pas sur l'incident, M⁰ Lachaud.

M⁰ Lachaud répond qu'il a voulu simplement faire comprendre au colonel Stoffel ce que ses paroles avaient d'excessif. Il y a des accusations dont l'amertume entraîne à des paroles vives, et si le colonel voulait en croire son conseil, il les retirerait.

Le colonel Stoffel. — Pour mettre fin à cet incident, trop prolongé pour le conseil....

Le général-président interrompt de nouveau le témoin en lui disant qu'il n'a pas à se préoccuper de l'impression du conseil et en lui demandant si oui ou non il retire sa phrase.

Le témoin recommence une série d'explications confuses.

Le général-président. — Cela suffit. Greffier, reprenez la rédaction du procès-verbal.

Le procès-verbal est relu, et le général-président déclare qu'il sera adressé au général commandant la première division militaire qui y donnera suite s'il y a lieu; ses pouvoirs se bornant à cette remise.

Le colonel Stoffel est invité à se retirer.

Le général-président fait rappeler le témoin Amyot pour lui demander de nouvelles explications sur le groupe des dépêches expédiées de Longwy.

On reprend l'itinéraire de la dépêche 34750 dont il a été si souvent question, dépêche expédiée par les deux agents Rabasse et Miès.

Le témoin répond que la dépêche arrivée à 10 heures 10 minutes à Courcelles à l'adresse du colonel Stoffel, a dû arriver à l'état-major vers 10 heures et demie.

Quant au bureau de Reims, il a pu demander à Paris si la première dépêche avait été déjà transmise à Courcelles, mais la règle voulait qu'elle fût envoyée directement et immédiatement au destinataire.

L'examen du dossier contenant les 3 dépêches de Longwy ne fait pas croire au témoin que les 3 dépêches avaient été envoyées au colonel Stoffel. Une seule lui a été adressée personnellement. Sur la demande du défenseur, le témoin explique qu'il y avait bien un fil entre Reims et Courcelles, mais ce fil était isolé à Reims, et il aurait fallu le mettre en communication momentanée pour savoir télégraphiquement si le quartier général avait déjà reçu la dépêche.

Le défenseur fait observer que la dépêche a été remise au quartier général à dix heures et demie et que celle ordonnant le retour des agents est datée de neuf heures et demie à Reims.

Le général-président se reporte à l'expédition fournie par le service télégraphique, expédition dans laquelle une erreur de date est signalée par ce service.

On ne peut savoir si l'erreur porte sur la date ou sur l'heure.

On rappelle le témoin Miès.

Le commissaire du gouvernement demande au témoin de nouveaux détails sur son entrevue avec le colonel Stoffel, pendant que celui-ci déjeunait.

Le témoin reprend son récit mot à mot, en affirmant de plus en plus catégoriquement sa déposition.

Le commissaire du gouvernement insiste sur le fait que le témoin a prévenu le colonel que c'étaient les dépêches de Longwy.

Nouvelle affirmation du témoin.

Incident.

On rappelle le colonel Stoffel.

Le général-président le prie de préciser quelques-uns des points de sa déposition. 1° Avez-vous reçu le 22 août une dépêche à vous envoyée par les agents Rabasse et Miès, dépêche dans laquelle était encastrée une dépêche chiffrée du maréchal Bazaine au maréchal de Mac-Mahon?

— R. Non.

— D. En avez-vous eu connaissance un autre jour?

— R. Jamais.

— D. Le 26 août au matin Rabasse et Miès se sont présentés chez vous et vous ont remis une lettre du colonel Massaroli, que vous avez lue?

— R. Je ne sais pas si je l'ai lue. On m'a dit, en tous cas, qu'on y recommandait Guiard.

— D. Sans vous dire que c'était à cause des services rendus par Guiard en faisant parvenir des dépêches de Metz?

— R. Je n'y ai prêté aucune attention.

— D. Et vous n'avez pas lu les autres papiers?

— R. Non.

— D. Et vous les avez mis dans votre cantine sans les avoir lus?

— R. Sans les avoir lus. Il se peut même que je les aie gardés quelque temps dans ma poche avant de les mettre dans ma cantine.

LE GÉNÉRAL CHABAUD-LATOUR. — Le témoin n'a pas dit aux agents qu'il allait communiquer ces dépêches au maréchal?

— R. Non.

LE GÉNÉRAL-PRÉSIDENT. — La parole est donnée au commissaire du gouvernement.

Le commissaire du gouvernement, considérant comme acquise aux débats la suppression d'une dépêche par le colonel Stoffel qui a, ainsi, manqué à ce que lui prescrivait le devoir militaire, déclare déposer des réserves pour qu'il soit pris ultérieurement les mesures prévues par la loi.

Le défenseur demande au conseil si le défaut de mémoire étant un crime, ces mesures seront appliquées à tous ceux qui ont manqué de mémoire.

Acte est donné au ministère public de ses conclusions.

La suspendue est levée à 5 heures 45.

Complément de l'audience du 4 novembre

L'audience du 4 novembre a été, comme on l'a vu, fertile en péripéties saisissantes ; les paroles prononcées par M. le colonel Stoffel ont surtout été le motif d'un incident inattendu sur lequel nous croyons intéressant de revenir avec plus de détails.

Après avoir donné lecture des articles du Code de justice militaire et du Code pénal en vertu desquels M. le colonel Stoffel est passible d'un emprisonnement de deux à cinq ans pour outrages par paroles envers un magistrat à l'audience d'un tribunal, M. le général-président a ajouté :

En vertu des susdits articles, je vais faire dresser par M. le greffier un procès-verbal de cet incident, et je vais lui dicter la phrase que vous avez prononcée. Monsieur le greffier, écrivez.

Et M. LE GÉNÉRAL-PRÉSIDENT a ensuite dicté lentement, au milieu d'un profond silence, le procès-verbal suivant :

« M. le colonel Stoffel, témoin, a prononcé devant le conseil de guerre les paroles suivantes :

« En ce qui concerne le rapporteur, je partage les sentiments de l'armée tout entière, et je n'éprouve pour lui que du mépris et du dédain. »

« Interpellé par le président et engagé par lui à rétracter ou à expliquer ces paroles, le témoin a déclaré les maintenir. »

LE GÉNÉRAL-PRÉSIDENT, au colonel Stoffel : Vous reconnaissez l'exactitude de ce qui vient d'être dicté ?

— R. C'est exact, mais j'ai remarqué le mot « d'expliquer. » Je n'avais pas entendu ce mot. Je doute que M. le président se soit servi du mot : « expliquer »

— D. Eh bien ! Je vous invite encore à expliquer vos paroles, mais je dois vous avertir que votre explication ne doit pas être une aggravation. Dans ce dernier cas, je serais obligé de vous retirer immédiatement la parole.

— R. Je ne suis pas un enfant. Je sais très bien que je suis accusé d'une action que je n'ai pas commise, la suppression d'une dépêche. Je sais très-bien qu'on a voulu porter une atteinte à mon honneur...

— D. Ce n'est pas là, justement, l'explication dont je parlais. L'explication doit revenir sur les paroles prononcées, et avoir pour but de démontrer ou d'alléguer qu'elles n'ont pas le sens et la portée que lui attribuent ceux qui l'ont entendue et ceux qui la liront. Est-ce cette explication que vous voulez donner ?

— *R.* Il m'est impossible de savoir l'intention qu'on attribuera à mes paroles. Pour moi, je me suis senti outragé, calomnié. Il est tout simple que j'aie éprouvé une certaine indignation et que je n'aie pas pu m'empêcher de l'exprimer.

— *D.* Vous avez déclaré avoir prononcé les paroles que j'ai relevées. Je vous ai autorisé à vous expliquer. Je vous répète que votre explication doit porter sur le sens des mots, et non sur l'ordre d'idées qui vous les a fait prononcer.

— *R.* C'est la seule explication que je puisse fournir, et c'est fort explicable que je me serve de termes trop vifs quand je me sens atteint dans mon honneur.

— *D.* Vous n'avez pas d'autre explication?

— *R.* Pas d'autre.

Le général-président (au greffier). — Reprenez le procès-verbal et écrivez :

« Le témoin a fourni des explications qui n'ont pas paru satisfaisantes. Engagé à les rétracter, il a déclaré les maintenir. »

— *D.* (Au témoin) : Est-ce correct? Avez-vous une observation à faire sur les termes de la rédaction? Voulez-vous les changer?

— *R.* Je n'ai aucune volonté à exprimer.

Mᵉ Lachaud (se levant). — Monsieur le président, voulez-vous me permettre de prononcer une parole? (Murmure approbateur dans l'auditoire.)

Le général-président. — Mᵉ Lachaud, vous n'avez pas à intervenir dans cet incident.

Mᵉ Lachaud. — Je le sais, monsieur le président.

Le général-président. — Tout ceci est un fait d'audience amené par des parole que je n'avais pas entendues, mais qui ont été entendues par des membres du Conseil. J'ai demandé au témoin s'il pouvait expliquer ces paroles et s'il les maintenait, il ne les a pas expliquées, et il les a maintenues.

J'ai fait dresser procès-verbal, ce procès-verbal sera adressé par moi à M. le général commandant la 1ʳᵉ division militaire, qui avisera et saisira, s'il le juge convenable, l'autorité compétente. Je donne cette explication, que je n'étais pas forcé de fournir, pour qu'on comprenne bien ce qu'est le fait et quelles conséquences en dérivent.

Mᵉ Lachaud. — Ce n'était pas une critique que je voulais adresser, je désirais intervenir, et vous avez compris certainement le motif de cette intervention. Les paroles prononcées par M. Stoffel ont été trop vives, et s'il m'en croyait, il les regretterait et les retirerait. Il est des entraînements auxquels certaines natures résistent difficilement. Je voulais dire au colonel : Vous avez souffert, n'importe! réparez un mouvement irréfléchi; retirez les paroles que vous avez dites, écoutez un avis désintéressé....

On ne doit jamais oublier, quand on parle d'un magistrat, qu'il est magistrat. Je le répète, si M. le colonel veut m'en croire, il retirera ses paroles.

LE GÉNÉRAL-PRÉSIDENT. — Je veux bien demander encore au témoin s'il consent à se rétracter. Colonel, vous avez entendu ce que vient de dire M. le défenseur. Rétractez-vous vos paroles? Dans ce cas, le procès-verbal sera considéré comme nul.

— R. Les rétractations sont à mes yeux des enfantillages, et....

LE GÉNÉRAL-PRÉSIDENT. — Il ne s'agit pas d'enfantillage. Retirez-vous vos paroles?

— R. A quoi cela m'avancerait-il?

— D. Je ne vous demande pas à quoi cela vous servirait, mais si vous les retirez?

— R. Monsieur le président veut me faire parler contre un sentiment que j'éprouve.

— D. Je vous demande simplement de retirer vos paroles?

Mᵉ LACHAUD. — Retirez-les, retirez-les....

LE COLONEL STOFFEL (se tournant vers le défenseur) : Pour clore cet incident, je...

LE GÉNÉRAL-PRÉSIDENT. — Vous n'avez pas à vous occuper des incidents. Il ne s'agit pas de commentaires. L'outrage a été public, la rétractation doit être publique (mouvement dans l'auditoire).

LE COLONEL STOFFEL. — Je ne peux pas rétracter.

LE GÉNÉRAL-PRÉSIDENT. — L'incident est clos.

(Au greffier.) Monsieur le greffier, donnez lecture au témoin, dans la partie qui le concerne, de ce procès-verbal que je transmettrai à M. le général de la 1ʳᵉ division militaire, qui y donnera telle suite que de droit.

M. LE GREFFIER reprenant sa lecture : « Le témoin, invité à les expliquer, a donné des explications qui n'ont pas paru satisfaisantes; engagé à les rétracter, il a déclaré les maintenir tout entières. »

LE GÉNÉRAL-PRÉSIDENT, au colonel Stoffel. — Vous avez entendu la lecture du procès-verbal. Comme vous serez encore appelé comme témoin, veuillez vous retirer dans la salle des témoins jusqu'au moment où le conseil aura besoin de vous entendre.

———————

Voici maintenant l'important incident qui a terminé l'audience.

M. LE COMMISSAIRE DU GOUVERNEMENT. — Messieurs, vous avez entendu les dépositions des sieurs Rabasse et Miès, au sujet des quatre dépêches dont ils étaient porteurs, et destinées à l'empereur, au maréchal de Mac-Mahon et au ministre de la guerre.

Attendu qu'il résulte des dépositions recueillies aux débats présomption suffisante contre le colonel Stoffel, chargé du service des renseignements à l état-major du maréchal de Mac-Mahon, d'avoir, dans les journées du 22 au 27 août 1870, volontairement soustrait, détruit, brûlé ou lacéré lesdites dépêches qui ne sont jamais parvenues au maréchal de Mac-Mahon, crime prévu et puni par l'article 255 du Code de justice militaire.

Nous déclarons en conséquence faire des réserves pour exercer telles poursuites qu'il appartiendra contre ledit colonel Stoffel. Requérons qu'il nous soit donné acte desdites réserves à l'effet de provoquer, s'il y a lieu, de l'autorité compétente, un ordre d'informer contre le sieur Stoffel.

Mᵉ Lachaud. Je demande la parole.

Le général-président. — La parole est à M. le défenseur.

Mᵉ Lachaud. — Messieurs, M. le commissaire du gouvernement fait des réserves, c'est son droit et vous lui en donnerez acte; mais c'est mon droit aussi d'intervenir, c'est plus que mon droit : c'est mon devoir.

Il ne faut pas demander à la mémoire de l'homme plus qu'elle ne peut donner. Qu'a fait le colonel Stoffel? Il a oublié; est-il le seul? J'avais pris la résolution de ne pas me mêler à ce grave incident, et chacun ici doit comprendre quel est le motif de convenance qui m'engageait à me taire, mais je ne puis m'empêcher de parler.

Je ne sais pas si M. le colonel Stoffel a eu une défaillance de mémoire; mais une défaillance de mémoire n'est pas un crime, et si M. le commissaire du gouvernement pense autrement, je lui dirai que d'autres que M. le colonel Stoffel ont eu des défaillances de mémoire. Je m'étonne qu'eux aussi, ne soient pas criminels.

Je n'ai plus rien à dire.

Mᵉ Lachaud se rassied. Le conseil se consulte quelques secondes, puis le général-président prononce, au milieu d'un silence général:

— Ouï les réquisitions de M. le commissaire du gouvernement; ouï les paroles de la défense, le conseil donne acte à M. le commissaire du gouvernement de ses réserves.

L'importance de ces incidents nous engage à reproduire textuellement la partie du rapport du général de Rivière, dans laquelle M. le colonel Stoffel est accusé d'avoir intercepté la

dépêche adressée au maréchal de Mac-Mahon par le commandant de l'armée du Rhin.

Dépêches envoyées par le maréchal Bazaine le 20 août. — Cependant de Metz ont été expédiées, le 20, dans la soirée, les trois
dépêches dont il a été déjà question, destinées à l'empereur,
au ministre et au maréchal de Mac-Mahon.

« A l'empereur. — Mes troupes occupent toujours les mêmes positions. L'ennemi paraît établir des batteries qui doivent servir à appuyer son investissement. Il reçoit constamment des renforts. Le général Marguenat a été tué le 16 ; nous avons dans la place plus de seize
mille blessés. »

« Au ministre de la guerre. — Nous sommes sous Metz, nous ravi-
taillant en vivres et en munitions ; l'ennemi grossit toujours et paraît
commencer à nous investir. J'écris à l'empereur, qui vous donnera
communication de ma lettre. J'ai reçu dépêche du maréchal de Mac-
Mahon, auquel j'ai répondu ce que je compte pouvoir faire dans quelques
jours. »

« Au maréchal de Mac-Mahon. — J'ai dû prendre position près de
Metz pour donner du repos aux soldats et les ravitailler en vivres et en
munitions. L'ennemi grossit toujours autour de moi, et je suivrai très-
probablement pour vous rejoindre la ligne des places du nord, et vous
préviendrai de ma marche, si toutefois je puis l'entreprendre sans compromettre l'armée. »

Il est inutile d'insister sur la différence essentielle existant
entre la dernière de ces dépêches et les autres ; celle-là seule
contient une réserve formelle qui pouvait arrêter la marche
du maréchal de Mac-Mahon, faire cesser ou retarder l'exécution
des préparatifs qui se poursuivaient à Montmédy.

Le maréchal Bazaine, dans ses interrogatoires, fait ressortir
le caractère spécial des diverses communications qu'il a transmises au maréchal de Mac-Mahon : ce sont des instructions
données par un chef à son subordonné ; les autres informations sont simplement des avis. — La dépêche pour le maréchal de Mac-Mahon présentait donc un intérêt capital.

Malheureusement, cette dépêche, le maréchal de Mac-Mahon
ne l'a jamais reçue. Elle a été interceptée.

L'instruction a établi qu'une femme, Louise Imbert, avait
été chargée de porter de Metz à Thionville ces dépêches du
20, que des duplicata furent également remis à un agent de
police, nommé Flahaut.

Cet homme apportait en outre au colonel Turnier une lettre
du général Coffinières, ainsi conçue :

Metz, 20 août 1870.

« Mon cher commandant, votre commissionnaire m'est arrivé fidèlement. Je lui compte les cinquante francs que vous lui avez promis. —
Si vous êtes certain de faire passer une dépêche, vous pouvez dire que
les Prussiens ont attaqué notre armée sur les plateaux d'Amanvillers, à
douze kilomètres à l'ouest de Metz. Après un combat des plus vigoureux, nos troupes, cédant vers la droite, faute de cartouches, se sont

retirées sous Metz, et sont entassées entre Longeville, Saint-Quentin, Plappeville, le Goupillon et la droite du fort Moselle. C'est une assez mauvaise position, attaquable sur les deux faces de l'est et de l'ouest. Les Prussiens s'établissent fortement autour de nous et ne nous laisseront pas long temps pour nous refaire. Nous avons onze à douze mille blessés dans la place, et peu de ressources pour les soigner.

Général COFFINIÈRES DE NORDECK.

Ces dépêches arrivèrent à Thionville le 21 août, vers midi. Le télégraphe ayant été coupé depuis deux heures (à dix heures quinze du matin), le colonel Turnier les fit partir immédiatement par le sieur Guiard, commissaire de police cantonal à Longwy. Il remit en même temps une expédition de ces dépêches à M. de Bazelaire, élève de l'École polytechnique, qui se rendait à Paris. Ce jeune homme les expédia le lendemain par la station télégraphique de Givet. L'annexe relative aux communications contient au sujet de l'envoi des dépêches du 20, des détails multipliés qui ont dû y être renvoyés, afin de ne pas interrompre l'exposé général des faits.

La dépêche destinée à l'empereur lui arriva à deux heures douze minutes de l'après-midi, par l'intermédiaire du commandant de place de Longwy, le colonel Massaroli. Celle adressée au ministre lui fut remise à deux heures vingt minutes, par la même voie.

Cette même dépêche fut transmise directement à l'empereur, par des inspecteurs délégués de l'état-major en mission à Longwy. L'Empereur la fit parvenir au ministre à huit heures 35 minutes du soir.

Le colonel Massaroli n'adressa pas directement au maréchal de Mac-Mahon la dépêche qui lui était destinée. Ce furent les *inspecteurs délégués* qui en prirent possession et qui la transmirent au colonel Stoffel, chef de la section des renseignements à l'état-major du maréchal de Mac-Mahon. En voici le texte officiel :

Longwy, le 22 août 1870, quatre heures cinquante minutes du soir. Ampliation. — Les inspecteurs délégués de l'état-major au colonel Stoffel, attaché près de S. Exc. le maréchal de Mac-Mahon.

« J'ai dû prendre position.... etc. Le commandant de place de Thionville, signé : *Turnier*. »

« Nous sommes en possession de l'original : dépêches envoyées en même temps à S. M. l'Empereur par le colonel Massaroli, commandant de place de Longwy, qui fait connaître les positions qu'occupe le maréchal Bazaine. « Faut-il rentrer ? Réponse de suite. Signé : *Rabasse et Miès.* »

Reçue de Longwy (heure non indiquée), Reims. Fait.

Cette dépêche ne parvint jamais au maréchal de Mac-Mahon. Interrogé à ce sujet, le maréchal a répondu : « Cette dépêche est assez importante pour qu'elle m'ait frappé, si j'en avais eu connaissance, et je ne m'en souviens nullement. » Pas plus que le maréchal, les officiers de son cabinet, les colonels d'Abzac et Boyer, n'ont eu connaissance de cette dépêche. Tandis que la dépêche expédiée le 20 août au maréchal de Mac-Mahon ne lui était pas remise, celle envoyée à l'empereur par le même courrier arrivait à son adresse. Le maréchal, auquel il a été demandé s'il avait reçu communication de la dépêche du 20 août à l'empereur, a répondu :

« Je me rappelle que l'Empereur m'a fait connaître que le général Marguenat avait été tué; mais je ne pense pas qu'il m'ait communiqué la dépêche entière. »

Cependant la dépêche destinée au maréchal avait été expédiée au colonel Stoffel par les sieurs Rabasse et Miès, inspecteurs délégués de l'état-major, comme on le voit par la minute qui a été reproduite.

Quels étaient ces inspecteurs délégués de l'état-major? C'étaient des agents de la police de sûreté, qui avaient été demandés, le 18 août, à M. Piétri par le colonel Stoffel. Cet officier supérieur leur avait donné, le 20 août, pour instructions de chercher à pénétrer jusqu'au maréchal Bazaine et de recevoir ses dépêches; il leur avait recommandé de lui adresser personnellement tous les renseignements qu'ils pourraient recueillir.

Les agents se dirigent sur Longwy, où arrivait au même moment qu'eux le sieur Guiard, leur collègue, venant de Thionville, porteur de quatre dépêches du 20. Ils en prennent possession, en expédient copie au colonel Stoffel, reçoivent de cet officier supérieur l'avis de l'arrivée des dépêches et l'ordre de revenir à l'armée. Ils la rejoignent, le 26, à Rethel et remettent au colonel les originaux dont ils sont porteurs.

La dépêche a donc été arrêtée au moins deux fois par le colonel Stoffel : le 22, quand elle lui arriva par le télégraphe, et le 26, lorsque les agents lui ont remis en mains propres l'original. Nous disons au moins deux fois, car l'expédition remise au jeune Bazelaire n'est pas parvenue davantage et a dû être également *interceptée par le colonel Stoffel.*

Interrogé sur ce point, le colonel Stoffel s'est rejeté d'abord sur un défaut de mémoire, puis a contesté la possibilité d'un pareil incident. Pressé de plus en plus, il a nié, mais d'une manière très-embarrassée. L'ensemble si accablant des preuves ne laisse aucun doute sur ce point. *Le colonel Stoffel a intercepté la dépêche adressée au maréchal.* Maintenant est-il admissible qu'il ait osé prendre sur lui un pareil détournement? On ne saurait s'arrêter un moment à cette pensée. Évidemment il a dû recevoir des ordres à cet effet. De qui les tenait-il? Qui pourrait le dire? Quoi qu'il en soit, en s'associant à une manœuvre destinée à tromper son propre chef, auquel il devait plus que personne la vérité, et comme officier de son état-major particulier, et comme chargé du service des renseignements, le colonel Stoffel *a commis un acte inouï.*

Ce fait pourra prendre aux débats une importance considérable, car il sera invoqué certainement pour chercher à décharger le maréchal Bazaine de la part de responsabilité qui lui incombe au sujet de la catastrophe de Sedan. Bien que le maréchal soit complétement étranger à la manœuvre qui a arrêté la dépêche du 20 adressée au maréchal de Mac-Mahon, il reste à sa charge d'avoir gardé le silence dans ses dépêches du même jour, vis-à-vis de l'empereur et du ministre de la guerre, sur ce point essentiel qu'un avis ultérieur serait donné, annonçant la mise en mouvement de l'armée de Metz. Pourquoi ne leur indiquait-il pas cette restriction si importante dont il faisait mention dans sa dépêche au maréchal de Mac-Mahon ? Ne devait-il pas également la vérité au souverain et au ministre ? Il est juste d'ajouter que le maréchal de Mac-Mahon, auquel il a été demandé si, ayant reçu la dépêche qui se termine par ces mots : « Je vous préviendrai de ma marche, » il serait parti, et s'il n'aurait pas cru indispensable d'attendre un nouvel avis du maréchal Bazaine, a répondu *consciencieusement*, qu'il est probable que même après la réception de cette dépêche il aurait continué sa marche vers la Meuse, sauf à voir ce qu'il y avait à faire étant arrivé.

L'instruction n'a qu'à s'incliner devant cette déclaration généreuse. Mais si la suppression de la dépêche du 20 ne fit qu'épargner des hésitations nouvelles au maréchal de Mac-Mahon, elle ne saurait décharger le maréchal Bazaine de la responsabilité première de la catastrophe de Sedan. En entretenant le gouvernement de ses projets de sortie, en continuant, une fois rentré sous Metz, à se plaindre de la pénurie des vivres et des munitions de manière à faire craindre un désastre imminent ; en ne rectifiant pas ses premières assertions, le maréchal Bazaine devait déterminer des efforts désespérés pour lui venir en aide. Si ces efforts ont abouti à une catastrophe, comment échapperait-il à la responsabilité de l'avoir provoquée ?...

———

D'après les termes de la loi, M. le colonel Stoffel, en non-activité de service depuis deux ans, ne doit pas être traduit, pour le fait d'outrages envers un magistrat, devant la justice militaire, mais il est justiciable du tribunal correctionnel.

Pour ce qui concerne les réserves faites par M. le commissaire du gouvernement par rapport à la dépêche qui n'est jamais parvenue au maréchal de Mac-Mahon, — réserves qui visent l'article 255 du Code de Justice Militaire, entraînant la peine de mort, — elles ne peuvent avoir de suite que lorsque le ministère public en aura réclamé la sanction et procédera aux formalités nécessaires pour déterminer la poursuite.

M. Stoffel demande à être traduit devant un conseil de guerre.

PRÉSIDENCE DE M. LE DUC D'AUMALE

La séance est reprise à une heure dix minutes.

On appelle le général comte de Palikao.

Invité par M. le général-président à prendre place dans le fauteuil qui a été disposé pour les témoins devant le conseil, le général de Palikao répond qu'il préfère déposer debout.

M. LE GÉNÉRAL-PRÉSIDENT. — Général, vous avez déjà prêté serment devant le conseil. Je vous rappelle que vous continuez votre déposition sous la foi du serment que vous avez déjà prêté.

Appelé à déposer sur les rapports qu'il a eus avec le maréchal Bazaine, comme ministre de la guerre, les communications qu'il en a reçues et les plans d'opérations projetées, le témoin déclare qu'il était très-occupé, à cause de ses fonctions de ministre responsable et des séances du Corps législatif, et que par conséquent sa mémoire peut lui faire défaut. Ses rapports avec le maréchal Bazaine peuvent se diviser en deux phases : la première jusqu'au 22 août, qui se résume par des dépêches télégraphiques ; la seconde du 22 jusqu'au 4 septembre, époque pendant laquelle toute communication télégraphique était impossible. Le plan qui consistait à marcher vers les places du nord et à faire la jonction avec l'armée de Bazaine, est du témoin qui en réclame absolument la responsabilité.

Dans cet ordre d'idées, accepté le 22 par M. le maréchal de Mac-Mahon, je reçus une dépêche télégraphique qui doit être au dossier et qui me prescrivait de faire tomber entre les mains prussiennes, entre les mains du prince royal de Prusse qui marchait sur la Marne, une fausse dépêche qui devait lui faire comprendre que l'armée devait marcher sur Paris, et non pas au secours du maréchal Bazaine.

En vertu de cette nouvelle dépêche, il m'était donc impossible de continuer à télégraphier au maréchal Bazaine pour lui faire part de ce qui se passait ou lui parler des mouvements de l'armée du maréchal de Mac-Mahon.

Le général de Palikao a reçu des lettres du maréchal Bazaine, le 17 et le 18. Celle de ce jour parlait d'une bataille non encore achevée ; c'est par l'empereur que le ministre de la guerre apprit les détails. A dater de cette époque, il communiqua au maréchal de Mac-Mahon tout ce qu'il put apprendre sur le compte des opérations du maréchal Bazaine. Le 21 au soir, M. Rouher se trouvait avec M. de Saint-Paul au quartier général du château de Courcelles, et eut une entrevue avec l'empereur et le maréchal de Mac-Mahon. Ces deux derniers persistèrent dans leur pensée de marcher sur Paris ; M. Rouher voulut les en dissuader, mais n'y parvint pas ; il revint à Paris, et devant le conseil des ministres rendit compte de sa démarche spontanée.

Le témoin changea alors d'idée, et abandonna son projet de marche sur Verdun, mais en même temps il arriva une dépêche du maréchal de Mac-Mahon, disant qu'il avait reçu par un garde-forestier des nouvelles du maréchal Bazaine, et qu'il se dirigeait de son côté. A partir de ce moment, le mouvement fut très-prononcé. Le 27, le maréchal de Mac-Mahon envoya une dépêche au maréchal Bazaine, lui annonçant que le prince de Prusse était à Châlons, qu'il comptait le battre, et que le 29 il se trouverait à Mézières. La dépêche était datée du Chêne-Populeux. Ceci ne pouvait, dit le témoin, que me confirmer dans mon opinion que l'armée avait tout le temps d'arriver au secours du maréchal Bazaine.

Le 21, la copie d'une dépêche télégraphique du commandant de Mézières, adressée au maréchal de Mac-Mahon, annonçait au témoin que les deux officiers partis l'un de Mézières, l'autre de Sedan, avaient été arrêtés aux avant-postes, et, ne pouvant passer, avaient rapporté les copies des dépêches dont ils étaient porteurs.

Le comte de Palikao insiste sur l'importance qu'il attachait à la jonction des armées des deux maréchaux.

Il m'est resté la conviction entière, dit le général, que la marche du maréchal de Mac-Mahon, qui n'était que la jonction de l'armée du maréchal de Mac-Mahon et de celle du maréchal Bazaine, était le salut de la France. Je ne me préoccupais pas d'autres questions. C'était alors, et c'est encore, à mes yeux, le salut de la France, et cela est tellement vrai que les Prussiens eux-mêmes sont venus confirmer mon dire, et voici comment:

Il m'est revenu à la mémoire une circonstance dont je n'ai pas parlé dans mon précédent interrogatoire. Il s'est passé un fait très-curieux:

Le 27, les Prussiens, en apprenant la nouvelle marche du maréchal de Mac-Mahon, s'en montrèrent excessivement émus. Les ordres qu'ils donnèrent, — cela résulte de leurs dépêches mêmes, — furent très-précipités.

Il y a même, à cet égard, une chose assez remarquable: Un officier supérieur prussien, dont le grade m'échappe, écrivait alors à sa femme une lettre dans laquelle il disait: « Je reçois à l'instant l'ordre de partir pour la ligne de la Marne; nous sommes tournés par l'armée française. » Il terminait sa lettre par ces mots : « Maudite guerre! »

Je n'ai pas présents à la mémoire tous les termes de cette lettre, qui fut trouvée sur le cadavre de l'officier prussien, et envoyée à mon chef de cabinet, M. le colonel de Clermont-Tonnerre.

Cette lettre, qui existe et qu'on pourrait peut-être retrouver, est significative à ce point de vue que l'armée prussienne, se croyant tournée, approuvait, en quelque sorte, la marche du maréchal de Mac-Mahon.

Cette impression me fut encore confirmée par le dire à peu près analogue d'un autre officier supérieur prussien, que j'ai consigné dans un livre que M. le commissaire du gouvernement a sans doute entre les mains, et que j'ai écrit il y a environ dix-huit mois.

J'étais parti pour Namur, à la recherche du corps de mon fils, que je croyais tué et qui, heureusement, n'était que blessé; j'étais accompagné de deux personnes de ma connaissance, et, comme je ne pouvais pas me rendre à Sedan, parce que les Prussiens m'auraient arrêté, je priai ces messieurs d'aller aux renseignements et de tâcher de savoir ce qu'était devenu mon fils.

Quand ces messieurs revinrent, ils m'annoncèrent que mon fils n'était pas parmi les morts; ils me rapportèrent en même temps qu'ils avaient eu une conversation avec un colonel bavarois, qui leur avait dit : « Ah! vous nous avez fait une fière peur! Nous avons cru que nous étions tournés! »

C'était le même propos qu'avait déjà tenu l'officier supérieur dont j'ai parlé; de sorte que, pour moi, il est évident que les Prussiens ont eu une grande frayeur et qu'ils ont bien cru qu'ils étaient tournés.

Ma croyance est encore aujourd'hui que cette marche était le salut de la France, quoi qu'en aient dit des écrivains, des stratégistes en chambre, qui font manœuvrer des légions sur le papier, mais qui n'ont jamais commandé sur le terrain une manœuvre à quatre hommes et un caporal.

J'ai démontré que pour moi le salut de la France était dans la réunion des deux armées; j'ai expliqué ma pensée dans le livre auquel je viens de faire allusion; je ne le rappellerai pas devant le conseil, c'est inutile.

LE GÉNÉRAL-PRÉSIDENT. — Le conseil, général, a entendu votre déposition avec intérêt. Je vais vous adresser quelques questions qui sont particulièrement afférentes à la cause qui se débat devant le conseil, et qui est celle dont nous devons nous occuper exclusivement.

Je vais vous donner lecture de quelques fragments de lettres ou dépêches qui pourront fixer vos souvenirs.

Vous écriviez le 18 août à 10 h. 24 du matin:

« *Le ministre de la guerre au général commandant supérieur de Verdun.* Le commandant Portes n'a pas été envoyé à Verdun seulement pour communiquer avec le général Soleille, mais surtout pour que l'armée trouve des munitions à Verdun.* » Ainsi le 18 août vous pensiez que l'armée du maréchal Bazaine était en marche sur Verdun?

— R. Oui, monsieur le président, je le pensais; c'était mon premier objectif.

— D. C'est le 18 août, ou plutôt le 19, que vous prescrivez au maréchal de Mac-Mahon de se relier avec le maréchal Canrobert, et peut-être avec le maréchal Bazaine. Aviez-vous à ce moment quelque idée du point où la jonction pouvait se faire? Aviez-vous quelques renseignements? Était-ce toujours le même ordre d'idées qui pouvait vous faire croire que le maréchal Bazaine dirigeait son armée sur Verdun?

— R. L'ordre de mes idées était de prévenir la marche des Prussiens contre l'armée du maréchal de Mac-Mahon. J'espérais que cette armée, — je l'ai écrit, — marchant sur les trois colonnes que j'ai désignées, arriverait à Verdun et un peu au-dessus de Verdun, et qu'elle pourrait passer la Meuse, n'ayant devant elle que les 60 000, — on a dit 80 000, mais je crois que c'est une erreur, — que les 60 000 hommes de l'armée saxonne.

Le 24, — je crois ne pas être dans l'erreur, — le 24, j'ai reçu une dépêche télégraphique du commandant de Verdun, qui m'annonçait que les Saxons, commandés par le prince de Saxe, étaient venus attaquer Verdun; que la garde nationale, — à Verdun il n'y avait pas de troupes, — que la garde nationale avec ses canons de rempart de la ville, leur avait fait essuyer des pertes considérables et les avait forcés de se retirer.

Cette dépêche, qui était du 25, autant que je peux me rappeler, — du moins je l'ai reçue le 25, — a été lue par moi en plein Corps législatif, où elle a produit une certaine sensation; elle annonçait que les Prussiens avaient perdu pas mal de monde, et que Verdun, avec sa garde nationale, s'était très-bien montrée.

Dans cet ordre d'idées, je pensais que l'armée saxonne, que j'évaluais à 60 000 hommes, — à 80 000 si l'on veut, — se trouverait seule en face de l'armée de Châlons, qui comptait au moins 120 000 hommes. Et, ma foi! une armée française de 120 000 hommes, me disais-je, aurait eu facilement raison de 60 000 Saxons. Je croyais aussi que l'affaire ne devait avoir lieu — si elle avait lieu — que de l'autre côté de la Meuse ; que, par conséquent, le canon serait entendu et que le maréchal Bazaine penserait bien que ce n'étaient pas les Prussiens qui s'amusaient à se battre entre eux, mais plutôt qu'une armée française arrivait vers lui ; d'autant plus qu'il n'ignorait pas que l'armée du maréchal de Mac-Mahon était constituée. Par conséquent, je me disais : Il marchera au canon. Et alors, qu'aurait fait l'armée prussienne devant Metz, après avoir, le 16 et le 18, le 16 surtout, éprouvé, on peut le dire, un échec qui n'avait peut-être pas été poussé jusqu'à ses dernières conséquences, mais enfin un échec sérieux ?

Le 18, le maréchal Bazaine m'écrivait que la bataille durait encore ; je me disais donc : Puisque la seule armée du maréchal Bazaine a pu lutter encore, et même remporter, pendant quelques instants, un certain avantage contre l'armée prussienne, que sera-ce si une seconde armée française de 120 000 hommes vient l'attaquer par derrière en même temps que celle du maréchal Bazaine ? Je ne doutais pas qu'en entendant le canon, soit d'Etain, s'il avait atteint cette ville, soit de Briey, le maréchal Bazaine ne sortît pour marcher au canon avec toute son armée.

Dans cet ordre d'idées, je ne mettais pas en doute que les Prussiens seraient obligés de se rejeter sur la Moselle ou d'abandonner le siège de Metz. C'était là mon espoir.

LE GÉNÉRAL-PRÉSIDENT. — Je dois vous faire quelques questions sur des points de fait.

— D. Je vous ai demandé si, lorsque, le 19 août, vous prescriviez au maréchal de Mac-Mahon de se relier au maréchal Canrobert et peut-être au maréchal Bazaine, si, à cette date, vous aviez indiqué un ou des points où la jonction pouvait se faire ; et, à cette question, vous avez répondu que vous pensiez alors que la jonction pouvait s'opérer vers Verdun.

— R. Ou au delà.

— D. Ou au delà ? Je vous adresse maintenant une autre question. Le commandant Magnan est sorti de Metz. Le 19 il vous a écrit une longue lettre vous annonçant que Charleville allait devenir un grand centre d'approvisionnements pour l'armée du Rhin dont l'objectif était la route de Thionville à Verdun, tandis que l'empereur venait d'en adopter un autre. En avez-vous gardé souvenir ?

— R. Je n'en ai jamais eu connaissance. Il est possible qu'une dépêche soit arrivée pendant que j'étais au Corps législatif et qu'avec les préoccupations très-sérieuses que j'avais, il est possible, dis-je, qu'une lettre soit arrivée au ministère de la guerre à ce moment et que mon aide de camp ne me l'ait pas communiquée.

Enfin je n'en ai pas eu connaissance.

— D. Vous rappelez-vous une note établie sur les indications du général Soleille ?

— R. J'y ai répondu en annonçant au général Soleille le départ de Verdun d'un important convoi de munitions.

— D. Cette note, qui existe au dossier, est signée Bazaine.

— R. Je suis certain d'avoir écrit à la fois au général Soleille et au maréchal Bazaine pour annoncer 1 800 000 rations de vivres en wagons sur la ligne de Montmédy, outre les munitions dont je viens de parler.

— D. Quand vous donniez des ordres pour la libre circulation de la ligne des Ardennes, connaissiez-vous les projets de l'empereur ?

— *R*. Oui, c'est en vue du mouvement sur Montmédy. J'ai adressé mes dispositions à plusieurs commandants de place.

— *D*. Le 20 août, vous donniez au maréchal de Mac-Mahon des nouvelles du maréchal Bazaine et de la bataille de Saint-Privat, après laquelle l'armée occupait la route de Briey, et pourtant le colonel Turnier vous avait télégraphié le 20, que le maréchal Bazaine était ce jour-là sous les murs de Metz; avez-vous complété ce renseignement en écrivant au maréchal de Mac-Mahon?

— *R*. Je ne m'en souviens pas, mais le maréchal l'a su, puisque j'ai reçu de lui une dépêche me confirmant la position de l'armée sous Metz.

Au sujet de la jonction possible des deux armées, le général répond que cette jonction était indiquée vers Montmédy par la position même des armées. De là la recommandation envoyée au maréchal de Mac-Mahon de se porter rapidement sur Montmédy.

— *D*. L'armée du maréchal de Mac-Mahon devait se battre le 26, entre Verdun et Metz, puis vous avez modifié cet objectif et indiqué Montmédy; le maréchal en a-t-il été instruit?

— *R*. A dater du 22, il ne m'était plus possible de faire connaître télégraphiquement au maréchal Bazaine les mouvements du maréchal de Mac-Mahon. J'ai pu envoyer des agents, mais j'ignore si je l'ai fait, et s'ils sont arrivés.

— *D*. Le 22 août, le maréchal a expédié trois dépêches qui sont parties par le télégraphe de Givet et de Longwy. L'une d'elles se termine par ces mots : « Je vous préviendrai de ma marche, si elle peut se faire sans compromettre l'armée. » En avez-vous eu connaissance?

— *R*. Certainement.

— *D*. Vous n'avez pas cru devoir l'adresser au maréchal de Mac-Mahon?

— *R*. J'avais toute raison de supposer qu'il l'aurait reçue directement.

— *D*. Le 29 août, le maréchal vous télégraphiait qu'il était sans nouvelles du maréchal Bazaine depuis le 19. N'en avez-vous pas conclu la nécessité de lui faire connaître ce que vous aviez reçu le 23 ?

— *R*. J'étais convaincu qu'il avait reçu la dépêche.

Mᵉ Lachaud demande si, dans l'opinion du général, l'armée du maréchal de Mac-Mahon était en péril dans la nuit du 25 au 26.

— *R*. Nullement. J'avais toutes raisons de croire le contraire d'après les positions de l'ennemi.

LE GÉNÉRAL-PRÉSIDENT : Général, votre déposition est terminée. Vous n'avez plus à être entendu sur d'autres points. Vous pouvez vous retirer définitivement.

On appelle le témoin Finel (Auguste), 39 ans, employé du chemin de fer.

Au mois d'août le témoin a été chargé par le directeur de la Compagnie de l'Est d'une dépêche chiffrée provenant du ministère de l'intérieur pour le maréchal Bazaine. Il fit une partie de la route avec les agents Rabasse et Miès. Il vit à Thionville le colonel Turnier, qui ne prit pas copie de sa dépêche. Il se dirigea sur Metz par la rive droite de la Moselle; arrêté par les uhlans, il revint à Thionville et de là à Paris par la Belgique et il remit sa dépêche au directeur de la Compagnie.

On appelle le témoin Sabatier, chef de gare.

Le témoin a vu à la gare de Thionville le commandant Magnan qui arrivait, et qui a demandé s'il pouvait aller à Metz. Le témoin lui a répondu que cela était extrêmement facile, et on a fixé l'heure du train. Dans l'après-midi, la voie se trouva partiellement coupée. A ce moment arriva une réquisition de machine par le colonel Turnier. Le témoin proposa alors de partir avec la machine, mais le commandant Magnan dit que cela était inutile, et repartit le soir même. La voie a été réparée le jour même, mais il n'y eut plus de communications avec Metz.

On rappelle le colonel d'Abzac.

LE GÉNÉRAL-PRÉSIDENT. — Je n'ai qu'à vous interroger sur un point spécial. A propos de certains incidents, que je n'ai pas à rappeler, le ministère public et la défense désirent connaître le nom de l'officier qui était de service dans la nuit du 25 au 26. Afin d'éviter des assignations inutiles, je vous demande si vous pouvez nous indiquer quel était cet officier ?

LE COLONEL. — D'après les tours de service, j'ai la certitude que c'était M. le lieutenant Marescalchi, aujourd'hui capitaine et en expédition en Birmanie.

Le général-président annonce que, vu l'état de maladie du témoin Hulme, il serait préférable de remettre à vendredi la série des témoins se rattachant à la dépêche Hulme. Cette proposition ne soulève aucune observation, ni de la part de l'accusation, ni de la part de la défense.

On entend ensuite le témoin Macheret (Frédéric), 35 ans, tailleur d'habits, demeurant à Vaux-sur-Moselle.

Le 24 août le témoin se rendit au quartier général du Ban-Saint-Martin, où le général Jarras lui remit une lettre pour l'empereur au camp de Châlons, une pour Mme Bazaine, et une pour Mme Jarras à Paris.

Il parvint seulement le 26, à franchir les lignes prussiennes.

Le témoin continue :

J'arrive le 27 à Verdun. Je remets les lettres au général Guérin, le plus haut personnage de la ville. En ma présence, il dit à son officier d'ordonnance de prendre ces lettres et de se diriger immédiatement sur Stenay où il rencontrerait l'armée du maréchal de Mac-Mahon. Il me dit ensuite à moi : « Je vais vous faire préparer une dépêche pour le maréchal Bazaine. C'est une dépêche chiffrée, très-importante. Portez-la le plus vite possible. » Je répondis : « Oui, mon général. » Le général reprit sa conversation avec l'officier. Ils discutèrent sur le mode de transport, puis l'officier sortit : « Allez, lui dit le général Guérin, et que Dieu vous protége ! »

Un autre officier d'état-major du général Guérin me demande si je puis indiquer la position des deux armées devant Metz. « Oui, mon officier, je le peux. En partant, les troupes françaises qui occupent les hauteurs sont rentrées dans Metz. Les hauteurs sont maintenant occupées par l'ennemi. »

A deux heures, le général me remit la dépêche chiffrée : « Elle est très-importante, me dit-il, et je vous la recommande. — Bien ! mon général, elle parviendra. » Je sors alors de Verdun. J'arrive à Etain. Le 28, je vois les troupes prussiennes se dirigeant sur le nord. Je vois successivement défiler en colonnes les régiments 12e, 14e, 16e, 18e, 34e, 64e et 74e de ligne. Ils marchaient musique en tête. Parmi ces régiments, je remarquai le 34e et le 74e qui avaient occupé ma commune, et pendant leur passage je me cachai pour n'être pas reconnu par certains soldats.

Je continuai ma route. Je rencontrai alors de l'artillerie légère, de la cavalerie, de la landwer, des voitures de pontonniers, sur lesquelles étaient écrits : 3e armée, 4e corps, S. P., puis de l'artillerie harnachée, mais non attelée. Les caissons et canons stationnaient des deux côtés de la route.

J'arrivai ensuite vers un train de convoyeurs ; ils étaient en train de plumer de la volaille en pleine foison. D'autres conduisaient à travers champs des troupeaux de bêtes à cornes. J'arrivai à Vernéville et Gravelotte ; il y avait de grands camps ennemis. Le 28, j'étais à Vaux, et le 30, à neuf heures et demie du matin, j'arrivai au quartier général du maréchal Bazaine.

Le 30 août il franchit les lignes allemandes et arrive à Metz. Le général Jarras le mène chez le maréchal. Celui-ci après avoir fait traduire la dépêche, s'écrie : « Ces nouvelles sont excellentes ; elles valent pour nous quatre divisions. » Et il félicite chaleureusement le témoin.

Je sortis avec le général Jarras. Il dit à un colonel en brandissant une canne : « Enfin ! comme nous allons les schlaguer. Nous allons leur flanquer une pile ! » — « Il y a donc des nouvelles ? » demande le colonel. — « Oui, colonel, elles valent un corps d'armée. » .

Je fus alors entraîné par des officiers qui me demandèrent une foule de renseignements.

(Interpellé.) Je suis arrivé chez moi à Vaux le 28 ; je me suis rendu au quartier-général le 30. J'étais resté à Vaux pour me reposer un peu.

Je puis faire encore une observation ; c'est quelque chose au sujet du 18 août. J'ai vu brûler à Gravelotte un train de vivres ; nous voyions de la fumée s'élever du village, c'était le train qu'on brûlait. On disait : « On devrait le rentrer à Metz. » Nous demandions : « Pourquoi brûlez-vous ces vivres ? » Les soldats répondaient : « C'est pour que les Prussiens ne les aient pas ; mais il vaudrait bien mieux qu'on les leur enlevât en les ramenant dans la ville. »

LE GÉNÉRAL-PRÉSIDENT : Je félicite le témoin du courage qu'il a montré dans l'accomplissement de sa mission et du dévouement qu'il a montré également en se rendant, sans y être forcé, à l'appel de la justice.

Je le félicite en outre de sa déposition. Si la forme en est naïve, il serait désirable que tous ceux qui viennent déposer devant le Conseil s'exprimassent avec autant de netteté et autant de précision. (Murmures approbateurs dans l'auditoire.)

On appelle le témoin de Benoist, fils du maire de Verdun. Le 27 août, le commandant de la place lui remit une dépêche du maréchal Bazaine à l'empereur. Il partit le soir même, et arriva près de l'empereur auquel il remit la dépêche le 30 au soir.

On entend ensuite le témoin François Guépratte, domicilié à Vaux. Le 17 août le témoin est allé ramasser des blessés à Gravelotte ; il est entré à Metz et a voulu en ressortir le 26, mais inutilement.

Le témoin François (Jean-Félix), 68 ans, étant absent pour cause de maladie, le général-président donne la lecture de sa déposition dans l'instruction.

Ce témoin se trouvait le 21 août dans sa maison de campagne à Vaux. Le 22, il se rendit à Metz sans aucune difficulté et sans rencontrer un seul soldat ennemi. Il n'est plus sorti de la ville qu'après le siége.

On appelle le témoin Boulanger ou Blanger, ouvrier.

Ce témoin raconte qu'il est allé à Metz à la fin du mois d'août et qu'il y est resté pour travailler à l'arsenal.

Le témoin Brelet (Nicolas), 21 ans, maréchal des logis d'artillerie, en garnison à Saint-Marcel, dépose ensuite.

Après avoir assisté à la bataille du 16 août, le témoin est resté dans sa famille, aux environs de Metz. Il est allé le 30 août à Metz, voir ses amis, et en est ressorti sans difficultés le lendemain. Le témoin était alors clerc de notaire.

Le général-président annonce qu'on va entendre les témoins se rapportant à la même série de faits (communications avec l'extérieur) cités par la défense.

On appelle M. Joly, 38 ans, capitaine d'infanterie, en garnison à Toulon.

J'étais à Mézières. Dans la nuit du 18 au 19 août, le général m'envoya dans la direction de Metz pour chercher des renseignements. A Montmédy, le commandant Magnan m'ordonna d'aller à Longuyon et d'envoyer un émissaire au maréchal pour lui dire qu'il y avait des vivres sur la route des Ardennes. Je fis partir un messager, puis, apprenant que nos têtes de lignes étaient à Spincourt, j'y allai et de là je partis dans la direction d'Étain, où je vis un garde général qui me donna des renseignements sur la bataille de Saint-Privat et sur les positions de l'armée sous Metz. Ce garde me dit qu'il aurait pu passer. Je rejoignis le commandant Magnan à Carignan, et l'instruisis de ce que j'avais fait.

Ne pouvant attendre, en vertu de ses instructions, le témoin n'a pas eu de nouvelles du charpentier qu'il avait choisi comme émissaire. En quittant Longuyon, il avait dit au maire d'envoyer l'émissaire, s'il revenait, au commandant Magnan. Il n'en sait pas davantage.

L'audience est suspendue et renvoyée à vendredi 1 heure.

***

Nous avons dit que le colonel Stoffel demandait à être traduit devant un conseil de guerre. Voici une lettre que cet officier a adressée au directeur du journal *la Liberté :*

Paris, le 5 novembre 1873.

Monsieur le directeur,

Hier, 4 novembre, à l'audience du 1er conseil de guerre de la 1re division militaire, M. le commissaire spécial du gouvernement a déclaré qu'il résultait des débats la présomption suffisante que j'avais volontairement soustrait ou lacéré des dépêches adressées au maréchal de Mac-Mahon, et que, conformément aux dispositions du Code de justice militaire, il faisait *toutes ses réserves* pour exercer contre moi telles poursuites qu'il appartiendra.

Je n'accepte pas les réserves de M. le commissaire spécial, et j'adresse à l'instant même une demande pour être traduit devant un conseil de guerre.

Veuillez agréer, monsieur le directeur, l'assurance de ma considération la plus distinguée.

COLONEL BARON STOFFEL.

Audience du 7 novembre

Présidence de M. le duc d'Aumale

Les dépositions des témoins cités par la défense et se rapportrnt à la 3ᵉ série de faits (*communications avec l'extérieur*), entendues à la fin de l'audience précédente, n'ont présenté qu'un intérêt secondaire. En voici le résumé :

On appelle le témoin baron Larrey (Félix-Hippolyte), 65 ans, ancien médecin en chef de l'armée, demeurant à Paris.

J'avais l'honneur d'être médecin en chef de l'armée, en même temps que médecin ordinaire de l'empereur, que j'accompagnai à Châlons. L'empereur eut la bonté de me dire que le maréchal Bazaine demandait de Metz un chef du service médical pour son armée et que le commandant Magnan, venu de Metz, d'abord à Châlons, puis à Reims serait mon compagnon de voyage. Je rencontrai l'aumônier en chef de l'armée et nous partîmes à 1 heure de l'après-midi seulement, avec plusieurs officiers. La ligne se trouvant coupée, nous avons dû rebrousser chemin ; nous sommes revenus à Montmédy, puis à Carignan, puis à Sedan et enfin on nous renvoya à Montmédy où nous subîmes un bombardement effroyable dans la citadelle.

Le témoin raconte des détails sur ce bombardement et sur les soins donnés aux blessés.

L'intendant-général nous conseilla ensuite de revenir par la Belgique pour nous mettre à la disposition du gouvernement de la défense nationale, ce que nous fîmes. C'est alors que je fus nommé médecin en chef de l'armée de Paris.

On appelle ensuite M. l'abbé Métairie, aumônier supérieur de l'armée.

La déposition de ce témoin porte sur le même fait que celle du précédent. Il relate les incidents de leur voyage sans fournir de détails nouveaux.

On appelle le témoin Paul Odent, 60 ans, ancien préfet de Metz.

Sur la demande de la défense, le témoin expose que jusqu'au 19 août, il a eu de nombreuses communications avec le dehors. Depuis cette date, il n'a pu réussir à faire passer des émissaires, malgré les efforts du commandant Samuel pour lui en fournir.

On appelle le témoin Darnis, 69 ans, ancien magistrat à Metz.

Ce témoin n'a été entendu ni dans l'enquête ni dans l'instruction.

Le défenseur fait appel à ses souvenirs pour préciser une conversation qu'il eut avec le maréchal Bazaine dans les premiers jours de septembre 1870.

Le témoin est allé plusieurs fois voir le maréchal au Ban-Saint-Martin. Une autre fois encore, il alla lui signaler l'existence d'un chemin non tracé sur la carte de l'état-major et lui montrer une balle prussienne trouvée dans le corps d'un officier, que le médecin croyait être une balle explosible. Le maréchal reconnut l'erreur qui existait sur la carte.

Dans cette entrevue qui a eu lieu quelques jours après la bataille du 18, il n'a pas été question de communications.

La seconde visite du témoin n'a pu avoir lieu avant le 31 août, à cause des occupations du maréchal, mais après la bataille du 31, le témoin alla au quartier général pour se renseigner et fit part au maréchal des émotions causées en ville par le retour de l'armée.

A propos des communications, le maréchal répondit qu'il n'avait reçu qu'une dépêche de l'empereur remontant assez loin. Je lui demandai par curiosité si on avait établi un service d'émissaires; le maréchal répondit qu'il avait fait les plus grands efforts, mais qu'il n'avait reçu que cette ancienne dépêche. Il prit dans un portefeuille un petit papier couleur pelure d'oignon. Je vis alors que ce que l'on racontait de dépêches avalées par des émissaires, ou cachées dans les cheveux, dans les vêtements, etc., n'était pas de pure invention. Le maréchal ajouta que l'empereur ne devait pas être loin, qu'il devait être dans les Ardennes, et que l'armée de Metz avait été bien près de réussir. J'osai émettre un certain nombre de critiques que le maréchal accueillit avec bonté, ajoute le témoin en finissant.

M. Darnis demande au nom de plusieurs autres témoins si, après avoir déposé, on peut se retirer définitivement.

Le général-président répond que oui, quand il ne doit pas y avoir de nouvelle comparution devant le conseil.

On appelle le témoin de Saint-Sauveur, général de brigade.

Ce témoin était grand prévôt de l'armée de Metz. Il ne peut fournir au conseil aucune espèce de renseignements sur les relations avec l'extérieur.

On appelle ensuite le témoin baron de Gargan (François-Marie-Théodore), 46 ans.

Ce témoin est propriétaire de forges considérables, il s'est attendu plusieurs fois à recevoir par émissaires des nouvelles de ses usines.

Il n'en a reçu qu'une fois par l'émissaire Marchal, le 30 août. Il n'a pas songé à envoyer des émissaires de Metz, pensant que ses usines devaient plus facilement établir des communications avec Metz que Metz avec elles.

Le témoin raconte comment il s'est rendu à Metz avant le 20 août, et quelles nouvelles il a reçues indirectement.

La déposition du témoin Beausset (Jean-Adolphe), 24 ans, a trait à sa présence dans le cabinet du maréchal le 23 août, quand le colonel Lewal a amené un émissaire. Interrogé à ce sujet, le témoin répond qu'il n'était pas dans le cabinet à ce moment.

On appelle le témoin Delon, 49 ans, médecin militaire.

Au commencement du blocus de Metz, le témoin a reçu de Thionville, par les émissaires Flahaut et Marchal, des nouvelles de sa famille. C'était le 30 août, il a retrouvé cette date inscrite sur son carnet. Un émissaire lui a dit avoir remis le même jour une dépêche au maréchal qui devait lui donner un message à emporter.

L'un des émissaires lui a dit, il est vrai, être venu une fois déjà, à une date qu'il ne peut déterminer.

On appelle M. Ribault, 48 ans, piqueur au chemin de fer.

Le 27 août, le témoin a accepté une mission. Il a passé par la Belgique et le Luxembourg et est arrivé à Thionville où le capitaine de place Turnier a pris sa dépêche contre un reçu, se chargeant de la faire parvenir.

Le témoin est alors revenu.

Le général-président fait donner lecture par le greffier des noms des témoins de la 3e catégorie, afin que sur les observations de l'accusation et de la défense, ils puissent savoir s'ils sont définitivement libres de se retirer. Un certain nombre d'entre eux sont retenus comme ayant à se représenter devant le conseil.

La séance est reprise à une heure cinq minutes. On fait l'appel des témoins qui ne se sont pas encore présentés : il y en a quatre.

On appelle M. Lallemand, ancien procureur impérial à Sarreguemines, qui a déjà déposé, et qui doit donner quelques détails sur sa mission.

LE TÉMOIN. — Le 27 août, j'étais de passage à Thionville ; le colonel Turnier m'a demandé si je voulais faire parvenir une dépêche à l'armée du maréchal de Mac-Mahon, ou plutôt au premier général venu. Il me remit un pli non cacheté. Le surlendemain 29, je parvins à Sedan où je trouvai M. Bouchon.-Garnier. Il m'adressa au général de Beurmann ; le colonel Melcion d'Arc me conduisit à son cabinet. Je le trouvai en bourgeois ; il lut la dépêche, parut très-impressionné, et se consulta avec le colonel Melcion d'Arc. Ma mission était remplie.

— D. Les deux officiers supérieurs se sont consultés ?

— R. Oui.

— D. Vous avez donc laissé la dépêche dont vous ne connaissiez pas le contenu, entre les mains du colonel Beurmann, nouvellement nommé commandant de la place de Sedan?

— R. Oui.

— D. Vous étiez récemment arrivé à Thionville ?

— R. La veille de ma mission.

Le commissaire du gouvernement demande si le colonel Turnier a donné au témoin communication de la dépêche. M. Lallemand répète qu'il n'a pas lu la dépêche, mais qu'on lui avait dit qu'elle était très-importante.

On appelle l'abbé Boëtmann, qui dépose en ces termes :

Je suis arrivé à Metz avant l'investissement et je me suis occupé des ambulances. Le 23, ayant le projet de retourner en Belgique, ma patrie, je me présentai au quartier-général du Ban-Saint-Martin devant le maréchal Bazaine pour lui demander un sauf-conduit. Le maréchal me demanda si je voulais me charger d'une lettre pour la maréchale. J'y consentis, et je partis le 24. Je restai deux jours à Saint-Privat, soignant les blessés, puis je me rendis en Belgique en passant par les lignes ennemies où je m'employai encore aux ambulances.

— D. Où avez-vous pris le chemin de fer?

— R. Dans le grand-duché de Luxembourg.

— D. Vous n'avez pas passé par Thionville ?

— R. Non, M. le président.

Le commissaire du gouvernement demande si le maréchal n'a pas donné au témoin une mission verbale.

— Non, répond le témoin.

Le défenseur voudrait savoir si, en dehors de la lettre pour la maréchale, le témoin n'avait pas d'autres lettres. Le témoin déclare qu'il en avait une cinquantaine que des blessés lui ont données. Il les a mises à la poste à Arlon. La condition était qu'elles ne continssent rien sur les événements militaires.

On appelle M. Bouchon-Garnier, substitut du procureur à Sedan en 1870, aujourd'hui procureur à Rocroy.

Le 29 août, le témoin a vu arriver M. Lallemand avec une dépêche donnant des nouvelles de l'armée de Metz. Il ne connaissait pas le contenu de la dépêche. Le témoin lui indiqua le bureau du général Beurmann, et un moment après, il les vit ensemble sur le perron. Le général dit plus tard en sa présence : Voilà des dépêches importantes, j'en ferai part à qui de droit.

On appelle le témoin Melcion d'Arc, 59 ans, lieutenant-colonel.

Le 29 août le témoin se trouvait à la citadelle de Sedan, avec M. Hulme, filateur à Mouzan, qui avait offert ses services pour la défense du pays, avait à sa disposition un piquet de cuirassiers et dirigeait les opérations des gardes forestiers. C'est donc en présence de M. Hulme que M. Lallemand, arrivant à la citadelle avec M. Bouchon-Garnier, se présenta à moi porteur d'une dépêche du colonel Turnier dont je pris connaissance. Je conduisis M. Lallemand près du général de Beurmann. Cette dépêche avait à mes yeux une très-grande importance ; elle pouvait en effet modifier la marche du maréchal de Mac-Mahon, et faciliter la jonction des deux armées. Ce qui ajoute à la précision de mes souvenirs, c'est que nous avions de très-grandes angoisses à ce moment-là sur le sort de l'armée du maréchal Bazaine dont nous n'avions absolument aucune nouvelle. Le caractère officiel du messager ajoutait encore à l'importance de la dépêche. Le général fit constater l'identité du porteur par M. Bouchon-Garnier.

Le général avisa ensuite aux moyens de la transmettre. Nous fîmes mander M. Hulme, auquel nous remîmes la dépêche en l'invitant à en prendre connaissance. M. Hulme partit presque immédiatement. Je le vis passer en voiture.

Je garantis que M. Hulme a dû remplir sa mission en homme de cœur, et en soldat quoique bourgeois.

Le général-président. — Ainsi, vous avez pris connaissance de la dépêche en la recevant. Vous en rappelez-vous les termes ?

— R. Je les connais aujourd'hui textuellement, mais d'après mes souvenirs, lors de l'instruction, elle donnait des renseignements précis sur la position du maréchal Bazaine. Quoique signée du colonel Turnier, je l'ai, sans hésiter, attribuée au maréchal Bazaine.

Le général-président. — M. le général de Beurmann étant mort, j'ordonne, en vertu de mon pouvoir discrétionnaire, la lecture de ses trois dépositions.

Dépositions. — J'ai reçu, le 29 août, par dépêche du ministre de la guerre, le commandement de la place de Sedan, que je n'ai quitté que le 2 septembre, en remettant la place aux autorités prussiennes.

Les souvenirs du général sont confus ; il ne se rappelle que vaguement avoir remis à M. Hulme la dépêche apportée par M. Lallemand. Ce n'est que dans sa troisième comparution, et après avoir pris connaissance des dépositions de MM. Lallemand, Melcion d'Arc et Hulme, que ses souvenirs lui reviennent.

On appelle M. Entz, fabricant de draps à Sedan.

Le témoin. — Le jour où le général de Beurmann a pris le commandement, le 29 août, j'étais son aide de camp, en qualité d'ancien officier et de commandant de la garde nationale. Je n'ai vu ni M. Lallemand, ni M. Hulme, et je n'ai jamais eu connaissance de la dépêche du maréchal Bazaine. Depuis, le général de Beurmann m'a écrit plusieurs fois pour faire appel à mes souvenirs, mais ils sont complétement nuls à ce sujet.

Le général-président ordonne la lecture de ces lettres, qui se trouvent au dossier.

Le témoin ajoute qu'il a personnellement porté une dépêche au maréchal de Mac-Mahon à une autre date.

On appelle le témoin Hulme, 43 ans, filateur à Sedan. (Mouvement.)

LE TÉMOIN. — Le 29 août 1870, à 8 heures du matin, je suis allé comme d'habitude à la place de Sedan pour savoir s'il y avait des dépêches. J'y ai vu M. Melcion d'Arc et le général de Beurmann qui tenaient une lettre à la main. Ils m'ont appelé et m'ont dit que c'était une dépêche très-importante, contenant des nouvelles du maréchal Bazaine, et m'ont demandé si je voulais la porter au maréchal de Mac-Mahon. Je ne demandai que le temps de faire partir ma femme pour la Belgique, et je partis en voiture avec deux messieurs et mon domestique, par la route de Mouzon qui était plus longue, mais plus sûre. En traversant la place j'ai rencontré le colonel Melcion d'Arc qui m'a dit : Dépêchez-vous, c'est très-important. A Mouzon j'ai montré ma dépêche à un général qui m'a fait donner un cheval. Il m'avait offert de faire porter la dépêche, mais vu son importance, et comme j'avais ordre de la remettre soit à l'empereur, soit au maréchal de Mac-Mahon, je n'ai pas accepté. Je suis monté à cheval, tenant la dépêche à la main, de façon à traverser sans obstacles les lignes françaises. J'arrivai à Raucourt en même temps que l'empereur qui avait fait une reconnaissance. On me fit entrer chez l'empereur ; je montrai la dépêche, il causa avec moi quelques instants, puis il me dit de la porter chez le maréchal.

Je l'ai aussitôt portée au maréchal qui, sans en paraître très-frappé, m'a demandé des renseignements sur les routes du côté de Montmédy; je les donnai, en les faisant confirmer par un de mes concitoyens que j'avais rencontré là.

On m'a rappelé chez l'empereur où je suis revenu avec la dépêche ; de là, je suis retourné chez le maréchal pour demander un cheval. Le maréchal alors m'a tout spécialement parlé des vivres en me recommandant d'en préparer une grande· quantité. J'accomplis cet ordre avec toute l'activité possible.

— D. Vous êtes sûr que c'est au maréchal lui-même que vous avez parlé?

— R. Parfaitement, je l'ai revu à Mouzon le lendemain.

— D. Vous connaissiez le contenu de la dépêche?

— R. Très-bien. La dépêche était sous une grande enveloppe grise; elle était signée du colonel Turnier qui l'envoyait de la part du maréchal Bazaine. Elle était adressée au premier général français qu'on rencontrerait.

— D. Vous souvenez-vous des termes de la dépêche?

— R. Non, mais en voici le sens : « Nous sommes entourés, mais nous pouvons percer facilement. »

LE COMMISSAIRE DU GOUVERNEMENT. — Le maréchal de Mac-Mahon vous a-t-il parlé des approvisionnements qui se trouvaient à Montmédy?

— R. Tout spécialement.

LE DÉFENSEUR. — Quelles sont les heures auxquelles le témoin a vu le maréchal?

— R. La première fois entre une heure et deux ; la seconde, entre trois et quatre.

— D. M. Lagosse était-il auprès du maréchal, lors de votre première entrevue?

— R. Non pas la première fois. Je ne l'ai vu que lorsque je suis entré avec Gillet pour avoir un cheval.

LE DÉFENSEUR. — M. le général-président voudrait-il, en vertu de son pouvoir discrétionnaire, ordonner la lecture de la déposition du maréchal de Mac-Mahon.

LE GÉNÉRAL-PRÉSIDENT. — J'allais précisément le faire.

Le maréchal de Mac-Mahon ayant eu connaissance de la déposition de M. Melcion d'Arc et tout spécialement de celle de M. Hulme, a répondu ne pas se rappeler avoir reçu une dépêche à Raucourt.

Le témoin Hulme, confronté avec le maréchal de Mac-Mahon, a maintenu sa déposition.

Le maréchal a demandé pourquoi le témoin n'a pas déposé entre ses mains une dépêche de cette importance.

M. Hulme a répondu qu'il l'avait reprise parce qu'on l'avait appelé chez l'empereur.

On appelle le témoin Albert Brun, sous-préfet à Sedan. Le président ne parle au témoin, qui est sourd, qu'en élevant la voix.

En 1871, vers le 20 mai, le témoin présidait à l'assainissement des champs de bataille de la Meuse. Il rencontra alors M. Hulme qui lui fit le récit de sa mission, que M. Albert Brun répète. Les souvenirs du témoin sont d'autant plus précis, quant à la date de ce récit, qu'il avait l'honneur d'être accompagné dans sa mission par S. Exc. le comte Orloff, dont le concours lui a été précieux. ·

M. Jousseaume (Léon), percepteur à Mouzon est ensuite appelé. C'est ce témoin qui, se trouvant le 29 août avec M. Hulme, a su qu'on venait de lui confier une dépêche venant du maréchal Bazaine, des termes de laquelle il n'a pas eu connaissance.

Le témoin de Négroni, colonel de cuirassiers, était en reconnaissance le 29, à Mouzon, quand le général fit demander un cheval pour un émissaire porteur d'une dépêche pour le maréchal.

M. Vergne. Déposition insignifiante, constatant simplement la présence d'un voyageur qui demandait un cheval à Mouzon, le 29 août.

M. Lamour (Albert), avocat à Sedan, se trouvait à Raucourt au moment de l'arrivée de M. Hulme, qu'il connaissait. Il l'a vu entrer chez l'empereur, puis à sa sortie il a appris de lui qu'il avait apporté d'importantes nouvelles. Le témoin se souvient parfaitement que M. Hulme montait un cheval de l'armée, tout équipé.

On appelle le témoin Gillet, conducteur d'omnibus à Verdun, qui a accompagné M. Hulme chez le maréchal où se trouvaii M. Lagosse, pour lui confirmer les renseignements que M. Hulme avait fournis sur les routes.

Un autre témoin, fabricant de boucles à Raucourt, a vu M. Hulme, le 29, monter le perron de la maison où logeait le maréchal de Mac-Mahon.

M. Hulme est rappelé pour préciser s'il a parlé au maréchal le 30. Il répond affirmativement. Le témoin, interrogé à ce sujet, répond qu'il portait la barbe comme il la porte aujourd'hui, mais au moment de sa confrontation avec le maréchal elle était taillée autrement.

La séance est reprise à trois heures trente-cinq, après une suspension d'une demi-heure.

On appelle le témoin Felizet (Georges), 29 ans, docteur en médecine à Paris.

Le 17 août 1870, le témoin a su qu'on organisait pour Metz un départ de médecins. Il est parti le 18 par la gare du Nord. A Montmédy, la voie étant coupée, il a fallu passer la nuit. Un groupe de 20 d'entre les jeunes médecins se décida à partir à pied. Ils rencontrèrent une machine et apprirent que la voie était rétablie et qu'elle avait été détériorée par des gens qui n'étaient pas du métier. A Thionville, un train assez nombreux se mit en route précédé d'une locomotive en éclaireur. En route, un Allemand fut surpris et fait prisonnier. Comme on délibérait sur ce qu'il fallait faire, on remarqua un étranger rôdant autour du groupe. L'étranger prit à part un des étudiants pour lui dire qu'il avait un message du maréchal de Mac-Mahon pour Metz. L'étudiant se chargea de faire parvenir ce message. Après s'être consultés, les médecins eurent l'idée de cacher la dépêche dans une des sondes qu'ils avaient dans leurs trousses. Le témoin entre dans des démonstrations techniques pour expliquer comment on pouvait dissimuler une dépêche dans une sonde. Le témoin nomme ou désigne des étudiants, qui l'accompagnaient. Ils n'étaient plus que 9 en tout, se dirigeant vers Metz.

En route, un agriculteur leur donna des indications pour arriver à Metz.

Ayant rencontré un détachement ennemi, ils durent traverser une rivière. Le témoin acheva seul sa route sans être inquiété et arriva à Metz le 20 à 3 heures de l'après-midi. Il alla au quartier général vers 6 heures 1/2 ou 7 heures et entra par une petite rue tournante dans une sorte de cour où un officier après l'avoir questionné lui dit : « Nous savons tout cela. »

Le témoin en conclut que celui de ses camarades qui portait la dépêche avait dû arriver avant lui. On doit pouvoir retrouver ce porteur dans les neuf qui sont partis. Il n'en a retrouvé qu'un à Metz, le docteur Lematte qui y arriva en bateau.

L'homme qui a remis la dépêche à son camarade, était bien âgé de plus de 30 ans, figure ramassée. Le témoin a vu insérer et partir la dépêche, mais le porteur ayant dit qu'il ne connaissait pas le pays, a très-bien pu ne pas arriver à Metz.

Le témoin suivant a été chargé par le maire de Longuyon de faire parvenir une dépêche à Metz. Il a communiqué cette dépêche au commandant Turnier à Thionville. Celui-ci l'a dissuadé de chercher à passer. Il a voulu persister, mais n'a pu réussir.

La dépêche portait que la ligne de Thionville à Longuyon était garnie de vivres.

Le GÉNÉRAL-PRÉSIDENT. — Avant de passer aux témoins de la 4e catégorie, je propose d'autoriser à se retirer tous les témoins de la 3e catégorie, qui ne sont pas retenus pour déposer ultérieurement.

Aucune observation ne se produisant, on commence l'audition des témoins de la 4e série.

———

Les dépositions de la 4e série doivent porter sur les opérations militaires et les résolutions du maréchal du 19 août au 1er septembre.

Le premier témoin appelé, le général Coffinières, dit qu'à partir du 19, il a eu à s'occuper spécialement des ambulances, mais tout faisait présumer que le maréchal projetait certaines opérations de sortie. C'est dans la nuit du 25 au 26 août que le général a reçu ratification du projet de concentration de l'armée sur la rive droite en avant du fort Saint-Julien. Il n'avait pas d'inquiétudes sur le moyen de défendre Metz avec la garnison qu'on lui laissait, mais le plan d'opérations combiné avec l'armée de Châlons, lui inspirait certaines craintes. Il eût préféré le mouvement de l'armée de Châlons sur Paris, tandis que l'armée de Metz eût inquiété sérieusement les lignes d'appui de l'ennemi.

Cependant, à ses yeux il fallait se battre résolûment, plutôt que de livrer l'Alsace et la Lorraine. Il alla, accompagné du général Soleille, soumettre ses observations au maréchal. Il ne fut nullement question de la dépêche du maréchal de Mac-Mahon dans cet entretien quoi que puissent soupçonner des esprits passionnés.

Vers 11 heures ou midi, continue le témoin, je me rendis à la ferme de Grimont, où le maréchal avait réuni ses lieutenants pour les consulter. Tous se rangèrent à l'avis du général Soleille : maintenir jusqu'à nouvel ordre l'armée sous les murs de Metz, mais agir avec une grande vigueur sous la protection de cette place. Ce projet fut adopté et le maréchal donna l'ordre à l'armée de reprendre ses positions sous Metz.

Le général nie un propos inepte qu'on lui a prêté. Il n'a pas dit que la place abandonnée à ses propres forces ne tiendrait pas 15 jours. C'était une absurdité inadmissible pour des officiers.

L'opération du 26 fut reprise 4 jours plus tard, mais pas plus le 30 que le 26 le général Coffinières n'a entendu parler de nouvelles de l'armée de Châlons.

Le 26 au matin, c'est de son propre mouvement que le général est allé chez le maréchal quoiqu'une dépêche existant au dossier prouve qu'il y ait été convoqué.

Sur la demande du général-président, le témoin déclare que la réunion de la ferme de Grimont n'a pas été préparée à l'avance.

C'est le maréchal qui en a fait connaître le but à ses généraux en ouvrant la délibération. Il n'y a pas eu de procès-verbal et le témoin conteste l'authenticité des notes qui peuvent y avoir été prises.

Il n'a rien été dit de précis sur l'armée de Châlons que l'on croyait en formation.

Il n'a pas été question non plus des mouvements et des positions de l'armée allemande, dans cette réunion.

Le Général-Président. — Cependant, le 23 août, le maréchal faisait connaître à l'empereur la marche de deux armées allemandes vers l'intérieur.

— R. Il n'en a pas été question le moins du monde, pas plus que de l'armée de Châlons.

— D. Et la mission du commandant Magnan ?

— R. Il m'est difficile d'être affirmatif.

— D. Répondez simplement d'après vos souvenirs. Vous n'avez pas eu connaissance de la lettre du 22 dans laquelle le général Soleille donnait des informations rassurantes sur les approvisionnements, informations contredites par les renseignements qu'il a fournis le 26 ?

— R. Ces renseignements n'avaient pas le caractère décourageant qu'on leur a prêté. Ils ne m'ont pas frappé beaucoup.

— D. Et les ponts, que savez-vous à cet égard ?

Le témoin explique qu'après le passage sur la rive gauche, les pontonniers ont replié les ponts. Lors des nouvelles opérations projetées, il fit construire trois ponts.

Les moyens de passage étaient au nombre de 5, ce qui était suffisant pour que du 26 au 30 l'armée ait manœuvré facilement sur la Moselle.

La seule difficulté a été l'unique débouché par la route de Saint-Julien. On aurait eu 10 ponts que l'on aurait pas passé plus vite.

L'audience est renvoyée à demain samedi.

Complément de l'audience du 8 novembre
et audience du 9 novembre

PRÉSIDENCE DE M. LE DUC D'AUMALE

Nous croyons devoir compléter avec quelques détails la déposition du général Coffinières de Nordeck :

LE GÉNÉRAL-PRÉSIDENT. — Il reste à éclaircir un point quant à la situation des ponts sur lesquels s'était effectué le passage de la rive droite sur la rive gauche ; ils ont été détruits ?

LE GÉNÉRAL COFFINIÈRES. — Non, repliés. Après le passage, les pontonniers me demandèrent à replier leurs ponts ; seulement, je crois me rappeler en avoir fait établir trois et non deux.

— D. Vous n'avez pas cru nécessaire d'appeler l'attention du maréchal, avec ce nouveau rôle donné à l'armée, retenue sous Metz, rôle qui exigeait des manœuvres multipliées, d'établir des passages nombreux pour ne pas voir se reproduire les lenteurs du 14 août et même du 26 août ?

— R. Les moyens de passage étaient suffisants ; la difficulté résidait dans les débouchés, il n'existait absolument que la route de Saint-Julien. Il y aurait eu dix ponts que l'on n'aurait pas passé plus vite.

— D. Dans la conversation avec le général Soleille et M. le maréchal, vous ne vous êtes pas occupés entre vous de la question des munitions ?

— R. Non, je croyais les munitions suffisantes ; il y avait seize cent mille cartouches et quatre mille kilogrammes de poudre. On pouvait confectionner quatre cent mille cartouches par jour.

— D. Dans la réunion du 26, vous n'avez pas cru devoir faire connaître les travaux de chemins de fer que vous aviez observés chez l'ennemi.

— R. Cela était visible pour tout le monde, je n'avais pas à en parler.

Sur une question posée par la défense, le témoin ne peut répondre si dans la journée du 26, après la conférence, le général Soleille a ou n'a pas envoyé une note au maréchal. Après son départ, il n'a pas revu le général Soleille et ne sait pas ce qu'il a pu faire.

Il est donné lecture de cette note ainsi conçue :

« Il n'est que trop vrai que la place de Metz est dans une situation critique ; les forts Saint-Julien et du Queuleu ne sont pas terminés ; les batteries prussiennes sont déjà établies devant le dernier. L'ennemi peut tenter, non sans espoir de succès, l'attaque du Queuleu et, de là, battre en brèche la place. Thionville n'est pas à l'abri d'une tentative de vive force, » etc.

Le témoin déclare n'avoir jamais eu connaissance de cette pièce.

Sur la demande du maréchal Bazaine, le témoin déclare que le 2 août, à Saint-Avold, la conférence à laquelle assistaient le maréchal Bazaine, les généraux Frossard, de Failly, Soleille et Coffinières avait eu lieu sur l'ordre de l'empereur.

Vu l'absence justifiée du général Soleille, il est donné lecture de sa déposition relative aux mêmes faits.

Interrogé sur la différence qui existe entre ses déclarations du 22 sur les approvisionnements munitionnaires et celles qu'il a faites dans la conférence du 26, le général énumère l'état de ces approvisionnements à la date du 22, la consommation depuis cette date et les nécessités de la répartition des munitions en vue d'un mouvement. Du reste, les affirmations rassurantes du 22 avaient pour but de raffermir le moral de l'armée.

Il affirme qu'une grande opération militaire eût été très-risquée avec les munitions d'artillerie que l'on possédait le 26 et cite à l'appui de cette assertion l'opinion de Napoléon Ier sur le point spécial des munitions d'artillerie.

Quant aux états munitionnaires de la place de Metz elle-même, le témoin déclare que le 14 août on était plus que suffisamment pourvu en munitions, mais l'installation de la défense n'a été terminée que pendant le blocus.

Quant à l'opinion qu'il a émise le 26 août, dans la conférence de Grimont, il déclare qu'elle était fondée sur la perspective des grandes opérations projetées.

M. le commissaire du gouvernement pose des réserves pour recourir aux premières dépositions du général Soleille, réserves que la défense déclare faire de son côté.

On appelle le colonel Vasse Saint-Ouen.

Interrogé sur les opérations d'artillerie relatives à cette période, le témoin déclare avoir eu connaissance de la lettre rassurante du 22 août.

Quant aux déclarations alarmantes du 26 il n'en a pas eu connaissance. Les renseignements sur les situations des batteries existaient à l'état-major le 26, comme le 22. Le témoin ne peut que s'en rapporter au relevé fait d'après ces documents. Il énumère une série de dispositions appuyées de chiffres tendant à justifier en partie les craintes du général Soleille à la date du 26.

A ses yeux, les déclarations du 22 étaient vraies, mais il est certain cependant qu'elles avaient pour but non-seulement de renseigner le maréchal, mais aussi de rassurer l'armée.

LE GÉNÉRAL-PRÉSIDENT. — Le général Soleille explique cette variation d'opinions par l'adoption, entre le 22 et le 26, d'un nouveau plan d'opérations. Vous en a-t-il parlé?

— R. Je crois me rappeler qu'il m'a parlé le 1er septembre des craintes qu'il aurait eues le 26 pour un grand mouvement.

— D. Admettez-vous le nombre de 80 000 coups de canon pour l'armée, au 26 août?

— R. Je le crois très-exact.

Sur une question du maréchal Bazaine, le témoin répond que les généraux commandant l'artillerie n'ont pas connu la lettre du général Soleille du 22.

Le maréchal fait observer qu'à cet égard les souvenirs du témoin ne sont pas complets.

On appelle le commandant Sers, qui est interrogé sur la même série de faits.

Sur le point de la lettre du 22 et des déclarations alarmantes du 26 le témoin, qui n'a appris que par hasard ces dernières déclarations, ne peut en apprécier les causes. Il a un vague souvenir d'avoir accompagné le général Soleille à la place, pour y travailler au réapprovisionnement des batteries de campagne en poudres, au détriment de la place.

Audience du 9 novembre

La séance est reprise à midi cinq minutes, devant une salle à moitié vide.

On appelle le maréchal Canrobert, qui dépose en ces termes :

« En rentrant sous Metz, je me suis occupé du réapprovisionnement de mon corps d'armée ; on s'est aussi occupé à élever quelques travaux de défense. Nous en étions là, quand le 25 nous reçûmes l'ordre de nous préparer pour marcher en avant le 26 ; j'avais deux ponts à chevalets pour passer. Je ne pus commencer le passage qu'à neuf heures et demie, quoique je fusse prêt à cinq heures du matin. L'un des ponts ne put supporter l'artillerie. Vers midi, nous arrivâmes sur les rampes de Saint-Julien ; un terrible orage se déchaîna ; la pluie nous fouettait le visage. L'ordre m'arriva de me rendre au château de Grimont pour une conférence.

Le maréchal Bazaine nous dit que le temps ne permettait pas de donner suite à nos projets. C'était vrai pour le moment ; un arrêt était nécessaire. Il nous dit encore que le général Soleille n'avait de munitions que pour une *seule* bataille. Le maréchal, pour accentuer le chiffre, leva le pouce. Les différents chefs de corps d'armée prirent la parole. Le résumé de la conversation portait sur deux points : danger pour Metz de l'abandonner, danger pour l'armée de s'éloigner, à moins d'être suffisamment approvisionnée. On convint donc de rentrer dans les campements, mais de se livrer à une série d'opérations offensives pour griffer l'ennemi et tenir nos soldats en haleine. On ne dit pas un mot de l'armée de Mac-Mahon ; pour moi elle n'existait pas ; je ne pouvais pas supposer qu'elle se fût déjà reformée. Le colonel Lewal, mon ancien aide-de-camp en Italie, un homme d'un immense mérite, causa, quinze ou vingt jours plus tard, avec moi, et comme je lui témoignais mon regret de n'avoir pas poussé plus loin le 26, il me dit : « Le malheur est encore plus grand, car le 26 le maréchal Bazaine connaissait la présence de Mac-Mahon dans les Ardennes. » Je lui répondis : « Racontez cela à d'autres, » et je protestai. Lorsque plus tard je fus emmené prisonnier à Cassel, contrairement à la convention aux termes de laquelle je devais être libre de choisir ma résidence, chose contre laquelle je protestai auprès du prince Frédéric-Charles, qui me répondit : « J'ai des ordres de mon auguste souverain ; » à Cassel, dis-je, j'eus l'honneur de rencontrer mon honorable général en chef qui m'y avait précédé.

Je le rencontrai et lui dis : « Maréchal, — j'ai toujours été en bons termes avec lui — maréchal, j'ai quelque chose sur le cœur ; on m'a dit que le jour de la conférence de Grimont, vous connaissiez la marche de l'armée de Mac-Mahon. » Nous étions alors égaux, il n'était plus mon chef. En présence de ma question, le maréchal resta calme et il me répondit : « Je ne connaissais pas cette marche, je n'ai reçu de dépêche que le 29 août. »

Il a affirmé que le 26 il ne savait rien de la marche du maréchal de Mac-Mahon ; maintenant, M. le colonel Lewal affirme le contraire.

Mon Dieu ! les malheurs s'étant appesantis sur nous, on a attaché à tout une énorme importance. Les uns ont dit que le maréchal Bazaine connaissait la marche du maréchal de Mac-Mahon, les autres ont dit le contraire ; je suis de ces derniers. Je crois que le maréchal Bazaine n'avait pas reçu l'avis de cette marche, à la date du 26.

Le 29 ou le 30 l'ordre arriva de reprendre le mouvement en avant; le maréchal nous donna personnellement nos instructions. Le corps Le Bœuf, formant le premier échelon, commença l'attaque et s'empara des positions ennemies. Somme toute, on coucha sur le champ de bataille. Le lendemain matin, 1er septembre, par un brouillard épais qui couvrait tout, la lutte recommença par une terrible canonnade des ennemis. Le maréchal nous adressa un ordre confidentiel, où il nous dit : « Tâchez de tenir, de pousser en avant; si vous ne pouvez pas, je donnerai des ordres pour la retraite. » Les francs-tireurs nous furent très-utiles, et je leur rends justice. Ils sortaient comme des rats de de dessous terre. Mon corps d'armée dut se replier, parceque le 4e battait en retraite, le 3e étant écrasé par l'artillerie.

Le général-président invite le témoin à préciser quelques points importants. Il lui demande s'il a eu connaissance de certains ordres du 23 et du 25 août pour la réduction des bagages et la formation d'un corps spécial de cavalerie.

— R. Certainement.

— D. Croyez-vous que l'armée aurait pu marcher avant le 26?

— R. Peut-être le 25, mais il y avait beaucoup à faire.

— D. Les moyens pour passer la Moselle étaient-ils suffisants?

— R. Mon avis est que nous manquions de débouchés, et qu'il eût fallu non-seulement d'autres ponts, mais d'autres routes.

Le maréchal Canrobert a souvent réfléchi depuis à la contradiction existant entre la première déclaration du général Soleille et celle du château de Grimont. Dans son opinion, si cela ne les a pas frappés dans la conférence, c'est qu'ils ont cru à une distinction entre les approvisionnements de marche des troupes et les approvisionnements généraux des corps d'armée. En tout cas, si on avait connu l'arrivée du maréchal de Mac-Mahon, on serait parti sans compter ni les cartouches, ni les gargousses.

— D. La réunion à la ferme de Grimont était-elle une délibération ou un simple rapport ?

— R. Il n'a pas été tenu de procès-verbal régulier, du moins on ne nous l'a pas soumis.

Le témoin déclare ne pas se souvenir qu'on y ait parlé du mouvement des armées ennemies vers l'intérieur. Quant au retard apporté dans le mouvement du 31, qui était d'abord fixé au 30, il a dû avoir pour cause le désir d'opérer sur un terrain sec, car il avait plu du 26 au 29.

Le passage du 31 s'est opéré un peu plus facilement que le premier, mais il n'y avait toujours qu'un débouché. Le 31, pendant le combat, et sur le champ de bataille, le maréchal Bazaine annonça à ses officiers qu'il avait des nouvelles du maréchal de Mac-Mahon.

LE GÉNÉRAL GUYOD. — L'orage du 26 était-il un obstacle rendant tout combat impossible?

— R. Cet orage a été la cause déterminante de notre réunion à Grimont, mais en toute sincérité je dois déclarer que ce n'était pas à mes yeux un obstacle invincible.

LE DÉFENSEUR. — Le maréchal se souvient-il d'avoir entendu dire à la ferme de Grimont que la garnison de Metz abandonnée à elle-même, ne tiendrait pas quinze jours.

— R. Le général Coffinières nous a dit que l'armée était indispensable au salut de Metz.

LE GÉNÉRAL CHABAUD-LATOUR. A mon sens, le général Coffinières a dû simplement déclarer que l'armée était indispensable pour parfaire les défenses de Metz.

— *R.* C'est cela. Ce qui n'empêche pas qu'il avait peu de conflance dans la résistance de Metz, et il n'était pas le seul.

Le maréchal Le Bœuf, rappelé, commence par expliquer les positions de son corps d'armée le 19 août et ses mouvements du 22 au 26 au matin. C'est dans la conférence de Grimont que le maréchal Bazaine exprima pour la première fois la pensée de rester sous Metz. Le témoin confirme ce qui a été déjà dit sur la conduite des généraux Soleille et Coffinières ; il déclare que, dans son opinion, on avait des munitions pour trois ou quatre batailles, que Metz était parfaitement en état de résister et qu'on lui eût laissé des vivres pour trois mois ; pourtant, n'ayant pas une conviction bien assurée, il ne fit pas d'objection. Après la conférence, le maréchal Le Bœuf prit le maréchal Bazaine à part pour lui dire : « Mais il est évident que votre mouvement vers Thionville n'était pas sérieux, et que ce n'était pas là votre objectif. » Le maréchal répondit, sans s'expliquer davantage, qu'au point de vue stratégique il pensait comme le maréchal Le Bœuf.

Le maréchal entre dans de grands détails sur la part qu'il a prise avec son corps d'armée aux journées du 31 août et du 1er septembre. C'est en avant de la ferme de Grimont que le maréchal Bazaine lui montra les deux dépêches reçues du maréchal de Mac-Mahon, l'une à la date du 19, l'autre du 29 ou du 30, signée Ducrot.

Partout il trouva l'ennemi solidement établi dans les positions que le 26 on avait enlevées sans coup férir. La nuit venue, un retour offensif très-vigoureux de l'ennemi fit perdre tous les avantages que le 3e corps avait eus dans la journée. Avant le matin, le maréchal Bazaine fut averti de la situation. Celui-ci fit répondre que rien n'était changé au programme de la veille, mais que dans le cas où l'on rencontrerait devant soi trop de résistance, on se fortifierait dans les positions occupées de façon à pouvoir se replier en bon ordre sous les forts de Metz.

Le lendemain, 1er septembre, la situation du maréchal Le Bœuf s'était aggravée. L'ennemi occupait avec son artillerie toutes les crêtes, ce qui ne permit pas à l'artillerie française de jouer un rôle important. A neuf heures et demie, le terrain n'était plus tenable, et une heure plus tard le maréchal Le Bœuf, après en avoir prévenu Bazaine, commença sa retraite.

Sur la demande du général-président, le témoin déclare que l'avis de se replier en cas de résistance trop forte, n'a été donné que verbalement et sous une forme confidentielle par l'officier d'ordonnance du maréchal Bazaine.

Le maréchal Le Bœuf pense que l'orage du 26 n'était pas un obstacle invincible, et qu'on aurait pu garder les positions sans rentrer dans les bivouacs ; il croit aussi qu'on aurait pu éviter l'encombrement dans la marche, en multipliant les ponts et les débouchés.

Selon le témoin, il a été question de l'armée de Mac-Mahon à la conférence du 26, mais très-vaguement, au point de vue de sa réorganisation seulement ; personne ne savait quand elle serait prête, et quelle direction elle prendrait. Lui-même pensait qu'elle marcherait vers Paris, mais si la vérité avait été connue, personne n'aurait hésité à marcher. Le témoin n'a pas eu connaissance de la lettre du général Soleille, mais il pense qu'elle ne regardait pas les commandants de corps. A ses yeux on avait des munitions pour trois batailles. Il déclare hautement qu'il n'a jamais cru à la légende des munitions manquantes. Son expérience lui a démontré souvent que l'armée est sujette à des paniques sous le rapport des munitions. On oublie d'ouvrir deux caissons sur trois et l'on crie que les munitions manquent. Ce qu'il sait, c'est que les dispositions au ministère de la guerre avaient été prises pour un approvisionnement énorme en munitions. Il est seulement regrettable que le ministère n'ait pas tout d'abord envoyé un duplicata des avis d'expédition aux chefs de service, afin qu'ils connussent les existences en gare. C'est ainsi qu'on a pu oublier en gare de Metz quatre millions de cartouches qu'on a retrouvées un beau jour.

Le général-président établit une distinction entre les munitions des troupes engagées et celles des troupes de réserve. Le maréchal Le Bœuf explique d'une façon très-détaillée les précautions générales existant à cet égard dans l'armée française. Ainsi, pour ne citer qu'un exemple, un corps d'armée qui n'avait pas usé de munitions dans un combat, versait une partie des siennes à un corps ayant épuisé ses munitions, sur les ordres du commandant en chef de l'artillerie.

Le témoin explique encore qu'un grand parc d'artillerie avait été formé à Toul, mais qu'on ne suivit plus ses instructions quand il quitta le ministère de la guerre, et qu'un autre système fut adopté par son successeur. En résumé, le témoin affirme de nouveau que le 26 l'armée de Metz avait des munitions pour trois batailles d'artillerie, et pour sept ou huit batailles d'infanterie. Quant aux divergences des deux déclarations du général Soleille, le témoin croit que les craintes du général Soleille, le 26, provenaient non du manque de munitions, mais plutôt du manque d'hommes pour le service de l'artillerie.

La séance est suspendue.

———

L'audience est reprise à trois heures.

On appelle le général Ladmirault, qui dépose sur la même série de faits.

Le général fournit des détails sur la journée du 26, dans laquelle son corps n'a pour ainsi dire pas été engagé.

A une heure, à Grimont, le général Coffinières a donné des renseignements très-alarmants, le maréchal Bazaine en a conclu à la nécessité de ne pas s'éloigner de la place.

Le témoin expose les dangers que l'on pouvait craindre dans les différentes directions. L'avis de retraite sous Metz prévalut.

Le 30 a commencé une série de mouvements pour l'opération du lendemain. Le général décrit stratégiquement les positions et la marche de son corps qui, pendant la nuit du 31, a vainement cherché à gagner du terrain.

Le 1er septembre, à 1 heure de l'après-midi, l'ordre est venu de battre en retraite. Cette retraite n'a été exécutée qu'au moment où l'on quittait les premières positions.

Le général n'a reçu ni le 30, ni le 31 l'ordre verbal de battre en retraite en cas de résistance trop vive devant lui.

Le témoin ne se souvient pas de la lettre du général Soleille. On n'avait, dit il, pas la moindre crainte en fait de munitions.

Quand le général Soleille a déclaré à Grimont qu'on n'avait de munitions que pour une bataille, le témoin, sans contrôler ni discuter ce renseignement, l'a considéré comme un obstacle sérieux à l'opération engagée.

Il n'a pas été donné de renseignements sur les mouvements des armées ennemies et personne n'a parlé du maréchal de Mac-Mahon.

On appelle le général Frossard.

Nous résumons les points principaux soumis au général commandant le 2e corps, et son appréciation sur ces points absolument identique à celle qui vient d'être développée dans les dépositions précédentes.

Les opérations militaires du 2e corps se bornèrent pour le 26 à l'occupation de Borny.

Sur la conférence de Grimont, le général donne des renseignements semblables à ceux qui viennent d'être fournis, mais il ajoute que, dans l'idée du maréchal Bazaine, il n'était question de se concentrer sous Metz que momentanément. Le général Coffinières et le général Soleille développèrent longuement les raisons qui devaient faire prévaloir cette résolution, à laquelle le général Frossard déclare s'être rallié.

Convaincu de l'insuffisance des moyens de résistance de Metz, et particulièrement de quelques forts, il ne fut nullement frappé des craintes exprimées dans cette conférence, et la décision fut unanime. On prit le parti de rester momentanément sous les forts de Metz.

Les déclarations du général Frossard concordent entièrement avec celles des autres chefs de corps, quant aux préliminaires de la journée du 31.

Le général arrive à l'incident des deux dépêches communiquées par le maréchal Bazaine, et au mouvement offensif ordonné en conséquence.

Le maréchal avait commencé par désigner à chaque chef de corps son objectif précis. Le signal de l'attaque se fit attendre un peu. L'attaque n'eut lieu que vers 4 heures. Elle fut assez heureuse jusqu'au soir, où il fallut soutenir le maréchal Le Bœuf.

L'ordre de retraite fut donné par le maréchal Bazaine, le 1er septembre vers midi.

Il a été envoyé, dans la nuit du 31, un ordre confidentiel au maréchal Le Bœuf.

Sur la demande du général-président, le général déclare que le mouvement dessiné le 29 avait éveillé chez l'ennemi l'idée de fortifier des points sur lesquels on a rencontré une très-vive résistance le 31.

Dans la conférence il n'a été nullement question ni de l'armée de Châlons, ni des mouvements de l'armée allemande. On supposait bien qu'une seconde armée se formait à Châlons, mais on ne pouvait croire qu'elle osât s'aventurer au milieu de trois armées victorieuses.

Du 26 au 30, les parcs avaient été approvisionnés sans être tout à fait au complet.

Le témoin avait connu dans un ordre général, la mention du réapprovisionnement total des munitions, mais il n'a jamais connu la lettre rassurante du général Soleille, datée du 22 août.

C'est sur ce renseignement que la communication a été faite aux troupes.

A Grimont, en présence de renseignements opposés, le général Frossard a cru que l'on ne parlait que de l'épuisement momentané des munitions de la place. Chaque chef de corps savait bien qu'il était pourvu de munitions de campagne très-suffisantes. Si le maréchal avait déclaré formellement qu'on allait s'établir à Metz, on aurait eu à se préoccuper des moyens de se ravitailler au dehors, mais la retraite sous Metz a été considérée comme absolument provisoire.

Le général critique au point de vue d'un camp retranché, la situation de plusieurs forts de Metz.

Le 26, on aurait pu aller où on aurait voulu, mais on aurait été gêné par la pluie après dix heures et demie du matin.

Au sujet des promotions qui ont suivi la journée du 26, le général déclare qu'elles n'ont été complétées que quelques jours plus tard.

(Le général Bourbaki, qui devait être entendu dans cette série, a demandé à joindre cette partie de sa déposition aux suivantes, pour des raisons de service que le conseil a admises.)

Le général Jarras, rappelé, recommence une nouvelle exposition des préliminaires de la journée du 26. Les ordres de mouvement ont été dictés en sa présence le 25.

Quant à la conférence de Grimont, elle aboutit à l'ordre de rentrer, avec quelques modifications dans les positions précédemment assignées à quelques corps.

C'est dans la soirée du 30 que l'on dicta les ordres du lendemain, ordres identiques à ceux du 26. Ce jour-là, comme le 25, ils furent apportés et dictés par le colonel Lewal.

L'attaque n'eut lieu que le 31 à 4 heures du soir, sur un signal ordonné par le maréchal. Le combat fut arrêté la nuit pour être repris le lendemain matin. Dans la nuit, le maréchal dicta au général Jarras une dépêche confidentielle qu'il fit porter aux commandants des corps d'armée.

L'attaque fut reprise vers 7 heures du matin, mais, vu son insuccès, le maréchal envoya à midi l'ordre de rentrer dans les lignes.

La communication des renseignements d'ensemble donnés par le général Soleille dans sa lettre du 22 a été faite par le général Jarras sur un renseignement général dont on lui avait dit de faire part aux troupes. Ce n'est que le surlendemain que le témoin Jarras a connu le texte et les détails de la lettre du général Soleille.

Le général Jarras a assisté à la conférence du 26, mais il n'y a pas eu voix délibérative.

Le commissaire du gouvernement. — Le général Jarras peut-il nous dire si le 26 le colonel Lewal est resté longtemps chez le maréchal et s'il n'y a pas préparé les ordres avec lesquels il en est sorti ?

— R. Le colonel Lewal n'est pas resté très-longtemps ; mais en le priant de dicter les ordres du maréchal, j'avais le pressentiment que ces ordres résultaient de leur entrevue ; l'urgence de l'exécution m'a empêché de le questionner à cet égard.

Le général-président. — L'ordre de marche exécuté le 31 n'avait-il pas été donné pour la veille ?

— R. L'ordre avait été donné le 30 au matin, mais les troupes en ont attendu l'exécution jusqu'au 31.

En ce qui concerne les passages de la Moselle, le général Jarras n'a jamais été consulté par le maréchal. Pour le passage du 31, celui-ci avait fait venir le colonel Boissonnet et l'avait chargé de veiller aux amorces des ponts. Le général n'a jamais assisté aux délibérations qui ont eu lieu chez le maréchal.

L'audience sera reprise lundi prochain.

Complément de l'audience du 8 novembre
et audience du 10 novembre

PRÉSIDENCE DE M. LE DUC D'AUMALE

Après que le général Jarras a déclaré, relativement au passage de la Moselle le 31, que c'était le général Boissonnet qui fut chargé de veiller aux amorces des ponts, le défenseur fait demander au témoin à quelle heure ont été donnés, le 23, les ordres de réduction des bagages.

Le témoin déclare ne pouvoir préciser cette heure.

On appelle ensuite le colonel Lewal.

Les ordres dont le colonel a été chargé par le maréchal sont ceux relatifs à la sortie du 26 et ceux relatifs à la sortie du 31.

Ceux du 26 ont été donnés *comme préparation seulement* le 24, étudiés le 25, et signés à 8 heures et demie du soir le 25. Avant le 24, aucun ordre n'avait été donné ni préparé.

Les ordres du 31 n'ont été faits que le 30. Le 29 on avait donné ordre de se préparer.

Le colonel connaissait approximativement les forces d'"investissement de Metz le 26, forces ne se composant plus que des deux armées du prince de Saxe et du général Steinmetz.

Le commissaire du gouvernement fait établir exactement l'heure à laquelle le général Jarras a connu les ordres du 25; c'était entre 8 et 9 heures.

Le commandant Samuel dépose que le 30 au matin, on a envoyé des émissaires reconnaître ce qui se passait sur la Moselle; ils sont rentrés vers 8 ou 9 heures.

Le témoin reconnaît avoir dit le 26 au général d'Andlau en montant à cheval : « Je crois que ce ne sera pas encore pour aujourd'hui, et que nous rentrerons ce soir. » Cette impression lui était venue en entendant le général Coffinières et le général Soleille exposer chez le maréchal des renseignements décourageants.

On appelle le témoin Ziéger (Charles), 32 ans, lieutenant de la garde républicaine, à Paris.

Ce témoin a commandé pendant la guerre des compagnies de zouaves. De service chez le maréchal Bazaine du 20 au 31 août, il se souvient d'avoir vu un jour dans la cour un émissaire qu'on l'a prié de retenir. Il ne peut préciser la date, mais il déclare qu'il reconnaîtrait l'homme.

Le 26 au matin, il n'a pas reçu d'ordres spéciaux pour les hommes qu'il commandait.

C'est en faisant causer ses zouaves avec l'émissaire pour le retenir, que le lieutenant Ziéger a su qu'il venait d'apporter une dépêche au maréchal.

Le défenseur fait observer qu'un autre témoin, le capitaine Gudin n'a pris son service chez le maréchal que le 26, et qu'il y aura lieu de serrer après sa déposition cette question de dates.

On appelle le témoin Marchal pour lui demander s'il a eu connaissance de l'arrivée d'émissaires à Metz entre le 20 et le 30 août.

Le témoin ne se souvient que d'un émissaire auquel le commandant Samuel a remis une dépêche à remporter le 30, jour de la bataille.

Cet émissaire a dit à Marchal avoir apporté une dépêche à Metz huit jours avant. Marchal ne l'a pas revu.

Le commandant Samuel est rappelé sur la demande de M. le commissaire du gouvernement.

Le commandant se trouvant absent, sera entendu un autre jour.

Il reste à entendre deux témoins à décharge.

On appelle le colonel d'Ornans (Marie), 61 ans, officier d'état-major habitant Rouen.

Sur la demande de Me Lachaud, le témoin déclare que, dans la soirée du 31, il a rejoint le maréchal Bazaine entre 6 h. 3|4 et 7 h., sur le petit plateau en avant de Sainte-Barbe, et lui a porté les renseignements donnés par le maréchal Le Bœuf sur la situation du 5e corps.

On appelle le témoin Règlay de Konigsegg (Gustave-Adrien), 50 ans, colonel d'état-major.

Dans la soirée du 31 août, le témoin a rencontré le maréchal près de la petite chapelle de la Salette, au delà.

Le maréchal lui ordonna de faire sonner la charge par les tambours de son régiment. Il était 6 heures et demi ou 7 heures du soir.

Le maréchal Bazaine marcha quelque temps à la tête du régiment puis se porta en avant et disparut.

Le maréchal Bazaine. — Ces témoignages prouvent que je cherchais bien à entraîner tout le monde en avant.

Audience du 10 novembre

La séance est reprise à midi cinq minutes.

L'audition des témoins de la quatrième catégorie est épuisée. On va passer à la cinquième série, se rapportant à la défense de Metz et comprenant quarante-six témoins, dont huit à décharge.

On appelle le colonel de génie Salanson.

L'ordre des témoins, dit le président, est interverti parce qu'il y a deux questions qui appartiennent à la fois à la quatrième série et à la cinquième. Il s'agit donc d'entendre d'abord les chefs des forts de Metz et les préposés aux munitions.

Le témoin est appelé à déposer sur l'état des forts au 15 août, au 26 août et au 1er septembre.

L'enceinte était en parfait état. Son armement était complet dès le 14. Les forts de Plappeville et de Saint-Quentin étaient très-avancés; 75 bombes à feu garnissaient le premier, et 45 le second; on pouvait y loger des garnisons considérables. Les deux forts de la rive droite, celui de Saint-Julien et celui de Queuleu, étaient moins avancés. Dans le dernier, il restait encore 450 mètres à construire; les fossés avaient 7 mètres de profondeur sur deux fronts.

La caserne sous le cavalier était terminée et pouvait contenir environ 2000 hommes. L'armement s'élevait à 95 bouches à feu. Au fort de Saint-Julien les escarpes étaient achevées à peu près complètement sur les quatre fronts de tête; les portions non revêtues étaient palissadées. Les fossés étaient peu avancés. La grande caserne centrale n'était pas voûtée, mais elle fut blindée en charpente. Il existait de grands magasins de poudre; 75 bouches à feu garnissaient les remparts.

Un ouvrage avancé avait été construit sur les positions des Bordes, en avant du fort de Saint-Julien. Le fort de Saint-Privat ne contenait pas d'abris; mais en arrière de celui-ci se développait la ligne du chemin de fer, dont la partie en déblai était inabordable. En résumé, à l'époque du 1er septembre, les forts de la rive gauche étaient en parfait état de défense. Quant à ceux de la rive droite, ils étaient certainement à l'abri d'une attaque de vive force. Chaque jour du reste on apportait des améliorations à l'armement.

— *D.* Les travaux qui furent exécutés en août étaient-ils de nature à augmenter la résistance?

— *R.* Certainement. Mais dès le 14 août on était en mesure de résister à tout assaut.

— *D.* Le concours de l'armée a-t-il été utile à ces travaux?

— *R.* Oui, mais l'armée n'a établi que les lignes de défense entre les forts, et n'a pas coopéré aux travaux des forts mêmes.

— *D.* Avez-vous coopéré, comme colonel du génie, au passage de l'armée sur la Moselle?

— *R.* Oui, nous avons préparé les ponts sur l'ordre du commandant de Metz.

Relativement à la destruction des ponts, le témoin déclare, sur une demande du commissaire du gouvernement, qu'il a attendu des ordres du 7 au 14, mais que ces ordres n'ont pas été donnés. Toutes les dispositions étaient prises pour faire sauter plusieurs ponts au premier avis.

On entend le témoin Merlin (François-Xavier), 59 ans, colonel du génie.

LE TÉMOIN. — Quand j'ai pris le commandement du fort de Queuleu, il était en pleine construction et encombré de matériaux. Une grande brèche servait au passage de la voie ferrée, par laquelle arrivaient les matériaux.

Suivent des développements techniques sur cet important ouvrage, développements prouvant que le fort Queuleu, quoique inachevé, était déjà, au 10 août, en état de défense. Le 28 août son armement était presque achevé; il comprenait 88 pièces en batterie et 3000 hommes de garnison, dont 2000 travailleurs occupés pendant sept à huit heures par jour. Au 5 septembre il y avait 110 pièces en batterie.

Le témoin estime que la résistance eût été extrèmement sérieuse et que le fort était inabordable, sauf du côté de Montigny. Du reste l'ennemi n'a entrepris aucun travail contre le fort Queuleu ainsi qu'on a pu s'en convaincre dans une reconnaissance opérée le 25 septembre.

Le défenseur rappelle que le 24 août un rapport du témoin déclarait que les fossés étaient incomplets.

Le témoin répond qu'il a en effet signalé au général Coffinières quelques dispositions à prendre, mais seulement en vue d'une surprise de nuit.

On appelle le témoin Duchesne (Alfred-Nicolas), 47 ans, chef d'escadron d'artillerie.

Ce témoin avait le commandement du fort de Plappeville depuis le 9 août. Son effectif en artillerie était un peu faible au début; il n'a été complété que vers la fin du siège. L'armement était de 75 bouches à feu; jusqu'au 1er septembre l'approvisionnement n'était que de 100 coups par pièce, mais il fut triplé depuis cette époque. Jusqu'au 1er septembre aussi l'état de la défense laissait beaucoup à désirer, surtout au point de vue du personnel. Les canonniers étaient rares et le commandant n'avait que quatre officiers. Le 2 septembre, le maréchal Bazaine vint visiter le fort et examiner de là la plaine de Thionville. Le témoin profita de l'occasion pour demander au maréchal des travailleurs pour achever la défense. Dès le lendemain, on envoya 1000 travailleurs du 4ᵉ corps. Avec leur concours, la défense se compléta très-rapidement; vers la fin d'octobre tout était terminé.

Le commandant Duchesne expose l'état de ses réserves de vivres. Il avait établi deux fours et cuisait le pain de la garnison. A partir du 14 octobre, il fut obligé d'attaquer ses réserves qui étaient de dix jours. On diminua successivement les rations, et le jour de la capitulation on n'avait plus que deux ou trois jours de vivres.

Le témoin déclare encore qu'il ne s'est jamais attendu à une attaque; il ne prévoyait que la possibilité d'un bombardement. L'ennemi n'a rien entrepris contre le fort de Plappeville.

Sur la demande du commissaire du gouvernement, le commandant déclare que le jour de la capitulation il s'est adressé au général Coffinières pour savoir ce qu'il devait faire de ses vivres. On le renvoya à un intendant qui lui dit qu'il n'y avait rien à faire et qu'il pouvait les distribuer.

On appelle le colonel d'artillerie Protche (Félix-Aimé), 54 ans.

Ce témoin avait le commandement du fort Saint-Julien. Il décrit l'état des travaux de défense de chacun des bastions. Le 10 août il y avait 27 pièces en batterie sur les bastions de droite, regardant la ville, mais il y avait d'autres pièces dans le fort. Prévenu qu'on pouvait être attaqué par la gauche où existait une brèche, on disposa en arrière six pièces d'artillerie et 2 tonneaux de pétrole pour embraser le talus en cas d'assaut. Les dispositions nécessaires furent prises quant à la brèche; les fossés furent élargis, et le fort se trouva en état de résister à une attaque de vive force.

Le 15 août, un avis du colonel Boissonnet, communiqué par un paysan, informa le témoin qu'on avait conclu un armistice de 2 à 5 heures. Le témoin en référa au commandant de la place, craignant une ruse de l'ennemi. L'avis fut confirmé par dépêche. On enterra les morts, mais le soir venu il en resta beaucoup. Le témoin prévint la place qu'il lui fallait 200 hommes et quatre heures de temps pour achever sa tâche. Le lendemain matin à 9 heures, les hommes arrivèrent et eurent à travailler jusqu'à 3 heures de l'après-midi. L'armistice était donc prolongé de fait et dura en tout 24 heures. La garnison du fort était de 2200 hommes. Le jour de Borny, l'artillerie du fort ne put concourir à l'action, parce que les pièces n'étaient pas braquées dans la direction de la ville, mais contre la ville.

La garnison a défendu avec beaucoup de vigueur la ferme de Grimont dont l'ennemi cherchait presque tous les jours à s'emparer et qui se trouvait à 500 mètres en avant du fort.

Le 24 au matin un officier apporta des avant-postes une dépêche du général Manteuffel pour le gouverneur de Metz. Le témoin l'envoya par estafette et on lui en accusa réception. Il reçut en échange deux lettres à faire transmettre aux avant-postes prussiens, sans qu'on lui donnât d'autres explications.

Le 29 août, le fort pouvait résister à toute espèce d'attaque. On avait de l'eau en abondance, des munitions et des vivres. Le 31 août, le témoin reçut l'ordre de transporter trois pièces hors du fort; elles furent mises en batterie devant Sainte-Barbe et rentrèrent au fort vers cinq heures du soir. Le colonel reconnut la position, et vers une heure informa le gouverneur de Metz que l'armée revenait dans ses campements.

Le général Coffiniéres, presqu'aussitôt après la bataille de Noisseville-Sainte-Barbe, me demanda mon avis. J'avais assisté à toutes les péripéties de ce combat.

« Quel est votre avis, me demandait le général, est-ce un succès ou un échec ?

Je répondis : « Quant à moi, je ne vois là ni l'un ni l'autre.— Il me paraît certain que le maréchal désirait ne pas s'engager à fond, car il eût facilement passé. Ou il a reçu des instructions du dehors, ou il a voulu faire simplement une feinte, telle était mon opinion.

Lors de la capitulation, on avait 80 bouches à feu, 10 jours de vivres. Après la capitulation, le colonel est resté un mois dans la place en sa qualité de Messin ; il a pu savoir ce qui avait été fait. Les dispositions prises par l'ennemi étaient insignifiantes.

En exposant ces derniers détails, le colonel Protche a peine à contenir une émotion, mêlée de colère, qui produit une grande impression sur le public.

Cette patriotique angoisse du soldat dont le cœur se fend au souvenir des derniers jours qu'il a pu conserver son fort avant de le rendre à l'ennemi, gagne les membres du conseil et se propage dans l'auditoire.

Lorsque pour regagner la salle des témoins le brave colonel descend les marches du prétoire, le public salue d'un regard sympathique sa fière et martiale figure.

On entend le témoin Lecoispellier (Charles), 45 ans, chef de bataillon du génie.

Le commandant avait sous ses ordres le fort de Saint-Quentin, qui au 15 août était à peu près terminé et armé de façon à pouvoir opérer très-utilement dans la plaine de la Moselle. Il était à l'abri de toute attaque de vive force. L'armement s'est élevé jusqu'à 47 pièces. Les terrassements n'ont jamais été entièrement complétés, mais les conditions de défense étaient cependant excellentes. Le 18, quelques coups tirés du fort Saint-Quentin ont réussi à arrêter l'ennemi dans ses mouvements. L'ennemi avait construit contre le fort Saint-Quentin une grande redoute, mais elle n'a jamais été ni occupée ni armée. Au mois d'octobre, le prince Frédéric-Charles fit dire que le fort de Saint-Quentin avait tiré sur des ambulances allemandes à Ars. Pendant sa captivité, le témoin a eu la preuve que le fait n'était pas exact.

Le maréchal explique qu'il a averti le commandant du fort de la plainte qu'il avait reçue, mais qu'il ne lui avait pas ordonné de cesser le feu.

———————

Le garde d'artillerie Blandin est entendu.

LE GÉNÉRAI-PRÉSIDENT. — Je demande avec l'assentiment du ministère public et de la défense, à autoriser les gardes d'artillerie à se servir de leurs carnets et de leurs notes pour répondre aux questions que je leur poserai.

Les premières questions du président ont trait à la façon dont s'opérait le chargement des voitures vides et le déchargement des voitures pleines à l'arsenal.

Le témoin explique ensuite comment s'est opéré le ravitaillement des parcs de chaque corps, notamment après la bataille de Borny. La direction d'artillerie de Metz a reçu pendant le mois d'août des cartouches et des munitions d'artillerie de plusieurs sortes. Le témoin a précisé dans l'instruction quelques chiffres qui, aujourd'hui, lui échappent. Les distributions de munitions faites à l'arsenal le 19 août, le lendemain de la bataille de Saint-Privat, ont été importantes et ont donné un grand travail. Au sujet du parc du 2ᵉ corps, le témoin précise les ordres donnés par le général Soleille. Un jour il a appris que ce parc était dissous par le capitaine Brunoy; deux jours après, le même capitaine lui donnait ordre de reconstituer ce parc. L'arsenal n'a jamais été complétement épuisé en projectiles de 4. D'après la déposition du témoin dans l'instruction, le nombre des projectiles de 4, abandonnés à l'ennemi, a été environ de 2000.

On appelle le témoin Borckmann, 43 ans, garde d'artillerie.

Le témoin était chargé de la centralisation, puis de la comptabilité des approvisionnements en munitions. Il se souvient très-bien qu'en juillet et août la place a reçu des cartouches d'infanterie modèle 1866, mais il n'a aucun souvenir pour ce qui concerne les munitions d'artillerie. Son carnet n'est plus entre ses mains depuis la capitulation; il a servi à dresser l'inventaire lors de la remise de la place à l'ennemi.

On appelle le colonel d'artillerie de Girels, qui a déjà prêté serment.

Le témoin se souvient que dans les forts les pièces étaient approvisionnées de 300 coups. Pour l'intérieur de la place, il est moins affirmatif. Le colonel fournit les renseignements généraux relatifs à son service. Des états parfaitement réguliers ont été fournis jour par jour par l'arsenal au général Soleille, mais quoique directeur de l'artillerie à l'arsenal, le témoin ne peut que s'en référer à ces pièces authentiques, car sa mémoire pourrait lui faire défaut. Pendant la période qui a commencé le 14, les distributions ont été incessantes à l'arsenal où le service était en permanence. Le colonel avait donné l'ordre de fournir des munitions à tout officier se présentant avec des caissons vides sans autre justification, vu qu'en fait de munitions on ne devait pas redouter le gaspillage. La fabrication des cartouches n'a pas cessé un instant et on a trouvé en ville des étoffes qu'on a pu utiliser pour les enveloppes de cartouches. Jamais l'arsenal n'est descendu au-dessous du chiffre de deux millions pour les cartouches.

Le témoin se rappelle qu'au commencement du blocus, lorsqu'on eut découvert à la gare un convoi de cinq millions de cartouches qui dormait depuis plusieurs jours sans que personne se doutât de son existence, le stock s'est trouvé momentanément de sept millions.

Un point spécial est resté fixé dans les souvenirs personnels du colonel de Girels : après les batailles du 14, du 16 et du 18, voyant qu'on s'approvisionnait constamment à l'arsenal, le colonel a cherché à savoir pour combien de temps on avait d'approvisionnements. Ses souvenirs sont très-certains : à aucun moment du siége, il n'a douté que l'arsenal pût remplir les caissons de l'armée si elle quittait Metz.

En somme, en s'en allant, l'armée n'aurait pu emporter plus que ses gibernes et ses coffres.

Le GÉNÉRAL PRÉSIDENT fait représenter au témoin une situation signée de lui, évaluant les munitions d'artillerie disponibles au 14 août, et lui demande si ce ne serait pas cette situation qui a servi de base aux rapports alarmants qui ont été faits des ressources de la place.

Le colonel explique que cette situation ne comprenait que certaines parties des munitions générales et que ces munitions se trouvaient

Constamment augmentées par la fabrication. Les munitions indiquées comme disponibles dans cette pièce étaient seulement celles qui n'avaient pas de destination précise et fixée d'avance.

Le colonel a accompagné le général Soleille dans sa visite du 17 août à l'arsenal. A la suite de cette visite, le général écrivit une lettre constatant que l'arsenal était dans une pénurie inquiétante depuis la bataille du 16. C'est cette lettre qui a servi de base à la note du maréchal Bazaine. Le général-président en ordonne la lecture et demande au témoin des explications sur les inquiétudes provoquées par cette visite, puisque dans les deux jours suivants l'arsenal a pu fournir 40 000 obus chargés.

— R. Je sais, d'après des renseignements recueillis à bonne source, que le chiffre le plus bas n'est pas descendu au-dessous de 2 400 000. Je répète que nous n'avons pas eu un seul jour d'inquiétude.

— D. Le 19 août, le général est revenu à l'arsenal?

— R. C'est entre le 19 et le 21.

— D. Il avait donné l'ordre de livrer deux parcs, qui ont été reconstitués deux jours après?

— R. En effet, et cet ordre de licenciement m'a surpris. Les changements qui se sont produits dans l'esprit du général Soleille à différentes périodes ne sont pas explicables pour moi; je ne puis que fournir des renseignements sur ce que le général a su de la position de l'arsenal.

Suit un historique détaillé des mesures qui ont été successivement prises pour les approvisionnements en projectiles. Il n'y a jamais eu l'ombre d'une préoccupation possible quant aux besoins immédiats. Les inquiétudes ne peuvent porter que sur des dates éloignées.

En tous cas la lettre du 22 indique que l'armée était réapprovisionnée; le 25 le général Soleille se montrait parfaitement satisfait de l'état des approvisionnements. et le colonel est possesseur d'une lettre prouvant que le général Soleille — aussi bien que le maréchal — était satisfait non-seulement de ses services et de ses efforts, mais des résultats obtenus.

Le général-président en présence de cette déclaration croit inutile de faire donner lecture de cette lettre.

Me Lachaud fait observer que dans une lettre écrite le 20 par le témoin, se trouve cette phrase : « Nous voilà au bout de notre poudre. »

Le colonel répond que cette phrase ne doit pas être détachée, et que les circonstances l'expliquent. Le général Soleille avait des craintes exagérées à ce moment-là; tout à coup on découvre 4 millions de cartouches, qui ont causé au témoin une très-grande joie, parce que, jusque-là, on vivait sur la poudre de la place. Sa phrase, antérieure à cette découverte, avait le sens que voici : Nous voici au bout de notre poudre quant à l'armée, c'est-à-dire que l'armée est obligée de se rapprovisionner sur les réserves de la place. Il faudrait connaître des conversations qui l'ont précédée pour en comprendre le sens exact.

Me Lachaud. — Je ferai observer que dans une autre lettre le témoin dit : « Les ressources de la place sont complétement épuisées. »

Le témoin fait une réponse assez obscure dont nous ne saisissons pas le sens.

Le général président ordonne, contrairement à son avis précédent, sur la demande de M. le commissaire du gouvernement, la lecture d'une lettre du général Soleille au colonel de Girels dans laquelle le premier lui apprend qu'en récompense de ses bons services, il a demandé pour lui la croix de commandeur de la Légion d'honneur au maréchal Bazaine, lequel a accueilli favorablement cette demande.

Ensuite, en vertu de son pouvoir discrétionnaire, le général-président fait donner lecture des dépositions de différents chefs de corps d'artillerie qui ne sont pas appelés à déposer devant le conseil.

Le greffier lit : 1° la déposition du colonel Brady, directeur du parc du 2ᵉ corps, établissant certains chiffres de détail sur les approvisionnements en munitions concernant spécialement son corps aux différentes périodes du siége.

2° La déposition du commandant d'artillerie Delpeyre, appartenant aussi au 2ᵉ corps.

Cette déposition n'est que le complément de la précédente. Elle établit jour par jour la statistique des réapprovisionnements en munitions au fur et à mesure de la consommation pendant chaque bataille.

On appelle le témoin Choisy (Victor-Alphonse), 41 ans, garde d'artillerie, domicilié à Marseille.

Ce témoin est invité à préciser les chiffres des munitions qui ont ravitaillé le 2ᵉ corps, du 6 au 14 août.

Il fournit ces renseignements avec une assez grande exactitude, ainsi que ceux relatifs aux journées des 16, 17 et 18.

Le 19 au matin, le parc a été rendu à l'arsenal et en est ressorti complet le 26 au matin. Le témoin fournit, d'après son carnet, les chiffres précis des munitions que possédait ce parc à sa sortie. On avait d'abord cru que le parc était licencié, mais on a changé d'avis deux jours après.

Il est ensuite donné lecture de la déposition du témoin Jean-Baptiste Lecomte, 50 ans, garde d'artillerie, déposition se rattachant au même ordre de faits et se composant uniquement d'une énumération de munitions employées ou reçues.

Le licenciement provisoire des deux parcs d'artillerie n'a pas été considéré, dit le témoin, comme causé par un manque de munitions.

On lit encore la déposition du témoin Terebillac, garde d'artillerie, déposition relative aux réapprovisionnements munitionnaires du 2ᵉ corps.

La séance est levée à 4 heures 15 et sera reprise demain à midi.

———————

L'intérêt que présentent en ce moment les débats de l'Assemblée nationale a pour résultat de diminuer un peu le nombre des auditeurs qui se rendaient chaque jour à Trianon pour assister aux audiences du procès Bazaine.

On prête au général-président l'intention de faire tenir des audiences chaque jour afin de rapprocher le terme de la fin des débats. Il est même question de ne plus suspendre les séances le jeudi de chaque semaine.

On fait circuler le bruit, et nous sommes bien loin de le croire fondé, que le témoin Regnier revenant sur ses premières dispositions aurait écrit à ses amis qu'il se proposait de revenir en France pour le moment où le conseil abordera la série des négociations auxquelles le maréchal Bazaine a pris part.

PRÉSIDENCE DE M. LE DUC D'AUMALE

L'audience est ouverte à midi cinq minutes.

On appelle le capitaine d'artillerie Joyeux, 46 ans.

Le témoin doit déposer sur les opérations du parc du 3e corps. Il n'a pas de notes, les gardes ayant transmis leurs carnets au directeur général. Le jour de la bataille de Borny son parc a approvisionné la cavalerie qui n'avait pas de cartouches. On en a beaucoup usé du 14 au 18, mais sans épuiser les approvisionnements. Le 25 on a encore fourni des munitions au 6e corps.

Le lendemain de chaque bataille, nous avions soin d'être de nouveau au grand complet, mais nous avions baissé d'un quart notre chiffre général de munitions.

— D. Le parc était réapprovisionné au grand complet entre le 20 et le 23 août ?

— R. Oui, M. le président.

— D. La fourniture faite le 26 au 6e corps a diminué d'un quart, mais a mis le 6e corps au complet?

— R. C'est bien cela.

On donne lecture de la déposition du garde d'artillerie Amian, qui, comme ses collègues, donne des détails sur les munitions qu'il a eu à fournir aux différents corps pendant le mois d'août.

On lit, en outre, la déposition du colonel Luxère, qui porte également sur les munitions délivrées le 14 août au 4e corps par le parc qu'il commandait. Le 16 et le 17 août il a distribué 3500 coups de canon environ.

Il est donné lecture de la déposition du commandant Voisin, qui était sous-directeur du parc du 4e corps. Le témoin déclare qu'après le 16 le corps a été ravitaillé en munitions à l'arsenal de Metz, et le parc était au grand complet. Le 26 et le 31, le 4e corps était encore très-riche en munitions.

On lit la déposition du capitaine d'artillerie Lestaudin, attaché au parc du 4e corps. Ce témoin s'occupait plutôt des mouvements du parc que des munitions; il ne peut affirmer d'une manière précise si le parc était complet le 14 au matin. Le 17, au matin, a eu lieu une distribution de munitions. Un nouveau ravitaillement a eu lieu le 18, enfin le 19 le parc s'est trouvé coupé de son corps d'armée, et ce n'est que dans l'après-midi qu'il a pu être réinstallé au grand complet. Le témoin ne se souvient pas s'il y a eu ce jour-là distribution de munitions; mais il croit avoir la certitude que le commandant Voisin en avait rapporté avec les batteries du 6e corps. Le 26 ne fut pour le 4e corps qu'une fausse alerte. Le 30, le parc, en vue de l'action qui devait s'engager, était au grand complet.

On lit la déposition du garde d'artillerie Lacombe. Le témoin ne croit pas que son corps se soit réapprovisionné à l'arsenal jusqu'au 18. Le 17 au soir le commandant Voisin est allé chercher 2000 coups à Metz que le 4e corps a reçus le 18 au matin. Pour chacune des journées de combat, le 4e corps a été parfaitement fourni, car on avait prévenu que le sort de ces journées dépendait surtout de l'abondance des munitions.

On appelle le témoin Polard, garde d'artillerie.

Ce témoin était également attaché au 4ᵉ corps. Le 15 au matin, on a distribué environ 1500 projectiles au 4ᵉ corps. Le 16 août et le 17, on a continué sans relâche les approvisionnements. Dans la nuit du 17 le commandant du corps est allé à Metz avec 30 voitures et en a rapporté un réapprovisionnement complet. Le 29 et le 31 les munitions étaient plus que suffisantes. On les distribuait sans réserves.

On lit la déposition du témoin Klein (Jacques), garde d'artillerie. Cette déposition complète et confirme les précédentes, quant à l'état munitionnaire du 4ᵉ corps. Les munitions ont toujours été plus que suffisantes au 4ᵉ corps.

On lit la déposition du capitaine d'artillerie Grimard, appartenant au 6ᵉ corps. Le 18, selon le témoin, le feu était très-lent, parce qu'à cause de l'éloignement on ne pouvait calculer les coups; donc la consommation fut très-faible. A Saint-Privat, au contraire, la consommation s'est élevée à plus de 200 coups par minute. La batterie commandée par le capitaine Grimard a toujours été très-suffisamment pourvue de munitions.

On appelle le témoin Vignolles (Jean), 48 ans, garde d'artillerie. Ce témoin était attaché à la place de Metz. Le 16, il a accompagné un convoi de 83 voitures de munitions au plateau de Plappeville, c'est-à-dire 12 à 13 000 coups et plus de 800 000 cartouches. Le convoi, retardé par un convoi de blessés, n'arriva que dans l'après-midi sur le plateau. La distribution se fit, le 18 au matin, d'après les ordres des colonels Maignien et Vasse-Saint-Ouen, et le soir, avec quatre voitures encore pleines, on revint à l'arsenal de Metz.

Le témoin dépose avec une précision et une clarté qui lui valent les éloges du président du conseil.

On appelle le capitaine d'artillerie Anfrye (Gabriel-Raoul), 30 ans.

Le 8 août le témoin a été chargé de conduire au maréchal de Mac-Mahon à Sarrebourg un convoi de munitions détaché du grand parc formé à Toul à destination de Metz. Le témoin est arrivé jusqu'à Lunéville, d'où il a fallu rétrograder jusqu'à Blainville. Là, on a attelé et le parc s'est mis en route et a rejoint le 1ᵉʳ corps le 9 août. Le chargement du convoi représentait la moitié du parc de Toul, sans pourtant qu'on eût touché à la réserve.

Le général-président, dans l'intérêt de la sincérité des débats, fait lire la partie de la déposition du général Soleille relative aux munitions. Le général Soleille nie énergiquement qu'on ait jamais songé à licencier un ou plusieurs parcs; tout provient d'une confusion de mots, dit le témoin dans sa déposition écrite.

On appelle le commandant d'artillerie Abraham.

Au 14 août, l'armée avait 118 000 coups de canon, 60 000 coups de canon à balles et 6 millions de cartouches. Pendant les journées du 14, du 16 et du 18, on a consommé 55 000 coups de canon. Le 31 août on avait encore 3 millions de cartouches. La comptabilité des munitions a toujours été tenue très-régulièrement. Il n'y a jamais eu de préoccupation quant à la facilité de se réapprovisionner en munitions de canons à balle. On en a au contraire restreint la fabrication à l'arsenal au bout de quelque temps.

Le commandant Sers est rappelé. Tout ce que le commandant peut dire, c'est que le général Soleille, déjà malade au moment du siége de Metz, a déployé une très-grande activité pour ce qui concernait les munitions. Le témoin est convaincu qu'on a puisé dans les approvisionnements de la place de la poudre et même des projectiles pour le service de l'armée. Le témoin Sers n'a jamais entendu parler du licenciement du parc du 2ᵉ corps que le général Soleille, par suite d'un désordre qui y serait arrivé, aurait ordonné.

On appelle le colonel Vasse-Saint-Ouen.

Les approvisionnements de la place, dit le témoin, étaient absolument distincts de ceux de l'armée. Je n'ai jamais connu ce qui concernait la place, car si le général Soleille s'en est occupé, ce n'a jamais été par l'entremise de son état-major.

Interrogé sur la position du grand parc qui restait à Metz, le témoin l'évalue au huitième de la totalité du grand parc de l'armée. Il en fut détaché une partie qui fut envoyée au maréchal de Mac-Mahon le 9 août, et une autre put servir à réapprovisionner le 2ᵉ corps, après la bataille de Forbach.

Le colonel Vasse n'a jamais entendu parler du licenciement d'aucun parc entre le 20 et le 26 août. On a seulement renvoyé à Metz pendant quelques jours des voitures qu'on ne pouvait atteler.

On appelle le témoin Farcy, chef d'escadron d'artillerie, 59 ans.

Vers la fin du mois d'août, le témoin reçut l'ordre de faire fondre des projectiles. Il passa un traité avec un petit industriel, fondeur, mais vu certaines difficultés de fabrication, il dut simplifier le modèle réglementaire, ce qui n'empêcha pas le traité de rester quinze jours sans commencement d'exécution. Il fallut même en rester là. Le témoin se souvient vaguement qu'une autre personne a dû lui faire des propositions du même genre, mais qu'il les a repoussées, vu que cette fabrication exige un outillage et des connaissances spéciales.

On appelle le témoin Champigneulles (Charles), peintre-verrier, statuaire.

Ce témoin demande à se servir d'un guide-mémoire.

Le général-président objecte que ce n'est pas absolument dans l'esprit de la loi, sauf dans le cas où il s'agit de chiffres.

Le 19, dit le témoin, on n'avait pris aucune précaution à Metz, quant aux vivres. On a laissé entrer les habitants des campagnes, sans observer le règlement qui exigeait à l'entrée de la ville une provision de 40 jours de vivres. On n'a pas formé le conseil de défense, dans lequel, d'après la loi, doit entrer l'élément civil. On n'a fait ni le recensement de la population, ni les réquisitions de vivres.

Pendant un certain temps les soldats ont gaspillé leur biscuit et allaient se pourvoir de pain blanc en ville. J'étais très-lié avec un général, qui, le 20 octobre, me dit qu'on avait distribué à ses troupes les trois derniers jours de vivres. Je lui répondis : Nous n'en sommes pas encore là, et la population à la rigueur partagera avec l'armée. Du reste, il y a encore la réserve des forts, notamment au fort de Plappeville, où je suis sûr qu'il y a des vivres. Le général protesta, et après informations prises auprès d'un intendant, repoussa complétement cette assertion.

Je lui répondis vivement qu'un dimanche, me promenant avec ma famille, j'avais causé avec des voituriers qui conduisaient des vivres au fort de Plappeville, et m'avaient assuré que depuis 15 jours ils ne faisaient pas autre chose. J'avais compté ce jour-là 77 tonneaux de lard, et pourtant jamais on ne distribua de lard aux soldats.

Je prédis au général qu'un de ces jours, on mourrait de faim, malgré tout cela, et ma prédiction se réalisa. Trois hommes de sa brigade périrent d'inanition.

Le 29 octobre nous apprîmes la capitulation, et on annonça que les magasins des forts seraient ouverts et que les soldats y pourraient prendre des vivres à discrétion. Le général se rendit au fort de Plappeville et y vit en abondance des provisions de tout genre. Il en fut profondément troublé. Pendant six mois les Prussiens ont vendu du lard au prix de 60 centimes le kilogramme.

Le témoin dément l'affirmation du maréchal, quant à ses rapports avec l'état-major ennemi. Sa femme a pu écrire à ses parents en Alsace par l'entremise du maréchal Bazaine et de la commandature prussienne.

Vers le 18, le commandant Bouyer vint me demander, ajoute le témoin, si mes ateliers photographiques étaient disponibles, pour reproduire des cartes d'état-major dont l'armée manquait. On a fait attendre trois à quatre semaines l'ordre de tirer ces cartes.

Après l'insuccès de la sortie du 26 août, il y eut beaucoup d'émotion en ville. Pour calmer l'effervescence, on dit que l'approvisionnement en munitions ne pouvant plus suffire qu'à une grande bataille, on n'avait voulu rien risquer ce jour-là. Cette question me préoccupa très-naturellement. J'en causai avec un chimiste, M. Girard, qui possédait un four dont je songeai à tirer parti pour la fonte des projectiles. Nous allâmes trouver le général de Metten, qui nous rassura en se disant parfaitement pourvu, sauf cependant pour les projectiles de quatre. Notre demande fut repoussée, une offre de M. Blavet, fondeur, ayant été acceptée.

Ce dernier ne fut pas en mesure de remplir ses engagements, mais je ne voulus pas faire de nouvelles démarches, comprenant qu'on ne tenait pas à défendre Metz. Le 6 septembre, je récrivis pourtant au général de Metten pour lui annoncer que nous travaillerions sans rétribution. On nous objecta qu'en dehors de l'école polytechnique on ne savait pas fondre un boulet. M. Girard avait précisément fondu tous les boulets existant à l'arsenal. La prétention des militaires était donc singulière.

A différentes reprises, l'autorité municipale fit des démarches auprès du maréchal qui répondait invariablement : Soyez tranquilles, j'ai mon plan, nous sortirons par la bonne porte.

Après la capitulation, les Messins allèrent voir les fameux travaux de l'ennemi qui avaient empêché l'armée française de percer, comme on avait cherché à le prouver en distribuant des plans imprimés de ces travaux. Ils virent que ces travaux étaient absolument nuls.

Le commissaire du gouvernement demande au témoin s'il a eu connaissance d'une dépêche arrivée dans le mois d'août et expédiée par le maréchal de Mac-Mahon.

Le témoin affirme que Flahaut, qui a apporté la dépêche du 30, est venu huit jours avant à Metz. Il le sait parce que la dépêche qu'il apportait avait été enveloppée de caoutchouc par son beau-frère, pharmacien à Thionville. Les déclarations de Flahaut ne laissent aucun doute à cet égard.

On appelle le témoin de Bucy, chef d'état-major de la 5e division militaire de Metz. Le témoin déclare que toutes les prescriptions militaires usitées en état de siége ont été remplies. Le 1er août il fut ordonné aux habitants de se pourvoir de trois mois de vivres. Il est certain que la population ne s'y est pas conformée, parce que la lettre qui leur annonçait cette mesure a été retirée, « pour ne pas produire d'alarme. »

On appelle le général Jarras, dont la déposition porte sur les points suivants :

Le général n'a donné aucun ordre de sa propre initiative ; il n'a fait que transmettre ceux du maréchal. Il y a eu très-souvent communication directe d'ordres verbaux entre le maréchal et le général Coffinières.

Quant à la présence des étrangers dans la place et à leurs allées et venues, les premières prescriptions n'ayant pas été exécutées, le général Jarras a écrit une lettre aux chefs de corps pour obtenir des renseignements quotidiens sur le service des avant-postes.

Quant aux approvisionnements, il n'y a eu d'ordres donnés qu'aux intendants, qui n'ont rien négligé pour le ravitaillement.

C'est le maréchal qui a pris lui-même toutes les dispositions relatives au rationnement des troupes.

Sur la demande de la défense, le général Jarras dit avoir un souvenir confus d'un ordre relatif aux étrangers et d'un autre ordre relatif aux approvisionnements de la population.

On rappelle le général Coffinières. Comme gouverneur de Metz, le général n'a pas reçu d'ordres quant à l'intérieur de la place. Il s'est occupé surtout de compléter la défense et l'armement auxquels on a travaillé jusqu'à la fin du blocus.

Le général énumère quelques-unes des dispositions qu'il a dû prendre pour les forts, ainsi que les mesures réglementaires qui les ont complétées. L'armement des batteries a constitué particulièrement un travail énorme qui a provoqué l'admiration des officiers des armées anglaise, russe, etc., qui l'ont visité.

Au 15 août, l'état de la place était excellent au point de vue des remparts. Les forts n'étaient pas achevés, mais ils étaient parfaitement défendables.

Comme il y avait beaucoup d'Allemands employés aux travaux des forts avant la guerre, leux expulsion a causé du retard dans l'achèvement des forts, mais la situation était bonne au 15 août.

La prolongation du séjour de l'armée avait l'avantage d'activer l'achèvement des travaux.

En recevant le commandement le 7 août, le général Coffinières a pris des informations sur ce qui avait été fait. Sa conviction est qu'on n'avait pas fait grand'chose.

Du 12 au 17 août, quand l'armée manœuvrait dans Metz et autour de Metz, les intentions de l'empereur et du maréchal ont été de laisser au général Coffinières une très-grande latitude. Il n'a pas reçu d'ordres et a agi de son chef, sans que ses mesures aient jamais été désavouées.

Arrivant à la question spéciale des subsistances, le général Coffinières répond à l'objection relative à l'entente avec l'autorité civile, en constatant que sous ce rapport le règlement n'avait pas été observé quand il est entré en fonctions.

Le général n'a pas cru devoir prendre d'initiative quant au ravitaillement par le dehors, faute de moyens d'exécution. Tous les renseignements indiquaient six mois de vivres. Il y avait 240 000 rationnaires, qui ont vécu pendant 80 à 90 jours. Le départ de l'armée n'enlevait que 3 millions de rations. Il restait en ce cas de quoi nourrir 100 000 rationnaires pendant six mois ; le général a cru que c'était plus que suffisant et a reculé devant l'entrée des moissons en gerbes, à cause de l'encombrement, Il ne pouvait s'adresser au maréchal pour une simple question de fourrages.

Le général reprend successivement chacun des articles relatifs aux devoirs des commandants de places en état de siége et établit qu'il croit avoir fait tout ce qui était en son pouvoir.

Il a pris un arrêté pour l'expulsion des étrangers, mais il souleva des objections, et on demanda que, sur la recommandation des familles connues, on laissât une certaine latitude. De là la forme de l'arrêté pris à cet égard.

Quant aux bouches inutiles, l'observation de cet article n'était pas possible, le général dut y renoncer. Il objecte que, d'ailleurs, les Allemands auraient repoussé les habitants chassés.

Du reste il y avait tant de monde, tant de traînards, une si grande confusion, qu'il eût fallu une armée de sergents de ville pour chasser les étrangers qui venaient encombrer la ville.

On a parlé de 20 000 paysans admis dans Metz. Il y avait dans le nombre plus de 15 000 convoyeurs et marchands. D'ailleurs, les paysans arrivaient avec des provisions qui augmentaient les ressources de la place.

En outre, il y avait à Metz une foule de ces gens, de ces aventuriers qui suivent les armées autant par instinct que par nécessité, et dont il est si difficile de se défaire.

Dans tous les cas, à partir du 15 août, on ne laissait plus entrer personne sans permis.

Pour ce qui concerne le conseil de défense, le règlement distingue le cas où le commandant de la place est en relations suivies avec le commandant de l'armée, ce qui était celui du général Coffinières, qui a constamment reçu les ordres du maréchal Bazaine. Il n'y avait pas lieu, conséquemment, à instituer un conseil de défense pris dans l'élément civil.

Au surplus, ce conseil n'aurait eu qu'un droit : celui de contrôler les quantités et les qualités des subsistances. Le général rappelle que la place n'avait pas de subsistances lui appartenant en propre.

Le général-président fait observer que le conseil n'a pas à interpréter l'application du règlement. Il suffit de constater que le général commandant de Metz n'a pas cru devoir constituer un conseil de défense.

Le général répond que, si l'armée était partie, ce règlement eût été appliqué.

— D. Avez-vous au moins pris l'avis du maréchal et lui avez-vous par exemple fait observer le 26 que le maintien de l'armée allait diminuer les approvisionnements de la place?

— R. Son maintien a toujours été considéré comme provisoire.

On présente au général Coffinières une lettre prescrivant aux intendants des mesures pour un approvisionnement de 6 mois. Il ne se souvient pas d'en avoir eu connaissance.

Le chiffre restreint de l'effectif de la garde nationale s'expliquait par le peu de ressources qu'offrait une population aussi mêlée, quoiqu'on pût en tirer de bons services, si on avait pu choisir.

Débordé par les donneurs de conseils, le général avait pris l'habitude de suivre ses propres inspirations sans écouter personne. Il a pu négliger un bon avis, mais son temps eût été tout entier employé à en écouter de mauvais.

Si l'on n'a pas averti la population d'avoir à se pourvoir de trois mois de vivres, ce n'était pas qu'on craignît de l'effrayer, mais faute de moyens d'exécution.

Le maréchal n'a jamais blâmé les mesures prises, et n'en a jamais fait prendre d'autres.

On appelle le colonel Villenoisy. Cette partie de la déposition du colonel confirme tout ce qu'on a dit déjà sur l'état plus que suffisant des défenses de la place.

Le fort le moins complet était le fort Saint-Julien, et cependant il était à l'abri de toute attaque. Dans ce fort, il n'y a eu qu'un homme tué par accident. L'artillerie était dans des conditions de supériorité évidente sur celle de l'ennemi, qui n'a d'ailleurs jamais fait de travaux sérieux, ni employé d'artillerie de siége.

Il est regrettable que d'excellentes positions aient été volontairement abandonnées.

Le témoin établit, d'après une lettre du maréchal, dont il a eu connaissance, que son intention n'a jamais été de quitter Metz. Il a été frappé de l'état d'abandon pendant une semaine d'un poste et de 300 fusils.

Un fermier des environs qui communiquait librement avec Metz est venu déclarer qu'il avait sa ferme gorgée de blé ; on pouvait très-facilement l'emmagasiner dans Metz, on a mieux aimé le laisser brûler par l'ennemi. Du reste, aucune mesure n'a été prise pour faire rentrer des céréales.

Sur la demande de Me Lachaud, le témoin déclare qu'il était professeur de fortifications à l'École de Metz, mais qu'il n'était pas attaché à l'armée du Rhin.

Le maréchal demande pourquoi le colonel étant si bien renseigné, il n'a pas cru devoir aller directement lui transmettre les informations qu'il avait recueillies.

Le colonel répond qu'il l'a fait une fois et rappelle au maréchal dans quelle circonstance.

Me LACHAUD. — Je demanderai au témoin s'il n'est pas l'un des signataires d'une pétition adressée à l'Assemblée nationale et qui a été approuvée par le ministre de la guerre M. Leflô.

LE GÉNÉRAL-PRÉSIDENT. — Le colonel est libre de répondre ou de ne pas répondre à cette question.

LE TÉMOIN. — Oui, je suis un des signataires de cette pétition.

Après avoir été chargé d'informer contre deux commandants qui avaient capitulé, j'ai dû constater des faits si déplorables, que je me suis trouvé obligé de demander par voie de pétition qu'une enquête fût faite sur les faits relatifs à la capitulation de Metz.

C'était pour moi un devoir strict, un devoir religieux.

(Un murmure approbateur se fait entendre dans l'auditoire.)

On appelle le témoin Dennecey (Eugène-Prosper), 59 ans, intendant militaire.

Il n'a pas été désigné au début de conseil de surveillance des approvisionnements. Ceux de la place sont restés confondus avec ceux de l'armée.

Sur l'ordre du maréchal, toutes les rations nécessaires à l'armée ont toujours été distribuées jusqu'au moment du rationnement. On a pris toutes les précautions possibles pour conserver les approvisionnements.

Le témoin avait réclamé la formation du conseil de surveillance réglementaire, mais l'intendant général a répondu que c'était inutile, vu que le sort de l'armée était intimement lié à celui de la place.

Des marchés ont été passés pour la cuisson du pain, avec les boulangers; plusieurs fois les soldats ont acheté du pain de vive force et alors il y avait des manques dans les livraisons. On a dû faire garder les boulangeries par des factionnaires et des gendarmes. Quand l'armée s'est mise en marche, le 15 août, toutes les gares étaient sous la direction immédiate de M. l'intendant Wolff. Le témoin n'a donc pu se rendre compte de l'ensemble des subsistances. Le départ de l'armée eût naturellement prolongé la défense. Une garnison de 30 000 hommes aurait tenu 6 mois après le 18 août.

L'intendance n'a jamais connu exactement l'approvisionnement de la ville. Le maire évaluait les existences à 22 000 quintaux de blé.

Les habitants avaient leurs provisions de blé et faisaient eux-mêmes moudre et cuire leur pain.

Il est regrettable que l'intendance n'ait pas eu, au début, droit de réquisition.

Le témoin ne croit pas qu'on ait pu refuser à Metz d'acheter des denrées offertes après le 18 août.

Il est cependant arrivé un petit troupeau vers la fin du mois d'août, qui a été réservé pour le service des hôpitaux.

Mᵉ LACHAUD. — Au mois de juillet, M. l'intendant Wolff signalait au ministre l'épuisement de la Lorraine?

LE TÉMOIN. — Son appréciation était absolument conforme à la mienne et j'ai donné au ministre les mêmes renseignements.

Un des membres du conseil demande s'il y a eu des salaisons emmagasinées dans les forts.

Le témoin répond que les lards de réserve ne devaient pas représenter plus de 10 jours de vivres dans chaque fort, et l'on peut s'en convaincre par les états de remise aux Allemands.

Il fournit l'état des vivres au 27. Passé le 30, on n'avait pas un jour de vivres, et l'on a dû, après la capitulation, aller demander à l'ennemi du pain et de la viande pour les malades.

La séance est levée à 4 heures 30 et sera reprise demain à midi.

Contrairement au bruit répandu, il n'y aura pas de séance jeudi; mais c'est jeudi que viendra devant le tribunal correctionnel de Versailles, présidé par M. Danloux du Mesnil, l'affaire du colonel Stoffel, prévenu d'outrage en audience publique, à l'adresse d'un magistrat.

Le siège du ministère public sera occupé par M. Harel, procureur de la république.

Le colonel a choisi pour défenseur Mᵉ Lachaud.

Audience du 12 novembre

Présidence de M. le duc d'Aumale

La séance est reprise à midi dix minutes.

On appelle l'intendant Mony, qui était directeur des approvisionnements en vivres.

A la fin de juillet, dit le témoin, on pouvait compter, pour approvisionner l'armée, sur la récolte de 1869, qui n'était pas épuisée. Nous nous informâmes aussi de ce qui existait dans les provinces rhénanes et dans l'Allemagne du sud, en vue de notre marche en avant. Nous apprîmes que là il n'y avait rien. Il fallait donc que l'armée vécût sur ce qui existait entre Metz et les frontières. Arrivés à Metz, nous pûmes constater que la récolte d'avoine était encore verte et sur pied. Nous fîmes des achats à Metz : 20 000 quintaux de farine, c'est-à-dire vingt jours de pain au rationnement ordinaire ; 30 000 quintaux d'avoine, soit dix jours de nourriture pour les chevaux.

Le 7 août, Metz fut mis en état de siége. Nous demandâmes un approvisionnement spécial pour la ville ; nous ne pûmes l'obtenir, et le 11 août nos communications furent coupées. Ce qui existait dans la place provenait donc exclusivement des achats faits pour l'armée. L'encombrement sur les lignes de chemin de fer était tel, que rien ne put nous arriver à temps de ce qui fut expédié de Verdun.

Il restait aux environs de Metz la récolte nouvelle en blé et en avoine ; pour faire entrer un seul jour de vivres, il aurait fallu mille voitures. Était-ce possible de recueillir ces récoltes ? Les mouvements de l'armée dans la dernière quinzaine d'août rendaient du reste la chose impraticable.

A la date du 19 août, il y avait à Metz, pour l'armée, 41 jours de vivres et 25 jours d'avoine.

Au 1er septembre, nous demandâmes à suspendre la distribution de foin, que nous remplaçâmes par un kilogramme d'avoine. Nous réduisîmes aussi la ration pour le sel, qui allait manquer. La ration de viande, qui était de 400 grammes, fut réduite à 250 sans que l'armée en souffrît.

Le maréchal avait organisé des compagnies d'éclaireurs chargées de réquisitionner des vivres dans les villages environnants. Cela ne produisit que peu de chose. La zone des fortifications n'avait rien fourni ; les rives de la Moselle étaient inondées et les plateaux de Plappeville étaient occupés par l'armée ; il n'y avait donc que les villages de Montigny, de Woippy, de Saint-Julien et des Sablons qui pouvaient fournir quelque chose, mais ce quelque chose était peu. Dès le 8 septembre nous comprîmes que nous n'avions plus rien à espérer comme vivres du dehors, et qu'un rationnement était nécessaire. Nous regardions comme un devoir impérieux d'appeler l'attention du maréchal sur cette situation. Il ne fut pas donné suite à cette réclamation. Nous en conclûmes que le maréchal voulait garder intacte son armée, hommes et chevaux. Nous proposâmes alors les mesures secondaires ; il fallait faire flèche de tout bois ; nous obtînmes en réquisitionnant les fèves, les haricots, les betteraves. un approvisionnement de dix-huit jours.

Le 15 septembre le maréchal nous autorisa à livrer des chevaux à la place de Metz pour l'alimentation des habitants. La ration de pain fut aussi réduite à l'extrême limite de 300 grammes.

A la fin du mois d'août, le maréchal avait ordonné de mettre tous les blés en mouture, mais il n'y avait pas moyen de mettre cette mesure à exécution ; pour moudre 1500 quintaux, il eût fallu disposer de 100 moulins, et nous n'en avions qu'un trentaine. On effectua le 15 septembre un recensement des blés, qui se termina le 21. Il donna comme résultat 11 000 quintaux de blé ; on avait donc consommé la moitié de l'approvisionnement, sur le pied d'environ 300 quintaux par jour, sauf une déperdition provenant du pain livré aux soldats par les boulangers. Vers le 1er octobre, préoccupé de cette situation je crus devoir charger mon colonel M. Gaffiot, de signaler au maréchal la gravité de la situation. En revenant, M. Gaffiot me dit que le maréchal attendait une réponse pour le 1er octobre et que ce jour-là il faudrait une distribution d'avoine pour plusieurs jours, ce qui indiquait un projet de sortie. Le 3 octobre, nous reçûmes l'ordre de faire distribuer des vivres à toute l'armée, et nous crûmes le moment venu.

Le 7, aucun mouvement n'ayant été prescrit, nous rappelâmes nos observations, car on n'avait plus que pour six jours de vivres. Le maréchal autorisa alors l'abattage d'un nombre assez considérable de chevaux. Nous demandâmes aussi au maire de Metz, M. Bouchotte, quelles étaient les ressources de la ville, afin d'y puiser au besoin ; on nous prouva que la ville et l'armée étaient dans une situation identique.

Le 16 octobre le général Coffinières me prévint que les distributions de la place cesseraient le 18 pour l'armée. A partir du 20, on vécut sur les vivres de réserve ; on y ajouta des rations supplémentaires de viande de cheval et on put ainsi atteindre le 27. A cette date toutes les ressources existantes furent réparties ; la ration du pain était alors de 250 grammes. Le 28 et le 29 les lards furent répartis entre les corps d'armée, et il ne resta plus, après la capitulation, qu'une partie des vivres de réserve dans les forts. Les existences en farines étaient presque insignifiantes.

Le général-président fait observer qu'il résulte de cette déposition que les vivres de l'armée et ceux de la place n'ont jamais été distincts.

Le témoin répond qu'on n'y eût pas gagné deux jours de résistance.

— D. Si on n'avait pas distribué de blé aux chevaux, aurait-on pu le moudre ?

— R. J'ai répondu que les moyens manquaient.

— D. Ne pouvait-on les augmenter ?

— R. On l'a fait plus tard sur nos observations.

— D. N'y a-t-il pas eu une période où l'on aurait pu élargir le cercle des ravitaillements par le dehors ?

— R. Oui, mais je répète que la difficulté était de convoyer les vivres et de ne pas gêner les mouvements de l'armée. Pour ce qui concerne la viande, on aurait pu faire entrer des troupeaux, entre le 11 et le 18 août.

Le maréchal fait observer qu'il a donné des ordres aux chefs des corps d'armée en vue du ravitaillement par le dehors.

On appelle ensuite le sous-intendant Gaffiot.

Cette déposition complète la précédente ; nous n'en relevons que les points non éclaircis par M. l'intendant Mony.

Le témoin commença, dès le retour de l'armée sous Metz, de se rendre compte des approvisionnements, des transports, des hôpitaux, des ambulances. Après le 19 août on avait de 14 à 15000 blessés ; le

maréchal décida que toutes les ambulances divisionnaires seraient con-
centrées dans la place. Cette mesure mit à notre disposition 40 à 50
médecins et 200 infirmiers.

Arrivant à la question des vivres, le témoin dit qu'une certaine partie du terrain ne produisait que de la vigne. L'examen des existences
prouva que ce qui manquerait surtout ce serait la viande.

Le 31 août au soir, dit le témoin, à la fin de l'action je fus avisé que
j'aurais à remettre, à titre de fonds secrets, 50 000 fr. au général Coffinières, vu que nous allions quitter Metz. Je complète sur ce point ma
première déposition; ce souvenir ne m'est revenu que par des notes
que j'ai consultées.

Le 8 septembre, après des réductions successives de rations, mes
craintes étaient vives. Elles ont été formulées ainsi que les mesures
commandées par les circonstances, dans une lettre au maréchal qui
existe au dossier. Le 9 septembre le temps devint mauvais. Le médecin
en chef proposa d'utiliser les ambulances des corps d'armée, pour ne
pas augmenter le nombre des malades dans les hôpitaux de la place.
Cette mesure fut adoptée.

Ce qui me préoccupait surtout, car j'en connaissais les conséquences,
c'était le manque de sel. On découvrit bien une source contenant 3 gr. 70
de sel par litre, mais on ne put extraire ce sel, et on ne put employer
l'eau qu'à la fabrication du pain.

Ne pouvant deviner les intentions du maréchal, nous avions deux
genres distincts de propositions à lui faire, selon qu'il pensait rester
ou sortir.

L'idée de donner du blé aux chevaux, alors que les hommes pouvaient en manger, peut paraître extraordinaire, mais il faut réfléchir
que nous avions 39 jours de vivres en pain, et 9 seulement en fourrages.

Nous ne faisions que transformer le blé en viande, puisqu'on a consommé les chevaux. La population en a été très-irritée, et pourtant
cela lui a lui permis de manger 1400 chevaux, en ne perdant que six
jours de pain.

Le 25 septembre, on avait établi la situation des fourrages et celle
des vivres. Le 28, j'allai chez le maréchal, toujours très-bienveillant
pour moi, et je lui annonçai que nous n'avions plus de fourrages. Le
maréchal se retourna vers son aide de camp, et lui dit : « Quand viendra l'international ? » Ce mot me frappa. Le maréchal alors me dit :
« Tenez jusqu'au 1er octobre, et trouvez à tout prix quatre jours d'a-
voine pour cette date. » J'en conclus à la persistance du projet de sortie. A aucune date le témoin n'a entendu dire qu'on renonçât définitivement à tout projet de sortie.

Me LACHAUD. — M. l'intendant n'a-t-il pas connu vers le 9 août un
ordre adressé par M. l'intendant général aux préfets pour inviter les
agriculteurs à ramener leurs bestiaux sous Metz où ils leur seraient
achetés?

— R. Non.

Me LACHAUD. — Cet ordre existe dans les pièces du dossier.

On appelle M. l'intendant Lebrun.

A partir du 19 septembre, le témoin a été chargé des fonctions d'intendant général de l'armée. Les ressources ne permettaient d'aller au
delà du 16 octobre qu'en renonçant au blutage du blé et en diminuant
les rations. Cela pouvait mener au 24 ; on a même atteint le 26 avec
de nouvelles réductions, puis par la réserve des forts on a gagné de

nouveau trois à quatre jours. Le 26, quand le témoin annonça au maréchal qu'on avait encore trouvé quatre jours de vivres, celui-ci le remercia, mais lui dit que, comme on allait capituler, cela ne changerait pas grand'chose aux résolutions prises.

On entend le témoin Friant, intendant général.

Le témoin était attaché au 3e corps. Dans ce corps la ration est restée complète jusqu'au 15 septembre. Au 10 octobre, on a réduit la ration de pain à 500 grammes et du 10 au 28 à 300 grammes. Le témoin énumère les positions successives du 3e corps et les ressources en vivres dont il a disposé pendant les diverses périodes du siège. Vers le 20 octobre, le 3e corps a pu venir en aide à d'autres corps grâce à ses excédants.

Au moment de la capitulation il n'y avait plus que quatre jours de vivres. Le témoin ne voit à signaler comme gaspillage que la consommation de deux jours de vivres au lieu d'un chaque fois qu'il y a eu un projet de sortie. Ce fait s'est présenté sept fois.

On appelle l'intendant Gayard.

Ce témoin était attaché au 4e corps, sur lequel il fournit des renseignements qui concordent avec ceux déjà donnés. La faculté accordée à chaque corps de faire des achats a provoqué un renchérissement très-sensible des denrées. Il a pu en résulter certaines inégalités entre les approvisionnements des corps. Le blé donné en gerbes aux chevaux a pu représenter 2,000 quintaux.

On entend ensuite le témoin Pagès, 57 ans, intendant militaire.

Ce témoin était attaché au corps du général Frossard. Les distributions dans ce corps ont été régulières jusqu'au 24 ou 25 octobre. Le témoin est d'avis qu'il eût été difficile d'assurer une répartition égale des approvisionnements dans les divers corps. Il constate que l'ennemi a pu profiter pour ses ravitaillements de la zone où opéraient nos troupes. Toutes les denrées enlevées ont été payées régulièrement.

On appelle le témoin Courtois, 49 ans, sous-intendant militaire. Ce témoin était attaché aux services administratifs du 6e corps. Quand il prit ces fonctions, le service était en complète désorganisation. Il ne put le reconstituer que vers le 25 août. Le 31, à la sortie, la position du 6e corps était normale et à peu près analogue à celle des autres corps. La situation n'a jamais été un obstacle à aucune conception stratégique. On a pu pratiquer au dehors des ravitaillements en fourrages, d'une certaine importance. Ces quantités n'ont jamais été reversées sur Metz et ont constitué une réserve pour le 6e corps. On a distribué du blé aux chevaux, malgré l'opposition des officiers supérieurs.

On appelle le témoin Laveaucoupet (Charles-François Jules), 67 ans, général de division dans le cadre de réserve, domicilié à Paris.

La division du général Laveaucoupet, s'apprêtait à suivre le mouvement de l'armée le 14 août, quand elle fut désignée pour tenir garnison à Metz. Le général en fut très-affecté, mais les ordres de l'empereur furent absolus. Il ne devait entrer dans Metz qu'après l'achèvement du mouvement de sortie de l'armée. La bataille de Borny s'engagea dans l'après-midi ; le général hâta le mouvement de sa division vers le Queuleu. Un ordre du général Coffinières arriva, d'après lequel cette division fut répartie entre les différents forts, bien connus du général qui avait été major général de tranchées en 1844.

Le général décrit la bataille de Borny telle qu'il l'a appréciée de la position qu'il occupait. .

Le fort Queuleu n'était pas armé. Des batteries ennemies étaient établies à 15 ou 1800 mètres. Quelques boulets et quelques obus ayant atteint le fort, l'artillerie de la division Laveaucoupet put, à cette distance, éteindre ce feu. Les batteries ennemies s'espacèrent et se retirèrent même tout à fait.

Le 15 au matin, continue le témoin, je me rendis à Metz chez le commandant de la place que je trouvai au conseil et dont je reçus les ordres. Il me répondit qu'il assumait sur lui toute la responsabilité de la défense et qu'il savait ce qu'il avait à faire.

Aucun conseil de défense n'ayant été constitué, cette réponse me fut pénible, mais ayant consulté le règlement militaire, je reconnus qu'elle n'avait rien d'offensant pour moi.

Du 17 au 25 ma division fut complétement désorganisée. Il ne me resta absolument que mon état-major. Je compris que mes troupes réparties dans les forts n'étaient plus sous mes ordres, j'étais donc complétement annihilé et cette position fut pour moi très-pénible.

Cependant mes relations avec le général commandant la place furent excellentes. Une ou deux fois, je me permis de lui dire : Mais, pour Dieu, fermez donc vos portes. Il me répondit que cela ne dépendait pas de lui, qu'il avait des ordres.

Au point de vue de la police, il y avait énormément à dire ; il y a eu aussi à regretter certains gaspillages chez des troupes fatiguées et éprouvées.

Le général parle ensuite de ses relations avec les officiers généraux et des visites satisfaisantes qu'il a faites aux hôpitaux. Il regrette de n'avoir pu jouer un rôle plus actif pendant le siége de Metz.

Le 13 octobre cependant le général reçut avis qu'un conseil de défense était nommé et qu'il en faisait partie.

Le règlement à la main, il se rendit chez le maréchal pour refuser un mandat dont il ne pouvait plus à cette époque accepter la responsabilité. Le maréchal lui donna raison.

Le 14, le général reçut une lettre l'invitant à aller voir le maréchal, qui lui proposa le commandement de Metz. Il en eut d'abord une grande joie, croyant qu'il s'agissait de défendre Metz, mais le maréchal s'expliqua. Il s'agissait de rétablir l'ordre dans Metz et d'y maintenir l'obéissance.

Je lui répondis que le désordre était grave et que son nom y était impopulaire, qu'il avait été sali et vilipendé par la presse, et qu'un maréchal seul pouvait tenter une pareille mission. Le maréchal Bazaine ne parut pas croire qu'aucun maréchal voulût l'accepter.

A une demande du ministère public, le général répond en déclarant que, pendant le siége de Metz, les règlements n'ont pas été observés.

On appelle le témoin Prost (Camille-Auguste), 56 ans, ancien membre du conseil municipal de Metz, domicilié actuellement à Paris.

Il n'y a pas eu à Metz de période préparatoire du blocus, la ville a été investie inopinément. Les relations entre les autorités municipales et l'autorité militaire n'ont porté d'abord que sur l'organisation du service médical.

Après l'investissement on a fait le relevé sommaire des vivres. L'estimation faite au conseil municipal indiquait trois mois et demi de vivres auxquels devaient s'adjoindre les quarante jours présents aux agriculteurs entrant dans Metz. On était donc sans inquiétudes.

Le conseil institua une commission des subsistances dont les propositions furent accueillies par le général Coffinières.

La permanence du séjour de l'armée devant Metz ne fut révélée que par les faits qui se produisirent.

Le premier fut, au lendemain de Saint-Privat, un communiqué au *Courrier de la Moselle*, annonçant que l'armée restait provisoirement pour pourvoir aux soins dus aux blessés.

Le 13 septembre, la catastrophe de Sedan fut connue par une note publiée dans un journal et connue naturellement de l'autorité militaire qui exerçait une censure.

Pour calmer l'émotion, le général Coffinières fit afficher un placard ambigu ne démentant, mais ne confirmant rien. Le placard annonçait en se terminant que l'armée de Metz ne nous quitterait pas.

Un peu plus tard, au Ban-Saint-Martin le maréchal a dit devant le maire de Metz qui est mort, que l'armée de Metz était nécessaire à la dynastie, que la situation était critique et que la ville allait être obligée de subvenir aux besoins des troupes et de leur verser 485 quintaux de farine par jour. « Je ne pense pas, ajouta-t-il, que vous soyez obligé d'employer la force pour y décider la population. » Le témoin rend hommage au dévouement de la population. Le conseil municipal rédigea une réponse que le maire lut à la foule.

Un bureau fut constitué pour recevoir les déclarations d'existences de vivres chez les habitants.

Le 12 au matin, le général Coffinières s'y rendit et tint un langage singulier. Il dit : « L'armée va quitter la ville, nous allons subir un siége, et ce sera épouvantable. »

Ce propos fut communiqué le lendemain au conseil municipal ainsi qu'une lettre du général Coffinières, annonçant que les magasins de l'armée étaient épuisés.

Les communications du maréchal avec la ville se bornèrent à l'affichage d'un placard signé de lui, à la date du 11 octobre. Dans ce placard, le maréchal allant au-devant de certaines rumeurs qui circulaient en ville, disait être sans nouvelles du dehors et n'avoir pu établir aucune communication avec le gouvernement. Il faisait appel à la confiance et demandait la concorde, au nom de la France.

Cet appel était inutile; malgré ses défiances instinctives, la population n'a jamais cessé de montrer un dévouement et une résignation admirables.

Dans le courant du mois de septembre, le commandant de Metz avait eu l'idée d'une démonstration singulière. Des pompes avaient défilé avec un certain appareil et exécuté des manœuvres destinées à semer la crainte d'un bombardement immédiat. On ne réussit pas à provoquer l'émotion à laquelle on s'attendait. La population parut se résigner au bombardement comme à tout le reste, sans même y croire beaucoup.

Une adresse fut même rédigée et signée, adresse qui fut portée au maire pour qu'il fît connaître au maréchal quelles étaient les véritables craintes de la population. Elle était prête à supporter un bombardement, mais elle verrait avec plaisir l'armée s'éloigner pour accomplir la seule mission qui pût avoir un dénoûment honorable. Restant à Metz, l'armée ne pouvait que hâter la perte de cette place et tomber avec elle. *Or, Metz ne voulait pas être la rançon de la paix*; parole prophétique qui ne s'est que trop bien réalisée, ajoute le témoin d'une voix sombre.

L'avis du 11, loin de calmer la défiance, ne fit que l'accroître.

Le 14, les commandants de la garde nationale étaient mandés au Ban-Saint-Martin. Le maréchal se plaignit de la méfiance des habitants.

Le 17 octobre parut dans un journal un communiqué relatant des détails donnés par des prisonniers prussiens sur les forces d'envahissement, communication faite avec une sorte d'étalage et sur laquelle le journal avait cru devoir faire ses réserves.

Des documents étranges parurent en même temps au camp et en ville, notamment un état détaillé et le plan des forces d'investissement, documents reconnus plus tard très-exagérés. Le 18 et le 19 octobre, fausses nouvelles du général Boyer sur un pillage socialiste et parlant de villes demandant des garnisons prussiennes, nouvelles communiquées par les généraux aux officiers et par ceux-ci aux soldats.

Le conseil municipal en fut très-ému, et croyant à des exagérations, il voulut écrire au maréchal Bazaine. L'un des conseillers objecta que l'on était toujours renvoyé au général Coffinières, auquel on s'adressa directement.

Le lendemain 25, le général répondit qu'il fallait écrire au maréchal.

Le 26 le maréchal répondit. Ce jour-là pour la seconde fois le général Coffinières vint assister à la séance du conseil municipal. La première fois qu'il était venu c'était le 22, pour faire connaître la situation. L'armée allait être séparée de la ville. La population avait des illusions sur la défense. On était au 22, le général Coffinières prévenait que le 28 on mangerait le dernier morceau de pain. On lui fit observer l'inconvénient de cette publication et les paroles furent modifiées dans le procès verbal.

Le 26, le général vint annoncer : Nouvelles reçues : Soisons pris ; Paris investi ; Rouen demandant une garnison allemande ; la Prusse ne reconnaissant personne avec qui elle pût traiter, plus de gouvernement.

Le général ajoutait que le conseil de guerre réuni avait décidé le matin la reddition de la ville. La population se résigna. On aurait pu tenir 8 jours encore, dit le témoin, le général Coffinières avouait 4 jours de vivres.

Le témoin, très-ému, rend hommage à l'attitude de la population.

On appelle le témoin de Bouteiller, 46 ans, ancien conseiller municipal de Metz, demeurant actuellement à Paris.

Quant à la question des approvisionnements, elle n'a pas été de la compétence du conseil municipal avant le blocus. Les renseignements donnés par le témoin sur les mesures prises ensuite confirment à peu près ceux de son collègue Prost.

On a vivement déploré l'abandon des ressources du dehors, mais ce qui a été très-regrettable, c'est qu'au début on n'a pas pratiqué de rationnement, comptant que l'armée possédait d'immenses ressources.

A la fin du siége, il restait peu de chose en céréales mais il y avait encore énormément de provisions chez les habitants qui ne demandaient qu'à les épuiser et à les partager avec l'armée.

La population pauvre a seule souffert physiquement, l'état sanitaire a été mauvais, mais les souffrances morales en ont été les principales causes. Le dévouement et l'énergie de la population ont été admirables jusqu'au bout. Tous les enfants à la mamelle étaient morts, et cependant il ne surgit aucune plainte.

Une démonstration des officiers de la garde nationale eut lieu pour faire savoir au général Coffinières que tout ce qui existait à Metz appartenait au salut commun.

Il n'y avait plus à Metz de divisions sociales ou politiques. On voulait défendre et sauver Metz, rien de plus.

Le témoin parle des démarches déjà citées dans la déposition précédente, démarches qui avaient lieu habituellement auprès du général Coffinières.

Les deux visites du général Coffinières au conseil municipal pour y apporter des nouvelles alarmantes, sont non-seulement confirmées, mais aggravées par les détails que le témoin fournit au conseil, avec des appréciations très-énergiques quoique extrêmement modérées dans leur forme.

Le témoin cite un fait lamentable. Il y avait du drap dans les magasins de l'État, drap qui est resté sans emploi, et cependant on a vu dans Metz des convois de malades mal vêtus dont plusieurs sont morts de froid en route.

L'armée a été admirable et admirée; on ne désirait son départ qu'à cause de l'issue prévue de son séjour dans Metz, et les officiers eux-mèmes finissaient par reconnaître que nous avions raison.

Le rationnement a été établi sur la demande deux fois formulée par le conseil municipal.

On avait alors pris des mesures plus apparentes qu'effectives, telles que la fermeture des portes aux soldats isolés qui venaient acheter du pain chez les boulangers.

Les 70 jours de vivres existants auraient été facilement dépassés si les intendants n'avaient pas acheté quelques farines dans Metz et si les soldats n'avaient pas acheté du pain représentant 4 à 5 jours de l'approvisionnement général de la ville.

Sur la demande de M⁰ Lachaud, il est donné lecture d'un ordre adressé le 15 septembre par le maréchal Bazaine aux chefs de corps pour faire cesser l'émotion causée par les achats de pain des soldats chez les boulangers, par le gaspillage du blé comme nourriture des chevaux, par les festins auxquels se livrent des officiers dans les hôtels.

Le maréchal commence par déclarer que ces plaintes sont plus spécieuses que fondées, mais pour calmer l'agitation d'une population dont il reconnaît le dévouement, il prescrit une série de dispositions pour couper court à ces abus.

Sur l'invitation du général-président, le témoin complète quelques points de sa déposition, entr'autres il répond à une question sur un chemin de fer qui aurait été construit par les Allemands pour convoyer leurs approvisionnements autour de la place.

Ce chemin de fer, dit-il, était à peine commencé, et celui qui a été détruit était situé au loin, sur le plateau entre Gouin et Vigny. A Metz, on avait parlé beaucoup de la ligne qui n'a jamais existé dans la vallée de la Moselle.

La modération et l'accent de vérité du témoin, pendant toute sa déposition, produisent une très-grande impression sur le conseil et l'auditoire.

La séance est levée à 4 h. 1/2, et sera reprise vendredi à midi.

———

L'affaire du colonel Stoffel devant le tribunal correctionnel de Versailles, étant en connexion intime avec le procès Bazaine, nous ne pouvons nous dispenser d'en rendre compte.

L'affaire du colonel Stoffel a été appelée le 13 novembre devant le tribunal correctionnel de Versailles. Comme nous l'avons déja dit, cette affaire est un épisode du procès Bazaine, puisqu'elle a pris naissance dans une des audiences de ce procès.

Nous avons donc cru devoir donner avec quelques détails l'audience du tribunal de Versailles.

TRIBUNAL CORRECTIONNEL DE VERSAILLES

Audience du 13 novembre

L'ouverture de l'audience a lieu à midi un quart.

A peine les portes de l'audience sont-elles ouvertes au public que l'étroite enceinte du tribunal se trouve envahie par une foule compacte. C'est à grand'peine que quelques privilégiés parviennent à se glisser dans la partie de la salle réservée aux membres du barreau.

Le prétoire est fort connu des personnes qui ont suivi les procès jugés pendant la Commune par la Cour de cassation dont les membres avaient été chassés de Paris pendant l'insurrection.

Parmi les personnes présentes nous remarquons M. Haentjens député de la Sarthe, M. Schérer, député de Seine-et-Oise, M. le capitaine Boisselier, l'un des substituts de M. le général Pourcet, M. le capitaine Négroni, attaché au bureau central de la justice militaire, M⁰ Albert Joly, avocat, M⁰ Denis avoué, membres du conseil municipal de Versailles.

Le tribunal est présidé par M. Danloux-Dumesnil.

M. Harel, procureur de la République, occupe le fauteuil du ministère public.

Aux côtés de l'accusé est assis M⁰ Lachaud.

Le président interroge l'accusé, qui déclare se nommer Eugène-Georges-Henri-Céleste Stoffel, colonel d'état-major en retrait d'emploi.

Le greffier donne lecture du procès-verbal adressé par M. le président du 1ᵉʳ conseil de guerre à M. le général commandant la première division militaire, procès-verbal rédigé et lu en séance à Trianon le 4 novembre dernier et qui a servi de base à la prévention correctionnelle d'aujourd'hui.

Le procès-verbal est ainsi conçu :

« L'an 1873, le 4 novembre à cinq heures de l'après-midi, à l'audience publique du premier conseil de guerre de la première division militaire, assemblé au palais du Grand-Trianon, pour statuer sur l'accusation portée contre le maréchal Bazaine, ex-commandant en chef de l'armée du Rhin; M. Stoffe¹

(Eugène-Georges-Henri-Céleste), colonel en retraite, appelé en témoignage, après avoir fini sa déposition a prononcé les paroles suivantes : « En ce qui concerne le rapporteur, je partage les sentiments de l'armée tout entière, et je n'éprouve pour lui que mépris et dédain. »

« Interpellé par le président et engagé par lui à rétracter ou à expliquer ses paroles, le témoin a fourni des explications qui n'ont pas paru satisfaisantes ; engagé de nouveau à rétracter ses paroles, il a déclaré les maintenir tout entières.

« Attendu que les paroles ci-dessus prononcées par M. Stoffel constituent le délit prévu et puni par l'art. 222 du Code pénal ordinaire ;

« Le président ordonne, conformément à l'art. 116 du Code de justice militaire, que le présent procès-verbal sera remis à M. le gouverneur de Paris, commandant la première division militaire, pour être transmis à sa diligence à l'autorité judiciaire compétente.

« Fait au palais du Grand-Trianon à Versailles, les jour, mois et heure que dessus.

« *Le président,*
« H. D'ORLÉANS.

    « *Le greffier,*
      « P. ALLA. »

A l'accusé : Vous êtes en conséquence prévenu d'avoir le 4 novembre 1873, à l'audience publique du conseil de guerre, séant à Versailles, adressé publiquement un outrage tendant à inculper l'honneur et la délicatesse d'un général chargé d'une mission judiciaire ; je n'ai qu'un mot à ajouter à cette lecture ; je veux vous faire remarquer non-seulement combien cette prévention est grave par elle-même, mais encore combien elle emprunte une gravité nouvelle au lieu où vous avez prononcé les paroles que je viens de rappeler ; c'était en effet dans une séance d'une juridiction exceptionnellement élevée. Qu'avez-vous à dire pour votre défense ?

L'ACCUSÉ. — J'ai été vivement affecté à la lecture de certaines accusations du rapport, m'atteignant dans mon honneur. Tous les hommes de cœur comprendront comment j'ai pu me laisser entraîner à des termes amers. Je déclare aujourd'hui sincèrement que je regrette cet entraînement, car j'y ai cédé devant la justice qui doit toujours être respectée.

La parole est au ministère public.

LE PROCUREUR DE LA RÉPUBLIQUE. — Il est pénible de voir un officier qui a occupé un rang élevé dans l'armée venir s'asseoir sur les bancs de la police correctionnelle pour outrages envers un magistrat, outrages aggravés par l'importance même des fonctions de ce magistrat, et par la publicité qu'ils ont reçue.

Par les missions importantes qui lui avaient été confiées sous l'empire, par les écrits qu'il a publiés, M. le colonel Stoffel s'était fait un nom, et il se devait à lui-même de donner, plus que tout autre, l'exemple du respect dû à la justice. Il l'a oublié, et cédant aux plus fâcheuses inspirations, qu'il regrette aujourd'hui, Dieu merci, et cela lui fait honneur, le colonel a proféré à l'audience publique du conseil de guerre les paroles outrageantes à raison desquelles il est traduit devant vous.

Le colonel Stoffel avait été cité comme témoin dans l'affaire Bazaine. Il a comparu devant le conseil siégeant à Trianon le 4 novembre dernier; après avoir achevé sa déposition, il a demandé à intervertir les rôles et à se défendre d'une accusation. M. le président du conseil l'a interrompu aussitôt, en lui indiquant nettement qu'il devait se renfermer dans son rôle de témoin; qu'il ne lui serait pas permis de s'en écarter.

Malgré cet avertissement, M. le colonel Stoffel a commencé cette phrase : « En ce qui concerne le rapporteur, je partage les sentiments de l'armée tout entière, je.... » A ces mots, il fut interrompu par M. le président du conseil ; mais bientôt après il reprit la parole en répétant la phrase commencée qu'il acheva cette fois : « En ce qui concerne le rapporteur, je partage les sentiments de l'armée tout entière, je n'ai pour lui que mépris et dédain. »

Ces derniers mots avaient été dits avec la précipitation d'un homme qui veut arriver à la fin de sa phrase, qui veut à tout prix placer les expressions outrageantes qu'il tient en réserve. La voix du colonel avait été moins distincte et peu de personnes dans l'auditoire ont pu se rendre compte de ce qui venait de se passer. L'audience, bientôt après suspendue, lui laissa le temps de rentrer en lui-même et de comprendre, s'il avait pu la méconnaître, la gravité des injures qu'il avait proférées. A la reprise de l'audience, M. le président du conseil de guerre a dû demander au colonel compte de ses paroles. Il ne s'est pas borné à prendre acte de ce qui avait été dit; loin d'abandonner à lui-même le colonel Stoffel, M. le président lui a ménagé tous les moyens de rétracter l'outrage. Le colonel a réfléchi, il a maintenu formellement les expressions offensantes.

Tel est le délit flagrant, indiscutable, dont vous avez à déterminer les conséquences pénales.

Il vient de se produire au début de l'audience un nouvel élément d'appréciation. M. le colonel a publiquement manifesté son repentir.

C'est là un fait important, dont le Tribunal devra avec raison tenir compte pour l'atténuation de la peine, mais sans oublier tout ce que l'affaire emprunte de gravité à la préméditation, au rang du magistrat offensé et à la majesté de l'audience devant laquelle les outrages ont été proférés.

Quoi de plus outrageant que de dire devant l'auditoire le plus nombreux et en se posant comme l'interprète, non pas seulement de son propre sentiment, mais du sentiment de l'armée tout entière : « Il n'y a que mépris et dédain pour le magistrat qui a procédé à l'information ! » Ces expressions si insultantes n'ont pas été dites sous l'excitation d'un débat irritant. Je ne fais que répéter ce que tout le monde a dit avant moi, en rappelant au Tribunal avec quel sentiment de justice élevée M. le président du conseil dirige les débats et avec quelle exquise courtoisie les témoins sont interrogés, afin d'éviter tous les froissements, qui pourraient laisser aller les témoins à exagérer l'expression de leur pensée et à s'écarter de la plus scrupuleuse exactitude.

Le colonel n'a donc pas été emporté par l'impression du moment, par la vivacité d'un débat d'audience; il était parfaitement maître de lui, il savait à l'avance ce qu'il voulait jeter dans le débat : ses paroles ont été plus tard maintenues avec réflexion. Il savait, cependant, qu'il s'adressait à un magistrat du conseil de guerre devant lequel il comparaissait, au général chargé de procéder à l'information de l'affaire la plus grave, la plus difficile, touchant aux intérêts les plus sacrés de notre pays !... Le magistrat à qui un pareil labeur est imposé doit s'attendre à froisser des personnalités influentes, à soulever bien des passions, bien des haines. Mais plus haute est la mission du magistrat, plus la loi doit le protéger dans l'accomplissement de son devoir, et le venger des atteintes portées à son honneur et à sa délicatesse !

L'outrage s'aggrave donc par la haute situation du rapporteur; elle s'aggrave surtout par l'immense retentissement que l'outrage devait avoir, après avoir été proféré devant un conseil de guerre jugeant un maréchal de France et formant la plus haute cour de justice criminelle.

Le tribunal correctionnel saura faire respecter la majesté de cette cour souveraine, comme elle fera respecter le magistrat offensé.

La parole est à la défense.

Mᵉ LACHAUD. — J'ai l'honneur de défendre le colonel Stoffel, c'est-à-dire l'homme loyal par excellence, l'un des officiers les plus braves et les plus intelligents de notre armée. Comment celui qui a toujours donné l'exemple du devoir, du respect à la discipline, a-t-il commis la faute qu'il vient de reconnaître et de regretter ?

Le tribunal est convaincu d'avance qu'il ne sortira de la bouche de l'avocat rien qui puisse irriter le débat. Un jour viendra, d'autre part, où je pourrai parler comme je le dois. Là je pourrai tout dire et rien ne pourra m'arrêter ce jour-là dans l'expression de la vérité. Mais aujourd'hui il ne s'agit que du colonel Stoffel, outragé dans ses sentiments les plus intimes par le rapport du général de Rivière.

Ce rapport apprécie les faits et la conduite qu'aurait pu tenir le colonel à propos des dépêches arrivées à l'état-major du maréchal de Mac-Mahon. Le débat sur l'historique de cette dépêche trouvera sa place ailleurs.

On a fait au colonel un crime de manquer de mémoire

Les meilleures peuvent quelquefois oublier, et une mémoire, parce qu'elle n'aura pas gardé le souvenir de certains faits, n'est pas toujours une mémoire qui appartient à un criminel. Ne pourrais-je vous en citer de récents et bien grands exemples?

Combien il a dû souffrir en se voyant ainsi signalé comme un malhonnête homme! La dépêche aurait été arrêtée au moins deux fois. C'est le rapport qui le dit dans les termes que vous savez, et que je tiens à vous relire.

« Les agents se dirigent sur Longwy, où arrivait au même moment qu'eux le sieur Guyard, leur collègue, venant de Thionville porteur de quatre dépêches du 20. Ils en prennent possession, en expédient copie au colonel Stoffel, reçoivent de cet officier supérieur l'avis de l'arrivée des dépêches et l'ordre de revenir à l'armée. Ils la rejoignent le 26 à Réthel et remettent au colonel les originaux dont ils sont porteurs. La dépêche a donc été arrêtée au moins deux fois par le colonel Stoffel, le 22 quand elle lui arriva par le télégraphe, et le 26 lorsque les agents lui en ont remis en mains propres l'original. Nous disons au moins deux fois, car l'expédition remise au jeune de Bazelaire n'est pas parvenue davantage et a dû être également interceptée par le colonel Stoffel.

« Interrogé sur ce point, le colonel Stoffel s'est rejeté d'abord sur un défaut de mémoire, puis a contesté la possibilité d'un pareil incident. Pressé de plus en plus, il a nié, mais d'une manière très-embarrassée.

« L'ensemble si accablant de preuves ne laisse aucun doute sur ce point. Le colonel Stoffel a intercepté la dépêche adressée au maréchal. Maintenant est-il admissible qu'il ait osé prendre sur lui un pareil détournement? On ne saurait s'arrêter à cette pensée. Evidemment il a dû recevoir des ordres à cet effet. De qui les tenait-il? Qui pourrait le dire? Quoi qu'il en soit, en s'associant à une manœuvre destinée à tromper son propre chef, auquel il devait, plus que personne, la vérité, et comme officier de son état-major et comme chargé du service des renseignements, le colonel Stoffel a commis un acte inouï. »

Je ne veux pas discuter. Un acte inouï, un crime a été commis à l'instigation de quelqu'un qu'on ne nomme pas. De qui parle-t-on? Quel est ce mystère? Quel est l'homme assez

misérable pour obtenir du colonel Stoffel la suppression
d'une dépêche d'où pouvait dépendre le salut de la patrie ! Il
n'y a pas de situation plus cruelle que celle d'un témoin attaqué ainsi. La justice doit être calme; on n'est jamais juste
quand on cesse d'être calme. Plaise à Dieu que je puisse un
jour discuter le rapport devant le colonel Stoffel dans un débat concernant le colonel Stoffel. Ce débat, on le lui a promis
et alors la lumière se fera.

C'est après avoir reçu les poignées de main de ses amis
qu'un homme si honorable est venu déposer ; attaqué, il s'est
justifié avec ardeur, mais sans préméditation, ses paroles ont
été celles d'un cœur brisé. En pareille circonstance, on jette
un cri de protestation. Les paroles que je ne veux plus reproduire, on lui a demandé de les regretter ou de les expliquer. Alors s'est produite une scène que je n'oublierai jamais.

Me Lachaud retrace la scène du conseil de guerre qu'on
connaît et rend hommage aux efforts tentés par le général-
président, pour obtenir une rétractation du colonel Stoffel.

Que vous dirai-je? continue le défenseur; le colonel Stoffel
avait la fièvre; il éprouvait ce bouillonnement d'esprit, cette
ardeur résultant d'un sentiment bien honorable en lui-même.
Il a quitté l'audience du conseil pour venir à la vôtre, vous
dire : « Je regrette cet incident. » Il en est malheureux, il l'a
avoué.

En manquant à la majesté du tribunal, il a eu le tort d'oublier qu'il est des souffrances qu'on doit subir, des amertumes qu'on doit refouler.

Je ne veux pas soulever la question de droit; si je la posais,
je rappellerais au tribunal cette appréciation de Faustin-Hé-
lie : « L'outrage n'est commis que lorsque le magistrat est
présent à l'audience. » Il est vrai qu'un arrêt de la Cour de
cassation dit le contraire, mais le précédent de la Cour de
cassation se fonde sur ce que l'article 222 n'a pas exigé formellement la présence. Ceci est en contradiction avec toutes
les dispositions de la loi relatives aux outrages ; les injures et
les diffamations ne sont pas des outrages publics, puisque le
magistrat n'est pas atteint directement. Dans ce cas l'injure
ne peut être poursuivie que sur la plainte du magistrat lui-
même. J'affirme que le général de Rivière n'aurait jamais
porté une telle plainte.

J'ai fini, messieurs : faut-il, en terminant, vous parler du
passé de M. Stoffel?

Il est le fils d'un officier supérieur, M. le baron Stoffel, qui
a fait toutes les guerres du premier Empire. Elève brillant de
l'École polytechnique en 1859, il était nommé capitaine à Ma-
genta et recevait la croix d'honneur sur le champ de bataille.
Enfin l'empereur l'avait remarqué et en avait fait son officier
d'ordonnance.

En 1868, envoyé à Berlin comme attaché militaire à l'ambassade, il écrivit ces rapports si remarquables qui, hélas! ne furent pas assez lus; ils auraient peut-être sauvé la France. Il avait jeté le cri d'alarme, et on ne l'entendit pas. La guerre éclata, il revint à Sedan, et l'obus qui atteignit le maréchal vint blesser le cheval de M. Stoffel, qui était aux côtés de son maréchal.

Il revint à Paris se mettre à la disposition de la défense nationale; alors on lui reprochait d'avoir tenu secrètes ses notes sur les forces de la Prusse et de ne pas les avoir communiqués, mais bientôt la vérité se fit jour, et, au lieu de calomnies, ce fut un sentiment général de reconnaissance qui vint l'accabler. Sous le siége, il commanda l'artillerie au plateau d'Avron. Voilà sa vie de militaire.

Il l'a sacrifiée depuis pour dire la vérité, c'est plus tard qu'il a fait un livre qui est une œuvre considérable. Ah! si je voulais dire à quelques-uns la vérité qu'ils méritent, je je n'aurais qu'à prendre quelques passages du livre. Après ce livre, il a quitté l'uniforme et est rentré dans la vie civile.

Voilà tout ce que j'avais à vous dire. Le Tribunal reconnaîtra que le colonel Stoffel est un honnête homme qui a eu le tort de laisser partir une parole de désespoir et de souffrance; mais vous n'oubliez pas que son cri, fût-il coupable, est un cri que toutes les honnêtes consciences pourraient avouer.

Après trois quarts d'heure de délibération, le tribunal rentre en séance et rend le jugement suivant : .

Attendu qu'il résulte du procès-verbal produit par le 1er conseil de guerre,

Et de l'aveu du prévenu, que le colonel Stoffel a prononcé les paroles suivantes....

Attendu que ces paroles adressées au général rapporteur constituent un outrage atteignant son honneur et sa délicatesse.

Attendu que l'état de surexcitation du témoin ne lui laissait pas cependant l'entière liberté de son esprit,

Attendu les regrets exprimés par lui devant le tribunal :

Par application des articles 222 et 463 du Code pénal,

Condamne le colonel Stoffel à trois mois d'emprisonnement et aux dépens, fixe à huit jours la durée de la contrainte par corps.

L'audience est levée à deux heures. Le verdict est accueilli sans manifestation d'aucune sorte.

On a beaucoup remarqué la déposition chaleureuse et si patriotique de M. Champigneulles, dans l'audience du 11. Nous croyons intéressant de reproduire la lettre suivante que

M. Champigneulles avait adressée au maréchal Bazaine pendant le blocus.

Metz, 22 septembre 1870.

Maréchal,

Vous ne sauriez ignorer les murmures de l'armée en présence de l'inaction dans laquelle vous la tenez depuis vingt-deux jours. Cette inaction a pour résultat immédiat d'anéantir notre cavalerie et de nous priver bientôt de tous chevaux pour l'artillerie, ce qui serait réduire l'armée à l'impuissance la plus complète.

Cette inaction prolongée, le désastre si douloureux de Sedan, l'ignorance où l'armée se trouve des intentions de ses chefs, lui font craindre de se voir bientôt livrée pieds et poings liés à l'ennemi.

Cependant, maréchal, vous n'ignorez pas plus que le dernier de vos soldats, que l'armée prussienne devant Metz est réduite de plus de moitié, ainsi que ses parcs d'artillerie; que bon nombre de ses ouvrages ne sont pas même armés. Votre armée est aujourd'hui aussi nombreuse que celle de l'ennemi, et vous avez toute puissance, quand vous le voudrez, maréchal, de tomber sur chaque corps prussien et les anéantir, prenant vos mesures, toutefois, pour en avoir fini avec chacun d'eux d'assez bonne heure pour les empêcher de se prêter un mutuel secours.

Je me garderai, maréchal, de répéter les termes énergiques dont l'armée se sert pour qualifier la manière dont toutes choses ont été conduites partout depuis le commencement de cette malheureuse guerre.

Où ira l'armée, dit-on, une fois dégagée de Metz; réduite à cent mille hommes, elle sera bientôt entourée par des masses supérieures !

Votre armée, maréchal, n'aurait point à courir ce danger ; Metz resterait toujours sa base d'opération. Son premier soin serait de détruire le viaduc de Fontoy, les tunnels de Liverdun, les ouvrages de Remilly — se mettant ainsi à l'abri d'un trop prompt retour de l'armée prussienne. Elle rassemblerait à la hâte, à Metz, les approvisionnements qu'elle trouverait à vingt lieues à la ronde, et revenant ensuite prendre ses quartiers d'hiver sous Metz, elle aurait donné au pays le temps d'organiser sa défense et son gouvernement. Forcer, par ce moyen d'une résistance prolongée de Metz, l'armée prussienne, coupée de sa base d'opération, à passer l'hiver en France, serait en assurer la ruine certaine.

Ce but à poursuivre, vous pouvez encore l'accomplir aujourd'hui, maréchal, et vous le pouvez sans secours étranger; prolonger l'inaction serait nous réduire à l'impuissance, et cependant le pays attend tout de vous seul, maréchal, songez-y !

Rendre les armes, quand l'on a 130 000 hommes sous la main, serait la plus douloureuse, la plus déplorable page de notre histoire, si belle, si glorieuse dans le passé.

L'honneur sera sauf, dit-on encore dans les hautes régions de l'armée ! Eh bien ! non, maréchal, l'honneur ne serait pas sauf, car céder sans avoir tenté un dernier, un grand, un suprême effort, serait n'avoir point rempli son devoir jusqu'au bout.

L'armée ne veut point mourir de honte et de misère, sachez-le, maréchal, mais elle est prête à le faire dans l'ardeur du combat et l'espoir du triomphe.

Le monde entier a les yeux sur vous, maréchal; votre nom appartient à l'histoire. La France et l'armée ont placé en vous leur espoir; elles attendent de vous leur salut !   CH. CHAMPIGNEULLES.

Audience du 14 novembre

PRÉSIDENCE DE M. LE DUC D'AUMALE

La séance est reprise à midi dix minutes.

L'affluence du public est plus grande que d'ordinaire. Les trois dernières dépositions de la séance précédente, si graves pour le maréchal Bazaine, ont fait comprendre au public que le procès entrait dans une phase émouvante.

Le conseil entre en séance. Le fauteuil du général Martineau-Deschenetz, l'un des juges, reste vide. Le général-président déclare qu'atteint d'une grave indisposition, le général est entré ce matin à l'hôpital. Conformément à la loi, M. le général de Malroy, juge supplémentaire, devient juge titulaire.

On appelle M. l'intendant Wolff, auquel le commissaire du gouvernement désire faire quelques questions.

Il est d'abord donné lecture d'une pièce du 27 juillet 1870. C'est une note adressée au maréchal Le Bœuf par l'intendance sur les ressources de la Lorraine.

Le commissaire du gouvernement demande quelle est la portée de cette phrase : « Dans ce pays et au delà des frontières les ressources sont nulles. »

Le témoin déclare que cela résultait d'une enquête très-sérieuse qui avait été faite.

On appelle M. Bédin, négociant à Metz.

Le témoin s'est occupé des subsistances. Le maréchal a déclaré que la faim seule l'avait forcé de capituler. Le témoin, avec beaucoup de fermeté et d'énergie, qualifie cette assertion. Le général-président le prie de se borner dans sa déposition aux faits seuls.

Metz, dit alors le témoin, récolte ordinairement 500 000 hectolitres de blé, un million d'hectolitres d'avoine et 800 000 quintaux de foin. L'arrondissement est donc très-riche.

Avant le 14 août, avant le blocus, on n'a rien fait de sérieux pour approvisionner la place. On pouvait faire entrer une quantité considérable de provisions ; on l'a négligé. Chez M. Bouchotte, il y avait 14 000 quintaux de blé ; chez d'autres négociants 6000 quintaux ; à la réquisition du 15 septembre on trouva encore 12 000 quintaux ; au 7 octobre 3000 autres quintaux ont été trouvés ; puis encore 5000 : en tout il y avait donc 40 000 quintaux de blé pour nourrir 50 000 habitants, 20 000 réfugiés et 10 000 blessés qui étaient logés en ville. On nous a souvent représentés comme une poignée de factieux, et cependant nos femmes et nos filles ont toujours soigné les blessés militaires avec un dévouement infatigable.

Quant à l'armée, elle avait au 30 août à peu près 42 000 quintaux de blé et les villages des environs en ont bien fourni 8000. Avec une moyenne de 150 000 rationnaires, 500 grammes par jour devaient conduire jusqu'au 15 novembre. Et cependant le 13 octobre le général Coffinières annonçait qu'il n'y avait plus rien dans les magasins de la ville. Où avait passé la différence ? Elle avait été gaspillée. A chaque prise d'armes les soldats recevaient plusieurs jours de vivres qu'ils absorbaient de suite ; en outre on a donné du blé aux chevaux, ce qui est un moyen d'alimentation très-mal compris au point de vue nutritif.

J'ai fait, ajoute le témoin, une enquête dans cinq cantons situés sous les canons de nos forts, à quelques kilomètres de l'enceinte des fortications. On n'a rien fait pour aller y chercher les 35 000 quintaux métriques qu'ils pouvaient fournir et on a attendu que les Prussiens les brûlassent à la fin de septembre.

Le témoin cite un autre exemple qu'il qualifie de monstrueux. Le château de Mercy, dit-il, a été laissé constamment entre les mains des ennemis, ce qui est, de l'aveu unanime, une aberration stratégique. La chose est tellement inexplicable, qu'on n'ose sonder la profondeur de ce mystère, dans lequel la politique a dû jouer un rôle considérable.

Le témoin affirme qu'il est inouï que des soldats aient pu mourir de faim à Metz, alors qu'il est avéré qu'on aurait pu avoir en vivres tout ce qu'on aurait voulu.

Le témoin termine par ces mots : « Dans la ville de Metz, on regarde tout ce qui s'est fait comme une effroyable comédie. »

— D. Vous n'avez pas parlé de l'apport en vivres des réfugiés. Qu'en pensez-vous ?

— R. L'apport des réfugiés a été très-considérable. Le paysan est très-prudent ; il a apporté beaucoup plus qu'il n'a consommé, et nous avons bénéficié plus tard de son surplus. Un mouvement de ravitaillement eût donné des provisions immenses. Ce qui s'est passé est un crime inouï....

Le général-président arrête le témoin en l'engageant à éviter toute appréciation. Celui-ci s'excuse de l'entraînement involontaire auquel il obéit sous l'empire de son émotion.

Le commissaire du gouvernement demande quelle est l'importance des vivres qu'on eût pu amener dans Metz avant le 14 août.

— R. Le chiffre en eût été énorme. Je répète qu'on eût pu faire appel au dévouement de tous pour les convoyer, et qu'on n'a rien voulu faire. On a laissé des soldats mourir de faim, et on pouvait l'empêcher.

Me Lachaud renonce à poser des questions au témoin. C'est une règle qu'il s'est imposée à l'égard de tous nos malheureux compatriotes d'Alsace-Lorraine. « Il est des douleurs, dit il, qu'il faut savoir respecter. »

On appelle le témoin Magnin (François-Henri), 43 ans, ancien président du comice agricole de Metz et conseiller général de la Moselle.

Cette déposition portant absolument sur les mêmes faits que les précédentes, nous n'en retenons que les passages apportant des éclaircissements nouveaux.

Au début de la campagne, le témoin a été frappé de l'insuffisance des préparatifs faits pour le ravitaillement de Metz. Le général Coffinières, auquel il proposa de faire une circulaire pour inviter les populations à s'approvisionner, l'en dissuada en disant qu'il ne fallait pas les effrayer. Dans la première moitié du mois d'août des denrées étaient enlevées par des éclaireurs prussiens ; le témoin en fit l'observation au général Coffinières et lui conseilla de faire nettoyer les routes. Celui-ci approuva l'idée, mais n'en fit rien. Des cultivateurs, dit le témoin, me reprochèrent de les trahir comme les chefs de l'armée, parce que je ne les faisais pas protéger contre les Allemands qui les pillaient, alors qu'il était si facile de les faire entrer avec leurs récoltes à Metz. Pour me disculper, je conduisis ceux d'entre eux qui avaient un caractère officiel chez le général Coffinières, devant lequel ils répétèrent leurs plaintes.

Malgré l'avis relatif aux réfugiés, on entrait dans Metz avec ou sans vivres. Dernièrement j'ai eu la preuve qu'après le blocus, des cultivateurs avaient remporté deux voitures de blé oubliées, ce qui prouve l'étendue du désordre. On a négligé également toutes les circonstances favorables qui s'offraient pour se ravitailler au dehors en fourrages. Les convois n'eussent pas manqué, les agriculteurs étaient tout prêts.

Le témoin a fait des calculs précis pour se rendre compte des moyens dont on aurait pu disposer pour rentrer les récoltes en gerbes. Il y avait dans le rayon de Metz 33 000 hectares productifs de 13 quintaux chacun. L'artillerie avait 24 500 chevaux; il n'estime qu'à 16 000 le nombre des chevaux utilisables. Avec 4000 voitures, les divers points de l'arrondissement ne se trouvant qu'à 14 kilomètres, on pouvait faire deux voyages par jour. Chaque voiture pouvant se charger de 14 quintaux, on arrivait à faire rentrer 56 000 quintaux par chaque voyage.

Le témoin aborde ensuite la question des draps et des chaussures de l'armée. Les soldats ont horriblement souffert du froid; ils manquaient de vêtements et de couvertures, et beaucoup d'entre eux sont morts. Or, il y avait aux Moulins 242 000 mètres de drap et 25 000 paires de souliers. Le fait a paru extraordinaire au témoin lui-même, mais un procès plaidé à Metz devant le tribunal de commerce et devant le tribunal civil, a établi que ce drap avait été acheté au prix de 6 fr. 25 le mètre par une corporation religieuse allemande. L'intendance allemande ayant fait résilier le marché, les tribunaux se trouvèrent saisis de l'affaire.

Il y avait en dehors des souliers des quantités considérables d'objets de sellerie. Le témoin a été pendant le blocus adjoint au service médical du polygone. En allant à son service, il vit des soldats relever la boue et en faire des tas pour préserver l'avoine qui n'était pas abritée et dont une grande partie, exposée à toutes les intempéries, pourrissait.

Le témoin confirme ce qui a été dit des craintes de bombardement exprimées par le général Coffinières devant diverses personnes de Metz, notamment devant les conseillers municipaux. Un M. Raymond qui a entendu les paroles alarmantes du général Coffinières, se vit dire par celui-ci auquel il faisait des observations : « Ah çà! vous avez donc du patriotisme, vous? » M. Raymond fut attéré.

Le langage que le général Coffinières tenait serait inexplicable pour le témoin, s'il ne l'attribuait pas à un mot d'ordre donné chaque matin par le maréchal Bazaine chez lequel il le voyait se rendre.

Il a vu aussi les plans alarmants, dressés par les soins du maréchal, pour faire connaître les forces d'investissement qui nous menaçaient. L'insignifiance des travaux, constatés après le blocus en présence de la commission internationale de secours aux blessés, a causé une surprise mêlée d'indignation On a été stupéfait en apprenant que les fameuses batteries Sainte-Barbe, dont on parlait sans cesse à l'état-major, n'avaient jamais existé. Il n'y a eu, en réalité, de travaux sérieux terminés que du 20 au 25 septembre.

Le 31 août, jour de la seconde attaque, le témoin s'aperçut avec surprise que les troupes encombraient certaines routes et que d'autres étaient oubliées, par exemple les vignes de Saint-Julien dont on s'était servi pour passer le 14, et qui, par conséquent, étaient accessibles. On remarqua aussi avec surprise que le canon de Saint-Julien tirait invariablement avant chaque sortie. Le fait fut signalé en plein cercle à Metz ; le général Billiot, en qui la population avait une grande confiance, expliqua qu'il y avait là une fâcheuse coïncidence, mais pas autre chose.

Le témoin termine son importante déposition en parlant de quelques émissaires qui le 20 août et après, ont pu passer par les cordons de troupes ennemies, encore très-faibles à cette époque.

Le témoin, avant de se retirer, demande à déposer certaines pièces dont il est possesseur. Le général-président déclare qu'elles seront jointes aux pièces de la procédure.

On appelle le témoin Vianson (Louis), 37 ans, ancien maire de Plappeville.

Le témoin. — Au début de la guerre rien n'était prêt, pas même les opérations du conseil de révision pour la classe de 1869. Celle de 1870 n'a pas été appelée. Il y a eu à partir du 6 août un grand mouvement d'émigration vers Metz, mouvement qui a été plus utile que nuisible à la défense, car il a augmenté l'approvisionnement.

La réputation du maréchal Bazaine avait provoqué dans Metz un mouvement général de satisfaction et de confiance, quand il prit le commandement de l'armée.

Le témoin a signalé l'inconvénient de faire passer un convoi sur la route de Plappeville, le 14 août. On passa outre, et il en résulta un encombrement très-fâcheux pour le mouvement de la journée. On travailla activement aux forts, mais pour le ravitaillement rien absolument ne fut fait, et on laissa l'ennemi brûler les énormes ressources du dehors. Le gaspillage du blé a eu des conséquences plus graves qu'on ne l'a dit.

Pendant la sortie du 26, on a vu des uhlans venir fourrager jusqu'à Plappeville.

Au début, il eût été très-facile d'enlever les récoltes en gerbes. Les fermiers qui sont arrivés à Metz ne trouvaient pas où s'installer, et plusieurs revinrent chez eux avec leurs troupeaux qui furent plus tard enlevés par l'ennemi. Le blé en gerbes eût pu être enlevé dans la proportion de 150 à 200 gerbes par voiture, mais on n'a pas utilisé les voitures dont on disposait. Le rationnement dans les communes suburbaines ne remonte qu'au 14 octobre. Le témoin, en outre, a vu plusieurs fois dans les campements de la garde des voitures de pain blanc que l'on vendait aux soldats.

On appelle ensuite le témoin Vilgrain, 46 ans, négociant.

Le témoin par sa position était au courant des ressources alimentaires de Metz pendant le blocus. Quand il apprit que l'armée devait opérer sous Metz, il eut l'idée qu'on allait faire un grand effort de réapprovisionnement. Voyant que rien ne se produisait, il en parla à l'intendant, M. Mony. Celui-ci dit qu'il était impuissant et qu'il fallait aller voir le maréchal. Le 9 octobre il se rendit au Ban-Saint-Martin, avec un homme actif et énergique, M. Bernard, qui se serait chargé du réapprovisionnement pour la viande. Le maréchal fit répondre qu'il ne pouvait recevoir. L'officier qui apporta la réponse, un jeune homme, fit entrevoir qu'il n'y avait plus rien à faire, et que du reste « l'armée ne voulait plus marcher. »

Cinq ou six jours après arriva inopinément une lettre accordant au témoin une audience. Il s'y rendit. Le maréchal lui demanda ce qu'il voulait. « Tenter, avec l'aide du commerce messin, une entreprise de ravitaillement. » Ces mots eurent le triste avantage d'exaspérer le maréchal qui s'emporta en récriminations contre les commerçants de Metz, et se dit calomnié par des lettres anonymes. Il me montra une de ces lettres qui parlait du refus fait à ma première demande, dit le témoin, mais il consentit à ne pas m'en croire l'auteur.

Le témoin est convaincu que l'appréciation du courage de l'armée, faite par le jeune officier qu'il avait vu le 9, provenait d'un mot d'ordre et que c'est au maréchal lui-même qu'il faut faire remonter la responsabilité de ce propos. Au nom des Messins, le témoin exprime ses sentiments d'admiration pour l'armée de Metz à laquelle il n'a manqué qu'un chef digne d'elle pour ne pas subir les dernières humiliations. (Pendant la déposition du témoin les joues du maréchal se sont empourprées, mais son attitude reste impassible.)

Sur l'invitation du général-président, le témoin revient sur la question des grains et explique avec une grande clarté quels moyens on aurait pu employer pour trouver des ressources. L'argent ne manquait pas ; le tout était de payer largement.

On appelle le témoin Worms, 51 ans.

Après Reichshoffen, dit le témoin, tout le monde, par une crainte instinctive, se pourvut et l'arrivée des paysans dans Metz fournit au commerce des ressources imprévues. Au moment où le commerce local cherchait à réunir des provisions, la concurrence des intendants, les prix qu'ils offraient, enlevèrent à la ville des ressources précieuses. Le gaspillage provenant de la vente du pain aux soldats fut considéré comme très-sérieux. Le témoin confirme les renseignements déjà recueillis sur les différentes phases du rationnement et sur les alarmes semées par le général Coffinières qui menaçait d'employer la force pour réquisitionner les vivres chez les habitants. Le général Coffinières ne fit cesser ces réquisitions que sous la pression du conseil municipal qui, connaissant les ressources restant encore dans les magasins de l'armée, trouvait cette mesure inutile et dangereuse.

Le témoin dit qu'on pourrait facilement établir le nombre de jours que le maintien de l'armée sous Metz a fait perdre à la résistance. Il proteste, comme les témoins qui l'ont précédé, des excellents sentiments de toute la population, qui n'avait qu'une pensée, qu'un but : être rendue à elle-même et laisser l'armée sauver le pays. Sans s'effrayer des menaces d'un bombardement chimérique, elle a constamment exprimé le même vœu.

Le témoin fait ressortir l'extravagance des menaces répandues par le général Coffinières. Rien ne put ébranler la confiance publique et l'on put réaliser un emprunt de près d'un million dont une partie se trouvait dans les caisses de la ville lors de la capitulation. Cette preuve de confiance établit que personne ne pouvait croire que tout fût perdu.

La ville fut livrée avec ses forts intacts et possédant encore du pain pour quelques jours. A aucun moment l'administration municipale n'a reçu d'ordres d'aucune sorte pour l'approvisionnement.

Le rationnement même ne s'est pas fait par une mesure officielle ; on s'est contenté de donner des instructions aux boulangers.

C'est seulement le 13 septembre, après le désastre de Sedan, que le conseil municipal crut devoir présenter une adresse au général Coffinières. Celui-ci accueillit la démarche avec beaucoup de courtoisie et exprima l'idée que c'était au maréchal que devait être envoyée l'adresse.

La démarche des officiers de la garde nationale a eu lieu le 12 octobre. Les dispositions de la garde nationale étaient excellentes. Elle comprenait toutes les forces viriles de Metz. Dans cette visite, le maréchal aurait répondu qu'il ne demanderait pas mieux que d'être déchargé du commandement et ses affirmations rassurantes calmèrent tout à fait la députation.

Le commissaire du gouvernement demande quelques observations à propos de l'emprunt dont il vient d'être parlé.

— R. Une panique s'était produite chez les déposants de la caisse d'épargnes. Les caisses de la ville étaient à sec, et il ne restait plus, je pense, de quoi payer la solde de l'armée; c'est alors que le général Coffinières s'adressa à moi et à d'autres personnes pour étudier les moyens d'un emprunt.

On appelle le témoin Bouchotte (Félix-Simon), 54 ans, négociant domicilié à Paris, ancien minotier à Metz.

Pour faire apprécier, dit ce témoin, les ressources que nous possédions, je dois commencer par faire connaître la situation du département de la Moselle au début de la guerre.

Notre département était dans une situation exceptionnelle, la récolte était en retard, et le commerce avait dû y parer en s'adressant au dehors, ce qui lui permit de fournir non-seulement aux besoins de la place, mais aussi à ceux de l'armée.

Au début des opérations militaires, le mouvement était si considérable, que le commerce était inondé d'offres. Dans les familles, on se ravitaillait avec empressement. J'allai soumettre au général Coffinières l'état de notre situation.

Nous avions pour 37 jours de vivres assurés à 50 mille habitants, à raison de 750 grammes par jour, au début des opérations; mais nos ressources s'augmentèrent rapidement, jusqu'à 70 jours.

Je fis savoir aux cultivateurs que si nous ne pouvions acheter tout ce qu'ils offraient, nous mettions gratuitement les greniers de la ville à leur disposition. Aussi nos approvisionnements étaient-ils, au commencement du blocus, beaucoup plus considérables qu'à aucune époque.

Je ne puis apprécier le ravitaillement sous forme de blé en gerbes; il me semble que le transport était un embarras grave, et mon idée à moi eût été de s'adresser aux docks de la Belgique, qui nous auraient fourni des approvisionnements considérables.

Le 27 août, j'établis pour l'intendance l'état de nos ressources en pain.

(Suivent les détails déjà donnés par d'autres témoins sur la consommation, le rationnement et les livraisons faites aux magasins de l'armée.)

Il en résulte que l'approvisionnement a toujours été la grande préoccupation de la ville.

Le 24 septembre, le maréchal Bazaine exposait devant M. Bouchotte les perplexités que lui causait la situation. Il était trop tard alors pour songer à la Belgique.

Le 25 octobre le général de Saint-Sauveur vint de la part du maréchal me prévenir que le général Boyer était retardé dans sa mission auprès de l'impératrice, mais que le maréchal me ferait part d'un projet sauvegardant l'honneur de nos armes. J'allai chez le maréchal et j'eus la conviction qu'il fallait gagner quelques jours. Comme nous nous disposions à faire un suprême appel à la population, nous apprîmes que le général Boyer était de retour et que la capitulation était inévitable.

Le témoin établit, en finissant, que, quand la ville a été rendue, elle en était réellement à son dernier jour de pain, quoi qu'on en ait dit. C'est certainement l'appoint fourni par la campagne au moment de l'arrivée des réfugiés qui a permis d'aller jusqu'à ce moment.

Après l'ouverture des portes, le commandant prussien offrit à la ville de la farine et un troupeau de moutons. Le patriotisme des habitants repoussant cette offre qui, cependant, était bien tentante dans la situation où ils se trouvaient, je ne vis qu'un moyen de concilier l'offre et le refus : c'était d'accepter non le don, mais la vente de ces denrées au profit des bureaux de bienfaisance.

M. Bouchotte termine par ces mots :

J'ai été témoin jusqu'au bout de la conduite du maréchal, et nous étions tous prêts à nous associer à sa destinée quelle qu'elle fût. Je n'ai qu'un regret, c'est que le maréchal ne nous ait pas écoutés, c'est d'avoir vu après l'ouverture des portes de Metz à l'ennemi, les magasins militaires et les usines reprendre tout à coup leur activité pour travailler contre la France.

Ce que je tiens à constater surtout, c'est l'entente parfaite, ce sont les relations cordiales de l'armée et de la population.

Grâce au gouvernement d'une main ferme, on n'a jamais cessé d'être à Metz dans une parfaite sécurité morale.

Sur la demande du commissaire du gouvernement, le témoin déclare qu'un certain nombre de réfugiés sont entrés dans Metz avec des provisions supérieures au chiffre indiqué dans la proclamation.

On appelle le témoin M. l'abbé Dumolard, domicilié à Paris, assigné sur la demande de la défense pour déposer sur le fait suivant :

Le 13 août, le témoin, aumônier attaché au 4e corps, campé devant le fort St-Julien, a rencontré de grands obstacles pour s'y rendre en voiture.

Le 20 août, après la rentrée de l'armée à Metz, il eut une conversation avec un général qui dit : Nous sommes pris dans une souricière et nous n'avons de munitions à distribuer que pour un jour et demi de bataille. La ville seule a des munitions. Ce général doit être M. Mettmann.

On appelle le témoin docteur Poggiale (Antoine), 65 ans, ancien pharmacien-inspecteur, domicilié à Paris.

Le défenseur voudrait faire raconter par le témoin toutes les tentatives qu'il a faites pour employer l'eau salée qu'on avait découverte afin de suppléer au manque de sel, et pour appliquer certains moyens d'alimentation.

Le témoin expose ses tentatives pour extraire le sel de l'eau qui le contenait. et l'insistance du maréchal pour qu'on arrivât à cette extraction. Il fournit toutes les explications techniques nécessaires à sa démonstration. La conclusion est que cette eau n'a pu être utilisée que pour la soupe. Dans la fabrication du pain, elle n'a donné qu'une salaison insuffisante, mais elle a été employée et son utilité a été incontestable, étant donnée la composition du sang humain et l'influence du sel dans l'économie.

Le témoin fut en outre interrogé pour savoir si on pouvait conserver de la viande de cheval. Il n'en eut pas le moindre doute, mais il n'y avait ni à Metz ni aux environs de moyens de pratiquer une opération aussi vaste que l'abattage et la conservation de tous les chevaux de l'armée. Des essais partiels furent faits dans une usine, mais dans de très-mauvaises conditions.

L'approvisionnement en médicaments a été l'objet de grandes précautions et, grâce à une grande économie, à une surveillance sévère, on a pu aller jusqu'au 15 octobre. A cette date, un certain nombre de médicaments indispensables ont commencé à faire défaut. Les seuls médicaments fournis par l'ennemi ont été une caisse de chloroforme qu'il a vue à l'hôpital militaire.

Le témoin a rencontré le général Soleille chez le maréchal et fut mis en rapport avec lui pour l'assister de son expérience.

On appelle le témoin de Mortain, 69 ans, pharmacien.

Ce témoin a été chargé par le maréchal Bazaine de faire des expériences pour fabriquer des conserves pour l'armée. Le maréchal a été satisfait des premiers résultats, et a fait poursuivre la fabrication ; mais, faute de moyens de production, force a été de s'arrêter.

On appelle le docteur Cruvellier (Eugène), 60 ans, médecin militaire, demeurant à Paris.

Ce témoin rend justice aux précautions du maréchal quant au service des hôpitaux et quant aux dispositions sanitaires qui ont été prises à la suite des batailles.

L'état sanitaire a été satisfaisant jusqu'au 1er septembre. L'emploi de la viande de cheval et l'insuffisance du sel amenèrent une perturbation, mais l'état moral était encore bon.

Je fis pressentir dans un rapport l'imminence d'une épidémie ; le maréchal me reprocha de l'avoir fait en termes trop sombres : j'en maintins les conclusions contrairement aux affirmations plus rassurantes du maréchal lui-même, qui m'opposait le rapport du docteur Grellois.

On appelle le général de Saint-Sauveur.

Ce témoin a été chargé avec deux cents gendarmes de pratiquer des perquisitions chez les habitants de Metz.

Il a reçu aussi des ordres pour faire garder les boulangeries, afin qu'il ne fût plus vendu de pain aux soldats.

L'audience est levée à 4 h. 45 et sera reprise demain à midi.

———

L'ordre des neuf séries de faits sur lesquels portent successivement les dépositions des témoins devait appeler selon toute probabilité au commencement de la séance de samedi les témoignages relatifs à la 6e série : *Négociations et démarches diverses pendant le mois de septembre.* Une interversion dans l'ordre des séries a été résolue par le conseil et on entendra d'abord ceux relatifs à la 7e division : *Communications avec le gouvernement de la Défense nationale.*

Le ministère public a assigné à ce sujet 88 témoins, la défense en a fait citer 7.

Parmi ces témoins, il en est quelques-uns qui ne se présenteront pas, et de qui M. le général-président fera lire la déposition écrite ; ce sont, notamment, M. Calornion, qui est mort depuis l'instruction, et les époux Antermet, l'écuyer et l'écuyère du cirque, qui, étant à l'étranger, refusent de se présenter.

La séance est reprise à midi dix minutes.

On appelle le docteur Grellois, témoin à décharge de la 5e série, absent hier. Me Lachaud désire interroger le témoin sur l'état des blessés à Metz.

Le témoin répond que l'état sanitaire était excellent au début, mais qu'à la fin du mois d'août la situation devenait grave. Le 15 septembre il y avait de 15 à 16 000 blessés; à la capitulation on comptait 21 500 blessés. En somme, pendant la durée du blocus, le chiffre des malades s'éleva à 43 000.

Je le reconnais, dit le témoin, le dévouement de la population a été admirable, mais le but de ma déposition est de faire connaître au Conseil que les préoccupations du commandement ont été constantes pour les blessés.

Si j'emploie le mot commandement, c'est que je parle non-seulement du maréchal lui-même, mais aussi du gouverneur de la place; chez tous mes collaborateurs, j'ai trouvé la même sollicitude. Quant au commandement, il m'a toujours donné tout ce qui pouvait être accordé. Si j'ai rencontré quelques obstacles, ce n'est pas là que j'en ai trouvé; aussi je le constate, je n'ai jamais rencontré que du bon vouloir et un concours empressé auprès du commandement. Ce n'est pas là une vaine assertion. Je peux l'établir par des fragments de lettre dont je vais donner connaissance au Conseil, s'il le juge à propos. Ces lettres émanent du gouverneur de Metz et de M. le maréchal.

M. LE PRÉSIDENT. — Ces lettres ne sont pas au dossier; mais vous pouvez les lire, si M. le commissaire du gouvernement et la défense ne font pas d'objection à ce qu'il en soit donné lecture.

Le témoin donne lecture d'une lettre du 21 septembre, dans laquelle M. le maréchal informe M. le docteur Grellois que la question d'enfouissement des chevaux, dont la mortalité augmente considérablement, le préoccupe vivement, et qu'il faut à tout prix se débarrasser de ces cadavres. L'incinération a été proposée, mais ce n'était pas pratique. On avait proposé de les jeter dans la Moselle, mais la santé publique s'y opposait.

Enfin le maréchal décide que les chevaux seront enfouis dans de grandes fosses de 4 mètres, et demande à M. le docteur Grellois de lui indiquer les emplacements où ces fosses seront creusées, en choisissant les endroits qui, à cause de la direction des vents, seraient le plus favorables pour l'armée française, et qui pourraient, au contraire, être nuisibles aux armées allemandes.

M. Grellois lit ensuite une lettre du 24 septembre, lettre confidentielle dans laquelle M. le maréchal demande un rapport sur l'état des ambulances et sur l'état hygiénique de la ville.

Je me suis empressé, dit le témoin, de fournir un rapport à M. le maréchal, et ma conviction est celle-ci : c'est que le maréchal n'a pas voulu faire de nouvelles sorties; parce qu'elles auraient aggravé la situation en augmentant le nombre des blessés. Les ressources étaient épuisées, la bienveillance de la population n'avait pas faibli, mais il n'y avait plus rien pour nourrir, pour soigner, pour médicamenter les malades et les blessés. Voilà les motifs qui, selon moi, ont déterminé M. le maréchal.

Ceci est une idée toute personnelle.

Le témoin lit encore une lettre du général Coffinières relative aux ambulances.

Le témoin dit que quelques cas de pourriture d'hôpital s'étaient produits et qu'on avait à craindre que toute opération devînt impossible; que les blessés opérés ou non mourussent tous.

Interrogé sur la question relative aux vivres, M. Grellois ayant fait partie, en sa qualité de médecin en chef, de la commission des subsistances, le témoin répond.

Le témoin. — M. le sous-intendant militaire arrivait à la commission avec la situation journalière. Le 26, il déclara qu'il n'y avait plus de vivres. M. le maire de Metz ne fit aucune observation. Il fit donner l'ordre d'ouvrir tous les magasins, de manière que chacun pût se convaincre de la triste réalité qu'il n'y avait plus rien.

Ainsi, au jour de la capitulation, la question posée était celle-ci : une question de vie ou de mort pour deux cent mille âmes.

C'est ce que j'ai dit dans un ouvrage que j'ai publié; ce passage a été relevé dans un journal où l'on a imprimé qu'il y avait encore à Metz des ressources considérables quand on a capitulé. Un conseiller municipal m'a dit depuis aussi que mon assertion n'était pas exacte, qu'il y avait encore des ressources chez le particulier.

Comment, lui dis-je, puisque la commission avait été chargée de faire des perquisitions et de faire rentrer toutes les provisions? Ce conseiller municipal me dit : « Oh ! la perquisition que l'on a faite n'a été que superficielle, et avec intention. » Ce mot m'a produit un tel effet, que, quand j'ai fait relier un exemplaire de mon ouvrage, j'ai fait relier en même temps cette note. Mon raisonnement est celui-ci :

On reproche au maréchal d'avoir capitulé sans avoir épuisé toutes les ressources. Si les ressources ont été dissimulées avec intention au maréchal, le maréchal ne peut en être responsable.

D'ailleurs, s'il y en avait eu, le maire aurait dû nous le dire, à la commission; il ne l'a pas dit. Je persiste à dire que les ressources étaient épuisées.

Il y avait du lard dans les forts, a-t-on dit, mais est-ce qu'on peut vivre avec du lard? avec le lard il faut du pain, aussi du riz, des pommes de terre.

Et ma conviction a toujours été celle-ci : le jour de la capitulation, ce n'est pas quatre jours, trois jours de vivres qu'il restait, ce n'était pas un jour, ce n'était pas un demi-jour.

On appelle un autre témoin à décharge, le docteur Maffre.

Me Lachaud lui fait demander s'il n'était pas chargé par le maréchal de lui rendre tous les jours compte de l'état des blessés qui se trouvaient dans les ambulances et dans la ville.

— R. En effet, M. le maréchal m'a invité à visiter les hôpitaux et les ambulances établies dans les maisons particulières et je lui rendais compte tous les jours de mes observations.

Le maréchal prend la parole pour affirmer que lui-même a visité, non pas quelquefois, mais souvent les hôpitaux et les ambulances.

Le témoin confirme cette assertion et vante hautement la sollicitude du maréchal.

M. le commissaire du gouvernement rappelle au docteur Maffre que dans une entrevue antérieure il a fait au sous-préfet de Castelnaudary des réponses qui ont été retenues. Il lui demande s'il se souvient de cette entrevue.

En effet, répond le témoin, après avoir accompagné le maréchal à Cassel, je revins en France. En arrivant dans mon pays, je fus appelé chez M. le sous-préfet de Castelnaudary, qui me questionna sur Metz et la capitulation. C'était le 5 novembre. A mesure qu'on me questionnait, on contrôlait mes réponses avec un numéro du *Moniteur universel*, contenant une déclaration d'un ancien interprète du gouvernement de Tours. On parut étonné que je n'eusse jamais entendu parler des carrières de Jaumont et du fameux fait d'armes qui s'y était soi-disant passé. Je répondrai toujours que mes fonctions à l'armée du Rhin étaient des fonctions médicales, et que je ne pouvais rien savoir au delà.

LE COMMISSAIRE DU GOUVERNEMENT. — Ne vous a-t-on pas demandé entre autres choses si le commandant en chef avait entretenu l'ardeur guerrière de la population, qu'il doit toujours exciter ?

LE TÉMOIN. — Je ne me rappelle pas toutes les questions qui m'ont été posées.

Me Lachaud demande à M. le commissaire du gouvernement si la note qui contient ces renseignements est au dossier.

LE COMMISSAIRE DU GOUVERNEMENT. — On peut l'y mettre.

LE DÉFENSEUR au témoin. — Ainsi, c'étaient M. le procureur de la République et le sous-préfet qui jugeaient des grandes opérations ?

LE TÉMOIN. — Je venais de rentrer en France et personne ne m'avait rien dit en Allemagne, et c'est quand j'arrivai dans mon pays, quand j'allais à la campagne voir ma famille qu'un gendarme vint me prévenir que le procureur de la République me demandait. Je me rendis près de ce magistrat qui me dit : « J'ai l'ordre de vous faire arrêter. » Je répondis : « Avez-vous des questions à me faire, puis-je vous donner quelques renseignements ? » C'était un tout jeune sous-préfet qui s'était emparé de l'autorité, comme cela se faisait dans ce temps-là.

Ces messieurs voulaient faire du zèle. J'étais allé porter une lettre à Montpellier au général Gudin, c'étaient des nouvelles de son fils et j'étais loin de me cacher, car, le soir, je rentrai chez moi. Comme j'arrivais de Metz, on a sans doute cru que j'avais livré Metz. Les questions qu'on m'a faites étaient en dehors de ma compétence.

On rappelle M. Paul Odent, ancien préfet de Metz, également témoin à décharge.

La déposition du témoin porte sur les approvisionnements de Metz. Une lettre, qui est lue avec l'autorisation du général-président, constate que l'administration militaire avait pris toutes les précautions désirables pour amener les subsistances, mais en rappelant tous les obstacles que l'on a rencontrés et l'impossibilité matérielle de faire mieux. Cette lettre est le résultat d'une enquête régulière communiquée à la préfecture de Metz.

LE TÉMOIN. — Je suis convaincu que l'administration a fait tout ce qu'il était possible pour l'alimentation de la population civile. Après l'affaire de Forbach, du 9 au 13, la panique s'est déclarée, et beaucoup de fournisseurs ont refusé de tenir leurs engagements ; les ressources étaient insuffisantes. Le 9 août tout n'était pas encore récolté. Enfin l'armée d'Alsace a forcé la compagnie du chemin de fer à refouler 1100 sacs de farine qui ont été perdus pour la consommation locale.

Je crois en mon âme et conscience que l'autorité militaire n'a pas failli à ses obligations.

Le défenseur fait constater les mesures qui ont été prises pour l'armement des gardes nationales. Il demande ensuite au témoin de déposer sur un fait se rattachant à une autre série, mais qui lui évitera une nouvelle comparution. Il s'agit de la communication aux habitants de Metz de la capitulation de Sedan.

Le 13 septembre, une proclamation officielle en avait confirmé la vérité. Le fait n'était connu encore que par sa publication dans un journal donnant en même temps des nouvelles de la révolution du 4 septembre.

Le témoin reçut, le 20, une députation du conseil municipal de Metz lui apportant une adresse au général Coffinières, pour le remercier des sentiments patriotiques exprimés dans la proclamation. Cette adresse exprimait aussi des sentiments de confiance dans le maréchal Bazaine.

Le témoin accepte la responsabilité des mots : « L'armée ne nous quittera pas » ; il se déclare l'auteur du texte que le général Coffinières n'a fait que modifier en certains endroits et signer.

Sur la demande du défenseur, le témoin se représentera lundi devant le conseil avec cette pièce.

Mᵉ Lachaud. — Il faut lire la phrase entière, car ce qui suit a une signification. Voici la phrase : « L'armée ne nous quittera pas et résistera avec nous ; elle donnera ainsi au gouvernement le moyen de sauver le pays. »

Le conseil aborde ensuite les dépositions qui ont rapport au septième groupe : *Communications avec le gouvernement de la Défense nationale*. Ce groupe, par interversion adoptée par le général-président, devient le sixième ; 83 témoins à charge et 6 témoins à décharge composent cette série. Tous les maréchaux et les généraux déjà entendus sont de nouveau cités devant le conseil. On remarque en outre dans la liste les noms du général Le Flô, de MM. Gambetta et de Kératry. La presse est représentée par MM. Jeanty, directeur de la *France* et Léonce Dupont, témoins à décharge, et MM. Réau, directeur du *Courrier de Meurthe-et-Moselle*, Meyer, ancien rédacteur de l'*Indépendant de la Moselle* et Aragon, du *Constitutionnel*.

On appelle M. André, ancien médecin et maire d'Ars, actuellement préfet de l'Isère.

Vers le 22 ou 23 août, un paysan est venu demander au témoin les moyens d'entrer dans Metz pour y porter une dépêche du ministre de la guerre. Le témoin a fait copier cette dépêche, qui était chiffrée et qu'il dépose entre les mains du greffier. Plusieurs officiers blessés qu'il avait chez lui, ont vu ce paysan.

La dépêche était datée du 18 août au soir. Elle fut cousue dans les souliers du paysan par les officiers habitant chez M. André. Celui-ci ne sait pas si l'émissaire a pu entrer dans Metz; les communications étaient très-difficiles en ce moment entre Ars et Metz; ce n'est que plus tard, au mois de septembre, que l'autorité allemande délivra de nombreux laissez-passer.

Le 14 septembre le témoin chargea un messager de porter au maréchal Bazaine des journaux et une copie du manifeste de M. Jules Favre. Ce messager était le soldat du génie Pennetier. M. André le revit après la capitulation; il dit avoir remis les journaux au général de Cissey qui les avait fait parvenir au maréchal.

Plus tard le lieutenant Archambault pénétra dans Metz par l'aqueduc de Gorsse, et y fit entrer d'autres journaux. Il s'était faufilé parmi les officiers allemands en se faisant garçon de service. Cette voie de communication étant restée libre plusieurs jours, on considérait l'autorité militaire comme ayant plus de communication qu'elle n'en voulait; aussi, ajoute M. André, n'adressai-je plus mes journaux qu'à M. Réau, directeur du *Courrier de la Moselle*. J'aurais continué mes envois jusqu'à la fin, si la maladresse d'un habitant de Jussy, qui sortit par le déversoir de Vaux au lieu de sortir par celui de Jussy, n'avait fait découvrir notre passage souterrain.

Le général-président félicite le témoin des explications qu'il vient de fournir et lui demande si les communications avec l'intérieur de la France étaient faciles. Celui-ci répond qu'il a délivré plus de 500 laissez-passer, et que les Allemands tenant à bien vivre, facilitaient particulièrement les voyages des fournisseurs à Nancy.

On aborde ensuite le fait des ambulances atteintes par le fort Saint-Quentin. Le témoin nie ce fait; les magasins seuls de l'ennemi ont été atteints.

Sur la demande du défenseur, M. André déclare que son émissaire Pennetier n'avait d'autres titres pour se faire reconnaître par le maréchal Bazaine que les documents significatifs dont il était porteur.

On appelle le témoin Pennetier (Victor), 23 ans, ancien brigadier du génie.

Le témoin faisait partie du corps du maréchal de Mac-Mahon. Il parvint à s'échapper à Sedan, et arriva à Ars, où le maire André lui proposa de porter des journaux à Metz. Parvenu sans difficulté à Metz, dit le témoin, j'ai été adressé par un officier d'état-major au général de Cissey, qui m'a envoyé chez le maréchal Bazaine. Le maréchal me demanda des renseignements sur Sedan, sur ce que j'avais vu à Ars, et sur les moyens que j'avais employés pour passer. M. André m'avait aussi chargé de faire savoir au maréchal qu'il se tenait à sa disposition pour toutes les communications dont il aurait besoin.

On appelle le témoin Servier, ingénieur civil, directeur de la Compagnie du gaz à Metz.

LE TÉMOIN. — Le 3 septembre je me trouvais à l'Hôtel de Metz et devant nombre d'officiers, le général Laveaucoupet entre autres, je m'étonnai de ce qu'on manquât d'émissaires. On m'encouragea à en chercher. Je fis insérer dans le *Courrier de la Moselle* un avis promettant mille francs à qui rapporterait un journal français. Le général Coffinières me fit appeler pour me demander de quel droit je faisais une pareille insertion. Je lui dis : « Mais je me proposais de vous envoyer les émissaires que je trouverais. Cette mesure rentre dans celle des ballons. Je vous les aurais envoyés et vous auriez vu si vous deviez leur donner des sauf-conduits. » Il me répondit : « Je n'ai pas de sauf-conduit. Je les enverrais au maréchal. » J'en ai envoyé 11 dont je n'ai jamais entendu parler et je me demande si on les a laissés partir.

Le témoin aborde l'incident des tentatives faites pour fondre des projectiles. La tentative n'eut pas de suite, parce qu'on manquait de combustibles. Cependant le 27 octocre, vingt-quatre heures avant la capitulation, on découvrit 200 tonnes de houille à l'arsenal d'artillerie, et on les enleva pour l'éclairage de la ville avec l'autorisation du général Coffinières, mais les termes de la capitulation furent tels qu'il fallut plus tard payer cette houille aux autorités allemandes, pour éviter un procès.

On appelle le témoin Meyer (Edouard), 46 ans, ancien rédacteur en chef de l'*Indépendant de la Moselle*, ancien sous-préfet.

Le témoin explique le rôle de la censure à Metz. Après les brillants combats du 14 et du 18 août, je fis demander, dit le témoin, au maréchal l'autorisation de publier les promotions et les nominations dans l'ordre de la Légion d'honneur. Le maréchal refusa pour ne pas faire connaître ses pertes à l'ennemi, et cependant quelques jours après il faisait lui-même publier dans les journaux le chiffre de ses morts. Puis les articles étaient communiqués en épreuves à l'autorité militaire qui donnait elle-même le bon à tirer.

Le lendemain du jour où l'on apprit la catastrophe de Sedan, le quartier général autorisa le témoin à publier très-sommairement la nouvelle de la capitulation, celle de la révolution de Paris et à parler d'une lettre du général Trochu au roi de Prusse, dans laquelle il était dit que la Prusse avait déclaré qu'elle faisait la guerre au gouvernement et non à la France.

Le 16 septembre, la place de Metz communiqua à la presse messine les journaux adressés à Metz par M. André, d'Ars; ces journaux étaient accompagnés de la proclamation de M. Jules Favre disant : « Pas un pouce de notre territoire, pas une pierre de nos forteresses. » Ces pièces nous furent communiquées pendant trois heures seulement; nous les publiâmes en entier.

Un numéro contenant un article signé « Justin Bromel » était couvert de ratures sur tous les passages concernant les Allemands. A partir de ce moment, la presse ne reçut plus en communication qu'un numéro du *Figaro* et un numéro de l'*Indépendance belge*.

Le 20 septembre, on démentit dans un communiqué les renseignements donnés sur les forces d'investissement de Metz. Ceux que le quartier général fit communiquer à la presse contenaient des exagérations dont l'effet fut des plus déplorables. Aussi quelque temps après, recevant une communication du même genre, le témoin la fit précéder d'un avis pour en faire connaître la provenance. Le témoin prit même le parti de ne plus publier un seul renseignement venant de la place; il s'attacha au contraire à démentir les nouvelles fâcheuses répandues dans Metz, surtout celles apportées par le général Boyer; mais ces démentis furent impitoyablement supprimés par la censure militaire.

Connaissant par les journaux français et prussiens le mouvement national qui avait lieu en France, je cherchai par mes articles à ranimer la confiance de l'armée que des communications anonymes décourageaient et à relever le moral de la population. On supprima le 11 octobre la phrase suivante : « Les nouvelles apportées par les prisonniers français se complètent, elles sont très-bonnes ; que les pessimistes et les découragés prennent donc confiance et n'entendent plus prononcer ce mot qui fait monter la rougeur au front : *Capitulation.* »

Le lendemain, je rencontrai le neveu du maréchal, M. Albert Bazaine ; je lui exprimai mon douloureux étonnement. « Que voulez-vous, me dit-il, les troupes ne tiennent pas et nous serons toujours ramenés sous le canon des forts !» Cet officier parlait sincèrement, ce qui prouve que dans son entourage le maréchal calomniait notre brave armée.

(Les regards de l'auditoire se portent sur M. Albert Bazaine, qui est assis dans un fauteuil derrière son oncle).

Alors, continue le témoin, je publiai dans mon journal l'histoire des cas analogues à celui dans lequel nous étions, entre autres le siége de Gênes, soutenu par Masséna, la défense de Hambourg par Davoust, celle d'Anvers par Carnot, qui refusait de recevoir des nouvelles de France pour n'en point être influencé, enfin celle de Metz en 1552, où on lutta avec 5000 hommes contre 100 000 ennemis.

Le témoin publia aussi les articles du Code militaire qui punissent de mort le chef qui capitule en rase campagne.

Je publiai les lettres héroïques des militaires qui défendaient certaines places de guerre, entre autre une lettre sublime du commandant Thomas ; mais rien n'y fit : la capitulation arrêtée dès longtemps arrivait. On avait tout fait, tout dit, tout offert, mais en vain ; on n'avait plus qu'à se voiler la face. (Mouvement.)

Selon le témoin, le décret ajournant la convocation de l'Assemblée nationale n'a jamais été connu à Metz.

On appelle le témoin Charret (Victor-Michel), 42 ans, capitaine au 2e régiment du train des équipages.

Le témoin était chargé, sous les ordres du colonel Lewal, du service des reconnaissances au dehors, et du choix des messagers et des émissaires.

Quatre agents ont été envoyés directement par le témoin. L'un est arrivé à Thionville ; un autre a reçu une balle dans l'épaule et est revenu à Metz ; un troisième, nommé Gaucher, n'a pu percer les lignes ; et un quatrième a disparu. Le témoin fait valoir l'exactitude des renseignements recueillis par les reconnaissances qu'il dirigeait, et vante l'intelligence et le sang-froid de ses hommes. Il se plaint de la concurrence faite par des émissaires maladroits, et des précautions suggérées à l'ennemi par les avis publiés dans les journaux de Metz pour demander des émissaires.

Le témoin n'a jamais connu le contenu des dépêches qu'il remettait sous une enveloppe de caoutchouc, mais quelquefois il en a connu la destination. Son service, du reste, comprenait spécialement la reconnaissance des forces ennemies.

Le commissaire du gouvernement fait établir un point spécial : un des émissaires n'a pu obtenir de laissez-passer du capitaine des éclaireurs, M. Arnous-Rivière, qui occupait les avant-postes. Le témoin aurait dit, en apprenant ce fait : « Oh! cela ne m'étonne pas. » A l'audience le témoin explique avec une rondeur toute militaire et dans un langage très-énergique que cela ne l'avait pas étonné « parce qu'il avait toujours considéré cet officier comme un farceur et un faiseur d'embarras. » La salle éclate de rire, et le président s'associe à l'hilarité générale.

Après une suspension l'audience est reprise à 2 heures 45.

On appelle successivement les émissaires employés par le capitaine Charret.

On entend le témoin Altemburger, 28 ans, ex-sergent au 2ᵉ zouave.

Ce témoin est parti de Bitche avec une dépêche pour l'empereur, qu'il a remise le 18 août. On lui a donné 10 francs. Depuis le 20 août, il est resté attaché à l'état-major du maréchal Bazaine.

Son voyage de Bitche à Metz n'avait rencontré aucun obstacle.

Plusieurs fois, depuis le 20 août il a traversé les lignes allemandes; une fois là, il n'y avait plus de difficulté pour venir dans l'intérieur; à différentes reprises, il a demandé à apporter des dépêches à Paris sans pouvoir en obtenir l'autorisation.

La seule difficulté était de rentrer dans Metz quand on était arrivé dans les lignes allemandes. Il y avait au quartier-général dans le service du colonel Lewal sept ou huit émissaires.

On appelle le témoin Bapst, 30 ans.

Ce témoin croit qu'il eût été facile de passer avec un message, mais toutes ses offres ont été accueillies par un refus, sans explication.

On appelle le témoin Creuseur (Henri), 53 ans.

Ce témoin est sorti vers la fin du mois de septembre sur l'offre d'une récompense faite par le *Courrier de la Moselle*. Il a passé la Moselle à la nage. Arrêté par les Allemands, il s'est donné pour un pêcheur et a pu se faire mettre en liberté en leur faisant cadeau du poisson qu'il avait eu la précaution de pêcher. Le commandant allemand lui donna même l'autorisation d'aller pêcher un peu plus loin et il put ainsi revenir à Metz et offrir de porter ses dépêches à Paris.

Quelques jours après, on l'appela au Ban-Saint-Martin. M. Charret lui proposa d'aller reconnaître les lignes allemandes et lui fit donner un laissez-passer. Muni d'une hotte de pommes de terre et d'une pioche, il se trouve tout à coup entouré d'Allemands. Un officier l'interroge et, ému du récit de sa misère, lui fait donner du tabac et des cigares; on l'autorise à passer outre pour rejoindre son village, où l'attendaient, disait-il, sa femme et ses enfants.

Après avoir soigneusement observé les positions des Allemands, il revient sur Metz, où il rentre à travers des jardins et raconte à M. Charret ce qu'il a fait et ce qu'il a vu. On lui a donné quarante francs.

Un jour ou deux après, M. Charret le mène au commandant Samuel, qui, s'étant assuré qu'il parlait bien l'allemand, lui remit une dépêche pour Thionville.

A 200 mètres du quartier-général, les sentinelles françaises l'arrêtent malgré son laissez-passer. On le conduit à un colonel qui le dissuade en lui assurant qu'il va se faire fusiller. Ce colonel dit avoir des ordres de la veille pour empêcher de passer; le témoin répond : Eh bien, moi, j'ai une dépêche d'aujourd'hui. Le colonel veut lui indiquer alors la route à prendre; il répond : J'ai le droit de choisir ma route, ce n'est pas à vous de me l'indiquer. Enfin, il réussit à franchir les lignes françaises. Mais presqu'aussitôt il se trouve au milieu des Allemands qui le menacent de le pendre. Un officier le protége et le fait conduire à Mézières où on fouille ses vêtements.

La séance sera reprise lundi à midi.

Complément de l'audience du 15 novembre
et audience du 17 novembre

Présidence de M. le duc d'Aumale

Le témoin Creuseur continue sa déposition si intéressante. Il avait été arrêté par les Allemands et conduit à Mézières, où l'on fouilla ses vêtements, le 4 octobre.

Le lendemain, 5 octobre, un général l'interrogea sur ce qui se passait dans Metz; il fit un récit à sa fantaisie et expliqua sa sortie de Metz par le désir de revoir sa femme et ses enfants. On le garda jusqu'au 7 et on l'interrogea de nouveau, il se vit près d'être pendu et on fit devant lui des préparatifs dont les souvenirs lui enlèvent tout à coup la mémoire et la voix.

De 9 heures à 4 heures du soir, on le fit monter en voiture plus de vingt fois, puis redescendre. Le soir, arrive un orage et il entend dire: C'est fini, les Français sont rentrés sous Metz. On le conduit à Borny au prince Frédéric-Charles qui le retient 10 jours en prison, puis finit par lui faire donner un laissez-passer. On le menace de le faire fusiller s'il est repris aux avant-postes.

Le témoin n'en continua pas moins ses observations dont il fait au conseil le récit avec une abondance de détails à laquelle le général-président est obligé de couper court à deux reprises différentes.

Notons, parmi les détails pittoresques fournis par le témoin. celui-ci : plusieurs fois il a vu des sentinelles prussiennes qui n'étaient que des mannequins en mousse et en bois coiffés de la casquette allemande.

Le témoin raconte sa tentative de rentrée à Metz. Il arriva le 27 octobre devant la ville; les Allemands le laissèrent passer, et il entra cette fois dans la ville sans difficulté.

On passe à l'audition de Mme Mackiewitz, 39 ans, demeurant à Paris.

Ce témoin a accompli une première mission vers la fin du mois d'août, puis une autre en septembre. Elle a apporté des journaux à Metz.

Le témoin Noël, 47 ans, domicilié à Metz, est appelé à la barre.

C'est un des émissaires que le lieutenant Charret a utilisé pour ses observations. Il a réussi chaque fois à sortir et à rapporter les renseignements qu'il avait recueillis.

On appelle ensuite le témoin Quentin (Georges), 44 ans, ancien sous-officier en retraite, demeurant à Suresnes.

(Ce témoin excite vivement la sympathie du public : il se présente appuyé sur deux béquilles; il est décoré de la Légion d'honneur.

M. Quentin a reçu ses blessures à Montmartre, à l'entrée des troupes dans Paris, après la Commune.)

Vers le 22 août son nom a été enregistré au quartier général où on l'a appelé le 5 septembre pour lui faire tenter un moyen de sortie. Il est revenu le 7, et a déclaré qu'il ne sortirait plus, à moins que ce ne fût pour porter une dépêche, mais depuis on ne lui a donné aucune mission quoiqu'il se fît fort de la remplir.

On appelle le témoin Singay (Ch. Adrien), 40 ans, cordonnier à Nancy.

C'est encore un des émissaires employés par le lieutenant Charret pour le service des reconnaissances.

Plusieurs fois, il a gagné les lignes ennemies et en a rapporté des renseignements. On eût pu facilement, au lieu de rentrer dans Metz, gagner l'intérieur de la France.

Une des missions qu'il a accomplies a été d'aller chercher au dehors et de ramener l'émissaire Marchal. Il y a eu à ce sujet dans l'instruction une déposition que le témoin reconnaît aujourd'hui être erronée et qu'il rectifie.

On appelle le témoin Archambeau (Jean), 40 ans, capitaine au 108ᵉ d'infanterie à Alger.

Blessé le 16 août à Gravelotte il fut dirigé sur Metz, mais recueilli à Ars en même temps qu'un camarade; il ne put continuer immédiatement sa route parce que Metz était investi. Résolu à rejoindre cependant son régiment il étudia plusieurs moyens et finit par adopter le conseil de M. André de passer par l'aqueduc d'Ars.

Au débouché de l'aqueduc il fut arrêté avec son guide par les avant-postes français; reconnu, il fut conduit au maréchal et lui parla de plusieurs dépêches apocryphes dont il avait entendu parler. Le maréchal se fit donner le nom des membres du gouvernement de la Défense nationale. Le témoin lui certifia en connaissance de cause qu'on se trompait sur les forces d'investissement, qu'il n'y avait pas plus de 150 000 hommes et pas l'ombre de travaux sérieux.

Le témoin déclare avoir eu l'audace, quoique simple lieutenant, d'offrir au maréchal de passer avec 15 ou 20 000 hommes; cette proposition était un peu hardie au point de vue hiérarchique, mais elle était pratique, et aujourd'hui encore, il la maintiendrait, les circonstances étant les mêmes.

Il a été appelé une fois à l'état-major général pour être consulté sur la question de l'église-ambulance qui aurait été atteinte par les boulets du fort Saint-Quentin.

Quand je fis connaître au maréchal que j'avais passé par l'aqueduc, il me dit : « Mais sapristi, j'avais donné l'ordre de le faire sauter. » Je lui répondis qu'il fallait bien se garder de se priver d'une ressource semblable et qu'il suffirait de placer un sentinelle au débouché.

On appelle le témoin Delamarre, 32 ans, sous-lieutenant au 2ᵉ dragons.

Recueilli à Ars comme le précédent témoin, le sous-lieutenant Delamarre, accompagné d'un de ses camarades, a réussi à entrer dans Metz le 17 septembre en achetant des laissez-passer aux marchands prussiens.

Il rendit compte au maréchal Bazaine des nouvelles qu'il avait lues dans le *Siècle* du 6 septembre et lui fournit des renseignements sur les forces et les positions ennemies.

On entend le témoin Bastide.

Ce témoin est entré à Metz le 23 septembre et a rendu compte à un commandant, au général Verger, au général Ladmirault et au maréchal Canrobert de ce qu'il savait des positions ennemies. Il avait avec lui un camarade, évadé comme lui de Sedan. Ils sont arrivés avec des laissez-passer prussiens.

On appelle ensuite le témoin Bauzin (Gustave), 40 ans, ancien maître d'hôtel demeurant à Ars-sur-Moselle.

Le juge d'instruction allemand logeait chez le témoin, qui a eu la certitude qu'on avait très-facilement des laissez-passer pour l'intérieur de la France.

Les conversations des officiers allemands qui logeaient chez le témoin portaient sur la reddition de Metz; vers le 15 octobre ces officiers réglaient leurs comptes pour aller à Paris.

Le témoin leur a demandé: Eh bien, et les forts de Metz? Les Allemands répondirent : Oh! nous n'avons pas les forts, mais nous avons Bazaine, et Metz sera à nous quand nous voudrons.

Le témoin a connu aussi par avance le passage du général Boyer quittant Metz pour remplir une mission.

On appelle le témoin Celder, 67 ans, capitaine en retraite.

Entre le 21 et le 25 septembre, ce témoin a connu l'arrivée de M. Labbé par l'aqueduc de Gorsse. Vu l'importance des renseignements apportés par lui, il l'a conduit au maréchal, et a été très-surpris d'apprendre qu'on ne l'utilisât pas à porter des nouvelles à Paris.

On appelle le témoin Chardon, 37 ans, percepteur.

Le 31 août au soir, ce témoin a vu Marchal et Flahaut munis de la dépêche du colonel Turnier. Marchal a réussi à tromper la surveillance des Allemands, est arrivé à Metz, a remis la dépêche au commandant en chef, et a reçu 500 fr., avec lesquels il a acheté une montre que le témoin a vue.

Marchal devait recevoir le complément de sa récompense en revenant à Thionville, et en prouvant au colonel Turnier qu'il avait vu le maréchal Bazaine.

Pendant le blocus, ce témoin a vu des chevaux manger du blé en gerbes.

Plusieurs fois M. Gilbrin a reçu de son beau-père du sel et des journaux oubliés dans des ambulances ennemies et qui ont dû arriver au quartier général.

On appelle le témoin Esselin (Jean-François), 37 ans, vigneron à Jussy.

Ce témoin a passé plusieurs fois (par l'aqueduc de Gorsse), notamment le 17 et le 18 septembre, les avant-postes ennemis. Il affirme que les communications étaient très-faciles de plusieurs côtés.

Audience du 17 novembre

La séance est reprise à midi dix minutes.

L'affluence est considérable; on s'attend à des **dépositions** importantes, quoiqu'il ne soit guère probable que les membres du gouvernement de la Défense nationale soient appelés avant demain mardi et peut-être seulement mercredi.

On appelle M. Paul Odent, ancien préfet de Metz, entendu dans la dernière séance.

Le témoin doit déposer le texte de la proclamation faite aux habitants de Metz le 13 septembre pour leur apprendre la catastrophe de Sedan. Il y a deux copies portant des modifications exigées par le général Coffinières. Les journaux de Metz ont publié ces documents sans observation. Le 21, une députation du conseil municipal apporta au témoin une adresse de remerciements pour les sentiments de patriotisme exprimés dans la proclamation du 13.

On appelle le témoin Georgin (Jules), soldat.

Le témoin fut chargé de traverser les lignes ennemies; il est allé jusqu'à Jussy sans difficulté.

On appelle ensuite M. Georgin (Théodore), vigneron à Jussy.

Le témoin a également pu passer les lignes ennemies; de Jussy, il aurait pu aller plus loin.

M. Halarzy, aubergiste.

Le 28 août le témoin quitta Metz pour aller à Jussy; il passa sans difficulté. Au mois de septembre, il fit encore d'autres voyages; lui aussi déclare qu'il aurait pu aller plus loin.

M. Kirch (Charles) de Vaux.

Le 8 septembre il fut engagé par M. Arnous-Rivière. Il conduisit plusieurs émissaires à Vaux par l'aqueduc.

Aucune autre question n'est posée au témoin.

On appelle M. Labbé père, maître maçon à Jussy.

Le témoin est allé à Metz par l'aqueduc, et est revenu par le même chemin.

M. Labbé fils.

Le 23 septembre, le témoin est allé de Metz à Jussy sans difficulté.

On appelle le témoin Maillet (de Vaux), mineur.

Il fait une déposition analogue à celle des témoins précédents. Il s'est rendu à Vaux au mois d'août; il fut arrêté par un détachement français, mais ne vit aucun soldat ennemi. Le témoin a fait plusieurs voyages.

On appelle M. Mangin (Hubert), garde champêtre à Vaux.

Le témoin est parti de Vaux à Metz le 28 août; il a trouvé du travail à l'arsenal, et n'a plus quitté la ville. Il a communiqué au commandant de la place de Metz ce qu'il avait vu en route, et lui a dit qu'il n'y avait que 10 à 15 000 hommes de troupes à Vaux.

M. Mangin (Étienne), batelier à Vaux.

Les Allemands voulaient le forcer de travailler à leur service ; il s'y refusa. Le 25 septembre il entendit dire qu'on pouvait passer par l'aqueduc de Gorsse. Il essaya la même route, mais se trompa en sortant de l'aqueduc, et tomba entre les mains de l'ennemi, qui le garda pendant cinq mois en captivité. Il avait fait antérieurement plusieurs voyages sans passer par l'aqueduc, et n'avait rencontré aucun obstacle.

On entend ensuite Mme Martin, qui a indiqué la route de l'aqueduc à plusieurs émissaires qui avaient des lettres pour Metz. Le général-président remercie Mme Martin de son dévouement et du zèle qu'elle a témoigné.

Le témoin entendu ensuite est M. Michaut, âgé de 20 ans, ouvrier en fer, domicilié actuellement à Courbevoie.

Le 24 août, il est allé de Vaux à Metz avec quatre camarades parmi lesquels Marcherez. Il est resté à Metz, mais a souvent rencontré d'autres personnes de la campagne qui entraient dans la ville.

Le témoin entendu ensuite, M. Pierre, est parti de Vaux à Metz au mois d'août pour ne pas travailler pour le compte des Allemands.

On appelle Mme veuve Rollin.

Le témoin a voulu aller le 15 septembre de Metz à Jussy avec son mari ; ils ont passé par l'aqueduc sans obstacles. Elle n'a porté aucune lettre.

On entend Mme veuve Royer, vigneronne à Vaux.

Le 14 août, Mme Royer est partie de Vaux avec son père et a pu pénétrer sans difficultés à Metz.

M. Ehrmann-Nabor.

Le témoin était crieur des ventes publiques à Saint-Avold. Au mois d'août il est allé à Metz avec deux lettres pour M. Collignon, conducducteur des ponts et chaussées ; il y trouva beaucoup de connaissances qui le questionnèrent. On lui proposa de se charger d'une commission pour Saint-Avold ; il l'accepta, mais il tomba entre les mains d'un détachement ennemi avec d'autres personnes qui faisaient route avec lui. On les fouilla, puis on les relâcha, en leur disant de rentrer à Metz. Le témoin prit un détour et arriva à Saint-Avold ; il ne peut préciser la date, « car, dit-il, on ne savait plus chez nous si c'était dimanche ou lundi. »

Le commissaire du gouvernement demande si le témoin a offert à l'autorité militaire, lorsqu'il est parti, de prendre des dépêches.

Le témoin en a parlé, mais on ne lui a rien donné.

On entend M. Paquis.

Le témoin, le 27 septembre, reçut à Verdun mission de porter à Thionville, au colonel Turnier, différentes lettres du général Guérin pour Metz. Le colonel ne le laissa pas aller plus loin. Plus tard, on l'envoya à Metz, c'était le 7 octobre ; il arriva jusqu'à Saint-Privat. mais ne put passer ; il parvint à Thionville et remit son paquet au colonel Turnier. Le 1er novembre, il partit de nouveau de Verdun pour Metz ; en route, il apprit la capitulation ; le 4 il arriva à Metz.

Le témoin affirme qu'il y avait des difficultés mais non impossibilité pour passer.

Le général-président demande à qui étaient adressées les lettres qui furent remises au colonel Turnier.

— R. Il y en avait une adressée au maréchal Bazaine.

Le commissaire du gouvernement demande comment le colonel Turnier a pu dire en prenant les lettres, qu'il communiquait facilement avec le maréchal Bazaine alors que le témoin avait constaté qu'on ne pouvait passer.

Le témoin répond qu'il n'avait pas d'observation à faire au colonel et qu'il s'est contenté de demander un reçu.

On appelle le commandant Samuel.

LE TÉMOIN. — J'ai entendu parler de prisonniers échappés de Sedan, de personnes venues par l'aqueduc de Gorsse, mais je n'ai pas vu d'émissaires proprement dits. Le 3 septembre, j'étais sur la route de Sarrebrück en parlementaire; j'y vis un officier allemand qui me donna quelques nouvelles. Le 11, remplissant les mêmes fonctions, on me communiqua un numéro de la *Gazette de la Croix*, donnant le récit des événements; je pris copie des noms des membres du gouvernement de la Défense nationale.

— D. La capitulation de Sedan n'était-elle pas déjà connue?

— R. Oui; entre le 3 et le 11, des prisonniers échangés avaient annoncé la nouvelle.

— D. N'étiez-vous pas appelé au quartier général chaque fois qu'il y avait à traduire de l'allemand?

— R. Oui, monsieur le président.

— D. Les lettres étaient-elles ouvertes devant vous?

— R. Je ne me rappelle pas.

On présente au témoin une lettre qu'il déclare avoir vue, mais qu'il n'a pas traduite. On y parle des 150 000 hommes qui avaient capitulé à Sedan, mais le témoin pense qu'on connaissait la nouvelle avant.

— D. N'avez-vous pas accompagné un aide de camp du maréchal aux avant-postes?

— R. Oui, le 15 septembre, le général Boyer, porteur d'une lettre pour le prince Frédéric-Charles, eut une entrevue avec un officier allemand sur la route de Moulin. Quelques heures plus tard, le même officier nous apprit que le prince Frédéric-Charles était absent et que la réponse ne pouvait être donnée que le lendemain.

— D. Vous ne vous rappelez aucune lettre en dehors de celles qui avaient trait à des détails de service?

— R. J'ai traduit la lettre autorisant le général Boyer à aller à Versailles.

— D. Sa date?

— R. C'était à la fin de septembre.

— D. Avez-vous vu le sieur Regnier?

— R. Je ne l'ai pas vu. Mais le maréchal me dit un jour : « Je crois que j'ai été trompé. — Par qui, maréchal? — Par cet individu qui est venu de la part de l'impératrice; cela doit être un espion. » — Je demandai au maréchal s'il n'avait pas exigé des lettres de créance de cet individu; il me répondit qu'il l'avait oublié.

— D. Vous ne savez pas autre chose?

— R. Nous n'avons jamais rien su; tout nous restait caché.

Le témoin était du reste sous les ordres du colonel Lewal et ne suivait que les instructions de son chef, qui interrogeait spécialement les émissaires.

Sur une nouvelle question, le commandant Samuel déclare qu'il traduisait souvent des réponses à des lettres dont il ignorait le contenu.

Interrogé sur les interprètes attachés au quartier général, le témoin répond qu'il n'y en avait qu'un, M. Mayer, mais qu'on ne lui confiait que la traduction des journaux et non celle des documents.

On entend le colonel Fay.

Le colonel Fay dépose : Le 1er septembre je rentrai à Metz à la suite du combat de Sainte-Barbe. Le 6 septembre des hommes échappés d'Ars nous apprirent le désastre de Sedan; un convoi de prisonniers qu'on échangea confirma la nouvelle. Le 10 un homme d'Ars et le capitaine Lejoindre nous apportèrent la nouvelle de la proclamation de la République.

Le 11, M. Debains, attaché au quartier général, alla sur la route de Sarrebrück pour avoir des nouvelles; il revint et eut une entrevue avec le maréchal. Le 16 nous connûmes la composition du gouvernement de la Défense nationale. Le 18 le lieutenant colonel de Beaulieu fut le dernier officier qui entra dans la place; il y apporta des nouvelles.

— D. Avez-vous connu Regnier?

— R. Nous avons su qu'un bourgeois conduit par le capitaine Garcin était arrivé par les avant-postes.

— D. Le capitaine Garcin n'a pas dit de la part de qui venait Regnier?

— R. Non.

— D. Qui a annoncé la chute de Strasbourg le 13 septembre?

— R. Sans doute des prisonniers échangés; je ne saurais pourtant l'affirmer. Le témoin déclare qu'on avait renoncé dès le 1er septembre aux grandes opérations. Les chefs de corps devaient entreprendre de petites attaques. Le 22 septembre, on fit une attaque sur Colombey et Ladonchamps qui réussit. Le 30 septembre, le maréchal déclara à des officiers dont faisait partie le témoin qu'il voulait conserver l'armée à la France, qui avait besoin d'ordre, car la république rouge avait été proclamée à Lyon.

Le commissaire du gouvernement voudrait savoir quel jour est arrivé à Metz le journal de Reims contenant le communiqué du gouvernement allemand qui déclarait qu'on ne traiterait pas avec le maréchal Bazaine; le témoin ne le sait pas, mais les officiers en ont eu connaissance vers le 23 septembre.

On entend M. le capitaine Lejoindre.

Le 10 septembre je rentrai à Metz après avoir séjourné à Ars chez M. André. Le général de Castagny me conduisit au Ban-Saint-Martin, chez le maréchal. Je lui dis que j'avais eu l'occasion alors de lire des journaux français, le *Journal des Débats* entre autres, et je lui rapportai ce que j'avais lu. Le maréchal fut surpris surtout lorsque je citai le nom de M. de Kératry, comme préfet de police. J'entrai dans de très-grands détails, mais je fis remarquer au maréchal ce que de certaines nouvelles, comme celle de la prise de Strasbourg, avaient peu d'authenticité et de probabilité.

Le témoin raconte minutieusement les incidents de son voyage de Sarrebrück à Ars et à Metz. Le maréchal lui donna l'ordre formel de ne parler à personne des nouvelles qu'il apportait.

On appelle le colonel Pleuvier.

Le témoin était aux avant-postes quand Pennetier se présenta; on le reconnut comme soldat du génie. Il le conduisit à l'état-major du 2ᵉ corps. Pennetier a fait voir au témoin les journaux dont il était porteur et la copie manuscrite de la proclamation de la République.

On appelle M. Réau, directeur du *Courrier de Meurthe-et-Moselle*, à Nancy.

Le témoin. — Le 19 août la situation de la presse était délicate à Metz. L'idée me vint de demander des renseignements à M. Debains qui avait l'habitude de communiquer les avis du quartier-général à la presse. Il était en train de rédiger un rapport sur la bataille du 18; il me le donna en me défendant d'en indiquer la source. On y disait que l'armée resterait sous Metz.

Le 14 septembre, le capitaine Théraux m'annonça la capitulation de Strasbourg. Je manifestai mon incrédulité. Il me dit tenir la nouvelle du maréchal Bazaine. Un autre officier confirma ce dire, et ajouta que le matériel de siége des Allemands allait arriver devant Metz.

Le 30 septembre le maire de Metz, au sortir d'une entrevue avec le maréchal Bazaine, nous donna cette fois-ci la nouvelle exacte de la capitulation de Strasbourg.

J'ai reçu de M. André plusieurs émissaires avec des journaux qui nous donnaient des nouvelles de Paris. On me pria de n'en rien publier.

Le 1ᵉʳ octobre nous eûmes des journaux allemands remplis de fausses nouvelles. Entre autres on nous apprenait que Metz était bombardé depuis le 9 septembre. On peut juger par cet exemple de la confiance que méritaient ces journaux.

Un article que M. le colonel Humbert me fournit, fut supprimé par la censure. Ce fait se représenta plusieurs fois.

Dans une réunion de la garde nationale on décida qu'on irait demander au général Coffinières des explications sur la situation politique. Le maire se mit à notre tête. Le général nous dit qu'il fallait prévoir une capitulation, mais que l'armée irait d'abord à l'ennemi pour entreprendre un duel à mort. Il nous dit encore qu'on ne pourrait armer tout le monde faute de chassepots.

Le 21 octobre un chasseur à pied venant de Strasbourg, me fit un récit de ce qu'il avait vu en route; je publiai ce récit. Il fut appelé aussitôt chez le général Coffinières qui me manifesta son incrédulité à propos de ce que j'avais publié.

On eut l'idée de mettre le général Changarnier à la tête de la garde nationale. Le général reçut assez mal les délégués qui lui firent cette proposition et leur annonça qu'il les enverrait aux avant-postes. On lui dit qu'on était prêt à tout.

Le général Coffinières a dit que la garde nationale était mêlée. Oui, car il y avait d'anciens officiers de l'armée qui servaient comme soldats.

Le 27 octobre, je protestai dans mon journal contre l'accusation portée contre les villes de Rouen et de Lille qui auraient appelé des garnisons allemandes. Une partie de mon article fut supprimé.

La censure manda aussi M. Réau pour lui faire supprimer la nouvelle du départ du général Bourbaki.

Le témoin déclare qu'il a inséré le décret de convocation d'une assemblée nationale, mais qu'il n'a pas connu les décrets rapportant le premier.

Complément de l'audience du 17 novembre et audience du 18 novembre

PRÉSIDENCE DE M. LE DUC D'AUMALE

Nous reprenons avec quelques détails la partie de l'intéressante déposition de M. Réau, directeur du *Courrier de Meurthe-et-Moselle* relative à divers incidents qui se sont passés à Metz pendant le blocus.

Le 11 octobre les officiers de la garde nationale eurent une entrevue. Des bruits de restauration impériale et de capitulation prochaine avaient causé une certaine effervescence. Un jeune homme décoré démontra très-énergiquement qu'il fallait se rendre à l'hôtel de ville pour y proclamer la République.

Je fus consulté à ce sujet et je répondis que cette proposition aurait pour effet de diviser l'armée et la population en deux camps, ce qu'il fallait éviter à tout prix ; que défendre Metz devait être notre seul objectif ; mais que, peut-être, une manifestation régulière pourrait avoir quelque portée.

On se rendit à ces observations, et les officiers décidèrent M. le maire de Metz de se mettre à la tête de cette manifestation pour demander des explications au général Coffinières. J'ai vu des officiers qui pleuraient de voir notre ville, avec ses souvenirs militaires, tomber au pouvoir de l'ennemi. M. le maire de Metz s'expliqua dans ce sens, et M. le commandant Pardon s'exprima ainsi :

« Mon général,

« Notre population s'est émue, parce qu'elle soupçonne que l'on prépare une restauration bonapartiste.

« Nous demandons que l'on ait égard à l'autorité du gouvernement de la défense nationale ; il est important de rassurer nos concitoyens. »

M. le général Coffinières nous répondit qu'il n'était pas un homme politique, qu'il était avant tout soldat de son pays, et qu'une restauration impériale, après Sedan, était une idée idiote ; que, du reste, il parlerait au maréchal, que cependant il fallait prévoir le moment où l'on n'aurait plus de pain ; mais qu'avant de capituler, on irait droit à l'ennemi pour engager un duel à mort et que l'on sauverait au moins l'honneur des armes !

Nous étions presque tous anciens officiers ou sous-officiers de l'armée et nous avions le respect du commandement militaire ; il n'est donc pas étonnant que, comme on l'a dit, nous ayons montré la plus grande confiance dans les promesses d'un général.

Le 13, nous reçûmes un communiqué daté du 11 ; c'était une réponse aux demandes des officiers de la garde nationale, car il disait : « Une seule pensée doit animer tous les cœurs, un seul cri doit être jeté : Vive la France ! » Cependant, on connaissait le départ du général Bourbaki, et les défiances grandissaient ; les officiers de la garde nationale avaient de fréquentes réunions, dans lesquelles il fut proposé d'offrir au général Changarnier de se mettre à la tête de la garde nationale.

Le général nous reçut froidement et témoigna un certain mécontentement. Il nous dit : « Que s'il prenait le commandement, il commencerait par envoyer un bataillon de la garde nationale à Ladonchamps, où le bataillon de ligne qui s'y trouvait perdait chaque jour beaucoup de monde. » Il lui fut répondu : « que s'il fallait ainsi payer cet honneur de l'avoir pour commandant, ce ne serait pas un bataillon, mais tout le monde qui irait à Ladonchamps. »

J'étais capitaine d'une compagnie de 250 hommes. On a dit que la garde nationale de Metz était mêlée ; eh bien ! dans ma compagnie, il y avait un magistrat hors d'âge qui montait sa garde, un colonel de cavalerie en retraite qui m'avait demandé à prendre le fusil pour marcher comme un simple soldat : voilà comment la garde nationale était mêlée !... J'étais enchanté de mes 250 hommes ; en quinze jours, ils faisaient l'école de peloton comme d'anciens soldats ; il ne leur manquait que l'exercice à feu, et constamment l'autorisation m'en fut refusée !

Le 27 octobre se répandirent les bruits relatifs aux villes de Lille et de Rouen, la population n'y croyait pas ; je fis mon possible pour démontrer l'invraisemblance de ces nouvelles et j'ajoutai que si, par malheur, ces villes avaient appelé des garnisons prussiennes, le devoir de l'armée était de tirer sur les voleurs et sur les volés, sur les socialistes qui auraient voulu piller et sur les propriétaires qui auraient appelé la protection de l'étranger. Cet article fut encore supprimé par la censure, comme faisant « double emploi avec l'article précédent. »

LE GÉNÉRAL-PRÉSIDENT. — Quand il a couru des bruits sur le départ du général Bourbaki, la censure ne vous a-t-elle fait aucune recommandation ?

LE TÉMOIN. — Un jour, me trouvant dans un bataillon de chasseurs à pied dont j'avais été lieutenant, on y lut un ordre indiquant que M. le général Desvaux remplaçait le général Bourbaki dans son commandement. Je mis cet ordre dans mon journal sans commentaire aucun. On me fit appeler à la censure, et un capitaine me dit qu'il fallait supprimer mon article : « On ne veut pas, me dit-il, faire savoir à l'ennemi que le général Bourbaki est parti ! » En entendant cela, je souris, et le capitaine me répondit par un sourire.

Le témoin déclare qu'il n'a pas connu la mesure révoquant le décret de la convocation d'une Assemblée nationale, décret qu'il avait inséré.

On appelle le commandant d'artillerie Robert, âgé de 48 ans.

Le témoin était commandant d'artillerie dans le fort de Saint-Quentin. Il entre dans des détails sur l'état du fort et sur les moyens de résistance qu'il présentait. Le fort était un excellent point d'observation. L'ennemi, le 18 août, établit des batteries à Frescati pour canonner les convois qui passaient devant le fort. Le feu de Saint-Quentin les réduisit au silence.

Au mois d'octobre, on put établir une pièce de 24 qui fut dirigée sur Ars ; des plaintes arrivèrent sur le tir de cette pièce qui atteignait, disait-on, une ambulance ennemie. On dut rectifier le tir quoiqu'on ne crût pas à l'existence de l'ambulance.

Je fis observer combien il m'était dur d'être obligé d'obéir à un ordre favorable à un ennemi qui nous avait plusieurs fois donné des preuves de sa déloyauté. Ainsi nous l'avons vu notamment, pour franchir un espace de quelque cent mètres entre deux bois, placer une longue file de voitures avec force drapeaux d'ambulance, et par derrière ces voitures, ils faisaient filer une colonne d'infanterie.

On appelle M. Debains, attaché d'ambassade, 34 ans.

Au début de la guerre le témoin était rédacteur au ministère des affaires étrangères ; il fut attaché à l'état-major de l'armée du Rhin. On le chargea des communications avec la presse. Jusqu'au 16 août il put envoyer des notes au ministère de l'intérieur. Jusqu'au 19 il fut en relations avec la presse de Metz, avec le *Courrier de la Moselle* entre autres journaux.

Le témoin s'offrit au maréchal pour porter des nouvelles. Il fit partir quelques émissaires, le 21 et le 23 août. Après la nouvelle du désastre de Sedan, le maréchal accepta l'offre du témoin de partir lui-même pour avoir des nouvelles.

Le 11 septembre M. Debains partit, mais le 12 il fut arrêté près de Vaux par les troupes ennemies. Les officiers allemands s'entretinrent avec le témoin, pendant qu'on statuait au quartier-général allemand sur sa demande de passer. On lui communiqua des journaux. Le témoin dut rentrer à Metz, la permission de passer ne lui ayant pas été accordée. Il rédigea un rapport confidentiel au maréchal. Quand il apprit que le maréchal l'avait fait communiquer aux chefs de corps, il fit observer au maréchal que le rapport étant confidentiel, contenait des faits qu'il ne jugeait pas bons à être divulgués.

Le maréchal se rendit à cette observation, et fit donner l'ordre d'ajouter le mot confidentiel en tête du document.

Depuis ce moment, le témoin n'eut plus de relations avec le maréchal.

Sur la demande du général-président, le témoin déclare qu'il avait fait suivre son rapport d'un résumé très-coloré, ne le croyant pas destiné à la publicité.

Le témoin, sur l'invitation du maréchal, rédigea un rapport sur les puissances neutres et sur leurs intentions politiques.

Le commissaire du gouvernement demande si le témoin a pu constater une tension entre le maréchal et l'empereur.

Le témoin ne connaît pas un fait précis, mais il croit que la nomination du maréchal a été imposée à l'empereur par l'opinion publique, par M. Chevandier de Valdrôme et M. Maurice Richard.

On appelle le lieutenant-colonel Jouanne-Beaulieu.

Le 13 septembre, le témoin était de grand'garde en avant du fort de Saint-Privat. Le maréchal y vint, accompagné du général Lapasset. Il examina les positions de l'ennemi, et dit qu'il connaissait parfaitement le pays. Il dit au témoin qui l'accompagna jusqu'à la ferme de Saint-Ladre, qu'on avait commencé la guerre sans être prêt, que les forts n'étaient pas armés, et que les soldats n'avaient pas assez d'instruction. Il parla aussi de la capitulation de Strasbourg, du matériel de siège que les Allemands allaient amener devant Metz. Il ajouta que la partie était perdue, et qu'il fallait faire la paix pour recommencer dans deux ans.

On appelle le capitaine Mairot.

Le témoin était, comme le précédent, de garde au fort de Saint-Privat. Il a entendu de la bouche du maréchal les mêmes phrases que le colonel Jouanne-Beaulieu.

On appelle le colonel d'état-major Nugues.

Le témoin reçut le 13 septembre du général Jarras un rapport rédigé par M. Debains, avec ordre de le faire copier pour les chefs de corps. Ce rapport produisit sur les officiers chargés de le copier une impression pénible.

Arrivé au résumé le témoin fit suspendre la dictée et alla chez le général Jarras pour lui dire que le moral de l'armée serait affecté par cette publication.

Le général fut surpris, alla chez le maréchal et revint dire qu'il fallait supprimer la fin. Le reste fut communiqué aux chefs des corps par des officiers qui ne laissèrent pas prendre copie aux chefs et détruisirent après lecture leur original. On prévint aussi les chefs de se tenir en garde contre les renseignements donnés.

On appelle M. Dehau, attaché au ministère de la guerre.

Le témoin faisait partie de l'état-major de Metz; il reçut le 15 septembre l'ordre de changer les formules dans les nominations et de biffer les noms *empire* et *empereur*, qu'il remplaça par le mot *gouvernement*. Il fit aussi disparaître l'écusson impérial et les aigles. M. Aragon, chef de l'imprimerie du quartier général, exécuta de nouvelles feuilles.

Le 17 septembre, le témoin reçut l'ordre de rétablir les anciennes formules et l'ancien blason. On ne s'était pas servi de nouvelles.

On appelle M. Aragon.

Le témoin confirme la déposition précédente. Une disenssion pourtant s'engage sur la date. Une confrontation aura lieu.

On appelle M. Lévy, agent de change à Metz, qui a adressé une lettre au commissaire du gouvernement pour être entendu.

Le témoin parle de l'emprunt qui a été fait par le général Coffinières, dans le mois d'octobre, pour payer la solde de l'armée. La discussion porta sur les garanties à donner aux prêteurs. On ne décida rien dans la première réunion. Dans la seconde on tomba d'accord d'accepter des bons sur le Trésor. Il fut versé, le 25, 84 000 fr. Le 26 on versa encore 700 000 fr. Le million demandé ne fut pas atteint, les nouvelles de la capitulation ayant tout arrêté.

Sur un fait spécial, et sur l'interpellation du commissaire du gouvernement, le témoin raconte que le général Coffinières est allé à la Banque et a demandé combien il y avait en caisse. On lui répondit qu'il y avait 50 millions en or. Le général voulut les faire enfouir, mais on ne donna pas suite à cette mesure. La somme servit à payer la solde de l'armée.

On appelle M. Blondin, ex-membre du conseil municipal de Metz, du conseil des prud'hommes, directeur de la Banque de France à Lyon.

Le témoin n'a pas été mêlé aux faits. Il ne sait rien.

Le 9 août le général Coffinières est venu à la Banque de France et défendit d'expédier l'argent en dépôt à Paris, si le moyen se présentait. Il voulait faire enfouir 50 millions en or qui étaient à la Banque. Le témoin s'y refusa. Le général lui assura que l'armée partirait dans trois ou quatre jours et qu'alors la responsabilité du témoin serait énorme. L'armée profita de cet argent jusqu'à concurrence de 49 240 000 fr.

La séance est levée à quatre heures quarante minutes.

Il a été question dans les dépositions de M. Paul Odent, ancien préfet de Metz, de l'Adresse du conseil municipal en réponse à la proclamation du général Coffinières. Nous reproduisons avec quelques détails la déposition faite à l'audience du 17.

M. Paul Odent. — J'ai parlé dans ma dernière déposition d'une proclamation que j'avais rédigée, après m'être entendu avec M. le général Coffinières. Cette proclamation était l'expression de sa pensée.

Voici le projet de cette proclamation, il contient cette phrase : « L'armée de Metz ne vous quittera pas. » Cette pièce se trouve coupée, parce qu'elle a été envoyée à l'imprimerie. Je l'avais déposée chez M. le général Coffinières pour qu'il en prît connaissance ; il me la renvoya au bout de quelques heures, après l'avoir approuvée et signée. M. le maire la signa également. Je suppose que M. le général Coffinières l'a communiquée à M. le maréchal Bazaine ; toujours est-il qu'il me l'a rendue après l'avoir approuvée. Quelques jours après les journaux de la localité ont publié cette proclamation sans faire d'observation ; au contraire, ils ont dit qu'elle répondait aux vœux du pays. Quelques jours plus tard, le conseil municipal répondit à cette proclamation. Voici l'adresse du conseil municipal.

Le général-président. — Veuillez déposer cette pièce.

Me Lachaud. — Je demanderai à M. le président d'en ordonner la lecture.

Sur l'invitation de M. le général-président, M. le greffier Alla a donné lecture de la pièce suivante :

Adresse du Conseil municipal de Metz en réponse à la proclamation de M. le gouverneur de la place de Metz, etc.

« Metz, 21 septembre 1870.

« Messieurs, l'appel que vous faisiez à notre patriotisme dans de graves circonstances a trouvé un écho unanime dans tous les cœurs. Investis du mandat de nos concitoyens, nous sommes heureux d'en être les interprètes. La population est pleine de dévouement pour nos glorieux blessés. Nous vous remercions d'avoir rappelé cet élan de nos concitoyens. Cet élan, c'est la manifestation de leur sympathie pour l'armée et de leur dévouement à la patrie.

L'état de blocus impose de grands devoirs à chacun. Ces devoirs sont tous dominés par un seul sentiment, l'amour de la France. L'armée nous donne de grands exemples, notre énergie nous fait un devoir de chercher à l'imiter, nous comptons sur elle comme elle peut compter sur nous pour la défense nationale.

Les Membres du Conseil municipal. »

Le témoin. — Si j'insiste sur la phrase dans laquelle il est dit : « L'armée ne vous quittera pas, » c'est que cette phrase n'est pas mon œuvre personnelle. Je le dis, ce n'est pas pour en éloigner la responsabilité, mais elle appartient à celui qui était le seul chef de Metz à cette époque.

Audience du 18 novembre

La séance est reprise à midi moins vingt minutes.

On appelle le maréchal Le Bœuf, qui est invité à déposer

sur les opérations militaires entreprises devant Metz, du 1er septembre au 7 octobre.

Le maréchal Le Bœuf entre dans de nombreux détails sur les petits engagements qui ont eu lieu dans le mois de septembre. Il explique la position des différents corps, et développe surtout le rôle qu'a joué le 3e corps qu'il commandait. Le maréchal constate que l'ennemi faisait chaque jour de nombreuses démonstrations, comme s'il avait voulu tâter le moral de l'armée.

Le 12 septembre, les chefs de corps reçurent une communication du maréchal Bazaine disant que les événements survenus en France faisaient à l'armée une situation toute nouvelle, et qu'il ne croyait pas devoir risquer l'armée dans une grande opération. L'armée accueillit cette communication avec grande affliction. Dès ce moment aussi l'ennemi cessa ses attaques sur les avant-postes, de telle sorte qu'on crut généralement à la conclusion d'un armistice.

Le maréchal Le Bœuf poursuit dans un ordre chronologique l'exposé des faits concernant des tentatives de ravitaillement. Puis il demande à dire deux mots sur l'incident Regnier.

Le 23 septembre le général Bourbaki lui parla de la nécessité de sortir de la situation. Le 25 le général Bourbaki partit en mission, et le 27 le témoin vit le maréchal Bazaine et lui demanda ce qu'était cette mission dont le général Bourbaki avait été chargé. Le maréchal répondit que des ouvertures de paix avaient été faites à l'impératrice, qu'on convoquait le Corps législatif et le Sénat pour traiter des conditions de la paix. Le maréchal Le Bœuf répliqua que la paix ne lui semblait pouvoir être conclue qu'avec une cession de territoire et que l'impératrice ne pourrait guère s'y prêter. Le maréchal Bazaine demanda alors au témoin s'il connaissait M. Regnier, attaché au cabinet de l'impératrice. La réponse fut négative. Alors le maréchal Bazaine raconta au témoin que l'impératrice lui avait délégué M. Regnier, demandant soit le maréchal Canrobert, soit le général Bourbaki, pour s'entendre sur la situation.

Le maréchal Canrobert ne pouvant, pour cause de santé, s'absenter, on choisit le général Bourbaki pour la mission auprès de l'impératrice. Le maréchal Le Bœuf croit pouvoir dire que le fond de la pensée du maréchal Bazaine était que les tentatives de paix par l'impératrice ne devaient pas être prises au sérieux.

Une discussion de tactique et d'appréciation sur certaines opérations militaires, faites ou possibles à faire, comme par exemple la marche sur Thionville sur les deux rives de la Moselle, s'engage entre le général-président et le maréchal Le Bœuf. Poussé à préciser, le témoin, qui visiblement cherche à satisfaire jusqu'ici le conseil et l'accusé, s'embrouille et recommence ses longueurs. A un moment, il s'échauffe et affirme sa conviction, que le maréchal Bazaine a voulu à plusieurs reprises sortir.

La général-président demande quel était le moral de l'armée; et le maréchal Le Bœuf, élevant la voix, s'exprime en ces termes : « L'armée se préoccupa beaucoup de la mission du général Bourbaki, et je dois le dire hautement, beaucoup d'officiers étaient enchantés de pouvoir penser qu'une transaction, honorable pour la France et pour l'armée, viendrait mettre fin à une situation déplorable à tous égards. Je tenais à dire cela, au risque de choquer l'opinion publique ; mais c'est la vérité, et je dois au pays qui nous écoute toute la vérité. »

Le général-président. — M. le maréchal, je n'ai rien à objecter à ce côté de votre déposition. Passons, je vous prie, à l'examen de faits militaires sur lesquels nous avons encore quelques éclaircissements à vous demander.

La discussion reprend sur les événements militaires. Le général-président s'efforce de faire expliquer au témoin avec précision ce que pouvait faire l'armée ; dans quelle mesure ses bonnes dispositions furent employées, et si tous les soins ont été pris pour maintenir son moral. Le maréchal Le Bœuf répond affirmativement sur le dernier point.

— D. M. Debains, d'après votre déposition, a été retenu au quartier général allemand, et il a adressé au maréchal, à son retour, un rapport sur ce qu'il avait vu et entendu. Ce rapport a été communiqué aux chefs de corps, et les nouvelles qu'il contenait se sont répandues dans l'armée. Croyez-vous que ces nouvelles, puisées aux sources ennemies, n'étaient pas de nature à contribuer à augmenter la démoralisation ?

— R. Je ne le crois pas. L'armée, au point de vue politique, n'a guère été atteinte. Elle est restée fidèle à son drapeau et au pays, sans trop se soucier de ce qui se passait à l'intérieur.

On entend ensuite M. le général Ladmirault.

Le témoin, que le général-président questionne sur une série de renseignements militaires, s'explique avec netteté et rondeur.

Le commissaire du gouvernement demande au témoin s'il a eu connaissance de la lettre adressée par le prince Frédéric-Charles au maréchal Bazaine.

Le général Ladmirault dit se rappeler que le maréchal lui a fait une communication de ce genre.

Me Lachaud s'adresse au général Ladmirault pour savoir si des tentatives d'attaque ont eu lieu du coté de Juvisy pour enlever les travaux de l'ennemi qui avait construit en cet endroit une redoute d'abattis.

Le général Ladmirault déclare qu'aucune tentative n'a été faite sur ce point qui était commandé par les feux du fort de Queuleu.

Le maréchal Bazaine contredit le général Ladmirault qui maintient ses assertions sur ce point, en affirmant qu'il n'y avait aucune espèce d'abattis en ce lieu, mais bien un bois de sapins. On essaya vainement d'y mettre le feu avec des fagots préparés. Tous les travaux de l'ennemi dans ce bois de pins consistaient en treillages de fil de fer reliant des groupes d'arbres.

Le général pourcet. — L'état moral de l'armée était-il, dans le courant du mois de septembre, semblable à celui des premiers jours ?

— R. L'état moral était excellent, mais vers la fin de septembre les forces physiques des hommes n'étaient plus les mêmes et on ne pouvait pas leur demander de renouveler les efforts du commencement de la campagne.

Le général Frossard, qu'on entend ensuite, s'exprime avec beaucoup de facilité.

Le général raconte d'une façon très-pittoresque certains événements militaires, notamment une tentative de ravitaillement faite par le général Lapasset avec des trains blindés pour ramener des convois de vivres que l'ennemi avait accumulés à Courcelles. L'ennemi fut prévenu de l'expédition, mais on put s'emparer de l'espion qui fut jugé et exécuté.

Quant à l'incident Regnier, le général Frossard le retrace absolument de la même façon que le maréchal Le Bœuf.

Dans la réunion des chefs de corps qui eut lieu le 4 octobre et dans laquelle un mouvement sur Thionville par les deux rives de la Moselle fut résolu, le général Frossard présenta quelques observations sur le plan de l'opération.

— *D.* Dans la réunion du 12 septembre de même que dans celle du 26 août, ne fut-il pas décidé de faire rester l'armée un temps indéterminé sous Metz ?

— *R.* Dans la pensée de tout le monde la retraite sous Metz n'était que temporaire, et je suis persuadé que c'était aussi la pensée du maréchal, puisque je crois me rappeler qu'il me dit un jour : « Ne craignez rien, je sortirai quand je voudrai. » Nous avions aussi besoin de fabriquer des projectiles et nous croyions qu'il fallait disposer de quelque loisir pour préparer la grande action militaire.

— *D.* Avez-vous eu connaissance du rapport de M. Debains ?

— *R.* Oui ; je l'ai trouvé un peu exagéré.

Le commissaire du gouvernement. — Je voudrais demander à M. le général, si dans le conseil du 4 octobre où il a été question de la sortie vers Thionville, cette décision a été prise, parce que le conseil aurait eu connaissance des approvisionnements considérables amassés dans cette direction par le gouvernement de la Défense nationale.

— *R.* Non, il n'a pas été question de cela.

— *D.* Avez-vous appris quelque chose concernant les tentatives du gouvernement de la Défense nationale pour se mettre en relations avec le commandant en chef de l'armée du Rhin ?

— *R.* Je sais que le maréchal s'est plaint plusieurs fois de ne pas recevoir de nouvelles *de ce qui s'appelait le gouvernement de la Défense nationale.* A cette époque le maréchal me parut vivement affecté ; il se considérait comme sacrifié, et n'avait dans les hommes au pouvoir qu'une médiocre confiance.

— *D.* Avez-vous constaté un affaiblissement dans le moral des troupes vers le milieu et à la fin de septembre ?

Le général Frossard paraît répondre avec une certaine hauteur à la question du commissaire du gouvernement ; il arrive à déclarer que les soldats mouraient de faim, que leurs forces physiques étaient épuisées, que jamais il n'y avait eu d'affaiblissement moral et qu'heureusement jusqu'au dernier moment la discipline avait résisté dans l'armée de Metz.

Le général-président. — La question de M. le commissaire du gouvernement ne tendait pas à impliquer le caractère de l'armée. Elle cherchait seulement à établir l'effet qu'avait pu produire cette agglomération prolongée de 150 000 hommes confinés sous les murs d'une forteresse. Jamais M. le commissaire du gouvernement n'a eu la pensée de mettre un instant en doute le dévouement et le cœur des soldats de la France.

**Complément de l'audience du 18 novembre
et audience du 19 novembre**

Présidence de M. le duc d'Aumale

Nous revenons sur l'audience du 18, les dépositions qui y ont été entendues présentant un grand intérêt. Nous croyons devoir les reproduire avec quelques développements.

Le maréchal Le Bœuf, après avoir rappelé plusieurs escarmouches qui eurent lieu dans le but d'obtenir quelques nouveaux approvisionnements pour l'armée du Rhin, ajoute sous la forme interrogative :

Je n'ai pas à parler dans cet ordre chronologique des faits de l'incident Regnier?

Sur un signe d'assentiment de M. le président, le témoin reprend :

Du reste, je n'ai que deux mots à en dire : le 24 septembre, le général Bourbaki vint me rendre visite à Saint-Julien; nous échangeâmes nos pensées sur la situation de l'armée. Le général Bourbaki me quitta sans rien me dire concernant son départ; le lendemain, 25, le général Bourbaki partit.

Ce bruit arriva jusqu'à moi, et j'appris que le général Desvaux remplaçait Bourbaki; le 27 eut lieu l'affaire de Colombey, dont j'étais chargé; le 28, j'en rendis compte au maréchal. Avant de le quitter, je lui demandai ce que c'était que cette mission de Bourbaki dont on s'entretenait. — Peut-être, me dit le maréchal, qu'il y a une occasion d'arriver à la paix; l'impératrice veut en conférer soit avec le maréchal Canrobert, soit avec le général Bourbaki; Canrobert, à cause de sa santé, n'a pas pu se rendre auprès de l'impératrice, et Bourbaki est parti. Le maréchal ajouta : Connaissez-vous un nommé Regnier, faisant partie de la maison de l'impératrice? C'est lui qui est venu de sa part; si des préliminaires de paix sont accordés à l'impératrice, ils seront soumis à l'Assemblée.

Pour moi, je ne croyais guère au succès de la mission, parce que j'étais convaincu que l'ennemi demanderait une cession de territoire.

Le maréchal me dit : Quoi qu'il en soit, notre position militaire n'est pas changée; continuons à faire notre devoir.

Le maréchal me rappela alors de faire observer aux avant-postes les ordres sévères qu'il avait donnés précédemment, et qui consistaient à tirer sur tout ce qui se présenterait.

... Je crois que le maréchal avait pour objectif des opérations de détail pour l'œil du soldat; j'avais même dit à ce sujet que ça ne leur remonterait pas le moral, tandis que j'étais d'avis de diriger de grandes opérations par le sud-est ou dans la direction de Vrémy, vers les plaines du nord, où nous savions qu'il y avait des approvisionnements.

Le Général-président. — A propos de la marche sur Thionville par les deux rives de la Moselle, vous avez dit que le maréchal ne semblait pas tenir beaucoup à ce projet.

Le témoin. — Je crois formellement que le maréchal a voulu sortir plusieurs fois très-sérieusement. Dans l'armée, on se préoccupait beaucoup de sortir de la situation où l'on était; bien des officiers voyaient dans la marche sur Thionville nos troupes forcées peut-être, après quelque combat malheureux, de se retirer en pays neutre.

Je dois dire une chose qui ne sera peut-être pas bien accueillie par tout le monde :

Lors de la mission du général Bourbaki, l'armée était préoccupée de sa situation, et beaucoup d'officiers ont vu cette mission avec satisfaction; ils espéraient qu'il pouvait en sortir une convention honorable pour l'armée et pour le pays.

A propos des escarmouches isolées le général-président exprime l'opinion qu'il eût mieux valu donner un caractère d'ensemble aux opérations.

A propos des travaux exécutés, le maréchal Le Bœuf dit qu'ils étaient nécessaires pour permettre aux hommes de dormir. C'étaient des travaux de contre-approche qui avaient un grand intérêt pour la défense de la place.

Nous avions fait des lignes trop fortes dans certains endroits, mais ces lignes étaient assez près de la place pour être utiles à sa défense.

La résolution prise dans la conférence du 12 septembre par le maréchal, avait aussi pour but de maintenir l'armée sous Metz.

LE GÉNÉRAL-PRÉSIDENT. — Le gouverneur de Metz, le général Coffinières, a indiqué que cette résolution avait été prise uniquement dans le but de maintenir l'armée sous Metz pendant quinze jours au plus, pour permettre à la place de compléter sa défense. Dans la conférence du 12, il n'a été fait aucune allusion à cette question ?

LE TÉMOIN. — Je crois que le 12 septembre aucune observation n'a été faite à ce sujet; à peine si on a pris la parole; les nouvelles graves qu'on venait d'apprendre avaient rendu tout le monde triste, et on n'avait pas la pensée aux opérations militaires. Le maréchal avait pris le parti de rester sous Metz, et d'attendre ainsi de meilleures circonstances pour reprendre la campagne.

Dans la déposition de M. le général Frossard, nous devons signaler ce qui se rapporte à l'incident Regnier.

.... Le 26 septembre, j'eus connaissance de l'incident Regnier; j'étais allé chez le maréchal pour affaire de service. Au moment de prendre congé de lui, je lui demandai ce qu'il y avait de nouveau. Le maréchal me dit : « Avez-vous connu, dans la maison de l'impératrice, un nommé Regnier? — Non, » lui répondis-je. Le maréchal parut étonné. « C'est un individu, me dit le maréchal, arrivé il y a deux jours. Il a été autorisé à traverser les lignes prussiennes; il m'a demandé d'envoyer auprès de l'impératrice le maréchal Canrobert ou le général Bourbaki; Bourbaki est parti. »

Le maréchal me parut assez peu impressionné en me disant cela. « Il peut y avoir là un moyen, ajouta le maréchal, d'arriver à un armistice; il ne faut rien négliger pour arriver à ce résultat. »

.... Le commissaire du gouvernement demande si, vers le milieu et la fin de septembre, le moral des troupes n'avait pas été affecté par toutes les nouvelles qui circulaient.

LE TÉMOIN. — A la fin de septembre, le moral n'était pas affecté, mais le corps. Pauvres hommes! ils n'avaient rien à manger et étaient exposés aux intempéries. Le moral existait encore; la discipline a été bonne jusqu'au dernier moment. Si elle n'avait pas existé jusqu'au dernier moment...

LE MARÉCHAL BAZAINE. — Sans doute les soldats avaient beaucoup souffert; les hommes étaient insuffisamment abrités, et nous avons eu à Metz une pluie diluvienne qui a duré plus de quinze jours. Il n'est pas étonnant que le physique en fût affecté ; mais nous n'avons jamais manqué de moral ni les uns ni les autres.

LE TÉMOIN. — J'ajouterai quelques mots. J'ai trouvé dans une de mes notes ce matin que l'effectif des chevaux était, le 15 septembre, de cinq mille, qu'il est descendu de trois mille à la fin de septembre ; ces chevaux avaient été livrés à la consommation faute d'une ration suffisante de pain ; il en restait à peine pour les ambulances, et les rations de pain et de biscuit avaient cessé ; les hommes étaient peu satisfaits de cette nourriture, ils n'avaient plus le même degré de force... J'ai vu des choses lamentables, j'ai vu de malheureux soldats suivre les chevaux jusqu'aux fosses où ils devaient être enfouis quand ils n'étaient plus en état d'être livrés à la boucherie.

Ces fosses étaient profondes et garnies de chaux vive ; mais l'animal était à peine frappé que les soldats se précipitaient sur lui et le dépeçaient ! Et cela se passait à la fin de septembre. Dans les premiers jours d'octobre les hommes étaient donc bien affaiblis.

LE GÉNÉRAL-PRÉSIDENT. — La question de M. le commissaire spécial du gouvernement n'avait pas pour objet de discuter si l'affaiblissement des soldats tenait ou non à une cause physique, mais si cet affaiblissement n'était pas la conséquence fatale de la présence de 150 000 hommes entassés sous les murs d'une ville. Personne n'a jamais voulu dire que cette faiblesse fût dans le cœur des soldats.

On appelle le général Desvaux.

Ce témoin a succédé au général Bourbaki dans le commandement de la garde impériale, et son brevet de nomination portait le mot de « provisoire ». Il n'a pas eu connaissance du projet de marche sur Thionville.

Le 16 septembre, étant commandant de la cavalerie de réserve, le général a fait partir deux cuirassiers du 8e régiment, les nommés Marc et Henri qui ont accompli la périlleuse mission de traverser les lignes ennemies, et ont fait parvenir au ministère de la guerre une dépêche du maréchal Bazaine.

Voici, d'après les souvenirs du général, quel était le sens de la dépêche :

« Je vous ai envoyé déjà plusieurs dépêches et je ne sais si elles sont arrivées ; je n'ai aucune nouvelle et les bruits les plus alarmants sont mis en circulation ; envoyez-moi donc des nouvelles..., etc. »

En outre, les deux émissaires étaient chargés de dire de vive voix :

« Que le maréchal avait fait pour percer les lignes deux tentatives qui n'avaient pas réussi ; qu'il y avait douze mille blessés dans la ville, mais que néanmoins l'état sanitaire était satisfaisant. »

Ils parvinrent à remettre leur dépêche à M. le colonel Reboul.

Ils n'avaient emporté, dit le général, que l'argent nécessaire à leur voyage : mais quand je leur parlai d'une récompense, ils répondirent : « Ce n'est pas le désir d'une récompense qui nous a fait partir, c'est le désir d'être utiles au pays. » (Sensation.)

— D. Le 7 octobre, n'a-t-il pas été tenté une opération ?

— R. Le 7 octobre, les chasseurs de la garde furent mis à la disposition du maréchal Canrobert ; il s'agissait d'une tentative sur les Petites-Tapes et les Grandes-Tapes, où, disait-on, on trouverait des provisions.

de l'ennemi; on n'y trouva que la paille sur laquelle les Prussiens avaient couché depuis quinze jours.

— *D.* Quand le maréchal vous a chargé du commandement du général Bourbaki, vous a-t-il fait connaître les motifs de l'absence du général et vous a-t-il dit pour quelle époque il prévoyait son retour?

— *R.* Il m'a dit que le général Bourbaki était appelé par l'impératrice, mais il ne m'a pas parlé de son retour. L'idée de ce retour était comprise implicitement dans l'ordre que je recevais et qui disait: « Le commandement provisoire. »

— *D.* Mais c'est une formule usuelle que l'ordre porte : « Chargé du commandement provisoire jusqu'au retour de..., etc. » Ces mots n'existaient pas?

— *R.* Non, monsieur le président.

L'audience est suspendue pour une demi-heure.

———

L'audience est reprise à 2 heures 5 minutes.

Le maréchal Canrobert est appelé.

Le général-président invite le maréchal à déposer premièrement sur les faits purement militaires, puis à réserver l'incident Regnier pour une seconde déposition qui viendra aussitôt après.

Le maréchal Canrobert raconte les opérations militaires auxquelles son corps d'armée a pris part. La forme narrative du maréchal est descriptive et très-imagée. Il dépeint à merveille les petits incidents des batailles et des combats. De simples escarmouches prennent dans sa bouche un attrait tout particulier. Il parvient ainsi à intéresser l'auditoire.

Le maréchal constate que c'est depuis le 13 septembre qu'on commençait à manger les chevaux de l'artillerie et de la cavalerie.

— *D.* Au 4 octobre, dans la réunion des chefs de corps, vous vous souvenez bien de l'ordre donné? Veuillez nous indiquer cet ordre de marche.

— *R.* L'ordre était de marcher sur Thionville par les deux rives de la Moselle. Le 3e corps avec le général Ladmirault marchait sur la rive droite; nous prenions la gauche.

— *D.* Cet ordre était sans doute en rapport avec les provisions nécessaires à une semblable entreprise?

— *R.* Nous avions toujours deux jours de vivres dans les sacs; on y a ajouté ce qu'on a pu. C'était bien suffisant.

— *D.* Ne pensez-vous pas que les travaux exécutés sous Metz indiquaient dans une certaine mesure l'intention de rester sous la place?

— *R.* Ces travaux n'étaient que de simples tranchées. Nous avons d'abord cédé à la nécessité de laisser compléter les travaux de Metz. Au surplus tant que l'armée française qui a succombé à Sedan a pu être crue dans notre rayon, l'offensive a été notre pensée à tous. Plus tard, lorsque nous avons eu connaissance du désastre de Sedan, cette pensée s'est légèrement modifiée.

— *D.* Mais ne pensez-vous pas que l'idée de l'offensive aurait dû, au contraire, gagner du terrain, lorsque vous avez appris que la chance d'être appuyé par une armée de secours n'existait plus? Je ne vous demande pas d'établir une théorie à cet égard, mais le désastre de Sedan diminuait évidemment la durée de résistance de l'armée de Metz. Est-ce que le commandant en chef n'a fait aucune allusion dans ce sens?

— *R.* Non. Le maréchal, du reste, donnait des ordres que nous n'avions pas à discuter.

— *D.* M. le maréchal, veuillez nous dire, je vous prie, tout ce que vous jugerez nécessaire pour éclairer le conseil à propos de la visite faite au Ban-Saint-Martin à la date du 24 septembre par un sieur Regnier.

— *R.* Le 24 septembre je visitais les avant-postes, quand un officier d'ordonnance me prévint que le maréchal voulait absolument me voir. Je me rendis au Ban-Saint-Martin.

Le maréchal se promenait dans son jardin ; il me fit asseoir sur un banc et me demanda si je connaissais un employé supérieur de la maison de l'impératrice, nommé Regnier. Je lui répondis non. Il me dit que cet homme demandait qu'un des commandants en chef se rendît auprès de l'impératrice. Je refusai pour des raisons personnelles. Le maréchal me questionna alors sur les dispositions du général Bourbaki. Je ne sus que dire. Le maréchal me conduisit dans son cabinet où je trouvai un homme habillé en gris, d'allure un peu commune, qui me parla de viande de cheval, d'approvisionnements, mais nullement de politique.

Il me dit : « Comment pouvez-vous manger du cheval? » Je lui dis : « Nous en mangeons depuis le 13, et encore nous n'en mangeons pas autant que nous voudrions. »

Le général Bourbaki fut appelé ; on le mit au courant de la situation, et il accepta la mission, en se contentant d'exiger du maréchal un ordre de départ écrit. Il partit sous des habits civils, en se mêlant à des médecins luxembourgeois qui avaient obtenu des laissez-passer. Voilà ce qui a eu lieu ; si le sieur Regnier a dit autre chose de moi il a menti. Je ne crois pas qu'il avait vu le général Bourbaki. En tout cas, en ma présence il n'a pas été question de politique. Je le répète, cet homme était commun, vulgaire et avait un aplomb qui me déplaisait. (Sourires.)

On appelle le général Bourbaki. L'ex-commandant de la garde impériale commence ainsi que ses devanciers par le récit des événements militaires du mois de septembre.

Le général-président. — Veuillez, maintenant, monsieur le général, faire connaître au conseil la nature de la mission que vous avez reçue le 24 septembre?

M. le général Bourbaki. — Pour comprendre cet incident Regnier, il faut se reporter à l'état où nous étions alors.

Dès le 11 on démontait les cavaliers pour avoir de la viande de boucherie ; le 12, le 13 la misère était grande, les chevaux mouraient de faim, on était obligé de les abandonner. Le 24 septembre, nous ne devions plus sortir, nous n'avions plus d'attelage pour traîner les pièces à une demi-étape, les chevaux de la cavalerie n'auraient pas été plus loin.

Les événements nous étaient venus enlever toute espérance ; la France était occupée jusqu'à Dijon ; l'armée de Metz se trouvait amenée ou à capituler, ou à faire un effort suprême pour percer les lignes.

A cette époque-là, je crois que l'armée n'eût pas pu sortir en masse.

Le 24 septembre le maréchal me fit appeler. Je me rendis à son quartier général, où je rencontrai en arrivant le général Boyer qui

m'emmenant près d'une fenêtre donnant sur le jardin, me dit : « Connaissez-vous la personne qui se promène avec le maréchal ?

— Non, répondis-je.

— Comment, vous ne l'avez pas vue aux Tuileries ?

— Non, j'oublie quelquefois les noms, mais jamais les physionomies.
Je n'ai jamais vu cette personne. Ce n'est ni un familier des Tuileries
ni un employé. »

Le maréchal rentra en ce moment; il me présenta M. Regnier et me
dit : « Écoutez ce que va vous dire monsieur. »

Le sieur Regnier entra dans une série de considérations politiques
sur la nécessité de la paix, ajoutant que le gouvernement allemand ne
se souciait pas de traiter avec le gouvernement de la Défense nationale;
qu'il ne considérait comme gouvernement légal que celui de l'impératrice; que s'il traitait avec Elle les conditions seraient moins onéreuses;
que l'intervention de l'armée de Metz dans cette affaire était indispensable;
qu'il importait donc qu'un de ses chefs se rendît auprès de l'impératrice pour représenter auprès d'Elle l'armée; que le maréchal Canrobert ou moi serions très-aptes à occuper cette position.

Voulant savoir à quoi m'en tenir sur tous ces discours, je m'adressai au maréchal et je lui demandai l'explication de tout ce que je venais d'entendre. Il me montra des lettres du prince Frédéric-Charles
qui n'avaient pas grande signification et dit au sieur Regnier de faire
savoir au prince qu'il demandait que l'armée sortît avec les honneurs
de la guerre, sans traiter pour Metz, qui resterait indépendant de l'armée; que le maréchal Bazaine se retirerait avec son armée pour prendre
en France une position neutre jusqu'à la paix.

Je demandai à M. le maréchal : « Eh bien, qu'est-ce que vous
croyez qu'il faut faire? » Les pensées qui se trouvaient alors dans toutes les têtes, c'étaient des pensées de capitulation ou de destruction
complète de l'armée. L'intérêt de la France était aussi de faire alors la
paix pendant qu'il y avait encore à Metz une armée respectée et res-
pectacle et que Paris tenait encore.

Le maréchal me répondit : « Je désire que vous alliez auprès de
l'impératrice. — Je le veux bien, lui dis-je, mais j'y mets trois conditions : vous me donnerez un ordre écrit, mon départ sera mis à l'ordre de l'armée et vous promettrez de ne pas engager les troupes de la
garde que j'ai l'honneur de commander, avant mon retour. » Il me répondit : « C'est entendu, vous allez partir immédiatement. »

Je pris un déguisement bourgeois. Le soir, nous fûmes aux avant-
postes avec Regnier. Je fus à pied jusqu'à Ars-sur-Moselle. Au dernier
quart de la route, il y avait des arbres coupés et tellement enchevêtrés
qu'il fallait faire de la gymnastique pour les franchir. Nous rencontrâmes un colonel prussien. Regnier lui parla. Je crus remarquer, à un
signe qu'ils se firent, qu'ils se connaissaient : il causait sans cesse avec
eux. Cela m'ennuyait; je lui manifestai même mes regrets d'être venu.
Je dis à Regnier : « Ce sont des ennemis, je ne veux pas leur parler. »

A Borny, je m'aperçus que malgré mon déguisement j'avais été reconnu. Au quartier général, Regnier me dit que le général de Stiehle
désirait me présenter ses respects. Je refusai catégoriquement, ne
voulant voir aucun Allemand, ni manger une bouchée de leur pain, qui
m'aurait étranglé.

On nous fit traverser les bois jusqu'à Mercy-le-Haut. A Remillies,
je me dis : J'aurai bien de la peine à rentrer à Metz.

J'arrivai à Londres. L'impératrice se montra très-surprise de ma venue, m'affirma qu'elle ne m'avait pas fait demander, et qu'elle n'avait jamais voulu recevoir le sieur Regnier. Je lui racontai la situation de l'armée de Metz, je lui dis l'état des villages de la Lorraine. Sa douleur fut telle qu'elle m'empêcha de continuer.

Le lendemain, l'impératrice me dit : « Qu'elle ne voulait pas traiter, qu'elle croirait entraver la défense nationale en traitant avec qui que ce fût, et qu'elle n'y consentirait point. » Alors je la suppliai de m'aider à rentrer à Metz. Elle eut la bonté de me dire que par l'intermédiaire de lord Grandville elle en parlerait à M. de Bismark et au roi Guillaume. En effet, on écrivit à lord Grandville, dont je reçus bientôt un télégramme où l'on m'annonçait que le prince Frédéric-Charles devait lui-même faciliter ma rentrée. Je vins à Luxembourg, où je vis le représentant de la France en cette ville.

Je retournai alors à Metz, je ne pus pas parvenir à y entrer, et sur les injonctions du gouvernement de la Défense nationale, je me rendis à Tours. Je fis part aux membres du gouvernement de mes appréhensions. Je ne leur cachai rien de la situation critique de l'armée de Metz. Je les conjurai d'aviser au moyen de sortir au plus vite de l'impasse où nous étions acculés, par la conclusion de la paix; ma pensée était qu'alors les éléments de résistance pour la défense du sol de la patrie manquaient absolument, attendu qu'on n'improvise pas des armées susceptibles de tenir tête à des armées comme celles que nous avions à combattre.

Mes conseils ayant été repoussés, je ne consultai que mon patriotisme et je m'adressai à lord Clarendon, au prince de Metternich et au chevalier Nigra pour les intéresser au sort de la France. Ces messieurs se réunirent; je fis appel à leurs sentiments d'amitié pour la France; je rappelai combien nous avions secouru l'armée anglaise en Crimée et l'armée italienne durant la campagne d'Italie. Ils me promirent de faire une démarche en faveur de la paix auprès des membres du gouvernement de la Défense nationale et auprès du gouvernement allemand. Je suis assuré qu'ils ont tenu leur parole, mais leurs efforts furent infructueux.

J'organisai ensuite le noyau de l'armée du Nord qui plus tard s'est si vaillamment conduite sous les ordres du général Faidherbe et en dernier lieu je fus appelé au commandement de l'armée de l'Est dont le sort est trop connu et a laissé un trop cuisant souvenir dans mon cœur pour que j'aime à en parler. Je crois du reste que le conseil ne désire pas me questionner sur ce sujet.

Le général-président : Certes, monsieur le général, vous avez fait tout ce qu'il était possible de faire pour épargner à votre pays de plus grands malheurs que ceux qu'il avait déjà subis, et cela, tout en observant scrupuleusement vos devoirs de soldat.

N'avez-vous pas eu quelques soupçons sur la qualité de Regnier qui se présentait presque dépourvu de recommandations quelconques?

— R. Regnier m'a montré des photographies revêtues d'un autographe, et il m'a parlé de personnes que je connaissais bien.

— D. Est-ce lui qui vous a dit qu'il venait de la part de l'impératrice.

— R. Non ! c'est M. le maréchal, quand je suis arrivé, et M. Regnier ne l'a pas contesté.

— D. Il ne vous a pas dit qu'il avait eu une entrevue avec M. de Bismark?

— *R*. Mais si, au contraire, j'ai même dû penser qu'il en avait eu plusieurs; il m'a présenté même les négociations avec l'impératrice comme très-avancées.

Et depuis, quand je me suis demandé si j'avais bien ou mal fait de partir, je me suis dit que ma conscience ne serait pas tranquille si je n'étais pas parti, car je me reprocherais de n'avoir pas essayé, comme je l'ai fait, de sauver l'armée.

— *D*. Il est à votre connaissance que les conditions du maréchal Bazaine consistaient à demander de sortir de la place, dont le sort se serait trouvé séparé de celui de l'armée, et qui aurait pu continuer la défense, de sortir avec les honneurs de la guerre pour se retirer avec l'armée sur un territoire neutre; est-ce bien cela?

— *R*. Oui, parfaitement, et le maréchal n'entendait pas seulement les honneurs de la guerre réglementaires; il entendait la sortie de l'armée avec armes et bagages.

La séance est levée, après cette importante déposition, à 3 heures 30 minutes.

Audience du 19 novembre

On sait que le maréchal Bazaine avait été fortement indisposé dans les premiers jours du procès. Il s'était rétabli, mais aujourd'hui il est visible que sa santé est de nouveau altérée. Le maréchal a de continuelles migraines accompagnées de frissons.

L'audience est ouverte à midi dix minutes.

Le général-président fait appeler le témoin Regnier; on déclare qu'il est absent.

Le commissaire du gouvernement prend des conclusions pour que le témoin, dûment cité, mais défaillant, soit puni selon les termes de l'art. 103 du Code pénal.

Le général-président donne acte de ses réserves au commissaire du gouvernement et en vertu de son pouvoir discrétionnaire ordonne la lecture de la déposition du sieur Regnier, telle qu'elle a été recueillie par l'instruction.

Il résulte de cette lecture les faits suivants :

Le 13 septembre, les Prussiens ayant envahi la propriété de M. Regnier à Melun, il conçut le projet de se rendre utile à son pays. Il se rendit en Angleterre et chercha à pénétrer auprès de l'impératrice. A force de sollicitations, il obtint une entrevue et se fit donner, ne pouvant avoir des pouvoirs réguliers, une photographie portant au dos la signature du Prince impérial. Pour revenir en France, il fit viser son passe-port à l'ambassade prussienne. Le 20 septembre il arriva à Ferrières et demanda une audience que M. de Bismark lui accorda. Il déclare qu'il n'avait aucune mission particulière de l'impératrice, mais qu'il avait pensé qu'entre le maréchal Bazaine et le chancelier allemand un accord pouvait être conclu. Il a donc agi d'après sa propre inspiration.

Complément de l'audience du 19 novembre.

PRÉSIDENCE DE M. LE DUC D'AUMALE

Nous reprenons la déposition écrite du sieur Regnier, dont il a été donné lecture à l'audience :

— *D.* Avant d'écrire à l'impératrice, avez-vous demandé à avoir une audience? — *R.* Non.

— *D.* Étiez-vous connu de l'impératrice; aviez-vous auprès d'elle quelque aboutissant?

R. — Non; je me suis adressé à Mme Le Breton (sœur du général Bourbaki) pour lui faire passer ma lettre, adressée à l'impératrice, ayant lu dans les journaux qu'elle l'avait accompagnée en Angleterre.

— *D.* Avez-vous écrit plusieurs lettres à l'impératrice? — *R.* Quatre.

— *D.* Avez-vous eu des rapports personnels avec elle à ce moment? — *R.* Non, mais postérieurement.

— *D.* Vous êtes-vous présenté à sa résidence? — *R.* Oui, les 14, 15 et 16 septembre.

— *D.* Par qui avez-vous été reçu?

— *R.* Par Mme Le Breton, par M. Fillon, précepteur du Prince impérial, et des officiers de sa maison.

— Vos démarches successives ont-elles été encouragées? — *R.* Non, bien au contraire.

— *D.* Si vous avez été éconduit, comment expliquez-vous que vous ayez reçu une sorte de témoignage de votre visite à Hastings dont la possession implique une accession indirecte à vos démarches? Je veux parler des photographies qui vous ont été remises par M. Fillon.

— *R.* Je ne puis l'expliquer que par des suppositions. Sa Majesté ne voulait sans doute pas prendre elle-même la responsabilité des actes que je proposais; mais elle ne croyait pas de son devoir d'empêcher l'empereur d'en avoir connaissance et de prendre, s'il le jugeait convenable, une décision pour ou contre à leur sujet.

(Au dos de la photographie représentant la plage d'Hastings, étaient écrites ces deux lignes :

Mon cher papa, je vous envoie ces vues d'Hastings; j'espère qu'elles vous plairont.

LOUIS-NAPOLÉON.

Quelques autres photographies étaient jointes à celle-ci; elles portaient simplement la signature *Louis-Napoléon*.

Voici un passage d'une des lettres écrites à l'impératrice par Regnier :

« La partie est encore belle, madame, et ne rien faire pour la gagner, c'est plus qu'une faute : c'est un crime. Ceux dont les conseils, bien dévoués sans doute, mais à mon avis si peu en harmonie avec les circonstances actuelles, font adopter une politique expectante qui perdra tout assurément, assument ainsi devant l'histoire une responsabilité terrible et qui pourra leur laisser des regrets, sinon des remords éternels.

« Moi ou un autre devrions, depuis hier, être non officiellement, mais confidentiellement et secrètement en communication personnelle avec M. de Bismark. Il faut que les conditions de paix qu'on nous fera soient meilleures que celles que le soi-disant gouvernement républicain aurait acceptées.

— *D.* Quel genre de passe-port avez-vous pris pour pénétrer en France?

— *R.* C'était un ancien passe-port français, à la date du 20 septembre 1865, signé par les ambassades de presque toute l'Europe et que je suis allé simplement faire légaliser la veille de mon départ au consulat germanique; ce qui est une simple mesure fiscale qui n'est refusée à personne.

— *D.* En résumé : quelles instructions emportiez-vous au sujet de l'armée de Metz?

— *R.* Je n'emportais, je le répète, aucune espèce d'instructions. L'armée de Metz ne se trouvait en particulier qu'une partie de ce grand tout que l'on appelait l'armée française. Elle était alors, en droit du moins, aux ordres de l'autorité légale dont la régente se trouvait le représentant absolu et je ne croyais pas pouvoir de ce côté rencontrer aucun obstacle.

Interrogé sur le but qu'il se proposait, Regnier répond :

Mon but au départ était, comme je l'ai dit, d'obtenir le moyen d'aller à Wilhemshohe pour y faire prévaloir mon opinion. Arrivé à Ferrières, M. le comte de Bismark me fait inopinément connaître par sa conversation que son idée est semblable à la mienne quant à l'utilité, pour les deux parties, de signer la paix le plus tôt possible; la conséquence est mon départ pour Metz, afin de savoir si les chefs de l'armée seront disposés à seconder ces projets.

— *D.* Veuillez me dire en quoi consistaient ces projets?

— *R.* Ces projets, qui m'étaient tout personnels, étaient, ainsi que je l'ai dit au long dans ma brochure[1], de réunir, dans un territoire neutralisé, la régente, le Corps législatif et le Sénat, pour y traiter de la paix, entourés de trois maréchaux de France, à la tête d'une armée de 150 000 hommes; car, après Sedan, il me semblait que c'était pour la France le moyen le plus pratique et le moins désavantageux de sortir de l'impasse où elle se trouvait. Je pensais qu'il était juste que l'Empire, négligeant les intérêts de la dynastie, nous sortît du guêpier où son gouvernement nous avait mis, quitte plus tard à rester ou à disparaître.

Voici comment Regnier a raconté son entrevue avec le comte de Bismark.

J'ouvris mon portefeuille, j'en tirai la photographie du jeune prince, et je la montrai au chancelier.

« Monsieur le comte, lui dis-je, je viens vous demander un laissez-passer pour me rendre à Wilhelmshohe, afin de remettre à l'empereur cette photographie, sur laquelle son fils lui envoie des paroles d'affection. »

Voici ce que me dit, dans la conversation, le chancelier :

« Notre situation est celle-ci : Que peut-on nous offrir? Avec qui traiter? Nous voulons profiter de la situation actuelle pour éviter dans l'avenir, d'ici à longtemps du moins, une guerre nouvelle; pour cela, une aliénation des frontières de la France nous est indispensable. D'un autre côté, nous nous trouvons en présence de deux gouverne-

1. *Quel est votre nom? N. ou M? Une étrange histoire dévoilée. Incident Bourbaki*, par E. Regnier. 5ᵉ édition avec portrait et autographes. In-8, chez l'éditeur Ghio, quai des Grands-Augustins, 41. Prix : 1 fr. 50.

ments, l'un de fait, l'autre de droit. Il nous est difficile, sinon impossible, de traiter avec l'un ou l'autre.

Depuis que l'impératrice régente a quitté le territoire, elle n'a pas donné signe d'existence. Après la prise de Sedan, l'on eût dû traiter; quelques paroles que j'ai prononcées alors dans une entrevue où se trouvaient MM. de Castelnau et Piétri auraient pu, si l'on avait voulu, donner lieu à des pourparlers sérieux : on a semblé ne pas vouloir les comprendre.

Le gouvernement provisoire de la défense, lui, ne veut ou ne peut accepter cette condition de la diminution du territoire, mais propose un armistice qui lui permettrait de consulter le peuple français sur cette question. Nous pouvons attendre aisément : nous avons ici 400 000 hommes qui vivent sur le territoire occupé et conquis; quand Metz se rendra et les autres villes, nous en aurons 600 000 : ils peuvent ainsi bivouaquer tout l'hiver.

Lorsque nous nous trouverons en face d'un gouvernement qui, *de facto* et *de jure*, pourra traiter sur les bases proposées par nous, nous traiterons. Quant à présent, nous n'avons pas à faire connaître nos exigences quant à une cession de territoire, puisqu'elle est *in toto* déclinée. »

Je répliquai que nous pourrions être heureux d'accepter des conditions moins dures que celles que consentirait le gouvernement de Paris. Je dis que le maréchal Bazaine et le général Uhrich pourraient faire une capitulation au nom du gouvernement impérial. Je conclus en proposant à M. de Bismark, au lieu de me diriger vers Wilhemshohe, d'aller à Metz sans perdre de temps.

Le chancelier fit revenir le sieur Regnier le soir et lui dit :

« Faites que nous trouvions devant nous quelqu'un capable de traiter, et vous aurez rendu un grand service à votre patrie. Je vais vous délivrer un sauf-conduit général qui vous permettra de traverser tous les pays occupés par nos troupes; un télégramme arrivera avant vous à Metz et vous en facilitera l'entrée. Demain, à midi, je dois revoir M. Jules Favre; sans doute, un armistice sera signé; mais ce n'est là qu'une question de fait de guerre qui ne lie en rien pour l'avenir. »

Le comte de Hatzfeld m'offrit une chambre pour la nuit, ajoute le témoin. — Regnier partit le lendemain à six heures. Avant de quitter Ferrières, il avait adressé au chancelier la curieuse lettre suivante :

A Son Excellence M. le comte de Bismark.

Ferrières, nuit du 20 au 21 septembre 1870.

J'aurais pu écrire cette lettre en des termes figurés que Votre Excellence eût pu comprendre. Après la haute bienveillance pour notre cause dont elle a bien voulu me donner la preuve, je m'en *fus* fait un reproche (*sic*); j'aime mieux m'en remettre à son honneur du soin de la brûler une fois lue.

Je quitterai ses postes avancés près de Metz en ordonnant à la voiture de m'attendre; je serai enveloppé d'un châle qui me cachera une partie de la figure, et j'annoncerai mon retour pour six heures du soir. On pourrait ne pas regarder de trop près lorsque je sortirai. Dans le cas où le maréchal Bazaine accéderait à toutes mes conditions et que le maréchal Canrobert ou le général Bourbaki, auquel j'aurais donné l'indication exacte de tout ce qui doit s'exécuter pour la réussite de mon plan, consentirait à l'appuyer de toute son influence sur l'armée, il pourrait sortir avec mes papiers, vêtu de mes habits, enveloppé de mon châle, après avoir donné sa parole qu'il ne serait, pour personne au monde, excepté pour S. M. l'impératrice, que M. Regnier. Il résiderait dans ma famille à Hastings, et ne sortirait que le soir sur la jetée. Une lettre, qu'il ferait tenir de ma part à Sa Majesté, l'avertirait de tout sous le sceau du secret, et elle viendrait seule chez moi parler au maréchal ou au général : seulement, si c'était ce dernier, je n'oserais pas jurer que Mme Le Breton, sa sœur, l'ignorerait.

Plus tard, si tout réussit comme je l'ai prévu, mais seulement alors, il pourrait reprendre son individualité et ferait croire qu'il est sorti de Metz pendant la nuit avec un petit aérostat : mais ce serait seulement dans le cas où il se mettrait à la tête de l'armée chargée de défendre les Chambres, réunies, si possible, dans un port de mer avec présence d'une partie de la flotte sur laquelle on pourrait compter...

REGNIER.

Post-Scriptum. — Une dépêche télégraphique qui serait adressée à l'état-major de l'armée de Metz, dans laquelle il me serait dit : *Vous avez égaré des papiers*, vaudrait un assentiment pour la sortie du maréchal (Canrobert). *Vous avez égaré des effets*, assentiment pour le général (Bourbaki). *Vous n'avez rien égaré du tout*, assentiment pour une personne de mon choix. Pas de télégramme, refus.

Le 21 au soir, j'arrivai devant le prince Frédéric-Charles, que je trouvai prévenu de mon arrivée, et qui m'accorda la permission d'entrer dans Metz et me fit conduire aux avant-postes français.

La déposition du témoin concorde avec les dépositions du maréchal et de ses officiers, quant à l'entrevue qui eut lieu au Ban-Saint-Martin, si ce n'est que Regnier prétend qu'il n'a pas dit au maréchal avoir une mission de l'impératrice, qu'il n'a fait que montrer des photographies, et qu'il a surtout insisté sur ce point qu'il avait vu M. de Bismark et le prince Frédéric-Charles qui lui avaient dit qu'ils ne voulaient pas traiter avec le gouvernement de la Défense nationale; que l'impératrice et le maréchal Bazaine étaient seuls en état de traiter, la première comme régente, le second comme chef de la seule armée qui subsistait. Regnier prétend que le maréchal Bazaine lui a répondu qu'en effet l'armée n'était pas à la disposition de M. Jules Favre, qu'elle avait prêté serment à la dynastie impériale, et qu'elle tiendrait son serment.

Pendant que le général Bourbaki se dirigeait vers Londres, Regnier est revenu à Ferrières et a eu une nouvelle entrevue avec M. de Bismark, après avoir eu au quartier général du prince Frédéric-Charles, à Corny, une longue conversation avec ce prince. La signature que le maréchal avait ajoutée au-dessous de celle du Prince impérial, parut au chancelier un pouvoir suffisant.

Un échange de télégrammes eut lieu entre le maréchal, le prince Frédéric-Charles et M. de Bismark. Regnier prétend encore qu'il ne s'est jamais fait annoncer comme un employé supérieur de la maison de l'impératrice, qu'il a simplement

dit à l'officier qui l'a introduit chez le maréchal : C'est un inconnu qui vient d'Hastings.

Dans une seconde déposition faite devant le juge d'instruction de Melun, Regnier ajoute qu'il n'a pas promis au maréchal, en le quittant le 25 septembre, de lui faire parvenir
avant le 30 septembre une réponse aux conditions de capitulation qu'il lui avait transmises.

Le ministère public et la défense ne faisant pas d'observations, après la lecture de cette déposition, on appelle le général Coffinières.

Le général-président prie le général de déposer sur les opérations militaires du 1er septembre au 7 octobre et sur les
communications de l'extérieur qu'il a pu connaître.

Le témoin déclare sur la première question qu'il n'a pris aucune part
à ces opérations et qu'il n'avait qu'à recevoir les blessés. Il a pourtant
donné des ordres pour continuer les travaux de défense.

Le général a organisé un service de ballons. Le premier est parti vers
le 14 septembre et le dernier le 1er octobre. Beaucoup de nouvelles circulaient, mais leur origine était suspecte, et on ne pouvait y ajouter
foi.

— D. Il résulte de pièces du dossier que des paysans sont entrés en
septembre avec des laissez-passer prussiens. Avez-vous utilisé ces
laissez-passer pour faire sortir des émissaires ?

— R. Ce service n'était pas dans mes attributions personnelles.
Quand il se présentait des gens qui avaient des renseignements, je les
envoyais au maréchal.

— D. M. Debains le 11 septembre est venu vous voir et a demandé
à sortir. Vous rappelez-vous cette démarche ?

— R. Parfaitement ; mais il ne m'a rien dit de la mission qu'il avait.

— D. Vous avez connu et approuvé la proclamation du 13 septembre ;
en avez-vous modifié les termes, surtout pour ce qui concerne la phrase
sur le séjour de l'armée à Metz ?

— R. Le maire et le préfet avaient pensé qu'une proclamation était
nécessaire, après l'arrivée des graves nouvelles des premiers jours de
septembre. Ils me soumirent un texte auquel je fis peu de changements.

— D. Mais la phrase « l'armée ne nous quittera pas » n'est pas d'accord
avec vos déclarations antérieures, car vous pensiez que l'armée quitterait sous huit jours. Cette phrase est-elle restée avec votre approbation ?

— R. Je n'ai attaché aucune importance à cette proclamation. Du
reste, les bruits qui couraient étaient tellement contradictoires, qu'on
ne pouvait plus dire ni si l'armée resterait, ni si elle quitterait Metz.

— D. Mais enfin le maréchal a-t-il autorisé cette phrase, qui implique
un ordre d'idées tout différent ?

— R. Le maréchal est resté étranger à tout cela.

— D. Vers le milieu de septembre, des témoins ont déposé que des
ordres ont été donnés en vue d'un bombardement ; est-ce le maréchal
ou vous qui avez donné des ordres ?

— R. Le maréchal ne connaissait pas ces ordres. Le fort de Plappeville m'avait prévenu que l'ennemi préparait des batteries près de
Champigneulles et je pensai alors que la ville pourrait bien être bom-

bardée. J'ai donc pris des mesures de précaution, mais je n'avais pas l'intention d'effrayer la population.

— *D.* De quelle source saviez-vous que le 20 septembre M. Jules Favre était en négociations avec M. de Bismark ?

— *R.* Je suis bien sûr que je n'ai pas su cela par une source officielle. Je constatais dans mes notes ce qu'on me disait ; beaucoup de journalistes venaient me voir.

— *D.* Ce n'est pas le maréchal qui vous en a parlé ?

— *R.* En aucune façon.

— *D.* Qu'avez-vous su de l'incident Regnier ? et que saviez-vous du départ des médecins luxembourgeois, car il y a des variantes à ce sujet ?

— *R.* Il y avait à Metz sept ou huit médecins luxembourgeois ; ils vinrent me trouver pour obtenir l'autorisation de rejoindre leurs familles. J'avais dû longtemps les ajourner, quand je reçus du maréchal l'ordre de lui envoyer ces médecins Ce n'est que par la rumeur publique que j'appris le départ du général Bourbaki.

— *D.* Vous avez inscrit dans vos notes que M. Regnier était le chef des médecins luxembourgeois.

— *R.* C'est le maréchal qui m'avait dit que M. Regnier était venu pour rapatrier les médecins ; j'ai cru qu'il était leur chef.

— *D.* Le départ de ces médecins a été autorisé le 14, puis retardé jusqu'au 24. Que veut dire cette fluctuation d'ordres ?

— *R.* J'ignorais le refus du maréchal de les laisser partir le 14.

— *D.* Vous avez reçu le 24 août une dépêche du général Manteuffel ?

— *R.* Moi ! Jamais. Je ne crois pas du moins.

— *D.* Elle était adressée au gouverneur de Metz. Quelles instructions avez-vous données au directeur de la Banque le 10 août ?

— *R.* Le directeur avait 50 millions en numéraire. J'appris que des ordres étaient venus de Paris pour y envoyer cette somme. Comme la caisse de l'armée était vide, j'ordonnai au directeur de la Banque de garder cet argent qui pourrait nous être utile. Il me témoigna ses craintes de ne pouvoir cacher la somme et je cherchai à lui en trouver les moyens. Plus tard je fis faire un emprunt d'un million sur lequel 800 000 fr. furent versés. A la capitulation il restait 37 fr. dans la caisse de l'armée.

— *D.* En votre qualité de gouverneur de Metz vous aviez la presse sous vos ordres ?

— *R.* Je n'ai jamais fait de communiqués à la presse et n'ai jamais ordonné de suppressions d'articles. Des officiers de l'état-major général étaient chargés de ce service. Ce n'était pas le moment de faire de la politique et les journaux messins n'auraient pas dû s'occuper de République et de questions gouvernementales.

M⁰ LACHAUD. — M. André, maire d'Ars, a-t-il fait parvenir au général Coffinières des journaux, des lettres, des émissaires ?

— *R.* Je n'en ai aucun souvenir.

On entend de nouveau le général Jarras.

Le témoin déclare que ses souvenirs ne lui rappellent rien de particulier et qu'il demande à être interrogé.

— *D.* Le colonel Nugues a été chargé par vous de dicter le rapport de M. Debains ?

— *R.* M. Debains a fait un rapport écrit à M. le maréchal, qui a pensé qu'il était bon de le faire copier pour le communiquer aux chefs de corps. Je ne l'ai pas lu, faute de temps, et je n'en connus le contenu que par les observations de M. le colonel Nugues. Je me rendis chez le maréchal, qui fit supprimer le résumé et ordonna qu'on ne donnerait que lecture aux chefs de corps sans leur laisser copie du texte.

— D. Avez-vous envoyé un agent à Thionville dans les premiers jours d'octobre?

— R. Je n'ai jamais donné un ordre à quelque agent que ce soit. Vous faites allusion à Flahaut, mais cet homme ne m'a jamais vu; il a dû se tromper.

Le commissaire du gouvernement. — Le général Jarras se souvient-il de la conférence tenue le 4 octobre et du projet de marche sur Thionville?

— R. Oui, mais je n'avais pas voix délibérative à cette conférence. Je ne sais pas quelles raisons ont déterminé le maréchal à renoncer à ce projet.

— D. Quand a-t-on renoncé à ce projet?

— R. On n'a jamais donné l'ordre, au moins par la voie de l'état-major général, que le mouvement n'aurait pas lieu.

Interrogé sur le service des parlementaires, le témoin dépose que dès l'abord le service se faisait sur toutes les lignes, puis on a adopté la ligne de Moulins à Ars. Jusqu'au 25 septembre, le service était fait par le 4e corps, qui occupait cette position, et par le capitaine Arnous-Rivière. De ses explications fort embrouillées, il ressort que le règlement qui régit ce service n'a pas toujours été observé, et que quelquefois les parlementaires pénétraient jusque dans les lignes françaises et jusqu'au quartier général. M. le maréchal recevait souvent, en dehors de l'état-major général, les parlementaires.

On appelle M. Arnous-Rivière.

Le témoin. — Le 12 août, j'ai reçu l'autorisation du maréchal de former un corps destiné à éclairer l'armée. Dès le 16 mon corps était formé, et je pus éclairer la route de Verdun. Le 18, je fis au maréchal un rapport sur ce qui se passait à Saint-Privat. Du 21 au 23 j'éclairai la route de Mézières, puis le 25 la route de Sarrebrück. Le 31, je suis resté avec le 2e corps. Pendant tout le mois de septembre, je restai à la disposition du 4e corps, sous les ordres du général de Cissey; j'occupais Moulins-les-Metz; j'eus le service des parlementaires. La première personne qui entra fut le colonel Bony, qui annonça la catastrophe de Sedan; ce fut, je crois, le 7 septembre. Quelques jours après, un convoi de 700 prisonniers qui devaient être échangés nous arriva. Le 23 septembre, dans l'après-midi, un parlementaire allemand se présenta aux avant-postes; il était porteur d'une lettre du prince Frédéric-Charles pour le maréchal Bazaine. A vingt pas en arrière était un homme à pied, un mouchoir blanc au bout d'un bâton.

Au moment où, après avoir reçu le pli, l'officier parlementaire se disposait à partir, je lui demandai quelle était la personne qui l'accompagnait. « Je ne sais pas, » répondit-il, et il s'éloigna. Me tournant alors vers cette personne, je lui dis : « Qui êtes-vous? » — « J'ai une mission pour le maréchal, et je veux lui parler de suite. » Je le fis conduire chez le général de Cissey par le capitaine Garcin. Plus tard il me fut ramené, et il dut coucher à Moulins. Le lendemain matin il partit. et revint dans l'après-midi; j'avais reçu l'ordre de le conduire au quartier général. Je l'y conduisis, et j'attendis jusqu'au soir; il arriva avec une autre personne qui monta dans ma voiture. Les médecins luxembourgeois suivaient dans une autre voiture. Je fis sonner au parlementaire; mais les Allemands ne répondirent pas, et il fallut atttendre le lendemain matin. M. Regnier voulait passer quand même, et il ne se rendit à la raison que sur les observations du général Bourbaki, que je ne reconnus qu'à ce moment.

Nous nous sommes également occupés d'enlever les provisions que nous trouvions dans nos expéditions. Nous pûmes faire rentrer quelques vivres et 18 000 hectolitres de vin.

Sur la demande du général-président M. Arnous-Rivière déclare qu'il n'a jamais reçu de dépêche par des émissaires ou par les habitants des environs de Moulins. Une seule fois le lieutenant Witz a pu aller jusqu'à Ars.

Le témoin a remis à l'état-major du 4e corps toutes les lettres des parlementaires.

— *D*. Il résulte de l'instruction que le 16 septembre le colonel Boyer a été envoyé en parlementaire. Connaissez-vous des détails sur ce fait?

— *R*. Le colonel Boyer était mon supérieur, et je n'avais pas à m'occuper de ce qu'il faisait. Je l'ai conduit à mon poste le plus avancé.

— *D*. A-t-il passé les lignes et combien de temps est-il resté?

— *R*. Je ne l'ai pas reçu à son retour, je ne puis donc rien dire. L'officier de garde seul peut le savoir.

— *D*. Le 17 vous êtes allé vous-même en parlementaire, et vous avez rapporté la réponse à la lettre que le colonel Boyer avait portée la veille?

— *R*. Oui, un officier allemand m'attendait à mi-chemin entre Moulins et Ars.

— *D*. Le 22 septembre vous avez reçu deux dépêches et un convoi de 140 prisonniers; à qui étaient adressées ces dépêches?

— *R*. Je ne me rappelle pas, mais presque toutes étaient adressées à M. le maréchal où à l'état-major général.

— *D*. Vous qualifiez le 23 sur votre carnet le sieur Regnier de ce mot : *agent*. Vous avait-il fait quelque confidence?

— *R*. Non, cela résultait d'une impression. Je l'ai pris pour un agent de police.

— *D*. Vous a-t-on dit plus tard que Regnier était le chef des médecins luxembourgeois?

— *R*. Aucunement.

— *D*. Avez-vous reçu des journaux de l'intérieur?

— *R*. Nous avons surpris une nuit un poste allemand et nous avons trouvé plusieurs gazettes.

LE COMMISSAIRE DU GOUVERNEMENT. — Regnier ne vous a-t-il pas dit qu'on l'attendait à Metz avec impatience? qu'il avait vu le roi de Prusse, le chancelier de Bismark et le prince Frédéric-Charles qui ne voulait faire la paix qu'avec l'impératrice?

— *R*. Il m'a dit tout cela.

— *D*. Avez-vous communiqué directement avec le maréchal?

— *R*. Avant d'être placé sous les ordres du général de Cissey, oui, mais mes communications devaient passer par le colonel Lewal. Celui-ci m'adressa à l'état-major général.

L'audience est suspendue et renvoyée à vendredi.

Audience du 21 novembre

PRÉSIDENCE DE M. LE DUC D'AUMALE

Avant d'aborder la séance d'aujourd'hui, nous complétons l'audience précédente.

A la fin de la déposition de M. le capitaine Arnous-Rivière, dans laquelle il a été question de la formation d'un corps d'éclaireurs, Me Lachaud fait constater que la création des corps des éclaireurs a été faite le 12 août par ordre du major-général Le Bœuf. C'est par ordre du maréchal Bazaine que le témoin a été, le 3 septembre, mis à la disposition du 4e corps, et le 4 septembre chargé du service des parlementaires.

Le défenseur demande aussi si pendant le séjour du témoin à Moulins il a eu des relations directes avec le maréchal. Le témoin répond que non.

On appelle le commandant Garcin, chef d'escadron d'état-major, 35 ans, résidant à Tours.

Le témoin était chargé d'introduire les parlementaires. Le 16 et le 17, il a conduit des parlementaires chez le maréchal Bazaine. Le 23 septembre, M. Arnous-Rivière amena au quartier-général du général de Cissey, à Longeville, le sieur Regnier.

Le général lui donna l'ordre de le conduire immédiatement chez le maréchal. En approchant du Ban Saint-Martin, il demanda à Regnier qui il devait annoncer au maréchal. Regnier répondit au témoin : Vous annoncerez l'envoyé d'Hastings. On ignorait alors complétement à Metz que l'impératrice avait fixé sa résidence à Hastings.

Sur la demande du commissaire du gouvernement, le témoin déclare que M. Regnier a voulu entamer une conversation avec lui, mais qu'il a refusé de l'écouter, le prenant pour un parlementaire.

On appelle M. de Kératry :

Le témoin dit que l'un des principaux objectifs du gouvernement de la Défense nationale, aussitôt qu'il a été constitué, a été de se mettre, autant que possible, en relation avec Strasbourg et Metz. Le 11 ou le 12 septembre, il a expédié un premier courrier au ministre de la guerre ; cette lettre contenait à peu près ce qui suit : « Paris résiste énergiquement ; tenez solidement. » Il y avait, en outre, une lettre de la maréchale Bazaine donnant de ses nouvelles.

J'avais demandé des marins capables et sur lesquels on pouvait compter ; lorsque Paris fut investi, j'ai fait appel aux gardes forestiers pour établir des communications ; aucun d'eux n'a pu traverser les lignes prussiennes.

Lorsque je suis tombé en ballon auprès de Bar-le-Duc, nous avons fait des signaux avec un drapeau tricolore ; nous avons été poursuivis par les uhlans ; le général Boyer venait de passer ; nous avons eu alors quelques renseignements, peu précis d'ailleurs, sur ce voyage.

La séance est suspendue à trois heures et demie et renvoyée à vendredi à midi et demi.

L'audience du 21 a commencé à midi quarante minutes. Jamais l'affluence n'a été aussi grande. Les couloirs sont encombrés par le public. L'Assemblée nationale s'étant donné des vacances, beaucoup de curieux sont venus à Trianon ; un grand nombre de députés garnissent les fauteuils autour du prétoire. La tribune des journalistes est au grand complet.

On s'entretient beaucoup de M. Gambetta et de la déposition qu'il va sans doute faire dans la séance d'aujourd'hui. M. Le Flô et M. Jules Favre doivent aussi être entendus.

On appelle le commandant Garcin qui avait fait savoir au général-président qu'il avait à faire des rectifications sur des dates, dont il a été question dans sa déposition précédente.

Les trois premiers parlementaires, dit le témoin, sont arrivés le 17, le 19 et le 23 septembre. Le dernier était Regnier, les deux autres étaient des officiers allemands.

On entend ensuite le général Boyer.

Le témoin doit déposer sur ce qu'il sait sur les communications avec l'intérieur antérieurement au 8 octobre.

LE TÉMOIN. La première communication entre les quartiers généraux est à la date du 16 septembre. On avait appris les nouvelles de Sedan ; le maréchal voulut savoir la vérité et m'envoya chez le prince Frédéric-Charles. Je partis avec le commandant Samuel ; je ne pus parvenir jusqu'au prince. Un officier allemand prit ma lettre, et ce n'est que le lendemain que nous eûmes la réponse du prince. Je crois que le 17 un autre officier allemand vint au quartier général français, mais sa mission n'avait pas trait à notre demande. Vers le 27 ou 28 septembre, le maréchal reçut une dépêche par parlementaire du quartier général allemand ; elle venait de Versailles et demandait au maréchal s'il acceptait dans les clauses de sa capitulation la reddition de la place de Metz. Le maréchal répondit négativement.

— D. Un témoin parle d'une lettre apportée par un parlementaire dans la journée du 11 septembre. En avez-vous connaissance ?

— R. Je n'en ai pas souvenir.

— D. Un témoin dépose que le 27 ou le 28 il a eu à traduire une lettre venant du quartier général allemand et autorisant le général Boyer à se rendre à Versailles ?

— R. Cette lettre n'est arrivée que le 12 octobre. Je n'en ai pas connu d'autre.

— D. Le 16 septembre, vous êtes allé aux avant-postes allemands, le 17 vous y êtes retourné ?

— R. Non, je ne suis allé que jusqu'à Longeville, au quartier général de M. le général de Cissey.

— D. Là, vous avez vu un officier allemand. Vous a-t-il donné une lettre ?

— R. Non, je n'ai fait qu'insister auprès de lui pour avoir la réponse à notre lettre du 16.

— D. Le troisième jour est venu un autre officier ?

— R. Oui, c'était M. de Diskau.

— D. Avez-vous souvenir sur quel avis se réglait la sortie des médecins luxembourgeois, autorisée le 14 septembre, et retardée jusqu'au 24 ?

— R. C'est moi qui ai écrit, sur l'ordre du maréchal, au général Coffinières que les médecins pouvaient se tenir prêts à partir.

— *D.* Vous étiez en tiers, à un moment donné, dans la conversation qui a eu lieu entre le maréchal et Regnier ?

— *R.* Oui, après trois quarts d'heure de conversation, le maréchal m'appela et me présenta M. Regnier comme envoyé de l'impératrice.

— *D.* Regnier vous a-t-il parlé de la sortie d'un général français ?

— *R.* Ce n'est pas lui, c'est le maréchal, dans la soirée, qui m'en a parlé.

— *D.* Regnier n'a-t-il pas dit : Bourbaki me va !

— *R.* Le soir il a en effet prononcé joyeusement ces paroles.

— *D.* Regnier a-t-il laissé entendre que le général qui partait ne pourrait pas rentrer ?

— *R.* Il était très-difficile de tirer quelque chose de précis de Regnier ; mais j'ai cru en effet comprendre que le général ne rentrerait pas.

— *D.* Vous n'étiez pas présent quand le maréchal a donné au général Bourbaki ses dernières instructions ?

— *R.* J'étais absent à ce moment.

— *D.* Quel but croyez-vous qu'avait Regnier en retournant le soir au quartier général allemand ?

— *R.* Je me rappelle que le maréchal voulait le retenir, mais Regnier a dit : Non j'aime mieux aller manger du bon bouillon de bœuf chez le prince Frédéric-Charles que du mauvais cheval.

— *D.* Le maréchal n'avait-il pas l'habitude d'envoyer toujours le même officier en parlementaire, parce qu'il savait l'allemand ?

— *R.* C'était le commandant Samuel.

— *D.* N'avez-vous pas postérieurement rencontré Regnier ?

— *R.* Oui, à Londres d'abord ; il m'ennuyait fort et je n'ai rien su de lui ; puis à Cassel, je le vis. Il me parla après la capitulation de Paris d'un sauf-conduit qu'il avait reçu du comte de Hatzfeld pour se rendre à Versailles chez M. de Bismark.

— *D.* L'intendant Gaffiot a déposé que le 28 septembre il a vu le maréchal pour lui signaler le manque de fourrages et que le maréchal s'est tourné vers vous en disant : Quand vient l'International ?

— *R.* Le maréchal faisait allusion à la réponse que Regnier lui avait promise, il me semble, en 5 jours.

Le commissaire du gouvernement. — Étiez-vous présent quand Regnier s'est fait annoncer ?

— *R.* Oui, le commandant Garcin est entré en disant : « Voici un courrier de l'empereur. »

— *D.* Le commandant Garcin donne une autre version, et dit qu'il l'a annoncé en ces termes : « Un envoyé d'Hastings ? »

— *R.* Mes souvenirs sont très-précis.

— *D.* Qui a décidé le général Bourbaki à se déguiser, puisqu'il pouvait sortir en militaire, ayant une autorisation ?

— *R.* Je crois que c'est Regnier. Le maréchal a prêté ses habits civils au général.

— *D.* Connaissiez-vous M. Arnous-Rivière avant qu'il ne fût chargé du service des parlementaires ?

— *R.* Je savais qu'il avait été autorisé à former un corps d'éclaireurs.

On appelle le **commandant Lamey.** C'est l'un des officiers qui avaient mis leur épée au service de l'impératrice exilée.

Le témoin était près de l'impératrice vers le 22 septembre, quand Regnier se présenta. Il exposa ses plans; mais l'impératrice ne voulut pas l'écouter, et lui dit que, dans la situation, ce serait presque un crime que d'entraver la défense nationale. M. Regnier demanda alors à être autorisé à se rendre à Wilhemshohe, auprès de l'empereur. On lui fit comprendre combien l'accès de l'empereur était difficile. Il demanda alors une photographie qui pût lui servir de laissez-passer. L'impératrice lui donna une vue de Hastings avec ces mots : « Ceci est la vue de Hastings. » *Signé* « EUGÉNIE. » Le Prince impérial y ajouta ces mots : « Mon cher père, voici la vue du séjour que nous habitons. » Le prince remit encore à M. Regnier son portrait avec sa signature.

Quand Regnier fut parti, l'impératrice eut regret de ce qu'elle avait fait, et une dépêche fut envoyée à l'empereur pour le prévenir que le porteur de photographies n'était nullement autorisé à se présenter au nom de l'impératrice. L'empereur répondit, plus tard, qu'il n'avait pas vu l'homme en question. L'incident était oublié, lorsqu'arriva tout à coup le général Bourbaki. On crut que Metz s'était rendu; et le général comprit qu'il avait été joué. On fit immédiatement des démarches près de lord Granville pour faire rentrer le général à Metz. Après quelques jours, l'ambassadeur de Prusse fit savoir que le général Bourbaki pourrait rentrer à Metz s'il voulait passer par le quartier général du prince Frédéric-Charles. Le général allait partir, quand sa blessure se rouvrit. Il était encore alité quand Regnier se représenta devant l'impératrice. Le témoin le reçut, et lui fit les plus vifs reproches. Il chercha à se justifier, en disant qu'on avait mal suivi ses instructions, qu'on avait mal compris ses plans, et que ce n'était pas sa faute si tout allait échouer. Regnier me dit qu'il savait mieux que le maréchal ce qui se passait à Metz, et qu'il n'y avait de vivres que jusqu'au 18.

— *D.* Quelle est la personne qui a donné à Regnier les photographies?
— *R.* C'est M. Fillon.
— *D.* Que vous a dit Regnier des conditions de la paix?
— *R.* Il m'a parlé d'une cession de territoire qui était à peu près celle qui a eu lieu, sauf Mulhouse, dont les Allemands ne voulaient pas, disait-il, parce qu'ils craignaient la concurrence de ses toiles. Comme indemnité de guerre, il a parlé de 500 millions.

Le témoin rectifie, sur la demande du général-président, une erreur de date. C'est jusqu'au 22 octobre qu'il y avait des vivres à Metz, selon M. Regnier.

Me Lachaud demande si le témoin a assisté à la seule et unique entrevue entre l'impératrice et Regnier.

Le témoin répond affirmativement. Regnier exposa ses projets d'une façon très-embrouillée; toute la réponse de l'impératrice se résume en cette phrase : « Je n'ai aucune confiance en vous.... du reste ce serait un crime d'entraver la défense du pays. »

Le général Chabaud-Latour voudrait savoir si Regnier disait tenir des Allemands les conditions de paix qu'il développait. Le témoin répond qu'il ne l'a jamais affirmé. .

On appelle M. Soulié, conservateur du musée de Versailles.

LE TÉMOIN. — M. Regnier s'est présenté à moi comme un ancien condisciple, en février 1871, à Versailles, pendant l'occupation et me tint un tas de propos incohérents, entre autres qu'il assisterait à mon enterrement (Hilarité générale). Il me demanda si j'avais entendu parler de lui et de ce qu'il avait fait pour arrêter la guerre. Je lui répondis que non. Il me donna alors plusieurs brochures; je les lus. Je m'étonnai de voir qu'il s'était mêlé de choses qui ne le regardaient pas. Tout ce qu'il a fait est idiot et cela me confirme dans mon opinion que c'était un extravagant qui n'avait pas conscience de ses actes.

— *D.* Vous a t-il dit quelque chose de M. de Bismark?

— *R.* Il me dit textuellement : « Je vais aller à l'hôtel des Réservoirs, parce que je peux recevoir de M. de Bismark l'ordre de partir ce soir. »

On appelle M. Pozzo di Borgo.

Le témoin est malade et son absence est justifiée par des certificats de médecins. Il est donné lecture de sa déposition.

Le témoin était en captivité à Cologne, avec plusieurs de ses amis, officiers comme lui. Ils virent Regnier qui leur dit qu'il se rendait à Wilhemshohe et qu'il avait fait sortir les généraux Bourbaki et Boyer de Metz. Il montra une carte sur laquelle étaient marquées les nouvelles frontières de la France.

On entend le capitaine Yung.

Le 23 septembre au soir, dit le témoin, nous avons appris au quartier général qu'un agent était arrivé en dehors des règlements. Dans ma captivité j'ai vu le 2 novembre, à Cassel, le sieur Regnier qui me fit, ainsi qu'à plusieurs officiers, des confidences de tout genre, et se donna beaucoup d'importance.

On appelle M. Modéré.

Le témoin était marchand de vêtements confectionnés à Metz. Le 25 septembre il faisait partie de la garde nationale; il fut appelé par M. le maréchal et après avoir longtemps attendu, il fut adressé à M. le général Boyer qui lui demanda s'il pouvait lui fournir des habits parce qu'il ne voulait pas défiler en uniforme devant les Prussiens.

Le témoin fit aussi quelques fournitures au maréchal et à plusieurs généraux, et fut payé le 18 octobre.

M. l'intendant Gaffiot est rappelé.

L'intendant doit déposer sur ce qu'il a pu apprendre le 24 septembre au sujet de Regnier.

M. Arnous-Rivière a parlé au témoin d'un agent qu'il venait d'introduire, mais ce n'est que plus tard que le témoin a su qu'il s'agissait de Regnier.

On appelle l'intendant Mony.

Le témoin a également appris par M. Arnous-Rivière qui était allé dîner à l'intendance le 24, qu'il avait introduit un agent. Il n'a pas dit le nom de cet agent, et n'a pas ajouté s'il était porteur d'une lettre.

On appelle M. Malherbes.

Le témoin dépose que M. Arnous-Rivière, pendant qu'il était installé à Moulins, dans sa maison, faisait de grandes dépenses; il disait qu'il connaissait *beaucoup*, beaucoup le maréchal.

Le témoin a vu passer plusieurs parlementaires qu'on a conduits au grand quartier général.

Sur la demande du commissaire du gouvernement, le témoin déclare que les parlementaires montaient dans la chambre de M. Arnous-Rivière et restaient longtemps en conversation avec lui.

On appelle le témoin Henriot, cultivateur à Moulins-les-Metz, 31 ans.

Le témoin habitait Moulins-les-Metz ; il a passé deux parlementaires dans sa nacelle, au milieu de septembre, pendant la nuit, de la rive gauche sur la rive droite. Deux autres parlementaires ont été passés dans le jour par le témoin ; c'étaient un colonel et un commandant. Il n'y avait que la nacelle du témoin, le bac étant détruit. Les deux rives étaient en dedans des lignes françaises.

Le témoin ne peut préciser comme date. Les deux passages ont eu lieu au mois de septembre, entre le 10, époque à laquelle on a brûlé le bac, et le 20, date à laquelle le village de Maison-Rouge a été incendié.

La séance est suspendue

———

La séance est reprise à 2 h. 20 minutes.
On appelle le témoin Garrigues.

Il a conduit en sa qualité de loueur de voitures, les parlementaires. M. Arnous-Rivière lui a ordonné de se tenir toujours prêt. Son service a commencé, croit-il, vers le 26 septembre, et a duré jusqu'à la fin. Il a conduit une douzaine de parlementaires : il rectifie en disant qu'il a conduit une douzaine de fois le même parlementaire, un capitaine de dragons allemands.

Il est donné lecture de deux dépositions recueillies par le juge de paix de Lunéville.

Sophie Fron a déposé qu'un officier allemand s'est présenté chez elle avec un billet de logement à Strasbourg, le lendemain de la capitulation de cette ville. Il dit dans la conversation que le 18 octobre on en aurait fini avec Bazaine qui était un traître. Il dit encore que Bazaine, Napoléon, et d'autres généraux devraient être fusillés et que la France était vendue.

La seconde déposition, celle d'une parente de la femme Fron, confirme la précédente.

On appelle le témoin Noll, lieutenant au 32e de ligne.

Le témoin était en captivité en Allemagne. Vers le 10 octobre le bruit de la chute de Metz se répandit et puis vers le 20 le même bruit circula de nouveau.

On appelle M. Bompard, député.

Le témoin vit Regnier à son retour de Metz. Il a voulu lui parler en sa qualité de maire de Bar-le-Duc. Il a demandé les moyens de rejoindre le quartier général du roi de Prusse. Le témoin lui refusa un laissez-passer. Regnier montra alors ses photographies. Le témoin n'en resta pas moins inflexible, et fit sortir Regnier en lui disant qu'il le verrait à l'Hôtel-de-Ville. Là il trouva Regnier endormi. Il questionna Regnier sur l'armée de Metz ; celui-ci répondit qu'elle était à bout et que bientôt elle devrait capituler. Le témoin le prit pour un extravagant.

Regnier a également montré au témoin une photographie de Wilhelmshohe avec la signature de Napoléon III. Le témoin lui dit que la signature de l'homme qui avait perdu la France n'était pas une recommandation auprès de lui.

Le témoin a pu constater qu'un grand nombre des troupes de Metz ont passé par Bar-le-Duc pour se diriger vers Paris avant la capitulation.

M. Bompard a entendu souvent les officiers allemands exprimer leurs appréciations peu favorables au maréchal Bazaine.

Le maréchal veut protester contre ces appréciations. Le général-président l'interrompt pour lui dire que personne ne peut discuter la déposition des témoins.

On appelle M. Jules Favre (mouvement de curiosité dans l'auditoire).

LE TÉMOIN. — Le conseil sait que j'étais à Ferrières le 18 au soir. Le 19 au matin M. de Bismark m'a montré une photographie d'Hastings avec ces mots : « J'ai choisi cette photographie pour mon bon Louis. Signé : Eugénie. » M. de Bismark me dit qu'un individu lui avait apporté cela pour obtenir un passe-port pour voir l'empereur. Je répondis à M. de Bismark en lui demandant s'il voulait donc rétablir l'Empire. Le chancelier s'en défendit. J'insistais pour connaître le caractère de l'émissaire. M. de Bismark me répondit : « Je le crois si peu sérieux que je l'ai éconduit. » Moi-même je n'accordai donc aucune importance à cet incident.

Dans notre conversation, il fut plus d'une fois question de l'état de la France. Parlant des places assiégées, M. de Bismark me dit : « Etes-vous bien sûr de l'obéissance du maréchal Bazaine ? » Je répondis qu'un chef de corps devant l'ennemi était dévoué à la défense et que je ne doutais pas d'un officier français. M. de Bismark me répondit : « Vous avez tort ; j'ai des raisons de croire que Bazaine ne vous appartient pas. »

— D. La photographie était-elle bien signée de l'impératrice ?

— R. Je l'ai noté ainsi dans mon rapport rédigé au moment même. Mes souvenirs alors étaient tout récents.

— D. Quelles communications avez-vous reçues du maréchal Bazaine ?

— R. Aucune. Nous avons fait tous nos efforts pour lui envoyer des dépêches.

Je voudrais ajouter un mot. Après l'armistice j'ai souvent vu M. de Bismark pour les détails.

J'avais sur le cœur l'affaire Regnier. Je lui en reparlai et je lui dis : « Vous m'avez trompé en me présentant Regnier comme un homme sans conséquence. »

Il le reconnut, mais ne voulut pas avouer que Regnier était son agent. Il est vrai qu'il s'en défendit mal.

Le maréchal déclare qu'il n'a jamais séparé son intérêt de celui de la France.

Incident.

M. le commissaire du gouvernement requiert contre Regnier absent l'application des art. : 103, 126, 128 du Code de justice

militaire et demande qu'en conséquence il soit condamné à
une amende de cent francs.

Conformément à ces réquisitions, le conseil, à l'unanimité,
condamne Regnier à 100 francs d'amende.

LE COMMISSAIRE DU GOUVERNEMENT, attendu qu'il résulte
des débats que Regnier a entretenu des intelligences avec
l'ennemi, qu'il s'est introduit dans le camp français pour
avoir des renseignements sur l'état de l'armée, et qu'il a
fourni ces renseignements à l'ennemi, demande qu'acte lui
soit donné des réserves qu'il fait en vue de poursuites ultérieures contre Regnier.

Acte de ces réserves est donné par le conseil.

————

On appelle M. Combier, député.

Le témoin dépose, en sa qualité d'ingénieur, sur les travaux qui ont
été faits au pont de Longeville pendant le blocus de Metz. Le 26 août,
il reçut l'ordre de rétablir ce pont qu'on avait fait inutilement sauter.
Le travail fut long, mais le 31 août tout était prêt, et l'état-major du
maréchal put passer sur le pont. Le 4 octobre le pont était achevé et
les locomotives purent y passer.

— D. Y a-t-il un canal latéral à la Moselle entre Frouard et
Metz ?

— R. Oui.

On appelle M. le général Le Flô, 69 ans, général de division,
ambassadeur de France près la cour de Russie.

LE TÉMOIN. — En arrivant au ministère de la guerre, je mis tout en
œuvre pour donner des nouvelles à Metz et en recevoir. Le 9 septembre, je fis partir un émissaire dont je n'ai jamais entendu parler. Le
11, un M. Jacob m'offrit ses services. Il n'a pas pu dépasser Longwy,
où il a remis sa dépêche à un habitant de la ville. Le 13 ou le 14, M. de
Kératry, préfet de police, m'envoya un homme sûr, qui partit. Le maréchal prétend qu'il n'a pas reçu la dépêche qu'il portait, ni la lettre
de la maréchale qui y était jointe.

Dans toutes mes dépêches je suppliais le maréchal de s'associer au
grand mouvement de patriotisme qui se produisait. J'avais déjà de
vagues inquiétudes sur le rôle qu'il voudrait jouer. J'ai fait encore
plusieurs autres tentatives ; je m'adressai au sergent Hoff, dont le courage est connu. Celui-ci ne put rompre la ligne d'investissement.

Le gouvernement avait signé tout entier une lettre à M. le maréchal l'adjurant de faire son devoir, quand la nouvelle de la capitulation
arriva.

— D. Un ballon de Metz ne vous est-il pas parvenu ?

— R. Oui, deux jours avant l'investissement de Paris. Il portait plus
de 6000 lettres et pas un mot du maréchal, ni de mon fils qui était à Metz.

Sur la demande de Me Lachaud le général Le Flô affirme qu'aucun
émissaire du maréchal ne lui est arrivé.

On entend ensuite M. Gambetta (Léon-Michel), 36 ans,
avocat et député.

Complément de l'audience du 21 novembre
et audience du 22 novembre

Présidence de M. le duc d'Aumale

Voici l'analyse très-complète de la déposition de M. Gambetta.

Le témoin. — Dès les premiers jours à Paris, nous avons chargé M. le préfet de police de rechercher des agents pour arriver à notifier à l'armée de Metz et à son chef la nouvelle situation politique. Le gouvernement tout entier avait alors la confiance la plus grande dans le talent militaire et dans le patriotisme du chef de l'armée du Rhin. Le gouvernement impérial n'existait plus; il avait fui à l'étranger. Le 4 septembre s'imposait forcément, car de tous les côtés on criait : Résistez. La pensée du gouvernement de l'Hôtel-de-Ville ne pouvait être que de défendre la France. Pour cela il devait compter sur l'armée de Metz et sur les nouvelles forces qu'on pouvait réunir.

Comme ministre de l'intérieur, je n'avais qu'à faire savoir à M. le maréchal Bazaine le nouvel état de choses. Les tentatives ont été faites; le succès, je ne pouvais l'assurer.

Après le 10 octobre, quand je fus à Tours, ma première préoccupation fut Metz.

De l'étranger on apprenait que Metz se défendait, qu'il y avait presque journellement des engagements qui prouvaient la vitalité de l'armée et son énergie. Ces bruits persistèrent jusqu'à la veille de la capitulation, ce qui explique la contradiction qui a pu exister entre nos rapports publiés quotidiennement et notre appréciation finale qui se fit jour dans une proclamation à la France.

M. Tachard, notre ministre à Bruxelles, eut le bonheur de mettre la main sur des émissaires sûrs qui se chargeaient d'apprendre à l'armée de Metz, non-seulement l'union de tous les citoyens pour la défense, mais aussi qu'on avait échelonné à Longwy, à Montmédy, des millions de rations et des quantités énormes de subsistances.

Le 26 octobre je télégraphiai au général Bourbaki : « L'intérêt suprême de la France exige que le maréchal tienne encore; il peut tout sauver. Envoyez des émissaires à vous. » Peu après nous apprîmes par M. Tissot, ministre de France à Londres, la foudroyante nouvelle de la capitulation de Metz.

La dépêche de M. Tissot racontait de la façon la plus détaillée les pourparlers politiques qui avaient eu lieu. Nous avons laissé échapper ce cri d'indignation qu'on nous a reproché, et qu'aucun de mes collègues n'a désavoué. La situation était navrante.

Je complète ma déposition en disant qu'avec Bitche, Strasbourg, Belfort et Neuf-Brisach nous vons pu communiquer constamment : avec Metz seul nous n'avons pas eu de relations.

M. le général-président. — Je n'ai pas à entrer dans l'examen des termes dont vous vous êtes servi dans la proclamation à laquelle vous avez fait allusion. N'avez-vous pas eu de nouvelles du prochain désastre de Metz avant la dépêche de M. Tissot?

— R. Nous avons reçu trois émissaires du maréchal, MM. Waskiewitch, Valcoces, et un autre; ils ont donné des renseignements qui ont été confirmés par ceux que nous a envoyés plus tard M. Tissot. Ils nous représentaient tous la même situation, celle d'un chef qui, au lieu de combattre, négociait avec l'ennemi.

Mᵉ Lachaud demande quels renseignements M. le général Bourbaki a donnés à M. Gambetta à Tours, au mois d'octobre.

LE TÉMOIN. — J'ai vu le général vers le 14 ou le 15 octobre; il était fort désolé, fort inquiet; j'avais appris sa présence à Bruxelles par M. Tachard. Je le priai de venir. Je ne voulus pas l'interroger sur les raisons qui l'avaient déterminé à sortir de Metz et à se rendre à Londres; j'estimais son courage, j'avais confiance en son honneur; j'avais besoin de son épée. Le général me parla de son état d'abattement; il me dit : « Voyez-vous, quand les vrais troupiers ont échoué, il faut jeter le manche après la cognée. » Je cherchai à le faire revenir sur son opinion. Il me donna quelques renseignements sur Metz, me parla des efforts qu'on avait faits pour percer les lignes le 16 et le 18 août, et manifesta son étonnement qu'on n'eût pas poursuivi la marche en avant le soir de Gravelotte. Il parla aussi des ressources qui allaient s'épuiser à Metz, mais n'indiqua d'une façon précise absolument rien.

Je parvins à remonter son moral en lui faisant voir quelles étaient encore nos ressources. Il se leva debout, et s'écria : Eh bien, soit, je suis avec vous. Il partit pour le Nord, il voulait tenter quelque chose du côté de Sedan. Je le revis une seconde fois, triste et découragé. Son nom et ses relations intimes avec la famille impériale avaient éveillé des soupçons; on le calomniait et je dus plusieurs fois intervenir. Il était devenu sombre; la crainte que sa sortie de Metz ne nuisît à sa réputation militaire lui causait un vif chagrin. Il avait perdu cette confiance en lui-même qui en faisait un des plus brillants divisionnaires de l'armée française. Et pourtant que de courage encore il déploya à Villersexel, à Héricourt! C'est surtout de lui qu'on peut dire : Honneur au courage malheureux!

Mᵉ LACHAUD. — Je voudrais pourtant une réponse à ma question. Moi, je n'ai pas le droit de faire un discours et le général Bourbaki pouvait se passer de cet éloge de son courage. Ma demande est simple. A-t-il été question de paix ou d'armistice entre M. Gambetta et M. Bourbaki, oui ou non?

M. GAMBETTA. — Non. Je m'étonne que Mᵉ Lachaud ne m'ait pas compris. J'ai retrouvé dans la déposition du général Bourbaki et je retrouve dans la question du défenseur une insinuation contre laquelle je proteste de toutes mes forces, qui est celle-ci, que le général Bourbaki m'a parlé de paix. Jamais il n'a été question de cela.

Mᵉ LACHAUD. — Il n'y a pas eu d'insinuation de ma part, et je n'accepte pas le mot. Quand je parlerai des grandes choses qu'a faites M. Gambetta, j'en parlerai simplement et me permettrai de discuter, à mon heure, sans faire d'insinuations.

LE GÉNÉRAL-PRÉSIDENT. — Le témoin est autorisé à se retirer.

On appelle M. TOUSTAIN-DUMANOIR, chef d'escadron aux chasseurs d'Afrique.

Le témoin s'est échappé pendant sa captivité; il a rencontré des émissaires du général Le Flô, qui cherchaient à entrer à Metz. Les émissaires qu'il a vus portaient une dépêche pour le maréchal et une lettre de Mme la maréchale.

On appelle le témoin Joseph Mangin.

Le témoin a rencontré, le 12 septembre, à Arlon, en Belgique, un émissaire qui lui demanda le moyen de pénétrer à Metz, et auquel il donna les renseignements les plus détaillés.

On appelle le témoin Clark, employé à la compagnie des omnibus.

Le témoin est parti de Paris avec une dépêche du général Le Flô, et une lettre de la maréchale; il est arrivé à Arlon. De là, après informations prises, il partit pour Longwy et remit au commissaire central Guiard copie de la dépêche et de la lettre.

La séance est levée à 3 h. 25.

Audience du 22 novembre

La séance est reprise à midi quarante minutes. Le temps est pluvieux. On doit entendre aujourd'hui une longue série d'émissaires qui ont fait des efforts, stériles malheureusement, pour pénétrer à Metz.

On appelle le **commandant d'état-major Guioth**, aujourd'hui officier d'ordonnance du duc d'Aumale.

Le témoin a conduit aux avant-postes un paysan de Donchery qui avait pénétré à Metz après Sedan, et que le maréchal avait chargé d'une dépêche pour Paris ou pour Tours, et d'une lettre pour la maréchale. Cela s'est passé du 15 au 20 septembre.

Le témoin **Moulin** (Félix), voiturier, est appelé.

Le témoin a reçu une dépêche vers le 20 septembre et une lettre du maréchal Bazaine qu'il devait porter à Paris au général Trochu. Comme il est tombé entre les mains des Prussiens, il a avalé la dépêche et a déchiré la lettre. La lettre était adressée à Mme la maréchale, à Versailles.

— *D.* La lettre était donc pliée?
— *R.* Non; c'était une feuille de papier.
— *D.* Qu'y avait-il dessus?
— *R.* Il y avait : « A la maréchale Bazaine. Je me porte bien. *Signé* Bazaine. »
— *D.* Y avait-il l'adresse?
— *R.* On m'avait donné le nom de la rue à Versailles.

Le général Chabaud-Latour. — Au cas où vous n'auriez pas pu arriver à Paris, ce qui était possible, vous avait-on dit à qui vous deviez alors remettre la dépêche?
— *R.* Non.

Le commissaire du gouvernement. — Des deux témoins, l'un dit que la lettre à Mme la maréchale était adressée à Versailles, l'autre dit à Tours.

On entend le capitaine d'état-major **Laferté**, résidant à Versailles.

Le témoin dépose qu'à la fin d'octobre, il a reçu une lettre de Tours, de sa mère, qui lui apprenait que la maréchale était dans un couvent à Tours. Il en prévint le maréchal, qui le remercia, et lui dit que c'était la première nouvelle qu'il recevait de sa femme; qu'il la croyait en Espagne. Cette lettre était arrivée avec un paquet de lettres remises par le général de Stiehle.

On appelle M. Jacob, ancien receveur des finances, à Paris, 79 ans.

Je suis Lorrain, né à Metz. Je n'ai pas à dire quelles anxiétés me troublaient au milieu des terribles circonstances que traversait ma ville natale. J'étais à Paris, je voulais aller vers Metz. Il me semblait que mon devoir était de me trouver là-bas, où mes compatriotes souffraient.

Je savais que la Défense nationale avait besoin d'émissaires. J'allai dans les bureaux du gouvernement me proposer. On trouvait que j'étais bien vieux. Je fis comprendre, au contraire, que mon âge me protégerait. Quant à la vigueur et au courage, j'étais bien sûr qu'ils ne me feraient pas défaut.

Le général Le Flô lui confia une dépêche pour le maréchal Bazaine.

Le témoin arriva à Longwy, après avoir passé par la Normandie, la Picardie et la Belgique : à Longwy, il trouva de tels obstacles, qu'il dut remettre la dépêche à un habitant du pays qui se chargea de la faire parvenir à Metz. Il est resté à Longwy du 16 au 20 septembre, et a eu des rapports avec le colonel Massaroli, commandant de la place.

M. le commandant Guioth et M. Moulin sont rappelés sur la demande de M. le commissaire du gouvernement.

M. LE COMMISSAIRE DU GOUVERNEMENT (au commandant Guioth). — Avez-vous vu la dépêche dont M. Guioth était porteur ?

— R. Non.

— D. Et la lettre à la maréchale ?

— R. Non.

— D. Le témoin Moulin a dit que la lettre était avec le passe-port prussien dont il était porteur.

— R. Je ne lui ai rien demandé.

— D. Le témoin Moulin ne vous a-t-il pas dit la destination de la lettre ?

— R. Il m'a dit : La dépêche, je dois la remettre à Paris, et si je ne peux aller à Paris, je la porterai à Tours, autant que je peux me le rappeler.

M. LE MARÉCHAL BAZAINE. — Il y avait Mme la maréchale Bazaine à Versailles.

Je ne savais pas encore qu'elle eût quitté cette ville.

M. LE COMMISSAIRE DU GOUVERNEMENT (au commandant Guioth). — Vous êtes bien sûr que le témoin Moulin a dit : Pour la maréchale, à Tours ?

Moulin a déclaré que la suscription de la lettre était : Mme la maréchale, à Versailles.

M. MOULIN. — Comme je ne sais pas lire, j'ai montré la lettre à un camarade qui m'a dit : Il y a dessus : « Mme la maréchale, à Versailles. »

On appelle le témoin Migeon (Nicolas).

Le témoin, qui habitait Verdun, a été chargé de plusieurs dépêches pour Paris par le général Garcin qui commandait à Verdun. Le 19 septembre, il est entré à Paris et a remis une dépêche au ministre de la guerre. On voulut le renvoyer à Metz, mais il ne put franchir les lignes prussiennes autour de Paris.

On appelle le témoin Donzella, né à Ajaccio, marin à Brest, 33 ans.

En septembre 1870, j'étais à Paris, à la flottille de la Seine. Mon commandant demanda des hommes de bonne volonté, qui sauraient bien nager. Je m'offris.

Le 13 septembre, le témoin fut chargé par M. de Kératry de porter une dépêche au maréchal Bazaine. Il arriva dans le Luxembourg d'où le consul français l'adressa au colonel Turnier à Thionville.

Le colonel lui représenta les difficultés qu'il rencontrerait.

« Vous voyez, dit Donzella au commandant, je suis arrivé jusqu'ici, je n'ai plus qu'un petit effort à faire. Donnez-moi un guide qui me mène jusqu'à un endroit de la Moselle où je n'aie plus qu'à faire sept ou huit kilomètres à la nage. »

Au bout de trois jours il n'avait pas trouvé de guide pour le marin.

« Mais, répétai-je, dit le témoin, puisque je vous dis que je me charge de tout, une fois dans la rivière ! »

Il ne voulait pas comprendre cela. Il me dit : « Tenez, je vais vous donner une mission plus utile, remettez-moi votre dépêche, je m'en charge, j'ai des gens sûrs qui ont sur vous l'avantage de connaître le pays et de parler l'allemand. » Je répondis : « Pour nager dans la Moselle, mon colonel, on n'a pas besoin de parler allemand. » (Rires). Il reprit : « C'est égal, voici une lettre adressée au gouvernement de la Défense nationale : cette lettre vient de Metz, elle a été trouvée, il y a quelques jours parmi d'autres provenant d'un ballon tombé dans nos lignes. »

Je pris la lettre et, détachant de mon cou ma dépêche roulée en cigarette que j'avais mise là pour pouvoir la détruire ou nager avec, suivant le cas, je la lui tendis.

Comme Paris était investi, le témoin se rendit à Tours et remit la dépêche à l'amiral Fourrichon, « car il ne connaissait pas Gambetta. » Il est retourné à Thionville avec une dépêche.

Cette fois la ville était investie. Quand je m'aperçus, dit le témoin, que le cercle des troupes allemandes allait me gêner, au nez et à la barbe d'un poste de cent vingt Prussiens, je piquai une tête dans la Moselle. Un peu plus loin, je n'eus plus qu'à suivre tranquillement le fil de l'eau. Je m'amusai même, le long de la route, à cueillir des baguettes de saule.

J'arrive comme cela dans Thionville. Je sors de l'eau et me présente au commandant de place. « Je vous apporte des saules pour faire des paniers ! » Je lui dis cela en riant. Le colonel Turnier avait l'air tout étonné de me revoir. J'ajoutai : « Vous voyez bien que je sais passer là où il y a des Allemands ! Quel dommage que vous ne m'ayez pas laissé aller à Metz ! »

Je lui récitai la dépêche que j'avais donnée à copier au consul de Luxembourg en demandant la permission de la prendre en mémoire pour la réciter d'une façon orale.

Le colonel voulut me donner une lettre pour sa femme à Dieppe. — Oh ! lui dis-je, mon colonel, je porte des dépêches ; mais pour envoyer des compliments à votre famille, je ne me risque pas ! »

A Bruxelles, je revis M. Tachard, ministre de France, j'étais chargé de lui dire qu'il fasse tout son possible pour communiquer avec Metz.

Quand j'arrivai chez M. Tachard, il me dit : « Trinquons, ça vous séchera. » En effet, j'étais très-mouillé. M. Tachard avait du bon vin.

Et puis il me donna une boîte de cigares. Enfin, il me remit deux cents francs pour mon cadeau et, devant moi, il expédia une dépêche télégraphique à Tours, où il disait : « Je recommande le marin Donnella à la Défense nationale, il s'est très-bien conduit. »

Je rentrai en France. Comme je me suis trouvé à Rouen, je suis tout de même allé porter les compliments à la famille du colonel.

M. le général-président félicite le témoin de sa belle conduite.

On appelle M. l'intendant Richard (Joseph), 59 ans.

Le 16 septembre, le témoin fut chargé de faire arriver dans les places du Nord de grand convois de vivres destinés à l'arrivée du maréchal Bazaine. Pour arriver à Longwy il n'y avait pas de grandes difficultés, puisque l'ennemi n'occupait pas le pays. Il n'en était pas de même à Thionville. Dans la nuit du 22 au 23, 120 wagons contenant 6765 quintaux de vivres de toute espèce, conduits par M. Belley, inspecteur principal de la compagnie de l'Est, parvinrent à Longwy.

Dans la nuit du 24 au 25, d'après les instructions du témoin, mille hommes de la garnison de Thionville furent envoyés sur différents points de la ligne ; ils réparèrent la voie que les Allemands avaient détruite sur une longueur de plusieurs centaines de mètres et protégèrent l'entrée dans la place de trois trains de farine et de biscuit.

Le témoin entre dans les plus grands détails sur cette expédition de Thionville. Il faut y relever le fait du maire de Bettembergs qui, par peur des rigueurs que les Allemands pourraient exercer plus tard contre lui, ne voulut pas laisser passer le convoi de vivres. M. l'intendant donna ordre de le menacer de lui brûler la cervelle, de le bâillonner et de l'emmener à Thionville s'il opposait la moindre résistance, et s'il faisait mine, comme il l'avait dit, d'appeler la population à son aide.

On appelle le commandant Massaroli ex-commandant de la place de Longwy.

Le témoin entre d'abord dans quelques détails sur la place de Longwy et sur l'état de ses fortifications. Il reçut avis de M. l'intendant Richard qu'il allait recevoir un dépôt d'approvisionnements. Le 21 septembre les vivres arrivèrent. Dès que cette opération fut terminée, on chercha à prévenir le maréchal Bazaine de la présence de ces provisions. Émissaires sur émissaires partirent, mais le témoin ne sait pas si le maréchal a reçu ses dépêches.

Le témoin reçut encore 5000 quintaux de vivres le 23.

Ces provisions ont servi à nourrir la population, qui a supporté un bombardement du 17 au 25. Je dis cela pour prouver qu'elles ne sont pas tombées aux mains de l'ennemi, comme cela a été dit.

— D. Avez-vous vu M. Jacob à son passage à Longwy?

— R. Je crois que oui ; j'ai vu beaucoup d'émissaires.

On entend M. Vattry, commis principal des douanes à Rochefort.

Le témoin était attaché à l'intendant Richard et fut envoyé dans le duché de Luxembourg pour assurer le service des vivres. Il se rendit aussi près du colonel Turnier pour le prévenir de l'arrivée de trois trains de farine et de biscuit.

On appelle M. Quatrebœuf, sergent-fourrier de marine.

Le témoin a été chargé le 17 septembre d'une mission pour le maréchal Bazaine. Il devait lui annoncer l'arrivée prochaine des vivres à Longwy, mais il ne put entrer à Metz.

On appelle le témoin Humbert.

Le témoin échoua également dans une tentative qu'il fit pour pénétrer à Metz. Il eut à subir toutes sortes de mauvais traitements des Allemands qui l'arrêtèrent à plusieurs reprises.

M. Camus a été chargé de pénétrer dans Metz pour annoncer l'arrivée de vivres à Longwy et à Thionville, il n'a pu entrer à Metz.

Le témoin Muller fait une déposition identique.

La déposition du témoin Calarnou, décédé, est lue par le greffier.

M. Calarnou devait annoncer verbalement au maréchal l'arrivée des vivres à Thionville, donner au maréchal des nouvelles de sa femme et demander des nouvelles du fils de M. Le Flô. Il fut blessé en route par un coup de feu à la jambe, fait prisonnier et ne parvint pas à Metz.

On entend le témoin Risse, 24 ans, ancien garde mobile.

Le témoin a été chargé par M. le colonel Turnier d'annoncer au maréchal Bazaine que des approvisionnements étaient concentrés à Thionville.

Je revêtis, dit-il, une blouse après avoir cousu cette dépêche dans le dos de mon gilet ; puis je me mis en route :

Je parle couramment l'allemand, ce qui expliquera comment je vécus sans trop de danger parmi les ennemis. Aux avant-postes prussiens, devant Metz, on me demanda si j'étais soldat. Je dis : « Non, vous voyez bien. » On m'examinait sur toutes les coutures.

Le colonel Turnier m'avait offert de l'argent. J'en possédais un peu, et je lui avais répondu qu'il valait mieux que je n'eusse pas sur moi une somme, car qui sait si je ne devais pas être tué ?

Les Allemands eurent beau me fouiller, ils ne découvrirent rien, car ils ne songèrent pas à regarder dans mon dos. Je causai avec eux et nous bûmes ensemble. Ils disaient du mal des Français, cela m'était pénible, mais je faisais chorus avec eux, et je m'attirai ainsi leur confiance.

Leurs soupçons étant dissipés, je pus, en prenant un air indifférent, me diriger du côté de Metz. Je rencontrai bien encore quelques sentinelles, mais je n'avais plus peur d'un factionnaire isolé, après avoir dépassé les grands avant-postes.

J'arrivai comme cela jusqu'aux avancées françaises. Cette fois, ce fut de la part de mes compatriotes que je dus subir un interrogatoire. Mes réponses firent bien voir que j'étais un ami vrai, que j'avais une mission à remplir et qu'il était nécessaire que j'arrivasse rapidement au Ban-Saint-Martin.

Arrivé là, je m'adressai à un planton à qui j'expliquai que j'avais à parler au commandant en chef. Ce soldat alla trouver un officier que je vis entrer dans une pièce où il resta deux ou trois minutes. Puis il sortit et vint me prendre pour m'y faire entrer à mon tour.

Je me trouvai en présence du maréchal Bazaine.

Ayant retiré la dépêche de mon gilet, je la lui remis ; il la lut et relevant la tête vers moi, il dit : « C'est bien, je vous remercie ; si les affaires tournent bien, vous serez largement récompensé. « L'officier un petit, assez gras, avec des moustaches noires, me donna dix francs.

En quittant le quartier général, je me dirigeai vers la ville, que je connaissais très-bien ; j'y rencontrai plusieurs amis, entre autres Flahaut, à qui je donnai des nouvelles de sa femme, que j'avais vue à Thionville. Nous allâmes boire deux bouteilles qu'il m'offrit et nous trouvâmes encore deux amis.

Je croyais que le maréchal Bazaine m'emploierait comme émissaire pour sortir de Metz. Mais il n'en fut rien, et alors, au bout de dix ou onze jours, c'est-à-dire le 8 octobre, je m'engageai dans la ligne et entrai au 44e régiment.

Pendant la déposition du témoin, que l'auditoire suit avec la plus grande attention, le maréchal Bazaine fait à plusieurs reprises des gestes de dénégation.

LE GÉNÉRAL-PRÉSIDENT. — Témoin, êtes-vous bien certain que c'est au maréchal Bazaine que vous avez délivré la dépêche dont vous étiez porteur ?

— R. Oh ! parfaitement certain.

— D. Vous reconnaissez donc M. le maréchal ?

— R. J'ai habité Paris dans le temps et je l'y avais vu.

— D. L'avez-vous revu depuis les événements dont vous venez de parler.

— R. Non, monsieur le président.

— D. Eh bien ! Tournez-vous vers votre droite et regardez.

— R. Oui, c'est bien lui.

— D. Vous connaissez M. le maréchal ?

— R. C'est à lui, qui est là, que j'ai remis ma dépêche. (Sensation.)

Le maréchal regarde le général-président en souriant et, en secouant la tête de droite à gauche, répond à ces affirmations :

Il est possible que ce témoin ait été au quartier général ; mais ce n'est pas à moi qu'il a eu affaire. Je n'ai jamais reçu de dépêche m'informant d'un ravitaillement. Je n'ai jamais vu ce témoin.

LE GÉNÉRAL-PRÉSIDENT. — Témoin, que répondez-vous ?

— R. Je maintiens.

LE MARÉCHAL. — Que ce jeune homme dise comment j'étais habillé.

— D. Vous avez entendu la question.

— R. Il avait une tunique de petite tenue, sans épaulettes, et il était tête nue.

LE MARÉCHAL. — Je n'ai jamais porté chez moi que le spencer de l'état-major.

LE TÉMOIN. — Ça ressemble toujours à une tunique sans épaulettes.

Me LACHAUD. — Comment le témoin s'y est-il donc pris pour se rendre des avant-postes français au quartier général ?

— R. Je viens de dire que je me suis expliqué. aux avant-postes, sur la mission dont j'étais chargé. Un sergent m'adjoignit un soldat qui me conduisit jusqu'au Ban-Saint-Martin, où je parlai au planton ainsi que j'en ai déposé.

LE GÉNÉRAL-PRÉSIDENT. — Le voyage accompli par le témoin est incontestable, puisque Risse est inscrit sur les rôles de la garde mobile à Thionville et que l'original de son engagement du 8 octobre à Metz est annexé au dossier.

L'audience est suspendue.

Complément de l'audience du 22 novembre
et audience du 24 novembre

PRÉSIDENCE DE M. LE DUC D'AUMALE

L'audience du 22 est reprise à 3 heures 25 minutes.
On appelle le colonel Turnier.

Le témoin confirme les dépositions qui se rapportent à l'arrivée des trains de farine et de biscuit. Il a envoyé trois ou quatre émissaires pour prévenir le maréchal de cet approvisionnement. Le colonel était convaincu que le maréchal apprendrait par ses espions la présence de ces vivres, car l'émoi dans le pays fut très-grand.

— D. Avez-vous reçu un message du général Le Flô ?

— R. Oui, par un marin nommé Donzella. Je le détournai de son projet d'aller à Metz, car ses moyens ne me semblaient pas pratiques. Un jour il est tombé à Thionville un tout petit ballon avec un paquet de lettres. Toutes ces lettres étaient adressées par des officiers à leurs familles et ne contenaient rien de particulier.

— D. Et la lettre remise par vous à Donzella pour le gouvernement de Tours ?

— R. C'était une réponse de moi à l'amiral Fourichon, mais pas une lettre venue par ballon. Je puis l'affirmer.

On fait revenir le témoin Donzella.

Il maintient sa première déposition.

La lettre ne portait pas de nom de destinataire, et ne s'adressait qu'à un membre du gouvernement de la Défense.

Le colonel déclare de nouveau qu'il a fait le dépouillement des lettres du ballon avec le commissaire central, M. Guiard, et qu'il n'y avait aucune lettre officielle donnant des nouvelles.

LE COMMISSAIRE DU GOUVERNEMENT (au colonel Turnier). — Enfin, vous ne pouvez pas vous souvenir du contenu de la dépêche que vous avez remise à Donzella?

DONZELLA. — Elle était cachetée.

LE GÉNÉRAL-PRÉSIDENT. — C'est à M. le colonel Turnier que la question est posée par M. le commissaire du gouvernement.

LE COLONEL TURNIER. — Je ne puis me le rappeler.

Mᵉ LACHAUD. — Si cette dépêche avait quelque importance, comme elle a été remise à M. l'amiral Fourichon, on pourrait savoir ce qu'elle contenait.

LE COMMISSAIRE DU GOUVERNEMENT. — L'amiral Fourichon a déclaré qu'il ne peut se rappeler à quelle date il a reçu cette dépêche.

Mᵉ LACHAUD. — Si elle était importante il se le rappellerait.

Le témoin Risse est rappelé ; il avance à la barre.

D. (au colonel Turnier). — Vous rappelez-vous la figure de ce témoin?

— R. Oui, je crois ; mais quand je l'ai vu, il me sembla qu'il était plus petit ; il a grandi depuis, il y a trois ans ; mais j'en ai un vague souvenir.

LE COMMISSAIRE DU GOUVERNEMENT au témoin Risse. — Vous n'avez reçu aucune gratification du colonel Turnier?

— R. Il m'en a offert une, mais j'ai refusé. Depuis, j'ai dit au colonel qu'il ne m'avait donné aucune gratification ; il m'a dit : « Alors je n'ai pas pris votre nom, et je ne me rappelle pas. »

— LE COLONEL. Il est difficile de se rappeler une figure au bout de trois ans.

On appelle Flahaut, l'émissaire dont il a déjà été plusieurs fois question dans le procès.

Le 5 septembre, le lieutenant Charret a demandé au témoin s'il voulait partir ; il y consentit. Le maréchal lui remit une dépêche chiffrée pour l'empereur. Il ne put passer, et revint à Metz. Le 15 septembre, il fit une nouvelle mais inutile tentative. Le 3 octobre, le général Jarras lui dit d'aller trouver le général Turnier à Thionville, et de lui dire verbalement que l'armée se dirigerait prochainement sur la place pour y chercher des vivres. Il ne réussit encore pas à passer.

— D. Avez-vous rencontré à Metz un homme de Thionville ?

— R. Oui, le nommé Risse ; il était avec des amis et m'a donné des nouvelles de ma femme qui était à Thionville. Il m'a dit qu'il avait vu le maréchal et lui avait annoncé qu'il y avait beaucoup de vivres à Thionville.

Il est donné lecture de la déposition du sieur Antermet, défaillant, déposition faite à Jersey, devant le consul de France.

Le témoin était employé au cirque Bazola. Il a offert de porter des dépêches. Vers le 7 ou le 8 septembre il reçut du colonel Lewal une dépêche en présence du maréchal. Ce dernier lui dit: Tâchez d'arriver jusqu'au général Trochu. Le double de cette dépêche fut remis à la femme Antermet, qui parlait l'allemand.

Antermet partit avec sa femme, en achetant une voiture et un cheval, et ils se firent passer pour expulsés de Metz. Comme ils n'avaient pas d'arrêté d'expulsion, on ne les laissa pas passer.

Ils revinrent à Metz, et le maréchal leur fit délivrer un arrêté d'expulsion et les fit même conduire par deux gendarmes. Cette fois, ils crurent passer, mais ils furent séparés. On les fouilla à fond, et il dut avaler sa dépêche. On le garda trois jours, puis on lui dit de retourner sur ses pas. Il avait appris que l'empereur était prisonnier. Les officiers prussiens dirent à sa femme que si le maréchal Bazaine voulait capituler, on le recevrait par la route d'Ars.

La dépêche, que je savais par cœur, a déclaré le témoin, était ainsi conçue :

« Après une tentative de vive force qui nous a amenés à un combat qui a duré deux jours dans les environs de Sainte-Barbe, nous sommes de nouveau dans le camp retranché de Metz, avec peu de ressources en munitions d'artillerie de campagne, ni viande, ni biscuit, mais du blé pour cinq semaines, enfin un état sanitaire qui n'est pas parfait, la place étant encombrée de blessés.

« Malgré de nombreux combats, le moral de l'armée reste bon. Je continue à faire des efforts pour sortir de la situation dans laquelle nous sommes, mais l'ennemi est nombreux autour de nous. Le général Decaen est mort. Blessés et malades, environ 18 000. »

On lit également la déposition de la femme Antermet.

Celle-ci rapporta au maréchal ce qu'on lui avait dit relativement au désir de voir venir le maréchal à Ars.

Sur l'arrêté d'expulsion un officier supérieur avait écrit plusieurs mots en allemand.

Le témoin ne se rappelle pas ce que contenaient ces lignes.

Le maréchal a dit au témoin : « Vous avez plus de bonheur que moi, vous avez vu le prince Frédéric-Charles, il voudrait bien parlementer, mais nous avons des vivres pour un an et de quoi manger jusque-là, » et le maréchal montrait son cou.

Le maréchal lui confia de nouveau au mois d'octobre la même dépêche pour le général Trochu. Grâce à un paysan qui avait un laissez-passer allemand, Mme Antermet put traverser les lignes.

La dépêche fut remise le 7 novembre à M. Tachard, à Bruxelles.

Me Lachaud affirme que les quelques lignes en allemand contenaient simplement la prière de ne pas envoyer des personnes aux avant-postes parce qu'on ne les laisserait pas passer.

On entend le témoin Rousseau.

Sur la demande du colonel Leperche, le témoin a fourni l'émissaire Metzinger, qu'il n'a plus revu.

Le témoin Metzinger, ancien soldat, n'a pu accomplir la mission dont il a été chargé. Il est resté prisonnier dans les lignes ennemies jusqu'à la capitulation.

Il est donné lecture de la déposition du témoin Hivon, défaillant.

Le 23 juillet 1870, je partis de Verdun, comme faisant partie du convoi auxiliaire avec deux chevaux et une voiture.

J'arrivai à Metz après les batailles de Gravelotte et de Saint-Privat, on me fit demander plus tard au Ban-Saint-Martin ; là un officier du génie m'offrit 4000 francs si je pouvais arriver à porter une dépêche au maréchal Mac-Mahon ou à Verdun. Il y avait avec moi Mme Mesnard, elle ne voulut pas accepter, trouvant que ce n'était pas assez.

Lallemand vint avec moi le lendemain à l'état-major. On lui promit 4000 francs et la croix, il était ancien sous-officier ; à moi, on promit la médaille militaire.

On fit coudre la dépêche dans un des souliers de Lallemand, et nous partîmes.

Après une tentative infructueuse pour franchir les lignes prussiennes, le témoin et son compagnon revinrent ; on leur dit de repartir, mais ils ne réussirent pas.

Le conseil entend les témoins Marc et Henri, qui étaient cuirassiers à Metz.

Ils furent chargés en septembre de porter à Paris la dépêche suivante du maréchal Bazaine :

« Il est urgent pour l'armée de savoir ce qui se passe à Paris et en France. Nous n'avons aucune communication avec l'extérieur, et les bruits les plus étranges sont répandus par les prisonniers que nous a rendus l'ennemi. Il est important pour nous de recevoir des instructions et des nouvelles. Nous sommes entourés par des forces considérables que nous avons vainement essayé de percer après deux combats infructueux, le 31 août et le 1er septembre. »

Après avoir traversé la Moselle et avoir franchi les lignes prussiennes à Vaux, nous fûmes pris, dit le brigadier Henri, par les Prussiens à Ars. Ils nous attachèrent et nous envoyèrent au prince Frédéric-Charles.

Nous lui dîmes que nous étions d'Ars. On nous fouilla de fond en comble, mais on ne trouva rien sur nous, car il nous avait été recommandé, si nous étions pris, d'avaler la boulette en caoutchouc qui contenait la dépêche.

Nous avons été condamnés à être pendus. Marc dit au commandant (le prince Frédéric-Charles) : « Eh bien ! vous répondrez devant Dieu de notre mort, si vous nous faites pendre sans nous donner un prêtre ! » Il répondit : « Vous aurez un prêtre demain matin. » On nous enferma dans une chambre à four. Mais, pendant la nuit, nous parvînmes à nous sauver par la Moselle. Il y avait un factionnaire prussien qui gardait le pont. Nous nous sommes approchés et nous l'avons jeté dans la Moselle. Ensuite, nous pûmes nous procurer quelques vivres et un peu de linge ; puis nous nous informâmes du chemin de Verdun.

Nous essayâmes de passer, mais nous ne pûmes y arriver tout de même. Nous avons été repris aux dernières lignes allemandes du côté de Verdun. Nous fûmes attachés pendant deux jours à une voiture.

Le deuxième jour, les courageux émissaires parvinrent à s'échapper et, après, plusieurs étapes, ils arrivèrent à Montmédy où ils confièrent leur message au commandant Reboul.

Celui-ci fit porter la dépêche à Lille par le lieutenant Aulio, qui la remit dans les bureaux de la division. A partir de Lille, l'instruction perd la trace de cette dépêche, qui n'est jamais parvenue aux membres de la Délégation de Tours.

Le cuirassier Henri a pu rentrer à Metz le 28 octobre, le jour de la capitulation. Il s'est caché, et plus tard a pu rejoindre l'armée du Nord, et a été incorporé dans les dragons.

Les dépositions des deux cuirassiers qui ont raconté les épisodes de leur captivité et de leur fuite ont produit la plus vive émotion sur le public, qui manifeste hautement sa sympathie.

Les deux témoins ont été félicités par le général-président au nom du conseil.

La séance est levée à cinq heures un quart.

———

Audience du 24 novembre

La séance est reprise à midi quarante minutes.

On appelle M. Bazaine, ingénieur en chef, qui a désiré être entendu par le conseil ; comme frère du maréchal, il ne peut prêter serment.

Le témoin veut donner des renseignements sur une tentative qu'il a faite pour mettre le gouvernement de la Défense nationale en rapport avec Metz.

Le 20 octobre il arriva à Tours, et offrit son concours le plus dévoué et le plus sympathique à M. Gambetta. Il n'avait aucune nouvelle de son frère et de ses deux fils. La maréchale prit la grave résolution de se rendre à Versailles, et d'obtenir la permission du roi de Prusse d'aller à Metz. C'est à l'instigation de M. Thiers qu'elle se décida à faire cette démarche. La maréchale, quoique dans un état de grossesse fort avancé, ne doutait pas de son courage et de son énergie.

M. Thiers, continue le témoin, me mit en rapport avec M. de Chaudordy, qui me recommanda la plus grande discrétion sur ce voyage. J'écrivis à M. de Bismark ; la lettre partit par voie diplomatique, et nous attendîmes la réponse.

Dans nos entretiens quotidiens avec M. Thiers, je me convainquis qu'il n'ignorait pas la situation extrême de l'armée de Metz. Il redoutait que la Prusse ne se servît de cette situation pour y mêler des questions politiques. M. Thiers avait le même but que le maréchal ; il voulait obtenir un armistice pour l'armée. Si cette armée pouvait tenir dix jours, il se faisait fort d'obtenir un armistice avec ravitaillement pour Paris et Metz, grâce au concours des grandes puissances de l'Europe. « Sitôt cet armistice obtenu, disait M. Thiers, j'irai moi-même à Metz. » Il avait pour le maréchal Bazaine une haute estime, et comme homme, et comme militaire.

La réponse de M. de Bismark se faisait toujours attendre. Vers le 24 octobre arriva un émissaire de Metz, un Polonais, qui annonça que l'armée n'avait que pour trois jours de vivres ; il était porteur d'une dépêche chiffrée et d'une note dont je reconnus l'écriture : c'était celle du capitaine Yung. M. Gambetta ne fut pas satisfait des renseignements que cet émissaire apportait ; il ne les trouvait pas suffisants. Il me dit qu'il attendait mieux, et en parlant ainsi il faisait allusion aux notes qn'avait apportées M. de Valcour. La dépêche du Polonais resta lettre morte pour tout le monde : on n'avait pas emporté de Paris la clef pour lire ces dépêches. M. Gambetta prit le parti d'envoyer une dépêche au général Bourbaki, pour que tous les moyens fussent employés dans le but d'arriver avec des nouvelles jusqu'à Metz. Et pourtant M. Gambetta ne pouvait pas se faire illusion sur la réussite de ces tentatives.

Lorsque la chute de Metz fut connue, M. Gambetta fit une proclamation des plus injustes pour l'armée de Metz, dont on ne reconnaissait même pas la valeur et le courage. Il avait fait un premier projet de proclamation qui débutait par mettre le maréchal et tous les chefs de corps *hors la loi*. Ses collègues ne voulurent pas la signer ; il rédigea alors celle que vous connaissez.

Je fis à M. Gambetta les plus sanglants reproches ; il me répondit qu'il aurait préféré voir l'armée périr tout entière que de la voir se rendre.

Je dus alors songer à mettre ma famille à l'abri des passions populaires excitées par cette proclamation.

On entend M. le capitaine Costa de Serda.

Le témoin a eu occasion d'interroger les prisonniers français rendus le 7 septembre et qui ont donné des renseignements sur Sedan. Les Allemands leur avaient dit que le bombardement de Metz devait commencer le soir même.

Les journaux qu'on trouvait sur les prisonniers allemands étaient d'ordinaire de trop ancienne date pour apprendre quelque chose aux assiégés.

Le témoin a accompagné le général Boyer, le 10 octobre, à son départ pour Versailles, jusqu'à la dernière barricade occupée par les Français sur le chemin de Moulins. Il avait reçu le major prussien qui était venu chercher le général.

On appelle M. Brouste.

Le commissaire du gouvernement voudrait savoir pourquoi le témoin a reçu à Metz 2000 fr., quels services il a rendus.

Le témoin déclare qu'il n'a rendu aucun service et que le maréchal, avec lequel il était lié, lui a prêté cette somme pour rejoindre sa famille.

On entend M. Scalles.

Le commissaire du gouvernement demande que le témoin complète sa déposition du 24 octobre, ainsi qu'il en a manifesté le désir. Le témoin était, on se le rappelle, inspecteur des chemins de fer de l'Est.

Il entre dans des détails sur les travaux d'art qu'on pouvait détruire grâce à la dynamite, et qui étaient situés entre Courcelles et Hernies. Selon lui il était facile de faire l'enlèvement des provisions à Courcelles, comme il l'a déjà indiqué, et comme il l'avait proposé au maréchal. Un combat était nécessaire, mais on aurait sauvé la vie aux quinze mille hommes qui ont péri de misère, et la ville pour plus d'un mois était approvisionnée. On n'a rien fait. C'est la faim qui nous a fait capituler, et on pouvait prendre des précautions contre cet ennemi.

Sur interpellation, le témoin déclare qu'il n'a pas donné au maréchal des chiffres, mais il lui a dit qu'il y avait à Courcelles des quantités énormes de vivres, et, en effet, il y avait quinze cents wagons chargés.

M⁰ Lachaud fait observer qu'il aurait fallu faire passer l'armée sur la rive gauche.

M. le commandant Mojon est appelé.

Le témoin dépose sur les opérations militaires qui ont été entreprises du 1er septembre au 8 octobre. Il entre dans de grands détails stratégiques que nous avons déjà trouvés dans les dépositions des différents chefs de corps. Le commandant était attaché au 2e corps d'armée, dont le général Frossard était le chef. Il eut à plusieurs reprises l'occasion de recevoir directement des instructions du maréchal Bazaine.

On entend le général Schmitz. Le témoin était chef d'état-major du gouverneur de Paris.

Il sait qu'on a fait toutes les tentatives pour communiquer avec le maréchal Bazaine. Son service, à lui, était tellement surchargé, qu'il ne pouvait s'occuper de cette question spéciale. C'était le préfet de police et le ministre de la guerre qui étaient chargés de ce soin.

— D. Vous avez vu au mois de septembre le commandant Magnan à Paris; vous n'avez pas essayé de l'employer ou d'avoir des renseignements par lui?

— R. Il est venu me voir dans mon cabinet; il m'apprit qu'il avait été envoyé en mission par le maréchal Bazaine près de l'empereur, mais qu'il n'avait pu rentrer à Metz. Il me demandait à être placé à l'armée de Paris. Je le lui promis. Le surlendemain il m'écrivit une lettre pour me dire qu'il ne pouvait rester à ma disposition, parce qu'il avait reçu l'avis qu'un homme, porteur de dépêches importantes du maréchal Bazaine, était arrivé en Belgique, à Beverloo, et ne pouvait les remettre qu'à lui, qu'il était donc obligé de partir. Depuis, je ne l'ai pas revu.

— D. A-t-il vu le général Trochu?

— R. Non. Le gouverneur était peu visible; moi seul l'ai reçu. Ayant quitté Metz depuis longtemps, il n'a pu me donner des renseignements sur la place.

On entend le colonel Magnan.

Le témoin. — Dans le courant du mois de septembre je me rendis
à Paris ; je n'y arrivai pas chargé d'une mission officielle, je faisais donc
acte d'initiative personnelle. Je voulais m'assurer si à Paris on avait des
nouvelles du maréchal, car à Longwy je n'avais rien pu savoir. Je vis
le général Schmitz et lui communiquai une lettre du commandant de
place de Longwy, Massaroli, qui donnait des renseignements sur les
armées allemandes. Je ne trouvai pas alors les esprits aussi inquiets
que le mien l'était ; la situation ne leur paraissait pas aussi grave. On
pensait que Metz avait reçu des approvisionnements. J'affirmai que depuis le 18 août rien n'était entré à Metz.

Mon nom, à ce moment n'était pas une recommandation, mais je
n'hésitais pas à offrir mes services, lorsque j'eus avis qu'un homme
m'attendait au camp belge de Beverloo, avec des dépêches du maréchal. Je partis le 18 septembre avec un des derniers trains qui sortirent de la capitale.

Je ne me rappelle pas ce que contenaient les dépêches qu'on me remit, mais elles n'étaient ni du maréchal ni d'un chef de corps.

— D. Pourquoi n'êtes-vous pas allé, avant votre départ, chez le général Schmitz, pour prendre ses instructions et ses dépêches ?

— R. J'ai prévenu par lettre et je ne suis parti qu'à minuit. Du
reste je suis resté à Longwy, et les communications entre Longwy et
Paris étaient possibles.

— D. Il résulte de tout cela que votre voyage à Paris a été inutile
pour établir des communications entre Metz et le gouvernement de la
Défense nationale.

On passe à l'audition des témoins cités par la défense.
On appelle d'abord le docteur Lefort.

Me Lachaud demande si le docteur, dans les premiers jours de septembre, n'a pas rendu compte au maréchal Bazaine de la situation de
l'armée de Châlons, d'après les dires des Allemands.

— R. « J'avais obtenu l'autorisation de soigner les soldats français blessés qui se trouvaient dans les ambulances allemandes. Je commençai ma
mission dès le lendemain de Borny ; les médecins allemands firent
d'abord d'assez grandes difficultés, mais je pus enfin faire mon devoir. »

Le 15 août le témoin dut même s'occuper de rassembler des vivres
pour les malades, parce que l'armée prussienne, dès le soir du 14,
avait quitté le champ de bataille pour marcher en avant.

Le témoin apprit la défaite du maréchal de Mac-Mahon, sans qu'on
pût lui dire dans quel endroit le désastre avait eu lieu. Rentré à Metz,
il en rendit compte au maréchal. Celui-ci lui dit : « Cela doit être du
côté de Montmédy, car il y a deux jours j'ai reçu des nouvelles de
l'empereur qui me prévient que l'armée se trouve de ce côté. » Cette
conversation eut lieu le 2 septembre.

Le témoin entre encore dans quelques détails sur l'état sanitaire de
Metz, qui était très-mauvais selon lui.

Le général Coffinières a dit au témoin, vers le 20 octobre, qu'on ca-
pitulerait le 28, bien que l'on eût des vivres jusqu'au 29, parce que le
ravitaillement ne se ferait pas immédiatement.

On entend ensuite le capitaine Valdéjo.

Le témoin, quoiqu'il porte un nom espagnol, est alsacien, et son
accent trahit incontestablement son origine.

M• Lachaud désire savoir si ce n'est pas le 20 septembre que le témoin est rentré à l'armée du Rhin par échange de prisonniers, et s'il n'a pas apporté à Metz des journaux.

Le témoin confirme ces points. Il avait une quinzaine de journaux qu'un colonel d'état-major a remis au maréchal. Le lendemain il a été interrogé par le maréchal. Parmi les journaux se trouvaient le *Figaro*, la *Gazette de Cologne*, etc. Le maréchal lui a demandé s'il n'avait pas vu le commandant Magnan.

Le témoin cherche à interpréter les propos des Allemands : « Bazaine est à nous (wir haben nun Bazaine). » Il pense que cela voulait dire que Bazaine était réduit à l'impuissance. D'ailleurs les propos ne signifient rien ; les Prussiens disaient en buvant : *Saint Gambetta, priez pour nous*.

M. le colonel Marion est appelé.

M• Lachaud voudrait savoir dans quel sens le témoin a fait un rapport au maréchal le 13 août, après une reconnaissance des gués et des ponts de la Moselle.

Le témoin constate que les gués n'étaient pas praticables et que les ponts volants avaient été emportés par la crue des eaux. Le 14 au matin les ponts étaient rétablis. Après la bataille de Borny il fit replier les ponts.

Dans le courant d'août le témoin surveilla la construction de tous les ponts qu'on lui ordonna de jeter sur la Moselle.

Dix témoins à décharge restent encore à entendre.

On appelle M. le capitaine de *Chasseloup-Laubat*.

Le défenseur demande si le témoin n'a pas reçu, le 7 octobre, au combat de Ladonchamps, un ordre du maréchal.

Le capitaine répond que le maréchal lui donna l'ordre d'appuyer avec un bataillon la gauche qui reculait. Un obus éclata à côté du maréchal, mais ni lui, ni son cheval ne bougèrent.

On entend le capitaine Gudin.

Le témoin est interrogé sur les ordres qu'il a reçus sur le champ de bataille de Ladonchamps par le maréchal.

Il déclare que le maréchal a un moment eu l'espoir de réussir ce jour-là à percer les lignes.

Le témoin raconte aussi l'incident de l'obus.

Le maréchal montait à cheval tous les jours et visitait les avant-postes.

Il n'était accompagné d'habitude que de deux officiers et de deux soldats.

On entend le capitaine de Mornay-Soult.

Le témoin déclare également qu'il accompagnait tous les jours le maréchal. Jamais le maréchal n'a dépassé les avant-postes français, quoiqu'il poussât jusqu'à la dernière sentinelle. Jamais non plus il ne sortait la nuit. C'était du reste impossible à cause des sentinelles.

On appelle M. Déhus, lieutenant de hussards.

Il fait une déposition analogue à celle des deux précédents témoins. Le témoin était porte-fanion du maréchal.

L'audience continue.

Complément de l'audience du 24 novembre
et audience du 25 novembre

PRÉSIDENCE DE M. LE DUC D'AUMALE

On continue la série des témoins qui se rapportent à la 8e catégorie : *Dernières négociations*. Les témoins à décharge sont entendus avant les témoins à charge.

Le lieutenant Lapointe, qu'on entend après, MM. de Mornay-Soult et Déhus, était attaché à l'état-major du maréchal et confirme le dire des témoins précédents. Il accompagnait fréquemment le commandant en chef et ne l'a jamais vu franchir les lignes françaises.

On entend ensuite le témoin Cheval, ancien officier en retraite, cavalier d'ordonnance du maréchal.

Même déposition.

On appelle le témoin Angelini, commandant la compagnie qui était de service permanent au ban Saint-Martin.

Le témoin déclare que jamais le maréchal n'est sorti après six heures du soir.

On entend le commandant Danloux.

Le témoin était à la tête de l'escadron d'escorte du maréchal. Il a toujours vu le maréchal se livrer à des inspections minutieuses le long du front des troupes, sans aller, en aucun cas, au delà des avancées. Il estime qu'il était impossible que le maréchal sortît sans être reconnu des soldats.

Le général de Place est appelé.

Le témoin était chef d'état-major de la 1re division militaire à Longeville. Il a été longtemps malade, et ne peut dire si le maréchal est sorti des lignes françaises, mais il pense que ce fait inouï n'a pu se passer : si le maréchal avait une seule fois essayé de s'introduire dans les lignes ennemies, au bout d'un quart d'heure tout le camp en eût été informé ; de plus, la nécessité de faire cesser le feu, de sonner la trompette pour pouvoir passer de notre côté dans les lignes prussiennes, eût rendu impossible toute tentative secrète de ce genre.

Interrogé, le témoin déclare qu'il a fait remettre une lettre de lui personnellement au général Boyer, à son retour de Versailles, par l'entremise de M. Arnous-Rivière. Cette lettre demandait des nouvelles de sa famille. Il était malade, et ne pouvait se rendre lui-même chez le général.

— *D.* Le service des parlementaires était-il fait selon les règlements ?

— *R.* Très-strictement.

— *D.* Alors comment Regnier a-t-il pu pénétrer dans nos lignes ?

— *R.* Il a été reçu après la sonnerie de trompettes pour faire cesser le feu.

LE GÉNÉRAL-PRÉSIDENT. — Oui, mais on ne l'a pas retenu aux avant-postes, on l'a conduit directement au quartier général. La sonnerie de trompettes, je n'en doute pas.

Le général Guyod demande si les parlementaires passaient au moins d'abord par l'état major du général de Cissey.

Le témoin ne saurait l'affirmer. On sonnait la trompette, cela devait suffire.

Le général Pourcet fait observer que les règlements n'étaient pas violés pour l'entrée des parlementaires dans les lignes, mais qu'après tout se passait arbitrairement.

Le colonel Favre est appelé.

Le témoin fut, après le général de Place, chef d'état-major du général de Cissey. Il fait une déposition analogue à la précédente. Le service des avant-postes était si sévèrement fait qu'un magistrat de Metz, qui s'est obstiné à passer, a été tué.

Les mêmes questions sur les parlementaires que celles adressées au témoin précédent sont posées.

Le témoin déclare qu'il était déchargé de toute responsabilité après l'entrée des parlementaires, puisqu'un officier de l'état-major général était délégué pour les recevoir.

On commence ensuite l'audition des témoins à charge de la 8ᵉ série.

On appelle le témoin Meyer, propriétaire à Ars.

Dans les premiers jours d'octobre, dit le témoin, je vis par un télescope les travaux des Prussiens et je pus constater que l'ennemi ne les gardait pas. Je vis aussi un parlementaire avec un drapeau blanc qui avait une conférence avec les Allemands. Je descendis à Moulins pour voir rentrer le parlementaire. Je ne vis rentrer qu'une patrouille.

Le 11, me promenant du côté de Frescati, je vis trois cavaliers, je me cachai et j'entendis l'un d'eux dire : « C'est ici, maréchal, que nous devons mettre pied à terre. »

Le témoin fait la description des trois cavaliers; il ne put surprendre leur conversation. Ils se dirigèrent du côté de Jouy, et une voiture vint à leur rencontre. Un planton ramena leurs chevaux.

Le lendemain, ajoute le témoin, nous eûmes, comme officiers de la garde nationale, une entrevue avec le général Coffinières, qui nous dit que l'armée allait partir.

Plus tard je vis le maréchal et lui parlai de mes découvertes. Il me répondit qu'en effet on faisait en cachette le service des parlementaires, malgré sa défense.

Le témoin a entendu parler de Risse, qui a annoncé que des vivres étaient accumulés à Thionville.

Le commissaire du gouvernement demande si les trois cavaliers ne pouvaient pas venir d'autre part que de Moulins. Le témoin répond qu'on pouvait venir de Montigny par le chemin de fer.

On appelle le témoin Paquin, menuisier, domicilié à Metz.

Le 7 septembre, le témoin était sur le pont de Moulins, quand il vit passer le maréchal qui se dirigeait vers Ars. Il a vu trois militaires prussiens venir à sa rencontre; son escorte est rentrée dans les lignes, et lui a poussé plus loin.

Le 6 octobre, le témoin était encore sur le pont. Le maréchal a passé de nouveau et est entré dans une propriété. Une calèche est venue du côté des Allemands avec trois personnes qui ont demandé la propriété de M. Buisson. On la leur a indiquée; ils y ont rejoint le maréchal. M. Buisson lui-même a ouvert la porte.

J'ai oublié de dire que le 22 septembre le maréchal Bazaine est allé en voiture à Ars. Ce jour-là, on a empêché la circulation à Moulins et l'on a fait fermer les cabarets. Cet ordre a été donné au maire par M. Arnous-Rivière.

— *D.* Êtes-vous sûr d'avoir reconnu M. le maréchal Bazaine?

— *R.* Parfaitement.

— *D.* Où l'aviez-vous donc vu?

— *R.* A Paris.

— *D.* Quand?

— *R.* En 1844.

— *D.* C'est bien loin! Dans quelles circonstances?

— *R.* J'étais à Paris pour chercher de l'ouvrage; me trouvant avec des camarades, menuisiers comme moi, nous rencontrâmes un ami qui était soldat, et nous allâmes ensemble au café. A une table voisine de la nôtre était un commandant. Le soldat me le montra en disant : « C'est un de vos pays; il est Lorrain. » Je le regardai beaucoup, et le soldat ajouta : « C'est mon chef de bataillon, le commandant Bazaine. » Ça se passait dans un café de la Villette.

— *D.* Et aviez-vous revu le maréchal depuis, avant de le retrouver sur le pont de Moulins?

— *R.* Oui, en 1866; il vint passer une revue à Metz, et je le suivis jusqu'à l'hôtel de ville.

M⁰ Lachaud. — Je ferai remarquer au conseil, pour l'édifier sur cette déposition, que M. le maréchal Bazaine était, en 1844, en Afrique, et non dans les cabarets de la Villette, et qu'en 1866 il était au Mexique, et ne songeait guère à passer une revue à Metz.

On constate que le témoin a quitté son corps avant l'expiration de son congé, et s'est réfugié en Suisse pour avoir donné un soufflet à son sergent-major. Il n'a pas été poursuivi.

On entend le témoin FOURNIER, propriétaire à Metz, 59 ans.

Le témoin habitait Jouy; le 13 août l'armée évacua le village, au grand déplaisir des soldats, qui ne voyaient devant eux que quelques patrouilles allemandes. On a commis une faute énorme en ne détruisant pas le pont d'Ars, qui a permis aux troupes ennemies de s'en servir pour arriver à temps sur le champ de bataille de Gravelotte. On a fait sauter le pont de Longeville qui était à deux kilomètres de Metz; mais on l'a sacrifié pour protéger la fuite de l'empereur.

Après le 31 août les troupes allemandes sont parties subitement; elles ne sont revenues que deux jours après. Pendant ce temps la route de Jouy était libre. Notre village était rempli de provisions que les Prussiens y accumulaient; il y avait d'immenses troupeaux et certainement on pouvait du fort Saint-Quentin les apercevoir. Nous attendions, dit le témoin, tous les jours l'armée française. Nous eûmes la douleur de voir passer 53 drapeaux français portés en triomphe par l'ennemi.

J'ai à déposer sur un incident. Dans les premiers jours de novembre, j'ai visité avec une société le château de Corny qui avait été habité par le prince Frédéric-Charles. Là un domestique nous dit : « Voilà le salon où le prince a reçu le maréchal Bazaine. » Nous nous récriâmes. Le domestique maintint son dire, et ajouta : « Je le connais très-bien. Le prince lui a fait peu d'honneur ; il ne l'a conduit que jusqu'au seuil, et ses officiers l'ont accompagné jusqu'au perron. »

M° Lachaud demande le nom du domestique.

LE TÉMOIN. — Je ne le sais pas. On a cité un domestique de M. de Corny, mais ce n'est pas celui qui m'a tenu le propos que je répète. Nous étions six personnes qui ont entendu ce récit ; je puis donner leurs noms.

M. Fournier est prié de rester à la disposition du conseil.

On entend le douanier Dallet.

Le témoin a appris par Ehrmann-Nabor que Flahaut avait porté, le 23 août, une dépêche au maréchal Bazaine. Il a entendu dire par des soldats allemands qu'ils avaient vu en octobre le maréchal se rendre au camp prussien.

On appelle ensuite le témoin Houselle, garde-champêtre.

Le témoin a aperçu, le 18 octobre, deux cavaliers prussiens le mousqueton à la main ; ils étaient suivis par trois officiers français dont l'un était le maréchal, quatre cavaliers français fermaient la marche. Ils se dirigeaient du côté de Corny, et venaient du pont de Novéant.

Le témoin a connu le maréchal au Mexique.

On appelle le témoin Streiff, 21 ans.

Il a vu, au mois d'octobre 1870, un bourgeois venir chez le prince. Les Allemands lui ont dit que c'était le maréchal Bazaine ; d'autres prétendaient que c'était le général Changarnier. La personne avait les yeux bandés. Le témoin était domestique chez M. de Corny ; ce n'est pas lui qui a fait le récit à M. Fournier, cela doit être le valet de chambre.

On entend M. Guépratte, sculpteur.

Le témoin dépose sur l'ordre de fermer les cabarets à Moulins, le 22 septembre, et d'empêcher la circulation des habitants après huit heures du soir. Il a vu, le 26 ou le 27, le maréchal se diriger vers Ars.

Malgré l'heure avancée, j'ai reconnu le maréchal. La nuit était claire, il faisait jour serein (sic), et j'ai très-bien vu le cheval rouge du maréchal avec son étoile au front. Le maréchal avait un grand manteau, et j'ignore quel costume il portait dessous ; mais, sur sa tête, j'ai distingué les broderies du képi.

Il y avait avec lui un porte-fanion et un trompette. Le trompette a sonné au parlementaire vers les Prussiens, où a été le maréchal, et quand ce trompette est repassé, je l'ai abordé, nous avons causé un bout de chemin, et il m'a demandé une pipe de tabac, que je lui ai donnée.

On appelle le commandant Saget.

Le témoin dépose sur les ordres qu'il a reçus pour le tir des batteries établies en arrière de la tranchée du chemin de fer. On tirait sur Orly et sur le château de Frescati.

Du 20 au 30 septembre, on tira peu, sur l'ordre du général Frossard.

Le 2 octobre, le commandant reçut l'ordre de ne plus tirer sur Frescati, où, disait-on, il n'y avait plus de troupes. L'ordre émanait de l'état-major de l'artillerie du 2° corps.

Le témoin n'a pu constater si des troupes étaient à Frescati : on ne voyait pas la position.

Audience du 25 novembre

La séance est reprise à midi 35 minutes.

On appelle le témoin Delamarre qui, n'ayant pas été cité régulièrement, ne prêtera pas serment.

Le témoin, qui est maréchal des logis de hussards, dépose qu'il était à Saint-Privat, en avant de Montigny, de garde aux avant-postes dans la première quinzaine d'octobre. Il entendit un bruit de voiture ; il la héla en lui disant de s'arrêter ; le cocher répondit qu'on n'avait pas l'habitude de l'arrêter. Il passa outre et la portière ouverte renversa le témoin. Une vedette fit feu, mais la voiture ne fut pas atteinte et partit à fond de train. Dans la voiture se trouvaient deux personnes que le témoin n'a pu reconnaître.

On appelle le général Boyer.

LE TÉMOIN. — Après le combat du 7 octobre, le maréchal, qui n'avait pas reçu de nouvelles du général Bourbaki et qui voyait la situation s'aggraver, pensa qu'il fallait consulter les chefs de corps. Une lettre leur fut adressée, et les généraux répondirent ; le 10 eut lieu une conférence. On lut la lettre qui donnait l'avis de chaque commandant de corps, puis le général Coffinières exposa, ainsi que l'intendant Richard, l'état de la place et des ressources dont on disposait encore.... Quatre questions furent posées. Elles se résumaient ainsi :

1º L'armée doit-elle tenir sous les murs de Metz jusqu'à l'entier épuisement de nos ressources alimentaires ?

2º Doit-on continuer à faire des opérations autour de la place pour essayer de se procurer des vivres et des fourrages ?

3º Peut-on entrer en pourparlers avec l'ennemi pour traiter des conditions d'une convention militaire ?

4º Doit-on tenter le sort des armes et chercher à percer les lignes ennemies ?

Après délibération les quatre résolutions suivantes furent prises pour répondre aux quatre questions posées :

1º Que l'on tiendra sous Metz le plus longtemps possible ;

2º Que l'on ne fera pas d'opérations autour de la place, le but à atteindre étant presque improbable.

3º Que des pourparlers seront engagés avec l'ennemi dans un délai qui ne dépassera pas 48 heures, afin de conclure une convention militaire honorable et acceptable pour tous.

4º Que dans le cas où l'ennemi voudrait imposer des conditions incompatibles avec notre honneur et le sentiment du devoir militaire, on tentera de se frayer un passage les armes à la main.

Procès-verbal fut dressé. Un officier général dut partir pour le quartier général allemand.

Les membres de la réunion déclarèrent, en outre, qu'ils ne reconnaissaient pas le gouvernement insurrectionnel qui s'était établi et qu'ils ne se regardaient pas comme dégagés de leur serment vis-à-vis de l'empereur.

Je fus chargé d'aller à Versailles. Je partis le 12 octobre et arrivai à Versailles le 14, sous la conduite d'un officier allemand. Un appartement m'avait été préparé. Vers dix heures on m'informa que le comte de Bismark me recevrait à midi. Nous parlâmes de Regnier, et il me demanda si nous le connaissions ; je lui répondis que personne à l'armée ne le connaissait. Il me dit qu'il s'était présenté à lui avec une photographie portant un mot de l'impératrice, et comme il s'attendait tous les jours à recevoir des propositions de ce côté, il avait accueilli Regnier avec assez de bienveillance, et qu'il le croyait sincère.

M. de Bismark entra dans des considérations politiques sur la situation qui lui avait été faite par la révolution du 4 septembre. Puis, me disant qu'il voulait me mettre absolument au courant de ce qui se passait, pour que je pusse en rendre compte à ceux qui m'avaient envoyé, il m'exposa la mission que remplissait alors M. Thiers en Europe. Il m'entretint de l'entrevue qui avait eu lieu à Ferrières, entre lui et M. Jules Favre, me donnant son appréciation sur les hommes, sur le rôle qu'ils ont joué et sur les membres du gouvernement parisien. Il parla des diverses compétitions qui, en dehors de l'empire, se disputaient le pouvoir, et ajouta que, quoi qu'il arrivât, le gouvernement allemand ne commettrait pas la faute que les Alliés avaient commise en 1815 en imposant à la France un gouvernement.

Passant à la situation intérieure de la France, tant au point de vue politique que militaire, M. de Bismark m'exposa que, d'après les renseignements qu'il recueillait et les données que lui fournissaient les prisonniers, certaines villes du département du Nord ne feraient aucune résistance aux troupes allemandes; que dans certaines places de commerce, où l'égoïsme était le sentiment dominant, on ne serait peut-être pas éloigné de recevoir des troupes allemandes: que du reste on était entré sans coup férir à Rouen; qu'un moment il avait eu l'espoir qu'il en serait de même au Havre, mais que là il s'était trompé; les gens qui sous le nom de francs-tireurs faisaient autant de mal à leurs compatriotes qu'aux Allemands, étaient sur certains points pourchassés aussi bien par les populations françaises que par les troupes allemandes. Me parlant des départements de l'Ouest, il me les dépeignit comme prêts à se déchirer sous l'influence des idées religieuses. Les départements du Midi étaient livrés à l'anarchie la plus absolue; à Marseille et à Lyon flottait le drapeau rouge. Enfin l'armée de la Loire venait d'être battue à Orléans.

Après cet exposé général, M. de Bismark me demanda de préciser les désirs du maréchal Bazaine et le but de ma mission. Je lui exposai qu'après les événements de guerre auxquels l'armée de Metz avait pris part, elle pouvait se considérer comme ayant noblement défendu l'honneur du drapeau, et comme ayant droit, dans l'extrémité où elle se trouvait, non pas à une capitulation — elle n'en était pas là, — mais à une convention militaire qui lui accorderait les honneurs de la guerre, c'est-à-dire la faculté de se retirer en emportant ses armes, son matériel et ses aigles. M. de Bismark me dit que cela ne le regardait pas, que cette affaire, purement militaire, était du domaine du roi, du ministre de la guerre et de M. de Moltke. Il ajouta: « Votre mission étant de demander une convention militaire sur ces bases, je dois vous dire à l'avance que le conseil du roi ne vous accordera pas d'autres conditions que celles qui ont été stipulées à Sedan. »

Sur mon observation que ces bases seraient inacceptées par l'armée du Rhin, M. de Bismark reprit: « Mais je puis, moi, faire valoir des considérations politiques au roi et à son conseil, et je pense obtenir pour l'armée française des conditions que je vous ferai connaître demain, car je verrai le roi ce soir et j'obtiendrai une solution de Sa Majesté. » J'insistai auprès de M. de Bismark pour connaître ces conditions politiques. Il me déclara qu'il ne traiterait pas avec le gouvernement de la Défense nationale qu'il ne reconnaissait pas; qu'il ne pouvait traiter avec l'empereur, qui était prisonnier de guerre et qui avait déjà refusé de traiter à Sedan; mais qu'il pouvait traiter avec le gouvernement de la régente; que pour traiter avec l'impératrice, le gouvernement allemand entendait se réserver des avantages équivalant pour lui à ceux que lui donnait sa position militaire actuelle vis-à-vis de l'armée de Metz.

« Avez-vous, ajouta-t-il, reconnu le gouvernement de la Défense nationale? — Non, répondis-je; nous n'avons reçu aucune nouvelle du gouvernement du 4 septembre. Nous avons, vers le 14 de ce mois, par l'arivée au camp de quelques prisonniers de guerre échangés, appris le même jour le désastre de Sedan, la captivité de l'empereur et l'installation du gouvernement de la Défense nationale. Nous avons eu entre les mains quelques journaux allemands par lesquels nous avons eu connaissance d'un certain nombre de décrets, mais aucune notification officielle ne nous est parvenue, aucun fonctionnaire ne nous a rejoints. Le gouvernement de la Défense nationale n'existe pas pour nous; nous avons prêté serment à l'empereur, nous resterons fidèles à notre serment jusqu'à ce que le pays en ait décidé autrement. — En ce cas, me dit M. de Bismark, nous pouvons nous entendre; je ne vous propose pas de traiter avec l'empereur; il est prisonnier, et l'on pourrait admettre qu'on exerce une pression sur ses décisions. Il n'en est pas de même de l'impératrice; elle est sur un terrain neutre et en dehors de toute action directe de notre part. Du reste l'Allemagne n'est pas hostile au gouvernement impérial. »

Je fis observer à M. de Bismark que je n'avais aucune qualité pour m'occuper d'une négociation de ce genre, mais que je le priais de me développer son système, afin que je pusse en transmettre les bases à Metz. Son système consistait à affirmer la fidélité de l'armée au gouvernement de la Régente par une manifestation témoignant qu'elle était décidée à suivre l'impératrice; d'obtenir de l'impératrice la signature des préliminaires de la paix.

Le lendemain, vers midi, M. de Bismark vint me trouver et me dit que le roi avait convoqué son conseil; qu'au premier abord il avait rejeté toute espèce de convention autre que celle formulée à Sedan; qu'alors il avait, lui, M. de Bismark, proposé de se placer sur un autre terrain, fait valoir les raisons politiques qu'il m'avait exposées la veille, et que le conseil s'était rangé à son avis. Il me renouvela ce qu'il m'avait dit la veille, que la régence était le seul pouvoir avec lequel il pût traiter; qu'il ne voulait pas traiter avec le gouvernement de Paris, encore moins avec celui de Tours. Je n'avais plus rien à faire à Versailles; je priai M. de Bismark de me faire reconduire au plus tôt à Metz.

Je partis le 15 à 9 heures du soir, et j'arrivai à Metz le 17 vers 2 heures de l'après-midi. En passant à Bar-le-Duc, je pus, sur le quai de la gare, échanger rapidement quelques mots avec M. Bompard, le maire de la ville, qui, prévenu de mon passage, s'arrangea de façon à se trouver là.

Je rendis compte au maréchal de mon voyage; le lendemain 18, les chefs de corps furent réunis pour entendre le résultat de ma mission. Le maréchal demanda aux généraux s'il fallait continuer les négociations. Une longue discussion s'engagea; il y avait beaucoup d'hésitation, mais le général Changarnier, qui assistait à la réunion, par un discours très-éloquent, décida les chefs à poursuivre les négociations à engager l'impératrice à traiter.

On demanda au prince Frédéric-Charles de me laisser passer pour aller à Londres. Je partis le 19. Arrivé à Bruxelles, je fus assez heureux pour rencontrer Mme la maréchale Canrobert, qui me donna tous les renseignements sur le séjour de l'impératrice. Le 22, je débarquai en Angleterre, et le matin je me présentai à Chislehurst.

J'étais porteur de deux lettres; l'une du maréchal, l'autre du général Frossard. Le premier mouvement de l'impératrice fut le désespoir; elle fit immédiatement passer à l'ambassade de Prusse à Londres une dépêche pour Versailles demandant un armistice de 15 jours pour l'armée de Metz avec ravitaillement, dans le but de négocier. Je portai la dépêche à l'ambassadeur et en fis expédier une à Metz pour annoncer le premier résultat de ma démarche. L'impératrice voulut conférer avec plusieurs personnages avant de se décider; ce qui l'effrayait, c'était de mettre son nom au bas d'un traité douloureux pour la France. La réponse de notre dépêche envoyée à Versailles n'arriva que le 25. M. de Bismark prétendait qu'il n'était pas possible d'accorder l'armistice. Le roi de Prusse, auquel l'impératrice avait écrit directement, répondit aussi qu'il ne pouvait rien faire puisque aucune des garanties qu'il avait exigées comme indispensables avant d'entrer en négociation n'avait été réalisée.

Le 27, l'impératrice me fit appeler et me donna communication d'une lettre qui lui arrivait de Tours, et qui lui disait que l'armée de la Loire s'organisait et qu'on la suppliait de ne pas s'opposer à l'élan de la France. L'impératrice répondit le jour même qu'elle était prête à sacrifier ses plus chères espérances, mais qu'il fallait se hâter, car la capitulation de Metz était imminente.

Le soir du 27, je reçus une lettre de l'ambassadeur de Prusse, qui m'apprit que l'armée de Metz venait de capituler. Je n'avais plus rien à faire à Londres. Je partis le 29 pour Bruxelles.

J'avais oublié de dire que l'ambassadeur de Prusse à Londres m'avait fait comprendre à plusieurs reprises qu'en traitant avec la régence, l'Allemagne se montrerait plus douce qu'avec n'importe quel autre gouvernement. L'impératrice de son côté m'a dit plus d'une fois qu'elle ne connaissait aucune des conditions de paix que M. de Bismark pourrait imposer.

Le 4 novembre je me rendis à Cassel, où se trouvait le maréchal Bazaine. Je dus me séparer de lui pour des raisons toutes personnelles et douloureuses pour moi.

Je ne pouvais pas me mettre à la disposition du gouvernement de la Défense nationale.

— *D.* Aviez-vous des instructions écrites en vous rendant à Versailles.

— *R.* Aucune.

— *D.* Mais il y a au dossier une pièce de la main du maréchal donnant ces instructions.

— *R.* C'est une note que le maréchal a rédigée pour mémoire, mais je ne l'ai pas eue entre les mains.

— *D.* M. de Bismark vous a dit qu'il n'y avait pas eu d'élections, et qu'il n'y en aurait pas.

— *R.* Certainement.

— *D.* Avez-vous donné à M. de Bismark la définition des honneurs de la guerre, tels que vous les entendiez?

— *R.* Parfaitement. J'ai oublié de dire aussi que j'avais posé à M. de Bismark, et en dehors du maréchal. la condition que la place de Metz resterait indépendante.

L'audience continue.

Complément de l'audience du 25 novembre
et audience du 26 novembre

PRÉSIDENCE DE M. LE DUC D'AUMALE

M. le général-président continue à interroger le témoin, **M. le général Boyer.**

— *D.* M. de Bismark vous a donné des journaux français. Avez-vous comparé les nouvelles que vous donnait M. le chancelier avec celles publiées par ces journaux?

— *R.* Je pensais bien qu'il y avait dans le langage de M. de Bismark de l'exagération, mais je n'ai pu contrôler. J'ai remis les journaux à M. le maréchal, et devant le conseil des généraux j'ai déclaré que les renseignements que je donnais étaient d'origine prussienne.

M. le maréchal Canrobert s'est même levé et a crié : C'est trop fort! Le général Coffinières a dû lui faire remarquer que ce n'était pas moi, mais M. de Bismark qui parlait par ma bouche.

— *D.* A-t-il été question, dans votre entretien avec M. de Bismark, de la mission du général Bourbaki?

— *R.* Oui, il m'a dit que le général avait fait faire à Londres des démarches pour rentrer à Metz, mais qu'il avait toujours été convenu en principe qu'il ne devait pas rentrer. Pourtant le roi lui en avait accordé l'autorisation, après qu'il eut essuyé un premier refus au quartier du prince Frédéric-Charles, parce que le général avait traversé ses lignes les yeux ouverts, et qu'il avait pu voir toutes les attaques; mais quand cette autorisation arriva à Corny, le général, fatigué d'attendre, était parti et s'était mis au service de la Défense nationale.

— *D.* M. de Bismark vous a-t-il parlé des négociations entreprises par M. Thiers?

— *R.* Oui, il m'a dit qu'il attendait M. Thiers, qui devait arriver à Versailles avec un sauf-conduit.

— *D.* C'était très-naturel de la part du gouvernement allemand de chercher toutes sortes de combinaisons et de traiter avec tous ceux qui pouvaient lui présenter une garantie de paix.

Les préliminaires de la paix devaient être signés ou par l'impératrice ou par un de ses délégués. M. de Bismark avait-il donné des explications sur ce délégué?

— *R.* Mais tout de suite j'ai dit à M. de Bismark que M. le maréchal ne pouvait être ce délégué.

— *D.* Ainsi, vous avez exclu le maréchal du choix de l'impératrice?

— *R.* Entièrement.

LE COMMISSAIRE DU GOUVERNEMENT. — Vous n'aviez pas reçu du maréchal d'autres instructions que celles qui se trouvent dans la note qu'il vous a remise?

— *R.* Pas d'autres.

— *D.* Vous avez dit dans l'instruction que la pensée du maréchal était que l'armée se retirerait sur un territoire neutralisé, qu'on ferait des élections, que, quelle que fût la décision prise par le pays, l'armée l'observerait. Dans la note qui vous a été remise, il n'est pas question de ce point là. Cela n'est-il pas dans une note particulière?

— *R.* Non.

LE COMMISSAIRE DU GOUVERNEMENT. — Vous n'aviez pas d'instructions écrites, mais vous dites dans votre déposition écrite : Reprenant alors la note que le maréchal m'avait remise à mon départ?

— R. C'était une note que j'avais rédigée après ma longue conversation avec le maréchal.

Le général-président. — D'ordinaire on écrit les points principaux et on laisse à l'envoyé le soin d'ajouter les commentaires; mais tout s'est passé autrement dans cette affaire extraordinaire. Le maréchal rédige les commentaires (la pièce est au dossier), et vous n'avez même pas par écrit les points principaux de la convention à établir.

Le général Boyer dit à propos de l'entrevue qu'il a eue à Bar-le-Duc avec M. Bompard:

Je n'eusse pas demandé mieux que d'avoir des renseignements, car le plus grave intérêt pour moi, c'était de rapporter à Metz des renseignements précis.

J'avais vu une première fois, à Bar-le-Duc, M. Bompard; il s'est rappelé que nous avions été condisciples au même lycée. Je le priai de faire passer une lettre pour dire que j'étais en bonne santé.

A mon retour de Versailles je me trouvais dans le wagon avec un officier d'ordonnance et un chambellan de la reine de Prusse, qui allait à Berlin; au moment où M. Bompard arriva, l'officier d'ordonnance me laissa seul avec le chambellan de la reine. M. Bompard entra dans le wagon et le chambellan sortit; il se promena devant la portière du wagon, épiant tout ce qui allait être dit; je sentais que j'étais surveillé. Ce n'était pas le moment de se mettre en rapport avec une personne qui me pût donner des renseignements utiles; je n'ai donc pu poser à M. Bompard une question sérieuse. M. Bompard était, lui aussi, dans les mêmes conditions. Il me demanda dans quel état se trouvait Metz. Je lui dis : « Metz est à bout de ressources. » Je n'ai eu que le temps d'échanger avec lui des phrases entrecoupées. Le seul fait qui soit resté dans ma mémoire est celui-ci: M. Bompard m'a dit : «La veille ou l'avant-veille M. de Kératry est tombé en ballon dans les environs de Bar-le-Duc, on est parvenu à le sauver. »

Le commissaire du gouvernement. — M. Bompard a été plus précis. Il a dit que vous lui aviez parlé de la gêne extrême de l'armée à Metz, gêne qui devait l'amener à une reddition prochaine. Il a ajouté que vous lui aviez dit que vous étiez allé à Versailles pour obtenir des conditions meilleures que celles qui vous avaient été faites précédemment, et que vous aviez échoué.

— R. Je ne comprends pas.... Il n'avait jamais été question de conditions.... avant.

— D. C'est précisément pour savoir si des conditions vous avaient été faites précédemment.

— R. Il ne nous en avait jamais été fait.

Le général-président. — Sauf les conditions qui étaient dans les dépêches de Regnier, n'était-ce pas à ces conditions-là que vous auriez fait allusion?

Le témoin. — J'allais chercher des conditions plus douces.

— D. Quand vous alliez à Versailles, vous n'aviez alors que des données vagues, mais enfin vous aviez une idée générale?

— R. Oui, c'est que le maréchal se retirerait sur un terrain délimité, pour y concourir à l'établissement d'un gouvernement régulier.

Le commissaire du gouvernement. — Pourquoi n'avez-vous pas fait savoir au gouvernement de la Défense nationale ce que vous avez dit à M. Bompard?

LE TÉMOIN. — Est-ce que je connaissais ces gens-là ! C'était à M. Bompard à les prévenir.

— *D.* Vous avez brûlé, avant votre départ de Metz pour Versailles, toute la correspondance du prince Frédéric-Charles avec le maréchal ?

— *R.* Je n'avais aucune correspondance du maréchal ; j'habitais dans un petit cabinet ; j'étais chargé du service spécial du personnel de l'armée. C'est moi qui recevais toutes les propositions pour la croix ou pour la médaille militaire, adressées au maréchal par les chefs de corps ; je les examinais. Voilà les papiers que j'avais ; j'avais aussi des lettres de recommandation. Mais je n'avais aucun papier de correspondance entre le maréchal Bazaine et le prince Frédéric-Charles. Il n'a jamais existé, d'ailleurs, à ma connaissance, aucune correspondance entre le maréchal et le prince Frédéric-Charles ; il n'y a eu qu'une lettre du maréchal, demandant au prince de lui faire connaître la situation de la France, plus les deux ou trois notes échangées pour m'envoyer à Versailles et à Londres, et enfin une ou deux lettres écrites par le prince Frédéric-Charles au sujet d'un sous-officier de sa maison auquel il s'intéressait. Jamais il n'y a eu d'autre correspondance, à ma connaissance.

LE GÉNÉRAL-PRÉSIDENT. — Vous aviez pourtant un registre de la correspondance confidentielle ?

— *R.* Oui, je l'ai laissé à un ami pour qu'il le brulât en cas de capitulation ; mais il n'avait aucun intérêt.

— *D.* Il ne s'agit pas seulement de la copie des lettres expédiées, mais aussi des lettres allemandes reçues. Et l'instruction a établi que vous avez donné l'ordre de brûler vos papiers.

— *R.* Je n'ai jamais eu entre les mains les lettres du prince Frédéric-Charles.

— *D.* Vous avez remis à M. Tachard, ministre de France à Bruxelles, un duplicata du procès-verbal de la conférence tenue le 18 octobre ; il s'y trouve des erreurs. Comment cela se fait-il?

— *R.* S'il y a des erreurs, c'est M. Tachard qui les a commises. Mon compte rendu est exact.

— *D.* La dépêche que vous avez fait transmettre au maréchal Bazaine, par voie de Versailles, ne parle pas de l'armistice de quinze jours et du ravitaillement.

— *R.* J'avais ajouté ces mots ; si à Versailles on les a biffés, ce n'est pas ma faute.

LE COMMISSAIRE DU GOUVERNEMENT. — Dans l'enquête du 4 septembre, vous avez dit que les nouvelles apportées de Versailles par vous ont été communiquées au conseil des maréchaux et chefs de corps par le maréchal Bazaine. Vous avez dit dans l'instruction écrite qu'elles l'ont été par vous-même. Est-ce par vous, est-ce par le maréchal ?

LE TÉMOIN. — C'est moi qui ai exposé moi-même les résultats de ma mission. J'avais remis des notes à M. le maréchal, qui suivait sur les notes pendant que je parlais.

Mᵉ Lachaud fait observer que si, dans la dépêche de M. de Bismark, il n'est pas question d'un armistice de 15 jours avec ravitaillement, il existe au dossier une dépêche du général Boyer à M. de Bismark, où M. le général Boyer dit : «Je viens de voir l'impératrice. Elle demande un armistice pour quinze jours avec des vivres. »

On appelle M. Bompard, député à l'Assemblée nationale.

LE TÉMOIN. — Le 12 octobre, quand je vis arriver un train composé d'un seul wagon, duquel descendirent un général français et deux officiers allemands, je me dirigeai vers le général pour lui offrir mes services et lui demander des nouvelles des officiers supérieurs, mes camarades, qui étaient à l'armée de Metz, et surtout de ce qui se passait. Je n'obtins que cette parole : « Je vais au quartier général ; je suis à bout. »

Je donnai l'ordre, à la gare, qu'on me prévînt du retour du général, espérant que je pourrais avoir des renseignements précis et importants. On vint en effet m'avertir de son retour. Quand j'arrivai, je le trouvai causant avec M. Houzelot, juge à Bar-le-Duc. Il avait été très-réservé, n'avait pas questionné M. Houzelot sur l'état du pays. A mon arrivée, M. Houzelot descendit du wagon, et j'y entrai sans difficulté. Le général Boyer me dit que Metz serait obligé de se rendre vers le 22 ; qu'il était impossible de résister, puisque l'armée avait mangé ses chevaux d'artillerie ; qu'il fallait qu'on fît la paix à tout prix ; qu'il venait du quartier général pour avoir des conditions plus douces que celles qui leur avaient été faites, mais qu'il avait échoué dans sa mission ; que l'armée de la Loire n'existait plus ; qu'il y avait anarchie en France ; que les villes de Normandie réclamaient des garnisons allemandes. Je me rappelle très-bien que le général ne m'a pas interrogé sur ce que je pouvais savoir de l'état de la France. Mais, ce qui est certain, c'est que les renseignements que j'aurais pu fournir n'étaient pas de même nature que le tableau qu'il m'a fait. Alors nous ne songions qu'à la résistance : nous croyions encore à la nécessité de la lutte et à la possibilité de vaincre.

— D. Avez-vous demandé au général s'il avait communiqué les nouvelles qu'il apportait au gouvernement de la Défense nationale ?

— R. Il m'a dit qu'il n'avait pas de relations avec lui.

Mᵉ LACHAUD. — Dans sa déposition écrite, le témoin a mentionné ces derniers mots de la réponse du général : « Ça sera fait. »

— R. Je ne me rappelle pas avoir dit cela dans l'instruction.

On appelle M. le député Rameau, maire de Versailles.

Le témoin eut avec M. de Bismark une conversation le 27 octobre.

Le chancelier lui dit : « Napoléon n'a plus de racines dans le pays, mais l'armée est pour lui. » Le témoin fit un geste négatif, mais M. de Bismark répondit :

« M. le général Boyer est venu de la part du maréchal Bazaine pour traiter de la paix au nom de Napoléon III. L'armée se retirerait dans la Gironde avec la promesse de ne pas servir pendant trois mois contre les armées allemandes ; notre armée de trois cent mille hommes restera libre, et avec elle nous traverserons la France et nous vivrons à ses dépens. »

On appelle M. Tachard, ancien ministre de France à Bruxelles, 47 ans, agriculteur dans la Haute-Alsace. (Le témoin est ancien député et fils d'un ministre protestant de Metz. Il n'a pas opté pour la nationalité française.)

LE TÉMOIN. — Avant de déposer, je tiens à me couvrir d'une seule protection, celle de mon père.

(Le témoin se recueille pendant quelques instants.)

Je suis parti le 15 septembre pour Bruxelles; le 17 je pouvais déjà envoyer des dépêches sur la situation.

Toutes mes dépêches ont été copiées; il y en a à toutes les dates; elles sont authentiques. L'homme qui les a copiées, je vous demande la permission de dire son nom bien haut, car je ne l'ai pas revu et je n'ai pas pu le payer; c'est le sergent Clairot, que M. l'intendant Richard m'avait donné comme secrétaire.

Quand j'ai quitté mon ami vénéré, je dis vénéré, M. Jules Favre, je n'avais aucune idée de la diplomatie; mais il m'avait dit : Il n'y a qu'une chose à faire, c'est d'avoir des nouvelles de Metz.

Je me suis dit : Quand on est Alsacien, quand on a passé vingt-quatre heures à cheval à coté du maréchal Mac-Mahon, on est capable de quelque chose !

Il y a eu onze tentatives faites pour pénétrer à Metz.

Au commencement, je n'ai pas réussi. Le messager était un Anglais, lord Vauclair; il voyageait avec ce caprice d'un riche Anglais, voulant faire des choses extraordinaires. Il a essayé de passer les lignes allemandes. Il est parti dans sa voiture avec des dépêches à nous; mais, arrivé aux grand-gardes françaises, il prétend qu'il a été repoussé par un capitaine qui, avec un juron, lui a dit : « Je vous ferai fusiller comme vous le méritez, si vous insistez; vous êtes un Anglais et non un Allemand. »

Il a prétendu cela, et j'aurais fait vingt lieues pour savoir la vérité à cet égard. Après avoir été averti qu'il avait des dépêches importantes, d'une grande, très-grande dame, et d'un ministre, il s'est vu répondre par ce capitaine : « Je n'ai rien à faire avec les grandes dames et les ministres; retirez-vous! »

Puis une dame française, la comtesse Cabarrus, n'a pas réussi, après avoir eu les aventures les plus étranges. Je lui avais donné 1000 fr.; elle me les a rendus; *et elle est restée vertueuse.*

Elle m'a demandé en riant : « Et si je réussis, moi, cher ministre, qu'est-ce que vous me donnerez? » Je répondis : « Je vous donnerai une chose précieuse : l'amitié de ma femme! » (Rires.) Je l'avais rencontrée un dimanche à l'hôpital, où j'avais transporté un blessé agonisant.

Je rencontrai à l'ambulance Mme la maréchale Canrobert, une femme qui fait du bien, que j'estime, une femme charmante que je n'avais pas d'abord remarquée, mais que ma femme m'avait signalée. Elle me dit un jour : « Tout le salut serait dans un rapport exact de la situation qu'on ferait parvenir à Metz. » L'idée lui vint d'aller tout droit, à la française, à Metz, et de dire : « Me voilà. » Elle échoua, parce qu'elle rencontra un grand personnage qui ne se conduisait pas avec les femmes comme un gentleman doit le faire. (La salle, depuis le commencement de la déposition, éclate de rire.)

Le témoin. — L'expression ne me vient pas toujours; j'ai eu tant d'insomnies (Nouvelle hilarité); mais je sais ce que je dis. La maréchale Canrobert dut renoncer à son voyage.

Le témoin commence à énumérer le nombre de ses secrétaires : le n° 1, le n° 2, le n° 3. Il y avait dans le nombre M. Bérardi, directeur de l'*Indépendance belge*. Il faut, dit le témoin, que l'Europe connaisse son nom. Puis aussi M. Colard, un marchand d'habits, qui m'a fait crédit, car je suis parti avec 200 fr. de Paris, et j'avais à habiller tous les soldats et officiers malheureux qui m'arrivaient. J'ai fait de grandes choses, mais je veux nommer tous ceux qui travaillaient avec moi. Tout le monde m'a aidé, tout le monde était mon aide de camp.

J'ai appris au gouvernement de la Défense nationale que le général Bourbaki avait passé le 26 septembre à Bruxelles. Mon collègue Tissot, à Londres, me prévint que le général était arrivé dans cette ville. Ce fut lui aussi qui m'annonça son retour vers Bruxelles. Je télégraphiai à Tours pour demander des instructions. On me dit qu'il fallait faire venir le général à tout prix à Tours. Je vis le général; Bourbaki avait la tête perdue, il disait qu'on voulait le déshonorer.

Il était accompagné d'une femme dont je lui disais, il y a trois jours, devant deux maréchaux de France et trois généraux : « Bourbaki, vous avez une rude femme! » Je l'appelle Bourbaki simplement, parce que nous avons conservé les meilleurs rapports, et que c'est un nom historique

Je tâchai de le calmer, et je lui disais : « Général, vous ne pouvez pas rester comme cela; allez vous battre, que diable! Rendez-nous l'Alsace, rendez-moi mon pays! » Il semblait résolu à ne pas rentrer en France; le gouvernement de la Défense était redouté de lui, et il ne prononçait qu'avec horreur le nom de Gambetta.

« Vous vous trompez, lui disais-je; moi-même je ne partage pas les opinions de Gambetta; mais en ce moment, voyez-vous, il est l'homme de la situation, il ranime la patrie, il représente la résistance. »

En désespoir de cause je m'adressai à Mme Bourbaki, qui m'avait dit d'user de mon éloquence, et à Mme Canrobert. Je laissai Bourbaki seul avec ces dames. Il se passa une scène épique. Le général, adjuré par ces deux femmes, faiblissait peu à peu. A la fin, il comprit qu'il se devait à son pays et qu'il ne pouvait avoir d'autres vues que celles des hommes qui défendaient la France.

Elle n'est pas belle, Mme Bourbaki! mais elle eut un de ces mouvements qui rendent belle une femme. Elle enlaça son mari en s'écriant : « Ami, rappelle-toi que tu t'appelles Bourbaki; un homme comme toi se fait tuer au besoin, à la tête de cinq cents soldats; il ne crève pas dans son lit! » Le général était vaincu. Dès cet instant, son épée était rendue à la France. Ce fut alors que, en son nom, j'écrivis à Tours.

(Pendant la déposition du témoin, il y a plusieurs accès d'hilarité dans l'auditoire.)

LE TÉMOIN. — Je suis indigné de ces rires venant de Français quand un Alsacien dépose. Cela me coupe toutes mes ressources.

LE GÉNÉRAL-PRÉSIDENT. — Continuez, et ne vous en préoccupez pas. Qu'on fasse faire silence.

LE TÉMOIN. — J'arrive à l'incident Regnier. J'appris qu'il était débarqué à Ostende. J'allai trouver le préfet de police, et je sus qu'il était à Bruxelles. Deux heures après il était dans mon cabinet. J'avais un revolver dans mon tiroir, je le lui fis voir et puis lui dis : « Vous êtes devant la France, parlez. » Il s'assit carrément sur une chaise, et me dit : « Je suis diplomate comme vous. — Comme moi, non, » lui répondis-je.

Il devint très-loquace et développa la thèse qui se trouve dans sa brochure. Il me fit l'effet d'un Machiavel grotesque ou d'un Vidocq bourgeois. Dans une dépêche à Tours, je le désignai comme un hanneton qui vient jeter sa note dans un concert où tout le monde joue faux... Mais ce n'est que plus tard qu'on lui a attaché un fil à la patte.

(Rires.) Je crois que son intention première n'était pas mauvaise, et qu'il n'a pas été un agent prussien. Je puis affirmer, d'après les rapports de police que j'ai eus, que l'impératrice (et je blanchis une personne que je n'aime pas) n'était pour rien dans l'entrée en scène de Regnier.

Regnier me revint de Wilhelmshœhe. Il avait l'air d'un renard qui avait la queue coupée. Il me dit : « Il n'y a rien à faire avec ces officiers; voilà qu'ils parlent de république en Allemagne. » Il me raconta alors sa vie; c'est celle d'un saltimbanque.

J'arrive au général Boyer. J'avais besoin de le voir; on me l'amena un soir. Je lui dis ces mots : « Colonel, nous causerons demain. Je vous ai fait surveiller à Ostende. » Le lendemain il me fit une déclaration nette, précise, que j'ai consignée dans une dépêche qui a coûté 900 fr. d'expédition, car elle a passé par Londres et le Portugal. Je demande qu'on la lise.

Le greffier la cherche longuement dans un pli déposé par le témoin et qui contient de nombreux papiers. Il ne la trouve pas, et le témoin n'est pas plus heureux. Il résume alors la déclaration du général Boyer. Elle contenait ceci : « L'armée n'aurait pas suivi le maréchal s'il avait crié : Vive la Régence! et si le pays avait crié : Vive la République! »

Il affirma que l'armée accepterait le gouvernement que nommerait l'Assemblée nationale. Sur sa mission il fut moins net. Il me remit, dit le témoin, une pièce intitulée : Rapport; il y avait des ratures et quelques mots à l'encre rouge, qu'il dit être de la main du maréchal. Je fis copier cette pièce, pour être transmise à Tours, avec le consentement du général. Elle avait été collationnée.

Le lendemain le général m'envoya une lettre de remercîment pour ma réception. Il n'y avait pas de quoi; je n'avais été que poli.

Quelques jours plus tard, un officier de marine, M. Arago, le fils du grand Arago, le neveu de mon ami Emmanuel Arago, vint me prévenir que le gouvernement de Tours m'envoyait la maréchale Bazaine. Elle était la bien reçue, car j'aime et j'estime un grand citoyen, un ami de mon père, M. Adolphe Bazaine, ce souvenir suffit pour couvrir madame la maréchale. La maréchale me reçut étant au lit : elle venait d'accoucher. Elle me dit : « Voyez-vous, sur le champ de bataille mon mari est un lion, mais dans les affaires il est sous la domination de Boyer, et alors.... Cet homme, je viens de le chasser de chez moi. »

Dans un salon on me raconta que le général Boyer, à Bruxelles, n'avait été reçu par personne.

Je ne parlerai pas du défilé de tous les officiers qui s'échappaient de l'Allemagne; ma maison était une cantine. Ils me firent leurs déclarations. J'ai relevé ceci, que tout le monde parlait de trahison. J'appris aussi que jusqu'à la capitulation le maréchal avait touché son traitement de sénateur.

Je vis aussi le capitaine Arnous-Rivière, il avait un costume de Fra-Diavolo, et me fit des récits homériques. Il me produisit une impression très-désagréable. De Tours je reçus l'ordre de m'emparer de ses cantines et de ses notes; je ne pus exécuter ces instructions. Les autres officiers me dirent qu'il était un mouchard.

Le témoin parle enfin de la femme Antermet, qui ne lui est arrivée que le 8 novembre.

— D. Vous avez tenu le gouvernement de la Défense nationale au courant de l'incident Regnier, de l'entrevue Bourbaki et de vos conversations avec le général Boyer?

— R. Immédiatement.

— *D.* Vous avez aussi vu M. Paul Odent ?

— *R.* Oui ; il était dans une position délicate vis-à-vis de moi. Ancien préfet du Haut-Rhin, il avait eu à combattre mon élection trois fois répétée au Corps Législatif. Mais comme c'est un gentleman et qu'il n'avait pas trop usé des effets à poigne, je le reçus bien. Il me parla de l'insuffisance des mesures prises à Metz, de la mollesse de la résistance et de l'indignation de la population.

Le témoin veut réfuter un point qui lui est personnel. Le général-président s'y oppose.

On appelle le témoin Lapeyrière, officier en retraite.

Le témoin, blessé et recueilli dans une ambulance prussienne, a entendu dire aux officiers allemands que Bazaine « était à eux. » C'était le 16 ou le 17 octobre.

On appelle le témoin Grandjean, médecin.

Le témoin a eu également des conversations avec des officiers allemands, qui lui ont annoncé la chute de Metz. Le colonel du 81e régiment allemand a ri au nez du témoin, qui vantait l'honneur du maréchal. Le témoin déclare aussi que les travaux faits par les Prussiens étaient insuffisants.

————

Audience du 26 novembre.

La séance est reprise à midi quarante minutes.

On appelle le témoin Humbert, ancien bibliothécaire à l'arsenal de Metz.

Le 5 octobre, le général Coffinières est venu à l'École d'application de Metz, où le témoin était professeur, pour demander communication des différents textes de la capitulation qui se trouvaient à la bibliothèque de l'École. Le témoin les lui fournit. Il a également donné au *Courrier de la Moselle* un article que la censure a cru devoir biffer.

On appelle le colonel Hoff, ancien directeur des poudrières à Metz.

Le témoin a reçu l'ordre de s'occuper de la fabrication de la poudre. Il put en faire fabriquer environ 3000 kilogr. Au mois de septembre il a été arrêté dans ses opérations par un ordre, alors qu'il aurait pu fournir encore 3 millions de cartouches.

Le greffier lit la déposition du général Soleille qui a trait à la même question. Le général déclare que c'est lui qui a donné l'ordre de suspendre la fabrication des cartouches, parce que le 22 septembre on avait retrouvé 4 millions de cartouches dans la gare de Metz, et qu'on avait une réserve de 4 millions.

La fabrication de la poudre continua jusqu'au 20 octobre.

Le colonel Hoff ne peut confirmer l'assertion du général Soleille, n'ayant pas eu la comptabilité entre les mains.

On entend le commandant Peaucellier.

Le témoin a été reçu le 1er octobre par le général Frossard, qui avait une carte de la Lorraine devant lui, et lui parla de sacrifices qu'il fallait faire comme territoire ; il lui indiqua la ligne de la Sarre comme frontière future probable.

— *D.* Était-ce une idée propre au général ?

— *R.* J'ai supposé qu'elle lui était inspirée.

PRÉSIDENCE DE M. LE DUC D'AUMALE

Le commissaire du gouvernement, s'adressant au commandant Peaucellier qui était chef d'état-major de la 3ᵉ division du
2ᵉ corps, lui demande :

Savez-vous s'il y avait des rapports établis entre les deux quartiers
généraux ?

— *R.* J'ai entendu dire que les rapports étaient plus fréquents qu'ils
n'auraient dû l'être.

M. le maréchal Canrobert est rappelé.

LE TÉMOIN. — Le 7 octobre, après le combat de Ladonchamps, le
maréchal Bazaine nous écrivit pour nous demander notre avis. Je lui répondis immédiatement, après avoir consulté mes généraux de division.
Leur avis fut que, vu les tentatives infructueuses faites pour franchir
les lignes, vu la destruction presque totale des chevaux d'artillerie et
de cavalerie, vu l'épuisement complet des vivres, il y avait lieu de traiter
pour obtenir une convention honorable, c'est-à-dire de partir avec armes et bagages, sous la condition de ne pas servir contre l'Allemagne
pendant un temps qui n'excéderait pas un an.

Dans le cas où les conditions imposées par l'ennemi ne sauraient
être acceptées par des gens d'honneur, ils étaient résolus à traverser
les lignes ennemies, coûte que coûte. Je demandai aussi qu'on ne tentât
aucune démarche auprès de l'ennemi pour obtenir une convention honorable, tant qu'on aurait des vivres, et qu'on pourrait par suite prolonger la résistance. Tous mes camarades furent de cet avis-là. Il
n'était pas question de capitulation, mais de convention. Si nous avions
pu nous imaginer que cela ne nous mènerait à rien, nous aurions dit
au maréchal : Conduisez-nous au feu, nous vendrons chèrement notre
vie ; et nous l'aurions chèrement vendue.

La pluie n'a pas cessé depuis le 8 octobre jusqu'à la fin ; il semblait
que les éléments se fussent ligués contre nous.

Les soldats étaient dans une boue infecte et avaient pour se soutenir de la viande de cheval, sans sel, et sans graisse ; car les chevaux
étaient maigres. L'armée de Metz a laissé en Allemagne les deux tiers
de son effectif ; et quand on faisait l'autopsie d'un de ces pauvres enfants, on reconnaissait à son estomac qu'il appartenait à l'armée de
Metz.

Nous demandions donc une *convention*, je souligne le mot. Nous
avons signé un procès-verbal, le seul du reste que nous ayons signé :
un aide de camp du maréchal, le général Boyer, est donc parti pour
Versailles pour obtenir cette convention. Il revint et nous donna des
nouvelles sur la France, qu'il a données, je veux le croire, de la meilleure bonne foi du monde. Il y eut donc un nouveau conseil.

Sur sept, cinq membres étaient fort ébranlés par le tableau tracé
par M. Boyer ; et quel tableau ! Le drapeau rouge à Lyon et à Marseille,
le pays soulevé, l'anarchie maîtresse.

Que faire aussi ? Mener, comme les brebis à la boucherie, nos soldats
à la tuerie ? Il y en avait bien qui disaient : Il faut sortir. Je rends bien
justice à leurs sentiments, à leurs patriotisme ; mais il y en avait parmi
eux qui ne criaient si haut que parce qu'ils étaient persuadés qu'on ne

ortirait pas. Le conseil, composé de gens expérimentés, a bien vite reconnu l'impossibilité de toute tentative de sortie.

— D. Lorsque le maréchal vous a consultés le 10 octobre, et qu'il vous a exposé la situation des vivres, vous a-t-il mis au courant des négociations entamées avec le quartier général allemand?

— R. Au 10 octobre, non.

— D. Vous a-t-il dit qu'il n'avait pas de nouvelles de Regnier, ni du général Bourbaki ?

— R. Oh ! non. Nous ne savions pas, du reste, quelle était la nature de ces négociations.

LE MARÉCHAL BAZAINE. — Je n'avais pas à parler de l'affaire Regnier, puisque, ainsi que je l'ai dit au cours de mon interrogatoire, ce n'était de ma part qu'un subterfuge.

— D. A-t-il fait quelque allusion aux vivres accumulés à Thionville ?

— R. Je ne me le rappelle pas.

— D. Avez-vous eu connaissance des « instructions sommaires » données au général Boyer ?

— R. Nous étions convenu qu'un émissaire se rendrait au quartier général pour obtenir une convention honorable, mais nous n'avons rien fixé.

— D. Le maréchal a donné des instructions écrites à M. Boyer, instructions qui étaient des commentaires. Vous ont-elles été communiquées?

— R. Non, je ne me le rappelle pas. Je suis convaincu pourtant que le maréchal Bazaine a dû stipuler l'honneur des armes.

— D. Le 18, à son retour, le général Boyer a-t-il dit : L'armée n'aura d'autres conditions que celles de Sedan ?

— R. Je le crois, je ne l'affirme pas. Nous pensions que par l'impératrice nous aurions de meilleures conditions; ce qui ne veut pas dire que nous nous accrochions à ce gouvernement et que nous n'en reconnaîtrions pas un autre qui voulût sauver l'honneur du pays en se défendant. Mais nos drapeaux portaient l'aigle et la justice se rendait encore chez nous au nom de l'empereur.

— D. Le général Boyer vous a-t-il dit que M. de Bismark a prononcé ces paroles : « Quelque exorbitantes que soient les conditions de paix, il faut bien que l'impératrice les signe. ? »

— R. Jamais il n'a dit cela.

— D. Le général Boyer a-t-il dit que les renseignements qu'il donnait étaient d'origine prussienne.

— R. Il n'en a rien dit du tout. Il est vrai que personne ne l'a mis sur la sellette pour sonder l'origine de ses nouvelles.

— D. Le 24 octobre, il y a eu un autre conseil. Le général Changarnier a accepté alors une mission ?

— R. Oui; avec un grand dévouement, ce vieux soldat s'est mis à notre disposition. Il n'a pas réussi, mais il faut lui tenir compte de sa pénible mission.

LE COMMISSAIRE DU GOUVERNEMENT. — A-t-on communiqué au conseil les journaux rapportés par M. Boyer ?

— R. Non, on n'en a pas parlé. J'en ai lu quelques-uns plus tard, et j'ai trouvé qu'ils n'étaient pas d'accord sur la situation de la France retracée par le général Boyer.

— D. A-t-on parlé de la retraite de l'armée sur un terrain neutre ?

— R. Oui; nous devions y attendre les décisions du peuple réuni dans ses comices ; car nous étions des soldats, et la politique ne nous regardait pas.

Le maréchal Le Bœuf est entendu de nouveau.

Invité par le maréchal Bazaine à donner son avis sur la situation, le maréchal Le Bœuf constata dans son rapport que si les soldats n'avaient pas encore souffert, les privations allaient commencer pour eux, et que la situation ne tarderait pas à devenir grave. La cavalerie allait disparaître ; l'artillerie était déjà réduite à ne plus atteler ses parcs. On fut donc d'avis que l'on devait cependant tenter encore la fortune des armes, le moral des officiers et celui des soldats étant à la hauteur des circonstances, et l'on pouvait demander à l'armée un nouvel et grand effort en lui présentant un objectif bien défini pour cette lutte décisive. Le 10, le maréchal dit qu'il n'avait reçu aucune nouvelle, aucune communication du gouvernement de la Défense nationale. Dans cette séance fut décidé l'envoi du général Boyer à Versailles.

Le 12, nous signâmes, dit le témoin, le procès-verbal. Le 13 et le 14 je m'occupai des préparatifs à prendre, si l'armée devait combattre. Le maréchal, que je consultai à ce sujet, me laissa complétement libre dans mes mouvements. Le 17, M, Boyer rentra à Metz, et le 18 nous fûmes convoqués à nouveau. Le général Boyer nous dit dès l'abord qu'il n'avait pu communiquer avec aucun de nos concitoyens et que les nouvelles qu'il allait donner provenaient de M. de Bismark. Il nous fit alors le tableau le plus désolant de la France, parla aussi de la non-convocation de l'Assemblée nationale. Après cet exposé, il ajouta que M. de Bismark était disposé à traiter de la sortie de l'armée avec armes et bagages et de sa neutralisation, si elle voulait reconnaître le gouvernement de la régente. La discussion qui suivit fut vive. Je n'étais pas de l'avis de mes collègues ; je ne croyais pas au succès des négociations, et je pensais qu'il fallait tenter une sortie. On me répondit que ce serait une folie ; je répliquai que ce serait au moins une glorieuse folie.

Le 19 nous nous réunîmes de nouveau pour rendre compte de l'esprit de nos troupes. J'avais consulté mes officiers de tout grade. Ils avaient manifesté leur dévouement à l'impératrice. M. Boyer repartit pour Londres. Le 24, M. le maréchal nous communiqua deux pièces : l'une de l'impératrice déclarant qu'elle ferait tous ses efforts pour sauver l'armée de Metz, puis une lettre de M. de Bismark nous annonçant que les négociations de paix étaient rompues et que les questions se traiteraient militairement. Nous fûmes très-surpris ; l'envoi du général Changarnier au quartier général du prince Frédéric-Charles fut décidé.

Les questions que M. le général-président pose au maréchal Le Bœuf sont identiques à celles qui ont été posées au maréchal Canrobert. Le maréchal Le Bœuf répond aussi de la même façon. Les différents propos prêtés à M. de Bismark sur les conditions de paix, sur la nécessité pour l'impératrice de les signer, sur le voyage du général Bourbaki, ne sont pas restés dans la mémoire du témoin. Il a été question de Metz ; mais dans l'opinion des chefs de corps, Metz devait rester indépendant.

On entend le général Ladmirault.

Le général Ladmirault, invité par le maréchal, à la suite de la journée du 7 octobre, à faire connaître son avis sur la situation, a adressé un rapport au maréchal, dans lequel il disait : « La situation est bonne, la voix des officiers est écoutée et leur exemple peut exciter le courage et le dévouement. Il ne reste d'assez solide que l'infanterie, mais elle est seule et privée des appuis qui lui sont indispensables dans les combats. Sans parcs à sa suite, elle ne pourrait renouveler ses munitions qu'elle épuise si rapidement. Les hommes, soumis à une nourriture réduite, ne pourraient plus fournir de ces marches rapides qui mettent de grandes distances entre soi et l'ennemi. »

Dans la réunion du 18 on reconnut la nécessité de traiter avec un gouvernement régulier ; le seul établi était celui de la régente. Le général Boyer dut partir pour Londres ; on sait comment les négociations furent rompues.

— D. On a communiqué les nouvelles du général Boyer aux troupes ?

— R. Nous avons raconté ce que nous savions à nos officiers.

— D. Mais les historiques des régiments constatent qu'on a lu un rapport aux troupes. — R. Je n'en sais rien.

Il est encore une fois constaté que le général Boyer n'a parlé ni des conditions de paix, ni du voyage du général Bourbaki.

Le général Frossard est entendu de nouveau.

Le 10 octobre, le général était d'avis qu'il n'y avait que deux partis à prendre : chercher à s'ouvrir un passage les armes à la main, ou conclure avec le chef de l'armée ennemie une convention qui permît à l'armée de sortir constituée et en armes, sous la condition de ne pas prendre part à la guerre pendant un certain temps. Le général croyait à la possibilité d'un succès pour une première journée ; mais dans la seconde journée l'ennemi aurait eu le temps de se concentrer ; les difficultés seraient devenues grandes, peut-être insurmontables.

Quant à la place de Metz, l'insuffisance de ses défenses du côté de Montigny était telle, que cette place, au dire des officiers compétents, ne pourrait tenir au delà de huit jours, après qu'elle aurait perdu l'appui de l'armée.

Ainsi donc, dans la première hypothèse, perte possible de l'armée et chute de Metz huit jours après.

Dans l'hypothèse du deuxième parti, consistant à conclure avec l'ennemi une convention qui permît à l'armée de sortir du blocus, la durée de la résistance de Metz ne serait pas prolongée ; mais par l'effet de cette convention, qui serait une capitulation honorable, l'armée avait la faculté de partir avec armes et bagages. Elle demeurait debout, entière, organisée et prête à être portée sur les points où la nécessité de sauvegarder l'ordre social réclamerait impérieusement son intervention. Une Assemblée nationale devait être convoquée ; elle aurait pleins pouvoirs pour terminer cette malheureuse guerre.

Le témoin constate aussi que le conseil tenu le 10 est le seul dont il fut dressé procès-verbal. Sur le récit fait par le général Boyer, le témoin est d'accord avec les dépositions précédentes.

Le général Boyer, dit le témoin, nous a trompés en nous faisant ce tableau désolant de la France ; je ne dis pas qu'il l'ait fait sciemment ; mais il nous a jetés dans une grande perturbation. Il fallait bien croire à ce tableau sinistre. N'avions-nous pas dû croire, quelques jours avant, à des événements non moins monstrueux, aux événements du 4 septembre ! Nous étions l'armée impériale, et tant qu'il n'y avait pas d'Assemblée nationale, nous devions rester l'armée de l'empire. J'ai donné au général Boyer une lettre pour l'impératrice ; elle avait tout d'abord un caractère privé, et n'avait qu'une partie rendant compte de la situation. — (Le général lit, avec l'autorisation du président, une partie de cette lettre.) — J'ai eu une réponse de l'impératrice un mois après, en captivité. Sa Majesté me disait quelle était sa douleur ; qu'elle s'était arrêtée là où son honneur l'exigeait. J'ai su depuis à quoi l'impératrice faisait allusion. Le gouvernement allemand demandait sa signature en blanc au bas du traité de paix.

Le général Frossard rappelle que la garnison de Mayence, en 1793, avait signé une convention militaire qui la neutralisait pendant un an. Cet exemple était sous nos yeux. On ne voulait donc pas à Metz jouer un rôle politique, pas plus que l'armée de Mayence n'en a joué un en pacifiant la Vendée. Rétablir l'ordre social n'est pas jouer un rôle politique.

Le général-président. — Je n'ai pas besoin de rappeler à un ingénieur aussi distingué que vous que l'armée de Mayence n'a capitulé qu'après un long siége, et qu'elle n'était pas alors la seule armée qui restât à la France. Je n'ai pas à m'occuper autrement des appréciations que vous nous avez données.

Le général parle de la lettre qu'il a écrite en captivité à ses officiers, dans laquelle il dit que le général Boyer a trompé les chefs de corps en leur faisant insciemment un tableau faux de la situation de la France. Un passage de cette lettre qui n'a pas été reproduit, et que le général tient à citer, est celui-ci : « Les officiers qui montraient le plus grand mécontentement étaient ceux qui trouvaient en eux-mêmes le sujet de leur mécontentement. »

On appelle le général Desvaux.

L'avis du général, le 10 octobre, était de prolonger jusqu'aux dernières limites possibles la défense de Metz ; puis, quand les vivres approcheraient de leur fin, chercher à connaître les conditions que l'ennemi voudrait imposer, et si l'honneur de l'armée devait en souffrir, sortir en combattant ; tel est le rôle qui, selon le général, s'imposait à l'armée.

Le témoin fait un récit identique à celui des précédents témoins sur ce que le général Boyer a raconté dans la conférence du 18 octobre. Le maréchal a dit, dans cette réunion : « L'armée n'a aucun rôle politique à jouer ; elle sera la sentinelle à la porte de l'Assemblée, pour assurer l'exécution de ses résolutions. »

Le 24, on apprit que toute négociation était rompue. Le maréchal posa alors deux questions : 1º Y a-t-lieu de faire une sortie ? 2º Si oui, faut-il la faire par Amanvilliers ? Le témoin répondit affirmativement ; mais les autres membres du conseil furent d'avis d'envoyer le général Changarnier au quartier du prince Frédéric-Charles.

— D. Je n'ai pas bien compris ce que vous avez dit relativement à la situation faite à la place de Metz. Quelle était votre impression à ce sujet dans la conférence du 18 ?

— R. Jusqu'au 26, les autres chefs de corps et moi étions d'avis que Metz devait être indépendant.

— D. Le général Boyer n'a pas parlé de Metz dans la conférence du 18 ?

— R. Non.

D'après le souvenir du témoin, le général Boyer, dans une conversation particulière, lui a dit que le général Bourbaki aurait pu rentrer, mais qu'il était parti trop tôt pour obtenir l'autorisation.

On appelle le général Coffinières.

Le général avait porté à la connaissance du conseil du 10 octobre, que l'armée n'avait de vivres que jusqu'au 15, et la place jusqu'au 20.

La déposition du général ne révèle aucun fait nouveau. On a pu avoir des vivres jusqu'au 29 en diminuant les rations et en faisant du pain avec du son.

Le général Boyer avait rapporté des journaux, que le témoin lut et qu'il voulut communiquer à la presse; mais le maréchal trouva que c'était inutile.

— D. Le général Boyer avait-il des instructions spéciales sur la place de Metz?

— R. Je ne crois pas, car il n'a été question de la ville que dans le conseil du 26. Elle rentrait dans mes attributions, et personne d'autre ne s'en occupait.

Le témoin ne se rappelle pas qu'il ait été question d'imposer à l'armée de Metz les mêmes conditions qu'à l'armée de Sedan. Ce qui a le plus frappé le témoin dans le récit du général Boyer, c'était la situation de la France.

A propos de la destruction du matériel, le témoin dit qu'il n'en a pas été question avant le 26. Il a eu à ce sujet une conversation avec le colonel de la Villenoisy, mais il n'y a attaché aucune importance.

On appelle le général Jarras.

Le témoin n'a pas de renseignements particuliers à donner au conseil. Il n'a pas eu connaissance de la lettre du 7 octobre, et de plus il n'avait pas voix délibérative dans les conseils.

— D. Avez-vous communiqué aux troupes les renseignements donnés par le général Boyer dans le conseil du 16?

— R. Non. Je n'ai rien transmis.

— D. Vous souvenez-vous de ce qui a été dit dans les conseils du 16 et du 18 sur la place de Metz?

— R. Il n'a rien été dit officiellement; mais tout le monde la croyait en dehors de l'armée.

— D. Avez-vous souvenir si le général Boyer a indiqué l'origine des nouvelles qu'il rapportait?

— R. Il a dit les tenir du quartier général allemand.

— D. A-t-il été question du général Bourbaki?

— R. En aucune façon.

On appelle le général Changarnier.

Le général se présente en uniforme de général de division. Aux questions de M. le général-président, il répond :

Nicolas-Théodule Changarnier, né à Autun, le 10 avril 1793, a eu l'honneur de faire partie comme volontaire de l'état-major de l'armée de Metz attaché à M. le maréchal Bazaine, député, général de division, domicilié à Paris.

LE GÉNÉRAL-PRÉSIDENT. — Monsieur le général, veuillez faire connaître au conseil les détails de la mission que vos sentiments patriotiques vous ont fait accepter le 24 octobre 1870, et, si vous avez à nous transmettre d'autres renseignements de nature à éclairer le conseil, nous les entendrons avec reconnaissance.

LE TÉMOIN. — Le conseil du 24 reconnut que l'armée était dans une détresse incomparable. C'est sur la proposition du maréchal Canrobert que le conseil me chargea à l'unanimité de me rendre près du prince Frédéric-Charles.

J'étais chargé de demander la neutralisation de l'armée et du territoire qu'elle occupait, avec une armistice local permettant le ravitaillement nécessaire, donnant la facilité de faire appel aux députés et aux pouvoirs constitués, en vertu de la Constitution de mai 1870, pour traiter de la paix entre les deux puissances.

Dans le cas où ce premier article ne serait pas accepté, demander à être interné sur un point du territoire français, pour y remplir la même mission d'ordre.

Enfin, si l'on ne pouvait rien obtenir, demander, dans les conditions d'une capitulation qui serait imposée par le manque de vivres, que l'armée pût être envoyée en Algérie.

Je ne me faisais pas beaucoup d'illusion sur le succès de ma mission. Le prince répondit en termes fort courtois qu'il m'attendait. Il témoignait dans cette réponse de la haute estime qu'il avait pour l'armée du Rhin.

Je me rendis au quartier général. La conversation dura très-longtemps. Le prince me fit voir par une fenêtre un convoi qui arrivait, et me dit: « C'est un convoi de vivres pour vos soldats affamés. » Il connaissait notre situation. Une grande discussion s'engagea sur les honneurs de la guerre. Il revenait toujours à la charge sur les conditions qui avaient été imposées à l'armée de Sedan. Il voulait aussi m'entraîner à traiter pour la place de Metz. Je me défendis énergiquement. Enfin il me dit que le maréchal Bazaine devait envoyer un officier de son état-major à Frescati avec les conditions qu'il voulait obtenir, car il voyait bien que je ne voulais pas entamer une discussion finale.

— D. N'êtes-vous pas revenu avec l'impression qu'on n'obtiendrait pas même le départ d'un détachement de l'armée pour un terrain neutre ?

— R. J'ai été fortement ému, parce que j'entrevoyais la catastrophe finale.

— D. Vous avez tout rapporté au maréchal ?

— R. Très-exactement.

On appelle M. Rouher.

Me Lachaud voudrait savoir si M. Rouher a eu connaissance du voyage du général Boyer à Londres.

LE TÉMOIN. — J'ai vu le général Boyer à Londres, et j'ai assisté aux conférences qu'il a eues avec l'impératrice.

La question qui se posait était celle-ci : Que pouvait faire l'impératrice pour l'armée de Metz ? Sa Majesté n'a pas hésité à faire les efforts les plus énergiques pour obtenir les conditions les plus favorables pour l'armée de Metz. Elle a écrit au roi de Prusse inutilement. Quant au traité de paix, nous avons rencontré chez Sa Majesté un refus absolu de mettre son nom au bas d'un traité entraînant une mutilation de territoire. Il est inutile d'ajouter que nous n'avons pas cherché à la faire changer d'avis. Du reste, nous ne connaissions que fort peu exactement les conditions que M. de Bismark voulait imposer. C'était presque un blanc-seing qu'on exigeait de l'impératrice. Quelle influence nos négociations pouvaient-elles exercer sur la défense nationale ? Intervenir au milieu de la lutte, c'était peut-être entraver les efforts du pays, et nous avions encore espoir dans la résistance. La seule pensée qui nous animât a été une pensée patriotique; jamais d'autre.

Revenant sur un autre ordre de faits, M. Rouher raconte qu'il s'est rendu à Châlons vers la fin d'août, et qu'il y a vu l'empereur et le maréchal de Mac-Mahon. Il ne put le trouver qu'à Courcelles, près de Reims. Il le supplia de se diriger sur Metz et de faire la jonction avec Bazaine. Le maréchal s'y refusa, en disant qu'avant six jours le maréchal Bazaine, n'ayant plus ni vivres ni munitions, serait obligé de se rendre. Malgré les protestations de M. Rouher, le maréchal maintint son dire. Sur l'ordre de l'empereur, un décret fut rédigé qui nommait le maréchal de Mac-Mahon généralissime de l'armée, ce qui mettait le général Trochu sous les ordres du maréchal.

M. Rouher revint à Paris, et le conseil des ministres prit connaissance de ce qui venait de se passer. Au même moment arriva une dépêche qui annonçait le départ du maréchal de Mac-Mahon dans la direction de Metz, sous l'influence de renseignements nouveaux.

Quant à M. Regnier, il ne faut pas s'arrêter à cet incident. J'ai vu, par hasard, dit le témoin, le personnage; il ne manque pas d'une certaine vivacité de parole, et il en use avec une telle habileté qu'il est difficile de se rendre compte du rôle qu'il a joué. A cet égard, je suis encore dans l'indécision.

M. Rouher, ne devant plus être entendu, est autorisé à se retirer définitivement.

L'audience a été suspendue à 5 heures et renvoyée à vendredi.

_____

Voici la partie de la lettre du général Frossard lue hier à l'audience par le greffier :

« Camp de Montigny, le 18 octobre 1870.

« Votre Majesté sait déjà, et le général Boyer le lui redira, que le roi de Prusse ne veut entrer en négociations pour la paix qu'avec le gouvernement impérial, représenté par la régente, et s'appuyant sur son armée de Metz.

« Pour cela, il faut que cette armée sorte du blocus par une convention militaire lui laissant sa constitution entière, son armement, sa puissance d'action et la liberté de ses mouvements, sous condition seulement de ne plus prendre part à la lutte; elle n'agirait plus alors que pour défendre l'ordre social si menacé au milieu des déchirements auxquels notre pauvre pays est en proie.

« Votre Majesté sait aussi que M. de Bismark demande que le gouvernement de la Régence se manifeste par un acte qui donne foi en lui, et qu'il se montre disposé et prêt à traiter de la paix; notre ennemi demande, en outre, que les bases principales de ce traité de paix soient admises par le gouvernement de la Régence avant que l'armée impériale quitte Metz, et c'est la première de ses conditions.

« Je ne sais pas s'il persistera à l'exiger; mais, que Votre Majesté me permette de le lui dire : il importe qu'elle veuille bien se mettre, comme régente, en rapport avec le gouvernement prussien. Je ne sais pas non plus quelles peuvent être les conditions de la paix; mais si elles ne sont pas complétement inacceptables, je pense, avec tous les chefs de notre armée, que Votre Majesté fera bien d'y adhérer, pour sauver le pays, que la prolongation de l'état actuel des choses accablerait.

« *Signé* : Général Ch. Frossard. »

PRÉSIDENCE DE M. LE DUC D'AUMALE

L'affluence est toujours la même. A mesure que le procès paraît approcher du dénoûment, la curiosité du public semble redoubler.

La séance est reprise à midi quarante minutes.

Le général-président consulte le ministère public et la défense sur la libération des témoins qui n'appartiennent pas à la neuvième catégorie. Une décision ne sera prise qu'à la suspension d'audience.

Le général-président aurait à poser au colonel Villette, aide de camp du maréchal, quelques questions à titre de renseignement. Le témoin ne peut prêter serment, à cause des fonctions occupées par lui auprès du maréchal.

D. Colonel, vous avez signé les pièces *A* et *B* du 24 octobre?

Le témoin, après avoir examiné les pièces, répond affirmativement.

— D. A la première page de ce procès-verbal, il y a une apparence de grattage, et l'introduction d'une phrase paraît écrite avec une encre différente. Quand cette correction a-t-elle été faite?

— R. Cette correction a été faite après la séance du conseil, au Ban-Saint-Martin.

— D. Vous n'avez pas souvenir du texte primitif?

— R. Non.

— D. Quand a été faite la copie *B*?

— R. Immédiatement après.

Le témoin explique la différence des encres par le changement d'encrier entre le brouillon et la copie. Les phrases qui varient sont celles-ci : *La ville suivra le sort de l'armée*; *La ville restera indépendante de l'armée;* et : *Les drapeaux seront déposés à l'arsenal,* au lieu de : *Les drapeaux seront déposés à l'arsenal pour être brûlés.* Dans la minute, ce dernier ordre est confié au général Soleille; dans l'expédition, il n'est pas question du général Soleille.

— D. Avant que ces deux pièces fussent arrivées au conseil d'enquête, M. le maréchal avait remis à la commission d'enquête parlementaire copie de ces deux pièces, et dans cette copie les mêmes omissions que j'ai signalées se reproduisent; pouvez-vous expliquer cela?

— R. Si l'omission a été faite, c'est par erreur. A l'époque où tout cela s'est passé, je pouvais détruire les pièces, car l'une était un brouillon et l'autre, qui était une copie, pouvait de nouveau être mise au net, sans rature et sans différence d'encre; mon honnêteté m'a empêché de le faire.

On appelle le général Jarras.

LE TÉMOIN. — Après l'insuccès des démarches du général Changarnier et du général de Cissey, je fus délégué, sur la proposition du maréchal Bazaine, pour fixer les termes de la convention à conclure et la signer pour le commandant.

Je protestai contre cette désignation, mais il fut répondu que cette mission était dans les fonctions du chef d'état-major. (Le témoin est très-ému). On me donna pour instruction d'obtenir tous les adoucissements possibles aux dures conditions qui nous étaient imposées. Je devais demander qu'un détachement composé de troupes de toutes armes pût rentrer en France ou en Algérie, sous la condition de ne pas servir contre l'Allemagne pendant toute la durée de la guerre : il me fut surtout recommandé d'insister pour que les officiers pussent conserver leur épée. Le maréchal Le Bœuf, dans une note, insista surtout sur ce point. Le général Coffinières réclamait des garanties pour la ville et ses habitants. Le général Frossard demandait que la Bibliothèque et les collections de l'école d'application ne demeurassent pas la propriété de l'ennemi. Je crus devoir m'adjoindre deux officiers, le lieutenant-colonel Fay et le commandant Samuel qui parlaient tous deux couramment l'allemand.

Le général Jarras fut reçu avec courtoisie par le général de Stiehle. Ils eurent d'abord une conférence tête à tête. Le général Jarras voulut aborder la discussion des clauses principales du protocole ; le général de Stiehle dit aussitôt que cette discussion avait déjà été abordée la veille, 25 octobre, et qu'il n'y avait pas à y revenir ; que la mission des plénipotentiaires se bornait, selon lui, à rédiger le texte des clauses mentionnées dans le protocole remis au général de Cissey. Le général de Jarras fit observer alors que ses instructions étaient tout autres, et qu'en présence de ce désaccord il lui paraissait nécessaire d'aller en chercher de nouvelles. Le général de Stiehle laissa alors le général s'expliquer, mais sur tous les points il déclara qu'il y avait décision prise par le roi et qu'il ne lui appartenait pas de faire le moindre changement. C'est en se basant sur ce motif que le général de Stiehle ne voulut pas admettre l'exception demandée en faveur d'un détachement de toutes armes, ni la condition de laisser l'épée aux officiers.

Le général Jarras déclara que les instructions qu'il avait reçues lui interdisaient de signer la convention si elle ne contenait pas cette dernière clause, et qu'il allait rentrer à Metz. Dans cette situation, le général Stiehle, pour gagner du temps, et jusqu'à ce qu'il en eût référé, proposa de procéder de suite à la rédaction des clauses sur lesquelles il n'existait pas de dissidences. Les officiers adjoints aux plénipotentiaires ayant été introduits à ce moment, le général présenta les pouvoirs écrits qu'il tenait du prince Frédéric-Charles. Le général Jarras ne s'était pas pourvu des siens, mais il ne met pas en doute que sa signature eût été acceptée ce soir-même, car il était facile, dit-il, de voir que l'ennemi avait hâte d'en finir.

La rédaction de la convention fut donc commencée et suivit son cours. A propos de l'art. 3, la discussion recommença. Le lieutenant-colonel Fay pensait qu'il y avait lieu de demander les honneurs de la guerre tels qu'ils étaient consentis par les anciens usages, les vaincus défilant en armes devant le vainqueur et déposant ensuite ces armes avant de se constituer prisonniers de guerre. Le général de Stiehle ne consentit qu'après une longue et pénible discussion à prendre l'engagement de presser le prince Frédéric Charles de transmettre au roi, en l'appuyant, la demande de laisser l'épée aux officiers. En ce qui concerne les honneurs de la guerre, les articles de la convention qui pouvaient s'y rapporter furent rédigés de deux manières, pour être soumis à l'adoption des commandants en chef des deux armées.

Ce n'est qu'à trois heures du matin, dit le général Jarras, que fut terminé ce pénible et amer travail. Je rendis compte, dans la matinée du 27, au maréchal de ce que j'avais fait en lui soumettant la rédaction de la convention. Il y donna son approbation et déclara qu'il adoptait la rédaction française de l'article en litige. Vers une heure ou deux de l'après-midi, arriva une lettre du général de Stiehle faisant connaître que le prince Frédéric-Charles accordait à l'armée les honneurs de la guerre, et que le roi consentait à laisser l'épée aux officiers. C'est alors que pour la première fois le maréchal me fit part de sa résolution de refuser le défilé et les honneurs de la guerre qui y étaient attachés. Je crus devoir insister pour l'amener à ne pas maintenir ce refus, mais je dus me retirer sans avoir rien obtenu.

Je devais, à cinq heures, revoir le général de Stiehle; vers quatre heures et demie, je fus appelé chez le maréchal. Il me dit encore qu'il ne voulait pas consentir au défilé quand bien même les honneurs de la guerre y seraient attachés, et il me demanda expressément de ne pas laisser introduire cette disposition dans la convention.

Je fis observer de nouveau que les honneurs de la guerre étaient inséparables et qu'il ne fallait pas s'attendre à ce que l'ennemi consentît à agir autrement qu'il l'avait dit dans la convention. C'est alors que le maréchal, pour en finir, m'enjoignit impérativement de refuser le défilé avec ses conséquences. Le maréchal me chargea aussi de dire au général de Stiehle, pour qu'il en informât le prince Frédéric-Charles, qu'il était d'usage en France, après une révolution de détruire les drapeaux qui avaient été donnés aux troupes par le gouvernement déchu, et que, conformément à cet usage des drapeaux avaient été brûlés.

Je crus devoir faire observer à ce sujet qu'il n'était pas sage d'appeler ainsi l'attention de l'ennemi sur les drapeaux, et que d'ailleurs le prince Frédéric-Charles ne croirait pas à l'usage sur lequel j'avais ordre de m'appuyer et qui n'était pas connu. Le maréchal me dit alors qu'il savait que des drapeaux avaient été brûlés et qu'il ne voulait pas que le prince Frédéric-Charles pût supposer qu'il avait manqué à ses engagements. En finissant il me dit encore : « N'oubliez pas que je ne veux pas de défilé. »

En arrivant à Frescati, j'eus une nouvelle conférence en tête-à-tête avec le général de Stiehle. Je transmis la communication dont j'étais chargé au sujet des drapeaux, et, comme je m'y attendais, le général de Stiehle se montra peu convaincu que l'usage invoqué existât réellement. Afin d'éviter autant que possible la discussion sur cette question, je passai brusquement à une autre, et je lui fis connaître que les dernières instructions du maréchal me prescrivaient de ne pas accepter le défilé.

Le général de Stiehle ne comprit pas qu'on refusât à ce moment une disposition qui avait été réclamée la veille avec de si vives instances comme un honneur mérité. Je ne fis qu'une réponse, c'est que c'était la volonté du maréchal. J'avais soin de faire remarquer que le refus portait sur le défilé et nullement sur les honneurs de la guerre, et, en réponse, on faisait l'objection prévue que l'un était la conséquence de l'autre et qu'il n'était pas possible de les séparer.

Nous fîmes entrer nos officiers et j'échangeai mes pleins pouvoirs avec ceux de M. de Stiehle. On concerta la rédaction définitive de la convention. Lorsque, à l'art. 3, il fut question des drapeaux, le général de Stiehle me demanda de répéter la communication que j'avais été chargé de lui faire, et m'adressa ensuite sur le nombre de drapeaux détruits des questions auxquelles il me fut impossible de répondre.

A l'art. 4, je reproduisis la demande que j'avais déjà faite la veille, relativement à l'exception pour un détachement de troupes de toutes armes. Le général de Stiehle exprima son regret de ne pouvoir l'accueillir, parce qu'on avait reconnu qu'une troupe française venant de Metz et traversant la France provoquerait nécessairement une vive et grande émotion parmi les populations déjà surexcitées. On avait donc dû renoncer au projet primitivement formé.

A ce même art. 4, j'ajoutai qu'il serait peut-être possible d'admettre dans la convention la rédaction française, en convenant verbalement que les choses se passeraient effectivement ainsi que l'indiquait l'autre rédaction. Mais cette proposition ne fut pas admise, les dispositions écrites ne pouvant indiquer que ce qui serait fait réellement. Nous étions ainsi ramenés forcément à la rédaction allemande. La rédaction du protocole ne souleva pas d'autre incident.

Le lendemain matin je rendis compte à monsieur le maréchal qui donna son entière approbation à ce qui avait été fait. Le conseil de guerre fut réuni et tout lui fut soumis.

En sortant du conseil, le colonel Nugues me dit que la veille, sur l'ordre du maréchal, il avait rédigé une circulaire aux chefs de corps, pour qu'ils aient à transporter les drapeaux à l'arsenal où ils devaient ensuite être brûlés. Je fis des observations au maréchal, il me demanda si la lettre circulaire avait été enregistrée; je lui répondis que cela devait être. Il donna alors l'ordre de déchirer la feuille dans le livre de la correspondance. Les cinq lettres aux chefs n'en subsistaient pas moins. Je protestai contre l'irrégularité qu'on m'ordonnait. Le maréchal me dit qu'il ne voulait pas laisser trace de cette affaire dans un livre qui allait tomber entre les mains du prince Frédéric-Charles.

En même temps arriva une lettre au général de Stiehle, qui disait : « Arrêtez l'incendie des drapeaux et faites-moi connaître le nombre de drapeaux restants. Si ce nombre ne me semble pas suffisant, aucune des stipulations de la convention ne sera exécutée. » Le maréchal fut très-ému de cette sommation; il donna des ordres au colonel de Girels de conserver les drapeaux, et me fit rédiger une lettre au général de Stiehle; il la corrigea, et c'est la copie de cette lettre qui fut envoyée. J'annonçais dans cette lettre qu'il restait des drapeaux, et qu'après la signature de la convention, aucun n'avait été brûlé.

— *D.* Le projet de protocole rapporté par le général de Cissey n'a pas été conservé?

— *R.* Je n'ai jamais pu le retrouver.

— *D.* La clause spéciale des aigles et drapeaux a-t-elle été lue au conseil du 26, et y a-t-il eu des observations ?

— *R.* On l'a lue, et personne n'a fait d'observation. Dans le conseil il n'a pas été question de brûler les drapeaux.

— *D.* Et dans votre première entrevue avec M. de Stiehle, il n'a pas été question non plus de drapeaux ?

— *R.* Non.

— *D.* A quelle heure le 27 avez-vous vu le maréchal?

— *R.* Il faisait jour depuis une heure, donc c'était vers huit heures.

— *D.* A quatre heures, le maréchal vous a dit qu'il y avait eu des drapeaux de brûlés?

— *R.* Non, il ne me l'a pas dit.

— *D.* Mais il vous a simplement chargé de dire qu'on brûlait *les* drapeaux après une révolution?

— *R.* Certainement, mais dans la discussion je devais profiter du renseignement donné.

— *D.* Mais pourquoi dans vos discussions parler de drapeaux, puisqu'aucun engagement n'était encore pris ?

— *R.* C'est vrai.

— *D.* L'état-major général n'a pas été chargé de transmettre la circulaire rédigée par le colonel Nugues aux chefs de corps ?

— *R.* Non, le colonel a expédié directement. En ce qui concerne les drapeaux, rien n'a passé par les mains de l'état-major général.

— *D.* La lettre du général de Stiehle vous était adressée, à vous?

— *R.* Oui, je ne sais ce que cette lettre est devenue. J'ai dû la laisser à M. le maréchal, car elle le concernait tout particulièrement.

— *D.* En quelle langue était la lettre?

— *R.* Oh! elle devait être en allemand.

— *D.* Qui l'a traduite?

— *R.* Je ne sais pas. Elle m'est arrivée ouverte?

— *D.* Qui l'a ouverte?

— *R.* Je ne me rappelle pas.

— *D.* La lettre était-elle d'un ton hautain?

— *R.* Pas précisément, mais elle annonçait une certaine autorité.

— *D.* Vous a-t-elle été apportée dans son texte et dans sa traduction?

— *R.* Je ne me rappelle pas.

— *D.* C'est regrettable. Elle vous est parvenue à quelle heure?

— *R.* Vers une heure, car elle m'est parvenue après mon déjeuner, et je me souviens que ce jour-là j'ai déjeuné très-tard.

— *D.* Le maréchal a-t-il donné des ordres à la suite de cette lettre?

— *R.* Non, aucun. Le général Soleille était présent, et la conversation n'a roulé que sur le nombre de drapeaux qui restaient et sur l'endroit où ils étaient.

— *D.* N'avez-vous pas reçu, le 29, une réponse de M. de Stiehle à votre lettre?

— *R.* C'était une réponse à mes demandes verbales que le général Changarnier, n'ayant pas été combattant, ne fût pas prisonnier de guerre, et que le prince Frédéric-Charles voulût bien recevoir le maréchal. Le maréchal m'envoya la lettre ouverte. Il la fit traduire par le commandant Samuel.

— *D.* Vous rappelez-vous les termes de la lettre ?

— *R.* Elle commençait par un récépissé de la lettre de la veille, et manifestait le contentement qu'on éprouvait d'avoir obtenu satisfaction.

— *D.* Cette lettre est-elle en votre possession?

— *R.* J'ai dû la remettre aux autorités allemandes, à Francfort, pour prouver mon droit de séjour dans cette ville. Elle ne m'a pas été rendue.

— *D.* C'est par erreur qu'on a dit que vous aviez les pleins pouvoirs du maréchal *et du conseil* ?

— *R.* Non, ce n'est pas une erreur. Je ne me suis décidé à remplir cette mission que parce que le conseil m'en avait chargé. Le règlement dit que le commandant en chef doit charger de négocier celui qui a toute sa confiance. Je pouvais donc refuser, car certes je n'avais pas la confiance du maréchal. Aucun des membres du conseil n'a protesté, du reste, contre cette formule.

Le général-président. — Le règlement n'a rien à voir là dedans, car il ne peut prévoir une capitulation comme celle dont il est question.

Le conseil n'avait aucun pouvoir à vous donner, car, réglementairement, pour pareille mission, il n'a pas d'existence.

Il n'a jamais été question de la destruction du matériel?

— R. Il en a été question dans les divers conseils, je crois. Un membre, il me semble, a demandé que l'on noyât les poudres.

— D. Pourquoi n'a-t-on pas inséré dans le texte de la convention, que les troupes seraient immédiatement nourries par l'ennemi?

— R. J'ai voulu faire cela, mais le général de Stiehl a considéré cette clause comme une injure, et m'a affirmé que c'était là une question d'humanité qui n'avait pas besoin de stipulations.

On appelle le colonel Fay.

Le témoin a accompagné le général Jarras, le 26 octobre, à Frescati. Après avoir pris connaissance des articles du protocole, tel qu'il avait été remis au général de Cissey, il fit observer au général Jarras, que c'était là une capitulation pure et simple; le général avait encore à ce moment quelque espoir.

Le témoin fait un récit identique à celui du général Jarras. Il raconte pourtant ce détail en plus, que le roi de Prusse avait télégraphié en Allemagne que Metz se rendrait le 27 à midi. On croyait donc tout conclu, alors qu'il n'y avait encore rien de signé, et les dernières concessions du roi ont pour cause cette dépêche anticipée. En tout cas, du côté de l'ennemi, on était très-pressé d'en finir.

— D. Dans quels termes le général Jarras a-t-il parlé des drapeaux? A-t-il dit *les* drapeaux sont brûlés ou *des* drapeaux sont brûlés.

— R. Je ne pourrais pas me rappeler.

— D. Le général de Stiehle ajouta : « Tout ce qui n'est pas brûlé, nous sera remis. » Cela vous frappa-t-il?

— R. Nous n'avons rien compris à cela, ne connaissant pas les précédents.

— D. Le général Jarras ne revint pas, dans le trajet du voyage, sur cet incident?

— R. Non.

LE COMMISSAIRE DU GOUVERNEMENT. — Jusqu'à quel jour fonctionna l'état-major général?

— R. Jusqu'au 28, nous fûmes cinq ou six à nous occuper des dernières affaires. Les chefs et le maréchal, à partir de la signature de la capitulation, ne donnèrent plus d'ordres.

Le commandant Samuel est entendu de nouveau.

Le témoin a également accompagné le général Jarras. Il raconte qu'il était, le 26 octobre, dans le cabinet du maréchal quand l'intendant Lebrun entra, criant : « Bonne nouvelle, maréchal, j'ai trouvé pour quatre jours de vivres. » Il ne se rappelle pas la réponse que fit le maréchal. Au même moment il fut appelé pour se rendre près du général Jarras. Le témoin constate que si le général Jarras avait eu le 26 dans la nuit ses pleins pouvoirs écrits, la capitulation était signée.

M. Samuel intervint pour faire reculer la signature, se rappelant le mot de l'intendant Lebrun.

D'après ce témoin, très-affirmatif sur ce point, le général Jarras n'a parlé que d'une partie des drapeaux brûlés au général de Stiehle, qui a hautement déclaré qu'il n'en croyait rien, quant à la cause de cette incinération, mais qu'en tout cas ce qui restait appartenait dès ce moment à l'Allemagne.

— *D*. Avez-vous traduit des lettres pour le général Jarras le 28 et le 29 ?

— *R*. Je me souviens avoir traduit, le 29, une lettre qui était une réponse, et qui commence ainsi : « Je me félicite avec vous d'avoir retrouvé des drapeaux. » Je me souviens aussi d'une lettre, du 28, relative aux drapeaux, et qui était rédigée sur un ton très-hautain.

— *D*. Qui vous remit ces lettres ? — *R*. Un officier du général Jarras.

— *D*. L'intendant Lebrun n'a-t-il pas fait la réserve, en parlant des quatre jours de vivres, qu'il parvenait à ce résultat en réunissant les réserves des forts ?

— *R*. Je n'ai pas entendu cette restriction.

On appelle de nouveau le maréchal Canrobert.

LE TÉMOIN. — Après la rentrée des généraux Changarnier et de Cissey, un conseil fut réuni par le maréchal. Il était prouvé pour nous qu'il n'y avait même pas moyen de vendre sa vie. Il aurait peut-être mieux valu, au lieu de capituler et de paperasser, de déclarer que, sans artillerie, sans cavalerie, sans vivres, sans la force de porter le fusil, on resterait désarmé devant l'ennemi, et qu'on attendrait le sort. Cette inspiration nous est venue à tous, mais personne ne l'a formulée.

Quant aux drapeaux, nous avons reçu un ordre du maréchal de remettre nos drapeaux à l'arsenal, où ils seraient brûlés. Nous n'avions donc plus de responsabilité.

Quant au matériel, il en a été question le 26, vaguement il est vrai ; mais je me rappelle qu'il n'a pas été accepté de le briser. Pus tard on nous a dit que ce matériel serait inventorié pour être rendu à la France.

Il faut que je rende justice à mes pauvres soldats du 6e corps; ils ont embrassé leurs officiers au moment de les quitter (les sanglots étouffent la voix du maréchal).

— *D*. Avez-vous eu connaissance du procès-verbal de la réunion du 26 ?

— *R*. Il n'y a jamais eu de procès-verbal.

— *D*. A-t-on parlé des drapeaux dans cette réunion ?

— *R*. Non. Mais j'ai appris qu'une conversation à ce sujet a eu lieu entre le général Desvaux et le maréchal Bazaine.

— *D*. Il y a bien eu deux ordres pour les drapeaux : l'un signé du général Soleille commençant par ces mots : « Par ordre du maréchal, » et donnant simplement l'ordre de porter les drapeaux à l'arsenal, et l'autre signé Bazaine, indiquant que les drapeaux seraient brûlés ?

— *R*. Oui, à quelques heures de distance. Le second ordre portait : « demain matin. »

— *D*. Quand on lut le texte de la capitulation, et qu'il fut question de drapeaux, le maréchal fit-il une observation ?

— *R*. Aucune. Pour nous, les drapeaux étaient brûlés.

On entend le maréchal Le Bœuf.

Même déposition que la précédente.

Le 3e corps d'armée avait encore le 26 de 4 à 6 jours de vivres. On décida que les vivres de la place et de l'armée seraient mis en commun.

Le témoin ne se souvient pas qu'il ait été question de la destruction du matériel dans cette réunion, et affirme qu'il n'a pas été question de la destruction des drapeaux.

Le témoin reçut le matin du 27 la visite de son chef d'artillerie, le général de Rochebouët, qui venait de recevoir l'ordre du général Soleille de porter les drapeaux à l'arsenal. Il demandait des instructions; le maréchal Le Bœuf lui dit qu'il fallait chercher un ordre exprès du général en chef. Dans l'intervalle arriva l'ordre du maréchal de porter les drapeaux à l'arsenal pour qu'ils fussent brûlés. Il n'y avait plus d'objections à faire.

Dans la séance du 28, le maréchal Bazaine expliqua aux chefs de corps qu'il avait été obligé d'arrêter la destruction des drapeaux pour rester fidèle aux conventions.

L'opinion s'était accréditée que le matériel resterait à la France, puisque l'art. 3 nommait des commissions françaises pour inventorier ce matériel.

— D. Le 28, vous pensiez que vos drapeaux étaient brûlés?

— R. Oui, mais le maréchal a expliqué qu'il n'en avait été rien fait.

On entend le général Ladmirault.

Le témoin dépose que le 25 octobre il voulut savoir si une sortie était encore possible. La voix des officiers était encore écoutée, et de cœur tout le monde était prêt, mais les forces ne répondaient pas aux bonnes intentions. Les soldats étaient épuisés; il n'y avait rien à tenter. La capitulation devait avoir lieu. Le conseil ne dicta aucune condition. L'initiative des conditions venait du quartier général allemand.

Dans la réunion du 26 il n'a pas été question des drapeaux.

L'avis que les drapeaux seraient brûlés, avis signé par le maréchal, est arrivé le 27 à quatre heures du soir.

Le témoin n'a pas entendu l'observation du maréchal, le 28, sur la non-destruction des drapeaux.

On entend de nouveau le général Frossard.

Le témoin déclare qu'il a été question dans la réunion du 26 de la destruction des armes, mais non de celle des drapeaux. L'un des chefs posa la question dans une conversation particulière avec le maréchal. Celui-ci dit que les drapeaux seraient brûlés. Un seul membre entendit ce propos, les autres étant déjà sortis.

Le général Lapasset ne rendit pas les drapeaux, il les brûla lui-même; le général Laveaucoupet imita cet exemple. Le général Frossard n'eut pas le courage de les blâmer. A la lecture de l'art. 3 de la capitulation, le témoin se leva indigné et s'écria : « Mais les drapeaux sont brûlés ! » Le maréchal fit comprendre alors que tous ne l'étaient pas et qu'il fallait exécuter les engagements.

Dans la réunion du 26 on ne lut pas de protocole; on n'indiqua que les deux grands points de la capitulation : Reddition de Metz, et l'armée prisonnière de guerre.

Le général Desvaux est ensuite entendu.

C'est le général Desvaux qui, à la fin de la réunion du 26, a interpellé le maréchal Bazaine sur les drapeaux et a reçu cette réponse : Ils seront brûlés. Il se rappelle qu'on a parlé du matériel et de la difficulté qu'on rencontrait pour le détruire.

Le général Picard, commandant les grenadiers, ne voulut pas rendre les drapeaux. Sur la vue de l'ordre du maréchal, le colonel Melchior les porta à l'arsenal et assista à leur destruction. D'autres drapeaux de la garde furent déchirés et distribués entre les troupes.

Le témoin n'a aucun souvenir que dans le conseil du 28 il ait été question de drapeaux.

L'audience est renvoyée à samedi.

Audience du 29 novembre.

PRÉSIDENCE DE M. LE DUC D'AUMALE

La séance est ouverte à midi quarante minutes.
Le général Coffinières est appelé.

LE TÉMOIN. — Dans l'après-midi du 24, je fis pour la première fois des observations au maréchal sur la place de Metz et sur son sort, qui devait être indépendant de celui de l'armée. Le maréchal souhaitait comme moi qu'il en fût ainsi, mais l'*ennemi* ne voulut pas admettre notre juste prétention. Je réunis le conseil municipal pour le mettre au courant de la situation. Il était certain qu'il fallait céder à la loi du plus fort.

Quant au matériel, je devais le remettre à des commissaires qui devaient en dresser l'inventaire.

— D. C'est donc à partir du 24 que vous considériez la place comme engagée dans le sort de l'armée?

— R. Oui, je me suis cru dégagé de toute responsabilité à partir de ce moment. Une lettre du maréchal me relevait du reste, à cette date, des obligations de mes fonctions de gouverneur.

— D. N'avez-vous pas émis encore une fois, dans le conseil du 26, l'avis que le sort de la place fût séparé de celui de l'armée?

— R. Non, puisque son sort était décidé depuis deux jours. D'ailleurs la place ne pouvait tenir que 48 heures.

— D. Mais je trouve dans le procès-verbal ou le rapport du 24 que vous avez affirmé que la place pouvait tenir jusqu'au 5 novembre, et que vous ne pouviez la rendre avant cette époque, à moins d'un ordre écrit du général en chef.

— R. Je n'ai aucun souvenir de tout cela; et la situation n'était pas en accord avec les allégations de ce rapport. Je ne sais sur quel élément on a fixé cette date du 5 novembre. D'ailleurs j'étais bien gouverneur de Metz, mais je n'avais de pouvoir réel que le jour où l'armée partait; jusque-là j'étais soumis à l'autorité suprême du général en chef; j'étais un simple membre du conseil.

LE GÉNÉRAL-PRÉSIDENT. — Je vous rappellerai que le conseil n'existait pas légalement. Le règlement n'admet qu'un conseil de défense, et vous avez dû regretter au dernier moment de ne pas l'avoir constitué. A-t-il été question de la destruction du matériel?

— R. Il en a été question, mais c'était là une grosse opération, qui aurait nécessité de longs travaux. Les forts et les remparts ne pouvaient être détruits du jour au lendemain.

— D. Il est certain que les remparts étaient dans un état si parfait de conservation que cela aurait pris beaucoup de temps mais le matériel de guerre, les armes, les canons, les poudres?

— R. Mais je n'étais pas le chef l'armée, et le matériel ne me regardait pas.

— D. Je vous parle du matériel de guerre de la place sur lequel vous aviez toute autorité.

Dans la soirée du 27 vous avez reçu un ordre du maréchal qui vous prescrivait de faire recevoir à l'arsenal les drapeaux?

— R. Parfaitement.

— D. A quelle heure l'ordre est-il arrivé?

— R. Je ne me rappelle pas l'heure, je crois que c'était dans l'après.

midi, mais je dois dire sur cette question qui concerne les drapeaux que je n'en avais qu'un, celui du régiment du génie; il a disparu, il n'a pas été à Berlin; je n'avais pas à me préoccuper des autres.

— D. Vous avez transmis l'ordre au directeur de l'arsenal et au chef de l'artillerie de la place?

— R. Oui.

— D. Comment l'avez-vous interprété?

— R. Je n'avais pas à l'interpréter; mais je supposais qu'il visait la destruction des drapeaux.

— D. Mais à la place du directeur de l'arsenal, qu'auriez-vous fait?

— R. Oh! j'aurais exécuté littéralement l'ordre. J'aurais reçu les drapeaux, et j'aurais attendu de nouvelles instructions.

— D. Vous n'avez pas eu d'autres ordres à lui transmettre?

— R. Non.

— D. Savez-vous qu'il y ait eu des difficultés particulières pour entrer dans la place? Le maréchal attribue à des obstacles de ce genre les retards que ces ordres ont subis.

— R. Je ne puis répondre précisément à la question que M. le président m'adresse. Je sais qu'à la fin du siége j'ai fait fermer les portes à quatre heures du soir.

— D. Mais le télégraphe n'a pas cessé de fonctionner.

— R. Oui, monsieur le président.

Sur la demande du témoin, le général-président fait donner lecture par le greffier de la lettre du maréchal Bazaine dont il a été question dans sa déposition.

Ban-Saint-Martin, 24 octobre 1870.

Mon cher général,

Vous avez pris part, ce matin, au conseil des commandants de corps d'armée et des chefs supérieurs de service, que les circonstances m'ont fait réunir. Vous savez déjà qu'il a été reconnu unanimement que la place de Metz et l'armée étaient inséparables dans leurs intérêts et dans leur sort. Malgré vos observations sur mes décisions antérieures qui séparaient les vivres de l'armée de ceux de la place, malgré vos réclamations sur les devoirs qui incombent à vos fonctions, le conseil n'ayant égard qu'à la situation grave dans laquelle nous sommes placés, s'est prononcé énergiquement pour la mise en commun des vivres encore existants tant dans la place que dans l'armée.

Cette opinion me paraissant juste et fondée, surtout en présence des souffrances et des privations qu'endure le soldat, je suis dans l'obligation de vous ordonner de mettre à la disposition de l'intendant général de l'armée, pour le service des troupes campées autour de Metz, les denrées qu'il vous demandera. Ce haut fonctionnaire a mission de s'assurer des quantités existantes dans les corps d'armée et dans la place, et d'en faire ensuite une répartition équitable entre tous, de manière à ce que toutes les troupes, qu'elles appartiennent à la place ou à l'armée, soient également pourvues.

Vous voudrez bien assurer la stricte exécution de cette dépêche, dont vous m'accuserez réception.

Recevez, mon cher général, etc.

BAZAINE.

Le général-président ordonne la lecture de la partie de la déposition du général Soleille — défaillant, comme on sait, pour cause de maladie — se rapportant aux drapeaux:

— D. Vous rappelez vous avoir vu, le 26 octobre, le général Gagneur au quartier général et vous être entretenu avec lui de l'incident des drapeaux?

— R. Je n'allais jamais le soir chez le maréchal; il est possible que j'aie vu le général Gagneur, mais mes souvenirs sur cette question des drapeaux sont peu précis.

Le témoin dit que, le 27 octobre, il a transmis, par ordre du maréchal, aux chefs de corps, l'avis de verser les drapeaux à l'arsenal; qu'il ne se rappelle pas si la phrase *pour les conserver ou pour les brûler* se trouvait dans ce premier ordre; qu'en tout cas, l'indication de les brûler se trouvait dans un second ordre; qu'il a changé l'ordre premier, le 28, après que le maréchal eut reçu une lettre du général de Stiehle et qu'il lui eut enjoint de conserver ce qui restait des drapeaux.

— D. Dans le conseil du 26 octobre a-t-il été question des drapeaux et a-t-on parlé de les brûler?

— R. Oui.

— D. Le maréchal vous a-t-il donné ce jour-là des instructions à cet égard?

— R. Oui, le maréchal m'a donné des instructions verbales à ce sujet, et il m'a prescrit de faire recueillir les drapeaux et de les faire porter à l'arsenal pour y être brûlés.

— D. Vous saviez donc, le 26, que le maréchal avait donné des ordres pour brûler les drapeaux?

— R. C'est au rapport du 26 que j'ai eu connaissance de ces ordres.

— D. Quelles mesures avez-vous prises pour faire exécuter ces ordres?

— R. Je n'avais pas de mesures à prendre à cet égard; je n'avais rien à ajouter aux ordres du maréchal.

— D. Avez-vous eu connaissance de quelque démarche faite près du maréchal pour faire modifier cette résolution?

— R. Non.

— D. Le 27, je vois qu'un ordre est donné aux commandants de corps de remettre les drapeaux; le maréchal Le Bœuf a déclaré ne pouvoir obtempérer à un ordre indirect de ce genre. Là-dessus, avez-vous réclamé du maréchal des mesures pour compléter les ordres qui avaient été donnés auparavant?

— R. Je n'avais pas à intervenir entre les commandants de corps et le maréchal pour provoquer des ordres complémentaires.

— D. Avez-vous reçu du maréchal des instructions pour passer sous silence l'incinération des drapeaux?

— R. Non.

— D. Pourquoi, dans la dépêche du 27 octobre, omettez vous de dire aux commandants de corps que les drapeaux doivent être remis à l'arsenal pour y être brûlés, et pourquoi le même jour, dans votre dépêche au directeur de l'arsenal, lui dites-vous de conserver les drapeaux?

— R. Mes souvenirs personnels et ceux des officiers d'état-major auxquels j'ai fait appel ne peuvent m'expliquer cela; mais c'était un point trop grave pour prendre sur moi de dire au directeur de l'arsenal d'inventorier les drapeaux et de les garder. J'ai dû avoir des ordres.

— *D.* L'ordre que vous avez envoyé au colonel de Girels était en retard de vingt-quatre heures. Comment expliquez-vous ce retard ?

— *R.* Je ne m'explique pas ce retard qui, en tout cas, ne pouvait qu'être en faveur de l'incinération.

— *D.* Avez-vous entendu le maréchal parler de la nécessité de détruire en partie le matériel ?

— *R.* Non, l'opportunité de cette destruction dépendait de ce qui serait convenu avec l'ennemi.

— *D.* Ce matériel vous avait été confié par le ministre de la guerre, vous étiez responsable ; si le maréchal gardait le silence, vous pouviez provoquer ses ordres. Avez-vous fait des démarches auprès de lui dans ce but ?

— *R.* Je ne savais pas que le commandant de l'artillerie en campagne fût responsable du matériel vis-à-vis du ministre de la guerre, mais j'accepte cette responsabilité et je dois déclarer que je n'ai jamais parlé au maréchal de la destruction de ce matériel ; je me suis occupé de la mise en sûreté des archives qui est distincte de celle du matériel, voilà pourquoi j'ai pris soin, dès le 14 octobre, de mettre à l'abri les archives de l'artillerie.

— *D.* Comment la garde a-t-elle pu exécuter, le 27, l'ordre qui lui a été donné ce jour-là ?

— *R.* La garde était rapprochée du quartier général, les autres corps étaient plus éloignés et avaient de mauvais chemins à parcourir. L'ordre du maréchal ne me concernait que sur la destination à donner aux drapeaux, et je n'avais pas à m'occuper de leur incinération.

Le colonel Vasse Saint-Ouen, chef d'état-major du général Soleille, est appelé de nouveau.

Le témoin déclare que, le 27 au soir, il a été appelé par son général qui lui a dicté deux lettres, l'une aux chefs de corps, l'autre au colonel de Girels. On allait les expédier, quand un aide de camp du général vint reprendre la lettre adressée au colonel de Girels. Ce n'est que le lendemain qu'on a dû la porter à l'arsenal.

— *D.* Vous n'aviez connaissance d'aucun ordre le 26 ?

— *R.* D'aucun.

— *D.* A quels officiers furent dictées les lettres ?

— *R.* Je ne me rappelle que du commandant Sers.

— *D.* Vous avez su alors qu'on a expédié la lettre au colonel de Girels le lendemain ?

— *R.* Je l'ai su depuis. Alors ce fait m'est resté inconnu.

Le commissaire du gouvernement. — A-t-on copié les dépêches le 27 ; il résulterait de pièces du dossier qu'on ne les a expédiées que le 28 ?

— *R.* Moi, je les ai données à la copie immédiatement, mais les minutes ayant été redemandées par le général, on n'a fait la copie que le lendemain matin.

Le commandant Sers est ensuite entendu.

Le témoin se rendit chez le maréchal, le 28, vers onze heures à la place du général Soleille qui était absent. Il trouva le maréchal fort ému ainsi que le général Jarras. On venait de recevoir la lettre du général de Stiehle au sujet des drapeaux.

Je me rappelle, dit le témoin, les termes de cette lettre : il y était dit que le prince Frédéric-Charles ne reconnaissait pas l'habitude de brûler les drapeaux, et demandait que si on en avait brûlé on arrêtât cette incinération et que si les drapeaux n'existaient plus, la convention ne serait pas exécutée.

La lettre était écrite en français, M. le maréchal me dit d'aller chercher le général Soleille et de ne parler à personne de ce qu'il venait de me d.re. Je rencontrai le général Soleille à la porte de France. Il répondit : C'est bien, et se fit conduire chez le maréchal.

Quant au matériel le général Soleille avait annoncé à ses officiers qu'il suivrait le sort de la place, et serait rendu, à la fin de la guerre, à la France.

On appelle le commandant Morlière.

Le 27 octobre, entre 11 heures et midi, le chef d'état-major, le colonel Vasse St-Ouen, apporta au témoin les deux dépêches du général Soleille pour les faire expédier. Un officier copia la dépêche adressée au colonel de Girels. La première lettre était adressée aux généraux commandant l'artillerie des corps d'armée, il fallait faire six expéditions; pour la deuxième lettre il n'y avait qu'une seule expédition à faire, c'était la lettre au colonel de Girels.

— D. Vous n'avez pas eu connaissance que ces deux ordres aient été transcrits ?

— R. Ils l'ont été.

On a descendu à la fois les deux dépêches de chez le général Soleille; elles ont été expédiées toutes deux le 27 et ont été ensuite remontées au général Soleille pour la signature, après cela je ne sais ce qu'elles sont devenues.

On appelle le capitaine Deloy.

Le témoin a été appelé pour copier les circulaires aux chefs de corps le 27, et la lettre adressée au directeur de l'arsenal. Le témoin a été frappé par la contradiction qui existait dans les deux ordres.

Il ne sait laquelle des deux lettres il a écrites. Il ignore si elles ont été enregistrées; l'enregistrement en tous cas n'a pas pu être fait pour les deux à la fois; c'était matériellement impossible.

On entend le commandant Magnin, colonel d'artillerie.

Il dépose également sur le fait des ordres émanés du général Soleille. Le témoin n'a eu connaissance que de la circulaire aux chefs de corps.

D'après les termes de cette dépêche, dit le témoin tout le matériel devait être abandonné à l'ennemi, et les drapeaux, eux aussi n'étaient pas sauvés. Ça été pour nous un douloureux moment que celui où nous avons appris que les drapeaux allaient être abandonnés. En effet, le 1er novembre, nos officiers ont pu, en passant par Frescati, voir nos drapeaux rangés en cercle, plantés en terre dans l'enceinte de je ne sais plus quel château.

Le témoin n'a eu connaissance de l'ordre au colonel de Girels que lorsqu'il est rentré en France.

— D. Si vous l'aviez écrit, cela vous aurait frappé ?

— R. Oui, certainement.

LE COMMISSAIRE DU GOUVERNEMENT. — Mais vous en avez trouvé le brouillon par terre ?

— R. J'ai trouvé peut-être, jetée à terre, la minute de la lettre dont une expédition venait d'être faite.

On entend le commandant de Montdésir

Le témoin était également attaché à l'état-major du général Soleille.

N'étant pas présent à l'expédition des ordres, il n'a pas eu connaissance de la lettre adressée au directeur de l'arsenal ni d'aucun ordre relatif aux drapeaux.

On appelle ensuite le garde d'artillerie Pingenet.

Le témoin a copié sur le registre la lettre au colonel de Girels le 28 au matin. Il se rappelle qu'étant allé ce matin-là à l'arsenal, il apprit par ses collègues que l'ordre qu'il venait de copier venait d'arriver.

— D. De sorte que vous avez enregistré la dépêche le 28 au matin, en la copiant sur la minute; c'est bien là le sens de votre déclaration ?

— R. Oui, monsieur le président.

————

A la reprise de l'audience, M. le colonel Nugues est appelé.

Le témoin déclare que, le 27 octobre, dans l'après-midi, le maréchal Bazaine envoya un de ses officiers à l'état-major pour ordonner de faire savoir aux troupes, sous la forme d'un post-scriptum à une dépêche circulaire relative au service courant, que les drapeaux apportés à l'arsenal seraient brûlés. Ce post-scriptum était ainsi conçu : « C'est par erreur que, dans l'avis de verser les drapeaux à l'arsenal, on a omis de dire qu'ils devaient y être brûlés. »

Ignorant absolument qu'il eût été donné un ordre relatif aux drapeaux, le colonel Nugues, surpris qu'une prescription aussi importante pût parvenir à la connaissance de l'armée sous forme aussi peu convenable que celle d'un simple post-scriptum, alla chez le maréchal pour lui soumettre cette observation. Le maréchal se rendit aux observations du témoin, et celui-ci rédigea sous sa dictée une lettre aux commandants de corps d'armée, dans laquelle se trouvaient ces mots : « Vous préviendrez les chefs de corps qu'ils y seront brûlés. » L'ordre consistait à faire porter les drapeaux à l'arsenal dans des wagons.

Dans cet entretien, dit le témoin, il est possible que j'aie dit qu'une pareille opération était difficile la nuit, et que j'aie proposé de la mettre au lendemain matin. En tout cas, dans la dépêche, on lit les mots « demain matin. »

Après avoir écrit cette lettre, le colonel Nugues fit observer au maréchal qu'il lui semblait nécessaire de prévenir en outre les généraux Coffinières et Soleille, le premier en sa qualité de commandant supérieur de la place, le second comme commandant en chef de l'artillerie. Le maréchal répondit : « Oui, avertissez le général Coffinières qu'il ait à donner des ordres pour recevoir les drapeaux à l'arsenal. Il est inutile de lui dire autre chose. »

La dépêche qui fut adressée au général Coffinières ne faisait aucune mention de l'incinération des drapeaux.

Quant au général Soleille, le maréchal dit : N'écrivez point au général Soleille; il pourrait faire des difficultés. Je me réserve d'écrire quand le moment sera venu.

Le lendemain, le témoin vit le général Jarras, auquel il fit part de ce qui s'était passé. Celui-ci dit : Mais c'est impossible, c'est contraire à la capitulation que je viens de signer.

— D. Avez-vous su à quel ordre antérieur le maréchal faisait allusion quand il vous envoyait l'ordre d'y ajouter le post-scriptum ?

— *R.* J'ai pensé qu'il faisait allusion à un ordre verbal; le maréchal ne m'en a pas parlé.

— *D.* Ainsi, la matinée du 28 octobre était la date fixée pour l'exécution de cet ordre ?

— *R.* Oui, monsieur le président.

— *D.* A quelle heure ces lettres ont-elles été remises ?

— *R.* Je ne puis préciser l'heure; je sais que la nuit tombait lorsqu'elles ont été portées.

— *D.* A quelle heure en avez-vous parlé au général Jarras?

— *R.* Le matin. Le général croit que c'est après le conseil; moi, je crois que c'est avant; mais je ne puis préciser.

Le commandant de France est ensuite entendu.

Le témoin était de service, le 28 octobre, au grand quartier général. Le général Jarras lui demanda, ce jour-là, communication de l'ordre relatif aux drapeaux, donné la veille par le maréchal. Il lui dit de faire disparaître cette page du registre. Le témoin exécuta cet ordre.

Le général Chabaud-Latour demande si les pages du registre n'étaient pas numérotées et paraphées. Le témoin répond négativement.

Le témoin demande à ajouter un mot à sa précédente déposition. Le service de l'état-major général a continué jusqu'au 29 à midi. Un officier a été envoyé à Moulins-lez-Metz pour y continuer, ce jour-là le service des parlementaires.

Une dépêche, après ce moment, a été portée par un officier du général Changarnier; mais à cette heure, il n'y avait plus d'armée.

On entend le capitaine Lemoyne.

Le témoin prit, le 28, le service des parlementaires à Moulins. Il a rencontré M. Arnous-Rivière qui apportait une dépêche à l'état-major général pour le général Jarras. Le témoin la prit et la porta au général. Pendant que, sur sa demande, en l'absence du commandant, Samuel, il était allé chercher quelqu'un pour faire traduire la lettre, elle fut traduite par une autre personne.

Le général Jarras fit appeler le témoin et lui dicta la réponse à la lettre allemande, qui fut portée par le témoin aux avant-postes à Moulins. La lettre était du général de Stiehle.

Pendant la journée du 27, le service des parlementaires avait été supprimé. Cela dura vingt-quatre heures.

Le témoin a, de Longeville au Ban-Saint-Martin, rapporté deux lettres adressées l'une au maréchal, l'autre au général Jarras.

LE COMMISSAIRE DU GOUVERNEMENT. — Le témoin avait dit dans l'instruction qu'il avait eu connaissance du contenu de la lettre du général de Stiehle. Cette lettre disait, suivant lui, que la non-observation d'une des clauses déliait les Prussiens de leurs engagements.

— *R.* C'est un souvenir qui m'échappe aujourd'hui; si je l'ai dit à M. le général instructeur. Je puis le maintenir, et je le maintiens.

On appelle le témoin de Rochebouët.

Le témoin commandait l'artillerie du 3e corps. Ayant reçu l'ordre du général Soleille de remettre les drapeaux à l'arsenal, il a pris l'avis du maréchal Le Bœuf qui lui a recommandé de n'en rien faire avant d'avoir reçu l'ordre formel du maréchal.

Les drapeaux devaient être remis le 28 au matin de très-bonne heure! Je me rendis auprès du général Soleille, qui se contenta de répondre à ma demande d'explications, que je trouverais au retour des ordres écrits.

— *D.* A quelle heure est arrivé l'ordre direct de monsieur le maréchal aux commandants de corps?

— *R.* A deux heures et demie ou trois heures, j'en suis parfaitement certain. Cet ordre indiquait que les drapeaux devaient être recueillis le 28 au matin, de bonne heure, pour être brûlés.

Le 26, il ne fut fait aucune allusion aux drapeaux.

— *D.* Le général Soleille vous a dit simplement : « Des ordres vous seront donnés, sans rien vous dire qui pût faire comprendre que les drapeaux seraient brûlés? — *R.* Il m'a dit simplement : « Vous trouverez des ordres écrits là-bas »

Mᵉ LACHAUD. — Dans l'instruction, M. le général a été plus précis sur la question qui lui était adressée, si le général Soleille n'avait pas dit dans le conseil que les drapeaux seraient brûlés.

LE TÉMOIN. — C'est possible.

On appelle ensuite M. de Berckheim, général de division.

Le témoin a été convoqué avec les autres chefs de l'artillerie chez le général Soleille, en sa qualité de commandant de l'artillerie du 6ᵉ corps. Dans cette réunion, il a été question des mesures à prendre pour la remise du matériel, mais il ne fut pas question des drapeaux. Ce n'est qu'après la réunion que le général de Berckheim reçut les ordres relatifs aux drapeaux, vers sept heures du soir.

Le soir, vers dix heures, je reçus une lettre de M. le maréchal Canrobert, chef de mon corps d'armée. J'étais au 6ᵉ corps; dans cette lettre, M. le maréchal me disait que les drapeaux devaient être portés à l'arsenal et qu'ils y seraient brûlés.

Le lendemain matin, en revenant de l'arsenal, mon chef d'état-major m'apprit que certains corps brûlaient leurs drapeaux. Je l'envoyai de nouveau à l'arsenal. Quand il rentra, il était trop tard pour qu'il pût faire brûler les drapeaux.

— *D.* Etes-vous bien sûr de n'avoir pas reçu l'ordre du général Soleille avant d'aller au rapport?

— *R.* J'en suis bien sûr. Je l'ai reçu plus tard que les autres corps, et même on n'a pas parlé des drapeaux dans cette conférence chez le général Soleille. On a parlé des mitrailleuses du 6ᵉ corps que j'avais pris sur moi de faire détruire.

J'en parlais au général Soleille, espérant que le général en parlerait aux autres chefs. Le général m'a blâmé d'avoir pris sur moi de faire détruire les mitrailleuses.

— *D.* Vous avez été blâmé?

— *R.* Oui, j'avais pensé qu'on pouvait les détruire, sans éclat, sans nuire à la discipline.

— *D.* Monsieur le général, vous n'avez pas besoin de vous excuser, je crois.

LE COMMISSAIRE DU GOUVERNEMENT. — Dans l'instruction, le témoin a dit que dans la conférence du 27, chez le général Soleille, il avait été question de l'incinération des drapeaux?

— *R.* Si je l'ai dit, c'est une erreur, ce n'est pas à la réunion qu'il a été parlé de l'incinération.

Le général Chabaud-Latour demande à quelle heure la garde brûlait ses drapeaux. — *R.* A huit heures.

Présidence de M. le duc d'Aumale

Le conseil continue à entendre les dépositions si intéressantes relatives à l'incident des drapeaux.

Le général de division Gagneur, commandant l'artillerie du deuxième corps, est appelé.

Le témoin a eu le 26 octobre une conversation avec le général Soleille qui, en parlant de la capitulation, lui a fait observer que les mots : « remise du matériel » ne voulaient pas dire : « abandon du matériel »; que ce matériel serait inventorié par une commission composée par moitié d'officiers français et d'officiers allemands; qu'il serait remis à la France si Metz devait rester à la France; qu'il serait abandonné à la Prusse si Metz devait rester à la Prusse.

Dans la réunion du 27, chez le général Soleille, il n'a pas été question des drapeaux, mais du matériel.

En rentrant le soir, dit le témoin, je trouvai une lettre du général Frossard, me transmettant l'ordre du maréchal Bazaine de transporter les drapeaux à l'arsenal. Les drapeaux ont été réunis le 28 au matin.

Il ne pouvait venir à l'idée de personne de détruire le matériel, puisqu'il devait être inventorié et restitué après la guerre.

Un certain nombre de drapeaux de la division ne furent pas transportés à l'arsenal : ce sont ceux de la division Lavaucoupet et de la brigade Lapasset. Ils avaient été brûlés par les régiments eux-mêmes.

— *D.* Quand avez-vous su qu'ils n'étaient pas brûlés à l'arsenal?

— *R.* M. le général de Lavaucoupet, ayant quelque doute, avait exigé que l'officier chargé d'aller porter ces drapeaux à l'arsenal ne remît les drapeaux que sur un reçu, ou qu'il les fît brûler devant lui. On a refusé de donner le reçu; on a refusé de les brûler devant lui. Alors l'officier du général Lavaucoupet a rétrogradé, et le général a fait brûler les drapeaux lui-même.

— *D.* Suivant vous, la responsabilité de l'exécution de l'ordre de les brûler à qui incombait-elle?

— *R.* Au général de Girels.

— *D.* Elle n'incombait pas aux chefs de corps?

— *R.* Non, ils avaient reçu l'ordre de les donner.

Le commissaire du gouvernement. — Dans la visite particulière que vous avez faite le 26 au général Soleille, vous a-t-il dit que les drapeaux devaient être brûlés?

— *R.* Le général Frossard, à qui j'ai rendu compte de ma mission, m'avait dit que je lui avais ainsi rapporté ma conversation avec le général Soleille; depuis lors, je me suis rappelé le premier ordre écrit, et je me suis demandé s'il m'avait réellement, le 26, été parlé de l'incinération.

On entend ensuite le colonel d'artillerie Bézard.

Au moment de la guerre, après la mobilisation, je restais seul officier supérieur à Metz. Je pris la résolution de ne pas livrer le drapeau du 7e régiment d'artillerie qui n'avait figuré dans aucun combat sous Metz, et en effet, aucun ordre ne me fut donné, relativement au drapeau de ce régiment.

Un adjudant vint me dire qu'on demandait mon drapeau à l'arsenal ; je fis répondre que depuis longtemps ce drapeau n'existait plus.

M. LE COMMISSAIRE DU GOUVERNEMENT. — On n'a pas pu savoir l'autorité militaire qui demandait ce drapeau ?

— R. Non. Je sais que des ordres contradictoires ont été donnés, et on a dit que des menaces avaient été faites par l'ennemi, parce que nous n'avions pas donné le nombre des drapeaux comptés.

LE GÉNÉRAL-PRÉSIDENT. — Ce qui est certain, c'est que le drapeau du 7e d'artillerie était détruit.

On appelle le colonel de Girels.

Huit ou neuf drapeaux m'avaient été confiés à l'époque de l'investissement, par des régiments de cavalerie. Ma pensée se portait avec angoisse vers ce dépôt que je considérais comme confié à mon honneur.

Je résolus de brûler ces drapeaux s'il fallait capituler ; j'écrivis dans ce sens, vers le 20 octobre, au général Soleille et je reçus, dans la journée une lettre de lui me disant qu'il approuvait ma résolution de détruire tout ce qui pourrait servir de trophée à l'ennemi. Il ajoutait : « Seulement il faut attendre au dernier moment. »

Le 27 octobre, dit le témoin, à cinq heures du soir, j'appris que la place était comprise dans la capitulation qui se négociait pour l'armée ; je me rendis immédiatement à l'arsenal pour y accomplir ce devoir qui me tenait au cœur. Huit ou neuf étendards m'avaient été confiés. J'allai donner l'ordre de les brûler. Il était trop tard pour faire le soir même cette opération. Le lendemain matin j'allai à l'arsenal, vers sept heures et demie ; mon lieutenant-colonel y était déjà, il me dit que le chef d'état-major de l'artillerie de la garde, M. Melchior, était venu pour brûler ses drapeaux. De là j'allai à la forge où l'on détruisit les drapeaux ; je me rappelle un vieil adjudant qui était là et qui disait en les voyant brûler : « En voilà, au moins, que les Prussiens n'auront pas. »

Je n'avais encore reçu aucune communication au sujet des drapeaux de l'armée, je n'avais pas cru avoir besoin d'ordre pour prendre une mesure qui, dans ma pensée, aurait été prise par les colonels à qui ces drapeaux appartenaient, s'ils les avaient eus à leur disposition.

Entre huit heures et huit heures et demie du matin, une demi-heure environ après la destruction de ces étendards, je reçus notification d'un ordre qui prescrivait aux chefs de corps d'envoyer leurs drapeaux à l'arsenal. En me communiquant cet ordre, le général commandant en chef l'artillerie me prévenait que les drapeaux et tout le reste du matériel seraient conservés pour être inventoriés et à la paix être restitués.

Je m'occupai alors d'autres soins, de mon pauvre personnel de travailleurs.

A neuf heures environ, un adjudant-major d'infanterie vint dans mon bureau, il me présenta le reçu de son drapeau, en me disant : Mon colonel, je viens de remettre mon drapeau, on m'en a donné un reçu ; mais le colonel de mon régiment m'a ordonné d'assister à sa destruction.

Il me montra en même temps la copie d'un ordre donné par la voie hiérarchique ordinaire aux chefs de corps, d'envoyer les drapeaux à l'arsenal, en les prévenant qu'ils y seraient brûlés. Ce fut la première nouvelle que je reçus d'un ordre semblable ; j'en eus une certaine émotion ; je pris sur ma table l'ordre complétement contraire qui me prescrivait de les conserver et je le montrai à l'adjudant-major.

Cet officier se mit à pleurer. Je lui pris les mains et lui dis : Mon cher capitaine, en présence de deux ordres opposés, il y a pour nous une certaine liberté d'action. Voici ce que je vous offre : Vous avez un reçu qui vous a été donné par un garde ; il doit rester étranger à la responsabilité de ce que nous ferons. Rendez-lui son reçu, je vais l'autoriser à vous rendre votre drapeau et vous en ferez ce que vous voudrez. Derrière moi il y avait un officier d'infanterie qui se trouvait dans la même position et que je n'avais pas encore vu. Tous deux se concertèrent et me demandèrent la permission de réfléchir un instant. Ils sortirent de mon bureau et y rentrèrent au bout de quelques moments.

Ils me demandèrent à aller prendre de nouvelles instructions auprès de leur colonel. « Faites ce que vous voudrez, » leur dis-je. Immédiatement après, et sous l'émotion de cette scène, j'écrivis au général Soleille quelques lignes pour faire cesser, aussitôt que possible, une position pénible. Le général était au Ban-Saint-Martin et je dus attendre la réponse assez longtemps, ce qui m'imposait une attente vraiment douloureuse.

Jusqu'à la guerre de 1870, mon nom avait été bien humble, et il était attristant pour moi de voir en quelle funeste occasion ce pauvre nom pourrait sortir de son obscurité.

Je sortis de mon bureau très-agité. Je n'avais pas la résolution bien arrêtée de faire brûler tous les drapeaux, mais en face de deux ordres contradictoires, cette pensée bouillait dans ma tête.

Vers onze heures le général Soleille vint en personne apporter la réponse. Il m'expliqua la contradiction de ces deux ordres de la manière suivante : il me dit qu'on avait espéré sauver les drapeaux en faisant annoncer par le plénipotentiaire que le changement politique les avait fait détruire, mais que le plénipotentiaire ennemi avait souri d'un air d'incrédulité et avait répondu : « C'est possible que quelques drapeaux aient été détruits ; mais je vous garantis que tous ne l'ont pas été, et il faut les conserver. » C'est à la suite de cette conversation que le maréchal avait donné un second ordre contraire au premier, celui de conserver les drapeaux. Le général ajouta que l'ennemi tenait beaucoup à cette clause de la convention, et qu'il en faisait une condition expresse.

A trois heures et demie, le général Soleille revint et me parla du grand émoi du quartier général, par suite de la réception d'une lettre du général de Stiehle. Il me remit alors un ordre qui m'intimait de ne pas remettre les drapeaux à ceux qui les avaient déposés, si par hasard ils venaient les réclamer. Mon désespoir fut grand. Je le dis au général Soleille.

Le général me dit de le conduire où étaient les drapeaux.

J'ai déposé sur ma table, dans cette salle, l'ordre qui portait que j'étais chargé de les recevoir et que j'en avais la responsabilité. Je dis au général Soleille qu'il fallait que je me rendisse chez le gouverneur à quatre heures ; que l'heure approchait. Le général me demanda alors quelqu'un pour l'accompagner.

Le lendemain 29, le garde Portmann me montra le brouillon d'une note qu'il avait faite pour le général Soleille. Il y avait cinquante-trois drapeaux. (Sensation.) Je fus vivement contrarié en voyant figurer dans cette note deux étendards de cavalerie.

J'avais ordonné la destruction de tous les étendards de cavalerie. On me répondit que ces deux drapeaux avaient été envoyés par leurs corps à la place au lieu d'être remis à l'arsenal.

— D. Ainsi, ni verbalement ni par écrit, dans ces trois journées des 26, 27 et 28, vous n'avez reçu d'ordre de brûler les drapeaux?

— R. Pas une seule fois.

— D. Vous avez reçu le 28, à 8 h. 1/4 du matin, l'ordre de garder les drapeaux?

— R. Oui.

— D. Vous aviez donné l'ordre de brûler les drapeaux le 27 au soir, et à 7 h. 1/2 le lendemain matin on brûlait les étendards?

— R. Oui, on achevait de les brûler.

— D. Et le chef d'état-major Melchior faisait brûler en même temps ceux de la garde?

— R. Je ne l'ai pas vu, mais je l'ai su.

— D. Le général Soleille vint vers onze heures à l'arsenal et il vous expliquai pourquoi il y avait eu des différences dans les ordres?

— R. Oui, monsieur le président.

— D. Il ne vous dit pas que l'ordre qu'il vous donnait le 28, de faire inventorier les drapeaux, était un ordre du 27, à onze heures et il ne vous demanda pas le nombre des drapeaux?

— R. Non.

Le témoin ne se rappelle pas au juste si le 3e corps a déposé ses drapeaux à l'arsenal le 27 au soir. Interrogé, sur la demande du défenseur, s'il ne sait pas si le 27 on a brûlé l'étendard du 3e lanciers, il répond qu'il ne s'en souvient pas.

On entend ensuite le garde Grivaux.

Le témoin était de service à l'arsenal le 28 octobre et il a assisté à l'incinération des étendards de la cavalerie.

On appelle le général de Lavaucoupet.

Le 27 octobre, dans la soirée, le général Frossard, commandant le 2e corps, transmit l'ordre d'envoyer, dans des fourgons fermés, les drapeaux à l'arsenal. Cet ordre parut honteux au témoin.

Les drapeaux, dit-il, sont donnés aux troupes avec apparat, avec solennité; ils ne sortent pas sans recevoir des honneurs spéciaux, et voilà que des fourgons devaient les emporter pour être brûlés!... Et devant qui? Et par qui? Quel acte devait constater l'incinération? Je m'en sentis indigné; ma première pensée fut de renvoyer l'ordre, et d'arguer de la dispersion de ma division; les commandants des forts étaient réellement les commandants de mes troupes!

Cependant je me rappelai que les drapeaux de ma division, dont je n'avais qu'à me louer, étaient ceux que nous portions le 6 août, quand 25 000 Prussiens avaient assailli ma division et avaient été forcés de se retirer en laissant 5600 combattants sur le champ de bataille; que nous portions ces drapeaux quand nous avions fait notre retraite sans être inquiétés.

Non! ils ne devaient pas être envoyés à l'arsenal comme de vieux chevaux à la voirie; je me dis! « Ils seront brûlés! » Mais comme je ne pouvais me trouver dans tous les forts à la fois, je résolus de les faire venir chez moi, à l'hôtel, et de les faire brûler en présence de la

garde et du détachement, qui dresseraient procès-verbal ; le détachement présenterait les armes. Les aigles seraient brisées ou fondues
dans les fourneaux. Ceci arrêté, j'envoyai l'ordre conforme.

Le général ayant envoyé un officier d'ordonnance pour s'informer à
l'arsenal, celui-ci lui dit en revenant qu'il était sûr qu'on ne brûlait
pas les drapeaux.

Un peu plus tard, les quatre porte-drapeaux étant arrivés avec les
détachements et les escortes, on fit observer au général que les fourgons devant l'hôtel, dans une rue étroite, entravaient la circulation ;
de plus, de petits rassemblements se formaient autour d'eux. Le général dit aux détachements : « Allez à l'arsenal, vous demanderez au chef
de cet établissement de brûler les drapeaux devant vous ; si on ne les
brûle pas, ramenez-les, quoi qu'on vous dise ! Dans tous les cas, je vous
défends de les entrer dans la cour ! »

Les hommes revinrent et dirent : « On ne les brûle pas et on n'en
donne pas de reçu. »

« Je ne ferai pas brûler les drapeaux moi-même, dit alors le général, partez donc pour retourner aux forts, allez trouver vos colonels,
vous sortirez les drapeaux de leur étui, vous leur rendrez les honneurs
pour la dernière fois, et vous les brûlerez ensuite. » Cet ordre a été exécuté.

Je demande, dit le témoin, d'ajouter un mot pour mes camarades,
moins heureux, dont les drapeaux sont allés à Berlin.

C'est que, *bona fide*, ils avaient cru qu'une fois à l'arsenal, leurs
étendards seraient brûlés et non point fourrés dans un magasin pour
être ramassés avec des guêtres et de vieux débris ! De là ils ont été
portés à Berlin triomphalement.

Triste triomphe !

Eh bien ! il y a eu un drapeau pris, mais pris comme les prennent
les Français, à la baïonnette, et c'était un drapeau prussien qui fut
glorieusement enlevé sur le champ de bataille par une armée ané-
mique !

Au moment où le témoin termine sa déposition, un grand
murmure approbateur s'élève dans l'auditoire et des applaudissements se font entendre. Le général président, qui partage
ainsi que tout le conseil l'émotion de la salle, ne cherche pas à
réprimer cette explosion patriotique à laquelle succède bientôt le silence respectueux dû à la majesté de la justice.

On appelle le général Jeanningros.

Le témoin commandait la 1re brigade, composée de la garde, des
zouaves et du 1er régiment de grenadiers.

Le colonel Péan du 1er régiment des grenadiers vint le trouver, tenant l'aigle de son drapeau dans sa main et lui dit, en proie à une émotion pénible : « J'allais obéir à l'ordre reçu, mais cette nouvelle s'étant
répandue dans le camp, une partie des officiers, sous-officiers et soldats
sont venus à moi les larmes aux yeux.

« J'ai fait venir le porte-drapeau, et voyant l'impression que cela
causait, j'ai fait détruire nos étendards. »

Laissez-moi dire, monsieur le président, ajoute le témoin, que cette
armée était très-brave, très-dévouée ; mais il fallait la faire manœuvrer ;
on lui a commandé trop rarement de marcher en avant, et, quand on
l'a fait, toujours l'ennemi a regardé derrière lui ! (Sensation.)

Les lambeaux du drapeau déchiré par le colonel avaient été partagés entre les officiers et les sous-officiers. Le général approuva cette mesure, en prit la responsabilité et ordonna aux zouaves de suivre cet exemple.

Tous ces hommes, dit-il, monsieur le président, avaient leurs poitrines couvertes de décorations; leur demander leur drapeau, c'était leur demander plus que leur sang!

Plus tard, je reçus de l'état-major général un nouvel avis, disant que les drapeaux devaient être livrés aux commandants de l'artillerie pour être brûlés! Il était trop tard! et je jugeai que, dans tous les cas, il appartenait à ceux qui étaient appelés à défendre les drapeaux de les détruire.

On appelle le général de division Lapasset (Ferdinand-Auguste), âgé de 56 ans.

LE TÉMOIN. — Le 27 octobre, à 9 heures du soir, je reçus une lettre me prescrivant de remettre les drapeaux à l'arsenal pour y être brûlés. Je ne pus me faire à cette idée; les drapeaux pour moi représentaient la patrie, c'est l'âme de nos régiments. Le lendemain, 28, avant le point du jour, je rassemblai mes colonels; je leur lus la lettre; je leur fis part de mes sentiments, qu'ils partagèrent, et je leur donnai l'ordre de brûler les drapeaux en présence de leurs officiers et de m'apporter les procès-verbaux de l'opération.

Le fait fut immédiatement accompli, et c'est alors que je répondis au général en chef du 2e corps : Mon général, la brigade mixte ne rend ses drapeaux à personne et ne se repose sur personne du soin de les brûler. Cette douloureuse cérémonie a été accomplie ce matin; j'ai entre les mains les procès-verbaux de cette lugubre opération.

Le 3e régiment de lanciers avait versé son drapeau à l'arsenal; quand je l'appris j'ordonnai au colonel Thorel de s'assurer si le drapeau était brûlé: il m'apporta le procès-verbal constatant que le 27 octobre l'étendard du 3e lanciers a été brûlé. Ce procès-verbal, je l'ai sur moi.

Sur l'invitation du général-président, le témoin remet la pièce au greffier, qui en donne lecture:

« Nous, colonel du 3e lanciers, assisté de Grivaux, garde d'artillerie, avons procédé à l'incinération du drapeau de ce régiment, par exécution de l'ordre de M. le maréchal commandant en chef de l'armée du Rhin.   « Signé: THOREL. »

LE TÉMOIN. — Je dois encore, dans l'intérêt de la vérité, parler d'une entrevue que j'eus avec M. le maréchal le 22 octobre, mais cela n'est pas dans le même ordre d'idées.

— D. Dites tout ce qui est de nature à éclairer le conseil.

— R. J'avais formé le projet de me faire jour avec ma brigade mixte; j'avais étudié les points de passage, mais avant d'exposer trois mille braves, je voulais au moins savoir les projets de notre commandant en chef. Il me reçut avec sa bienveillance accoutumée.

Soit qu'il eût connaissance de mon projet, soit qu'il pressentît quelque chose comme cela, il me dit: Ne faites pas de coups de tête, Lapasset, pas d'actions individuelles. On m'a déjà souvent proposé des sorties divisionnaires; c'est une mauvaise chose. Laissez-moi faire!

A ce moment le maréchal Canrobert entra, il a été mon chef longtemps, et j'ai pour lui le plus affectueux respect. J'allais me retirer, lorsque le maréchal Bazaine me dit: Restez, Lapasset, vous n'êtes pas de trop. Il me fit asseoir, prit une carte, puis se tournant vers le maréchal Canrobert il reprit : « Je suis dans une perplexité cruelle, je n'ai pas la moindre nouvelle de Boyer ni de l'impératrice; je n'ai plus de vivres; il faut que nous nous fassions jour ! »

Et, indiquant sur la carte, il ajouta : « Vous, maréchal, avec le 4e corps, vous serez la colonne de droite; Le Bœuf, lui, avec le 2e corps formera la colonne de gauche il prendra la route de Strasbourg; moi, je serai au centre avec la garde et la brigade mixte de Lapasset, prêt à vous secourir tous deux au besoin; mais il ne faut pas nous dissimuler que notre salut est dans nos jambes, il nous faudra faire soixante kilomètres dans la journée; celui qui tombera, on ne le ramassera pas, car il nous faut gagner Château-Salins; là, je verrai! Je n'ai pas d'artillerie, pas de cavalerie, je n'ai pas beaucoup de vivres; je vous le répète, le salut est dans nos jambes !... »

Ces paroles répondaient si bien à ma pensée que je ne pus maîtriser mon émotion : « Ah! monsieur le maréchal, m'écriai-je, votre résolution remplit mon âme de bonheur. Nous sommes la dernière armée de la France, si nous sommes vaincus, voyez-vous, il faut que la postérité se découvre devant notre souvenir ! — Non, nous ne serons pas vaincus, dit alors le maréchal. Non ! et nous leur passerons sur le corps ! Je n'ai pas besoin de vous commander le secret, messieurs, ajouta-t-il, vous comprenez la gravité de cette confidence; retournez à vos quartiers; vous recevrez mes ordres. » Les ordres devaient venir le lundi suivant.

Le Conseil sait ce qui s'est passé ce jour-là !

Après cette très-intéressante déposition, l'audience a été suspendue et renvoyée à lundi.

Audience du 1er décembre

L'audience est reprise à midi trente-cinq minutes.

Le général-président, en vertu de son pouvoir discrétionnaire, fait appeler le colonel d'artillerie Maugé qui sera entendu à titre de renseignements.

Le témoin explique que les étendards de la cavalerie ont été déposés à l'arsenal et qu'il a engagé le colonel de Girels à les brûler le 27. Le témoin a brûlé le procès-verbal d'incinération.

L'étendard du 3e régiment de lanciers a été traité comme les autres, quoiqu'il se trouvât à l'arsenal depuis le mois de juillet.

Le capitaine Yung est rappelé.

Le témoin dépose que dans les derniers jours il a été envoyé plusieurs fois aux avant-postes pour recevoir les parlementaires. Il a conduit un officier allemand chez le maréchal.

Le 22 octobre le témoin a pu constater qu'un inconnu venant des lignes allemandes a pu se mettre en communication avec le chef des francs-tireurs. Les officiers de service aux avant-postes ont raconté au témoin que ce fait se renouvelait fréquemment. Il en a informé le quartier-général, et M. Arnous-Rivière a été immédiatement relevé de ses fonctions. Le capitaine a envoyé quelques émissaires pour faire parvenir des nouvelles au gouvernement de la Défense nationale. L'un de ces émissaires est rentré sans pouvoir passer les lignes, les autres ne sont pas revenus.

Le capitaine a reçu deux lettres du quartier général le 29, pour le maréchal et pour le général Jarras. Il a trouvé le maréchal sur la route de Montigny, en voiture ; la lettre pour le maréchal était du général de Stiehle, et commençant par ces mots : Je me félicite avec vous, etc.; elle avait trait à la livraison du matériel et exprimait la satisfaction du général ennemi. L'autre lettre fut remise au général Jarras qui était appelé au quartier général allemand.

On entend M. Buisson, propriétaire à Moulins-lez-Metz.

Le 14 août le maréchal a logé chez le témoin, à la suite de la bataille de Borny. A table, le maréchal dit que s'il avait eu deux heures de plus, pas un Allemand ne serait resté. Le lendemain matin le maréchal Canrobert vint faire visite au maréchal. Un officier étranger fut amené par un gendarme ; il paraît que c'était un Anglais.

Dans le courant de septembre, le maréchal est venu faire visite au témoin, après une tournée aux avant-postes. Un dragon de l'escorte est venu sonner à la porte, et le témoin a ouvert lui-même. Le maréchal a demandé au témoin des nouvelles de la petite-fille du témoin qui déclare que le maréchal doit être un bon père.

Après la capitulation, le maréchal est entré sans cérémonie dans sa cuisine, et la conversation s'engagea entre le maréchal, Mme et M. Buisson. Le maréchal ne pouvait disposer que de deux heures, et il a demandé à déjeuner. Il a affirmé au témoin et à sa femme qu'ils ne seraient pas *Prussiens*, malgré les désastres de l'armée. Une compagnie de grenadiers accompagnait le maréchal, et a fait le café dans la cour du témoin. Un officier allemand est arrivé en même temps avec des soldats réclamant un logement. Le maréchal donna une sauve-garde à M. Buisson, et les soldats ennemis se retirèrent.

LE COMMISSAIRE DU GOUVERNEMENT. — N'est-il pas venu au mois de septembre une voiture avec des personnes étrangères chez le témoin, au moment où le maréchal s'y trouvait ?

— R. Oui ; on a dit que c'était le prince Frédéric-Charles ; j'ai protesté contre cela dans l'instruction. La personne qui est venue en voiture était le père de M. Lapointe, un de mes amis. Jamais le maréchal n'a eu d'entrevue chez moi avec qui que ce soit.

Le colonel de la Villenoisy est entendu de nouveau.

Il passe alors à la question des vivres, et déclare qu'il est resté dans les forts des provisions qui n'ont pu être distribuées. Au fort de Plappeville, par exemple, il y avait une certaine quantité de bestiaux. On a pris des mesures d'abord pour séparer non-seulement l'armée de la ville, mais même les différents corps d'armée, selon qu'ils étaient compris sur la rive gauche ou la rive droite de la Moselle.

A la fin d'octobre, le témoin rencontra le général Coffinières, qui lui demanda de rechercher les différentes conditions que, dans les capitulations historiques, on avait fait aux habitants des villes.

Le témoin demanda au général si l'on ne prenait pas des mesures pour détruire les armes et le matériel. Le général lui répondit : « Que voulez-vous, mon cher camarade, les Prussiens veulent tout. » Le témoin insista ; mais le général ne répondit plus. Malgré une lettre que le colonel écrivit encore au général Coffinières, ses exhortations ne furent pas écoutées.

L'audience continue.

Complément de l'audience du 1ᵉʳ décembre

PRÉSIDENCE DE M. LE DUC D'AUMALE

M. le colonel de Villenoisy continue sa déposition. Il avait été chargé par le général Coffinières de rédiger une note relativement au matériel de la place.

Dans les notes que je donnai et qu'on annexa au protocole, dit le témoin, on ne fit que deux changements dans la rédaction que j'avais préparée ; on stipula que les articles qui pourraient être contestés seraient interprétés de la manière la plus favorable pour nous. Mon devoir m'obligeait à rester jusqu'à l'entière occupation de la ville par l'ennemi. J'eus sous les yeux un triste spectacle. La convention n'a point été exécutée fidèlement par les Prussiens ; nos soldats ont été dépouillés de leurs sacs, contrairement aux conventions ; dans les hôpitaux, les couvertures des malades ont été volées, et il y a eu beaucoup de blessés à qui on a refusé des soins. Une personne très-digne de confiance m'a dit que sa fille était morte d'effroi à la vue de certaines scènes auxquelles a donné lieu l'occupation de la ville.

L'ennemi faisait preuve d'une sévérité sans nom dans la visite des malades. Il fallait qu'un soldat fût presque à la mort pour qu'il tolérât la continuation de son séjour.

— D. Si vous aviez encore quelques faits à exposer sur la capitulation....

— R. Oui, monseigneur. J'étais résolu, à faire tout le possible pour ne pas devenir le prisonnier des Allemands. Ma douloureuse tâche achevée, je sortis de Metz déguisé en ouvrier. J'espérais n'être pas reconnu. Une circonstance qui tenait à la honte même de la capitulation me dévoila.

Je voyais le long des routes nos soldats qu'on menait en troupeau vers la captivité. Des paysans, des paysannes, se jetaient au devant d'eux les yeux pleins de larmes.

A mesure que je cheminais, ces scènes se renouvelaient plus déchirantes. On ne passait pas devant un village sans que la population s'élançât, plaignant les soldats, maudissant le nom du chef. Les Prussiens s'interposaient ; ils avaient même pris le parti d'éloigner nos paysans à coups de crosse. Alors, des rixes survenaient. A une de ces rixes, je m'avançai me croyant protégé par mon travestissement. Un sergent français sorti d'un groupe et me saisissant d'une main par le bras, en montrant l'autre poing aux Allemands : « Tenez, mon commandant, s'écria-t-il, n'est-ce pas abominable ! Ils frappent même les femmes et les enfants ! » Cette exclamation du pauvre sergent trahit mon *incognito*....

C'est alors que je fis le vœu de demander justice[1]. J'allai voir les lignes prussiennes, et je m'assurai qu'il n'y avait pas de fortifications ; qu'on aurait pu passer et qu'on aurait pu passer toujours.

— D. Et vous ne pouvez pas fixer la date à laquelle vous avez eu cette conversation avec le général Coffinières où il vous a demandé cette note ?

[1]. On sait que c'est le colonel de Villenoisy qui le premier a demandé la mise en jugement du maréchal Bazaine, en envoyant une pétition à l'Assemblée nationale.

— *R*. Non, je ne puis préciser, mais c'était dans le courant d'octobre, avant les négociations.

On entend ensuite le général de division Henry (Pierre), 52 ans.

Le 28 octobre, vers midi, je reçus une lettre qui me chargeait de présider les commissions qui devaient inventorier le matériel et le remettre aux Prussiens. J'eus un moment la pensée de ne pas obéir ; j'allai trouver le maréchal Canrobert qui me décida à accepter.

Je me rendis auprès du général Coffinières, qui me dit que j'étais le président des douze commissions qui devaient fonctionner dans les forts ; je fis observer que je ne pouvais être président de douze commissions à la fois ; le général me dit : « Vous ne présiderez rien du tout, vous serez le centre de ces commissions qui s'adresseront à vous en cas de difficulté ; voilà le protocole et l'appendice, inspirez-vous en pour trancher les difficultés qui pourront se présenter. »

Je me résignai, et donnai mon opinion sur le mode d'opérer que je croyais utile d'adopter. Il ne fallait livrer notre matériel que contre des reçus en règle. Le général allemand Zimmermann, qui commandait l'occupation, voulait nous démontrer qu'il était inutile de compliquer le travail.

« A quoi bon les inventaires ? » observaient les officiers prussiens, « puisque tout est à nous. »

Il semblait que nous étions un peu moins vaincus en exigeant qu'on ne fît pas main basse sur ce qui avait été à nous sans multiplier les formalités et surtout nous délivrer des reçus.

Ainsi fut fait. Des contestations s'élevèrent sur certains points. Mais j'avais entre les mains le protocole de la capitulation, où il était stipulé que les clauses douteuses seraient tranchées en faveur des Français.

Je fus obligé d'intervenir en faveur des blessés et des malades, que les Prussiens voulaient expulser immédiatement. Au moment de la guerre, la ville de Metz avait fait construire des barraques dans l'île Chambière pour des ambulances. J'allai trouver les Prussiens et j'obtins que ce matériel resterait à la ville de Metz.

Le témoin dut intervenir surtout dans la circonstance suivante : Les franc-tireurs n'avaient pas été compris dans la capitulation, et en présence des lois terribles édictées contre eux par les Allemands, ils étaient fort inquiets sur leur sort. Il intervint et prouva à l'ennemi qu'ils étaient des gardes nationaux sédentaires, et qu'ils ne pouvaient être fusillés ni emmenés en captivité.

Enfin, dans la mesure des devoirs qui m'imposaient de présider les commissions de livraison, je m'attachai à sauver quelques épaves, telles que certaines quantités d'effets militaires qui n'étaient plus en très-bon état, et que j'obtins de distribuer entre les indigents de la malheureuse cité.

Le général-président. — Vous avez épargné quelques souffrances aux blessés et aux malades ; je vous en remercie. Avez-vous pu vous rendre compte du chiffre du matériel ?

— *R*. Non, monsieur le président ; mais c'est avec une grande douleur que je me voyais forcé de livrer ces canons que j'avais vus enfant, et qui m'avaient inspiré l'idée d'être soldat.

— *D*. Combien de temps a duré l'opération ?

— *R.* Six semaines.

— *D.* L'ennemi n'en a donc disposé que six semaines après ?

— *R.* Oh ! il a cherché à en disposer tout de suite, et plus d'une fois il y a réussi.

Nous avons cru de notre devoir de défendre pied à pied notre matériel, en forçant l'ennemi à le reconnaître en-détail, pour qu'à un jour, espéré encore, il pût être obligé de le rendre intégralement, ou au moins d'en payer la valeur, car nous en avons fait l'estimation.

On appelle l'intendant Letellier (Adolphe), 39 ans.

Le témoin fut attaché à la commission du 2e corps pour la remise du matériel. Il livra 1200 chevaux et 250 voitures.

Nous avons attendu les commissaires prussiens, ils ne venaient pas et l'inventaire se fit sans eux. Je croyais que le matériel serait rendu à la France à la paix, ajoute le témoin.

On entend le capitaine Gudin.

Le témoin doit déposer sur ce que sont devenus les papiers et les registres du général Boyer. Il ne sait ce qu'ils sont devenus. Le général n'a brûlé que des lettres particulières. La correspondance avec l'ennemi a été portée à l'état-major général et rien n'a été détruit.

— *D.* Avez-vous connaissance d'une lettre du 28 adressée au général Jarras ?

— *R.* Non, j'ai eu entre les mains la lettre du 29 ; c'est moi qui l'ai traduite.

Me LACHAUD. — Le témoin ne se souvient-il pas que le 26 le général Soleille est venu chez le maréchal et a parlé des drapeaux ?

— *R.* Oui, il y a eu une conversation entre le général et le maréchal sur la destruction du matériel. Le maréchal voulait faire briser les fusils ; le général objecta que cela produirait des actes d'indiscipline très-regrettables. Quant aux drapeaux, le maréchal a recommandé au général de les réunir à l'arsenal et de les détruire immédiatement le 27. Les aigles devaient être jetées dans les fourneaux de l'arsenal.

Le témoin proteste contre l'expression : « Je me réjouis avec vous, » qui se trouverait dans la lettre du 29.

D'abord, elle n'était pas adressée à M. le maréchal, mais au général Jarras. Ensuite elle n'était pas. comme on l'a dit, du prince Frédéric-Charles, mais du général de Stiehle. Le général disait, non pas qu'il se réjouissait avec lui, mais qu'il était heureux de savoir que le matériel avait été conservé. Enfin, ce n'est pas M. le capitaine Yung qui l'a traduite, c'est moi.

On entend ensuite M. Raymond (Paulin-Eugène), 61 ans, colonel du génie en retraite.

Le témoin fut chargé de la remise du matériel, en sa qualité de directeur du parc du génie. Sur les 400 chevaux que contenaient le parc, 380 avaient été livrés à la boucherie pour l'alimentation.

Au moment de la capitulation il y eut des tentatives de désordre. Le témoin avait demandé au gouverneur s'il ne fallait pas prendre des mesures pour la destruction du matériel. Le gouverneur répondit qu'il fallait attendre, et mettre en sûreté les pièces indispensables qu'on pourrait utiliser autre part pour la reconstitution de ce matériel du génie de Metz, unique en France. Après la lecture du protocole de la capitulation, le témoin fut convaincu que le matériel ferait retour à la

France, et même près de l'autorité allemande il a dû souvent faire des observations pour sauvegarder ce matériel.

Je devais donc, dit-il, veiller dans l'intérêt de la France. C'est dans cet esprit que, quand j'ai vu le pillage des couvertures par les Prussiens, je l'ai fait cesser en réclamant auprès des chefs. Bien des objets d'armement étaient épars dans les forts et sur les positions des différents corps, et les Prussiens nous fournissaient des corvées de travailleurs pour les faire rentrer en nous délivrant des réquisitions régulières soumises au visa du général Henry. Quand nous n'obéissions pas à ces réquisitions, ils s'emparaient par la violence de ce dont ils avaient besoin.

Il est vrai de dire que jamais ils n'ont rien enlevé sans réquisition régulière pour nous permettre de rédiger les inventaires.

Hélas ! ces inventaires n'ont servi qu'à constater l'étendue de nos pertes ! Cependant je dois rendre justice aux Prussiens en disant que les archives ont été retrouvées en bon état en 1871.

Le témoin a fait avec le général Henry, tous ses efforts pour retarder la livraison du matériel. L'inventaire a duré deux mois ; les procès-verbaux officiels constatent qu'il fut remis à l'ennemi :

1665 bouches à feu, dont 1136 rayées ;

8922 affûts de voitures ;

3 239 225 projectiles ;

419 285 kilogr. de poudre ;

13 280 096 cartouches du modèle chassepot ;

9 696 736 cartouches de divers modèles.

La valeur de ce matériel s'élève au chiffre total de 36 millions de francs.

On appelle le garde du génie Sabron, 51 ans.

Le témoin a été chargé, par le directeur de l'arsenal, de faire la note du matériel avant la capitulation. Il y avait à l'arsenal environ 100 000 kilogr. de houille et 100 mètres cubes de bois.

On entend ensuite M. Scelles (Jean-Baptiste), 59 ans, commissaire central.

Le témoin a été appelé, le 17 juillet, à l'hôtel de l'Europe, chez le maréchal Bazaine, en sa qualité de commissaire central de Metz, et a été chargé de trouver autant d'émissaires que possible. Il désigna, entre autres Mme veuve Humbert.

Plus tard, le témoin fut chargé, par le général Coffinières, de faire le recensement de tous les étrangers qui se trouvaient à Metz. Il y en avait à peu près douze à quinze cents. Le général donna l'ordre de les expulser ; mais, sur les observations du témoin, qu'il pouvait être dangereux de les laisser communiquer avec l'ennemi, on se résolut à les surveiller.

Le témoin fit aussi le recensement des grains. Il eut encore à surveiller le comte de Sponeck qui était soupçonné d'espionnage, mais qui put établir qu'il avait vaillamment combattu dans les rangs français à Forbach.

On entend de nouveau le capitaine Yung.

Le capitaine Yung est rappelé pour répéter sa déposition sur les lettres qu'il reçut le 29 aux avant-postes. Il répète les mêmes détails qui lui sont d'autant plus présents à la mémoire que le moment était douloureux. Il maintient qu'il a traduit la lettre sur la route de Montigny où il a rencontré le maréchal en voiture, entre deux haies de soldats, et qu'elle contenait l'expression :

Je me réjouis avec vous. Le témoin reçut alors la lettre des mains du maréchal et la porta au général Jarras avec celle qui était destinée à ce général.

Le capitaine Gudin est également rappelé.

Le témoin maintient aussi sa déposition. C'est lui qui a traduit la lettre et non le capitaine Yung. Du reste, le maréchal connaissait les sentiments du capitaine Yung, qui pendant toute la campagne lui a été hostile; il devait donc de préférence s'adresser aux officiers de son escorte qui savaient l'allemand.

Le maréchal Bazaine. — Il est possible qu'il y ait eu traduction verbale par le capitaine Gudin, et que plus tard j'aie prié le capitaine Yung de m'en faire une traduction par écrit.

Le capitaine Gudin. — J'affirme que la lettre n'était pas adressée au maréchal.

Le maréchal Bazaine. — Je n'étais pas entouré d'une double haie de soldats à ce moment comme l'a dit le témoin, j'en suis certain.

Je n'avais là qu'une escorte, je n'avais pas besoin d'une haie de soldats pour être protégé; j'étais sur le territoire de la division de Cissey, qui, comme tous les autres, n'a cessé de me témoigner ses sentiments les plus sympathiques.

Le capitaine Gudin. — Le capitaine Yung a pu confondre entre cette dépêche et une autre; il en a traduit plusieurs, quant à celle-ci, ce n'est pas lui qui l'a traduite et je maintiens en tous points ma déposition.

Le général Bonneau de Martroy est appelé.

Le témoin a été envoyé à Metz le 4 avril 1871 pour chercher les archives de l'armée qui avaient été cachées, dit-il, dans la ville. J'avais été muni des pièces nécessaires qui pouvaient m'accréditer auprès des chefs prussiens. Quand j'arrivai à Metz, on m'a dit que je ne réussirais pas, que les Prussiens savaient où les archives se trouvaient cachées et les faisaient chercher. Je résolus alors d'enlever les archives sans rien dire à personne. Il était défendu de sortir de Metz avec des bagages sans l'autorisation du gouvernement.

Le témoin loua une charrette et se fit conduire à l'endroit où se trouvaient les archives; elles étaient bien là, mais il constata que le système de fermeture était modifié et qu'elles étaient enfermées avec un cadenas. Le général les enleva et partit. Un moment, à la porte de France, il se crut perdu, car il fut arrêté à un corps de garde par des agents de police, mais ils se bornèrent à mettre son cheval dans le bon chemin. Arrivé à Pont-à-Mousson, la gare se trouva entre les mains des Prussiens. Il fallut pousser jusqu'à Toul, où un chef de gare français se chargea de faire passer les colis à Lagny. Le témoin apprit que Paris était entre les mains des insurgés. Il dut faire un grand détour pour arriver à Versailles. Ce sont les employés du ministère de la guerre qui firent sauter les cadenas.

Le maréchal Bazaine. — C'est sur ma demande spéciale que ces archives ont été retrouvées. J'ai envoyé M. de Mornay pour demander au ministre de les envoyer prendre à Metz.

L'audience est suspendue à deux heures quarante-cinq minutes.

L'audience est reprise à trois heures un quart.

Le capitaine de Mornay-Soult est rappelé. C'est un témoin assigné par la défense.

M⁰ Lachaud demande des détails sur une lettre écrite le 27 octobre par le général Picard au maréchal Bazaine au sujet de l'incinération des drapeaux.

Quand cette lettre arriva, le maréchal Bazaine s'écria : « Mais ils doivent être brûlés ! » Le maréchal envoya le témoin chez le général Jarras pour lui dire qu'au moment de la discussion sur les drapeaux il devait annoncer que ces emblèmes avaient été brûlés après le changement de gouvernement. Le général Jarras alla voir lui-même le maréchal qui lui répéta devant le témoin, les mêmes recommandations.

Le général Jarras fit quelques objections sur la façon dont il devait présenter cette observation ; mais il partit avec l'ordre formel du maréchal de parler dans ce sens.

. Le témoin fut chargé de porter à l'état-major le post-scriptum commandant l'incinération des drapeaux. Il y trouva le colonel d'Andlau, qui ne voulut pas se charger de cet ordre ; il s'adressa alors au colonel Nugues, qui se rendit chez le maréchal pour lui faire des observations sur la forme insolite de ce post-scriptum

Le témoin parle ensuite de l'incident Yung. Il affirme que c'est le capitaine Gudin qui a traduit la lettre le 29. Il y était dit non pas que le général de Stiehle le félicitait, mais se félicitait de ce que les clauses de la convention avaient été remplies exactement.

Dans cette lettre se trouvait l'autorisation pour le maréchal de se rendre à Pont-à-Mousson et on lui accordait une entrevue avec le prince Frédéric-Charles.

Le maréchal remit la lettre ouverte au capitaine Yung pour le général Jarras, en lui faisant observer que la lettre avait été ouverte par lui.

On appelle ensuite le général Pé de Avros.

M⁰ Lachaud demande quels ordres le général a reçus pour le transport des drapeaux de la garde à l'arsenal.

Le 27 octobre le témoin a fait porter, sur ordre reçu, les drapeaux de sa division à l'arsenal. Peu après, le colonel Melchior arriva porteur d'un ordre du général Desvaux que l'on fît brûler les drapeaux envoyés. L'incinération des drapeaux de la garde a eu lieu le 28 de très-bonne heure, au moment où il commençait à faire jour.

On appelle le général de division Picard (Joseph-Alexandre), 60 ans, commandant le 13ᵉ corps.

Le défenseur voudrait savoir ce que le 27 octobre, le général a écrit au maréchal et quelle a été la réponse de ce dernier.

LE TÉMOIN. — J'avais l'honneur de commander les grenadiers de la garde. Quand l'ordre arriva de porter les drapeaux à l'arsenal, je voulus connaître le motif d'une mesure aussi grave dans un moment si délicat, et j'ai écrit pour savoir quel devait être le sort des drapeaux.

Le général Desvaux m'a répondu qu'il en écrirait immédiatement au maréchal, et le maréchal, de son côté, m'a répondu qu'ils devaient être brûlés.

Je reçus encore une réponse du général Desvaux m'avertissant que le maréchal lui avait écrit que les drapeaux seraient détruits. Alors j'ai invité les colonels à verser les drapeaux à l'arsenal, ou même à les détruire et c'était pour apaiser une émotion très-grande qui se produisait dans les troupes ; cependant je ne doutais pas de la parole d'un maréchal de France.

— D. Quand avez-vous été informé de la destruction du drapeau du 1er régiment de grenadiers ?

— R. Vers deux ou trois heures, mais j'avais écrit au maréchal auparavant.

— D. M. le général Jeanningros croit se rappeler qu'il avait reçu l'ordre avant votre autorisation ?

— R. Les soldats voulaient enterrer leur drapeau ; je m'y opposai, parce qu'il pouvait être retrouvé ; je jugeai préférable de le brûler et de faire détruire l'aigle par les maîtres armuriers, qui s'y sont engagés sur leur honneur. Le 1er grenadiers m'a remis son aigle que j'ai conservée.

— D. N'avait-on pas déjà déchiré toute la partie étoffe ?

— R. Oui, monsieur le président.

— D. Et c'est sur cette révélation de M. le général Jeanningros que vous avez jugé à propos de consulter le maréchal ?

— R. Oui, monsieur le président.

On appelle le colonel Melchior, colonel d'artillerie.

Le défenseur voudrait savoir si le témoin n'a pas été chargé, par le général Pé de Arros, de brûler les drapeaux, et s'il ne sait pas que cet ordre émanait de M. le maréchal.

Le 27 octobre, nous avons reçu l'ordre du général Desvaux de faire transporter les drapeaux à l'arsenal. C'était vers trois ou quatre heures. Depuis quatre heures jusqu'à cinq heures les porteurs de ces drapeaux étaient très-émotionnés et ils ne comprenaient point de cette mesure. Je communiquai ces impressions au général, le général décida que néanmoins nous devions porter les drapeaux à l'arsenal, conformément aux ordres reçus.

Je me dirigeai cependant vers l'arsenal le lendemain. Je demandai à voir les drapeaux de la garde : ils me furent montrés. Je dis à l'officier qui était là : « Faites-les brûler. » Il me répondit qu'il n'avait pas d'ordres. Alors, je demandai à les reprendre. Il m'y autorisa, d'ailleurs, après que nous eûmes échangé quelques explications.

Nous prîmes les drapeaux ; nous fîmes couper les hampes et l'étoffe, et on jeta les aigles dans les fourneaux. Cette opération fut faite le 28, au matin, au milieu des ouvriers vivement impressionnés.

L'audience est suspendue à quatre heures, et renvoyée à mercredi.

———

Comme on vient de le voir, l'audience a été renvoyée à mercredi, et il n'y aura pas audience le mardi.

Cette mesure a été prise pour ne pas scinder le réquisitoire du ministère public, qui se prolongera au moins pendant deux jours, et, d'après cela, il n'y aurait pas la suspension ordinaire du jeudi.

Les plaidoiries de Me Lachaud dureront, d'après ce que l'on pense, deux ou trois jours.

On parle aussi d'un nouvel interrogatoire que le Conseil de guerre ferait subir au maréchal Bazaine, interrogatoire dans lequel seraient résumés et condensés tous les faits que l'accusation retient à sa charge.

On compte ensuite qu'il faudra deux jours pour entendre de nouveau le général Pourcet, organe du ministère public, et pour la réplique de M° Lachaud.

Enfin toute une journée serait consacrée, par le Conseil, pour examiner les nombreuses questions qui lui seront posées et pour répondre à chacune d'elles.

Il est à remarquer que l'intérêt, loin de s'affaiblir, va croissant à mesure qu'on approche du dénoûment. La presse étrangère est toujours représentée par un grand nombre de sténographes. Des dépêches télégraphiques partent d'heure en heure pour l'Angleterre et pour les principales villes du continent. Les journaux américains ont aussi organisé des services spéciaux, et les feuilles illustrées de New-York, de Philadelphie et de Boston publient des gravures représentant l'aspect des séances et donnent des portraits très-ressemblants, des juges militaires et des principaux témoins.

———

On cherche à supputer les sommes énormes qu'aura coûtées le procès, à cause du grand nombre de témoins appelés à déposer, des dépenses de leur déplacement, et de leurs frais de séjour à Versailles, parce qu'un grand nombre de ces témoins ont été retenus par le conseil depuis l'ouverture des débats, c'est-à-dire depuis le 6 octobre jusqu'à aujourd'hui.

Si le maréchal est condamné, il devra rembourser au Trésor toutes les dépenses qui auront été faites. Si, au contraire, le maréchal Bazaine est acquitté, tous les frais resteront à la charge du Trésor.

Du reste, il est à remarquer que beaucoup de témoins dont le rôle est fini n'ont pas quitté Versailles et viennent assister tous les jours aux séances de Trianon, tant est grand l'intérêt que leur inspire cette cause, tant est vive aussi la curiosité d'entendre M° Lachaud et de connaître les éléments de justification qu'il aura puisés dans l'étude approfondie des faits de la cause.

———

Nos lecteurs n'ont pas oublié les deux cuirassiers Marc et Henri qui ont risqué plusieurs fois leur vie comme émissaires et se sont vus si près d'être pendus qu'ils avaient déjà la corde au cou. L'un d'eux, un peu plus tard a été atteint d'un coup de feu. Nous apprenons qu'ils viennent de recevoir de M. le duc d'Aumale une lettre leur annonçant que M. le ministre de la guerre leur accorde à tous deux la médaille militaire.

Présidence de M. le duc d'Aumale

La foule est plus considérable que jamais. Du haut de la tribune des journalistes on voit un océan de têtes. Le couloir par lequel entraient les témoins, et qui longeait toute la salle, a été supprimé. On évalue à 1200 le nombre de personnes qui composent l'auditoire.

La séance est ouverte à midi 35 minutes.

Le général-président donne la parole au commissaire spécial du gouvernement.

M. le général Pourcet se lève et commence la lecture du réquisitoire, que nous nous faisons un devoir de reproduire *in extenso*.

Un journal judiciaire, *le Droit*, fait de ce document une appréciation à laquelle nous nous associons complétement.

« La tâche qui incombe à M. le général Pourcet est lourde. Ne sera-t-elle pas trop lourde même ?

« Dès les premières phrases, nous sommes rassurés. Le réquisitoire est une magnifique page d'histoire.

« Ferme sans passion, simple sans sécheresse, digne sans emphase, avec une clarté et une méthode remarquables, ce réquisitoire se déroule et groupe avec art tous les éléments que les débats ont fournis.

« Ce réquisitoire pouvait n'être qu'une copie pâle et incolore du rapport ; c'est une œuvre originale. Ceux qui étaient placés assez près pour n'en pas perdre un mot l'ont de suite apprécié à sa juste valeur. »

M. le commissaire du gouvernement s'est exprimé en ces termes :

Un maréchal de France est traduit devant vous sous l'accusation d'avoir manqué aux devoirs du commandement, et d'avoir livré sans combat une armée de cent cinquante mille hommes et une place de guerre de premier ordre.

La France attend votre jugement.

Elle veut savoir si un général en chef a failli à son devoir ; s'il a violé les règlements et les lois ; s'il a manqué de droiture et de loyauté ; s'il a toujours prêté à ses lieutenants l'appui qu'il leur devait ; s'il a engagé clandestinement avec l'ennemi des relations illicites ; si, obéissant à des préoccupations coupables, il s'est éloigné de ces principes d'honneur qui font la sécurité du pays, la force et la gloire des armées !

Elle veut savoir, enfin, si les actes du commandant de l'armée du Rhin n'ont en rien contribué aux revers éprouvés sur d'autres théâtres, ou si, au contraire, sa conduite a exercé sur l'ensemble des opérations militaires, pendant la campagne de 1870, une désastreuse influence !

Si pénible qu'il soit de raviver des plaies encore saignantes, l'équité comme l'intérêt général commandaient de déterminer par des débats publics les causes d'une capitulation qui a pesé d'une manière fatale sur les destinées de la patrie.

Désigné pour de redoutables fonctions, j'ai dû me soumettre à la tâche assignée, et je viens aujourd'hui, après des investigations consciencieuses et de solennels débats, déclarer devant vous que les charges imputées au maréchal Bazaine sont pleinement fondées et réclamer contre lui la rigoureuse application de la loi.

Mais si mon mandat m'impose le devoir de soutenir l'accusation portée contre le maréchal Bazaine, il me donne aussi l'occasion de rendre un public hommage à sa vaillante armée, qui a pu subir un immense désastre sans cesser de mériter l'estime de la patrie. Dans ces luttes gigantesques, à Rézonville, à Saint-Privat, officiers et soldats firent toujours leur devoir. Par leur ténacité dans une lutte inégale, par leur courage dans les combats, par leur résignation dans les privations, par une discipline que les situations les plus extrêmes ne purent ébranler, ils ne cessèrent d'être dignes de notre glorieux passé. L'ennemi lui-même rendit un éclatant hommage à leur valeur. Ils ont droit aussi à la reconnaissance du pays, malgré leur défaite, car il est digne d'une grande nation d'honorer ses défenseurs, alors même que leurs efforts sont restés impuissants à la défendre.

Oui, messieurs, quelque funeste que soit le résultat de la lutte, un général d'armée restera honoré de tous si, avant comme après le combat, il a fait complétement son devoir de chef et de soldat; s'il a pu, à bon droit, prononcer cette parole d'un de nos preux illustres dont la fortune avait trahi le courage : « Tout est perdu fors l'honneur. »

Dieu seul, en effet, messieurs, tient dans ses mains le sort des armées comme celui des nations.

La France qui, aux premières années de ce siècle, avait promené ses couleurs victorieuses dans toutes les capitales de l'Europe, n'a point échappé à cette loi de la destinée, et après avoir, récemment encore, ébloui le monde par l'éclat de ses triomphes, elle vient de l'étonner par l'étendue de ses désastres.

C'est qu'il n'est pas de jeu plus redoutable que le jeu des batailles, jeu terrible où, selon la parole de Napoléon, un général peut compromettre, à la fois, sa réputation, ses troupes et son pays. La stratégie de la guerre, la conduite des armées et leur emploi en face de l'ennemi exigent de vastes connaissances, un caractère résolu, des vertus éprouvées. Tout entier à sa noble mission, supérieur à tout esprit de parti, à toute pensée d'égoïsme, le général en chef aura pour seul objectif de ses efforts l'honneur et l'indépendance de son pays, la gloire et le salut de son armée. Pour remplir ces devoirs, qui commandent le sacrifice de toute pensée personnelle et même de la vie, il faut intelligence, énergie et patriotisme, il faut surtout un grand cœur.

L'histoire glorifie les chefs d'armée qui se sont dévoués aux intérêts de leur patrie. Elle lègue avec orgueil leurs noms à la postérité et les lui propose pour modèles. Mais si elle leur décerne ainsi ses plus précieuses récompenses, elle réserve, par contre, ses plus sévères flétrissures pour le général qui, sans souci de ses devoirs, sacrifiant les intérêts généraux à des préoccupations personnelles, n'a pas craint de s'abaisser à des manœuvres coupables pour couvrir les visées d'une ambition égoïste.

C'est parce qu'elle lui impute une telle conduite que l'opinion publique demande compte au maréchal Bazaine de la capitulation de Metz. Son émotion serait-elle aussi vive, s'il ne s'agissait que de fautes militaires d'un général en chef, quelles qu'en aient été les conséquences. Non, messieurs ; comme celles de tous les peuples, nos armes ont eu des jours néfastes, et nos annales nationales, à côté de nombreuses victoires, durent enregistrer aussi des revers. L'année 1870 y a inscrit des dates à jamais douloureuses. A quelques jours de distance, à quelques lieues pour ainsi dire l'un de l'autre, sur le sol même de la patrie, deux de nos grandes armées ont subi les mêmes extrémités. Mais, malgré la similitude apparente de leurs désastres, quelqu'un a-t-il jamais eu la pensée de porter contre le loyal commandant de l'armée de Châlons les accusations graves articulées de toutes parts, et jusqu'au sein de notre armée contre le commandant de l'armée du Rhin ?

N'a-t-il pas été, au contraire, universellement reconnu qu'entraîné par son désir de sauver l'armée de Metz, le maréchal de Mac-Mahon est tombé victime de son chevaleresque dévouement?

Pouvait-il croire que le commandant de l'armée du Rhin, instruit de sa marche, ne tenterait pas une sortie sérieuse pour venir en aide à l'armée de Châlons, qui, malgré l'insuffisance de ses forces et de son organisation, se portait si généreusement à son secours !

Pourquoi la route de Metz ne fut-elle pas libre alors devant lui, comme l'avait été quelques jours plus tôt celle de Forbach pour le maréchal Bazaine?

Qui doute que les deux grands désastres de la guerre n'eussent été ainsi évités ?

Faut-il chercher dans la faiblesse ou dans l'impéritie du maréchal Bazaine les motifs de sa conduite, ou doit-on l'attribuer à de mesquines et égoïstes passions auxquelles il aurait sacrifié les intérêts de son armée et de son pays ?

Vous aurez, messieurs, à prononcer sur ces graves questions. Les faits révélés par les débats ont dû porter dans vos consciences, comme ils l'ont porté dans la nôtre, la conviction profonde que ni la faiblesse ni l'impéritie ne suffisent à expliquer les actes du commandant en chef de l'armée du Rhin, et qu'on ne saurait en trouver le mobile que dans les suggestions inavouables de l'intérêt personnel.

Mis à la tête de nos armées par la confiance du pays, pourquoi s'éloigna-t-il de ces sentiers de l'honneur et du devoir où l'homme est sûr de rencontrer toujours le respect et la reconnaissance de ses concitoyens ? N'avait-il pas reçu lui-même un éclatant témoignage de ces sentiments dans la démarche par laquelle la ville de Versailles manifestait sa fierté de le compter au nombre de ses plus glorieux enfants? Elle ne pouvait prévoir alors qu'elle aurait bientôt à lui donner une prison, et qu'un tribunal réuni à ses portes aurait à prononcer sur une accusation flétrissante portée contre lui !

Vous connaissez, messieurs, les nombreux et brillants services du maréchal Bazaine; ils justifient hautement sa rapide carrière. Les commandements militaires et politiques dont il fut chargé mirent aussi en lumière les souplesses et les ressources variées d'un esprit fin, pénétrant et habile à dissimuler. Peut-être un long séjour en Algérie, dans la pratique des voies tortueuses de la politique arabe, ne fut-il pas pour lui sans inconvénient et sans danger.

Engagé volontaire en 1831, le maréchal avait gravi rapidement les degrés de la hiérarchie jusqu'au maréchalat. La modestie du début ajoutait au prestige de l'élévation. Le moment était proche où il faudrait la justifier plus complètement; mais, comblé par la fortune, il n'avait pas su se préparer aux grandes épreuves qu'elle lui réservait. Aussi, chargé un jour des destinées de la France, au lieu d'élever son cœur à la hauteur de ses patriotiques devoirs, il s'est laissé dominer par de mesquines passions et par un coupable égoïsme, manquant ainsi à la fois à sa fortune et à son pays qui, au jour du danger, l'avait désigné pour le commandement suprême. C'est pour avoir trahi cette confiance que le maréchal est aujourd'hui devant vous, attendant les arrêts de votre justice.

Pour éclairer vos décisions, vous interrogerez les faits avec impartialité, sans craindre que ce procès et le jugement que vous allez rendre puissent porter atteinte à la discipline, ni altérer la considération due à la plus haute dignité militaire.

L'histoire de tous les peuples mentionne des punitions éclatantes infligées aux généraux qui ont manqué à leur devoir, soit dans la défense des places, soit dans la conduite des armées, et ont ainsi compromis l'honneur des armes et les intérêts de leur pays.

Loin d'amoindrir le respect hiérarchique, ces grands exemples de juste sévérité n'ont fait qu'ajouter à sa force et à son prestige. Ils s'imposent avec une autorité particulière dans notre pays, où l'égalité devant la loi, qui est la base de notre société civile, est également le principe de notre organisation militaire.

A côté des hautes prérogatives du commandement, nos règlements ont inscrit les obligations qu'il impose. Il importe en effet qu'une position, si élevée qu'elle soit, ne puisse être considérée comme assurant l'impunité d'actes coupables. Plus le chef est haut placé dans la hiérarchie, plus doit être sévère le compte à lui demander de l'observation de ses devoirs.

Je n'ai pas à examiner avec quelle déplorable légèreté le gouvernement impérial précipita la nation dans une guerre formidable, sans moyens préparés pour la soutenir. Tant d'imprévoyance, fatalement aggravée par l'impuissance et l'irrésolution du commandement, devait être promptement et cruellement expiée. C'est ainsi qu'une armée valeureuse, mais numériquement insuffisante, mal pourvue et mal dirigée, fut, malgré son courage et sa discipline, amenée à subir une série de revers jusque-là inconnus ; et cette France, que les nations avaient appris à respecter et à craindre, après avoir fait l'admiration de l'Europe par sa résistance prolongée au delà même du possible, fut forcée de subir une paix douloureuse.

Cette paix cruelle, la capitulation de Metz l'avait rendue inévitable, en livrant à l'ennemi, avec une de nos places de premier ordre et l'immense matériel de guerre qu'elle renfermait, l'armée nombreuse qui, depuis la néfaste journée de Sedan, constituait la presque totalité de nos forces militaires organisées.

Celui qui livra cette place et cette armée est devant vous. Il est revêtu de la plus haute dignité militaire, de cette dignité illustrée par grand nombre de ses prédécesseurs, et qu'il eût rabaissée par son mépris constant du devoir et la violation des lois militaires, si l'indignité de sa conduite eût suffi pour en ternir l'éclat.

On chercherait en vain dans l'histoire une capitulation plus déplorable que celle consentie pour la reddition de Metz et de l'armée campée sous ses murs.

Aussi, cette catastrophe imprévue causa-t-elle, dans toute la France, une immense stupeur.

C'est à la suite de cet événement que le principal délégué, en province, du gouvernement du 4 septembre, lança contre le maréchal Bazaine l'accusation publique de trahison.

Certes, il lui appartenait de traduire, en termes énergiques, la vive expression de la douleur nationale.

L'émotion du premier moment, l'absence de renseignements précis, expliquent l'amertume des reproches adressés au général qui venait de porter un coup si terrible à la défense du pays; mais c'était dépasser le but que de confondre dans la même accusation tous les chefs de cette malheureuse armée. Tous avaient loyalement fait leur devoir jusqu'au dernier jour. Alors en captivité, ils ne pouvaient, pour repousser la calomnie, montrer leurs camarades tombés en grand nombre sur les champs de bataille.

Vous savez en effet, messieurs, que les combats livrés par l'armée du Rhin ont été de beaucoup les plus meurtriers de la campagne. L'armée de Metz compte 2152 officiers, dont 26 généraux, mis hors de combat. C'est à ces chefs qui venaient de se montrer si courageux en face de l'ennemi que le ministre de la guerre infligeait l'épithète infâme de traîtres. S'il eût mieux connu l'armée, il n'aurait pas ignoré qu'elle n'est l'instrument ni d'un homme, ni d'un parti, qu'elle appartient au pays seul, qu'elle met son devoir et son honneur à servir loyalement le pouvoir qu'il s'est donné, et à se consacrer exclusivement à sa noble mission : Protéger la France au dehors, assurer au dedans l'ordre public et le respect de la loi.

Nous avons donc été heureux d'entendre dans cette enceinte même l'auteur des proclamations du 30 octobre et du 1er novembre 1870 laver les chefs de l'armée d'indignes soupçons, dont le respect unanime de l'opinion avait suffi d'ailleurs à les venger.

La capitulation signée pour la reddition de la place de Metz et pour celle de l'armée tombait sous le coup de la loi militaire. Aussi, dès le mois de décembre 1870, le ministre de la guerre désignait les membres du conseil d'enquête devant lequel devait préalablement comparaître l'auteur de cette capitulation. Mais la continuation de la guerre contre l'Allemagne et, plus tard, les douloureux événements politiques qui survinrent en 1871 forcèrent à ajourner l'exécution de ces dispositions réglementaires; le conseil d'enquête ne put s'assembler que dans le mois d'avril 1872, et après un examen approfondi, il émit l'avis que le maréchal Bazaine méritait le blâme.

C'est donc d'après l'avis unanime de ce conseil que le ministre de la guerre donnait un ordre d'informer contre l'ex-commandant en chef de l'armée du Rhin, et que, à la suite de l'information, sur l'avis du rapporteur et les conclusions conformes du commissaire du gouvernement, le maréchal Bazaine était mis en jugement.

Aucune des garanties assurées par la loi n'a donc manqué au maréchal, et il ne nous reste plus qu'à vous démontrer que les actes de son commandement tombent directement sous l'application de la loi.

Mais avant d'entrer dans l'examen détaillé de ces actes, il convient de préciser les principes mêmes de la loi, en ce qui concerne son application aux faits articulés dans l'ordre de mise en jugement.

Vous le savez, messieurs, le maréchal Bazaine exerçait en fait deux commandements distincts : celui de l'armée du Rhin, dont il fut investi le 12 août 1870, et celui de la place, qui lui était momentanément dévolu en vertu des dispositions réglementaires qui subordonnent au général en chef le gouverneur de toute place comprise dans le rayon d'action de l'armée.

Le maréchal doit donc répondre devant la justice de la capitulation de la place de Metz, comme de la capitulation de son armée. Ce sont deux crimes distincts tombant, chacun séparément, sous les sévérités de la loi ; il convient donc d'en bien préciser les dispositions, car elles diffèrent, selon qu'il s'agit de la capitulation d'une place de guerre ou de la capitulation d'une armée en campagne.

La loi ne considère pas comme criminelle toute capitulation d'une place de guerre. Le commandant qui rend sa place ne devient coupable, en effet, que lorsque, avant de capituler, il n'a pas rempli toutes les obligations imposées par les règlements.

Mais la loi prohibe d'une manière absolue toute capitulation en rase campagne. Si elle a eu pour objet de faire poser les armes devant l'ennemi, ou si, avant de capituler, le général n'a pas fait tout ce que lui prescrivaient le devoir et l'honneur, cette capitulation est déclarée déshonorante et criminelle.

Vous le voyez, messieurs, la loi place dans deux catégories bien différentes le gouverneur qui rend sa place et le commandant qui capitule avec son armée.

Elle reconnaît que, dans certains cas, un gouverneur peut capituler sans déshonneur, sans même qu'aucun blâme puisse lui être infligé. Ainsi, quand il s'est énergiquement défendu jusqu'à la dernière extrémité, il peut se rendre sans cesser d'être honoré et estimé, et il mérite même la reconnaissance du pays.

Il ne tombe sous la flétrissure et les rigueurs de la loi que, lorsqu'avant de se rendre, il n'a pas épuisé tous les moyens de défense, et fait tout ce que prescrivaient le devoir et l'honneur.

Il y a donc obligation, pour le jugement à porter sur la capitulation d'une place, d'examiner préalablement, dans tous ses détails, la conduite militaire de son commandant, et la loi a voulu que cette conduite fût d'abord soumise à l'appréciation d'un conseil d'enquête.

Mais cette obligation préalable n'existe pas en ce qui concerne la capitulation d'une armée en rase campagne; car cette capitulation est toujours défendue, et la loi la punit dans tous les cas.

Nous l'avons déjà rappelé, messieurs, le conseil d'enquête, appelé à donner son avis sur la capitulation de Metz, déclarait, à l'unanimité, le 12 avril 1872, que le maréchal Bazaine avait encouru le blâme. Nous devons ajouter que le conseil ne s'est pas borné à blâmer le maréchal au sujet de la capitulation de la place de Metz, mais qu'il l'a également blâmé dans ses actes comme commandant en chef de l'armée du Rhin.

Il me reste à examiner chacun des chefs d'accusation articulés contre le maréhal Bazaine.

Ils sont, comme vous le savez, messieurs, au nombre de trois.

Le premier, prévu par l'art. 209 du Code de justice militaire, pour avoir capitulé avec l'ennemi et rendu la place de Metz sans avoir épuisé tous les moyens de défense dont il disposait, et sans avoir fait tout ce que prescrivaient le devoir et l'honneur.

Le deuxième, prévu par le premier paragraphe de l'art. 210 du même code, pour avoir consenti, en rase campagne, une capitulation qui a eu pour résultat de faire poser les armes à son armée.

Le troisième, résultant de la deuxième partie de ce même paragraphe, pour n'avoir pas fait, avant de traiter verbalement ou par écrit, tout ce que lui prescrivaient le devoir et l'honneur.

Chacun de ces chefs d'accusation sera de notre part l'objet d'un examen particulier, et de cet examen ressortira la preuve éclatante que l'accusation est fondée sur tous les points.

Examinons le premier chef, celui qui est relatif à la capitulation de la place de Metz. Il est inutile de vous rappeler, messieurs, que, de toute antiquité, les châtiments les plus sévères ont été infligés aux chefs militaires qui avaient rendu les places qu'ils commandaient sans avoir épuisé les moyens de défense.

La législation des nations modernes, moins rigoureuse et plus juste, a reconnu qu'il est des cas où le commandant peut rendre sa place sans déshonneur ; mais l'histoire cite des exemples nombreux de punitions rigoureuses prononcées contre les gouverneurs qui, avant de capituler, n'ont pas rempli tous les devoirs qui incombent au commandement. Je n'en citerai qu'un seul en ce moment, parce qu'il rappelle des circonstances analogues à celles que la France vient de traverser.

En 1808, la Prusse prononça la dégradation militaire et la peine capitale contre plusieurs généraux qui avaient capitulé, devant notre armée victorieuse, sans avoir pleinement satisfait à leur devoir de commandement.

En France, les ordonnances de Louis XIV, les lois de la République et du premier Empire punissaient sévèrement tout gouverneur qui avait ouvert ses portes sans avoir forcé l'assiégeant à passer par les travaux lents et successifs des sièges, et sans avoir repoussé au moins un assaut au corps de la place, sur des brèches praticables.

Ils s'étaient montrés fidèles à ces principes, ces généraux dont le maréchal Bazaine a, si mal à propos, invoqué les noms glorieux pour tenter une justification impossible.

Ainsi, à Gênes, Masséna n'ayant plus que deux onces par homme d'un pain fait avec de l'amidon et du cacao, dut se résigner, non pas à capituler, mais à négocier. On avait parlé de capitulation, mais il en repoussa fièrement l'idée.

Il voulut et il obtint que l'armée pût se retirer librement avec armes et bagages, enseignes déployées, avec faculté de combattre lorsqu'elle aurait dépassé les lignes. « Sinon, disait-il aux parlementaires autrichiens, je sortirai de Gênes les armes à la main avec huit mille hommes affamés, je me présenterai à votre camp et je combattrai jusqu'à ce que je me sois fait jour. »

On connaissait le caractère énergique du général français, et on se hâta d'acquiescer à sa demande.

Sur 15 000 combattants, 3000 étaient morts, 4000 étaient blessés, les trois quarts des officiers avaient eu le même sort.

La conduite de Masséna à Gênes fut celle d'un chef intrépide, défenseur héroïque de l'honneur de ses soldats et des intérêts de son pays.

Il s'était souvenu de ces nobles paroles du maréchal de Villars : « Que peut-il arriver de plus indigne que d'être prisonnier de guerre ; et quand une garnison aurait été forcée, l'ennemi ne la fait pas massacrer pour avoir fait son devoir ; il est au contraire porté à honorer sa bravoure et à lui accorder des avantages. »

Pour apprécier la conduite du maréchal Bazaine à Metz, comparez, messieurs, la convention du 4 juin 1800 à la capitulation du 27 octobre 1870, et demandez-vous si les mêmes sentiments animaient les deux généraux qui signèrent ces deux stipulations.

Si en 1870 le commandant des forces prussiennes devant Metz eût osé repousser la demande du commandant de l'armée du Rhin, le maréchal Bazaine, qui commandait à 150 000 hommes braves et résolus, n'avait-il pas, pour inspirer ses résolutions, l'exemple du général Brenier à Almeida !

Cerné par l'armée anglaise, ce général, malgré le chiffre infime de la garnison, — 1500 hommes au plus, — ne songe qu'à s'ouvrir un passage à travers les lignes ennemies. Toutefois, avant de partir, il détruit le matériel et fait sauter les remparts, afin de ne laisser qu'une place vide et démantelée. Puis il sort à dix heures du soir, et sa petite et valeureuse troupe passe sur le corps des troupes assiégeantes. Grâce à l'énergie de son chef, cette poignée de braves se sauva ainsi presque tout entière.

Wellington honora la résolution héroïque du général Brenier, en déclarant que sa sortie valait une victoire. L'histoire a consacré ce jugement.

Je craindrais, messieurs, d'abuser de votre bienveillante attention en multipliant ces citations heureusement fort nombreuses dans notre histoire militaire. J'ai hâte d'entrer dans l'examen particulier de la législation actuelle concernant la défense des places de guerre.

Cette législation, vous le savez, s'est inspirée des lois et règlements jusque-là en vigueur, et plus particulièrement du décret du 26 décembre 1811, qui les avait résumés.

Nous trouvons, en effet, édictées dans le décret du 13 octobre 1863, les règles suivantes :

« Art. 255. Le commandant d'une place de guerre ne doit jamais perdre de vue qu'il défend l'un des boulevards de l'empire, l'un des points d'appui de ses armées, et que de la reddition d'une place, avancée ou retardée d'un seul jour, peut dépendre le salut du pays.

« Il doit rester sourd aux bruits répandus par la malveillance et aux nouvelles que l'ennemi lui ferait parvenir, résister à toutes les insinuations et ne pas souffrir que son courage ni celui de la garnison qu'il commande soient ébranlés par les événements.

« Il ne doit pas oublier que les lois militaires condamnent à la peine capitale, avec dégradation militaire, le commandant d'une place de guerre qui capitule sans avoir forcé l'ennemi à passer par les travaux lents et successifs des siéges, et avant d'avoir repoussé au moins un assaut au corps de la place, sur des brèches praticables.»

L'article 209 du Code de justice militaire sanctionne ces dispositions dans les termes suivants :

« Est puni de mort avec dégradation militaire tout gouverneur ou commandant qui, mis en jugement après avis d'un conseil d'enquête, est reconnu coupable d'avoir capitulé avec l'ennemi et rendu la place qui lui était confiée, sans avoir épuisé tous les moyens de défense dont il disposait, et sans avoir fait tout ce que lui prescrivaient le devoir et l'honneur. »

L'audience est suspendue pour quelques instants.

———

Pendant la suspension on s'entretient beaucoup du bruit qui a couru à Paris la veille au soir, et qui y avait pris une certaine consistance, que le maréchal se serait évadé. Ce matin, Me Lachaud a pris la peine de démentir cette rumeur étrange, devant les nombreuses personnes qui s'étaient rendues dans la gare Saint-Lazare pour connaître la vérité sur cette fuite.

Pendant toute l'audience et en écoutant le réquisitoire, le maréchal a toujours montré la même impassibilité, la même immobilité des traits de la figure, dont il ne s'est pas départi depuis le commencement des débats.

M. le général Pourcet, commissaire du gouvernement, continue son réquisitoire en ces termes :

Il est inutile de vous dire, messieurs, que la place de Metz n'a pas été attaquée.

Comment en eût-il été ainsi, puisque l'armée du Rhin formait autour de ses murs comme un rempart vivant?

Comment, en présence de cette armée prête à reprendre la campagne, l'ennemi eût-il pu entreprendre les travaux réguliers d'un siége?

Il trouvait d'ailleurs à la fois plus commode et plus sûr, voyant la faiblesse et les préoccupations politiques du général en chef français, d'attendre dans ses lignes le résultat de ses feintes négociations d'abord et de la famine ensuite.

Ainsi donc, en raison de la présence de l'armée dans le camp retranché de Metz, les moyens de défense de la place ne consistaient ni dans son enceinte ni dans ses forts détachés, mais dans l'armée elle-même.

Puisque l'ennemi ne voulait pas attaquer, c'était à l'armée française à aller le chercher, à le combattre, à le harceler sans relâche, de manière à rompre le cercle d'investissement et à aller recueillir au loin les ressources nécessaires à prolonger la résistance.

Puisque le maréchal ne s'éloignait pas de Metz, puisqu'il ne se retirait pas dans l'intérieur, conformément aux instructions qu'il avait reçues, telle était pour lui la seule ligne de conduite à suivre. C'était celle du reste qui avait été conseillée, comme vous l'avez entendu déclarer, dans la réunion du 26 août au château de Grimont.

Le devoir d'un commandant de place ne saurait être compris autrement. Peut-on admettre, en effet, qu'en présence d'un ennemi qui se contente de le tenir étroitement bloqué, un gouverneur ait le droit de se renfermer dans une attitude passive, s'il dispose surtout de forces assez imposantes pour tenter, avec chances de succès, de faire lever le siége ou tout au moins de percer les lignes? Ce serait vraiment se tirer à trop bon compte des obligations que la loi impose.

Si, lorsque les vivres auront été consommés dans l'inaction, la place vient à ouvrir ses portes, nul ne voudra croire, nul n'osera dire que le gouverneur ait épuisé tous ses moyens de défense et qu'il ait rempli son devoir.

Le maréchal Bazaine, dont telle fut la situation, loin d'avoir épuisé ses moyens de défense, ne les a donc pas même mis sérieusement en œuvre.

D'autre part, l'examen de ses actes, pendant qu'avec son armée il demeurait dans une fatale inaction sous les murs de Metz, examen détaillé dans lequel nous entrerons bientôt devant vous, vous démontrera surabondamment que le maréchal n'a pas fait, avant de signer la capitulation de la place, ce que lui prescrivaient le devoir et l'honneur.

La culpabilité, en ce qui concerne le premier chef d'accusation, c'est-à-dire celui prévu par l'article 209 du code de justice militaire, se trouvera irrévocablement établie.

Passons maintenant au deuxième chef, celui d'avoir capitulé à la tête d'une armée en campagne, cette capitulation ayant eu pour résultat de faire poser les armes à sa troupe.

Notre ancienne législation était muette à l'égard d'un tel crime, qui paraît même n'avoir pas été prévu.

L'histoire romaine n'avait offert que deux circonstances de cette nature : les fourches caudines dans la guerre des Samnites et le traité de Numance en Espagne.

Le sénat déclara ces traités honteux et refusa de les ratifier, bien que les généraux qui les avaient signés fussent investis à la fois des pouvoirs politiques et militaires.

En France, sous la monarchie, sous la République et sous le premier empire, on n'avait pas vu un général à la tête de son armée songer, même dans les situations les plus extrêmes, à rendre les armes à l'ennemi.

Ainsi, lorsque à Stein, le maréchal Mortier, avec une seule division, se trouva cerné par une armée russe, personne ne songea un instant à capituler, mais officiers et soldats jurèrent de mourir plutôt que de se rendre.

Après des prodiges de valeur désespérée, comme on pressait le maréchal de soustraire sa personne aux Russes :

« Non ! répondit-il, on ne se sépare pas d'aussi braves gens ; on périt avec eux. » Il continuait à lutter à leur tête, l'épée à la main, lorsqu'il fut enfin secouru. 5000 Français avaient résisté à 30 000 Russes.

Bien nombreux sont dans notre histoire les exemples de généraux qui, dans les positions les plus difficiles, ne songèrent qu'à combattre et non à se rendre. Ils expliquent l'irritation de Napoléon Ier et l'humiliation qu'il éprouva en apprenant qu'un de ses généraux avait signé à Baylen une capitulation flétrissante.

Faut-il rappeler cette apostrophe qu'il adressa au général Legendre, l'un des lieutenants de Dupont, en lui saisissant la main dans une revue à Valladolid :

« Cette main, général, comment ne s'est-elle pas séchée en signant la capitulation de Baylen ! »

Si l'acte du général Dupont inspira à l'empereur ces dures paroles, qu'aurait-il dit si on lui eût annoncé qu'une armée de 150 000 hommes de ces soldats français qu'il avait connus si résolus et si dévoués serait condamnée, par les calculs et les intrigues de son général en chef, à poser les armes sans combat !...

On peut juger de la réprobation qu'il eût infligée à une telle conduite par la réponse que fit, en son nom, en 1813, le maréchal Berthier au prince Poniatowski, auquel les coalisés refusaient de livrer le passage pour rejoindre l'armée française, à moins que les armes de son corps d'armée ne fussent transportées sur des chariots à travers les lignes ennemies.

« Dans aucun cas, écrivait le major général, on ne doit déposer les armes ; on est déshonoré lorsqu'on se rend sans combat. L'empereur préfère la mort des 15 000 hommes qui sont à Cracovie plutôt que de leur voir poser les armes. Sa Majesté ne fait aucun cas de la vie des hommes qui se sont déshonorés. »

« Cette fermeté réussit, ajoute l'illustre historien du Consulat et de l'Empire, et, à ce cri de l'honneur militaire, le général Frémont autorisa les troupes polonaises à se rendre en armes à Zittau. »

Comme nous l'avons dit, messieurs, jusqu'en 1809, la capitulation en rase campagne n'avait pas été prévue en France, et aucun texte de loi ne put être invoqué contre le général Dupont. Il importait qu'il n'en pût être ainsi à l'avenir. Tel fut l'objet du décret du 1er mai 1812, dont il est utile de vous donner lecture, car le Code de justice militaire, s'inspirant des mêmes principes, en reproduit les dispositions, sinon les termes.

Ce décret s'exprimait ainsi :

« Art. 1er. Il est défendu à tout général, à tout commandant d'une troupe armée, quel que soit son grade, de traiter, en rase campagne, d'aucune capitulation par écrit ou verbale.

« Art. 2. Toute capitulation de ce genre, dont le résultat aurait été de faire poser les armes, est déclarée déshonorante et criminelle et sera punie de mort.

« Il en sera de même de toute autre capitulation, si le général ou commandant n'a pas fait tout ce que lui prescrivaient le devoir et l'honneur. »

Le Code de justice militaire reproduit la même règle. Son article 210 est ainsi conçu :

« Tout général, tout commandant d'une troupe armée qui capitule en rase campagne est puni : 1° de la peine de mort avec la dégradation militaire si la capitulation a eu pour résultat de faire poser les armes à sa troupe ou si, avant de traiter verbalement ou par écrit, il n'a pas fait tout ce que lui prescrivaient le devoir et l'honneur ; 2° de la destitution dans les autres cas. »

Ainsi, vous le voyez, messieurs, la capitulation d'une armée en campagne est toujours proscrite, elle est toujours punie, et si elle a eu pour résultat de faire poser les armes à la troupe, la loi prononce, pour ce seul fait, indépendamment de toute autre considération, la peine de mort avec dégradation militaire.

C'est un principe précis, formel, incontestable.

Comme il importe de bien préciser l'intention du législateur sur ce point, je crois devoir laisser la parole ici au rapporteur même du Code de justice militaire. Dans son rapport, sanctionné par le Corps législatif, et qui est le commentaire légal de ce code, M. de Chasseloup-Laubat s'exprime ainsi au sujet des articles 209 et 210 :

« Le gouverneur ou commandant ne peut rendre la place qui lui a été confiée sans avoir épuisé tous les moyens de défense dont il disposait, et sans avoir fait tout ce que lui prescrivent le devoir et l'honneur.

« Le projet prévoit un fait plus grave : c'est la capitulation en rase campagne. Les principes ici sont différents. Si la raison comme l'usage des nations autorisent le commandant d'une place assiégée à capituler dans de certaines conditions, les considérations les plus hautes se réunissent pour interdire cette faculté au commandant d'une troupe armée en rase campagne.

« Aussi les capitulations de ce genre sont-elles l'objet des sévérités de la législation. Il ne peut être question d'aucune atténuation, car un tel crime est toujours prémédité, la capitulation en rase campagne sera donc toujours punie. Le général eût-il fait tout ce que prescrivent le devoir et l'honneur, il est encore coupable d'avoir traité avec l'ennemi après la lutte, et la loi prononce sa destitution. »

Ainsi, dans la pensée du législateur, le général à la tête d'une armée en campagne ne peut et ne doit que combattre ; il n'a pas le droit de traiter avec l'ennemi. Un pareil acte de sa part est une usurpation de pouvoirs, même après l'insuccès de la lutte; il est puni par la loi.

Mais la capitulation devient déshonorante et criminelle, si elle a eu pour résultat de faire poser les armes à la troupe ou si le général en chef l'a consentie sans avoir fait tout ce que prescrivaient le devoir et l'honneur.

On avait cru dans la rédaction primitive du code, pouvoir laisser aux juges la faculté d'apprécier les circonstances qui auraient permis de réduire la peine; mais à l'assemblée générale du conseil d'Etat, les principes établis dans le décret de 1812 reçurent une consécration solennelle, à laquelle s'associa ensuite le Corps législatif.

On s'inspira à cet effet de l'opinion exprimée par Napoléon Ier dans un grand et noble langage, que je demande à vous répéter ici, car il s'inspire à la fois du plus pur patriotisme et des considérations les plus élevées de l'ordre moral.

« Le souverain ou la patrie commande aux officiers et aux soldats l'obéissance envers leur supérieur pour tout ce qui est conforme au bien du service. Les armes sont remises aux soldats avec le serment militaire de les défendre jusqu'à la mort. Un général a reçu des ordres et des instructions pour employer ses troupes à la défense de la patrie; comment peut-il avoir l'autorité d'ordonner à ses soldats de livrer leurs armes et de recevoir des chaînes ?

« Les capitulations faites par des corps cernés, soit pendant une bataille, soit pendant une campagne active, sont un contrat dont toutes les clauses avantageuses sont en faveur de ceux qui contractent, et dont les clauses onéreuses sont pour le pays et les autres soldats de l'armée.

« Se soustraire au péril, pour rendre la position de ses camarades plus dangereuse est évidemment une lâcheté.

« Un soldat qui a prêté serment de défendre ses armes jusqu'à la mort et qui dirait à un commandant ennemi : Voilà mon fusil; laissez-moi m'en aller chez moi, serait un déserteur en présence de l'ennemi; les lois le condamnent à mort. Que fait autre le général qui dit : Laissez-moi m'en aller, ou recevez-moi chez vous, je vous rends mes armes ?

« Il n'est qu'une manière honorable d'être fait prisonnier de guerre, c'est d'être pris les armes à la main, et lorsqu'on ne peut plus s'en servir. C'est ainsi que furent pris le roi Jean et François Ier, et tant de braves de toutes les nations. Dans cette manière de rendre les armes, il n'y a pas de conditions : c'est la vie que l'on reçoit, parce qu'on est dans l'impuissance de l'ôter à son ennemi, qui vous la donne, à charge de représailles, parce qu'ainsi le veut le droit des gens.

« Le danger d'autoriser les officiers et les généraux à poser les armes en vertu d'une capitulation particulière, dans une autre position que celle où ils forment la garnison d'une place forte est donc incontestable.

« C'est détruire l'esprit militaire d'une nation, en affaiblir l'honneur, que d'ouvrir cette porte aux lâches, aux hommes timides ou même aux braves égarés. Si les lois militaires prononçaient des peines afflictives et infamantes contre les généraux, officiers et soldats qui posent les armes en vertu d'une capitulation, cet expédient ne se présenterait jamais à l'esprit des militaires pour sortir d'une position fâcheuse; il ne leur resterait de ressource que dans la valeur et l'obstination, et que de choses ne leur a-t-on vu faire!

« Cent faits de notre histoire montreraient quelles ressources savent trouver le courage et le génie de l'homme de guerre lorsque tout semble ainsi perdu et désespéré. Quel général, par exemple, eût été plus excusable de capituler que le maréchal Ney, lorsque, séparé de l'armée sur les bords du Dniéper, conduisant 7000 soldats mourant de froid, de faim et de fatigue, réduits à 4000 en une heure, et cernés par 50 000 Russes, il était invité à remettre son épée !

« Cependant, il ne songea ni à se rendre, ni même à mourir, mais à percer et à se faire jour. Et la fortune seconda son audace : la nuit même, il avait échappé à ces colonnes qui l'enveloppaient, il avait franchi le fleuve et sauvé son honneur et celui de l'armée.

« Que doit faire, ajoutait l'empereur, un général cerné par des forces supérieures?

« Nous ne saurions faire d'autre réponse que celle du vieil Horace :

« Dans une situation extraordinaire, il faut une résolution extraordinaire ; plus la résistance sera opiniâtre, plus on aura de chances d'être secouru ou de percer. Que de choses, qui paraissaient impossibles, ont été faites par des hommes résolus, n'ayant d'autres ressources que la mort ! Plus vous ferez de résistance, plus vous tuerez de monde à l'ennemi, et moins il en aura le jour ou le lendemain pour se porter contre les autres corps de l'armée. Cette question ne nous paraît pas susceptible d'une autre solution, sans perdre l'esprit militaire d'une nation et s'exposer aux plus grands malheurs. »

L'impression produite par ces pensées si éminemment patriotiques détermina les pouvoirs législatifs à n'admettre aucune circonstance pour excuser et amoindrir le crime de capitulation d'une armée en campagne.

Ce sont ces mêmes raisons élevées, inattaquables, qui condamnent aujourd'hui l'auteur de la capitulation de l'armée sous Metz.

Ainsi, par l'article 210 du Code de justice militaire, le législateur a voulu punir dans tous les cas la capitulation en rase campagne.

Ce n'est pas cependant que tout en se montrant inexorable pour ce crime il ait méconnu que certaines capitulations ne devaient pas subir les rigueurs de la loi.

Dans la discussion qui eut lieu au Corps législatif, un membre, après avoir reconnu qu'un corps d'armée enveloppé par l'ennemi n'avait pas le droit de capituler, ayant exprimé le désir qu'on distinguât pourtant les capitulations honorables, comme celle de Junot en Portugal, de celles qui ne le sont pas, comme celle de Dupont à Baylen, le président de la commission répondit en faisant observer avec raison que satisfaction était donnée à cette juste demande, puisque les articles 99 et 108 du code réservaient au ministre de la guerre l'appréciation des cas où il y aurait lieu de déférer à un conseil de guerre la connaissance du crime de capitulation d'une place ou d'une armée.

Le commentateur du code ajoute que les observations de M. de Chasseloup-Laubat doivent servir à interpréter les articles 209 et 210 ; car il en résulte que le ministre est le premier juge de la criminalité de la capitulation et de l'opportunité de la poursuite.

Les garanties réservées par la loi ont donc reçu leur application.

Si la capitulation signée devant Metz eût été jugée excusable, le ministre de la guerre n'aurait pas traduit le maréchal Bazaine devant un Conseil de guerre. Nous nous trouvons donc aujourd'hui, par le fait même de l'ordre de mise en jugement, en présence des termes formels de l'art. 210, qui prohibe toute capitulation en rase campagne.

Cet article 210 renferme dans les dispositions de son premier paragraphe, deux circonstances aggravantes bien distinctes du fait principal qui est la capitulation en rase campagne.

La première est celle où la capitulation a eu pour résultat de faire déposer les armes à la troupe.

La seconde est celle où, avant de traiter, le général en chef n'a pas fait tout ce que lui prescrivaient le devoir et l'honneur.

Nous nous bornons à énoncer la première circonstance aggravante, celle résultant de ce que la capitulation a eu pour effet de faire poser les armes à l'armée.

Elle se trouve, en effet, matériellement constatée par le texte même de cette capitulation, et, résultant ainsi d'un acte officiel que vous avez sous les yeux, elle ne peut donner lieu à aucun doute ni à aucune contestation.

Le deuxième chef d'accusation se trouve donc complétement établi. Le maréchal a capitulé en rase campagne, et la capitulation a eu pour résultat de faire poser les armes à sa troupe. L'examen consciencieux des textes, comme l'appréciation de l'esprit de la loi s'accordent donc pour établir d'une manière irréfragable la culpabilité du maréchal Bazaine sur ce chef d'accusation.

En présence d'une condamnation inévitable, il pourrait paraître superflu d'examiner le troisième chef d'accusation et de démontrer, par l'exposé des faits, que le maréchal Bazaine, avant de capituler, n'a pas fait tout ce que lui prescrivaient le devoir et l'honneur. Mais nous n'avons pas le droit de nous soustraire à une partie de notre tâche, et dans une affaire où se trouvent si gravement engagés l'honneur d'un maréchal de France et les intérêts du pays, il est indispensable de rechercher la vérité tout entière en examinant dans tous les détails la conduite du maréchal depuis le jour où il a été investi du commandement en chef de l'armée du Rhin jusqu'à la capitulation du 27 octobre, fatale conséquence de ses agissements criminels.

Le Conseil sait déjà quelle confusion et quel désordre, fruits d'une funeste imprévoyance, présidèrent aux débuts de la campagne. L'organisation et la concentration des corps d'armée s'accomplirent avec une lenteur qui eût à elle seule empêché de prendre l'offensive, si l'insuffisance de leurs effectifs incomplets et leur éparpillement le long de la frontière ne l'eussent d'ailleurs rendue impossible.

Des renseignements parvenus au quartier impérial, annonçant la réunion de forces considérables, d'une part à Sarrelouis et d'autre part dans la Bavière rhénane, déterminèrent l'Empereur à répartir les troupes de l'armée du Rhin en deux groupes principaux.

En vertu de cette décision, prise à la date du 5 août, les 1er, 5e et 7e corps furent placés sous le commandement du maréchal de Mac-Mahon ; les 2e, 3e et 4e, sous les ordres du maréchal Bazaine. Malheureusement, les bons effets de cette mesure furent annulés par la rapidité des mouvements de l'ennemi, car les armées du prince Frédéric-Charles et du général Steinmetz avaient déjà pris l'offensive avant que nos armées d'Alsace et de Lorraine eussent pu se concentrer.

Dans la journée du 6, le maréchal de Mac-Mahon, que n'avaient pu rejoindre à temps le 5e corps et la majeure partie du 7e, fut écrasé à Reichshoffen, malgré les prodiges de valeur.

Le même jour, l'un des corps d'armée du maréchal Bazaine, celui du général Frossard, attaqué à Forbach par des forces supérieures, dut également succomber sous le nombre, après une résistance opiniâtre.

La nouvelle de ce double échec et la menace de l'arrivée prochaine des Prussiens sous les murs de Metz répandirent la consternation dans l'entourage de l'empereur.

Il fut question d'abord d'un départ immédiat pour Châlons; mais au milieu des incertitudes et des hésitations qui troublaient si profondément le quartier impérial, cette brusque détermination fut abandonnée dès le 8, et remplacée par le projet de concentrer le plus de forces possibles sous Metz et d'y attendre l'ennemi. La retraite sur Châlons ne fut décidée de nouveau que le 12 août, au moment même où le maréchal Bazaine était investi du commandement en chef de l'armée.

Cette nomination, généralement désirée en France, y fut favorablement accueillie. A la suite de nos revers inattendus, l'opinion publique avait perdu toute confiance dans les capacités militaires de l'empereur, et demandait hautement qu'on mît à la tête de l'armée le général alors considéré comme le plus capable de diriger de grandes opérations.

Le maréchal Bazaine était-il resté étranger à la pression exercée dans ce but sur le souverain par l'opinion publique et surtout par l'opposition?

C'est ce dont il est permis de douter lorsqu'on se rappelle la démarche de Mme la maréchale Bazaine auprès de M. de Kératry.

La vivacité du maréchal à contester les motifs de cette démarche, comme l'étrange voyage que fit de Paris à Marseille, Mme la maréchale, pour demander à M. de Kératry la rectification de sa première assertion, sont, du moins pour le ministère public, la preuve de l'intérêt qu'on attache à dissimuler le véritable caractère de cette visite, à laquelle d'ailleurs nous n'entendons pas attacher plus d'importance qu'il ne convient.

Il est une heure vingt-cinq minutes, le général Pourcet dont la voix se fatigue promptement demande une suspension d'audience que le général président accorde immédiatement.

Le général Pourcet reprend la lecture de son réquisitoire.

En présence des complications et des difficultés résultant des premiers événements de la guerre, un ordre général de l'empereur, en date du 12 août, investit le maréchal Bazaine du commandement en chef de l'armée du Rhin.

En acceptant ces hautes fonctions, le maréchal Bazaine était convenu avec l'empereur de repasser immédiatement la Moselle et de se replier sur les plaines de la Champagne. A-t-il fait tout ce qu'il pouvait et tout ce qu'il devait faire pour assurer l'exécution de cette combinaison, ainsi qu'il en avait reçu mission?

Telle est la première question qui s'impose à notre examen.

La retraite une fois décidée, il était nécessaire de se presser. Depuis le 12, en effet, les Prussiens avaient paru à Nancy, et leurs avant-gardes atteignaient la Moselle sur différents points, tandis qu'elles tiraillaient avec nos grand'gardes devant Metz.

Le même jour, le général Margueritte, par un rapide et brillant coup de main, avait enlevé ou détruit un de leurs partis qui était venu couper le télégraphe et la voie ferrée à Pont-à-Mousson.

D'autre part, le 6e corps, venant de Châlons, était obligé d'escarmoucher pour atteindre Metz, et avant qu'il eût rejoint en entier, les communications avec Frouard étaient définitivement rompues dans la matinée du 13. Dans la soirée du même jour, les renseignements parvenus au commandaut en chef lui apprenaient que des forces considérables commençaient à effectuer leur passage. Ce passage, qui continua dès lors sans interruption, s'opéra ainsi, à quelques kilomètres de l'armée, sans que rien ne fût tenté pour s'y opposer.

Une fois décidé à abandonner Metz, l'empereur avait parfaitement compris l'urgence du mouvement de retraite et de la concentration de nos armées; ainsi, il écrivait, le 12, au commandant en chef :

« Plus je pense à la position qu'occupe l'armée, et plus je la trouve critique, car si une partie était forcée et qu'on se retirât en désordre, les forts n'empêcheraient pas la plus épouvantable confusion.

« Voyez ce qu'il y a à faire, et, si nous ne sommes pas attaqués demain, prenez une résolution. »

Et le 13 :

« Les Prussiens sont à Pont-à-Mousson. 300 sont à Corny. D'un autre côté, on dit que le prince Frédéric-Charles fait un mouvement tournant vers Thionville. Il n'y a pas un moment à perdre pour faire le mouvement arrêté. »

Enfin, ce même jour, à onze heures du soir :

« La dépêche que je vous envoie de l'impératrice montre bien l'importance que l'ennemi attache à ce que nous ne passions pas sur la rive gauche. Il faut donc tout faire pour cela; et si vous croyez devoir faire un mouvement offensif, qu'il ne vous entraîne pas de manière à ne pouvoir opérer votre passage. Quant aux distributions, on pourra les faire sur la rive gauche, en restant lié avec le chemin de fer. »

Dans les conditions où l'on se trouvait, hâter, autant que possible, le mouvement de l'armée et, d'autre part, chercher à entraver la marche de l'ennemi, telles étaient les mesures urgentes commandées par l'intérêt de l'armée. Voyons comment elles furent exécutées.

Et d'abord qu'elles furent les précautions prises pour empêcher les Prussiens de venir couper la retraite?

Leurs équipages de pont n'étant pas encore arrivés, ils ne pouvaient disposer, pour franchir la Moselle, que des trois ponts de Pont-à-Mousson, de Novéant et d'Ars. Des chambres de mine étaient pratiquées dans ceux de Pont-à Mousson et d'Ars, ainsi que dans ceux de Marly et de Magny sur la Seille. Quant au pont suspendu de Novéant, il pouvait toujours être rapidement rompu.

Il eût suffi de détruire ces moyens de passage pour retarder de deux ou trois jours le mouvement de l'ennemi.

Cette idée était trop simple pour ne pas s'être présentée à l'esprit du général en chef. D'ailleurs, l'attention du commandement fut attirée sur ce point dans l'après-midi du 13 et la matinée du 14 par les télégrammes qu'adressèrent les habitants de Novéant et d'Ars, soit au commandant de la place, soit à l'empereur, soit au maréchal Bazaine lui-même.

Il paraît difficile d'admettre qu'aucune de ces dépêches, d'un caractère si urgent, ne soit parvenue au commandant en chef, alors surtout que son quartier général, à Borny, était relié télégraphiquement avec Metz.

Quoi qu'il en soit, vous savez, messieurs, comment fut accueilli le patriotique empressement de ces citoyens dévoués, et vous connaissez les réponses dérisoires qui leur furent faites.

L'audience continue.

Deuxième complément de l'audience du 3 décembre.

PRÉSIDENCE DE M. LE DUC D'AUMALE

Suite du Réquisitoire

Nous nous sommes arrêtés au moment où M. le général Pourcet parlait de la non-destruction des ponts. Le commissaire du gouvernement continue en ces termes :

.... De son côté, le capitaine du génie Boyenval, étant venu demander au général Coffinières s'il ne fallait pas faire sauter le pont d'Ars, n'en reçut, malgré son insistance, qu'une réponse négative.

En même temps, l'officier envoyé à Novéant avec les matières incendiaires pour détruire le pont ne put obtenir l'ordre nécessaire, et dut rentrer à Metz sans avoir exécuté l'opération.

Le général Coffinières n'a pu fournir aucune explication satisfaisante sur ces étranges refus. Il avait tout disposé, a-t-il assuré, pour faire sauter les ponts. « Si on voulait le faire, a-t-il dit, on n'avait qu'à m'en donner l'ordre. »

Cela n'est pas complétement exact. En effet, le pont-barrage d'Ars avait seul ses fourneaux chargés. Quant au pont du chemin de fer à Ars, à celui de Pont-à-Mousson, aux ponts de Marly et de Magny sur la Seille, leurs fourneaux n'étaient pas chargés, et pour quelques-uns les poudres n'étaient même pas à pied d'œuvre.

Il ne lui appartenait pas, a dit encore le général, de prendre sur lui une mesure de si haute gravité, alors surtout qu'il était question de reprendre l'offensive. Nous en tombons d'accord, mais, depuis le 12, ce projet de retour offensif était complétement abandonné, au moins dans les conseils de l'empereur. Le général ne pouvait l'ignorer, lui qui reçut alors ordre d'avoir à accélérer, autant que possible, la construction des ponts provisoires et auquel parvint, dans la journée du 13, la notification officielle du départ de l'armée pour le lendemain.

Or, il savait les dispositifs préparés et, par ses ordres, des détachements stationnaient auprès des ponts en avant de Metz.

Lors donc que, la retraite décidée, il devint évident que ces ponts ne pourraient désormais servir qu'à l'ennemi, c'était au général Coffinières, s'il ne recevait pas l'ordre de les détruire, à provoquer cet ordre, et ce devoir était d'autant plus strict que, le commandement venant de changer de main, le nouveau général en chef pouvait ignorer les dispositions préparatoires prises en vue de faciliter l'opération.

Doit-on attribuer, dans cette circonstance, la regrettable inertie du gouverneur de la place au désir souvent manifesté par lui de voir l'armée demeurer auprès de Metz?

Fut-il d'accord avec le commandant en chef, ou suivit-il seulement sa propre inspiration? C'est ce que nous ne saurions déterminer, mais quelle que soit l'hypothèse, elle ne justifie en rien, nous devons le dire, la conduite du général Coffinières en cette circonstance.

Aucune précaution ne fut donc prise pour arrêter ou retarder au moins la marche de l'ennemi, et les ponts de la Seille, comme ceux de la Moselle, furent laissés intacts à sa disposition.

Il est à peine besoin de s'arrêter aux excuses données par le maréchal pour justifier l'absence inexplicable de tous ordres à ce sujet.

Est-il admissible, en effet, qu'il ait pu croire ces ordres donnés avant sa nomination de commandant en chef?

Il ne pouvait oublier que, jusqu'à ce moment, on comptait, au quartier impérial, attendre l'ennemi sur la rive droite de la Moselle, ainsi que lui-même en avait émis l'avis.

Comment, dans cet ordre d'idées, eût-on songé à détruire les ponts, indispensables pour les mouvements éventuels de l'armée?

Cette destruction ne devint opportune que lorsqu'on se fut décidé à battre en retraite, c'est-à-dire à l'instant où le maréchal fut investi du commandement ; c'est au moment où il donnait, le 13, les ordres pour le mouvement général de l'armée que devait être donné en même temps l'ordre de faire sauter les ponts.

La raison invoquée par lui n'a donc aucune valeur.

Examinons maintenant les dispositions qui furent prescrites pour la mise en mouvement de l'armée.

Malgré l'urgence, la soirée du 12, la matinée du 13 se passent sans qu'aucun ordre soit donné à l'état-major général, à qui il appartenait pourtant de préparer l'ordre de marche et de tracer les itinéraires d'après les indications du commandement.

Le général Jarras n'est pas même encore informé que l'armée doive battre en retraite.

L'intendance, qui doit faire charger les convois et assurer les vivres, est laissée dans la même ignorance.

Le chef d'état-major général avait écrit le 12 au maréchal Bazaine pour lui demander ses instructions. Il s'exprimait ainsi :

« En prenant vos ordres, monsieur le maréchal, je vous prie de vouloir bien me faire connaître où vous avez l'intention d'établir votre quartier général, et, à ce sujet, je me permets de vous faire observer que, pour recevoir et donner des ordres dans le plus bref délai possible à votre armée, vous serez peut-être mieux à Metz que sur tout autre point. C'est d'ailleurs à Metz que se trouvent tous les chefs de service avec lesquels les rapports sont de tous les instants. »

Pour toute réponse le général Jarras reçut l'invitation de demeurer à Metz, tandis que le commandant en chef restait à Borny.

Ainsi, au moment où il assume une si lourde tâche, le maréchal Bazaine ne juge pas nécessaire d'appeler auprès de lui son principal chef de service, celui qui avait pour mission spéciale de lui fournir, sur tous les points, les renseignements nécessaires. Alors que les circonstances sont si pressantes, il demeure dans un isolement volontaire, et laisse écouler dix-huit heures sans faire acte de commandement.

En présence de cette étrange conduite, nous ne croyons pas devoir nous arrêter aux plaintes du maréchal, lorsqu'il assure n'avoir pas été mis au courant de la situation.

Il semble établi, il est vrai, qu'au moment de la remise du commandement, il y ait eu quelque négligence soit de la part des chefs de l'état-major général, soit de la part du commandant en chef du génie.

Mais, si on a pu reprocher, non sans raison, à ces chefs de service de n'avoir pas, d'eux-mêmes, donné tous les avis ou pris toutes les mesures que comportaient leurs fonctions, comment un blâme bien autrement sévère n'incomberait-il pas au général en chef, de qui devait émaner toute initiative. et qui, cependant, ne demande rien, ne prescrit rien, et attend jusqu'à l'après-midi du 13 avant de donner aucun ordre pour le mouvement de retraite de l'armée?

Nous ne saurions, quant à nous, pour l'honneur du commandement, admettre le rôle passif auquel le maréchal voudrait ici descendre! Il lui appartenait, en effet, d'exiger ce qui lui était dû. S'il n'obtenait des renseignements, il devait les réclamer! S'il ne commandait pas, peut-il se plaindre de n'avoir pas été obéi?

Et, d'ailleurs, quelle négligence pourrait-elle être comparée à cette absence inexplicable d'ordres, qui entraîna une perte de temps de vingt-quatre heures?

Nous n'attacherons pas non plus à la confusion qui exista dans le commandement durant les journées du 12 et du 13 août, l'importance que le maréchal voudrait lui attribuer.

On doit reconnaître que, jusqu'au 13 au matin, des ordres ont été donnés par le major général, mais ces ordres n'étaient que la consé-quence des dispositions générales adoptées antérieurement, et d'ail-leurs il était immédiatement rendu compte au commandant en chef.

D'autre part, tout en constatant cette confusion, il convient pourtant de faire remarquer qu'elle ne fut pas ce qu'on pourrait supposer. On a dit que, du 12 au 13, il y eut jusqu'à trois états-majors généraux dis-tincts. Cela n'est pas rigoureusement exact. En effet, l'état-major im-périal ne fonctionna jamais distinctement de l'état-major du maréchal Bazaine, attendu que, se composant l'un et l'autre des mêmes officiers, travaillant dans les mêmes locaux, sous une même direction, celle du général Jarras, ils n'en. formaient en réalité qu'un seul qui ne fit que changer de nom lors du transfert du commandement.

Quant au troisième état-major général, c'était celui de l'armée de Lorraine, constitué depuis le 9 août sous les ordres du digne et re-gretté général Manèque. Après la nomination du maréchal Bazaine comme général en chef, cet état-major n'avait plus de raison d'être. Si donc le maréchal a continué à l'employer, il ne peut s'en prendre qu'à lui-même des inconvénients qui en résultèrent, notamment en ce qui concerne la non-communication des mesures relatives aux vivres et aux convois.

Ce fut dans l'après-midi du 13 seulement que fut adressé du cabinet du maréchal, à l'état-major général, l'ordre tout préparé pour le mou-vement du 14. Les 2e, 3e, 4e corps et la garde avaient déjà reçu cet or-dre directement. L'état-major général fut chargé seulement de le trans-mettre au 6e corps, à l'artillerie, au génie et aux divers services qui se trouvaient avec lui à Metz. Là, dut se borner son action.

Si le maréchal n'avait pas donné d'ordres plus tôt, c'est, à ce qu'il déclare, parce qu'il avait passé toute la journée à cheval pour rectifier les positions. Mais il avait déjà procédé le 12 à cette opération, et il semble d'ailleurs que, puisqu'on devait battre en retraite, il s'agissait non de rectifier les positions, mais de les évacuer.

Le mouvement sur Verdun et Châlons une fois résolu, il importait en effet d'éviter avec soin toute cause de retard. L'une de ces causes à prévoir était l'attaque de l'ennemi, attaque que, depuis la veille, les renseignements recueillis par l'état-major général, comme le rapport du général de Ladmirault, faisaient prévoir comme imminente, atta-que enfin que le maréchal Bazaine avait fait pressentir, lui-même, dès le 12, au général Duplessis.

Il était donc indispensable de s'y dérober, sans perdre une minute, en faisant filer promptement les troupes de la rive droite sur la rive gauche, et en les ramenant immédiatement sous la protection du canon de la place et des forts.

Cependant, comme nous venons de le dire, l'armée fut maintenue jusqu'au moment de passer la Moselle dans les positions qu'elle occu-

pait depuis le 11, bien en avant des forts de Saint-Julien et de Queuleu, et ne s'ébranla que le 14 au matin.

En présence de la nécessité impérieuse de se hâter, on se demande
pourquoi le mouvement ne fut pas commencé dès le 13. Ce fut, a dit
le maréchal, parce qu'une inondation avait recouvert d'un banc d'eau
le tablier des ponts provisoires établis en amont et en aval de Metz.

Or, on sait par la déposition de l'un des officiers chargés de leur
réparation, M. de Villenoisy, que les ponts étaient en partie rétablis et
le passage praticable sur certains d'entre eux dès la journée du 13.
Mais quand même il n'en eût pas été ainsi, était-ce donc une raison,
le 13, pour ne pas masser les troupes à l'abri des forts?

Était-ce une raison pour ne pas utiliser les deux ponts de la ville et
celui du chemin de fer, et était-il judicieux de retarder d'un jour la
marche de l'armée, dans le seul but de pouvoir passer la Moselle sur
un plus grand nombre de ponts à la fois? Ce grand nombre était d'ailleurs inutile, il faut le remarquer, puisque tous débouchaient sur une
seule et même route. C'est sur cette voie unique de Metz à Gravelotte
que, d'après les ordres du maréchal, devait s'engager l'armée entière
avec ses immenses convois.

L'ordre de mouvement expédié le 13 par le commandant en chef,
précisant les détails d'exécution, assignait en effet la route à suivre
par les différents corps d'armée. Les 2e et 6e corps, ainsi que la garde,
devaient prendre la route de Verdun, par le Sud, passant par Rézonville et Mars-la-Tour. Les 3e et 4e corps prendraient la route de Verdun par Doncourt et Étain. Une division de cavalerie devait éclairer le
pays en avant de chacune de ces deux colonnes, les convois marchant
à la suite de l'armée.

Il y avait bien ainsi deux routes indiquées; mais, en fait, elles n'en
formaient qu'une en partant de Metz et pendant plusieurs heures, attendu que la bifurcation ne se trouve qu'à trois lieues de la place, au
village de Gravelotte.

Et cependant, outre cette route de Gravelotte, il en existait trois autres distinctes, dont on pouvait disposer pour s'élever sur les plateaux.
C'étaient, en allant du Nord au Sud, les routes de Briey par Woippy,
celle de Plappeville et Amanvillers, et enfin le chemin de Lory à
Amanvillers.

Si ces deux dernières se réunissaient, ce n'était qu'au sortir des défilés, lorsqu'une fois sur les plateaux il devenait possible d'utiliser les
nombreux chemins vicinaux de village à village.

Le maréchal Bazaine qui, peu d'années auparavant, avait commandé
à Metz, devait, moins que tout autre, ignorer l'existence de ces voies
de communication.

Il a cherché pour se justifier à rejeter la faute sur l'état-major général.

« Je me suis borné, a-t-il dit, à indiquer les directions générales.
C'était à l'état-major à faire les reconnaissances et à désigner aux différents corps les routes qu'ils auraient à suivre. »

Tel était, en effet, le véritable rôle de l'état-major général.

Mais comment l'excuse invoquée par le maréchal serait-elle valable,
lorsque, pour toutes les mesures relatives au mouvement de retraite,
nous le voyons ne pas vouloir se servir de cet état-major général, et,
passant en quelque sorte par-dessus sa tête, rédiger et expédier directement les ordres, non pas sous forme d'indications générales, mais
comme prescriptions détaillées et complètes.

Les débats n'ont pas établi qu'à la réception de ces ordres le générla Jarras ait soumis des observations au maréchal sur les nombreux et graves inconvénients que comportait leur exécution.

Ces inconvénients étaient pourtant si évidents pour tous, qu'un officier supérieur du génie s'était cru obligé de venir exposer au maréchal les dangers des dispositions prescrites. N'ayant pu parvenir jusqu'à lui, il s'était adressé au général Jarras, qui s'était borné à lui répondre : « Croyez bien que ce sont ceux qui voient les choses de plus près qui en souffrent davantage. »

Pourquoi, au lieu de gémir sur ce qu'il voyait, le chef d'état-major général n'avait-il pas pris l'initiative de cette démarche auprès du général en chef? Il ne pouvait pourtant ignorer que ses fonctions, en l'obligeant à assurer l'exécution des ordres donnés, lui commandaient aussi de présenter, au sujet de ces ordres, toutes les observations que pouvait lui suggérer l'intérêt de l'armée.

Nous devons déplorer l'attitude effacée et passive qu'il accepta ainsi, dès le début. Il ne pouvait, selon nous, se laisser annihiler, car il avait à remplir des obligations qui engageaient dans une certaine mesure sa responsabilité, et dont il ne dépendait pas du commandant en chef de le dispenser.

Personne, mieux que vous, messieurs, ne connaît les devoirs multiples d'un chef d'état-major. Pour que ces devoirs puissent être remplis efficacement, il est d'une nécessité absolue qu'une confiance complète règne entre le commandant en chef et son chef d'état-major. Il faut que celui-ci connaisse, non-seulement les projets arrêtés, mais encore la pensée intime de son général, car c'est ainsi seulement qu'il pourra le suppléer au besoin.

Telle n'était pas malheureusement la situation du chef d'état-major général de l'armée du Rhin, vis-à-vis du commandant en chef, et le défaut de confiance qui se manifesta, dès le principe, entre le maréchal Bazaine et le général Jarras, ne fut peut-être pas sans influence sur les tristes résultats que nous aurons à constater.

Si ce fut un tort de nommer à ces fonctions l'ancien aide-major général de l'empereur, sans l'agrément du général en chef, assez disposé à écarter de lui l'entourage impérial, pourquoi le maréchal ne formula-t-il pas immédiatement ses réclamations à ce sujet, comme il en avait le droit?

Certes, on ne peut que regretter que ni l'un ni l'autre n'ait compris qu'il ne devait pas accepter une semblable position. Mais toute fâcheuse qu'elle fût, cette situation ne saurait justifier ici le maréchal, et sur lui seul doit tomber uniquement et entièrement la responsabilité des dispositions prises par lui seul.

Vous savez, messieurs, quelles circonstances amenèrent la bataille de Borny.

La première armée allemande, après une concentration rapide, attaqua le 14, à quatre heures de l'après-midi, les dernières divisions du 3e et du 4e corps, qui n'avaient pas encore entamé leur mouvement. Les autres divisions de ces corps revinrent alors sur leurs pas, et l'action devint bientôt générale. Les troupes montrèrent un entrain remarquable, les Allemands furent partout repoussés, mais ils avaient atteint leur but, qui était de retarder la retraite de l'armée française.

Le maréchal, reconnaissant que livrer cette bataille était aller directement à l'encontre du résultat qu'il devait poursuivre, a prétendu que le général Ladmirault n'aurait pas dû revenir en arrière, au secours de sa division engagée. Mais le commandant en chef, présent sur le lieu de l'action, où il fit preuve d'ailleurs de la plus grande vigueur, ne donna aucun ordre au commandant du 4e corps et ne chercha pas à arrêter l'élan des troupes. Nous l'avions d'ailleurs déjà remarqué; le meilleur moyen d'arrêter le combat, de le rendre même impossible, c'était de se replier sous Metz dès la veille. Le maréchal ne peut donc attribuer qu'à lui-même cette cause nouvelle de retard.

Les conséquences du combat furent, il est vrai, aggravées encore par la fâcheuse condescendance du gouverneur de Metz, qui accorda, à l'insu du général en chef, un armistice pour la rive droite de la Moselle et de la Seille, lequel fut prolongé pendant vingt-quatre heures. Cet armistice, demandé par les Prussiens sous prétexte d'enterrer leurs morts, leur permit de passer en toute sécurité à proximité de la place et de gagner les ponts de la haute Moselle sans être inquiétés.

Lorsqu'enfin, le 15 au matin, toute l'armée reprit sa marche, on s'aperçut de l'immense confusion produite par l'entassement de tous les corps sur une seule route. Il suffit, pour se rendre compte de la lenteur du mouvement, de rappeler que l'armée avec ses convois, marchant en colonne sur une seule route, les troupes d'infanterie par demi-section, et les voitures par deux, n'eût pas occupé un développement moindre de cinquante lieues.

L'encombrement était donc facile à prévoir en temps utile. Il en était déjà résulté une perte de temps considérable, quand le maréchal ordonna le licenciement immédiat et sur place du convoi auxiliaire. Était-ce là le vrai moyen de remédier aux inconvénients signalés ?

Prise avant le départ, cette mesure eût été excellente. Pas n'était besoin, en effet, d'emporter dix à douze jours de vivres, puisque l'armée allait trouver à Verdun les ressources qu'y avait fait préparer l'intendant en chef. Avec quatre jours de vivres dans le sac et quatre jours sur les voitures du train régulier, il y avait largement de quoi parer à toutes les éventualités.

Mais l'ordre donné aux troupes le 13 était, il ne faut pas l'oublier, de prendre, non quatre jours, mais trois jours de vivres, c'est-à-dire les rations du 14, du 15 et du 16. Le 15, il ne devait donc rester aux troupes qu'un jour de vivres dans le sac. Quant à l'ordre d'en placer pour quatre jours sur les voitures militaires, il n'avait été notifié, on le sait, ni à l'état-major général, ni à l'intendant en chef. De plus, cet ordre, donné au moment du départ de l'armée, était alors inexécutable car il eût nécessité un remaniement complet dans le chargement du convoi. Enfin, vu le nombre limité de ses moyens de transport, et en raison des nombreux services auxquels il avait à pourvoir, le train des équipages ne pouvait guère prendre que deux jours à peine de vivres.

Licencier le convoi auxiliaire dans les conditions où l'on se trouvait, c'était s'exposer à manquer de vivres pour continuer la route, pour peu qu'on fût arrêté en chemin.

Il était, en effet, de toute impossibilité de faire faire les distributions sur place, comme l'ordre de licenciement le prescrivait, les troupes ayant dépassé les convois. Quant à ceux-ci, engagés déjà en partie dans le défilé qui va de Moulins à Gravelotte, les faire retourner en arrière c'était augmenter encore le désordre. Aussi, l'intendant en chef intérimaire, M. de Préval, crut-il devoir adresser des représentations au maréchal et demanda-t-il, pour obéir, qu'il lui fût délivré un ordre écrit.

Ces représentations restèrent sans effet, et il reçut l'ordre demandé. Les dangers que présentait cette mesure furent d'ailleurs heureusement conjurés, grâce à l'impossibilité de faire rétrograder la partie des convois déjà entrés dans le défilé.

Le 16 au matin, les convois du 2ᵉ corps et du grand quartier général étaient ainsi parvenus sur le plateau. Le commandant en chef ne l'ignora pas, car il renouvela dans la matinée de ce jour son ordre de licenciement des voitures auxiliaires, d'une exécution alors plus facile.

Suivant les prescriptions de la veille, l'armée devait se mettre en marche le 16 de grand matin. Pressé d'arriver à Châlons, l'empereur prit les devants, et fit appeler avant de partir le maréchal Bazaine, pour lui renouveler ses recommandations d'accélérer son mouvement. Néanmoins, aussitôt après le départ de l'empereur, revenant sur les ordres donnés, le commandant en chef modifiait les dispositions prescrites la veille et ajournait le départ.

« Nous partirons, écrit-il aux corps, probablement dans l'après-midi, dès que je saurai que les 3ᵉ et 4ᵉ corps seront arrivés à notre hauteur en totalité. Les ordres, du reste, seront donnés ultérieurement. »

D'où provenait cet ajournement ? Le maréchal en donne, pour motif les considérations qu'avait fait valoir le maréchal Le Bœuf. Celui-ci, qui avait pris le commandement du 3ᵉ corps après la blessure reçue à la bataille de Borny par le brave et énergique général Decaen, avait informé en effet, la veille, à onze heures du soir, le commandant en chef, que deux divisions seulement de son corps d'armée l'avaient rejoint, et que le 4ᵉ corps n'avait pas encore paru.

« Si l'on doit combattre, écrivait le maréchal Le Bœuf, il serait vivement à désirer que mon corps d'armée fût réuni avant de s'ébranler....

« Dans ces conditions de dispersion, Votre Excellence appréciera s'il ne serait pas plus utile d'attendre l'ennemi que d'aller à lui jusqu'au moment où le 3ᵉ corps sera réuni. »

Les observations de M. le maréchal Le Bœuf étaient uniquement fondées, on le voit, sur l'hypothèse que l'on allait marcher à l'ennemi.

Il pouvait croire, en effet, qu'après tant de temps perdu les Prussiens seraient parvenus à s'établir entre Verdun et l'armée française, et qu'il faudrait leur passer sur le corps pour continuer la retraite. Mais il n'en était rien encore.

Le commandant en chef se charge de le rassurer.

Dans la lettre où il lui annonça que, d'après ses observations, il suspendit la marche de l'armée, le maréchal Bazaine s'exprimait ainsi :

« M. l'intendant général Wolf, qui revient de la ligne du Nord, affirme qu'il n'y a pas un seul ennemi sur notre droite; il n'y aurait qu'un parti de deux cents uhlans devant nous sur la route d'Étain. Le général du Barail les a pourchassés.... Le danger pour nous est du côté de Gorze, sur la gauche du 6ᵉ et du 2ᵉ corps. Faites reconnaître tous les chemins que vous auriez à suivre pour venir vous mettre en seconde ligne derrière les 6ᵉ et 2ᵉ corps dans le cas d'un combat aujourd'hui. »

Dans une autre lettre du 15 au soir, le maréchal Bazaine avait déjà fait connaître que les forces qui menaçaient la gauche des 2ᵉ et 6ᵉ corps étaient évaluées à 30 000 hommes.

Ainsi donc, l'avant-garde ennemie seule arrivait à hauteur de notre gauche. C'est de ce côté seulement qu'une attaque était à craindre ; la route de Verdun était encore libre. Était-ce le moment de s'arrêter pour laisser à l'armée prussienne le temps de venir barrer le passage ?

N'était-il pas, au contraire, évident qu'il fallait se hâter de lever le camp, faisant filer par la route d'Étain ce qu'on emmenait de convois, et se bornant à contenir l'ennemi avec une forte arrière-garde ? Toutes les troupes de la colonne de gauche étaient réunies et pouvaient faire cet office. Quand à la colonne de droite, elle n'avait aucune agression à redouter. D'ailleurs, le défilé des troupes et des voitures ne donnait-il pas aux divisions en arrière le temps de rejoindre la colonne sans interruption ?

En un mot, ce dont il s'agissait le 16, à cinq heures du matin, ce n'était pas de combattre, mais de marcher le plus vite possible. L'approche de l'ennemi ne faisait que rendre cette nécessité plus impérieuse, tout temps d'arrêt ne pouvant qu'augmenter les difficultés de la retraite.

Les observations du maréchal Le Bœuf, basées sur une éventualité qui n'existait pas, n'avaient donc pas à être prises en considération par le commandant en chef, parfaitement instruit de la situation.

Vous venez d'entendre, messieurs, l'exposé succinct des actes du maréchal Bazaine, depuis le moment de sa prise de possession du commandement en chef jusqu'à celui où va s'engager la sanglante bataille de Résonville.

Après avoir manifesté ses préférences pour le maintien de l'armée sous Metz, il accepte cependant, sans observation, la mission de la ramener dans les plaines de la Champagne.

Mais, cette mission acceptée, il s'isole volontairement du quartier impérial et de tous les chefs de service et, pendant près d'une journée, alors que les instants sont si précieux, on ne découvre trace d'aucun ordre donné par lui, d'aucune mesure prise en vue de la retraite.

Ainsi, il ne prend aucune disposition pour arrêter le mouvement de l'ennemi, néglige, s'il ne refuse, de faire sauter les ponts de la Moselle en amont de Metz et perd inutilement vingt-quatre heures sur la rive droite. Il livre sans nécessité la bataille de Borny qui ne fait que le retarder, entasse, de propos délibéré, toute son armée sur une seule route, quand il pouvait disposer de quatre, augmentant ainsi, dans une proportion colossale, la confusion et la lenteur.

Pendant la marche, il licencie son convoi, sans demander à l'intendance s'il y a des vivres pour continuer la marche. Enfin, aussitôt l'empereur parti, il suspend, sans motif valable, le mouvement de son armée.

En résumé, la conséquence directe de sa conduite et de toutes ses mesures pendant quatre jours est de permettre à l'ennemi de le devancer sur les plateaux.

De l'ensemble de ces faits se dégage donc inévitablement cette conclusion : c'est que le maréchal n'a jamais voulu mettre à exécution le plan qu'il s'était chargé de mener à bonne fin, et que, contrairement à son intention énoncée, il a toujours voulu demeurer sous Metz. Mais, n'osant pas assumer la responsabilité de cette détermination, il a laissé aux événements le soin de faire échouer le projet de retraite, se contentant de les préparer dans ce but !

M. le commissaire du gouvernement continue la lecture de son réquisitoire.

Troisième complément de l'audience du 3 décembre

PRÉSIDENCE DE M. LE DUC D'AUMALE

Suite du réquisitoire

M. le commissaire du gouvernement continue son réquisitoire.

Le maréchal avait, comme vous le savez, messieurs, manifesté, dès l'origine, ses préférences pour le maintien de l'armée auprès de Metz. Si, plus tard, devant l'avis exprimé par l'empereur, il parut renoncer à son dessein et ordonna la marche sur Châlons, il n'avait pas abandonné néanmoins sa première idée. C'est ainsi que le 15, causant avec l'aide de camp du général Soleille, il lui exprimait son regret d'avoir emmené l'équipage des ponts, attendu qu'il n'aurait pas été d'avis de traverser la Meuse, ajoutant d'ailleurs qu'il était lié par ses instructions.

Le maréchal Bazaine, interrogé à ce propos, a déclaré qu'il ne s'agissait pas, pour lui, de traverser la Meuse, mais seulement d'aller prendre position à l'Est de Verdun, en s'appuyant sur cette place, de manière à manœuvrer dans l'espace compris entre Meuse et Moselle.

Il affirme que c'était là ce dont il était convenu avec l'empereur. S'il en fut ainsi, on doit reconnaître que le secret de ce plan d'opérations fut bien gardé, attendu qu'il n'en avait jamais été question jusqu'au moment des débats et qu'il n'en existe trace nulle part.

Le maréchal avait paru convenir jusque-là qu'il fallait, le 12, comme quelques jours plus tôt, ramener l'armée dans les plaines de la Champagne, et c'est là le projet qui se trouve énoncé dans l'ouvrage *l'Armée du Rhin*.

La nouvelle version indiquée, peu en harmonie avec la déposition du commandant Sers, s'accorde difficilement avec les termes de la dépêche expédiée le 19 août à l'empereur :

« Je compte toujours prendre la direction du Nord et me rabattre ensuite par Montmédy sur la route de Sainte-Menehould à Châlons, si elle n'est point fortement occupée, etc. »

D'ailleurs, les mesures prises par l'empereur à son passage à Verdun pour faire préparer les ponts nécessaires à l'armée, l'assurance qu'il donna au maire de cette ville au sujet des approvisionnements qui devaient, dit-il, être emmenés par le maréchal Bazaine, tout concourt à démontrer que l'armée ne devait nullement arrêter sur la Meuse son mouvement de retraite.

Ajoutons qu'en raison de l'avance prise par l'armée du prince royal, une semblable combinaison ne pouvait venir à l'esprit de personne. En effet, Verdun n'étant pas, comme Metz, pourvu d'un camp retranché, ne pouvait servir de refuge à l'armée française qui, exposée à être cernée sur les deux rives de la Meuse par toutes les forces allemandes, se fût trouvée dans une situation plus dangereuse encore que celle de l'armée de Châlons à Sedan.

Sans nous arrêter davantage à cette assertion, nous sommes en droit de conclure des paroles du général en chef qu'il n'était guère soucieux d'accomplir jusqu'au bout le projet de retraite convenu.

C'était sans doute sous la même impression que, le 16 au matin, l'intendant en chef étant venu le trouver, le maréchal, au lieu de lui

annoncer l'arrivée de l'armée à Verdun pour le lendemain, comme cela
était entendu, se borna à lui dire qu'il serait sous cette place dans
quelques jours, et lui parla de tenter peut-être, le jour même, un coup
de main sur Pont-à-Mousson.

Du reste, nous le verrons plus tard être bien autrement explicite au
sujet de ses intentions effectives.

Ce serait sortir du cadre de ce réquisitoire que d'étudier, au point
de vue tactique, la bataille de Rézonville.

Glorieuse pour nos armes, elle n'amena pas cependant de résultat
décisif. Les troupes couchèrent sur les positions conquises, mais l'ennemi avait pu se maintenir en face de l'armée française, qui ne recou-
vra pas le libre usage de la route de Verdun par le Sud.

Mais le ministère public a le droit de rechercher le mobile qui semble avoir inspiré le maréchal pendant cette journée.

A neuf heures et demie du matin, la surprise de la division de Forton marque l'apparition de l'ennemi qui attaque immédiatement. Les
2e et 6e corps sont seuls engagés d'abord. Tandis qu'ils soutiennent
une lutte opiniâtre sous les yeux du commandant en chef, qui déploie
la plus brillante bravoure, les 3e et 4e corps arrivent sur le terrain, à
l'exception d'une division de chacun d'eux qui n'avait pas rejoint encore. Débordant la ligne de bataille, ces deux corps s'établissent face à
la route de Gravelotte à Mars-la-Tour, en avant de la droite du 6e corps,
et leur attaque vigoureuse fait reculer l'ennemi.

Encore un effort et celui-ci allait être refoulé dans les défilés de
Gorze et d'Ars-sur-Moselle, mais le maréchal, sans plus songer à s'ouvrir un passage sur Verdun, a pour unique souci de conserver ses communications avec Metz. Il appelle de ce côté ses réserves et deux divisions du 3e corps, dégarnissant sa droite, qui avait le rôle important,
au profit de sa gauche, qui n'avait qu'à couvrir la retraite. Son convoi
et son parc, qu'il pouvait faire filer en toute sécurité par la route d'É-
tain, demeurent immobiles en arrière de Gravelotte. Pas plus que sa
conduite précédente, la préoccupation constante du commandant en
chef pendant la bataille, ne dénote donc qu'il ait eu la ferme volonté
de marcher sur Verdun.

Comprenant que ses dispositions trahissaient trop clairement une
intention tout opposée, il a allégué, il est vrai, dans son mémoire au
conseil d'enquête, qu'il avait prescrit aux 3e et 4e corps de faire « un
mouvement de conversion, l'aile droite en avant afin de refouler, dit-
il, les Allemands dans les défilés de Gorze et de Chambley, et enfin dans
la vallée de la Moselle, si c'était possible. » Mais vous savez, messieurs, qu'en fait, il n'a donné aucune instruction au général Ladmirault, et qu'il n'a laissé à M. le maréchal Le Bœuf qu'une division
d'infanterie dont, à un moment, il voulut même distraire l'une des
brigades. Comment, dans ces conditions, le mouvement de Gorze à
Chambley aurait-il pu s'effectuer? D'après les ordres donnés par le
maréchal pendant la nuit, l'armée, au lieu de continuer sa retraite sur
Verdun, dut se reporter en arrière sur le plateau de Plappeville. Voyons
quels furent les motifs invoqués pour justifier cette grave détermination.

Le 16 août, au soir, le colonel Vasse Saint-Ouen fut chargé par le
général Soleille d'aller informer le maréchal que la consommation des
munitions avait été considérable, qu'on pouvait l'apprécier au tiers ou
à la moitié de l'approvisionnement de l'armée, et qu'il serait utile d'en-

voyer à Metz, dans la nuit même, chercher de nouveaux **caissons de munitions**.

La précipitation du général Soleille à fournir au commandant en chef des renseignements alarmants, qui se trouvèrent être complétement erronés, fût certainement regrettable.

Il est non moins fâcheux qu'en présence d'une consommation qui lui paraissait si considérable, le général Soleille n'ait pas envoyé, pendant la journée même, chercher, ou tout au moins faire préparer des caissons à l'arsenal de Metz, au lieu d'attendre la nuit, car, s'il eût agi ainsi, les munitions seraient arrivées et les distributions eussent pu se faire dans la matinée du lendemain.

Quoi qu'il en soit, le maréchal Bazaine reçoit cette communication sans paraître s'en émouvoir. Cependant, puisqu'il croit devoir se baser sur cette situation des munitions pour suspendre sa marche et même pour revenir sur ses pas, il semble que l'avis apporté par le colonel Vasse Saint-Ouen doive singulièrement l'affecter. En effet, ce n'est à ses yeux rien moins que l'ajournement, peut-être le renversement du plan d'opérations adopté, c'est-à-dire du projet de retraite sur Verdun.

Le temps matériel a manqué au général Soleille pour recueillir des renseignements positifs. Cela est bien évident. C'est donc une appréciation toute personnelle qu'il livre au maréchal. Celui-ci sait que le commandant en chef de l'artillerie est couché, et qu'il souffre d'une contusion reçue pendant la bataille; il ne peut ignorer que la santé du général, gravement atteinte depuis quelque temps, a ébranlé son moral, et que lui, si vigoureux, si énergique autrefois, est maintenant trop porté à voir toutes choses sous le jour le plus sombre et à s'exagérer les difficultés de la situation, ainsi que ces débats l'ont fait ressortir pour plus d'une circonstance.

Ce serait bien le cas d'interroger l'officier que, de son lit, le général a envoyé lui porter cette désolante nouvelle, de le presser afin de savoir quel degré de confiance il doit y ajouter, sur quelles données elle se fonde, combien enfin il peut rester approximativement de coups de canon et de coups de fusil à l'armée.

D'ailleurs, en admettant que le tiers, que la moitié même de l'approvisionnement eût été épuisé à la suite des deux batailles du 14 et du 16, il en restait largement de quoi continuer la lutte tout au moins pendant une ou deux journées.

Rien ne pressait donc de battre en retraite, rien n'empêchait surtout d'attendre au lendemain matin pour prendre un parti définitif et de se borner jusque-là à prescrire aux corps d'armée de se tenir prêts à marcher.

S'il eût ainsi procédé, si, comme sa haute expérience, comme son sang-froid éprouvé devaient le lui conseiller, s'il eût enfin fait la part de l'exagération du premier moment, il aurait pu être promptement rassuré, car il aurait appris bien vite que les appréciations du général Soleille étaient très-erronées.

Le 17 au matin, il restait en effet 80 000 obus et 16 millions de cartouches sur 106 000 obus et 17 millions de cartouches que possédait l'armée à son départ de Metz. On avait donc consommé tout au plus le quart de l'approvisionnement en munitions d'artillerie et le seizième en munitions d'infanterie.

En accueillant l'appréciation du général Soleille, sans observations, en se déterminant immédiatement, d'après elle, à reporter la ligne en arrière, le maréchal Bazaine, loin de témoigner d'une intention formelle de continuer son mouvement sur Verdun, a laissé voir au contraire son désir de profiter du premier prétexte pour abandonner l'opération entreprise.

Le deuxième motif allégué pour expliquer sa détermination de se rapprocher de Metz, fut la pénurie des vivres. Il était encore moins valable que le premier.

Les vivres eussent pu manquer en effet si l'ordre de licenciement, donné le 15, avait été suivi d'effet; mais, comme nous l'avons précédemment constaté, il n'en était rien : quelques-uns des convois étaient parvenus sur le plateau, dès le 16 au matin.

Le convoi du grand quartier général, à lui seul, contenait plus d'un jour et demi de vivres pour toute l'armée. La plus grande partie des troupes avait encore un jour de vivres dans le sac; certains corps d'armée en avaient deux.

L'intendant général Wolff était venu annoncer le matin même au maréchal que des approvisionnements considérables avaient été préparés à Verdun. Dans la soirée, l'intendant en chef intérimaire ne sut pas, il est vrai, et ce fut un tort, renseigner le maréchal sur l'existant à Gravelotte.

Mais pourquoi celui-ci, eu égard à la situation de M. de Préval, nommé depuis trois jours seulement, ne s'adressa-t-il pas au fonctionnaire chargé spécialement du service et qu'il avait également sous la main à son quartier général; M. Mony lui eût, vous le savez, fourni des indications très-rassurantes.

L'ignorance dans laquelle resta le commandant en chef n'eut d'ailleurs qu'un résultat favorable; car, pour plus de sûreté, il envoya immédiatement chercher à Metz une partie des convois qui y étaient restés. Un convoi de 450 voitures allait rejoindre, le 17 au matin, lorsqu'il fut arrêté par l'avis que l'armée rebroussait chemin.

Le maréchal a déclaré que ses appréhensions au sujet des munitions et des vivres, tout en pesant sur ses décisions, ne furent cependant pas les motifs déterminants de sa conduite. Il y aurait eu, selon lui, un défaut de rédaction dans ses dépêches :

« Dans ma pensée, a-t-il dit, ce n'étaient pas les vivres qui manquaient, mais il fallait les distribuer de façon que les hommes en aient pour deux ou trois jours dans le sac, de manière à nous débarrasser de notre immense convoi. »

La nécessité de ravitailler les troupes, tant en vivres qu'en munitions, soit avec les ressources sur le plateau, soit au moyen des convois qui allaient arriver, pouvait-elle déterminer le commandant en chef, non à attendre sur place, mais à se reporter en arrière? Il suffit de poser cette question pour la résoudre.

Cependant la pénurie des munitions et celle des vivres furent les seules causes indiquées par le maréchal dans ses dépêches à l'empereur comme dans ses ordres aux commandants de corps, pour expliquer son mouvement rétrograde. Il écrit, en effet, au souverain, le 16, à 11 heures du soir :

« La difficulté aujourd'hui gît principalement dans la diminution de nos parcs de réserve, et nous aurions de la peine à supporter une journée comme celle d'aujourd'hui, avec ce qui nous reste dans nos caissons; d'un autre côté, les vivres sont aussi rares que les munitions, et je suis obligé de me reporter sur la ligne de Vigneulles-Lessy, pour me ravitailler. »

Et à minuit, précisant encore mieux sa pensée, le maréchal écrivait aux commandants de corps :

« La grande consommation qui a été faite dans la journée, ainsi que le manque de vivres pour plusieurs jours, ne nous permettant pas de continuer la marche qui avait été tracée, nous allons nous reporter sur le plateau de Plappeville. »

Pressé de fournir des explications catégoriques sur une détermination si peu en harmonie avec la situation, le maréchal s'est borné à déclarer que les dépêches écrites par lui les 16 et 17 août, l'ont été sous l'impression du moment et des renseignements qui lui étaient fournis. Il a employé dans sa dépêche à l'empereur le mot « principalement » pour indiquer qu'il y avait d'autres causes *qu'il ne croyait pas devoir rendre publiques.*

Mais en vérité la pénurie de munitions et de vivres, où se serait alors trouvée l'armée, était bien autrement grave que les conditions d'ordre tactique que pouvait sous-entendre le maréchal. S'il devait craindre de rendre publique l'une quelconque des difficultés qui l'arrêtaient, c'était précisément celle-là qu'il aurait dû s'efforcer de dissimuler avec le plus grand soin, car elle était de nature à indigner et à consterner le pays, en lui apprenant que deux jours après sa mise en mouvement, l'armée française était obligée de suspendre sa marche, faute d'avoir été pourvue au départ de ce qui lui était indispensable.

Le maréchal a reconnu que ni les munitions ni les vivres ne lui faisaient défaut pour continuer sa marche.

Mais alors pourquoi ces fausses indications dans les dépêches du 16 à l'empereur et au maréchal de Mac-Mahon, indications que nous verrons cependant se reproduire les jours suivants, alors même qu'il ne pourra plus avoir aucun doute sur leur inexactitude ?

Pourra-t-on prétendre qu'il y ait quelque chose d'incertain dans des affirmations formulées en termes si clairs et si précis ?

Le commandant en chef de l'armée du Rhin a-t-il songé à l'effet qu'allaient produire ses télégrammes et au péril des résolutions qu'ils pouvaient provoquer ?

Si le maréchal a pu se tromper pendant quelques heures sur la véritable situation, pourquoi ne pas rétablir la vérité, dès qu'elle lui fut connue, au lieu de persévérer pendant plusieurs jours dans l'annonce des mêmes besoins, et, par conséquent, des mêmes dangers pour son armée ?

Tout en expliquant sa détermination à l'empereur, et en la fondant sur la nécessité d'un ravitaillement, le commandant en chef avait soin d'ailleurs de l'avertir que cet arrêt dans la marche de l'armée n'était que momentané.

Dans sa dépêche du 17, il lui écrivait :

« L'ennemi a été repoussé et nous avons passé la nuit sur les positions conquises... Je pense pouvoir me remettre en marche après-demain, en prenant la direction plus au Nord, etc. »

Il se montre plus affirmatif encore dans le télégramme ci-après du même jour expédié au ministre de la guerre, M. le général de Palikao, dans lequel nous lisons ces mots :

« J'arrête quelques heures mon mouvement pour mettre mes munitions au grand complet. »

Or, nous allons voir les sentiments qu'il manifestait tandis qu'il envoyait ces nouvelles à l'empereur et au ministre :

Le 16 au soir, au moment où il venait d'expédier ses ordres, s'adressant aux officiers qui l'entouraient, il leur disait : « Il faut sauver l'armée française, et pour cela revenir sous Metz. On conçoit l'étonnement qu'un pareil langage dut faire naître parmi ces officiers, car il pouvait à bon droit sembler inexplicable dans la bouche du chef d'une armée qui, suivant ses propres expressions, venait de repousser l'ennemi et qui couchait sur les positions conquises.

Le lendemain, 17, il annonçait son intention de faire descendre les troupes des positions qu'il venait de leur faire prendre, pour les ramener vers la place, et il témoignait le désir de faire exécuter ce mouvement, soit le même jour, soit le lendemain matin.

Ce simple rapprochement entre les avis qu'il envoyait à l'extérieur et l'opinion qu'il exprimait à ceux qui l'approchaient, fait suffisamment ressortir la manière dont le maréchal Bazaine s'acquittait de son devoir, qui était de dire au souverain et au ministre la vérité sur sa situation.

Plus tard, nous retrouverons encore cette constante préoccupation de cacher la vérité au gouvernement, afin de mieux dissimuler les véritables motifs de son immobilité.

Pour justifier son mouvement rétrograde du 17, le maréchal a déclaré qu'en raison de la nécessité impérieuse de rétablir l'ordre tactique, il n'avait cru possible, ni de conquérir définitivement par un nouveau combat la route de Conflans, ni de s'élever vers le Nord par la route de Briey, encore entièrement libre dans cette journée.

D'ailleurs, à ce qu'il assure, l'empereur, en le quittant, ne lui avait nullement donné l'ordre formel de poursuivre la retraite : ce mouvement était subordonné au circonstances et ne devait s'accomplir que dans de bonnes conditions tactiques, afin de ne pas compromettre l'armée.

Nous ne nous refusons nullement, quant à nous, à croire que le maréchal n'ait pas reçu d'ordres formels de la part du souverain : un général en chef n'a pas à en recevoir de cette nature, et il est bien évident qu'il est toujours maître d'apporter à ses instructions primitives les modifications nécessitées par les événements imprévus si fréquents dans la conduite des opérations militaires en face de l'ennemi.

Mais il n'en est pas moins incontestable qu'il avait un plan d'opérations à accomplir, et qu'il ne devait y renoncer que si ce plan devenait impraticable ou trop dangereux. Or, la retraite était encore très-exécutable le 17, et le maréchal n'a rien tenté pour l'effectuer. Il a donc trompé ainsi la confiance que l'empereur avait mise en lui.

C'est ce qu'il n'est que trop facile d'établir.

Constatons d'abord qu'en reprenant sa marche sur Verdun, par les routes d'Étain et de Briey, le 17, une fois les distributions faites, ravitaillé ainsi de deux à trois jours de vivres dans le sac du soldat, et suffisamment réapprovisionné en munitions d'artillerie et d'infanterie, le maréchal avait encore une avance de 24 heures sur l'ennemi.

En effet, les corps allemands qui avaient combattu le 16 ne bougèrent pas pendant toute la journée du 17, obligés qu'ils étaient de se réorganiser et de se concentrer, et c'est seulement grâce à des marches forcées que les autres corps purent venir prendre part à la bataille du lendemain.

Pour se dérober par une marche vers le Nord, il lui aurait fallu, a dit le maréchal, faire exécuter un changement de front, l'aile gauche en avant, par des chemins de traverse, ce qui aurait donné à l'ennemi le temps de la rejoindre.

Une telle explication est-elle sérieuse? Que veut dire, à propos du mouvement à exécuter, cette expression de changement de front, l'aile gauche en avant?

Pour se porter des positions occupées le 16 dans la direction de Briey, il fallait au contraire reculer en dérobant sa gauche, et ce mouvement devait avoir 'avoir pour résultat de s'éloigner de l'ennemi. Or, comme il ne put parvenir à la route de Briey que le 18 après midi, on pouvait par là l'éviter, au moins pendant quelques jours, et très-probablement se dérober tout à fait, si l'on prenait la direction des places du Nord.

Nous reconnaissons toutefois qu'une marche en retraite dans ces conditions n'eût pas été exempte de dangers, et nous croyons, comme la plupart des généraux entendus dans le cours des débats, qu'il eût peut-être mieux valu compléter préalablement le succès du 16 en attaquant l'ennemi le 17, pour le refouler dans les ravins de Gorze, et de là sur la Moselle.

Vous avez entendu les dépositions de MM. les commandants de corps, relativement à la possibilité de recommencer la lutte le 17, et malgré leur extrême réserve, dictée d'ailleurs par les plus honorables scrupules, vous avez compris, messieurs, que leur avis presque unanime était qu'il fallait continuer la lutte le lendemain, et que les chances leur paraissaient favorables.

En cas d'un insuccès, on était toujours à même de se retirer sous Metz, tandis que les résultats d'une victoire eussent été incalculables.

L'armée du prince Frédéric-Charles, adossée à la Moselle, courait risque d'être détruite, et elle eût été du moins contrainte à reculer en toute hâte, tandis que l'armée du prince royal, isolée au cœur de la France, avec ses communications coupées, se fût trouvée dans la position la plus critique.

Mais, sans vouloir insister à ce sujet et sans entrer dans le domaine de l'hypothèse, nous nous contenterons de faire remarquer que, puisque le commandant en chef ne jugeait pas devoir continuer immédiatement sa marche vers la Meuse, il lui fallait nécessairement livrer le 17 une seconde bataille. En effet, plus il attendait, et plus il laissait s'accentuer le mouvement tournant de l'ennemi et s'accroître le nombre des troupes à combattre. Plus il attendait, et moins le projet de retraite concerté avec l'empereur devenait exécutable!

Ces considérations élémentaires ne pouvaient échapper à la haute expérience du maréchal. Mais déjà, comme nous venons de le voir, il ne songeait plus guère à l'exécution de ce projet.

Aux premières nouvelles de la bataille, l'empereur crut à une victoire, et il se hâta d'adresser au commandant en chef la dépêche suivante (17 août, 9 heures du soir) :

« Je vous félicite de votre succès; je regrette de n'y avoir pas assisté. Remerciez en mon nom officiers, sous-officiers et soldats. La patrie applaudit à leurs travaux. »

Nous regrettons d'avoir à constater que le maréchal attendit jusqu'au 22 pour communiquer aux troupes les éloges du souverain, et pour les remercier de leur brillante valeur, qui, dans trois batailles successives, avait excité l'admiration de l'ennemi.

Ainsi que nous venons de le dire, le maréchal, sans souci de la mission qui lui était confiée, avait résolu de reporter son armée en arrière.

L'ennemi ne pouvait prévoir un tel mouvement. Non-seulement il ne fît rien pour l'inquiéter, mais, tandis que nos troupes allaient prendre, le 17, les positions indiquées, le prince Frédéric-Charles, inquiet et craignant que l'armée française ne se fût dérobée, poussait au loin les reconnaissances dans la direction de Verdun pour avoir de ses nouvelles.

Le maréchal a déclaré qu'il n'avait suspendu sa marche qu'afin de se ravitailler et de se réorganiser. Or, presque toute la journée du 17 fut nécessairement occupée à s'établir sur la nouvelle ligne de bataille, où les corps d'armée ne purent être installés que dans l'après-midi. Le 6e corps, destiné à former l'aile droite, ne parvint même à Saint-Privat qu'après la nuit tombée. Ainsi à peu près remplie par la marche et la nouvelle installation des troupes, cette journée ne servit guère plus aux ravitaillements que si elle eût été employée à gagner Etain ou Briey.

Le maréchal a fait connaître également que, s'il avait fait choix de la ligne Rozérieulles-Amanvillers, c'était « afin de recevoir l'ennemi dans de bonnes conditions défensives, et pour rester maîtres des débouchés sur les plateaux. Nos troupes avaient besoin, dit-il, après le combat, de reprendre du calme et de retremper leur moral dans des combats défensifs, qui devaient être à leur avantage par la supériorité de leur armement. »

Cette appréciation nous paraît, nous l'avouons, fort contestable. Toutes nos traditions militaires démontrent, en effet, que le combat défensif n'est pas approprié au tempérament national et qu'il convient beaucoup moins que l'offensive à l'ardeur proverbiale du soldat français.

Quoi qu'il en soit, le maréchal ne s'était pas arrêté tout d'abord à la position qui s'étend de Rozérieulles à Amanvillers. Sa première pensée avait été d'assigner à l'armée une position bien plus en arrière encore et placée immédiatement sous les forts.

Le 16, à onze heures du soir, en envoyant à l'empereur la nouvelle de la bataille, il lui écrivait : « Je suis obligé de me porter sur la ligne de Vigneulles à Lessy, pour me ravitailler. » Or, la ligne Vigneulles-Lessy, c'est le pied des remparts des forts de Saint-Quentin et de Plappeville. Mais, comprenant presque aussitôt que ce mouvement rétrograde ne pourrait se comprendre après le résultat de la journée qu'il a dépeint comme favorable, il s'arrête à faire choix d'une position intermédiaire. Le 17, expédiant, par le commandant Magnan, copie de sa lettre précitée, il annonce à l'empereur que c'est par une erreur de rédaction qu'il avait indiqué la ligne Vigneulles-Lessy, au lieu de la ligne Rozérieulles-Amanvillers.

Le prétexte des erreurs de rédaction revient souvent chez le maréchal. Nous l'avons rencontré déjà ; nous le retrouverons encore plus d'une fois.

Mais, ici, il n'y avait pas eu erreur, le maréchal l'a reconnu aux débats. Comme nous l'avons déjà constaté, il avait bien l'intention de se retirer sous Metz.

Le réquisitoire continue.

PRÉSIDENCE DE M. LE DUC D'AUMALÉ

Suite du Réquisitoire

M. le général Pourcet continue en ces termes :

Dès le 17, le colonel Lewal avait reçu l'ordre d'étudier une position plus en arrière, où les troupes devaient se trouver en partie sous l'appui des forts et des ouvrages de la place. Le 18 au matin, avant que la bataille ne s'engageât, le colonel Lewal avait réuni en conséquence les sous-chefs d'états-majors généraux sur le terrain, et ils y avaient pris connaissance des points que leurs corps d'armée auraient à occuper.

Cette série de circonstances, en nous dévoilant la pensée du commandant en chef, nous laisse voir combien le projet de continuer la retraite était en réalité loin de son esprit.

Les incidents qui vont se produire dans cette funeste journée du 18 nous fixeront davantage encore sur ses véritables intentions.

Le maréchal avait justement prévu que son armée allait être attaquée dans ses nouvelles positions, et il avait prescrit de s'y établir solidement et de s'y couvrir par des tranchées.

Dès le matin, il fut avisé de l'approche des colonnes ennemies. Les renseignements successivement envoyés par les commandants des 3e et 6e corps, depuis six heures du matin, ne pouvaient lui laisser aucun doute sur l'imminence d'une attaque sérieuse, ni même sur le point principalement menacé.

L'ennemi, en effet, défilait en masses profondes en avant des positions de l'armée, en se portant de la gauche à la droite. C'était la droite française que, par une manœuvre facile à prévoir, il prenait pour objectif, afin de couper au maréchal la route de Briey, seule communication qu'il conservât encore avec l'Est.

Restant en dehors des considérations tactiques qui sont du domaine exclusif de l'historien militaire, nous devons nous borner à rechercher dans la conduite du maréchal Bazaine, pendant cette bataille, les actes propres à établir qu'il a négligé ou méconnu les obligations rigoureuses imposées au commandant en chef d'une armée.

A l'approche d'une lutte formidable, quand l'ennemi considérablement renforcé, va tenter un dernier effort pour achever l'œuvre commencée par les batailles du 14 et du 16 août, le maréchal ne juge pas à propos de visiter le terrain, ni de parcourir les positions sur lesquelles il a établi son armée pour y recevoir le combat.

Il a déclaré, il est vrai, qu'il connaissait le terrain et qu'il avait passé une partie de la matinée du 18 sur une hauteur, entre les fermes de Moscou et de Leipsick, à observer les mouvements de l'ennemi.

Le maréchal paraît ici confondre la matinée du 18 et celle du 17 où, en se portant de Gravelotte à Plappeville, il s'arrêta en effet quelques instants auprès de ces fermes, à voir défiler ses troupes.

Vous remarquerez d'ailleurs, messieurs, qu'en raison de l'étendue de la ligne comme de la configuration du terrain mamelonné et coupé de bois qu'occupaient ses troupes, le commandant en chef, placé entre les fermes de Moscou et de Leipsick, ne pouvait découvrir que les emplacements des 2e et 3e corps et ne voyait nullement sa droite, clef de la position par où il annonçait à l'empereur devoir déboucher le lendemain.

Puisqu'il prévoyait une bataille défensive, pourquoi ne pas parcourir, en l'examinant dans ses détails topographiques, le théâtre où elle devait s'engager, afin de reconnaître les points faibles et de prendre ses dispositions pour en augmenter les défenses naturelles ?

S'il eût agi ainsi, son coup d'œil militaire et son expérience auraient reconnu de suite que la position de l'armée, très-solide à la gauche, suffisamment forte au centre, n'offrait plus à la droite d'autre avantage que celui de dominer sensiblement le terrain en avant, sans présenter ni sur le front ni sur le flanc du 6e corps d'obstacle de nature à arrêter les mouvements de l'ennemi.

C'est vers sa droite, point à la fois le plus faible et le plus important de sa ligne de bataille, que se seraient alors tournées ses principales préoccupations, c'est dans cette direction qu'il eût pu masser ses réserves d'artillerie, d'infanterie, de cavalerie, au lieu de les laisser inutiles derrière sa gauche. Et s'il eût agi ainsi, n'avons-nous pas le droit de supposer que cet emploi judicieux de ses forces, dans cette journée, aurait exercé sans doute une influence décisive sur l'issue de la bataille ?

Pendant cette matinée, le général en chef demeure tranquillement à son quartier général sans voir aucun des commandants de corps d'armée, sans donner aucune instruction en vue des redoutables éventualités qui se préparent et dont il est prévenu. Nous nous trompons, le maréchal Bazaine avait donné plusieurs ordres.

D'abord, comme nous venons de le dire, il avait prescrit que, le 18 au matin, les sous-chefs d'état-major des corps d'armée se rendraient auprès du colonel Lewal, pour aller reconnaître avec lui, en arrière et plus près de Metz, de nouvelles positions à occuper ultérieurement.

Interrogé sur les raisons qui lui avaient fait donner cet ordre, le maréchal a répondu qu'il s'était conformé à cet égard aux prescriptions du service en campagne, d'après lesquelles le général en chef doit prendre ses dispositions à l'avance en vue de toutes les éventualités à prévoir. Certes, il eût été vivement à désirer que le maréchal se fût toujours montré aussi scrupuleux observateur du règlement, mais ce luxe de précautions en cette circonstance vous semblera bientôt dénoter la nature de ses préoccupations secrètes qui le poussaient à tourner ses regards vers Metz, au lieu de les porter dans la direction de Briey.

Le second ordre du maréchal Bazaine concernait la garde impériale et fut porté par M. le capitaine de Mornay-Soult, son officier d'ordonnance. Cet officier vint annoncer au général Bourbaki, vers neuf ou dix heures du matin, que le maréchal le laissait libre de ses mouvements, l'autorisant à se mettre en marche quand il le jugerait convenable.

C'était, il faut l'avouer, singulièrement comprendre les devoirs du commandement en chef que de se borner à expédier au commandant du corps de réserve, pour toute instruction, lorsque la bataille allait s'engager, l'avis qu'il était autorisé à se mettre en mouvement quand il le jugerait convenable, sans lui assigner ni objectif, ni direction !

C'est là aussi qu'il nous soit permis de le remarquer, une étrange manière d'interpréter le règlement que d'invoquer, comme le fait le maréchal, pour expliquer de telles instructions, la disposition qui recommande de laisser une certaine latitude au commandant de la réserve.

Enfin, un troisième ordre fut adressé à M. le maréchal Canrobert. En lui écrivant, à dix heures du matin, pour lui annoncer l'éventualité d'une attaque sur Saint-Privat, le commandant en chef lui disait :

« Si, par cas, l'ennemi se prolongeant sur notre front semblait vouloir attaquer sérieusement Saint-Privat-la-Montagne, prenez toutes les dispositions de défense nécessaires pour y tenir et permettre à l'aile droite de faire un changement de front, afin d'occuper les positions en arrière, si c'était nécessaire, positions qu'on est en train de reconnaître. Je ne voudrais pas y être forcé par l'ennemi, et si ce mouvement s'exécute, ce ne sera que pour rendre les ravitaillements plus faciles et donner une plus grande quantité d'eau aux animaux et permettre aux hommes de se laver. »

C'est bien là le style ambigu que semblait affectionner le commandant en chef, et dont nous rencontrerons de nombreux exemples.

Que signifient ces mots : « Prenez vos dispositions pour tenir à Saint-Privat et permettre à l'aile droite de faire un changement de front en arrière, » quand c'est justement Saint-Privat qui forme le point d'appui de la droite de l'armée, et qu'il se trouvera abandonné par le changement de front préparé qui devait reporter la ligne à plus d'une lieue en arrière ?

Et ceux-ci : « Je ne voudrais pas y être forcé par l'ennemi, et si ce mouvement s'exécute, ce ne sera que pour rendre les ravitaillements plus faciles et donner une plus grande quantité d'eau aux animaux et permettre aux hommes de se laver ? »

Quelles sont ces considérations au moins singulières au moment où une grande bataille va se livrer ?

Tout cela ne voulait-il pas clairement dire qu'on ne tenait guère à cette occupation ?

Cependant Saint-Privat était la clef de la position, c'était le débouché par où l'armée devait le lendemain reprendre sa marche, ainsi que le maréchal l'avait annoncé au souverain. Malgré ces graves considérations, nous voyons le commandant en chef prévenir qu'en cas d'attaque sérieuse, l'aile droite, abandonnant les plateaux, devra venir occuper des positions en arrière.

Ici encore apparaît avec évidence l'intention bien arrêtée de ne pas s'éloigner de Metz.

Mais, hâtons-nous de le dire, M. le maréchal Canrobert comprit toute l'importance de la position qui lui était confiée.

Bien que le 6e corps n'ait jamais eu à Metz que les trois quarts de son infanterie, qu'il ne disposât que d'une artillerie très-insuffisante, qu'il eût été le plus éprouvé à Rézonville, que ses munitions fussent incomplètes, son digne chef, sans entrer dans les finesses de l'ordre qu'il recevait, défendit Saint-Privat avec une ténacité héroïque qui aurait, sans aucun doute, lassé les assauts multipliés d'un ennemi trois ou quatre fois supérieur en nombre, si le 6e corps avait été soutenu.

Cependant, la bataille est engagée; que va faire le commandant en chef, retiré dans sa maison de Plappeville ?

On s'émut à l'état-major général quand on apprit que l'armée ennemie avait attaqué nos lignes sans qu'on eût reçu aucun ordre pour se porter sur le théâtre de l'action.

Le général Jarras prescrivit que les chevaux de l'état-major fussent sellés et bridés, et fit en même temps demander au maréchal Bazaine quand il monterait à cheval.

Mais le commandant en chef ne semblait pas pressé de se porter au milieu de ses troupes. Quoiqu'il fût informé du mouvement offensif de l'ennemi, d'abord à sept heures, puis à neuf heures du matin par M. le maréchal Le Bœuf; que la bataille eût commencé vers la gauche depuis onze heures; qu'enfin le colonel Lewal eût fait prévenir le général en chef, entre midi et une heure, que l'action s'étendait sur toute la ligne, celui-ci ne se décida à monter à cheval qu'à trois heures et demie.

A ce moment, il avait déjà reçu de l'extrême droite de l'armée plusieurs avis dont le caractère inquiétant devait cependant lui montrer la gravité de la lutte entamée. Nous devons rappeler ici leur rapide succession.

A dix heures un quart, le maréchal Canrobert signale au maréchal Bazaine la présence de l'ennemi au village de Valleroy.

A midi et demi, il l'informe, dans un billet porté par M. de Bellegarde, officier de son escorte, qu'un combat sérieux s'engage, que la rareté des munitions l'oblige à ralentir le feu de son artillerie, et qu'il en demande avec instance, ainsi que des renforts.

Après avoir pris connaissance de la lettre, le commandant en chef répond à M. de Bellegarde :

« Vous direz au maréchal Canrobert que je donne l'ordre au général Bourbaki de lui envoyer une division de la garde pour le cas où l'attaque dont il est l'objet deviendrait plus sérieuse : que je donne l'ordre en outre au général Soleille de lui envoyer une batterie de 12. Vous direz au maréchal d'envoyer remplir ses caissons au parc de réserve qui est ici. »

Vers une heure, le maréchal Canrobert charge l'officier de l'état-major général qui lui a apporté la lettre de dix heures du matin, de rappeler au général en chef que les munitions s'épuisent.

Entre deux et trois heures, les pièces ne pouvant plus tirer qu'un coup toutes les deux minutes pour répondre au feu formidable dirigé contre elles, le commandant du 6° corps expédie au quartier général le capitaine de Chalus pour presser l'envoi des renforts d'artillerie et la division d'infanterie annoncée.

Après trois quarts d'heure ou une heure de marche, M. de Chalus arrive à Plappeville; il trouve le maréchal Bazaine dans son salon et lui explique sur la carte comment s'était produite l'attaque du 6° corps; il ajoute que, lorsqu'il avait quitté Saint-Privat, la situation commençait à donner de graves inquiétudes.

Le maréchal paraît se décider alors à envoyer la division promise déjà depuis deux heures ; mais à ce moment arrive un billet qui, d'après les paroles du maréchal, lui annonce que tout va bien au 6° corps. Aussitôt le général en chef renonce à l'idée d'envoyer la division de grenadiers, et M. de Chalus est autorisé seulement à aller prendre quatre caissons au fort de Plappeville.

Vous savez, messieurs, que le général Bourbaki, auquel le maréchal attribuait ce billet, a déclaré n'avoir jamais envoyé un semblable avis, et sa déclaration à ce sujet n'était pas nécessaire.

Comment, en effet, eût-il annoncé au commandant en chef ce qui se passait sur un champ de bataille où il ne se trouvait pas, et qu'il ne pouvait même apercevoir?

Quel pouvait être ce général qui donnait au commandant en chef des avis si rassurants au sujet de la droite?

Mais, sans chercher à éclaircir ce mystère, nous ne pouvons nous expliquer la conduite du général en chef dans cette circonstance!

Lorsque M. le maréchal Canrobert lui fait réclamer, pour la seconde fois, les renforts en artillerie et en infanterie vainement attendus jusque-là, comment le maréchal Bazaine peut-il croire que tout se passe bien au 6e corps?

Au lieu de s'en rapporter au vaillant commandant de ce corps d'armée, comment peut-il, sur la foi d'un renseignement venu on ne sait d'où, lui refuser le secours depuis longtemps promis et réclamé avec instance ?

Entre les deux renseignements contradictoires qu'il recevait, le maréchal ne pouvait hésiter ! Dans tous les cas, si le doute eût été possible, la vérité était de trop d'importance pour ne pas l'éclaircir sans délai en envoyant immédiatement un officier auprès du maréchal Canrobert ! S'il ne le fit pas, s'il avait tant tardé à envoyer la division annoncée, s'il revenait si facilement sur sa promesse, c'est qu'assurément il ne tenait guère à soutenir le 6e corps !

La lettre qu'il écrivait à dix heures du matin le faisait d'ailleurs suffisamment pressentir.

Jusqu'au départ du capitaine de Chalus, le maréchal était resté à son quartier général sans expédier un ordre à ses commandants de corps, sans envoyer de nouvelles, demeurant comme indifférent aux événements extérieurs.

Enfin, vers trois heures et demie, il monte à cheval et se rend sur le plateau du Saint-Quentin.

La lutte continue avec une intensité croissante. Le maréchal sait sa droite fortement engagée ; néanmoins, toute son attention paraît se concentrer sur sa gauche, presque inexpugnable dans ses positions.

Il craignait, a-t-il déclaré, un mouvement tournant de l'ennemi par la vallée de la Moselle.

Ici reparaît cette crainte d'être séparé de Metz, que nous avons déjà rencontrée chez lui le 16. Cette préoccupation exclusive, mais nullement justifiée, semble avoir influé d'une manière fâcheuse sur ses appréciations. En effet, l'ennemi ne pouvait tourner la gauche de l'armée qu'en s'avançant sous les feux du 2e corps, dans la plaine battue dans tous les sens par les canons du fort Saint-Quentin et de la place.

Une semblable tentative eût bien pu effrayer les convoyeurs campés vers Longeville, ou jeter le désordre dans la masse de cavalerie entassée par ordre du général en chef dans l'étroit vallon de Châtel-Saint-Germain, mais elle ne pouvait faire courir à l'armée aucun danger sérieux.

Après avoir pris des dispositions pour parer à cette attaque, le maréchal Bazaine se porte sur le plateau de Plappeville. C'est vers ce moment que le maréchal Canrobert lui adresse un billet au crayon, portant que les attaques contre la droite redoublaient, que l'artillerie prussienne avait presque éteint la sienne, et que bientôt il ne pourrait plus tenir. Ce billet resta sans réponse.

Le général en chef était arrivé sur le plateau de Plappeville quand M. de Beaumont, officier d'ordonnance du général Bourbaki, passa auprès de lui. Le maréchal l'arrêta et le chargea de porter un ordre à son général.

D'après la déposition de M. de Beaumont, cet ordre consistait à annoncer au général Bourbaki qu'il devait rentrer avec la garde en prévenant le maréchal Canrobert de ce mouvement.

A ce qu'affirme, au contraire, le maréchal Bazaine, M. de Beaumont avait à dire au général qu'il devait demeurer là où il se trouvait, c'est-à-dire sur le plateau du Gros-Chêne, et en prévenir le maréchal Canrobert.

Il y a entre ces deux versions une contradiction complète au sujet de laquelle vous avez entendu, messieurs, le maréchal donner au conseil une explication qu'il n'avait pas présentée à l'instruction.

Aux débats, le souvenir lui est revenu. En causant avec M. de Beaumont, il avait employé le mot *rester*, et c'est ce mot qui aurait été pris pour celui de *rentrer*.

Nous voudrions pouvoir croire à cette rectification, mais nous ne saurions trouver d'explication suffisante, en présence des détails précis et circonstanciés donnés par M. de Beaumont, qui ne se contenta pas des premières paroles du général en chef, mais crut devoir les répéter lui-même et les entendit confirmer par le maréchal, et après celui-ci par un officier supérieur de l'état-major général.

Le capitaine de Mornay-Soult, ayant le même retour de mémoire que le maréchal, a déclaré aux débats que le commandant en chef s'était servi, en parlant à M. de Beaumont, du mot *rester* et non du mot *rentrer*.

Nous ne discuterons pas en ce moment le témoignage de cet officier d'ordonnance, nous réservant d'indiquer, dans une circonstance ultérieure, les motifs qui nous empêchent d'y ajouter entière confiance.

Au surplus, l'incident de M. de Beaumont n'est pas le seul qui dénote les intentions du commandant en chef.

Vers le même moment, le maréchal voyant passer deux autres officiers d'ordonnance du général Bourbaki qui allaient rejoindre leur chef, les interpella, et leur annonçant que la journée pouvait être considérée comme terminée, il ajouta : « C'est inutile de continuer, la garde va *rentrer* dans ses campements. »

Il n'était pas possible de confondre ici *rentrer* avec *rester*.

Les paroles du maréchal à MM. de Lacale et de Sancy démontrent donc péremptoirement qu'il ne voulait pas envoyer la garde au secours du 6e corps, et, de plus, qu'il avait envoyé l'ordre au général Bourbaki de rentrer.

Le fait que, quelques instants après, le commandant en chef, rencontrant le colonel Clappier, l'aurait laissé continuer sa route, ne vient nullement à l'encontre de cette conclusion, car cet officier supérieur, appelé alors par le général Bourbaki, ne reçut que plus tard l'ordre de protéger la retraite du 6e corps, avec les quatre batteries de la réserve de la garde, et cet ordre émanait de la seule initiative du général.

Ce fut également le commandant de la garde qui, de lui-même, dirigea vers le champ de bataille, sur l'appel pressant du général de Ladmirault, la division de grenadiers.

Cette division n'atteignit malheureusement pas le théâtre de l'action où elle eût, en tout cas, appuyé le 4e corps et non le 6e, auquel seul cependant elle avait été promise par le maréchal Bazaine.

Ainsi, malgré ses demandes instantes et réitérées, malgré la promesse qu'il avait reçue de la part du général en chef, le maréchal Canrobert n'obtint aucun renfort d'infanterie.

Il ne lui fut pas envoyé autre chose que les quatre caissons ramenés par le capitaine de Chalus, plus deux batteries de la réserve générale expédiées en même temps que vingt caissons, vers trois ou quatre heures de l'après-midi, par le général Soleille sur l'ordre du maréchal.

Pour comble de malheur, ces batteries, qu'il a fallu aller chercher à leur camp et faire atteler, ne purent arriver avant la retraite de l'aile droite et ne servirent qu'à protéger ce mouvement de concert avec quelques batteries de ce corps, d'autres du 4e et les quatre batteries de la réserve de la garde envoyées par le général Bourbaki.

La concentration formidable de leurs feux arrêta court la poursuite de l'ennemi, et l'effet produit par cette grande batterie permet d'apprécier le résultat qu'aurait obtenu sa puissante intervention, si elle se fût produite en temps opportun.

En résumé, le 6e corps resta pendant toute la journée du 18 août abandonné à lui-même, obligé de supporter successivement le choc de la garde royale d'abord, puis du 10e corps, et enfin du corps saxon.

L'artillerie de ces différents corps allemands comprenait 260 bouches à feu, auxquelles le maréchal Canrobert n'avait pu opposer que 66 pièces très-incomplètement approvisionnées.

Ces chiffres ont une éloquence suffisante pour dispenser de tout commentaire.

Pendant que cette lutte inégale était engagée, la réserve générale d'artillerie, à l'exception des deux batteries envoyées par le général Soleille et de celles qui surveillaient d'une part la vallée supérieure de la Moselle, et de l'autre le débouché de Saulny, restait sans emploi au bivouac.

Cette artillerie, jointe aux quatre batteries de la réserve de la garde, aux trois batteries de la division de grenadiers, formait une masse de 90 bouches à feu dont l'action au moment convenable eût pu modifier singulièrement les résultats de la journée.

Le maréchal ne songea pas davantage à tirer parti des dix régiments de la cavalerie de réserve.

Tandis que les blessés tombaient par milliers, l'intendant en chef n'était pas informé qu'une bataille se livrait sur les plateaux et les ambulances du quartier général demeuraient à Plappeville.

Du point où il s'était placé, le maréchal aperçut, du côté de la droite, les premiers symptômes d'une défaite. Sur la route de Saulny, il vit, vers cinq heures et demie, des voitures en désordre, des blessés pris de panique redescendre précipitamment vers la vallée.

« Que faire avec de pareilles troupes ! » s'écria-t-il alors, confondant des convoyeurs et des traînards avec son armée.

S'il se fût trouvé sur le champ de bataille, il eût promptement reconnu son erreur ; il eût pu constater que le 6e corps tenait toujours, et que ses soldats, abandonnés par lui sans secours dans la lutte désespérée qu'ils soutenaient contre un ennemi trois ou quatre fois supérieur en nombre et appuyé par près de 300 pièces de canon, méritaient d'autres remercîments que ces paroles injustes et cruelles.

Pendant que, du plateau de Plappeville, le maréchal portait sur ses troupes un jugement si sévère, le souverain ennemi, présent, lui, sur le terrain du combat, exprimait hautement son admiration pour leur héroïque ténacité !

Vers sept heures, le maréchal rentra à son quartier général.

Ainsi, une promenade stérile sur le plateau de Plappeville et l'envoi de deux ou trois dépêches à l'empereur, voilà à quoi se borna l'action du commandant en chef pendant cette journée où se décidaient le sort de son armée et probablement l'issue de la campagne et les destinées du pays!

Lorsque ses troupes sont attaquées par 240 000 hommes dirigées par le roi de Prusse en personne, pendant cette formidable canonnade qui dure depuis onze heures jusqu'à huit heures du soir, le maréchal Bazaine se tient obstinément éloigné du champ de bataille, sans que les avis pressants et répétés qui lui arrivent de la droite parviennent à le tirer de sa quiétude.

« J'ai cru, a-t-il dit, devoir rester sur les plateaux pour être plus à même d'expédier des ordres, »

Or, non-seulement il n'a donné aucun ordre important, mais comme si ce qui se passait sur les plateaux était sans intérêt pour lui, il n'a même pas eu la pensée d'envoyer aux nouvelles.

Si un des officiers de l'état-major général va en chercher, c'est de son propre mouvement et par une louable initiative.

En vain le maréchal a-t-il prétendu qu'il n'avait autour de lui personne qui pût aller aux renseignements. A quoi donc lui servaient les cinq officiers de l'état-major général, son aide de camp, ses nombreux officiers d'ordonnance, tous groupés autour de lui?

En vain a-t-il allégué aussi qu'il ne savait pas pour quel motif le général Jarras ne l'avait pas rejoint sur les plateaux. Le général a déclaré que c'était sur l'indication du maréchal qu'il était resté dans les bureaux avec tout son personnel. Quoi qu'il en soit, n'est-il pas pénible d'entendre invoquer de pareilles raisons par un général en chef?

Certes, nous ne pensons pas que le chef d'état-major eût besoin d'une permission pour se rendre à son poste, qui pendant le combat était à côté du maréchal, ni pour envoyer ses officiers aux nouvelles; mais n'était-ce pas, en tous cas, au général en chef à commander et à exiger que ses subordonnés fissent leur devoir?

Comme nous l'avons indiqué, le maréchal, pendant cette journée, avait expédié plusieurs dépêches télégraphiques; la première, adressée vers deux heures au maréchal de Mac-Mahon, contenait cette phrase : « Le corps Canrobert pourrait bien être attaqué à Saint-Privat-la-Montagne; » la deuxième dépêche, adressée à l'empereur à quatre heures, disait : « Attaque générale sur toute la ligne, dirigée par le roi de Prusse en personne. Les troupes tiennent bon, mais des batteries ont été obligées de cesser le feu. »

On voit par ces dépêches que le commandant en chef ne saurait se retrancher derrière l'ignorance où il se serait trouvé des péripéties de la lutte, car elles le montrent parfaitement au courant de la direction et de l'importance de l'attaque comme de la gravité du danger.

Enfin, après être rentré chez lui, le maréchal télégraphiait à l'empereur la dépêche suivante : « Plappeville, 7 heures 50. J'arrive du plateau; l'attaque a été très-vive. En ce moment, sept heures, le feu cesse; nos troupes sont constamment restées sur leurs positions. »

Or, le plateau d'où arrivait le maréchal n'était pas celui où se livrait la bataille, et, à l'heure où, selon lui, le feu avait cessé, les troupes restant dans leurs positions, l'aile droite de l'armée, formée du 6e corps était débordée, tournée et rejetée en désordre vers Metz, tandis que le 4e corps se voyait contraint de suivre ce mouvement!

Le réquisitoire continue.

Cinquième complément de l'audience du 3 décembre

Présidence de M. le duc d'Aumale

Suite du Réquisitoire

Monsieur le commissaire du gouvernement continue son réquisitoire en ces termes :

C'est également en rentrant à son quartier général que le commandant en chef faisait rédiger les ordres prescrivant à tous les corps d'armée de se replier pour venir s'établir sous le canon des forts. Ce n'était pas l'échec éprouvé par la droite qui lui faisait prendre ce parti, puisqu'il n'en avait pas reçu encore la triste nouvelle !

Ainsi cette détermination de se retirer sous Metz était indépendante de l'issue de la bataille. Ce n'était que la mise à exécution du projet annoncé la veille.

Cette constatation nous donne la clé de l'étrange conduite du maréchal pendant la journée. Elle nous le montre, le 18, comme il l'avait été le 17, et même, dès le 16 au soir, uniquement préoccupé de ramener l'armée dans le camp retranché.

Elle nous explique et son inaction obstinée et son éloignement du champ de bataille.

S'il ne fait pas soutenir le 6e corps, ce n'est pas qu'il ignore sa situation critique, le contraire est surabondamment établi, mais c'est qu'il ne tient pas à conserver la position de Saint-Privat, débouché de l'armée sur les plateaux. Il espère aussi, apparemment, que M. le maréchal Canrobert, s'autorisant du texte de la lettre de dix heures du matin et de l'avis qu'il avait reçu dans la journée, se replierait sans qu'il soit nécessaire de lui en envoyer l'ordre. Si enfin le général en chef demeure loin du champ de bataille, c'est pour décliner toute responsabilité touchant le résultat de la journée.

On s'explique maintenant les paroles qu'il adresse aux officiers d'état-major qui, encore sous l'impression de cette lutte sanglante à peine terminée, viennent lui rendre compte et demander ses instructions.

A l'un il dit : « Ne vous désolez pas. Ce mouvement rétrograde que vous faites maintenant, vous deviez l'opérer demain matin ; vous le faites donc douze heures plus tôt, voilà tout. »

A l'autre : « Nous devions nous en aller demain matin, nous nous en irons ce soir. Le mal n'est pas bien grand, après tout ! »

Le mal n'est pas bien grand ! mais 12 000 hommes sont à terre ! mais l'armée, refoulée sous Metz, a perdu sa ligne de retraite et se trouve séparée du reste de la France ! mais le pays demeure à découvert, et il ne lui reste plus d'autres forces à opposer au flot de l'invasion que les éléments disparates qui, groupés en toute hâte autour des débris de Reichshoffen, vont former l'armée de Châlons.

En vérité, le maréchal se consolait trop facilement des funestes conséquences de la journée !

Nous avons exposé les actes du commandant en chef de l'armée du Rhin pendant la période du 12 au 18 août. Sur ce sujet, il ne nous reste qu'à conclure, et la conclusion est facile à déduire.

Le maréchal Bazaine n'a jamais voulu quitter Metz, bien qu'il annonçât toujours l'intention de le faire.

Dès les premiers jours, on le voit n'apporter aucun obstacle à la marche de l'ennemi, et retarder, comme à dessein, le mouvement de ses propres troupes.

Quant, grâce à ces circonstances, l'ennemi parvient à atteindre l'armée et s'efforce de lui couper la retraite sur Verdun, le maréchal ne songe qu'à conserver ses communications avec Metz, sans chercher à s'ouvrir un passage en avant.

Le lendemain, au lieu de profiter du succès partiel obtenu pour continuer sa route, il retourne sur ses pas. S'il prend d'abord une position intermédiaire entre Rézonville et Metz, toutes les mesures qu'il ordonne indiquent nettement son intention de revenir auprès de la place.

Le 18 au matin, il avertit M. le maréchal Canrobert, qu'il aura à se replier en cas d'attaque sérieuse, abandonnant ainsi l'entrée du plateau et le débouché de l'armée.

Une fois l'action engagée, il se tient loin de ses troupes ; il reste sourd aux appels de son lieutenant, le laisse ainsi écraser, et, avant de connaître le résultat de la bataille, il donne des ordres pour ramener l'armée vers le camp retranché.

Jusqu'au départ de l'empereur, le maréchal avait paru adopter le projet de retraite sur Châlons. Après ce départ, il ne dissimule plus guère son véritable dessein à ceux qui l'entourent, et cependant il ne cesse pas d'entretenir le souverain dans l'idée que l'armée va reprendre sa marche.

Nous avons déjà cité les passages de ses dépêches du 16 et du 17, où il annonce son prochain mouvement. Dans son rapport sur la bataille de Saint-Privat, le maréchal, bien qu'il connaisse les obstacles qui s'opposeront désormais à sa marche, continue cependant à parler dans le même sens, sans faire aucune réserve. « Les troupes, dit-il, sont fatiguées par ces combats incessants, et il est indispensable de les laisser reposer deux ou trois jours.... Je compte toujours prendre la direction du Nord et me rabattre ensuite, etc.... »

Est-il besoin de vous le dire, messieurs, ce que le ministère public reproche ici au maréchal Bazaine, ce n'est pas d'avoir préféré un plan à un autre, ce n'est même pas de n'avoir pas exécuté les instructions de l'empereur.

En effet, le général en chef, étant seul responsable des conséquences de ses ordres, est aussi juge en dernier ressort de l'opportunité des opérations. Si la combinaison qui lui est imposée lui semble mauvaise, ou si de nouvelles circonstances en rendent à ses yeux l'application dangereuse, il a plus que le droit, il a le devoir de le faire immédiatement connaître.

Si ces observations ne sont pas accueillies, il doit laisser à d'autres le soin et la responsabilité de mettre à exécution le plan qu'il juge impraticable.

Au lieu de se résoudre à cette retraite précipitée sur Châlons, où tout le monde semblait si pressé d'arriver, nous comprenons fort bien que le commandant en chef ait voulu profiter de l'énorme avantage que lui assurait la place de Metz, pour manœuvrer sur les deux rives de la Moselle et retenir ainsi l'ennemi sur la frontière, ou lui couper ses communications s'il persistait à vouloir s'enfoncer dans le pays.

L'établissement du camp retranché n'avait pas eu d'autre but. Pouvait-on trouver une circonstance plus favorable pour en profiter? A quoi donc servait de l'avoir construit si, au moment opportun, l'on renonçait à en faire usage?

Mais nous savons que si, lors de son entrée en fonctions, le maréchal Bazaine inclinait vers le maintien de l'armée sous Metz, il s'est gardé d'en faire l'objet d'une demande formelle qui, énergiquement soutenue. eût, sans aucun doute, fixé les tergiversations du quartier impérial, Dans l'intention de se soustraire à la responsabilité du choix du plan d'opérations, il a eu recours à un procédé bien différent.

Sans opposer un refus formel ou une résistance ouverte aux ordres qu'il recevait, et tout en s'y conformant en apparence, il a toujours nourri la secrète pensée de les faire échouer, et il les a contre-carrés systématiquement, tant par ses omissions volontaires que par ses mesures allant directement à l'encontre du but indiqué.

Une fois maître de ses actions, par suite de l'éloignement du souverain, il a abandonné le projet qu'il avait mission d'accomplir. Mais il n'en a pas moins continué à promettre de l'exécuter, et n'a pas craint d'entretenir ainsi volontairement le gouvernement dans une erreur qui pouvait avoir et qui a eu, en effet, les plus terribles conséquences.

C'est de cette conduite tortueuse que nous demandons compte au maréchal Bazaine; car c'est en usant de ces procédés déloyaux qu'il a perdu son armée et compromis le sort de la guerre! C'est en agissant ainsi, c'est en sacrifiant des milliers d'existences, sans autre mobile que celui de mieux dissimuler ses secrets desseins, que, dans la période du 12 au 18 août, le maréchal a gravement manqué au devoir et à l'honneur.

L'examen des faits qui ont précédé la rentrée de l'armée sous Metz nous conduit à signaler déjà les nouvelles que donna, depuis le départ de l'empereur jusqu'au 19 août, le commandant en chef au sujet des opérations de son armée.

Nous devons toutefois les rapppeler ici sommairement.

Le maréchal Bazaine avait témoigné, tout d'abord, peu d'empressement à faire connaître les résultats de la bataille de Rézonville. Bien qu'il eût sous la main un bureau télégraphique, installé à la ferme de Moscou, près Gravelotte, bien que ce fût chose extrêmement urgente de faire venir des vivres et des munitions, puisqu'il déclarait en manquer, il ne profita ni du télégraphe, ni même du chemin de fer, pour envoyer une dépêche. Ce fut à M. Belle qu'il confia, pour le porter à Verdun, par la route de terre, le rapport écrit le 16, à onze heures du soir, dans lequel il dépeignait l'issue de la journée comme favorable, tout en annonçant qu'il se retirait sur la ligne de Vigneulles-Lessy.

Le maréchal faisait connaître ses projets en ces termes :

« Il est très-probable, selon les nouvelles que j'aurai de la concentration des armées des princes, que je me verrai obligé de prendre la route de Verdun par le Nord.

« Nous allons faire tous nos efforts pour reconstituer nos approvisionnements de toute sorte, afin de reprendre notre marche dans deux jours, si cela est possible. »

Le lendemain, 17, il expédiait à l'empereur un télégramme dans lequel il exprimait la même intention :

« Je pense pouvoir me mettre en marche après-demain, disait-il, en prenant une direction plus au Nord, de façon à venir déboucher sur la gauche de la position d'Handieumont, dans le cas où l'ennemi l'occuperait en force pour nous barrer la route de Verdun et éviter des combats inutiles qui retardent notre marche .

Le commandant en chef avait expédié ce télégramme, quand il reçut de l'empereur la dépêche suivante :

« Dites-moi la vérité sur votre situation, afin de régler ma conduite ici. Répondez-moi en chiffres. »

Le maréchal ne déféra pas au désir du souverain, mais il lui annonça l'envoi de son aide de camp, le commandant Magnan. Cet officier supérieur partit en effet dans la nuit pour le camp de Châlons.

De quelle mission était-il chargé? C'était à lui que le commandant en chef confiait le soin d'aller dire la vérité à l'empereur. En d'autres termes, cet officier avait à exposer, et la situation de l'armée après la bataille, et les projets ultérieurs du maréchal. Tels étaient, en effet, les renseignements qu'il était indispensable de connaître au camp de Châlons, afin de pouvoir y prendre une décision.

Mais, au moment où il faisait partir son aide de camp, le maréchal Bazaine, vous le savez, messieurs, ne songeait plus sérieusement à s'éloigner de Metz. On conçoit que, dans cette disposition d'esprit, il ne dut pas indiquer de plan précis d'opérations.

Il résultait des événements accomplis que, puisque le maréchal voulait éviter les combats inutiles, il lui faudrait, pour sortir, incliner vers le Nord. C'est ce qu'il annonçait dans sa lettre du 16 au soir et dans son télégramme du 17.

C'est en prévision de cette éventualité que, dès le 16 au matin, il avait approuvé la proposition que lui fit l'intendant en chef de réunir des approvisionnements à Montmédy. C'est enfin sous l'empire de la même préoccupation qu'il fit partir, le 17, M. de Préval, pour aller concentrer des vivres à Longuyon.

Toutefois, il ressort des dépêches précitées du 16 et du 17 que le maréchal comptait toujours se rabattre sur Verdun.

Ainsi, incliner plus ou moins au Nord, suivant les circonstances, pour revenir à Verdun, où se trouvaient les approvisionnements en vivres et en munitions ; telle était l'intention du commandant en chef, dans le cas où il lui faudrait reprendre sa marche. Tel était le renseignement que le commandant Magnan allait donner à l'empereur, en même temps qu'il lui portait une copie de la lettre du 16 au soir, et une note du général Soleille sur la pénurie de munitions ; il était chargé, en outre, de demander le remplacement des généraux Frossard et Jarras.

Le but de la mission du commandant se trouve confirmé par sa déposition dans l'instruction ; il s'y exprimait en ces termes :

« Je dis à l'empereur que la pensée du maréchal était toujours la même, et tendait à effectuer sa retraite sur Verdun, quelque périlleuse que lui parût cette opération .... »

Et plus loin :

« Une fois ces ravitaillements opérés, ces différents corps d'armée réunis en bon ordre, et les intentions de l'ennemi se manifestant d'une manière plus précise pour le maréchal, il pourrait alors prendre avec quelque chance de succès sa direction sur Verdun. »

Deux fois encore dans le cours de sa déposition, M. Magnan revient sur le projet de marche de l'armée sur Verdun.

Après avoir parlé à l'empereur, il en entretint M. le maréchal de Mac-Mahon.

Ce qui doit enfin lever toute incertitude à ce sujet, c'est l'indication que nous rencontrons dans la lettre que le commandant Magnan écrivait au ministre de la guerre, le 19 août au matin, dans la gare de Charleville :

« Quand j'ai quitté le maréchal, lisons-nous dans cette lettre, sa pensée était, dès qu'il aurait eu quatre jours de vivres et complété à peu près ses caissons, de marcher rapidement sur Verdun par la route de Briey, en tournant la forte position d'Handieumont et en évitant des combats inutiles qui retardent notre marche sur la Meuse. »

C'était la reproduction presque textuelle des paragraphes des dépêches du 16 et du 17, touchant le mouvement de l'armée.

Voyons maintenant ce qui se passait au camp de Châlons au moment où, le 18 au matin, y arriva l'aide de camp en chef de l'armée du Rhin.

Les troupes du maréchal de Mac-Mahon devaient être, le surlendemain, prêtes à être mises en mouvement, ainsi qu'il l'avait télégraphié au maréchal Bazaine. Il fallait leur assigner un plan d'opérations.

Le ministre de la guerre, général comte de Palikao, avait présenté un projet d'après lequel l'armée de Châlons, quittant le camp le 21, devait se porter vers l'Est, atteindre Verdun le 25, combattre le 26, et opérer alors sa jonction avec l'armée de Metz.

Nous n'entendons nullement contester la valeur de ce plan, dont la réussite eût pu incontestablement amener d'immenses avantages.

Nous croyons cependant, on nous permettra de le dire, qu'il avait le défaut de tous les plans conçus dans le cabinet, loin du théâtre des opérations, c'est-à-dire qu'il ne tenait peut-être pas suffisamment compte des circonstances et des éléments de l'exécution.

Aussi, dans un conseil de généraux tenu le 17 au quartier impérial, ce projet avait été rejeté, et on avait décidé que l'armée se replierait sur Paris. L'empereur se rangea à cet avis.

Le soir même, à dix heures vingt-sept, le ministre, informé de cette décision, lui télégraphia : « Je supplie l'empereur de renoncer à cette idée, qui paraîtrait l'abandon de l'armée de Metz, qui ne peut faire, à ce moment, sa jonction à Verdun, etc.

« L'impératrice partage mon opinion. »

Le lendemain 18, à neuf heures quatorze du matin, l'empereur répondait : « Je me rends à votre opinion. »

Si donc il avait adopté l'idée du retour à Paris, il ne tarda pas à partager l'opinion du ministre, et ce fut cette dernière qui prévalut dans son esprit, du moins pendant quelques jours.

M. le général de Palikao, par une interversion de souvenir, facile à comprendre du reste, a paru croire que l'empereur, d'abord de son avis, avait été ramené au sentiment opposé par la délibération du conseil des généraux. Il n'est pas sans intérêt de faire remarquer qu'en réalité ce fut l'inverse qui eut lieu.

Par conséquent, au moment où le commandant Magnan, qui déjeuna au quartier impérial avant de quitter le camp, se trouvait avec l'empereur, celui-ci était d'accord avec le ministre et la régente pour porter l'armée de Châlons au secours du maréchal Bazaine.

Le commandant de cette armée restait donc seul à ramener à cette opinion.

M. le maréchal de Mac-Mahon, à qui les préoccupations politiques en faisaient pas perdre de vue les conseils de la prudence, tardait en effet davantage à se rallier à l'opinion du ministre de la guerre

Si l'empereur, mû par un honorable scrupule, évitait de peser sur ses déterminations, tous n'imitèrent sans doute pas cette réserve.

Le 19 août, le maréchal écrivait à son tour au général de Palikao : « Veuillez dire au conseil des ministres que je ferai tout pour rejoindre Bazaine. »

La présence d'un aide de camp du maréchal Bazaine était une occasion précieuse pour le prévenir des intentions du gouvernement, en lui faisant parvenir les instructions nécessaires pour arriver à une action combinée.

Il serait de toute invraisemblance qu'il en eût été autrement. Mais c'est le commandant Magnan lui-même qui va nous faire connaître les instructions qu'il emportait.

Nous trouvons, en effet, dans sa lettre du 19 au ministre, dont nous avons déjà parlé, le passage suivant :

« Les trains se groupent à Charleville, qui deviendra un fort centre d'approvisionnements pour l'armée du Rhin, dont l'objectif, suivant les indications de Sa Majesté, devrait être plutôt actuellement la ligne de Thionville à Charleville, que la zone de Verdun, trop fortement occupée par les armées prussiennes.

Il est vrai que, depuis lors, le commandant Magnan a déclaré devant vous que le mot objectif, employé dans cette lettre, était un mot impropre.

Il a déclaré également qu'il aurait eu tort d'annoncer au ministre que l'intention du maréchal avait été jusque-là de marcher sur Verdun.

D'après lui, ces termes : retraite sur Verdun, objectif sur la ligne de Thionville, Charleville, n'étaient que des expressions différentes d'une seule pensée, celle de se replier sur la Meuse, qu'avaient à la fois le maréchal Bazaine et l'empereur.

Sans vouloir examiner si la précipitation du commandant Magnan à rédiger sa dépêche suffit à expliquer la double confusion dont il s'accuse, nous ferons observer que nous trouvons aussi dans la lettre du maréchal à l'empereur, du 16 au soir, puis dans sa dépêche du 17, cette expression de : « route de Verdun, » pour indiquer la ligne que suivrait l'armée.

Enfin, rien ne pressait M. Magnan lorsqu'il a déposé à l'instruction, et cependant, à quatre reprises différentes, il a parlé de Verdun comme du point que voulait atteindre le maréchal Bazaine.

D'après ce qui précède, nous pouvons affirmer, sans crainte de nous tromper, les deux faits suivants :

1º Le commandant Magnan annonça à l'empereur que le maréchal Bazaine avait toujours le projet de marcher sur Verdun, tout en faisant au besoin un détour par le Nord;

2º L'empereur lui fit part de l'intention où était le Gouvernement de porter l'armée de Châlons au devant de celle de Metz, et, comme conséquence, il l'avertit que cette dernière armée prendrait pour objectif la ligne Thionville, Charleville, sur laquelle par conséquent devait s'effectuer la jonction.

La première de ces assertions se trouve déjà surabondamment établie. Nous verrons tout à l'heure les faits venir donner à la seconde une entière confirmation.

Pour en terminer avec le séjour du commandant Magnan au camp de Châlons, nous rappellerons qu'il avait à donner des indications à l'empereur au sujet de la situation des vivres et des munitions.

La lettre dont il avait été chargé contenait relativement à cette situation le passage suivant :

« Les corps sont peu riches en vivres ; je vais tâcher d'en faire venir par la ligne des Ardennes, qui est encore libre. M. le général Soleille, que j'ai envoyé dans la place, me rend compte qu'elle est peu approvisionnée en munitions, et qu'elle ne peut nous donner que 800 000 cartouches, ce qui, pour nos soldats, est l'affaire d'une journée.

« Il y a également un petit nombre de coups pour pièces de quatre, et enfin il ajoute que l'établissement pyrotechnique n'a pas les matières nécessaires pour confectionner des cartouches.

« M. le général Soleille a dû demander à Paris ce qui est indispensable pour remonter l'outillage, mais cela arrivera-t-il à temps ? »

D'après ces renseignements, on pouvait croire à Châlons que la place de Metz elle-même manquait aussi de vivres, et que les troupes n'avaient plus de munitions que pour une bataille.

Le commandant Magnan, loin d'avoir à effrayer l'empereur, devait, à ce qu'il déclare, s'attacher à le rassurer, en lui indiquant comment le maréchal Bazaine ferait pour parer à l'insuffisance des approvisionnements.

Nous ne savons comment il s'y prit. Mais ce qu'il y a de certain, c'est que trois jours après, M. le maréchal de Mac-Mahon exprimait à M. Rouher sa crainte de ne pouvoir arriver à temps au secours du maréchal Bazaine, l'armée du Rhin devant d'ici là, disait-il, être réduite par la famine.

C'était même l'un des arguments qu'invoquait le maréchal contre le projet de marche vers l'Est.

Or, à ce moment, aucun émissaire, aucun avis n'avait apporté de nouvelles de Metz, depuis le commandant Magnan. L'opinion si alarmée du maréchal de Mac-Mahon ne pouvait donc provenir que des indications de cet officier supérieur.

Nous ajouterons enfin que, d'après la déposition du commandant à l'instruction, il insista, mais en son nom personnel seulement, pour obtenir que le maréchal de Mac-Mahon consentît à se porter au-devant de l'armée de Metz.

Au moment où il quitta le camp de Châlons pour revenir vers Metz, son départ fut annoncé par le télégramme suivant adressé par M. Piétri au maréchal Bazaine :

« Commandant Magnan part pour Reims et Thionville ; arrivera ce soir. »

Le commandant ne vit là, dit-il, qu'un simple acte de camaraderie ; nous pensons, nous, que le secrétaire particulier de l'empereur, son plus intime confident, celui que nous trouvons mêlé aux démarches les plus secrètes et les plus importantes, n'aurait pas envoyé au maréchal Bazaine une dépêche chiffrée pour lui annoncer le retour de son aide de camp, si la mission de ce dernier n'avait eu une gravité tout exceptionnelle.

On remarquera, du reste, que les nombreux télégrammes échangés à son sujet semblent indiquer que le rôle du commandant fut loin d'être aussi effacé, aussi secondaire qu'il s'attache aujourd'hui à le faire paraître.

Nous allons au surplus en juger par les résultats.

Nous parlerons tout à l'heure des incidents de son voyage.

Constatons pour le moment qu'il revient à Montmédy le 19 au soir, et que dans la nuit y arrivent, de leur côté, le commandant en chef du génie de l'armée, général Dejean, et l'intendant en chef, M. Wolff, venant de Verdun.

Le 19 au matin, le maréchal de Mac-Mahon avait prescrit au commandant supérieur de cette place de faire diriger sur Reims les approvisionnements non indispensables pour la place et le ravitaillement d'un faible corps.

En présence de cet ordre, M. Wolff s'était hâté de télégraphier au maréchal en ces termes :

« Verdun, 19 août, 9 h. 30 min. du matin.

« J'ai réuni à Verdun les vivres nécessaires pour assurer les mouvements du maréchal Bazaine; si je les dirige ailleurs, il reste sans ressources. Nous sommes sans communications avec le maréchal Bazaine, dont je voudrais recevoir des instructions avant d'exécuter votre ordre, que je vous prie de préciser, afin de couvrir ma responsabilité. »

Les observations de l'intendant en chef avaient porté leur fruit, et le maréchal de Mac-Mahon avait répondu par la dépêche suivante :

« Camp de Châlons, 19 août, 10 h. 50 min. du matin.

« Faites charger les approvisionnements que je vous ai invité à diriger sur Reims, mais ne les mettez en route que si vous apprenez ce qui est probable, que le maréchal Bazaine a suivi une autre direction.

« Faites le possible pour connaître la direction qu'il a choisie en quittant Metz. »

Le 20 au matin, après avoir rejoint le commandant Magnan, M. Wolff, de concert avec le général Dejean, télégraphia au commandant supérieur de Verdun :

« Dirigez de suite, sur Montmédy, le convoi de vivres et le troupeau. Faites partir pour Reims les vivres chargés sur wagons et toutes les munitions. Nos renseignements sont tels que nous ne mettons pas en doute l'opportunité de cette mesure. »

Ainsi, le 19, le départ des approvisionnements pour Reims avait été suspendu, sur les observations de l'intendant en chef, jusqu'à ce qu'on eût appris que le maréchal Bazaine dût suivre une autre direction.

Le lendemain, sans avoir reçu de nouveaux ordres, M. Wolff prenait la détermination de faire partir ces approvisionnements, et en dirigeait une portion sur Montmédy. S'il croyait pouvoir prendre l'initiative d'une décision aussi grave, c'est assurément parce qu'il savait que le maréchal Bazaine ne devait plus aller à Verdun, et qu'il allait, au contraire, passer par Montmédy.

C'est donc enfin qu'il reconnaissait les instructions que le commandant Magnan rapportait du camp de Châlons, instructions dont cet officier supérieur rendait compte au ministre par sa lettre du 19.

Voilà un premier résultat de ces instructions. Mais nous trouvons d'au'res traces des résolutions prises le 18.

Ce jour-là, à dix heures et demie du matin, le ministre de la guerre envoyait au commandant supérieur de Verdun une dépêche qui se terminait par ces mots :

« Le commandant Portes n'a pas été envoyé à Verdun seulement pour communiquer avec le général Soleille, mais surtout pour que l'armée trouve des munitions en arrivant à Verdun. »

La lecture du réquisitoire est continuée.

PRÉSIDENCE DE M. LE DUC D'AUMALE

Suite du Réquisitoire

M. le général Pourcet, continue ainsi :

Le ministre comptait encore à ce moment que le maréchal Bazaine effectuerait sa retraite par Verdun.

Le 19, il ne se préoccupe plus de Verdun, et il fait préparer tous les moyens propres à faciliter le mouvement de l'armée de Metz sur la ligne Thionville-Charleville.

Dans ce but il écrit au colonel Turnier, commandant la place de Thionville :

« Veillez à ce que les dispositifs de mine ne soient point chargés sur le chemin de fer de Mézières à Thionville pour que les Prussiens prévenus ne mettent pas le feu.

« Il faut seulement avoir poudres, mèches et moyens de bourrage préparés en lieu sûr et cachés à proximité de chaque fourneau, pour le cas d'une retraite de l'armée par cette direction.

« Donnez au besoin pour cela ordres aux autorités civiles. »

Quelques heures après, le ministre envoie au maréchal Bazaine un télégramme pour l'avertir de ces dispositions et il prescrit aux commandants de place de Mézières, Sedan, Montmédy et Longwy, de faire parvenir la dépêche à son adresse par tous les moyens possibles.

Du 18 au 19, le général de Palikao avait donc appris le changement d'objectif de l'armée de Metz, et il s'attendait à ce qu'au lieu de la route de Verdun elle prît la direction de Thionville à Mézières ou Charleville. C'est dire qu'il avait connaissance des résolutions arrêtées au camp de Châlons dans la matinée du 18 et si nettement indiquées dans la lettre que lui avait écrite le commandant Magnan.

Nous ne prétendons pas pour cela que ce fût par le commandant que le ministre fut instruit de ces résolutions. Elles étaient assez importantes pour qu'elles lui fussent directement adressées soit par le général de Béville, que l'empereur lui envoya le 18, et qui fit route du camp de Châlons à Reims avec M. Magnan, soit de toute autre manière.

En résumé, l'entrevue de l'aide de camp marque le point de départ de tous les préparatifs, en vue de la marche de l'armée de Metz par les places du Nord, et nous trouvons cet officier supérieur directement mêlé à l'exécution d'une partie de ces préparatifs.

Audience du 4 décembre.

L'audience est ouverte à midi et demi. M. le général-président donne la parole à M. le commissaire du gouvernement.

Au départ du camp de Châlons, il s'agissait pour lui de porter au maréchal Bazaine les nouvelles des résolutions prises.

C'est la seconde phase de sa mission.

Nous ne croyons pas devoir renouveler le récit détaillé des diverses péripéties de ce voyage de retour, ni des circonstances qui semblent témoigner, de la part du commandant, d'un médiocre empressement à rejoindre son chef.

Vous savez, messieurs, que, parti du camp de Châlons le 18, à midi trois quarts, il parvint à neuf heures du soir à Hayange, à sept kilomètres seulement de Thionville.

Il y apprit que la voie était coupée entre Thionville et Metz, et qu'elle était menacée entre Thionville et Hayange.

Sur cette indication, sans chercher à en vérifier l'exactitude, sans quitter le train pour essayer de passer de sa personne, au lieu d'attendre à proximité, soit à Audun-le-Roman, soit sous les murs de Montmédy, de manière à pouvoir se mettre en route aussitôt la voie réparée, il retourne d'un trait à Charleville, à trente-trois lieues en arrière, à quarante-deux du but à atteindre.

Le lendemain, 19, il repart à onze heures du matin seulement, et arrive sans encombre à Thionville, une heure et demie environ après que la voie, rétablie pendant la matinée, venait d'être coupée de nouveau par les coureurs ennemis.

Cela n'avait eu lieu, disons-le en passant, que parce que le maréchal Bazaine n'avait pris aucune mesure pour protéger la ligne, bien qu'il disposât de vingt-six régiments de cavalerie qu'il avait laissés inutiles, et qu'il attendît par cette voie son aide de camp, dont la venue lui avait été annoncée par M. Piétri, et les vivres, qu'il avait envoyé chercher par l'intendant de Préval.

Le commandant Magnan resta une heure à causer avec le colonel Turnier ; puis, sans s'inquiéter plus que la veille des moyens de gagner Metz, il repartit pour Montmédy.

Or, au moment où il se trouvait à la gare de Thionville, les communications avec Metz n'étaient nullement interrompues. Les premiers éclaireurs ennemis étaient seuls descendus dans la vallée. Ce jour-là, le lendemain 20, le 21 même, les troupes allemandes ne s'y étaient encore établies, et elles se bornaient à envoyer des partis isolés. Durant ces trois jours, des courriers du colonel Turnier, des personnes de différentes conditions circulèrent entre Metz et Thionville.

Nous citerons parmi elles le sieur Mercier, le garde forestier Dodhu, l'agent Flahaut, la femme Imbert, MM. Renou et de la Motte Féménil, les docteurs Félizet et Lemaître.

Quelques-unes de ces personnes firent le double trajet, aller et retour. Certaines voyagèrent par la grand'route. La plupart ne rencontrèrent pas d'ennemis ; d'autres virent seulement quelques uhlans.

Quand, le 19, le colonel Turnier vit le commandant Magnan, il ne put donc lui dire qu'il était impossible de passer. Et cependant ce dernier, non-seulement ne chercha pas à le faire, mais, d'après sa déclaration, il n'aurait même pas essayé d'envoyer une dépêche au maréchal.

En présence d'une telle manière d'agir, le ministère public s'est demandé si la conduite du commandant Magnan était le fait de la négligence ou de la pusillanimité ; mais l'intelligence et le caractère résolu de cet officier ne permettent pas de s'arrêter à une telle hypothèse, et, devant l'insuffisance des explications données comme aussi des flagrantes inexactitudes trop souvent constatées, on se trouve forcément amené à chercher le mobile de ces actes dans tout autre ordre de préoccupations.

Certes, nous admettons que beaucoup de faits aient pu être oubliés après tant de jours écoulés, et nous n'avons jamais songé à incriminer les absences de souvenirs. Ce qui nous a frappé, au contraire, c'est cette infidélité de mémoire, d'une nature particulière, qui porte certains témoins à indiquer avec précision et à donner comme authentiques des détails qu'on est forcé ensuite de reconnaître comme purement imaginaires.

Il n'y a pas lieu de s'arrêter aux excuses invoquées par le commandant pour se justifier de ne pas avoir tenté plus sérieusement de rentrer à Metz, telles que l'obligation morale où il se serait trouvé de ne pas quitter les hauts fonctionnaires qu'il ramenait de Châlons, ou la nécessité de revenir en arrière pour garantir les trains de munitions et de vivres qui le suivaient. Aucune de ces raisons n'a de valeur sérieuse.

Le commandant Magnan a également allégué que s'il n'avait pas fait de plus grands efforts, c'est qu'il n'avait rien d'important à dire au maréchal. Mais, vaincu par l'évidence, il a dû revenir sur cette déclaration, que dément d'ailleurs le zèle qu'il déploya les jours suivants pour expédier des émissaires.

Le commandant regagne Montmédy le 19. Quelque extraordinaire que cela puisse paraître, c'est de cette place seulement qu'il aurait cherché à envoyer des dépêches à Metz, bien qu'à Thionville il en fût deux fois plus rapproché.

Afin d'en finir à son sujet, disons que M. Magnan persévéra avec une ténacité singulière dans ses efforts pendant la fin d'août et même la première quinzaine de septembre, bien qu'après Sedan sa mission eût malheureusement perdu sa principale sinon sa seule raison d'être. Après un court séjour à Paris, dont il ne profita pas pour demander les instructions du ministre au commandant en chef de l'armée du Rhin, il vint prendre sa tâche ingrate et stérile qu'il n'abandonna définitivement que le 10 octobre pour rejoindre le général Bourbaki avec lequel il rentra en France.

Il est bien loin de notre pensée de contester les qualités militaires qui valurent au colonel Magnan son rapide avancement. Cependant nous devons lui rappeler ici qu'un officier ne doit pas être seulement intelligent et brave, mais que l'intérêt de la patrie, le respect de la vérité, doivent faire taire en lui tout autre sentiment.

L'absence de renseignements sur les émissaires envoyés par le commandant Magnan n'a pas permis à l'instruction de retrouver la plupart d'entre eux.

Elle a constaté toutefois que, dans les jours qui suivirent la rentrée de l'armée sous Metz, il fut possible de franchir les lignes d'investissement, non-seulement par la route de Thionville, mais dans toutes les directions.

Ainsi, le 19 et le 20, les gardes forestiers Braidy, Fissabre, Scalabrino et Guillemin, venant de Verdun, entrèrent dans Metz et en sortirent avec des dépêches.

Sur la rive droite, les communications ne furent que faiblement gardées jusqu'au 25; des paysans purent circuler à pied ou même en voiture entre la Place et Saint-Avold, Faulquemont et Rémilly.

Du côté d'Ars et de Jussy on put passer jusqu'à la fin du mois à peu près sans difficulté.

Des femmes, des vieillards firent ce trajet, pour lequel l'autorité militaire prussienne alla même jusqu'à délivrer des laissez-passer.

Cette facilité de communication est d'ailleurs constatée par la lettre suivante qu'écrivait le 27 août au chef d'état-major général M. Arnous-Rivière, chargé du service des avant-postes vers la route d'Ars.

« J'ai l'honneur de vous informer que les gens du pays entrent et sortent de Moulins comme il leur plaît, et que nombre d'entre eux vont dans les villages voisins occupés par l'ennemi. »

Ces exemples montrent combien étaient praticables les communications avec Metz pendant les premiers jours du blocus, et, par suite, ce qu'il faut penser de l'assertion du commandant Magnan quand il déclare que « la barrière s'était faite autour de Metz dans la nuit du 18 au 19 août, et qu'il était absolument impossible de traverser les postes prussiens, même à l'homme le plus résolu. »

L'exposé ci-dessus était indispensable pour faire ressortir toute l'importance de la nouvelle que le commandant était chargé d'apporter au maréchal Bazaine, et pour vous démontrer d'abord que, si cet officier n'a pas rejoint son chef, c'est qu'il ne l'a pas voulu, ensuite qu'il a eu toute facilité pour lui faire passer une dépêche.

N'est-on pas amené à conclure de là qu'en ne rentrant pas à Metz, le commandant Magnan savait seconder les désirs de son chef, qui conservait ainsi sa complète liberté d'action, et avait sa responsabilité pleinement dégagée.

Nous avons suivi déjà, messieurs, les péripéties de la grande bataille du 18 août. Le lendemain de cette désastreuse journée, l'armée du Rhin était établie dans l'intérieur du camp retranché, d'où elle ne devait plus sortir que prisonnière, après avoir livré ses armes à l'ennemi.

Dans un rapport daté du 19, mais expédié seulement le 20, cinq heures du soir, le maréchal informa l'empereur du résultat de la bataille. Ce rapport qui représentait l'armée comme ayant conservé ses positions pendant la lutte, et qui transformait l'échec si grave de l'aile droite en un simple changement de front pour parer au mouvement tournant de l'ennemi, ne faisait prévoir aucun obstacle à la reprise du mouvement de retraite.

Le commandant en chef se bornait à dire que les troupes, fatiguées par ces combats incessants, avaient besoin de deux ou trois jours de repos. Enfin, il indiquait ses intentions dans le passage suivant :

« Je compte toujours prendre la direction du Nord et me rabattre ensuite, par Montmédy, sur la route de Sainte-Menehould à Châlons, si elle n'est pas trop fortement occupée. Dans le cas contraire, je continuerai sur Sedan et même Mézières pour gagner Châlons. »

En comparant cette dépêche avec la précédente, on remarque qu'il s'agissait dans celle du 17, de la retraite sur Verdun, tandis qu'il n'en est plus question dans la dernière, où la direction de l'armée est indiquée par le chemin des Ardennes.

Pour la première fois, le maréchal annonce ici un nouvel objectif, et l'on ne peut s'empêcher de se demander si ce changement, si surtout ces indications, parfaitement conformes à celles données par le commandant Magnan dans sa lettre au ministre, ne seraient pas la conséquence d'une communication de cet officier supérieur déjà parvenue à Metz !

La dépêche du maréchal arriva, le 22 août, au quartier général de l'armée de Châlons, expédiée de Verdun, où elle avait été apportée par le garde forestier Braidy. Sa réception mit fin aux divergences d'opinions qui existaient entre le gouvernement et le maréchal de Mac-Mahon.

En effet, celui-ci, après s'être rendu une première fois, comme on sait, aux instances du ministre et du conseil de Régence, était justement inquiet de ne pas apprendre que l'armée de Metz eût entamé son mouvement. Hésitant à se lancer ainsi sans renseignements au milieu des masses ennemies qui commençaient à s'approcher, il se borna à remonter au Nord, et en donna les motifs au ministre, dans le télégramme suivant du 20 août :

« 4 heures 40 minutes du soir.

« Je partirai demain pour Reims. Si Bazaine perce par le Nord, je serai plus à même de lui venir en aide. S'il perce par le Sud, ce sera à une telle distance, que je ne pourrai, dans aucun cas, lui être utile. »

Arrivé à Reims, le maréchal déclara que si le lendemain, 22, il ne recevait pas d'instructions du commandant en chef, il se replierait décidément sur Paris.

Comme nous l'apprend le témoignage de M. Rouher, cette résolution souleva une vive opposition au sein du conseil des ministres. A l'issue de la séance, le général de Palikao se hâta de télégraphier à l'empereur :

« Paris, le 22 août, 1 h. de l'après-midi :

« Le sentiment unanime du conseil, en présence des nouvelles du maréchal Bazaine, est plus énergique que jamais. Les résolutions prises hier soir devraient être abandonnées, ni décret, ni lettres, ni proclamations, ne devraient être publiés. — Ne pas secourir Bazaine aurait à Paris les plus graves conséquences.

« En présence de ce désastre, il faudrait craindre que la capitale ne se défende pas. — Votre dépêche à l'impératrice nous donne la conviction que notre opinion est partagée. Nous attendons une réponse par télégraphe. »

Mais, au moment où ce télégramme arriva au quartier impérial, la dépêche du 19, du maréchal Bazaine, y était déjà parvenue.

Sentant que le plus grave motif de sa résistance tombait devant l'annonce du mouvement offensif de l'armée de Metz, déjà, sans doute, en voie de se produire, le maréchal de Mac-Mahon donna immédiatement les ordres pour mettre son armée en marche sur Montmédy, point indiqué comme objectif par le maréchal Bazaine.

C'est ainsi que l'arrivée à Reims de la dépêche du 19 août, et l'ignorance où l'on était du retour du maréchal Bazaine sous Metz, eurent pour résultat de faire abandonner définitivement le projet de retraite sur Paris, auquel était revenu le commandant de l'armée de Châlons.

Quatre à cinq heures avant que le maréchal Bazaine n'expédiât cette dépêche, il recevait du maréchal de Mac-Mahon un télégramme ainsi conçu :

« Si, comme je le crois, vous êtes forcé de battre en retraite très-prochainement, je ne sais comment, à la distance où je me trouve, vous venir en aide sans découvrir Paris. Si vous en jugiez autrement, faites-le moi connaître. »

Malgré cette demande, le commandant en chef de l'armée du Rhin laissa partir son messager sans lui confier de réponse pour son lieutenant. Dans la soirée, toutefois, il envoya à celui-ci une dépêche dont la minute est écrite de sa main sur l'original du télégramme qu'il venait de recevoir :

« J'ai dû prendre position près de Metz, lui disait-il, pour donner du repos aux soldats et les ravitailler en vivres et en munitions. L'ennemi grossit toujours autour de moi, et je suivrai très-probablement, pour vous rejoindre, la ligne des places du Nord et vous préviendrai de ma marche, si je puis toutefois l'entreprendre sans compromettre l'armée. »

Ainsi, dans cette dépêche comme dans son rapport à l'empereur, le maréchal Bazaine taisait l'échec du 18 et présentait toujours comme très-probable la reprise de son mouvement de retraite. Il s'abstenait de répondre à la demande du maréchal de Mac-Mahon et même de lui laisser voir qu'il l'avait reçue. Il se bornait à lui annoncer qu'il le préviendrait de sa marche s'il pouvait l'entreprendre.

Vous jugerez, messieurs, si c'était là dire la vérité, si c'était là donner les renseignements et les instructions que réclamaient le commandant de l'armée de Châlons, afin de pouvoir régler ses opérations.

En présence du mouvement des armées ennemies, le maréchal de Mac-Mahon ne pouvait demeurer immobile au camp de Châlons, à attendre une seconde dépêche.

Le prince royal s'avançait rapidement, et il fallait se décider sans retard entre les deux alternatives : ou marcher au secours de l'armée de Metz, en se dérobant à la troisième armée allemande, comme le voulait le ministre ; ou se replier sur Paris, conformément à l'opinion du conseil réuni le 17 chez l'empereur.

En écrivant : « Je vous préviendrai de ma marche, si toutefois je puis l'entreprendre sans compromettre l'armée, » le maréchal Bazaine ne faisait donc qu'augmenter les perplexités de son lieutenant.

En effet, si ces mots pouvaient empêcher le maréchal de Mac-Mahon de se porter vers l'Est, avant d'avoir reçu un nouvel avis, ils devaient tout aussi bien le détourner de revenir vers Paris, d'où il ne lui aurait plus été possible de tendre la main à l'armée de Metz.

Cette dépêche fut remise à Flahaut, le 20, dans la soirée, ainsi que deux autres par lesquelles le maréchal Bazaine annonçait à l'empereur et au ministre que les forces ennemies autour de Metz allaient croissant.

Le lendemain, 21, à midi, Flahaut les apportait à Thionville, en même temps qu'une lettre du général Coffinières au colonel Turnier.

De Thionville, les dépêches adressées à l'empereur, au maréchal de Mac-Mahon et au ministre furent portées à Givet par M. de Baxelaire, qui les fit expédier par le télégraphe.

Elles parvinrent d'autre part au colonel Massaroli, commandant de place à Longwy, par l'intermédiaire du sieur Guyard.

Sans entrer dans plus de détails qu'il ne convient, disons que les dépêches furent expédiées par le télégraphe de Givet et par celui de Montmédy dans l'après-midi du 22.

Vous savez, messieurs, que la dépêche destinée au maréchal de Mac-Mahon, la seule importante des trois, la seule qui contînt une réserve de nature à influer sur la marche des opérations, ne parvint jamais à son adresse, bien qu'elle soit arrivée au quartier impérial à Courcelles.

Ni l'expédition envoyée de Givet, ni celle de Longwy, ni l'original remis le 26 au colonel Stoffel, chargé du service des renseignements, ne furent communiquées au maréchal !

Le ministère public, sur la constatation de cette suppression, a dû faire les réserves légales que la situation rendrait indispensables. A cela se borne son rôle, car il n'a pas à rechercher les motifs, ni les circonstances de ce grave et mystérieux incident, lequel n'appartient pas à la cause soumise au conseil.

Tandis que la dépêche au maréchal de Mac-Mahon était ainsi détournée de sa destination, une expédition en parvenait au ministre de la guerre. Malgré sa réception, le ministre ne crut devoir apporter aucune modification au plan qui s'exécutait. Il ne paraît même pas qu'il ait eu la pensée de s'assurer si le maréchal de Mac-Mahon avait reçu cette dépêche.

Il vous a fait connaître, du reste, messieurs, la conviction intime où il se trouvait que le maréchal marcherait vers son chef, à moins que celui-ci ne l'avisât formellement de l'impossibilité où il eût été de quitter Metz.

Cependant, le 27 août, le commandant de l'armée de Châlons, arrivé au Chêne-Populeux, écrivait au ministre :

« Depuis le 19, je n'ai aucune nouvelle de Bazaine. Si je me porte à sa rencontre, je serai attaqué de front par une partie de la première et de la deuxième armée qui, à la faveur des bois, peuvent dérober une force supérieure à la mienne ; en même temps attaqué par l'armée du prince royal de Prusse me coupant toute ligne de retraite.

« Je me rapproche demain de Mézières, d'où je continuerai ma retraite, selon les événements, vers l'Ouest. »

Bien qu'il résultât de ce télégramme que le maréchal de Mac-Mahon n'avait pas reçu la dépêche du 20, le général de Palikao ne semble pas s'en être aperçu ; il lui répondit :

« Si vous abandonnez Bazaine, la révolution est dans Paris, et vous serez attaqué vous-même par toutes les forces de l'ennemi. Contre le dehors, Paris se gardera ; les fortifications sont terminées. Il me paraît urgent que vous puissiez parvenir rapidement jusqu'à Bazaine, etc. »

Si nous citons ces dépêches, c'est qu'il est juste de reconnaître que le maréchal Bazaine ne contribua pas seul à faire décider la marche de l'armée de Châlons vers la Meuse. La pression exercée de Paris sur le commandant de cette armée eut sans doute la plus large part dans le changement de ses résolutions.

Cette réserve faite, disons que si le commandant en chef de l'armée du Rhin avait été plus explicite et plus ferme dans ses dépêches, et notamment dans celle du 20 à son lieutenant, s'il avait annoncé qu'il avait perdu le débouché sur les plateaux, le ministre de la guerre n'aurait pu se méprendre sur la portée d'un tel avis.

En le recevant, il aurait sans doute été beaucoup moins pressant près du maréchal de Mac-Mahon, si même cette nouvelle ne l'eût déterminé à renoncer au projet qu'il poursuivit au contraire avec une funeste persévérance.

Le maréchal Bazaine, vous le savez, messieurs, n'a nullement partagé la manière de voir du ministre au sujet de la dépêche du 20.

Il a toujours déclaré qu'à son sens l'avis envoyé à son lieutenant devait suffire à arrêter le mouvement en avant de l'armée de Châlons.

S'il nous était permis d'exprimer ici toute notre pensée, nous dirions que ces deux opinions contraires nous paraissent exagérées. Il nous semble que la dépêche du 20 août au maréchal de Mac-Mahon eût peut-être dû inspirer au ministre une certaine appréhension pour l'armée, en marche vers la Meuse, qui pouvait se trouver seule au milieu de toutes les forces ennemies, si le maréchal Bazaine n'effectuait pas une sortie.

Quoi qu'il en soit, l'avis exprimé devant vous par le général de Palikao fait ressortir une fois de plus l'insuffisance et l'obscurité d'une dépêche d'où l'on a pu tirer des conclusions si opposées.

En cachant volontairement la vérité, en continuant d'annoncer un projet auquel il avait déjà renoncé, le maréchal Bazaine n'a jamais eu souci des dangereuses résolutions que pouvaient provoquer ses télégrammes incomplets et trompeurs.

Une semblable manière d'agir suffirait à elle seule pour engager sa responsabilité au sujet du mouvement de l'armée de Châlons. Mais que sera-ce si, averti de ce mouvement, comme il le fut en effet, le maréchal reste néanmoins immobile et ne fait aucune tentative pour détourner une partie des forces de l'ennemi qui vont se réunir pour écraser son lieutenant qui lui vient en aide?

Le lendemain de la bataille de Saint-Privat, l'armée s'était établie auprès de la place, sur la rive gauche de la Moselle.

Le prince Frédéric-Charles, ayant la plus grande partie de ses troupes massées sur les hauteurs de la même rive, suivait d'un œil attentif les progrès des deux autres armées allemandes en marche sur Paris, prêt à les appuyer si les circonstances l'exigeaient.

Dans ces conditions, toute tentative pour déboucher dans cette direction devait rencontrer de sérieuses difficultés.

Les terrains de la rive droite, au contraire, d'un accès plus facile et faiblement occupés par les Allemands, se prêtaient mieux à un mouvement offensif. Cette situation respective se prolongea ainsi du 19 au 26 août, sans que le maréchal ait songé à en tirer parti, ni au point de vue des opérations, ni pour le ravitaillement. Il ne pouvait pourtant ignorer l'insuffisance de ses approvisionnements ni la facilité qu'il avait de les augmenter en faisant rentrer dans la place les denrées accumulées dans les contrées environnantes.

Vous connaissez, messieurs, les résultats des recherches de l'instruction au sujet de l'importance de ces ressources. Ils sont basés, non sur des témoignages qui ne représentent souvent qu'une appréciation personnelle, mais sur des documents officiels et sur les renseignements précis et contrôlés fournis par les personnes compétentes. Tout en s'arrêtant aux évaluations les plus modérées, on a pu établir ainsi, d'une manière indiscutable, que les denrées faciles à recueillir, durant les premiers jours du blocus, tant sur la rive droite de la Moselle que dans la vallée vers Thionville, dans un rayon moyen de cinq à six kilomètres des lignes, eussent assuré à l'armée et à la population pour plus d'un mois de vivres.

Dans ces approvisionnements ne sont pas compris, bien entendu, les quantités de denrées qui furent ramenées dans la place, non plus que celles nécessaires aux besoins des habitants des villages.

Une circonstance particulière eût permis d'accroître encore ces ressources.

L'ennemi avait établi un immense dépôt de vivres entre Courcelles et Remilly, sur la voie ferrée de Sarrebrück, à dix ou douze kilomètres seulement du camp retranché. Plus de quinze cents wagons de denrées de toute espèce s'y trouvaient réunis.

Durant la fin du mois d'août, ces dépôts n'étant que faiblement gardés, il paraissait facile de s'en emparer.

La lecture du réquisitoire continue.

Complément de l'audience du 4 décembre

PRÉSIDENCE DE M. LE DUC D'AUMALE

Suite du Réquisitoire

M. le général Pourcet, après avoir parlé de l'existence d'un dépôt de vivres ennemi se trouvant entre Courcelles et Remilly, continue en ces termes :

Un ingénieur du chemin de fer, M. Scal, en fut informé par ses relations, et il apprit en même temps que la rive droite était presque complètement dégarnie de troupes allemandes.

Le 22 août au matin, il vint en rendre compte au commandant en chef. Mais le maréchal l'éconduisit sans paraître se soucier d'entreprendre une opération qui, cependant, lui eût permis peut-être d'enlever, sans grande effusion de sang, les approvisionnements nécessaires à son armée pour plusieurs semaines.

Il était trop préoccupé, a-t-il dit, de son projet de marche vers le Nord, pour tenter un aventure sur des renseignements dont il ne pouvait contrôler l'exactitude.

Quelles que fussent ses préoccupations, n'aurait-il pas dû penser qu'avant de s'éloigner de Metz, il importait d'accumuler dans la place la plus grande quantité de vivres possible ? C'était d'ailleurs pour lui un devoir impérieux.

Le règlement impose, en effet, au général en chef le soin de pourvoir aux approvisionnements de siége des places situées dans le rayon de ses opérations.

Si ces approvisionnements n'avaient pas été constitués avant son entrée en fonctions, ce devait être une obligation plus stricte encore de réparer cette omission autant qu'il dépendait de lui de le faire.

Cependant l'armée, au repos depuis huit jours, avait eu largement le temps de se refaire. L'immobilité plus longtemps prolongée devait paraître inexplicable au dehors.

D'un autre côté, le maréchal ne pouvait se soustraire à l'obligation morale de se conformer aux instructions de l'empereur pour la retraite.

Aussi, dans toutes ses dépêches, du 19 au 26 août, le commandant en chef ne manque-t-il jamais d'accuser, d'une manière plus ou moins précise, l'intention de reprendre le mouvement de retraite suspendu depuis le 16 août.

Ses engagements à cet égard, tant de fois renouvelés, lui imposaient le devoir de tenter les plus grands efforts pour s'éloigner de Metz.

L'occasion était favorable, car une partie des forces ennemies venait de se diriger vers la Meuse. Le maréchal était informé de ce mouvement et l'annonçait à l'empereur dans une dépêche du 23 août.

C'est dans ces circonstances qu'il donna des ordres pour mettre l'armée en marche le 26 août, dans la direction de Thionville par la rive droite de la Moselle.

Nous verrons un peu plus loin si l'opération exécutée ce jour-là peut témoigner de l'intention de franchir les lignes. Nous devons examiner pour le moment si les considérations que nous venons d'indiquer furent les seules qui déterminèrent le maréchal Bazaine à effectuer cette démonstration.

Après la bataille de Saint-Privat, il était devenu bien difficile de percer par la rive gauche. L'ennemi y occupait toutes les positions dominantes, très-fortes et d'un accès très-difficile. On était donc conduit à chercher une issue par la rive droite. De ce côté de la Moselle, deux directions se présentaient : celle du Sud-Est par où l'armée pouvait atteindre les Vosges, et celle du Nord, vers Thionville, d'où l'on eût regagné l'intérieur en suivant la ligne du chemin de fer des Ardennes par Montmédy, Sedan et Mézières. La nécessité de traverser une seconde fois la Moselle en présence de l'ennemi et de faire ensuite une marche de flanc pendant plusieurs jours le long de la frontière, rendait une opération dans ce sens fort délicate. Le général en chef ne se le dissimulait pas, et le soir même du 26, il avouait à M. le maréchal Le Bœuf sa préférence pour la direction du Sud.

Interrogé à l'instruction sur les motifs qui lui avaient fait néanmoins adopter, le 26, la direction de Thionville, le maréchal Bazaine a répondu qu'il avait voulu ainsi faire une diversion utile, dans le cas où les troupes venant de l'intérieur auraient manœuvré du côté de Verdun. Il aurait ensuite mis à exécution la marche vers le Nord.

Or, vous savez, messieurs, que, dans son opinion, la dépêche envoyée le 20 avait dû arrêter l'armée de Châlons.

Si donc le maréchal Bazaine prévoyait, en donnant ses ordres pour le 26, que des troupes venant de l'intérieur pouvaient marcher vers la Meuse, s'il croyait devoir tenter une diversion en leur faveur, il fallait, ou qu'il eût envoyé au maréchal de Mac-Mahon un nouvel avis, ou qu'il eût reçu de celui-ci l'avis de sa marche. C'était ce dernier cas qui s'était présenté.

Le 23 août, vers trois ou quatre heures de l'après-midi, le maréchal reçut, en effet, des mains du colonel Lewal une dépêche qui annonçait le mouvement de l'armée de Châlons vers l'Est. Sur cet avis, il décida que les troupes se mettraient en marche.

Les indications si nettes, si précises, si concluantes du colonel Lewal démontrent que cet officier supérieur n'a pu faire confusion au sujet du jour de réception de la dépêche. On sait d'ailleurs qu'il fit le récit de cette circonstance le 26 ou le 27 août au colonel d'Andlau et quelques jours plus tard à M. le maréchal Canrobert et à d'autres officiers.

Ce fait exclut jusqu'à la possibilité d'une erreur de date de la part de M. Lewal. C'est bien le 23 et non le 29 qu'eut lieu l'incident dont il a déposé.

Le maréchal Bazaine a ici un trop grand intérêt à cacher la vérité pour que nous puissions nous en rapporter entièrement à sa déclaration, quand il assure n'avoir pas reçu le 23 la dépêche dont parle le colonel Lewal.

Nous ne saurions, non plus, accepter l'affirmation dénuée de preuve, par laquelle M. de Mornay-Soult est venu confirmer le dire du maréchal.

Nous ne pouvons oublier, en effet, que cet officier avait formellement déclaré devant le conseil d'enquête que la dépêche reçue le 23 était celle par laquelle le maréchal de Mac-Mahon, le 19, demandait des instructions à son chef, ne sachant comment lui venir en aide sans découvrir Paris.

A l'exception de la date au sujet de laquelle il hésitait entre le 22 ou le 23, les indications de M. de Mornay étaient précises.

A l'instruction, cet officier ne s'est pas montré moins affirmatif, et il a renouvelé la même déclaration qui a été faite également en termes explicites par le maréchal Bazaine dans son ouvrage : *L'Armée du Rhin*, au conseil d'enquête, et enfin, devant le général rapporteur.

Or, la dépêche que le maréchal et son officier d'ordonnance donnent comme étant arrivée le 22 ou le 20 est réellement parvenue au commandant en chef, le 29 août, vers midi.

Elle avait été apportée de Thionville par l'agent de police Flahaut au directeur du télégraphe de Metz. La date exacte de son arrivée se trouve matériellement établie par l'inscription sur l'original même de la main du maréchal de sa réponse, qui fut expédiée dans la soirée du 20 : « J'ai dû prendre position près de Metz... Je vous préviendrai de ma marche.... »

Les déclarations répétées du maréchal et de son officier d'ordonnance étaient donc contraires à la réalité. En présence de cette preuve matérielle, ils ont dû, l'un et l'autre le reconnaître.

De l'aveu de M. de Mornay, ce qu'il donnait comme l'expression de la vérité n'était que le résultat d'un concert entre lui et le maréchal.

Comme l'a fait si justement remarquer M. le président, ce n'est point là le caractère qui convient à une déposition judiciaire.

Après avoir relevé ainsi chez le témoin une complaisance de souvenirs dont cet incident ne semble pas être le seul indice, nous sommes en droit de n'accueillir ses déclarations que sous bénéfice d'inventaire.

Cependant, nous ne voulons pas croire que, dans le témoignage de M. de Mornay-Soult, tout soit imaginaire.

Il a déclaré positivement, ainsi que le maréchal, qu'une dépêche était arrivée le 22 ou le 23, qu'elle était écrite sur un petit morceau de papier et roulée en forme de cigarette. Il croit qu'elle avait été apportée par un piéton venant de Verdun ou de Longuyon.

Or, la dépêche reçue le 20 n'était pas inscrite sur un petit carré, mais sur une feuille de papier. Elle n'était pas roulée en cigarette, mais pliée comme une lettre ordinaire. Elle ne venait pas de Verdun ni de Longuyon, mais de Thionville.

Quelle est donc alors, nous le demandons, cette dépêche dont M. de Mornay et le maréchal ont fixé l'arrivée au 22 ou 23 et dont ils ont donné le signalement que nous venons d'indiquer ?

Assurément tous ces détails ne peuvent avoir été inventés, et, puisqu'ils ne se rapportent pas à la pièce venue par Flahaut, ils doivent s'appliquer à une autre dépêche dont M. de Mornay peut ignorer le contenu, mais qui présente, sous tous les rapports, une analogie singulière avec celle dont parle le colonel Lewal.

Nous trouvons donc dans les assertions du maréchal Bazaine et de son officier d'ordonnance une confirmation nouvelle de la déposition de cet officier supérieur.

De qui provenait la dépêche reçue le 23 au Ban-Saint-Martin ? Il n'est peut-être pas sans intérêt de le rechercher.

La dépêche était, disons-nous, roulée en cigarette.

Or, de nombreux témoignages nous apprennent que c'était la forme que donnait habituellement le commandant Magnan à ses missives.

De cette coïncidence résulte pour nous présomption grave que la dépêche émanait de cet officier supérieur. D'autres indices viennent corroborer cette hypothèse.

Le 22, à dix heures cinquante-cinq minutes du matin, M. le maréchal de Mac-Mahon, auquel l'empereur venait de communiquer le rapport du maréchal Bazaine, daté du 19, envoyait au commandant des places de Montmédy, de Verdun et au maire de Longuyon la dépêche suivante, chiffrée, avec ordre de la faire parvenir à Metz par tous les moyens possibles :

« Reçu votre dépêche du 19. Suis à Reims. Me porte dans la direction de Montmédy. Serai après-demain sur l'Aisne, d'où j'agirai selon les circonstances pour vous venir en aide. Envoyez-moi de vos nouvelles. »

Les débats n'ont pas établi qu'en même temps qu'il expédiait cette dépêche en chiffres, le maréchal en ait envoyé des copies *en clair*.

Il ne semble donc pas que ce fût la dépêche du 22 à dix heures cinquante-cinq minutes que reçut le maréchal Bazaine le 23.

Mais on ne doit pas perdre de vue que le commandant Magnan, alors à Carignan, était chargé depuis le 18 de communiquer à son chef les instructions de l'empereur en vue de la jonction des deux armées. Il est donc extrêmement vraisemblable qu'aussitôt la décision du maréchal de Mac-Mahon prise, le souverain en fit donner avis à l'aide de camp du commandant en chef, qui naturellement dût s'empresser d'envoyer à ce dernier cette bonne nouvelle.

Enfin, il serait fort possible que la dépêche reçue le 23 ait été envoyée avant le 22 par M. Magnan, soit qu'il ait été averti de l'acquiescement momentané donné, dès le 19, par le commandant de l'armée de Châlons au plan du ministre de la guerre, soit que sa dépêche ne fît que mentionner les intentions où se trouvait le gouvernement le 18, intentions d'après lesquelles l'armée du maréchal de Mac-Mahon devait se porter le surlendemain vers l'Est et arriver le 26 sur la Meuse.

Puisque, dès le 20, le commandant se croyait assez sûr de l'exécution de ce plan pour déterminer l'intendant Wolff à rappeler de Verdun les vivres préparés pour l'armée du maréchal Bazaine, ne devait-il pas considérer en même temps comme un devoir d'informer son chef du mouvement convenu de l'armée de Châlons ?

Pour clore ces considérations, nous croyons devoir citer la réponse que fit au premier moment le maréchal Bazaine lorsqu'il fut informé par le général rapporteur que la dépêche du 23 ne pouvait être celle qu'il indiquait et qui lui était parvenue le 20.

Après avoir renouvelé ses précédentes dénégations, le maréchal a continué en ces termes :

« Je profite de la circonstance pour dire que si, par cas, une dépêche pareille était arrivée à titre de renseignements, puisqu'elle n'émanait pas du maréchal de Mac-Mahon, elle n'aurait pas eu pour moi une autorité assez grande pour remettre en opération une armée qui se reconstituait après des combats qui avaient fait subir aux cadres des pertes très-sensibles, sans connaître d'une manière positive les mouvements opérés par le maréchal de Mac-Mahon. — Ce que je dis là est à titre de réflexion. »

Vous apprécierez, messieurs, si cette réflexion ne peut pas être considérée comme un demi-aveu, et si le maréchal ne semble pas reconnaître, par ces paroles, qu'il a pu recevoir avis de la marche de l'armée de Châlons par voie indirecte, c'est-à-dire par son aide de camp, le mieux, sinon le seul en mesure de le prévenir.

D'après tout ce qui précède, nous sommes en droit de considérer, comme définitivement acquis au débat, ce point important à savoir que le maréchal Bazaine reçut certainement le 23 août un avis annonçant la marche du maréchal de Mac-Mahon dans la direction de la Meuse.

Ainsi donc, la prise d'armes du 26 fut non pas, comme le dit le maréchal, l'œuvre de son inspiration personnelle, mais bien en réalité la conséquence immédiate, presque forcée, des renseignements qu'il avait reçus le 23, au sujet de l'armée de Châlons.

Il n'est pas impossible que, à la réception de la dépêche et sous sa première impression, stimulé d'ailleurs par les exigences de la situation, le maréchal ait conçu la pensée d'un effort énergique, qui pouvait aboutir à la jonction des deux armées. On pourrait le supposer, d'après les dispositions adoptées en vue du départ prochain de l'armée, telle que la formation d'un corps de cavalerie et la réduction des bagages, toutes mesures prises seulement à partir du 23 dans la soirée, comme en font foi les registres de correspondance. Mais s'il en fut ainsi, nous allons voir du moins que la détermination de faire son devoir dura peu chez le commandant en chef, et que la funeste arrière-pensée des jours précédents reparut bien vite.

Dans cette situation d'esprit, on conçoit que les arguments, invoqués par deux personnages considérables contre ce projet, avaient dû triompher sans peine de ces velléités de sortie. Ce qui est certain, c'est que le 26, au moment de monter à cheval, toute idée de s'éloigner des remparts de Metz était bannie de l'esprit du commandant en chef. On en trouve la preuve dès les ordres donnés dès le matin à la garde, à la réserve d'artillerie et dans le dispositif général assigné aux troupes, dont on arrêta le mouvement, alors qu'il était déjà en voie d'exécution.

On le savait d'ailleurs déjà au grand quartier général : ainsi, un officier annonçait dans la matinée que l'armée ne sortirait pas, et l'on apprenait bientôt, en effet, que les bagages et la garde d'honneur du général en chef devaient rester au camp.

Le Conseil sait quelle fut l'intervention des généraux Coffinières et Soleille auprès du maréchal, dans la matinée du 26.

Ces officiers généraux insistèrent pour que l'armée ne s'éloignât pas.

Cette opinion n'était pas nouvelle, d'ailleurs, chez le commandant supérieur de la place. Dès le début, il l'avait soutenue, et comme nous l'avons déjà dit, son inaction à l'endroit de la rupture des ponts de la Seille et de la Moselle, dans les journées des 12 et 13 août, semble résulter de son désir de voir les troupes demeurer autour de la place au lieu de se retirer sur Châlons.

Cette communion de sentiments semble même avoir engagé le commandant en chef à s'ouvrir davantage avec le général Coffinières qu'avec ses autres lieutenants. Nous lisons, en effet, dans les notes journalières du général que le 22 il avait assisté, au quartier général, à une réunion des commandants de corps, dans laquelle il fut question du mouvement de l'armée de Châlons.

Or, il ressort de tous les témoignages des généraux qu'ils n'assistèrent à aucune réunion ce jour-là, et que jamais ils n'avaient entendu parler de ce mouvement. Le général Coffinières s'y est donc trouvé soit seul, soit tout au plus avec le général Soleille.

Quoi qu'il en soit, après la conversation tenue le 26 au matin, le commandant en chef ne voulut contremander aucun ordre. Nous comprendrons tout à l'heure pourquoi.

D'après les instructions transmises dans la nuit du 25 au 26, l'armée devait se porter sur la rive droite de la Moselle. Des ponts de bateaux avaient été jetés; mais on avait négligé d'ouvrir sur leurs abords des routes distinctes pour chaque colonne, ce qui détruisait en grande partie l'avantage résultant de la construction de plusieurs ponts.

Conformément aux prescriptions du commandant en chef, l'armée se forma en avant du fort Saint-Julien, et sur deux lignes obliquement au cours de la Moselle, où elle appuyait sa gauche, la garde et les réserves en troisième ligne sous le fort.

Pendant que les troupes prenaient leurs positions, les commandants de corps d'armée et les commandants des armes spéciales furent convoqués au château de Grimont.

Bien qu'il n'existe pas de procès-verbal authentique de cette réunion, l'ensemble des témoignages a permis d'en établir les points essentiels, et ils suffisent pour indiquer le véritable caractère de cette conférence, d'où sortirent des résolutions si funestes pour l'armée du Rhin.

Le maréchal Bazaine ayant fait observer que l'orage qui venait d'éclater avec une violence extrême forçait à suspendre momentanément toute opération, annonça à ses lieutenants qu'il avait profité de cette circonstance pour les consulter, relativement à une communication qu'il avait reçue le matin même des généraux Soleille et Coffinières. Puis, sur son invitation, le premier prit la parole. Aux termes du compte rendu, il exposa que l'artillerie n'avait plus de munitions que pour une seule bataille et qu'il était dangereux, d'après cela, de risquer un combat pour percer les lignes prussiennes.

Faisant ressortir la direction excentrique de la retraite par Thionville, il n'eut pas de peine à démontrer combien l'opération devenait ainsi plus longue et plus délicate, et il conclut que dans les conditions qu'il venait d'indiquer, tenter cette opération, c'était s'exposer à se trouver désarmé au milieu des forces allemandes.

Il fit remarquer qu'en demeurant au contraire dans les positions autour de Metz, on maintenait l'armée intacte avec tous ses moyens d'action, menaçant les communications de l'ennemi et pouvant, s'il était battu, changer sa retraite en un désastre.

Le général Coffinières dit à son tour que les travaux de défense et d'armement des forts et de la place n'étaient pas assez avancés pour se passer du concours de l'armée, et que la présence de celle-ci lui paraissait indispensable pour permettre de terminer la construction et la mise en état des ouvrages.

Le compte rendu lui prête, il est vrai, des paroles d'une tout autre gravité. D'après son texte, le gouverneur de Metz aurait déclaré qu'abandonnée à elle-même, la place serait peut-être exposée à tomber après quinze jours de siège.

Le général, il est vrai, avait peu de confiance dans les défenses de Metz. On peut en juger par ses étranges paroles, du 19 août, au directeur de la Banque, comme par les termes de la lettre qu'il adressait le 20 août, au colonel Turnier:

« Nos troupes, disait-il, sont entassées entre Longeville, Saint-Quentin, Plappeville, le Coupillon et la droite du fort Moselle. C'est une assez mauvaise position, attaquable sur les deux faces de l'Est et de l'Ouest. »

Si l'on songe que le 20 août l'armée était tout entière renfermée dans la partie du camp retranché comprise sur la rive gauche de la Moselle, et qu'elle se trouvait ainsi protégée à l'Ouest par les deux forts de Saint-Quentin et de Plappeville. à l'Est, par la rivière, la place et même le fort Saint-Julien, ces paroles du général Coffinières paraîtront absolument inexplicables !

On concevrait, d'après elles, qu'il ait pu, le 26, tenir les propos qu'on lui attribue. Mais alors le général était revenu sans doute à une appréciation plus exacte de ses moyens de défense. Aussi a-t-il fait entendre les protestations les plus énergiques contre l'opinion que lui prête le compte rendu, et d'un autre côté MM. les commandants de corps ont reconnu devant vous, que telle n'avait pas été la portée de ses déclarations,

On constate d'ailleurs que, dans l'expédition du compte rendu, remise le 1er novembre par le général Boyer à M. Taschard, pour être adressée au gouvernement, il n'existe pas trace d'un avis du général Coffinières, lequel semblerait ainsi n'avoir pas pris la parole dans la réunion.

Il n'y a donc pas lieu de s'arrêter ici aux renseignements fournis par le compte rendu, dont nous nous bornerons à relever le peu de sincérité et d'exactitude.

Bien qu'à ce qu'il semble le général Coffinières se soit montré trop pessimiste, son opinion, dans les termes où elle fut exprimée, n'eût pas suffi à empêcher la mise à exécution du projet de sortie. Si la discussion se fût portée sur ce point, on eût pu s'assurer auprès de l'ancien major général que la place, quel que fût l'état d'imperfection des nouveaux ouvrages, était toutefois susceptible d'une résistance de plusieurs mois. Cette conviction, il l'a exprimée devant vous.

Lors du mouvement de retraite sur Verdun, M. le maréchal Le Bœuf avait, en effet, témoigné son désir d'être appelé à l'honneur de commander Metz, et il avait manifesté sur la solidité de ses défenses une confiance tout autre.

Il faut reconnaître que, le 13 août, le général Coffinières n'avait présenté, que nous sachions, aucune objection au départ de l'armée, bien qu'à ce moment les travaux fussent bien moins avancés encore.

D'un autre côté, le 26, ce n'était plus une, mais deux divisions que le commandant en chef laissait dans la place.

On ne concevrait donc pas comment, dans ces conditions, le général aurait pu manifester des craintes qu'il n'avait pas fait paraître lorsque les circonstances étaient bien plus défavorables.

L'assertion du général Soleille, relative au manque de munitions pour plus d'une bataille, aurait été plus grave encore. Néanmoins, elle ne souleva non plus aucune observation. Et cependant le maréchal Bazaine avait reçu, le 22 août, une lettre où le général commandant en chef de l'artillerie informait que l'approvisionnement de l'armée, en munitions d'artillerie et d'infanterie, était complétement reconstitué.

Après être entré à ce sujet dans des détails circonstanciés, le général concluait en ces termes :

« A la suite des journées du 16 et du 18, les troupes ont pu croire un moment que les munitions leur feraient défaut; pour relever leur moral, je pense, monsieur le maréchal, qu'il ne serait pas inutile que l'armée sût qu'elle est aujourd'hui, 22 août, complétement réapprovisionnée et prête à marcher. »

Malheureusement, la recommandation du général Soleille n'avait été suivie que d'une manière très-incomplète.

Au lieu de faire de cette nouvelle rassurante l'objet d'une communication spéciale, et de la porter à la connaissance des troupes par la voie de l'ordre, le maréchal s'était borné à faire mentionner, sous forme de note, l'avis que l'armée était complétement réapprovisionnée, et ce renseignement, communiqué au milieu de prescriptions diverses, passa inaperçu pour les commandants de corps, ou plutôt, en présence de la déclaration formelle du général Soleille, ils crurent que la note de l'état-major général n'était pas l'expression de la vérité, et qu'elle n'avait eu d'autre but que de rassurer les troupes, en leur cachant une pénurie trop réelle du parc de l'armée et de l'arsenal de Metz.

Chacun connaissant d'ailleurs la situation en ce qui concernait son corps d'armée, ils n'attachèrent pas sans doute une suffisante attention aux paroles du général Soleille. Ajoutons que ces paroles semblent ne pas avoir eu le degré de précision et de netteté que leur prête le compte rendu. Il est, en effet. hors de toute vraisemblance qu'après avoir écrit la lettre du 22, le commandant en chef de l'artillerie de l'armée ait pu, quatre jours après, tenir un langage si différent. Cela est d'autant moins admissible que, le 25 encore, il écrivait au directeur de l'arsenal pour le féliciter des efforts qu'il avait faits pour réapprovisionner l'armée. Il n'aurait sans doute pas songé à féliciter le colonel de Girels s'il n'eût jugé ce réapprovisionnement satisfaisant.

Comme nous, messieurs, vous avez regretté vivement que l'état de santé du général ne lui ait pas permis de venir vous fournir des explications qui eussent été si désirables.

Mais, à défaut de son témoignage, ceux de la plupart des membres de la réunion du 26, nous donnent lieu de croire que, tout en se montrant effrayé de la situation, plus peut-être que de raison, le général Soleille insista principalement sur les inconvénients qu'il y avait à tenter une marche longue et détournée, avec un approvisionnement restreint qui eût suffi pour la retraite primitivement dirigée sur Verdun.

Il reste établi, toutefois, d'après toutes les dépositions entendues, ainsi que d'après les documents officiels datant de cette époque, que ses appréhensions furent, le 26 août, comme elles l'avaient été le 16 au soir, singulièrement exagérées, et il est certainement fâcheux que ses dires n'aient soulevé, sur le moment, aucune réclamation.

Si l'absence de renseignements précis, si des préoccupations d'un autre ordre détournèrent les commandants de corps de présenter aucune observation à ce sujet, rien de semblable ne peut expliquer le silence du commandant en chef, auquel le général Soleille était déjà venu faire, le matin, la même communication.

Après avoir reçu la lettre si explicite du 22, il ne pouvait ignorer la situation exacte. Il la connaissait si bien qu'il avait écrit le 23, à l'empereur, une dépêche contenant ces mots :

« Nos batteries ont été réorganisées et approvisionnées ainsi que l'infanterie. »

Rien ne saurait donc justifier ici le maréchal d'avoir laissé, sans le contredire, le général Soleille émettre, à propos de cette question capitale, une assertion qu'il savait inexacte.

M. le général Pourcet continue son réquisitoire.

Deuxième complément de l'audience du 4 décembre

PRÉSIDENCE DE M. LE DUC D'AUMALE

Suite du Réquisitoire

M. le commissaire du gouvernement poursuit la lecture de son réquisitoire.

Le silence volontaire que le maréchal garda dans cette circonstance (devant l'assertion du manque de munitions émise par le général Soleille) est d'autant plus significatif que ce fut d'après lui le manque de munitions qui seul détermina plusieurs commandants de corps à opiner pour le maintien de l'armée sous Metz. Il est certain que cette considération dut influer sur l'opinion émise par quelques-uns, comme l'indiquent si énergiquement ces paroles du général Bourbaki :

« Mon désir le plus vif eût été de faire un trou par Château-Salins, et de nous donner de l'air; mais si nous n'avons pas de munitions, il est clair que nous ne pouvons rien faire. »

Néanmoins, de l'absence de toute observation pendant la réunion, comme des dépositions de MM. les commandants de corps, il résulte pour nous l'intime conviction que ni la déclaration du général Coffinières au sujet des dangers que l'éloignement de l'armée pourrait faire courir à la place, ni celle du général Soleille relative à la pénurie des munitions, n'exercèrent sur la décision du conseil l'influence prépondérante, exclusive même que leur prête le compte rendu.

Ce qui, à notre sens, entraîna cette décision, ce fut l'ignorance où le commandant en chef laissa ses lieutenants sur les circonstances extérieures de nature à les éclairer sur les nécessités de la situation.

Il ne leur donna en effet aucune connaissance des nombreuses dépêches qu'il avait adressées, depuis le 17 août à l'empereur, au ministre de la guerre, au maréchal de Mac-Mahon, accusant toutes l'intention persistante de sortir de Metz et de gagner Verdun et Châlons.

Il ne leur annonça pas ce qu'il savait de la réorganisation de l'armée du maréchal de Mac-Mahon, réorganisation qui lui était connue depuis plusieurs jours, par la dépêche télégraphique du maréchal en date du 18 août, huit heures trente-cinq minutes du matin, ainsi conçue :

« Demain soir, toutes les troupes sous mes ordres seront réorganisées, Failly est à Vitry-le-François, Margueritte, avec une division de cavalerie, à Sainte-Menehould. Si l'armée du prince royal arrive en force sur moi, je prendrai position entre Épernay et Reims, de manière à être prêt à me rallier à vous ou à marcher sur Paris si les circonstances m'obligent à le faire. »

Quel effet n'eût pas produit sur ses lieutenants la communication de cette dépêche? Une armée existait au camp de Châlons, et sa tête de colonne s'avançait déjà jusqu'à Sainte-Menehould, à deux petites étapes de Verdun. Bien plus, le commandant de cette armée, le maréchal de Mac-Mahon, laissait entrevoir comme une éventualité prochaine, l'intention de rallier l'armée du Rhin. Ces nouvelles seules étaient de nature à impressionner vivement les esprits et à modifier, dans un sens diamétralement opposé, le sentiment qui prévalut dans la conférence.

Le maréchal déclare que, s'il n'a point communiqué cette importante dépêche aux membres de la réunion, c'est qu'il a jugé qu'au point de vue du service, il y aurait imprudence à la rendre trop publique.

Ainsi, le 26 août, le maréchal aurait trouvé imprudent de communiquer confidentiellement à ses lieutenants une dépêche indiquant la situation de l'armée de Châlons, à la date du 18. Vous apprécierez, messieurs, à sa juste valeur une telle explication qui ne nous semble pas devoir être discutée.

Le maréchal ne parla pas de l'éventualité du mouvement d'une armée française vers la Meuse, éventualité qui, cependant, d'après ses propres déclarations, l'avait déterminé à marcher vers le Nord quand il aurait préféré sortir par le Sud. Il n'appela pas l'attention des commandants de corps sur le départ d'une partie des forces allemandes qui s'étaient dirigées depuis plusieurs jours vers l'Ouest. Et cependant il avait annoncé lui-même ce départ dans sa dépêche du 23 août à l'empereur.

Enfin, est-il besoin de le rappeler? Il ne fit point connaître à la réunion la dépêche qu'il avait reçue le 23, indiquant un mouvement du maréchal de Mac-Mahon vers la Meuse. Dans ce cas, il n'eût pas été question de délibérer, le devoir commandait d'agir.

Qui douterait que les commandants de corps n'eussent alors été unanimes pour demander à partir immédiatement pour aller tendre la main à cette armée qui s'exposait à tant de périls pour venir à leur secours?

« Si nous avions su que le maréchal de Mac-Mahon marchait vers nous, a dit M. le maréchal Canrobert devant le conseil d'enquête, bien que convaincu que son armée n'en fût pas une, nous aurions dit au commandant en chef : « Marchons sur la tête, s'il le faut, mais marchons! »

Vous avez entendu, messieurs, le vaillant maréchal exprimer devant vous la même pensée, et nous ne ferons pas à ses compagnons d'armes l'injure de supposer un instant qu'en tenant ce mâle langage, il n'était pas le fidèle interprète de leurs sentiments.

Mais, au lieu de les informer, le maréchal se tait; il n'est question au conseil que des difficultés de l'opération sur Thionville, des inconvénients qu'elle peut entraîner pour la place. Les commandants de corps ignorent la reconstitution, presque l'existence de l'armée de Châlons; ils n'apprennent ni les intentions manifestées par le maréchal de Mac-Mahon, ni les promesses faites par leur chef.

Comment s'étonner que, dans ces conditions, persuadés d'ailleurs que l'armée, en opérant sur les derrières de l'ennemi, pouvait jouer un grand rôle, comment s'étonner, disons-nous, qu'ils se soient décidés à attendre provisoirement sous Metz jusqu'à ce qu'ils soient informés des événements du dehors?

Car il ne faut pas l'oublier, le maintien de l'armée autour de la place fut considéré par tous comme une mesure essentiellement temporaire. Il était entendu, en outre, que les troupes ne resteraient pas inactives, mais qu'en s'appuyant sur le camp retranché comme base et pivot de leurs manœuvres, elles harcèleraient constamment l'ennemi, de manière à entretenir le moral du soldat et à recueillir au loin des approvisionnements en vivres et en fourrages.

En laissant fournir au conseil, sur la situation des munitions, des renseignements qu'il savait erronés, et surtout en dérobant à ceux dont il demandait les avis, le côté important de la question soumise à leur examen, le maréchal Bazaine les trompait sur la situation, et dès lors ses lieutenants ne se trouvaient pas en état de formuler une opinion en connaissance de cause.

Seul responsable de ses résolutions comme chef de l'armée, le maréchal pouvait adopter tel parti qu'il jugeait convenable. Mais, dès l'instant où il demanda l'avis de ses lieutenants, il était rigoureusement tenu de leur faire connaître loyalement et sans réticence tout ce qu'il savait lui-même. Sa lettre du 7 octobre prouve qu'il le comprenait bien ainsi. Si donc il ne l'a pas fait, c'est que la nature de ses projets lui imposait l'obligation de dissimuler.

Sa réserve ambiguë à la conférence du 26 août doit être d'autant plus sévèrement jugée, qu'en arrêtant ce jour-là le mouvement de son armée il perdait l'occasion, unique peut-être, de rallier dans une action commune toutes les forces nationales, jusque-là si malheureusement morcelées.

Les résolutions prises à Grimont furent donc, au point de vue militaire, d'une importance capitale. Le maréchal s'engagea devant ses lieutenants dans la voie dangereuse des réticences et des dissimulations : procédé funeste qui allait lui permettre plus tard d'entamer plus facilement des négociations illicites, mais qui, de mécompte en mécompte, de déception en déception, devait aboutir finalement, pour son armée et pour lui, à la plus épouvantable catastrophe !

Pourquoi, à Grimont, le maréchal Bazaine crut-il devoir cacher la vérité à ses lieutenants? S'il eût agi autrement, quels qu'eussent été les résultats d'une détermination loyalement concertée, il ne serait sans doute pas aujourd'hui à cette place ! Sans doute aussi d'immenses malheurs eussent été évités à notre pays !

Le maréchal annonça au ministre la résolution qui venait d'être prise par la dépêche suivante :

« Toujours sous Metz avec munitions d'artillerie pour un combat seulement. Impossible de forcer les lignes ennemies dans ces conditions derrière ses positions retranchées. Aucune nouvelle de Paris, ni d'esprit national. Urgence d'en avoir; agirai efficacement, si mouvement offensif à l'intérieur force l'ennemi à battre en retraite. »

Ainsi l'armée de Metz, la plus nombreuse, la plus solidement organisée, attendait, pour attaquer l'ennemi, qu'il fût contraint à battre en retraite ! N'y avait-il pas quelque chose d'humiliant à un pareil plan de conduite?

Était-ce bien là ce qu'avaient voulu les commandants de corps?

D'autre part, il est à peine besoin de vous faire remarquer, messieurs, que le motif invoqué dans cette dépêche pour le maintien de l'armée sous Metz était absolument faux. Si la pénurie des munitions pouvait exciter certaines appréhensions, personne n'avait prétendu néanmoins que dans ces conditions il fût impossible de percer les lignes ennemies.

Tous les documents, tous les témoignages établissent le contraire; tous les commandants de corps pensent que l'on pouvait percer ce jour-là sans difficulté sérieuse. Enfin, la meilleure preuve que la raison donnée au ministre n'était pas fondée, c'est que le 31 août, lorsqu'il fut question de nouveau de reprendre la campagne, le maréchal lui-même parut ne plus songer à cette soi-disant impossibilité.

Du reste il n'émettait une semblable assertion que pour colorer son inaction.

Il était loin de dire au ministre le fond de sa pensée. En effet, vers le moment où il lui écrivait, partait de Metz, pour le commandant de l'armée de Châlons, une dépêche que le colonel Turnier remit, le 27, au procureur impérial Lallemant, chargé de la faire parvenir.

Sans entrer ici dans l'exposé des diverses péripéties que suivit cette communication, bornons-nous à dire qu'elle fut remise à Raucourt, dans l'après-midi du 29 août, à M. le maréchal de Mac-Mahon, par un citoyen énergique et dévoué, M. Hulme, manufacturier et adjoint au maire de Mouzon.

M. le maréchal n'a pas conservé, il est vrai, le souvenir d'avoir reçu cette dépêche, et ce défaut de mémoire ne s'explique que trop si l'on songe aux graves préoccupations du commandant de l'armée de Châlons pendant cette journée du 29, où l'on arriva au contact de l'ennemi, et où les funestes conséquences du plan du ministre de la guerre commençaient à éclater.

Mais nous ne pensons pas que, malgré cet oubli, il soit possible de concevoir un doute sur l'exactitude absolue du témoignage de l'honorable M. Hulme, corroboré par un faisceau de preuves si concluant et si complet.

Le sens de la dépêche adressée au nom du maréchal Bazaine par le colonel Turnier au premier général français, était le suivant :

« Nous sommes entourés, mais faiblement, nous pouvons percer quand nous voudrons, nous vous attendons. »

La lettre n'était pas signée, il est vrai, et le maréchal Bazaine a déclaré qu'elle n'émanait pas de lui.

Mais qui donc pouvait se permettre d'envoyer une semblable invitation, sinon le commandant en chef lui-même ?

Si le colonel Turnier n'avait eu la preuve que la communication émanait du maréchal Bazaine, comment l'eût-il transmise sans y mentionner aucune réserve ?

D'ailleurs cette dépêche se rapprochait bien plus de la vérité que celle adressée au ministre ; quand le maréchal écrivait à son lieutenant qu'il pouvait percer facilement, il dépeignait plus exactement la situation que lorsqu'il annonçait au général de Palikao qu'il lui était impossible de forcer les lignes fortifiées de l'ennemi.

Comment expliquer ces deux langages contradictoires ?

N'est-on pas contraint de reconnaître que, faisant bon marché de la vérité, le maréchal n'hésitait pas à la travestir, suivant les nécessités de ses combinaisons tortueuses?

Auprès du ministre, il faut s'excuser de ne pas marcher. Il lui écrit: « La sortie est impossible. » Quant au maréchal de Mac-Mahon, il faut le déterminer à venir, et par conséquent le rassurer ; il lui annonce que l'armée de Metz pourra lui donner son concours.

« Nous pouvons percer quand nous voudrons ; nous vous attendons.» Ici encore, messieurs, les faits parlent assez haut pour nous épargner la triste nécessité de conclure et de qualifier la conduite du commandant en chef de l'armée du Rhin.

L'opération, abandonnée le 26 août, fut reprise le 31, à la suite de l'avis ci-dessous, apporté de Thionville le 29 août par les émissaires Flahaut et Marchal : « Général Ducrot commande corps Mac-Mahon; il doit se trouver aujourd'hui 27 à Stenay, gauche de l'armée. Général Douay à la droite sur la Meuse. Se tenir prêt à marcher au premier coup de canon. »

Cette dépêche avait été apportée au colonel Turnier, le 27 août dans la soirée, par un homme courageux et dévoué, M. Lagosse, maire de Montgon. Mais, quatre jours auparavant, le colonel en avait reçu une autre plus importante encore, celle du 22 août 10 heures 55 du matin, par laquelle le maréchal annonçait sa marche vers l'Est.

Cette dépêche, entièrement en chiffres, avait été adressée du quartier général de Courcelles aux commandants de Verdun et de Montmédy, ainsi qu'au maire de Longuyon, avec cette recommandation :

« Envoyez au maréchal Bazaine la dépêche ci-après, très-importante ; faites-la lui parvenir par cinq ou six émissaires différents, auxquels vous remettrez les sommes, quelles qu'elles soient, qui leur seraient nécessaires pour accomplir leur mission. »

Le commandant de place de Montmédy avait expédié aussitôt la lettre par quatre émissaires. Deux d'entre eux, les douaniers Hiégel et Simon, l'apportèrent, le 23 dans l'après-midi, au colonel Turnier, en lui transmettant les recommandations que nous venons de citer. Le colonel promit de la faire parvenir.

Néanmoins nous le voyons, le 28, négliger de remettre cette dépêche à Flahaut, qu'il envoie porter au maréchal Bazaine la lettre du général Ducrot.

Que conclure de là, sinon qu'il avait déjà la certitude que cette dépêche était parvenue? Nouvelle preuve que le maréchal a été informé, bien plus tôt qu'il ne veut le reconnaître, du mouvement de l'armée de Châlons !

A la réception de la lettre du général Ducrot, il n'était pas possible au commandant en chef de faire croire plus longtemps à son ignorance.

D'après sa déclaration, cette nouvelle le détermina à faire une seconde tentative pour percer les lignes ennemies. Mais il semble que cette détermination fut antérieure à l'arrivée de la dépêche, car dès le 28, dans une tournée qu'il fit sur la route de Sainte-Barbe, le maréchal annonça, pour le 30, son projet de sortie, au général Soleille ainsi qu'au colonel Lewal.

Ne peut-on pas en inférer l'arrivée au quartier général, avant le 29, de communications relatives à la marche du maréchal de Mac-Mahon?

Le 29 août, dans la soirée, l'ordre fut donné aux corps d'avoir à se tenir prêts pour se mettre en mouvement le 30, à midi.

Mais quelques heures plus tard, cet ordre était contremandé. Pourquoi cet ajournement? Le maréchal a assuré que c'était afin de recevoir de Thionville les renseignements qu'il avait demandés touchant la dépêche du général Ducrot. C'était là un scrupule tardif, car il ne l'avait pas empêché d'expédier ses ordres.

L'avis reçu le 20 fut confirmé le lendemain par l'arrivée de la dépêche du maréchal de Mac-Mahon, du 22, venue cette fois par Verdun, d'où le sieur Macherez l'apporta au maréchal Bazaine le 30 août, à dix heures du matin.

Au reçu de la dépêche, le mouvement suspendu est de nouveau ordonné pour le lendemain.

Mais aucune disposition n'est prise pour surprendre ou devancer l'ennemi.

Les ordres donnés la veille, et déjà ébruités, sont la répétition de ceux du 26. L'opération à effectuer est la même. On ne profite pas davantage de la nuit pour dérober les mouvements préparatoires. On n'emmène pas non plus l'équipage de ponts, indispensable cependant, puisqu'une fois sorti de Metz par la rive droite, il faudra traverser de nouveau la Moselle pour se réunir à l'armée de Châlons, et qu'on ne doit rencontrer d'autre point de passage que l'unique pont de Thionville. En un mot, dans les mesures prises, rien qui paraisse dénoter l'intention de pousser l'entreprise à fond.

Rien n'eût empêché d'engager la lutte de bonne heure avec les 2e et

3e corps, qui, campés déjà sur la rive droite, étaient en position avant sept heures du matin. Cela eût permis d'enlever sans difficulté les premiers villages, alors défendus seulement par de faibles détachements. Néanmoins on attendit, avant de commencer le combat, l'entrée en ligne des 4e et 6e corps et de la garde, qui perdirent la plus grande partie de la journée à défiler sur les ponts de la Moselle.

Pendant que nos colonnes arrivaient lentement sur le plateau, où elles recevaient l'ordre de faire le café, les troupes ennemies, réparties sur les points menacés de la ligne d'investissement, prenaient, sans être inquiétées, leurs dispositions de défense ; les autres corps allemands, après s'être concentrés en toute hâte, accouraient pour les renforcer.

Il était deux heures environ quand toute l'armée se trouva massée dans les positions assignées. Bien que chaque minute perdue fût un avantage pour l'ennemi, le maréchal retarde encore le moment de l'attaque.

Après avoir réuni ses lieutenants pour leur donner ses instructions, il s'avance sur la route de Sainte-Barbe, puis, au milieu de l'impatience générale, il envoie chercher au fort Saint-Julien deux lourdes pièces de 24 et s'occupe à diriger la construction d'un épaulement derrière lequel il les place en batterie.

Enfin, à quatre heures, il donne le signal convenu et la lutte s'engage. On sait avec quelle ardeur nos troupes culbutèrent les avant-postes prussiens et s'emparèrent des villages de Noisseville, de Nouilly et de Servigny, bien que depuis la démonstration du 26 ils eussent été organisés pour la défense. A la tombée de la nuit, malgré une résistance opiniâtre, l'armée était de tous côtés victorieuse ; encore un effort ét la ligne d'investissement allait être forcée.

A ce moment, le général en chef voulut prendre lui-même part au combat, et, se plaçant avec sa bravoure accoutumée devant un régiment, il marcha quelques instants à sa tête pour le conduire à l'attaque.

Mais l'heure était trop avancée pour permettre de remporter un succès décisif, et, quand l'obscurité fut tout à fait venue, les troupes durent s'arrêter à petite portée de fusil de l'ennemi, qui restait maître du village de Sainte-Barbe, clef de la position.

Le maréchal Bazaine assure que son intention était de ne couronner Sainte-Barbe qu'à la nuit, et il a cité, pour expliquer ce mode d'opérer, un passage du service en campagne : Instructions pour les combats. Ce passage est ainsi conçu :

« Dans toutes les dispositions, notamment dans celles de l'attaque, il faut avoir pour principe de ne dévoiler ses desseins que le plus tard possible et de les mettre à exécution avec la plus grande promptitude. »

Sans vouloir entrer à ce sujet dans une discussion théorique, est-il besoin de vous faire remarquer, messieurs, que ces mots : « le plus tard possible, » ne peuvent s'entendre de l'heure avancée de la journée, mais qu'ils signifient l'instant le plus rapproché de l'action elle-même.

Du reste, le paragraphe cité du service en campagne se continue comme il suit :

« Aussi, il convient généralement de préférer la nuit pour porter ses troupes sur le flanc ou les derrières de l'ennemi. Autrement il serait nécessaire de masquer leur marche par un grand mouvement. »

D'après ce texte on est fondé à croire que le commandant en chef se fût plus fidèlement conformé à l'esprit des dispositions si sages du règlement en massant ses troupes de nuit, et en les jetant, dès le grand matin, sur le point déterminé de la ligne d'investissement.

Le maréchal a déclaré enfin que ce fut malgré ses ordres réitérés que le 4ᵉ corps attendit, pour commencer son mouvement offensif que le 3ᵉ eût dessiné le sien. Or vous savez, messieurs, que le 4ᵉ corps ne fit qu'exécuter les prescriptions du commandant en chef qui s'attachait, comme il l'a reconu lui-même, à retarder autant qu'il le put le moment de l'attaque.

Si donc l'action n'a débuté, le 31 août, qu'à quatre heures de l'après-midi, c'est uniquement parce que le maréchal Bazaine l'a voulu ainsi. Or, à ce moment, l'ennemi probablement informé dès la veille, avait pu à loisir organiser la défense et faire affluer les renforts.

Nous n'avons pas à apprécier ici le mérite des combinaisons adoptées et des mouvements ordonnés par le maréchal, mais nous devons constater que cet ensemble de dispositions devait avoir pour inévitable résultat de diminuer singulièrement les chances de succès.

La nuit venue, le commandant en chef s'était éloigné du champ de bataille sans adresser aucun ordre, sans demander aucun renseignement aux différents corps d'armée, sans faire soutenir les troupes engagées par celles aussi nombreuses qui n'avaient pas eu à combattre. Il s'arrêta au village de Saint-Julien et y passa la nuit.

Pendant que nos troupes restaient ainsi sans instructions, sans soutien, dans les positions conquises dans la soirée, les Prussiens mettaient à profit le temps qui leur avait été si imprudemment laissé. Des renforts considérables accouraient de toutes les directions. Dans la nuit même, une forte colonne attaqua le village de Servigny, et, malgré les efforts du général Aymard, parvint à en déloger nos troupes, laissées en partie sans direction. Au point du jour, l'ennemi prit l'offensive sur toute la ligne pour regagner le terrain dont il avait été chassé la veille.

A ce moment le maréchal adressait aux commandants de corps l'ordre confidentiel que vous connaissez :

« Selon les dispositions que l'ennemi aura pu faire devant vous, nous devons continuer l'opération entreprise hier... Dans le cas contraire, il faudra tenir dans nos positions, s'y fortifier, et ce soir nous reviendrons alors sous Saint-Julien et Queuleu. »

Ainsi, selon les dispositions de l'ennemi, il faudrait ou se porter en avant pour rompre le blocus ou reculer et reprendre les positions autour de la place.

Telles sont les seules instructions du général en chef pour la journée du 1ᵉʳ septembre. A partir de ce moment, il ne donne plus aucun ordre pour l'ensemble des opérations. Ses lieutenants, laissés sans direction, restent seuls chargés d'apprécier la situation et d'y pourvoir. On est confondu en voyant le maréchal abdiquer ainsi ses fonctions pour s'en remettre à l'initiative individuelle des commandants de corps.

Quels étaient donc les devoirs du commandement aux yeux de celui qui se montrait si peu soucieux du résultat à obtenir ?

Les instructions confidentielles du maréchal Bazaine ne témoignaient guère de la ferme volonté de percer les lignes. Les commandants de corps ne s'y trompèrent pas. L'élan des troupes fut ainsi paralysé et dès lors elles se bornèrent à la défensive jusqu'au moment où il leur fit prescrire de regagner leurs campements, mouvement qui s'effectua dans le meilleur ordre.

Est-il besoin de s'arrêter à l'allégation du maréchal, mettant sur le compte du mouvement rétrograde d'une division du 2ᵉ corps, l'insuccès de la journée du 1ᵉʳ septembre?

Vous savez, messieurs, que cette division, après avoir reculé de quelques centaines de mètres, reprit sa position dès qu'elle en reçut l'ordre. D'ailleurs, si elle avait plié un moment, il eût été facile de la faire soutenir, puisque cinq divisions d'infanterie, la réserve d'artillerie et celle de la cavalerie ne furent qu'à peine engagées.

En résumé, pas plus que le 26 août, le maréchal n'eut le 1ᵉʳ septembre la pensée bien arrêtée de s'éloigner de Metz pour tendre la main au maréchal de Mac-Mahon. Ce fut donc principalement dans le but de se mettre à l'abri de légitimes reproches encourus par son inaction, que le maréchal Bazaine livra ce combat inutile et sanglant.

Au moment où son armée rentrait frémissante dans les positions qu'elle ne devait plus quitter avant le jour de la capitulation, celle du maréchal de Mac-Mahon, assaillie par les forces trois fois supérieures au milieu desquelles l'avait conduit sa généreuse entreprise, était écrasée à Sedan.

Nous avons vu que c'étaient les renseignements inexacts, les réticences calculées du maréchal Bazaine qui avaient déterminé la marche de l'armée de Châlons. Nous savons que, depuis le 23 août, il était informé de ce mouvement. Enfin, le 26, pouvant croire qu'en raison de sa dépêche du 20, le maréchal de Mac-Mahon se serait arrêté, attendant un nouvel avis, il lui avait écrit pour l'inviter à pousser en avant et lui assurer son concours.

D'autre part, nous avons constaté qu'après avoir déterminé cette opération hasardeuse, qui ne pouvait réussir qu'à la condition d'une action combinée prompte et énergique, le commandant en chef était demeuré dans l'inaction, recourant au subterfuge pour obtenir l'assentiment de ses lieutenants; et qu'abandonnant ainsi le maréchal de Mac-Mahon à ses propres forces, il l'avait laissé écraser sans secours!

Si le conseil d'enquête, qui ignorait en grande partie des détails mis en lumière par l'instruction et les débats, n'a pas hésité à déclarer que le maréchal Bazaine était en partie responsable du désastre de Sedan, nous sommes bien autrement autorisés à porter la même conclusion!

Ce n'est pas, il est vrai, pour la capitulation de Sedan que le maréchal est en cause. Mais sa conduite, en tant que commandant de l'armée du Rhin, vous appartient tout entière.

C'est pourquoi, après l'examen scrupuleux auquel nous venons de nous livrer, nous venons vous demander si, dans sa conduite vis-à-vis de l'armée de Châlons, le maréchal Bazaine n'a pas manqué gravement à ce qu'exigeaient de lui le devoir et l'honneur?

Lors du retour de l'armée sous Metz, la situation des vivres était devenue déjà assez critique pour motiver les sérieuses préoccupations du commandant en chef. Le relevé établi par l'administration militaire indiquait, en effet, qu'il ne restait de pain à l'armée que pour un mois; la viande de boucherie faisait presque complètement défaut; il allait bientôt en être de même du sel et des fourrages.

Il fallut immédiatement commencer à abattre les chevaux pour nourrir les hommes.

La lecture du réquisitoire continue.

PRÉSIDENCE DE M. LE DUC D'AUMALE

Suite du réquisitoire

M. le commissaire du gouvernement, général Pourcet, continue en ces termes la lecture de son réquisitoire :

Cet état de choses, dont le maréchal était journellement tenu au courant, aurait dû suffire pour le déterminer à s'éloigner à tout prix de Metz, dont la présence de l'armée devait inévitablement hâter la chute.

Puisqu'il ne s'était pas arrêté à ce parti salutaire, cherchera-t-il du moins à retarder cette fatale échéance en s'appliquant à augmenter ou à économiser les approvisionnements?

Nous avons vu que, depuis le 18 août, aucune mesure n'avait été prise pour remédier à l'insuffisance des premiers préparatifs. Si le maréchal a pu chercher à expliquer cette inconcevable insouciance sous le prétexte, inacceptable d'ailleurs, qu'il croyait quitter la place d'un jour à l'autre, une semblable excuse ne pouvait plus être invoquée après le 1ᵉʳ septembre, car il savait que son séjour serait désormais d'assez longue durée.

Néanmoins, près de quinze jours encore s'écoulèrent sans que le commandant en chef songeât à prendre aucune disposition pour diminuer la consommation ou pour réunir les ressources dont regorgeait, au début du blocus, la contrée environnante.

Depuis le jour où le maréchal Bazaine fut placé à la tête de l'armée, il semble qu'il ne se soit pas un seul instant préoccupé des obligations que lui imposait le commandement suprême. Il n'est peut être pas un point, non-seulement de la règle écrite, mais aussi de nos traditions militaires, que le maréchal n'ait transgressé plus ou moins ostensiblement. Si grande que soit l'autorité du commandant en chef, le meilleur usage qu'il en puisse faire sera toujours d'assurer la rigoureuse observation des règlements, lesquels s'imposent également à tous les degrés de la hiérarchie. Là seulement se trouve l'accomplissement de son devoir et la sauvegarde de sa responsabilité personnelle.

Toutefois, ce mépris des principes élémentaires ne fut jamais aussi flagrant ni aussi funeste qu'à propos de cette question si importante des subsistances.

Contrairement aux décisions arrêtées dans la conférence du 26 août, aucune entreprise, résultant d'un plan d'ensemble, ne fut ordonnée par le maréchal. Les opérations, dont il fut question à la réunion du 12 septembre, ne furent exécutées que partiellement et seulement dans les derniers jours du mois.

Dirigées sur Magny-Lauvallier, Peltre, Merey, Colombey, les Maxes, elles demeurèrent à peu près stériles, bien qu'à chaque fois les troupes se soient emparées des positions.

En faisant preuve d'une grande vigueur, ce résultat négatif était inévitable, tant en raison du retard mis à exécuter ses opérations, que par suite des dispositions défectueuses chaque fois adoptées. En effet, à ce moment, les approvisionnements considérables que contenaient ces villages avaient été en grande partie consommés ou enlevés par les Allemands.

D'autre part, les corps, agissant isolément et devant abandonner chaque soir les positions conquises dans la journée, n'enlevèrent les denrées que d'une manière très-incomplète.

Enfin l'ennemi, parfaitement au courant de la pénurie où se trouvait l'armée française, peu scrupuleux, d'ailleurs, sur le choix des moyens pour arriver à ses fins, ne manqua jamais d'incendier le soir même les localités d'où il avait été momentanément expulsé, voulant ainsi éviter toute tentative nouvelle.

Un semblable système de petites opérations partielles, tardivement exécutées, sans plan d'ensemble, sans développement suffisant, ne pouvait avoir de résultat utile. C'est en vain que le maréchal a attribué leur insuccès au défaut d'initiative des commandants de corps auxquels, dit-il, il s'en était remis.

Une telle assertion doit être relevée, comme l'a fait avec une haute autorité M. le maréchal, président le conseil d'enquête, en rappelant que c'est le commandement qui fait l'obéissance. Elle n'eût jamais pu s'appliquer à une armée française placée sous les ordres d'un chef énergique et résolu à faire son devoir.

Les commandants de corps sont unanimes à déclarer que, toutes les fois qu'un ordre précis leur a été notifié, il a été ponctuellement exécuté, et l'examen des registres de correspondance du maréchal vient confirmer leur témoignage. Nous y voyons, en effet, que les opérations à accomplir leur étaient plutôt indiquées comme devant être étudiées que formellement ordonnées.

Si certaines de ces opérations ont été ajournées par lui sur les observations de ses lieutenants, c'est de lui-même qu'il a renoncé à d'autres, et cela sans motif bien sérieux.

Du reste, l'initiative des généraux n'était-elle pas subordonnée à une entente préalable et à un appui réciproque, que le commandant en chef pouvait seul ordonner?

Comment pourrait-il donc leur imputer les conséquences de sa désertion volontaire des devoirs du commandement?

D'ailleurs, ce n'est pas à ces démonstrations insignifiantes, bonnes tout au plus pour une simple garnison, que pouvait se réduire la tâche de l'armée du Rhin.

Ce n'est pas à un ou deux kilomètres, avec une division ou deux, que ces sorties devaient être tentées. Si, profitant de ce que le camp retranché était inexpugnable, de vive force, le maréchal, y laissant les malingres, les parcs, les convois, tous les impedimenta, en un mot, se fût jeté à l'improviste avec toutes ses troupes disponibles, tantôt contre un point de la ligne, tantôt contre un autre, il eût certainement enfoncé l'ennemi et obtenu ainsi un tout autre résultat.

Tel était le véritable rôle du camp retranché de Metz; il n'était nullement destiné à recevoir une armée d'une manière permanente, mais uniquement à lui servir de centre de ravitaillement, de point d'appui et de pivot de manœuvres.

Tel est, en général, vous le savez, messieurs, l'utilité des grands camps retranchés. Si l'on doit en attendre de grands avantages, c'est à la condition de ne pas y laisser une armée dans l'inaction et de ne les considérer que comme des abris passagers où les troupes peuvent en sécurité se refaire après de longues fatigues et se préparer à de nouvelles opérations actives. Agir autrement, c'est méconnaître de la manière la plus dangereuse le but de leur création.

Le maréchal a allégué que les troupes, étant réparties sur les deux rives de la Moselle, ne se trouvaient pas, au point de vue tactique, dans une position centrale, l'ennemi occupant les positions culminantes. Il n'était pas possible, a-t-il dit, de le surprendre sur un point et de l'accabler avec des forces supérieures, dans la situation topographique de Metz et de son camp retranché.

Comment! lorsque les sommets, environnant la place étaient couronnés par les forts de Saint-Quentin, de Plappeville, de Saint-Julien et de Queuleu, lorsque le maréchal disposait de cinq ponts sur la Moselle et que rien n'empêchait d'augmenter ce nombre, lorsque deux lieues à peine séparaient les corps les plus éloignés l'un de l'autre, lorsqu'il suffisait, par conséquent, de quelques heures de nuit pour concentrer l'armée tout entière sur un point quelconque du cercle des avant-postes, lorsqu'enfin l'armée allemande occupait un développement de quarante-deux kilomètres, comment, disons-nous, peut-on admettre que, dans ces conditions, ils n'eût pas été possible, facile même, de surprendre l'ennemi et de le battre?

Sans donc nous arrêter à cette allégation du maréchal, non plus qu'aux excuses qu'il tire du mauvais temps, du grand nombre de blessés, etc., etc., toutes raisons sans valeur devant la nécessité suprême de sauver l'armée, nous arrivons au dernier motif invoqué par lui pour justifier sa longue inaction.

A l'instruction, le maréchal s'est exprimé en ces termes :

« Rien ne faisait prévoir qu'un armistice ou un traité de paix ne serait pas intervenu avant que nous soyons réduits à la dernière extrémité. Et j'ai toujours pensé que la conservation de la place de Metz faciliterait les négociations et sauvegarderait la Lorraine. »

Le secret de la conduite du maréchal et l'explication de sa longue immobilité sont tout entiers dans cet aveu. Le maréchal a pensé, après le désastre de Sedan, que la France, désormais sans armée, serait hors d'état de continuer la lutte, et que, dans un avenir nécessairement très-rapproché, la guerre finirait faute de combattants. A l'abri de toute atteinte dans l'intérieur de son camp retranché, il n'avait qu'à attendre sans risque et sans effort la solution inévitable qu'amèneraient la force des choses et le cours naturel des événements.

Ces prévisions ne se trouvèrent pas justifiées grâce à la résistance de Paris et aux efforts énergiques du patriotisme national, mais l'ordre d'idée dans lequel se plaçait le maréchal l'entraîna à une série d'actes ayant pour but d'amener l'armée à partager sa conviction, en justifiant en même temps sa conduite aux yeux de ses soldats.

L'accusation doit relever ces actes, car, en propageant l'opinion que la guerre était désormais impossible et que la paix allait être fatalement conclue, le commandant en chef ne pouvait qu'amener le découragement parmi les troupes et les dégoûter de nouveaux combats.

Nous verrons plus tard l'action que le maréchal exerça dans un but analogue sur la presse de Metz. Pour le moment nous rappellerons l'incident relatif au rapport adressé au maréchal, le 13 septembre, par M. Debains, dans les circonstances connues du Conseil.

A cette date, toute l'armée connaissait le désastre de Sedan et la chute du gouvernement impérial. Ces nouvelles avaient été la veille le sujet d'une communication spéciale du maréchal aux commandants de corps d'armée et aux généraux de division réunis au Ban-Saint-Martin.

La situation inouïe résultant pour le pays de cette double catastrophe était-elle encore aggravée par les complications que les officiers et les journaux allemands s'étaient plu à énumérer ? La note de M. Debains, résumant la substance de ses conversations et de ses lectures pendant son séjour aux avant-postes ennemis, le démontre clairement.

Eh bien ! sans prendre garde à l'origine suspecte de ces renseignements, sans se demander s'ils ne pouvaient contenir quelques assertions mensongères ou tout au moins exagérées par les haines nationales, le maréchal s'empresse de transmettre le rapport de M. Debains au général Jarras, avec ordre d'en faire rédiger des copies pour chacun es commandants de corps d'armée.

Vous savez, messieurs, qu'aussitôt qu'il en fut informé, M. Debains crut devoir protester auprès du commandant en chef contre l'usage qui avait été fait de son rapport.

Vous savez aussi l'impression pénible que produisit l'ordre du maréchal sur les officiers chargés de l'exécuter.

Il fallut leurs représentations pour le déterminer à revenir en partie sur ses prescriptions. Il décida alors que la conclusion du rapport serait supprimée et qu'il serait seulement donné lecture du reste aux commandants de corps, sans qu'il leur en soit laissé copie.

Certes, nous croyons qu'en leur communiquant ce document, le maréchal n'avait pas à redouter d'affaiblir leur moral ! Mais ce qu'il devait craindre, c'était que les nouvelles décourageantes contenues dans cette pièce ne vinssent à s'ébruiter par suite d'indiscrétions qui eussent été inévitables si ses premiers ordres avaient été exécutés.

Il est étrange, assurément, que de simples officiers fussent obligés de l'éclairer sur les conséquences et la portée de ses actes !

Du reste, nous ne voyons pas quel grand intérêt il pouvait y avoir, au moment où les généraux venaient d'être officiellement instruits de la situation du pays, à leur faire connaître les bruits affligeants dont la presse allemande se faisait l'écho.

En remarquant qu'il n'y eut jamais aucune communication de cette espèce pour instruire l'armée des récits rassurants des journaux français, nous nous demandons si le maréchal a jamais eu le désir de relever le moral de ses soldats !

Ce n'est pas là, il s'en faut, le seul indice de la manière dont il comprenait ses devoirs à ce sujet.

Le même jour, 13 septembre, des officiers du 12e bataillon de chasseurs apprenaient de sa bouche même une partie des tristes nouvelles rapportées par M. Debains.

Après une visite au fort Saint-Privat, le maréchal, causant avec le commandant Jouanne-Beaulieu qu'il voyait pour la première fois, lui dit que l'on avait entrepris la guerre sans être prêt ; qu'il n'y avait pas de biscuit ; que la partie était perdue pour cette fois ; qu'il venait de recevoir la nouvelle de la capitulation de Strasbourg ; que l'ennemi dirigeait sur Metz l'artillerie de siège qui avait servi contre cette place ; que bientôt ce serait le tour de l'armée du Rhin ; qu'il y avait lieu de craindre les suites d'un bombardement dans une ville comme Metz, déjà encombrée de blessés et qui allait devenir une véritable nécropole.

Cette conversation avait été tenue assez haut pour être entendue par l'adjudant-major qui suivait.

Ainsi, ce n'est pas assez pour le maréchal d'avoir communiqué le rapport Debains aux principaux chefs de l'armée, il s'en fait personnellement l'éditeur responsable, il va lui-même propager des nouvelles fâcheuses, fausses même, comme celle de la prise de Strasbourg, et ne craint pas de dire hautement que la partie est perdue.

Le maréchal pouvait-il se méprendre sur les conséquences de telles communications, colportées dans les camps et commentées de mille manières ? Agir comme il le faisait, n'était-ce pas répandre le découragement dans l'armée et détruire dans l'esprit de tous jusqu'à la pensée de continuer la lutte ?

L'accusation signale dans ces communications un manquement grave au devoir militaire, accompli en violation flagrante de l'art. 255 du décret du 13 octobre 1863, qui prescrit au commandant supérieur de rester sourd aux nouvelles répandues par l'ennemi.

Le maréchal a prétexté, pour sa justification, « qu'il y a une différence à établir entre un simple commandant de place renfermé dans ses murs, exerçant son pouvoir en temps régulier, et un chef d'armée ignorant les événements amenés par un bouleversement politique et ayant sous ses ordres des personnages considérables, presque ses égaux.

Il a cru devoir insister à plusieurs reprises sur cette considération.

La distinction que le maréchal veut établir entre le commandant d'une place et le chef d'une armée est plus spécieuse que réelle. Le temps de guerre n'est point un temps régulier pour aucun de ceux qui, à un titre quelconque, exercent le commandement. Dans une place bloquée ou assiégée, le commandant se trouve nécessairement dans une ignorance plus ou moins complète des événements extérieurs.

Le maréchal Bazaine, investi sous Metz avec toute son armée, était à cet égard dans une situation absolument identique à celle qu'aurait eu à subir un simple commandant de place.

L'importance du commandement, ainsi que l'élévation hiérarchique des subordonnés, loin d'autoriser une dérogation quelconque aux prescriptions du règlement, sont au contraire des motifs plus puissants encore de s'y renfermer rigoureusement, car la violation de l'article 255 est bien autrement grave et dangereuse, alors que ses effets peuvent s'étendre à une armée tout entière, au lieu d'être restreints à une simple garnison.

Le maréchal a prétendu aussi qu'il devait compter sur la discrétion des officiers d'état-major, et que, dans la situation où l'on se trouvait, il croyait utile de ne rien laisser ignorer, afin d'éviter les commentaires.

Si j'ai fait, a-t-il dit, cette communication, c'est par un sentiment de loyauté vis-à-vis de mes compagnons d'armes, d'autant plus que les nouvelles recueillies par M. Debains ne pouvaient être taxées comme venant des troupes ennemies, puisqu'elles avaient été recueillies sur des journaux venant d'Allemagne, et bien certainement de correspondants de France.

Toutes ces observations sont d'une casuistique par trop subtile. Que M. Debains ait pris les éléments de son rapport dans ses conversations avec les officiers ou dans la lecture des journaux allemands, cela importe peu. Ce qu'il y a de certain, c'est qu'une partie au moins de ces nouvelles, celle de la prise de Strasbourg, par exemple, étaient fausses. D'ailleurs, nouvelles et renseignements provenant directement et uniquement de l'ennemi, il n'est pas nécessaire d'insister là-dessus.

Si le maréchal, malgré l'interdiction formelle du règlement, pensait ne pouvoir se dispenser d'instruire ses lieutenants de tout ce qui parvenait à sa connaissance, que n'a-t-il obéi aux mêmes scrupules dans les réunions où il leur demanda leur avis, au lieu de leur dissimuler, comme il l'a fait dans chacune d'elles, les renseignements qu'il possédait seul et qui leur étaient indispensables pour fixer leur opinion ?

C'est à tort que le maréchal a pensé que les événements politiques lui avaient créé une situation tout à fait à part, en vertu de laquelle il se trouvait en quelque sorte affranchi des règles ordinaires du commandement. Ce fut là sa plus grande erreur, et, disons-le hautement, avec une conviction profonde. Quelles qu'eussent été ses fautes militaires, le maréchal n'aurait point aujourd'hui à répondre de sa conduite, s'il se fût montré constamment chef loyal et consciencieux, et si, dominé par les calculs d'une ambition égoïste et mesquine, il n'eût sacrifié l'action à l'intrigue et troqué l'épée du général contre la plume du diplomate.

Les nouvelles communiquées par le maréchal, comme nous venons de le dire, les 12 et 13 septembre, n'étaient pas venues à sa connaissance par les seuls rapports du commandant Samuel et de M. Debains. Il les avait apprises d'abord par le capitaine Lejoindre qui, rentré de captivité en vertu d'un cartel d'échange, avait été amené au Ban-Saint-Martin par le général Castagny, dans la journée du 10 septembre, et qui avait fait au maréchal un récit détaillé de ce qu'il avait lu dans les journaux français, sur le désastre de Sedan et la révolution du 4 septembre.

Le récit du capitaine Lejoindre avait été confirmé à l'arrivée du brigadier Pennetier. Ce militaire, échappé de Sedan, avait réussi à pénétrer dans Metz le 14 septembre, et apportait au maréchal, de la part de M. André, maire d'Ars-sur-Moselle, trois ou quatre journaux français et une copie de la circulaire de M. Jules Favre, se terminant par ces mots : Pas un pouce de notre territoire, pas une pierre de nos forteresses.

A l'aide de ces divers éléments d'information, qui se contrôlaient les uns les autres, il semble que le maréchal devait se trouver suffisamment renseigné sur les douloureux événements qui venaient de s'accomplir. La lettre, adressée le 16 septembre au prince Frédéric-Charles, sous prétexte de lui demander des renseignements, n'avait donc pas de raisons d'être, puisque le maréchal connaissait à cet égard tout ce qu'il lui importait de savoir.

S'il a agi ainsi, c'est, à ce qu'il déclare, parce qu'il voulait être fixé « sur la portée des événements et sur la manière dont ils avaient été appréciés par l'autorité allemande. »

Ainsi donc, c'était une pensée toute politique qui avait inspiré le maréchal dans cette circonstance. Pour risquer cette démarche irrégulière et compromettante, il fallait apparemment qu'il attachât une grande importance à tâter le terrain, à sonder les intentions de l'ennemi, et à provoquer de sa part des ouvertures que les conséquences probables de la situation laissaient aisément pressentir. A ce moment, l'armée de Metz, était, en effet, la seule force organisée qui restât au pays. Le gouvernement du 4 septembre, quelle que pût être l'énergie de ses résolutions, se trouvait à peu près désarmé en face des trois cents mille Allemands marchant sur Paris.

La résistance devait dès lors paraître matériellement impossible, et l'on pouvait croire que des négociations en vue de la paix ne tarderaient pas à se produire. Dans cette éventualité, le commandant en chef de l'armée du Rhin se crut, sans doute, en droit d'intervenir, jugeant avec raison, du reste, que son intervention serait prépondérante sinon décisive.

La conduite ultérieure du maréchal nous autorise à croire que telles furent les préoccupations sous l'empire desquelles il se détermina à écrire au général en chef ennemi pour lui demander des renseignements sur des faits qu'il connaissait parfaitement. Quoi qu'il en soit, la minute de cette lettre du 16 septembre n'existe pas au dossier ; elle a disparu avec la majeure partie de la correspondance échangée entre les deux commandants d'armée.

Le maréchal a déclaré que cette minute devait se trouver au nombre des pièces brûlées, à son insu, par ordre du général Boyer. On comprendrait difficilement que l'aide de camp du commandant en chef se soit permis de faire détruire, de sa propre autorité, des documents de si haute importance dont il était dépositaire, et il affirmé du reste devant vous n'avoir jamais conservé par devers lui aucune partie de cette correspondance.

Le prince Frédéric-Charles n'interpréta pas la démarche du maréchal dans le sens d'une simple demande de renseignements. Il comprit que le commandant en chef de l'armée française était alors plus disposé à négocier qu'à combattre Nous en trouvons la preuve dans l'empressement avec lequel le prince, après avoir fourni les renseignements demandés, se déclara prêt et autorisé à faire toutes les communications que le maréchal pourrait désirer.

Dans tous les cas, le maréchal Bazaine venait de faire le premier pas dans la voie dangereuse de ses communications avec l'ennemi, qui allaient quelques jours plus tard prendre un caractère si funeste.

Le jour même où il écrivait au prince Frédéric Charles, et avant même d'avoir reçu sa réponse, ce qui suffirait à démontrer qu'il n'en avait pas besoin, le commandant en chef adressait à l'armée l'ordre général n° 9, qui lui annonçait officiellement le désastre de Sedan et les événements du 4 septembre.

Dans cet ordre, il ne parlait ni de l'empereur, ni de son gouvernement, et il se bornait à rappeler, en termes élevés, auxquels nous nous associons pleinement, que les événements survenus ne changeaient en rien les devoirs de l'armée envers le pays, devoirs indépendants de la forme de gouvernement.

Nous verrons plus loin si le maréchal se montra fidèle à cette noble déclaration. Constatons pour le moment que cet ordre de jour était la reconnaissance officielle du gouvernement de fait qui venait de succéder au régime impérial.

La révolution se trouvant accomplie, et quelles que fussent les légitimes réserves que pouvaient faire naître l'origine irrégulière et violente du nouveau pouvoir, le seul devoir de l'armée en présence de la France envahie, était, disons-le bien haut, de le seconder loyalement dans ses efforts pour repousser l'ennemi, et se consacrer exclusivement à cette tâche sacrée.

C'est en vain que voulant chercher à justifier les manœuvres auxquelles il se livra plus tard en vue d'une restauration impériale, le maréchal Bazaine s'est efforcé de contester les conséquences de sa proclamation du 16 septembre. C'est en vain qu'il prétend n'avoir jamais reconnu d'autre gouvernement que celui de l'empire !

Ses protestations tardives ne sauraient retirer à l'ordre général n°9 le caractère d'une reconnaissance explicite du gouvernement de la Défense nationale.

Du reste, si le maréchal veut attribuer cet ordre du jour uniquement à son désir d'instruire l'armée des graves modifications politiques qui venaient de se produire, nous ne pensons pas qu'il puisse expliquer de la même manière la communication qu'il fit à la presse de Metz de la proclamation de M. Jules Favre, qui contenait ces mots : « La population de Paris n'a pas voulu périr avec le pouvoir criminel qui conduisait la France à sa perte.

« Elle n'a pas prononcé la déchéance de Napoléon III, elle l'a enregistrée au nom du droit, de la justice et du salut public, etc. »

Était-ce donc faire acte de sujet fidèle et respectueux que de propager un document qui s'exprimait en termes si injurieux pour le régime renversé le 4 septembre?

Vers ce moment, le maréchal, invitant le gouverneur de Metz à surveiller la presse locale et à réprimer chez certains journaux de fâcheuses violences de langage, lui écrivait à la date du 14 :

« Il n'est jamais permis de laisser insulter le malheur et ridiculiser aux yeux de nos soldats ceux auxquels nous obéissions naguère. »

En s'exprimant ainsi, le commandant en chef était incontestablement le fidèle interprète des sentiments de l'armée, à laquelle il répugne toujours d'outrager l'infortune ; mais ces paroles indiquaient en même temps, avec une grande netteté qu'à ses yeux, le gouvernement impérial n'était plus qu'un gouvernement déchu.

Enfin, l'ordre donné par lui, le 15 septembre, de supprimer sur les lettres de nomination d'officiers et sur les brevets de la Légion d'honneur les fleurons aux armes impériales, ainsi que l'en-tête au nom de l'empereur, achèvent de montrer les sentiments qui animaient le maréchal, lorsqu'il faisait paraître son ordre du jour du 16 septembre.

Ces sentiments, toutefois, durèrent peu. Deux ou trois jours après la suppression des emblèmes impériaux, ordre était donné de les rétablir et les événements que nous verrons se dérouler depuis lors témoignent que le maréchal revint promptement à une manière de voir bien différente.

D'où provenait ce revirement?

Pour s'en rendre compte, il faut se rappeler qu'après Sedan l'armée ennemie n'avait plus trouvé de résistance, et qu'elle s'avançait sans obstacles jusque sous les murs de Paris.

Le gouvernement prussien hésitait à entreprendre une opération aussi colossale que celle du siège de cette capitale. Il eût de beaucoup préféré conclure immédiatement la paix, pourvu que les avantages qu'il se croyait en droit d'exiger lui fussent dûment garantis.

Dans ce but, après avoir essayé en vain de traiter avec l'empereur, prisonnier, M. de Bismark accueillit à Ferrières les ouvertures du gouvernement de la Défense nationale.

Mais, en même temps, il n'oubliait pas que l'accession de la seule force militaire de la France était indispensable pour assurer l'exécution des stipulations à intervenir. Pour éviter toute difficulté de la part de l'armée du Rhin, le plus sûr était de traiter avec son commandant en chef lui-même.

Tel fut du moins l'avis du gouvernement prussien.

La lecture du réquisitoire continue

Quatrième complément de l'audience du 4 décembre

PRÉSIDENCE DE M. LE DUC D'AUMALE

Suite du Réquisitoire

Monsieur le général Pourcet continue la lecture de son réquisitoire.

La première démarche dans ce but (d'arriver à traiter avec le commandant de l'armée du Rhin lui-même) est marquée par l'insertion dans un journal de Reims d'un communiqué officiel de l'autorité supérieure dans cette ville, où résidait le gouverneur général des départements envahis.

Ce communiqué, dont nous ne croyons pas nécessaire de reproduire ici le texte entier, se terminait comme il suit :

« Les gouvernements allemands, dont le but n'est pas la guerre, ne refuseraient pas de conclure la paix avec la France, si elle était sérieusement demandée par le pays.

« Dans ce cas, il s'agirait seulement de savoir avec qui on peut la conclure.

« Les gouvernements allemands pourraient entrer en négociations avec l'empereur Napoléon, dont le gouvernement est jusqu'à présent le seul reconnu, ou avec la régence instituée par lui. Ils pourraient également traiter avec le maréchal Bazaine, qui tient son commandement de l'empereur. Mais il est impossible, de comprendre de quel droit les gouvernements pourraient négocier avec un pouvoir qui ne représente jusqu'ici qu'une partie de la gauche de l'ancien Corps législatif. »

Ainsi, d'après ce document officiel, l'Allemagne ne voulait traiter qu'avec l'empereur, l'impératrice régente ou le maréchal Bazaine; mais l'empereur prisonnier s'était déjà déclaré inhabile, en raison de sa situation, à entrer en négociations.

Restaient l'impératrice et le maréchal Bazaine. A vrai dire, aucun des deux ne pouvait traiter sans l'autre, puisque, si la régente était seule dépositaire du pouvoir, son autorité ne pouvait être reconnue que par le concours de l'armée du Rhin.

Le maréchal Bazaine se trouvant ainsi être le pivot, pour ainsi dire, de la combinaison conçue par la diplomatie allemande, les intentions manifestées dans le communiqué de Reims ne pouvaient manquer d'être promptement portées à sa connaissance.

Si on s'en rapporte à un passage de la déposition du sieur Régnier à l'instruction, on pourrait même croire que le commandant en chef provoqua des ouvertures à ce sujet.

Régnier déclare, en effet, avoir vu dans les papiers que lui montra le maréchal deux lettres qui avaient été adressées au prince Frédéric-Charles.

Dans la seconde, le maréchal signalait deux articles de journaux, l'un belge, annonçant que M. Jules Favre traitait d'un armistice ; l'autre allemand, déclarant que le gouvernement royal ne reconnaissait d'autre pouvoir que celui de l'empire. Il demandait au prince quelle était celle des deux versions à laquelle il fallait croire.

L'instruction a retrouvé, il est vrai, la trace de dépêches adressées comme de parlementaires reçus à cette époque au quartier général du maréchal Bazaine.

Ces communications avaient-elles pour but d'instruire des dispositions politiques les gouvernements allemands ? Le profond mystère qui couvre toutes les relations si fréquentes entre les deux commandants en chef ne permet pas de rien préciser à ce sujet ; et le maréchal déclare qu'il n'eut connaissance du communiqué de Reims que le 21 septembre, par M. Valdéjo.

Mais il résulte de la déposition de M. Debains que ce fut vers le 16 que ce communiqué arriva à Metz.

A partir de cette époque, l'attitude du commandant en chef se modifie complétement.

Oubliant qu'il avait reconnu le gouvernement de la Défense nationale, nous allons le voir revenir à l'Empire, après l'avoir abandonné tout d'abord.

Avant d'entamer l'exposé des négociations engagées par le maréchal Bazaine, vous trouverez bon, messieurs, que nous rappelions sommairement quels furent ses moyens de communication avec le général en chef ennemi.

Pendant les premiers temps du blocus, les parlementaires se présentaient indistinctement par toutes les routes. Mais, à partir du 11 septembre, le prince Frédéric-Charles décida que ce service se ferait exclusivement par la route de Moulins à Ars, qui reliait directement les deux quartiers généraux.

A partir de ce moment, il s'établit entre les deux chefs d'armée une correspondance suivie. A de très-courts intervalles, des parlementaires prussiens se présentaient aux avant-postes français.

Nous n'avons pas besoin, messieurs, de vous dire quelles sont les dispositions que prescrivent les règlements à l'endroit des parlementaires. Permettez-nous cependant de les citer ici, afin que nul ne puisse se méprendre sur leur sens et sur leur portée :

« Les trompettes et les parlementaires de l'ennemi, dit l'ordonnance sur le service des armées en campagne, ne dépassent jamais les premières sentinelles. Ils sont tournés du côté opposé au poste et à l'armée ; on leur bande les yeux, s'il en est besoin. Un sous-officier reste avec eux pour exiger que ces dispositions soient observées ; pour tâcher de tromper leur curiosité par des réponses adroites, et prévenir l'indiscrétion des sentinelles. Le commandant de la grand'garde donne reçu des dépêches, et les expédie immédiatement au général de la brigade ; il congédie sur-le-champ le parlementaire. »

Le règlement sur le service dans les places contient, en outre, cette disposition :

« S'il est indispensable que le parlementaire confère avec le commandant de place, il est, avec l'autorisation de ce dernier, conduit près de lui, les yeux bandés. Il est ensuite reconduit aux avant-postes avec les mêmes précautions. »

La fermeté et la vigilance bien connues du général qui commandait cette partie des lignes sont pour nous un sûr garant que ces prescriptions eussent été ponctuellement exécutées, si le commandant en chef n'avait réglé lui-même ce point particulier, en se faisant adresser, sans qu'il soit besoin de lui en référer au préalable, les parlementaires qui demandaient à lui parler, et qui, s'il faut l'en croire, ne venaient que pour les motifs les plus futiles.

Ajoutons que, par suite d'une autre irrégularité fâcheuse, ces parlementaires eurent quelquefois des conférences particulières avec le commandant des avant-postes, officier démissionnaire, nommé par le maréchal Bazaine au commandement d'une compagnie de francs-tireurs. Il était aussi chargé de conduire en voiture ces parlementaires au Ban-Saint-Martin. Il eût été, ce me semble, préférable d'affecter à ce service un officier de l'armée, plutôt qu'une personne qui ne remplissait peut-être pas les conditions requises pour cette mission de confiance.

Interrogé sur les motifs de ces visites, le maréchal ne s'est pas souvenu de la plupart d'entre elles et n'a pu fournir sur les autres que des indications peu satisfaisantes. Il en a été de même pour les nombreuses lettres reçues du prince Frédéric-Charles.

Quant à celles envoyées, comme elles n'étaient pas enregistrées, il n'en a pas été non plus conservé traces.

En présence des témoignages nombreux et précis qui ne peuvent laisser aucun doute sur la fréquence de ces communications, soit verbales, soit écrites, vous regretterez comme nous, messieurs, l'obscurité faite comme à dessein à leur sujet, obscurité qui laisse, il faut bien le reconnaître, le champ ouvert à toutes les hypothèses !

S'il faut en croire de nombreux témoins, là ne se seraient pas bornées, du reste, les relations du commandant en chef avec l'ennemi. Il aurait eu, en outre, des rapports directs et personnels avec le quartier général prussien.

Toutefois, nous ne nous croyons pas, quant à nous, munis de preuves suffisantes pour nous prononcer avec pleine conviction sur une imputation aussi grave, et nous nous en rapportons à votre conscience, messieurs, pour apprécier la valeur de ces témoignages ainsi que les charges qu'ils peuvent faire peser sur le maréchal Bazaine.

Les communications échangées par le commandant en chef avec l'ennemi avaient débuté par des ouvertures destinées, dans la pensée de chacune des parties, à sonder les dispositions de l'adversaire.

Mais ces communications changèrent de caractère, et se transformèrent bientôt en pourparlers effectifs.

C'est un personnage totalement inconnu, mystérieusement introduit au quartier général du Ban-Saint-Martin, dans l'après-midi du 23 septembre, qui fut l'agent de cette transformation en servant d'intermédiaire entre M. de Bismark et le maréchal Bazaine.

Nous n'entendons pas faire ici le récit détaillé des démarches du sieur Régnier.

Un examen approfondi, que nous interdit l'action judiciaire dont il est l'objet, pourrait seul permettre de décider s'il faut voir en lui un agent de l'ennemi ou simplement un esprit faible et vaniteux qui fut l'instrument inconscient d'une volonté étrangère.

Quoi qu'il en soit, nous croyons devoir ne nous attacher qu'à ceux de ces dires qui se trouvent confirmés par d'autres témoignages ou par des preuves irrécusables.

Régnier arrive au quartier général; suivant sa déposition et celle du capitaine Garcin, il s'y fait annoncer comme l'envoyé d'Hastings. Sur ces mots, il est aussitôt introduit auprès du maréchal, lequel déclare qu'après lui avoir indiqué ses plans pour la restauration de l'empire, Régnier lui exposa, séance tenante, son dessein de faire sortir l'un des commandants de corps pour le conduire auprès de l'impératrice.

D'après Régnier, au contraire, cette demande n'aurait été faite par lui que le lendemain. Quoi qu'il en soit, elle fut, comme on sait, favorablement accueillie.

En second lieu, Régnier ayant fait connaître au maréchal les vues de M. de Bismark pour le rétablissement de la paix, lui demanda à quelles conditions il consentirait à traiter pour l'armée sous ses ordres.

C'est en vain que le maréchal a essayé depuis d'atténuer le sens et la portée de sa réponse.

Nous lisons dans la déposition du général Bourbaki la déclaration suivante renouvelée aux débats et qui confirme pleinement le dire de Régnier :

« Le maréchal dit au sieur Régnier de faire savoir au prince qu'il demandait que l'armée sortît avec les honneurs de la guerre sans traiter pour Metz, qui resterait indépendant de l'armée, et que le maréchal Bazaine se retirerait avec son armée pour prendre en France une position neutre jusqu'à la paix. »

Telles étaient les paroles que, le 24 septembre, Régnier était chargé d'aller porter au quartier général ennemi au nom du commandant en chef de l'armée française !

Enfin le maréchal, voulant hâter la solution, lui fit remarquer que, de paralysée qu'elle était, l'armée, par la force des choses, aurait bientôt cessé d'exister, et il lui indiqua le 18 octobre comme le dernier terme auquel il pût arriver.

Il ne saurait nier cette confidence. D'après la dernière situation reçue, le 18 octobre était bien la date à laquelle les vivres seraient épuisés.

Une fois sorti de Metz, et bien avant la capitulation, Régnier fit connaître cette date au commandant Lamey ; enfin il la produisit dans sa brochure publiée aussitôt après les événements.

Ajoutons que certaines dépositions produites devant vous tendraient à faire croire que cette échéance du 18 octobre était, dès la fin de septembre, parvenue à la connaissance de l'ennemi, même à Strasbourg.

Quoi qu'il en soit, Régnier qui, pendant son séjour dans les lignes françaises, n'eut aucune communication en dehors du quartier général, ne put recevoir un tel renseignement que du maréchal, qui, avec l'intendant en chef, était seul à en avoir le secret !

Ainsi donc nous constatons :

Que le sieur Régnier obtint du maréchal l'autorisation de faire sortir le général Bourbaki ;

Qu'il fut chargé de porter à l'ennemi les conditions que le maréchal accepterait pour capituler

Enfin, qu'il reçut de celui-ci communication de la fatale échéance où les vivres allaient faire défaut.

D'après de semblables résultats, on peut déjà juger de la valeur de l'assertion du maréchal quand il déclare n'avoir eu avec Régnier qu'une simple conversation sans conséquence.

Avant d'apprécier la portée de ces faits, nous ne pouvons nous empêcher de nous demander quels motifs purent déterminer le général en chef à accorder ainsi sa confiance à l'individu qui se présentait à lui à la faveur d'une passe de M. de Bismark.

Le maréchal n'a pas su nous en donner les raisons.

En voyant ce personnage si facilement admis dans les lignes françaises, puis introduit auprès du commandant en chef sous la seule dénomination de « l'envoyé d'Hastings, » on serait porté à croire que son arrivée avait été annoncée au maréchal, et si l'on songe qu'à ce moment on ignorait à Metz que l'impératrice se fût retirée à Hastings, cette hypothèse devient plus vraisemblable encore.

Dans le cours de l'entretien, Régnier fit voir au maréchal une photographie derrière laquelle se trouvaient quelques mots signés du prince impérial.

Voilà tout le bagage diplomatique du soi - disant ambassadeur de l'impératrice! En vérité c'était trop peu pour l'accréditer dans une telle mission!

Ce fut sans doute l'avis du maréchal lorsqu'il ajouta sa signature à côté de celle du prince, cela, dit-il, sans arrière-pensée.

Il demanda donc à Régnier, et nous ne saurions l'en blâmer, s'il n'avait pas d'autre lettre de créance. A quoi Régnier aurait répondu que, s'il n'avait pas de pouvoir écrit, c'était afin de ne pas livrer au hasard des incidents du voyage des documents importants.

Le maréchal n'insista pas.

Cependant, ses scrupules continuèrent. Régnier s'était donné comme un employé supérieur de la maison de l'impératrice. Il était facile de contrôler la véracité de son assertion en s'adressant aux officiers généraux attachés à la maison impériale.

Le lendemain donc, quand le maréchal Canrobert arriva, appelé par le commandant en chef, celui-ci commença par lui demander s'il connaissait dans la maison de l'impératrice un employé supérieur du nom de Régnier. Le maréchal Canrobert répondit qu'il ne le connaissait nullement.

Quelques instants après, ce fut le tour du général Bourbaki. L'aide de camp du maréchal Bazaine lui fit la même question en lui montrant par la fenêtre Régnier qui se promenait dans le jardin. Après l'avoir considéré, le général Bourbaki répondit : « Non, j'oublie les noms quelquefois, mais non les physionomies. Je n'ai jamais vu cette personne. Ce n'est ni un familier des Tuileries, ni un employé. »

Après cela, le maréchal devait savoir à quoi s'en tenir!

Si Régnier avait menti en s'attribuant une position qu'il n'avait pas, il était bien probable qu'il avait usurpé aussi le titre d'envoyé de l'impératrice. Il ne conservait donc pour l'accréditer auprès du commandant en chef que la qualité d'envoyé de l'ennemi. Ce caractère était suffisamment établi par son laissez-passer revêtu de la signature du comte de Bismark, et contre-signé du quartier-maître général des armées allemandes, ainsi que par l'autorisation absolument exceptionnelle obtenue du prince Frédéric-Charles pour pénétrer dans les lignes françaises.

Une autre circonstance était bien faite pour éveiller les soupçons. Nous voulons parler de l'insistance que mit Régnier à aller passer la nuit au camp prussien.

Avant de terminer sa conférence avec le maréchal, voulait-il donc adresser une communication au prince ou en recevoir des instructions? On sait que le maréchal ne mit aucun empêchement à l'accomplissement de ce désir.

Au lieu de s'y prêter comme il le fit, on comprendrait davantage qu'il eût éconduit le négociateur, ou plutôt qu'il lui eût fait appliquer les mesures répressives que le droit de la guerre autorise contre les gens suspects!

Mais, bien au contraire, le maréchal lui continua sa confiance; et ce fut après le retour de Régnier et à la suite de ces déclarations catégoriques à son endroit qu'il le chargea d'aller faire connaître à l'ennemi les conditions auxquelles il traiterait.

Devons-nous penser que la conduite du maréchal fût le fait d'une légèreté criminelle que pourrait à peine expliquer sa hâte d'entrer en négociations?

Ou bien faut-il admettre, ce que semblent établir les dépositions de MM. Bompard et Jules Favre, et croire que Régnier avait des titres de créance plus sérieux qu'il ne veut bien le dire?

Nous ne sommes pas en mesure de nous prononcer à cet égard.

Nous n'avons pas à développer devant vous la mission du général Bourbaki.

Vous le savez, messieurs, le maréchal, joignant son influence personnelle aux sollicitations de Régnier, décida son lieutenant à se rendre auprès de l'impératrice. Le général, ainsi qu'il nous l'apprend dans sa déposition, devait chercher à obtenir qu'elle consentît à traiter de la paix, les conditions qui lui seraient faites devant être plus douces que celles imposées au gouvernement de la Défense nationale.

Dans son profond respect pour la discipline, le général, croyant, d'ailleurs, rendre service au pays, ne se refusa pas au désir exprimé par son chef; mais, au moment de se séparer de ses troupes qu'il laissait en présence de l'ennemi, ses instincts de soldat se révoltèrent, et, pour la première fois sans doute, il mit des conditions à son obéissance.

Nous ne parlerons ni de l'ordre antidaté qu'il reçut, ni de son départ concerté avec l'état-major allemand. Bornons-nous à dire que l'impératrice, n'écoutant que son patriotisme, refusa d'entamer des négociations qui pouvaient entraver la défense.

Quand le général Bourbaki voulut revenir, il ne put obtenir le consentement du prince Frédéric-Charles et se décida à aller offrir son épée au gouvernement de la Défense nationale. Le refus du prince ne dut pas étonner le maréchal, car son aide de camp avait été averti par Régnier que l'officier général sortant de Metz n'y pourrait plus rentrer. Mais on avait omis d'en instruire le général Bourbaki qui, informé, ne serait pas parti.

La réponse de l'impératrice suffit à montrer la faute grave qu'avait commise le commandant en chef en se prêtant aux plans de l'ennemi révélés par le communiqué de Reims et dont Régnier venait tenter l'application.

Ce qui fut plus qu'une faute, ce fut d'aller au delà et d'engager au mépris de la loi des négociations avec l'ennemi.

Et quelles négociations, messieurs? Le maréchal consentait à se retirer avec ses troupes sur un territoire neutralisé et à ne plus porter les armes contre l'Allemagne jusqu'à la fin de la guerre!

Ainsi, c'était le 24 septembre, lorsque l'armée avait conservé la plus grande partie de ses moyens d'action, lorsqu'elle était encore capable d'un effort énergique, lorsqu'elle avait des vivres pour près d'un mois, c'était à ce moment que le maréchal proposait une convention qui devait avoir pour conséquence immédiate d'annihiler la seule force régulière qui restât à la France et peut-être même de déchaîner sur le pays la guerre civile en face de la guerre étrangère.

Nous pourrions, messieurs, nous arrêter ici, et, en vous demandant si, par une telle démarche, le maréchal n'a pas forfait au devoir, nous serions assuré de votre réponse!

Mais notre tâche est plus pénible, car longue est encore l'énumération des manquements graves que nous avons à relever contre le commandant en chef de l'armée du Rhin.

En se séparant du maréchal, Régnier lui avait annoncé qu'il lui rapporterait la réponse de M. de Bismark dans un délai de six jours ou huit au plus; son retour devait donc avoir lieu du 30 septembre au 2 octobre.

Le 25 septembre, le médecin en chef crut devoir annoncer au maréchal que, dans un délai rapproché, une épidémie était à redouter parmi les nombreux malades et blessés.

« Mais jusqu'à quand en avons-nous avant d'en être là? » lui dit le maréchal.

« Peut-être jusqu'au 10 octobre, » répondit M. Cruveiller.

« Alors, c'est plus qu'il ne nous en faut, » répondit le maréchal.

Il espérait donc avant ce terme une issue à la situation. Ce n'était pas sur la force des armes qu'il comptait pour l'obtenir : depuis Sedan il jugeait impossible de tenir la campagne.

Nous allons voir de qui il attendait la solution. Trois jours après cet entretien, le sous-intendant Gaffiot faisant fonctions d'intendant en chef vint trouver le maréchal pour lui faire part de l'épuisement imminent des ressources en fourrages et lui exposer la nécessité de prendre sans délai un parti décisif.

Le commandant en chef, se tournant vers son aide de camp, lui dit :
« Quand revient l'International? »

Puis sur le renseignement du général Boyer, il répondit à l'intendant :

« Ayez deux jours d'avoine pour l'armée le 1er octobre. »

M. Gaffiot s'empressa de transmettre cet ordre au directeur du service, en le prévenant que le maréchal attendait une réponse pour le premier du mois.

Le général Boyer confirme l'exactitude du souvenir de ces témoins ; il croit seulement qu'il s'agissait d'une réponse envoyée par écrit et non point rapportée par Régnier.

Peu importe d'ailleurs; il nous suffit de constater par là que le maréchal attendait de la mission Régnier une issue prochaine à la situation; en d'autres termes, il comptait voir cette mission aboutir à la convention dont il avait indiqué lui-même les bases.

Au lieu d'une réponse, ce fut une demande qu'il reçut.

Le 29 septembre, le prince Frédéric-Charles lui transmit un télégramme de Ferrières ainsi conçu :

« Le maréchal Bazaine acceptera-t-il, pour la reddition de l'armée qui se trouve devant Metz, les conditions que stipulera M. Régnier en restant dans les instructions qu'il tiendra de M. le maréchal? »

Le commandant en chef répondit aussitôt par une lettre au général de Stiehle, qu'il nous paraît utile de reproduire *in extenso* :

« Metz, 29 septembre 1870.

« Monsieur le général,

« Je m'empresse de vous faire savoir, en réponse à la lettre que vous m'avez fait l'honneur de m'envoyer ce matin, que je ne saurais répondre d'une manière absolument affirmative à la question qui est posée par S. Exc. le comte de Bismark. Je ne connais nullement M. Régnier qui s'est présenté à moi comme muni d'un laissez-passer de M. de Bismark et qui s'est dit l'envoyé de S. M. l'impératrice, sans pouvoirs écrits. M. Régnier m'a fait savoir que j'étais autorisé à envoyer auprès de l'impératrice soit S. Exc. M. le maréchal Canrobert, soit le général Bourbaki. Il me demandait en même temps s'il pourrait exposer les conditions dans lesquelles il me serait possible d'entrer en négociations avec le commandant en chef de l'armée allemande devant Metz pour capituler.

« Je lui ai répondu que la seule chose que je pusse faire serait d'accepter une capitulation avec les honneurs de la guerre; mais que je ne pouvais comprendre la place de Metz dans la convention à intervenir. Ce sont, en effet, les seules conditions que l'honneur militaire me permette d'accepter, et ce sont les seules que M. Régnier ait pu exposer.

« Dans le cas où S. A. le prince Frédéric-Charles désirerait de plus complets renseignements sur ce qui s'est passé à ce propos entre moi et M. Régnier, M. le général Boyer, mon premier aide de camp, aura l'honneur de se rendre à son quartier général au jour et à l'heure qu'il lui plaira d'indiquer. »

Vous le voyez, messieurs, il n'est plus besoin de s'en rapporter à la déposition d'un tiers, ce tiers fût-il le général Bourbaki, pour connaître quelles avaient été les intentions du commandant en chef.

C'est lui-même qui se charge de nous les apprendre, confirmant ainsi pleinement ce qui avait déjà été établi.

Le 24 septembre, il s'était déclaré prêt à signer pour l'armée une capitulation avec les honneurs de la guerre. Le 29, craignant que Régnier ait mal rendu les propositions qu'il devait transmettre, le maréchal prenait soin de les renouveler par écrit dans sa réponse au télégramme de M. de Bismark.

En présence de sa lettre, il n'est guère besoin de s'arrêter aux excuses alléguées.

Cette lettre, dit-il, n'aurait été « qu'un subterfuge destiné à tromper l'ennemi. »

Singulier subterfuge que celui qui consiste à se déclarer prêt à capituler et à renouveler cette déclaration à plusieurs reprises jusqu'au moment où l'on capitulera effectivement.

Le maréchal assure aussi qu'il a écrit la lettre sous une impression de mauvaise humeur. S'il l'avait rédigée à tête reposée, il n'aurait certainement pas employé le terme de « capitulation, » mais celui de « convention militaire. »

Nous le croyons volontiers. Ce n'est pas le mot que nous incriminons, c'est le fait en lui-même.

Quand un général en chef, à la tête de soldats pleins encore de vigueur et d'entrain, sans mandat pour négocier, sans pouvoir invoquer l'excuse de la nécessité, sans avoir depuis un mois tenté un seul effort pour échapper au danger, accepte de l'ennemi, que dis-je? lui propose même un pacte d'après lequel son armée doit cesser de prendre part à la lutte; ce pacte est contraire au devoir, contraire à l'honneur militaire, quel que soit d'ailleurs le nom qu'on veuille lui décerner, et le ministère public ne peut que le flétrir au nom de la loi.

Enfin, par l'expression « honneurs de la guerre », il fallait entendre, suivant le maréchal, la faculté, pour l'armée, de se retirer avec armes et bagages sur une portion neutralisée du territoire.

L'audience continue.

PRÉSIDENCE DE M. LE DUC D'AUMALE

Suite du Réquisitoire

M. le commissaire du gouvernement continue sa lecture.

Même interprétée de la sorte, cette convention (demandant, suivant le maréchal, la faculté pour l'armée de se retirer avec armes et bagages sur une portion neutralisée du territoire,) eût été funeste, et l'on doit se féliciter qu'elle n'ait pas obtenu l'agrément des gouvernements allemands, car elle aurait permis à toutes les forces ennemies de concentrer leurs attaques sur les troupes de nouvelle levée que l'armée sortie de Metz aurait dû laisser écraser en quelque sorte sous ses yeux sans pouvoir leur porter secours.

Le maréchal Bazaine, qui, jusqu'au 29 septembre, avait attendu le retour de Régnier, parut ensuite attendre avec la même confiance la réponse de M. de Bismark.

Diverses mesures marquèrent cette période d'expectative. Le 3 octobre, les vivres de sac furent distribués aux hommes. Le 4, les commandants de corps furent convoqués chez le maréchal commandant en chef qui leur fit part de son intention de s'éloigner de Metz et de prendre la direction de Thionville en suivant les trois routes qui y conduisent par les deux berges de la vallée, les 3e et 2e corps à droite, le 4e à gauche, le 6e et la garde au centre, avec les réserves et les convois suivant la route de Mézières.

Le maréchal prescrivit d'alléger les bagages, de faire rentrer les malades en ville, etc., en un mot de se préparer à marcher au premier signal.

Ce fut la première et la seule fois que le projet de quitter Metz fut mis en délibération, après la tentative du 1er septembre.

On sait que, à cette date, l'armée tout entière, réunie sur la rive droite, ne parvint pas à forcer la ligne d'investissement. Comment donc le maréchal espérait-il réussir, le 4 octobre, en tenant les deux ailes de son armée séparées par la Moselle, ce qui eût permis à l'ennemi de les attaquer l'une après l'autre avec la plus grande partie de ses forces?

Comment se décidait-il à tenter, dans ces conditions, une opération que, depuis Sedan, il jugeait impossible?

Nous ne trouvons, quant à nous, qu'une seule manière d'expliquer sa détermination, c'est qu'il comptait sortir ce jour-là, non pas malgré la résistance de l'ennemi, mais avec son assentiment.

Ainsi comprises, ses dispositions si insolites, s'il eût fallu lutter, se justifient tout naturellement. Ce n'était pas un ordre de combat que le maréchal assignait à ses troupes, c'était simplement un ordre de route !

Mais ses illusions touchaient à leur terme. Dans la nuit même, un de ses lieutenants lui ayant demandé par le télégraphe : « A quand l'opération? » Il lui fut répondu par un contre-ordre.

Aurait-il reçu de Ferrières une réponse négative? Aurait-il eu des motifs pour désespérer d'une solution favorable? Nous ne saurions le préciser.

En tous cas, M. de Bismark, soit qu'il crût impossible de **faire exé-cuter les clauses** de la convention, soit que, sans inquiétude désormais, il préférât attendre quelques jours de plus afin d'obtenir la reddition de la place avec celle de l'armée, ne donna plus suite aux propositions du maréchal Bazaine.

Ainsi s'évanouirent les dernières espérances que le commandant en chef de l'armée du Rhin avait fondées sur les négociations entreprises avec l'ennemi par l'entremise de Régnier !

Pendant près d'un mois encore, la résistance va se prolonger. Mais ce ne sera pas du fait du maréchal Bazaine, puisqu'un mot de M. de Bismark aurait suffi à la faire cesser !

Quand vous aurez à prononcer sur la capitulation de l'armée de Metz, vous n'oublierez pas, messieurs, que cette capitulation, le maréchal l'avait proposée dès le 24 septembre.

Audience du 5 décembre

L'audience est ouverte à midi et demi.

M. le maréchal Bazaine est introduit.

LE GÉNÉRAL-PRÉSIDENT. — La parole est à M. le commissaire spécial du gouvernement.

M. le général POURCET continue en ces termes :

Pendant que le maréchal attendait vainement les résultats de la mission qu'il avait confiée à Régnier, le temps s'écoulait et les ressources de l'armée et de la ville s'épuisaient rapidement.

Après avoir, à la suite des premières batailles, consterné la France en annonçant qu'il manquait de munitions et de vivres, le maréchal, préoccupé de ses combinaisons politiques, semblait plongé dans une sécurité profonde et agissait comme si l'abondance eût remplacé la pénurie des subsistances qu'il avait exagérée dans ses premiers rapports.

Malgré les résolutions prises à la conférence de Grimont, il avait négligé d'entreprendre des opérations de ravitaillement, alors qu'elles pouvaient être faciles et fructueuses, et avait attendu près d'un mois avant de tenter aucune entreprise de ce genre.

La même imprévoyance avait présidé à l'emploi des ressources de la place. C'était avec peine que l'administration militaire était parvenue à faire réduire la ration des troupes.

Quant aux habitants, il n'avait pas encore été question de les rationner. Depuis le 14 septembre, le blé était employé à nourrir les chevaux de l'armée, bien que les approvisionnements en céréales fussent déjà très-restreints. Or, l'instruction a établi d'une manière péremptoire qu'il eût été possible de conserver jusqu'au commencement de décembre le nombre d'animaux nécessaires pour la nourriture des troupes et de la population, sans leur donner ni blé ni seigle.

On sait également qu'on eût pu fournir du pain à l'ensemble des rationnaires jusqu'à cette époque, et qu'enfin, les ressources faciles à recueillir dans les environs, eussent donné des vivres pour plus d'un mois, ce qui eût permis d'atteindre le mois de janvier.

Le maréchal, qui montrait une si étrange insouciance à cet égard, était loin cependant d'ignorer la situation.

Il voyait tous les jours l'intendant en chef, et ce fonctionnaire, outre les états détaillés périodiquement fournis, ne cessait d'attirer verbale-

Cinquième complément de l'audience du 4 décembre
et audience du 5 décembre

ment et par écrit l'attention du commandement sur la pénurie des vivres.

Ces avertissements ne passèrent pas inaperçus : le maréchal n'était, en effet, que trop bien renseigné quand, le 23 septembre, il signifiait au sieur Régnier cette fatale échéance du 18 octobre, inscrite sur la dernière situation des vivres.

Il avait du reste notablement amoindri le rôle de l'intendant en chef, en conservant à la tête des services administratifs, depuis le 16 août, contrairement à la demande de M. Wolf, un sous-intendant militaire dont la position hiérarchique insuffisante ne fut pas sans effet fâcheux pour le service.

Bien que ces inconvénients se fussent déjà sérieusement manifestés à plusieurs reprises, c'est le 1er octobre seulement, après de vives instances, que M. Gaffiot obtint enfin d'être remplacé par un intendant en chef.

Le maréchal avait pu ainsi se soustraire aux observations gênantes d'un haut fonctionnaire revêtu de la juste influence habituellement acquise au grade et à l'expérience.

Au défaut d'autorité suffisante, à l'absence d'une impulsion unique, se joignait pour l'administration militaire un inconvénient plus grand encore, c'était son ignorance complète des intentions du commandement.

Leurrée comme le reste de l'armée, elle dut croire jusqu'au dernier moment à un départ imminent. C'est en prévision de cette éventualité que chaque corps d'armée avait continué à s'administrer séparément et d'une manière à peu près indépendante, alors que la réunion en un fonds commun de toutes les ressources de la ville et de l'armée eût été le véritable moyen de mettre complétement à jour la situation exacte. Ainsi éclairée, l'administration eût pu prendre immédiatement les résolutions opportunes et éviter les consommations abusives.

Il faut bien reconnaître que dans sa préoccupation constante d'une sortie prochaine, l'intendance négligea trop les intérêts de la population, et le commandant supérieur de Metz, qui en était le premier gardien, ne sut pas les faire respecter.

Si l'on avait su la vérité, les choses se seraient-elles passées ainsi ? Le maréchal a déclaré qu'après Sedan il avait jugé impossible de sortir. S'il eût alors annoncé nettement son projet de ne plus quitter Metz, l'administration militaire, au lieu d'avoir pour unique objectif de maintenir l'armée en état de reprendre la campagne, se serait attachée exclusivement à prolonger la résistance.

Elle eût insisté pour faire économiser scrupuleusement les vivres et pour faire réduire les consommations à leur minimum.

Nul doute qu'elle n'eût alors réclamé l'application immédiate des mesures indispensables pour obtenir ce résultat, telles que : la mise en commun des ressources, le rationnement général, l'emploi du pain de boulange, l'interdiction de faire des achats en sus de la ration, l'empêchement du gaspillage, enfin, des recherches plus rigoureuses à l'effet de découvrir les approvisionnements cachés.

Si ces dispositions n'ont pas été prises ou n'ont été que tardivement appliquées, c'est donc sur le maréchal seul qu'en doit retomber la faute.

Quels que fussent ses secrets desseins, il ne pouvait négliger cette question si importante des subsistances, sans s'exposer à voir échouer ses combinaisons.

Aussi, ne saurait-on s'expliquer son inaction prolongée, sa répugnance à recourir aux moyens proposés, si l'on ne se rappelait qu'après Sedan, ne croyant pas à la possibilité de continuer la guerre, il s'était attendu à voir le pays promptement contraint à demander la paix.

Cependant, l'immobilité de l'armée inquiétait la population comme les troupes elles-mêmes. On ne comprenait pas ce rôle passif, imposé à la seule force militaire de la France qui fût encore debout.

Les habitants de Metz, qui n'étaient pas soumis aux lois de la discipline, exprimaient hautement leur mécontentement.

Le maire s'était fait l'interprète de ces sentiments, en présentant au maréchal une adresse revêtue d'un grand nombre de signatures, dans laquelle le départ de l'armée était respectueusement mais formellement demandé.

Cette démarche, inspirée par le patriotisme élevé de la population, aurait dû ramener le commandant en chef à une plus saine appréciation de ses devoirs. Il se borna à y répondre par une fin de non-recevoir. Mais, se gardant avec soin de faire connaître qu'il avait renoncé définitivement à percer les lignes ennemies, il laissait croire que le projet de sortie, momentanément ajourné, serait repris à bref délai.

Dans cette disposition des esprits, comment le maréchal Bazaine aurait-il osé prescrire ouvertement les mesures que commandait impérieusement sa résolution de rester sous Metz avec 140 000 bouches de plus à nourrir!

Il n'était pas possible d'avouer un semblable dessein, car les calculs égoïstes de l'ambition personnelle se fussent inévitablement heurtés contre une réprobation générale.

Les protestations de la population et les sentiments non équivoques de l'armée eussent forcé le maréchal à quitter cette attitude d'expectative par laquelle il espérait soustraire sa fortune aux hasards des combats; il lui eût fallu tenter un effort suprême pour rompre le cercle qui l'enserrait, et pour prêter un concours efficace à la défense nationale, en ramenant dans l'intérieur du pays son armée, qui comptait à elle seule la presque totalité des cadres restant à la France, après la catastrophe de Sedan.

D'après ses vues, c'était une fois la paix signée que devait commencer le rôle actif de cette armée, qu'il destinait à soutenir le trône impérial restauré, d'accord avec l'ennemi.

Pour remplir ce rôle, il convenait qu'elle demeurât solidement organisée et prête à tenir la campagne. Il fallait éviter surtout de la mécontenter en lui imposant des privations trop pénibles.

A quoi bon, d'ailleurs, faire des sacrifices dans le but de prolonger inutilement une résistance qui, dans l'opinion du maréchal, n'avait pas à durer?

Aussi, s'il s'était décidé sur les instances de l'administration militaire à réduire la ration des troupes, il l'avait fait d'abord, pour ainsi dire, en cachette, en trompant sur le poids du pain, réduit secrètement de 50 grammes, en vertu de ses ordres.

L'épuisement imminent des fourrages est une complication grave de plus; on ne peut songer à conserver plus longtemps tous les chevaux.

Il devient donc indispensable de s'arrêter à l'un des deux partis suivants : ou renoncer immédiatement à nourrir les animaux inutiles pour l'alimentation, comme on dut s'y résoudre un peu plus tard, ou,

comme on ie lui proposa, ménager à sa cavalerie les moyens de s'é-
chapper à la faveur d'uue démonstration générale, ainsi que le fit à Ulm
la cavalerie autrichienne.

Le maréchal n'adopte aucun de ces partis réclamés par la situation
militaire ; mais les nécessités de sa politique vont lui inspirer une mesure désaslreuse, et, comme vous le savez, il ne craindra pas d'enlever
le blé destiné aux hommes pour en nourrir ses chevaux.

Il a soin, toutefois, de tenir secrète cette opération, par laquelle il
ne conserve, deux semaines durant, sa cavalerie qu'en prélevant sur
les approvisionnements l'équivalent de plus de quinze jours de pain
pour l'armée et la population, c'est-à-dire en réduisant de quinze jours
la durée possible de la résistance. Puis, quand le général Coffinières,
le 14 septembre, lui signale les plaintes que soulève parmi la population la distribution du blé aux chevaux, tandis qu'elle-même souffre
de la disette, le maréchal, dans sa réponse, élude la question en chargeant le gouverneur de rassurer la municipalité.

En revanche, le 7 octobre, quand sa décision au sujet du blé donné
aux chevaux vient d'être rapportée, il donne à entendre, dans une
pièce officielle, qu'il n'a jamais prescrit cet emploi, cherchant ainsi à
en rejeter, aux yeux du public, la responsabilité sur les fonctionnaires
de l'intendance, ses agents d'exécution, et sur les officiers qui s'effor-
çaient, au prix de lourds sacrifices, de conserver leurs montures pour
l'instant de la sortie.

Cependant, la marche des événements déjouait les prévisions du maréchal. Contre son attente, Paris continuait de tenir ; la résistance s'organisait en province ; Régnier ne revenait pas ; le gouvernement prussien avait dédaigné les avances contenues dans la lettre du 29 septembre.

Le 7 octobre, le général Coffinières écrit au commandant en chef
pour lui annoncer que les magasins de la place ne contiennent plus que
pour *cinq jours* de pain, et que la population n'a de blé que pour *dix
jours*.

Ainsi, les négociations n'ont pas abouti, les vivres seront épuisés à
bref délai. C'est le moment suprême où un effort peut encore réussir.

Une occasion favorable se présente : le gouvernement de la Défense
nationale a jeté dans Thionville environ quinze jours de vivres pour
l'armée ; autant dans Longwy. Le maréchal en est averti par l'émissaire
Risse.

Tentera-t-il de faire une pointe vigoureuse de ce côté pour aller les
recueillir ? S'il ne parvient pas à rouvrir ses communications avec l'intérieur, il pourra du moins prolonger ainsi la durée de sa résistance.

On a vu qu'en prévision de l'acceptation des clauses proposées à
M. de Bismark, des mesures avaient été prises pour que l'armée fût
prête à quitter Metz. L'espoir d'une sortie se trouvait ainsi ravivé
parmi les troupes, qui ignoraient le véritable but de ces préparatifs
Cet espoir allait être une dernière fois déçu.

Une opération est effectivement ordonnée le 7 octobre, dans la plaine
de la Moselle, mais la résolution de rester sous Metz est définitivement prise.

C'est en vain que le maréchal prétendait qu'il comptait profiter du
succès pour faire une percée du côté de Thionville.

Fidèle à sa constante habitude, il rejette sur ses lieutenants l'échec
de sa tentative : « Les deuxième et quatrième corps, lisons-nous, dans

son mémoire, devaient flanquer les troupes combattant dans la plaine et étendre leur action, le troisième corps jusqu'à Malroy, le quatrième corps jusqu'au Vémont.

Or, d'après les ordres donnés à ce sujet et dont fait foi le registre de correspondance, le maréchal Le Bœuf devait pousser des troupes en avant du bois de Grimont et jusqu'à Chieulles. Quant au général de Ladmirault, il devait occuper les bois de Saulny et de Vigneulles. Le texte de ces ordres, d'après lesquels les troisième et quatrième corps devaient rester bien en deçà des points indiqués par le mémoire, est donc en contradiction formelle avec l'assertion du maréchal. Du reste, ce n'étaient pas Malroy et le Vémont qu'il fallait enlever et occuper pour pouvoir sortir, mais bien Olgy et Argany sur la rive droite, Fèves et Sémécourt sur la rive gauche, emplacements des batteries ennemies qui couvraient la plaine de leurs feux convergents.

Vous le remarquerez d'ailleurs, messieurs, si le maréchal avait eu l'intention de percer, est-il admissible qu'il n'ait pas jugé indispensable d'en informer, confidentiellement au moins, les commandants des sixième, troisième et quatrième corps, qui devaient commencer le mouvement et le commandant de la garde, qui fournissait la plus grande partie des troupes chargées de la principale opération? C'est ainsi qu'il avait procédé, lorsque, le 4 octobre, il avait cru un moment s'éloigner de Metz. Mais ici que leur annonce-t-il? A l'un, qu'il s'agit d'exécuter, aux autres, qu'ils vont protéger un fourrage.

Si le général en chef eût voulu effectivement tenter une sortie, aurait-il écrit au maréchal Le Bœuf et au général de Ladmirault cette phrase qui témoigne si nettement d'une intention tout opposée :

« J'estime que la partie mobile d'une division sera suffisante pour remplir la mission que je vous confie. »

Enfin, aurait-il fait laisser dans les camps, outre les tentes, les sacs, les ustensiles de campement, les vivres?

L'opération devant s'effectuer par les deux rives de la Moselle, aurait-il négligé de donner des ordres pour faire suivre le pont de bateaux, comme il y avait songé lors du projet de départ du 4 octobre?

En livrant le combat du 7, le maréchal Bazaine n'avait donc nullement la pensée de quitter Metz. Il n'annonçait d'autre objectif que l'enlèvement des denrées que pouvaient contenir les fermes et villages en avant des lignes. Or, une partie de ces villages avait déjà été brûlée par les Allemands, et le résultat des tentatives précédentes avait démontré que les ressources des environs étaient devenues la proie de l'ennemi. N'avait-il pas d'ailleurs allégué l'insignifiance de ces résultats pour expliquer et justifier son inaction, lorsque, le 30 septembre, le maire de la ville lui avait présenté l'adresse des habitants de Metz?

Ce ne fût pas l'espoir de recueillir des vivres qui décida le maréchal à tenter la sortie du 8 octobre, et son véritable but fut en réalité d'imposer silence aux réclamations de l'opinion.

Vous avez entendu, du reste, un témoin déclarer que d'après les paroles mêmes du maréchal, les autres petites opérations autour de la place n'avaient pas eu d'autre objet.

Si, dans cette journée du 7 octobre, dernier effort demandé à ses troupes, le commandant en chef voulut démontrer leur impuissance à renverser les barrières élevées contre elles, il échoua complétement, car elles firent preuve d'une vigueur et d'un entrain aussi brillants qu'aux premières affaires. Elles refoulèrent l'ennemi au pas de course, enlevèrent les fermes à la baïonnette et demeurèrent ensuite immobiles pendant toute l'après-midi, impassibles sous les feux croisés et plongeants de nombreuses batteries étagées sur les hauteurs des deux rives.

Le soir venu, elles se replièrent lentement et dans le meilleur ordre pour regagner leurs camps, sur l'indication du commandant en chef présent sur le lieu de l'action.

Mais si le maréchal voulait seulement prouver qu'il n'était plus possible de se procurer des ressources à proximité, il réussit pleinement. On ne ramena pas une voiture de fourrages.

Le sacrifice inutile de 1200 hommes n'était à ses yeux qu'un argument décisif pour justifier son inaction. Un article de journal pouvant faire croire que le combat n'avait entraîné que des pertes minimes, le journal reçut un communiqué officiel constatant que le chiffre exact de ces pertes était de 1135 hommes tués ou blessés.

Tandis que, par ce combat inutile et sanglant, le maréchal cherchait à calmer l'opinion soulevée contre lui, il n'en poursuivait pas moins la réalisation de ses projets politiques.

Avant d'entamer le récit de ses tentatives pour déterminer ses lieutenants à le seconder dans ces desseins, nous devons exposer succinctement ce qu'étaient les communications du commandant en chef avec l'intérieur, à partir du moment où il avait reconnu le gouvernement de la Défense nationale.

Nous examinerons d'abord si le maréchal a fait tout ce qu'il pouvait, tout ce qu'il devait faire pour se mettre en relations avec le nouveau pouvoir. Nous verrons ensuite les tentatives du gouvernement de la Défense pour communiquer avec lui et les nouvelles qu'il put faire parvenir à Metz.

Le 1er septembre, le maréchal avait envoyé au ministre de la guerre la dépêche ci-dessous, contenant des renseignements détaillés sur la situation de son armée et sur la pénurie des munitions et des vivres :

« Après une tentative de vive force, qui nous a amené à un combat qui a duré huit jours dans les environs de Sainte-Barbe, nous sommes de nouveau dans le camp retranché de Metz, avec peu de ressources en munitions d'artillerie de campagne, ni viande, ni biscuit, mais du blé pour cinq semaines ; enfin, un état sanitaire qui n'est pas parfait, la place étant encombrée de blessés.

« Malgré de nombreux combats, le moral de l'armée reste bon. Je continue à faire des efforts pour sortir de la situation dans laquelle nous sommes, mais l'ennemi est très-nombreux autour de nous. Le général Decaen est mort. Blessés et malades, environ 18 000. »

Cette dépêche, expédiée le 1er, l'est de nouveau le 3, et, enfin, le 8.

Notons en passant qu'elle ne parvint au gouvernement qu'après la capitulation, ainsi que nous l'apprend la déposition de M. Tachard, et non avant cette date, comme l'a prétendu le maréchal dans son mémoire au conseil d'enquête.

Le 10, le capitaine Lejoindre vient annoncer au maréchal la révolution du 4 septembre. Cette nouvelle est confirmée le 14 par l'arrivée de Pennetier, apportant quatre journaux français et la copie de la proclamation de M. Jules Favre, du 6.

A partir de ce moment, le maréchal ne cherche à fournir aucun renseignement au gouvernement de la Défense nationale.

Toutefois, il n'a garde de paraître vouloir s'isoler de lui, et, le 15, lorsque le général Desvaux lui offre les services de deux cuirassiers, les nommés Marc et Henri, qui se présentaient pour traverser les lignes ennemies, il s'empresse de leur confier une dépêche chiffrée

Vous avez présents à la mémoire, messieurs, les incidents dramatiques de la mission recherchée par ces braves gens qui, après avoir à plusieurs reprises échappé providentiellement à une mort imminente, parvinrent à remettre leur dépêche au commandant de la place de Montmédy. Vous vous êtes, comme nous-même, associés aux nobles paroles de M. le président rendant un public hommage au patriotique dévouement de ces deux vaillants soldats.

Quelques jours plus tard, un duplicata de [cette dépêche est remis à un jeune paysan des environs de Sedan, le sieur Moulin, qui, arrivé à Metz avec une passe prussienne, était venu se mettre à la disposition du maréchal.

Ces trois émissaires ne portaient en réalité qu'un seul et même message, et voici quelle était la teneur de cette lettre pour laquelle le maréchal exposait la vie de ces hommes dévoués :

« Il est urgent pour l'armée de savoir ce qui se passe à Paris et en France. Nous n'avons aucune communication avec l'extérieur et les bruits les plus étranges sont répandus par des prisonniers que nous a rendus l'ennemi, qui en propage également de nature alarmante. Il est important pour moi de recevoir des nouvelles. — Nous sommes entourés par des forces considérables que nous avons vainement essayé de percer après deux combats infructueux, le 31 août et le 1er septembre. »

Ainsi, le 15, le 25 septembre, le commandant en chef juge n'avoir rien à apprendre au gouvernement, sinon qu'il avait échoué, le 1er du mois, dans sa tentative de sortie, et il se borne à réclamer des instructions et des nouvelles !

Il ne dit rien de la situation morale de son armée, rien de l'état sanitaire, rien des munitions, rien des vivres, rien sur ce qu'il sait de l'ennemi, ne formule aucune proposition, aucune demande précise !

Puis, après avoir envoyé à deux reprises cette dépêche insignifiante, il n'essaye plus de communiquer jusqu'au 21 octobre.

Constatons-le bien, messieurs, là se bornèrent toutes ses tentatives pour entrer en relation avec le nouveau gouvernement.

Ce n'est pas cependant que les occasions lui aient fait défaut. Les nombreuses dépositions que vous avez entendues vous ont démontré que les communications avec l'extérieur ne furent jamais totalement interrompues.

Faciles jusqu'à la fin d'août, elles présentèrent plus de difficultés à partir du mois de septembre, sans cesser néanmoins de se continuer jusqu'à la fin du blocus.

Ainsi, les agents de l'état-major général purent entrer dans le camp retranché et en sortir presque journellement, comme l'établissent leurs dépositions, celles des officiers chargés de ce service, le registre des renseignements et celui des fonds secrets. Outre ces agents, des officiers, des soldats, des habitants de Metz, des paysans, purent circuler de même.

Vous avez entendu, messieurs, leurs témoignages, et cela nous dispensera d'en faire ici l'énumération

Complément de l'audience du 5 décembre

Présidence de M. le duc d'Aumale

Suite du Réquisitoire

M. le commissaire du gouvernement, parlant des communications que l'on pouvait avoir avec le dehors, poursuit en ces termes :

Mais en dehors des communications à travers la campagne, un moyen plus sûr de traverser les lignes s'offrit pendant quelque temps.

Du 2 au 25 septembre, en effet, on put circuler librement dans l'aqueduc souterrain de Gorze, dont l'ennemi avait détourné les eaux. C'est par cette voie que M. André, maire d'Ars, et d'autres personnes firent rentrer à Metz un officier et des soldats évadés de Sedan.

Des paysans et des paysannes des environs profitaient journellement de l'aqueduc pour porter des vivres à leurs parents à Metz ou pour rentrer dans leur village, l'autorité prussienne délivrait sans difficulté des laisser-passer pour circuler librement.

Le 21 septembre, le lieutenant Archambeau, rentré à Metz par ce canal souterrain, se présente au maréchal pour lui donner des nouvelles. Il remet en même temps un laisser-passer prussien dont il s'était muni et qui permettait de sortir en toute sécurité. Mais le maréchal n'en fait aucun usage.

A partir du 5 septembre et jusqu'à la fin du siége, des ballons sont expédiés régulièrement et emportent des milliers de lettres privées. Le maréchal ne confie à aucun de ces ballons une seule dépêche officielle, bien que des dépêches chiffrées pussent tomber sans inconvénient aux mains de l'ennemi.

Vous avez entendu, messieurs, plusieurs membres du gouvernement de la Défense nationale exprimer devant vous la légitime inquiétude qu'avait fait naître en eux cette inconcevable négligence !

Disons enfin que des personnes honorables, soit de l'armée, soit de la ville, s'offrirent à maintes reprises au maréchal pour porter ses communications. Mais il se refusa jusqu'aux derniers jours à mettre à profit leur dévouement patriotique.

La sortie de Metz du général Bourbaki, le voyage du général Boyer à Versailles lui fournissaient, d'autre part, des moyens sûrs de faire parvenir des documents au gouvernement de la Défense nationale; mais ni l'un ni l'autre ne reçurent aucune recommandation à cet égard.

Et cependant, il l'avait proclamé lui-même dans son ordre du jour du 16 septembre, la Révolution n'avait rien changé à ses obligations envers la patrie en danger !

Dans le rapprochement de ces diverses circonstances, dans sa persistance à négliger toutes les occasions qui s'offrirent de communiquer avec l'extérieur, le conseil trouvera, comme nous l'avons trouvé nous-même, la preuve évidente que le maréchal Bazaine n'a pas voulu entrer en relations avec le gouvernement de la Défense nationale et qu'il s'est abstenu à dessein de lui fournir aucun renseignement sur la situation et les besoins de son armée.

Il reste à examiner maintenant cette deuxième question :

Le maréchal a-t-il reçu des communications du gouvernement de la Défense nationale?

Vous avez entendu, messieurs, la déposition de MM. Gambetta, Le Flô, de Kératry et Tachard; ils nous ont fait connaître leurs efforts pour faire parvenir au maréchal Bazaine la nouvelle des événements survenus le 4 septembre, ainsi que l'assurance de la sollicitude du nouveau gouvernement pour l'armée et de sa confiance dans l'énergie et le patriotisme de son commandant en chef.

Toutefois, aucun de ces personnages n'a su si les émissaires envoyés avaient pu passer, et il semble que la plupart n'aient pas réussi dans leur mission.

Ces insuccès ne peuvent surprendre des généraux expérimentés qui savent combien il est difficile à la guerre de se procurer des agents à la fois sûrs, habiles et résolus, surtout lorsqu'il s'agit d'une mission à remplir à grande distance, au milieu d'une contrée entièrement au pouvoir de l'ennemi.

On conçoit que dans ces conditions il fût plus aisé au maréchal d'expédier ses nouvelles au moyen de gens du pays, qu'au gouvernement de la Défense nationale de lui faire parvenir des instructions ou des avis; puisque le commandant en chef, d'après sa propre déclaration, ne pouvait faire passer de dépêches, il ne devait pas s'étonner que du dehors on ne réussît pas mieux que lui.

Le gouvernement ne s'était pas borné d'ailleurs à envoyer des émissaires au maréchal; il s'était aussi vivement préoccupé de pourvoir au ravitaillement de l'armée, et vous savez, messieurs, par quel effort d'activité et d'audace M. l'intendant Richard put jeter un convoi de 2 500 000 rations de vivres de campagne dans les places de Thionville et de Longwy, grâce au patriotique concours des agents du chemin de fer et des douanes. Le maréchal fut immédiatement prévenu de cette importante nouvelle.

Trois années nous séparent de ces événements. Il était difficile, en raison du temps écoulé, d'arriver à reconnaître si quelques-unes des communications ainsi envoyées, soit directement par les membres du gouvernement, soit en vertu de leurs ordres, étaient arrivées à destination.

Néanmoins, les investigations de la justice à cet égard ont été couronnées de succès, et il a été établi, d'une manière irrécusable, que le maréchal, contrairement à sa déclaration formelle, a été immédiatement avisé de l'arrivée à Thionville des vivres préparés pour le ravitaillement de l'armée.

Ces vivres arrivèrent sous les murs de Thionville le 25 septembre au matin. Aussitôt le colonel Turnier s'empressa d'en aviser le maréchal le même jour par deux émissaires.

L'un d'eux, le maréchal des logis Calarnou, décédé depuis, ne reçut qu'une mission verbale:

« Ma mission consistait, a-t-il dit, à annoncer au maréchal Bazaine:

« 1° Que la République était proclamée en France depuis le 4 septembre;

« 2° Que la maréchale et sa fille s'étaient retirées à Tours et étaient en parfaite santé, ce dernier renseignement étant donné par M. de Kératry;

« 3° A demander au maréchal des nouvelles du fils du général Le Flô, ministre de la guerre;

« 4° A prévenir le maréchal que le colonel Turnier avait à sa disposition 96 wagons contenant 1 300 000 rations de biscuits et cinq fois plus de farine. »

Vous trouvez ici, messieurs, avec l'annonce de l'arrivée des vivres, l'exacte reproduction du sens des deux dépêches remises par MM. Le Flô et de Kératry au matelot Donzella et apportées par celui-ci, le 18 septembre, à Thionville.

Calarnou fut blessé en cherchant à traverser les lignes prussiennes et ne put accomplir sa mission.

En même temps, le sieur Risse fut chargé par le colonel Turnier de porter une lettre au maréchal. L'instruction a pu préciser ses mouvements avec une parfaite exactitude. Parti le 25 ou le 26 septembre, il entra à Metz le lendemain matin, et se rendit auprès du maréchal, auquel il remit sa dépêche.

Nous n'en connaissons pas le texte, mais il est bien évident qu'il ne pouvait différer beaucoup des paroles que Calarnou, envoyé en même temps et pour ce même objet, avait été chargé de porter.

Au surplus, la déposition de Risse, confirmée par celle de Flahaut, constate que, dans cette lettre, le colonel Turnier annonçait l'arrivée des vivres au maréchal. Pour renseignements plus complets, il avait recommandé à Risse de dire à celui-ci, s'il l'interrogeait, qu'il s'en trouvait à Thionville « un plein convoi. »

Le maréchal reçut la lettre en haussant les épaules. Comme le colonel l'avait prévu, il se borna à demander à Risse s'il y avait beaucoup de vivres à Thionville, et le congédia en lui donnant dix francs.

Ainsi, celui qui avait compté mille francs à Flahaut pour la dépêche apportée le 28 août, celui qui avait donné onze cents francs à la femme Antermet pour la lettre expédiée le 8 septembre au gouvernement, trouvait que dix francs était une suffisante récompense pour le courageux jeune homme qui venait de braver un danger sérieux, afin de lui annoncer une nouvelle d'un si grand intérêt.

Le maréchal étant prévenu de l'existence, à quelques lieues de Metz, d'approvisionnements considérables destinés à l'armée, son inaction devenait complètement injustifiable. Aussi comprend-on facilement la mauvaise humeur qu'il témoigna en recevant de nouveau cet avis, dont il était résolu à ne pas tenir compte.

Sa mission remplie, le sieur Risse demeura à Metz où, faute de ressources, il fut forcé, le 8 octobre, de contracter un engagement volontaire pour le 44e de ligne.

Le maréchal a nié avoir eu connaissance de la mission de Risse et avoir été informé de l'existence des approvisionnements réunis à Thionville.

De son côté, le colonel Turnier a déclaré que sa mémoire lui faisait absolument défaut dans cette circonstance. Il a affirmé seulement avoir envoyé prévenir le maréchal, aussitôt après l'arrivée des vivres, par un émissaire qui n'est pas revenu, ce qui est bien le cas de Risse.

Vous avez déjà pu, d'ailleurs, constater au cours des débats que cet officier supérieur avait généralement oublié tous les faits de nature à jeter le jour sur cette question si importante des communications avec Metz, soit pendant la dernière quinzaine d'août, soit après Sedan !

Nous ne songeons pas à incriminer un défaut de mémoire, mais si nous nous rappelons et la disparition de l'original et son registre des fonds secrets, qui aurait pu fournir des indications précieuses, et les diverses circonstances recueillies à l'instruction, nous ne pouvons que blâmer le peu d'empressement du colonel Turnier à aider aux recherches de la justice !

Quoi qu'il en soit, les dénégations intéressées du maréchal, les oublis du commandant de place de Thionville, ne sauraient faire naître un doute sur la réalité des faits annoncés par Risse.

En effet, les sieurs Flahaut et Marchal ont déclaré l'un et l'autre avoir rencontré Risse à Metz vers la fin de septembre, alors qu'il venait d'arriver de Thionville. Tous deux ont appris de lui qu'il avait apporté une lettre au commandant en chef.

Flahaut a reçu par Risse des nouvelles de sa famille ; il lui a entendu raconter qn'il avait annoncé au maréchal l'existence des vivres réunis à Thionville.

Si, le 3 octobre, ce même Flahaut reçut mission d'aller à Thionville prévenir le colonel Turnier que l'armée irait sous peu de jours chercher les approvisionnements qui lui étaient destinés, c'est que le maréchal avait reçu avis qu'ils s'y trouvaient.

Entre les dénégations du maréchal, à qui il importe si fort de cacher la vérité, et la déposition désintéressée d'un témoin dont les dires sont d'ailleurs corroborés par un faisceau de preuves sans réplique, le choix ne saurait être douteux.

On le nierait donc en vain. Il reste invariablement établi que le maréchal a été informé, dès la fin de septembre, de l'arrivée à Thionville des vivres expédiés pour les besoins de son armée par le gouvernement de la Défense nationale. La connaissance de ce fait ne fut sans doute pas l'un des moindres motifs qui le déterminèrent, le 4 octobre, à désigner cette direction comme devant être suivie par son armée.

On peut voir, par l'exposé qui précède, que si le commandant en chef ne fit parvenir aucune dépêche au gouvernement, ce ne furent pas les occasions qui lui manquèrent. S'il ne reçut pas de communication directes de ce gouvernement, il fut du moins averti de sa sollicitude pour l'armée de Metz et de ses efforts pour lui venir en aide.

Si nous nous sommes attaché, en étudiant cette question des communications, à faire ressortir l'isolement volontaire et calculé dans lequel s'est renfermé le maréchal, c'est parce qu'il a allégué cette soi-disant absence de relations comme un prétexte pour entrer dans la voie des négociations, et que, plus tard, il l'a invoqué comme une excuse devant l'opinion publique.

Nous aurions, quant à nous, attaché fort peu d'importance à ce que le maréchal ait envoyé ou n'ait pas envoyé de nouvelles, à ce qu'il en ait reçu ou n'en ait pas reçu.

Nous ne voyons pas, en effet, en quoi pouvaient se modifier ses devoirs de commandant en chef, suivant l'une ou l'autre de ces hypothèses.

Il lui fallait, a-t-il dit, « des instructions, des nouvelles ? »

Quelles instructions espérait-il donc recevoir d'un gouvernement auquel il n'avait rien fait savoir de la situation de l'armée, et qui se trouvait séparé du théâtre des opérations par un immense territoire au pouvoir de l'ennemi.

S'il eût reçu ces instructions, il n'eût pas manqué sans doute de protester contre des ordres formulés dans de semblables conditions, de se plaindre, non sans raison, des entraves apportées à la liberté de son initiative ou à l'exécution de ses plans.

Il eût donné ainsi à son inaction un meilleur prétexte que celui tiré de cette absence d'ordres qui lui laissait, nous tenons à le constater, une indépendance entière.

Quant à des nouvelles, il n'en était pas tellement dépourvu qu'il n'ait jugé devoir annoncer officiellement par un ordre à l'armée la révolution du 4 septembre et l'avénement du gouvernement nouveau. Les émissaires, les soldats évadés, les prisonniers faits, les feuilles allemandes trouvées dans les combats d'avant-postes, les parlementaires prussiens eux-mêmes lui fournissaient des renseignements pour ainsi dire au jour le jour.

Enfin, il entrait dans Metz un grand nombre de journaux français remis directement au maréchal ou portés à sa connaissance. On trouve ainsi trace de douze numéros au moins qui lui furent communiqués entre la révolution du 4 septembre et le 24 du même mois, date du départ de Régnier.

Dans ces conditions, était-il sérieux et de bonne foi de parler de l'absence de nouvelles?

Si le maréchal avait pu, à la première annonce de la révolution, concevoir des inquiétudes sur la nature des sentiments qui animaient à son égard le gouvernement de la Défense nationale, la lecture de ces journaux, dans lesquels il n'était désigné que sous le nom du « Glorieux », de « l'Héroïque Bazaine », devait-elle lui laisser le moindre doute sur le sentiment de la France et des chefs du pouvoir à son égard? Ne devait-il pas, au contraire, s'efforcer d'élever son énergie et son patriotisme à la hauteur des grands services que la patrie en attendait?

Après cette disgression indispensable, nous en arrivons aux démarches qui amenèrent l'ouverture des négociations officielles avec l'ennemi, et qui, par suite, en détournant l'armée de sa seule voie de salut, allait fatalement aboutir à cette capitulation, dont le nom seul prononcé à ce moment eût provoqué chez tous une légitime indignation.

Le 7 octobre, en rentrant du combat de |Bellevue, les commandants de corps trouvèrent chez eux une lettre confidentielle, dans laquelle, rappelant à grands traits les conditions où se trouvait l'armée, le général en chef leur demandait de « lui faire connaître, après un examen approfondi de la situation, et après en avoir conféré avec leurs généraux de division, leur opinion personnelle et leur appréciation motivée. » Il leur annonçait en même temps qu'il les réunirait ensuite, afin de prendre une décision.

Ainsi cette lettre avait été écrite par le maréchal Bazaine avant le combat. Cette circonstance suffirait à elle seule pour indiquer combien peu il songeait à percer les lignes!

A sa dépêche était jointe copie de celle reçue le jour même du général Coffinières exposant qu'il ne restait plus que cinq jours de pain à l'armée et dix jours à la population civile.

C'était donc quand la situation était déjà si critique, sinon désespérée, que le maréchal, pour la première fois, depuis la rentrée sous Metz, le 1er septembre, croyait devoir consulter ses lieutenants!

Si pénible qu'il dût être pour eux d'émettre un avis dans de semblables conditions, en présence de ces paroles que leur écrivait le maréchal :

« Le devoir d'un commandant en chef est de ne rien laisser ignorer en pareille occurrence aux commandants de corps sous ses ordres, et de s'éclairer de leurs avis et de leurs conseils, » leur patriotisme n'hésita pas.

Comment auraient-ils pu croire, en effet, qu'en leur tenant un si digne langage, leur chef les trompait, et que ses protestations de confiance et de sincérité n'étaient qu'un leurre pour obtenir d'eux un document écrit, pouvant, au besoin, être invoqué pour excuser sa conduite!

Le commandant en chef qui reconnaissait et affirmait comme un devoir rigoureux « de ne laisser rien ignorer à ses commandants de corps, » se bornait cependant dans sa lettre à leur signaler la pénurie des vivres et la situation critique de l'armée. Il leur cachait et les pourparlers avec Régnier, et les propositions portées par celui-ci à M. de Bismark.

Il taisait également le télégramme qu'il avait reçu du chancelier prussien, la proposition de capituler, qu'il avait réitérée auprès du général Stiehle, son attente infructueuse d'une réponse pour le 1er octobre, enfin, l'inutilité de toutes ses tentatives de négociations.

Il gardait enfin le silence sur l'existence à Thionville et à Longwy des approvisionnements considérables que le gouvernement de la Défense nationale avait réussi à y faire entrer, pour ravitailler l'armée de Metz.

Ainsi, tout en demandant à ses lieutenants de lui donner « leur opinion personnelle et leur avis motivé après un examen mûri et très-approfondi de la situation, » le maréchal leur dissimulait une partie de cette situation et ne leur laissait que des examens d'appréciation tronqués et incomplets.

Comment alors prendre au sérieux l'argument qu'il voudrait tirer de leur réponse?

En raison de la position où se trouvait l'armée, dont la plupart des chevaux, épuisés par la disette, étaient déjà peu propres au service, le succès d'une tentative de sortie pouvait paraître douteux.

Cette considération influença, sans doute, quelques commandants de corps, au moment où ils allaient se prononcer. Aussi trouve-t-on une grande diversité d'opinions dans leurs réponses. Toutefois, trois avis bien distincts s'en dégagent.

Ou tenter sans succès le sort des armes;

Ou tenir jusqu'à la dernière extrémité dans le camp retranché;

Ou enfin entrer immédiatement en négociations avec l'ennemi, afin d'obtenir de lui des conditions meilleures.

Sur un point, cependant, les généraux sont unanimes : dans le cas où les conditions imposées seraient de nature à porter atteinte à l'honneur de l'armée, le devoir commande de les repousser et de chercher à se faire jour en combattant.

C'eût été le cas, pour le maréchal, de se rappeler les dispositions du règlement sur le service des places obligeant le commandant à prendre ses résolutions, suivant l'avis le plus énergique, s'il n'est absolument impraticable. Mais non; il agit à l'inverse de cette règle, adopte l'avis le moins énergique, et ne tient plus tard aucun compte de l'intention unanimement exprimée de recourir aux armes, si les conditions proposées sont contraires à l'honneur.

Observons que le maréchal, une fois muni de ces avis, nettement formulés par écrit, n'avait que faire de réunir les commandants de corps; nous l'avons constaté déjà, cette réunion n'avait aucun caractère régulier. Si le règlement ordonne au commandant d'une place assiégée de prendre l'avis d'un conseil de défense, il ne prescrit aucune disposition de ce genre au commandant d'une armée.

C'est donc à titre purement officieux seulement que le maréchal pouvait réunir ses lieutenants, et leur avis, fût-il unanime, ne pouvait le couvrir ni diminuer en rien sa responsabilité.

La réunion des commandants de corps était du reste complétement inutile. Le maréchal connaissait leurs opinions, avait reçu leurs conseils; une seule chose restait encore à faire : prendre une décision. Or, même dans la place assiégée, où le conseil de défense a une existence légale, c'est, le conseil entendu et la séance levée, que le commandant arrête seul ses résolutions.

Que pouvait donc attendre de cette réunion, tout à la fois inutile et extra-réglementaire, le commandant en chef à qui son expérience militaire devait apprendre que dans ce cas ce ne sont jamais les résolutions les plus énergiques qui prévalent?

Les grands capitaines sont unanimes à ce sujet :

Le prince Eugène avait coutume de répéter qu'un général, ayant envie de ne rien entreprendre, n'avait qu'à tenir un conseil de guerre. — « Les conseils de guerre, disait de son côté le maréchal de Villars, ils ne sont bons que quand on veut une excuse pour ne rien faire! » Et c'est pour ces mêmes motifs que le grand Frédéric les avait défendus à ses généraux.

Il est inutile de multiplier ces citations devant vous, messieurs, qui savez que telle fut toujours l'opinion de tous les hommes de guerre, et qui vous rappelez ces paroles de Napoléon Ier : « En tenant des conseils, on finit par prendre le plus mauvais parti, qui, presque toujours, à la guerre, est le plus pusillanime. »

D'autre part, le maréchal Bazaine ne devait-il pas s'attendre à ce que l'influence exercée par la présence du général en chef sur l'esprit de ses lieutenants nuisît à leur liberté d'appréciation?

Les réponses à sa lettre confidentielle du 7 octobre renfermaient un enseignement à cet égard.

Chacune d'elles, en effet, avait été rédigée à l'issue d'un conseil réuni dans le corps d'armée.

Or, malgré la divergence des opinions émises dans les réponses faites au commandant en chef, les conclusions de chaque lettre avaient été prises à l'unanimité. En d'autres termes, tous les généraux s'étaient, en définitive, rangés au même avis que leur commandant de corps, sauf dans la garde, où la divergence ne portait pas, d'ailleurs, sur le fond de la question.

Si nous constatons cet effet alors que les commandants de corps, agissant en toute loyauté, s'étaient gardés d'exercer aucune pression sur leurs subordonnés, ne prévoyez-vous pas, messieurs, plus sûrement encore, une semblable issue pour la conférence du 10 octobre?

Que sera-ce donc si, en outre de ses réticences, le commandant en chef a recours aux subterfuges pour arracher l'adhésion de ses lieutenants?

Le conseil, on le conçoit, ne pouvait guère avoir d'autre résultat que d'amener les esprits à l'idée de négocier au lieu de combattre, ni d'autre but que de faire partager aux généraux une responsabilité qui incombait au maréchal Bazaine seul.

Nous allons voir ce dernier procéder de manière à arriver à ses fins, tout en évitant d'intervenir directement dans la discussion, pour ne pas paraître imposer son opinion.

Nous devons examiner en détail ce qui se passa le 10 octobre dans cette réunion des commandants de corps et d'armes, car des résolutions qui en sortirent datent les premiers pourparlers avoués et officiels avec l'ennemi, et le conseil du 10 est, en fait, le début de la capitulation.

C'est d'ailleurs la seule réunion qui ait été l'objet d'un procès-verbal régulièrement signé par tous les membres du conseil.

Le fait même de cette précaution prise ici pour la première et pour la dernière fois indique nettement le dessein du maréchal d'engager la responsabilité de ses lieutenants et dénote l'intérêt qu'il attachait à posséder un témoignage authentique de leur opinion.

Malheureusement, cette pièce est loin de nous fournir des renseignements complets.

L'exposé de la situation fait par le maréchal y est très-succinctement indiqué, mais il reproduit *in extenso* les déclarations du général Coffinières et de l'intendant en chef au sujet de la pénurie des vivres et de l'état sanitaire. Le procès-verbal passe ensuite aux questions posées et se termine par l'énoncé des avis émis par le conseil. Toutefois, il reste muet sur la discussion préalable et sur l'opinion exprimée par chacun des membres, différant ainsi des comptes rendus des réunions des 26 août, 18 et 26 octobre.

Dans ceux-ci, la discussion est, en effet, reproduite en détail, et nous y lisons les considérations qui auraient été émises par tous les généraux présents. Il est vrai de dire que le maréchal n'a pas communiqué ces pièces à ses lieutenants, qui ont tous fait certaines réserves sur leur exactitude.

En s'abstenant, dans sa lettre confidentielle, de donner à ses lieutenants les indications indispensables pour qu'ils pussent se prononcer en connaissance de cause, le maréchal se réservait-il du moins de les éclairer lorsque, réunis, il allait leur demander conseil?

Non: avant comme pendant cette délibération, il conserva vis-à-vis d'eux le même silence que lorsque, le 7, il leur avait demandé leur avis par écrit. Les commandants de corps devaient donc se croire parfaitement renseignés sur tout ce que le général en chef savait lui-même.

Ils furent confirmés dans cette opinion par les déclarations du maréchal reproduites dans le procès-verbal et exposant que : « Malgré toutes les tentatives faites pour se mettre en communication avec la capitale, il ne lui était jamais parvenu aucune nouvelle officielle du gouvernement, qu'aucun indice d'une armée française opérant pour faire une diversion utile à l'armée du Rhin, ne lui avait été signalée. »

Le maréchal est revenu à plusieurs reprises sur cette absence complète de nouvelles, et a cherché une excuse à ses agissements politiques dans l'isolement où il serait resté à Metz.

Vous savez, messieurs, ce qu'il faut penser de cette allégation. La vérité était que le commandant en chef n'avait jamais voulu donner de ses nouvelles au gouvernement de la Défense nationale, qu'il n'avait pas cherché à en recevoir de lui, et qu'il cachait avec soin celles qui avaient pu lui parvenir.

Examinons maintenant ce qui s'est passé dans le cours de la réunion.

Nous avons cité les termes succincts suivant lesquels est rapporté dans le procès-verbal l'exposé de la situation fait par le maréchal.

Les souvenirs des membres du conseil permettent de compléter certaines lacunes de ce compte rendu.

PRÉSIDENCE DE M. LE DUC D'AUMALE

Suite du Réquisitoire

M. le commissaire du gouvernement poursuit son réquisitoire.

Le général Coffinières a déposé en ces termes (relativement à la conférence du 10 octobre) : « Le maréchal exposa que le prince Frédéric-Charles ne repoussait pas l'idée d'une négociation, mais que ses pouvoirs n'étaient pas assez étendus, et qu'il fallait en référer au roi de Prusse et à M. de Bismark; enfin, que les puissances allemandes ne reconnaissaient pas d'autre gouvernement en France que celui de la régence. »

Un autre témoin s'est également rappelé ces paroles.

Voici deux assertions du maréchal qui eussent mérité, par leur importance, d'être consignées au procès-verbal. Elles n'y figurent pas. Vous comprendrez, messieurs, pourquoi elles y furent omises.

« Le prince Frédéric-Charles ne repoussait pas l'idée d'une négociation, mais ses pouvoirs n'étaient pas assez étendus, et il fallait en référer au roi de Prusse et à M. de Bismark. »

Les faits ont confirmé ces dépositions, car c'est ainsi qu'on a procédé.

Comment le maréchal avait-il pu être renseigné à cet égard, sinon par une réponse du prince à une demande antérieure?

Il y avait donc eu encore, depuis la lettre du 29 au général Stiehle, de nouveaux pourparlers engagés, ou plutôt les premiers avaient continué et ils n'avaient échoué que par la fin de non-recevoir opposée par le prince.

Les paroles du maréchal ne sauraient s'expliquer autrement. Nous trouverons, du reste, une seconde preuve de cette continuation de pourparlers, dans ces mots du général Boyer à M. Bompard, lors de son second passage à Bar-le-Duc :

« J'étais allé, dit-il, à Versailles pour tâcher d'obtenir des conditions plus douces que celles qui nous étaient faites. »

Ne doit-on pas même déduire de cette confidence que si les pourparlers avec le prince avaient été rompus, ce n'était pas faute des pouvoirs nécessaires, mais bien parce que l'on espérait un meilleur résultat en traitant directement avec M. de Bismark?

Les paroles du maréchal au conseil et celles du général Boyer à M. Bompard nous permettent en même temps de deviner, en partie du moins, l'objet de ces relations clandestines si fréquemment entretenues avec le quartier général prussien.

Ainsi, quand le maréchal demandait à ses lieutenants leur avis sur l'opportunité d'entamer des négociations, non-seulement il en avait ouvert déjà, mais ces négociations étaient encore pendantes!

D'autre part, le maréchal annonce au conseil, d'après le général Coffinières, « que les puissances allemandes ne reconnaissaient pas d'autre gouvernement que celui de la régence. »

Vous retrouverez, messieurs, l'influence du communiqué de Reims et des entretiens de Régnier avec le maréchal. Bien qu'elle fût restée sans résultat, l'entrevue de Ferrières prouvait, sans conteste, que les gouvernements allemands étaient loin de ne reconnaître en France d'autre pouvoir que le gouvernement de la régence, puisqu'ils auraient consenti à traiter avec le pouvoir issu du 4 septembre, sous la réserve de faire ratifier les stipulations par une Assemblée nationale.

Nous avons le regret de constater que cette assertion du maréchal avait aussi peu de fondement que celle relative à l'impossibilité de communiquer.

Après l'exposé de la situation, il convenait d'examiner d'abord les réponses faites à la lettre confidentielle du 7 octobre.

Mais, comme par surcroît de précaution, le maréchal ne fait lire que partie de ces réponses et passe notamment sous silence celles qui formulaient nettement l'avis de recourir aux armes, ou ne proposaient pas d'entrer en négociations; ainsi, il n'est donné lecture ni de la lettre du maréchal Le Bœuf, ni de celle du général de Ladmirault.

Le temps écoulé depuis le 10 octobre 1870 ne permettant plus de suppléer au silence du procès-verbal, en ce qui concerne l'ordre suivi pour la discussion, ni la part prise par chacun des membres du conseil, nous passerons à l'examen des propositions soumises au vote, et à celui des conclusions adoptées.

Exposé fait de la situation, le procès-verbal poursuit en ces termes :

« Après lecture faite au conseil du rapport de S. Exc. le maréchal Canrobert, commandant le 6ᵉ corps d'armée, du rapport de M. le général Coffinières, commandant supérieur de Metz, du rapport de M. le général Desvaux, commandant provisoirement la garde impériale, la situation militaire se résume dans les questions suivantes :

« 1º L'armée doit-elle tenir sous les murs de Metz jusqu'à l'entier épuisement de nos ressources alimentaires ?

« 2º Doit-on continuer à faire des opérations autour de la place pour essayer de se procurer des vivres et des fourrages ?

« 3º Peut-on entrer en pourparlers avec l'ennemi pour traiter des conditions d'une convention militaire ?

« 4º Doit-on tenter le sort des armes et chercher à percer les lignes ennemies ? »

Remarquons-le, messieurs, les questions ainsi posées par le maréchal ne semblent pas présentées suivant l'ordre logique.

Ainsi, il eût fallu évidemment résoudre, en premier lieu, cette alternative : Doit-on tenter le sort des armes pour percer les lignes ennemies, ou bien est-il préférable de demeurer sous Metz jusqu'à la dernière extrémité ?

Les autres questions n'étaient, en effet, qu'incidentes et ne devaient entrer en discussion qu'après le rejet préalable de la proposition de recourir aux armes.

En renvoyant à la fin de son exposé cette question capitale, de la solution de laquelle toutes les autres dépendaient, le maréchal nous autorise à dire qu'elle n'a été présentée que pour mémoire, et que ses résolutions étaient secrètement arrêtées à l'avance dans son esprit.

Ce qui nous confirme dans cette appréciation, c'est qu'en réalité la question n'a pas même été posée par le maréchal, et que, sans l'initiative de l'un des généraux présents, elle n'aurait pas été soumise au conseil, comme il sera prouvé tout à l'heure.

La première question fut résolue affirmativement.

Les considérants énoncés furent les suivants :

« La présence de l'armée sous les murs de Metz, y retient une armée ennemie de 200 000 hommes, dont il n'est point possible de disposer ailleurs, et dans les conditions où elle se trouve, le plus grand service que l'armée du Rhin puisse rendre au pays est de gagner du temps et de lui permettre d'organiser la défense dans l'intérieur. »

C'est au moment où le conseil vient d'entendre le général Coffinières annoncer dans sa lettre, puis verbalement, qu'à raison de 250 grammes de pain, les vivres feront complétement défaut le 20 octobre et qu'il est indispensable de traiter avant le 16, c'est à ce moment, disons-nous, que sont invoquées de telles considérations.

Était-il bien sérieux de parler de gagner du temps et de retenir devant la place 200 000 ennemis, quand on savait que le délai possible ne devait pas dépasser huit jours?

Était-ce la meilleure manière d'aider à l'organisation de la défense dans l'intérieur, que de maintenir sans communication avec le reste de la France la presque totalité des cadres de l'armée régulière, alors que ces cadres étaient indispensables pour donner quelque solidité aux troupes de la nouvelle levée?

Il suffit de poser ces questions pour les résoudre. Aussi doit-on regretter de voir présenter de semblables arguments à l'appui de la résolution qui devait aboutir fatalement en quelques jours à une catastrophe.

Mieux eût valu se contenter de faire l'aveu de son impuissance que de chercher à dissimuler sous des considérations vaines les conséquences de la situation.

La deuxième question fut résolue négativement à l'unanimité. Il fut reconnu : « Qu'il n'y avait pas lieu de continuer à faire des opérations autour de la place, en raison du peu de probabilité de trouver des ressources suffisantes pour vivre quelques jours de plus, à cause des pertes que ces opérations occasionneraient, et de l'effet dissolvant que leur insuccès pourrait exercer sur le moral de la troupe. »

L'opinion des commandants de corps, si rationnelle à ce moment où il ne restait plus rien à recueillir aux environs, eût sans doute été tout autre s'ils avaient connu les approvisionnements considérables qui les attendaient à Thionville et à Longwy. Mais le maréchal Bazaine s'était abstenu de les en instruire.

La troisième question fut, d'après le procès-verbal, résolue affirmativement à l'unanimité, et le conseil émit l'avis qu'il y avait lieu d'engager des pourparlers avec l'ennemi dans un délai de quarante-huit heures « afin de conclure une convention militaire honorable et acceptable pour tous. »

C'était là la résolution importante. Comme il l'avait désiré, le maréchal obtenait ainsi l'acquiescement de ses lieutenants à la proposition d'entrer en négociations avec l'ennemi.

Pour l'obtenir, il leur avait soigneusement tû ses tentatives précédentes; car s'il leur eût appris qu'il avait offert par l'intermédiaire de Régnier, de capituler sous la seule réserve d'obtenir les honneurs de la guerre et de laisser la place de Metz en dehors des stipulations, s'il eût annoncé que ces propositions n'avaient pas été accueillies non plus que celles qu'il avait renouvelées, dans le même but, le 29 septembre, auprès du général de Stiehle, quel est celui qui n'eût compris l'inutilité absolue de toute négociation ultérieure?

Connaissant l'artifice employé, on se rend compte du résultat obtenu. On ne saurait trop regretter cependant que le conseil n'ait pas compris que ces pourparlers conduisaient tout droit à une capitulation et que dès lors, en présence des prescriptions absolues de la loi militaire, il n'ait pas formellement refusé d'y acquiescer.

Au sujet de la quatrième question : « Doit-on tenter le sort des armes et chercher à percer les lignes ennemies? » le procès-verbal s'exprime ainsi :

« La quatrième question en amène une cinquième. — M. le général Coffinières demande s'il ne serait pas préférable de tenter le sort des armes avant d'entamer des négociations, le succès de cette tentative pouvant rendre les pourparlers inutiles, ou bien le résultat infructueux de notre effort pouvant peser dans la balance du poids des pertes que nous aurions fait subir à l'ennemi.

« Cette question est écartée à la majorité. »

Telles sont les seules paroles qui, dans le document officiel, se rapportent à la proposition faite de tenter le sort des armes avant de négocier.

Quelle est donc, nous le cherchons en vain, la différence entre la quatrième question restée sans solution, et la cinquième malheureusement écartée, mais à la majorité des voix seulement et non à l'unanimité?

En réalité, il n'y a là qu'une seule et même question, dont l'initiative appartient au général Coffinières seul, et le procès-verbal indique que le maréchal n'en parla pas.

Il demeure donc établi par son texte même que, dans la pensée de plusieurs généraux, mieux valait combattre que négocier et que si l'opinion contraire a finalement prévalu, elle n'a pas du moins été unanime, comme le donne à croire la rédaction du compte rendu.

Si, en entamant des négociations, on était décidé à tenter un effort désespéré pour repousser des conditions humiliantes, il importait de connaître ces conditions le plus promptement possible. Mais, en revanche, l'offre de capituler avait l'inconvénient grave d'indiquer aux Allemands la situation critique de notre armée.

C'était, en effet, leur annoncer que l'on ne comptait plus sur l'heureuse issue d'un combat. C'était ajouter ainsi à leurs chances de succès, en augmentant leur confiance. Ce n'est donc pas sans de graves motifs que nos règlements défendent au commandant d'une place assiégée d'entrer en pourparlers avant d'être arrivé au dernier terme de la résistance. La loi va plus loin encore en ce qui concerne le commandant d'une armée en campagne, et comme vous le savez, messieurs, elle lui interdit d'une façon absolue de capituler.

Puisque cette interdiction formelle n'arrêtait pas le maréchal, il devait au moins considérer comme un devoir d'attendre l'épuisement complet de ses ressources pour entamer les négociations.

Le conseil émit enfin, d'un commun accord, un dernier avis :

« Si les conditions de l'ennemi portent atteinte à l'honneur des armes et du drapeau, on essayera de se frayer un chemin par la force avant d'être épuisé par la famine, et tandis qu'il reste la possibilité d'atteler quelques batteries. »

En prenant cette résolution virile, les généraux comprenaient ce que l'honneur exigeait de l'armée du Rhin. Ils affirmaient ainsi leur volonté de tomber dignement, en restant jusqu'au bout fidèles au devoir.

Mais, pour pouvoir donner suite à ce projet, ce n'était pas à l'ouverture des négociations, c'était à la réponse de l'ennemi qu'il importait d'assigner un délai très-rapproché.

En laissant toute latitude à la diplomatie allemande, on s'enlevait la faculté de choisir l'instant propice et on s'exposait à la pire des extrémités, celle de mettre bas les armes sans avoir pu sauver l'honneur du drapeau par une lutte suprême.

Comme on eût pu le prévoir, la réponse de l'ennemi se fera attendre, elle n'arriva que le 18 octobre, jour indiqué à Régnier comme le terme de la durée des vivres, et, à ce moment, la proposition de sortie les armes à la main, adoptée à l'unanimité le 10, sera repoussée en raison de l'épuisement des hommes et des chevaux.

On ne saurait donc trop déplorer que le conseil n'ait pas prévu ce résultat inévitable, et qu'il n'ait pas été ramené ainsi à opiner pour un recours immédiat aux armes, seul moyen d'éviter une capitulation humiliante.

Telles furent, messieurs, les conclusions du conseil du 10 octobre.

Vous l'avez vu, bien qu'il eût caché la vérité à ses lieutenants, le maréchal reçut, dans ce conseil, comme dans les réponses à sa lettre confidentielle, quelques avis énergiques, que le devoir lui commandait impérieusement de suivre.

Le règlement est en effet précis et formel à cet égard :

« Le conseil entendu et la séance levée, le commandant doit prendre seul ses résolutions, en suivant l'avis le plus énergique, s'il n'est absolument impraticable. »

Or, pourrait-on soutenir que, dans l'esprit des membres du conseil une tentative de sortie était absolument impraticable, alors qu'ils s'engageaient, à l'unanimité, à recourir aux armes, dans le cas où les conditions imposées par l'ennemi ne seraient pas acceptables ?

Le maréchal ne savait-il pas, d'ailleurs, que les négociations qu'on allait entamer avaient déjà échoué, et pouvait-il croire que l'ennemi se montrerait en ce moment moins rigoureux qu'il ne l'avait été, quand l'armée était en meilleur état pour combattre ?

Le procès-verbal de la séance du 10 octobre se termine par l'exposé des réponses du conseil à chacune des questions.

En tête de cet exposé, on lit ces mots : Il est donc convenu et arrêté : « 1° que, 2° que, etc. » Et à la fin ceux-ci :

« Ont approuvé et signé MM. les maréchaux Canrobert et Le Bœuf, les généraux de Ladmirault, Frossard, Desvaux, Soleille et Coffinières, l'intendant en chef Lebrun, enfin le maréchal Bazaine, commandant en chef, » dont suivent les signatures.

Il est impossible de ne pas être frappé de la teneur suivant laquelle sont présentées ces conclusions. Le conseil n'avait et ne pouvait avoir qu'un avis à émettre, il n'avait aucune qualité pour décider, car c'est au général en chef seul qu'il appartient toujours de le faire, dans la plénitude de son action, mais aussi de sa responsabilité.

Méconnaître ces principes, c'est violer les lois de la hiérarchie, c'est porter une atteinte grave à la discipline, c'est enfin briser l'unité de commandement qui fait l'unité d'obéissance et la force des armées.

Le maréchal ne conteste pas cette règle absolue, aussi déclare-t-il qu'il ne voulait que consulter ses lieutenants. Mais, si les conclusions rapportées dans le procès-verbal n'étaient que des avis, pourquoi leur donner la forme d'une décision, en les faisant précéder de ces mots : « Il a été arrêté et convenu ce qui suit » ?

Il ne s'agit pas d'ailleurs d'une erreur de rédaction isolée et involontaire. Faut-il rappeler que le maréchal a cherché à imputer au conseil du 26 août la responsabilité de son inaction avant Sedan ? Nous le verrons agir de même dans toutes les réunions ultérieures.

Ainsi le compte rendu de la conférence du 18 octobre, après avoir mentionné qu'il s'agissait de décider s'il fallait ou non continuer les négociations, poursuit en ces termes :

« Le général Soleille, le général Desvaux, le général de Ladmirault, le général Frossard, le maréchal Canrobert se prononcent pour l'affirmative. Le général Coffinières et le maréchal Le Bœuf se prononcent pour la négative. En conséquence le général Boyer se rend à Hastings, etc. »

Ici, le commandant en chef ne se compte même pas au nombre des membres qui votèrent sur la proposition de l'envoi du général Boyer à Hastings. Nous reviendrons sur cette particularité.

Dans le récit de la réunion du conseil du 24, on lit :

« Le conseil.... pria M. le général Changarnier.... de se rendre auprès du prince Frédéric-Charles, pour demander la neutralisation de l'armée avec un armistice local, etc. »

Dans le procès-verbal du conseil du 26 octobre :

« Les membres de la conférence déclarent que la ville doit suivre la fortune de l'armée....

« Le conseil décide qu'il sera fait droit à la demande de l'intendant qui prendra la direction générale des services des subsistances dans la ville de Metz....

« Le conseil décide enfin que le général Jarras, comme chef d'état-major de l'armée, se rendra auprès du chef d'état-major de l'armée allmande, pour y régler avec lui les conditions définitives qui devront être acceptées par tous les membres présents. »

Enfin, le procès-verbal du 28 octobre s'exprime en ces termes :

« Le 28 octobre, étaient réunis en conseil, sous la présidence de S. E. le maréchal Bazaine.... MM. les commandants des corps d'armée, le chef supérieur de l'artillerie et celui du génie, ce dernier commandant supérieur de la place de Metz.... à l'effet d'entendre la lecture de la convention signée.... par M. le général chef d'état-major de l'armée, muni à cet effet des pleins pouvoirs de M. le maréchal Bazaine et de tous les membres du conseil, lesquels lui ont été conférés dans la séance du 26 octobre.

« Le conseil a reconnu que son mandataire avait usé des larges instructions qu'il avait reçues..., etc. »

Le rapprochement de ces textes démontre jusqu'à l'évidence que le maréchal a cherché à représenter ses lieutenants comme ayant agi solidairement avec lui dans toutes les phases de la capitulation et à faire ainsi peser également sur eux une responsabilité qui n'incombe qu'à lui seul.

Bien plus, en attribuant au conseil, le 24 octobre, des décisions au sujet de questions étrangères aux négociations entamées, par exemple le service des subsistances, en omettant de faire figurer son nom parmi les votants, le 18 octobre, le maréchal a voulu faire entendre que le conseil faisait acte de commandement, et qu'il s'était borné, lui, général en chef, à être l'exécuteur de ses volontés !

A l'occasion de la première réunion des commandants de corps, tenue en vue de la capitulation, nous avons cru devoir insister sur le caractère fallacieux des comptes rendus de ces conseils, afin d'éviter toute erreur d'appréciation sur la portée véritable de ces délibérations, et pour n'avoir pas à répéter pour chaque séance les réserves à faire sur la sincérité de ces documents.

Ainsi donc, suivant l'avis du conseil, on allait entamer des négociations avec l'ennemi. Le maréchal chargea de cette mission son premier aide de camp, M. le général Boyer. Il avait voulu conserver dans ses anciennes fonctions cet officier tout récemment promu, bien que son nouveau grade fût incompatible avec elles aux termes du règlement.

Au lieu d'envoyer son mandataire au commandant des forces allemandes devant Metz, le maréchal demanda un sauf-conduit pour permettre au général de se rendre à Versailles auprès du roi de Prusse et de M. de Bismark.

On ne s'expliquerait pas cette dérogation aux règles ordinairement suivies, dans toutes conférences ayant un caractère purement militaire, si l'on ne se rappelait que le maréchal avait déclaré au conseil que les pouvoirs du prince n'étaient pas assez étendus. Le véritable motif était, nous l'avons vu, qu'il avait déjà tenté de négocier par l'intermédiaire du prince, et qu'il espérait obtenir directement à Versailles des conditions meilleures que celles exigées à Corny.

Après un premier refus, qui fit perdre un jour, le roi de Prusse accorda l'autorisation demandée, et le général Boyer partit le 12 octobre pour Versailles.

Nous allons voir quelles propositions il allait y porter.

Le maréchal Bazaine a fait connaître le contenu d'une pièce qu'il aurait remise au général Boyer. Voici ce document important :

« Au moment où la société est menacée par l'attitude qu'a prise un parti violent, et dont les tendances ne sauraient aboutir à une solution que cherchent les bons esprits, le maréchal commandant l'armée du Rhin, s'inspirant du désir qu'il a de sauver son pays, et de le sauver de ses propres excès, interroge sa conscience et se demande si l'armée placée sous ses ordres n'est pas destinée à devenir le palladium de la société.

« La question militaire est jugée ; les armes allemandes sont victorieuses, et S. M. le roi de Prusse ne saurait attacher un grand prix au stérile triomphe qu'il obtiendrait en dissolvant la seule force qui puisse aujourd'hui maîtriser l'anarchie dans notre malheureux pays, et assurer à la France et à l'Europe un calme devenu nécessaire après les violentes commotions qui viennent de les agiter.

« L'intervention d'une armée étrangère, même victorieuse, dans les affaires d'un pays aussi impressionnable que la France, dans une capitale aussi nerveuse que Paris, pourrait manquer le but, surexciter outre mesure les esprits et amener des malheurs incalculables.

« L'action d'une armée française encore toute constituée, ayant bon moral, et qui, après avoir loyalement combattu l'armée allemande, a la conscience d'avoir su conquérir l'estime de ses adversaires, pèserait d'un poids immense dans les circonstances actuelles. Elle rétablirait l'ordre et protégerait la société, dont les intérêts sont communs avec ceux de l'Europe.

« Elle donnerait à la Prusse, par l'effet de cette même action, une garantie des gages qu'elle pourrait avoir à réclamer dans le présent, et enfin, elle contribuerait à l'avènement d'un pouvoir régulier et légal, avec lequel les relations de cette nature pourraient être reprises sans secousse et naturellement.

« Ban-Saint-Martin, 10 octobre 1870. »

Le rédacteur de cette étrange pièce rédigée en style figuré, paraît s'être beaucoup moins inspiré de la situation critique de son armée que de considérations d'ordre politique et de raisons d'intérêt social derrière lesquelles il espérait dissimuler plus facilement les visées de son ambition. On n'y trouve aucune proposition nette et précise; il n'y est fait mention ni des pouvoirs donnés au général Boyer, ni des conditions à obtenir, ni des concessions à faire, rien, en un mot, qui puisse servir de base aux pourparlers qui allaient s'engager. Ce ne sont pas là, en réalité, des instructions, mais une simple note qui semble plutôt destinée à être mise sous les yeux de M. de Bismark qu'à tracer la conduite du négociateur.

Le maréchal affirme cependant que c'est là le seul document écrit remis par lui à son aide de camp.

Quelle que fût la confiance du commandant en chef dans celui ci, il est difficile d'admettre qu'il s'en soit ainsi rapporté entièrement à sa sagacité pour fixer les clauses à débattre.

Pouvait-il espérer qu'un ennemi, enivré de ses succès, renoncerait gratuitement à recueillir le résultat d'une campagne de deux mois et laisserait rentrer librement en France une armée qu'il comptait sans doute réduire par la famine sous peu de jours?

Il était évident qu'il faudrait offrir une compensation. Quels avantages, quels dédommagements le général Boyer était-il autorisé à promettre au nom du commandant en chef?

Celui-ci ne l'a pas fait connaître, se bornant à déclarer que les instructions données par lui se résumaient dans la note que nous venons de lire.

Il a ajouté que le général Boyer devait surtout se renseigner et sonder les dispositions des gouvernements allemands. Observons-le, messieurs; s'il n'eût confié d'autre mission à son aide de camp, le maréchal aurait complétement mis de côté les conclusions du conseil du 10, tendant à l'ouverture des négociations sous quarante-huit heures.

Il aurait, d'autre part, oublié la situation des vivres et par suite l'obligation de hâter le plus possible le résultat de la démarche qu'il devait tenter.

Enfin, s'il ne voulait avoir que de simples renseignements, le prince Frédéric-Charles, qui communiquait télégraphiquement avec le quartier général du roi, était en mesure de les lui fournir, et quand il ne restait plus que huit jours de vivres, le général en chef n'a pu perdre un temps si précieux à envoyer en quête à Versailles, uniquement pour tâter le terrain.

On ne saurait donc en douter, le général Boyer a reçu nécessairement, avant son départ, soit verbalement, soit par écrit, les instructions indispensables pour lui permettre de débattre et de préparer les bases d'une convention.

C'est en effet ainsi que les choses se passèrent, si l'on en juge par le passage suivant de l'entretien du général Boyer avec M. de Bismark :

« Reprenant la note que le maréchal m'avait remise à mon départ, dit M. Boyer, j'exposai à M. de Bismark le rôle que l'armée devait remplir après avoir quitté Metz. L'armée se rendrait, avec l'assentiment du conseil de guerre, sur un territoire neutralisé, où les pouvoirs publics, tels qu'ils étaient constitués avant le 4 septembre, seraient appelés à proposer ou à déterminer la forme du gouvernement. »

Ces déclarations du général sont précises et singulièrement plus explicites que la note elle-même. On n'y trouve pas les circonlocutions et les artifices de langage dont le maréchal avait enveloppé sa pensée et qui pouvaient à la rigueur être de mise dans un document diplomatique à placer sous les yeux du chancelier prussien.

Troisième complément de l'audience du 5 décembre

Suite du Réquisitoire

M. le général Pourcet, continuant son réquisitoire, parle de la mission du général Boyer à Versailles.

Voilà donc, dit-il, quelles étaient les offres du maréchal : il proposait la restauration du gouvernement impérial et le concours de l'armée du Rhin pour garantir à l'ennemi la possession du fruit de ses succès !

C'est en vain que, se retranchant derrière les réticences et les ambiguïtés calculées de sa note, il a prétendu que jamais il n'aurait consenti à des stipulations de nature à diviser la défense.

Avait-il donc oublié que l'empire effondré avait disparu depuis cinq semaines, et que, par suite, ses combinaisons politiques n'auraient pu se réaliser que par la force ? Que venait-il donc parler de désordres et de violences lorsqu'il allait provoquer lui-même la guerre civile dans ce qu'elle a de plus affreux, puisque, dans cette lutte fratricide, l'armée du Rhin aurait eu l'envahisseur pour auxiliaire et pour adversaires des Français en armes pour défendre l'indépendance nationale et chasser l'étranger !

Telle était, en effet, la conséquence fatale, inévitable de la réussite de ses projets.

Certes, c'était de la part du maréchal Bazaine une étrange aberration que de supposer que l'armée le suivrait sur cette voie où, malgré les douleurs d'une chute immense et les regrets de l'exil, l'impératrice avait déjà refusé de s'engager.

Vous remarquerez, messieurs, que les instructions emportées par le général Boyer étaient loin de répondre aux intentions manifestées par les commandants de corps au conseil du 10. Tandis qu'ils avaient émis l'avis qu'il y avait lieu de conclure une convention militaire ayant pour but unique de tirer l'armée de la situation critique où elle se trouvait, le maréchal chargeait son aide de camp de traiter en vue de la paix et de la restauration de l'empire. Tandis qu'ils avaient été unanimes à déclarer qu'en cas de conditions incompatibles avec l'honneur, on devrait tenter de s'ouvrir un passage les armes à la main, le maréchal passait sous silence cette détermination généreuse, dont, à un moment donné, la notification à l'ennemi eût cependant pu être très-favorable au résultat des pourparlers.

Il avait ainsi transformé une mission purement militaire en une mission politique, comme l'établissent d'une manière irrécusable les termes mêmes de la note reproduite ci-dessus et les propositions faites à M. de Bismark par le général Boyer au nom du commandant en chef.

Par une semblable conduite, il sortait complétement de son rôle de commandant d'armée. Il outrepassait ses pouvoirs, sans avoir même, comme il a essayé de le faire, à prétexter, pour couvrir une si grave irrégularité, les circonstances anormales dans lesquelles il se trouvait.

Ce n'était pas, en effet, l'intérêt du pays qu'il avait pour mobile.

Ces renseignements qui lui faisaient craindre, a-t-il dit, de voir s'écrouler l'ordre social, où donc les avait-il puisés, si ce n'est, comme il l'avoue lui-même, dans les journaux allemands, intéressés à dépeindre l'état de la France sous les plus sombres couleurs.

La lecture des journaux français qu'il avait reçus pouvait cependant lui apprendre que jusque-là, sauf quelques troubles partiels, inévitables dans de semblables crises, l'ordre était partout maintenu, tous les partis étant d'accord pour combattre et repousser l'étranger. Mais, au lieu d'ajouter foi à ces déclarations rassurantes et de régler sa conduite d'après les nouvelles de l'intérieur, le maréchal n'hésitait pas à engager des pourparlers illicites sur des renseignements venant de l'ennemi!

Était-ce, du moins, l'intérêt de la dynastie impériale qui avait suggéré sa détermination? Nullement, car l'impératrice n'avait répondu à ses ouvertures que par le silence, témoignant par là qu'elle préférait l'exil à une restauration de concert avec l'ennemi.

C'est donc l'ambition personnelle qui seule guidait le commandant en chef!

Il suffirait pour s'en convaincre, indépendamment des considérations que nous venons d'indiquer, de rappeler que, le 16 octobre, devaient avoir lieu les élections pour l'Assemblée souveraine, qui avait à prononcer sur la forme du gouvernement et qui, seule, avait qualité pour conclure la paix. Le maréchal ne connaissait pas, avant le départ de son aide de camp, l'ajournement indéfini de ces élections, il l'a déclaré lui-même.

C'était quatre jours seulement avant le 16 octobre qu'il envoyait à Versailles le général Boyer pour entamer, en son nom, au lieu d'une convention militaire, des négociations politiques.

Se hâter ainsi de prendre les devants, n'était-ce pas vouloir substituer ses propres combinaisons à l'expression de la volonté nationale?

Le maréchal a bien compris lui-même qu'on ne pourrait s'y tromper. Aussi, prétend-il avoir donné lecture au conseil, le 12 octobre, de la note remise au général Boyer, donnant ainsi à entendre qu'il n'avait agi qu'avec l'assentiment de ses lieutenants. Mais, c'est là, messieurs, un fait absolument inexact.

Effectivement, le compte rendu de la conférence du 12 octobre ne fait aucune mention de cette lecture, et il ressort des dépositions de MM. les généraux commandants de corps que, si le maréchal donna à certains d'entre eux communication de cette note, cette communication leur a été faite individuellement après le départ du général Boyer et non pendant le conseil.

Nous comprenons, du reste, qu'il ait pu, sans inquiétude, lire cette pièce à un ou deux de ses lieutenants.

Elle était, en effet, rédigée de manière à ne pouvoir se passer de commentaires, et ces commentaires il ne les leur a pas donnés. Tous les commandants de corps ont ignoré que l'aide de camp du maréchal allait offrir à M. de Bismark le concours de l'armée du Rhin pour arriver à la paix en restaurant la dynastie impériale.

La plupart d'entre eux n'ont eu connaissance de la note que par la publication de l'ouvrage: *L'Armée du Rhin*. Ils ont exprimé la surprise qu'ils avaient éprouvée en n'y trouvant pas mentionnée la résolution prise expressément de s'ouvrir un passage les armes à la main, si les conditions imposées étaient incompatibles avec l'honneur et le devoir.

Le maréchal Canrobert déclare avoir appris seulement du commandant en chef que le général Boyer devait demander au roi de Prusse la faculté pour l'armée de se retirer avec les armes et bagages afin de se mettre à la disposition de l'Assemblée qui devait être prochainement convoquée, et d'exécuter ses décisions.

La parole de l'honorable maréchal nous fixe ainsi sur la valeur des renseignements donnés par le général en chef aux membres du conseil, relativement à la mission du général Boyer.

Le général Boyer arriva le 14 à Versailles, et eut le jour même une entrevue avec M. de Bismark.

A l'issue de cette conférence, celui-ci télégraphia au maréchal Bazaine qu'il venait d'avoir un premier entretien avec le général Boyer.

Ce soin empressé du chancelier n'indique-t-il pas que la mission de cet officier général avait plus d'importance que ne lui en attribue aujourd'hui le maréchal?

Un deuxième entretien eut lieu le lendemain.

Nous ne connaissons guère ce qui s'est passé dans ces entrevues que par le récit qu'en fit le général Boyer devant le conseil du 18 octobre. — Nous examinerons ce récit lorsque nous parlerons de cette séance. Mais nous devons, dès à présent, relever les inexactitudes manifestes qui se rencontrent dans la narration du général Boyer, telle que vous l'avez entendu reproduire devant vous.

D'après cette narration, le chancelier lui aurait exposé d'abord quelle était la situation de la France. Or cet exposé, dans les termes du moins où il vous a été rapporté, est doublement erroné, d'abord parce que l'ensemble de la situation s'y trouve représenté sous un jour beaucoup trop sombre, ensuite parce que les assertions qu'il contient sont en partie controuvées.

D'autre part, nous savons que M. de Bismark remit au général six à huit numéros du *Moniteur officiel* et du *Figaro*.

Nous verrons plus loin que les nouvelles contenues dans ces journaux différaient essentiellement du langage prêté au chancelier.

Comment admettre qu'un homme d'État aussi habile eût fourni ainsi, de lui-même, des preuves de la fausseté de ses dires?

Comment le général Boyer serait-il demeuré, pendant tout son voyage de retour, sans lire ces journaux? Comment, les ayant lus, se serait-il contenté de reproduire devant le conseil les paroles de M. de Bismark, sans les faire suivre d'aucune observation, sans même prendre la précaution de spécifier nettement leur origine, sur laquelle plusieurs membres du conseil restèrent dans l'erreur?

Devant tant d'invraisemblances, nous n'hésitons pas à déclarer que l'exposé de la situation de la France fait par M. de Bismark fut certainement moins éloigné de la vérité que ne l'a rapporté le général.

Ce n'est pas là, du reste, la seule inexactitude à relever dans sa narration.

Ainsi, on lit dans l'ouvrage du maréchal, comme dans son mémoire au conseil d'enquête, que l'une des conditions imposées par M. de Bismark était la remise préalable de la place de Metz.

Néanmoins, le général Boyer n'en fait pas mention, et il déclare même formellement que cette condition n'a pas été posée.

Il s'agit ici, messieurs, d'un fait trop grave, d'une assertion trop positive pour que la contradiction entre le commandant en chef et son aide de camp puisse être attribuée à une défaillance de mémoire. Incontestablement, l'un des deux ne dit pas la vérité.

C'est en vain que le maréchal, comprenant, mais trop tard, l'importance de certaines de ses déclarations, a essayé de revenir sur ce qu'il avait écrit, en vous assurant que son mémoire comme son ouvrage, rédigés d'après ses souvenirs et sans pièces justificatives, ne pouvaient faire foi en quoi que ce soit.

Nous ne pouvons laisser passer, sans la relever, une semblable allégation.

Le maréchal ne peut avoir oublié qu'il avait gardé en sa possession la plupart des documents importants, pièces relatives aux opérations militaires, dépêches de l'empereur et du major général, rapports des commandants de corps, de l'intendant en chef, du gouverneur de Metz. Il avait également conservé toutes les pièces relatives à l'incident Régnier, les seules lettres du prince Frédéric-Charles qui aient été représentées, les comptes rendus de toutes les conférences, les registres de correspondance du cabinet, etc.

Ce furent son ouvrage et son mémoire qui, en reproduisant certains de ces documents, firent connaître leur existence.

Ils ne lui furent réclamés que plus tard et furent remis par lui, partie au conseil d'enquête, partie au général rapporteur.

Il est vrai que, pendant la captivité, le général Jarras avait dû refuser de lui livrer les archives de l'état-major général. Mais si, par suite, le maréchal ne put prendre connaissance du texte des ordres qu'il avait donnés, il n'aurait, du moins, trouvé dans ces archives aucune pièce concernant soit les négociations avec l'ennemi, soit les conférences des commandants de corps. En effet, c'est uniquement dans le dossier conservé par lui, jusqu'au moment du procès, que nous puisons nos renseignements sur ces questions.

Le maréchal Bazaine, qui, au moment où il a écrit, disposait de toutes ces pièces, est donc mal fondé à venir prétexter aujourd'hui le manque de documents pour couvrir ses variations et pour revenir sur ses assertions précédentes.

Du reste, eût-il écrit sans avoir sous les yeux des pièces justificatives, qu'il n'aurait pu parler de la clause de la reddition de la place de Metz si elle n'avait pas été effectivement posée.

Enfin, nous ne voyons pas l'intérêt qu'aurait eu le maréchal à émettre à ce sujet, à plusieurs reprises, une affirmation mensongère.

N'est-ce pas de toute probabilité, d'ailleurs, que pour consentir à ce que l'armée française se retirât librement, le gouvernement prussien ait exigé comme condition *sine quâ non* la remise préalable de la place de Metz? Il ne pouvait renoncer à ses avantages militaires sans réclamer de l'armée du Rhin autre chose qu'un déclaration de fidélité à l'empire et l'engagement de ne pas combattre l'Allemagne.

M. de Bismark, on le sait, était trop positif en politique pour se payer de promesses et pour se contenter de garanties de l'ordre moral.

C'eût été montrer une générosité peu habituelle que de rendre à l'armée du maréchal Bazaine sa liberté d'action sans prendre à l'avance des sûretés et sans réclamer de dédommagements d'avance.

Dès le mois précédent, le chancelier avait déclaré que les gouvernements allemands exigeraient, pour faire la paix, la cession de Metz et de Strasbourg. Il l'avait annoncé, le 19 septembre, à M. Jules Favre, à Ferrières; il le répétait dans sa circulaire du 27. Selon toute probabilité, l'insuccès de la mission Régnier était dû au refus du maréchal de comprendre la place dans la capitulation de l'armée. On ne saurait admettre que trois semaines plus tard, alors que la situation de celle-ci était devenue si critique, les exigences de la diplomatie prussienne se soient subitement adoucies.

Pour tous ces motifs, nous demeurons convaincu que la remise préalable de la place de Metz fut au nombre des clauses dictées à Versailles par M. de Bismark au général Boyer. Il n'a pas pu en être autrement, et ici nous devons ajouter foi aux paroles du maréchal plutôt qu'à l'assertion de son aide de camp.

Comme dernière condition, le gouvernement prussien, d'après le maréchal et suivant les termes du compte rendu du 18 octobre, exigeait que la déclaration de fidélité de l'armée et le manifeste de l'impératrice fussent accompagnés d'un acte signé par un délégué de la régence, acceptant les bases du traité à intervenir.

M. Boyer n'avait pas parlé de cette clause devant la commission d'enquête parlementaire, non plus qu'à l'instruction. Il s'en est souvenu depuis, et il vous a déclaré que les préliminaires de paix devaient être signés soit par l'impératrice, soit par un de ses délégués.

Mais il suffit de jeter les yeux sur le compte rendu de la séance du 18, rédigé et signé par lui, pour reconnaître que cette alternative n'a pas été indiquée au conseil. Il y a, au contraire, été formellement spécifié que la troisième condition imposée par M. de Bismark consistait à faire intervenir un mandataire de la régente pour la signature du traité. Nous verrons tout à l'heure, du reste, combien il semble probable que le chancelier ait formulé cette exigence dans les termes qui ont été reproduits devant les commandants de corps.

Enfin, d'après la déposition du général Boyer, M. de Bismark, avant que toute question politique eût été mise sur le tapis, aurait déclaré que le gouvernement prussien ne reconnaissait pas celui de la Défense nationale, qu'il ne traiterait pas avec lui, qu'il ne pouvait non plus traiter avec l'empereur prisonnier, mais qu'il le ferait avec la régence. En d'autres termes, ce serait le chancelier qui aurait fait les premières ouvertures dans ce sens et le général se serait borné à y acquiescer.

Or, comme nous l'avons entendu rapporter ici, M. de Bismark, dans un entretien qu'il eut le 21 octobre avec M. Rameau, maire de Versailles, lui déclarait que le général Boyer était venu de la part du maréchal Bazaine pour traiter de la paix au nom de l'empire.

« Si l'on traite, ajoutait le chancelier, et que nous laissions sortir l'armée de Metz, elle se retirera dans la Gironde, sous l'engagement de ne pas combattre pendant trois mois et d'attendre les événements, etc. »

D'après ces paroles, ce serait, au contraire, le général Boyer qui aurait fait les premières ouvertures en vue d'une restauration, et l'on pourrait même en inférer que l'entretien prit une tournure plus précise et plus confidentielle qu'on ne l'aurait supposé, puisque le département à assigner à l'armée neutralisée y aurait déjà été spécifié.

Toutefois, ce n'est pas aux dires de M. de Bismark que nous voulons nous en rapporter, et cette question n'a, d'ailleurs, que fort peu d'importance. Ce qu'il nous suffit de constater, c'est que les instructions remises au général Boyer lui prescrivaient de formuler la proposition de rétablir le gouvernement impérial.

Nous lisons, en effet, dans sa déposition à l'instruction le passage suivant que nous avons déjà cité en partie :

« Reprenant alors la note que le maréchal m'avait remise à mon départ, j'exposai à M. de Bismark le rôle que l'armée devait remplir après avoir quitté Metz. L'armée se rendrait, avec l'assentiment du conseil de guerre, sur un territoire neutralisé où les pouvoirs publics, tels qu'ils étaient constitués avant le 4 septembre, seraient appelés à proposer ou à déterminer la forme du gouvernement. »

Peut-on raisonnablement supposer que celui qui voulait convoquer les pouvoirs publics d'avant le 4 septembre s'attendît à les voir prononcer leur propre déchéance et qu'il n'eût pas fondé le dessein de relever l'empire?

De l'exposé, vous conclurez comme nous, messieurs, que les entretiens de M. de Bismark avec le général Boyer sont loin de s'être passés comme celui-ci les a rapportés et que les inexactitudes relevées dans ses récits ne paraissent pas toutes uniquement imputables à des défaillances de mémoire.

Le 17 octobre, à deux heures de l'après-midi, le général Boyer rentra à Metz précédé par un avis du prince Frédéric qui, dès la veille, avait annoncé son retour au maréchal pour le 16 au soir ou la nuit du 16 au 17.

Certes, il y avait urgence à faire connaître aux commandants de corps le résultat de ces entrevues avec M. de Bismark. Depuis trois jours, en effet, le magasin général de l'armée ne fournissait plus de pain aux troupes, et le commandant supérieur de Metz refusait d'en délivrer plus longtemps sur les ressources propres de la ville.

Néanmoins, le maréchal s'entretint seul dans la soirée avec son aide de camp, et conserva pour lui seul jusqu'au lendemain les nouvelles qu'il apportait.

On se demande pourquoi ce délai dans ces circonstances aussi urgentes.

Le conseil fut convoqué le 18 octobre seulement.

Si le conseil du 10 a dû être l'objet d'une discussion approfondie, celui du 18 n'est pas moins important à étudier; car, si le premier a marqué le commencement de la série de manœuvres destinées à rejeter sur les commandants de corps la responsabilité du désastre final, le second fixera irrévocablement le sort de l'armée. C'est aussi dans ce conseil du 18 que se dévoileront de la manière la plus saisissante les procédés peu loyaux employés par le commandant en chef pour arracher l'adhésion de ses lieutenants en surprenant leur bonne foi!

Si nous n'avions pu savoir exactement ce qui s'est passé dans les entretiens de Versailles, le procès-verbal de la séance, fourni par le maréchal, nous donne du moins les moyens d'apprécier la manière dont le général Boyer en rendit compte devant le conseil.

Ce procès-verbal est irrégulier, il est vrai, car il n'est pas, comme celui du 10, revêtu de la signature des membres du conseil et ne leur a pas été communiqué.

Ils ont fait remarquer que leurs opinions n'y étaient pas toujours fidèlement reproduites. Ils déclarent toutefois que, sauf ces réserves, le procès-verbal leur paraissait assez exact.

En nous aidant de leurs dépositions et des souvenirs de quelques officiers, nous pourrons donc reconnaître les principaux traits de la conférence.

A l'ouverture de la séance, le général Boyer exposa la situation de la France telle que la lui aurait dépeinte M. de Bismark.

Il eût été bien nécessaire à ce moment d'expliquer qu'il ne faisait que reproduire les assertions non contrôlées du chancelier prussien.

Mais ses explications à ce sujet ne furent rien moins que catégoriques. Aussi, tandis que le maréchal Le Bœuf, les généraux de Ladmirault et Coffinières comprirent que la source de ces nouvelles était exclusivement prussienne, le général Desvaux put croire qu'elles avaient été rectifiées par les renseignements recueillis en route par le général Boyer. Enfin, M. le maréchal Canrobert et le général Frossard crurent entendre le récit fidèle de ce qui se passait en France.

Le maréchal Bazaine a-t-il rien fait pour dissiper cette incertitude? Loin de là, nous le voyons agir au contraire comme si l'authenticité des nouvelles rapportées lui eût été parfaitement démontrée.

Ainsi, il ordonne de réunir le lendemain les officiers de tous grades et de les leur communiquer officiellement, avec mission d'en donner à leur tour connaissance à leurs troupes.

En présence des prescriptions formelles du réglement déjà citées, l'armée pouvait-elle soupçonner que l'annonce des malheurs publics, ainsi notifiés par là voie hiérarchique, n'était basée que sur les dires de l'ennemi, et que le maréchal se faisait le propagateur de nouvelles auxquelles son devoir lui commandait de rester sourd?

D'autres faits achèvent de montrer l'usage qu'il entendait faire du récit de son aide de camp.

Le journal *le Courrier de la Moselle*, s'étant attaché dans un de ses numéros à faire ressortir l'invraisemblance de ces nouvelles répandues en ville par les conversations des officiers, reçut l'ordre de faire disparaître l'article.

Ce n'est pas tout encore: le 26 octobre, le maréchal répond au maire de Metz, qui lui signalait l'anxiété de l'opinion publique:

« M. le général Coffinières, ayant assisté à tous les conseils qui ont été tenus au grand quartier général, est en mesure d'exposer au conseil municipal la situation actuelle du pays. »

Il représente donc aux habitants comme à son armée les nouvelles rapportées de Versailles, les seules qui aient jamais été données au conseil, comme dépeignant exactement la situation de la France.

Examinons maintenant quelles étaient ces nouvelles. D'après l'exposé que nous empruntons à la déposition du général Boyer, « certaines villes des départements du Nord ne devaient faire aucune résistance aux troupes allemandes; dans certaines places de commerce, où l'égoïsme était le sentiment dominant, telles que Roubaix, par exemple, on n'était pas éloigné de recevoir des troupes allemandes; celles-ci étaient entrées sans coup férir à Rouen; l'ennemi avait espéré un moment en faire autant au Havre, mais là il s'était trompé. Les gens qui, sous le nom de francs-tireurs, faisaient autant de mal à leurs compatriotes qu'aux Allemands, étaient, sur certains points, aussi bien chassés par les uns que par les autres. Les départements de l'Ouest étaient prêts à se déchirer sous l'influence des idées religieuses. Les départements du Midi étaient livrés à l'anarchie la plus absolue. Enfin, l'armée de la Loire venait d'être battue à Orléans; les troupes allemandes étaient en marche sur Bourges. »

Le tableau était sombre, on le voit. Il aurait été plus noirci encore, si l'on en juge d'après les communications faites aux troupes par les commandants de corps d'armée.

L'historique officiel de quelques régiments renfermant les souvenirs des officiers consignés, en quelque sorte, séance tenante, ainsi que d'autres pièces également écrites à cette époque nous fournissent de curieux renseignements à cet égard.

Permettez-moi, messieurs, de vous en donner un exemple en lisant devant vous le passage suivant d'un carnet de notes journalières que je trouve au dossier :

« Mercredi, 19 octobre 1870.

« Il y a eu un grand conseil de guerre ce matin chez le maréchal, à la suite duquel le général Boyer est retourné auprès du roi de Prusse. Le général de Cissey, de retour de ce conseil, nous a exposé en ces termes la situation de la France et de notre armée :

« Messieurs, la patrie est dans le plus grand danger et ses périls intestins sont plus graves que ceux causés par les armées victorieuses de l'ennemi. — Paris ne s'est pas encore rendu, mais l'anarchie la plus effroyable y règne. — Le gouvernement provisoire, débordé par le flot populaire, ne fonctionne plus. — Deux de ses membres, MM. Gambetta et de Kératry, sont en fuite. — Lyon, Marseille, Bordeaux, Toulouse et beaucoup d'autres villes s'administrent elles-mêmes et refusent de reconnaître le gouvernement. — Lille et les places fortes du Nord demandent à traiter à tout prix. — Le Havre et Rouen ont demandé des garnisons prussiennes pour se sauver du pillage. — La dernière armée française qui eût quelque consistance a été anéantie sous le commandement du général d'Aurelles de Paladines; il ne reste plus que nous.

« La Bretagne a rappelé tous ses enfants à son service et se prépare à une nouvelle guerre de chouans pour repousser l'ennemi s'il osait s'enfoncer jusque-là. — La lutte est terminée, je veux dire la lutte qui convient à une grande nation qui doit songer à son avenir et qui ne peut transformer son territoire en un champ de guérillas où le soldat vainqueur deviendra une bête fauve commettant tous les excès.

« Dans ces circonstances malheureuses, le général Boyer a à ce que la paix fût signée, la paix pour toute la France, é bien, non pas la capitulation de notre armée. — Le roi répondu qu'il était prêt à traiter, à la condition qu'il trai gouvernement reconnu de la France entière et qui lui prése garanties que le traité serait respecté. Le seul gouvernemen roi veuille reconnaître est celui de la régence de l'impératrice, que c'est le dernier qui ait été consacré par un plébiscite de l — Toutefois, cette régence serait soumise à des règles s celles qui régissent l'Angleterre, et le pouvoir exécutif ne se ombre sous laquelle gouverneraient les représentants de la roi est donc disposé à traiter avec l'impératrice-régente, et no devant former le noyau des armées françaises, sortira de Metz avec ses armes, ses bagages, tous les honneurs de la travaillera avec le gouvernement à la reconstruction du

« Il reste une question encore douteuse : dans le cas où effrayée du désordre de la France, n'accepterait pas deviendra le pays en face d'un ennemi qui ne sa traiter et qui s'établira chez nous en conquérant? jourd'hui doit voir qu'il n'y a qu'une planche de sal sentement de l'impératrice et prêter tout son con nement. »

M. le général Pourcet, commissaire sp ment, continue la lecture de son réquisito

Quatrième complément de l'audience du 5 décembre

Suite du Réquisitoire

Le réquisitoire continue en ces termes :

Comme la narration que vous venez d'entendre, les diverses reproductions du récit du général Boyer représentent tous les progrès de l'ennemi comme bien plus considérables qu'ils ne l'étaient en réalité; elles indiquent comme tombées en son pouvoir des places qui n'avaient pas encore ouvert leurs portes; elles annoncent, enfin, qu'il ne reste plus à l'intérieur un seul noyau de troupes organisées.

Toutes s'accordent à dire que le gouvernement de la Défense nationale, débordé, n'est plus obéi, que ses membres ont été obligés de se disperser; elles dépeignent la France comme en proie au brigandage, à l'anarchie, à la guerre civile, à tous les excès du socialisme; enfin le retour de la régence y est représenté comme l'unique port de salut pour la société qui s'écroule !

Il existe, il est vrai, de légères divergences dans ces documents. Elles s'expliquent aisément si l'on songe que les nouvelles, avant d'arriver jusqu'aux troupes, avaient dû passer par plusieurs intermédiaires. Aussi admettons-nous que, dans ces récits, tout n'était pas conforme aux paroles du général Boyer, et que ses assertions s'y trouvaient parfois exagérées.

Mais cette exagération même était facile à prévoir en pareil cas, et ce devait être pour le commandant en chef un motif de plus d'empêcher la propagation des lamentables nouvelles que son aide de camp prétendait tenir de l'ennemi.

Il est à peine besoin d'insister sur les faussetés que contenaient ces nouvelles.

Au milieu du mois d'octobre, la situation de la France était bien loin d'être désespérée encore : partout, au contraire, on se préparait à la lutte. Dans toutes les provinces, dans toutes les classes de la société, tous les hommes de cœur partaient pour l'armée. Aucune contrée, pas plus au Nord qu'à l'Ouest ou au Midi, ne résistait aux ordres du gouvernement quand il s'agissait d'organiser la défense.

Les Allemands atteignaient à peine la Normandie et la Picardie, Rouen ne devait ouvrir ses portes que le 5 décembre. L'armée de la Loire, après un échec qui lui avait fait perdre Orléans, s'organisait et se développait rapidement. Il fallait avoir une étrange idée du patriotisme de la France pour croire et pour rapporter, sur la foi de l'ennemi, que certaines villes avaient appelé des garnisons prussiennes.

Si quelques désordres avaient eu lieu sur certains points, pouvait-on s'en étonner quand, aux horreurs d'une guerre malheureuse, était venue se joindre la commotion violente d'une révolution? Ces mouvements avaient d'ailleurs été immédiatement réprimés. Les seuls désordres graves, les seuls qui eurent des conséquences vraiment funestes pour le pays, ne s'étaient pas encore produits, et ce fut la capitulation du maréchal Bazaine qui leur servit de prétexte !

Enfin, et lors même que, contrairement à toute vraisemblance, M. de Bismark eût noirci à ce point le tableau de la situation du pays, le maréchal et son aide de camp avaient entre leurs mains les éléments nécessaires pour rétablir la vérité. Pourquoi n'ont-ils pas fait usage de ces éléments ?

Pour savoir à quoi s'en tenir, il leur aurait suffi de lire les numéros du *Moniteur* et du *Figaro* remis par M. de Bismark.

Aucun journal français aurait-il ouvert ses colonnes à des mensonges dont le résultat ne pouvait être que d'affaisser l'esprit et de décourager la résistance? A plus forte raison, il ne pouvait en être ainsi du *Journal officiel* du gouvernement.

Si l'on se reporte à la collection de cette feuille, on constate qu'il s'y trouvait les nouvelles les plus rassurantes sur la situation des esprits et sur les ressources de la défense nationale.

Frappé du récit qu'il venait d'entendre, le général Coffinières fit observer au maréchal, dans un entretien particulier, après le conseil, qu'il était extraordinaire que le général Boyer n'eût rapporté aucune nouvelle de source française, ni aucun journal. Le maréchal se décida alors à lui envoyer deux numéros du *Journal officiel*.

Mais les renseignements contenus dans ces journaux différaient tellement de ceux donnés au conseil, que le commandant supérieur de Metz, frappé de ces contradictions, crut devoir, avant de les publier, demander au maréchal s'il entrait bien dans ses intentions de les communiquer à la presse.

Sur ces observations, le maréchal se fit renvoyer les deux journaux sans les faire communiquer.

Cependant le général Boyer ne disait pas tout ce que lui avait annoncé M. de Bismark.

Puisque les commandants de corps devaient examiner l'opportunité de nouvelles négociations, il eût été bien nécessaire de faire connaître le résultat des tentatives précédentes et les chances de réussite de toute démarche ultérieure.

Le chancelier avait appris à M. Boyer que le général Bourbaki avait échoué dans sa mission et qu'il s'était décidé à aller offrir son épée au gouvernement de la Défense nationale.

L'aide de camp du maréchal n'en parla pas. M. de Bismark, afin de lui faire comprendre ce que seraient les exigences de l'Allemagne lors de la signature du traité de paix, lui avait dit :

« Il faut que l'impératrice accepte ces conditions, quelque exorbitantes qu'elles puissent paraître. »

M. Boyer ne rapporta pas ces paroles, qui étaient de nature à dessiller les yeux des plus confiants.

Après son récit, on passa à l'exposé des conditions imposées par le gouvernement prussien, pour permettre à l'armée de Metz de sortir librement du camp retranché.

Voici ces conditions, d'après le compte rendu :

« 1° L'armée de Metz déclare qu'elle est toujours l'armée de l'empire, décidée à soutenir le gouvernement de la régence.

« 2° Cette déclaration de l'armée coïncidera avec un manifeste de S. M. l'impératrice-régente, adressé au peuple français, et par lequel, au besoin, elle ferait un nouvel appel à la nation pour l'inviter à se prononcer sur la forme du gouvernement qu'elle désire adopter.

« 3° Ces deux déclarations devront être accompagnées d'un acte signé par un délégué de la régence et acceptant les bases d'un traité à intervenir entre le gouvernement des puissances allemandes et le gouvernement de la régence. »

Ainsi, après avoir présenté une image assombrie à dessein de la situation de la France, après avoir lu au conseil les renseignements propres à l'éclairer, on lui cachait la principale exigence de M. de Bismark, la condition de la remise préalable de Metz.

Voilà comment le commandant en chef comprenait les devoirs qu'il s'était tracés à lui-même dans sa lettre du 7 octobre; voilà comment il rendait compte à ses lieutenants; voilà comment il les instruisait pour les charger ensuite de décider à sa place!

Était-ce donc à préparer cette version qu'avaient servi les heures qui séparèrent le retour du général Boyer de la réunion du conseil?

Sur la liste déjà bien longue de ses dissimulations vient en figurer une nouvelle, la plus grave peut-être.

Quel était donc le motif qui pouvait déterminer le commandant en chef de l'armée du Rhin à édifier tout cet échafaudage de duplicités?

C'est ce que nous allons chercher à reconnaître.

Le communiqué de Reims, vous le savez, messieurs, avait déjà décidé le maréchal à revenir sur ses premières déclarations en faveur du gouvernement de la Défense nationale, et à fonder la réussite de ses visées ambitieuses sur la restauration de l'empire.

La venue de Régnier lui avait fourni l'occasion d'une tentative directe dans ce sens auprès de l'ennemi. Cette démarche étant restée sans résultat par suite du refus de l'impératrice, il avait obtenu, le 10 octobre, on se rappelle par quels procédés, l'acquiescement désiré de ses lieutenants, de manière à pouvoir entrer ouvertement, cette fois, en pourparlers avec l'ennemi, sous cette condition cependant qu'il ne serait question que d'une convention purement militaire.

S'appuyant alors de leur consentement, mais outrepassant le mandat qu'il s'était fait confier, il avait chargé son aide de camp d'entamer à Versailles, avec M. de Bismark, des négociations politiques en vue d'un traité de paix et du rétablissement du régime déchu.

Mais comment obtenir l'assentiment de l'armée à ces négociations illicites dont la réussite eût entraîné infailliblement la guerre civile? En lui démontrant qu'il ne restait plus aucun autre parti à prendre, aucun autre moyen de salut, non-seulement pour elle-même, mais encore pour la société tout entière!

De là ces nouvelles désespérantes rapportées aux commandants de corps et annoncées officiellement aux troupes.

Mais cela ne suffisait pas : il était d'autres circonstances qu'il importait de dissimuler.

Tels étaient : l'existence de pourparlers précédemment entamés par l'entremise de Régnier, leur insuccès répété, l'échec de la mission Bourbaki, les conditions exorbitantes que faisait pressentir M. de Bismark.

Telle était surtout la clause imposée par le gouvernement prussien, qui, tout en accueillant l'idée d'une restauration, exigeait rigoureusement que la place de Metz lui fût rendue avant même d'entamer les négociations.

Pour le satisfaire, il eût donc fallu que l'armée du Rhin ouvrît ses rangs pour laisser pénétrer les colonnes allemandes dans les murs de Metz; elle aurait dû livrer elle-même la place qu'elle était chargée de défendre, et attendre ensuite sous le canon des remparts, devenus ennemis, le résultat de ces négociations dérisoires!

Quel est l'officier, quel est le soldat qui n'eût frémi d'indignation devant une telle exigence et qui n'eût préféré une lutte désespérée à la honte de s'y soumettre?

Une capitulation pure et simple n'était-elle pas cent fois préférable?

Pouvait-on oublier d'ailleurs que, dans sa séance du 10 octobre, le conseil des commandants de corps et d'armes avait adopté à l'unanimité cette résolution :

« Dans le cas où l'ennemi voudrait imposer des conditions incompatibles avec l'honneur et le sentiment du devoir militaire, on tentera de se frayer un passage les armes à la main. »

Ne se trouvait-on pas dans la situation prévue par ces paroles?

Était-il possible d'imaginer une condition plus incompatible avec l'honneur et le sentiment du devoir?

Le maréchal ne le comprenait pas autrement; aussi prit-il le soin de cacher à ses lieutenants les exigences de l'ennemi.

Et cependant, s'il eût divulgué, comme il le devait, cette condition humiliante, il eût fait naître une dernière occasion, sinon de modifier la condition désastreuse où il avait entraîné l'armée, du moins de racheter en partie le triste résultat de ses intrigues passées.

Sans aucun doute, en effet, cette révélation, en provoquant dans l'armée une explosion de colère, eût entraîné la rupture immédiate de toutes négociations!

On eût livré alors ce combat suprême jugé nécessaire pour sauver l'honneur des armes!

Ce n'était certes pas devant le danger que reculait le maréchal! Mais l'adoption d'un semblable parti, c'était la condamnation la plus éclatante de sa conduite depuis le commencement du blocus; c'était la ruine de ses projets d'ambition, car le succès de la lutte était peu probable, et le maréchal, même en parvenant à ramener les débris de son armée dans l'intérieur, n'eût plus été qu'un chef amoindri et à jamais discrédité.

Quelle différence entre cette destinée et celle qu'il avait rêvée, quand il comptait, la paix signée, rentrer en France à la tête de troupes nombreuses et disciplinées, ramenant avec lui le gouvernement de la régence, en réalité souverain lui-même!

Ce rêve commençait à s'évanouir, et il pouvait entrevoir l'abîme où ses calculs égoïstes, ses agissements ténébreux allaient le précipiter, et son armée avec lui!

Mais l'homme qui se perd ne renonce à l'espérance qu'après avoir épuisé toutes les chances de salut.

Une seule restait : c'était que l'impératrice consentît à traiter de la paix aux conditions imposées par le gouvernement allemand, qui avait manifesté depuis longtemps sa résolution implacable d'exiger une cession de territoire.

Le maréchal, dont le nom n'aurait pas figuré au bas du traité ratifiant le démembrement, demeurait étranger à l'humiliation subie, et, rentrant à la tête de son armée nombreuse et bien constituée, il eût certainement exercé encore une influence prépondérante.

Aussi n'hésita-t-il pas à sacrifier une fois de plus son devoir à son ambition. Pour réussir dans cette combinaison nouvelle, il fallait temporiser. Le maréchal se tut.

Vous savez que son aide de camp imita ce silence.

Il nous est profondément pénible d'avoir à blâmer un officier général et d'être obligé de contester sa véracité; mais, en présence des divergences notables qui existent entre ses différentes dépositions, des inexactitudes manifestes de certains de ses dires, en présence enfin des contradictions formelles et flagrantes que nous avons à relever entre ses déclarations et celles du maréchal Bazaine et de divers témoins, nous sommes forcé de reconnaître que, dans la séance du 18 octobre, le général Boyer a sciemment caché la vérité aux commandants de corps, et que, par son silence calculé, par ses assertions trompeuses, il a volontairement secondé les intrigues de son chef!

En s'écartant ainsi des principes immuables qui doivent, en toute circonstance, diriger la conduite d'un officier français, le général Boyer a commis une faute grave, dont les conséquences ont été des plus funestes.

Sans nous arrêter à l'examen de la discussion, que nous savons avoir été infidèlement reproduite dans le compte rendu, nous devons consigner ici les réflexions que fait naître la lecture des conclusions du conseil.

Sur les trois conditions énoncées, la première seule concernait l'armée, qui devait affirmer sa fidélité à l'empire.

Ainsi présentée, cette condition pouvait passer pour la conséquence naturelle du serment prêté par les troupes, car la libre expression de la volonté nationale n'avait pas été appelée à consacrer le mouvement insurrectionnel du 4 septembre. D'après les nouvelles qui leur parvenaient, les commandants de corps pouvaient croire d'ailleurs que le gouvernement issu de cette insurrection n'avait pas été partout accepté en France; le maréchal comptait donc, sans doute, sur un acquiescement pur et simple de leur part à cette première condition.

Néanmoins, la loyauté de ses lieutenants ne se méprit pas sur la portée de la promesse demandée. Tout en restant fidèles à leurs engagements antérieurs, ils comprenaient que leur serment ne pouvait les obliger à susciter une guerre civile pour rétablir l'empire, et à se faire ainsi les auxiliaires des Allemands en divisant la défense. Ils savaient du reste qu'en présence de l'ennemi, l'armée n'a qu'un devoir, celui de le combattre, sans s'inquiéter de la forme du gouvernement.

Aussi déclarèrent-ils, suivant les termes du compte rendu, qu'ils adhéraient à cette condition : « en ce sens qu'ils se considéraient toujours liés par le serment qu'ils avaient prêté à l'empereur, mais en doutant que l'armée les suivît, une fois loin de Metz, toute couleur politique donnée à son action pouvant donner lieu à des interprétations fâcheuses et devant être repoussée. »

Avant de se prononcer ainsi, ils avaient eu soin de prendre l'avis de leurs généraux, et leurs conclusions définitives furent arrêtées seulement dans une seconde réunion dont ne parla pas le compte rendu, lequel réunit les deux séances dans une seule, ce qui est la moindre de ses irrégularités.

La deuxième condition, relative au manifeste à adresser par l'impératrice au peuple français, ne fut pas mise en discussion, par ce motif qu'elle ne concernait pas l'armée.

La troisième consistait, avons-nous vu, dans la signature par un délégué de la régence d'un acte acceptant les bases du traité à intervenir. Dans la pensée de M. de Bismark, quel devait être ce délégué, sinon le maréchal lui-même, qui disposait seul de la force nécessaire pour faire observer les clauses du traité, et qui, dans sa note remise au général Boyer, avait annoncé son intention d'employer au besoin ses troupes à cet usage?

La demande du chancelier n'avait de raison d'être que si le maréchal devait être chargé de représenter la régente. Seule, la déclaration de fidélité à l'empire n'assurait pas suffisamment que l'armée du Rhin respecterait le traité. Mais les garanties devenaient bien autrement sé-

rieuses si le propre chef de cette armée eût signé lui-même les préliminaires, remplissant par là le rôle que lui avait précédemment attribué
le communiqué de Reims.

Mais, comprenant que le rôle de commandant en chef était incompatible avec celui de négociateur, le conseil n'hésita pas à déclarer unanimement que le maréchal Bazaine ne saurait accepter la délégation de
la régence pour signer les bases du traité à intervenir, « son action devant rester uniquement militaire. »

On était bien loin alors du communiqué de Reims, où le gouvernement prussien assignait déjà au maréchal Bazaine la mission de faire
la paix ! Les temps étaient changés ; le maréchal savait que le négociateur aurait, avant tout, à souscrire à la remise préalable de la place de
Metz ; il ne se souciait plus de remplir un rôle qui l'eût rendu odieux à
son armée et au pays ! Aussi le voyons-nous admettre sans difficulté
la réserve formulée par le conseil. On concevrait même que son habileté lui ait inspiré l'initiative de cette disposition, comme il se l'attribue dans son mémoire. Il pouvait ainsi, à bon compte, faire montre de
désintéressement.

En dernier lieu, le conseil décida que le général Boyer se rendrait
auprès de l'impératrice pour lui exposer la situation de l'armée et les
conditions imposées par le gouvernement prussien. En résumé, sur les
trois conditions qu'on lui avait fait connaître, le conseil n'avait admis
la première qu'avec des réserves qui en détruisaient la portée ; la seconde n'était pas de sa compétence ; enfin il refusait pour le commandant en chef le mandat de remplir la troisième.

Après de telles résolutions, on ne devait guère compter sur le succès
des négociations ultérieures.

Comment la majorité du conseil ne le comprit-elle pas et ne se ran-
gea-t-elle pas à l'opinion du maréchal Le Bœuf, qui demandait la rupture immédiate des pourparlers et une tentative suprême à main armée? On pourrait s'en étonner, s'il n'était facile de reconnaître que
l'avis de la majorité fut inspiré moins par l'espoir d'un résultat favorable que par la conviction de l'insuccès de toute sortie et par le désir
d'éviter une effusion de sang inutile.

Comme nous l'avons dit plus haut, le maréchal indique, dans le
compte rendu, que six membres : MM. Soleille, Desvaux, de Ladmirault, Frossard, Canrobert et Changarnier opinèrent pour la continuation des négociations et que deux seulement : MM. Coffinières et Le
Bœuf, se prononcèrent pour la négative.

« En conséquence » poursuit le compte rendu « le général Boyer se
rendra à Hastings..., etc. »

Comme nous l'avons déjà fait remarquer, le maréchal se plaçait en
dehors et semblait n'avoir été que l'exécuteur des décisions du conseil,
dans lequel il n'aurait même pas formulé son opinion.

Vous l'avez entendu, messieurs, assurer dans son interrogatoire qu'il
y avait là une erreur de rédaction, et que rectification avait été faite
dans son mémoire. On lit en effet dans celui-ci : « Il fut décidé à la
majorité de sept voix contre deux que le général Boyer se rendrait en
Angleterre, etc.... »

Cette fois le maréchal se compte au nombre des membres de la majorité.

Mais si on se reporte à son ouvrage, on y lit :

« Il résulte de ce qui précède, que le conseil décida, à la majorité de six voix sur huit, que le général Boyer se rendrait auprès de l'impératrice, etc.... »

Or, le mémoire a été écrit en décembre 1870, pour le conseil d'enquête convoqué une première fois à cette époque, et l'ouvrage *l'Armée du Rhin* n'a paru qu'en avril 1872.

La correction a donc eu lieu dans cet ouvrage en sens inverse de ce que déclare le maréchal, et il semblerait qu'elle n'ait eu d'autre but que d'induire le public en erreur sur la portée des actes du commandant en chef de l'armée et sur le véritable rôle du conseil.

Le général Boyer partit le 19 pour l'Angleterre.

Nous ne le suivrons pas dans sa deuxième mission; nous nous bornerons à constater que, mieux inspirée que le maréchal, l'impératrice refusa de se prêter aux conditions qu'on venait lui proposer.

Deux jours après le départ du général Boyer, le 21 octobre, le maréchal envoyait une dernière lettre au gouvernement de la Défense nationale, comme s'il eût voulu se mettre aussi en règle avec lui. Cette dépêche n'est ni plus explicite, ni plus véridique que la première :

« A plusieurs reprises, disait-il, j'ai envoyé des hommes de bonne volonté pour donner des nouvelles de l'armée de Metz. » Or nous savons que la seule dépêche envoyée à ce gouvernement ne contenait aucune nouvelle de l'état de son armée.

« Depuis, lisons-nous ensuite, notre situation n'a fait qu'empirer, et je n'ai jamais reçu aucune communication de Paris ni de Tours. » Cette assertion n'est pas plus exacte, car, s'il n'a pas été établi avec certitude que des nouvelles directes du gouvernement de la Défense nationale soient parvenues au maréchal, il est du moins incontestable qu'il reçut avis du succès des efforts tentés pour le ravitaillement de l'armée et de l'arrivée des vivres à Thionville.

La dépêche se terminait enfin par ces mots : « Il est cependant urgent de savoir ce qui se passe dans l'intérieur du pays et dans la capitale, car, sous peu, la famine me forcera de prendre un parti dans l'intérêt de la France et de cette armée. »

Qu'entendait-il par ces derniers mots? S'il signifiaient qu'il allait être obligé d'entrer en négociations avec l'ennemi, le maréchal trompait le gouvernement, car ces négociations étaient entamées depuis un mois. S'il voulait dire seulement qu'il serait sous peu réduit à capituler, comment, après avoir si gravement compromis l'intérêt de la France, osait-il l'invoquer pour justifier la déplorable extrémité où il avait conduit son armée?

En quoi, d'ailleurs, la connaissance de ce qui se passait dans l'intérieur du pays et dans la capitale pouvait-elle à ce moment modifier la situation?

La révolution du 4 septembre n'avait pas changé ses devoirs envers la patrie, il l'avait déclaré lui-même. Or ses devoirs exclusivement militaires ne lui commandaient-ils pas d'assurer à tout prix le salut de son armée!

Cette dépêche fut confiée à six émissaires, dont plusieurs s'étaient vainement offerts depuis longtemps; trois parvinrent à Tours. Dernière et inutile preuve de la possibilité de communiquer !

Plus encore que le rejet des conditions imposées, la rapide consommation des vivres rendait vaine toute tentative de négociations.

Évidemment, le gouvernement prussien ne s'était pas mépris sur l'inadmissibilité de ses propositions, mais, en entretenant les illusions du maréchal Bazaine, il prolongeait son immobilité, il le détournait de recourir aux armes. Il évitait ainsi de rien abandonner au hasard d'un combat, et d'ajournement en ajournement, par l'épuisement des dernières ressources et les privations qui s'ensuivaient, il amenait l'armée française à une complète impuissance.

Ce moment était venu quand, le 24 octobre, le prince Frédéric-Charles transmit au maréchal une dépêche de M. de Bismark, dans laquelle le chancelier déclarait que les garanties indispensables n'ayant pas été réalisées, et les propositions venant de Londres étant inacceptables, il était impossible au roi de se prêter à de nouveaux pourparlers.

La dépêche se terminait par ces mots :

« Je constate, à mon regret, que je n'entrevois plus aucune chance d'arriver à un résultat par des négociations politiques. »

M. de Bismark avait raison : la ruse avait accompli sa tâche, c'était à la famine de terminer l'œuvre.

Où en étaient alors les approvisionnements ?

Nous savons que les mesures propres à économiser les ressources, comme celles qui devaient les accroître, complétement négligées pour la plupart jusqu'aux premiers jours d'octobre, n'avaient été que tardivement et partiellement adoptées.

La lettre dans laquelle le général Coffinières annonçait, le 7 octobre, que l'armée n'avait plus de pain que pour cinq jours avait déterminé le maréchal, sur l'avis du commandant supérieur, à réduire la ration à 300 grammes, à partir du 9 octobre.

Le surlendemain, il s'était décidé à prescrire que la farine serait employée sans être blutée.

Mais aucune mesure n'était prise encore pour la population civile, qui n'avait pas même été engagée à ménager ses vivres. Or on sait que, par suite du refus du général Coffinières d'instituer au commencement du siège le comité réglementaire de surveillance des approvisionnements, l'état des ressources était ignoré de la population.

Le 13 seulement, quand la situation des magasins militaires indiqua qu'il n'y avait plus de pain que pour un jour, le général Coffinières se résolut à instruire le conseil municipal de la situation, et il invita le maire à partager avec l'armée les dernières ressources des habitants.

Cet avis fut accueilli avec stupeur par ceux-ci. Comment comprendre, en effet, qu'on ait attendu aussi tard sans prendre à leur égard aucune mesure de prévoyance ?

Jusque-là, la consommation étant restée libre, la ville avait dû se croire suffisamment approvisionnée.

La patriotique population de Metz fit éclater, à cette occasion, un vif mécontentement. Sur ses réclamations, elle fut à son tour astreinte au régime de l'armée et immédiatement soumise au rationnement.

En même temps qu'il annonçait l'épuisement des magasins, le conseil supérieur de la place prenait enfin la résolution de constituer le comité de surveillance des approvisionnements de siége et le conseil de défense, qui n'avait pas été créé encore, contrairement aux prescriptions formelles du règlement sur le service des places.

L'audieuce continue.

**Cinquième complément de l'audience du 5 décembre
et audience du 6 décembre.**

PRÉSIDENCE DE M. LE DUC D'AUMALE

Suite du Réquisitoire

M. le général Pourcet continue la lecture de son réquisitoire.

Ce n'est pas pourtant que les avertissements à ce sujet (la constitution d'un comité de surveillance des approvisionnements et d'un conseil de défense) aient fait défaut au général Coffinières. Dès son entrée en fonctions, l'intendant militaire de la 5e division lui avait écrit pour lui rappeler la nécessité de constituer le comité de surveillance, et quelques jours plus tard, le 15 août, lorsque l'armée eut quitté la place, M. le général de Laveaucoupet lui avait demandé à son tour la convocation des conseils réglementaires. Mais l'une et l'autre de ces démarches étaient restées sans effet. Ainsi, pour prendre des mesures dont la mise à exécution doit réglementairement précéder l'investissement, le gouverneur de Metz avait cru devoir attendre le moment où le général Boyer était parti pour aller négocier à Versailles, et malheureusement le commandant en chef, qui avait pour devoir de contrôler ses actes, avait négligé de s'assurer de l'observation de ces prescriptions réglementaires si importantes. Ce retard eut les conséquences les plus fâcheuses.

Si la présence de l'armée dans le camp retranché, en empêchant les travaux réguliers du siége, diminuait de beaucoup la tâche du conseil de défense, il eût pu néanmoins être utilement consulté sur la résistance qu'offrait la place et sur les moyens propres à prolonger la défense.

En effet, l'une des réponses à la lettre confidentielle du 7 octobre contenait l'avis que Metz serait obligée de se rendre huit jours après le départ de l'armée. Une semblable déclaration, qui ne fut l'objet d'aucune observation, pouvait exercer une fâcheuse influence sur les déterminations à prendre.

Or si nous en jugeons par les dépositions des officiers des armes spéciales présents sur les lieux, qui ont été consultés à ce sujet, l'avis du conseil de défense eût été diamétralement opposé, et nous n'avons trouvé partagée par personne l'opinion que nous venons de citer, et contre laquelle, au contraire, se sont élevés avec énergie M. le maréchal Le Bœuf, le général Coffinières, le commandant du génie de la place et tous les commandants des forts.

Bien qu'il nous semble étrange de voir assigner une limite de résistance aussi rapprochée à une place regardée de tout temps comme l'une des plus fortes de l'Europe, place dont les défenses venaient encore d'être considérablement augmentées par la construction de quatre grands forts alors complétement en état et pourvus d'une formidacle artillerie, nous ne croyons pas avoir à entrer ici dans une discussion technique sur ce grave sujet. Mais lorsque nous entendons déclarer que Metz ne pouvait tenir plus de huit jours, parce que la ville était exposée à un bombardement, il est de notre devoir de relever ces paroles, qui empruntent à la haute position de leur auteur une gravité exceptionnelle. Une semblable thèse, en effet, en opposition formelle avec l'esprit comme avec la lettre de nos règlements, démentie d'ailleurs par de nombreux exemples, dont quelques-uns même appartiennent à la dernière guerre, serait de nature à excuser toutes les faiblesses. Nous ne saurions donc la laisser passer sans une énergique protestation.

La durée de la résistance se trouvant en grande partie subordonnée à celle des approvisionnements, le rôle du comité de surveillance avait une importance prépondérante.

Le comité devait tenir le commandant supérieur au courant de l'état des ressources, et lui soumettre les propositions suggérées par les circonstances. En outre, la présence dans son sein du maire, membre de droit, eût empêché de dissimuler à la population civile la situation exacte et ses prochaines et inévitables conséquences.

Pour se rendre compte des services qu'on pouvait attendre du comité de surveillance, il suffit de signaler ceux qu'il sut rendre alors que sa réunion tardive semblait limiter son mandat à la stérile constatation de l'épuisement des ressources : il s'empressa de réclamer la mise en commun des réserves des corps d'armée, proposa de faire consommer les vivres des forts, de réduire la ration de pain, activa les perquisitions à domicile, prêta enfin au commandant supérieur un appui de tous les instants.

La non-convocation du conseil de défense et du comité de surveillance constituait une infraction des plus graves aux dispositions précises du règlement sur le service des places, et vous demeurerez comme nous confondus devant cet oubli volontaire et persistant des règles les plus importantes du service dans les places de guerre.

Et cependant, en dehors des prescriptions réglementaires, c'était pour le commandant en chef une obligation étroite de veiller à la conservation des vivres. A Metz, vous le savez, les approvisionnements de siége n'avaient pas été constitués. Ils devaient être formés par l'excédant de denrées laissées par l'armée à son départ. Par suite, les ressources étaient demeurées indivises entre l'armée et la place.

En raison de cette circonstance, outre le devoir de contrôler et de surveiller les actes du commandant supérieur, le maréchal avait donc la charge directe de répartir et de ménager les vivres dont effectivement il disposa toujours à son gré.

S'il ne s'en est pas acquitté comme il le devait, c'est à lui qu'en incombe la responsabilité.

Mais, comme l'a déjà fait le conseil d'enquête, nous ne devons que regretter davantage l'attitude effacée et passive prise par le commandant supérieur, qui, après avoir demandé le maintien de l'armée sous Metz, ne fit rien pour sauvegarder les intérêts de la place, tâche à laquelle il ne lui appartenait pas de se soustraire !

On se trouvait ainsi acculé à l'extrême limite des ressources alimentaires, lorsque, le 24 octobre, M. de Bismark notifia son refus de continuer les négociations. Le maréchal ayant réuni ses lieutenants pour leur faire part de ce refus, la discussion s'engagea sur la question de savoir s'il fallait tenter une sortie.

Le 18, le conseil avait déjà rejeté ce projet comme devant amener une effusion de sang inutile. Le 24, il était moins praticable encore : il fut écarté à l'unanimité, bien qu'on ne pût se faire plus longtemps illusion sur les dures exigences de l'ennemi.

En présence de l'épuisement complet des vivres, il n'y avait donc plus qu'à se soumettre aux conditions qu'il plairait au prince Frédéric-Charles d'imposer.

Néanmoins, le conseil voulut essayer une démarche suprême qui fut confiée au général Changarnier.

L'honorable général reçut mission de demander la neutralisation de l'armée, soit à Metz même, soit sur tout autre point du territoire, pour y faire appel aux députés et aux pouvoirs constitués avant le 4 septembre, ces pouvoirs devant être chargés de traiter de la paix.

A défaut, il devait chercher à obtenir l'envoi de l'armée en Algérie.

Enfin, aux termes de la phrase finale des instructions du commandant en chef, le général devait, s'il ne pouvait rien obtenir, « demander les conditions d'une capitulation imposée par la famine. »

En dehors de ces instructions écrites, le maréchal recommanda au général d'insister pour obtenir que le sort de la place fût séparé de celui de l'armée.

On sait qu'à l'annonce de nos premiers revers l'honorable général, retrempant ses forces dans son ardent patriotisme, n'hésita pas, malgré ses soixante-dix-sept ans, à venir partager les dangers. les fatigues et les privations de l'armée. Nul n'était plus digne de parler en son nom que l'intrépide soldat dont la bravoure est restée légendaire parmi nous, que l'illustre commandant de l'armée de Paris après la révolution de 1848. Mais c'était bien mal connaître le caractère de nos ennemis que de compter sur leur générosité.

La mission confiée au général Changarnier ne pouvait donc pas aboutir, car il n'avait aucun avantage sérieux à offrir en échange de la faveur qu'il allait solliciter du prince Frédéric-Charles, parfaitement au courant de la position de notre armée. Si le prince l'eût ignorée, les pourparlers engagés depuis si longtemps auraient suffi pour l'en instruire.

Sans doute l'ennemi eût mieux aimé traiter avec l'empire qu'avec le pouvoir issu de la révolution du 4 septembre; mais on se trompait étrangement en supposant que, par appréhension de voir la France se constituer en République, le gouvernement prussien renoncerait à la proie facile que la ruse, bien plus que la force des armes, lui avait préparée.

Si les commandants de corps fondèrent quelque espoir dans la réussite de cette démarche, le maréchal ne pouvait avoir d'illusions à cet égard, les propositions adressées au prince Frédéric-Charles n'étant que la reproduction des offres transmises par Régnier, renouvelées le 29 septembre, et enfin portées à Versailles par le général Boyer à l'insu du conseil.

Comment M. de Bismark, après les avoir rejetées de la part d'un adversaire encore redoutable, y aurait-il acquiescé, une fois celui-ci réduit aux abois et désormais impuissant?

Or le gouvernement prussien connaissait si exactement notre situation, et, par suite, était tellement sûr de la capitulation à jour fixe, que, dès le 23 octobre, il avait envoyé à Versailles l'ordre de diriger sur Paris et vers la Loire une partie des troupes d'investissement, et le mouvement avait commencé le lendemain.

Le général Changarnier fut reçu à Corny avec la courtoisie due à son âge et à son caractère, mais il ne put rien obtenir. Le prince ne lui cacha pas qu'il était au fait de ce qui se passait dans les lignes françaises, et notamment de la pénurie des vivres.

Il lui montra de ses fenêtres, sur la voie ferrée construite pendant le siége, pour relier la ligne de Sarrebrück à celle de Nancy, un long convoi de denrées destinées à ravitailler notre armée et la place de Metz, aussitôt la capitulation signée.

Le général revint rendre compte de son insuccès au commandant en chef.

Celui-ci envoya néanmoins le général de Cissey, qui dut demander de nouveau que la place de Metz ne fût pas comprise dans la capitulation.

Or le maréchal savait le refus opposé, le 29 septembre, à sa proposition de laisser Metz en dehors des négociations, ainsi que les exigences formulées, le 14 octobre, à Versailles, par M. de Bismark, au sujet de la remise de la place. Après l'échec du général Changarnier, le maréchal ne pouvait se faire aucune illusion sur le succès de la pénible démarche confiée au général de Cissey, lorsqu'il le chargeait d'aller adresser à l'ennemi, pour la sixième fois, des sollicitations constamment repoussées jusque-là, et de redemander le soir ce qui avait été refusé le matin même !

L'envoi du général ne saurait donc être attribué sérieusement à l'espoir d'obtenir des conditions meilleures ; la persistance du commandant en chef ne pouvait avoir d'autre objet que de faire ressortir sa sollicitude pour les intérêts de la ville.

Vous apprécierez, messieurs, si ces vaines démonstrations peuvent le justifier du reproche d'avoir entraîné Metz dans la chute de l'armée.

Au dernier jour du siége, quand il avait épuisé toutes les ressources de la population civile et de la garnison, qu'importait la séparation !

Eût-elle été obtenue que la place n'en eût pas moins été obligée d'ouvrir ses portes quarante-huit heures après la capitulation de l'armée.

C'est au moment où il renonçait à tenir la campagne que le maréchal aurait dû réfléchir aux conséquences de sa détermination. Il aurait dû comprendre alors la terrible responsabilité qu'il assumait en s'établissant à demeure, avec une armée de 140 000 hommes, sous les murs d'une place déjà insuffisamment approvisionnée pour elle-même, et cela sans faire aucun effort utile pour remplacer les vivres qu'il venait consommer.

Au lieu de s'exposer à d'humiliants refus en poursuivant une négociation sans succès possible, le commandant en chef eût mieux compris ses devoirs en s'occupant, dès le 18 octobre, de la destruction du matériel, l'idée de sortir étant alors complétement abandonnée.

D'après le maréchal, cette question aurait été agitée entre lui et les généraux Coffinières et Soleille, qui se seraient montrés opposés à cette destruction. Ces derniers se défendent énergiquement d'avoir exprimé cette opinion. D'ailleurs, si l'on considère en elles-mêmes les objections qu'ils auraient soumises au maréchal, on reconnaît qu'elles n'ont aucune valeur.

Quel danger eût présenté, en effet, pour la discipline, l'ordre donné, au dernier moment, à chaque corps d'infanterie, de cavalerie, d'artillerie, de procéder méthodiquement à la mise hors de service d'armes désormais inutiles et dont il importait d'interdire l'usage à l'ennemi?

Si la pensée que Metz, à la paix, ferait retour à la France pouvait empêcher de démanteler les remparts, quel inconvénient y avait-il à faire noyer les poudres, à mettre hors de service ou à détruire l'immense matériel de guerre et les approvisionnements de toute nature accumulés dans les deux arsenaux de l'artillerie et du génie?

Quelles représailles pouvait-on redouter en agissant ainsi?

Toute considération ne devait-elle pas d'ailleurs s'effacer devant l'obligation imposée au commandant en chef de diminuer autant que possible les trophées de l'ennemi et les avantages que lui assurait la capitulation?

C'eût été le cas pour le maréchal de se souvenir de l'exemple qu'il avait eu sous les yeux à Sébastopol et à Puebla, dont les défenseurs ne cessèrent une résistance devenue impossible qu'après avoir anéanti tout ce qui pouvait servir à notre armée.

Faut-il croire que, s'il ne fut pas procédé à la destruction du matériel, c'est que l'on craignait, comme un témoin l'a entendu dire, de se voir refuser l'autorisation d'emmener les bagages?

Ou bien doit-on admettre que des engagements antérieurs liaient le commandant en chef?

Quelque invraisemblable qu'elle paraisse d'abord, on est amené à cette hypothèse par les déclarations du colonel de Villenoisy et du général Coffinières, desquelles il ressort que les exigences de l'ennemi relativement à la remise du matériel étaient connues à Metz avant le 25 octobre. Quoi qu'il en soit, nous ne parvenons pas à nous rendre compte des motifs qui ont pu déterminer le maréchal Bazaine à livrer intact, alors qu'il avait le temps et les moyens de le détruire, l'immense matériel de l'armée et de la place, que les Allemands allaient employer contre les défenseurs du pays!

Audience du 6 décembre.

L'audience est reprise à midi et demi.

M. le maréchal Bazaine est introduit.

M. LE GÉNÉRAL-PRÉSIDENT. — La parole est à M. le commissaire spécial du gouvernement.

M. le général Pourcet continue en ces termes :

Nous sommes arrivés, messieurs, au moment douloureux de la capitulation. Le 26 au matin, le conseil est convoqué. Dans cette réunion comme dans les précédentes, le maréchal cherche à décliner la responsabilité de ses actes, en se retranchant derrière la volonté de ses lieutenants.

Ainsi, ce n'est pas lui, mais le conseil, qui aurait décidé l'ouverture immédiate des pourparlers définitifs en vue de la capitulation, extrémité d'ailleurs inévitable, puisqu'il n'y avait plus de vivres et qu'on était résolu à ne plus combattre.

Ayant oublié sans doute les exigences invariables de M. de Bismark, le commandant en chef demande encore que, dans les négociations, le sort de la ville soit séparé de celui de l'armée; enfin c'est le conseil qui aurait décidé que la ville partagerait ses vivres avec l'armée, et que l'intendant en chef prendrait la direction générale du service des subsistances dans la place de Metz.

Ces dernières résolutions prouvaient, du reste, combien le conseil, en prescrivant une disposition appliquée déjà depuis douze jours, était peu au courant de la situation. Dès le 13, la ville avait partagé ses vivres avec l'armée. Quant à la direction générale du service des subsistances, elle appartenait depuis le commencement du blocus à l'intendant en chef, aussi bien dans Metz qu'au dehors. La correspondance de ce fonctionnaire, comme celle du maréchal, en fournit la preuve irrécusable.

Le 7 octobre, pour la première fois, l'intendant militaire de la place ayant cru devoir refuser d'acquiescer aux demandes de ce haut fonctionnaire, le maréchal avait écrit aussitôt au commandant supérieur pour l'inviter à prescrire le soir même à M. Denecey de Cevilly d'obtempérer aux ordres de l'intendant en chef.

Par conséquent, cette séparation des intérêts de la place, pour laquelle le maréchal montrait tant de sollicitude à ce moment, n'existait pas, et la soi-disant décision du conseil n'apporta aucune modification à l'organisation du service.

Il n'y eut, au reste, pas de discussion véritable dans le conseil, mais seulement quelques propos échangés. On devait s'incliner devant la nécessité et subir les conditions formulées par le général de Stiehle, conditions d'après lesquelles « l'armée entière devait être prisonnière de guerre et Metz remis à l'ennemi, ainsi que le matériel, les drapeaux, etc. »

Nous ne saurions, toutefois, quitter cette triste et pénible séance sans relever les paroles que le compte rendu prête à l'un des membres du conseil.

D'après ce document, le commandant de l'artillerie de l'armée aurait émis son avis en ces termes :

« Le général Soleille pense que l'on doit saisir le côté pratique et ne pas oublier que le soldat souffre; que, d'autre part, tel que l'on connaît le caractère prussien, on n'obtiendra pas de grandes modifications à la négociation. La prolonger serait donc exercer une fâcheuse influence sur le soldat. A quoi servira d'avoir fait durer les souffrances du soldat, pour arriver à une solution fatale? Le général demande donc qu'au nom du soldat on se décide à une prompte solution. »

On a vu quelquefois une population, frappée de terreur par l'incendie ou le bombardement, faire appel aux sentiments d'humanité du commandant de la place, pour chercher à le déterminer, contrairement à son devoir, à ouvrir ses portes à l'ennemi avant d'avoir épuisé tous ses moyens de défense. Mais de semblables arguments se seraient trouvés ici pour la première fois dans la bouche d'un général, et j'ajoute d'un général commandant des troupes en campagne.

Qu'elle ait été soutenue ou non dans ce conseil, le ministère public doit protester hautement contre cette étrange doctrine, propre à encourager et à justifier toutes les défaillances.

Moins que partout ailleurs, dans une ville assiégée, l'intérêt particulier ne saurait l'emporter sur l'intérêt général. Une place forte protège le pays tout entier, non sa propre enceinte et ceux qu'elle renferme.

Les habitants de Metz étaient mieux inspirés quand, demandant le départ de l'armée, ils réclamaient pour la place l'honneur de se défendre elle-même, et qu'ils se déclaraient prêts à supporter les plus cruelles privations pour tenir jusqu'à la dernière extrémité.

Ce n'est ni à la population d'une place assiégée, ni même à son commandant, qu'il appartient de décider si la prolongation de la résistance importe ou non à l'intérêt du pays; ils n'ont pas qualité pour prononcer, car ils ignorent les résultats que peut entraîner une reddition prématurée.

Il importe toujours que la défense soit poussée jusqu'à la dernière limite, puisque, indépendamment de toute autre considération, elle a pour effet d'immobiliser une partie des forces ennemies, qui, aussitôt le siège levé, deviennent disponibles.

Telle est, d'ailleurs, la ligne impérieusement tracée par les règlements comme par l'honneur militaire. Or, à Metz, c'étaient près de 200 000 hommes qui étaient ainsi retenus devant la place, comme on l'avait fait valoir au conseil du 10 octobre; c'étaient ces troupes qui, en se portant en toute hâte sur la Loire, aussitôt après la capitulation, permirent au gouvernement allemand d'arrêter la marche de l'armée de la Loire et de rendre stériles ses premiers succès!

En ne repoussant pas énergiquement cette fausse et funeste doctrine, le maréchal oubliait ces prescriptions formelles du règlement sur le service des places : « Le commandant d'une place de guerre ne doit jamais perdre de vue qu'il défend l'un des boulevards de la France, l'un des points d'appui de ses armées, et que de la reddition d'une place, avancée ou retardée d'un seul jour, peut dépendre le salut du pays. »

Comme nous allons le voir, jusqu'au dernier moment, le maréchal Bazaine agira au rebours de ces sages dispositions.

Dans l'après-midi du 26, avant que le général Jarras partît pour le château de Frescati, l'intendant en chef, qui, le matin même, avait déclaré qu'il ne restait plus de vivres, vint en hâte annoncer au maréchal qu'après de nouvelles recherches, il était en mesure de continuer les distributions pendant trois et peut-être quatre jours encore.

Ce n'était point là une illusion de la part de ce fonctionnaire. Ce fut en effet l'existence de ces denrées qui put seule permettre au général Coffinières, dans le conseil du 26, de fixer au 5 novembre la date de l'épuisement des approvisionnements pour la place abandonnée à elle-même, tandis que jusque-là c'était le 29 octobre qu'il avait indiqué comme dernière limite.

Répartis entre l'ensemble des rationnaires, ces vivres eussent donc permis d'atteindre le 1er novembre.

Néanmoins, au lieu de se réjouir de cette bonne fortune inespérée et d'en profiter pour prolonger la résistance, le commandant en chef se contenta de répondre que cette faible ressource ne pourrait modifier en rien la situation de l'armée, et, comme s'il avait hâte d'en finir et qu'il eût décidé de capituler à heure fixe, il n'en dit rien au général Jarras et le laissa partir.

C'est en vain que le maréchal a allégué que l'intendant ne serait venu lui parler qu'après le départ du général : le fait que le commandant Samuel était présent à l'entrevue démontre péremptoirement le contraire, cet officier s'étant rendu ensuite à Frescati avec le chef d'état-major général.

Ces vivres n'étaient d'ailleurs pas indispensables pour permettre d'attendre le ravitaillement de la place. Le maréchal savait, en effet, par le général Changarnier, que des vivres avaient été préparés par les soins du prince Frédéric-Charles.

Ainsi, après avoir avancé de deux mois le terme de sa résistance, par son incurie à recueillir et à économiser les vivres, il livrait volontairement à l'ennemi son armée et la place de Metz, trois jours au moins avant d'y être contraint par l'épuisement des subsistances!

Était-ce donc sa sollicitude pour ses soldats qui l'empêchait de supporter plus longtemps la vue de leurs misères?

Cette sollicitude se serait alors réveillée bien tard.

Pendant toute la durée du blocus, le maréchal s'était fort peu préoccupé de voir ses troupes. Renfermé le plus souvent dans son quartier général, jamais il n'avait passé une revue. Jamais il n'avait fait une visite aux blessés, car nous ne pouvons appeler de ce nom cette unique promenade le long de l'ambulance de la place d'Armes, découverte à grand' peine par la défense. Jamais il n'avait cherché à adoucir leurs maux. Jamais il n'avait eu pour eux une de ces paroles affectueuses, témoignages d'intérêt, qui, répétées de bouche en bouche, resserrent les liens entre le chef et ses soldats, et sont pour celui qui souffre un précieux soulagement.

Ainsi n'agissaient pas les commandants de corps, les généraux, les officiers de tous grades, qui témoignèrent à leurs subordonnés un intérêt de tous les instants. Leurs soins, leurs égards, leurs rapports incessants avec les troupes, eurent pour effet de conserver la discipline dans des circonstances douloureuses et difficiles. Vaillante dans les combats, résignée dans les privations, constamment prête à tous les efforts comme à tous les sacrifices, cette noble armée méritait un sort meilleur que celui que lui infligèrent la coupable insouciance et les intrigues égoïstes de son chef!

L'indifférence du maréchal envers ses soldats ne contrastait pas moins avec le dévouement dont faisait preuve la population de Metz.

Elle avait accepté avec une fermeté virile les souffrances résultant de l'état de siége, et s'était employée avec une ardeur patriotique à soigner les 20 000 blessés et malades entassés dans la place.

Les hôpitaux, les casernes étaient promptement devenus insuffisants : les habitants s'empressèrent d'ouvrir leurs demeures, où 5000 hommes furent recueillis à la fois. Le personnel faisant défaut, chacun voulut s'employer pour nos soldats.

Les dames surtout furent admirables de dévouement : sans cesse au chevet des malades, dans les salles encombrées des ambulances, bravant les fatigues, les dangers, les dégoûts, luttant d'héroïsme avec les sœurs de charité, elles ne faiblirent pas un instant à la noble tâche qu'elles s'étaient imposée!

L'armée de Metz, objet de leurs soins touchants, témoin de leur abnégation, la patrie tout entière, qui leur doit le salut d'un grand nombre de ses enfants, leur ont voué une reconnaissance qui ne passera pas!

Puisse l'expression de ce sentiment, qui rend pour nous plus amère encore la douleur de la séparation, contribuer du moins à adoucir les ineffaçables regrets de la généreuse population de Metz.

Ce même jour, 26, où la capitulation devait être signée, les habitants ignoraient encore la série des événements survenus depuis le 10 octobre. Le maréchal, qui, dans sa proclamation, assurait qu'il n'avait rien de caché pour eux, avait décidé du sort de la ville sans qu'un avertissement fût adressé à la municipalité, sans même que le conseil de défense en fût prévenu. Cependant, ému par les bruits en circulation, le conseil municipal avait fait, le 23, une démarche auprès du général Coffinières, afin d'obtenir des informations sur la situation du pays et les négociations pendantes.

Le réquisitoire continue.

Complément de l'audience du 6 décembre

Suite du Réquisitoire

M. le commissaire spécial du gouvernement poursuit ainsi :

Le commandant supérieur ayant allégué (aux membres du conseil municipal) la réserve qui lui était imposée, et conseillé de s'adresser au maréchal, le maire écrivit, le 25, au commandant en chef.

« Cette lettre, dit celui-ci dans son mémoire, me causa de l'étonnement, car je ne pouvais supposer que le général Coffinières, qui avait assisté à toutes les réunions du quartier général, laissât le conseil municipal dans l'ignorance. » Quant à nous, nous sommes loin de partager cet étonnement.

Le maréchal pouvait-il penser que le commandant supérieur divulguerait sans autorisation ce qui se passait dans le sein du conseil, alors surtout qu'il n'était question que de négociations politiques? Avait-il oublié, d'ailleurs, qu'il s'était réservé le contrôle des communications à faire à la population, en conservant la direction de la presse, direction qu'il garda pendant tout le siége, ainsi que l'établissent surabondamment sa correspondance avec le général Coffinières, la déposition de celui-ci, l'envoi journalier au quartier général des épreuves des journaux, les communiqués adressés, les suppressions ordonnées, enfin l'incident déjà cité, relatif aux deux numéros du *Journal officiel* rapportés de Versailles par le général Boyer?

C'est le lieu d'examiner ici comment le maréchal a exercé cette action.

La plupart des opinions politiques avaient leur organe dans la presse de Metz. Mais, comme partout, la presse avait compris que, dans la situation du pays, il ne devait plus y avoir qu'un parti, celui de la résistance à l'envahisseur.

Aussi la politique ne se traduisit guère dans les journaux, pendant le siége, que par quelques manifestations en faveur du régime nouveau et par de vives attaques contre certaines personnes du gouvernement déchu : bien que ces attaques fussent loin de dépasser en violence la proclamation de M. Jules Favre, publiée par ordre du maréchal, celui-ci eut raison de les interdire, car elles pouvaient être un levain dangereux d'indiscipline dans l'armée.

La première place était réservée, dans les feuilles publiques, aux épisodes glorieux de la guerre et aux considérations militaires ; elles rappelaient avec complaisance les souvenirs des anciens siéges où Metz avait toujours résisté victorieusement : exalter le courage, ranimer la confiance, entretenir l'espoir, tel était le but honorable poursuivi par les journaux à quelque opinion qu'ils appartinssent.

S'ils exprimaient le désir de voir l'armée reprendre la campagne, si son inaction prolongée y provoquait quelques observations sévères, qui pourrait les en blâmer?

Loin d'aider la presse dans une mission si patriotique, le commandant en chef s'attache à exercer sur l'esprit public une action tout opposée.

Ainsi, on le voit tenter de justifier son inaction en publiant le détail plus ou moins exact des forces du blocus. De là les communiqués des 24 septembre, 5 et 16 octobre. Non-seulement la position des troupes ennemies avec leur effectif probable s'y trouve indiquée, mais on y lit qu'elles reçoivent des renforts considérables, que leur situation sanitaire est satisfaisante, etc. Si, d'après les observations faites de la ville même, ces troupes semblent moins nombreuses, c'est uniquement parce que l'ennemi s'est retiré en arrière, après avoir incendié les environs.

C'est au journaliste qu'est laissé le soin de faire observer que ces nouvelles communiquées, étant d'origine prussienne, ne doivent être acceptées que sous bénéfice d'inventaire.

D'autres notes officielles font ressortir les fâcheux résultats des combats livrés autour de la place : l'une, à la suite de l'affaire de Peltre, énumère les fermes et villages incendiés; l'autre, après le combat des Tapes, indique le chiffre élevé des pertes subies.

Alors que le règlement ordonne au commandant en chef de rester sourd aux nouvelles répandues par l'ennemi, le maréchal ne craint pas d'adresser à la presse des extraits de journaux allemands racontant les événements de la guerre sous le jour le plus défavorable à la France.

Quand le bruit de succès remportés se répand dans la ville, il s'empresse de les démentir.

Le 5 octobre, il adresse au général Coffinières un télégramme ainsi conçu :

« Je lis dans l'*Indépendant de la Moselle* du 5 octobre :

« *Post-scriptum.* — Les renseignements arrivés au maréchal Bazaine sur l'affaire d'Étampes sont tellement satisfaisants, etc. »

« Faites démentir de suite cette nouvelle, et envoyez-moi demain matin le rédacteur. »

Le 11, il publie un avis commençant par ces mots :

« Pour répondre aux nouvelles mensongères répandues dans la ville, le maréchal commandant en chef de l'armée du Rhin, n'ayant reçu aucune nouvelle affirmant les heureux faits de guerre qui se seraient passés à Paris, se borne à en souhaiter la réalisation. »

Le 14, il écrit de nouveau au commandant supérieur :

« Les journaux de Metz continuent à répandre journellement de fausses nouvelles relativement au siége de Paris, etc. »

La plupart des nouvelles favorables données par les journaux étaient, en effet, exagérées ou erronées, et le commandant en chef était en droit de les démentir.

Néanmoins, quand on se souvient que le maréchal avait, de sa propre bouche, annoncé la capitulation de Strasbourg quinze jours avant la reddition de cette place, et la prochaine arrivée du matériel de siége pour bombarder Metz; quand on songe qu'il faisait répandre officiellement des informations mensongères rapportées de Versailles par son aide de camp, alors qu'il savait la vérité par les journaux français entre ses mains, on peut, à juste titre, s'étonner de cet empressement à étouffer tous les bruits de nature à raviver l'espérance.

Ce n'est pas tout : si certains articles peuvent encourager les idées de résistance, ils sont supprimés.

Ainsi, dans quelques pages portant l'empreinte des sentiments les plus élevés, M. le colonel du génie Humbert, ayant voulu démontrer par des exemples tirés de l'histoire que le sort du pays n'était pas encore désespéré, ordre est donné de supprimer l'article, attendu qu'il a, suivant les expressions de la censure : « l'inconvénient de soulever des questions trop brûlantes pour le temps qui court. »

Le 11 octobre, l'*Indépendant de la Moselle*, après avoir annoncé que les renseignements apportés par les prisonniers étaient très-satisfaisants, continue par ces mots :

« Que les pessimistes et les découragés prennent donc confiance, et n'entendons plus prononcer ce mot, qui fait monter la rougeur au front : Capitulation ! »

Cette phrase est rayée.

Plus tard, le rédacteur du *Courrier de la Moselle* s'efforce de démontrer l'invraisemblance des nouvelles rapportées par le général Boyer.

L'article est supprimé.

Enfin, vous savez déjà, messieurs, que le 19 octobre, sur les observations du commandant supérieur de Metz, le commandant en chef s'est fait renvoyer, sans en autoriser la communication à la presse, les deux numéros de journaux apportés par le général Boyer.

Par cet ensemble de mesures, le maréchal s'était efforcé de diriger suivant ses vues l'esprit de la population et celui de l'armée.

Le ministère public doit infliger à de semblables agissements le blâme qu'ils méritent.

Si la responsabilité en incombe avant tout au commandant en chef, nous ne pouvons nous empêcher de constater qu'en se montrant à ce sujet, vis-à-vis de la presse de Metz, le docile interprète de ses intentions, le général Coffinières s'est exposé au grave reproche d'avoir travaillé, comme le commandant en chef lui-même, à jeter le découragement parmi les habitants, dont le patriotisme, hâtons-nous de le dire à leur louange, ne faiblit pas un instant et sut résister jusqu'au bout à ces tristes suggestions.

Ces communiqués à la presse n'avaient été qu'un des moyens employés par le maréchal pour agir sur son armée. Il s'était surtout préoccupé, comme nous l'avons déjà montré si souvent, de tromper ses lieutenants en leur cachant ce qu'il savait, en leur fournissant des renseignements mensongers, en leur dépeignant enfin la situation sous les couleurs les plus sombres.

Nous l'avons vu procéder ainsi dans les conseils du 26 août, du 10, du 18 octobre.

Mais ce n'était pas seulement dans ces réunions qu'il avait recours à ces procédés, malheureusement habituels pour lui.

Est-il besoin de vous rappeler la communication faite par son ordre aux commandants de corps, du rapport rédigé par M. Debains, d'après les nouvelles racontées par l'ennemi ?

C'est à toute l'armée, on s'en souvient, qu'il avait voulu faire connaître officiellement le récit du général Boyer.

D'autre part, il prescrivait d'envoyer à tous les états-majors une note détaillée des forces de l'ennemi et de ses ouvrages, avec plan à l'appui.

Cette communication qui, faite confidentiellement aux commandants de corps au moment d'une sortie, aurait eu sa raison d'être, ne pouvait qu'affaiblir le moral des troupes immobilisées dans leurs campements. Elle était, d'ailleurs, loin d'être exacte ; car les ouvrages ennemis, représentés comme formidables, n'étaient généralement que de simples tranchées-abris, ainsi que l'établissent les dépositions des officiers compétents qui ont pu les examiner après le siége.

Nous avons hâte de clore cette énumération déjà trop longue ; nous devons pourtant mentionner la note du maréchal relative au siége de Paris. Pour ne pas abuser des instants du Conseil, nous nous bornerons à en donner ici l'analyse succincte. Le 14 octobre, le maréchal invite les commandants de corps à faire lire dans les régiments, à l'appel de midi, les passages de la proclamation du général Trochu rapportant la panique du régiment provisoire des zouaves au combat de Châtillon.

Par contre, il néglige de faire donner lecture du passage de la proclamation où le gouverneur de Paris place en parallèle la solidité d'autres troupes, et les résultats obtenus, où il flétrit énergiquement la lâcheté et l'indiscipline, et annonce l'envoi des coupables devant les conseils de guerre pour y être jurés suivant la rigueur des lois !

Ainsi, dans les efforts tentés de toute part pour la défense du pays, le maréchal ne trouve à citer que la déroute du corps qui, au dire de journaux allemands, communiqués par son ordre l'avant-veille à la presse, eût été le seul régiment intact de l'armée, tous les autres se composant de « recrues et de bataillons de marche. »

Tels étaient les seuls renseignements que le maréchal croyait devoir donner de l'armée, le jour même où il reprochait aux journaux de publier de fausses nouvelles relativement au siége de Paris.

Il est vrai que, dans sa note, il déclarait que cette lecture devait avoir pour but :

« De prémunir les officiers et soldats contre les manœuvres des agents de certains partis, et notamment contre les fausses nouvelles et les insinuations perfides que les journaux et les brochures répandent à profusion. »

Ces paroles ne caractérisent-elles pas, d'une manière frappante, l'action qu'il s'efforçait d'exercer lui-même sur le moral de ses troupes, soit directement, soit par l'intermédiaire de la presse ?

L'exposé des mesures prises nous indique en effet ce qu'étaient ces manœuvres de certains agents de parti contre lesquelles le maréchal croyait devoir prémunir les officiers et les soldats ! Ces manœuvres, c'étaient les réclamations, les murmures de ceux qui, voyant l'abîme où les entraînait leur chef, auraient préféré tenter de suite le sort des armes, au lieu d'attendre l'épuisement des forces dans une immobilité stérile et honteuse !

Les fausses nouvelles, c'étaient les bruits répandus de succès remportés à Paris ou en province, bruits qui, en rallumant parmi ses troupes l'ardeur du combat, pouvaient déjouer les combinaisons de sa politique !

Enfin, que pouvaient être ces insinuations perfides, sinon les propos des gens de cœur qui, regardant l'inaction imposée à l'armée comme dangereuse et indigne d'elle, exprimaient hautement leur opinion et cherchaient à ranimer l'énergie des découragés et des pessimistes ?

Après avoir montré le maréchal s'appliquant à amollir le courage, à énerver les idées de résistance, suggérant les défaillances, enveloppant son armée comme d'une atmosphère débilitante, il ne nous reste plus qu'à enregistrer le triste dénoûment de ses combinaisons déçues.

Nous avons vu le conseil réuni le 26 octobre, n'ayant plus aucune confiance dans le sort des armes, déclarer qu'il ne restait plus qu'à subir les conditions de l'ennemi.

Le même jour, désigné pour cette triste mission, le général Jarras, chef d'état-major général, partit vers cinq heures et demie du soir pour le château de Frescati, où il devait, de concert avec le général de Stiehle, chef d'état-major du prince Frédéric-Charles, arrêter les clauses de la capitulation de l'armée et de la place de Metz. Il se fit accompagner de deux officiers attachés à l'état-major général, MM. le lieutenant-colonel Fay et le commandant Samuel.

Dans la conférence qui s'ouvrit, le général Jarras demanda d'abord qu'un détachement constitué, composé de troupes de toutes armes, fût autorisé à rentrer librement en France ou en Algérie. Cette faveur lui ayant été refusée, la discussion ne porta plus que sur deux points principaux.

Comme le conseil en avait exprimé le désir, le général devait insister pour que l'épée fût laissée à tous les officiers. A cette demande, le plénipotentiaire prussien objectait que le roi de Prusse entendait réserver cette faveur à ceux-là seuls qui consentiraient à rentrer en France sous condition de s'engager sur parole à ne pas porter les armes contre l'Allemagne jusqu'à la paix.

Malgré l'anomalie injustifiable d'une semblable exception, il fallut une longue insistance pour que le général de Stiehle promît d'appuyer auprès du prince la demande de laisser l'épée à tous les officiers.

Une deuxième demande, non prévue dans le conseil, fut formulée inopinément par les officiers qui accompagnaient le général Jarras. Ils firent observer que pour reconnaître la valeur des troupes françaises, valeur dont le général prussien venait de témoigner lui-même, il était équitable d'accorder une faveur honorifique dont l'effet s'étendît à toute l'armée. Ils réclamèrent en conséquence les honneurs de la guerre, tels qu'ils sont définis par l'usage, c'est-à-dire consistant dans le défilé en armes des troupes vaincues, qui reçoivent de la part des troupes victorieuses les honneurs militaires, et ne sont constituées prisonnières de guerre qu'après cet hommage rendu à l'énergie de leur résistance.

Le général de Stiehle, après s'être d'abord opposé à cette demande, consentit également à la soumettre au prince.

On passa ensuite à la rédaction du protocole, dont l'article 3 fut établi de deux manières, l'une ou l'autre version devant être adoptée suivant que les honneurs de la guerre seraient ou non accordés.

On convint enfin qu'une nouvelle conférence aurait lieu le lendemain, après réception de la réponse aux demandes formulées. On devait signer alors le protocole de la capitulation, opération qui ne pouvait d'ailleurs avoir lieu le jour même, M. le général Jarras ayant omis de se munir des pleins pouvoirs réguliers du commandant en chef.

On se sépara fort tard dans la nuit. Le lendemain matin, le général Jarras rendit compte du résultat de sa mission au maréchal Bazaine, et lui communiqua le projet de protocole. Arrivé à l'article 3, le maréchal manifesta quelque répugnance au sujet des honneurs de la guerre; néanmoins, il adopta la rédaction française de l'article, c'est-à-dire celle stipulant que ces honneurs étaient accordés à l'armée.

Espérait-il que l'ennemi les refuserait? On est en droit de le penser d'après ce qui va suivre.

Quelques instants plus tard, une lettre du général de Stiehle faisait savoir que le roi de Prusse consentait à laisser l'épée à tous les officiers, et que le prince Frédéric-Charles accordait les honneurs de la guerre.

Ainsi, les demandes en faveur de l'armée française ont été accueillies. Elle va donc recevoir les honneurs de la guerre. Non, cette fois, c'est son général en chef qui les lui refuse; il déclare en effet au général Jarras son intention formelle de ne pas les accepter, ou plutôt de refuser le défilé qui en est le signe, et il persiste dans cette résolution malgré les instances qui lui sont faites. Un semblable refus devait paraître étrange au général Jarras. Aussi, au moment de repartir pour Frescati, revint-il à la charge, faisant ressortir avec force ce qu'il y aurait de pénible, d'humiliant même, à refuser ce qu'on avait réclamé d'abord comme une faveur; ce qui, dans tous les temps, avait été regardé comme une marque éclatante d'estime; ce qui enfin devait constituer pour les troupes un adoucissement à l'amertume de la capitulation.

Le maréchal demeura inflexible. — Pourquoi cette détermination inexplicable au premier abord? Sa conduite antérieure va nous le faire comprendre.

Après avoir maintenu son armée dans l'inaction, en la leurrant de vaines espérances; après s'être efforcé de l'énerver par des récits mensongers, il l'avait amenée à déposer les armes sans avoir entrepris rien de sérieux depuis près de deux mois pour percer les lignes d'investissement.

Mais le jour s'était fait.

Tous voyaient maintenant l'abîme où ils avaient été entraînés à leur insu. Le maréchal craignit sans doute que l'indignation de ses soldats n'étouffât la voix de la discipline, et que, dans l'égarement du désespoir, leur fureur se tournât contre le chef dont les agissements tortueux les avaient conduits à une telle extrémité.

En vain objecte-t-il qu'il eût été humiliant de défiler.

Quelle qualité avait-il pour réformer ainsi le Code de la guerre en substituant à ses règles de tous les temps une opinion absolument contraire aux usages reçus et partout respectés? En accordant les honneurs militaires, ce n'était pas au chef seul, mais à la valeur de ses troupes que le prince rendait hommage. Le maréchal avait-il le droit de refuser ce témoignage d'estime que l'ennemi voulait donner à ses soldats?

D'ailleurs, si, fidèle à son devoir, il eût combattu jusqu'au dernier jour, sans trêve ni repos, et si néanmoins il eût été réduit à capituler, il n'aurait pas éprouvé de honte en défilant devant l'ennemi, et il aurait fièrement tenu son rang à la tête de ses troupes, comme le firent tant d'intrépides capitaines qui ne se crurent pas humiliés parce que, malgré leurs efforts, la fortune avait trahi leur valeur.

Son refus est donc une première condamnation prononcée par lui-même contre sa conduite pendant le siége.

Redoutant du reste l'appréciation sévère que comportait sa décision, il prescrivit au général Jarras, en lui donnant ses dernières instructions, de proposer au général de Stiehle de conserver la rédaction française de l'article, en se conformant, pour l'exécution, à la rédaction allemande. En d'autres termes, tout en ne défilant pas, il voulait paraître avoir défilé.

Cette combinaison ne devait pas réussir, et, pour se justifier devant l'opinion publique, le maréchal dut avoir recours à un autre expédient.

« Si l'on avait accepté les honneurs de la guerre, dit-il dans son ouvrage l'*Armée du Rhin*, les officiers n'auraient pas conservé leurs épées. »

Est-il besoin de faire remarquer que cette assertion est exactement l'inverse de la vérité, et que, tout au contraire, les honneurs militaires furent accordés par l'ennemi en même temps que l'autorisation pour les officiers de conserver leurs épées?

Le général Jarras fut, en outre, chargé de dire au général de Stiehle qu'il était d'usage en France, après une révolution, de détruire les drapeaux et étendards qui avaient été remis aux troupes par le gouvernement déchu, et que, conformément à cet usage, un certain nombre de drapeaux avaient été brûlés.

Pour donner le change à l'ennemi, le maréchal recourait ici à un artifice bien grossier. Le prince, qui adressait toutes ses lettres au commandant de l'armée impériale française, pouvait-il croire en effet que le maréchal considérait l'empire comme un gouvernement déchu et qu'il en eût fait détruire les emblèmes? Pouvait-il le penser, surtout lorsque depuis plus d'un mois le maréchal offrait de traiter au nom de la régente, et qu'il avait près d'elle, à ce moment même, son aide de camp en mission spéciale à cet effet?

Ainsi, comme s'il eût été porté par une inclination naturelle aux subterfuges et aux faux-fuyants, le maréchal, afin d'éviter le défilé, sans perdre devant l'opinion le bénéfice des honneurs de la guerre, proposait de faire l'inverse de ce qu'il stipulait, tandis qu'au sujet des drapeaux il prescrivait à son chef d'état-major de soutenir devant l'ennemi une assertion à la fois fausse et invraisemblable. Triste mission, en vérité, que celle dont on chargeait le général Jarras!

Le 27, à six heures du soir, accompagné des mêmes officiers, le général repartit pour le château de Frescati, où l'attendait le général de Stiehle.

Après l'échange des pleins pouvoirs, on s'occupa de la rédaction définitive du protocole.

Arrivé à l'art. 3, le général Jarras déclara qu'il avait ordre de rejeter le défilé et les honneurs qui s'y rattachaient.

« Ai-je bien entendu! s'écria avec étonnement le plénipotentiaire prussien, vous refusez aujourd'hui les honneurs que vous demandiez hier et qui vous ont été accordés? »

La surprise du général ennemi fut partagée par les deux officiers français qui, par un sentiment élevé et patriotique, avaient insisté la veille pour obtenir cette dernière satisfaction en faveur de l'armée.

Mais le général Jarras dut maintenir son refus, et proposa alors, comme le maréchal le lui avait prescrit, de conserver la version française de l'article, tout en se conformant en réalité à la version allemande.

A quoi le général de Stiehle se contenta de répondre : « Chez nous, ce qui n'est pas exécuté n'est pas écrit. »

Il était pénible de recevoir cette leçon de l'ennemi, mais il n'aurait pas fallu s'y exposer.

Quand on lut l'article relatif aux drapeaux, le général Jarras, suivant ses instructions, annonça que, conformément à l'usage, des aigles avaient été brûlées lors du changement de gouvernement. Cette déclaration excita des signes non équivoques d'incrédulité chez le général de Stiehle, qui demanda des explications sur cet usage, qui lui était, disait-il, totalement inconnu. Le général Jarras, embarrassé, ne put que répéter ce qu'il venait de dire. Il fut convenu qu'en tout cas, ce qui n'avait pas encore été brûlé demeurait acquis à l'armée allemande.

Le protocole fut arrêté sans nouvelles observations, rédigé en double et signé par les deux généraux.

On se sépara vers dix heures du soir. Le lendemain matin, le général Jarras remit le protocole au maréchal. Le texte en fut communiqué aux commandants des corps, qui l'approuvèrent dans une dernière réunion du conseil, tenue le 28 octobre, à huit heures et demie du matin.

Avant d'exposer les clauses de la capitulation, nous devons revenir en arrière pour examiner en détail l'un des épisodes les plus douloureux de ces derniers jours du blocus; nous voulons parler de la série des actes qui ont préparé la livraison des drapeaux à l'ennemi.

Le 26 octobre, après la séance où fut arrêté l'envoi du général Jarras à Frescati, les commandants de corps allaient se séparer sans qu'on eût parlé des drapeaux, quand cette question fut soulevée par l'un des généraux. Malheureusement, les souvenirs des membres du conseil au sujet de cet incident sont peu précis.

Tandis que le général Desvaux, d'accord sur ce point avec la déclaration du maréchal Bazaine, assure que l'ordre fut donné de porter les drapeaux à l'arsenal pour y être brûlés, d'autres membres, MM. le maréchal Le Bœuf, les généraux Frossard, Coffinières et Jarras, soit qu'ils eussent déjà quitté la salle, soit que la mémoire leur fasse défaut, attestent ne pas avoir eu connaissance de cet ordre.

MM. le maréchal Canrobert et le général de Ladmirault ne se souviennent pas qu'il ait été fait mention que les drapeaux seraient brûlés; il ne leur a pas été prescrit de les envoyer à l'arsenal, et tout s'est borné, suivant eux, en ce moment, à une simple conversation.

Le général Soleille était particulièrement intéressé aux mesures concernant les drapeaux, puisqu'il lui incombait d'en assurer l'exécution. Mais, consulté sur ce qui s'était passé, il n'a pu fournir que des renseignements contradictoires, témoignant de l'incertitude de ses souvenirs.

Ainsi, après avoir écrit à M. le maréchal président du conseil d'enquête, qu'il ne se rappelait pas qu'un ordre verbal, à cet égard, lui eût été donné le 26, il a déclaré une première fois à l'instruction avoir reçu des ordres pendant le conseil pour faire réunir et brûler les drapeaux à l'arsenal. Puis, dans une déposition postérieure, revenant sur cette déclaration, il a répété l'assertion contraire, renfermée dans sa lettre au président du conseil d'enquête. Cette assertion, la dernière formulée devant le magistrat instructeur, est donc celle à laquelle nous devons nous arrêter.

Nous constatons toutefois qu'il avait été certainement question, le 26, des drapeaux entre le maréchal et le général Soleille, puisque celui-ci annonça dans la journée à M. le général Gagneur qu'ils seraient brûlés, mais sans lui donner d'ordres à cet effet.

En présence de cette diversité des témoignages, il serait difficile de déterminer avec précision ce qui s'est passé dans la conférence.

Mais, si l'on observe qu'aucune disposition ne fut prescrite relativement aux drapeaux par les commandants des corps, qui tous attendirent les instructions écrites du lendemain 27 pour faire verser les aigles, on reste convaincu que les paroles du commandant en chef n'avaient nullement le caractère d'un ordre. Si elles avaient eu ce caractère, elles auraient été prononcées à haute voix, avant que personne ne fût sorti, de manière à être entendues distinctement de tous les commandants de corps qui certainement se fussent empressés d'obéir.

Or c'est le contraire qui arriva, et vous remarquerez, messieurs, que ceux mêmes qui entendirent les paroles du maréchal, MM. le maréchal Canrobert et le général de Ladmirault, ne les considérèrent que comme un simple avertissement et nullement comme un ordre à exécuter.

Deuxième complément de l'audience du 6 décembre

PRÉSIDENCE DE M. LE DUC D'AUMALE

Suite du réquisitoire

M. le général Pourcet, commissaire spécial du gouvernement, après avoir fait remarquer que plusieurs membres présents à la conférence du 26 octobre ont plutôt considéré les paroles du maréchal en ce qui concerne l'incinération des drapeaux comme un simple avertissement que comme un ordre, continue ainsi :

D'autre part, le fait que M. le général Desvaux, comme les autres commandants de corps, a attendu de nouveaux ordres donnés le 27 seulement pour prescrire la réunion des drapeaux, établit péremptoirement que sa mémoire le trompe quand, seul des membres du conseil, il déclare avoir reçu, dans la matinée du 26, l'ordre dont il parle.

Ce qui achève de démontrer que le maréchal n'a pas donné d'ordres pendant la conférence, c'est que le procès-verbal de la séance, tel qu'il a été publié dans son ouvrage l'*Armée du Rhin*, n'en fait aucune mention.

En revanche, sur l'original du mémoire produit devant le conseil d'enquête, on lit ces mots ajoutés après coup, en interligne et d'une autre écriture : « Ordre lui est donné (au général Soleille) de réunir et de brûler à l'arsenal les aigles des régiments. »

Mais cette inscription, qui n'a aucun des caractères de l'authenticité, montre seulement l'intérêt que le maréchal attache à établir l'exactitude de cette déclaration. Vous apprécierez, messieurs, dans quel but ce document original a pu être ainsi surchargé.

Pendant le reste de la journée, le maréchal ne songea nullement à s'assurer si l'on s'était conformé partout au soi-disant ordre du matin. La mesure était pourtant assez importante et les circonstances assez urgentes pour qu'il fût nécessaire d'en presser l'exécution et de se faire rendre compte.

Le général Jarras partait, en effet, le soir, pour traiter de la capitulation, et il n'avait pas à revenir avant de l'avoir signée. On sait que cette signature ne fut retardée que par des circonstances imprévues, indépendantes de la volonté du maréchal. Si le général de Stiehle avait été en mesure de prononcer immédiatement sur la demande de conserver les épées aux officiers et sur celle relative aux honneurs de la guerre, si d'autre part le général Jarras n'avait pas négligé de se munir de pouvoirs réguliers, le protocole eût été signé le jour même, et on eût pu le lendemain détruire les drapeaux sans manquer aux engagements pris.

Le maréchal croyait-il du moins l'opération accomplie le 26 ? Non; nous allons trouver dans la série de faits qui vont se produire la preuve du contraire.

Le 27, avant midi, au sortir du rapport chez le commandant en chef, le général Soleille, rentrant à son quartier général, rédigea deux lettres.

La première, adressée aux généraux commandant l'artillerie des corps d'armée, était ainsi conçue :

« 27 octobre, n° 1002.

« Par ordre du maréchal commandant en chef, les drapeaux et étendards devront être remis dans la journée à l'arsenal. Les drapeaux seront enveloppés de leurs étuis et transportés dans un chariot de batterie fermé, conduit par un lieutenant et accompagné d'une escorte de quatre sous-officiers à cheval, s'il est possible. Vous voudrez bien vous entendre avec le commandant de votre corps d'armée pour que des ordres soient donnés aux différents régiments dans ce but.

« Je vous prie de vous rendre à mon quartier général aujourd'hui à deux heures de l'après-midi. »

Cette lettre fut expédiée immédiatement. Le maréchal savait donc, en faisant donner ces ordres, que les drapeaux n'avaient pas encore été brûlés, ni même livrés à l'artillerie. Vous remarquerez que, dans cette lettre écrite au nom du commandant en chef, il n'était plus question de les détruire.

Que comptait-on en faire ? C'est ce que nous apprend la seconde lettre destinée au colonel de Girels, directeur de l'arsenal. La voici :

« 27 octobre 1870, n° 1003.

« Par ordre du maréchal commandant en chef, tous les corps de l'armée doivent envoyer à l'arsenal leurs drapeaux et étendards. Je vous prie de les recevoir et de les conserver; ils feront partie de l'inventaire du matériel de la place, qui sera établi par une commission d'officiers français et prussiens. »

Suivant les déclarations de MM. le colonel Vasse Saint-Ouen et du chef d'escadron Morlière, et comme l'indique aussi sa teneur, cette seconde lettre fut également préparée dans la matinée du 27. Les deux dépêches, complément l'une de l'autre, étaient d'ailleurs nécessaires pour l'exécution de l'ordre donné.

Toutefois, la dernière resta chez le général Soleille pendant toute la journée, et ne parvint au colonel de Girels que le lendemain matin, 28. Nous reviendrons sur les conséquences de ce retard.

Ainsi, le 27 au matin, il ne s'agissait plus dans ces ordres écrits, les premiers qui aient été formulés, de détruire les drapeaux, mais de les conserver pour en faire la remise à l'ennemi.

Cependant, à la réunion des généraux d'artillerie qui eut lieu chez lui à deux heures de l'après-midi, le général Soleille ne leur fit pas connaître cette destination, et il leur annonça, au contraire, que les drapeaux une fois réunis à l'arsenal y seraient brûlés.

Ce fait, que les dépositions des généraux de Rochebouët et de Berchheim rendent malheureusement incontestable, démontre que le général Soleille aurait voulu cacher à ses lieutenants les intentions véritables du commandement.

Nous regrettons que le général n'ait pu fournir aucune explication sur son étrange manière d'agir en cette circonstance.

A la vérité, chez quelques-uns des témoins de cette scène, la mémoire un instant a paru fléchir : contrairement à leurs dépositions écrites, plusieurs ont pu croire et dire à l'audience qu'à cette conférence du 27 ils n'avaient pas eu à solliciter d'explications sur le sort réservé aux drapeaux, parce qu'ils n'auraient pas encore reçu, à ce moment, du général Soleille les instructions écrites dans la matinée de ce jour et qui les saisissaient de la question; ils oubliaient évidemment, en parlant ainsi, que la dépêche qui les avait convoqués pour cette réunion était celle-là même qu'ils s'imaginaient n'avoir pas reçue ! Mais les faits, tels que nous venons de vous les exposer, restent désormais acquis aux débats.

L'ordre transmis par le général Soleille ne fut pas accueilli partout de la même manière. Tandis que le maréchal Le Bœuf et le général Frossard, qui n'avaient pas entendu parler des drapeaux dans le conseil de la veille, refusaient de livrer les aigles de leur corps d'armée sans un ordre direct du commandant en chef, le général Desvaux s'empressait d'inviter ses divisionnaires à faire porter les aigles chez le général commandant l'artillerie de la garde, chargé de les envoyer à l'arsenal.

Cet avis jeta l'émotion dans les corps.

Le colonel Péan, du 1er grenadiers, considérant que l'ordre ne prévenait pas que les drapeaux dussent être détruits, se fit apporter le sien, le déchira lui-même, fit scier la hampe et l'aigle, et en distribua les morceaux aux officiers et soldats de son régiment.

Le général Jeanningros, à qui le colonel vint rendre compte, approuva sa conduite, et ordonna au colonel des zouaves d'en faire de même immédiatement.

Informé à son tour, le général Picard, commandant la division, crut devoir aviser le maréchal commandant en chef de l'inquiétude survenue parmi les troupes. Il demandait, en outre, dans quel but il faisait réunir les drapeaux à l'arsenal.

L'exemple de la brigade Jeanningros pouvait devenir dangereux.

S'ils venaient à soupçonner que leurs aigles ne leur étaient enlevées que pour être remises à l'ennemi, il était évident que les régiments allaient les détruire plutôt que d'obtempérer à un ordre qui eût si vivement blessé leur honneur militaire. Il importait donc de les rassurer. Aussi le maréchal Bazaine se hâte-t-il d'écrire au général Picard que les drapeaux seraient brûlés, et il envoie en même temps un de ses officiers d'ordonnance aux bureaux de l'état-major général, pour faire ajouter sur une lettre-circulaire adressée aux commandants de corps et traitant d'une autre question de service un *post-scriptum* ainsi conçu : « C'est par erreur qu'en donnant l'ordre de porter les drapeaux à l'arsenal, on a omis de dire que c'était pour y être brûlés. »

C'était pour la première fois qu'il s'agissait des drapeaux à l'état-major général, car le seul ordre écrit donné jusque-là à leur sujet émanait du général Soleille.

Le général Jarras ne se trouvant pas au bureau, M. le colonel Nugues, qui le remplaçait momentanément, se rendit chez le commandant en chef et lui fit observer que, lorsqu'il s'agissait d'une prescription aussi grave, il paraissait plus prudent et plus convenable d'en faire l'objet d'une lettre spéciale, au lieu de la mentionner sous forme d'un simple *post-scriptum*.

Sur cette sage observation, le maréchal dicta au colonel les termes d'une lettre adressée aux commandants des corps d'armée, et portant que les aigles des régiments seraient recueillies le lendemain matin, 28, de bonne heure, par les soins de l'artillerie et portées à l'arsenal : « Vous préviendrez les chefs de corps, ajoutait le maréchal, qu'elles y seront brûlées. »

Le colonel demanda s'il ne fallait pas écrire au général Coffinières, sous les ordres duquel était l'arsenal, ainsi qu'au général Soleille, commandant en chef de l'artillerie.

Le maréchal lui prescrivit alors d'écrire au général Coffinières pour l'inviter à faire recevoir, le lendemain matin, les aigles à l'arsenal, mais « sans lui parler d'autre chose. » Effectivement, cette lettre, signée, comme la précédente, par le commandant en chef, ne mentionne pas que les aigles seront brûlées.

Quant à la lettre pour le général Soleille, le maréchal dit au colonel Nugues : « Non, ne lui écrivez pas, il pourrait faire des difficultés ; je me réserve d'écrire moi-même au commandant de l'arsenal quand le moment sera venu. »

Vous le remarquerez, messieurs, ces nouveaux ordres semblent modifier entièrement les dispositions prescrites le matin ; ce n'est plus dans la journée du 27, mais le 28 seulement que les drapeaux doivent être portés à l'arsenal. Et l'on annonce à l'armée qu'ils y seront brûlés.

Si le maréchal, revenant sur son intention du matin, voulait sincèrement la destruction de ces insignes, comment ajournait-il au lendemain l'exécution de cette mesure ? Vous avez entendu les motifs qu'il allègue pour expliquer ce retard. Ils n'ont aucune valeur. Il n'y avait pas un moment à perdre. En effet, le général Jarras allait repartir pour arrêter définitivement le protocole et le signer. Le commandant en chef connaissait les termes de ce protocole, où l'obligation de remettre les drapeaux était spécifiée en toutes lettres. Il avait bien chargé son chef d'état-major d'avertir le général de Stiehle qu'un certain nombre de ces insignes avaient été brûlés, mais il ne lui avait nullement prescrit de rejeter cette condition humiliante.

Le commandant en chef devait d'ailleurs être assuré que, cette fois, il n'y aurait plus ni difficultés ni retards. Les deux demandes formulées la veille avaient été accordées par l'ennemi, et c'était le maréchal qui, seul, refusait à son armée les honneurs de la guerre qui lui étaient concédés par l'ennemi. Il savait donc, à n'en pas douter, que la convention serait conclue dans la soirée, et qu'il ne serait certainement plus possible, le lendemain, de brûler les aigles sans violer la foi jurée.

Du reste, pour faire détruire les drapeaux par l'artillerie, il ne suffisait pas d'avertir les commandants de corps ; ce qu'il fallait surtout, c'était donner des ordres au service de l'artillerie, auquel incombait le soin matériel de l'opération.

Or le maréchal n'a pas voulu que le colonel Nugues écrivît à ce sujet au général Soleille, se réservant, disait-il, de le faire lui-même.

En fait, il n'a jamais écrit. Ni le général Soleille, ni le directeur de l'arsenal n'ont reçu l'ordre de détruire les drapeaux ; le maréchal Bazaine l'avoue lui-même, et vous en conclurez comme nous qu'au moment où il annonçait aux commandants de corps son intention de faire brûler les aigles, le commandant en chef n'entendait nullement la mettre à exécution.

La même arrière-pensée ne se faisait-elle pas jour lorsque, quelques instants auparavant, donnant ses instructions au général Jarras, il lui disait, pour expliquer l'étrange déclaration qu'il le chargeait de porter à Frescati : « Je sais que des drapeaux ont été brûlés, et je ne veux pas que le prince Frédéric-Charles puisse supposer que j'ai manqué à mon engagement. »

Si le maréchal n'avait pas été résolu déjà à livrer ses aigles, il pouvait encore les faire brûler sans manquer aucunement à sa parole, puisque rien n'était signé ! Rien ne le liait encore, que nous sachions.

Dès lors, de quel engagement voulait-il parler ici ? et pourquoi croyait-il devoir s'excuser en quelque sorte de ne pas livrer tous les drapeaux ? Donner avis au prince qu'un certain nombre de drapeaux avaient été brûlés, c'était promettre de livrer les autres, et non songer à les détruire !

Le lendemain matin, 28 octobre, le commandant en chef réunit ses lieutenants pour leur faire connaître les conditions de la capitulation. A la lecture de l'article relatif à la remise des drapeaux, l'un des commandants de corps s'écria : « Mais, cette clause ne saurait être exécutée, les drapeaux sont détruits ! »

Le maréchal fit alors entendre qu'il avait été obligé de suspendre leur incinération par suite d'un retard mis dans l'exécution de ses or-. dres. Dans cette circonstance, comme toujours, il cherche à décliner la responsabilité en la rejetant sur ses lieutenants. Mais le motif invoqué n'était pas sérieux. Nous savons qu'il n'avait jamais donné l'ordre de brûler les drapeaux. Il n'avait donc pas eu à suspendre leur incinération ! Bien plus, c'est lui qui avait retardé jusqu'au 28 leur livraison à l'arsenal. Il était donc faux de prétendre que les commandants de corps eussent mis du retard à obéir.

Du reste, la gravité des événements avait porté certains régiments à agir sans ordres à cet égard.

On sait déjà ce qui s'était passé au 1er grenadiers et aux zouaves de la garde.

Quand le général Jeanningros reçut le deuxième avis, annonçant que les drapeaux, versés à l'arsenal, y seraient brûlés, il y répondit par la note suivante :

« Les drapeaux de mes deux régiments ont été déchirés par mon ordre, les hampes et aigles sciées, et les morceaux distribués aux deux régiments. Les drapeaux de ma brigade n'iront pas à Berlin. » Ce fier langage, dont la forme insolite n'explique que trop les douloureux sentiments de l'armée, allait être bientôt justifié ; il nous prouve, du reste, combien était ébranlée par la confiance des officiers dans la loyauté de leur commandant en chef.

Malgré les ordres donnés, plusieurs généraux refusèrent aussi d'abandonner le soin de détruire les aigles à d'autres que ceux à qui elles avaient été confiées.

Le général Lapasset réunit ses colonels et leur prescrivit de brûler les drapeaux en présence des officiers, ce qui fut exécuté. Il le fit connaître à son commandant de corps dans des termes que nous nous plaisons à citer ici : « La brigade mixte ne rend ses drapeaux à personne, et ne se repose sur personne de la triste mission de les brûler. Elle l'a accomplie elle-même ce matin. J'ai entre les mains les procès-verbaux de cette lugubre opération. »

Le général de Laveaucoupet ordonna aux porte-drapeaux des régiments de sa division de lui rapporter leurs aigles, si elles n'étaient pas détruites en leur présence. Elles furent effectivement rapportées et brûlées dans chaque régiment.

Enfin, le drapeau du 17e d'artillerie fut également détruit par le chef de corps.

Nous devons revenir maintenant à la lettre écrite le 27 au matin par le général Soleille au colonel de Girels, portant ordre de conserver et d'inventorier ces insignes. On sait que, par un retard prémédité qui s'explique aujourd'hui, cette lettre ne parvint au directeur que dans la matinée du 28.

Grâce à ce retard, le colonel put faire brûler un certain nombre de drapeaux de la cavalerie et de l'artillerie, précédemment déposés à l'arsenal ; y furent détruits la plupart aussi de ceux de la garde, que le colonel Melchior avait apportés la veille ou le matin, sur l'ordre de son général.

Peu de temps après cette opération, arriva l'ordre de conserver les drapeaux. Le colonel directeur venait de le recevoir, quand un officier d'infanterie, exhibant l'ordre de la veille en vertu duquel les aigles devaient être brûlées, demanda à être présent à l'incinération de celle de son régiment.

Ici éclatait la contradiction entre l'ordre donné aux commandants de corps et celui donné au directeur de l'arsenal. Le rapprochement de ces deux ordres, intentionnellement contradictoires, ne laissait plus de doute sur la manœuvre coupable du commandant en chef. L'honorable colonel de Girels vous a dit l'émotion de ces braves officiers, qui comprenaient que l'armée avait été trompée, et que ses drapeaux devaient être livrés à l'ennemi.

Pressé par le colonel de lui tracer la marche à suivre à travers ces ordres opposés, le général Soleille, arrivé à l'arsenal vers onze heures du matin, expliqua ainsi l'incident au directeur : le maréchal avait essayé de sauver les drapeaux en faisant annoncer au plénipotentiaire prussien qu'ils avaient été détruits lors du changement de gouvernement. Mais l'ennemi ne l'avait pas cru, et le maréchal avait été obligé de donner un ordre contraire au premier, « les Prussiens tenant beaucoup à cette clause de la capitulation, dont ils faisaient une condition expresse. »

Cette explication péchait par un point important. Elle présentait l'ordre de brûler les drapeaux comme donné antérieurement à celui de les conserver. Or c'était le contraire qui avait eu lieu ; car c'est le 27 au matin que le général Soleille avait rédigé l'ordre au colonel Girels, et c'est dans la soirée seulement que le colonel Nugues avait écrit aux commandants de corps pour les informer que les drapeaux seraient brûlés.

Mais on comprend maintenant pourquoi le maréchal n'a pas donné d'ordres, le 27 au soir, au service de l'artillerie en même temps qu'aux commandants de corps.

« Je me réserve d'écrire moi-même à l'arsenal quand le moment sera venu, » avait-il dit au colonel Nugues. Ce moment ne vint pas : le général de Stiehle ayant refusé d'ajouter foi à la fable inventée par le maréchal, celui-ci dut renoncer au projet de faire détruire une partie des drapeaux au moyen de ce subterfuge, si tant est qu'il en ait jamais eu l'intention.

On voit maintenant ce qu'il faut penser des prétendus ordres donnés à cet égard au conseil du 26. Oui, ce jour-là, le maréchal, mis en demeure inopinément par l'interpellation de M. Desvaux, a pu annoncer verbalement à ses lieutenants que les drapeaux seraient brûlés ainsi qu'il le leur a écrit le lendemain ; mais comment aurait-il donné alors l'ordre d'exécution, puisque, à ses yeux, le 27 au soir, ce n'était pas encore le moment de le faire ? Loin de donner le change à l'ennemi, la déclaration du général Jarras n'avait fait qu'exciter sa défiance.

Au commencement de l'après-midi du 28, une lettre du général de Stiehle fut remise au général Jarras, qui la porta immédiatement au maréchal. Dans cette lettre, le général prussien déclarait, au nom du prince Frédéric-Charles, qu'il n'avait jamais entendu parler des

règlements invoqués la veille pour la destruction des aigles. Il invitait
à suspendre immédiatement toute incinération, et à lui faire connaître le nombre des drapeaux restants. Il terminait en déclarant que
si ce nombre ne lui paraissait pas suffisant, aucune des stipulations de
la convention ne serait exécutée.

Le maréchal se montra vivement ému à la lecture de cette dépêche
qui témoignait du peu de cas que l'ennemi faisait de sa parole.

Il envoya aussitôt chercher le général Soleille, afin d'être rassuré sur
le succès des mesures prises pour la conservation des aigles. Le général, qui revenait de l'arsenal, le rassura en lui annonçant qu'il en restait quarante et une.

Pour plus de sûreté, le maréchal lui remit un ordre dans lequel,
renouvelant en termes formels les prescriptions antérieures, il inter-
disait de restituer aux corps, sous aucun prétexte, les drapeaux déjà
déposés, et rendait le colonel de Girels personnellement responsable
de l'exécution des dispositions prescrites.

Le général Soleille retourna à l'arsenal pour y porter lui-même cet
ordre et y recueillir le compte définitif des drapeaux : il s'en trouva
cinquante-trois.

De son côté, le maréchal ordonna d'arracher du registre de correspondance de l'état-major général le feuillet où était transcrite la lettre
du 27, informant les commandants de corps que les aigles seraient
brûlées. « Je ne veux pas, dit-il, que cette lettre soit lue par le prince
Frédéric-Charles, si les archives venaient à tomber entre ses mains. »
Ces précautions prises, il fit écrire au général de Stiehle pour lui annoncer qu'aucun drapeau n'avait plus été détruit depuis la signature
de la convention, et qu'il en restait quarante et un à la disposition de
la commission prussienne, à laquelle, néanmoins, il fit remettre cinquante-trois drapeaux le lendemain.

Dans sa lettre au général de Stiehle, le maréchal protestait de nouveau de la véracité de sa déclaration relative à la destruction des drapeaux lors du changement de gouvernement. Mieux eût valu se taire
que de renouveler inutilement une déclaration inexacte à laquelle on ne
croyait pas.

Par une lettre qu'il lui adressa le 29, le prince exprima sa satisfaction pour l'exactitude à tenir ses engagements.

Tel est, messieurs, l'exposé des faits relatifs à ce triste épisode. Cet
exposé a exigé de nombreux détails; mais il était nécessaire de vous
amener à partager cette conviction inébranlable, à laquelle nous a conduit un examen scrupuleux : c'est que le maréchal Bazaine n'a jamais
voulu faire détruire les drapeaux et qu'il n'eut d'autre but, au contraire,
que de les conserver pour l'ennemi ! — Il n'a jamais voulu les faire détruire, disons-nous. En effet, au conseil du 26, interrogé à ce sujet, il
annonce bien son intention de les brûler, mais il ne prescrit aucune
disposition. Et cependant, il lui suffisait d'un mot pour faire anéantir
ces insignes. Sur un ordre, sur une simple autorisation du général en
chef, chaque régiment se fût empressé de faire disparaître son aigle
comme l'avaient fait le 1er grenadiers et les zouaves de la garde, sans
qu'il fût besoin de confier ce soin à l'artillerie! Néanmoins, le maréchal laisse s'écouler la journée sans rien prescrire, sachant bien cependant que la capitulation doit être signée le jour même.

Pour remédier à cette inexcusable inaction, une occasion inespérée
se présente. Par suite de circonstances fortuites, la signature de la capitulation est reculée de vingt-quatre heures. Loin de profiter de ce

répit, il informe, dès le 27 au matin, le général Soleille que les drapeaux devront être conservés pour faire partie du matériel de la place, qui sera inventorié par une commission d'officiers français et prussiens.

Non-seulement le maréchal ne veut pas leur destruction, mais encore il prend toutes les mesures pour empêcher qu'on n'y procède à son insu.

Ainsi, afin de rassurer son armée sur le sort des aigles, il annonce verbalement que les drapeaux seraient brûlés à l'arsenal. Le 27, il fait réitérer cette assurance par le général Soleille aux généraux d'artillerie; enfin il l'écrit lui-même aux commandants de corps.

Ces précautions pourraient devenir insuffisantes si en versant leurs drapeaux les troupes venaient à apprendre que le directeur de l'arsenal a l'ordre non de les brûler mais de les conserver. Nul doute, en effet, qu'elles ne détruisissent elles-mêmes ces emblèmes, plutôt que de consentir à les livrer.

Mais le commandant en chef de l'artillerie va parer à ce péril : à peine la dépêche destinée au colonel de Girels est-elle expédiée, dans la matinée du 27, que le général fait rappeler le planton qui l'emporte, et la dépêche, arrêtée jusqu'au lendemain, n'arrive à l'arsenal que le 28, entre huit heures et huit heures et demie du matin.

A cet instant, la contradiction entre les deux ordres peut éclater sans inconvénient.

Il est désormais trop tard pour brûler les aigles : la capitulation est signée. Vous connaissez à présent dans toute son étendue la manœuvre coupable du maréchal Bazaine. Elle fut malheureusement facilitée par la faiblesse du commandant en chef de l'artillerie. Vous savez, messieurs, que le général Soleille tut les instructions qu'il avait reçues pour conserver les aigles, qu'il retint par devers lui pendant vingt-quatre heures la lettre au colonel de Girels, enfin qu'il ne craignit pas d'annoncer aux commandants de l'artillerie des corps que les drapeaux devaient être brûlés, et cela quand il venait d'écrire à l'arsenal pour les faire conserver.

Les antécédents si honorables du général nous interdisent de penser qu'en agissant ainsi il ait compris la portée de sa fatale condescendance. Aussi, bien vif est notre regret d'avoir eu à constater des faits qui porteraient à croire que, subjugué par un ascendant auquel il ne sut pas résister, il eut la faiblesse de se prêter à ces déplorables agissements dont sa funeste complaisance pouvait seule assurer le succès.

En conservant les drapeaux à l'ennemi, le maréchal espérait-il obtenir du moins des conditions meilleures pour son armée?

Nous ne trouvons nulle part trace de pourparlers dans ce sens, et il suffit de lire le protocole pour s'assurer que s'il nourrissait cet espoir, il fut singulièrement déçu.

Mais, eût-il obtenu en retour quelques avantages, il n'en aurait pas moins manqué gravement à son devoir et à l'honneur militaire, car une telle humiliation infligée à ses soldats ne pouvait se racheter par aucune compensation matérielle.

La conduite du maréchal a-t-elle été au contraire dictée par les conditions d'un pacte demeuré secret?

L'instruction n'a pu recueillir aucun renseignement précis à cet égard, et, fidèle à la loi que nous nous sommes imposé, de ne rien avancer qui ne soit établi par des preuves irréfutables, nous ne nous arrêterons pas à cette hypothèse.

L'audience continue.

M. le commissaire du gouvernement continue la lecture de son réquisitoire en ces termes :

Ce qui, à nos yeux, rend le maréchal Bazaine plus coupable encore que le fait même de la livraison des drapeaux, ce sont les procédés indignes auxquels il a eu recours pour arriver à consommer cet acte!

Ainsi, au lieu de faire anéantir loyalement, ouvertement, tous ces insignes, alors qu'il n'avait qu'un mot à dire, un ordre à donner, il préfère avertir le prince Frédéric-Charles qu'un certain nombre d'entre eux ont été brûlés lors du changement de gouvernement, stratagème ridicule qui est dédaigneusement repoussé.

On éprouve un sentiment pénible en voyant un maréchal de France descendre à de semblables moyens, mais ce sentiment devient de l'indignation lorsqu'on découvre que le maréchal a également usé de subterfuges vis-à-vis de ses propres troupes, et que c'est par un véritable abus de confiance qu'il a soustrait à ses soldats les glorieux emblèmes qu'ils devaient défendre au péril de leur vie !

Il a dit, pour s'excuser, que des drapeaux trouvés dans un magasin n'avaient plus la même valeur que s'ils eussent été enlevés sur le champ de bataille. Cela est vrai; mais une fois qu'ils étaient entre ses mains l'ennemi distinguait-il ceux pris dans les combats de ceux dont il ne devait la conquête qu'à sa diplomatie!

S'il en eût jugé ainsi, il n'aurait pas eu à faire montre de son butin.

L'armée du Rhin, dans toutes les batailles livrées par elle, ne laissa aux mains des Prussiens ni une aigle ni un canon. En revanche, elle leur enleva un drapeau et deux pièces d'artillerie ; voilà les véritables et les seuls trophées de la campagne !

Il nous reste à examiner les clauses de la capitulation.

L'article 1er du protocole stipulait que l'armée française était prisonnière de guerre. Elle comptait encore en ce moment 139 000 hommes, dont 12? 000 combattants disponibles, plus 230 0 hommes pour la garnison de Metz. L'histoire n'a jamais enregistré un pareil désastre.

Aux termes de l'art. 2, la place de Metz avec ses forts, son matériel, ses approvisionnements, et en général tout ce qui était propriété de l'État, devait être rendu aux Prussiens dans l'état où le tout se trouvait au moment de la signature.

En capitulant, le maréchal avait traité pour Metz comme pour son armée. Il ne pouvait, du reste, en être autrement depuis qu'il avait résolu de ne pas s'éloigner du camp retranché. Il avait ainsi affamé prématurément la ville, qui, livrée à elle-même, eût pu, comme l'instruction l'a établi, prolonger sa résistance jusqu'à l'époque de l'armistice, si les ressources eussent été convenablement ménagées. Ainsi, la présence de l'armée sous les murs de Metz n'avait servi qu'à contraindre la place à ouvrir ses portes trois mois plus tôt.

D'après l'article 3, « les armes et tout le matériel de l'armée, consistant en drapeaux, aigles, canons, mitrailleuses, chevaux, caisses de guerre, équipages de l'armée, munitions, etc., devaient être laissés à Metz, à des commissions militaires instituées par le maréchal Bazaine, pour être remis immédiatement à des commissaires prussiens. »

Cette remise du matériel était le complément naturel de l'article 1er, et il ne s'agissait là que de l'opération de pure forme qui se pratique dans tous les cas semblables. Mais le maréchal ne l'entendait pas ainsi.

On trouve, en effet, ces mots dans l'ordre qu'il écrivit, le 28 octobre, au colonel de Girels, pour le rendre personnellement responsable de la conservation des drapeaux :

« D'après la convention militaire signée hier soir, 27 octobre, tout le matériel de guerre, étendards, etc., doit être déposé, inventorié et conservé intact jusqu'à la paix ; les conditions définitives de la paix doivent seules en décider.... »

Sur quoi se fondait le maréchal pour émettre officiellement une semblable assertion et agir en conséquence ?

Il est vrai que, dans certaines capitulations, dans celle de Verdun, notamment, il a été admis que le matériel suivrait le sort de la place elle-même lors de la conclusion de la paix. Mais cette condition était inscrite dans le texte de la convention. D'autre part, était-il admissible que les Prussiens voulussent s'obliger à restituer non-seulement ce qui appartenait à la place, mais encore l'immense matériel de l'armée et jusqu'à ses drapeaux ? Comment l'armée française, réduite aux abois, aurait-elle obtenu d'un ennemi rigoureux une faveur exorbitante et complètement inusitée ? Le maréchal, qui connaissait les termes du protocole, savait très-bien que rien de semblable ne s'y trouvait stipulé. Vous avez pu remarquer, au surplus, que, même dans les pourparlers qui précédèrent la capitulation, il ne fut jamais question de réserve d'aucune sorte relative au matériel de la place ou de l'armée.

Le maréchal, en annonçant que, d'après la convention, il serait statué à la paix sur le sort du matériel, émettait donc une assertion absolument controuvée.

Il revint sur ce sujet dans son ordre général du 28 octobre, où il recommandait aux troupes de s'abstenir de toute destruction d'armes et de matériel, « puisque, dit-il, d'après les usages militaires, place et armement devront faire retour à la France lorsque la paix sera signée. » Cette fois, en s'adressant à ses soldats, il ne parlait plus de la convention, car ils en avaient le texte sous les yeux ; aussi se contentait-il d'invoquer les usages militaires ; mais cette seconde assertion, est-il besoin de le dire, n'était pas plus exacte que la première.

Les déclarations du maréchal portèrent leurs fruits. Chacun crut de son devoir de veiller à ce que tout le matériel fût remis dans le meilleur état. Dans beaucoup de régiments, on alla jusqu'à faire nettoyer les armes, et le général de Berckheim, commandant l'artillerie du 6e corps, qui, avant la capitulation, avait fait mettre ses mitrailleuses hors de service, reçut une réprimande.

Les commissions chargées de la remise du matériel, qui n'eurent pour se guider dans leurs opérations que l'ordre précité du maréchal au colonel de Girels, crurent naturellement que ce matériel ferait retour à la France.

Dans cette pensée, tandis que l'art. 3 du protocole spécifiait que la remise aurait lieu immédiatement, elles s'attachèrent, contrairement à l'usage, à dresser inventaire de toute chose avec la plus scrupuleuse exactitude. Elles ne terminèrent que le 31 décembre ce travail ingrat et stérile, rendu plus pénible encore par leur situation anomale.

Elles reconnurent ainsi l'existence de 1665 bouches à feu dont 1135 rayées, de plus de 3 millions de projectiles, de 23 millions de cartouches, de 12 000 fusils chassepot, 150 000 fusils d'anciens modèles, de 9000 affûts et voitures, sans compter la poudre, les approvisionnements et un grand nombre d'accessoires, le tout représentant une somme de plus de 36 millions de francs.

Ainsi, les déclarations du maréchal, les dispositions qu'il prescrivait, tout concourait à assurer la conservation intégrale et en bon état du matériel.

Sans rechercher les motifs de cette étrange sollicitude pour les intérêts prussiens, nous devons demander compte au maréchal des humiliations ainsi imposées durant deux longs mois à des officiers français, dont le travail ne pouvait profiter qu'à l'ennemi.

Aux termes de l'art. 4, les généraux et officiers qui engageraient « leur parole d'honneur par écrit de ne pas porter les armes contre l'Allemagne, et de n'agir d'aucune autre manière contre ses intérêts jusqu'à la fin de la guerre, n'étaient pas faits prisonniers. »

Ce fut un tort grave de laisser insérer cette clause dans le protocole. Elle était directement contraire aux prescriptions du règlement, qui interdit de séparer le sort des officiers de celui de la troupe.

Si la loi donne à l'officier les prérogatives du commandement, elle lui fait aussi un devoir de partager les misères comme les fatigues et les périls du soldat !

La capitulation de Metz ne fut pas la seule, pendant la guerre contre l'Allemagne, où figura cette condition regrettable. A Sedan, comme dans plusieurs autres places, elle fut également consentie. Le conseil d'enquête a infligé à bon droit un blâme sévère à tous les gouverneurs qui avaient admis cette clause. Il est fâcheux que le maréchal Bazaine, qui, investi du grade suprême, devait plus particulièrement donner l'exemple, ne se soit pas montré lui-même plus scrupuleux observateur de ces principes qui intéressent si fort la dignité comme la discipline de l'armée !

La fin de l'article stipulait que, pour reconnaître le courage des troupes, il était permis aux officiers de conserver leur épée, ainsi que ce qui leur appartenait personnellement.

Si ce fut là une faveur accordée, on doit convenir qu'elle fut rarement refusée à des troupes qui avaient si courageusement fait leur devoir.

D'après l'art. 5, les médecins militaires et le personnel des hôpitaux, laissés à Metz pour soigner les blessés, devaient être traités suivant les conditions de la convention de Genève.

En revanche, rien n'était stipulé pour les blessés eux-mêmes, sauf que ceux laissés dans la place recevraient les soins que comportait leur état.

On n'aurait pas dû oublier que le règlement prescrit de s'attacher à obtenir pour les blessés des conditions de faveur. Pourquoi ne pas déclarer au moins qu'ils étaient placés aussi sous la convention de Genève? Il était plus nécessaire encore de le spécifier explicitement pour eux que pour le personnel médical et administratif. Quelques jours plus tard, en effet, il ne fallut rien moins que les réclamations énergiques de l'intendant et du général Henry pour leur faire accorder le bénéfice de la convention.

L'art. 6 renvoyait à un appendice spécial, dans lequel étaient consignées les garanties d'usage concernant la population civile. Sans entrer dans le détail des clauses consenties, nous noterons que cet appendice était loin de renfermer « d'immenses avantages, » comme le maréchal l'a écrit dans son ouvrage.

Telles étaient les principales clauses de la capitulation, signée, le 27 octobre, à Frescati, et qui ne fut connue dans les rangs de l'armée que dans la soirée du 28.

En communiquant le protocole à ses troupes, le maréchal le fit accompagner de l'ordre général suivant :

« A l'armée du Rhin,

« Vaincus par la famine, nous sommes contraints de subir les lois de la guerre en nous constituant prisonniers. A diverses époques de notre histoire militaire, de braves troupes commandées par Masséna, Kléber, Gouvion-Saint-Cyr, ont éprouvé le même sort, qui n'entache en rien l'honneur militaire, quand, comme vous, on a aussi glorieusement accompli son devoir jusqu'à l'extrême limite humaine.

« Tout ce qu'il était loyalement possible de faire pour éviter cette fin a été tenté et n'a pu aboutir.

« Quant à renouveler un suprême effort pour briser les lignes fortifiées de l'ennemi, malgré votre vaillance et le sacrifice de milliers d'existences qui peuvent encore être utiles à la patrie, il eût été infructueux par suite de l'armement et des forces écrasantes qui gardent et appuient ces lignes ; un désastre en eût été la conséquence.

« Soyons dignes dans l'adversité, respectons les conventions honorables qui ont été stipulées, si nous voulons être respectés comme nous le méritons ; évitons surtout, pour la réputation de cette armée, les actes d'indiscipline, comme la destruction d'armes et de matériel, puisque, d'après les usages militaires, place et armement devront faire retour à la France lorsque la paix sera signée.

« En quittant le commandement, je tiens à exprimer aux généraux, officiers et soldats toute ma reconnaissance pour leur loyal concours, leur brillante valeur dans les combats, leur résignation dans les privations ; et c'est le cœur brisé que je me sépare de vous. »

Certes, le commandant en chef de l'armée du Rhin pouvait avec justice remercier officiers et soldats de leur loyal concours, les féliciter de leur valeur dans les combats, de leur résignation dans les privations. Il pouvait aussi les comparer aux troupes des Masséna, des Kléber, des Gouvion-Saint-Cyr, car, dans toutes les épreuves, elles s'étaient montrées dignes de leurs devancières.

Mais où la comparaison cessait d'être juste, c'était lorsqu'il prétendait avoir tout fait pour éviter la catastrophe, et avoir ainsi atteint la limite du possible, comme ces héros dont il parlait.

Au moment où, par son inaction calculée, par sa conduite tortueuse, par ses agissements déloyaux, il venait d'attirer sur son armée et sur la France un désastre sans exemple, il y avait de l'impudeur à oser évoquer le souvenir de ces noms glorieux.

Le maréchal Bazaine avait raison quand il disait que la capitulation n'entachait en rien l'honneur de ses soldats, qui, dans toutes les circonstances, avaient noblement fait leur devoir. Mais si l'honneur de chacun d'eux individuellement était sauf, l'honneur de cette grande famille qu'on appelle l'armée reçut une grave atteinte. Disciplinée et obéissante, l'armée n'est et ne doit être qu'un instrument dans la main de son chef, qui, seul, en dispose à son gré, mais qui, seul aussi, assume la responsabilité des actes qu'il ordonne. C'est le maréchal Bazaine qui a préparé et consommé la capitulation de Metz, c'est à lui seul d'en répondre devant vous comme devant l'histoire.

Nous n'avons pas même la consolation de penser que sa conduite épargnait, comme il le dit, de nombreuses existences qui pouvaient être encore utiles à la patrie.

L'immobilité presque absolue où il avait maintenu ses troupes depuis le 1er septembre, leur fut plus fatale, en effet, que le feu de l'ennemi. On sait que 11 000 hommes de l'armée du Rhin succombèrent misérablement loin de leurs foyers, pendant leur captivité en Allemagne, enlevés par les maladies, dont ils avaient contracté le germe dans les boues du camp retranché. C'étaient plus de morts que n'en avaient coûté ensemble à cette armée les batailles livrées par elle, les plus meurtrières de toute la campagne.

Preuve frappante qu'à la guerre, les résolutions énergiques, tout en amenant les plus grands résultats, sont aussi celles qui épargnent le plus de sang!

Oh! si nous rappelons cette opinion, qui fut celle de tous les plus grands capitaines, c'est parce que nous avons la conviction profonde, et nous tenons à l'exprimer ici, que si, au début du blocus, le maréchal s'était résolu à un sacrifice exigé par l'intérêt suprême du pays, la tournure des événements militaires en eût été sans nul doute singulièrement modifiée!

Après avoir, par cette proclamation, pris congé de ses soldats, M. le maréchal ne songea plus qu'à son départ, sans se préoccuper de leurs derniers besoins.

Privés ainsi de direction, les services se désorganisèrent, et, faute d'ordres donnés, la troupe, qui n'avait touché que 250 grammes de pain les 27 et 28, ne reçut rien pour la journée du 29.

Or le procès-verbal d'inventaire fait foi que les magasins militaires contenaient encore plus d'un jour de pain, de riz ou légumes secs, de sel, de sucre, de café, 100 000 rations de lard, plus encore de vin ou d'eau-de-vie. Toutes ces denrées furent livrées aux Prussiens, tandis que nos soldats, victimes d'une déplorable négligence, mouraient de faim et de misère. Et cependant, outre ces denrées, l'autorité allemande, nous l'avons dit, avait fait réunir à proximité d'immenses quantité d'approvisionnements destinés à notre armée. Il eût donc suffi de le demander, pour que celle-ci reçût immédiatement les distributions nécessaires.

La capitulation fut mise à exécution le 29 octobre.

A l'occasion de l'article 2 du protocole, nous avons déjà indiqué comment le maintien de l'armée sous les forts avait avancé de trois mois la reddition de la place. Nous devons ajouter que si, une fois décidé à ne plus quitter Metz, le commandant en chef se fût appliqué à recueillir les ressources des environs; si, depuis le 1er septembre, il eût réduit les consommations au strict nécessaire, il eût reculé de deux mois la fatale échéance, sans avoir à imposer à ses soldats les privations qu'ils eurent à subir dans la dernière quinzaine du blocus.

C'est à la fin d'octobre que s'ouvraient à Versailles des négociations que fit échouer l'odieuse insurrection du 31 octobre, dont la capitulation de Metz fut le prétexte.

A cette même époque, l'armée de la Loire s'organisait rapidement. Il est inutile de rappeler que ses progrès devant Orléans ne furent arrêtés que par l'arrivée à marches forcées des troupes du prince Frédéric-Charles.

Ainsi la rupture des négociations politiques, la continuation indéfinie d'une guerre désastreuse, l'armée allemande devant Paris tranquillisée et renforcée, notre jeune armée rompue et refoulée, malgré une vigoureuse résistance, et par suite l'échec des combinaisons de la défense nationale et des efforts désespérés du pays : telles furent les conséquences directes et irréparables de la capitulation de Metz.

En présence de ces faits, on demeure convaincu que la conduite du maréchal Bazaine, qui avait déjà contribué à la catastrophe de Sedan, exerça une influence néfaste sur les événements ultérieurs, qui aboutirent à la défaite finale de la France !

Le 29 au matin, le commandant en chef, qui, dès la veille, avait demandé au prince Frédéric-Charles l'autorisation de partir, quitta le quartier général et s'achemina le premier vers les lignes allemandes.

Pressé de s'éloigner de ces lieux si tristement célèbres, il ne comprenait pas son devoir, comme le capitaine de navire qui, après le naufrage, tient à rester le dernier à son bord, afin de veiller jusqu'au bout sur le sort de ses hommes, et de montrer ainsi que, par une juste compensation, le commandement suprême impose la suprême obligation de se dévouer, de se sacrifier au besoin pour ses subordonnés.

Mais le prince ne se prêta pas à cet empressement; il ajourna jusqu'à cinq heures du soir la réception du maréchal, qui dut attendre aux avant-postes le bon plaisir de l'ennemi.

Obéissant à des sentiments plus élevés, les commandants des corps d'armée attendirent que leurs soldats eussent été rendus et toute difficulté aplanie, avant de songer à s'éloigner eux-mêmes.

Ainsi fit également une partie de l'état-major général. Ces officiers, bien que sans ordres, demeurèrent à leur poste, s'efforçant de se rendre utiles jusqu'au dernier moment.

Le 29 octobre, à midi, les différents corps de l'armée, après avoir déposé leurs armes dans les forts, s'acheminèrent en longues files par les routes assignées, et vinrent passer comme des troupeaux devant les régiments prussiens rangés en bataille.

Tel est le défilé que le maréchal avait préféré pour ses soldats.

Mais, bien qu'il n'eût désigné que quelques officiers pour conduire les troupes, la plupart tinrent à honneur d'accompagner leurs hommes jusqu'au dernier moment.

Ce fut un spectacle qui ne s'effacera jamais de la mémoire de ceux qui y ont assisté !

Le temps était froid et sombre, la pluie tombait sans interruption. Sur tous les visages étaient peints la honte et le désespoir; la plupart pleuraient; quand vint l'instant de la séparation, beaucoup de soldats se jetèrent dans les bras de leurs officiers. Les uns et les autres confondaient dans cet embrassement leurs regrets, leur douleur, mais aussi leurs espérances !

Ainsi une armée de 150 000 hommes, la seule organisée qui restât à la France, prisonnière de guerre; la ville de Metz intacte, vierge de toute attaque, livrée à l'ennemi, avec un immense matériel; la Lorraine avec sa capitale, abandonnée aux coalisés allemands; 200 000 Prussiens jetés, avec l'enivrement d'un succès inespéré, contre ces jeunes corps sans organisation, sans matériel et presque sans armes; que le patriotisme du pays s'efforçait d'organiser à la hâte sur la Loire;

une lutte devenue désormais par trop inégale, et dans laquelle le courage devait rester impuissant devant la discipline et la grande supériorité numérique de l'ennemi; la France, enfin, réduite aux dernières extrémités et contrainte de subir la paix la plus douloureuse: tel fut, messieurs, le résultat, telles furent les conséquences de la conduite du commandant de l'armée du Rhin devant Metz. C'est ainsi que ses coupables intrigues aboutirent à une capitulation sans exemple, à la situation la plus douloureuse qui pût être infligée à notre patrie.

Vous avez à prononcer, messieurs, sur le général qui a osé assumer devant son pays et devant l'histoire la responsabilité d'une telle capitulation.

J'ai déroulé devant vous la longue série des actes coupables du maréchal.

Vous l'avez vu d'abord, investi du commandement, demeurer indécis entre son devoir qu'il va méconnaître et de mesquines passions qui déjà l'entraînent.

Le désir de se soustraire à la pression morale du quartier impérial, qui le gêne, vous a expliqué la lenteur de sa marche, l'absence de toute précaution pour ralentir celle de l'ennemi.

Le 16, alors qu'un dernier effort eût pu être décisif, il suit sa fatale pensée de retourner en arrière, pour aller bientôt s'immobiliser devant Metz.

Le 18, résolu dès la veille à ramener l'armée dans le camp retranché, il reste éloigné du théâtre de l'action.

Pendant la bataille, les instances du maréchal Canrobert, qui lui peint sa situation critique et réclame du secours, sont impuissants à l'émouvoir et obtiennent à peine l'envoi tardif de deux batteries d'artillerie et de quelques caissons.

Il semble se désintéresser du sort de la journée; il ne songe même pas à envoyer aux nouvelles, et laisse son nombreux état-major inactif, lorsque trois cent mille hommes sont aux prises sur les plateaux.

Pour lui, il se contente de se porter au fort Saint-Quentin et à Plappeville, à 8 kilomètres de ce champ de bataille, où va se décider le sort de la campagne et peut-être celui du pays.

En désertant ainsi les obligations les plus impérieuses du commandement, en laissant écraser une partie de sa ligne, quand il a sous la main des réserves d'infanterie et une artillerie sans emploi, le maréchal a manqué au devoir, non, certes, qu'on puisse le rendre responsable de la bataille, mais parce qu'il n'a pas donné à son lieutenant en détresse les secours dont il disposait.

Avant même de connaître le résultat de la lutte, le maréchal a prescrit la rentrée de son armée sous Metz.

Désormais à l'abri des forts, il attendra tranquillement une crise suprême qu'il a jugée imminente après les événements qui se sont précipités depuis l'ouverture de la campagne.

Résolu à ne pas tenter le sort des armes, il va chercher dans de coupables expédients le salut qu'il aurait dû demander exclusivement à son énergie secondée par la bravoure de son armée.

Au lieu d'élever son cœur et ses résolutions au niveau du péril, il trouve moins hazardeux de temporiser et d'attendre les circonstances pour en tirer parti.

Bientôt il s'engage dans des intrigues politiques que son devoir comme son honneur lui prescrivaient de repousser,

Il ne craint pas de livrer à un inconnu, qu'accrédite seulement auprès de lui une passe suspecte de l'ennemi, avec le secret de sa faiblesse, la fatale échéance de sa résistance ; puis, après l'avoir chargé de proposer à M. de Bismark la capitulation de son armée, il n'hésite pas à renouveler lui-même cette honteuse proposition.

Ainsi, alors que l'armée est encore presque intacte, alors que ses moyens d'action sont à peine entamés, il ose faire savoir à l'ennemi qu'il est prêt à renoncer à la lutte.

Et quelle est la base indiquée par le maréchal pour cette coupable capitulation ?

Il sait que le gouvernement impérial s'est effrondé ; que l'empereur est prisonnier ; que l'impératrice et son fils sont en Angleterre ; qu'un gouvernement nouveau multiplie ses forces pour lutter contre l'envahisseur.

Il a porté ces nouvelles à la connaissance de son armée, ajoutant avec raison que ces revirements politiques ne changeaient rien à leurs devoirs envers la France.

Quels étaient donc ces devoirs, sinon de combattre à outrance ? Et cependant il propose de faire poser les armes à son armée, seule espérance et dernier appui sérieux de la défense ; il veut la condamner à demeurer sur un territoire neutralisé, spectatrice impuissante des succès des armées allemandes et des ruines que leur présence accumule dans le pays.

Il va jusqu'à affecter d'ignorer l'existence de ce gouvernement qu'il a officiellement reconnu, et il ne recule pas même devant l'éventualité d'une guerre civile qui entraînerait nécessairement la restauration d'un pouvoir disparu dans les désastres de la patrie.

Instruit désormais de la faiblesse de son adversaire, et comptant, non sans raison, sur l'effet énervant des visées politiques qui l'absorbent, M. de Bismark n'a pas acquiescé aux propositions apportées par Régnier, et que le maréchal s'est empressé de renouveler lui-même. Celui-ci ne s'obstine pas moins dans la poursuite de ses tortueuses combinaisons ; mais il juge prudent alors de faire partager à ses lieutenants la responsabilité de ses desseins coupables.

Dans ce vain espoir, dissimulant avec soin la vérité sur toutes les circonstances qui pourraient éclairer leur jugement, il les réunit et cherche à s'abriter derrière l'avis d'un conseil sans caractère légal, qu'il appelle à délibérer sur un acte qualifié crime et formellement proscrit par la loi.

C'est ainsi que la haute influence du commandement, au lieu de servir de guide aux subordonnés et d'assurer la stricte exécution des règlements, s'emploie avec dissimulation à les pousser hors de la ligne du devoir.

Ces entreprises criminelles ont échoué, le maréchal est tombé dans le piège de l'ennemi, qui a su entretenir ses espérances tant que ses soldats pouvaient encore combattre, mais qui a jeté le masque le jour où, affaiblie par les privations et par la famine, l'armée française allait se trouver sans défense à la merci du vainqueur.

Ainsi finit, par suite des calculs égoïstes et des coupables intrigues de son général en chef, cette nombreuse et vaillante armée de Metz, qui entraîna dans son désastre les destinées de la patrie.

Quatrième complément de l'audience du 6 décembre

PRÉSIDENCE DE M. LE DUC D'AUMALE

Fin du Réquisitoire

M. le commissaire du gouvernement termine sa lecture en ces termes :

Au moment suprême où l'ennemi prenait pour la première fois possession de cette grande cité de Metz, cette patriotique population, jusqu'alors dévouée, patiente, résignée, protestait avec dignité contre la conduite du maréchal : elle couronnait d'immortelles et voilait la statue de Fabert, de cet autre maréchal de France qui, oublieux, lui, de ses plus légitimes intérêts, dans une situation extrême, vendait son propre bien pour nourrir ses soldats. Noble désintéressement! Pourquoi le maréchal Bazaine a-t-il oublié cette grande leçon? Que n'a-t-il médité ces belles paroles du héros messin, gravées sur le socle de sa statue :

« Si, pour empêcher qu'une place que le roi m'a confiée ne tombât au pouvoir de l'ennemi, il fallait mettre à la brèche ma personne, ma famille et tout mon bien, je ne balancerais pas un moment à le faire. »

Enfin le maréchal livre à l'ennemi ses drapeaux. Par quelle manœuvre il y parvient, vous le savez. Il annonce une première fois, le 26, l'ordre de les détruire et il ne le donne pas; il annonce, le 27, un second ordre et il ne le donne pas encore; mais après quelque hésitation l'armée rassurée va se dessaisir de ses aigles, et il les tiendra enfin à l'arsenal : alors il tente près du général ennemi une démarche ambiguë qui n'aboutit qu'à une humiliation, et il cède aussitôt à l'injonction hautaine du vainqueur, qui désormais dédaigne tout ménagement. — Cinquante-trois drapeaux français vont décorer le quartier général allemand; quelques jours plus tard, nos malheureux compatriotes, conduits en captivité, subissaient en passant le douloureux spectacle de cet insultant triomphe.

Et maintenant, messieurs, comment caractériser cet acte inouï, sans précédents?

La loi, qui signale comme une aggravation du crime de capitulation la remise des armes, se tait sur l'abandon des drapeaux et des étendards. Est-ce une lacune? Elle s'expliquerait à la rigueur : le législateur pouvait ne pas prévoir qu'un jour il se rencontrerait un général capable de livrer, d'aussi bonne grâce, ses drapeaux à l'ennemi et d'abaisser ainsi sa défaite, comme à plaisir.

Mais l'omission, grâce à Dieu, n'est qu'apparente, et l'impunité légale n'est pas acquise à un tel mépris de tous les sentiments les plus délicats d'une nation restée fière dans ses désastres.

Qu'est-ce que le drapeau, messieurs? Faut-il le redire encore, après tant d'autres dont vous avez su couler les larmes plus éloquentes que des phrases? A coup sûr le drapeau est quelque chose qui leur tenait au cœur, à ces hommes de forte trempe et de haut courage, puisqu'ils suffoquaient au seul souvenir de ces heures d'angoisses, pendant lesquelles une indigne intrigue les enveloppait et dérobait à leur vigilance les trophées qui ornent aujourd'hui les palais et les basiliques de Berlin. Quelques-uns vous l'ont dit, ces drapeaux couchés dans des fourgons et cachés à tous les regards, c'é ait, leur semblait-il, comme un lambeau de leur honneur, comme une part de leur âme qu'on leur arrachait, et ceux qui les escortaient avaient l'air de conduire le deuil de la patrie : c'était en effet le deuil de sa gloire éclipsée, de son bonheur perdu.

Oui, le drapeau, c'est bien, ainsi qu'on vous l'a dit, l'image de la France, c'est bien l'image de ce qu'elle aime, admire et honore le plus, car c'est l'emblème du sacrifice. Il parle à tous un langage ferme et limpide, entendu des plus humbles comme des plus grands : il faut le suivre tant qu'il avance, et, s'il tombe, le relever pour le porter plus loin : cela est simple et cela suffit.

Ce drapeau qu'on a pu livrer sans le ternir (trop d'éclat l'environne !), il a été associé aux triomphes de la France et à ses désastres, hélas ! à ses joies comme à ses souffrances ; il a flotté sur nos splendeurs et sur nos ruines, toujours honoré, relevant comme une promesse les courages abattus dans les jours de détresse, et jalonnant la route du devoir devant les générations qui se succédaient à son ombre. Ainsi liée à nos destinées, cette grande et simple image de la patrie, vrai symbole de son impérissable grandeur, nous apparaît si pleine de brûlants souvenirs et d'enivrantes espérances, que l'héroïsme en déborde sur les rangs, sans cesse renouvelés de ceux qui se pressent autour d'elle.

C'est bien là, messieurs, le drapeau de la France, dont toute l'histoire se résume en ce peu de mots échappés, dans un jour de péril et d'agitation populaire, à l'âme d'un grand citoyen :

« Il a fait le tour du monde avec nos libertés et nos gloires. »

Celui qu'une autre voix éloquente, chaleureux interprète de nos patriotiques élans, appelait naguère avec une émotion comprise et partagée par toute la France : « le drapeau chéri. »

Doublement chéri en effet : en ce généreux pays que l'infortune attache, il manquait seulement à ce drapeau, pour défier l'inconstance, le tout-puissant prestige d'un malheur immense et immérité. Un général élevé, sous ses auspices, aux plus hautes faveurs de la fortune, lui préparait cet étrange et cruel destin.

Mais si mourir bravement et les armes à la main, pour le salut de ce drapeau, constitue pour chacun de nous le plus grand des devoirs et le suprême honneur, il faut bien reconnaître que sacrifier à des considérations personnelles les drapeaux de l'armée qu'on commande, les soustraire sournoisement, par une manœuvre déloyale, à ses soldats affaiblis et trompés, les déposer docilement et humblement aux pieds du vainqueur et rehausser de ce factice éclat un trop facile triomphe, c'est descendre autant qu'on peut descendre par le mépris du devoir et l'oubli de l'honneur.

Or la loi nous entretient et de devoir et d'honneur. Vous la méditerez, messieurs, cette loi de salut, et vous entendrez, dans le recueillement de vos consciences, l'inexorable vœu du législateur !

J'ai terminé, messieurs.

Organe de la loi, le ministère public n'a plus qu'un douloureux mais rigoureux devoir à remplir, celui de mettre sous vos yeux les conclusions sur lesquelles vous allez délibérer.

Trois chefs d'accusation, vous le savez, pèsent sur le maréchal Bazaine :

Le premier, concernant la capitulation de la place de Metz :

Pour avoir capitulé avec l'ennemi et rendu la place dont il avait le commandement, sans avoir épuisé tous les moyens de défense dont il disposait et sans avoir fait tout ce que prescrivaient le devoir et l'honneur;

Le deuxième, pour avoir capitulé à la tête d'une armée en rase campagne, cette capitulation ayant eu pour résultat de faire poser les armes à la troupe;

Le troisième, pour, étant à la tête d'une armée en rase campagne, n'avoir pas fait, avant de traiter, tout ce que lui prescrivaient le devoir et l'honneur.

En ce qui concerne le premier chef, le maréchal Bazaine, nommé par décret impérial du 12 août 1870, au commandement en chef de l'armée du Rhin, se trouvait, aux termes de l'article 4 du décret du 13 octobre 1863, investi du commandement supérieur de la place de Metz.

Or il est établi que, contrairement aux dispositions des art. 255 et 256 du même décret et de l'art. 209 du Code de justice militaire, il a rendu cette place à l'ennemi sans avoir satisfait à toutes les obligations imposées au commandement, notamment sans avoir épuisé tous les moyens de défense dont il disposait, et sans avoir fait tout ce que prescrivaient le devoir et l'honneur.

Par le fait de la capitulation signée par lui le 28 octobre 1870, en ce qui concerne la place de Metz, le maréchal Bazaine tombe donc sous l'application des dispositions de l'art. 209 du Code de justice militaire.

En ce qui concerne le deuxième chef, il est également établi que, le 28 octobre 1870, le maréchal a signé la capitulation de son armée en rase campagne, et que cette capitulation a eu pour résultat de faire poser les armes à cette armée; il tombe donc, par ce fait, sous l'application de la première partie du premier paragraphe de l'article 210 dudit Code.

Enfin, en ce qui concerne le troisième chef, il est constant que divers actes du maréchal Bazaine, se rattachant directement à l'exercice du commandement de l'armée du Rhin, constituent les manquements au devoir et à l'honneur prévus par la deuxième partie du même paragraphe de l'art. 210 du Code de justice militaire; il se trouve, en conséquence, sous l'application de la deuxième partie du premier paragraphe dudit art. 210.

La loi, messieurs, a voulu être inexorable pour de tels crimes. Elle n'admet aucune excuse, aucune circonstance atténuante.

« Faire mettre bas les armes à une armée en campagne n'est pas même une capitulation, disait Napoléon Ier, c'est une usurpation de pouvoir, une trahison, une lâcheté. Un général n'a pas le droit de traiter de son armée; il doit combattre jusqu'à la dernière extrémité. »

Le Code s'est inspiré de ces nobles et mâles pensées, et, pour justifier ses sévérités, le législateur déclarait :

« Que le juge lui-même a besoin quelquefois d'avoir devant les yeux une règle invariable qui soit pour lui l'image austère du devoir, fin d'y puiser le courage de remplir sa rigoureuse mission, et de ne pas céder à ces entraînements qui, à certaines époques, tendent à amollir et à énerver la puissance de la loi. »

En conséquence, nos conclusions sont que le maréchal Bazaine

(François-Achille), ex-commandant en chef de l'armée du Rhin, soit déclaré coupable :

1º D'avoir, le 28 octobre 1870, capitulé avec l'ennemi et rendu la place de Metz, dont il avait le commandement supérieur, sans avoir épuisé tous les moyens de défense dont il disposait, et sans avoir fait tout ce que prescrivaient le devoir et l'honneur ;

2º D'avoir signé, le même jour, 28 octobre 1870, à la tête d'une armée en rase campagne, une capitulation qui a eu pour résultat de faire poser les armes à cette armée ;

3º De ne pas avoir fait, avant d'avoir signé ladite capitulation, tout ce que lui prescrivaient le devoir et l'honneur :

Crimes prévus et punis par les art. 209 et 210 du Code de justice militaire ;

Requérons le Conseil de faire, en conséquence, au maréchal Bazaine, application desdits art. 209 et 210, en se conformant aux prescriptions de l'art. 135 dudit Code ;

Requérons en outre le Conseil de prononcer contre ledit maréchal Bazaine l'application des dispositions prescrites par les art. 138 et 139 dudit Code.

Fin du Réquisitoire et Audience du 7 décembre.

Jamais encore pareille affluence de public ne s'est présentée ; la salle est comble, et cependant bien des personnes venues à Trianon dans l'espoir d'entendre l'éloquent défenseur n'ont pu trouver place. Sur la plate-forme où siége le Conseil, trois rangées de fauteuils pressés sont occupés par un grand nombre de notabilités du monde diplomatique et du monde politique.

A une heure moins un quart, le Conseil entre en séance.

Le général-président donne la parole au défenseur.

Mᵉ Lachaud se lève, et s'exprime en ces termes :

> Monsieur le président,
> Messieurs les membres du Conseil,

Le plus glorieux de nos soldats est-il un traître ? le maréchal Bazaine a-t-il forfait à ses devoirs de commandant en chef et à l'honneur ? M. le commissaire du gouvernement vous demande de le déclarer et d'ajouter cette honte à toutes nos infortunes.

La France n'a-t-elle pas assez de ses revers ? N'est-ce pas assez pour elle de la perte de deux provinces si chères qu'un vainqueur impitoyable nous a si cruellement arrachées ? faut-il encore, après trois ans, subir le reflet de nos discordes intérieures et prouver à nos ennemis que nous ne savons vivre qu'au milieu des haines et des colères ?

Les nations viriles, messieurs, n'ont pas d'injustes soupçons pour les hommes, pour les généraux qui ont été malheureux ; les peuples faibles, au contraire, cherchent une victime, l'immolent ; après quoi il leur semble que la douleur est pour eux moins amère ! Je n'accepterai jamais pour mon pays ces défaillances patriotiques ; la France vit toucours, résolue, courageuse ; ayons donc cette force d'envisager avec jalme nos malheurs passés, et préparons-nous pour l'avenir.

L'accusation, messieurs, à laquelle je dois répondre s'est formulée d'une manière impitoyable dans les deux documents qui vous ont été lus, le premier au commencement des débats; quant au second, il a été achevé hier. Dans l'un et l'autre, j'ai trouvé les mêmes ardeurs, les mêmes tendances, les mêmes injustices. Il semble, messieurs, que c'est le même style dans sa véhémence. On ne s'est pas assez souvenu que l'on parlait d'un maréchal de France, d'un glorieux soldat qui n'avait pas encore été frappé par la justice.

Cependant, il y a des différences à faire, et je m'empresse de le constater. Nous sommes arrivés au moment de la lutte entre l'accusation et la défense; à ce moment nous discutons, et j'entends bien que des vivacités de langage sont permises à cette heure : la défense aura les siennes; elle usera, à son tour, de toute la liberté que l'accusation a pu prendre!

Mais le rapport n'avait pas les mêmes droits; le rapport, c'est le résumé simple, calme, sans passion, de la cause qui va être soumise aux juges.

Il faut bien qu'il en soit ainsi, messieurs! S'il en était autrement, est ce que cela serait juste de forcer l'accusé au silence, quand au début d'une affaire la discussion s'engage contre lui?

Je n'ai rien de plus à dire du rapport; j'avais fait un travail dans lequel je m'étais promis de relever toutes les paroles vives qu'il contient contre le maréchal, j'y ai renoncé, car je n'ai pas voulu donner aux militaires qui y sont attaqués si cruellement la douleur d'entendre ces attaques une seconde fois; je ne veux pas d'autres juges que vos consciences; mais ce que j'affirme, c'est que, dans ma longue carrière, je n'ai jamais vu une accusation se formuler ainsi; jamais pareil acte d'accusation n'est sorti de la plume d'un procureur général.

Ah! ce fut cruel pour le maréchal d'attendre deux mois pour répondre; mais enfin le jour de la justification doit venir, bien lentement peut-être, mais, à une heure donnée, son défenseur prendra la parole!

Mais les témoins, eux aussi, sont protégés par la loi; quand ils n'ont pas été jugés assez coupables pour en faire des accusés, quelle est donc la situation qui leur est faite? je le demande à la justice du Conseil. Que peuvent-ils faire, ces témoins si cruellement atteints? il faut qu'ils se taisent! Quelle que soit la vivacité des blessures qu'on leur a faites, ils n'ont pas le droit de s'en plaindre, parce que la loi entoure les magistrats d'un respect inviolable; s'ils parlent, s'ils laissent échapper quelques paroles empreintes d'irritation, ils sont coupables!

Ah! qu'une œuvre semblable ne se reproduise jamais; c'est le vœu le plus ardent que je puisse former. Nous vivons dans un pays généreux, et quand un homme est attaqué, il faut qu'il ait le droit de se défendre.

C'est tout ce que j'ai à dire sur ce sujet, et je ne parlerai plus du rapport que pour l'apprécier.

Un maréchal de France a trahi! Lui, le militaire dont les états de service ont été lus au commencement de cette affaire; lui, dont l'existence glorieuse a été pendant quarante ans pour la France un sujet d'admiration.

Voyons sa vie! Ah! c'est bien mon devoir de la retracer, et M. le président, dans sa grande impartialité, dont je suis heureux de le remercier publiquement, l'a bien compris quand il a permis la lecture de ces états de service.

Eh bien, puisque vous voulez le conduire aux gémonies, je vais les relire, ces états de service.

A vingt ans, il était soldat, simple soldat, engagé volontaire, et il a atteint en 1869 la plus haute dignité militaire; et ce n'est pas par la faveur qu'il a conquis tous ses grades.

Cette carrière de quarante ans, si on la parcourt pas à pas, on ne la trouve remplie que de services rendus au pays: il a été sur tous les champs de bataille, il a figuré dans tous les combats au premier rang.

En Afrique, il y est resté dix-huit ans; en Crimée, en Italie, au Mexique, il a été partout; partout où était le drapeau de la France, là combattait le capitaine, le colonel, le maréchal Bazaine.

En Afrique, — on peut dire qu'il ne l'a jamais quittée, — il a rendu les plus signalés services. Dans l'énorme dossier que j'ai là devant moi, 'en trouve mille preuves; si les convenances ne m'arrêtaient pas, je pourrais trouver parmi vous, messieurs, les plus illustres témoins.

En Afrique, a dit M. le commissaire du gouvernement, le maréchal Bazaine a pris certaines habitudes de duplicité, la finesse arabe.

Eh bien, remontons jusque-là, puisque vous le voulez. La finesse arabe? Mais que voulez-vous dire par ce mot: les ruses, le mensonge? J'ai écouté ces phrases de l'accusation, mais je suis en droit de lui demander des preuves. Comment! ce serait la ruse et l'hypocrisie qu'on aurait récompensées en donnant les plus hautes dignités au maréchal Bazaine? Eh bien, non, je proteste.

Et, dans ce dossier, je ne prendrai que deux lettres que je veux lire. Voilà mes deux témoins; et ces deux lettres ont été écrites dans les circonstances les plus honorables pour le maréchal, et je demanderai à l'accusation si elle contestera la valeur de ces témoignages. Le premier, on a pu le combattre pour ses opinions politiques, mais il n'est personne qui ne l'ait respecté; je veux parler du général Cavaignac. Voici ce qu'il écrivait alors qu'il était gouverneur de l'Algérie, alors qu'il craignait de voir s'éloigner le maréchal Bazaine de la colonie :

« Alger, 20 avril 1848.

« Mon cher colonel, j'apprends avec plaisir que vous êtes enfin nommé au grade de lieutenant-colonel, et je vous en félicite bien sincèrement.

« Cette nomination vous fait passer dans le 19e de ligne qui rentre en France. Dans les circonstances présentes, dont plus que tout autre vous êtes à même d'apprécier les difficultés, je compte sur votre dévouement et sur l'intérêt que vous portez aux affaires de ce pays.

« J'ai donc la confiance que vous ne demanderez pas à rentrer en France. Dans quelques mois la situation sera sans doute moins grave, et alors je vous ferai jouir d'un congé dont je sais que vous avez grand besoin. C'est un nouveau sacrifice que je vous demande, mais je sais que je ne ferai pas appel en vain à votre patriotisme.

« Le gouverneur général,

« CAVAIGNAC. »

Parlez maintenant des finesses arabes! Voici une autre lettre. Une place de colonel va devenir vacante. Bazaine peut y être appelé légitimement, et un général écrit la lettre suivante:

« Paris, 24 décembre 1850.

« Mon cher ami, êtes-vous toujours dans l'intention de retournez
en Afrique? La position de colonel du 9e de ligne, à Tlemcen, vous
irait-elle? Répondez-moi par le courrier. Dans ce cas, je suis presque
sûr de vous faire réussir.

« Dans tous les cas, je suis toujours votre meilleur ami.

« Général MAC-MAHON. »

Je ne resterai pas plus longtemps en Afrique, et nous serions heureux si tous ceux qui y ont servi avaient compris comme le maréchal
Bazaine leur devoir et l'intérêt de la France.

Il est en Crimée, ses services en ont fait un général et un homme
de guerre. M. le maréchal Pélissier lui écrivait :

« Sébastopol, 21 octobre 1855.

« Général, la nouvelle de la prise de Kinbourne a soulevé dans
toute l'armée une véritable joie. Je vous félicite cordialement de ce
beau succès, et je vous prie de vouloir bien être l'interprète de ma
satisfaction auprès des troupes sous vos ordres.

« Le maréchal commandant en chef,   « PÉLISSIER. »

Mais je dois m'arrêter sur tous ces actes de courage, de dévouement. Pourquoi y insisterais-je? Est-ce que vous n'êtes pas fixés à cet
égard depuis longtemps déjà.

Mais il est une situation que je dois examiner cependant. Oh! là, les
calomnies les plus atroces ont été déversées sur le maréchal; il a été
assez courageux pour se taire et pour ne pas réclamer contre toutes
ces infamies. Vous avez déjà compris que je veux parler du Mexique.

De quelles bassesses n'a-t-on pas accusé le malheureux maréchal
Bazaine! Je ne rechercherai pas les occasions de faire de la politique;
quand il le faudra j'en parlerai cependant, mais je ne m'y arrêterai
pas longtemps.

L'expédition du Mexique, c'était une grande pensée. Le malheur a
voulu qu'elle ne produisît pas les résultats que l'on en attendait, et
bien des hommes, hélas! ne connaissent que le résultat.

Le général Bazaine est donc envoyé au Mexique; sa mission était
militaire, elle était aussi politique.

Les uns vous disent qu'il y a fait une fortune scandaleuse, qu'il s'est
enrichi aux dépens de ce malheureux pays. Ils vous diront que l'expédition du Mexique a rapporté au maréchal Bazaine de magnifiques résultats d'argent. D'autres vous montrent le maréchal Bazaine dévoré
par une ambition odieuse; ils vous le dépeignent comme combattant
dès son arrivée au Mexique le malheureux souverain qui y a trouvé la
mort; ils disent qu'il a voulu s'éterniser sur cette terre, qu'il s'y est
livré à toutes les duplicités.

Sur l'argent, je n'ai qu'un mot à dire. Les calomnies tiennent peu.
Le maréchal était parti sans fortune, il est revenu de même. Pendant
son absence hors de France, il a recueilli un petit héritage, il a été
dépensé là-bas. Le seul trésor qu'il ait trouvé là-bas, c'est une jeune
femme, une jeune et belle femme sans fortune. L'empereur Maximilien avait donné à cette jeune femme une propriété comme cadeau de
noces. On lui avait offert de la vendre, et le maréchal a toujours refusé; et après la mort de l'infortuné Maximilien, cette propriété, vous
le comprenez bien, a été confisquée; voilà la fortune du maréchal Bazaine.

Parlons maintenant de son ambition. de son désir de rester au Mexique et de s'y perpétuer. Ce n'est pas moi qui vais parler; je vais vous lire des lettres, et ce ne sera pas sans une émotion profonde.

Cet empereur infortuné était plein de reconnaissance pour le maréchal Bazaine, et à toute époque. Je vous lirai aussi des lettres de cette princesse deux fois à plaindre; elles iront à tous les cœurs, elles vous montreront combien elle appréciait le dévouement du maréchal Bazaine; et une autre lettre d'un grand roi, bien qu'il ne gouvernait qu'un petit pays. Écoutez ce qu'il écrivait au maréchal Bazaine :

« Laeken, le 29 décembre 1864.

« Monsieur le maréchal, mes très-chers enfants l'empereur Maximilien et l'impératrice Charlotte me parlent sans cesse, dans les termes les plus chaleureux, des éminents services que Votre Excellence rend à l'empire mexicain, et des preuves constantes de bienveillance qu'elle leur donne.

« Je prie Votre Excellence de me permettre de me joindre à eux dans l'expression de leurs sentiments, et d'accueillir le témoignage de ma haute estime et des sentiments que je lui ai voués. « LÉOPOLD. »

Et l'empereur Maximilien, voici dans quels termes il écrivait au maréchal Bazaine, à toutes les époques :

« Penjaniello, le 7 octobre 1864.

« Mon cher maréchal et ami, c'est avec le plus grand plaisir que je viens d'apprendre à l'instant même votre élévation au maréchalat. L'empereur Napoléon, le grand souverain toujours heureux et juste dans ses choix, sait récompenser les services éminents rendus à la patrie, et trouve avec un tact tout particulier les grands talents pour les grands postes.

« En vous distinguant par une si haute marque de faveur, l'empereur comble les vœux de tous les bons Mexicains, auxquels, en son nom, vous avez rendu la liberté et la paix, et qui vous seront à toujours reconnaissants. Une seule chose pourrait diminuer la joie que nous apporte cet heureux événement, ce serait le cas où il aurait pour conséquence de vous faire quitter notre patrie. J'espère que l'empereur Napoléon ne privera pas le Mexique de services qui lui sont si nécessaires.

« En vous réitérant les félicitations les plus cordiales, je suis, mon cher maréchal,

« Votre très-affectionné, « MAXIMILIEN. »

C'est en 1864; voulez-vous en 1866, presque jusqu'au dernier jour, voulez-vous savoir comment il exprimait au maréchal ses sentiments de bienveillance? Ecoutez !

« Palais de Mexico, 5 février 1866.

« Mon cher maréchal, je viens d'apprendre le précieux service que vous avez rendu à mon gouvernement en lui venant en aide tout récemment par suite d'une crise financière difficile.

« Veuillez agréer mes très-sincères remercîments pour la discrétion et la cordialité avec lesquelles vous avez agi dans cette circonstance délicate, et qui, pour moi, doublent le prix de ce service.

« Recevez, mon cher maréchal, l'assurance des sentiments d'amitié avec lesquels je suis

« Votre très-affectionné, « MAXIMILIEN. »

Complément de l'audience du 7 décembre

PRÉSIDENCE DE M. LE DUC D'AUMALE

Le défenseur, après avoir lu une lettre de l'empereur Maximilien, datée du palais de Mexico, 5 février 1866, dans laquelle il remercie avec effusion le maréchal Bazaine de lui avoir rendu avec délicatesse un précieux service, pendant une crise financière, continue ainsi :

Et plus tard, à la fin de cette même année.... et quelques mois après, vous savez ce qui se passait d'affreux et d'horrible au Mexique ; voici encore une lettre :

« L'empereur Maximilien au maréchal Bazaine.

« Alcazar de Chapultepec, 20 octobre 1866.

« Mon cher maréchal, j'ai été profondément touché des paroles de consolation et de deuil que vous venez de m'envoyer en votre nom et en celui de la maréchale. Je tiens à vous exprimer ma plus vive et profonde reconnaissance....

« C'est avec la plus grande confiance que je remets à votre tact le maintien de la tranquillité de la capitale et des points les plus importants, qui sont, à cette heure, occupés par les troupes de votre commandement.

« Dans ces circonstances douloureuses et difficiles, je compte plus que jamais sur la loyauté et l'amitié que vous m'avez toujours témoignées.

. . . .

« Je vous réitère, ainsi qu'à la maréchale, ma vive gratitude pour les tendres sentiments qui ont fait tant de bien à mon pauvre cœur.

« Recevez, mon cher maréchal, les assurances de toute ma sincère amitié.   « MAXIMILIEN. »

Voilà ce que je voulais vous lire ; voilà ce que disait cet infortuné souverain, victime des passions révolutionnaires.

Et l'impératrice Charlotte ; écoutez la grâce, écoutez le charme, écoutez les élans du cœur de cette si noble et si malheureuse femme :

« Palais national, le 14 février 1865.

« Mon cher maréchal,

« Ne pouvant vous envoyer de couronne de lauriers, puisque vous venez de la cueillir vous-même, je suis heureuse que l'arrivée d'une grand'-croix de son ordre de Léopold, que mon père m'a chargée de vous remettre, coïncide avec votre beau succès, et qu'ainsi il me soit possible de vous offrir un léger témoignage des sentiments que je ne partage pas seulement par obéissance filiale, mais aussi par estime pour vous.

« Je ne vous renouvelle pas mes félicitations, que l'empereur vous aura exprimées telles qu'elles ont jailli de notre cœur. Ce n'a pas été une surprise, car nous n'attendions pas moins ; mais c'est un brillant et heureux événement. Maintenant, j'espère que nous vous verrons revenir en bonne santé, et je vous renouvelle, en attendant, avec plaisir l'assurance de la sincère considération et estime avec lesquelles je suis

« Votre bien affectionnée   « CHARLOTTE. »

Et enfin, messieurs, voici deux lettres écrites quand tout a été fini, deux lettres qui ont été écrites par la veuve de l'empereur Maximilien. Elle avait perdu son trône, elle avait perdu plus encore : le tendre et bien-aimé Maximilien.

Si le maréchal Bazaine n'avait pas fait son devoir, l'indignation de l'impératrice Charlotte eût été bien légitime, elle l'eût exprimée. Eh bien, voici les lettres qu'elle écrivait à Mme la maréchale :

« Laeken, 18 juin 1868.

« Ma chère maréchale,

« J'ai reçu avec plaisir et entière satisfaction vos deux dernières et affectueuses lettres. Mes bons souvenirs au maréchal et à votre mère.

« Je suis très-touchée du service funèbre que vous devez faire faire demain pour mon empereur adoré, dans la chapelle où reposent ses chevaleresques ancêtres, parmi lesquels un grand nombre combattirent et versèrent leur sang pour la France.

« Dites au maréchal que nos prières s'uniront avec les vôtres. Je vous envoie une médaille de la Très-Sainte Vierge pour mon filleul; vous la lui mettrez au nom de sa marraine; elle a été bénite par le Saint-Père.

« Je reste avec une constante amitié, ma chère maréchale,

« Votre affectionnée   « CHARLOTTE. »

Voici la seconde lettre, écrite encore à Mme la maréchale :

« Laeken, 23 mars 1868.

« Ma chère maréchale,

« J'ai vu par l'impression des sentiments que vous me manifestez dans votre lettre, que vous vous associez à l'immense douleur qui remplit mon âme, et je veux vous dire toute ma gratitude.

« Quant à moi, j'ai toujours pris un vif intérêt à tout ce qui vous touche, depuis le jour où j'ai vu commencer votre félicité d'épouse au pied de l'autel.

« Je suis heureuse d'apprendre que votre fils aîné, notre filleul, se développe, et que vous en avez eu un autre.

« J'espère que la divine Providence vous conservera tous les bonheurs dont vous jouissez, et les augmentera même, si cela est possible.

« Votre affectionnée   « CHARLOTTE. »

Vous le voyez, le maréchal Bazaine a fait son devoir au Mexique; voilà les sentiments affectueux qui lui ont été prodigués sans cesse.

Voulez-vous maintenant des preuves officielles? On lui donnait, dit-on, l'ordre de revenir, et il ne voulait pas.

Ecoutez, l'empereur Napoléon III va parler :

« Paris, 12 août 1866.

« Mon cher maréchal, j'ai décidé, d'après vos propres avis, que la rentrée des troupes en France s'exécuterait de la manière suivante : la fin d'octobre 1866, environ 9000 hommes. ci. . . . . . .   9 000 h.

« Au printemps de 1867, 9000 hommes, ci. 9 000

« Au mois d'octobre 1867, 11 300 hommes, ci. 11 300

« Total de l'effectif. . . . .   29 300 h.

« 1er mars 1866.

« Dans cette position, je crois que votre présence au Mexique n'est plus indispensable, et j'ai dit au ministre de la guerre de vous autoriser à rentrer en France quand vous le jugerez convenable.

. . . .

« Je n'ai pas besoin de vous dire combien je serai heureux de vous revoir et de vous témoigner de vive voix toute ma reconnaissance pour votre conduite au Mexique.

« Croyez, mon cher maréchal, à ma sincère amitié.

« NAPOLÉON. »

Écoutez encore; sur ces souvenirs si graves du Mexique, il me fallait m'arrêter plus longtemps; écoutez ce qu'écrivait un maréchal de France. le ministre de la guerre. Il y avait eu certaines intrigues autour du maréchal Bazaine; il s'en était plaint à son chef, à M. le ministre de la guerre, et le maréchal Niel lui répondait ceci, à la date du 13 février 1867 :

« Paris, 13 février 1867.

« Mon cher maréchal, la lettre que vous m'avez adressée pour être mise sous les yeux de l'empereur m'a profondément affligé. Votre belle carrière, les grands services que vous avez rendus au Mexique et la haute dignité que l'empereur vous a conférée, vous place, croyez-le bien, au-dessus de toutes les accusations qui vous préoccupent. C'était l'opinion du maréchal Randon, qui m'a précédé au ministère de la guerre, comme c'est la mienne. Nous vous aurions défendu l'un comme l'autre, s'il en eût été besoin.

« Mais je dois vous dire que l'empereur est toujours resté à votre égard dans les sentiments de bienveillance et de confiance dont il vous a donné des preuves éclatantes; qu'il voit avec satisfaction l'ordre et la précision avec lesquels vous retirez vos troupes, et qu'à votre retour vous recevrez de Sa Majesté l'accueil qu'ont le droit d'espérer ceux qui l'ont le mieux servie. Enfin, monsieur le maréchal, l'empereur m'a chargé de vous dire qu'il déplorait les inventions ou les indiscrétions qui avaient pu vous blesser et mettre de la mésintelligence entre des officiers qui avaient son estime, et sur la loyauté desquels il n'avait jamais élevé le moindre doute.

« Le Mexique a pu vous causer des déceptions politiques, mais la réputation de votre armée n'a fait qu'y grandir; toutes les opérations difficiles et si lointaines que vous avez entreprises ont été couronnées de succès, et les mouvements combinés de vos troupes, qui se retirent avec un ordre si parfait, sont un nouveau témoignage de votre habileté.

« Quand les faits parlent si haut, ne vous occupez pas, mon cher maréchal, des critiques, etc.

« Recevez, mon cher maréchal, l'expression de ma haute considération et de mes sentiments affectueux.

« Maréchal NIEL. »

J'en ai fini, messieurs, avec tous les souvenirs du Mexique; j'ai répondu à toutes ces incriminations, il le fallait; il fallait que la calomnie ne pût plus trouver placé que chez ces personnes prévenues qui refusent de reconnaître la vérité, même lorsqu'elle est évidente.

Et maintenant, arrivons à l'année 1870. En juillet 1870 est déclarée

la guerre à la Prusse, guerre que le pays voulait. (Léger mouvement.)
Oui, aujourd'hui il est facile de protester et de dire le contraire ; mais
en 1870 la guerre était une nécessité.

Est-ce que, par hasard, on aurait oublié que depuis 1866, depuis la
bataille de Sadowa, l'opposition demandait tous les jours la guerre?
Nous faisons des révolutions, est-ce que nous perdrions la mémoire!
Ne se rappellerait-on pas ces manifestations qui ont fini par déterminer
le souverain? Où sont-ils ceux qui ont résisté, ceux qui se sont opposés
à la guerre? J'en connais deux; ils l'ont déclaré à la tribune. Quant
aux autres, ils ont salué la guerre avec acclamation. Je n'ai pas à juger
la politique, mais il ne faut pas être injuste : le pays voulait la guerre.

Le maréchal Bazaine reçut d'abord un premier commandement, celui du 3e corps.

Dans le rapport, on dit qu'il n'a pas été content de ce commandement, qu'il l'a trouvé d'une trop petite importance. Le maréchal Le
Bœuf vous a répondu que le maréchal Bazaine était enchanté.

Plus tard, le 5 août, le maréchal Bazaine, en outre, a eu le commandement des 2e et 4e corps, et alors on parle de la bataille de Forbach.

M. le commissaire du gouvernement a dit qu'il ne voulait pas en
parler. Et il avait raison ; mais le rapport en parle. Le rapport s'est
complu à attaquer ; ce n'est pas seulement le maréchal qu'il atteint;
c'est le général Frossard qu'il atteint en même temps que le maréchal
Bazaine; il atteint tout le monde, excepté le gouvernement de la Défense nationale. Je n'ai qu'un mot à dire de la bataille de Forbach, je
le dirai.

Les reproches du rapport étaient injustes; le général Frossard est
venu devant vous dire, en termes bien simples, que le maréchal Bazaine avait fait tout ce qu'il devait, tout ce qu'il pouvait; que le sort
des batailles ne dépend pas toujours du courage. Et cependant, pendant les vingt ou trente pages que le rapport consacre à la bataille de
Forbach, il répète qu'il a abandonné son lieutenant, qu'il ne lui a pas
donné le secours qu'il demandait. Et il a fallu faire entendre devant
vous les généraux de Montaudon, de Castagny, Mettmann, Bataille.
Tous ils vous ont dit qu'aussitôt les ordres reçus, ils ont été exécutés,
et que le maréchal Bazaine, averti de ce qui se passait, a fait tout son
possible. Eh bien! soit, ne parlons pas de Forbach; mais, je le répète,
le rapport n'aurait pas dû en parler.

Le 12 août, le maréchal Bazaine est nommé commandant en chef
de l'armée du Rhin.

Il voulait le commandement, il l'a demandé! dit-on, il a pressé sur
le gouvernement. Eh bien! ce n'est pas la vérité; la vérité a été déposée ici par tous. Vous avez entendu le maréchal Le Bœuf; qu'a-t-il
dit? qu'il avait su par l'empereur que le maréchal Bazaine avait fait
des difficultés pour accepter le commandement, qu'il aurait ainsi sous
ses ordres les maréchaux Canrobert et Le Bœuf, plus anciens que lui,
et que l'empereur avait passé outre, en ne tenant pas compte de ses
scrupules.

Vous avez entendu le président du Corps législatif, qui, par la nature
de ses hautes fonctions, se trouvait en communication constante avec
le gouvernement et avec l'opposition. On lui a demandé si le maréchal
Bazaine avait sollicité le commandement. Qu'a-t-il répondu? que rien
ne pouvait motiver cette supposition ; que tout prouve le contraire;

que c'est l'opinion publique qui, seule, l'a fait désigner pour le commandement.

Un troisième témoin, M. Rouher, qu'a-t-il dit? que le maréchal avait obéi à un ordre de l'empereur et qu'il n'avait pas recherché le commandement en chef de l'armée du Rhin. Nous en avons donc fini avec cette calomnie. Solliciter le commandement après le désastre de Reichshoffen ! mais c'était s'exposer à des périls immenses que de le solliciter à ce moment suprême.

Tout cela n'est pas raisonnable.

On a dit que non-seulement il avait agi auprès du pouvoir, mais qu'il avait agi auprès de l'opposition. Eh bien ! vous avez entendu ici M. Jules Favre ; il a déclaré qu'il n'y avait jamais eu la moindre entente entre le maréchal et l'opposition. L'opinion publique a désigné le maréchal Bazaine pour ce commandement en chef, et le pouvoir a obéi.

Ah! il y a l'incident Kératry. Je n'en parlerais pas, si M. le commissaire du gouvernement n'en eût pas parlé, cela aurait mieux valu. Oui, il aurait mieux valu ne pas mêler le nom d'une femme à ces débats. Les souvenirs de M. de Kératry ne sont pas exacts. C'est déjà prouvé à moitié. Je vais vous en fournir la preuve complète. Comment ! Mme la maréchale aurait dit que son mari était fatigué des fautes de l'empereur, qu'il allait se retirer, que lui, M. de Kératry, l'aurait répété au ministère ? Les souvenirs de M. de Kératry ne sont pas exacts, et ils ne peuvent se maintenir en présence de témoignages qui ne peuvent se tromper. Il y a ceci de fâcheux pour M. de Kératry, c'est que ni M. Jules Favre, ni M. le ministre ne se souviennent de ce que M. de Kératry affirme avoir dit au ministre. Ainsi, ni le maréchal ni Mme la maréchale n'ont dit que le maréchal était en révolte contre son souverain; fait bien honteux pour un soldat, et bien rare heureusement. Aussi Mme la maréchale a-t-elle fait le voyage de Marseille, de sa personne, pour demander à M. de Kératry de dire que ce qu'il déclarait n'était pas possible, qu'il s'était trompé. Ah! si Mme la maréchale n'eût pas fait ce voyage, quel parti le ministère public en aurait tiré ! Laissons ce voyage de côté.

Qu'a dit M. Jules Favre à Mme la maréchale ? Il a déclaré : « Je n'ai aucun souvenir du langage tenu par M. de Kératry dans le cabinet de M. le ministre de la guerre. Votre beau-frère ne m'a rien fait connaître de semblable. Le maréchal Bazaine nous paraissait le plus capable de relever nos affaires militaires, et c'est pourquoi nous pressions le ministre de le mettre à la tête du commandement. »

Et le ministre, qu'a-t-il répondu ? Il a dit : « J'ai eu l'honneur de recevoir M. Jules Favre, M. de Kératry et M. Picard; ils venaient chez moi pour me demander de presser l'armement. » La conversation n'a roulé que sur ce sujet.

Le propos rapporté par M. de Kératry est inexact, et il est même impossible; l'empereur était déjà au camp de Châlons, le maréchal de Mac-Mahon était déjà nommé commandant en chef de l'armée de Châlons, et M. le maréchal Bazaine, de l'armée du Rhin. « Quant à la question de savoir à qui j'aurais obéi, s'il y avait eu un conflit entre l'empereur et le maréchal Bazaine, ma vie tout entière est là pour répondre. »

Voilà ce qu'a déclaré M. le général de Palikao.

Me Lachaud donne lecture de la déposition à l'audience de M. le général de Palikao (déposition que nous avons déjà reproduite).

M. de Palikao a protesté contre la mise en demeure que lui aurait adressée M. de Kératry. M. de Palikao a nié formellement le propos de M. de Kératry. M. Jules Favre, lui aussi, dans un ouvrage sur les événements du 4 septembre, ne dit pas un mot qui rappelle le fait indiqué par M. de Kératry. Ainsi, voilà l'incident de Kératry vidé. M. de Kératry a donc le malheur d'être en désaccord avec tout le monde : avec le ministre, avec un de ses amis politiques; il dit qu'il a parlé à tout le monde des désirs du maréchal, et personne ne se le rappelle.

J'ai donc le droit de dire que le maréchal Bazaine a obéi à l'empereur; et, investi de ce commandement, il a éprouvé toutes les douleurs que vous connaissez.

Il est nommé le 12, c'est le 13 qu'il prend le commandement; à quelle heure? Il est impossible de le dire; M. le président, malgré son désir d'arriver à la précision, n'a pu fixer un moment certain pour cette transmission du commandement en chef.

Et puis, on s'est battu le 14, on s'est battu le 16, on s'est battu le 18. C'étaient de grands combats qui ont donné de la gloire à nos armes; mais le blocus se resserrait. On s'est battu, on s'est battu encore, et il est arrivé un jour où la famine a réduit cette armée; et le chef de l'armée a compris que le moment suprême était arrivé pour elle, il a compris qu'il ne pouvait laisser égorger jusqu'au dernier homme de cette armée, la seule qui restât à la France. Sortir alors, c'eût été une folie glorieuse, mais une folie; cette sortie, M. le commissaire du gouvernement l'aurait voulue, mais alors on eût laissé 40 ou 50 000 hommes sur le champ de bataille; cette sortie eût été l'armée sacrifiée, c'eût été le triomphe de la barbarie. Tandis qu'obligés d'accepter la capitulation, nous avons du moins retrouvé la vaillante armée de la France, qui, à son retour de captivité, a pu sauver la société.

Le ministère public dit que M. le maréchal Bazaine a trahi l'empereur; puis il dit ensuite qu'il a trahi la France pour l'empereur. Étrange contradiction. Nous y reviendrons plus tard.

Le défenseur donne lecture des lettres adressées au maréchal Bazaine par l'empereur, dans lesquelles Napoléon III dit qu'il ne comprend pas les poursuites dirigées contre le maréchal, dont il déclare n'avoir jamais eu à se plaindre.

Après la capitulation, M. le maréchal Bazaine n'a eu qu'une pensée, celle de faire apprécier sa conduite; il a demandé un conseil d'enquête; et, en effet, un conseil d'enquête devait s'assembler le 2 janvier 1871. Le maréchal l'attendait, lorsqu'il reçut, le 28 décembre 1870, cette dépêche :

« Le ministre de la guerre à M. le maréchal Bazaine, à Cassel.

« J'ai l'honneur de vous informer que le conseil d'enquête relatif à la capitulation de Metz n'ayant pas lieu à l'époque indiquée du 2 janvier, vous n'avez pas à fournir de mémoire justificatif pour cette date. »

Et je puis vous expliquer quelle fut la cause de ce contre-ordre, en vous donnant lecture d'une autre dépêche que voici : elle n'a pas été démentie, je puis donc la lire :

« 25 décembre, 2 h. 45 m. soir.

« N° 5183. Gambetta à Crémieux, justice, de Freycinet et Laurier.

« Qui donc a formé un conseil d'enquête pour juger Bazaine? L'enquête est faite. **Personne ne m'a consulté. Je m'y oppose formellement,** et je vous prie d'arrêter ces choses, Réponse immédiate.

« GAMBETTA. »

L'enquête est faite ! Les délateurs parlent comme cela ! Il est vrai que le maréchal n'a pas obtenu ce qu'il avait le droit de demander ; il n'a pas pu s'expliquer ! L'enquête est faite !

Le maréchal ne voulut pas s'en tenir là, il écrivit une lettre au général Trochu ; il était captif, il obtint cependant qu'on la ferait passer en France ; mais cette lettre a eu du malheur ! Elle a été adressée à M. Jules Favre, qui sans doute l'a perdue et qui certainement ne l'a jamais remise. Voici comment le maréchal apprit que sa lettre n'était jamais arrivée à sa destination :

« Berlin, le 20 avril 1871.

« Monsieur le maréchal, j'ai eu l'honneur de recevoir la lettre que vous avez bien voulu m'adresser le 4 avril dernier.

« En consultant les papiers qui datent de l'époque de mon séjour à Versailles, j'ai retrouvé la lettre du général comte de Monts par laquelle il faisait parvenir celle que vous aviez adressée au général Trochu le 4 février dernier avec une protestation de la même date, et j'ai constaté que la première de ces pièces porte de mon écriture l'ordre de faire parvenir vos lettres à leur adresse.

« En outre, elle est munie d'une note de celui des employés chargé de l'exécution, affirmant qu'elles ont été remises entre les mains de M. Jules Favre. La lettre du général comte de Monts m'était parvenue le 10 février, et le 11 du même mois je l'ai invité à informer Votre Excellence que M. Jules Favre s'était chargé de faire parvenir les lettres à leur destination. Il en résulte que l'ordre donné par moi à ce sujet a dû être exécuté le 10 ou le 11 février.

« Je suis heureux d'avoir pu vous fournir un renseignement auquel vous attachez du prix, et je vous prie, monsieur le maréchal, d'agréer l'assurance de ma haute considération. « BISMARK. »

Oui, en vérité, cette lettre eut du malheur ! C'est M. le général Trochu qui le déclare dans la réponse qu'il a adressée au maréchal, et dont je vais avoir l'honneur de vous donner lecture ; elle contient des appréciations qui ne sont pas toujours les miennes, mais néanmoins d'un caractère trop digne et trop élevé pour que je néglige de les faire connaître.

« Tours, le 21 juillet 1873.

« Monsieur le maréchal, c'est par la lettre que vous venez de me faire l'honneur de m'écrire que je suis informé des marques de souvenir que vous m'avez adressées en janvier 1871 par le quartier général prussien, et depuis par l'intermédiaire du colonel Gaillard.

« Aucune ne m'est parvenue.

« S'il en avait été autrement, je n'aurais pas manqué d'y répondre, et surtout de me présenter chez vous avant de quitter Versailles pour me renfermer dans la retraite où je suis. Nous vivons dans un temps où aucun homme, ayant le respect de soi, ne peut aller au-devant d'un autre, l'eût-il connu pendant longues années, s'il n'est à l'avance assuré de ses sentiments.

« Au temps des mirages de l'empire, je me suis refusé à partager les admirations, surtout les admirations militaires, qui transportaient le pays. Après les désastres qu'elles nous ont valu et que j'avais annoncés, je me refuse à partager les colères et les haines qui succèdent aux admirations. Ce sont là des sentiments qui me paraissent très-peu dignes ; ils n'ont pas d'autre objet que de faire retomber sur les victimes de la guerre des responsabilités qui appartiennent d'abord à ceux qui l'ont voulue, et ensuite à la nation tout entière, qui a mieux aimé flatter l'empire que de le contrôler et de le contenir.

« Si elle avait la haine assez haute et la perception morale assez claire pour faire carrément son *meâ culpâ*, elle serait dès à présent sauvée ; mais déjà elle a trouvé, elle aussi, ses thuriféraires qui la rejettent dans les erreurs de son passé.

« Soyez ferme, monsieur le maréchal, avec la pensée que l'épreuve élève les hommes dont la conscience est tranquille, bien plus haut que les hasards et les conventions de la plus éclatante fortune.

« Je vous prie d'agréer l'hommage de mon respect.

« Général Trochu, en retraite à Tours. »

Il y a de grands sentiments dans cette lettre. Je ne la lis, du reste, que pour prouver une fois de plus que, toujours, à toutes les époques, le maréchal a demandé à être entendu. Il s'est adressé à M. Thiers, et il lui a demandé des juges par deux fois. Voici en quels termes s'expliquait M. Thiers devant l'Assemblée, à la séance du 29 mai 1871 :

« *M. Thiers*, chef du pouvoir exécutif : Je viens remplir un devoir que je me reprocherais de ne pas accomplir, et que vous-mêmes me reprocheriez de négliger. Je viens au nom du maréchal Bazaine vous demander ce que, pour ma part, je regarde comme un grand acte de justice. J'ai été heureux d'entendre notre illustre collègue le général Changarnier parler si dignement d'un de nos grands hommes de guerre. Depuis assez longtemps déjà le maréchal Bazaine m'avait écrit pour réclamer cet acte de justice qu'il voulait devoir à l'Assemblée nationale. —

« .... Le maréchal Bazaine, j'en suis convaincu, a été cruellement calomnié ; mais un gouvernement ne suffit pas à abattre la calomnie ; le maréchal Bazaine demande formellement qu'une enquête soit ouverte pour qu'on juge les événements de Metz. »

Après la réunion de la commission d'enquête, le maréchal Bazaine écrivait encore à M. le président de la République :

« Paris, 3 mai 1872.

« Monsieur le président, j'ai l'honneur de vous remercier d'avoir bien voulu me faire donner connaissance du rapport de la commission d'enquête sur la capitulation de Metz. Je n'aurais jamais cru, avant cette lecture, qu'il fût possible d'accumuler contre un maréchal de France autant de malveillantes insinuations sans qu'il ait été mis en présence de ses détracteurs. Et je n'accepte pas les blâmes qui sont énoncés dans ce rapport.

« Il vous appartient, monsieur le président, de traduire devant le conseil de guerre l'homme qui, après avoir servi en soldat, et non sans honneur, son pays pendant quarante et un ans, est exposé à supporter, contre toute justice, la responsabilité de tous nos malheurs.

« J'attends l'ordre de comparaître devant les juges qui m'écouteront. J'aurai pour moi l'opinion des honnêtes gens qui me verront lutter contre mes calomniateurs. Ce n'est pas sa vie que le maréchal Bazaine prétend défendre, mais bien son honneur de soldat, son seul patrimoine, qu'il veut transmettre intact à ses enfants.

« J'ai l'honneur d'être avec respect, monsieur le président, votre très-obéissant serviteur,   Maréchal Bazaine. »

Deuxième complément de l'audience du 7 décembre

PRÉSIDENCE DE M. LE DUC D'AUMALE

L'éminent défenseur continue sa plaidoirie. Il vient d'être prouvé, par la lecture de plusieurs lettres et du témoignage de M. Thiers à l'Assemblée nationale, que, dès la fin de 1870, le maréchal a demandé à être jugé. M⁰ Lachaud a lu également une lettre du maréchal, du 3 mai 1872, remerciant le Président de la République de lui avoir fait donner connaissance du rapport de la commission d'enquête sur la capitulation de Metz, protestant contre les blâmes qui y sont énoncés, et témoignant le désir de comparaître devant des juges pour défendre avec confiance son honneur. Le défenseur continue ainsi :

Mais avant qu'il pût en arriver là, les calomnies avaient circulé de toutes parts ! Ah ! cette croisade se continue encore aujourd'hui, et ce n'est pas à vous, messieurs, que j'ai besoin de dire de quelles injustices odieuses le maréchal est la victime. C'est alors que M. le maréchal Canrobert prit la plume et écrivit de Stuttgard, à son ancien commandant en chef, la lettre que je vais vous lire et dont vous n'oublierez pas les termes :

« Stuttgard, le 19 février 1871.

« Monsieur le maréchal, vous étiez notre chef à l'armée du Rhin, où l'opinion publique, sanctionnée par l'empereur, vous avait conféré ce redoutable honneur. Bien qu'une autre position des plus considérables me fût offerte, je n'hésitai pas à venir me placer sous vos ordres, sacrifiant toute question personnelle d'intérêt ou de susceptibilité au désir de combattre pour mon pays. A peine la fatalité, qui dans cette guerre néfaste n'a cessé de suivre toutes les armées de la France, vous eût-elle réduit, après dix batailles ou combats et la mort de vos chevaux d'artillerie et de cavalerie, à succomber sous la famine, que de divers côtés, même de votre armée, s'élevèrent contre vous des accusations, des injures monstrueuses qui s'étendirent parfois jusqu'aux commandants des corps d'armée et autres généraux vos subordonnés. Le dédain du silence a dû naturellement leur être opposé tant que la voix de la vérité était étouffée et que les circonstances ne permettaient pas de juger avec calme et équité.

« Mais aujourd'hui que les représentants autorisés de la nation ont pu enfin se réunir, le devoir, l'honneur, la discipline militaire, qu'il est si indispensable de rétablir, demandent que notre ancien général en chef en appelle à la justice éclairée du pays, qui, dans sa majestueuse impartialité, saura rendre à chacun selon ses œuvres.

« Si Votre Excellence partage, comme je ne puis en douter, ma manière de voir, j'en serais d'autant plus heureux qu'en ce qui me concerne je ne saurais admettre que le silence soit la seule réponse à opposer à toutes les attaques qui se sont produites.

. « Je vous serai reconnaissant, monsieur le maréchal, si vous voulez bien m'adresser votre réponse à Stuttgard, où, comme vous savez, je subis, depuis plus de trois mois, avec douleur, cette navrante captivité qui prive les plus vieux, les plus expérimentés soldats de la France de l'honneur et du bonheur de combattre en tête de nos vaillants compatriotes contre ses envahisseurs.

« Veuillez agréer, monsieur le maréchal, l'expression de mes sentiments de haute considération et de dévouement.

« Maréchal CANROBERT,

« Ex-commandant du 6e corps de l'armée du Rhin. »

Ce que M. le maréchal Canrobert demandait dans cette lettre si digne et si noble, dans la respectueuse affection qu'elle exprime, le maréchal Bazaine l'avait demandé déjà. Cependant, la calomnie s'élevait toujours, et, il faut le dire, il se trouva deux hommes, deux officiers supérieurs, qui contribuèrent à la propager. M. le colonel d'Andlau et M. le colonel Villenoisy. Je vous dirai ce que je pense de leur intervention, messieurs, en deux mots, sans paroles vives; je n'en ai pas besoin, en pareille matière les faits parlent bien mieux que les discours.

Voici d'abord quelques lignes qui furent imprimées dans l'*Indépendance belge* du 22 décembre 1870 : « On nous communique la lettre qu'on va lire. Elle a un caractère tout privé, et nous ne sommes pas autorisés à en faire connaître l'auteur. Nous pouvons dire, cependant, qu'elle émane d'un colonel d'état-major, prisonnier de Metz, grand seigneur, ancien ami des Tuileries, et qui a occupé la haute et exceptionnelle position d'attaché militaire à l'ambassade française près d'une grande puissance du Nord. Cet officier supérieur va, du reste, publier prochainement le journal complet, heure par heure, pour ainsi dire, du siége de Metz, et cette œuvre sera signée de son nom. »

Ainsi, messieurs, en décembre 1870, quand le territoire était encore souillé par la présence de l'ennemi, quand tout le monde ne pouvait songer qu'à sauver l'honneur de l'armée et de ses chefs, voici l'extrait d'une lettre privée qui a été publié alors et souvent reproduit depuis :

« .... Et nous avons assisté d'un honteux spectacle d'un maréchal de France voulant faire de sa honte le marche-pied de sa grandeur, de notre infamie la base de sa dictature, livrant ses soldats sans armes comme un troupeau qu'on mène à l'abattoir et qu'on remet au boucher, donnant ses armes, ses canons, ses drapeaux pour sauver sa caisse et son argenterie, oubliant à la fois tous ses devoirs d'homme, de général, de Français, et se sauvant furtivement au petit jour pour échapper aux insultes qui l'attendaient ou peut-être à la fureur qui l'aurait frappé.... Voilà ce que j'ai vu pendant deux longs mois; voilà ce que j'ai écrit, du reste, ce que j'ai dit bien haut, à tel point qu'il m'a menacé de me faire arrêter, ainsi que mon ami S...; mais il n'en a pas même eu le courage, il m'a refusé cette satisfaction!... Nous avons assisté à une trame ourdie de longue main, dont les fils ont été aussi multiples que les motifs; et cet homme a obéi à des pensées si diverses, qu'on en est à se demander aujourd'hui s'il n'était pas tombé dans cette imbécillité qui semblait être devenue l'apanage de cette honteuse dynastie et de ses créatures.

« .... Bien des esprits sagaces ont deviné le mal au début; bien de braves cœurs ont voulu le prévenir, et je vous dirai que ce sera pour moi un honneur d'avoir été un des « auteurs de la conspiration » qui se formait, aux premiers jours d'octobre, pour forcer Bazaine à marcher ou se déposer. Les généraux Aymard, Courcy, Clinchant, Péchot, les colonels Boissonnet, Lewal, Davoust d'Auërstadt et d'Andlau et moi, nous voulions à toute force sortir de l'impasse vers laquelle on nous précipitait, et que les autres ne voyaient pas ou ne voulaient pas voir.... Mais il nous fallait un chef, un général de division dont le nom et l'ancienneté eussent pu rallier l'armée dont nous aurions arrêté les chefs.

« Eh bien ! pas un n'a voulu prendre cette responsabilité, pas un n'a eu le cœur de se mettre en avant pour sauver en même temps et l'armée et la France. Ah! ils sont bien coupables aussi les généraux et les maréchaux, et ils auront des comptes sévères à rendre devant l'histoire, et peut-être devant les tribunaux !...

« .... Le nom seul de Napoléon nous fait horreur.

« .... Aujourd'hui, j'en suis arrivé presque à comprendre les massacres de 92, les horreurs de la Révolution, et j'ai regretté hautement à Metz de ne pas voir arriver ces anciens commissaires de la Convention aux armées, qui faisaient tomber les têtes des généraux et ne leur laissaient d'autre alternative que de vaincre ou de mourir.... »

Que dites-vous de cela, messieurs les membres du Conseil? Et le colonel français qui a écrit cela était un ancien officier d'ordonnance de l'empereur à Metz ; il a sollicité son admission comme aide de camp de l'empereur, qui l'a refusé !

Et que dites-vous de cette conspiration ?

Je sais bien que M. le colonel d'Andlau a dit qu'il était très-malheureux alors qu'il écrivait cela ; oui, il était en captivité ; mais il n'était pas le seul captif ! Il prétend encore que c'est par une trahison que cette lettre est arrivée à la publicité, que ses correspondants ne sont pas discrets. En effet, il ne les a pas bien choisis ! Il affirme encore que c'était là une lettre privée ; mais, dans une lettre privée, écrit-on avec cette pompe ? Ah! il aime mieux les conventionnels qui faisaient guillotiner les généraux malheureux, que les braves gens qui défendent leur pays de tout leur pouvoir, de toutes leurs forces !

Et puis un livre a paru, intitulé : *Metz, Campagne et Capitulation.* Eh bien ! dans ce livre, les faits sont dénaturés. Sans doute la discussion a son droit ; mais ce qu'on n'a pas le droit de faire, c'est de se servir de documents officiels sans permission ; or il est incontestable que c'est par suite de son service que M. le colonel d'Andlau s'est trouvé en possession des pièces qu'il a imprimées dans son livre. Il est un mot que je ne veux pas dire ! Le maréchal a demandé à M. le ministre de la guerre d'intervenir, et le ministre a répondu que cela était impossible, le livre ne portant pas de nom d'auteur.

Mᵉ Lachaud donne lecture de la réponse de M. le ministre de la guerre. Et pour clore cet incident, ajoute-t-il, je veux vous lire les paroles généreuses, indignées, que l'honorable général Changarnier faisait entendre à la tribune de l'Assemblée nationale :

« *Général Changarnier* : .... Quoi qu'en aient dit des hommes aigris par le malheur, qu'ils n'ont pas su porter avec dignité ; quoi qu'en aient dit des subalternes, qui croient se grandir en accablant un chef tombé de haut, il est faux, absolument faux que ce brave soldat de Borny et de Rézonville nous ait volontairement, méthodiquement conduits à notre ruine... Messieurs, je vous en supplie, je vous en conjure, n'estimez pas les hommes enclins à de si odieux soupçons. (Vive approbation, bravos et applaudissements prolongés. L'orateur, en retournant à sa place, reçoit les félicitations empressées de ses collègues.) »

M. le colonel de Villenoisy avait à Metz une situation particulière; que voulez-vous que je dise? il faisait la campagne. — C'est lui qui vous l'a dit — en curieux! en amateur! Il a reçu une cruelle leçon que M. le général Le Flô lui a infligée publiquement. Le commandant, aujourd'hui colonel, n'avait pas de rang dans l'armée du Rhin; il était simple professeur à l'Ecole d'application de Metz; il a adressé à l'Assemblée ce qu'on peut appeler une dénonciation, et voici l'appréciation de M. le général Le Flô, ministre de la guerre : « Je dois le déclarer à cette tribune, il n'appartient pas à M. de Villenoisy de provoquer, par une pétition, le débat actuel, car il n'avait pris part ni aux travaux du siége de Metz, ni à aucun des combats réguliers qui se sont livrés sous les murs de cette place. Simple chef de bataillon et professeur à l'Ecole d'application, jamais acteur dans la lutte, il n'a pu juger ces graves questions que sur des appréciations indirectes, impersonnelles, insuffisantes par conséquent, et il lui appartenait ainsi, moins qu'à un autre, je le répète, d'en saisir l'Assemblée. Son devoir strict l'obligeait, en tout cas, de s'adresser au ministre de la guerre.

« Mais cet officier a commis une autre faute. Il ne s'est pas borné à saisir l'Assemblée de cette question, il a publié sa lettre dans les journaux, en même temps qu'elle vous était adressée. Cette infraction aux règlements, je l'avais déjà punie, dès le mois de mars, de quinze jours de prison. (Très-bien! très-bien!) Voilà, messieurs, comment nous entendons la discipline, et comment nous n'avons pas permis à un simple officier, resté étranger à la guerre de cette époque, de venir soulever législativement ce grave débat. (Bravo! bravo! applaudissements.) »

Messieurs, j'ai été étonné de voir que M. le colonel de Villenoisy ait été appelé par le ministère public après cette attestation du ministre de la guerre.

A présent, sur les calomnies, tout est dit! J'arrive donc au 12 août, date de la prise du commandement; et vous allez voir si le maréchal était libre dans la direction de son armée, s'il avait des ordres précis qui l'obligeaient à marcher passivement vers Verdun ou même vers Châlons!

Il a pris le commandement le 12; or on s'est battu le 14, le 16, le 18, et encore ne savons-nous pas l'heure bien précise à laquelle il a été investi du commandement en chef; aussi les reproches que lui adresse le réquisitoire de M. le commissaire du gouvernement, je m'en débarrasserai bien facilement. D'abord est-il prouvé qu'une marche sur Verdun était définitivement arrêtée? Il ne faut pas oublier quelle était la situation; il y avait alors des démarches diplomatiques de toute nature tentées par les hommes les plus considérables, et un échec nouveau pouvait leur porter un coup funeste.

Me Lachaud lit des dépêches de l'empereur et du maréchal Bazaine, prouvant que le plan n'était pas encore arrêté le 13 à onze heures du soir.

Messieurs, la bataille eut lieu le 16, et elle eut ce résultat que la direction que l'on pouvait prendre avant, on ne put pas la prendre après. Et le soir, quand l'empereur adresse au maréchal des félicitations pour l'armée, il ne lui rappelle pas par un mot un ordre donné, une ligne de conduite tracée d'une façon absolue.

Le maréchal Le Bœuf, qui chaque jour avait des communications avec l'empereur, a déclaré ceci : « À cet égard je ne puis rien répondre de bien précis; le projet, que du reste j'ai combattu, n'était pas même chez l'empereur une idée arrêtée. »

Et ce point, messieurs, n'est pas sans importance, car c'est là la grande trahison!

Le défenseur lit ensuite un passage de Napoléon Ier, déclarant qu'un général en chef ne doit pas une obéissance passive aux ordres militaires d'un prince ou d'un ministre.

Me Lachaud continue sa plaidoirie.

Le 13, le maréchal prépare le passage de la Moselle; mais les ponts sont emportés pendant la nuit, et ils ne sont prêts que le 14 à midi.

Déjà depuis quelques jours ce projet était arrêté, et les ordres ont été donnés.... Par qui? Par le commandant en chef, qui n'est pas responsable des faits qui ont précédé la prise de possession de son commandement; vous ne pouvez pas lui en demander compte. Le 12, la nomination; le 13, la prise de possession; et n'oubliez pas qu'il est à Borny, que l'état-major général est à Metz. S'il n'a pu se rendre compte si promptement de ces détails innombrables, vous ne pouvez pas lui en demander compte. Et pourtant c'est une tendance du ministère public. En voulez-vous une preuve? On vous a parlé du pont de Novéant. Ce pont, il semble qu'il suffisait de le couper pour entraver la marche de l'ennemi. Eh bien! c'est le maréchal qui l'a voulu; c'est à lui qu'on vient demander des hommes. Il a été prouvé que le télégraphe de Borny ne fonctionnait pas à ce moment là. Il vous a été déclaré que les réponses étaient immédiates; donc on n'attendait pas pour répondre que Borny eût été consulté.

Et les routes? Est-ce qu'un commandant en chef doit connaître tous les petits sentiers? est-ce lui qui doit donner des ordres détaillés pour indiquer telle ou telle direction à telle ou telle compagnie d'une armée de 150,000 hommes?

Nous arrivons à la bataille.... Oh! je ne veux pas discuter, je n'en ai pas le droit. Il est possible qu'un homme ait pu se tromper; mais sera-t-il coupable pour avoir fait ce qu'il a cru nécessaire? Cela je puis le discuter; mais apprécier un combat d'un après l'autre, prétendre qu'il fallait aller à gauche et que l'on a eu tort d'aller à droite, est-ce que ce n'est pas impossible! Un général commandant en chef ne relève que du droit que lui donne sa conscience!

Donc, je ne discuterai pas les batailles. Au commencement de cette affaire, que ne disait-on pas! les généraux devaient s'attaquer les uns les autres, le chef devait s'en prendre à ses lieutenants; nous n'avons pas eu ce spectacle à cette audience, Dieu merci! Ici, le maréchal, le commandant en chef, couvre tout le monde : il n'a pas un blâme pour ses lieutenants, il ne décline pas la responsabilité de ce qu'il a ordonné; ce sont les faibles, ce sont les lâches qui font cela!

Oui, nos ennemis nous regardent. Eh bien! ils ont vu ces chefs de corps d'armée, ces honorables lieutenants qui sont revenus quatre fois pour exprimer la vérité, chacun avec la nuance que lui imposait sa nature particulière; eh bien! ils ont vu que pas un d'eux n'a prononcé sur son chef une parole de blâme. Et, messieurs, c'est pour nous une grande consolation; cela nous prouve que l'armée vit encore! Oui, messieurs, ç'a été un spectacle beau et consolant, que cette unanimité! car nous parlons ici devant le monde entier, et il est bon qu'il sache que nous avons encore de grandes richesses.

Nous arrivons à la bataille de Borny. Je ne me donnerai pas le ridicule de la discuter; je ne suis pas un militaire, moi! Je sais bien que vous avez entendu un avoué qui aurait sauvé Metz ; hélas ! moi, je n'aurais rien sauvé du tout !

Le défenseur résume rapidement la bataille, et continue ainsi :

Le maréchal était toujours en avant ; vous savez qu'il a été blessé par un éclat d'obus, et que sans son épaulette la blessure eût été grave ; le général Bourbaki vous a dit : « J'ai vu le maréchal dans les journées du 14 et du 16, et jamais je ne vis figure plus calme, attitude plus sereine ; il était toujours en première ligne, et cela était même gênant pour nous qui ne savions jamais où le trouver ! »

Si M. le commissaire du gouvernement a raison, si le maréchal est un ambitieux qui se réserve pour je ne sais quelle destinée, s'exposera-t-il ainsi ? Les traîtres ne se font pas tuer !

Mᵉ Lachaud, après avoir rappelé les dépositions des capitaines de Chasseloup-Laubat et Gudin, indique les positions de l'armée le 15, et, arrivant au combat de Rézonville, lit les dépêches fort détaillées du 16 et du 17, du maréchal à l'empereur.

L'accusation dit : « Les détails ne sont pas exacts ; vous trompiez l'empereur pour justifier votre retard. » La réponse est facile : en ce qui concerne les munitions, le général Soleille, qui était blessé et s'était fait porter dans une maison d'où il pouvait entendre la canonnade, avait envoyé le colonel Vasse Saint-Ouen au maréchal pour lui dire de prendre garde, et que les quantités de munitions dépensées s'élevaient au tiers, sinon à la moitié de l'approvisionnement.

Quant aux vivres, est-ce qu'il n'est pas vrai qu'il n'y avait pas de vivres ? Les convois étaient au Ban-Saint-Martin, et il était très-difficile de les faire arriver sur le plateau ; donc le général était tenu de rectifier sa ligne de bataille.

Et afin que l'empereur fût mieux édifié sur la situation, le maréchal a envoyé M. le commandant Magnan, dont je vais analyser la mission.

En vérité, il est des choses que je ne peux pas comprendre ; et je ne parle pas ici pour cet incident seulement. Cependant, nous verrons ce qu'il peut renfermer de mystères. Au moins, M. le commissaire du gouvernement a-t-il fait des efforts gigantesques pour y découvrir quelque chose de répréhensible !

Voyons le fait : naturellement, le maréchal ne peut envoyer que des dépêches incomplètes ; il n'a pas le temps d'écrire de longs mémoires, et il envoie son aide de camp, qui pourra donner satisfaction complète au souverain. La lettre dont il est chargé, on vous l'a lue, vous vous en souvenez ! D'abord on s'est entouré des renseignements les plus précis ; le général Soleille a préparé une note qui est signée par le maréchal, mais qui, évidemment, émane du commandant en chef de l'artillerie de l'armée. Le commandant Magnan part le 18 au matin ; à Châlons, il est reçu par l'empereur et par le maréchal Mac-Mahon ; il repart à deux heures, accompagné de M. l'intendant de Préval, de M. le barron Larrey et de M. l'aumônier en chef. Ceux-ci allaient à Metz ; ce qui veut dire que si on les y envoyait, c'est qu'on n'attendait pas si subitement le départ de Metz de l'armée du Rhin.

A neuf heures on est à Hayange. Là, on apprend que le chemin de fer est coupé entre Hayange et Thionville, et même entre Thionville et Metz. On pense que la résolution la plus naturelle à prendre est de revenir à Charleville, d'où l'on pourra plus facilement faire retour sur Thionville. Aujourd'hui cette résolution est blâmée, comme on peut le faire toujours après coup ! Mais il n'en est pas moins vrai qu'on est arrivé le 19 à Thionville.

M. le colonel Turnier déclare que le projet d'arriver à Metz présente des dangers sérieux et ne peut pas aboutir. Cependant M. le commandant Magnan désire rentrer dans Metz; il voudrait annoncer les convois de vivres. Il se rend à Montmédy, et de là il envoie vingt-huit ou trente émissaires; lui-même a recours à des ruses permises; il se déguise en employé de chemin de fer, mais ne peut pas percer l'investissement. Enfin, quand le blocus se resserre, il va demander du service auprès d'un autre général, sous les ordres duquel il gagne les épaulettes de colonel, qu'il peut porter aujourd'hui avec la conscience qu'il les a glorieusement gagnées!

Eh bien! messieurs, ce qui est si simple va devenir le mystère le plus ténébreux qui soit au monde. Il paraît que M. le commandant Magnan avait une mission que nous ne connaissons pas. L'accusation ne s'embarrasse guère de prouver. Le commandant lui-même vous dit : « Je n'avais pas de mission; l'empereur m'avait dit : « Le maréchal fera pour le mieux, et ce qu'il fera sera bien fait! » Je lui avais répété que la pensée du maréchal était de se diriger vers le Nord, et l'empereur avait dit : « C'est peut-être le moyen le plus sûr. »

Mais, malgré cela, l'accusation insiste et se perd dans ses conjectures: Vous aviez une mission importante; M. Piétri s'est donné la peine d'annoncer que vous partiez!... Eh bien! est-ce que ce n'est pas là une chose toute naturelle? Dans le rapport, la conjecture de l'accusation est obscure; mais, dans le réquisitoire, j'entrevois une petite lumière: le commandant Magnan n'est pas revenu, parce qu'il avait été convenu entre lui et le maréchal qu'il ne reviendrait pas! Mais à quoi bon l'envoyer alors? Le commandant n'a pu entrer dans Metz. Des émissaires y sont parvenus. Un habitant des campagnes trouvait des facilités que lui officier, n'étant pas du pays, ne trouvait pas.

Il faut que je signale une hypothèse du réquisitoire; elle se rapporte à la dépêche Lewal qui serait arrivée le 23 : ce serait peut-être le commandant Magnan qui l'aurait envoyée?... Mais vous dites qu'il n'a pas voulu expédier quoi que ce soit, et, tout à coup, pour les besoins de l'accusation, c'est lui qui fait parvenir la dépêche du 23. Le bon sens se refuse à vous suivre dans cette explication.

Non, il n'y a rien de mystérieux : le commandant en chef envoie à l'empereur, qui lui demande des renseignements détaillés, un homme que vous dites vaillant, que vous dites intelligent.... ajoutons un homme loyal.

Était-il possible de continuer la marche en avant, dans la nuit du 16 ou dans la journée du 17? C'est là une appréciation, et rien au monde n'est plus difficile que d'obtenir une solution définitive. Il y a, en effet, des natures plus ou moins ardentes! Le général Bourbaki a dit que, peut-être, avec un grand effort, on aurait pu passer, mais il a ajouté que ce n'était là qu'une hypothèse !

Le défenseur rappelle ensuite les déclarations du maréchal Le Bœuf, du maréchal Canrobert et du général de Gondrecourt.

La prudence est encore le plus grand mérite d'un général commandant en chef. Le 18, la bataille de Saint-Privat est engagée.

A midi, l'attaque commence; la lutte continue toute la journée avec des péripéties différentes, et à huit heures du soir le 6e corps, avec deux divisions du quatrième, est accablé sous la mitraille. Ce n'est qu'après d'héroïques efforts, et quand le village est en flammes, qu'il vient occuper une situation en arrière. Voilà la vérité.

Le maréchal Bazaine, dit le ministère public, a manqué à son dovoir, il n'a pas secouru à temps le maréchal Canrobert : le maréchal Canrobert a demandé des batteries, on lui a envoyé quatre batteries de la garde.

La réserve : les voltigeurs et les grenadiers de la garde, était sous les ordres du général Bourbaki ; le maréchal lui avait donné la faculté, conforme au règlement, d'aller où le danger appelait son concours.

Il y a un fait dont le ministère public ne tient pas compte : la bataille de Saint-Privat, ou plutôt la défense des lignes d'Amanvillers, a eu des phases diverses. A un moment on a dit : « Tout va bien, » et quelques heures après on disait : « Tout va mal. » Ces changements sont fréquents dans les opérations de guerre, dans ce noble métier des armes que vous exercez, messieurs. Et vous le savez, un commandant en chef ne peut être partout !

Le capitaine de Chalus, entre 3 heures 1/2 et 3 heures 3/4, vient demander du secours. Le maréchal Bazaine n'en refuse pas, il en accorde immédiatement. Le capitaine l'a déclaré ; il a dit : « J'ai rencontré le maréchal à Plappeville, je lui ai demandé du renfort ; il m'a emmené avec lui en me disant : « Je vais ordonner que cette division sorte. » Au même instant, il est arrivé un petit mot disant au maréchal : « Tout va bien au 6ᵉ corps. » Et alors le maréchal a fait rentrer la division qui allait sortir, pour ne pas la déranger inutilement.

Quant aux heures, je n'imiterai pas le ministère public. Je dis : entre 3 heures et 4 heures la situation paraissait bonne à M. le maréchal. Il pense que la réserve n'est pas nécessaire au 6ᵉ corps. Plus tard, la situation change. Il monte à cheval, il a une conversation avec le commandant de Beaumont et avec le colonel Clappier. Le commandant déclare qu'à une heure qu'il ne peut préciser il a entendu le maréchal dire : « Oui, dites à Bourbaki qu'il peut rentrer. » M. de Mornay-Soult a entendu : « Dites à Bourbaki qu'il faut rester. » M. de Beaumont a mal entendu, le déclare. Ah! je sais bien que l'accusation n'accepte pas le témoignage de M. Mornay-Soult : il était l'aide de camp du maréchal Bazaine !

Eh bien, je ne connais pas de cœur plus loyal que celui de M. de Mornay-Soult. Il est un de ceux qui sont restés fidèles au maréchal dans son malheur, parce qu'il savait qu'il est innocent.

Dites que M. de Mornay-Soult s'est trompé, je le veux bien, comme je dis que M. de Beaumont s'est trompé ; mais les accusations sont bien faibles, comme les défenses sont bien faibles, lorsqu'elles ne peuvent dire que ceci : Nous n'acceptons pas tel témoignage. Le témoignage de M. de Mornay se trouve d'ailleurs confirmé par celui de M. Gudin, et puis par un dernier fait : M. le colonel Clappier est de la garde ; il a rencontré le maréchal qui lui a dit : « Continuez votre route vers Bourbaki : c'est-à-dire allez en avant. » Le maréchal n'a donc pas dit : « Dites à Bourbaki qu'il faut rentrer. » S'il eût donné l'ordre de faire arrêter, de faire rentrer la garde, il l'aurait donné au colonel Clappier, et non au commandant Beaumont.

Le maréchal a dit à des officiers, le soir, après neuf heures, quand il n'était plus possible de se tromper sur le sort de la bataille : « Ne vous chagrinez pas ; les positions que vous occupiez, vous deviez les perdre demain ; vous ne les perdez donc que douze heures plus tôt. » Il voulait soutenir le moral de ses soldats. « Nous aurions fait demain, leur disait-il, ce que nous faisons aujourd'hui. » Cette bataille de Saint-Privat, le maréchal, d'ailleurs, ne l'a jamais considérée comme une bataille, mais seulement comme la défense des lignes d'Amanvillers.

L'audience est renvoyée à lundi.

Audience du 8 décembre

Présidence de M. le duc d'Aumale

Toujours même affluence. Toujours aussi il y a un grand nombre de personnes qui ne peuvent pénétrer dans le prétoire.

M. le général-président continue la parole au défenseur.

Mᵉ Lachaud reprend en ces termes :

Après la bataille de Saint-Privat, je n'ai plus aucun fait militaire à examiner, jusqu'à la sortie du 26. Par quoi cette sortie a-t-elle été déterminée ? Serait-ce par la dépêche du maréchal de Mac-Mahon, arrivée comme le dit le colonel Lewal ? N'est-ce pas, au contraire, par cette pensée du maréchal Bazaine, qu'il fallait encore une fois essayer de franchir les lignes ennemies ?

Vous savez le plan de campagne qui avait été adopté et les discussions intervenues sur ce point. Il y avait eu des hésitations nombreuses ; M. le général de Palikao les a fait connaître avec une grande précision. M. le général de Palikao a, ai-je besoin de le dire ? en ces matières une autorité incontestable ; c'est lui qui a fait la campagne de Chine, une campagne mémorable, merveilleuse, qui restera comme une légende dans notre histoire.

Deux partis pouvaient être pris : ou l'armée de Châlons devait revenir vers Paris, c'était l'opinion du maréchal de Mac-Mahon ; ou elle devait aller au secours de Bazaine. Il y a eu à ce propos un échange de dépêches qu'il est inutile de rappeler ; cependant, un mot : Le général de Palikao a dit qu'il y avait un objectif alors : éviter la jonction de l'armée du prince royal de Prusse et de l'armée saxonne. Il a fallu des événements considérables pour qu'on ne suivît pas les plans qu'on s'était tracés.

Nous en arrivons à examiner dans quelles circonstances des dépêches ont été échangées entre l'armée de Châlons et l'armée du Rhin, et à parler de la dépêche du maréchal de Mac-Mahon, du 22, qui serait arrivée, suivant le colonel Lewal, le 23.

Il y a eu d'ailleurs d'autres dépêches échangées.

Le défenseur rappelle la dépêche envoyée le 18 par le maréchal Bazaine au maréchal de Mac-Mahon, dans laquelle on lit : « Je reçois votre dépêche ce matin seulement. Vos opérations sont en dehors de mon centre d'action.... » celle du 19, adressée au commandant de l'armée du Rhin par le maréchal de Mac-Mahon, ainsi conçue : « Si, comme je le crois, vous êtes forcé de battre en retraite très-prochainement, je ne sais comment, à la distance où je me trouve, vous venir en aide sans découvrir Paris. Si vous en jugez autrement, faites-le moi connaître. » Et enfin celle du maréchal Bazaine, du 19, que nous avons plusieurs fois citée, commençant ainsi : « L'armée s'est battue toute la journée sur les positions de Saint-Privat à Rozérieulles, etc. » Mᵉ Lachaud fait observer que si cette dépêche a agi sur les déterminations du maréchal de Mac-Mahon, on trouve aussi, dans les *Papiers et Correspondances de la famille impériale*, une dépêche de ce dernier, en date du 19, au ministre de la guerre, dans laquelle on lit ce qui suit : « Veuillez dire au conseil des ministres qu'il peut compter sur moi, et que je ferai tout mon possible pour rejoindre Bazaine. »

Le 22, le maréchal de Mac-Mahon envoie à Montmédy, à Thionville et à Longuyon, avec ordre de la faire parvenir à Metz, la dépêche suivante : « Reçu votre dépêche du 19 ; suis à Reims ; me porterai demain sur Montmédy. »

Cette dépêche, suivant l'accusation, aurait été reçue le 23, et aurait eu pour conséquence la sortie du 26. Pour affirmer tout cela, l'accusation s'appuie sur un témoin qui, suivant le ministère public, ne peut pas se tromper : le colonel Lewal. Il aurait conduit au maréchal Bazaine un homme porteur d'une dépêche roulée (c'est la forme sous laquelle sont envoyées toutes les dépêches). Et, à la nouvelle considérable contenue dans la dépêche, le colonel Lewal aurait dit : « Il faut partir tout de suite ! » M. le maréchal aurait répondu : « Tout de suite ! c'est bien tôt ; » puis il aurait bientôt compris la nécessité de sortir, et ordonné le mouvement du 26.

Je dis qu'il est impossible que ce récit soit exact ; non pas que M. Lewal soit de mauvaise foi ; en cela je me sépare de l'accusation, et je n'accuse pas, comme elle, les témoins qui se présentent à votre barre ; mais des causes d'erreur se sont produites dans la déposition du colonel Lewal. Il y a eu confusion : le 31, il y a eu une sortie, et les ordres de mouvement ont été les mêmes que le 26. Eh bien, il y a là un rapprochement, une similitude qui peuvent expliquer une erreur. Il y a une preuve évidente de cette erreur : Le 23, la dépêche serait arrivée, nous dit-on ; le maréchal Bazaine l'a lue, et M. Lewal s'est écrié : « Il faut sortir ! » Soit. Mais pour cela il faut que le maréchal ait pu lire la dépêche. Or n'est-il pas établi jusqu'à l'évidence que cette dépêche était chiffrée ? L'aide de camp du maréchal de Mac-Mahon l'a dit : « Il y a un chef de gare, M. Thomas, de Montmédy, qui a donné à cet égard des renseignements précis. » J'ai encore le renseignement télégraphique officiel émané de Mlle Léonard, chef du bureau télégraphique. Elle se souvient avoir reçu le 22 la dépêche ; elle en apporte la preuve par le registre d'inscription. Cette dépêche a dû être remise par le commandant Reboul.

Ainsi la dépêche chiffrée a été remise au commandant de Verdun ; elle est partie chiffrée et elle est arrivée chiffrée. On ne peut admettre qu'elle a été traduite en route : les deux maréchaux seuls avaient le chiffre.

Eh bien ! voici ce qui est exact : la dépêche lue à M. Lewal était en clair, et c'est la dépêche Ducrot. Or quel jour est-elle arrivée ? Le 29. Elle disait : « Le général Ducrot commande le corps Mac-Mahon. Il doit se trouver aujourd'hui 27 à Stenay ; se tenir prêt à marcher au premier coup de canon. Cette dépêche, on a pu la suivre ; elle a été apportée par des témoins connus, par Flahaut et Marchal ; c'est elle qui a déterminé la sortie du 31 ; c'est sur celle-là que le colonel Lewal a pu dire : « Il faut rejoindre l'armée qui peut délivrer la France. »

M. Lewal a dit devant le conseil d'enquête : « Il me semble qu'il y avait en effet dans cette dépêche : « Je serai à Stenay le 27 ou le 29. »

N'est-il pas permis, après cela, de demander à tous, amis ou ennemis, si les faits ne sont pas devenus fort clairs ?

La dépêche du 29, qui la portait ? Flahaut et Marchal. Quant à celle du 22, elle est arrivée le 30 ; et qui la portait ? C'est le témoin Macherez. Mais si une dépêche quelconque est arrivée le 23, où est l'émissaire ?

Il y a des registres de comptabilité, tenus par le colonel Lewal lui-même ; que disent-ils ? Ouvrons son livre ; quelle trace y trouve-t-on ? Ce jour-là, aucune.

Cette espérance radieuse arrivée au maréchal, M. Lewal ne l'a donc communiquée à personne? Il dit en avoir parlé le 26 à M. d'Andlau. Ah! messieurs, laissez-moi croire qu'il en a parlé le 31. Quand en a-t-il parlé à d'autres témoins? au maréchal Canrobert? au commandant Samuel? En captivité! Et le jour où il en a entretenu M. le maréchal Canrobert, quinze jours après que celui-ci s'était rendu en Allemagne, le maréchal Canrobert ne l'a pas cru, quoiqu'il le tînt pour un galant homme.

Le défenseur rappelle la déposition du maréchal Canrobert, jusqu'à ces mots : « Je dis à celui qui avait été mon chef et qui était devenu mon égal : « Maréchal, j'ai quelque chose sur le cœur, » et je lui parlai de la dépêche Lewal. Alors je le regardai bien en face, je plongeai mes regards dans ceux du maréchal Bazaine. Je dois déclarer qu'il resta calme; il me dit : « Je n'avais pas reçu du tout cette dépêche le 23, je l'ai reçue le 30. » Cette parole m'enleva un grand poids. »

Ainsi ce n'est pas une dépêche du maréchal de Mac-Mahon que le maréchal Bazaine a reçue le 23; c'est une autre dépêche qu'il a reçue. Pous tous les hommes qui n'ont pas un parti pris, la lumière est faite.

Il faut maintenant, messieurs, aborder l'examen d'une autre dépêche, et ici je rencontre des difficultés bien grandes. Ah! j'entends bien qu'il y a de nombreux mystères dans ce procès; mais il ne faut pas oublier que l'accusation doit faire la preuve de ce qu'elle allègue. Je parle de la dépêche du 20 août de Bazaine à Mac-Mahon, de cette dépêche qui, si elle était arrivée, aurait empêché le départ de l'armée de Châlons : et cette grande injustice qui consistait à faire tomber sur la tête du maréchal Bazaine la responsabilité en quoi que ce soit du désastre de Sedan ! Si Sedan s'est produit, c'est parce que l'ordre du maréchal Bazaine n'est pas arrivé; cela est évident; voilà l'histoire.

Que le ministère public accable le maréchal de ses conjectures, c'est de l'éloquence, mais ce n'est pas de la justice. Le document est parti; s'il n'est pas arrivé, ce n'est pas la faute du maréchal.

La vérité, la voici : Le 20, M. le maréchal Bazaine, ayant seul le droit de dire au maréchal de Mac-Mahon : « Arrêtez ou partez, » lui écrivait la dépêche suivante :

« J'ai dû prendre position près de Metz pour donner du repos aux soldats et les ravitailler en vivres et en munitions. L'ennemi grossit toujours autour de moi, et je suivrai, très-probablement, pour vous rejoindre, la ligne des places du Nord, et vous préviendrai de ma marche, si toutefois je puis l'entreprendre sans compromettre l'armée. »

Le maréchal de Mac-Mahon a déclaré ceci: « Je ne me rappelle pas avoir reçu cette dépêche, et je m'en serais souvenu, car elle m'aurait permis de ne pas suivre le plan qui a été suivi. Mais je ne m'en souviens pas »

Que s'est-il donc passé? Qu'est devenue cette dépêche qui empêchait Sedan et tous nos malheurs? Je n'en sais rien, et M. le commissaire du gouvernement ne le sait pas plus que moi. Elle est arrivée, c'est certain, apportée à Thionville, par Flahaut, puis, par M. Guyard, à Longwy. Le colonel Massaroli la remet à deux agents, deux agents honnêtes. Ceux-ci, par télégraphe, font partir la dépêche en l'adressant au colonel Stoffel à Reims. Elle est donc arrivée; mais qui l'a reçue? Personne! Le colonel Stoffel vous a expliqué qu'il demeurait à une certaine distance du quartier général et qu'on ouvrait les dépêches à son nom pour ne pas perdre de temps dans ces grandes circonstances. Enfin, la réponse n'est pas signée par lui. Et s'il l'a reçue, comment arrivez-vous à supposer qu'il n'ait pas averti M. le maréchal Mac-Mahon ? Voilà ce que je demande à M. le commissaire du gouvernement, au nom de la loyauté française. Ah ! il est facile d'incriminer, je trouve dans le rapport. « Il n'a certainement pas pris sur lui de la supprimer, il a obéi.... » A qui ? Il ne peut avoir obéi qu'à deux hommes, également incapables d'une bassesse, à l'empereur ou au maréchal Mac-Mahon. Non ! il n'a pas vu la dépêche, et personne ne l'a vue. Il s'est produit à cette audience un incident inouï.... je ne veux pas apprécier, je raconte, car je n'ai pas l'habitude de ces efforts d'esprit à l'aide desquels on arrive à tout supposer.

Les deux agents, des gens parfaits, arrivent à Rethel, et vous savez les détails qu'ils donnent : ils font appeler l'aide de camp de M. le maréchal Mac-Mahon, le colonel d'Abzac ; celui-ci se lève et on lui remet la fameuse dépêche. Ils déclarent qu'il répond : « Ah ! nous savons cela depuis deux jours ! » Ils veulent voir le colonel. On leur répond : Il sera temps demain ! Et le lendemain, M. Stoffel n'a pas examiné non plus ce dont il s'agissait. Nous arrivons à cette conséquence, c'est qu'on n'a pas attaché d'importance à cette dépêche, c'est que deux officiers supérieurs, honorables, ne s'y sont pas arrêtés.... Oh ! quand j'en arrive là, je m'arrête et je me dis que la Providence voulait le malheur de la France et que nous avions à expier bien des fautes !

Le colonel Stoffel vous a dit ce dont il se souvient, et il ne serait pas juste de lui faire reproche quand les souvenirs d'un autre ne sont pas plus précis que les siens, et il serait plus juste de n'attaquer personne et de se recueillir.

J'ai à parler d'une dernière dépêche, d'un intérêt très-secondaire, celle portée par M. Hulme.

Ici encore que de singularités ! Ah ! qu'il est difficile de réunir les matériaux nécessaires à l'histoire ! Le 27, il serait parti cette dépêche : « Le colonel Turnier fait savoir qu'il reçoit de Metz, pour être communiquée à l'armée française, s'il est possible, une dépêche ainsi conçue : « Nos communications sont coupées, mais faiblement ; nous pour- « rons percer quand nous voudrons, et nous vous attendons. »

Cette dépêche n'a jamais été du maréchal Bazaine, quoiqu'en dise cette même accusation qui a soutenu, d'autre part, que le maréchal évitait de se mettre en communications avec l'armée de Châlons ! Oh ! messieurs, c'est là une des nombreuses contradictions de l'accusation ; je ne les relèverai pas toutes, soyez tranquilles, j'aurais trop à faire.

Il paraît que cette dépêche aurait été remise ouverte à M. Lallement, qui, par une discrétion exagérée, l'a gardée deux jours sans la lire ; c'est beau ! Le 29, cette dépêche, adressée à l'armée française, ce qui est un peu trop vague, est confiée par M. Lallement au général de Beurmann. Le général est mort, mais il a été entendu plusieurs fois dans l'instruction, et il a déclaré qu'il ne se rappelait en aucune façon cette dépêche. C'est encore bien étrange ! Cependant, M. le colonel Melcion-d'Arc, qui, dans sa première déposition, ne sait pas ce qu'on veut lui dire, se rappelle aujourd'hui. M. Hulme déclare qu'il a porté la dépêche à Raucourt. Il a vu l'empereur, mais ne la lui a pas laissée ; il est allé voir deux fois le maréchal Mac-Mahon, et, ce qui est non moins singulier, il lui a montré la dépêche et l'a encore gardée. Pourquoi ? Je sais qu'il y a de nombreux témoins qui ont déclaré lui avoir fourni un cheval, indiqué les routes.... Sans doute il y a des vraisemblances que je ne méconnais pas, mais il y a aussi des invraisemblances dont l'accusation doit tenir compte, et le maréchal de Mac-Mahon a déclaré n'en avoir conservé aucun souvenir. Une confrontation a eu lieu entre M. Hulme et le maréchal de Mac-Mahon; elle n'a rien produit. (Le défenseur donne lecture de cette pièce.) M. le magistrat instructeur a dit au maréchal tout ce qui est de nature à rappeler ses souvenirs, la forme de la dépêche, la nature et la largeur du papier. Le maréchal a répondu :

« Je ne me rappelle point qu'il m'ait été remis une dépêche à Racourt. La chose peut m'avoir échappé; mais toutefois je suis certain de n'avoir point eu connaissance d'une dépêche dans le sens de celle qui précède. Au Chêne-Populeux, j'avais pris, malgré les observations de l'empereur, la décision de me porter dans la direction de Metz; si j'avais reçu cette dépêche qui était dans le sens des opérations que j'exécutais, elle m'aurait certainement frappé. »

On fait entrer M. Hulme. Il maintient sa déposition. M. le maréchal prend alors la parole, et dit : « Je suis étonné qu'ayant une dépêche de cette importance, vous ne me l'ayez pas remise. » M. Hulme répond : « La raison en est que l'on m'a fait appeler chez l'empereur à ce moment. » On insiste auprès du maréchal; le physique du témoin, paraît-il, a changé, soit; j'admets bien que la barbe ait pu changer la physionomie, mais la dépêche est la même, elle, et n'a pas été modifiée! Que conclure de toutes ces choses, messieurs; c'est que la vérité humaine est bien difficile à trouver! C'est qu'il est bien difficile d'expliquer toutes les exagérations qui se fondent et tous les commentaires auxquels on s'est livré sur cette dépêche dont pour moi, d'ailleurs, l'importance est nulle!

Examinons maintenant ce qui s'est fait le 26 août. Dans la matinée, le maréchal Bazaine reçoit la visite du commandant supérieur de la place et du commandant supérieur de l'artillerie de l'armée, le général Coffinières et le général Soleille. Que lui disent-ils? « Maréchal, la sortie que vous voulez faire deviendra fatale; alors, si vous sortez de Metz, un des remparts de la France est livré à l'ennemi; les fortifications ne sont pas en état; notre devoir est d'appeler votre attention sur les périls de ce mouvement! »

On me dit : un général en chef n'écoute personne. Mais quand il trouve à côté de lui les conseils de généraux éminents, doit-il leur dire : « Sortez, je suis seul responsable, je ferai ce que je croirai devoir faire? » Non, messieurs, celui qui aurait la stupide vanité de ne suivre que ses desseins serait indigne de diriger des hommes libres et de commander une armée de la France! Oui, sans doute, ma décision sera suprême, mais ma conscience m'ordonne d'écouter et de m'instruire; ceux qui n'écoutent pas sont des ambitieux ou des fous.

Le maréchal Bazaine reçoit encore, après cette conversation, du général Soleille, une note qui est aux pièces : Metz est dans une situation critique devant un ennemi entreprenant; les forts du Queuleu et du Saint-Quentin ne sont pas terminés; le Queuleu, notamment, présente des brèches devant lesquelles des batteries ennemies sont construites; une attaque de vive force est possible. Enfin, la place de Thionville n'est pas non plus à l'abri d'une attaque de vive force, etc.... La préoccupation des deux généraux était telle qu'ils ne se sont donc pas contentés de ce qu'ils avaient dit le matin.

Le maréchal sortit malgré tout. Cependant, le temps devient horrible, il tombe une pluie diluvienne, et il ne faut pas dire que la pluie tombait pour tout le monde, elle cinglait, comme le rapporte le maréchal Canrobert, le visage de nos soldats, et venait ajouter encore aux difficultés du combat. C'est donc dans cette boue, au milieu de difficultés sans nombre, qu'il fallait marcher! Le maréchal voulut consulter les commandants de corps d'armée, il les manda à Grimont. Ce fut une réunion spontanée qui s'est produite devant les difficultés nouvelles qui exigeaient les lumières de tous.

Il y avait là les Canrobert, les Le Bœuf, les Ladmirault, les Frossard, les Changarnier! Fallait-il les tenir à l'écart?

On se réunit; chacun donna son avis. Le maréchal a acquiescé à ce qui fut décidé. Ce ne sont pas des documents officiels, cela est vrai, mais ils ont leur caractère d'authenticité. Il ne faut pas dire non plus que la parole des témoins et des maréchaux n'a pas été rapportée fidèlement. Il peut y avoir des expressions qui offriraient quelques petites nuances; mais l'expression est toujours sincère et vraie; les généraux l'ont tous dit à cette audience. Ils ont été unanimes, hormis en un seul point : Metz, sans l'armée, au dire de M. le général Coffinières, ne devait pas tenir quinze jours; M. le général Canrobert n'a pas entendu dire cela.

Le défenseur donne lecture de l'avis exprimé par chacun des généraux. Si, continue-t-il, malgré l'opinion unanime que l'on ne saurait aller en avant sans s'exposer à un cataclysme certain, le maréchal avait marché, si une catastrophe en avait été la conséquence, que dirait l'histoire, que dirait le pays? Si le maréchal répondait : « J'ai voulu, et c'était mon droit. » On lui dirait : « Mais c'était là un acte misérable et insensé! »

Le ministère public, qui ne peut pas, qui n'ose pas dégager le maréchal des opinions unanimes des commandants de corps, répond : « Le général Soleille se trompait, les munitions étaient plus considérables, car, le 22, il avait publié une lettre disant qu'elles avaient été rétablies telles qu'elles étaient au commencement de la guerre. » N'oublions donc pas qu'il ajoutait : « Après ce dernier, ce suprême effort, l'armée serait complétement épuisée. »

Nous ne sommes plus au 22 août, nous sommes au 26, le mouvement n'est plus à exécuter sur Briey, mais sur la route de Thionville et Longwy, c'est-à-dire en s'éloignant de nos réserves intérieures et en prêtant le flanc à trois armées, une véritable campagne à faire avec 84 000 coups de canon. Napoléon Ier évaluait à 90 000 coups l'approvisionnement d'une grande bataille, et la consommation des munitions était alors moins considérable; il exigeait pour se mettre en campagne la consommation de deux grandes batailles. Cette règle a été conservée, et il en résulte que, le 26, nous n'avions pas la moitié de l'approvisionnement nécessaire. C'est le grand maître dans l'art de vaincre qui le dit.

Mais, a-t-on trompé les généraux, comme le prétend le rapport? Nullement : ils connaissaient tous la note du général Soleille, mise à l'ordre du jour de l'armée.

Vous n'avez pas non plus oublié, et j'y insiste, la réponse du maréchal Le Bœuf; le mouvement du 26 a été arrêté en pleine connaissance de cause. Tout le monde a pensé de même. Le 26 août, il y avait une période nouvelle qui s'ouvrait. Il fallait s'arrêter, Bazaine l'a compris, et s'il ne s'était pas arrêté, il aurait manqué à son devoir.

Mais, le 29, arrive une dépêche; une autre le 30 (celle du 22). Le devoir est d'aller tendre la main à cette deuxième valeureuse armée de la France. Ce sera la même sortie. On dit que le maréchal avait reçu la dépêche plus tôt. Tout cela prouve que non; et s'il fallait revenir sa ce point, le conseil se rappellerait Macherez, arrivé à Metz le 30. Il vous a dépeint, dans son langage naïf, la joie et l'ivresse du maréchal qui lui donne 1000 fr., 1500 fr., je ne sais plus quelle somme! Marcherez vous a dit : « Le maréchal m'a félicité chaleureusement et s'est écrié : « Ah! messieurs, voilà des nouvelles excellentes qui valent pour nous quatre divisions ! » Voilà le sentiment du maréchal qui se fait jour ; ce n'est plus alors le général prudent que vous avez vu, qui délibère avant de livrer au hasard le sort d'une armée, mais le soldat qui ne voit que les soldats qui l'attendent!

Vous savez ce qui s'est passé le 30 et le 31. L'armée traverse sur la rive gauche, s'empare de Servigny, couche sur ses positions le 1er septembre ; mais la droite est assaillie par une artillerie effroyable ; il n'est pas possible d'aller plus loin.

Ah ! messieurs, l'on vous a gâté ce noble métier des armes. Homme contre homme, dix contre cent, si l'on veut ; l'ennemi qu'on voit, l'ennemi qu'on sent, voilà la vraie bataille, la bataille française ! Les progrès de la science ont changé tout cela. Il faut aujourd'hui lutter contre le canon qu'on ne voit pas, l'obus sifflant dans l'air autour de vous ; il faut lutter des journées entières pendant lesquelles on voit les soldats tomber sans savoir d'où est parti le coup. Ah ! Messieurs, laissez-moi vous plaindre ; la guerre est changée, la guerre n'est plus la guerre.

Il fallut s'arrêter. Pendant ce temps, l'armée de Châlons succombait à Sedan ; à Paris, on fesait le 4 septembre. Est-ce un crime ? L'histoire jugera ! Je ne veux pas parler politique, je l'ai dit. Des hommes audacieux qui n'avaient pas assez de l'invasion, ont pensé qu'il fallait compliquer les douleurs de la France en y ajoutant l'insurrection. Ils ont dit que le pouvoir gisait à terre ; croyez-le bien, ce sont là des phrases de rhéteur, comme toutes celles avec lesquelles on a perverti la France. Est-ce qu'il n'y avait pas les pouvoirs publics, que l'on a brisés pour la satisfaction d'ambitions mesquines ?

Les nouvelles arrivèrent à Metz ; vous devez comprendre l'effet qu'elles y produisirent : voilà une armée bloquée dans une place ; l'armée qui, seule, pouvait la secourir, n'est plus ; le chef du gouvernement a disparu dans une tempête. Le rapport le dit : il y avait là un situation sans précédent. Oui, sans précédent : 150,000 hommes loin de la patrie, ne sachant à qui obéir ! Quel est ce pouvoir? Comment la France l'accepte-t-elle ? Ne sentez-vous pas, monsieur le commissaire du gouvernement, qu'il y avait là un de ces périls immenses qu'on ne peut souvent conjurer?

Que faut-il faire? Je le demande ici, à la loyauté de tous. Le maréchal réunit les chefs de l'armée. Lamentable conférence : Où aller ?. Quelle direction prendre? Le maréchal pensa qu'avant tout il devait avertir son armée de ce qui se passait. M. le président l'a dit dans ces débats : « La France avant tout ! » Empire, royauté, république, tout cela après la France ! C'est ce que le maréchal dit à ses soldats.

Me Lachaud donne lecture de la proclamation à l'armée du Rhin, que nous avons déjà reproduite.

Le réquisitoire prétend que c'est là une reconnaissance formelle du gouvernement de la Défense nationale. Non. Savait-on le 12 septembre ce qu'était le gouvernement du 4 septembre? N'était-il pas possible que déjà il fût renversé par l'émeute ? Ce que voulait le maréchal, c'était le salut ; il l'eût accepté d'où qu'il fut venu. Non ! c'était le cri du soldat de la France qui acceptera le salut de la patrie donné n'importe par qui !

Les habitants de Metz, quoi qu'ils en disent aujourd'hui, n'ont pas voulu que l'armée s'éloignât.

Le défenseur donne lecture de la proclamation adressée le 13 aux Messins, signée du préfet, du maire et du gouverneur : « L'armée qui est dans nos murs ne nous quittera pas, et elle donnera au gouvernement, en retenant l'ennemi devant la place, le temps et le moyen de sauver la France. » Le conseil municipal de Metz leur adressa les remercîments les plus vifs et les plus chaleureux par une délibération signée de tous ses membres.

Les nouvelles n'arrivaient plus. On ne peut pas juger le maréchal Bazaine sans entrer dans cette situation unique dans l'histoire qui l'oblige à demander au chef de l'armée prussienne des renseignements sur la situation politique du pays. Qui commandait? A qui fallait-il obéir ?

Le défenseur lit la réponse du prince Frédéric-Charles, annonçant la captivité de l'empereur, le 4 septembre, le séjour de l'impératrice en Angleterre et la marche du roi de Prusse, arrivé devant Paris.

On reproche au maréchal, reprend le défenseur, d'avoir demandé des informations à l'ennemi; et à qui donc pouvait-il s'adresser? devait-il se perpétuer dans l'ignorance et l'inconnu ?

Il semble, d'après l'accusation, qu'on n'ait pas donné, suivant la promesse du 26, ces coups de griffe dont parlait le maréchal Canrobert, dans son langage imagé et pittoresque; il semble que le maréchal n'ait pas voulu s'emparer des ressources qu'il pouvait se procurer; c'est une injustice : j'ai là un relevé des quarante-sept ordres du maréchal aux chef de corps, relatifs aux opérations de Peltre, de Ladonchamp, de Colombey, de Servigny, etc.; il y a quarante-sept lettres, entendez-vous, pour cette période du 25 août au 8 octobre. (Le défenseur en lit le relevé.)

On dit : Pourquoi ne pas avoir tenté d'opérations générales? Les hôpitaux étaient encombrés de malades et de blessés; on manquait de médicaments; le typhus le plus terrible régnait à tel point que toute amputation était mortelle! Les médecins sont venus le déclarer. Et vous voulez qu'on fît une sortie générale! Savez-vous combien l'armée de Metz a eu d'hommes hors de combat, du 6 août au 1er septembre? Quarante mille, près du tiers de l'armée! Heureusement, la résistance de Metz a coûté à l'ennemi plus de sang encore qu'il n'en a versé.

Le réquisitoire a dit que le maréchal n'allait pas visiter les ambulances. Tous les médecins ont déclaré qu'il veillait sur ces pauvres victimes avec la plus grande sollicitude et qu'il demandait tous les jours un rapport sur l'état sanitaire de l'armée; le maréchal n'a pas voulu aggraver le mal, il n'était pas permis au général en chef de ne pas tenir compte de la situation où l'on se trouvait.

Il a été dit qu'il fallait prendre des approvisionnements en plus grande quantité : on a fait tout ce qu'on a pu. Je sais qu'il y a des hommes qui font des rêves et qui prennent ces rêves pour des réalités : un inspecteur du chemin de fer vous a exposé son plan pour enlever des vivres aux Prussiens : on va où sont les vivres, on accroche les machines aux wagons chargés et puis on revient : ce n'est pas plus difficile !

L'audience continue.

Complément de l'audience du 8 décembre
et audience du 9 décembre

PRÉSIDENCE DE M. LE DUC D'AUMALE

Mᵉ Lachaud continue sa plaidoirie en ces termes :

On a livré plusieurs combats ; en livrer de plus grands, c'était l'im-- molation inutile de nos soldats! Du reste, personne n'a le droit de juger le plan de campagne du général en chef; sur ce point, M. le commissaire du gouvernement est de mon avis. Qui saura mieux que les généraux qui étaient avec le maréchal s'il voulait sortir? ils vous ont tous attesté cette intention.

Le plus illustre parmi ces généraux, le volontaire Changarnier, l'a dit à l'Assemblée, il a protesté énergiquement contre l idée que le maréchal aurait méthodiquement, froidement, conduit son armée à la capitulation.

Il est facile après coup de parler comme on le fait, mais il faut juger l'homme sur le vif, être à côté de lui, avoir été témoin de ces grands événements, avoir été acteur de ce grand drame, pour bien l'apprécier.

Le 5 octobre se préparait la sortie par Ladonchamps. Le gouverneur écrit au maréchal : « Nous nous sommes occupés de l'installation des malades et de ceux qui vont venir. C'est une opération difficile, nos ressources sont insignifiantes. J'entrevois un chiffre de 25 000 malades, et nous n'avons plus ni médecins, ni médicaments. » Et retenez cette dernière phrase, messieurs : « Dieu veuille que les 50 000 habitants, et la garnison ainsi que notre armée, ne soient pas victimes de la détermination que vous allez prendre. »

C'est là la folie glorieuse que vous vouliez et qui aurait eu pour conséquence la ruine de l'armée. Le maréchal a tout essayé pour sortir, mais il n'a pas compris ces sorties à outrance qui donnent la mort. Il a assez aimé la France pour ne vouloir que des sacrifices utiles à la patrie !

Après une suspension d'un quart d'heure, Mᵉ Lachaud reprend.

Examinons les reproches relatifs à la communication de certaines nouvelles. Le maréchal, bloqué, voulait connaître la situation; ne pouvait-il pas avoir recours aux gens les plus honorables, les plus dévoués à leurs devoirs? M. Debains. attaché d'ambassade, était au quartier général, il connaissait les différentes cours de l'Europe. Il obtient l'autorisation de sortir, mais ne peut franchir les lignes ennemies. Il recueille ce qui s'y dit, et prend les journaux allemands qu'on lui donne, tous, sans distinction, je ne suppose pas que l'on les aurait fait falsifier pour les lui communiquer, et dans le rapport qu'il adresse au maréchal il dit ce qu'il a trouvé dans les journaux des différents pays allemands et autres.

Par ce rapport, on voit les dangers énormes que courait le pays. Il n'était pas question de le publier à l'ordre du jour de l'armée ; on a envoyé ce document aux chefs de corps. Est-ce qu'en les avertissant on ne faisait pas bien?

Il y a une autre pièce dont on a beaucoup parlé : le communiqué de Reims, c'est-à-dire un article paru à Reims le 11 septembre Que disait ce communiqué? Que la paix ne se ferait qu'avec un gouvernement régulier; est-ce qu'il y a là de la trahison, de la conspiration? Il ne faut pas donner à ce communiqué plus de portée qu'il n'en a. Qu'on me permette l'expression, l'accusation semble dire que c'est une invite au maréchal. On traitera avec un gouvernement régulier reconnu par la nation, et non pas avec un gouvernement qui s'est donné lui-même ses pouvoirs ; l'empereur était prisonnier, l'impératrice était régente, elle pouvait traiter, le maréchal Bazaine, qui avait prêté serment pouvait traiter. Voilà tout simplement le sens de ce communiqué.

On en était là quand s'est produit un fait plus étrange qu'important, un fait singulier : l'incident Régnier. C'est le premier acte de la conspiration. Nous verrons, fixons-nous bien d'abord sur cet incident. Le rapport, le réquisitoire, après lui, et l'opinion publique, non suffisamment éclairée, lui ont donné les interprétations les plus erronées.

Qu'est-ce que Régnier ? Je n'en sais rien. Est-ce un espion prussien ? je ne le crois pas. On est espion pour de l'argent, et Régnier n'en a pas besoin, et puis il n'a rien reçu, tous les faits semblent le démontrer. Est-ce un fou ? je l'ignore ; ce qui est certain, c'est qu'il était très-exalté. C'est peut-être un homme aventureux, qui a besoin de se donner de l'importance et chez lequel la vanité domine. Dans les moments de révolution, on trouve beaucoup de ces hommes qui se donnent à eux-mêmes des pouvoirs et des missions, et qui sont plus tard réputés de grands hommes quand ils réussissent.

J'ai écouté avec le plus grand soin la déposition d'un homme qui a beaucoup vu, beaucoup étudié ; M. Rouher. Qu'a-t-il dit de Régnier ? C'est un homme instruit, un homme habile, un homme qui a la parole facile, qui a même une certaine éloquence (et M. Rouher se connaît en éloquence). Son rôle est resté dans l'esprit de M. Rouher comme un rôle de conciliateur.

Il désirait la fin de la guerre, chose permise. Sa pensée se rencontrait avec celle de l'Allemagne qui savait ce que ses victoires lui coûtaient, car elle avait senti les coups de griffe dont parlait Canrobert ; seulement elle trouvait qu'elle ne pouvait traiter avec le gouvernement qu'elle ne regardait pas comme régulier. Régnier, s'est présenté à l'impératrice, qui n'a pas voulu le recevoir ; il est parvenu, en donnant au cœur du jeune prince le moyen de faire parvenir à son père une preuve de son amour, à obtenir sa signature sur une photographie. A Versailles, il a abordé M. de Bismark, qui a été fort abordable. Il savait qu'il n'y avait aucun danger ; si un homme lui est utile, il s'en sert, s'il lui est inutile, il le désavoue. Régnier a dit : « La France veut la paix, il n'y a pas de pouvoir, puisqu'il n'y a pas d'Assemblée, mais l'empire existe toujours. » Le chancelier lui a donné un laissez-passer pour Metz. Régnier est arrivé à Moulins le 23. M. Arnous-Rivière a fait les choses très-régulièrement, d'une façon irréprochable. L'accusation semble dire qu'il devait sa situation à la protection du maréchal, c'est une erreur : il a été mis à la disposition du 4e corps, et c'est le général de Cissey qui lui a confié le service des avant-postes. Le général, étant ministre de la guerre au moment de la procédure, n'a pu être entendu, mais il a déclaré que, s'il y a eu des irrégularités dans le service de M. Arnous-Rivière, on ne peut en faire de reproches au général.

Régnier, conduit par le capitaine Garcin au quartier général, s'est annoncé comme le courrier de l'empereur, le courrier d'Hastings. Enfin, c'était un Français. Que venait-il dire ? Régnier vient dans un but de paix ; il vient avec la photographie du prince impérial. Il faut faire la paix, l'armée quittera Metz, elle sera neutralisée, et dans un temps qui ne sera pas long, on arrivera à la conclusion de la paix. Il faut l'intervention d'un général, Canrobert ou Bourbaki. Il veut avoir auprès de lui pour surveiller sa conduite un de ces deux généraux, et quand on veut sortir avec Canrobert ou avec Bourbaki, ce n'est pas pour faire quelque chose de honteux, ce n'est pas pour la honte, c'est pour l'honneur. Il est commode de dire : Il fallait éloigner cet homme ; mais quand on a une armée qui va mourir de faim ! Que fallait-il faire ? il fallait demander à Bourbaki et à Canrobert s'ils voulaient accepter. On l'a fait, et on leur a dit la vérité tout entière. On leur a dit : « Connaissez-vous cet homme ? » et Canrobert a répondu : « Non. » Il ne faisait pas partie de la maison impériale ? » « Non, il n'en faisait pas partie. » Régnier a alors raconté à Canrobert ce qu'il avait déjà dit à Bazaine : il faut aller auprès de l'impératrice, et lui demander si elle veut se prêter à la conclusion de la paix. Canrobert répondit qu'il ne pouvait faire le voyage ; qu'il était souffrant ; alors Bourbaki est prié de venir. « Régnier, dit-il, je ne le connais pas, j'oublie les noms, mais j'ai la mémoire des figures. » Il écoute Régnier et il comprend que, dans cette extrémité, il ne faut pas dédaigner cette lueur d'espoir, quelque faible qu'elle soit. Il demande conseil au maréchal Bazaine. Doit-il partir ? le maréchal lui dit : Oui, qu'il ne s'oppose pas à ce voyage, mais il ne lui en donne pas l'ordre formel. Voilà ce qu'a déclaré loyalement le général Bourbaki. On profite du départ des médecins de l'Internationale, on l'adjoint à eux, on lui donne un costume bourgeois et un brassard. Il se rend auprès de l'impératrice. Ainsi la folie qu'avait rêvée Régnier s'était réalisée. La chimère avait dépassé même ses espérances. L'impératrice ne se rappelait peut être déjà plus Régnier. Et quand le général Bourbaki est annoncé à l'impératrice, alors il y a eu une scène touchante que le général a racontée. Vous ne m'attendiez pas ! a-t-il dit à Sa Majesté, et il comprit alors que Régnier seul avait organisé toute cette affaire si bizarre, si singulière.

Alors le général Bourbaki ne pense plus qu'à une chose : revenir à son armée, vers la garde. Le roi de Prusse l'avait permis ; le prince Frédéric-Charles s'y oppose. Il comprend que c'est un trop vaillant défenseur pour le laisser rentrer à Metz. L'autorisation arrive pourtant, mais le général avait compté les heures, et il était allé là-bas, dans l'Est, faire cette campagne qui l'a rendu encore plus cher à tous les cœurs français.

Voilà l'incident Régnier. Pensez à la situation dans laquelle on se trouvait. Tout le monde comprendra que, dans une situation pareille, on devait accepter cette lueur d'espoir qui s'offrait à l'armée de Metz. Après toutes les douleurs qu'il a éprouvées, après toutes ces déceptions, le général Bourbaki s'est interrogé, et sa conscience a répondu : « Oui, j'ai bien fait. C'était un fil, un léger fil qui pouvait sauver l'armée, et je l'ai suivi jusqu'au bout. »

Il n'était pas possible, en effet, de ne pas le saisir. Il faut bien se rendre compte de la situation. Ah ! certes, dans les conditions ordinaires, si un gouvernement régulier eût existé, ayant le droit et le pouvoir de traiter, un général serait coupable d'agir ainsi ; mais là, en ce moment, il n'y a pas de gouvernement, ou du moins le maréchal ignorait qu'il y en eût un. Que faut-il faire ? Mourir et laisser périr de misère 150 mille hommes ? C'était impossible.

A-t-on caché le départ de Bourbaki ? Nullement. Écoutez le maréchal Le Bœuf : « Le maréchal Bazaine ne me parut pas attacher plus d'importance que moi à cette affaire Régnier. Notre position militaire n'en était pas changée. » Le devoir ne s'est pas trouvé affaibli. Il ajoute : « Lors du départ de Bourbaki, l'armée se préoccupait de sa situation, et beaucoup d'officiers ont vu ce départ avec satisfaction. »

Aujourd'hui, quand il n'y a plus de péril, on dit : « C'est un fait odieux ! »

Et puis, quand le prince Frédéric-Charles demande au maréchal s'il connaît Régnier, que répond le maréchal ? qu'il ne le connaît pas, et que si le prince désire de plus amples renseignements, son premier aide de camp se rendra au quartier général.

Et, quant aux conditions, le maréchal acceptera une capitulation avec les honneurs de la guerre, non pas avec cette humiliation qui consiste à déposer les armes devant le vainqueur, mais bien une convention honorable qui permettra au soldat de garder ses armes.

Régnier est-il un honnête homme ou un espion ? Je ne sais. S'il eût réussi à faire signer la paix, ce serait sans doute aujourd'hui un grand citoyen. Il espérait, il désirait la paix ; il a demandé le concours d'un général, il a organisé tout cela de bonne ou de mauvaise foi, que m'importe ; il est parvenu à faire sortir un général de Metz, et ce général a été se battre ailleurs. Voilà tout, et le jour où la Prusse a voulu faire de lui un fonds plus important, on lui a répondu : « Nous ne connaissons pas Régnier, et si vous voulez en savoir plus long, le général Boyer vous donnera des explications. » Voilà l'épisode de Régnier. Si M. le commissaire du gouvernement n'a que cela, son argument n'est pas fort, et je n'ai plus rien à ajouter.

Parlons maintenant des émissaires : avant le 1er septembre, 36 émissaires ont été envoyés à Metz ; il en est arrivé 11 ! Metz et le quartier général en ont envoyé 13, sur lesquels 8 ont passé ! Vous voyez la proportion. Et encore, dans les 11 entrés à Metz, il y en a un que personne n'y a vu. Ah ! je sais qu'il a été tenté de grands efforts, qu'il y a eu des forestiers héroïques ; mais enfin, ils ne sont pas arrivés !

Après le 1er septembre, et c'est là la date importante, Paris et Tours ont envoyé 15 émissaires ; combien en est-il arrivé ? aucun ? M. Tachard, dont il faut louer le zèle, enflammé peut-être, mais loyal et sincère, s'est adressé, comme il l'a dit, à une grande dame, de celles qui savent unir la grâce à la grandeur, et dont l'âme se fait virile quand il s'agit du pays. Hélas ! elle non plus, n'a pu entrer à Metz. Le seul, que l'on suppose être arrivé, c'est un jeune homme nommé Risse, venant de Thionville.

Il y en avait un à qui M. de Kératry avait remis une lettre de Mme la maréchale Bazaine ; un autre agent, nommé Moulin, ayant vu dans les mains d'un voyageur une lettre adressée à Mme la maréchale à Tours, on avait supposé naturellement que le premier, qui avait seul porté la nouvelle de l'installation de la maréchale à Tours était arrivé. Mais non ; on a entendu Moulin : la lettre envoyée à Mme la maréchale était adressée, non pas à Tours, mais à Versailles.

Donc il ne reste que Risse tout seul et encore... avait-il une dépêche ? Le colonel Turnier ne se rappelle pas du tout lui en avoir confié une. Ce que cette dépêche contenait, personne n'en sait absolument rien. Et quand Risse lui-même vous déclare que le maréchal lui a donné 10 fr. de récompense, il prouve que cette dépêche dont il était porteur ne contenait pas grand'chose d'intéressant et de nouveau.

Donc pas un seul émissaire n'est arrivé, excepté Risse. Maintenant, voyons si le commandant en chef a voulu se soustraire à toute communication de l'extérieur comme le prétendent le rapport et le réquisitoire : on a envoyé de Metz, depuis le 1er septembre, 21 émissaires, sur lesquels 7 ont pu sortir ; Melzinger, sorti le 12, n'est pas arrivé à destination, mais il a franchi les lignes.

Henri et Marc, ces deux braves cuirassiers, sont sortis le 15 septembre et sont arrivés le 15 octobre à Lille. L'accusation dit que leur dépêche n'était pas assez explicite ; la voici : « Il est urgent pour l'armée de savoir ce qui se passe à Paris et en France. Aucune communication extérieure ne m'est parvenue, et les bruits les plus étranges et les plus alarmants circulent ; il est important que je reçoive des instructions et des nouvelles. » La femme Antermet est sortie le 10 octobre ; elle n'est arrivée qu'en novembre auprès de M. Tachard ; qu'importe ! Les 21 et 22 octobre M. de Valcourt et deux autres émissaires sont partis ; ils sont arrivés à Tours, portant cette dépêche : « Je n'ai pas la moindre communication ni de Paris, ni de Tours.... Nous allons succomber à la famine, etc.... »

Comparez, messieurs, de quel côté sont les efforts les plus ardents? Dieu me garde d'accuser à cet égard le gouvernement de la Défense nationale ! Il a fait tout ce qu'il a pu ; mais moi aussi ! et j'ai réussi plus que lui !

L'accusation reproche d'avoir négligé l'emploi des ballons? On oublie donc la circulaire adressée à tous les préfets qui, envoyée dans un ballon a été dédaigneusement renvoyée à Metz par les Prussiens qui l'avaient surprise : « 27 septembre 1870, faire remettre une forte récompense aux porteurs des pigeons messagers, etc.... » Avec toutes les recommandations les plus précises pour qu'on ne néglige ât pas ce moyen de communication et qu'on en avisât le gouvernement.

Tout a donc été employé par le maréchal pour communiquer avec l'extérieur.

Je dois dire que la Défense nationale n'a jamais espéré sauver Metz ! Quand on proclamait la nécessité de la défense à outrance, on savait qu'elle ne devait pas réussir. J'en trouve la preuve dans un livre curieux de M. Chapper, membre de l'Assemblée nationale. Ecoutez, messieurs, cet extrait : « Séance du 29 octobre. M. Rochefort a lu, au commencement de la séance, le démenti formel donné par Flourens à Félix Pyat, démenti qui établit que Flourens n'a jamais reçu de Rochefort la prétendue nouvelle de la reddition de Metz. A la fin, on revient sur cette nouvelle apportée par des prisonniers prussiens. Le général Le Flô la croit vraisemblable. Le général Trochu y voit un mensonge intéressé de l'ennemi. « Du reste, il n'a jamais compté sur Strasbourg ni sur Metz, et la reddition de Metz ne lui semblerait pas changer la situation militaire de Paris. »

Quand on apprit que la capitulation était signée, je trouve les mêmes paroles dans le livre de M. Jules Favre : « Seul, le général Trochu ne perdit rien de son calme. « Ce malheur vous trouble, nous dit-il, il « n'enlève rien à ma sérénité. Metz, n'étant pas secouru, devait succom- « ber. Loin de nous abattre, cette épreuve, malgré sa rigueur, forti-fiera « nos résolutions. »

« Metz, n'étant pas secouru, devait succomber.... »

Et cependant, on se livre ensuite aux récriminations les plus odieuses et les plus injustes, alors que l'on connaissait la situation désespérée qui avait amené la reddition. M. Gambetta savait mieux que tout autre quelle était cette situation. Je veux répondre à ce qu'il disait ici quand il parlait d'insinuations, qui ne sont pas dans mes habitudes, Dieu merci ! La politique n'a pas flétri le cœur chez moi, et je me souviens des sentiments affectueux qui m'unissent depuis longtemps à M. Gambetta. Au milieu des ardeurs et des attaques dirigées contre lui, je l'ai toujours défendu ; je crois qu'il a fait beaucoup de mal, mais son patriotisme était ardent et sincère, ce n'était pas un ambitieux vulgaire, ce sera là son excuse devant l'histoire. Je le répète, jamais les dissen timents politiques n'ont dominé en moi les sentiments d'affection auxquels il a une grande part. Mais laissons toutes ces choses qui n'ont rien à faire au procès et voyons ce qu'on a dit et ce qu'on a fait à Tours.

Jusqu'au dernier moment, il n'y avait pas assez de paroles éclatantes pour faire l'éloge du maréchal : c'était le glorieux, l'admirable Bazaine. On célébrait à l'envi ses brillantes victoires. Pourquoi ce revirement? Ne connaissait-on pas, à Tours, par Bourbaki et par M. le préfet Testelin la situation de l'armée de Metz? On avait besoin d'immoler le maréchal Bazaine, et on l'a immolé !

Depuis le 15 octobre, M. Gambetta savait que l'armée de Metz était réduite aux expédients les plus terribles; Bourbaki l'avait dit, on ne l'avait pas cru, et ces dix jours perdus par le gouvernement de la Défense nationale amenèrent la capitulation. Ah ! ils auront des comptes sévères à rendre devant l'histoire: alors que ces hommes avaient connaissance de la vérité, ils ont osé, dans un besoin politique, publier la proclamation que vous connaissez.

Le défenseur lit cette proclamation, puis il ajoute : « Ce n'était pas seulement le maréchal qui avait trahi, c'étaient tous les maréchaux, tous les généraux. Et M. Gambetta savait depuis quinze jours qu'il n'y avait rien à faire, que Metz était perdu ! »

Me Lachaud lit ensuite un extrait du livre de M. J. Favre.

« Il (M. Thiers) dit qu'après deux jours de pourparlers, il avait le meilleur espoir ; les points principaux paraissaient concédés, et l'on ne pouvait croire que les détails devinssent une cause de rupture; mais le jeudi matin, les bonnes dispositions étaient changées. Il attribuait ce brusque revirement à deux causes: la première, du 31 octobre, et la proclamation dans laquelle le ministre de la guerre, M. Gambetta, dénonçait à la France ce qu'il appelait la trahison de M. Bazaine. M. de Bismark avait affirmé que le roi s'était montré fort irrité de ce document qui, selon lui, calomniait le seul officier qui avait fait vaillamment son devoir. Quant à l'émeute de l'Hôtel de Ville, etc. » Le roi de Prusse est notre ennemi ; mais il est soldat, et il s'indigne de voir ainsi calomnier le maréchal.

Dans le réquisitoire, je lis au sujet de cette proclamation : « Certes, il lui appartenait (à M. Gambetta) de traduire en termes énergiques l'indignation du pays. »

Oh ! M. le commissaire du gouvernement trouve que M. Gambetta avait qualité pour dire de pareilles choses à un maréchal de France! Où en sommes-nous donc arrivés? Grand Dieu ! Il suffit donc d'usurper le pouvoir pour juger tout ce qu'il y a de grand et de noble dans notre pays !

Un long mouvement se produit dans la salle et même, autour du conseil, quelques bravos éclatent, bientôt réprimés.

Le défenseur termine sa deuxième plaidoirie en ajoutant :

Ce sera une honte ineffaçable, qu'une pareille proclamation. Il suffit à M. le commissaire du gouvernement que M. Gambetta vienne s'amender, après trois ans, pour dire de lui : « Nous avons été heureux de voir l'auteur de cette proclamation venir détruire les soupçons qu'il semblait avoir émis sur le caractère de nos vaillants généraux. » Des soupçons ! Un homme peut dire de nos maréchaux : « Ce sont des

traîtres ! » Et puis, au bout de trois ans, il viendra détruire les soupçons que ces paroles odieuses auront fait naître, et on s'estimera heureux de voir ainsi se dissiper ce fâcheux malentendu. Pour moi, qui
ne suis pas général, je trouve que c'est une infamie, et j'aurais été
heureux de n'être pas le premier à le dire ! (Grande émotion dans l'auditoire.)

———

Audience du 9 décembre.

L'audience est reprise, à midi 35, au milieu d'une affluence
de monde toujours très-considérable.

M. le général-président donne la parole à Mᵉ Lachaud, qui
continue ainsi :

J'en suis arrivé aux mesures prises en faveur de la place de Metz. Il y
a une distinction importante à faire entre les dates de ces mesures. Tout
ce qui est antérieur au 12 août ne peut être imputable au maréchal ; il
n'avait pas le commandement. Eh bien, un témoin, M. l'intendant
Mony a déclaré : que le blocus de Metz, au point de vue des communications avec Paris et le reste de la France, a commencé dès le 11 août.
« A cette époque, a-t-il dit, nous ne pouvions plus rien faire entrer
d'important. »

On a fait ce qu'on pouvait faire. Si Metz n'a pas été plus approvisionné, c'est qu'il y avait des impossibilités. A cet égard, il y a une déposition importante à relever, celle de M. Bouchotte, qui, comme le
sait le Conseil, fait un commerce de farines considérable.

Le préfet a déposé une lettre dans laquelle M. Bouchotte lui disait :
« Je suis convaincu que l'administration a fait ce qui dépendait d'elle.
Quelques dates doivent être rappelées. La bataille de Forbach a eu lieu
le 6 août. A cette époque la coupe des blés était à peine terminée.
Rien encore n'était battu. La panique s'était répandue dans les campagnes, du 9 au 13 août. Les existences en avoine et en foin étaient
tellement insignifiantes, que même avant la guerre il avait fallu en
acheter en Belgique. Quand est survenu la guerre, les vendeurs ont
refusé de livrer ce qu'ils avaient vendu. Les légumes secs n'étaient
pas encore récoltés. Et puis la retraite de l'armée d'Alsace a forcé la
Compagnie de l'Est à faire refluer un grand nombre de convois. »

C'est ainsi qu'un convoi de 1500 sacs de farines n'a pu parvenir à Metz.

Est-il équitable, de demander au delà du possible ? Le maréchal, dès
le 15 septembre, a pris les mesures les plus rigoureuses pour que les
officiers et les soldats de son armée cessassent d'assiéger les magasins
et les boutiques de Metz.

Le défenseur lit la lettre du maréchal au gouverneur, prescrivant ces
mesures.

La ration de pain des soldats est descendue de 750 gr. à 700 dès le
7 septembre. On reproche au maréchal de ne pas les avoir avertis. Mais
c'était son devoir de ne pas faire prévoir ce rationnement, de ne pas
l'annoncer par avance. Pourquoi aurait-il semé dans ses troupes cette
cause de découragement ? Mais le 13, il n'a pas pu garder le silence. A
mesure qu'on avance, la ration diminue ; le 8 octobre, elle n'est plus
que de 300 gr. ; le 10, elle n'est plus que de 250 gr., et encore c'est
du pain de boulange, et la garde était encore dans des conditions plus
rigoureuses, elle ne recevait que 200 gr.

Pour les autres subsistances, on prend les mêmes précautions ; la ration de sel, le 20 septembre, était fixée à deux grammes et demi. Quant aux chevaux, dès le 4 septembre, la consommation commence. On en mange chaque jour 50 par chaque corps d'armée. On en a consommé en tout 12 000. Je ne parle pas des 10 600 qui sont morts de faim.

Voilà la situation avec les dates. Et l'on dit : La ville n'a pas été rationnée assez vite. D'après le règlement, c'était au commandant de la place à prendre les mesures nécessaires. En ce qui concerne la ville, il y avait de quoi la nourrir longtemps, c'est l'impossibilité de sortir pour l'armée qui a amené les conséquences que nous connaissons.

Ainsi vous avez la réponse à tous ces injustes reproches.

Ah ! l'on a parlé de ces cultivateurs qui se sont précipités, qui se sont réfugiés dans Metz. Est-ce que les témoins ne vous ont pas dit que ces 20 000 cultivateurs ont apporté à Metz au delà de leur consommation ? — On a dit encore que le blé a servi à nourrir les chevaux, l'on s'indignait de cet emploi étrange ; mais il n'y avait plus de fourrages, il n'y avait plus d'avoine. M. Bouchotte l'a déclaré. Si on ne leur avait pas donné un peu de blé, qu'aurait-on pu leur donner ? Ils seraient tous morts de faim, et aurait de suite manqué du peu de viande qui a servi à nourrir l'armée. — Les forts laissaient à désirer : le 12, on s'est occupé de les mettre en état.

J'arrive maintenant à un point capital. Bazaine a trahi, dit-on, il a conspiré ! Ah ! j'avoue que quand j'ai vu l'accusation s'engager dans cette voie effroyable, mon cœur a bondi de douleur. Qu'on blâme un général à propos de ses opérations militaires, qu'on trouve qu'il n'a pas été à la hauteur des difficultés ; mais dire qu'il a été l'auxiliaire de l'ennemi ! Ah ! il faut que la lumière se fasse sur tous les points de ce procès. Il est vrai que le ministère public a reculé lui-même devant certains témoignages. On a amené ici des témoins dont les explications étaient tellement insensées que M. le commissaire spécial du gouvernement a dit : « Je ne veux pas croire ces choses-là ; le conseil appréciera. » Lorsque j'aurai passé en revue ces dépositions, on verra combien il est étrange qu'un maréchal de France soit accusé de félonie sur des rapports aussi odieux qu'ineptes et ridicules.

Reprenons tout cela, messieurs.

On était dans ces voyages chez l'ennemi, dans ces communications qui se répétaient souvent de la part du gouvernement de la Défense nationale. Le récit que M. Jules Favre a fait ici de son entrevue avec M. de Bismark, permettait de croire que M. de Bismark avait dit que Bazaine était à lui ! Où a-t-il pris cela ? Dans des notes dictées à son secrétaire, exactement, je n'ai pas le désir d'en doưter, mais voilà toute l'authenticité de ses souvenirs. Je lis donc dans son livre :

« Je n'ai aucune qualité, m'a répondu le comte, pour toucher sérieusement à ce sujet, n'ayant pas l'assentiment du roi que je respecte complétement, cependant, je dois, dès à présent, vous dire qu'un armistice comporterait l'occupation par nos armées des forteresses des Vosges et de Strasbourg. Nous laisserions Metz à l'Etat. Et puisque je parle de Metz, il n'est pas hors de propos de vous faire observer que Bazaine ne vous appartient pas. J'ai de fortes raisons de croire qu'il demeure fidèle à l'empereur, et par là même qu'il refuserait de vous obéir. »

Complément de l'audience du 9 décembre

PRÉSIDENCE DE M. LE DUC D'AUMALE

M. Lachaud continue la lecture d'un extrait du livre de M. Jules Favre. Celui-ci rapporte sa conversation avec M. de Bismark : « Êtes-vous sûr que Bazaine soit avec vous? dit le chancelier; moi, je le crois fidèle à l'empereur. » M. Jules Favre continue :

« — J'ai interrompu vivement le comte : « Je crois avoir de meilleures raisons pour prouver le contraire. Je ne puis discuter les vôtres, si vous ne me les faites pas connaître; les miennes peuvent être facilement présentées. quand on est au courant de nos derniers événements et du caractère du vaillant capitaine qui y a joué un rôle. Puis-je me permettre de vous demander si M. Bazaine est instruit de la capitulation de Sedan et de la captivité de l'empereur? — Parfaitement, a dit le comte.—Cela me suffit, ai-je repris. Si nous concluons un armistice, il est clair que je ne puis vous demander ce que je désire cependant avec ardeur, la délivrance de M. Bazaine ; mais il me paraîtrait juste qu'on le laissât se ravitailler en vivres pour un nombre de jours correspondant à l'armistice. — Je ne puis vous l'accorder, a dit le comte, ni même suspendre de ce côté les opérations militaires. Chacun conserverait sa liberté d'action. Bazaine pourrait nous attaquer et nous le repousser. »

Voilà le propos, messieurs; est-ce là de la trahison? Quand on parle d'armistice, M. de Bismark répond : « Le maréchal pourrait nous attaquer ! »

Les armées allemandes ne voulaient pas reconnaître un gouvernement de fait et, à ce moment, M. de Bismark tenait à ne point prolonger la conversation avec M. Jules Favre. Je ne l'offenserai pas en disant que M. de Bismark est un diplomate aussi habile que lui.

Voici ce que je lis encore dans ce livre : « .... Fort bien, répartit M. de Bismark, mais pouvez-vous me donner l'assurance que M. Gambetta vous obéira? Pour ma part, j'en doute, et si ce que nous allons conclure ici est désavoué par lui, la guerre civile peut compliquer une situation déjà fort difficile et complétement annuler les concessions faites à la ville de Paris. — Je ne saurais l'entendre ainsi, répliquai-je, etc. » — Vous le voyez bien, messieurs, c'était là une fin de non-recevoir, et la situation vraie est constatée. Le gouvernement de la Défense se trouvait isolé. Bazaine fidèle à son serment ! Et M. Gambetta, ne voulant pas obéir à M. Jules Favre!

Il y a la déposition de M. Rameau. M. de Bismark lui a dit : « Vous savez que Napoléon III a pour lui l'armée? » Et comme M. Rameau s'étonnait, il reprit : « Le général Boyer est venu pour traiter de la paix. » Dans la pensée de M. de Bismark, on voit qui pouvait traiter de la paix. Ceci dit, messieurs, il faut bien en arriver à toutes les folies qui ont été débitées.

La première déposition est celle d'un nommé Meyer. Il était allé, du 15 au 18 octobre, à Saint-Trophime; là, d'un belvédère, à l'aide d'une longue-vue, il a aperçu à travers le feuillage trois parlementaires qui se dirigeaient aux Moulins. Il s'élance à cheval, les suit jusqu'aux avant-postes; il passe une heure sur le pont de Moulins, ne les voit pas revenir : donc, c'est évidemment une trahison ! La nuit suivante, il sort à sept heures, il arrive dans le bois de Montigny, se couche à plat-ventre dans un fossé, derrière des broussailles, et il écoute. Il est onze heures du soir, le silence est profond ; il va entendre des choses bien curieuses ! Il voit passer trois cavaliers, et malgré l'obscurité, il distingue leurs tailles et leurs costumes. L'un des cavaliers dit : Maréchal, c'est ici qu'il faut mettre pied à terre. Les chevaux sont arrêtés à une ferme située près de là ; M. Meyer entend le roulement d'une voiture, et c'est là ce qui lui donne la conviction que c'est le maréchal Bazaine qui a traversé le bac de Moulins à onze heures du soir.... Comme c'est raisonnable !

Le second témoin est le menuisier Paquin. Il avait entendu dire que le maréchal avait trahi au Mexique, et il s'était donné la mission de le surveiller à Metz. Et lui, il a vu des choses qui se sont faites au grand jour, à trois heures de l'après-midi : le 7 septembre, le maréchal, escorté de deux cavaliers et d'un trompette, est arrivé sur le pont de Moulins ; il est parti avec trois cavaliers prussiens, venus à sa rencontre, et l'escorte est rentrée tranquillement au quartier général français ! Et encore, le 22, à deux heures, toujours sur le pont de Moulins, il a vu le maréchal ; celui-ci, — pour mieux se faire reconnaître, — prend le soin de baisser les glaces de sa voiture ! Et il ne pouvait pas se tromper, Paquin, car il connaissait parfaitement le maréchal Bazaine, il l'avait vu en 1846, chez un marchand de vins de la Villette, et en 1865 ou 66, à Metz, alors qu'il commandait la division et était venu l'inspecter. Paquin a du malheur. D'abord il est peu probable que le maréchal Bazaine ait jamais été un des clients des marchands de vins de la Villette, et ensuite en 1846, 47, 48, il était en Afrique. En 1865 et 1866 il était au Mexique. Que dites-vous des récits de Paquin et que direz-vous de lui ? C'est un ancien soldat qui a donné un soufflet à son sergent-major et qui, pour échapper à la répression, s'est enfui en Suisse.

Et tout cela, messieurs, a fait néanmoins beaucoup de bruit ; et les gens qui ont lu superficiellement ces débats s'écrient : « Mais cela est certain ; on l'a vu ! »

Poursuivons. Vient ensuite un témoin par ricochet ; c'est M. Fournier, cet ancien avoué qui tenait le salut de Metz dans ses mains. Un jour il visitait le château de Corny ; un domestique lui a dit : « Voilà le salon dans lequel est venu, le 10 octobre, le maréchal Bazaine, et le prince Frédéric-Charles lui faisait bien peu d'honneur, car il ne l'a pas reconduit plus loin que la porte que voici. » Lequel des domestiques lui a dit cela ? Donnez-nous au moins son signalement. Précisément, nous avons ici un domestique du château de Corny. Ce n'est pas celui-là qui est brun, c'est un autre qui est blond, mais le brun, qui est ici, déclare qu'il connaît le blond, il lui a parlé de ce propos, et le blond lui a affirmé qu'il n'avait rien dit de ce genre.

Un autre témoin a entendu dire que le maréchal Bazaine se rendait au camp prussien. — Pourquoi ? — Ah ! je ne sais pas.

Et de quatre !

Il y a encore un témoin qui, le 12 octobre, a vu venir un groupe de cavaliers, une escorte, un état-major. Il y avait des cavaliers allemands, puis le maréchal Bazaine, puis des soldats français qui fermaient la marche triomphale de ce maréchal de France se rendant au quartier général ennemi !

Enfin, M. Guépratte, entrepreneur de monuments funèbres, à Moulins, a vu un jour le maréchal causer avec M. Arnous-Rivière ; il lui a recommandé de fermer les cabarets avant neuf heures. Or, il est certain que le maréchal ne s'est jamais rendu aux avant-postes de M. Ar-

nous-Rivière, ce qui eût été son droit d'ailleurs. L'accusation a fait
volontiers de cet officier un instrument du maréchal. On oublie trop
que M. Arnous-Rivière était sous les ordres directs de M. le général
de Cissey, qui a déclaré qu'il n'avait rien à ajouter à ce qu'avait dit
son aide de camp : que le service des parlementaires avait été fait avec
un grand dévouement, tout le respect des règlements et de la façon
la plus parfaite.

Plus tard, M. Guépratte vit le maréchal se rendre en plein jour au
quartier prussien ; il était précédé d'un trompette. Tout cela est-il
assez insensé ?

Eh bien, ce n'est pas tout encore ! Dans l'instruction on avait fait
venir deux femmes. Vous venez d'entendre ce qui peut rester des témoignages que j'ai énumérés ci-dessus, vous allez voir les autres !

La veuve Lacour a témoigné à peu près en ces termes : « Ma fille et
mon gendre étaient bloqués à Metz. L'intendant militaire allemand
logeait chez moi ; il parlait souvent de la situation de la place de Metz.
Un jour, il ajouta qu'on en viendrait à une telle famine que les pères et
les mères mangeraient leurs enfants ! Cela m'inquiétait beaucoup.... Mais
l'officier me dit : Dans trois semaines, vous reverrez vos enfants. Un
soir, j'entendis un bruit de voix dans sa chambre. En prêtant une
oreille attentive, je reconnus des voix françaises. Je me levai précipitamment ; j'entrai dans la chambre, et je vis assis en face de lui un étranger aux larges épaules, qui portait un paletot gris-clair ; il avait le regard fixe, très-vif, je crois qu'il portait des moustaches et peut-être
la barbe tout entière. Pour expliquer mon entrée, je fis semblant de
prendre une chemise dans une armoire. J'ignore qui était cet étranger. Cependant, quelqu'un m'a fait voir depuis la photographie du
maréchal Bazaine, et j'ai bien cru reconnaître l'étranger que
j'avais vu. »

Il y a enfin Mme veuve Colin, sous-maîtresse dans un pensionnat
de Paris. Elle prétend qu'elle s'est montrée dévouée, qu'elle est allée
aux ambulances, j'accepte tout cela. Mais elle a fait une déposition
curieuse et qui tient quatre pages. Elle se trouvait dans un château où
habitait un général prussien. Un jour il avait réuni plusieurs amis
autour de lui, elle se glissa dans une petite pièce voisine du salon où
ils se tenaient, et elle entendit ces messieurs parler en français. Pourquoi en français ? sans doute pour que Mme Colin pût les comprendre.
Elle ne put entendre tout ce qui se disait, mais elle a cru reconnaître
qui parlait. Le prince de Saxe disait que Bazaine était réduit. Un colonel répliqua : « Pourquoi n'userions-nous pas de nos grands
moyens ? » Et il parlait d'argent ! Puis ils ont parlé encore de l'empereur, et ils disaient que du moment qu'il était prisonnier, l'empereur
ne devait plus travailler pour la France ! etc.

Eh bien ! ce sont ces bavardages infâmes et immondes qui ont été
répandus dans le public. L'opinion s'en empare, la calomnie distillée
s'infiltre, et on a bien de la peine, quoi qu'on fasse, à les détruire !

Aussi, lorsque j'ai entendu le brave général Changarnier vous parler
des généraux ennemis ; lorsque j'ai eu appris de lui comme il faut es-
timer ses ennemis quand ils le méritent, j'ai pensé, messieurs, que la
voix du prince Frédéric-Charles avait le droit d'être entendue ici !

Eh bien, messieurs, voici ce que j'ai reçu de lui : « Je déclare par le
présent écrit que jamais, durant le blocus de Metz, M. le maréchal Bazaine n'est venu à mon quartier général de Corny. J'ai vu pour la

première fois M. le maréchal Bazaine le soir du 29 octobre 1870, au moment où il a quitté Metz, après la capitulation.

« Berlin, 28 septembre 1873.   Signé : Frédéric-Charles,

prince de Prusse, général feld-maréchal. »

Et il est arrivé ceci, que je n'ai pas le droit de ne pas dire :

Messieurs, vous savez les dépositions, les récits de tous les témoins qui ont entendu des officiers allemands disant : « Bazaine est à nous! » Qui ont entendu un colonel dire : « Bazaine a mal tenu sa parole, il nous a tué trop de monde. » Ces mots là ont couru l'Europe. Eh bien! j'ai reçu une lettre datée du 6 décembre, il y a deux jours. Je n'en avais pas besoin, je ne l'avais pas demandée; elle m'a été adressée spontanément, la voici : « Je déclare que je professe toute estime pour le maréchal Bazaine pour l'énergie et le dévouement qu'il a apportés à pousser la défense de son armée et de Metz jusqu'aux plus extrèmes limites.   Frédéric-Charles. »

Ah! que ceux dont les cœurs sont pervertis disent que c'est un complice qui vient défendre son complice, soit! Tant pis pour ceux-là; mais je m'adresse à des généraux qui savent ce que vaut la parole d'un autre général, fût-il leur ennemi! (Mouvement). Il y a de l'honneur partout, et quand la voix de Frédéric Charles vient spontanément affirmer de pareils faits, il y a là un acte qui l'honore et qui honore encore plus le maréchal qui en est l'objet! Oui messieurs, il fallait reproduire ces documents, car je dois une réponse et une explication à tout. Et quelle que soit l'ignominie de la calomnie, il est de mon devoir de la saisir et de la démasquer!

Les événements marchent, messieurs, et l'esprit de la ville de Metz que je me vois dans la nécessité de faire connaître, s'excite, s'exalte et vous en avez vu dans de nombreux témoignages, le douloureux retentissement. Hélas! les habitants de Metz ont perdu leur patrie, ils ne sont plus Français; quand de pareilles douleurs font explosion, je n'y réponds que par le respect. Je ne me demanderai pas si ce sont là des émotions véritables ou des improvisations émues; ils sont Messins, ils ont le droit de crier dans leur angoisse; mais la justice ne peut pas mettre dans sa balance l'intérêt que ces souffrances inspirent.

On a fait au gouverneur de la place de Metz des reproches sévères au sujet de la censure des journaux.

La presse! moi, je suis de ceux qui la veulent quand même; elle a de grands égarements, et ce procès en est la preuve, mais je dirai toujours : Laissez faire! laissez dire! Ce ne sont pas les plus violents qui arrivent le plus sûrement à la conscience de ceux qui les écoutent; la presse fait parfois du mal, mais elle fait du bien si souvent! Cependant, quand se produit un courant général dans lequel peut être emporté le calme si nécessaire dans les situations extrêmes, il faut bien l'arrêter; les journaux de Metz veulent la défense à outrance; c'est un besoin du cœur sinon de la raison; comment se pouvait-il que les chefs de l'armée laissassent chaque jour s'enraciner cette espérance qui ne pouvait se réaliser? ils auraient été coupables de laisser grandir ces illusions qui ne devaient aboutir qu'à une douleur plus profonde.

Quel était alors l'état de la ville? Vous le savez, il y avait à Metz une conspiration, une conspiration contre le maréchal; c'est horrible à dire, mais c'est vrai. Cette discipline qui doit être la base de l'armée, on a voulu la perdre. Je n'ai pas voulu faire entendre des témoins sur ce point; car il y a des douleurs dont on ne parle que lorsque c'est absolument nécessaire. Hélas! il le faut! C'est un sujet lamentable. M. d'Andlau, s'est fait une gloire d'avoir été l'un des auteurs de cette conspiration, mais il y en avait d'autres que lui.

Au moment où étaient publiées ces proclamations si cruelles du gouvernement de Tours, on y donnait comme un document officiel le rapport de M. de Valcourt, celui qui avait apporté la dépêche du 21 et qui était interprète attaché au général Blanchard, et non, comme on l'a dit, officier d'ordonnance du maréchal; M. de Valcourt que M. le commissaire du gouvernement n'a pas appelé ici, je comprends pourquoi. Dans ce rapport, je lis :

« 28 octobre 1870.

« Dès cette époque, dans l'armée même, un comité de défense à outrance s'était formé. Ce comité, admirablement bien renseigné, et gagnant chaque jour du terrain parmi les officiers subalternes et supérieurs, avait, dès le 12 octobre, la certitude qu'une capitulation allait être signée par Bazaine et entraînerait la reddition de l'armée et de la ville....

« Le comité de défense (ces insurgés contre la discipline qui pourraient être traduits en conseil de guerre) chercha alors dans Metz quelques citoyens dévoués, qui acceptassent le rôle de délégués de fait du gouvernement de la Défense nationale. Les citoyens préparèrent des mandats d'arrêt contre Bazaine, Le Bœuf et Frossard nommèrent le général..., l'idole de l'armée entière, commandant en chef des troupes soulevées, et donnèrent ordre à plusieurs officiers d'état-major et du génie de combiner un plan stratégique qui pût réunir en quelques heures autour de Metz les régiments rebelles à toute pensée de capitulation. Les officiers, interrogés, répondirent d'un chiffre de 20 000 hommes résolus, et la question de l'action immédiate ou de l'action postérieure à l'acte de la capitulation s'agita entre les membres du comité.

« Craignant d'effrayer beaucoup d'officiers dévoués aux idées de discipline aveugle, et qui ne désiraient se mettre en avant que lorsque la reddition les aurait déliés de toute obligation vis-à-vis de leurs supérieurs, le comité décida à la majorité que le mot d'ordre ne serait envoyé aux troupes conjurées qu'au moment où la capitulation serait un fait accompli.

« A cette heure-là même, chacun des régiments décidés à marcher devait se diriger sur un point désigné à l'avance et se mettre à la disposition des chefs nouveaux que le gouvernement provisoire placerait à leur tête au lieu et place des récalcitrants.... Vers le 14 octobre, c'est-à-dire à l'époque même où cette conjuration semblait réunir le plus de chances de succès, un jeune officier de l'armée publia, sous un nom supposé, une brochure violente.... Vers le 16, deux officiers du génie, membres du comité dont il a été parlé ci-dessus, MM. les capitaines Boyenval et Rossel, furent conduits chez le maréchal, et après un sévère interrogatoire, le premier d'entre eux, qui s'était exprimé sur la situation avec une franchise pleine de dignité, fut conduit par les mains de la gendarmerie dans l'intérieur du fort Saint-Quentin, afin d'y être gardé à vue.... »

Et cela s'imprime à Tours, messieurs, sous les yeux du gouvernement de la Défense nationale! La discipline c'est un aveuglement. Ah! je les reconnais bien là! Et vous aussi.

Vous avez entendu? Rossel! lui qui a payé de sa vie son crime contre la société.

Ces hommes audacieux osèrent aller chez le général Changarnier pour lui demander de se mettre à la tête de la conspiration. Vous pensez l'accueil qui leur fut fait. Je trouve la réponse du brave général dans le livre du condamné Rossel : « Malheureux! est-ce que vous voulez que je déshonore mes cheveux blancs.... Sortez! »

Ah! on reproche au maréchal Bazaine de n'avoir pas fait tout ce qu'il aurait pu faire? Eh bien, voilà les facilités qu'il pouvait trouver : la seule armée qui restât à la France allait être divisée. Des mandats allaient être décernés contre deux maréchaux et contre un général de division. Et on ose aller frapper à la porte de Changarnier! Le conseil d'enquête l'a su, messieurs; et il a flagellé comme il le devait les hommes qui avaient eu l'audace de concevoir de semblables projets.

Oui, il y avait à Metz une conspiration militaire et civile formée d'hommes résolus à tout, même au crime. Et c'est au milieu de ces difficultés inextricables qu'il fallait agir! Comment l'accusation n'a-t-elle pas compris que, pour entendre clairement les décisions qui allaient être prises, il fallait toucher du doigt les impossibilités morales et matérielles? Il n'y avait pas qu'une barrière de fer à franchir, il y avait, si je puis dire ainsi, une barrière morale qui étreignait le maréchal.

Le 7 octobre, Bazaine demanda à ses chefs de corps des renseignements. Est-ce que tout ne s'est pas fait dans la pensée la plus loyale? et il adresse à tous ses camarades la lettre suivante :

« Le moment approche où l'armée du Rhin se trouvera dans la situation la plus difficile peut-être qu'ait jamais dû subir une armée française. Les graves événements militaires et politiques qui se sont accomplis loin de nous, et dont nous ressentons le douloureux contre-coup, n'ont ébranlé ni notre force morale, ni notre valeur comme armée; mais vous n'ignorez pas que des complications d'un autre ordre s'ajoutent journellement à celles que créent pour nous les faits extérieurs. Les vivres commencent à nous manquer, et, dans un délai qui ne sera que trop court, ils nous feront absolument défaut. L'alimentation de nos chevaux de cavalerie et de trait est devenue un problème, dont chaque jour qui s'écoule rend la solution de plus en plus impossible. Nos ressources sont épuisées, les chevaux vont dépérir et disparaître. Dans ces graves circonstances, je vous ai appelés pour vous exposer la situation et vous faire part de mon sentiment. Le devoir d'un général en chef est de ne laisser rien ignorer, en pareille occurrence, aux commandants des corps sous ses ordres, et de s'éclairer de leurs avis et de leurs conseils.

« Placé immédiatement en contact avec les troupes, vous savez certainement ce que l'on peut attendre d'elles, ce que l'on doit en espérer. Aussi, avant de prendre un parti décisif, ai-je voulu vous adresser cette dépêche pour vous demander de me faire connaître, après un examen mûri et très-approfondi de la situation, et après en avoir conféré avec vos généraux de division, votre opinion personnelle et votre appréciation motivée. Dès que j'aurai pris connaissance de ce document, dont l'importance ne vous échappera pas, je vous appellerai de nouveau dans un conseil suprême, d'où sortira la solution définitive de la situation de l'armée dont Sa Majesté l'empereur m'a confié le commandement.

« Je vous prie de me faire connaître par écrit, dans les quarante-huit heures, l'opinion que 'j'ai l'honneur de vous demander et de m'accuser réception de la présente dépêche. »

Y a-t-il un reproche à faire à cette lettre, aux termes si simples et aux sentiments si nobles ? Le ministère public dit que le même jour avait lieu le combat de Ladonchamp et que la lettre du maréchal indiquait qu'on ne voulait pas avancer ; c'est une erreur.

Revenons au sujet. On ne voulait pas avoir un avis oral, mais un avis écrit, donné après un examen sérieux et en connaissance de cause. Les commandants de corps d'armée sont en rapport avec leurs troupes, ils ont consulté leurs généraux de division et même leurs généraux de brigade, et le maréchal Bazaine s'est dit : « Quand ils auront exprimé leur opinion je saurai s'il reste une lueur d'espoir. » Nous touchons, messieurs, à ce que l'on appelle la conspiration pour rétablir l'empire. Vous allez voir si la pensée du maréchal et de tous ses lieutenants n'était pas pour la France et uniquement pour la France.

Le défenseur donne lecture des réponses des généraux Desvaux et Coffinières et du maréchal Canrobert.

Suivant le général Desvaux, il fallait prolonger la résistance jusqu'aux dernières limites, chercher à connaître les conditions que l'ennemi voudrait imposer, et si l'honneur de l'armée devait en souffrir, il fallait sortir en combattant.

Le général Coffinières, après avoir rappelé que l'armée n'avait de vivres que jusqu'au 16 octobre, et la place jusqu'au 20, faisait observer que l'armée, parvînt-elle à franchir les lignes, lancée au milieu des forces ennemies qui l'entouraient de toutes parts à grande distance, sans vivres, sans artillerie, sans cavalerie, sans objectif déterminé et surtout sans ligne d'opérations, serait une armée perdue. Il exposait que, d'un autre côté, la ville, après le départ de l'armée, n'aurait de vivres que pour huit à dix jours à peu près ; qu'elle serait forcée de se rendre, le pays environnant étant d'ailleurs trop épuisé pour qu'il fût possible, ainsi que le croyaient quelques personnes, de s'y procurer des vivres au moyen de sorties lointaines.

Le maréchal Canrobert faisait connaître que ses généraux de division, vu les forces infiniment supérieures de l'ennemi, vu les tentatives infructueuses faites pour franchir les lignes, vu la destruction presque totale des chevaux d'artillerie et de cavalerie, vu l'épuisement complet des vivres, pensaient qu'il y avait lieu de traiter « pour une convention honorable, c'est-à-dire de partir avec armes et bagages, sous la condition de ne pas servir contre l'Allemagne pendant un temps qui n'excéderait pas un an. »

Ah ! ajoute le défenseur, que ceux qui veulent des sorties à outrance aient le courage de dire comment ils auraient agi ! Le maréchal, qui aime ses soldats, n'a pas voulu combattre et les immoler inutilement ; ceux qui crient le plus fort sont ceux qui se battent le moins : c'est toujours ainsi ; ceux, au contraire, qui ont un véritable courage, veulent bien faire le sacrifice de leur vie, mais, non le sacrifice de la vie des autres ! Le général qui a porté si haut l'honneur du drapeau français, le général brave, courageux entre tous ne veut pas de sacrifices inutiles, il ne veut pas qu'on égorge ses soldats et qu'on les mène « comme des moutons à la boucherie ! » Vous n'avez pas oublié son expression.

Le général Frossard croyait à la possibilité du succès pour une première journée, mais dans la seconde journée, l'ennemi aurait eu le temps de se concentrer, les difficultés deviendraient grandes, peut-être insurmontables; personne ne pouvait répondre du succès dans cette seconde phase de la lutte, on serait peut-être exposé sans combats nouveaux à la dispersion ou à la destruction de l'armée. Si le second jour on avait encore l'avantage, un désastre était assuré pour le troisième avec des attelages qui, faute de nourriture, ne pourraient traîner l'artillerie. « Quant à la place de Metz, ajoutait le général, l'insuffisance de ses défenses du côté de Montigny est telle que cette place, au dire des officiers compétents, ne pourrait tenir au delà de huit jours, après qu'elle aurait perdu l'appui de l'armée. » Et c'est un général spécial qui dit cela.

Et enfin il y a la lettre du maréchal Le Bœuf et celle du général de Ladmirault. Je lis encore cette dernière.

J'ai dû lire tout cela, messieurs, car la cause est là tout entière : les hommes les plus autorisés, consultés par le maréchal, par leur général en chef, lui ont répondu : « L'armée est prête à mourir, mais elle mourrait sans utilité. »

La question est de savoir si le commandant en chef avait le droit d'immoler sans utilité la moitié des hommes valeureux auxquels il commandait, et l'autre moitié se serait trouvée dans une situation plus triste et plus lamentable encore qu'auparavant.

Après ces rapports, après que chacun eut bien étudié la situation, il y eut une conférence le 10 octobre. C'est là le vif de la question. C'est à cette date que se placent les démarches du général Boyer; nous allons voir pourquoi il est allé à Versailles et ensuite à Londres, et je prouverai que l'armée de Metz n'a jamais voulu être que l'armée de la France.

Le 10 octobre se réunit un conseil de guerre; voici ce qui a été décidé et signé par tous. Oh! je n'attache pas d'importance à cette signature, mais puisque M. le commissaire du gouvernement a voulu en faire une objection pour d'autres conseils, il ne pourra pas la faire du moins pour ce jour-là; j'ai le droit de faire observer que le procès-verbal de la conférence du 10 octobre est signé par tous ceux qui y ont assisté, et c'est la conférence la plus importante.

Me Lachaud donne lecture du procès-verbal de cette conférence.

Le procès-verbal, après avoir fait mention de la lettre-circulaire du maréchal, continue ainsi :

« Après avoir rappelé les principaux traits de la situation, le maréchal Bazaine a ajouté que, malgré toutes les tentatives faites pour se mettre en communication avec la capitale, il ne lui était jamais parvenu aucune nouvelle officielle du gouvernement, qu'aucun indice d'une armée française opérant pour faire une diversion utile à l'armée du Rhin ne lui avait été signalé.

« M. le général Coffinières, commandant supérieur à Metz, et M. l'intendant en chef de l'armée furent alors successivement invités à exposer le bilan définitif de nos ressources alimentaires de toutes sortes. Il en résulta que, en faisant tous les efforts imaginables, en fusionnant les ressources de la ville avec celles de la place et de l'armée, en réduisant la ration journalière de pain à 250 grammes, en rationnant les habitants, en consommant les réserves des forts et en réduisant le blutage des farines au taux le plus bas, sans s'exposer à compromettre la santé des hommes, il était possible de vivre jusqu'au 20 octobre inclus, y compris les deux jours de biscuit existant dans les sacs des hommes. » 300 grammes de pain, et vous savez, messieurs, que la ration normale est de 750 grammes! ajoute le défenseur, qui continue sa lecture.

PRÉSIDENCE DE M. LE DUC D'AUMALE

Mᵉ Lachaud continue la lecture du procès-verbal de la conférence du 10 octobre.

« La ration de viande de cheval devait être élevée à 600 grammes d'abord, et poussée jusqu'à 750 grammes, tous les chevaux étant considérés comme sacrifiés, vu l'impossibilité de les nourrir autrement que par un pacage presque illusoire, et la mortalité faisant chaque jour chez ces animaux des progrès effrayants.

« M. le général Coffinières déclara ensuite que l'état sanitaire était gravement compromis dans la place, tant par l'accumulation de dix-neuf mille blessés ou malades, que par le défaut de médicaments, de moyens de couchage, de locaux et d'abris, et par l'insuffisance du nombre de médecins. Les rapports des médecins en chef constatent que le typhus, la variole, la dyssenterie et tout le cortége des maladies épidémiques commençaient à envahir les établissements hospitaliers et à se répandre dans la ville. L'affaiblissement causé par la médiocre alimentation à laquelle on était réduit ne pouvait qu'augmenter ces causes morbides. On constate que les ambulances et les hôpitaux sont encombrés, que près de deux mille malades ou blessés sont encore recueillis chez les habitants, et la conclusion est que si un nombre considérable de blessés devait de nouveau être dirigé sur la place, il y aurait d'abord impossibilité de les installer, mais surtout danger immédiat pour la santé publique.

« Cet exposé de la situation de nos ressources alimentaires et de l'état sanitaire étant connu de tous les membres du Conseil de guerre, on passe à l'examen de la situation militaire.

« Après lecture faite au Conseil du rapport de S. Ex. M. le maréchal Canrobert, commandant le 6ᵉ corps d'armée, du rapport de M. le général Coffinières, commandant supérieur de Metz, du rapport de M. le général Desvaux, commandant provisoirement la garde impériale, la situation militaire se résume dans les questions suivantes :

(Tous les rapports, dit le ministère public, n'ont pas été lus, — ajoute Mᵉ Lachaud ; — mais quelle importance cela peut-il avoir ? est-ce que les rédacteurs de ces opinions, de ces rapports, n'ont pas été entendus dans le Conseil ? Toutes les questions ont été posées et lues. Je continue :)

« 1° L'armée doit-elle tenir sous les murs de Metz jusqu'à l'entier épuisement des ressources alimentaires ? 2° Doit-on continuer à faire des opérations autour de la place, pour essayer de se procurer des vivres et des fourrages ? 3° Peut-on entrer en pourparlers avec l'ennemi, pour traiter des conditions d'une convention militaire ? 4° Doit-on tenter le sort des armes et chercher à percer les lignes ennemies ? »

La 1ʳᵉ question est résolue affirmativement à l'unanimité, par cette raison que la présence de l'armée sous les murs de Metz y retient une armée ennemie de 200000 hommes, dont il n'est point possible de disposer ailleurs et que, dans les conditions où elle se trouve, le plus grand service que l'armée du Rhin puisse rendre au pays est de gagner du temps et de lui permettre d'organiser la défense dans l'intérieur. Le maréchal Le Bœuf, dans un long rapport, a émis l'avis qu'on pouvait risquer une tentative de sortie, mais, dans la conférence, il se rend à l'opinion émise par ses compagnons d'armes; la première question est donc résolue affirmativement par cette raison, écoutez bien ceci, messieurs, « que le plus grand service que l'armée du Rhin puisse rendre au pays est de gagner du temps et de lui permettre d'organiser la défense dans l'intérieur. » Ils ne peuvent plus que cela, car une tentative de sortie est une folie; on ne peut qu'une chose, se maintenir sous Metz, c'est tout ce que ces malheureux peuvent faire.

« La 2ᵉ question est résolue négativement, à l'unanimité, en raison du peu de probabilité qu'il y a de trouver des ressources suffisantes pour vivre quelques jours de plus, à cause des pertes que ces opérations occasionneraient, et de l'effet dissolvant que leur insuccès pourrait exercer sur le moral de la troupe. »

Arrivons à la troisième question, c'est là la question du procès, il n'y en a pas d'autre. Le procès est là, il n'est que là, et pour tout homme de bonne foi il ne peut pas être ailleurs. La 3ᵉ question fut résolue affirmativement à l'unanimité. A l'unanimité! A l'unanimité! Nous allons négocier, il est impossible qu'on en sorte autrement, et cela dans un délai qui ne dépassera pas quarante-huit heures. On est tellement pressé par la faim, qu'on ne pouvait pas attendre plus de deux jours pour ne pas arriver jusqu'à l'épuisement complet des ressources, ce qui veut dire que si on ne conclut pas rapidement une convention, tout sera fini, ce sera la capitulation. Il faut finir tout de suite les pourparlers avec l'ennemi; si dans quarante-huit heures on ne peut rien faire, s'il n'y a pas de convention à espérer, ce sera la perte irréparable de l'armée.

Le général Coffinières demande qu'on tente un vigoureux effort avant de chercher à traiter. Vous le voyez, l'instinct français revient sans cesse à cette idée de combattre, le courage de ces hommes valeureux se révolte et demande le combat, mais devant une impossibilité absolue d'arriver à un résultat, cette question est écartée à la majorité, et il est décidé à l'unanimité que, si les conditions de l'ennemi portent atteinte à l'honneur des armes et du drapeau, on essayera de se frayer un chemin par la force avant d'être épuisé par la famine, et tandis qu'il reste la possibilité d'atteler quelques batteries.

« Il est donc convenu et arrêté : 1º Que l'on tiendra sous Metz le plus longtemps possible; — 2º Que l'on ne fera pas d'opérations autour de la place, le but à atteindre étant presque improbable; — 3º Que des pourparlers seront engagés avec l'ennemi dans un délai qui ne dépassera pas quarante-huit heures, afin de conclure une convention militaire honorable et acceptable pour tous; — 4º Que dans le cas où l'ennemi voudrait imposer des conditions incompatibles avec notre honneur et le sentiment du devoir militaire, on tentera de se frayer un passage les armes à la main. »

C'est signé : le maréchal Canrobert, commandant le 6ᵉ corps; le maréchal Le Bœuf, commandant le 3ᵉ corps; le général de Ladmirault, commandant le 4ᵉ corps; le général Frossard, commandant le 2ᵉ corps; le général Desvaux, commandant provisoirement la garde impériale; le général Soleille, commandant l'artillerie de l'armée; le général Coffinières, commandant supérieur à Metz; l'intendant en chef Lebrun; le maréchal Bazaine, commandant en chef l'armée.

Voilà ce qui s'est passé. J'interroge la loyauté de M. le commissaire du gouvernement, qui ne me fera jamais défaut. Est-ce qu'il a jamais vu, dans les poursuites dirigées contre un commandant en chef, des attestations semblables à celles que je viens de lire ?

Est-ce que ces généraux qui ont été poursuivis avaient eu soin avant de succomber, soit devant le nombre, soit devant la famine, de faire appel à tout ce qu'il y avait autour d'eux de valeur et de générosité, est-ce qu'ils avaient eu soin d'appeler tous ceux qu'ils pouvaient pour les aider à sauver le pays ?

Devant la loi stricte, oui, le commandant en chef est seul responsa- ble, mais devant la justice, devant l'opinion, non.

Tous ont décidé qu'il fallait s'adresser à l'ennemi. Le général Boyer est désigné pour cette mission. On lui a dit d'aller, et il a été : il a obéi comme un vrai soldat ; on lui a dit de porter telles paroles et il les a portées. Parce que vous saisissez de petites nuances dans son récit, vous saisirez cette occasion pour blâmer sa conduite ! Est-ce que, dans ce procès, les détails attirent ainsi votre réprobation ? Est-ce sur une équivoque que l'opinion du Conseil pourra se fonder ? Le général Boyer est parti, on lui a donné les instructions que je vais lire, et j'ajoute qu'on ne pouvait pas lui en donner d'autres. Est-ce qu'il était possible de savoir ce que la Prusse demanderait ? La France vaincue et mou- rant de faim était obligée d'aller demander la paix à l'ennemi. Il y avait un ordre d'idées, des motifs d'un ordre supérieur à faire valoir, des motifs qui pouvaient toucher l'esprit de l'ennemi ; il savait bien que notre héroïsme était impuissant, on ne pouvait s'adresser à son huma- nité, là-dessus je suis d'accord avec le ministère public ; il fallait se placer sur le terrain de la sécurité sociale, c'était une question intéres- sant la civilisation tout entière ; celle de l'ordre social, le palladium de tous. Car ce n'est pas tout de gagner des batailles. L'armée a d'autres devoirs. Les ennemis sont quelquefois à l'intérieur, ce sont ceux qui veulent le désordre et la destruction. Il y avait donc pour l'armée de Metz d'autres dangers à vaincre. Et l'on disait aux Allemands : Vous êtes dans un pays nerveux, agité, vous avez intérêt à ce que l'ordre soit maintenu en France, vous avez intérêt à écouter nos propositions ; vous n'avez aucun avantage à les repousser.

Je le répète, ceux qui pensent qu'on pouvait donner d'autres instruc- tions, n'ont pas le sentiment de la situation dans laquelle on se trou- vait.

Le général Boyer est parti, allant tristement chez le vainqueur plai- der la cause de l'ordre public et demander une convention honorable. Il a vu M. le comte de Bismark, et ici je trouve la déposition de M. le général Boyer dans l'instruction. Il faut la lire. Ces choses-là ne se ré- sument pas ; un mot de trop, un mot oublié et tout est changé.

Le défenseur lit cette déposition qui tient quatre pages dans le Rap- port et dont nous avons rendu compte. D'abord les nouvelles, en grande partie apocryphes, données au général Boyer. (Mais ce qu'il y a d'im- portant, ce sont les conditions que l'ennemi voulait nous imposer ; s'il a calomnié la France, tant pis pour le chancelier ! ajoute Me Lachaud) ; — les propositions du maréchal, non pas une capitulation, mais une convention militaire : l'armée sortant de Metz avec ses aigles, ses ar- mes et tout son matériel ; — M. de Bismark disant que cela regarde le roi, mais que celui-ci n'accordera que les conditions de Sedan.

Les nouvelles données au général Boyer, elles seront ce qu'on voudra, dit le défenseur, mais les négociations se feront toujours dans les mê- mes conditions, les conditions imposées à Sedan. L'armée de Metz meurt de faim, il n'y a plus de chevaux pour l'artillerie, que vouliez-vous faire dans cette situation? Cependant, le général Boyer proteste contre ces conditions. C'est ici que les négociations commencent, par une proposition de M. de Bismark : « Mais je puis, moi, dit-il, faire valoir certaines considérations politiques auprès du roi, et obtenir des conditions pour l'armée, que je vous ferai connaître demain. »

Le général insista pour connaître ces considérations politiques, alors M. de Bismark lui déclara que le roi ne pouvait traiter avec le gouvernement de la Défense nationale, qu'il ne reconnaissait pas; ni avec le gouvernement de l'empereur, qui avait déjà refusé de traiter à Sedan; qu'il pouvait traiter avec le gouvernement de la Régence; mais que pour cela il voulait se réserver certains avantages que lui donnait la position de l'armée de Metz. « Avez-vous reconnu le gouvernement de la Défense nationale? » demanda le comte. « Non, répondit le général, nous n'avons reçu aucune nouvelle de lui; nous savons seulement ce que nous avons appris par des prisonniers français et quelques journaux allemands. Le gouvernement de la Défense nationale n'existe pas pour nous, nous avons prêté serment à l'empereur et nous y resterons fidèles, jusqu'à ce que le pays en ait décidé autrement. » Ainsi le général Boyer le dit, les soldats de l'armée du Rhin sont les soldats de la France d'abord, et les soldats du gouvernement ensuite, du gouvernement que le pays aura établi; il faut que la France soit régulièrement consultée.

On ne veut pas capituler, on veut conclure une convention militaire. M. de Bismark dit que le conseil du roi n'accordera d'autres conditions que celles de Sedan, qu'il obtiendra des propositions plus acceptables; mais qu'il ne veut pas traiter avec le gouvernement de la Défense nationale, mais bien avec l'impératrice régente.

Le général Boyer déclare qu'il n'a pas qualité à cet effet. Et alors M. de Bismark lui expose son plan, que le général écoute pour le rapporter à Metz. Ce plan, le voici : ce sera d'affirmer la fidélité de l'armée au gouvernement de la régence par une manifestation l'impératrice signera les préliminaires de paix.

Que va répondre le général Boyer? Écoutez : « Je fis observer à M. de Bismark, qu'une pareille manifestation était en dehors de nos habitudes militaires, que cela ressemblait à une sorte de pronunciamento. Sur quoi le chancelier ajouta que cette manifestation de l'armée était indispensable pour leur donner, à eux, une sorte de sécurité, et parce que l'impératrice ne s'engagerait pas dans des négociations si elle ne se savait pas soutenue par l'armée. Les préliminaires de paix signés par l'impératrice, l'armée de Metz se retirera emmenant ses armes, ses canons, son matériel. La place de Metz restera libre et maitresse d'elle-même. Alors j'exposai le rôle que l'armée devait remplir après avoir quitté Metz; l'armée se rendrait, avec l'assentiment du conseil de guerre, sur un territoire neutralisé, où les pouvoirs publics, tels qu'ils étaient constitués avant le 4 septembre, seraient appelés à proposer ou à déterminer la forme du gouvernement et, quelle que fût la décision prise, elle serait acceptée, c'est-à-dire que, soldats de la nation, ils obéiraient à la volonté du pays. Si les pouvoirs déclaraient qu'il fallait faire appel à la nation, l'armée aiderait à faire cet appel. » Est-ce là une armée qui veut faire un pronunciamento et commettre ce crime militaire, qui déshonore et qui perd un pays?

Il y a un fait brutal, le 4 septembre, la Prusse ne veut pas le reconnaître; il y a un empereur prisonnier; l'impératrice est exilée, mais elle peut traiter. Il y a les pouvoirs publics; l'armée de Metz n'aura d'autre rôle que de protéger l'Assemblée, et le général Boyer ajoute : « Quelle que soit la décision prise, elle sera acceptée par l'armée. »

Il n'y a pas un Français au cœur vraiment patriotique qui n'eût parlé ainsi; il n'y a que ceux-là pour qui le triomphe du fait sur le droit domine tout, qui peuvent trouver un mot à redire dans cette déclaration de M. le général Boyer. De grands événements se sont produits; il faut que le pays soit consulté, et, quand il aura prononcé, l'armée fera respecter sa décision. Le général va rentrer à Metz et rendre compte de sa mission. Est-ce là une mission coupable? Est-ce là une conspiration? Est-ce là une restauration criminelle qu'on veut amener? Qui osera le dire? Ceux-là seuls qui, de parti pris, veulent tout calomnier.

Après vingt minutes de suspension, l'audience est reprise. L'éminent avocat continue ainsi :

Le conseil a entendu les paroles de M. de Bismark : pour arriver à la convention ou à la paix, il n'y a qu'un pouvoir : c'est la régence. Tous les chefs de l'armée sont convoqués, le 18 octobre, pour aviser sur la conduite à tenir. Un procès-verbal est dressé de cette réunion. Ce procès-verbal n'est pas signé; mais il a été rédigé certainement avec la loyauté la plus grande. Ceux qui assistaient à cette réunion étaient les maréchaux Canrobert et Le Bœuf, le général Soleille, d'autres encore, et le général Changarnier qui, pour la première fois, se présente, pour éclairer le conseil et y apporter les rayonnements lumineux de son grand cœur et de son patriotisme.

Mᵉ Lachaud lit le procès-verbal.

Le général Boyer exposa le but de sa mission et le résumé de ses deux entrevues avec M. de Bismark, les conditions de celui-ci.

Mᵉ Lachaud examine ce qui s'est passé dans cette réunion et les différentes opinions émises.

Plusieurs chefs de corps pensent qu'il faudra tenter la fortune des armes. Le maréchal Canrobert ne croit pas au succès; aller de l'avant serait tenter une évasion et non une sortie; nous serons dispersés et ainsi on donnera aux Prussiens l'occasion de compter un triomphe de plus et de s'enorgueillir de cette victoire, qui sera un désastre de plus à ajouter à nos revers. La plupart estiment qu'il faut essayer une convention militaire honorable.

Ah! messieurs, sentez-vous tout ce qu'il y a dans le cœur de ces valeureux chefs d'armée de poignant et de douloureux? Comprenez-vous cette lutte entre leur amour pour la patrie et leur ardeur de soldats? Oui, il faut sortir, oui, il faut mourir, si cela est absolument nécessaire. Nous pouvons mourir, mais c'est la dernière armée de la France qu'on va sacrifier, et on n'a pas le droit de faire une folie glorieuse quand on commande en chef la dernière armée du pays!

Ah! qu'ils ont dû souffrir et que leur cœur a dû saigner!

Après les glorieux rêves, il faut bien tomber dans la réalité, et la réalité, c'est la négociation inévitable, c'est le traité avec la Prusse!

Traiter, mais comment? Il n'y a pas un gouvernement qui puisse le faire, et c'est alors que les généraux disent : « Nous allons entrer dans une forme qui nous conduira à un résultat légal ! » Une seule pensée les anime tous : « Nous, les soldats du pays, nous resterons les soldats du gouvernement, quel qu'il soit, que choisira le pays. » Ah! je vous le demande, sont-ce là des gens qui conspirent et qui prétendent imposer à la France un pouvoir dont la France ne veut pas?

Alors on décide que le général Boyer se rendra à Hastings; mais sous une condition expresse : aucun traité ne devra être signé ni conclu par le commandant en chef de l'armée du Rhin : le général se bornera à exposer la situation de l'armée. Cette grande décision, messieurs, il faut la rapprocher des paroles de M. de Bismark : « Tant qu'il n'y aura pas de gouvernement régulier, il n'y a pas de traité de possible. »

Le ministère public reproche au général Boyer d'avoir donné des renseignements inexacts, mais cette communication a-t-elle été faite aux chefs de corps? A cette question, quelques-uns ont dit : « Oui, » et d'autres ont dit : « Non. » Ce que racontait le général Boyer, c'était bien ce qu'il avait appris dans le cercle étroit où il était gardé. Ces renseignements n'étaient pas vrais, non, les grandes villes n'avaient pas imploré des garnisons allemandes. Dieu merci! cette dernière honte nous a été épargnée; mais c'était vrai, le drapeau rouge flottait à Lyon; des partis divisaient la France; nous étions à la veille de la tentative du 31 octobre à Paris. Et ce n'est pas à raison de ces nouvelles, mais surtout à cause de la situation de l'armée que le général Boyer est parti pour Londres.

Les officiers généraux vous ont expliqué à cette audience le caractère de la mission du général Boyer; laissez-moi vous rappeler les phrases que vous avez entendu sortir de la bouche de ces vaillants capitaines : Le maréchal Canrobert vous dit : « Nous n'avions plus le moyen de sauver cette armée d'une ruine certaine; en présence de la France mourante, nous avons voté pour qu'on se rendît auprès du seul médecin qui pouvait la sauver, et ce médecin, d'après les paroles de M. de Bismark, était Sa Majesté l'impératrice, etc.... »

Le maréchal Canrobert a dit encore : « C'était notre dernière planche de salut, il fallait la saisir. Je me rappelle bien qu'il a été déclaré que nous étions toujours l'armée de l'empereur; mais nous étions prêts à nous accrocher à tout gouvernement pour chasser l'ennemi. Nous voulions seulement sauver notre pays et conserver cette armée du Rhin dans la prévision qu'elle pouvait lui être utile encore. Nous aurions accepté cette condition de nous retirer sur un point neutralisé du territoire. »

Le maréchal Canrobert a ajouté encore : « Il y avait une autre manière d'en finir... Mais on s'est demandé si l'honnêteté, si même l'honneur militaire (écoutez bien ces expressions, messieurs) permettaient de conduire au boucher des moutons pour les faire égorger !... Cela a fait assurément de la peine à de braves gens qui avaient toujours glorieusement servi leur pays !...

« Il y en a qui disaient : « Il faut sortir! » et qui le disaient d'autant plus qu'ils étaient convaincus qu'on ne sortirait pas !... On a voulu nous représenter comme des prétoriens! nous n'avons jamais été que des soldats, et rien que des soldats! »

C'est là un beau langage, messieurs, dont le maréchal et ses généraux peuvent se faire honneur!

Eh bien, y a-t-il une conspiration pour le rétablissement de l'empire?

Pourquoi le gouvernement de la Défense nationale n'a-t-il pas convoqué l'Assemblée qu'il avait promise? Est-ce qu'on ne lui aurait pas obéi? Plus tard l'armée tout entière lui obéira quand elle sera convoquée!

Le général Frossard vous a dit : « Mon opinion était qu'il fallait obtenir une convention militaire qui nous permît de nous retirer sur un point neutralisé du territoire pour être à portée d'y remplir, au besoin, le rôle que l'on demanderait à cette armée; ce plan était possible, réalisable, quand un armistice aurait été conclu par ceux qui auraient qualité pour le faire, une Assemblée nationale ayant tout pouvoir pour faire cesser les funestes résultats de cette guerre . »

Faut-il rapporter tous les témoignages? Voici notamment celui du général Desvaux. « L'armée, disait le maréchal Bazaine, n'a aucun rôle politique à jouer! Elle est la sentinelle placée à la porte des assemblées et qui veille à la sécurité de ses délibérations. »

Que devient donc l'accusation?

Un général dont j'ai eu souvent à prononcer le nom, le général Changarnier, avait peut-être des motifs légitimes de se plaindre de l'empire; mais c'est un grand cœur qui a oublié ses rancunes au jour du désastre et qui est venu se placer auprès du gouvernement qui était celui du pays. Eh bien, voici ce qu'a rapporté le général Boyer dans sa déposition au sujet du 18 octobre : « La majorité du conseil ne paraissait pas acquise à cette idée d'aller trouver l'impératrice, lorsque le général Changarnier prit la parole, et, dans une allocution très-émue, déclara que c'était le seul moyen de salut! » Et c'est ainsi qu'il fut décidé que, pour conserver les soldats à la patrie, qu'ils pouvaient sauver, le général Boyer se rendrait à Londres.

Il y a des appréciations qui ne seront pas nécessaires et que je ne ferai pas. Qui n'a admiré le rôle plein de dévouement et de patriotisme de l'impératrice? Mais que M. le commissaire du gouvernement me permette de le lui dire : j'aurais désiré que sa parole vous eût un instant entretenus, messieurs, de l'abnégation de la souveraine déchue ! Ce n'était pas faire de la politique, c'était rendre justice au malheur. Vous allez voir que ce n'est pas une femme qui revendique une couronne, mais c'est une Française qui ne songe qu'à son pays. Il y a des grandeurs qu'il faut toujours reconnaître, même quand le malheur a frappé ceux qui produisent de grands actes, et il faut s'incliner respectueusement devant eux !

Que va faire l'impératrice? Il faut qu'elle touche le cœur de notre implacable ennemi, qu'elle tende les mains à l'armée en détresse.

Je n'ai qu'à vous lire une correspondance.

Le 22 octobre le général Boyer adressait au comte de Bismark la dépêche suivante : « Je viens de voir l'impératrice, elle me charge de demander le ravitaillement de l'armée de Metz pour quinze jours, et désire qu'on lui fasse connaître les conditions des préliminaires de paix. »

Voici la réponse : « Pour pouvoir répondre, il me faut prendre les ordres du roi. Je puis dire d'avance que le ravitaillement est militairement, inadmissible; je m'en rapporte au jugement du général Boyer.

« Signé : BISMARK. »

L'impératrice comprend que les moments pressent. Elle écrit à M. de Bernstorff la dépêche suivante : « Monsieur le comte, le temps est si précieux, et les intermédiaires nous en font tant perdre, que je désirerais pouvoir vous parler. Lady a bien voulu mettre à ma disposition sa maison, à Londres. Si vous pouvez vous y rendre, personne ne vous verra.

« Signé : EUGÉNIE. »

Elle demande une audience à un ambassadeur.... Elle ! une audience secrète, car elle pourra pleurer, et elle espère qu'elle excitera la commisération par ses larmes. L'ambassade lui dit qu'elle doit s'adresser au roi Guillaume. Elle écrit ce qui suit : « Sire, Votre Majesté a entre les mains la dépêche du comte de Bernstorff au comte de Bismark. Je fais appel au cœur du roi, à sa générosité de soldat. Je supplie Votre Majesté d'être favorable à ma demande, son succès est la condition indispensable pour la suite des négociations.

« Signé : EUGÉNIE. »

L'accusation connaît tous ces documents. Pourquoi n'en avoir rien dit ? C'est si doux, c'est si beau, c'est si grand de s'incliner devant le malheur !

Que va répondre le roi ? Il est des heures où les grands de la terre, quand ils ont le pouvoir, n'ont plus que cela. La réponse est inexorable : « Madame, le comte de Bernstorff m'a télégraphié les paroles que vous avez bien voulu m'adresser. Je désire de tout mon cœur rendre la paix à nos deux nations, mais, pour y arriver, il faudrait d'abord établir la probabilité, au moins, que nous réussirons à faire accepter à la France le résultat de nos transactions, sans continuer la guerre contre la totalité des forces françaises.

« A l'heure qu'il est, je regrette que l'incertitude où nous nous trouvons, par rapport aux dispositions politiques de l'armée de Metz, autant que de la nation française, ne me permette pas de donner suite aux négociations proposées par Votre Majesté.

« Versailles, 25 octobre 1870.

« Signé : GUILLAUME. »

M. de Bismark écrivait à l'impératrice la dépêche qui suit : « Les questions posées hier ne donnent ni à l'impératrice, ni à nous, les assurances des garanties de paix. L'armée de Bazaine n'a pas fait sa manifestation, et nous serions obligés de poursuivre par nos armes, et probablement contre l'armée de Bazaine, l'exécution du traité. Le roi ne traitera que sous les conditions que j'ai fait connaître au général Boyer et dont aucune n'a été remplie.

« Signé : BISMARK. »

Qu'on parle après tout cela de conspiration bonapartiste ! Il y avait là, messieurs, un obstacle que l'Impératrice ne voulait pas franchir. Elle ne pouvait ni ne voulait accepter les conditions qu'on lui offrait. Elle ne voulait pas s'associer au démantellement de la France, et rentrer dans la patrie derrière une armée ennemie après en avoir signé le déchirement !

Les heures étaient comptées. De Tours même, on prie un diplomate de s'adresser à elle, il écrit : « …. C'est ainsi que je me suis chargé d'une mission très-peu correcte sous le rapport diplomatique…. Cette lettre arrivera un peu tard ; toujours est-il que j'ai voulu m'acquitter d'une commission que mon dévouement pour votre cause et celle de la France m'a seul fait accepter. Les nouvelles de Paris sont vraiment bonnes, et l'armée de la Loire n'est plus un mythe… Si ce n'était la pensée de voir Metz capituler, la situation s'améliore chaque jour…, »

L'Impératrice répond le 26 : « La reddition de Metz est une affaire d'heures ; les vivres manquent. On ne saurait donc trop se hâter et conclure l'armistice. Je désire sauver la dernière armée de l'ordre, même au prix de toutes nos espérances. Vous ne pouvez douter de mon ardent patriotisme qui me fait m'effacer aujourd'hui, tout en réservant nos droits à la conclusion de la paix.

« Signé : EUGÉNIE. »

L'audience continue.

**Troisième complément de l'audience du 9 décembre
et audience du 10 décembre**

PRÉSIDENCE DE M. LE DUC D'AUMALE

Après avoir donné lecture des diverses lettres que nous venons de reproduire, M⁰ Lachaud continue en ces termes :

Tout est fini hélas ! Il n'y a plus d'espérance ! Le 27 octobre le comte de Bernstorff écrit au général Boyer. « Mon général, comme je vous l'ai promis, il faut que je vous dise que l'armée du maréchal Bazaine et la forteresse de Metz ont capitulé aujourd'hui. Je sens toute la douleur que cela doit causer à un brave et loyal général et je suis sincèrement fâché que ce soit moi qui aie dû vous l'annoncer. Croyez toujours, mon général, à mes sentiments de haute et sincère considération.

« Signé : BERNSTORFF. »

Et le même jour, le général Boyer recevait de son ancienne souveraine cette lettre, dernier témoignage de l'amour d'une souveraine pour un peuple qu'elle a chéri. « Mon cher général, je viens de recevoir votre lettre ! Brisée par la douleur, je ne puis que vous exprimer mon admiration pour cette vaillante armée et ses chefs. Accablés par le nombre, mais gardiens fidèles de la gloire et de l'honneur de notre malheureuse patrie, ils ont conservé intacte la tradition de nos anciennes légions. Vous connaissez mes efforts et mon impuissance pour conjurer un sort que j'eusse voulu leur épargner au prix de mes plus chères espérances ! Je compte vous voir demain ; j'espère que vous voudrez bien vous charger d'une lettre pour le maréchal. Quand vous rejoindrez vos compagnons d'armes, dites-leur qu'ils ont été l'espérance, l'orgueil et la douleur d'une exilée comme eux.

« Croyez, mon général, à tous mes sentiments. Signé : EUGÉNIE. »

Le gouvernement de Tours lui-même a voulu remercier l'impératrice. Je ne peux pas blâmer ce sentiment, mais je crois qu'on ne doit jamais remercier un Français du bien qu'il fait à la France. L'impératrice le pensa ainsi sans doute, car elle fit dire qu'elle ne pouvait pas recevoir le chargé d'affaires et qu'elle était tout entière à son désespoir.

Messieurs, parlera-t-on encore de conspirateurs, de prétoriens voulant imposer un gouvernement ? Vous savez la vérité, on n'a voulu qu'une chose : sauver l'armée !

Quand on comprit à Metz qu'il n'y avait plus d'espoir, le premier mouvement fut un mouvement d'indignation, et la première pensée du maréchal Bazaine fut de se faire tuer avec son armée !... Ah ! messieurs, tout cela est constaté dans un procès-verbal rédigé par M. le colonel Vilette ; le colonel Vilette, la fidélité et l'honneur par excellence, celui que les plus implacables ennemis du maréchal se plaisent à reconnaître comme la personnalité la plus digne de respect, et qui n'aurait pas poussé même l'affection et le dévouement jusqu'à dissimuler la vérité !

Au surplus, vous vous souvenez de la déposition du général Lapasset ? Il voulait franchir les lignes ennemies avec quelques milliers d'hommes, le maréchal Bazaine lui dit : « Eh bien, oui, essayons ! »

Mais, hélas! il est des résolutions que la prudence impose à ceux qui ont charge d'âmes!

Le défenseur lit la conférence du 24 octobre. Ah! dit-il, on peut lire tout cela sans porter atteinte au courage, à l'honneur de nos soldats. C'est un tableau navrant : il n'y a plus ni pain, ni sel, mais nos soldats, au nom de la patrie, se lèveront quand même. Oui! ils se lèveront, mais, hélas! pour retomber, ils ne pourront pas marcher! C'est l'avis du général Desvaux, du maréchal Le Bœuf qui, lui, malgré les difficultés immenses qui entouraient l'armée, avait, pour ne pas entendre les cris insultants de la calomnie, une rage de vaillance, — c'est l'avis du maréchal Canrobert, des généraux Changarnier, Seleille, Coffinières, Frossard, de l'intendant en chef. Ah! qu'ils ont dû souffrir!

La vieille renommée du général Changarnier, de ce fier et loyal soldat, pouvait faire espérer qu'il désarmerait les exigences inflexibles de l'ennemi. On le reçoit avec la courtoisie la plus grande, mais il n'obtient rien. Tout était si bien fini et arrêté dans l'esprit des vainqueurs, que le prince Frédéric-Charles, lui montrant un immense convoi, lui dit : « Voilà de quoi empêcher votre armée de mourir de faim. » C'était comme les funérailles de la gloire, et déjà tout était préparé pour les accomplir.

On n'a jamais vaincu l'armée de Metz; on a conquis des affamés, on n'a pas réduit des soldats : voilà ce que dira l'histoire!

Dans ces heures d'agonie, on veut encore espérer un miracle : le général de Cissey part : il n'obtient rien, rien, rien que la capitulation de Sedan, la captivité! Voilà ce qu'il faut accepter. L'homme chargé d'une armée qui la mène à un combat sans issue, à une épouvantable et inutile boucherie est un assassin. Quand on a fait ce qu'on a pu, qu'il n'y a plus rien à espérer, il faut s'en remettre à Dieu et sauver les hommes; voilà l'honneur et le devoir; je n'en connais pas d'autres!

Me Lachaud lit le procès-verbal de la conférence du 26. Il ajoute : C'est alors que le colonel Jarras fut chargé de s'entendre avec le général de Stiehle. Le 27, il revint rendre compte de sa mission. Le général de Stiehle fit connaître dans la journée qu'on accordait les honneurs de la guerre, non les honneurs militaires qui laissent les armes aux troupes, mais ces honneurs qui consistent à faire défiler les soldats devant le vainqueur et qui sont la dernière humiliation, la dernière insulte au vaincu.

M. le général Jarras a fait le récit de ces infortunes, il l'a fait les larmes aux yeux. Elles ne peuvent s'effacer de la mémoire, et il est impossible d'en parler sans une émotion profonde.

À dix heures du soir, tout est fini : *Consummatum est;* nos soldats étaient prisonniers. Le 28 au matin, tous ces grands capitaines, tous ces illustres héros de la France se réunissaient pour constater qu'il n'y avait plus d'espoir, que tout était fini.

Quant au maréchal, lui dire que parce qu'il a succombé, il est un traître! Non, messieurs; s'il y a au monde une grandeur, une ambition au-dessus de toute, n'est-ce pas l'ambition de sauver son pays? S'il eût sauvé Metz, il aurait été le sauveur de la France!

L'éloquent défenseur, vaincu par la fatigue et la souffrance, est forcé de s'arrêter. L'audience est renvoyée à mercredi matin.

Audience du 10 décembre

A 9 heures 45 min. l'audience est reprise. M. le général de Chabaud-Latour, extrêmement souffrant, vient cependant prendre place dans son fauteuil. La parole est au défenseur.

Me LACHAUD. Messieurs, j'arrive maintenant à la discussion des derniers reproches de l'accusation. La science de M. le commissaire du gouvernement lui a fait comprendre que certains points du rapport, comme la destruction des remparts et des forts de Metz — destruction impossible — devaient être abandonnés. Mais l'accusation nous dit : Vous aviez des canons, des armes, un matériel, des poudres; il fallait tout détruire.

Que M. le commissaire du gouvernement me permette de le dire : Ce n'était pas possible, parce que c'est contraire à toutes les capitulations. Que serait-il arrivé si tout ce matériel avait été anéanti? Metz aurait été détruite. Et puis, à quel moment eût-on pu le faire? Est-ce que, jusqu'à la dernière minute on ne conserve pas l'espérance?

Non, ce n'était pas possible de le faire. C'est contraire à toutes les capitulations. Que serait-il arrivé si on avait ainsi violé les usages de la guerre? Vous auriez vu la ville brûlée et les propriétés à la discrétion de l'ennemi! Encore une fois, il y a des traditions militaires qu'il faut savoir respecter.

Je puis, non pas porter un défi, je respecte trop l'honorable organe du ministère public pour me servir à son égard de cette expression, mais je puis lui demander s'il connaît la capitulation d'une place importante où l'on ait fait ce qu'il aurait voulu que fît le maréchal, et même des capitulations de petites places. Je me trompe, messieurs, il y a un fait, un fait unique : Phalsbourg; c'est un fait glorieux, mais Phalsbourg n'était qu'une petite citadelle.

J'ai fait un travail sur les capitulations modernes et sur les capitulations les plus récentes du siècle précédent. Grâce à Dieu, je n'en trouve guère d'exemples chez nous. Jusqu'alors la patrie, messieurs, n'avait pas si cruellement souffert !

Un pays bien malheureux aujourd'hui, qu'il faut plaindre, mais qui a eu à une certaine heure le patriotisme le plus ardent, c'est l'Espagne. En 1808, 1809, 1810, 1811, toutes ses citadelles ont soutenu des siéges, et beaucoup capitulèrent devant nos généraux.

Saragosse, attaquée par le maréchal Ney et défendue par l'illustre Palafox, capitula le 20 février 1809, après 52 jours de siége. Que trouva-t-on dans la ville? 92 bouches à feu, 21 drapeaux, et des projectiles nombreux, et cependant, s'il y eut jamais une garnison vaillante, c'est bien celle de Saragosse. Sur 31 000 hommes, à la capitulation, il n'y en avait plus que 8000. Girone, défendue par Alvarez contre Gouvion-Saint-Cyr et Augereau, livra 160 canons, 1 million de cartouches, 100 000 kil. de poudre, 15 000 fusils et 8 drapeaux. — A Lerida, en 1810, on trouva 105 canons, 1 million de cartouches, 100 000 livres de poudre et 6 drapeaux. — A Tortose, 182 canons, 2 millions de cartouches, du plomb pour 1 million de cartouches, 9 drapeaux sont livrés.

Valence capitule, en 1812, devant Suchet : 18 219 prisonniers, — dont 23 généraux, — 2000 chevaux, 293 canons, 42 000 fusils, 180 milliers de poudre. Le défenseur cite encore les capitulations de places plus petites : Badajoz, Almeida, Toga, etc., etc., et il ajoute :

Est-ce que vous croyez que c'est seulement en Espagne que je trouve des exemples? J'en trouverais de bien nombreux dans d'autres pays. Je me borne à un seul. En 1797, Bonaparte assiége Mantoue. Là on livre 17 000 fusils, 1 équipage de pont et 60 drapeaux. Il est impossible de contredire ces exemples et d'en trouver de contraires. Et nous pourrions remonter jusqu'au temps des preux chevaliers. En 1695, Cassel livre 212 canons, 10 mortiers, beaucoup de munitions, 25 barils de poudre. En 1691, Eugène de Savoie capitule à Carmagnole; on y trouve en grand nombre des mortiers et des bombes. En 1558, on reprend Calais sur les Anglais, et là, les mêmes faits se reproduisent.

Oui, messieurs, c'est ainsi de tout temps. Si le vainqueur ne trouvait rien dans la place, la capitulation n'eût pas été valable et la ville se trouverait à la discrétion de l'assiégeant.

Et puis encore, d'après l'article 3 du protocole, il devait être dressé un inventaire afin qu'après la guerre tout pût revenir à la France. On croyait que ce n'était qu'un dépôt à confier à l'ennemi, et qui devait nous être restitué à la paix.

Le maréchal a refusé le défilé. Messieurs, vous ne savez pas par expérience ce que c'est que ce défilé, car je ne vois parmi vous que de glorieux vainqueurs. Le défilé! Mais c'est un honneur horrible! Voici ce que m'écrivait, il y a deux jours, un général qu'il y a est inutile de nommer : « Les honneurs de la guerre consistent en un défilé avec armes et bagages, tambours battant, mèche allumée, devant le vainqueur. Puis, aussitôt après l'avoir dépassé, on dépose les armes, les canons, les bagages, dans un endroit indiqué d'avance.

« En défilant ainsi devant le général ennemi, on lui rend l'hommage qu'on n'accordait naguère qu'au seul souverain; on le reconnaît ainsi pour seigneur et maître, de plus on lui fournit un moyen facile de compter ses prisonniers et de rassembler en un seul lieu les trophées de la victoire. C'est la plus grande humiliation qui puisse être infligée au vaincu.

« Le rouge monte au front, les larmes viennent aux yeux à la pensée que nous avons failli être obligés de nous avancer le long de l'armée ennemie, rangée en bataille, pour venir passer sous les yeux de Frédéric-Charles, entouré de ses généraux, et les saluer du sabre, car le salut avec l'arme est de rigueur en pareille circonstance. »

C'est là, messieurs, ce que n'a pas voulu le maréchal Bazaine, et il a bien fait! Voyez-vous ces cent mille hommes défilant l'arme au bras, voyez-vous ces glorieux maréchaux saluant de l'épée le vainqueur triomphant! Le maréchal n'a pas voulu infliger à son armée ce sanglant outrage, qui rappelle les anciens Romains, s'entourant de tous les soldats vaincus, pour orner leur triomphe.

Les honneurs de la guerre, les vrais, c'est la déclaration de l'ennemi lui-même que l'armée a été brave. Nous les avions!

Il y a d'autres points auxquels je dois répondre :

Est-il vrai, lorsque Metz a capitulé, que la famine était arrivée, et qu'un entêtement inutile aurait entraîné des malheurs irréparables et des souffrances sans nombre? Le conseil a entendu des hommes compétents. MM. les intendants Mony, Lebrun, Gaffiot, le général de Saint-Sauveur, qui l'ont éclairé sur la situation véritable. (Le défenseur lit une partie de leurs dépositions.) On dit : Il fallait retarder de deux jours la capitulation. Qu'aurait-on gagné à le faire? La mort pour un nombre considérable de malheureux! La mort de faim!

Au lieu de 100000 hommes traînés en captivité, il y aurait eu 50 000 hommes qu'il aurait fallu inhumer!

L'accusation dit encore : On ne s'est pas occupé des blessés! Où donc a-t-elle vu cela? Il y a une clause expresse, en ce qui concerne les blessés, que ceux qui ne pourront être transportés seront soignés à Metz; et pour ceux qui devront être conduits en captivité, ils seront accompagnés par des médecins français. Et puis, n'y avait-il pas la convention de Genève, — solennellement acceptée par toutes les nations, — qui place les blessés sous la protection d'une loi de charité chrétienne? Mais, nous dit-on, les Prussiens n'ont pas accompli leur devoir! Tant pis pour eux, s'il en est ainsi; tant pis! Mais pas un seul reproche ne peut être adressé au maréchal Bazaine!

Les drapeaux! On vous a dit d'éloquentes paroles. Ah! messieurs, elles n'étaient pas nécessaires. Qui donc ne sent pas la poésie de l'étendard? C'est l'honneur, c'est la gloire, c'est l'incarnation de tout ce qu'il y a de grand et de sublime!... Mais si on s'est séparé des précieux drapeaux, est-ce la faute du maréchal Bazaine?

Voici, messieurs, ce qu'a écrit tout récemment le général de Cissey :

« Le général de Cissey n'a pas été appelé en témoignage par le ministère public, parce qu'il était ministre de la guerre lors de l'instruction du procès; depuis, ni le ministère public, ni la défense n'ont jugé à propos de le faire citer.

« S'il l'avait été, il aurait, en ce qui concerne la question des drapeaux, déclaré, sous la foi du serment, que le 25 octobre, dans son entrevue au château de Frascati avec le chef d'état-major général de l'armée allemande, celui-ci lui ayant posé, entre autres conditions si dures pour l'armée française, l'obligation de remettre les drapeaux au prince Frédéric-Charles, il répondit catégoriquement que les drapeaux étant des aigles, insignes politiques au premier chef, ils avaient dû être versés à l'artillerie après la connaissance des événements du 4 septembre, et que l'artillerie avait dû les incinérer, ainsi que cela s'est toujours pratiqué après chacun desdits changements de gouvernement.

« Le général se regarde comme certain d'avoir rendu compte de cet incident au conseil réuni le 26 octobre, au matin, chez M. le maréchal Bazaine. S'il se trompait sur ce dernier point (ce qu'il considère comme impossible), c'est qu'il en aurait rendu compte le 25, au soir, à M. le maréchal, en lui faisant le récit de sa douloureuse mission et en lui remettant la copie du protocole de Sedan qu'il s'était fait donner par M. le général de Stiehle, tant il avait trouvé exorbitantes les prétentions du quartier général ennemi.

« Le général tient pour certain que l'ordre de brûler les drapeaux a été donné par M. le maréchal Bazaine, sans cela il eût prescrit à ses quatre colonels de les détruire en présence de leurs corps d'officiers et se fût bien gardé de les remettre à l'artillerie pour les transporter à l'arsenal de Metz, bien que l'ordre lui en eût été donné.

« Tours, le 3 octobre 1873.   Général de Cissey. »

Le 26 donc, l'ordre d'incinération a été donné deux fois par le maréchal. Il y a une chose qu'il m'est pénible de dire, — car on doit me rendre ici cette justice que je n'ai voulu accuser personne et que je ne fais pas tomber la responsabilité sur autrui, — mais il y a un acte qui est tout entier à la charge du général Soleille. A quel sentiment avait-il obéi quand il a donné un contre-ordre, que rien ne justifiait? S'é-tait-il dit que c'était s'exposer à de graves dangers? On vous a lu les longues dépositions du général. Vous avez entendu les hésitations, les contradictions qui s'y trouvent, mais de ces dépositions, cependant, veuillez retenir cette réponse renouvelée plusieurs fois : « Oui, M. le maréchal m'a donné des instructions verbales, il m'a dit de faire transporter les drapeaux à l'arsenal pour y être brûlés. »

Et on nous dira que le maréchal avait attendu jusqu'au 28, quand il n'était plus temps, et qu'il avait eu l'habileté de conserver les drapeaux aux Prussiens ! Ah ! j'en appelle à la conscience de tous.

Cet ordre donné, renouvelé au rapport le 26, a été renouvelé à la conférence ; le général Desvaux l'a entendu. Fallait-il un ordre écrit ? Entre deux officiers généraux d'un tel grade, il y en aurait un qui n'exécuterait l'ordre de son supérieur que s'il a le papier sous les yeux !

On connaît la lettre envoyée le 27 seulement par le général Soleille. Différents chefs de corps vont demander au maréchal ce que les drapeaux deviendront, et le maréchal répond qu'ils seront brûlés. Il fait mieux encore : il écrit une lettre au maréchal Le Bœuf, puis une lettre collective aux commandants de corps. Ainsi, le maréchal a toujours voulu brûler les drapeaux. Le 28 au matin, en effet, il y en a qui ont été brûlés, par exemple ceux de la garde ; les uns à la suite d'un mouvement spontané et dans un héroïque désespoir, les autres en conformité de l'ordre de M. le maréchal Bazaine, le procès-verbal d'incinération le constate.

Il s'est produit un fait inouï, incompréhensible : pendant que le général Soleille envoyait l'ordre de verser les drapeaux à l'arsenal, il préparait la lettre au colonel de Girels. Où donc a-t-il pu trouver de semblables instructions ? Ah ! c'est l'inquiétude de son esprit ; ce ne peut pas être autre chose ; il a écrit cette lettre le 27, et il l'a gardé sur sa table jusqu'au 28 ; pourquoi ? S'il était là, il lui serait impossible de répondre à cette question : « Est-ce le maréchal qui vous a dit, le 27, d'écrire que les drapeaux doivent être compris dans un inventaire ? » Et vous l'avez gardé jusqu'au 28 au matin, pourquoi ? Mais si tout le monde s'était hâté comme la garde, l'ordre serait arrivé trop tard, tous les étendards auraient été brûlés. Mais cette hésitation encore honore le général, il a cru bien faire !

Mais où est la responsabilité du maréchal ? J'en suis douloureusement peiné, mais c'est mon devoir ; c'est sur le général Soleille qu'elle doit peser tout entière.

Le maréchal a laissé à tous le droit, par son autorisation et sa volonté, manifestée énergiquement, de brûler les drapeaux.

Mais au dernier moment, après la lettre disant : « Les drapeaux existent, il faut que nous les retrouvions, sinon la ville sera prise d'assaut et traitée avec toute la rigueur de la guerre » ce qu'on a fait, il le fallait ; il y aurait eu forfaiture à les détruire !

Ah ! l'accusation se trompe, quand elle dit que c'étaient des trophées dont la Prusse peut s'enorgueillir. Peut-elle être fière de ces drapeaux ? Oui, l'on peut être fier de drapeaux enlevés dans les combats, de drapeaux qui sentent la poudre. Mais les drapeaux victorieusement emportés par l'intendance prussienne, les drapeaux obtenus à coups de... crayon, les drapeaux portés sur les carnets, comme des bagages. Oh ! si les ennemis s'en pavanent, ils se contentent de bien faciles trophées !

Une des gloires de l'armée, le duc de Fezensac, a dit qu'il n'y a aucun déshonneur à rendre son drapeau par capitulation et que cela vaut mieux que de le sauver à l'aide d'un subterfuge. C'était sans doute la pensée du général Soleille ; il a vu un subterfuge dans ce que l'on voulait faire et il n'a pas voulu que les drapeaux fussent gardés, il s'est dit que l'armée ne pouvait être atteinte dans son honneur, par des drapeaux ainsi livrés.

Rappelons qu'un seul drapeau a été enlevé autour de Metz sur le champ de bataille : un drapeau prussien !

Tout a été expliqué, et le maréchal Bazaine est vengé de l'accusation épouvantable dirigée contre lui. Mais il me reste quelque chose à dire : le ministère public, qui s'est placé sous la loi, en a, dans sa sévérité, méconnu le texte et l'esprit. Il dit que suivant l'article 210 par cela seul qu'il y a eu capitulation en rase campagne, il y a crime. Si la capitulation a eu pour résultat de faire poser les armes à sa troupe, c'est la mort ; si, avant de capituler, on n'a pas fait tout ce que le devoir et l'honneur exigeaient, c'est la mort, et si la capitulation n'est pas honteuse, si le général a fait tout ce qu'il devait faire, alors il est destitué. Mais il ne s'agit pas de savoir comment la loi punit les capitulations en rase campagne, il s'agit uniquement de savoir si Bazaine a capitulé en rase campagne, et cela le ministère public l'admet, sans même chercher à le démontrer. Cependant il est de toute évidence que l'armée était dans un camp retranché qui n'était qu'une annexe de la place de Metz ; elle était bloquée par l'armée ennemie que protégeait une double ligne de contrevallations, de retranchements et d'abatis, appuyée par de redoutables batteries de position ; il était donc impossible absolument de lutter avec l'ennemi corps à corps. Est-ce là le caractère de l'armée en rase campagne ? Vous pouvez consulter sur les conditions du blocus un ouvrage presque officiel, le rapport allemand traduit sur l'ordre du gouvernement, par deux officiers du génie très-savants et très-capables, MM. Grignon et Futaud. En première ligne se trouvaient d'abord des avant-postes fortifiés ; en arrière, l'armée allemande dans sa position de combat, soigneusement préparée pour une défense vigoureuse ; et enfin, il y avait encore une dernière position en cas de besoin pour se retirer et se mettre à l'abri des conséquences d'une première défaite. Comment ! il y a trois lignes de contrevallation qui protégent l'armée allemande, et ce serait une armée en rase campagne ? Au 15 octobre, — c'est effroyable, mais c'est ainsi, — elle comprenait 184 bataillons, 96 escadrons, 692 bouches à feu, dont 50 pièces de siége et 23 compagnies de pionniers. Voilà ce qu'était l'armée ennemie devant Metz, protégée par des travaux qui constituaient évidemment un obstacle matériel d'une telle nature qu'il n'est pas possible, encore une fois, de dire que l'on était en rase campagne.

Vous savez mieux que moi, messieurs, ce que Napoléon Ier entendait par une capitulation en rase campagne : celle d'une armée ou d'une fraction d'armée qui, s'étant laissé cerner accidentellement dans un bois ou dans un cimetière, met bas les armes devant l'ennemi, quand on est corps à corps, qu'on est enveloppé, qu'on se rend. Voilà la capitulation en rase campagne ; dans cette situation, il faut mourir, sinon on commet un crime rigoureusement puni.

Le décret de 1812 disait qu'il pourra y avoir des circonstances atténuantes, que les officiers appelés à juger apprécieront en leur âme et conscience.

L'article 210 est absolu.

Mais l'armée de Metz n'était pas en rase campagne. Non-seulement, l'armée ennemie était protégée par des lignes de défense, comme je viens de le démontrer, mais l'armée française, de son côté, avait fait des travaux, s'était fortifiée et protégée de la même manière quand il fut décidé, le 26 août, de rester momentanément sous Metz. Elle avait fait des travaux sur ses flancs pour protéger sa position; elle avait construit des tranchées, des abris, des épaulements; on avait retranché les villages. Ces travaux ont transformé l'ensemble des positions en un véritable camp retranché, appuyé par les forts. L'ennemi n'osa jamais l'attaquer. On peut dire que l'armée se trouva dans une place forte, une place de guerre dont l'armée formait la garnison, et dont la ville de Metz était le centre et formait le réduit. Mais, M. le commissaire du gouvernement a répété souvent lui-même que l'armée était dans un camp retranché.

Voici encore une preuve que l'armée n'était pas en rase campagne : d'après l'article 245 du code modifié, lorsqu'un général, en rase campagne, fait des nominations dans l'armée, elles sont nulles; faites au contraire par le chef d'une place privée de communications, elles sont valables. Or, pendant ce blocus si long, le maréchal Bazaine a été obligé de remplacer les glorieux morts et les malades : eh bien, les nominations ont été déclarées valables. Quant à l'article 209, pour entraîner la mort, il faut deux conditions : 1° avoir rendu une place sans avoir épuisé tous les moyens de défense; 2° et sans avoir fait tout ce que prescrivaient le devoir et l'honneur.

J'ai prouvé surabondamment, messieurs, que le maréchal Bazaine a fait tout ce que le devoir et l'honneur lui prescrivaient. Depuis quatre jours, je fais cette démonstration; il faudrait que mon insuffisance ait été bien grande si je n'ai pu arriver à porter la conviction de cette vérité dans tous les cœurs.

Eh bien, je me mets en présence de la loi seule, j'oublie l'homme si illustre que je défends, j'oublie son courage, son dévouement, ses services; et je dis au ministère public : Il vous faut prouver, pour demander une condamnation, que tous les moyens de défense n'étaient pas épuisés. Peut-on soutenir cela? Les armes, les munitions, les vivres, voilà les défenses matérielles d'une place. Mais si ces derniers manquent, vous auriez l'artillerie la plus brillante, les canons les plus puissants, des munitions en quantité considérable, la défense n'est plus possible.

Est-ce que les vivres n'étaient pas totalement épuisés? Demandez-le à ces nombreux témoins qui vous ont dit qu'il n'y avait rien, rien. L'armée était dans un état de dénûment tel qu'elle était dans l'impossibilité, non-seulement de sortir, mais d'essayer même une sortie. Demandez si, le 27 octobre, on n'était pas à la dernière extrémité? C'était la capitulation ou la mort, la mort hideuse, la mort de la faim. Le général en chef devait capituler, c'était son devoir, et s'il ne l'avait pas fait, il aurait fallu lui demander compte devant un conseil de guerre de sa conduite, qui aurait amené des résultats effroyables.

Dès le mois de septembre, le rationnement a été ordonné avec une parcimonie extrême, et de nombreux témoins vous ont tous déclaré que tout était épuisé quand la capitulation a été consentie.

J'ai terminé, messieurs, et je vous demande pardon d'avoir si longtemps abusé de votre attention bienveillante. Je vais dans quelques instants m'arrêter et achever cette défense. Je n'ai pas besoin de vous dire combien mon émotion est grande, et je me demande si j'ai pu remplir la grande tâche qui m'était confiée. Je sens l'effroyable fardeau que j'avais à soulever, mais j'avais le courage et une conviction entière; hélas! j'ai fait ce que j'ai pu, j'ai donné tout ce que j'avais, et si la défense n'a pas été tout ce qu'elle devait être, le défenseur a confiance dans ses juges.

Complément de l'audience du 10 décembre

PRÉSIDENCE DE M. LE DUC D'AUMALE

Le défenseur termine en ces termes son éloquente péroraison :

A ce moment suprême, je souffre bien cruellement en voyant ce vaillant soldat entendre cette horrible accusation, ce réquisitoire sanglant. Ce n'est pas sa vie que je défends. Sa vie, il s'en préoccupe peu, il l'a exposée si souvent! C'est son honneur, la seule fortune qu'il ait à laisser à ses enfants.

Mon émotion s'accroît lorsque ma pensée se reporte sur tous ceux qui l'entourent : cette jeune femme tendrement aimée, dont le dévouement a été admirable; ces enfants, ces pauvres petits êtres, qui ne peuvent pas comprendre l'horrible drame qui se déroule ici; ce digne frère, toute cette famille dont il est la gloire et dont il faisait le bonheur. Voilà dix-huit mois que je suis parmi eux, que je partage leurs souffrances, que je cherche à les consoler. Mon cœur se brise à cette heure. Mais ce sentiment n'est pas celui qui parle le plus haut en moi, je vous le jure; je pense à la France, à la France, qui serait atteinte à tout jamais si Bazaine était condamné.

L'histoire dira que Bazaine était un grand capitaine, un soldat fidèle, loyal, dévoué; le monde entier le dit déjà. L'histoire ajouterait-elle qu'en récompense de ses services glorieux, de son dévouement, on lui a donné la mort et le déshonneur?

Non, vous ne rendrez jamais un pareil verdict, j'en suis convaincu; votre honneur de soldats, votre amour de la France vous le défendent.

Dois-je, à cette heure dernière, vous rappeler ce que deviennent les accusations de haute trahison, lorsque les colères et la passion ardente qui les produisent sont éteintes? Les procès politiques ont cela de fatal, que le criminel d'aujourd'hui peut devenir le héros de demain, et que sur le lieu du supplice, plus tard on dresse une statue.

Après cette chaleureuse péroraison, le défenseur tombe épuisé sur son banc. Quelques applaudissements, aussitôt réprimés, se font entendre.

M. le général Pourcet, commissaire du gouvernement, annonce l'intention de faire une réplique. Il est midi. L'audience est suspendue.

————

A 2 heures, le conseil rentre en séance, tandis qu'on aperçoit de loin, à travers les vitres, la troupe de soldats qui, bientôt, dans quelques heures, devront assister en armes à la lecture de l'arrêt. Sera-ce un acquittement, sera-ce une condamnation? La curiosité, l'attention de l'auditoire deviennent de plus en plus ardentes, et tous les regards se portent sur l'accusé au moment où il entre. Comme d'habitude, les parents et les fidèles amis qui l'entourent attendent respectueusement que le maréchal se soit assis avant de reprendre eux-mêmes leurs siéges.

La parole est donnée à M. le commissaire du gouvernement, qui lit sa réplique d'une voix accentuée.

J'avais le droit d'espérer que le débat ne descendrait pas des hauteurs où l'avaient naturellement élevé la grandeur des intérêts agités et le rang suprême de l'accusé qu'ils mettent en cause. La magnifique renommée de l'honorable défenseur qui se levait en face de moi me rassurait pleinement à cet égard. Mais je pensais aussi que, dans un procès si considérable et si nouveau pour lui, l'éminent orateur, blasé par tant de succès, qu'on ne les compte plus, voudrait transformer son talent et le rajeunir au contact d'émotions saines et fécondes pour en tirer quelques-uns de ces grands effets simples, imprévus et tout-puissants, qui s'emparent soudainement du cœur des juges et déconcertent la raison. Je croyais qu'une telle ambition le tenterait, et alors je tremblais un peu, je l'avoue, pour la cause de la vérité, qui m'était confiée.

L'orateur a parlé. Vous avez reconnu cette parole brûlante et cette dialectique hardie qui, depuis trente ans, illustrent et passionnent nos luttes judiciaires au service des grands criminels. Pourtant, je me sens soulagé : c'est bien ainsi qu'il faut défendre les causes compromises. Mais l'art, admirable toujours, charme l'esprit sans pénétrer jusqu'à la conscience. Quelles pompes et que d'habiletés ! Mais aussi que de licences ! Vous êtes, monsieur, l'un des maîtres de la parole. Moi, je n'apporte ici que mon inexpérience et ma bonne foi; pourquoi donc abuser de l'une pour tenter de troubler l'autre par des artifices et des éclats que je ne saurais imiter, ni même envier? Sur ce terrain, d'ailleurs, la victoire, trop facile, serait peu digne de votre superbe éloquence. Prenez-en votre parti, je ne vous y suivrai pas.

M. le défenseur s'est montré véhément dans ses appréciations, il a très-largement usé des priviléges que sa mission lui conférait et que je ne songe pas, au surplus, à lui contester, car je comprends mieux que jamais, après l'avoir attentivement et scrupuleusement écouté, à quel point ils lui sont nécessaires. Toutefois, il est un de ses reproches que je ne puis laisser passer sans protestation, car il m'a touché, je le confesse. M. le défenseur a donné à entendre que le ministère public avait systématiquement cherché à opposer le maréchal à ses lieutenants et ceux-ci les uns aux autres, c'est-à-dire à semer la discorde, comme de parti pris, là où l'union et la confiance mutuelle sont des conditions essentielles d'existence et de salut. Cette imputation, je la repousse de toute la hauteur de ma dignité de soldat loyal et d'honnête citoyen. Si cette criminelle pensée est née quelque part (et c'est possible, après tout, vous m'obligez à m'en souvenir), ce ne peut être dans l'esprit de ceux qui s'efforcent d'imposer à l'armée tout entière le respect de la loi, comme le plus solide et le plus nécessaire de tous les liens. Mais ce désir sincère d'union et de solidarité dont je n'ai jamais cessé de m'inspirer, ne pouvait me pousser jusqu'à précipiter après le maréchal Bazaine dans l'abîme où il s'agite sans espoir, ceux qui ne furent que ses victimes, et que la France reconnaissante autant qu'elle est équitable, veut encore honorer. Laissez-les-nous, car ils sont bien à nous, les héros de Gravelotte et de Saint-Privat. Cette séparation profonde, c'est lui-même qui l'accomplit par son empressement à rejeter sur eux, en toute occurrence, toutes les responsabilités qui le gênent, et nous n'avons eu, nous, qu'à la constater. Leur modération en présence de ses infortunes a pu le tromper, mais elle n'a

trompé que lui seul, et le charme est désormais rompu. Si, dans
d'autres temps, il a réussi, à force d'artifices, à leur faire partager un
instant les plus décevantes illusions, qu'il n'espère pas, du moins, leur
faire partager avec lui les derniers honneurs dont il paraisse encore
jaloux, des certificats de civisme délivrés par l'empereur d'Allemagne
ou par ses lieutenants.

M. le défenseur a dit aussi que dans ce réquisitoire, objet de ses sar-
casmes, on ne trouvait d'indulgence que pour le gouvernement de la
Défense nationale. C'est mal reconnaître la sollicitude attentive avec
laquelle nous avons préservé le grand intérêt militaire qui nous était
confié de toute préoccupation étrangère à lui-même. Nous trouvons
plus de justice ailleurs. Avouez donc franchement que notre impar-
tiale modération vous déconcerte et que vous ne savez plus par où
faire pénétrer dans ce débat les ardeurs politiques qui vous tourmen-
tent. Vous qui avez su trouver des paroles enflammées pour flétrir
l'émeute complice de l'étranger, vous auriez dû mieux apprécier l'o-
béissance désintéressée de soldats dévoués acceptant, sans le discuter,
le gouvernement qui les envoyait à l'ennemi. Ne fallait-il pas constater l'existence de ce gouvernement de fait mêlé nécessairement à notre
discussion comme il l'avait été aux faits considérables qu'elle embras-
sait. Nous n'avons point fait autre chose et nous l'avons fait sans commentaire.

Pourtant, une fois, nous avons dû juger un acte qui touchait directement aux intérêts de l'armée: la proclamation du ministre de la
guerre. Pourquoi donc, en citant nos paroles, les avez-vous tronquées
au point d'en atténuer la signification vraie et la portée utile? Écoutez: « Vous savez, en effet, messieurs, que les combats livrés par
l'armée du Rhin, ont été de beaucoup les plus meurtriers de la campagne. L'armée de Metz compta 2152 officiers, dont 26 généraux, mis
hors de combat. C'est à ces officiers qui venaient de se montrer si courageux en face de l'ennemi, que le ministre de la guerre infligeait
l'épithète infâme de traîtres. S'il eût mieux connu l'armée, il n'aurait
pas ignoré qu'elle n'est l'instrument ni d'un homme, ni d'un parti,
qu'elle appartient au pays seul, qu'elle met son devoir et son honneur
à servir loyalement le pouvoir qu'il s'est donné et à se consacrer exclusivement à sa noble mission : protéger la France au dehors, assurer
au dedans l'ordre public et le respect de la loi. » Voilà ce que nous
avons dit, et c'est pour ce motif qu'on nous accuse de partiales com-
plaisances!

D'ailleurs, vous connaissez mal l'histoire de ces temps troublés. In-
terrogez les témoins de ces tristes événements, et ils vous diront
comment on faisait lors des malheurs et des combats. En ce temps,
on ne finissait pas par une période oratoire! Croyez-moi, monsieur,
renseignez-vous mieux.

Nous ne voulons pas entrer dans des considérations étrangères au
débat.

Toutefois nous ne saurions laisser passer sans les relever certaines
allégations de la défense. On nous a fait un reproche d'avoir prononcé
le mot de lâcheté. Il faut comprendre ce que nous avons voulu dire.
Il est vrai qu'au sujet de capitulation en rase campagne, nous avons
cité des paroles de Napoléon Ier, où le mot de lâcheté est prononcé.
Mais pourquoi mal interpréter ce que nous avons dit? Nous protestons
hautement : dans l'accomplissement de notre douloureuse tâche, la
constante préoccupation du ministère public a toujours été de dégager

le vaillant soldat devant l'ennemi du général que ses pensées ambitieuses ont jeté en dehors de la voie du devoir et de l'honneur.

Vous avez encore exagéré en parlant de conspiration militaire.

Il n'a jamais été question dans notre réquisitoire de trahison, de conspiration, et j'ajoute que si, dans la procédure, nous avions trouvé des éléments suffisants, nous l'aurions déclaré et soutenu sans hésitation.... Mais on n'a cherché qu'à déplacer le débat et à troubler la conscience des juges. Plus que le défenseur, nous sommes intéressés à sauvegarder l'armée ; mais notre devoir est de dévoiler avec fermeté les fautes commises et aussi d'en prévenir le retour.

On nous a reproché encore de ne pas donner de complices au maréchal et de l'avoir rendu seul responsable d'actes qui devraient peser aussi sur d'autres. Nous avions le devoir de signaler les défaillances que nous avons rencontrées dans l'instruction et dans le cours des débats.

Les témoignages sur lesquels je me suis appuyé ne sont pas tous soumis aux manques de mémoire, les principaux sont les lettres écrites de la main même du commandant en chef.

On a parlé du Mexique et de la bataille de Forbach, ces souvenirs douloureux sont étrangers aux débats ; si nous nous sommes fait une loi de n'en pas parler, il ne s'ensuit pas que l'on doive prendre notre silence pour un acquiescement aux appréciations qui ont été faites devant vous.

L'organe du ministère public examine ensuite successivement les arguments de la défense. Il revient d'abord sur la date de la prise du commandement qui reste incertaine, et il s'attache à démontrer que ce que la défense appelle des détails dont le commandant en chef n'avait pas à s'occuper, se compose, au contraire, des précautions qui intéressent au plus haut point la sécurité de l'armée. Après avoir examiné de nouveau, au point de vue de l'accusation, les phases de la bataille du 18 et la mission du commandant Magnan, il arrive à la dépêche remise le 23, suivant la déposition du colonel Lewal :

Le défenseur, dit-il, s'est donné le facile avantage de me réfuter, en s'attachant à établir que cette dépêche étant chiffrée, n'avait pas pu être lue en clair par le maréchal en présence du colonel Lewal. Je sais bien que la dépêche du maréchal de Mac-Mahon était chiffrée ; mais aussi n'ai-je jamais soutenu que la dépêche remise par le colonel Lewal fût celle expédiée par le maréchal de Mac-Mahon ; j'ai toujours employé ces expressions : « Une dépêche apportant des nouvelles de l'armée de Châlons ! » Le colonel Lewal n'a pu se tromper de date ; sa déposition est précise et concluante, il n'a pu confondre la dépêche du 23 avec celle du 29 : l'une était roulée en cigarette, l'autre enfermée dans une pilule, et le colonel avait pu constater que l'émissaire qui l'avait apportée n'était ni Flahaut, ni Marchal. Rien, dans les allégations du défenseur, ne peut donc infirmer les déclarations de M. le colonel Lewal.

Il est inutile de suivre le défenseur dans le récit des événements qui se sont produits à Metz après l'arrivée de la nouvelle du désastre de Sedan et de la Révolution du 4 septembre. Le défenseur, du reste, a passé rapidement sur ce sujet. Oui, le maréchal Bazaine, par sa proclamation, a reconnu le gouvernement de la Défense nationale, et, le 14, il écrivait une lettre au général Coffinières dans laquelle on trouve ces mots : « Ceux à qui nous obéissions naguère.... »

Si les Messins étaient si satisfaits, que signifie cette pétition couverte de nombreuses signatures et remise au gouverneur par le maire de la ville? Que signifient ces démarches des officiers de la garde nationale, ces articles de journaux qui paraissaient malgré la censure?

Arrivé à l'incident Régnier, M. le commissaire du gouvernement reproduit les principaux arguments de son réquisitoire. Il examine ensuite la question des émissaires. Il ne s'agit pas de savoir, dit-il, combien sont partis, combien sont arrivés, mais bien ce que les premiers ont emporté; le registre des dépêches fait foi que le maréchal n'envoyait aucun renseignement utile et que ces dépêches étaient insuffisantes pour instruire le gouvernement de la situation de Metz.

Quant aux communications directes du commandant en chef avec l'état-major prussien, il n'appartient pas au ministère public de se refuser à l'audition de toute une série de témoins, mais il s'est expliqué et il a conclu sur ce point avec une modération loyale qui devait désarmer la défense.

De même, nous n'avons pas attendu son exemple pour témoigner notre admiration à l'impératrice pour le désintéressement et le patriotisme dont elle a fait preuve.

On vous a parlé aussi, messieurs, d'une conspiration redoutable formée dans Metz et de conspirateurs prêts à marcher, prêts à agir. Comment peut-on donner ce nom à des actes d'indiscipline enfantés dans le désespoir et qu'un illustre général a su blâmer sans y attacher l'importance que la défense veut leur donner aujourd'hui?

M. le général Pourcet soutient ensuite que l'armée du Rhin ne pouvait être considérée comme faisant partie de la garnison de la place de Metz : les troupes, quand elles sont en présence de l'ennemi, sont en rase campagne, et l'expression de place de guerre ne saurait s'appliquer à un camp retranché; la fausse théorie de la défense ne pourra jamais s'appliquer à un général qui, à un moment donné, viendrait attendre sous les murs d'une place de guerre l'issue de la lutte.

Ces considérations élémentaires sont d'ailleurs justifiées par cette déclaration du maréchal lui-même. « Qu'il n'a jamais eu la pensée de s'enfermer dans les murs de Metz. » Bien qu'il eût à la fois la direction de Metz et celle de l'armée, il est certain qu'il a laissé au général Coffinières, avec les attributions de gouverneur de la place, le commandement de la garnison. A plusieurs reprises le maréchal a ordonné des réductions de bagages et des distributions de vivres de sacs, il a laissé chaque corps d'armée s'administrer séparément; c'est là le service en campagne. D'ailleurs, le 24 septembre, il a proposé une capitulation pour son armée en séparant son sort de celui de la place, et jusqu'au 26 octobre, il a demandé six fois la même chose. Il a pourvu à certaines vacances par des nominations provisoires; mais, si la loi confère ce droit aux gouverneurs de place, elle le confère aussi aux commandants en chef d'une armée en campagne.

Pour réfuter l'interprétation de l'article 209, nous ne pourrions que relire nos réquisitions, et nous croyons superflu de rentrer dans une discussion épuisée.

Quant aux drapeaux, le 26, l'ordre de les brûler a-t-il été donné? Le général Desvaux se rappelle avoir entendu une conversation relative aux drapeaux, mais sans pouvoir en préciser la portée. C'est le lendemain que le général Picard lui demande s'il sait ce que l'on doit en faire, et il lui répond qu'il n'en sait rien! Lequel est le plus précis de son souvenir du moment ou de son souvenir après trois ans?

Le général Soleille n'a pas voulu avouer que le maréchal lui avait donné un contre-ordre, générosité mal comprise qui s'explique par un certain trouble d'esprit. Pourquoi, sans un autre ordre, n'aurait-il pas exécuté le premier? Dans ses dépositions le général a divagué.

En résumé, a-t-on donné l'ordre de porter les drapeaux à l'arsenal? Oui! — A-t-on donné l'ordre de les brûler? Jamais! — A-t-on donné l'ordre de les conserver? Oui, trois fois! Voilà la vérité! Messieurs, la défense n'a pu troubler vos consciences, vous prouver que le maréchal avait fait tout ce qu'exigeaient le devoir et l'honneur. Pour de pareils crimes, la loi est inexorable. La personnalité de l'accusé, encore qu'elle s'impose par un passé glorieux, doit s'effacer devant l'image de la France, devant la majesté de la loi.

Depuis l'ouverture de ces débats pénibles, une détestable réunion d'intérêts inavoués, de passions aveugles se sont liguées contre la vérité, faisant valoir ces déplorables sophismes, complaisants de toutes les défaillances; votre décision refera la lumière et proclamera les droits sacrés de la patrie.

Je n'ai plus qu'un mot à dire : la France, après ses désastres, s'est relevée, son nom est sorti pur de cette épreuve, et, après trois ans, elle étonne le monde par la vigueur de son patriotisme. Il faut tout espérer d'elle si l'on pratique la discipline; s'il y a respect de l'autorité chez les uns et responsabilité chez les autres. Cette épreuve commence. Tout Français est soldat aujourd'hui. Dans quelques jours, cent quarante mille jeunes gens sont appelés sous les drapeaux par la loi nouvelle; votre décision fera entrer dans ces jeunes cœurs l'amour de la patrie, la réligion de l'honneur, et cette triste histoire ne s'effacera plus de leur cœur.

Un peuple qui ne sait pas s'incliner devant la loi, s'humiliera un jour devant un vainqueur!

Messieurs, l'avenir est le secret de la Providence. Ne cherchons pas à pénétrer l'avenir. Mais quelque destin qu'il nous réserve, que nos consciences soient toujours au-dessus des événements et que sur tous règne ce maître : la loi !

M⁰ Lachaud, qui pendant le discours du général Pourcet a pris quelques notes rapides sur un carnet, se dresse sur son banc et, quoique visiblement affaibli, répond avec véhémence :

J'aurais cru, messieurs, que c'était assez de demander une fois la tête d'un maréchal de France, qu'on ne trouvait pas de satisfaction à vouloir décapiter l'armée. Je m'étais trompé.

M. le commissaire du gouvernement, M. le général Pourcet — il m'a nommé, je le nomme à mon tour — ne se borne pas à discuter des faits. Si je voulais répondre à des attaques personnelles, dire tout ce que ces colères et ces railleries ont d'étrange, je me laisserais égarer, et je ne le veux pas. Je n'ai pas à répondre à ces personnalités. Quand l'avocat a fait son devoir, il a l'approbation de sa conscience, et il lui est à peu près égal de ne pas l'avoir d'autre part.

Est-ce qu'il serait vrai que j'aie fait descendre ces débats des hauteurs où les avaient menés le rapport et le réquisitoire et que j'aie défendu le maréchal Bazaine comme j'aurais défendu un accusé vulgaire?... Mais si c'est un outrage, il me touche peu, et j'en appelle à vous, messieurs, pour me venger. Je n'ai pas pu m'élever jusques aux hauteurs du réquisitoire. Je me suis servi de termes malheureux, parfois; moi, je n'ai pas eu le bonheur d'écrire ma plaidoirie, j'ai quelque chose de plus sérieux à faire que de choisir les termes d'un discours. Je vais suivre l'accusation dans ses attaques nouvelles, et en faire justice.

M. le commissaire du gouvernement me reproche d'avoir été chercher des certificats de civisme chez les généraux allemands. Mais est-ce qu'un général français qui apprend qu'un ennemi a été calomnié ne se lève pas pour le défendre? Si le ministère public avait la preuve qu'un ennemi est calomnié, il laisserait donc triompher la calomnie? et que dirait-il s'il savait que son témoignage n'est pas accepté, comme n'inspirant aucune confiance? Malheur à nous, malheur à notre pays, si on a le droit de croire que les haines vont assez loin pour empêcher de faire éclater la vérité! Quoi, général! vous ne croyez pas à ces certificats de civisme? Quoi! vous ne voyez pas que c'est un cri de soldat indigné de voir ainsi calomnier un soldat! Tant pis pour vous si vous ne le comprenez pas.

Le ministère public se vante de la modération du réquisitoire. Qu'eût-ce donc été s'il n'avait pas été modéré?

Mais il aura beau faire, il n'empêchera pas la vérité radieuse d'éclairer le débat et le monde entier. Il veut que les généraux et les maréchaux n'aient pas été unis au maréchal dans la défense de Metz; mais c'est l'honneur de l'armée qu'il veut détruire, il n'y parviendra pas. Les généraux français ont toujours été unis; ils ont toujours pratiqué cette solidarité nécessaire qui fait leur force.

M. le commissaire du gouvernement m'accuse d'avoir tronqué la lecture du réquisitoire. Eh bien! je retourne le reproche: j'ai dit qu'après la proclamation de M. Gambetta tous les généraux ont été abominablement outragés; elle disait que tous étaient des traîtres, et j'ai dit que c'était là une infamie, et j'ai bien dit. M. le commissaire du gouvernement a appelé cela d'injurieux soupçons; je n'ai pas tronqué le mot. Tous nos généraux, nos maréchaux, les Le Bœuf, les Ladmirault, les Canrobert sont appelés de misérables traîtres, et pour M. le commissaire du gouvernement ce sont là d'injurieux soupçons. Si ces termes peuvent suffire à votre conscience, la mienne est plus difficile.

Mais il y avait un mot contre lequel je devais m'élever: il me semble que si ma voix s'arrêtait, je trouverais encore dans ma volonté et dans mon indignation la force de protester. Eh bien, soit, j'avais mal compris. Je le veux bien, le mot lâcheté ne s'adressait pas au maréchal Bazaine; pouvait-il s'appliquer à ce vaillant soldat, toujours le premier au feu?

Vous dites qu'il a été égaré par l'ambition, mais il faudrait indiquer quelles étaient les vues ambitieuses de cet homme qui exposait sa vie tous les jours. On se paye de mots dans le réquisitoire; il n'y a que de la pompe: de la pompe au commencement, de la pompe au milieu, de la pompe à la fin, et puis rien. Quand j'examine les conséquences à tirer des témoignages, quand je démontre au ministère public qu'un témoin s'est trompé, il me dit que ma critique n'est pas exacte et il passe. Quand je dis que la défaillance de mémoire chez les témoins s'explique au bout de trois années, il ne se l'explique pas; mais chez d'autres il comprend le manque de mémoire. Ainsi, d'après le commissaire du gouvernement, M. Stoffel doit avoir de la mémoire, les autres, non, ils peuvent ne pas en avoir.

Quoi! j'ai rabaissé l'honneur de l'armée! vous n'avez donc pas entendu les paroles enflammées de mon âme pleine d'admiration pour ceux qui ont tant souffert après avoir si vaillamment combattu!

Nous cherchons la vérité, on nous juge, il nous la faut. Je suivrai pas à pas la réplique, et j'espère parvenir à vous démontrer qu'il n'y a pas plus de force dans la réplique que dans le réquisitoire.

Le maréchal Bazaine, quand il a pris le commandement, pouvait-il être sur le champ de bataille et dans son cabinet tout à la fois? pouvait-il du champ de bataille de Borny diriger l'état-major? C'est une iniquité de rendre Bazaine responsable de tous les détails. Pour la bataille du 18, est-ce que je ne vous ai pas montré qu'à un certain moment on a espéré le succès? le capitaine de Chalus est donc un menteur? Mais lorsqu'un témoin vous embarrasse vous le laissez de côté, vous ne faites plus que de la fantaisie, de l'imagination. Dites que le maréchal s'est trompé, soit; mais ne dites pas qu'il est coupable d'un crime. Ou alors il faut prouver que tous ses actes, tous ses ordres, dès la première heure du commandement, n'ont eu qu'un but, la défaite.

Je ne suis pas militaire, je suis un ignorant, c'est vrai; mais j'ai du bon sens, et cela suffit pour comprendre que votre argument n'est pas sérieux, et qu'un général peut donner des ordres en prévision de la retraite. Quoi! on ne peut prévoir que la victoire, et il ne faut pas se préoccuper de ce qu'il y aura à faire en cas d'insuccès?

J'arrive à la mission Magnan qui se confond avec la dépêche du 23 août. Il faut cependant se mettre d'accord avec le rapport. — Mais quand le ministère public est embarrassé, il crée un système nouveau, et, quand il l'a créé, il le trouve magnifique. — La dépêche chiffrée, le maréchal n'a pu la lire sans la faire traduire. La dépêche dont il aurait donné connaissance au colonel Lewal, c'est une autre dépêche. Laquelle? je ne sais. Mais celle qui annonçait le mouvement de Mac-Mahon, la dépêche expédiée le 22, la dépêche chiffrée, elle n'est arrivée que le 30. Le colonel Lewal a confondu les dates. Les opérations du 30 août se sont confondues dans son esprit avec celles du 26, qui étaient identiques.

Cette dépêche était-elle arrivée sous forme de cigarette ou de pilule, que m'importe; quoi qu'en dise M. le commissaire du gouvernement, je n'ai pas recours à ces misères, même quand je défends les accusés les plus vulgaires.

Vous êtes épuisés, messieurs, je lasse votre bienveillance.

Je vous ai lu l'opinion de M. le général Trochu sur le commandant en chef de l'armée du Rhin et sur Metz. M. le commissaire du gouvernement m'a répondu qu'à Tours on n'avait pas la même opinion. Les glorieux capitaines Glais-Bizoin, Gambetta et Crémieux (Sourires) en avaient jugé autrement que le général Trochu, c'est bien dommage. Mais il n'y a pas seulement l'opinion du général Trochu, il y a celle de l'amiral Fourichon.

Parlerai-je des dépositions qui ont attribué au maréchal une ignominie et une stupidité? Comment, en plein jour, avec des soldats, avec des officiers, le commandant en chef de l'armée de Metz serait allé trouver le général ennemi à son quartier général! Le ministère public n'a pas voulu se servir de ces témoignages et il me dit: « Je ne m'en sers pas; remerciez moi. » Oh! non, monsieur le commissaire du gouvernement, vous répondez des témoins que vous amenez ici, vous en répondez devant la loi, devant le monde et devant la conscience.

Deuxième complément de l'audience du 10 décembre
Jugement et Appendice.

PRÉSIDENCE DE M. LE DUC D'AUMALE

Mᵉ Lachaud continue sa réplique en ces termes :

Les réunions ? Quel est le fait, dit-il, qui a été caché à ces conférences ? Régnier ? mais tous le connaissaient, tout a été communiqué aux chefs de corps. Est-ce que l'on peut leur faire l'injure, à ces grands géné-raux, à ces malheureux chefs de corps, de croire qu'ils ne savaient pas tout, que l'armée n'avait plus de chevaux, plus de vivres, que le désastre était inévitable ? ils ne me pardonneraient pas, si je croyais nécessaire de l'établir. On a fait la confidence à Régnier, me dit-on, qu'il n'y avait plus de vivres que jusqu'au 18 octobre. Mais ce renseignement il avait pu se le procurer facilement à Metz, où les soldats étaient en rapport constant avec la population. Régnier, je vous l'ai dit, c'est un cerveau malade, obéissant à des inspirations honnêtes, il a voulu être le sauveur de la patrie, il a rencontré une conception qui pouvait uti-liser les désirs de M. de Bismark. Le maréchal a cru que c'était un fil qu'on pouvait suivre. C'était un petit fil, comme vous l'a dit Bourbaki, et Bourbaki l'a suivi.

Je ne veux pas dans cette réplique recommencer la discussion sur chaque point, mes forces n'y suffiraient pas et je m'en rapporte aux lumières du Conseil.

Quant aux Messins, j'ai su rendre hommage à leur malheur, et les reproches de M. le commissaire du gouvernement me touchent peu ; mais j'ai dû lire la proclamation du conseil municipal de Metz qui re-merciait l'armée et son vaillant chef, le vaillant soldat de la France. Je crois que ces témoignages d'admiration du conseil municipal ont plus d'autorité que celle de simples citoyens.

Qu'a-t-il dit dans sa proclamation ? que l'armée défendrait la place de Metz.

Dois-je revenir sur des discussions épuisées ? Ai-je besoin de dire que, dans ses proclamations, le maréchal s'adressait à ses soldats en leur disant : « Soldats de la France ! » Oui, il était soldat de la France. Supposez un instant que la Commune fût survenue au moment de la guerre, supposez que ce gouvernement insurrectionnel eût fait parve-nir des ordres au maréchal Bazaine, est-ce que le maréchal Bazaine aurait dû obéir à ces ordres ? Dites-moi la différence. Je ne dis pas que les hommes du gouvernement du 4 septembre doivent être assimilés aux bandits de la Commune. Mais le maréchal n'a dit que ce qu'il de-vait dire, qu'il fallait défendre la France, qu'il fallait protéger l'ordre social.

Les émissaires ? J'ai fait un travail pour montrer le nombre d'é-missaires que le maréchal a envoyés ; vous dites : que me fait le nom-bre. Le maréchal en a envoyé 21 et c'est lui qui a pensé aux pigeons.

Et le commissaire du gouvernement se trompe quand il dit que je lui ai reproché de ne pas avoir apprécié les nobles sentiments de l'im-pératrice. Est-ce que je lui ai demandé des compliments pour cette malheureuse femme qui a fait son devoir de Française, qui n'avait qu'un seul désir, sauver le pays. Elle l'aime plus que sa couronne. M. le commissaire du gouvernement s'étonne de mon regret, je m'étonne bien plus de son étonnement.

La conspiration militaire à Metz contre le maréchal Bazaine n'est-elle pas prouvée? S'il l'avait su de suite, il en aurait saisi un conseil de guerre. Grâce à Dieu, il n'y avait qu'un petit nombre d'officiers dans cette conspiration; mais s'il faut en croire M. de Valcour, 20 000 hommes étaient déjà engagés dans cette lutte, dans cette entreprise contre le commandant en chef. Pouvait-il être obéi, entouré de pareils obstacles?

Les honneurs militaires! le général de Fezensac — qui en savait autant que l'accusation — les a refusés à Dresde. Dans ces honneurs militaires, il y avait des douleurs et des hontes que le maréchal n'a pas voulu accepter.

Vous voyez-vous, généraux, vous si braves, à la place de ceux de Metz et sortant l'épée à la main, et saluant le maître, et donnant au vainqueur cette marque de respect qu'on ne doit qu'au souverain? Vous dites que je ne sais pas ce que c'est que l'honneur militaire; je vous le demande, l'honneur militaire ne peut être l'avilissement, l'avilissement de ce salut que l'on fait au vainqueur.

Dans son discours écrit, M. le commissaire du gouvernement, en parlant des drapeaux, a dit que le général Soleille a divagué.

Ah! pour les besoins de l'accusation, dire qu'un général a divagué! mais ayez le courage de dire toute votre pensée, dites que c'est un faux témoin; l'armée tout entière dira qu'un général n'a jamais été calomnié ainsi.

Et la note du général de Cissey, qu'en dites-vous? le général de Cissey sans divagation a dit que le maréchal avait donné des ordres pour l'incinération des drapeaux.

Le général Soleille n'a pas exécuté les ordres du maréchal, que voulez-vous que le maréchal y fasse? Les drapeaux de la garde arrivés les premiers ont été brûlés. Tout est dit. Le conseil sait à quoi s'en tenir, et quant à l'ordre envoyé de garder les drapeaux, c'est qu'alors était arrivée la lettre du général de Stiehle au général Jarras.

Un mot sur la capitulation. Quand les vivacités de M. le commissaire du gouvernement ne touchent que moi, cela m'est égal; mais je ne pouvais laisser sans réponse celles qui attaquent le malheureux qui est ici.

On dit que le camp retranché ne peut être confondu avec une forteresse; ai-je dit le contraire? Mais il y a des circonstances où le camp retranché se confond avec une forteresse: c'est quand l'armée qui est dans le camp retranché ne peut rejoindre corps à corps l'armée ennemie. Il n'est pas besoin d'avoir passé par l'École polytechnique pour savoir que dans ce cas une armée peut devenir l'annexe, la garnison d'une citadelle. Le ministère public n'a pas répondu un mot à ce que j'ai dit sur ce point; j'ai établi que l'on n'était pas en rase campagne, puisque les armées ne pouvaient se rejoindre.

Il est temps, dites-vous, que ce procès finisse, car on cherche à pervertir l'opinion publique, et vous faites entendre des paroles sévères à l'égard de la presse. Mais quelles feuilles avez-vous donc lues, monsieur le commissaire du gouvernement? Rassemblez les comptes rendus de ces débats, et vous verrez de quel côté se trouve l'égarement et la passion.

C'eût été peut-être un devoir pour moi de dénoncer des comptes rendus qui n'en étaient pas; mais je m'en suis bien gardé! Je respecte la presse même quand elle est égarée, je n'aurais pas voulu mettre une digue à ces débordements. Je veux qu'après le verdict que vous allez rendre, on puisse dire : « Au bout de trois ans d'outrages répandus à flots, la vérité a pu se faire jour. »

Vous avez parlé de ces cent quarante mille jeunes gens qui vont grossir les rangs de notre armée. Croyez-vous qu'il soit bon de leur montrer un maréchal de France comme un traître ? Croyez-vous leur apprendre ainsi le respect et l'obéissance ? Croyez-vous assurer l'avenir en frappant une victime ? Il y a mieux à faire pour l'éducation de ces cent quarante mille jeunes gens ; il faut leur dire que l'armée a été calomniée, mais qu'elle se relèvera, que l'un de ses chefs a toujours été digne. Voilà un exemple qui en vaut bien un autre.

Je m'arrête ; l'opinion publique vous demande une satisfaction que vous ne pouvez lui refuser : l'acquittement du maréchal Bazaine. Je n'insiste pas, ce serait blesser votre honneur ; quand la vérité est évidente, il faut la proclamer sans retard à la face du monde. Le soldat qui a rapporté quarante drapeaux ne peut pas être un traître.

J'ai foi en Dieu ; j'ai foi en votre justice ; je m'arrête, et je ne redoute pas votre verdict.

Un murmure approbateur s'élève dans la salle ; le silence se rétablit.

M. LE GÉNÉRAL-PRÉSIDENT, au maréchal Bazaine : Monsieur le maréchal, avez-vous quelque chose à ajouter à votre défense ?

Le maréchal se lève vivement, et, montrant sa médaille militaire, répond d'une voix énergique :

« Je porte sur ma poitrine ces mots : Honneur et Patrie ! Je n'ai jamais manqué à cette noble devise pendant les quarante-deux ans que j'ai servi loyalement mon pays, ni à Metz, ni ailleurs, je le jure devant le Christ ! »

LE GÉNÉRAL-PRÉSIDENT, d'une voix brève, s'adressant au commandant Thiriet : Les débats sont clos. Emmenez l'accusé. Le conseil se retire pour délibérer.

Puis, s'adressant aux membres du conseil : Les juges suppléants n'entrent pas dans la salle des délibérations ; mais je les prie de se tenir à la disposition du conseil pour le cas où leur ministère serait utile.

La garde présente les armes pendant que le conseil passe du prétoire dans la salle voisine.

En même temps que le conseil entre dans la chambre de ses délibérations, le maréchal Bazaine quitte l'audience, accompagné du commandant Thiriet. Ses défenseurs et le colonel Vilette le suivent. Il est quatre heures trente-cinq.

A huit heures trente-cinq, la voix du maréchal des logis appariteur se fait entendre : Debout, le conseil ! Au commandement de l'officier de service, les gendarmes placés autour du prétoire et au bas de l'estrade présentent les armes.

La loge du maréchal et la barre sont inoccupées.

Les membres du conseil reprennent leurs places, immobiles et graves. Ils sont debout et couverts.

L'émotion est indescriptible. Tous les regards sont fixés sur le conseil et semblent chercher à pressentir le secret de la délibération.

Le général-président, d'une voix lente et grave, au milieu d'un profond silence, donne lecture du jugement suivant :

« Au nom du peuple français,

« Cejourd'hui, 10 décembre 1873, le 1er conseil de guerre permanent, de la 1re division militaire, délibérant à huis clos, conformément à la loi,

« Le président du conseil a posé les questions suivantes :

« 1° Le maréchal Bazaine (François-Achille), ex-commandant en chef de l'armée du Rhin, est-il coupable d'avoir, le 28 octobre 1870, à la tête d'une armée en rase campagne, signé une capitulation?

« 2° Cette capitulation a-t-elle eu pour résultat de faire poser les armes à cette armée?

« 3° Le maréchal Bazaine a-t-il violé la loi qui exigeait qu'il fît, avant d'avoir signé la capitulation, tout ce que lui prescrivaient le devoir et l'honneur?

« 4° Le maréchal Bazaine est-il coupable d'avoir, le 28 octobre 1870, capitulé avec l'ennemi et rendu la place de Metz, dont il avait le commandement supérieur, sans avoir épuisé tous les moyens de défense dont il disposait et sans avoir fait tout ce que lui prescrivaient le devoir et l'honneur?

« Les voix recueillies séparément, en commençant par le juge le moins ancien en grade, le président ayant émis son opinion le dernier, le conseil déclare :

« Sur la première question : Oui, à l'unanimité.

« Sur la deuxième question : Oui, à l'unanimité.

« Sur la troisième question : Oui, à l'unanimité.

« Sur la quatrième question : Oui, à l'unanimité.

« Sur quoi, et attendu les conclusions prises par le commissaire spécial du gouvernement, dans ses réquisitions, le président a lu le texte de la loi et a recueilli de nouveau les voix dans la forme indiquée ci-dessus, pour l'application de la peine;

« En conséquence, le conseil,

« Vu les articles 210 et 209 du Code de justice militaire, lesquels sont ainsi conçus :

« Art. 210. Tout général, tout commandant d'une troupe armée qui capitule en rase campagne est puni :

1° De la peine de mort avec dégradation militaire si la capitulation a eu pour résultat de faire poser les armes à sa troupe, ou si, avant de traiter verbalement ou par écrit, il n'a pas fait tout ce que lui prescrivaient le devoir et l'honneur;

« 2° De la destitution dans tous les autres cas.

« Art. 209. Est puni de mort avec dégradation militaire tout gouverneur ou commandant qui, mis en jugement après avis du conseil d'enquête, est reconnu coupable d'avoir capitulé avec l'ennemi et rendu la place qui lui était confiée, sans avoir épuisé tous les moyens de défense dont il disposait, et sans avoir fait tout ce que lui prescrivaient le devoir et l'honneur. »

« Condamne à l'unanimité François-Achille Bazaine, maréchal de France, à la peine de mort avec dégradation militaire;

« Et vu l'article 138 du Code de justice militaire, lequel est ainsi conçu :

« Art. 138. Si le condamné est membre de l'ordre national de la Légion d'honneur ou décoré de la médaille militaire, le jugement déclare, dans les cas prévus par les lois, qu'il cesse de faire partie de la Légion d'honneur ou d'être décoré de la médaille militaire. »

« Déclare que François-Achille Bazaine cesse de faire partie de la Légion d'honneur, et d'être décoré de la médaille militaire.

« Le condamne en outre aux frais envers l'État, en vertu de l'article 139 du Code de justice militaire.

« Enjoint au commissaire spécial du gouvernement de faire donner immédiatement, en sa présence, lecture du présent jugement au condamné, devant la garde assemblée sous les armes, et de l'avertir que la loi lui donne vingt-quatre heures pour se pourvoir en révision. »

LE GÉNÉRAL-PRÉSIDENT : La séance est levée.

Après la lecture de cet arrêt, la foule s'écoule silencieuse, vivement impressionnée.

APPENDICE.

Mercredi soir, à neuf heures, M. le général Pourcet, commissaire spécial du Gouvernement, assisté de M. le général de Colomb, son substitut, le commandant Martin, le capitaine Boisselier, Alla, greffier, et Castex, greffier adjoint, étaient réunis à Trianon dans le salon, où se tenait le maréchal Bazaine pendant les suspensions d'audience du 1er conseil de guerre.

Sur l'ordre de M. le général Pourcet, un sergent se rendit chez le maréchal pour le prévenir qu'on allait procéder à la formalité de la lecture du jugement. Un détachement de troupes de ligne, composé de dix soldats, un sergent et un caporal, formait la haie.

Le maréchal entra bientôt : il était accompagné du colonel Villette, son aide de camp, et de MM. le lieutenant-colonel Luccioni et capitaine Maudhuy, commandants militaires de Trianon. La garde présenta les armes, et M. Alla, greffier, donna lecture du jugement. Le maréchal l'écouta sans donner aucun signe d'émotion, puis quand M. Alla eut fini, il se tourna vers M. le général Pourcet et lui dit :

« Est-ce tout? »

Sur la réponse affirmative du général, Bazaine répliqua :

« Fusillez-moi le plus tôt possible, je suis prêt. »

Le greffier prévint le maréchal qu'il avait vingt-quatre heures pour se pourvoir en révision.

Le condamné rentra ensuite dans son appartement, toujours accompagné de ses trois amis, et fit ses adieux à sa famille. Le colonel Lambert, auquel sa position donnait accès dans le pavillon transformé en prison, vint alors, et, l'émotion l'empêchant de parler, se jeta dans les bras du maréchal, son ancien colonel en Crimée, et l'embrassa avec effusion.

Immédiatement après le prononcé du jugement, MM. le général-président et les membres du conseil de guerre se sont réunis. Ils ont adressé à M. le ministre de la guerre un recours en grâce dont voici la teneur :

« Monsieur le ministre,

« Le conseil de guerre vient de rendre son jugement contre M. le maréchal Bazaine.

« Jurés, nous avons résolu les questions qui nous étaient posées en n'écoutant que la voix de notre conscience. Nous n'avons pas à revenir sur le long débat qui nous a éclairés. A Dieu seul nous devons compte des motifs de notre décision.

« Juges, nous avons dû appliquer une loi inflexible, et qui n'admet pas qu'aucune circonstance puisse atténuer un crime contre le devoir militaire.

« Mais ces circonstances, que la loi nous défendait d'invoquer en rendant notre verdict, nous avons le droit de vous les indiquer.

« Nous vous rappellerons que le maréchal Bazaine a pris et exercé le commandement de l'armée du Rhin au milieu de difficultés inouïes, qu'il n'est responsable ni du désastreux début de la campagne, ni du choix des lignes d'opérations.

« Nous vous rappellerons qu'au feu, il s'est toujours retrouvé lui-même : qu'à Borny, à Gravelotte, à Noisseville, nul ne l'a surpassé en vaillance, et que, le 16 août, il a, par la fermeté de son attitude, maintenu le centre de sa ligne de bataille.

« Considérez les services de l'engagé volontaire de 1831 ; comptez les campagnes, les blessures, les actions d'éclat qui lui ont mérité le bâton de maréchal de France.

« Songez à la longue détention qu'il vient de subir ; songez à ce supplice de deux mois, pendant lesquels il a entendu chaque jour discuter son honneur devant lui, et vous vous unirez à nous pour prier le président de la République de ne pas laisser exécuter la sentence que nous venons de prononcer.

« Recevez, monsieur le ministre, l'assurance de notre respect.

« *Le président,* H. D'ORLÉANS.

Les juges : Général DE LA MOTTEROUGE.
Général baron DE CHABAUD LA TOUR.
Général J. TRIPIER.
Général PRINCETEAU.
Général RESSAYRE.
Général DE MALROY.

Monseigneur le duc d'Aumale s'est rendu personnellement auprès du maréchal de Mac-Mahon pour appuyer le recours en grâce.

Le lendemain, après un conseil des ministres, a paru dans le *Journal officiel* la note suivante :

« Aux termes des articles 141 et 143 du Code de justice militaire, M. le maréchal Bazaine ayant laissé passer le délai de vingt-quatre heures sans se pourvoir en révision, la condamnation qui l'a frappé est devenue irrévocable. »

En même temps le *Journal officiel* a publié une seconde note ainsi conçue :

« Sur la proposition de M. le ministre de la guerre, M. le président de la République a commué la peine de mort prononcée contre le maréchal Bazaine en vingt années de détention, à partir de ce jour, avec dispense des formalités de la dégradation militaire, mais sous la réserve de tous ses effets. »

Le maréchal Bazaine a adressé au président de la République la lettre suivante :

Trianon-sous-Bois, 12 décembre 1873.

Monsieur le maréchal,

Vous vous êtes rappelé le temps où nous servions la patrie l'un à côté de l'autre ; je crains que votre cœur n'ait dominé la raison d'État.

Je serais mort sans regret, car la demande en grâce que vous ont adressée mes juges venge mon honneur.

Agréez, monsieur le maréchal, l'assurance de mon respect,

BAZAINE.

Quelques heures après le prononcé du jugement, le maréchal Bazaine avait adressé à Me Lachaud la lettre suivante :

« Mon cher et valeureux défenseur,

« Avant l'heure suprême, je veux vous remercier de toute mon âme des efforts héroïques que vous avez tentés pour soutenir ma cause. Si les accents de la plus haute éloquence, que vous avez puisés dans le sentiment de la vérité et dans le dévouement de votre noble cœur, n'ont pu convaincre mes juges, c'est qu'ils ne pouvaient pas être convaincus. Car dans votre admirable parole vous avez dépassé l'effort humain.

« Je ne me pourvoirai pas. Je ne veux pas prolonger devant le monde entier le spectacle d'une lutte aussi douloureuse, et je vous prie de ne faire aucune démarche en ma faveur.

« Ce n'est plus aux hommes que je demande de me juger : c'est du temps, c'est de l'apaisement des passions que j'espère ma justification.

« J'attends, ferme et résolu, fort de ma conscience qui ne me reproche rien, l'exécution de la sentence.

« Maréchal BAZAINE.

« Trianon sous-Bois, 11 décembre 1873. »

———

MM. Adolphe et Albert Bazaine, neveux du maréchal, le premier officier d'artillerie, le second officier de chasseurs à pied, ont, dès le 11 décembre, envoyé leur démission à leurs chefs de corps.

———

D'après la décision du gouvernement, M. Bazaine subira sa peine dans le fort de l'île Sainte-Marguerite.

L'île Sainte-Marguerite est située en face de Cannes. La distance de la côte n'est que de deux kilomètres. Cette île a six kilomètres de longueur, sur une largeur moyenne de 1500 mètres. Le fort, qui est le seul endroit habité de l'île, se trouve à la pointe de l'Est qui regarde la pointe d'Antibes.

A l'autre extrémité se trouve un grand jardin clos renfermant les plus beaux orangers de la contrée. Le reste de l'île est formé d'un bois de myrtes et de chênes verts.

Le fort de Sainte-Marguerite a servi de prison aux prisonniers arabes des dernières insurrections d'Algérie. Un bras de mer sépare l'île de l'île Saint-Honorat, achetée il y a quelques années par un Anglais. On voit dans l'île Saint-Honorat les ruines du monastère de Lérins, le plus ancien qui ait existé dans les Gaules. L'île Sainte-Marguerite et l'île Saint-Honorat forment le groupe des îles Lérins. (C'est dans le fort de l'île de Sainte-Marguerite qu'avait été enfermé le prisonnier connu sous le nom de *Masque de fer*, prisonnier sur lequel il a été fait tant de suppositions dont aucune n'est acceptée aujourd'hui comme vérité historique.)

Le 22 de décembre a été notifié à l'ex-maréchal Bazaine par le commandant militaire de Trianon-sous-Bois, l'avis officiel de sa commutation de peine.

Une lettre du ministre de la guerre au commissaire spécial du 1er conseil de guerre, ordonne l'inscription en marge du jugement de la mesure de grâce dont le condamné est l'objet.

Ces formalités pourront tenir lieu de l'entérinement usité en pareil cas, mais que la loi n'exige pas formellement.

———

Mme Bazaine a reçu l'autorisation de rejoindre son mari avec ses enfants. Elle a dû partir le 27 pour l'île Sainte-Marguerite.

Le départ du condamné avait été retardé parce qu'il y avait des réparations à faire dans les bâtiments du fort qui doit servir de lieu de détention.

TABLE PAR ORDRE ALPHABÉTIQUE

DES NOMS DES TÉMOINS ENTENDUS ET DES PERSONNAGES CITÉS

BIBLIOGRAPHIE

DES

PRINCIPAUX OUVRAGES A CONSULTER SUR L'HISTOIRE DE L'ARMÉE DU RHIN ET DU SIÉGE DE METZ

HISTOIRE GÉNÉRALE

LA GUERRE FRANCO-ALLEMANDE de 1870-71, rédigée par la section historique du grand état-major prussien, sous la direction du feld-maréchal comte *de Moltke*. Traduction par C. Costa de Serda, capitaine d'état-major français.

— Première livraison : Événements du mois de juillet, 1 vol. in-8° avec cartes. Berlin, 1872. Prix : 4 fr.

— Deuxième livraison : Événements militaires jusqu'à la veille des batailles de Wœrth et de Spicheren, 1 vol. in-8° avec cartes, Berlin, 1873. Prix : 4 fr. 50.

— Troisième livraison : Bataille de Woerth et de Spicheren, 1 vol. in-8° avec cartes. Berlin, 1873. Prix : 6 fr.

— Quatrième livraison : Marche de la 3e armée allemande sur la Moselle. Événements militaires jusqu'au soir du 14 août, 1 vol. in-8° avec cartes. Berlin, 1873. Prix : 4 fr. 50.

(*En cours de publication, formera environ 20 livraisons.*)

GUERRE FRANCO-ALLEMANDE DE 1870-71, SOUS LE ROI GUILLAUME, par un officier d'état-major prussien, traduit de l'allemand par *L. de Dieskau*, capitaine d'état-major, et *G. A. Prim*, lieutenant d'infanterie.

Première partie : Les événements jusqu'au 8 août 1870, 1 vol. in-8° avec 3 annexes et 4 cartes. Bruxelles, 1873. Prix : 6 fr.

Deuxième partie : Du 8 août 1870 à l'investissement de Metz, 1 vol. in-8° avec 2 annexes et 3 cartes. Bruxelles, 1872. Prix : 6 fr.

(*En cours de publication, formera 3 volumes.*)

LA GUERRE FRANCO-ALLEMANDE ILLUSTRÉE EN 1870-1871, avec gravures, 1 vol. in-folio. Bruxelles, 1871-72. Prix : 10 fr. 50.

HISTOIRE ILLUSTRÉE DE LA GUERRE DE 1870-1871. — Relation de la campagne franco-allemande, avec plus de 200 dessins de batailles, portraits, plans, cartes géographiques et topographiques, d'après des croquis pris sur le théâtre même des événements, 1 volume in-folio. Bruxelles, 1872. Prix : 15 fr.

HISTOIRE DE LA GUERRE DE 1870-1871, par le général baron *Ambert*, ancien député, 1 vol. in-8° avec 6 cartes. Paris, 1873. Prix : 8 fr.

HISTOIRE GÉNÉRALE DE LA GUERRE DE 1870-1871, par *L. Dussieux*, professeur honoraire à l'école de Saint-Cyr, 1 vol. in-18. Paris, 1872. Prix : 2 fr.

HISTOIRE DE LA GUERRE DE 1870-1871, par *Camille Farcy*, 1 volume in-8°. Paris, 1872. Prix : 7 fr. 50.

HISTOIRE DE LA GUERRE DE 1870-1871. — L'invasion. — Les désastres. — La Commune, par le comte *A. de La Guéronnière* et le comte *de Nogent*, 1 vol. in-8° avec gravures. Bruxelles, 1873. Prix : 8 fr.

HISTOIRE DE LA GUERRE DE

1870-1871, par *Émile de La Bédollière*, illustrée, 1 vol. in-4º. Paris, 1872. Prix : 4 fr.

HISTOIRE ILLUSTRÉE DE LA GUERRE DE 1870-1871, par M. *Martiny de Riez*. 1 vol. in-8º. Paris, 1871. Prix : 6 fr.

HISTOIRE DE LA GUERRE DE 1870, par *V. D****, officier d'état-major. In-8º avec plans. Paris, 1872. Prix : 10 fr.

HISTOIRE DE LA GUERRE DE FRANCE AVEC LA PRUSSE, par *P. Christian*, ancien bibliothécaire au ministère de l'instruction publique. 2 vol. grand in-8º avec gravures. Paris, 1872-1873. Prix : 20 fr.

HISTOIRE DE LA GUERRE DE PRUSSE, par *Amédée de Césena*. In-8º illustré. Paris, 1872. Prix : 4 fr.

COMMENTAIRES SUR LA GUERRE DE 1870, par *L. Vandevelde*, lieutenant-colonel en retraite. 1 vol. in-8º avec cartes. Bruxelles, 1872. Prix : 8 fr.

LA GUERRE DE 1870-1871, histoire politique et militaire, par *Hector Pessard* et *A. Wachter*, illustré par Darjou. Grand in-8º. Paris, 1873. Prix : 30 fr.

GUERRE DES FRONTIÈRES DU RHIN, 1870-71, par *Rustow*, traduit de l'allemand par *Savin de Larclause*, colonel du 1er lanciers. — 1 vol. in-8, avec planches. Paris, 1872. Prix : 8 fr.

LA GUERRE FRANCO-ALLEMANDE DE 1870-1871, par *O. F. Leconte*, avec notes biographiques des principaux généraux français et allemands, et une carte générale de la guerre, accompagnée d'un plan de Paris et des plans des principaux champs de bataille. 2e édition. 1 vol. in-18 jésus. Bruxelles, 1871. Prix : 3 fr.

LA GUERRE DE SEPT MOIS, par *M. T. de Saint-Germain*. 1 vol. in-18 jésus. Prix : 2 fr. 50.

HISTOIRE DE DEUX ANS (1870-1871), par MM. *Alfred d'Aunay* et *Émile Faure*. Édition illustrée.

4 vol. gr. in-8º. **Paris**, 1872. Prix : 32 fr.

LA GUERRE DE 1870-1871, d'après le colonel fédéral suisse Rustow, par *Boert*. 1 vol. in-18. Paris, 1872. Prix : 3 fr. 50.

HISTOIRE DE LA RÉVOLUTION DE 1870-1871, par *Jules Claretie*. 1 vol. gr. in-8º avec gravures. Paris, 1872. Prix : 10 fr.

CAMPAGNE DES ARMÉES DE L'EMPIRE EN 1870. Études critiques, par *Eugène Ténot*. 1 vol. in-18. Paris.

LA GUERRE DE 1870-71, documents officiels allemands, collection des dépêches télégraphiques du quartier général allemand, de S. M. le roi de Prusse à la reine Augusta, etc., etc., du 31 juillet 1870 au 5 février 1871. Traduction par *W. Filippi*, inspecteur principal au chemin de fer de l'Est. 1 vol. in-18. Paris, 1871. Prix : 2 fr.

LA GUERRE EN PROVINCE PENDANT LE SIÉGE DE PARIS, 1870-71, par *de Freycinet*. 1 vol. in-12. Paris, 1872. Prix : 3 fr. 50.

LES ALLEMANDS CHEZ EUX ET CHEZ NOUS, par *J. Charbonnier*, avec une préface, par *Émile de la Bédollière*. 1 vol. in-18 jésus. Paris, 1872. Prix : 2 fr.

LA CAMPAGNE DE 1870, RÉCIT DES ÉVÉNEMENTS MILITAIRES DEPUIS LA DÉCLARATION DE GUERRE JUSQU'A LA CAPITULATION DE PARIS. Wœrth, Sedan, Metz, Paris. Traduit du Times, par *Roger Allou*. Paris, 1871. Prix : 3 fr.

LA CAMPAGNE DE 1870 JUSQU'AU 1er SEPTEMBRE, par un officier d'état-major de l'armée du Rhin. 1 vol. in-8º, avec 10 cartes et plans. Bruxelles, 1871. Prix : 3 fr.

DOCUMENTS SUR LES ÉVÉNEMENTS DE 1870-71. 3 vol. in-12. Paris, 1872. Prix : 9 fr.

LES FORTERESSES FRANÇAISES, PENDANT LA GUERRE DE 1870-71, par M. *J. Prévost*, lieutenant-colonel du génie à Vincennes. 1 vol. in-18. Paris, 1872. Prix : 2 fr. 50.

LE GOUVERNEMENT DE LA DÉ-

FENSE NATIONALE, du 30 juin au 31 octobre 1870, par *Jules Favre*. 1 vol. in-8. Paris, 1871. Prix : 8 fr.

LES MARÉCHAUX DE FRANCE, étude de leur conduite de la guerre en 1870. Le Bœuf, plans et préparatifs Mac-Mahon, Wœrth et Sedan, Bazaine, Metz, par *Henry Brackenburg*, capitaine de l'artillerie anglaise. 1 vol. in-8°. Paris, 1872. Prix : 6 fr.

UN MINISTÈRE DE LA GUERRE DE 24 JOURS, par le général *Cousin Montauban*, comte de Palikao. 1 vol. in-8°, avec carte. Prix : 6 fr.

LE MONITEUR PRUSSIEN DE VERSAILLES, reproduction des treize numéros du *Nouvelliste* de Versailles et des cent huit numéros du *Moniteur officiel* du gouverneur général du Nord de la France, publiés par *George d'Heilly*. Paris, 1871. Prix : 45 fr.

NOS DÉSASTRES EN 1870. — JUSTICE A QUI DE DROIT, par un prisonnier de guerre. Brochure. Bruxelles, 1870. Prix : 1 fr.

OPÉRATIONS DES ARMÉES ALLEMANDES, depuis la bataille de Sedan jusqu'à la fin de la guerre, d'après les documents officiels du grand quartier général, par M. *Blume*, major du grand état-major prussien. Traduit de l'allemand, par E. *Costa de Serda*, capitaine d'état-major. 1 vol. in-8°. Paris, 1872. Prix : 8 fr.

OPÉRATIONS ET MARCHES du 5e corps jusqu'au 31 août, par le général *de Failly*. In-8°. Prix : 1 fr.

LES PRUSSIENS CHEZ NOUS, par *Édouard Fournier*. 1 vol. in-18. Paris, 1871. Prix : 3 fr.

QUELQUES VÉRITÉS SUR L'ARMÉE FRANÇAISE DE 1870, par un officier supérieur. In-8°. Bruxelles. 1871. Prix : 1 fr.

OPÉRATIONS DU CORPS DE GÉNIE ALLEMAND, par *Adolphe Gœtze*, capitaine du génie prussien, traduit par MM. *Grillon* et *Fritsch*, capi-

taine du génie, grand in-8°. Paris, 1873. Prix : 7 fr.

RAPPORT OFFICIEL DU CONSEIL D'ENQUÊTE sur les capitulations de Sedan. Laon, Toul, Soissons, Schlestadt, Verdun, Neufbrisach, Phalsbourg, Montmédy, Amiens, la Fère, Thionville, Paris, Guise, Mézières, Petite-Pierre, Marsal, fort de Lichtemberg. in-8° avec carte. Paris, 1872. Prix : 1 fr. 75.

RECUEIL DES DÉPÊCHES FRANÇAISES OFFICIELLES, circulaires, proclamations, rapports militaires, ordre du jour, résumant tous les faits importants qui se sont passés pendant la guerre franco-allemande, 6 juillet 1870 - 28 mai 1871, classés par *Paul Chasteau*. 1 vol. in-12. Paris. 1871. Prix : 3 fr.

LA RETRAITE DE MÉZIÈRES, effectuée par le 13e corps d'armée, aux ordres du général Vinoy, par *Th. Yriarte*, 1 vol. in-18, Paris, 1871. Prix : 1 fr.

SIX MOIS DE CAPTIVITÉ A KŒNIGSBERG, Prusse Orientale, par M. *l'abbé Rambaud*. 1 vol. in-18 jésus. Lyon, 1872. Prix : 3 fr.

SOUVENIRS DU BOMBARDEMENT ET DE LA CAPITULATION DE STRASBOURG. Récit critique de ce qui s'est passé dans cette ville du 15 juillet au 28 septembre 1870, par *Raymond Signouret*, ex-rédacteur en chef de l'*Impartial du Rhin*, 1 vol. in-12, avec un plan de Strasbourg après le bombardement. Bayonne, 1872. Prix : 3 fr. 50.

SOUVENIRS D'UN PRISONNIER DE GUERRE. Coup d'œil sur les opérations de l'armée de Metz, suivi de considérations militaires, par un officier d'infanterie. In-8° Bruxelles, 1871. Prix : 75 c.

TABLEAU HISTORIQUE DE LA GUERRE FRANCO-ALLEMANDE, 15 juillet 1870 - 10 mai 1871. 1 vol. in-8° Berlin, 1871. Prix : 10 fr.

LA VÉRITÉ SUR LA CAMPAGNE DE 1870, examen raisonné des causes de la guerre et de nos revers, par

Fernand Giraudeau, ex-chef de division au ministère de l'inté- rieur. 1 vol. in-8° Marseille, 1871 Prix : 6 fr.

OUVRAGES SPÉCIAUX

L'accusé Bazaine, par *Albert Allenet*, préface de Camille Pelletan. 1 vol. in-12. Paris, 1872. Prix : 1 fr.

L'acte d'accusation du maréchal Bazaine. In-18. Bruxelles, 1871. Prix : 50 cent.

L'affaire Bazaine, par *A. Dalsème*. 1 vol. in-12. Paris, 1873. Prix : 3 fr. 50.

L'agonie de l'armée du Rhin, par un officier d'artillerie du 3e corps. Brochure. Paris, 1871. Prix : 1 fr. 50.

L'armée française a Metz, par le comte *La Tour du Pin-Chambly*, de l'état-major du 4e corps, avec un dessin par M. A. Protais, 1 vol. in-12. Paris, 1871. Prix : 2fr.

Armée de Metz, par le général *Deligny*. Brochure. Munster, 1870. Prix : 1 fr.

L'armée de Metz et le maréchal Bazaine, réponse au rapport sommaire du maréchal Bazaine sur les opérations de l'armée du Rhin, du 13 août au 29 octobre 1870, par un officier d'état-major. 1 vol. Paris, 1871. Prix : 3 fr.

L'armée du Rhin, depuis le 12 août jusqu'au 29 octobre 1870, par le maréchal *Bazaine*. 1 vol. in-8°. Paris, 1872. Prix : 8 fr.

Armée du Rhin (campagne de 1870), camp de Châlons, Borny, Rezonville ou Gravelotte, Saint-Privat, blocus de Metz, par le docteur *Ferdinand Quesnoy*, médecin principal de 1re classe à l'armée du Rhin. 1 vol. in-8°. Paris, 1871. Prix : 5 fr.

Bazaine et Changarnier. Documents sur les événements de 1870-71. — 1 vol. in-18. Paris, 1871. Prix : 1 fr.

Bazaine (le maréchal) jugé par un général prussien et par un of- ficier français fait prisonnier de guerre à Metz, par *Ulric Fallet*. 1 vol. Paris, 1871. Prix : 2 fr.

Bazaine et la capitulation de Metz, par *Émile de La Bédollière*, illustré par Ribailler. — Brochure in-4°. Paris, 1873. Prix : 1 fr. 10.

Bazaine et l'armée du Rhin, souvenirs et journal d'un officier. 1 vol. in-12. Paris, 1873. Prix : 1 fr.

Bazaine (le maréchal) et l'armée du Rhin. Opérations militaires par un officier de cette armée. Brochure in-18. Prix : 1 fr.

Le blocus de Metz, souvenirs d'un aumônier volontaire, par *E. Durand Dassier*. Brochure. Paris, 1872. Prix : 1 fr.

Blocus et capitulation de Metz, par *H. Nazet* et *A. Spoll*. Brochure. Bruxelles, 1870. Prix : 1 fr.

Le blocus de Metz en 1870, publication du conseil municipal de Metz. Brochure. Paris, Metz, 1871. Prix : 2 fr.

Le blocus de Metz et les événements qui l'ont amené, par *Hippolyte Chanloup*. Brochure. Paris, 1871. Prix : 1 fr.

Campagne de Metz, par un général prussien. In-8°, avec cartes. Bruxelles, 1871. Prix : 1 fr. 50.

Campagne de la Moselle, par *E.-A. Spoll*, avec une carte. 1 vol. in-12. Bruxelles, 1871. Prix : 3 fr.

Capitulation de Metz, réponse du général *Coffinières de Nordeck* à ses détracteurs. In-8°. Bruxelles, 1871. Prix : 1 fr. 50.

La capitulation de Metz, brochure extraite du *Journal des Débats*. Paris, 1871. Prix : 50 cent.

La capitulation de Metz, par le colonel *Rossel*, délégué à la dé- de la Commi .a° de Paris

Brochure. Bruxelles, 1871. Prix : 50 cent. •

LA CAPITULATION DE METZ DEVANT L'HISTOIRE. Extrait de l'*Indépendance belge*. Bruxelles, 1871. Prix : 50 cent.

COUP D'ŒIL SUR LE RAPPORT SOMMAIRE DU MARÉCHAL BAZAINE sur les opérations de l'armée du Rhin. par un prisonnier de guerre. Brochure. Bruxelles, 1870. Prix : 1 fr.

LA DÉFENSE DE METZ ET LA LUTTE A OUTRANCE, par *Rossel*, capitaine du génie. Brochure. Paris, 1871. Prix : 75 cent.

LE DERNIER MOT SUR BAZAINE, par *Eugène R...*, capitaine d'infanterie. Brochure. Lyon, 1871. Prix : 1 fr.

LES DERNIERS JOURS DE METZ, par le colonel *Rossel*, délégué à la défense de la Commune de Paris. Brochure. Bruxelles, 1871. Prix : 50 cent.

LES DERNIERS JOURS DE METZ LA PUCELLE, appréciations de la presse messine sur les événements, documents officiels, lettres particulières, par *Auguste Dalichoux* (de Metz). 1 vol. in-18. Paris, 1872. Prix : 1 fr. 25.

LE DRAME DE METZ, 31 JUILLET, 31 OCTOBRE 1870, par le P. *Marchal*, aumônier de la garde impériale. Brochure. Lyon, 1871. Prix : 1 fr.

THE FALL OF METZ by G. T. Robinson F. R. I. B. A.... spécial correspondant of the *Manchester Guardian*. 1 vol. Londres, 1871. Prix : 7 fr.

HISTOIRE DE LA CAPITULATION DE METZ, enquête sur la trahison de Bazaine et de Coffinières, trente-neuf pièces historiques annotées, entre autres cinq récits du siége et de la capitulation de Metz. In-8°. Bruxelles, 1871. Prix : 1 fr.

HISTOIRE ANECDOTIQUE DE L'ARMÉE DU RHIN. 1 vol. in-12. Moulins, 1872. Prix : 2 fr.

L'HOMME DE METZ, par *Albert Alexandre*, directeur du journal *la Vérité*. Brochure. Bruxelles, 1870. Prix : 1 fr.

L'HOMME DE METZ (suite de l'HOMME DE SEDAN), par le comte *Alfred de La Guéronnière*. Brochure. Bruxelles, 1870. Prix : 1 fr.

JOURNAL D'UN OFFICIER DE L'ARMÉE DU RHIN, avec une carte des opérations, par le lieutenant-colonel *Fay*. 1 vol. in-8° Bruxelles, 1871. Prix : 5 fr.

LA LÉGION DU GÉNIE ET LES CAMPS RETRANCHÉS, SEDAN ET METZ, par *Xavier Brau*. 1 vol. Poitiers, 1871. Prix : 1 fr.

MA JUSTIFICATION, par *Basaine* (sic). Brochure. Bruxelles, 1870. Prix : 25 cent.

MANIFESTE FRANÇAIS, au maréchal Bazaine, par M. *Gratiot du Luzarey*. Brochure. Bordeaux, 1871. Prix : 60 c.

LE MARÉCHAL BAZAINE ET L'ARMÉE DU RHIN, d'après des documents inédits, par M. *Valfrey*. Brochure. Paris, 1873. Prix : 50 c.

METZ (guerre de 1870), par le commandant G. *Max Thomas*. 1 vol. avec carte. Paris, 1871. Prix : 3 fr.

METZ ET LE MARÉCHAL BAZAINE, par J. A. *Barral*, membre du conseil général de la Moselle. Brochure. Paris, 1871.

METZ, CAMPAGNES ET NÉGOCIATIONS, par un officier supérieur de l'armée du Rhin. (le colonel d'*Andlau*) accompagné d'une carte des environs de Metz. 1 vol. in-8°. Paris, 1872. Prix : 6 fr.

METZ INVESTI, ou la discipline tuant le patriotisme, précédé d'un extrait chronologique des journaux messins publiés pendant le siége. Brochure. Luxembourg, 1870. Prix : 1 fr. 25.

NOS REVERS, par le général *Favé*. Brochure. Paris, 1872. Prix : 1 fr. 50.

OPÉRATIONS MILITAIRES AUTOUR DE METZ, par un officier prussien, traduit par un officier français.

Brochure. Mayence, 1871. Prix : 1 fr.

Quel est votre nom ? N. ou M.? Une étrange histoire dévoilée, incident Bourbaki. Brochure avec un portrait (par *E. V. Régnier*). Bruxelles, 1870. Prix : 1 fr. 50.

Rapport officiel sur la capitulation de Metz, par le maréchal *Bazaine*. Brochure. Lyon, 1871. Prix : 1 fr.

Rapport sommaire sur les opérations de l'armée du Rhin, du 13 août au 29 octobre 1870, par le commandant en chef maréchal *Bazaine*. Brochure avec une carte. Berlin, 1870. Prix : 1 fr. 75.

Rapport du maréchal Bazaine, Bataille de Rezonville, le 16 août 1870. Brochure. Bruxelles, 1871. Prix : 1 fr.

Rapport sur les opérations militaires du 2e corps de l'armée du Rhin, par le général *Frossard*. 1 vol. in-8°. Paris, 1872. Prix : 4 fr.

Réponse au livre l'Armée du Rhin du maréchal Bazaine, par l'auteur de *Quel est votre nom? N. ou M.?* In-8°. Paris. 1873. Prix : 60 c.

Réponse aux attaques contre le maréchal Bazaine, par *J. Truchy*, capitaine de l'état-major de l'armée du Rhin. Brochure. Paris, 1871. Prix : 1 fr.

Siége de Metz, journal d'un aumônier, par l'abbé *Camille Rambaud*, avec une préface par *Antonin Rondelet*. 1 vol. in-12. Lyon, 1871. Prix : 3 fr.

Souvenirs de la dernière invasion, épisodes de la guerre de sept mois sous Metz et dans le Nord, par *Max Guillin*. 1re partie : *Sous Metz*. 1 vol. in-12. Limoges, 1873. Prix : 2 fr. 25.

Mes souvenirs de l'armée du Rhin, mes réflexions, la défense de l'armée devant ses détracteurs, par le général de division *Grenier*. Brochure. Grenoble, 1871. Prix : 75 cent.

La trahison du maréchal Bazaine antérieure à la capitulation de Metz, par un officier d'état-major attaché à l'armée du Rhin. Brochure. Bruxelles, 1871. Prix : 1 fr.

Trahison du maréchal Bazaine. l'armée française sous les murs de Metz, par *Eugene R...*, lieutenant d'infanterie, témoin oculaire des événements. Brochure. Lyon, 1871. Prix : 1 fr.

Trois mois a l'armée de Metz, par un officier du génie. 2e édit. 1 vol. in-18, avec une carte. Bruxelles, 1871. Prix : 3 fr.

Les vaincus de Metz, par *E. J.*, ancien élève de l'École polytechnique. 1 vol. in-8° accompagné de trois cartes. Paris, 1871. Prix : 6 fr.

La vérité sur Metz, blocus et capitulation, par un témoin oculaire. Brochure. Tours, 1871. Prix : 1 fr.

On peut se procurer tous les ouvrages mentionnés dans cette *Bibliographie*, à la librairie de A. GHIO, quai des Grands-Augustins, 41, à Paris.

TABLE ANALYTIQUE DES MATIÈRES

FIN DE LA TABLE ANALYTIQUE.

www.ingramcontent.com/pod-product-compliance
Lightning Source LLC
Chambersburg PA
CBHW061938220326
41599CB00016BA/2181